2004 中国生产力发展研究报告

中国生产力学会

Chinese Association of Productivity Science

(京)新登字 041 号

图书在版编目(CIP)数据

2004 中国生产力发展研究报告/中国生产力学会编.
—北京:中国统计出版社,2005.6
ISBN 7-5037-4751-X

Ⅰ.2…
Ⅱ.中…
Ⅲ.生产力-研究报告-中国-2004
Ⅳ.F12

中国版本图书馆 CIP 数据核字(2005)第 052545 号

2004 中国生产力发展研究报告

作　　者/中国生产力学会
责任编辑/王立群
装帧设计/艺编广告·杨燕超
出版发行/中国统计出版社
通信地址/北京市西城区月坛南街 75 号　邮政编码/100826
办公地址/北京市丰台区西三环南路甲 6 号
电　　话/(010)63459084、63266600-22500(发行部)
印　　刷/科伦克三莱印务(北京)有限公司
经　　销/新华书店
开　　本/880×1230mm　1/16
字　　数/480 千字
印　　张/32.25
版　　别/2005 年 8 月第 1 版
版　　次/2005 年 8 月北京第 1 次印刷
书　　号/ISBN 7-5037-4751-X/F·2103
定　　价/180.00 元

《2004 中国生产力发展研究报告》

序　言

全国人大常委会副委员长
中国生产力学会名誉会长　蒋正华

自从20世纪80年代以来，随着中国改革开放的步伐，中华民族正在实现伟大的复兴。实现伟大复兴主要靠什么？马克思主义经典作家精辟地指出：必须发展生产力。生产力是社会变迁的终极原因；生产力是决定人类社会发展速度和方向的原动力；生产力是最活动、最革命的要素；中国一切政党的政策及其实践在中国人民中所表现的作用的好坏、大小，归根到底，看它对中国人民的生产力的发展是否有帮助及其帮助之大小，看它是束缚生产力的，还是解放生产力的；社会主义的根本任务是发展社会生产力。发展什么样的生产力？发展先进生产力。中国共产党必须始终代表中国先进生产力的发展要求。怎样发展先进生产力？必须树立和坚持以人为本，全面、协调可持续的科学发展观。在这些正确的理论、方针、政策和科学发展观的指引下，中国正在阔步走向伟大复兴，一个全新的中华盛世就在眼前。

中国生产力学会，从建会之日起就热心于中国生产力发展的事业，就以促进中国生产力的发展为宗旨。尽自己微薄之力做了一些有益之事。对中国生产力学会来说，2001年是关键的一年，这一年中国生产力学会与世界生产力科学联盟合作在北京和香港分两个阶段举行的第十二届世界生产力大会，是具有里程碑意义的事件。这次大会是李鹏同志任总理时以亲笔信邀请的、朱镕基总理支持并批准召开的，时任副总理的家宝同志亲自到会并发表了重要讲话。他在讲话中不但特别强调了发展生产力的重要性，指出了现代生产力的显著标志，还特别强调了只有实现人与自然的和谐、社会和谐、世界和平生产力才能实现可持续发展。他还特别叮嘱“中国生产力学会和世界生产力科学联盟以及各国生产力科学组织，应继续深入研究生产力发展的问题，开展广泛的国际交流与合作，为在新世纪实现世界生产力的更大发展，创造人类更加美好的明天而共同努力。”

中国生产力学会没有辜负家宝同志的信赖，很快拟定了“中国生产力发展”的中长期研究计划，与世界生产力科学联盟进行合作研究。学会于 2002 年 4 月向家宝同志报告了课题计划，又于 2003 年 1 月、2004 年 2 月、2004 年 11 月向家宝同志报告了阶段性研究成果，均得到家宝同志充分肯定和支持。与此同时，中国生产力学会的各地方学会，也本着为本地经济社会发展服务的方针，积极承担和完成了一些地区发展战略研究的课题。中国生产力学会的理事和会员们还在生产力基本理论和发展生产力对策方面进行了一些颇有价值的研究。

由课题报告、对策建议、理论研究成果汇成的《中国生产力发展研究报告 2004》，反映了中国生产力学会对生产力发展研究的年度成果，并力图成为记录中国生产力发展的史册。其“报告”密切联系中国和世界生产力发展的实际，无论从理论上，还是对策建议上很有见地，是政府部门、企业、生产力研究者的参考书。这样的年度报告，也将成为中国生产力发展的见证者和智囊库，中国生产力发展需要这样的资料。在大家的支持下，我们将努力使“中国生产力发展研究报告”按年度与大家见面。

是为序。

2005 年 3 月

目　录

第二部分:区域篇

第三部分:管理篇

第四部分：理论篇

第一部分

宏观篇

21世纪初中国生产力发展南向互利合作战略

——云南面向东南亚、南亚生产力发展研究报告内容摘要

中国生产力学会 云南省政府研究室联合研究课题组

中国生产力学会与云南省政府研究室联合完成的《21世纪初中国生产力发展的南向互利合作战略——云南面向东南亚、南亚生产力发展研究》课题的报告，是一篇较高质量的研究成果，报告全面分析了东南亚、南亚的经济活力、市场潜力、资源条件，与我国进行多边和区域经济合作的现实基础和良好前景，深入论证了云南在我国生产力南向发展的战略思路和重点，进而就实施进程中需要解决的若干重大问题提出了政策措施和建议。整个研究过程和各个环节紧密联系，脉络清晰，全面系统，有较强的说服力和应用性，也有较重大的理论价值和国际意义，处于国内领先水平。

一、确立中国生产力发展的南向互利合作战略的目标和意义

在经济全球化进程加快的世界经济格局下，未来20年到50年内外是中国生产力发展的战略机遇期，中国将在这个时期内迅速完成工业化和现代化建设，实现全面建设小康社会的战略目标。在实现这个战略目标中，以善邻固国为基础，与周边国家共同建设互利合作发展的新机制具有重要的现实意义和深远的历史意义。《21世纪初中国生产力发展的南向互利合作战略》的研究成果正是实现上述战略目标的具体化。

建立南向互利合作战略，具有以下三个战略意义：

第一，有利于为我国加快发展在东南亚、南亚地区创造一个宽松、和平、稳定的国际环境。“睦邻”、“富邻”、“安邻”是我国发展与周边国家外交关系的重要方针，南向互利合作战略的合作对象涵盖了东南亚、南亚17个国家，占我国周边国家的大多数。实施南向发展不是中国经济向南单方面扩张，发展传统的一般的对外经济关系，而是与东南亚、南亚各国联系、合作、互补，达到互利、双赢，实现共同发展、共同繁荣的目的，从而为我国营造一个更加宽松、和平、稳定的周边环境。

第二，有利于多渠道满足我国全面建设小康社会的资源和市场需求。新世纪初中华民族加快发展迫切需要解决巨大的资源缺口和拓展市场空间，这就必须依靠“两种资源”、“两种市场”。东南亚、南亚是当今世界少数资源富集区之一，人口占世界三分之一左右，市场潜力巨大。实施生产力发展南向互利合作战略有利于就近就便获取全面建设小康社会急需的自然资源和消费市场。

第三，有利于西部大开发战略的深入实施。西部要提速，必须大开发与大开放双轮齐驱。西部地区与东南亚、南亚毗邻，面向东南亚、南亚开放的区位优势明显。实施生产力发展南向互利合作战略有利于西部地区以大开放促大开发，以大开发促大发展，实现中华民族在新世纪的伟大复兴。

二、以建立昆明经济合作组织为实现战略目标的主要桥梁

实现中国生产力发展的南向互利合作战略，最理想、可行的形式是：通过与东南亚、南亚多国平等协商，建立多边互利的昆明经济合作组织。

组织形式可采取WTO的组织形式，设立最高权力机构和日常工作机构，坚持WTO的基本原则：

公平、公正和互利。也可考虑采用亚太经合组织(APEC)的原则和形式。昆明经济合作组织所奉行的是“开放式的地区主义”:一是推行贸易和投资自由化;二是推行投资活动的便利;三是开展经济技术合作。由于各国国情的差异,双边、多边合作可以是多层次、多样化、非同步的。当然我们也可以创造一个比这些更好的形式。建议昆明经济合作组织的总部设在昆明,同时,在昆明地区划出一块地方,按照国际惯例建立昆明自由贸易区,实行类似经济特区、经济技术开发区、保税区的政策。自由贸易区除设立昆明经济合作组织总部以外,允许参与的各国在总部所在地设立领事馆和本国的分部。建议国家在外交、进出口、外汇、海关、税收、金融、投资等方面给予更加优惠的政策,吸引东南亚、南亚及国内长江经济带、珠江三角洲、环渤海经济区,乃至国内外所有投资者、经营者参与。从而使该自由贸易区成为一个新兴的人才盆地、资金盆地、物流中心、信息中心,技术开发中心,进而成为未来中国发展的新的增长点。

三、实施南向互利合作战略的基础性工作和对策建议

为了办好昆明经济合作组织,建设好昆明自由贸易区,建议国家和云南省重点做好以下几方面的基础性工作:

第一,建设起连接东南亚、南亚各国与国内的长江三角洲、珠江三角洲、环渤海经济圈为代表的经济发达地区的交通运输通道。建设包括公路、铁路、水运、航空运输等多种方式结构合理、各展所长、各得其所、四通八达、价格合理、网络便捷的交通运输体系。从而承担起昆明经济合作组织范围广泛的物流运输任务。这样做同时也是西部大开发的要求,但却站得更高了,看得更远了,效益更大了。

第二,适应昆明经济合作组织发展要求,及时调整云南经济结构。未来昆明经济合作组织的建设与发展,将是一个既依托中国内地,面向东南亚、南亚各国,又依托东南亚、南亚各国,面向中国内地的双向发展模式。云南在昆明经济合作组织中处于核心地位。云南经济结构能否适应这样一个双向发展的需要,将成为影响中国生产力发展中南向互利合作发展战略的重要因素。为此,要从中国生产力发展的大局出发,从未来南向互利合作发展的大局出发,及时调整云南经济结构。在巩固云南已有的烟草、医药、花卉、矿产资源开发、旅游等传统产业的同时,积极发展为昆明经济合作组织服务的金融、信息、物流、人力资源开发、高新技术研究与开发、进出口贸易等产业。鼓励沿海地区企业到云南投资办厂,产品销售东南亚、南亚各国。积极地创造条件,在云南已经建成具有一定规模的进出口商品交易会的基础上,举办昆明经济合作组织交易会。逐步提高上述产业在国民经济发展中的地位和比重,提高云南经济的对外贸易依存度,努力使云南成为一个真正意义上的外向型经济大省。

第三,积极开发昆明经济合作组织各方的自然资源。中国和东南亚、南亚各国都是发展中国家,我国西部地区和东南亚、南亚各国蕴藏着大量丰富的包括金属、非金属资源、矿物能源资源、森林、水力以及宝玉石资源在内的自然资源。特别是一些在世界上储量不多的有色金属、稀有金属资源具有十分可观的开发前景。东南亚地区土地资源丰富,但耕作技术落后,从长远看,可成为我国粮食等农产品进口来源地,以弥补我国西南地区退耕还林后粮食供给的不足。目前我国国内一些具有战略眼光的企业,在党中央、国务院关于“走出去”发展战略的指导下,已同越南、缅甸、印度、泰国、马来西亚、印尼等国进行战略合作,开发对中国、东南亚、南亚各国未来发展有重要意义的有色金属资源。昆明经济合作组织应以云南为中转站,积极拓宽合作领域,吸引外资和先进的探矿、生产经营管理技术,力争在不长的时间内把资源开发产业做大做强,为昆明经济合作组织的发展提供更多的有色金属、矿物能源、森林、水力资源和农产品。确保东南亚、南亚各合作国在开发自然资源中得到实惠,获得满意的经济利益。

第四,积极培育市场、培养造就和吸引高素质的生产技术和经营管理人才;吸引昆明经济合作组织各方资金乃至长江三角洲、珠江三角洲经济比较发达省市以及发达国家的投资;与中国生产力发展中的南向、东向、西向互利合作战略相呼应等方面都有许多要做也必须做好的事情,一定要下大力气,要投入较大的人力、物力、资金,把它们做好。

第五,昆明经济合作组织既要与长江三角洲、珠江三角洲、环渤海经济圈等国内经济发达地区发展范围广泛的经济联合,也要带动西部地区,特别是西南地区的经济迅速发展。

昆明经济合作组织的建立与发展将是我国继长江三角洲、珠江三角洲、环渤海经济圈等经济发达地区之后又一个新的经济热点地区。同上述发达地区

发展范围广泛而紧密的经济联合，无疑将对昆明经济合作组织和发达地区都有着十分重要的积极含义。昆明经济合作组织要下大力气，加大与发达地区联合的力度，通过优惠的市场政策、项目吸引发达地区的资金、技术、人才、管理、信息等优势，使发达地区成为昆明经济合作组织发展的战略后方。

昆明经济合作组织地处我国大西南，它的迅速发展必然对大西南的发展产生无可比拟的拉动作用。昆明经济合作组织理所当然地要把带动大西南乃至整个西部地区的发展做为一项重要的任务，使大西南也成为昆明经济合作组织发展的又一个战略后方。同时，这也是实施我国的西部大开发战略的务实举措。

可以预料，未来昆明经济合作组织和昆明自由贸易区所显示出的经济活力将成为中国生产力发展中的一个新的增长极，它将对我国西南地区和东南亚、南亚地区的发展不断增强其辐射及带动能力。

（完成时间：2003 年 12 月）

21 世纪初中国生产力发展南向互利合作战略
——云南面向东南亚、南亚生产力发展研究

课题组名单

课题顾问：

王茂林　全国人大法律委员会副主任、中国生产力学会会长

徐荣凯　云南省委副书记、省长

秦光荣　云南省委副书记、常务副省长

翟立功　国有资产监督管理委员会大型企业监事会主席、中国生产力学会常务副会长

课题组长：

车志敏　云南省政府副秘书长、政府研究室主任、研究员

陈胜昌　中国生产力学会副会长兼秘书长

课题副组长：

何　宣　云南省政府研究室副主任、研究员

徐筱联　云南省政府研究室对外开放处处长

课题组主要成员：

赖晓榕　云南省政府研究室副处长、副研究员

管建华　云南省政府研究室副处长、助理研究员

洪耀星　云南省政府研究室助理研究员、硕士

李伯敬　云南省政府研究室助理巡视员、研究员

周乃国　云南省政府参事室参事、研究员

蔡　勇　云南省政府办公厅副处长、助理研究员

李　昶　云南省政府办公厅主任科员、助理研究员

宗　宏　云南省政府研究室研究人员

刘颜东　云南省政府研究室研究人员、硕士

赵荣强　云南省发改委助理调研员

刘大清　云南省航务管理局高级工程师

李　选　云南省航务管理局高级经济师

总 报 告

21 世纪初中国生产力发展的南向互利合作战略

——云南面向东南亚、南亚生产力发展研究

经济全球化是21世纪不可逆转的世界总趋势。加强与东南亚、南亚地区经济合作，实施生产力发展的南向互利合作战略应作为我国参与经济全球化总体战略的重要组成部分。高度重视我国对东南亚、南亚的开放工作，促进中国、东南亚和南亚三大经济区（以下简称“三大经济区”）在经贸、政治、科技、社会和文化各领域的密切合作下大力推动中国、东南亚和南亚三大市场融合，在创造出云南生产力跨越式发展重大机遇的同时，更为我国西部提速、东部扩展、东西互动、拉动东中西部的地区经济协调发展提供强大动力。

云南位于三大经济区的结合部，具有地理位置优、面临市场广、与东南亚和南亚国家的经济互补性强、对外友好交往的历史悠久以及对外连通条件好等五大优势，是我国实施生产力发展南向互利合作战略最重要的基地。充分发挥云南区位优势，培育云南连接三大市场的生产力基础，不仅可为中国企业走向东南亚、南亚铺平道路，也可为东南亚、南亚企业进入中国市场架起陆上桥梁。

为了充分发挥云南在实施中国生产力发展南向互利合作战略中的作用，推动21世纪初中国生产力发展，云南省人民政府研究室根据中国生产力学会的安排和要求，开展了《21世纪初中国生产力发展的南向互利合作战略——云南面向东南亚、南亚生产力发展研究》课题研究。课题组从云南地处三大经济区结合部的实际出发，从云南战略地位、资源、市场、通道建设和合作政策等方面进行了深入的研究，提出在实施中国生产力发展南向互利合作战略过程中，资源互补是动力、市场合作是纽带、通道建设是基础、机制创新是保障等鲜明思想，并对云南实施生产力发展南向互利合作战略所需的政策措施向国家提出了建议，形成了主题研究报告（另附5个专题研究报告）。

一、实施中国生产力发展南向互利合作战略是顺应地区经济一体化趋势和我国周边国际经济形势发展的必然选择，符合三大经济区各国人民的利益和发展要求

改革开放以来，我国主要面向欧、美、日等发达国家实施了亚太战略、欧洲战略，使东部沿海地区经济社会获得空前发展，成为太平洋西岸经济最具活力的地区，亚太战略和欧洲战略取得了成功。21世纪是海洋和陆地相结合的世纪，沿海仍会是世界经济发展的重心，特别是海洋的开发更巩固了沿海地区的地位。但是，对我国这样一个既有较长海岸线又有广大内陆地区的国家来说，必须从海上及陆上通道同时参与全球化。而高度重视云南的重要战略区位，扩大我国面向东南亚、南亚开放，实施生产力发展的南向互利合作战略，便是从陆上参与全球化的最佳选择。

（一）三大经济区是经济充满活力的地区，加强合作有利于维持亚洲乃至整个世界经济的稳定和发展

东南亚、南亚地区计有17个国家，经济正处于加速发展之中。20世纪90年代以来，世界各发达国家经济处于低速增长期，而东南亚、南亚国家经济却充满活力。东南亚各国虽然遭受亚洲金融危机重创，但经济恢复很快。从2000年到2002年，经济增长速度分别为5.3%、2.3%和3.6%，高出或持平于同期世界经济增长速度。从2003年东盟和中日韩

财长会议上得知，2003年上半年东南亚国家经济增长速度维持在4.3%～4.9%之间。南亚三个人口大国印度、巴基斯坦和孟加拉国的经济增长速度也远高于世界经济增长速度。印度20世纪90年代的平均年增长率达6.0%，2000、2001和2002年分别为5.4%、4.1%和5.0%。同期孟加拉国为4.9%、4.7%和4.0%，巴基斯坦为3.9%、3.6%和4.6%。中国经济增长举世瞩目，从1978年到2002年，平均年增长速度达到9.3%，为同期世界经济增长速度的3倍。2000至2002年，中国经济增长速度分别为8.0%、7.3%和7.5%。据世界权威组织预测，中国、东南亚和南亚三大经济区的经济增长速度在今后相当长时期内仍将高于世界平均水平，是世界经济最活跃的地区之一。而实施生产力发展南向互利合作战略，无疑将为三大经济区创造一个更好的发展环境，更有利于维持三大经济区、亚洲乃至整个世界经济的稳定和发展。

(二)三大经济区拥有巨大的市场、丰富的自然资源和智力资源，具有强劲的后发优势

东南亚和南亚各国生产力水平虽然较低，但拥有极丰富的自然资源、人力资源和巨大的潜在市场。东南亚是世界著名的富矿带，锡、锰、铬、镍、玉石均居世界前列，铅、锌、石油、天然气、煤、磷酸盐等矿产资源也占有重要地位。年产稻米1亿多吨，泰国和越南已经成为世界上第一和第三位的大米出口国。热带经济作物丰富，盛产咖啡、香料、橡胶、棕榈油、热带水果等。木材蓄积量248亿立方米，年产原木约3亿立方米，其中柚木产量占世界的90%以上。南亚七国在资源和物产方面各有所长。印度的矿产、畜牧和生物资源，斯里兰卡的茶叶、椰子和橡胶，孟加拉国的黄麻，马尔代夫的海产品，不丹的木材，在世界皆有较大影响。东南亚和南亚的近海渔业资源丰富，已经成为世界第三大捕鱼区。东南亚和南亚国土面积877万平方公里，占世界总国土面积的6.55%；2002年底，人口19.12亿人，占世界人口总数的30.76%，人口密度为220人/平方公里，为世界人口密度的4.7倍。加上中国，三大经济区人口达32亿。众多的人口必然形成潜力巨大的市场和蕴藏着巨大的智力资源。东南亚国家中的新加坡、文莱属于高收入国家，马来西亚、泰国、菲律宾、印度尼西亚属于中等收入国家；南亚国家中的印度中产阶级以上的人口占全国人口总数的1/3。随着三大经济区各国居民收入的不断增加和购买力不断提高，将会形成一个新兴的、充满巨大潜力和活力的、全世界容量最大的市场。三大经济区只要有5%(即1.5亿人)的人讲英语，其人数就超过英国、加拿大、澳大利亚和新西兰的总和，这是重要的智力资源。如果通过加强云南生产力基础，发挥出云南区位优势，将中国、东南亚和南亚三大市场融合在一起，将是一个拥有不同消费结构、消费层次，对高、中、低档各种商品都有需求的巨大市场。国内外一些专家认为，世界经济的未来取决于发展中国家，而三大经济区各国在发展中国家中最具发展潜力和活力。实施生产力发展南向互利合作战略可获得共赢，无疑为三大经济区生产力发展开拓出更大的上升空间。

(三)三大经济区双边、多边合作和区域合作势头强劲，实施生产力发展南向互利合作战略不仅急迫而且现实可行

受日美经济衰退、美国新经济和中国崛起等因素的综合影响，东亚经济中形成于20世纪60年代的产业链条即所谓的“雁行模式”，已在上世纪末断裂。这意味着日本在环环相扣、逐级转移的东亚区域分工格局中的头雁作用已经逐渐丧失。尾随“头雁”的东南亚诸国和中国，正纷纷采取加快产业结构调整和双边、多边合作或区域合作等措施和行动，寻找新的经贸合作途径。目前，以“10+3”合作机制为主渠道，形成了整个东亚范围的对话与合作(“10+3”)、东盟10国自身的发展与合作、东盟分别与中日韩的合作(“10+1”)、中日韩三国间的对话与合作等四个轮子并行运转的东亚合作格局。在三个“10+1”中，中国与东盟之间的合作渠道是目前公认的最现实的合作机制，已经签订的《中国与东盟全面经济合作框架协议》为双边的合作打下了良好基础。东亚其他经济体对中国的出口在2002年上半年激增50%。这反映出中国经济日益成为东亚经济发展的稳定器。2003年10月，我国与东盟开始建立面向和平与繁荣的战略伙伴关系，标志着双方关系迈上了新台阶；同时加入《东南亚友好合作条约》，增进了双方的相互信任，加强了双方关系的政治法律基础。为巩固我国的周边环境、维护本地区的和平与稳定提供了重要的制度保障。2003年6月中印两国签订《中印关系原则和全面合作的宣言》，翻开了中印发展合作关系的新篇章，也拉开了中国与南亚全面经济合作的序幕。2002年，中印两国的贸易额已达50亿美元，是10年前的15倍多。预计3年后可以翻一番，达100亿美元。中国与孟加拉、巴基斯坦等其他南亚国家的经济贸易合作与交流的规模也不断扩大。中国与东南亚、南亚之间的区域内贸易正在从原来的以资源禀赋为基础的贸易格局转变成为以规模经济和产业内贸易为基础，二者并重的新贸易格局。一个以中国为中心的区域内生产网络正在形成之中，为实施生产力发展南向互利合作战略奠定了坚实基础。

二、云南在实施中国生产力发展南向互利合作战略中具有重要的战略地位和作用

（一）云南是中国连接东南亚、南亚最重要的陆路通道

云南位于中国与东南亚、南亚次大陆的结合部，与周边国家山同脉、水同源，地理、气候条件优越，一年四季均可顺利通达东南亚、南亚国家腹地，没有茫茫戈壁的障碍，也没有冰川冻土的制约。自古以来，云南在沟通中国与东南亚国家的交往中就发挥着交通走廊的重要作用，早在两千多年前，我国历史上著名的“南方丝绸之路”就经由云南沟通了中国和东南亚、南亚国家间的交通和贸易。目前，在云南与越、老、缅三国接壤的边境线上，有各类通道 90 多条，已开辟国家一类口岸 11 个、国家二类口岸 9 个、边民互市点 103 个。这些通道和口岸都具备良好的外接条件，从昆明出发沿公路有的只需半天，有的不到一天即可到达相邻国家边境。中南半岛 5 个国家的首都与昆明的距离都在 2000 公里以内，陆上运输条件很好。从云南西部边境口岸经过缅甸到印度边境只有 300 多公里，到孟加拉国边境只有 500 多公里。云南是连接中国与东南亚、南亚最重要的陆路通道，在我国面向东南亚、南亚开放中具有不可替代的区位优势。

（二）云南是中国西部地区融入全球化最便捷的桥梁

经济全球化是无法逆转的趋势。我国在注重从海上融入全球化的同时，也要注重从陆上融入全球化。云南在广大西部地区从陆上融入全球化中可以发挥重要作用。正在修建的从昆明至新加坡的泛亚铁路把云南与中南半岛国家紧密连接起来，将为我国西部地区与东南亚国家的全面经济合作奠定重要基础。拟议中的中缅陆水联运通道将是中国西部地区进入印度洋运距最短的通道。从西部地区经济腹心的四川和重庆出发经云南通过中缅陆水联运通道进入印度洋，比经东南沿海通过马六甲海峡进入印度洋要缩短运距 3000 多公里。更为重要的是，经由中缅陆水联运通道进入印度洋比绕道马六甲海峡进入印度洋要安全得多，这在国际风云变幻莫测的今天尤其具有重要意义。如果修通云南至印度的铁路，这将是我国广大西部地区通往南亚各国最便捷的大通道，必将极大地促进西部地区与南亚各国的经济往来。在修通云南至印度铁路的基础上，进一步将铁路延伸到西亚和欧洲大陆，最终形成第三座亚欧大陆桥，将会是一座最具经济效益和战略意义的亚欧大陆桥。云南是我国广大西部地区融入全球化最便捷的桥梁。

（三）云南具有同东南亚、南亚交往与合作的实践优势

云南与周边各国具有民族同宗、文化同源的关系，有 16 种民族跨境而居，与周边各国的社会往来十分密切，传统友谊悠久深远。云南还是中国参与澜沧江－湄公河次区域经济合作的主要省份。10 年来，云南积极参与了澜沧江－湄公河次区域经济合作的各项工作，为我国确立与次区域各国合作的方针提供了重要的决策参考，并为我国开展与东盟的合作进行了有益探索。云南在与东南亚、南亚交往和合作中形成的实践优势，可以为我国实施生产力发展南向互利合作战略提供重要参考。

（四）云南具有研究东南亚、南亚的科研优势

由于地域和历史的关系，在云南活跃着一批研究东南亚、南亚的专家学者。这些专家学者熟谙东南亚、南亚各国的政治、经济和文化，他们以推进中国与东南亚、南亚合作为己任，积极进言献策，在国内外形成一定影响。在云南专家学者的发起和倡议下，1999 年 8 月，孟加拉国、中国、印度、缅甸四国的专家学者在昆明召开了“中印缅孟地区经济合作与发展国际研讨会第一次会议”，签署了影响深远的“昆明倡议”，确立了四国专家学者共同研讨推进孟中印缅地区经济合作与发展对策的机制。2002 年 2 月在孟加拉国首都达卡召开的第三次会议上，通过了“达卡声明”，提出应把合作机制逐步由民间层面上升到政府层面，并将“研讨会”正式更名为“孟中印缅地区经济合作论坛”。4 年多来，这一由云南专家学者倡议成立的合作机制已经引起了国际社会的广泛关注和重视，参会代表从最初的专家学者，发展到各国政府官员、亚洲开发银行等一些国际组织也派出代表参会。云南在东南亚、南亚研究领域形成的科研优势，可以为我国实施生产力发展南向互利合作战略提供重要智力支持。

（五）云南具有吸引东南亚、南亚各国注意力的

聚焦优势

近年来，随着我国经济的快速增长，东南亚、南亚各国日益认识到加强与中国的合作，将获得巨大的市场机会，是一个双赢的局面。云南由于地处中国与东南亚、南亚三大市场结合部的独特区位优势以及民族文化和历史文化的优势，备受东南亚、南亚各国关注，特别是省会昆明，因四季如春的气候而享有很高的知名度，是举行各种会谈以及设立各种公共事务机构最为理想的选择地。近两年来，缅甸丹瑞主席、孟加拉国达·卡莉亚总理、泰国颂奇副总理访华都顺访云南，体现了这些国家高层对云南的关注。众多的中国与东南亚、南亚合作的国际会议被安排在云南召开，如2003年在云南召开的重要国际会议就有东盟—湄公河流域开发合作第5届部长级会议、大湄公河次区域经济合作第12届部长级会议、中国·昆明东亚城市市长论坛等。孟中印缅地区经济合作论坛第五次会议2004年下半年在云南昆明召开。第二次大湄公河次区域领导人会议将于2005年在云南昆明召开。同时，越来越多的东南亚、南亚各国商界人士到云南来寻找商机，2003年，昆交会设立的东盟馆，吸引了东盟10国4000多位客商设立了256个展位。云南周边的缅甸、老挝、泰国和越南等四个国家还在云南昆明设立了领事馆或领事办事处。随着中国—东盟自由贸易区建设进程的不断推进以及中国与南亚合作的前景日益看好，云南必将吸引国际社会更大的关注。云南在我国面向东南亚、南亚开放中的战略地位日益突现，必将对我国实施生产力发展南向互利合作战略发挥重要作用。

三、发挥云南区位优势，实施中国生产力发展南向互利战略的思路

实施中国生产力发展南向合作互利合作战略的思路是：遵循建立睦邻互信伙伴关系的总方针，以邻为善、以邻为伴，发展与东盟面向和平与繁荣的战略伙伴关系及与南亚长期建设性合作伙伴关系；充分发挥云南区位优势，服务中国、服务东盟、服务南亚，实现三大经济区经济互补、和平发展和共同繁荣。

（一）实现三大经济区资源优势互补，促进工业文明与生态文明协调发展

我国是一个人均资源占有较少的国家，仅为美国的1/64。要在新世纪头20年实现全面建设小康社会的宏伟目标，战略性资源短缺问题将成为我国加快发展的严峻挑战。以矿产资源为例，据中国地质科学院预测，到2020年，我国需要进口5亿吨原油和1000亿立方米天然气，今后20年我国将短缺30亿吨铁、5亿到6亿吨铜和1亿吨铝，甚至也可能短缺目前还在出口的矿产钨和锌。东南亚、南亚是世界上自然资源富集区之一，而且资源储量和种类与我国有很强的互补性。例如，老挝万象钾盐矿、越南北部的富磷矿、铁铜矿等都是我国急需的矿种。发挥我国在勘察、开发、加工等方面的优势，进一步加强与东南亚、南亚国家合作，联合进行资源开发实现“双赢”，必将为推动我国与东南亚、南亚国家的经贸合作产生重要作用。通过云南通道便捷从东南亚、南亚获取加快发展所需的矿产、石油和天然气等战略性资源，应成为我国近期“走出去”的战略重点及实施中国生产力发展南向互利合作战略的重要内容。在资源合作开发中，要重视资源和环境的协调发展，全面推进生态文明建设，力争走出一条生产发展、生活富裕和生态良好的可持续发展新路子。

（二）推动三大市场的融合与对接，大规模发展相互间的陆上贸易

实现中国与东南亚、南亚三大市场的融合和对接，有利于形成优势互补、合理分工的产业发展格局，有利于提高相互之间的贸易水平，有利于提升三大市场在世界经济中的地位。实施中国生产力发展南向互利合作战略，要加快构筑连接中国、东南亚、南亚三大市场的国际大通道，实现三大市场融合与对接；逐步减少或取消货物贸易的关税和非关税壁垒；逐步实现服务贸易的自由化，减少或取消歧视性措施；促进贸易投资便利化；营造具有吸引力的投资和贸易环境；努力扩大相互之间陆上贸易规模，进一步提高贸易层次。

（三）顺应国际产业结构调整的潮流，推进三大经济区产业结构优化升级

随着经济全球化和区域经济一体化的发展，经济结构、企业结构都发生着巨大变化，产业分工更加细致。当前，东南亚、南亚各国与中国都面临产业结构调整、优化与升级的历史性重任。实施中国生产力发展南向互利合作战略有利于三大经济区紧紧抓住新一轮国际分工和产业结构调整的大好机遇，重视发挥云南的各种优势，在三大经济区间建立更加紧密的制度安排，从区域优势的高度共同制订产业合作发展规划，共同协调产业政策，实现资本、技术和人才等生产要素的合理流动及资源的有效配置，尽快在三大经济区内形成具有规模效应的产业带和

产业群，进而发挥产业聚集效应、辐射效应对区域经济发展和结构调整的快速带动作用，加速产业结构的合理化、高级化和国际化。

(四)加速三大经济区自由贸易进程，引领亚洲区域经济合作

近些年来，伴随着经济全球化的汹涌浪潮，区域经济合作呈现出强劲的发展势头。世界上绝大多数国家和地区都参加了不同形式的区域经济合作。据世贸组织统计，到2002年底，全球累计共签署了255个区域贸易协定，其中约九成是双边自由贸易协定。与欧洲、美洲、非洲和澳洲相比，亚洲的区域经济合作相对滞后。实施中国生产力南向互利合作战略，要顺应时代潮流，通过洽签双边自由贸易协定或建立自由贸易区的方式加强区域经济合作，实现中国、东南亚、南亚三大经济区之间从传统意义上的货物贸易逐步向服务贸易、贸易投资便利化、人力资源开发、中小企业合作、政府采购和电子商务等新的领域扩展，引领亚洲区域经济合作，以前瞻性的眼光和战略性的考虑推动建立整个亚洲多层次、多样化、相互联系又相互促进的复合型地区合作框架。

四、云南实施生产力发展南向互利合作战略的重点是把云南建成“大通道”、“大平台”和“大工厂”

云南实施中国生产力发展南向互利合作战略的重点是：建设沟通三大经济区的“五大通道”、构筑生产力要素聚集的“五大平台”和发展加工制造业发达的“大工厂”。云南建设大通道、构筑大平台、发展大工厂，宗旨是服务西南，服务全国，服务生产力发展南向互利合作战略，服务促进三大经济区合作，在服务中实现云南生产力的大发展。

(一)建设“大通道”，为生产力融合与发展提供坚实基础

充分发挥桥梁和纽带作用，建设交通、贸易、产业、生态和友好等“五大通道”，是云南实施南向互利合作战略的重点，是云南加快生产力发展的重要基础。

1. 交通通道。要充分发挥云南陆上通道的优势，加快公路、铁路、航空、水运、油气管道等交通基础设施建设，切实把云南建成“东连黔桂通沿海，北上川渝进中原，南下越老达新马，西接缅甸连印巴”的快捷、便利的国际交通大通道，为实现中国与东南亚、南亚国家的大规模经济往来奠定坚实的基础。在公路建设方面，重点是建设“三纵三横”、“九大通道”。在铁路建设上，重点是请求国家加快滇一越铁路改造进程，加大投入，提高技术等级；同时请求国家积极与东盟协商，将泛亚铁路中线、西线方案早日提上议事日程。在航空运输方面，重点是请求国家加大对昆明新机场建设的支持力度，将昆明新机场建设成为面向东南亚、南亚的、全国重要的国际航空港；同时支持云南开通联结东南亚、南亚国际性大城市的航线，进一步完善航空运输网络。在水运建设方面，重点是进一步改善澜沧江一湄公河的通航条件，提升航道等级；适时开通红河国际航运。除交通基础设施建设外，要继续加强信息基础设施建设，扩大通信网络规模，提高技术装备水平和信息服务能力。

2. 贸易通道。要充分发挥云南独特区位优势，积极实施“引进来”与“走出去”相结合的全方位对外开放战略，大力引导国内企业利用云南口岸和通道开展进出口贸易，努力扩大与东南亚、南亚的贸易规模；大力加强口岸基础设施建设，不断完善通关环境，提高服务效率，消除人员和货物流动障碍，努力创造贸易与投资便利化的条件，形成通畅快捷的物流、人流、资金流、信息流网络。

3. 产业通道。要充分利用中国特别是大西南地区与东南亚、南亚国家产业结构的互补性，发挥云南连接中国与东南亚、南亚的桥梁和纽带作用，引导大西南地区面向东南亚、南亚按照比较优势的原则大跨度调整产业结构，形成我国沿海发达地区部分产业向大西南转移，大西南地区一些产业通过云南向周边国家转移的态势。同时，积极为大西南地区引进东南亚、南亚国家的一些优势产业提供信息和通道服务。要通过产业输出和产业引进，形成大西南地区与东南亚、南亚国家之间，各展优势、特色鲜明、竞争有序、分工合理的产业布局。

4. 生态通道。云南地处被称为“亚洲水塔”的青藏高原东南部，流往我国东南沿海、东南亚和南亚国家的几大河流，如金沙江、珠江、澜沧江一湄公河、红河、怒江一伊洛瓦底江、独龙江一恩梅开江等，都发源于云南或上游是云南。云南的生态环境在整个区域生态体系中占有极其重要的地位，云南水体、森林、植被等生态环境的好坏，直接影响到这些河流中下游地区的生态环境。保护和建设云南良好生态环境，不仅是云南和中国的使命，也是东南亚、南亚乃至全世界共同的事业。要通过建立有效的合作机制，加强我国与东南亚和南亚国家的生态环境建设合作，实现区域内资源、环境、人口的可持续发展。要积极争取包括东南亚、南亚国家在内的国际社会的大力支持，将云南建成中国连接东南亚、南亚的山川秀美、河流清澈的良好生态通道。

5. 友好交往通道。云南与周边国家山水相连、文化同源、民族同宗的特殊地缘和亲缘关系，是促进我国与东南亚和南亚合作的良好社会基础。要积极发挥云南少数民族与周边国家民族间深厚的同源文化优势，通过共建友好纪念馆、民族文化馆、友谊学校、友好医院、标志性建筑等，广泛开展民族文化交流，为实现我国与东南亚和南亚国家的世代友好做出更大贡献。

(二)构筑“大平台”，为实施生产力发展南向互利合作战略提供良好服务

云南虽有独特的区位优势，但经济基础薄弱，市场规模有限。为将区位优势转化为经济优势，云南必须强调服务他人，在服务他人的同时提高自身发展的能力。利用独特的区位优势建设服务的大平台，是云南实施生产力发展南向互利合作战略的又一个重点。

1. 信息平台。要在昆明市和河口、磨憨、瑞丽、腾冲四个主要边境口岸城市分别建立技术先进、信息全面、内外相通、能够便捷交流的信息枢纽。特别是要重点加快昆明国际信息港的建设，要与外经贸部的政府网站协调，在昆明建立“中国－东盟自由贸易区网站”，“中国－南盟合作网”，使之成为各方面信息的采集、加工整理及发布中心。全面汇集我国和东南亚、南亚各国的经济发展、产业、产品、投资与主要合作项目等信息，使昆明成为中国与东南亚、南亚区域合作的主要信息枢纽，为扩大和深化双方的相互了解、交流与合作提供基础性优质服务。

2. 市场平台。在昆明及河口、磨憨、瑞丽、腾冲等口岸城市建立一批具有中国和东南亚、南亚各国特色的商品交易、展示、贸易洽谈、综合服务等市场设施，在昆交会的基础上建立“中国－东盟－南盟地区贸易交易会”。既可进行综合贸易，又可进行专业性贸易；既有现货贸易，又有期货贸易、金融贸易以及服务贸易等。努力使云南成为中国、东南亚和南亚的贸易中心。

3. 金融平台。从东南亚和南亚国家特别是越、老、缅、泰、柬、印度和孟加拉等国的经济发展和贸易水平的实际出发，积极研究云南与东南亚、南亚国家之间便捷的资金流动和银行结算新体系，最终形成以昆明为中心、辐射东南亚和南亚广大区域的多层次、多功能的现代化电子金融平台。

4. 人力资源开发平台。以建设中的昆明大学城为载体，对昆明地区的教育资源进行全面整合，将昆明建成面向东南亚、南亚国家的国际教育基地和人力资源开发中心之一，高效、高水平地开发和培养能够为中国与东盟和南盟开展地区经贸合作的各类人才。

5. 公共事务机构平台。昆明具有优越的气候条件和良好的经济基础，城市发展潜力大，是中国与东盟、南盟设立公共事务机构最为理想的选择地。要争取在昆明构建中国与东盟、南盟各国合作办事的公共事务机构平台以及商贸企业办事机构平台，使昆明成为执行中国与东盟合作框架的组织机构常设地和东南亚、南亚区域性国际组织的常驻地。

(三)发展“大工厂”，建设面向东南亚、南亚的加工制造基地和物流中心

制造业是我国正在着力培育的新的优势产业之一。“中国制造”在国际市场上占据越来越重要的地位。目前，在“中国制造”中，“云南制造”还是一支弱旅。随着我国与东南亚、南亚国家全面经济合作和睦邻互信关系的发展，“云南制造”迎来了前所未有的机遇。云南实施生产力发展南向互利合作战略的第三个重点，就是要将云南建设成为我国面向东南亚、南亚的“加工基地”和“物流中心”，形成“大工厂”，成为我国继长江三角洲、珠江三角洲和环渤海湾之后的第四大制造区域。

1. 建设面向东南亚和南亚的加工制造基地。要依托昆明市及昆明－河内、昆明－曼谷、昆明－曼德勒三条交通干线，分别从东、中、西三个方向布局和发展一批面向东南亚、南亚的进出口加工基地和加工贸易区，把国内外的资金、技术、管理等资源汇聚到云南，带动云南及东南亚、南亚国家优势资源开发和相关产业发展，以增强区域内的整体工业加工能力，扩大我国工业产品出口。主要包括“三大加工贸易区、六大基地”的建设。三大加工贸易区是：(1)昆(明)河(口)经济带出口加工区。依托现有发展基础和优势资源，加快电子信息、机电、冶金、建材、食品、日用化工 6 大产业发展。(2)以大理为中心的滇西出口加工区。当前主要是着力开发以乳品、啤酒为主的食品工业，加快推进机电产品制造业发展。长远要以建材、机电、日用化工、橡胶产品等为主，全方位开拓周边市场。(3)以国家级口岸为节点的边境出口加工贸易区。依托我国在机电、家电制造的优势，从内地采购零部件或吸引内地企业设厂，组装、加工在东南亚、南亚地区适销对路的机电产品和建材产品。“六大工业基地”是:(1)以水电为主、水电火电结合的“西电东送”和“云电外送”的重要能源基地;(2)能源转化型和产品联产型的煤化工产业基地;(3)磷矿资源整合的磷复肥基地;(4)矿电结合以滇南锡深加工,滇东铅深加工,滇中铜、铝深加以及滇西锌、铝深加工等为重点的有色金属工业基地;(5)以三七深度开发、灯盏花、青嵩素系列产品为主导,民族药、植物制药、动物药物共同发展的云药产业基地;(6)以木浆为主、大麻纤维和其他纤维为辅的林浆纸工业基地。

2. 建设面向东南亚、南亚的现代物流中心

建设“大工厂”离不开配套发达的现代物流业。要通过深化流通体制改革、行业整合,培育世界级的大型物流中心。当前重点建设昆明凉亭货运基地、大理物流基地和思茅物流基地,为将来建设中国面向东南亚、南亚的现代物流中心作好准备。

五、云南实施中国生产力发展南向互利合作战略需请中央支持的重大政策措施

(一)请求国家支持将云南建成中国生产力发展南向互利合作战略的主要基地

一是,支持在云南工业基础较好的中心城市建立进出口加工基地,在条件较好的口岸和边境城市建立进出口加工贸易区,以电子信息、机电、冶金、橡胶、建材、食品、日用化工7大行业为重点,拓展对东南亚、南亚国家的经济技术合作。重点支持在昆明建设精密机电制造基地和农机具制造基地,在曲靖建设轻型汽车制造基地,在玉溪建设金属制品精深加工基地,在红河和文山建设摩托车组装基地,在保山和德宏建设珠宝玉石加工基地。

二是,支持将昆明建设成中国西南地区重要的商贸、旅游中心之一,西部大开发的带动型城市,中国最适宜人类居住、西部投资环境最佳的城市之一,中国面向东南亚、南亚的现代开放城市,中国与东南亚、南亚重要的贸易、金融、旅游、进出口加工中心和交通、信息枢纽。

三是,支持在云南布局一批面向东南亚、南亚的综合性市场和专业化市场,在昆明建设海产品交易市场和水果交易市场,在思茅和景洪建设活畜交易市场,在玉溪建设小五金专业市场和皮革交易市场,在昆明、保山建设珠宝玉石交易市场,在昆明、思茅建设茶叶交易市场。

四是,支持在云南举办中国—东盟交易会、中国—东盟旅游业交流会、中国—东盟高新技术产业交流会、中国—东盟医药产业交流会、中国—南亚机电产业交流会、中国—印度信息产业交流会、中国—南亚商品交易会,把云南建成我国与东南亚、南亚各国产业交流和商品交易的中心,为我国企业与东南亚、南亚各国企业加强交流与合作搭建平台。

五是,支持东南亚、南亚国家在昆明设立领事机构。目前,马来西亚已与云南就在昆明设立总领事馆事宜达成协议,请国家支持尽快开馆。同时,从中远期对外开放考虑,请国家与印尼、新加坡等东盟国家及印度、巴基斯坦、孟加拉国等南亚国家协商,早日在昆明设立领事机构。

(二)请求将中印缅孟地区经济合作由民间的“二轨”转为政府间的“一轨”,倡议成立“昆明经济合作组织”

建议借鉴澜沧江—湄公河次区域合作和上海合作组织等合作机制的成功经验,由国际组织牵头,通过建立各国政府间稳定牢固的合作机制,将中印缅孟地区经济合作建成一个开放式的合作组织,与北边的上海合作组织共同形成南北呼应的周边经济合作框架。

一是,尽快在现有定期举办的“孟中印缅地区经济合作论坛”基础上,由4方政府出面组成筹备机构开展前期工作。

二是,在2004年“孟中印缅地区经济合作论坛”第五次会议于昆明举行时,请国家领导出席会议并出面邀请孟、印、缅三国政府首脑出席,实现孟中印缅地区经济合作由民间的“二轨”转为政府间的“一轨”,并倡议成立“昆明经济合作组织”,常设机构设在中国昆明。

三是,制定《“昆明经济合作组织”章程》、《“昆明经济合作组织”行动计划》。根据《章程》和《行动计划》开展全方位合作,逐步推行地区性贸易自由化。

(三)请求国家在建立中国—东盟自由贸易区和推进大湄公河次区域合作进程中,允许云南先行先试,并给予相关政策支持

一是,加强与东盟各国协商,把澜沧江—湄公河次区域作为实施中国—东盟自由贸易区建设早期收获计划的重点地区,确定在瑞丽、河口、磨憨口岸以及关累码头开展单一窗口检查和一站式检查试点。研究授予磨憨、河口两个国家级口岸以口岸签证权。批准云南实行电子通关系统,实现昆明海关及其所属3个边境口岸海关与云南检验检疫局及其3个重

点口岸分支局的网络互联，加快口岸进出口货物的通关速度，便利货物的出入境。支持昆明海关与云南检验检疫局对进口货物实行检验检疫与海关共同查验。同意在云南省4个重要口岸（昆明、河口、磨憨、瑞丽）通道对出入境货物和人员的监控实现检验检疫与海关“一机两屏”的监管，简化程序，方便快速通关。

二是，加强与缅甸、越南、老挝、泰国等协商，加快建设昆明—曼德勒—仰光经济走廊、昆明—河内—海防经济走廊、昆明—万象—曼谷经济走廊。

三是，建议国家尽快与越、老、缅协商并签订有关协议，允许三国与云南在各自境内登记注册过的运输车辆，按常规对货物进行报关检查后，可相互自由出入境。与老挝、缅甸、泰国等协商，在昆曼公路的出境处，即磨憨口岸和磨丁口岸对接处共建“联检大楼”，实行单一窗口和一站式检查，多方各有关部门联合并同时对人员、车辆及货物进行检查和监管，把“联检大楼”建成中国—东盟自由贸易区建设陆路口岸快捷通关的“样板工程”。

四是，赋予云南一定的对外金融权。允许云南在先期实践中探索与周边国家货币自由兑换和流动的可行方式；支持云南在周边国家培育和发展为跨国投资服务的金融体系，发展银行业国际化经营，强化对企业投资的金融服务和政策与支持；允许云南境外企业在适当的时机，在境外成立自己的财务公司；对云南在周边国家开办的资源开发性企业或投资金额较多的企业，允许其向国家银行申请更多的优惠贷款。

五是，把云南作为国家放宽外汇管制政策的试点。延长云南企业投资周边国家所获外汇的金额留成时间（国家规定为5年），并适当减少上缴的外汇额度（国家规定为20%）；在目前人民币经常性收支项目自由兑换的既定前提下，适当放宽外汇管制，允许云南投资周边国家项目的外汇自由输出输入；对云南非贸易性跨国投资项目的实物、技术投资部分实行免收保证金的鼓励性政策，以促进企业用实物资产、专利技术进行投资。

六是，请求国家有关部门尽快与越、老、缅签订协议，使人民币成为边境贸易结算货币，加快建立安全、便捷、互利的资金流动和结算体系，率先在河口、瑞丽等边境口岸或城市设立结算中心。

七是，请求国家研究授权云南省药监局《进口药品通关单》的发证权，以解决大量中药材积压在云南边境口岸无法进口的问题。研究将进口动植物产品检疫审批权下放给云南省出入境检验检疫局办理。

八是，请求国家把云南省国家一类口岸海关、出入境检验检疫部门收取费用的50%留给当地用于口岸建设，以完善口岸的基础设施，提升口岸的国际形象。

九是，请求中央将云南列为中国参与中国—东盟自由贸易区谈判的成员单位，准许云南参与中国—东盟自由贸易区的全程谈判。

（四）请求国家加强与东南亚、南亚国家协商，加快中国连接东南亚、南亚国际大通道的建设步伐

一是，成立国际大通道建设领导小组作为国家层面的协调机制。建议国家成立由国务院领导担任组长，国家计委、财政部、外交部、商务部、交通部、铁道部、科技部、国土资源部、信息产业部、国务院西开办、广电总局、民航总局、海关总署、国家质量检验检疫总局及云南省等有关部门组成的“中国连接东南亚、南亚国际大通道建设领导小组”，负责通道建设的组织领导和协调工作。

二是，加强与东盟国家协商，倡议在中国—东盟合作机制下成立“10＋1”交通部长级会议作为建设国际大通道的国际协调机制。这一国际协调机制在起始阶段可以与大湄公河次区域经济合作的项目结合，首先建立起中国与周边国家的协调机制，以后逐渐扩大到包括中南半岛、南亚次大陆各有关国家，同时吸收有关国际组织、金融机构加入。

三是，请求国家把国际大通道建设列入国家重点项目，并在资金等方面给予统筹考虑和优先安排。重点是把泛亚铁路、昆明至曼谷高等级公路、昆明新机场、澜沧江—湄公河航道整治、中缅陆水联运等大通道建设项目国内工程纳入国家支持西部开发的投资计划抓紧实施。其中，请国家支持泛亚铁路东线方案云南段明年开工，并同时开展西线、中线方案云南段建设的前期工作。

四是，请求国家尽快与有关东盟国家协商，解决好大通道在东南亚的连通问题。优先解决昆明—新加坡铁路金边至曼谷、金边至胡志明市等铁路路段和昆明—仰光、昆明—万象、昆明—河内等重要公路的连接问题。

五是，请求国家与老挝、缅甸、泰国三国协调，在实施澜沧江—湄公河第一期航道清障工程后，逐步开展下游三国的航道建设，以利于航运畅通。

六是，请求国家与有关国家协商开通昆明—吉隆坡定期航线，并将昆明至马尼拉、雅加达、加尔各答的航线列入规划。

七是，请求国家加大对泛亚光纤环网和移动通信网络建设的支持，并在云南建设中国一东盟边疆通讯局，解决我国与次区域国家之间国际信息交换的“瓶颈”问题。

（五）请求国家在云南与东南亚、南亚合作，促进三大经济区可持续发展方面给予政策支持

一是，请求国家大力推进我国与东南亚、南亚尤其是周边国家资源勘查的国际合作。重点是继续支持滇桂黔石油勘探局等公司开展次区域油气勘探工作，并开展从东南亚、南亚国家铺设油气管道进入云南的可行性研究，为增加我国战略资源储备早作准备。

二是，请求国家设立“南向互利合作战略基金”、“风险勘查基金”等，对以云南为前沿的西部地区企业“走出去”到东南亚、南亚国家经商办厂、参与境外资源的合作勘查、开发提供资金支持。

三是，请求公安部、国家旅游局、外交部等部门根据大湄公河次区域经济合作向纵深发展以及东南亚旅游圈与云南省构成新的比较完整的国际大旅游带的要求，研究尽快开通澜沧江一湄公河边境水路旅游专线。

四是，请求国家从资金和项目等方面，对云南建设面向东盟国家的教育培训基地、人才储备中心等人力资源开发项目给予支持，加大对东盟国家小语种的培训，并把我国为东盟国家进行的人才培训项目交由云南实施，加大人才培养和储备力度，为中国一东盟自由贸易区建设提供强大的人才和智力支撑。同时，根据东盟国家对华语教育的巨大需求，请国家支持云南有关部门、学校到周边国家开展华语教育合作。

五是，请求国家支持云南强化环境保护和生态治理。请求国家将云南国际河流的生态保护与治理列入国际合作项目，加大流域退耕还林（草）和生态防护林建设支持力度，为长江、珠江等大江大河及国际河流建好生态屏障。

六是，加大对云南开展境外罂粟替代种植的支持，扶持云南实现由低层次的境外替代种植向高层次的替代产业发展，并把替代种植的税收优惠政策扩大到种植业之外的二、三产业及与替代发展相关的产品。

（总报告完成时间：2003 年 9 月）

专题研究报告之一

21世纪初中国生产力发展南向互利合作战略中云南的地位和作用研究

改革开放以来，我国相继实施了沿海、沿江、沿边开放战略。沿海地区得地利之便、政策之利、先行之优，经济获得空前发展，成为太平洋西海岸经济最具活力的地区。进入21世纪，为更好地适应国际经济合作与竞争的需要，实现西部大开发、全面建设小康社会的宏伟目标，我国必须进一步扩大对外开放，尤其要在实施南向互利合作战略方面迈出更大步伐。在这一新的战略选择下，云南因其独特的区位优势而倍受关注。可以预见，只要进一步改善与周边国家的交通运输和投资贸易条件，云南在我国实施南向互利合作战略，促进我国与东南亚、南亚（以下简称"两亚"）地区要素整合、产品交换、产业合作、文化交流，以及生产力大范围调整等方面，将发挥重要而独特的作用。

一、实施南向互利合作战略是我国21世纪初的一项重大战略抉择，符合我国及"两亚"地区人民的利益要求

从当前形势看，在继续实施太平洋战略，搞好沿海开放的同时，积极推进陆路开放，加快实施南向互利合作战略，是事关我国发展全局的战略抉择，必将对21世纪我国的发展产生深远影响。同时，南向互利合作战略的实施，将为"两亚"地区的发展提供新的机遇和条件，有利于推动区域内生产力的共同发展。下面，我们从5个方面分析加快实施南向互利合作战略的重要意义。

（一）实施南向互利合作战略是加速推进区域经济合作、增强我国与"两亚"地区经济竞争力的明智选择

世界范围内区域经济合作的快速发展，客观上促使我国及"两亚"国家必须融入这一总体趋势之中。经济全球化和区域经济一体化已成世界经济发展的两大趋势。20世纪80年代以来，区域经济合作迅猛发展，不论是发达国家还是发展中国家，都在这一进程中扮演着重要角色。除运行时间最长、成效最明显的欧洲经济共同体发展成为现今的欧盟外，中美洲国家联盟、拉丁美洲自由贸易协会、东南亚国家联盟、西非国家经济共同体、北美自由贸易区，直至南亚国家联盟逐渐形成，清晰地表明，在经济全球化背景下，区域经济合作已呈不可阻挡之势。据统计，在WTO 148个成员国中，有90%隶属于不同形式的区域经济组织。世界范围内各种区域性关税同盟和自由贸易协定的签署，对类似我国及大部分"两亚"国家这样的经济相对落后、总体实力较弱的国家，在拓展国际市场方面造成很大压力，形成了新的挑战。为应对这一形势，中国—东盟自由贸易区应运而生，并在较短的时间内得到快速推进。日本—东盟、韩国—东盟和印度—东盟经济合作也体现了这一趋势。同样，以更宽的视野、更具实质性的行动推进我国与南亚地区合作、全面实施南向互利合作战略，已成为这一总体趋势下的必然结果。

实现更加紧密的经济合作，将为我国与"两亚"地区生产力发展创造前所未有的良好环境。这一区域是当今世界发展势头最强劲、潜力最大、市场最广阔、最引人关注的地区。特别是自20世纪90年代以来，在世界发达国家经济处于低速增长期，俄、德、法、意等国甚至出现负增长的情况下，我国与"两亚"地区主要国家却始终保持着强劲的增长势头。其中我国近20年来以9%左右的速度高速增长；东盟各国在1997年亚洲金融危机之前，普遍保持了6%～7%的增长，1999年以来，印尼、菲律宾、泰国、马来

西亚、新加坡、缅甸等国的增速也在4%左右;印度在过去10多年的增长速度在6%左右,而巴基斯坦近3年来也开始显现出较好的增长势头,年均增长率分别达到3.9%、3.4%和5.5%。有专家预测,和平、发展、繁荣的中国和"两亚"地区,将成为世界经济增长的热点,在新世纪世界经济发展中领跑。在这一形势下顺势而谋,积极主动地融入其中,加快推进南向互利合作战略的实施,将为本地区发展创造更加和谐、稳定的周边环境,抢得主动,并形成区域内经济发展的合力,创造更多的发展空间和机会,实现生产力的持续发展。

我国与东南亚大部分国家、南亚国家同属经济欠发达国家,各国人均GDP大都在800美元以内,人民生活还很贫困。其中老挝、柬埔寨、缅甸更被联合国列入世界最不发达的40多个国家之列。虽然中国和印度都是两个人口和地域大国,但在国际经济事务中的影响仍然有限。经济上落后,使这些国家在参与全球经济竞争中处于事实上的不平等地位,成为世界经济格局中的"弱势"群体。为应对经济全球化带来的严峻挑战,利用我国与"两亚"地缘临近,经济、政治、历史和文化关系比较密切的优势,通过实施南向互利合作战略加强区域内各国间经济上的联系,提高相互间的贸易和投资自由化程度,形成经济联合体,将可以极大地提高各国在国际上的地位,增强经济竞争力。

(二)实施南向互利合作战略,是我国及"两亚"地区加快生产力发展的必然要求

第一,是获取各国所需战略资源,实现区域内资源互补共赢的需要。资源是支撑生产力发展最基本的要素。我国人均资源占有量极少,仅为美国的1/64。而在新世纪初我国全面建设小康社会,加速推进新型工业化,大力发展城镇化的重要阶段,需要大量的战略性资源,而国内产量远远难以满足这样的需求。"两亚"地区是世界上重要的资源富集地,而且与我国有很强的互补性。其中,东南亚是世界著名的富矿带,锡、锰、铬、镍、玉石等储量均居世界前列,铅、锌、石油、天然气、煤、磷酸盐等矿产资源也占有重要地位。老挝万象附近200多亿吨的钾矿和越南北部的富磷矿、铜矿等更是我国急需资源。东南亚还是世界著名的粮仓,泰国大米出口居世界第一位,越南在短短几年内也发展成为世界第三大米出口国。东南亚地区木材蓄积量248亿立方米,年产原木约3亿立方米,其中柚木产量占世界的90%以上。南亚7国的资源也很有特色,尤其印度的铁矿石、孟加拉国的黄麻、不丹的木材等在世界上均居重要地位,并与我国有一定的贸易量。"两亚"地区还是世界上重要的水产品生产区。这些资源,都可以在我国实施南向互利合作战略中,通过多种合作方式进行开发利用。同样,"两亚"国家也需要从中国这样的邻国进口本国稀缺物资,以弥补国内资源的不足。例如越南、老挝、缅甸文莱、柬埔寨等国需要劳务技术输入,弥补本国在道路、桥梁、水电、矿山等基础设施和基础产业建设中人力资源的不足。四川、广西、贵州、云南等地丰富的水电资源,也是周边国家重要的能源补充。而中国优质的瓜果、蔬菜等农产品及摩托车、电视机、冰箱等机电产品,也为满足"两亚"国家人民的消费需求创造了条件。

第二,是拓展市场空间,促进生产力持续发展的需要。21世纪的生产力发展,必须始终关注、研究并牢牢抓住市场这个关键。尤其在全球性市场和各种区域性市场逐步形成的条件下,市场空间更成为企业发展、产品销售的决定性因素,并对一个地区、一个国家的发展产生重大影响。而人口又在很大程度上决定着市场,人口的数量、结构和居民消费层次,决定了市场的空间、结构和重点。近年来欧美经济增长放慢,一个重要原因就在于其国内人口有限,无太大的拓展空间。由于有12多亿人口的大市场作为依托,我国回旋余地大大增加,从而能够在20多年来都保持高速增长。印度利用同样的优势,近年来也保持了5%以上的增长。东南亚11国有5亿多人口,南亚7国有13亿多人口,形成了潜力巨大的区域市场。且这两大市场均处于成长之中,消费层次多样,对高、中、低产品都有较大需求。特别是由于经济发展水平较低,中低收入人口多,多数国家对物美价廉的中、低档产品有巨大需求,为我国过剩产业、产品的转移提供了广阔空间。而我国巨大、多层次的消费需求市场,也为"两亚"地区的优势产品如电子、IT产品、粮食、水产品、石油、天然气等出口,提供了更加广阔的空间。可见,进一步增强市场空间意识和竞争意识,扩大本国产品的销售市场是我国与"两亚"国家的共同愿望。通过实施南向互利合作战略,可更好地促进我国与"两亚"国家充分利用就近市场资源,拓展市场空间,为本地区生产力的更快发展产生积极影响。

第三,是在世界产业梯度转移中实现产业结构调整,提升产业发展水平的需要。世界经济发展的经验表明,产业结构调整只有在开放式的经济系统内才可能取得成功。特别是在经济全球化背景下,各国的产业结构只有进一步与国际市场尤其是周边市场结合起来，形成在时间和空间上大跨度互补的新局面，才可能取得更好成效。当前世界范围内的产业已形成梯度转移态势，即发达国家的劳动密集型、资源消耗型产业向沿海地区和国家转移，沿海的一些传统产业、制造业向内陆地区和包括云南这样的边远地区转移。总体上，在这种产业结构大调整中，首先应着眼于参与地缘相近国家和地区的区域分工，扬长避短，吸优纳强，使优势工业产品或过剩工业品在这些国家占住市场，方可为各类产业的发展创造更加广阔的空间，从而实现产业的协调、持续发展。可见，实施南向互利合作战略，也是我国与“两亚”地区更好地利用产业梯度转移效应，实现生产力大发展的需要。

(三)实施南向互利合作战略既是对历史的传承，更是面向未来、发展我国与“两亚”各国间睦邻友好关系的客观需要

历史上，我国与“两亚”地区就开始并保持着密切的联系和交往。据史书记载，中、印两大文明之间的交往自我国春秋战国时期就已开始，并在之后的数千年中密切联系、相互影响。我国与缅甸交往的陆路通道在公元前 4 世纪就已存在，与泰国关系始于 1290 年，我国内地商人最早到当时的象郡(现今的越南北部)经商是公元前 214 年左右。我国古代的生产技术，如施肥、灌溉、深耕、使用牛耕和铁制农具，以及种桑养蚕技术等，对东南亚地区的经济发展产生了积极影响。到近代，这一区域遭受西方殖民主义侵略和剥削，各国人民在争取民族独立运动，反对外来侵略的斗争中相互支持，并肩战斗，结下了深厚的友谊。中缅两国总结友好交往的历史，最先提出和平共处 5 项基本原则，成为国际交往中最重要的基本准则，为各国间的友好交往产生了深远影响。中缅之间建立的“胞波”情谊，更是我国与“两亚”国家友好交往的典范。这种在历史中形成的友谊和联系，是任何因素、任何时候都难以阻隔和割断的。在新的时期，进一步将这种传统友谊发扬光大，是历史的延续，更是区域内各国人民的共同愿望。

现实生活中，我国与“两亚”国家在文化等方面具有诸多相似性和关联性。一是同属多民族国家，都面临着处理多民族关系，实现多民族和睦相处的问题。我国有 56 个民族，泰国有 30 多个民族，其他“两亚”国家也普遍有数十个民族，印尼、缅甸等国更是有高达 100 个以上的民族。我国在处理多民族关系方面取得了极大的成功，创造了多民族和睦共处的典范。二是在宗教文化方面有许多共同之处。如我国西南地区和东南亚国家普遍信奉小乘佛教(泰国、缅甸分别有 90%和 80%以上的居民信奉小乘佛教)，而起源于印度的大乘佛教在我国中原地区也得到了很好的发扬。三是华人社会成为这一区域内的一大文化特色。中国在海外的 3000 多万华人中，东南亚地区就有 2000 多万。在许多东南亚国家，华人都在其发展的各个阶段作出了卓越贡献，占有重要地位。如马来西亚华人占其总人口的 25%左右，新加坡华人占近 80%，泰国华人在其经济等领域也具有举足轻重的影响力。四是受历史上文化交流的影响，东南亚国家在风土人情、风俗习惯等方面还延续着我国的一些传统。如泰国以华人为主的春节、中元节、中秋节、端午节等，其热闹场面毫不逊色于中国，泰国人的新年也与云南西双版纳傣族一样以泼水节(宋干节)为主要形式。相似的历史、人文背景和文化活动，形成了我国与“两亚”国家最为坚实的纽带，继续保持这种文化联系，进一步增进相互之间的理解与信任，是区域内各国的共同使命。

(四)实施南向互利合作战略，是实现我国与“两亚”地区持久稳定繁荣的积极行动

首先，我国及“两亚”地区合则兴、斗则败，谁也离不开谁。即使在经历了中印、中越大规模冲突和达赖逃亡印度、边界争端等种种不愉快的情况下，仍然没有改变各国加强合作的大势。这从根本上说明了一点，即和平、合作、发展、进步是各国人民的共同愿望，是面向未来最根本的基石，而战争、斗争必然导致失败，损害各国人民的根本利益，这是在几千年历史经验和教训中得出的结论。当前，我国与“两亚”国家增进信任、加强合作、相互依存的大势正在形成。可以说，我国及周边国家相互间的联系越密切，合作越紧密，边疆就越稳定，各方面存在的问题就越容易得到解决。从这一点可以看出，我国实施南向互利合作战略将为解决目前存在的问题，推进我国与“两亚”地区的稳定繁荣创造更好的条件。

其次，我国及“两亚”地区存在的毒品、走私、艾滋病等问题，只有在各国加强合作、共同行动中，才可能得到彻底解决，从而为生产力的发展创造一个长期稳定、繁荣的环境和秩序。当前，毒品犯罪、走私、艾滋病等仍不同程度存在，对这一地区的安全与稳定形成威胁。尤其是以“金三角”为重点的东南亚地区仍然是世界上最大的毒品种植、生产和销售地。据联合国禁毒署的评估报告，仅缅甸 2001 年鸦片产量就达 1097 吨，15 岁以上人群吸毒者达 2.4%。由于毒品泛滥，也导致缅甸成为艾滋病的主要流行区，感染率达1%以上。区域内存在的这些问题长期难以得到彻底根除的原因，除这些国家经济落后、人民生活贫困外，各国缺乏统一行动、情报交流、工作配合等方面还存在很大困难是一个重要因素。为实现区域内长期的经济繁荣和社会稳定，就必须进一步加强我国与"两亚"国家在上述各个领域的合作，变被动防御为主动防御，联合采取行动，从根本上遏制住毒品、艾滋病等进一步渗透、扩散的趋势。

此外，只有加快实施南向互利合作战略，才能更加有效地维护我国及"两亚"国家在这一区域内的政治和经济利益。特别是由于东南亚地处太平洋和印度洋之间，扼马六甲海峡等众多海上要冲，是世界上最重要的海上经济通道之一，地理位置十分重要。因此，世界上许多国家从各自战略需要出发，都在通过多种手段，加强对这一地区的影响。为谋求和维护在这一地区的切身利益，就必须通过实施南向互利合作战略，加强我国与"两亚"国家在更多领域的合作，实现地区利益最大化。

（五）实施南向互利合作战略已具备良好的基础和条件

经过有关各国共同努力，实施南向互利合作战略的环境正在形成，基础和条件已经具备。特别是各国已积累一定的物质基础，开放意识强烈，而且我国与"两亚"国家和人民有着强烈的发展愿望，希望通过加强合作实现生产力的大发展。可以说，当前正是抓紧实施南向互利合作战略的最好时机。

一是，中国—东盟自由贸易区建设，迈出了实施南向互利合作战略的重要一步，为加强我国与东南亚国家的全面合作奠定了坚实基础。自2002年我国与东盟国家签署全面经济合作框架以来，特别是"早期收获计划"的实施以及中泰果蔬零关税协议的实施，使中国—东盟自由贸易区建设得到实质性的推进。此外，我国与东盟国家在生态环境、基础设施建设、卫生、能源等方面的合作也在积极推进之中。可以认为，随着《中国与东盟全面经济合作框架协议》各项内容的逐渐落实，以及各项谈判进程的加快，我国与东盟国家的合作将很快进入一个新的阶段。

二是，中印关系改善，为全面加强我国与南亚国家的合作创造了良好机遇。近年来，随着我国和印度各方面交往的日益加深，特别是在两国高层领导人相互访问之后，中印关系得到迅速改善。这种良好趋势，近20年来少有。中印关系正常化，不仅对于南亚、甚至对整个亚洲地区的稳定和繁荣都将起到积极的作用。

三是，党的十六大胜利召开，提出全面建设小康社会的宏伟目标，为我国扩大开放注入了新的活力，创造了更好条件。特别是会议提出要坚持"引进来"和"走出去"相结合，全面提高对外开放水平，适应经济全球化和加入世贸组织的新形势，在更大范围、更广领域和更高层次上参与国际经济技术合作和竞争，充分利用国际国内两个市场，优化资源配置，拓展发展空间，以开放促改革促发展；继续加强睦邻友好，坚持与邻为善，以邻为伴，加强区域合作，把同周边国家的交流与合作推向新水平等重要内容，为我国进一步扩大开放，加快实施南向互利合作战略提出了新的要求，奠定了坚实的理论基础。

四是，西部大开发战略的深入实施，使我国南向互利合作战略具有了更加重要的意义和更深的内涵。包括云南、贵州、广西、四川、重庆等省（区、市）在内的广大西部地区，长期处在我国对外开放的末端，在吸引外资、扩大经贸合作方面处于不利地位。西部大开发战略实施以来，西部地区的基础设施建设得到极大推进，生态、能源等建设进入前所未有的高峰期。但是，这仍然很难改变西部地区相对封闭的状况，大宗物资产品的出口还须转道华东、华南地区出海，与世界其他国家的交往也存在不少障碍。如果下决心推进实施南向互利合作战略，这种局面将得到极大改观。尤其是西南地区，将由我国开放的末端一举成为开放的前沿，为改善这些地区的投资环境，带动地方经济发展，创造更好的机遇和条件。因此，西部大开发战略和南向互利合作战略同步推进，将彻底改变我国西部尤其是西南地区的被动局面，扬起我国经济腾飞的另一支翅膀，形成与东南沿海开放两翼齐飞的良好局面，逐步缩短东西差距，使广大西部地区在我国全面建设小康社会的进程中大有作为，做出更大贡献。

二、云南是我国实施南向互利合作战略的主要基地

我国实施南向互利合作战略的关键在于陆路开放，在于能否充分发挥西南出境通道的作用。云南因其特殊的区位，有条件成为实施南向互利合作战略的主要基地。充分发挥云南重要而独特的基地作用，对于改变我国单一沿海开放格局，加速推进西部大开发、逐步缩小东西差距，对于实现我国与"两亚"

三大市场的结合，促进区域内的政治、经济和生态安全，都具有重要意义。

（一）云南地理位置优越，是我国实施南向互利合作战略的重要方向

云南是我国实施沿边开放战略的一个重要省份。云南位于我国与“两亚”结合部，与越南、老挝、缅甸接壤，并与印度东北部临近，自古就是我国通往“两亚”的陆上走廊。云南与东盟国家之间4061公里的边境线，约占全国陆上边境线的1/5。在我国全方位对外开放中，除东南沿海的开放起步早、成效大外，真正能够形成较大规模的人员、货物往来，促进整个区域内生产力共同发展，并在国际上形成较大影响力的，惟有西南方向。进一步打通西南陆路出境通道，从云南（包括广西部分地区）出境，连通我国与中南半岛各国和南亚次大陆，直至进一步连接西亚、欧洲交通网，才是我国对外开放陆路通道的最佳选择，是实施南向互利合作战略的重要方向。

（二）云南与周边国家交通条件好，为我国实施南向互利合作战略提供了基本条件

我国经西南出境通道加强与“两亚”地区合作，已有较好的交通保障。云南现有90多条通道和11个国家一类口岸、9个国家二类口岸、103个边民互市点，在我国与周边地区的交往中发挥着重要作用。特别是经过多年建设，云南公路、铁路、水运、航空、信息等基础条件大为改善，与国内连接的综合交通运输网络基本形成。与此同时，云南出境通道建设也取得长足进展，经云南沿东、中、西三线通往“两亚”国家的通道基本形成。东线主要以从河口、麻栗坡、金水河口岸的出境公路，以及从河口出境的滇越铁路为主，进入越南北部通往泰国、新加坡等国。昆明至河口铁路长863公里，公路920多公里，是昆明至周边国家距离最近的通道。中线以昆明至老挝、缅甸的昆洛公路，已通航的澜沧江－湄公河国际水运航道和昆明、思茅、景洪航空港为主，通往中南半岛。昆明至中老边境837公里，至中缅边境847公里，经由澜沧江－湄公河到泰国金三角地区有1100公里左右。西线以滇缅公路，初具雏形的伊洛瓦底江中缅陆水联运通道和昆明、芒市、保山航空港为主，从多个口岸出境南下直达缅甸仰光，往西500公里左右即可与印度东北部的铁路网相接。

正在建设中的中国连接东南亚、南亚的国际大通道，将为我国南向互利合作战略的实施创造更好条件。为改善与周边国家的交通运输条件，更好地为我国对“两亚”地区开放服务，云南提出了建设中国连接东南亚、南亚国际大通道的构想，并积极开展了相关工作。可以说，国际大通道是梦想成真的先决条件，是创造机遇的最大基础，是实现我国与“两亚”地区合作的最好保证。目前，在我国政府和东南亚国家、亚行的支持下，国际大通道的关键项目如昆曼公路、昆明－瑞丽－曼德勒－仰光公路、昆明－河口公路和昆明－腾冲－黑泥潭公路、泛亚铁路（含东、中、西方案）、澜沧江－湄公河国际航运、中缅陆水联运、昆明国际机场建设等，都得到了积极推进。随着这些项目的逐步建成，我国与“两亚”之间快捷、安全的大通道全面形成，南向互利合作战略的实施将具备更坚实的基础和保障。

（三）云南面临市场广阔，是我国实施南向互利合作战略的天然桥梁

云南处在中国市场与东南亚、南亚市场的中心地带，只要减少并最终消除中国与东盟国家现存的贸易投资障碍，就将在我国与东盟之间创造一个17亿消费者、2万亿美元GDP、1.2万亿美元进出口贸易额的经济区。如果进而把南亚市场联系上，就可形成一个30多亿人口的巨大区域市场。以云南为跳板，向南可进入拥有5亿多人口的东南亚市场，向西500公里左右即可与南亚市场网络对接。不论从贸易发展、产业梯度转移的角度，还是区域经济学的观点看，通过云南加强与“两亚”市场的联系，充分发挥占世界一半人口消费市场的巨大潜能，将大大促进我国与“两亚”国家在发展条件、资源结构、产业结构、市场结构和消费结构等方面的互补与合作，从而加快整个地区的发展。

（四）云南与“两亚”地区友好交往历史久远，构建了实施南向互利合作战略的亲缘纽带

早在张骞通西域前2000年前后，云南就有了“蜀身毒道”（现称“南方丝绸之路”）的存在，从四川至云南，通往缅甸、印度和西方国家，是中华民族与上述地区友好交往和开展贸易往来的重要通道。历史上，我国与“两亚”国家的交往，很多都是通过云南进入对方国家的。出生在云南昆明的我国明代伟大航海家和外交家郑和，先后7次出使西洋，作为友谊的使者到达大部分“两亚”国家，促进了各国间的友好交往。二战时期，著名的史迪威公路（中缅公路）和驼峰航线，成为当时我国唯一的后方补给生命线，为抗战胜利作出了卓越贡献。当时的滇越铁路，更是创造了云南火车不通国内通国外的历史。而16种民族在云南与周边国家跨境而居的同源文化和亲缘民族关系，使云南与东南亚国家始终保持了十分紧密的往来。只要对这种传统的友谊加以引导和利用,就可形成我国南向互利合作战略的巨大推动力量,为促进我国与"两亚"国家的友好交往发挥更加重要的作用。

(五)云南与"两亚"国家经济互补性强,是参与实施南向互利合作战略的重要力量

云南与东盟国家在发展条件、资源结构、产业结构、市场结构和消费水平等方面有相当明显的互补性,相互合作的条件好、潜力大。特别是,云南在我国产业梯次转移中处于承前启后的中间层次,有着进行产业结构开放式调整的有利条件。例如,在农业开发合作方面,云南在与"两亚"国家合作发展种养殖业和农产品加工业、木材加工及林化工业,扩大双边农产品贸易,并加大在境外实施毒品替代种植,促其逐步向替代产业发展等方面大有可为。烟草产业合作方面,可依托云南先进的技术、设备和雄厚的资金实力、高层次的管理人才,通过在周边国家合作或独立建立卷烟生产企业或烟草经销公司等途径,扩大我国烟草在"两亚"地区的生产和销售,并带动当地烟草产业发展。能源开发合作方面,可利用云南优越的水电资源和开发管理方面积累的技术、经验,加强与"两亚"国家的水电开发合作,共建区域跨国输变电网,并争取建设泰国、越南至昆明的石油、天然气输送项目等。近年来,我国仅在缅甸就以合作方式承建了16座水电站,其中15座由云南承建,已显示出这方面合作的广阔前景。矿产业合作方面,可以依托境内外丰富的资源及云南现有的开发能力,加强区域内的矿产资源调查,促进区域内勘探、采矿、加工技术的交流与合作,并在合作开发周边国家和云南的钾盐矿、铅锌矿、铜矿、富银铅锌矿、宝玉石矿等方面迈出较大步伐。旅游合作方面,以澜沧江—湄公河这一天然纽带为依托,将可以构建以流域各国自然风光、民族风情及历史文化为主要特色的次区域跨国旅游带,实现次区域旅游市场的一体化,极大地促进整个地区旅游业的发展。

(六)云南与"两亚"地区已开展的广泛合作,为我国实施南向互利合作战略奠定了良好基础

首先,云南在与"两亚"地区的合作中,建立了一些有效的合作机制和工作模式,取得宝贵的合作经验。1992年10月,在亚行的主导下,澜沧江—湄公河次区域经济合作开始实施。10年来,在国家澜协办的指导下,云南充分发挥自身优势,全面参与澜沧江—湄公河次区域经济合作各项工作,在交通、卫生、人力资源开发、生态等领域发挥了积极作用,取得了较好的成效。此外,20世纪90年代以来,在云南省的发起和倡议下,孟中印缅四国开始了一系列合作,并形成了"孟中印缅次区域经济合作与开发论坛"机制,分别在四国轮流召开年会。其中,1999年在昆明召开的首届会议上,发表了影响深远的《昆明倡议》,为四国间经济合作开辟了新的道路。四年多来,"论坛"已经引起了有关各国的广泛关注和重视,参会代表也从最初的专家学者,发展到各国政府高层官员。可以说,云南在这一进程中,发挥了积极而重要的作用,为推进各国合作做出了贡献。共同的经济利益要求,决定了更加密切的澜沧江—湄公河次区域合作和孟中印缅地区经济合作必将在我国南向互利合作战略的实施中发挥重要作用。

其次,云南具有举办中国昆明出口商品交易会的优势。昆交会是我国西南地区联合起来,依托全国,利用毗邻"两亚"的地缘优势,共同发展对外经济贸易的一次联合行动。自1993年以来,昆交会已连续举办11届,经贸成交总额逐年增加,合作层次和水平不断提高,对促进我国尤其是西南地区与"两亚"国家的合作与交流做出了积极贡献。尤其是通过不断努力和探索,昆交会的区域性、国际性特点日益显现,并引起了东南亚国家的高度重视。2002年昆交会期间,东盟有6个国家均由副部级以上官员带队。2003年第11届昆交会首次设立东盟馆,更是吸引了东盟十国及国内外客商共275个展位参展,使东盟国家参展规模、参展人数、参展企业及产品质量都达到历史最好水平,并因此使昆交会成为国内举办的各种交易会中一个非常引人注目的亮点。联办、协办各方除积极组团参展外,还主动要求与东盟国家进行贸易洽谈,充分显示了昆交会这一交易平台的重要地位和作用。云南还利用自身优势,组织召开次区域合作国际、国内学术研讨会20余次,并积极开展了许多在国内外有广泛影响的次区域合作重大战略问题前期决策研究项目,为国家决策和云南开放战略的实施提供了重要参考。其中影响较大的有2002年"中国—东盟贸易、投资和发展合作国际研讨会",以及2003年召开的东亚市长论坛会议、大湄公河第12届部长级会议、东盟—湄公河流域合作与开发第五次部长级会议等。

第三,云南与周边地区在禁毒及卫生防疫等方面进行了许多具有开创性的合作。一是与大湄公河次区域国家在毒品预防教育、缉毒执法、毒情信息交流、戒毒治疗、禁毒官员培训等方面进行了积极探索,取得较好效果。特别是在周边国家开创性地实施毒源地替代种植项目，在禁毒合作实践中探索出的绿色“勐海模式”，被联合国禁毒署执行主席阿拉齐赞为国际禁毒的楷模和样板，并因此将“减少毒品种植，实施替代发展”确定为今后全球禁毒工作的重点。二是以艾滋病防治为重点的医疗卫生合作取得进展，在国家卫生部帮助下，云南省卫生厅等有关部门正积极开展工作，落实已与东南亚有关国家签订的卫生合作协议，推进建立次区域艾滋病、霍乱等重大疾病共同防治体系。三是云南还与周边地区在整顿市场经济秩序，维护游客安全和切身利益，加强司法交流、信息交换，打击跨国有组织犯罪、贩毒、走私、经济犯罪、偷越国境及其他犯罪活动等方面，开展了广泛合作，取得一些积极成果。可以预见，在未来我国与“两亚”国家开展的禁毒、走私等合作中，云南仍将承担起特殊而重要的责任，是我国参与合作的重要力量。

三、云南在我国实施南向互利合作战略中可以发挥重要而独特的作用

云南的重要作用，可以简单概括为“我国实施南向互利合作战略的主要基地”，具体体现在大通道、大平台、大加工厂三大作用上。

(一)大通道作用

依托云南良好的交通运输条件而形成的综合通道优势，可在我国实施南向互利合作战略中，发挥独特的桥梁和纽带作用。这种作用集中体现在交通通道、贸易通道、产业通道、生态通道和友好交往通道五个方面。

1. 交通通道

云南陆路交通将在我国实施南向互利合作战略中体现出其价值，在我国与“两亚”国家的全面合作中发挥越来越重要的作用。其根据主要有三方面：

一是，云南地理、气候条件优越，边境口岸和对外通道可以“全天候”利用，没有高山大河的阻隔，没有茫茫戈壁的障碍，也没有冰川冻土的制约，一年四季均可顺利通行。这相对于我国其他陆路出境通道而言，是一种巨大的优势，可以实现我国与“两亚”国家人员及物资的方便出入。

二是，从运距、运输成本等方面考虑，从云南陆路出入境可以实现利益最大化。中南半岛5国的首都与昆明的距离都在2000公里以内，从昆明出发沿公路只需半天至一天即可抵达周边国家边境。利用澜沧江—湄公河国际航道抵南亚国家，更比绕道华南沿海港口出海缩短里程1500公里～3000公里，节省时间一个星期以上，降低运输费用40%左右。例如从上海、湛江、防城港、广州等地出海到新加坡距离分别为2000公里～3000公里，走一个“V”字型圈到南亚要7000公里左右。而从云南经伊洛瓦底江到南亚，比上述路线近3000公里～5000公里，缩短运时5天～8天。从四川经云南到南亚有3000多公里，而如果从成都经上海出海到新加坡就长达4500公里。特别是从昆明沿中缅公路到印度东北部，仅1406公里，从腾冲边界到印度利多仅500公里左右。可见，从我国大部分省区、尤其是中西部省区到印度北部、东北部乃至尼泊尔、不丹等地，经云南出境在节省时间、成本方面都更为合理。同样，“两亚”地区的物资出口中国大陆，从云南出境也是较为合理的选择。

三是，从云南陆路出入境有通行安全等诸多方面的保障。虽然目前我国多数货物尤其大宗货物的出境多由海上运输完成，但这种局面是陆路出境通道不畅造成的。客观上，海上运输在运费方面具有优势，但在便捷、时效、安全性方面却不及陆路运输。特别是随着通过马六甲海峡船只的增多，航道拥挤问题日益突出，由此带来的安全隐患也在增加。马六甲海峡已成为世界上最繁忙的海峡，难以完全满足各国船只快速、顺利、安全通行的需求。如果尽快打通从云南通往中南半岛和南亚次大陆的陆上通道，将为海洋运输提供重要的补充或替代作用，大大提高我国与“两亚”国家之间交通运输的效率，降低运输成本，赢得市场先机，带来巨大经济效益。

2. 贸易通道

发挥云南通道的作用，通过实行贸易与投资便利化等手段，将能有效促进我国与“两亚”国家进行大范围生产要素整合和产品交换的需要，从而提升各方贸易的规模和水平。从各国资源状况看，印度的铁矿石、东南亚国家的煤矿、钾矿、宝玉石、石油、木材、热带水果、优质米等，我国均有较大需求。而我国的磷矿石、机械、纺织、化工、家电产品和温带水果、蔬菜等，又是“两亚”国家所需要的。这种产品互补的状况已在云南与周边国家的贸易中得到体现。目前，云南与缅甸、老挝的进出口额分别占我国与两国进出口总额的56%和92%，而云南与东盟10国的进出口额就占全省进出口总额的36%，与东盟的贸易在云南对外贸易中具有举足轻重的地位。据统计，每年从云南出口“两亚”国家上千万美元的商品有卷烟、石蜡、棉、短纤维、船、烤烟、三磷酸钠、铅、

银、磷酸、谷种、磷酸氢二铵等10多种，百万美元以上的商品有近100种。同时，云南从东盟国家进口百万美元以上的商品有杂木原木、锯材、铜矿沙、铬矿沙等20多种。正式基于对区域内商品贸易前景的看好，2002年底批准的大湄公河次区域经济合作未来十年发展战略框架，才提出要通过软硬项目的实施，逐步在东盟自由贸易区和中国－东盟自由贸易区的框架内先期实现次区域各国间的自由贸易。我们认为，随着我国南向互利合作战略的实施，与周边地区交通运输和贸易条件的进一步改善，我国经云南与“两亚”国家进行的贸易往来规模将会有更大幅度的提升，为促进区域内国际贸易的快速发展提供方便和优质服务。

3. 产业通道

随着世界新一轮产业结构大调整、大转移速度加快，云南作为我国与“两亚”之间产业“走出去”、“引进来”的桥梁和纽带作用正日益显现。相对于东部沿海省区，云南的产业技术层次和结构滞后5年～10年，处于承接先进技术和产业的位置；相对于邻近周边国家，云南的产业技术和产业结构也具有较强的互补性，产业技术交流与合作的空间很大。特别是很多已经不符合我国产业发展政策的如小水泥、小水电、小造纸厂、小矿厂等，周边国家还很需要。而且，我国大量需要的木材、铁矿、钾盐矿等在受运输成本、对方政策许可程度等条件限制的情况下，可以把国内的这些产业逐渐转移出去，采取就地取材、就地加工的办法拓展新的发展空间，并返销我国内地市场。如云南近年来在老挝开展的钾盐矿项目、第二水泥厂项目、天然橡胶种植和加工项目，在缅甸、老挝、越南建设的20余座水电站项目，在越南的白藤船厂改造项目、豆奶生产设备项目，在柬埔寨的大输液项目等，都较好地体现了这一发展趋势。同样，在“两亚”国家也具有许多优势产业，具备向外拓展的实力。近年最突出的就是印度尼西亚金光集团在云南投资林浆纸一体化项目、泰国正大集团与昆明面粉厂合资1400万美元设立“昆明正大有限公司”等项目，不仅投资多、规模大，而且成效显著。利用好产业梯度转移效应，发挥云南的综合服务和保障能力，可以实现我国与“两亚”、特别是周边国家产业的跨区域、跨国合作，进一步提高各方的产业发展层次和水平。

4. 生态通道

当代经济发展必须建立在良好生态环境基础之上。生态环境就是生产力，保护环境是发展生产力的应有之义。云南地处被称为“亚洲水塔”的青藏高原东南部，流往我国东南沿海和“两亚”国家的几大河流，如金沙江、珠江、澜沧江－湄公河、红河、怒江－伊洛瓦底江、独龙江－恩梅开江等，或发源于云南或流经云南。云南的生态环境在整个区域生态体系中占有极其重要的地位，从根本上讲，云南水体、森林、植被等生态环境的好坏，直接影响到这些河流中下游地区的生态。保护好云南的生态，事实上就为广大中下游地区作出了贡献。因此，充分利用和发挥云南在生态方面的优势和条件，通过适当的组织方式、机制和模式，加强我国与“两亚”国家在水利设施、水资源管理、洪水控制和预防机制、应急机制等生态环境建设合作，实现区域内资源、环境、人口的可持续发展，理应成为有关各国共同关注的一项重要工作。当前，云南的生态问题已引起包括东南亚国家在内的广泛注意，有关合作项目也已起步或正在策划之中，如云南西双版纳的流沙河流域治理就被选为澜沧江－湄公河次区域合作的扶贫和环境管理优先项目之一。

5. 友好交往通道

云南与周边国家山水相连、文化同源、民族同宗的特殊地缘和亲缘关系，是我国实施南向互利合作战略的重要保障，也是重要目标之一。充分利用和发挥云南与周边国家之间的这种关系，将可以极大地增进相互间的认同感，推进双方的交往与合作。在这方面，云南有关部门已经做了大量研究，提出很多设想，如发挥云南少数民族与周边国家民族间深厚的同源文化优势，通过共建友好纪念馆、民族文化馆、友谊学校、友好医院、标志性建筑等，广泛开展民族文化交流，为实现我国与“两亚”国家的世代友好做出更大贡献等。这些设想，从我国实施南向互利合作战略的角度看，是非常重要和必要的，不仅可为战略的实施创造良好的人文环境，也将成为实施合作战略的一项重要内容。

（二）大平台作用

云南利用自身作为我国与“两亚”国家之间中转和基地的功能，可以在信息、贸易、金融、人力资源开发和公共事务合作方面发挥平台服务，为开展各种事务活动提供最佳聚合点，引导区域内生产要素的聚合与交流。

1. 信息平台

信息服务是我国实施南向互利合作战略，加强与“两亚”地区合作的重要保障和基础性工作。云南不仅处于信息交流的重要战略地位，而且拥有一些技术力量较强的企业和研究机构，如南天集团、云南山灞图像传输科技有限公司等。尤其是云南山灞开发的“远程可视医疗及PACS”系统已经引起世界的广泛关注，世界许多企业纷纷前来寻求合作，其中印度邦加罗尔新技术公司将全面代理该产品在印度的销售，并计划与山灞在云南建立全球一流的软件技术学院，构建一流的软件开发技术支撑平台，建立我国第二个离岸式GMM5认证基地等，显示出良好的合作前景。而且，在长期与周边地区的交往合作中，云南有关部门、机构和企业积累了大量关于“两亚”国家的信息，并有专门的机构负责这方面的工作。借助云南的特殊区位及已有基础，加快在昆明建设国际信息港，并在昆明市和河口、磨憨、瑞丽等主要边境口岸城市分别建立技术先进、信息全面、内外相通、能够便捷交流的信息枢纽，加强对各方面信息的采集、加工整理及合理开发利用，可以为我国实施南向互利合作战略，促进我国与“两亚”各国的经济发展和经贸合作提供全方位信息服务，并为促进区域内整体信息产业发展水平作出贡献。

2. 贸易平台

世界范围内的贸易总离不开相应的中介组织、场地、仓储、运输、包装、保鲜、信息等服务。在我国与“两亚”国家大规模的贸易往来中，同样需要有更加完善的服务体系作为保障。云南以十一届昆交会和99’昆明世界园艺博览会、国际旅游节和旅游商品交易会等为依托，在进出口贸易服务、货物出入境管理、会展服务、客货运输等方面积累了大量经验，储备了一批人才，形成了相对完善的运行机制，而且建造了昆明国际贸易中心、花卉拍卖市场等一大批现代化的贸易场所，昆明螺丝湾批发市场跻身于全国十大批发市场行列。这些，为我国与“两亚”国家更大规模的贸易活动创造了良好的软硬件条件。下一步，云南已规划在重点口岸和边境沿线再建设一批具有中国和“两亚”各国特色的商品交易、展示、贸易洽谈、综合服务等市场设施，并争取在中国昆明出口商品交易会的基础上，举办中国—东盟交易会，为促进我国与“两亚”贸易合作创造更好条件。

3. 金融平台

金融服务是开展国际经贸活动的重要基础和前提，银行结算更是不可逾越的必要环节。与日益增长的经贸活动相适应，必须进一步完善我国与“两亚”国家的金融服务手段，建立一个适应市场经济发展、规范的金融服务和银行结算体系。目前，由于云南及西南地区的银行在周边国家还没有设立分支机构，与对方银行间也没有建立直接代理行关系，不能直接通汇，一般贸易发生的资金划转通常要由对方银行在美国、香港、欧洲等第三国或地区的银行代理，在效率和资金安全性方面存在很大问题。此外，边贸结算体系建设也显得滞后，制约了边贸规模进一步扩大，并成为边境地区外汇黑市、“地摊银行”和“地下钱庄”屡禁难止的重要原因。因此，加强研究与“两亚”国家之间实用、便捷、互惠互利的资金流动和银行结算新体系，选择以昆明为中心建设辐射周边广大区域的多元化、多层次、多功能的现代化电子金融平台，是我国实施南向互利合作战略，加强与“两亚”全面合作的一项重要工作。

4. 人力资源开发平台

人力资源是开展经贸合作的重要保证。云南在与周边国家的长期交往中，培养了一批熟悉东南亚国家国情、政策、风俗习惯，掌握投资贸易规则、程序的各类人才，并具有培养“两亚”国家小语种人才的优势。此外，云南还拥有东南亚研究所、南亚研究所等重要研究机构，有一批专门研究“两亚”地区经济的专家学者。云南还为东南亚国家在开展业务培训方面做了大量工作。这些条件和基础，为云南在与“两亚”国家开展人力资源开发合作方面奠定了良好的基础。下一步，云南拟以建设中的昆明大学城为载体，对昆明地区的教育资源进行全面整合，将昆明建成面向“两亚”地区的国际教育基地和人力资源开发中心之一，加强与“两亚”地区的人力资源开发合作，开发培养能够为中国—东盟自由贸易区服务、为我国与“两亚”地区全面合作服务的各类人才。

5. 公共事务平台

人员往来和经贸活动的开展，必然需要设立相应的办事机构和服务场所。“两亚”地区的民间组织、商会、企业协会等要开拓我国市场，国内企业要“走出去”开展业务，以及区域内各国的金融机构、中国—东盟自由贸易区的各类协调管理机构等，都可以通过在云南设立“据点”的方式，方便快捷地开展各方面的业务。目前，泰国、缅甸、老挝等国已在昆明设立了领事馆，云南正积极争取马来西亚、柬埔寨、新加坡等国在云南设立相应的办事点。一批东南亚国家的金融机构也开始进驻云南。此外，云南以世博会、昆交会等重要经贸展洽会的举办为纽带，与周边三国各级政府及边贸管理部门初步形成了定期会晤、互访、通报制度。通过建立友好城市、设立窗口公司等形式，加强了与东盟国家高层的交往。在现代新昆明城市建设中，也规划了相应的东盟村、东盟高官别墅区等。这些工作，为搭建云南公共事务服务平台奠定了良好的基础。利用云南在多方面的综合优势，在昆明构建公共事务平台以及商贸企业办事机构平台，使昆明成为执行中国与东盟合作框架的组织机构常设地和“两亚”区域性国际组织的常驻地，可为我国与“两亚”国家提供更好的服务。

（三）大加工厂作用

随着我国与“两亚”国家贸易层次的提高和贸易规模的扩大，相互之间工业产品贸易所占比重必然随之提高，这是一个客观规律。为适应这一趋势，积极发展区域市场需要的加工工业，是我国及“两亚”国家共同面临的一项重要任务。综合分析各方面情况，优越的资源优势及区域内经济要素的最佳聚合点，使云南有条件以成为我国与“两亚”之间重要的加工基地或“大加工厂”。

1. 在云南设立加工基地有多方面的优势和条件

首先，云南面临广阔的市场空间。从经济学角度看，靠近销售市场或资源产地设立加工基地，是一种较为经济、合理的选择，不仅可以减少因原材料长途运输而增加的成本，而且可以就地取材，就地加工销售或就近销售，从而获得良好的经济效益。地处我国与东南亚、南亚三大市场结合部的云南，不仅面对广阔的销售市场，而且靠近境内外重要的资源产地，在吸引外资的竞争中处于有利地位，并在产品销售方面有了多方面的选择，具有较大的回旋余地，是理想的进出口产品加工基地。

其次，有较完善的交通运输等设施和相对雄厚的工业基础。经过20多年的大规模建设，云南的交通、水利、能源、通信以及市政设施大为改善，还建立了门类较为齐全、部分行业具有较强竞争力的工业体系。特别是以磷化工和有色金属为重点的矿业等，已形成集产学研、科工贸为一体的健全产业体系，具有较强的开发和创新能力，在全国具有一定的规模和地位；云南是我国最大的烟草生产基地，拥有世界先进的设备、生产技术和一批科研生产队伍；作为云南第三大行业的机械制造业，发展历史悠久，基础雄厚，与“两亚”国家相比有明显优势；锡、铜、锌冶炼工艺及部分技术经济指标在全国处于领先地位；云南理工大学、昆明冶金研究院、昆明有色金属研究设计院等机构在人才培养、科研开发、设计等方面具有较强的实力。相对完善的配套设施条件和较为雄厚的工业基础，为进一步吸纳我国及“两亚”地区企业进驻云南，发展加工业创造了良好条件和支撑。

第三，有充足的能源保障。能源是发展工业的基本前提。云南拥有丰富的水能资源，是我国“西电东送”的重要能源基地。全省水能资源可开发量9570万千瓦，占全国可开发量的1/4。其中仅金沙江、澜沧江和怒江干流已建、在建和规划中的大中型电站就有39座。2002年底，云南发电装机容量达925万千瓦，年发电量427亿千瓦时，向广东送电32亿千瓦时，并基本建成了通畅的电力输送网络，主网架电压等级已从220千伏上升到500千伏。按有关规划，到2010年云南装机规模将达2775万千瓦，2020年达6900万千瓦。此外，云南煤炭资源也极其丰富，已探明的资源总储量253亿吨，其中褐煤储量154亿吨，居于全国首位，具有建设煤电、煤化工产业的基础。优越的水电、煤炭资源和正在加速进行的大规模开发，将能满足在云南发展各类加工工业的需要。

第四，有素质较高、相对便宜的劳动力资源和人才队伍作支撑。总体上，云南劳动力价格便宜，如全省收入水平最高的昆明市一般劳动工人的工资仅为沿海主要城市的1/3～1/5，高层次人才的酬劳也要低得多。昆明劳动力价格也较曼谷、马尼拉、雅加达等城市便宜。与周边国家相比，云南劳动力则更显示出能力、技术和水平方面的优势。而且，悠久的工业发展历史使云南拥有一大批技术水平高、勤奋刻苦的科技人才。目前云南有大专院校27所，独立研究及开发机构近200个；建成国家级和省级企业技术中心16个，省级重点实验室12个，中试基地6个，为企业人才的开发培训创造了良好的环境，为相关科技成果的产业化提供了良好条件。云南还与国家人事部共同建立了“中国云南企业经营管理人才市场”，专门筹建了“外商投资服务楼”、“云南省留学人员创业园”、“云南省高级人才公寓”等设施，并制定了多项优惠政策帮助在云南的企业引进人才。良好的创业环境、充足的人才队伍和相对便宜的劳动力资源，都是发展加工业所不可缺少的重要条件。

第五，有优越的生活居住环境。云南位于北纬21°8′32″—29°15′8″，总体上属于北温带气候类型，气候温暖、湿润，雨量充沛，光热充足，极其适宜人类居住。尤其是地处滇中的昆明，是全国著名的春城，气候宜人，区位优越，文化多元，空气清新，天高云淡，四季如春，素有“天气常如二三月，花枝不断四时春”的美誉，具有冬能避寒，夏能避暑，甚至疫病流行时“避疫”的功能。优越的气候条件，造就了优越的人居环境。昆明市据此提出了围绕滇池，建设面向东南亚、南亚的现代开放城市的规划，要把昆明建成世界上最适宜人类居住的城市之一。优良的居住环境，为国内外客商前来投资创业提供了难得的条件。

2. 沿“三线”建设三个层次的进出口加工贸易区(带)和六大工业基地

云南进出口加工基地（或“大加工厂”）的建设，可以昆明市为中心，沿澜沧江－湄公河次区域合作有关协议确立的昆明－河内、昆明－会晒、昆明－曼德勒三条经济走廊，分别从东、中、西三个方向布局和发展一批面向“两亚”地区和中国市场的进出口加工贸易区（带）和工业基地，吸引国内外资金、技术、管理等资源汇聚到云南，带动云南及“两亚”国家优势资源开发和相关产业发展，以增强区域内的整体工业加工能力，为扩大区域各国工业产品进出口服务。三个层次的建设：

一是，建设昆（明）河（口）经济带出口加工贸易区（带）。依托云南现有基础和优势资源，加快电子信息、机电、冶金、建材、食品、日用化工六大产业发展。磷化工和有色金属工业在立足云南资源的基础上，充分利用在生产能力和技术方面的优势，采取到“两亚”国家投资办矿和市场采购等形式，冶炼加工后出口“两亚”市场，并满足国内市场的需求。东南亚历来是我国最重要的农机产品出口市场，在继续巩固、开拓现有产品市场的基础上，加快水电及输变电设备出口，开拓矿山机械产品市场。以建立品牌优势为目标，增强建材、日用化工工业开拓市场的能力。同时，充分整合区域内的资源，加快电子信息产品的出口业务，带动区域内经济的快速发展。

二是，建设以大理为中心的滇西出口加工贸易区（带）。以缅甸和南亚市场为重点，加强有色金属、建材、食品、橡胶、机械产品、珠宝等的加工，促进我国企业与“两亚”地区企业在上述领域的合作，提升加工技术和产业水平。当前主要是着力开发以乳品、啤酒为主的食品工业，加快推进机电工业发展。长远要以建材、机电、日用化工、橡胶产品等为主，全方位开拓周边及内地市场。

三是，在国家级口岸建设一批沿边进出口加工贸易区（带）。鉴于东盟国家非关税壁垒普遍较高，不利于我国机电等产品出口的现状，可考虑在姐告、河口等地建立以出口“两亚”市场为主的边境进出口加工贸易区。在主导产品建设上要充分利用我国在机械零件方面的加工能力，从内地采购零部件，组装、加工在“两亚”地区适销对路的机电产品和建材产品。例如，我国重庆等地生产的摩托一直是东南亚国家人民喜爱的产品，但近年也受到一些国家政策调整等方面的影响，如能与周边国家企业合作，在云南边境地区设立的加工贸易区内进行组装后出口，可在很大程度上避开贸易限制。同时，积极引进周边国家企业到贸易区设立独资或合资加工厂，合作开发双边的林业、珠宝玉石等资源，促进共同发展。

除以上三个层次外，云南还将在国家的统一规划下，吸引各方面力量加快优势资源开发，积极建设六大工业基地。一是加快发展以水电为主的电力加工业，将云南建成国家“西电东送”和“云电外送”的重要能源基地；二是加快煤化工产业发展，进一步延伸煤炭产业的煤炭液化、煤基代用液体燃料、煤气化一发电产业链，建立能源转化型和产品联产型煤化工产业基地；三是实施国家“十五”计划和西部大开发重点规划项目——云南磷复肥基地建设，进行磷矿资源整合，实施磷矿结合，提高磷矿资源利用率；四是充分利用国内外资源，发挥云南在电力开发方面的能力和技术，创新矿电结合新机制，加快发展锌、铜、铝、锡等深加工产品，强化云南有色金属工业基地；五是加快发展以三七深度开发、灯盏花、青蒿素系列产品为主导，民族药、生物制药、动物药物共同发展的云药产业体系，到2010年实现产值300亿元，基本建成云药产业基地；六是依托思茅纸厂等现有基础，引进战略合作者建设林浆纸一体化项目，加大力度开发云南及周边国家丰富的林业资源，将云南建成我国重要的林浆纸工业基地之一。在以上六大基地建设中，都将以积极、开放的方式，吸收我国及“两亚”国家的企业、科研机构、投资公司参与，实现“双赢”及“多赢”。

（本研究报告完成时间：2003年9月）

专题研究报告之二

21 世纪初中国生产力发展南向互利合作战略中的资源研究

经济发展依赖于生产力发展，生产力发展离不开资源，资源是现代人类社会生存和发展不可缺少的重要物质基础。中国、东南亚、南亚三大经济区各自都是世界上为数不多的自然资源富集区之一，同时又各自匮乏部分资源，而各国间的资源量和品种具有很强的互补性。针对这一突出特点，亟待进行三大经济区的资源研究，以利于推动三大经济区产业结构调整，加快工业化进程，促进各国经济发展，获取多赢局面。

一、中国云南、东南亚、南亚地区资源状况及特点

中国、东南亚、南亚三大经济区陆地总面积共1837万平方公里，约占地球陆地总面积的12%，人口近32亿，占世界人口总数的1/2，人口密度为每平方公里175人，世界上再也找不出另一个面积同等大小，人口密度如此之高的区域。东南亚、南亚地区计有19个国家，位于亚洲东南部，地处太平洋与印度洋的结合部，共有国土面积877万平方公里，占世界总国土面积的6.55%；2002年人口19.12亿人，占世界总人口数的30.76%，人口密度为220人/平方公里，为世界人口密度的4.7倍；耕地面积25210万公顷，占世界总耕地面积的18%。

(一)中国云南省资源状况及主要特点

中国云南位于中国西南边陲，与越南、老挝、缅甸三国接壤，毗邻东南亚和南亚，边境线占全国陆上边界的1/5，具有与周边国家交往的良好的自然、地理、政治、经济和社会条件，是中国面向东南亚、南亚开放和沟通太平洋、印度洋两个大洋，连接中国、东南亚、南亚三大经济区的陆上大通道，也是我国实施沿边开放战略最理想、最重要的地区。云南的生物、矿产、水能、旅游等自然资源具有巨大的比较优势，而且各种资源之间又有良好的配套条件，极易形成综合优势，以下4类资源的优势尤为明显。

1. 矿产资源

云南矿产资源十分丰富，且品类齐全，已发现各类矿产有154种，其中有25种矿产储量名列全国前三名，保有储量居全国第一位的矿产有铅、锌、铬、铊、锶、跬藻土等6种；居第二位的有钛、铝、镍、锗、钴、铂族、钾盐等15种；居第三位的有铜、磷、砷、兰石棉等4种，尤其是有色金属，素有“有色王国之称”。其中滇西“三江”(金沙江、澜沧江、怒江)已被列为全国重点找矿带。

2. 生物资源

初步资料估计，云南有3万多种植物，其中高等植物约15000种，占全国高等植物种类的一半；兽类、鸟类、两栖爬行类、鱼类等野生脊椎动物的种类，均超过全国的一半，昆虫约占全国15万种的2/3；珍稀动物种类约占全国列为濒危保护动物的40%以上；素有“植物王国”、“动物王国”之称。

3. 水能资源

云南水能资源储量1.04亿千瓦，年发电量9000多亿度，约占全国的15.3%(可开发量占全国的20.5%)，每平方公里水能资源的拥有量居全国第一位。

4. 旅游资源

云南的旅游资源丰富、品位极高且规模宏大，以独特的高原风光、雪山，众多的高峡平湖，热带、亚热带的边疆风物和多姿多彩的民族风情，以及美丽神奇的边境口岸通道闻名于海内外。云南旅游资源具有：自然旅游资源丰富多彩、人文旅游资源古老独

特，旅游资源分布广、容量大、特色鲜明、具有全年开展旅游的条件等四大基本特征。

（二）东南亚地区资源的基本情况及主要特点

1. 矿产资源

东南亚与我国云南“金沙江、澜沧江、怒江”三江地区毗邻，向西与地中海连结后，构成特提斯成矿带，成为与环太平洋成矿带并列的世界级巨型成矿带。其中东南亚地区石油、天然气资源是亚洲地区仅次于波斯湾的第二个主要油气聚集带；东南亚锡、钨矿带长3800公里，是世界上最大的含锡花岗岩带；泰国（呵叻盆地）—老挝（万象盆地）钾盐资源量位居世界前列；缅、泰、柬等国是世界上最大的宝石产区和集散加工市场。仅据中南半岛5国统计，区内已发现矿产100余种，已知矿床矿点1116处，其中大型矿产地137处，占矿产地总数的12.3%，中型矿产地195处，占矿产地总数的17.5%。据初步论证，东南亚地区目前探明储量的矿产近70种，其中具有开发优势的有石油、天然气、无烟煤、铝土矿、铬铁矿、富铁矿、富铜矿、富银铅锌矿、钾盐、重晶石、硬玉、宝石等10余种矿产。

·石油、天然气

探明石油储量21.6亿吨，占世界石油储量的1.46%，储量基础64.96亿吨。天然气储量56352亿立方米，占世界天然气储量的3.77%。目前探明油气储量虽不多，但资源前景良好，预计远景储量在100亿吨以上。

·钾盐

万象—呵叻盆地钾盐是东南亚最具优势的矿产资源，其资源量不仅居亚洲首位，而且也位居世界前列。储量基础370亿吨，占世界储量基础的68.5%。

·铝土矿

越南铝土矿是东南亚的重要优势矿产，探明储量4.6亿吨，占世界储量的1.92%，占东南亚储量的80%，储量基础40.5亿吨，占世界11.57%，占东南亚储量基础的100%。

·铁矿

东南亚铁矿主要分布在越南、老挝及菲律宾。现有铁矿储量11亿吨，储量基础25.9亿吨。其中越南探明铁矿储量7.5亿吨，储量基础10亿吨。

·铬铁矿

铬铁矿探明储量3380万吨，主要分布在越南努山古定铬铁矿床中，以砂矿为主。

·铜矿

东南亚地区铜矿资源丰富，探明铜金属储量2724万吨，占世界同类储量的8.01%。储量基础2756万吨，占世界同类储量的4.24%。探明储量中95.4%分布在印度尼西亚（1900万吨）和菲律宾（700万吨），余为越南（59万吨）和缅甸（55万吨）。

·铅锌矿

探明铅锌矿金属储量354.9万吨，储量基础764万吨。

·锰矿

储量1570万吨，占世界储量的2.34%。主要分布在缅、越、泰。近年在缅甸掸邦地区（金三角区内），发现曼沙—万荣，孟连（云南）—各腊万达崩两条大型优质富锰矿床，探明储量1000万吨，储量基础1500万吨。

·锡矿

东南亚是世界锡矿的主要分布地区，现有储量337.1万吨，占世界锡储量的48.86%（中国占30.43%）。另有储量基础290.3万吨，占世界24.19%（中国占32.5%）。主要分布在马来西亚（占35.76%）、印度尼西亚（占23.7%）、缅甸（占22.2%），余为泰国（10.1%）、越南（4.4%）和老挝（4.0%）。

·其它优势矿产

缅甸的硬玉（翡翠原料）居世界第一；缅、泰、老、越是世界著名红、蓝宝石产地；越南北部稀土金属储量（氧化物）1103万吨，占世界储量11.03%；越南磷矿储量17.1亿吨，储量基础62.6亿吨，分别占世界储量、储量基础的14.25%和13.32%，

2. 生物资源

东南亚许多生物资源在世界上占有重要地位，其中以水稻、多种热带经济作物、林木、鱼类以及水果、花卉、咖啡和香料产量较高，特别是橡胶、油棕、柚木等的产量均居世界前列。

水稻。印度尼西亚、泰国、缅甸和越南是世界上四大稻米生产国，其中泰国稻米出口居世界第一，其余三国也是传统的稻米出口大国。

天然橡胶。2002年，马来西亚、印度尼西亚、泰国、菲律宾四国共产橡胶约480万吨，占世界总产量的70%以上。其中马来西亚天然橡胶出口居世界第一位，印度尼西亚和泰国也是主要的天然橡胶出口国。

椰子。菲律宾、印度尼西亚的椰子产量分别居世界第一、二位。

棕油。近年来世界年产量超过1000万吨，马来

西亚、印度尼西亚是主要生产国,两国的生产量约占该地区总产量的90%,其出口居世界第一、二位。

木薯。20世纪90年代,世界年产量达到4000万吨。泰国和印度尼西亚是主要生产国,其中泰国出口量居世界第一。

林木。东南亚历来是世界上森林、尤其是热带森林资源最丰富的地区之一。目前森林面积约有2.1亿公倾,森林覆盖率为48.8%,木材蓄积量为250亿立方米。且树种繁多,木质优良,缅甸的柚木占世界蓄积量的90%以上。20世纪90年代以来,东南亚地区年产原木约3.6亿立方米。此外,印度尼西亚的胡椒、金鸡纳霜、木棉和藤的产量均占世界首位。

渔业资源。该区海域辽阔,岛屿众多,蕴藏有丰富的渔业资源,仅鱼、虾类和贝类的年最大捕捞量即可达2000万吨,占世界年可捕捞量的1/10。

3. 土地和水能资源

东南亚土地面积4.5亿公顷,人均0.84公顷,耕地面积5938万公顷,人均0.11公顷,水能资源丰富,具有良好的开发前景。

农用土地。东南亚地区耕地约1.25亿公顷。目前耕垦的仅5938万公顷,其中印度尼西亚、泰国和缅甸3国合计4219万公顷。而泰国、老挝、缅甸、柬埔寨和越南未垦耕地2800万公顷。粗略估计,仅缅甸仍有1000万公顷未开垦,老挝未开垦的也超过250万公顷。

水能。该区水能资源丰富,降水充沛,年均降水量在2000毫米以上,已知可开发的水电潜能为1.08亿千瓦。

4. 旅游资源

东南亚地区具有丰富的自然和人文旅游资源。东南亚各国或分布在中南半岛或在马来群岛上,阳光充足,气候宜人,拥有很多高质量的海滩、奇特的原始热带森林、丰富多彩的动植物。而且,从人类学和生物学意义上说,来自亚洲、澳洲和欧洲的不同人种与文化,以及动植物在东南亚交汇,形成了特有的人文景观与自然景观,带有与其他地区明显不同的历史特点、民族特点和文化特点,为东南亚旅游业的发展奠定了丰饶的自然及人文资源基础。

5. 人力资源

截止2002年,东南亚地区总人口5.34亿人,占世界总人口的8.59%,人口密度为119人/平方公里。预计2005年总人口将达5.42亿,2010年达5.83亿。

劳动力状况。目前东南亚地区的经济活动人口达1.9亿人,占总人口的43%,其中越南、老挝、柬埔寨、缅甸和印度尼西亚的劳动力大部分从事第一产业,而马来西亚、泰国、新加坡、菲律宾等国从事第二、第三产业的劳动力比重较高,其中新加坡达99%,马来西亚达70%。据预测,到2010年东南亚地区的劳动力年平均增长率将保持在1.9%左右。

(三)南亚地区

1. 矿产资源

总体上看,南亚地区矿产资源较丰富,其中煤、黑色金属及部分建材原料等矿产资源在亚洲乃至世界占有重要地位,而有色金属(铝土矿除外)矿产数量少,农用矿产严重短缺。

印度是一个矿产资源大国,探明储量矿产40余种,其中煤、铁、锰、铬、钛、铝、稀土、重晶石、石墨、硅灰石等10种矿产储量位居世界前列(见表1)。

表1 印度主要矿产资源储量及在世界的地位

矿产	储量单位	储量	储量基础	储量占世界比例及排位			备注
				占世界(%)	在世界位次	占南亚(%)	
煤	亿吨	747.3		7.59	3	96.2	炼焦煤不足,灰分高
原油	亿吨	6.92		0.47		93.1	
天然气	亿 m^3	6466		0.43		41.5	
铁	亿吨	120	260	8.4	8	84.6	
锰	万吨	3400	5000	5.1	6	100	
铬	万吨	2600	5700	0.7	5		
钛铁砂	万吨	3000	3800	8.8	6	69.7	
金红石	万吨	660	770	14.0	2	57.9	
铝土矿	亿吨	7.7	14.0	3.2	5	100	另有报导总量为38亿
稀土	万吨	110	130	1.1	5	98.9	
重晶石	万吨	5300	8000	33.1	2	100	
石墨	万吨	80	200	5.3	4	16.7	
硅灰石	万吨	5000	20000	18.3	2	100	
云母	万吨				1		产量约占世界一半
铅锌	万吨						年产30万吨金属,但无储量数据

·煤矿

煤是印度的第一能源，探明储量747.3亿吨，查明埋深1200米以上煤资源量2087.5亿吨，是世界第三大煤资源国。但煤质灰分较高，不适合炼焦，所需冶金级焦煤多从国外进口。

·铁矿

铁矿资源丰富，资源总量达260亿吨(储量120亿吨)。铁矿储量中富矿比例较大。

·锰矿

印度曾是世界上重要的锰资源国和生产国，现有储量3400万吨，储量基础5000万吨，居世界第6位。

·铝土矿

资源丰富，储量及储量基础合计21.7亿吨(另有报导为38亿吨)。主要集中在东海岸奥里萨邦和安得拉邦，为印度多年来开采的主要矿产之一。

·油气资源

1975年在西海岸大陆架发现孟买高地大油气田，2000年拥有石油储量48.38亿桶(约相当6.92亿吨)；天然气储量6466亿立方米。印度石油产量虽大，但原油品质不适于国内炼油厂使用，所以每年仍需大量进口石油产品而成为石油产品净进口国。

2. 生物资源

南亚地处热带，雨量充沛，土地肥沃，生物资源丰富，适宜发展农、牧、林、渔。

农作物资源。印度粮食作物中以水稻、小麦和豆类为主，印度是世界上稻米产量最多的国家之一。经济作物以油料、棉花、甘蔗等为主。粮食自给并有部分出口，其他农产品产量在世界上也居较高水平，如茶叶居世界第一，烟草居第三，棉花居第四。目前，印度是世界上出口茶叶最多的国家之一。此外，印度还是世界第二大水果和蔬菜种植园。巴基斯坦主要农作物有小麦、水稻、棉花、烟草等，大米、棉花是巴基斯坦最重要的出口农作物。孟加拉国是世界最大的黄麻生产国，黄麻产量约为世界总产量的1/4，所产黄麻纤维质量最优，被誉为金色纤维，孟加拉国还是世界主要产茶国之一，粮食作物主要是稻米和小麦。斯里兰卡是世界上仅次于印度的第二大茶叶出口国。农作物主要有茶、橡胶、椰子和水稻，畜牧业资源。尼泊尔的农作物主要有稻米、玉米、小麦、豆类、甘蔗等。

印度拥有世界1/6的牲畜存栏数。牛的存栏数居世界第一位。

林木。印度森林覆盖率为22%，林木蓄积量达200亿立方米，居世界前列。其90%以上森林为阔叶林，生产硬木材，有较高的工业价值。巴基斯坦林业面积约400多万公顷，占国土面积4%，其中生产林130万公顷。孟加拉国盛产柚木、麻栗木等木材，全国森林面积约230万公顷，占国土面积的16%。不丹丰富的温带和高山森林占全国面积的71%，是世界上森林覆盖率最高的国家之一，素有“森林王国”的美称，木材蓄积量为6.7亿立方米。斯里兰卡的森林面积约占国土面积的44%。尼泊尔的森林约占全国总面积的30%。以上南亚国家的木材均因其储量大、材质好而在世界上享有盛名。

渔业。南亚地区渔业资源也很丰富。印度三面环海，海岸线长，供养鱼面积约28万平方公里，年渔业捕捞量约为300万吨。目前印度正大力发展海水养殖业，特别是出口海虾等的养殖。巴基斯坦属于阿拉伯海沿岸的渔业丰产区，海产品年产量约45万吨，以生产对虾和小虾为主。孟加拉国渔业资源丰富，内河和沿海水产养殖面积约80万公顷，国民所摄取的动物蛋白中，70%靠渔业类供应，渔业水产品是孟加拉国最具有发展潜力的产业之一。

3. 土地和水能资源

南亚8国国土面积427万平方公里。全地区耕地总面积为1.93亿公顷，其中印度达1.62亿公顷，占全地区耕地面积的83.9%，占印度国土面积的54.4%；巴基斯坦耕地面积2123万公顷，占11%；孟加拉国耕地面积810万顷，占4.2%；其余各国不到1%。

水能资源。南亚各国蕴藏量都很丰富。总水能约为3亿千瓦。印度主要河流有恒河、印度河、布拉马普特拉河等，发电潜力估计为9900万千瓦，每年可发电6000亿度，目前实际利用不足8%。尼泊尔三大水系水能蕴藏量约有0.83亿千瓦，几乎未被开发。水能发电潜力巨大。巴基斯坦拥有一条长约2306公里，纵贯国土东半部的庞大水系，仅尼泊尔和巴基斯坦两国开发的水能资源就达1亿千瓦。不丹的水力资源也颇为丰富，发电潜力为600万千瓦。

4. 旅游资源

南亚地区位于喜马拉雅山南侧与印度洋之间，其北部由崇山峻岭与亚洲其他部分分隔，南面濒临浩瀚的印度洋，形成一个相对独立的地理、人文单元，仅世界自然文化遗产就达40多处。南亚悠久的历史、众多的民族、绮丽的山川、特殊的宗教、迷人的海滩、神密的高原，构成了颇具吸引力的旅游资源。

5. 人力资源

到2002年，南亚总人口达13.78亿，占世界总人口的22.17%，人口密度为330人/平方公里。2000年人口增长率为1.86%，预计2005年总人口将达14.56亿，2010年达15.92亿。

劳动力状况。目前南亚的经济活动人口约占总人口的42%，达5.18亿人，其中60%以上的劳动人口从事第一产业。从今后发展趋势看，南亚地区劳动力资源中，除某些高级人才不足外，能够满足各国经济发展需求。

(四)总体经济评价

1. 资源潜力巨大

东南亚、南亚资源极为丰富，且种类多、蕴藏量大，是世界上最为重要的资源宝库之一，具有巨大的开发潜力。但由于资源分布不均匀和生产力发展不平衡，各国之间在资源品种和资源开发利用技术及管理等方面存在着巨大的差异性，亟待寻求互补途径。

值得注意的是中国、东南亚、南亚三大经济区各自具有优势矿产资源，而同时又紧缺部分矿种，彼此互补性极强，合作开发前景良好，是共同实施全球矿产资源战略，确保各自矿产资源可供系统需求、平衡的重要地区之一。

2. 资源开发利用程度低

东南亚、南亚经济区中的资源国尽管矿产资源丰富，但其特点是开发利用低，资源商品化进程缓慢。生物资源得天独厚，是各国重要的经济来源，但高科技开发尚未形成。水力资源几乎未被开发利用，发电、灌概、供水系统稀少；旅游也急需配套互补完善，形成立体旅游圈，方能显现经济效益。

3. 人力资源充裕

目前东南亚有11个国家，共有人口5.34亿。南亚有8个国家，共有人口13.78亿。东南亚、南亚共有人口19.12亿，占世界总人口的近1/3，人口密度218人/平方公里，加上中国12.8亿人口，占世界总人口数的51.3%，是世界上人力资源最为丰富的地区。

二、中国云南、东南亚、南亚地区资源的开发现状及发展前景

(一)中国云南资源开发现状及发展前景

近年来，中国云南的资源开发步伐加快。主要工农业产品产量有极大提高，国民经济以较快的速度增长，烟草产业、生物资源开发创新产业、旅游业、矿产业和电力产业均取得了快速发展，机电、医药、建筑建材、贸易、信息和生物工程等产业也快速跟进，初步形成了以基础产业为基石、支柱产业为支撑、优势产业为依托、高新技术产业为先导的具有明显优势和充满活力的产业体系。

预计"十五"期间，全省将形成以五大基地为中心的五大产业群，即以水能、煤为主的能源基地，以铅、铜、锌为主的有色金属基地，以磷、硫、盐为主的化工基地，以热带亚热带生物多样性产业为主的作物基地，以独特自然奇观和人文特色的旅游基地等。

为进一步加强资源保护开发，实现可持续发展，中国云南将在以下几个方面开拓发展前景：

1. 加快新型工业化发展。依托资源和区位优势，把中国云南建成国家重要的"西电东送"能源基地、磷复肥基地、冶金工业基地、云药产业基地、林浆纸工业基地及中国一东盟自由贸易区经济合作等六大基地；

2. 加快城市化发展。筹集2000亿资金，按照"一湖四片"布局，建设总人口500万人左右，面向东南亚、南亚的现代新昆明同时，建设好地州市中心城市和中小城市；

3. 加快农业产业化步伐，发展绿色产业。围绕林、畜、果、蔬、菌、药、花等产业，突出生态、绿色理念，引进先进技术、管理经验、营销渠道、资金和龙头企业，加快发展步伐；

4. 合理开发利用水资源，发挥"亚洲水塔"作用。将围绕六大水系、400余条河流和众多的高原湖泊，加快"润滇工程"、"滇中调水"和以水电代燃料的生态保护工程，为农村和周边国家提供能源并在电气化建设方面与周边国家开展广泛合作；

5. 围绕把云南建成中国连接东南亚、南亚国际大通道的构想，力争十年内形成以公路、铁路为骨干、航空为辅助、水路为补充，东连黔桂通沿海、北经川渝进中原、南下越老达泰国、西接缅甸连印巴的快捷交通运输网络，加快公路建设与改造、湄公河航道改造和港口、铁路集装箱结点站、昆明新机场等重点工程建设；

6. 环境保护和生态治理方面，重点建设自然保护区。抓好以滇池为重点的九大湖泊的综合治理和林业基地建设、优质草种种植以及农村清洁能源开发等；

7. 围绕把云南建成中国一东盟自由贸易区"大通道、大平台、大工厂"思路，在通道及边境口岸建设、旅游资源开发、面向东南亚、南亚的进出口加工

基地、中国—东盟自由贸易区公共事务平台等方面合作建设；

8. 利用人力资源丰富的优势，大力兴办教育。在建立人才培训基地、高新技术的研究开发及其产业基地、引进先进实用技术改造传统工业和传统农业、天然药物研究开发、云南传统民族医药研究开发、疾病、疫病预防与控制等领域加大建设力度。

（二）东南亚地区资源开发现状及发展前景

1. 主要矿产资源开发现状及发展前景

矿产是东南亚国家的主要国土资源，矿业是东南亚各国重要的支柱产业。2001 年主要生产能力为：石油 1.33 亿吨，天然气 1116.5 亿立方米，2000 年产煤 110.05 万吨，铁矿石 287 万吨，钢 35.6 万吨，锰矿石 30 万吨，铬铁矿精矿 5.3 万吨。各类有色金属矿产品总量 290.73 万吨，各类非金属矿产品产量 12953.8 万吨（详见表 2）。

表 2　东南亚各国矿产品产量、消费量及贸易量

矿产品	计量单位	产量	消费量	出口	进口	备注
石油	百万吨	133.05		6.00	22.30	产量相当 929.8 百万桶
天然气	亿立方米	1116.50	2369.00			主要产气国为海岛国
煤	万吨	110.05	53.38	61.60		主要产煤国为越南
铁矿	万吨	287.00				主要产量为越南
钢	万吨	35.60				主要产量为越南
锰矿	万吨	30.00		20.00		主要为缅甸，出口到中国
铬铁矿精矿	万吨	5.30		√		主要为越南，出口到中国
钛铁矿精矿	万吨	21.90				主要为越南，马来西亚
铝土矿	万吨	116.40				主要为印尼，越南正建厂
精铝	万吨	18.50	34.52	6.34	8.05	产量仅为泰国，消费量为越南，进出口量为新加坡
镍精矿	万吨	8.87				印尼 7.13，菲律宾 1.74 万吨
钨精矿	吨	1430		√		缅甸为主，次为泰国
锡精矿	万吨	6.71				印尼占 77%
精锡	万吨	9.22	1.02	6.81	0.68	印尼占 50%，马来西亚占 28%，进出口量为新加坡
铜精矿	万吨	104.05		67.16	10.80	印尼占 97%
精炼铜	万吨	13.87	18.12	33.76	28.53	产量仅为菲律宾
精炼铅	万吨	2.81	21.41	6.81	12.97	消费进口为泰、菲，出口为新加坡
锌锭	万吨	10.16	18.04		33.90	产量为泰国，进口为新、马、菲
磷矿石	万吨	62.93				越南
钾盐	万吨	200.00				预计泰国 2005 年产量
重晶石	万吨	7.20				泰国 2/3，缅甸 1/3
石膏	万吨	611.75				泰国占 95%
高岭土	万吨	71.92				泰国占 71%，马来西亚占 29%
硅砂	万吨	6000.00				越南产量
硫	万吨	2.20				越南产量
其它建材	亿吨	0.60				泰国占 83%，老挝占 27

越南的铁矿、铝土矿、铜矿、铬铁矿等金属矿种储量大，品位较富，是中国云南近年进口的主要商品之一。目前开发程度低，但矿点多分布交通干线附近，具有广泛的开发发展前景；老挝、泰国的钾盐矿可建成可供年产 kcl100～300 万吨和年产 kcl500～1000 万吨亚洲第一盐化工基地，目前中国地勘部门、东盟钾盐公司和亚洲太平洋钾盐公司已同老、泰两国有关部门分别对区内钾盐矿产进行联合投资开发；缅甸的锰矿、富银铅锌矿质优量大，目前我国已与其联合开采，但生产能力低下，具有发展潜力。其余的有色金属矿产品和油气、宝玉石也有广阔的开发前景；此外，马来西亚的油气，菲律宾的铜、金、镍、铬、钴、铁及油气等矿产品，文莱的石油、天然气和印度尼西亚的油气等开采前景广阔。

2. 生物资源

就东南亚 11 国的生物资源开发现状，可将其分为两个层次：

第一层次为泰国、印度尼西亚、菲律宾、马来西亚等国。这些国家的大米、橡胶、椰子、棕油、木薯、林木、渔业、旅游资源丰富，开发程度高，已形成强劲的优势产业。但热带果蔬等绿色产业开发潜力很大。

第二层次为越南、老挝、缅甸、柬埔寨等国。这些国家生物资源丰富，但开发程度低。其中越南等国的水果、花卉已呈现良好的发展势头，颇具开发前景。

3. 土地和水能资源

东南亚土地资源开发利用仅达50%，具有进一步垦殖、出租的广阔前景。

东南亚的水能资源为1.08亿千瓦，但开发较低，开发量仅占资源量的6%左右。

4. 旅游资源

新加坡、泰国、马来西亚、印度尼西亚的旅游业起步较早，旅游业已成为主要创汇产业。柬埔寨、文莱、越南、菲律宾、缅甸等国的旅游资源，如吴哥文化、海岛风光等也正形成极具竞争力的旅游旺市，若在三大经济区建立合作机制，形成全方位的互补旅游圈，其发展前景巨大。

5. 人力资源

东南亚人力资源丰富，但人才层次差别较大。新加坡和马来西亚，科技人才和管理人才较多，还有一支高尖端的科技队伍，可以为区域经济合作发挥作用。而其劳力紧缺，需要“进口”。泰国制造业技术人才数量多、素质高，是发展制造业的重要支撑。缅甸、老挝、柬埔寨、东帝汶等国，科技人才、管理人才及一般技工和劳力紧缺，需要大量引进。越南、印尼和菲律宾等国缺乏科技和管理人才，但劳动力相对较多。

中国、东南亚、南亚三大经济区的人力资源呈现巨大的互补趋势。

(三)南亚地区资源开发现状及发展前景

1. 矿产资源

南亚矿产资源分布极不平衡，几乎集中于印度一国。印度是世界铝土矿、煤、铁、锌的主要生产国之一，在进出口贸易中，矿产品贸易约占30%。目前印度矿品大宗开发出口的主要是铁矿石、铬铁矿、铝土矿(含铝氧)及锰矿等少数矿产。

印度是世界四大铁矿出口国之一，目前年总产量5300万吨～5500万吨。其生产规模是长期、稳定的，已形成设备先进、工艺流畅、技术成熟，管理严密的生产系统，只要有销路，近期印度铁矿石年产量可达到6000万吨。

锰矿也是印度的主要矿产资源之一，年产量59万吨，具有完善的生产能力，我国每年从印度进口锰矿12万吨左右。

2. 生物资源

大米是印度主要出口产品之一，1998年其大米在世界上交易额达1300万吨、价值100亿卢比，占世界大米交易额的45%。印度的黄麻、烟草资源开发量大、质量好，是出口创汇的重要来源。

孟加拉国的黄麻、斯里兰卡的茶叶资源开发较好。

3. 水能资源

南亚水力资源为0.99亿千瓦，但目前开发量仅占资源量的8%，开发程度低。如尼泊尔，水能资源蕴藏量0.8亿千瓦，约占世界水能总蕴藏的2.3%，其中2700万千瓦可发展水利水电。但由于经济落后，其水力资源几乎未被开发，具有进一步开发利用的前景。

4. 旅游资源

南亚的旅游资源开发较早，其中印度的古代文明遗迹、古堡陵园如莫卧儿帝国沙、贾汗皇帝的皇宫红堡；沙、贾汉皇帝为亡妻所建泰姬陵，以及文学、绘画、舞蹈、音乐、雕刻、建筑和电影艺术都已成为世界上著名的旅游风景，目前旅游开发已具备一定规模，具有很好的经济效益，同时也有更大的发展前景。

5. 人力资源

南亚国家中，印度是世界上的人才大国，人力资源开发程度高，可为其余国家输出部分高级人才。而其他南亚国家需引进科技人才。巴基斯坦、印度、斯里兰卡、孟加拉国是亚洲四大劳务输出国。

(四)中国、东南亚、南亚生产能力分析

中国、东南亚、南亚生产能力总的来说不平衡。

中国在工农业生产、生物资源开发创新产业、水能、水利资源综合利用产业、旅游业、交通、通信、高新技术、教育等方面均有较强的生产能力。

新加坡、文莱、泰国、马来西亚、菲律宾、印度尼西亚、印度等7国在工业、高新技术、电子工业、通讯网络、矿产开采、生物、旅游、文化教育、人力等资源开发方面也具有较强的能力。其余国家生产能力处于低级阶段。

东南亚、南亚各国的资源勘查能力发展也不平衡，工业相对发达的印度、泰国等国资源的勘查开发能力相对较强，而相对落后的越南、老挝、缅甸、柬埔寨、尼泊尔、巴斯斯坦等国家对资源的勘查开发程度较低。下面，就几个重点国家的勘查开发能力进行分析：

1. 中国云南

中国云南省对矿产资源、生物资源、水能资源的勘查开发具有比较优势。中国云南是中国名列前茅的有色金属大省，具有悠久的开矿史，早在西汉时期就开始进行矿产开采冶炼，积累了丰富的经验，通过注入现代高科技勘查技术，使云南省的勘查能力在这个领域中处于领先地位。

现有省级地质勘查队3万余人，矿业从业人员31.9万人，矿山采、选、冶炼生产队伍强大，能承担各类矿点的勘查开采，形成了个旧、东川、会泽等举世瞩目的大型有色金属生产系统。

2. 越南

初步统计共有47个管理和生产机构，拥有一支素质较好的专业队伍，但缺少现代化设备及先进技术。越南基础地质研究程度是东南亚国家中最高的，1：100万、1：50万、1：20万地质图、矿产图已覆盖全国；1：20万水文地质、工程地质图覆盖率达50%；1：50万航空磁法测量或磁力—伽玛测量覆盖率达18%。全国已对60多种矿产、4000多个异常矿床、矿点进行评价，但勘探者数甚少。

3. 缅甸

缅甸政府设矿业部，负责全国矿产勘查和矿业开发，下设两个司及六个采矿企业，即地质调查和矿物勘探司、规划和作业监察司。缅甸地质研究程度总的水平不高，但西部相对高于东部，全国目前仅见1：50万地质草图，西北部邻近高黎贡山地带基本属于地质空白地区。缅甸的地质工程作队伍，力量还比较薄弱，几乎没有大中型采矿、选矿和冶炼企业。

4. 老挝

目前老挝政府在工业及手工业部下面设立地质矿山局(DGM)，负责管理矿产勘查及矿业开发。全国正规的基础地质调查尚未开展，仅有亚太经社会1990年编制出版的1：100万老挝矿产图，总的地质勘查及矿产开发程度很低。老挝实行市场经济改革后，把矿产勘查作为市场转向及对外开放的重要产业。开始立法改善投资环境，允许勘查发现的矿产地可随即自动获得开采权，允许获得矿床开采许可证者，可转让其勘查权和开采权。从1997年5月颁布矿产法后，至今已有10余个国家或地区(台湾)的20余家公司与老挝政府签订了矿产勘查或合资协议。

5. 柬埔寨

矿产资源开发潜力较大，但勘查程度很低，矿业开发尚未列入国家规划，生产规模小。柬埔寨尚无正规的中、小比例尺地质图，曾规划在2000—2001年填制1：50万建材原料矿产图和1：50万东北部重矿物矿产图，并对重要的锡、金、建材原料矿产进行调查

6. 泰国

国家设有矿产资源局(DMR)负责环境地质、地质勘查、矿业开发及地下水资源的管理。1967年颁布矿产法，现已进行全面修定。1984—1990年，在加拿大国际开发机构(CIDA)和亚洲开发银行的技术、财政(4700万美元)支持下，对全国范围开展了航空地球物理测量，并圈定出345片具有前景的矿产远景区，通过对三分之一远景区的地面物化探检查，又发现了60个具有商业价值的矿产地(主要为贵金属及有色金属矿产)。1987年后，国家宣布政策，鼓励国内、外企业对这些远景地区进行勘查，并向竞标者提供相关信息。通过投标，获得特别租借权进行详细评价的远景区总面积已达746平方千米。

7. 尼泊尔

水力蕴藏量为9000千瓦，其中可用来发展水利水电的有2700万千瓦，但本国之勘查开发能力，至今未得到开发。

(五)总体经济评价

东南亚、南亚19国资源开发现状极不平衡。按经济发展水平可以分为两大块，一块是新加坡、文莱、泰国、马来西亚、菲律宾、印尼和印度这7个经济高增长国，另一块是越南、柬埔寨、缅甸、老挝、东帝汶、巴基斯坦、斯里兰卡、孟加拉国、尼泊尔、锡金、不丹、马尔代夫等12个经济相对落后的国家。

7个经济高增长国用了近30年的时间开发资源，发展经济，资源整合不断随着经济发展而升级换代。经历了从进口替代到出口导向再到国际化这样一个开发发展的过程，建立了强劲的产业优势。在经过多年的高速增长和1997年的金融危机后，各国又都以自己的优势资源为基础，进行新一轮的产业调整。为此各国的资源开发将向促进产业系统化、高级化、软件化、制造业高新技术化方向发展。同时，在加强与亚太合作，巩固扩大传统市场的基础上积极开拓新市场。

其余12国目前仍属经济落后的农业国，这些国家的优势资源开发不足，若根据自己的优势资源，引进合作机制，制定并实施切合实际的开发发展计划，

其发展空间将是巨大的。

三、东南亚、南亚地区与我国资源开发互补性分析

(一)东南亚、南亚富集而我国紧缺的资源

1. 矿产资源

据原国家计委、地矿部权威论证，全国 45 种主要矿产中，有油、气、铁、铜、钾盐、铬、锰、铝、金、银等 15 种矿产，从 2000 年开始出现紧缺(当年进口铁矿石 6997 万吨、锰矿 120 万吨、铬铁矿 110 万吨、铜矿 181 万吨、钾盐 539 万吨)，预测至 2020 年，我国紧缺矿种将增至 21 种。云南矿产资源对建设保证程度与全国类同，目前油气无探明储量，富铁矿、富锰矿比例急剧下降，锡、铜、镍、铝等矿产多属贫矿或难选矿，钾盐品位过低，开采条件复杂，近期无法利用。今后国内石油、富铁矿、富锰矿、铜、铬、钾盐等矿产的长期短缺已成定局，其它紧缺矿产也将随着时间推移而逐年增多，1999 年我国石油产量 1.6 亿多吨，而需求则达到了 2 亿吨，并以年平均 4%的速度递增，据预测这种供小于求的态势还将进一步发展；2002 年石油进口量近 7000 万吨，占我国石油需求量 30%以上，2003 年将突破 8000 万吨；据业内人士分析，至 2005 年，我国石油进口量将超过 1 亿吨。未来 10 年国内石油消费量的 40%～50%要依赖进口。(引自国土资源部矿产开发管理司编著的《中国矿产资源主要矿种开发利用水平与政策建议》一书和中国交通报 2003 年 9 月 26 日《中石化与中海强强联手合资合作开拓油品市场》一文资料。)而我国紧缺的矿产资源在南亚、东南亚等周边国家中，多属优势矿产，如东南亚的石油，老挝－泰国的钾盐，印度、缅甸的富锰矿，越南、印度的铝土矿、富铁矿和铬铁矿等(见表 3)。

表 3　中国与东南亚、南亚矿产资源互补矿种对比
(中国进口矿产)

中国紧缺矿产	相对具优势的周边国家(东南亚、南亚)
油气	印度尼西亚、文莱、马来西亚、缅甸、越南
富铁矿	印度(14%)越南(有)
富锰矿	印度(7%)缅甸(9%)
铬铁矿	印度(74%)越南(10%)巴基斯坦(6%)
钾盐	泰国、老挝(为中国今后钾盐进口主要国)
铝土矿	印度、越南(正在开发)
富铜矿	印度尼西亚、菲律宾、缅甸、越南

注：括号中数据为 2000 年中国向该国进口量占我国进口量的百分比。

2. 生物资源

2002 年，我国向东南亚、南亚进口了大量生物资源类产品，例如天然橡胶进口量占我国需求量的 70%(需求量 250 万吨，其中国内自给 45 万吨，向泰国进口 150 万吨，向越南进口 20 万吨)热带水果 3.72 亿美元、软木及木材 9.00 亿美元等。

(二)我国相对丰富而东南亚、南亚地区不足的资源

1. 矿产资源

我国具有优势的煤矿(特别是炼焦用煤)、磷矿、锡(精锡及制品)、钨、锑、钼、重晶石、萤石等矿产，在东南亚、南亚多数国家中又属紧缺矿产，如东南亚、南亚各国普遍紧缺炼焦煤及铅、锌、锑、钨、钼等精炼有色金属及其制品，印度等国严重缺少农用矿产，东南亚产油国配制泥浆用的重晶石多从我国进口等(见表 4)。

表 4　中国与东南亚、南亚矿产资源互补矿种对比
(中国出口矿产)

中国优势矿产	相对资源(矿产品)不足的周边国家(东南亚、南亚)
磷矿及制品	印度、缅甸、老挝……
精锡及制品	越南(3%)新加坡(3%)
钼	印度(4%)
锑	印度(3%)
钨	印度(6%)
重晶石	新加坡(27%)、文莱(22%)、泰国(7%)、菲律宾(5%)
萤石	印度(2)

注：括号中数据为 2000 年中国向该国出口量占我国出口量的百分比。

2. 生物资源

2001 年我国向东南亚、南亚出口了较多的生物资源类产品，例如蔬菜水果 5.07 亿美元、烟草及其制品 2.48 亿美元、中、西药品 1.52 亿美元等。

3. 人力资源

在东南亚、南亚不发达国家中，虽然资源丰富，但缺乏加工生产的技术设备和高级人才，特别是高科技人才，而中国科技人才资源丰富，可以与其形成互补。

四、实现中国与东南亚、南亚资源互补的构想

(一)指导思想和原则

实现中国与东南亚、南亚三大经济区资源互补的指导思想是：以资源为基础、交通为先导、市场为

导向、共谋发展为目标，充分开发利用好两种资源、两个市场，通过资源互补，调整产业结构，创造多赢局面，为实现共同繁荣富强奠定坚实基础。

资源为基础——资源是人类社会生存发展不可缺少的重要物质基础。三大经济区资源丰富，各自拥有优势资源同时也存在部分资源紧缺的情况，彼此资源互补性强，合作开发前景良好，是共同实施全球资源战略，确保资源可供系统需求平衡的重要地区之一。

交通为先导——资源的开发利用，需要便利的交通条件支撑。云南由于独特的区位条件，在国家实施南向战略中处于关键地位，面临的市场最广，是我国实施生产力发展南向战略的桥梁和纽带。云南直接与越南、老挝、缅甸三国相连，从昆明出发沿公路有的只需半天，有的不到一天即可穿越相邻国家边境。中南半岛5个国家的首都与昆明的距离都在2000公里以内，由于云南处于低纬度高海拔的内陆地区，具有“冬无严寒，夏无酷署”的良好气候条件，一年四季都可以顺利通过东南亚、南亚国家腹地。因此，必须加快中国云南连接东南亚、南亚国际大通道建设步伐，为实现中国与东南亚、南亚地区资源的互补提供更好的交通环境。

市场为导向——市场是社会生产存在和发展的前提。资源和产品只有进入市场，经过贸易变为资金，才能进一步推动经济的发展。因此，必须以市场需求为导向，充分利用各自的资源优势，开发优势资源和产品，供应市场。东南亚、南亚向我国出口的优势产品主要有：矿产品（特别是东南亚的石油，老挝－泰国的钾盐，印度、缅甸的铬铁矿、富锰矿等），塑料和橡胶、木材及木制品、纸浆及纸制品、油脂等。东南亚、南亚从我国进口的主要是：机电产品、织纺品和服装，蔬菜水果、贵金属及金属制品、矿产品（尤其是炼焦煤、铅、锌、锑、重晶石、蔬菜水果等）。云南位于中国、东南亚、南亚三大经济区的结合部和三大市场的融汇地，具有服务三大经济区合作、服务全国实施生产力发展南向战略的区位优势。发挥云南区位优势，培植起云南对接三大市场的生产力基础，将大大促进三大经济区的合作。

共谋发展——目前中国与东南亚、南亚国家间的合作以经济贸易为主，但不同国家的经济发展水平不同，需求不一，贸易差的问题较大。实现三大经济区合作，推动建立健全三大市场合作机制，以市场为导向，充分利用各自的资源优势，形成优势产品出口到需求量大的国家，换成资金和自己需要的资源，缓解本国需求，形成优势互补，获取多赢局面，有利于各国经济的更快发展和共同繁荣富强。

实现中国与东南亚、南亚资源互补的原则是：扬长避短、优势互补，平等互利、实现多赢，由近及远、先易后难。要利用云南与周边国家的区位、地理、交通优势和WTO及自由贸易区优惠条款，合作开发三大经济区优势资源，实施全球资源战略，互补各自所需的紧缺资源，实现资源需求平衡。

坚持“引进来”和“走出去”相结合，积极吸引东南亚、南亚较发达国家的资金和技术，建立云南花卉、蔬果种植加工基地，同时进一步加强与东南亚、南亚地区农业开发、烟草产业等方面的合作，以及强化与次区域五国合作，加速澜沧江－湄公河水力水运资源的开发利用，为全国产业结构调整提供广阔空间。

（二）合作开发利用的重点

1. 矿产资源

（1）合作开发利用老挝、泰国优质钾盐

我国钾盐矿产资源贫乏，探明储量（以KCl计）4.6亿吨，绝大部分分布于青海。目前世界上生产的钾盐，90％以上用于农业，我国是一个农业大国，耕地70％缺钾，受国内资源量的限制，每年大量进口钾肥，2000年进口钾肥755.60万吨。近年来随着国家大力提倡平衡施肥及农民科学种田意识的提高，国内对钾肥的需求量将逐年增加，市场前景广阔。目前，我国主要从俄罗斯（57％）、加拿大（24％）、约旦（8％）等18个国家进口钾肥。但老挝、泰国占世界总量的68.52％的优质钾盐尚未开发利用，充分发挥拥有我国自主知识产权的“钻孔选择性溶浸—多元组合结晶”先进采矿工艺和勘查、开发、加工等方面的优势，加快走出去的步伐，合作开发老挝万象地区和泰国呵叻盆地、沙空那盆地钾盐，一举多得，势在必行。

（2）合作开发越南南部优质铝土矿

铝是世界上仅次于钢铁的重要金属。近年来我国铝的消费量急剧增长，氧化铝每年都需要大量进口，1999年进口氧化铝达162万吨，逐年进口上升的势头较强。优势互补，合作开发价值高、交通便利的越南南部优质铝土矿十分必要。

（3）合作开发越南北部与中部和印度富铁矿

我国自产铁矿石远远不能满足钢铁工业的需求，自给率逐年下降，全国矿石的进口量已由1991年的1469.8万吨增加到2000年的6997.2万吨，预计到2010年须进口富铁矿1.3亿吨以上，（引自

2002年冶金工业出版社出版的《中国矿产资源主要矿种开发利用水平与政策建议书》分布于越南北部与中部地区的铁矿（探明储量12.59亿吨）紧接我国云南边境；富铁矿储量达260亿吨的印度距云南也很近，应加强与越南、印度的合作，共同开发利用其富铁矿。

2. 生物资源

三大经济区生物资源十分富足，为满足本期人民日益增长的生活、生产的需要，满足人民群众对绿色、环保产品的需要，云南以开发优势的绿色资源为依托，大力合作开发无污染、少污染的绿色产业群，围绕林、畜、果、蔬、菌、药、花等支柱产业，与东南亚、南亚国家实现热带、亚热带、温带绿色产品的互补。

3. 水能、水运资源

强化与次区域五国合作，加快开发利用澜沧江一湄公河水能水运资源。澜沧江一湄公河是亚洲唯一的一江连六国的国际河流。自古以来，这条“东方多瑙河”就是一条天然纽带、民族走廊、经济通道，把中国和东南亚的社会经济文化紧密联系在一起。流域内极其丰富的水运、水力、矿产、旅游、林业、渔业、灌溉资源开发中，以合作开发水运水电资源的条件最为成熟，见效最快，沿岸各国都可受益，并能带动其它资源的开发利用。

澜沧江一湄公河全长4880公里，流量充沛，河床稳定，水深条件好，通航里程3465.3公里，流经两国首都，水运开发潜力巨大。水力资源十分丰富，可开发水电量6048万千瓦。

目前，云南周边国家电力供应普遍紧张，如泰国60%的电力靠进口，对电力的需求每年增加100万千瓦，希望从邻国购进电力。因此，关于中国向泰国供电问题，中泰两国政府极为重视，签署过多次协议。根据地理优势和开发条件，第一步合资建设在云南省澜沧江上的景洪、糯扎渡电站（总装机容量730万千瓦），是实现向泰国等周边国家送电的最佳方案。

景洪电站计划2009年建成向泰国送电150万千瓦；糯扎渡电站装机容量580万千瓦，预计2014年6月第一台58千瓦的机组发电。届时可实现中泰两国协议2014年共向泰国送电300万千瓦的要求。

第二步合作开发上湄公河班会汤与下湄公河孔埠瀑布两个梯级，达到发电、通航、流量调节和增加旅游景点等综合开发利用的目标。

上湄公河班会汤梯级。班会汤梯级位于老缅泰三国交界处金三角上游12公里的老缅界河上。上湄公河老挝会晒至中国景洪400公里流域内，既有中国西双版纳，泰国的金三角、麦赛、清莱、清孔，老挝的会晒和缅甸的大其力、景栋等著名旅游景区和城镇靠近江边，又有多条公路干线与河道相联。在该河段上的老挝班会汤地段选址建坝，梯级渠化回水至中国勐松电站坝址，可从根本上改善该255公里河段的航行条件，库区内通航万吨级船队。这样既可开展类似海上豪华巨轮旅游和同时游览沿岸著名旅游景区，又可通过同属多国可自由航行的大水库将多条公路及铁路连为一体，进行水陆联运开展次区域多国价廉量大质优、商业速度快的经贸交易与滚装船等方式的运输；同时还可获得约350万千瓦装机容量与约280亿立方米库容，通过流量调节还可大幅度提高下游通航船舶吨位，减少下游旱涝灾害，社会和经济效益巨大。

下湄公河孔埠瀑布梯级。位于老柬边界，上距老挝首都万象878公里，下距柬埔寨首都金边1317公里。孔埠瀑布附近约600平方公里地域，自然景观迷人，旅游资源极为丰富。该处河床宽约12.5公里，河床中有4大岛屿，将水流分割为5汊，可在第3汊小支流上修建栏河坝与船闸及电站，坝前正常蓄水位只相当10年一遇的天然洪水位，无淹没损失，不会淹没景点，破坏自然景观，修建船闸和电站后，只会增加该处的旅游景观，上游水位稍抬高后，瀑布将更为壮观，吸引游客。据规划研究，该船闸正常运行水位高程为70米～72米，最大水头24米，装机容量24万千瓦，一级船闸（闸室＝280×34×5.5米），坝总长1264米，总投资约5.3亿美元。

4. 农业开发合作

东南亚、南亚陆上国家拥有极为丰富的待开发农业资源和土地，且农业发展水平不高，云南与东盟国家在农业开发方面具有广阔的合作前景。重点是向缅、老、越等国购租宜农荒地，合作发展水稻种植、畜牧业、热带水果、海产品和水产品养殖；合作发展农产品加工业；扩大双边农产品贸易；在云南合作开发温带农业等。加大山林开发经营力度，合作建设木材加工和林化工企业，开展热带珍稀濒危动植物保护。加快开发缅、老、泰、越等国的热带水果、花卉、药材、天然香料、橡胶等经济作物和特种经济动物。最近，中国与泰国签订了蔬菜水果零关税协定，并合作建立水果市场。泰国历来不发展蔬菜种植，全依赖进口，在中、泰毗邻地区发展冬春早菜和夏季淡菜，供应泰国市场前景广阔。充分发挥云南的农业科技优势，进一步与周边国家合作，有计划地在境外实施毒品替代发展合作项目，不断扩大替代种植的范围、品种和规模，并逐步向替代产业发展。

5. 烟草产业合作

云南烟草生产技术优势明显，与东南亚国家合作大有可为。要抓紧进行深入的市场调研，广泛寻求在越、老、缅等国合作或独立建立卷烟生产企业或烟草经销公司的途径，扩大云南烟草在东盟国家的生产和销售。同时，推广先进种植技术，在云南及周边国家统一规划，择优布局，使云南进一步成为具有世界影响力的综合性烟草生产基地。

6. 旅游业开发合作

要加大与东盟国家合作的力度，共同建设以澜沧江一湄公河为纽带，以各国自然风光、民族风情及历史文化为主要特色的次区域跨国旅游带，实现次区域旅游市场一体化。近期工作重点是尽快与东盟各国形成合作开发客源市场、联合宣传促销、共建旅游环线的机制，并支持和帮助旅游企业走出去到东盟各国承包建设旅游基础设施、经营旅游景区景点等，同时力争尽可能多的东盟国家城市与昆明等城市直航。

五、关于加强中国、东南亚、南亚三大经济区资源开发合作的措施和政策建议

(一)制定我国与东南亚、南亚制度性经济合作的总体规划，建立实施指导和协调体系

鉴于目前我国尚未现成统筹组织与协调参与区域经济合作的有效机制，建议外交部门、对外经济关系事务部门和国内产业政策部门等联动，及早制定与东南亚、南亚制度性经济合作总体战略规划，建立实施指导和协调体系，推动三大经济区全面合作。

(二)加快与东南亚、南亚洽商建立自由贸易区的步伐，建立互利合作机制，推动资源共享局面的形成

近年来，伴随着经济全球化的汹涌浪潮，区域经济合作呈现出强劲的发展势头，世界上绝大多数国家和地区都参加了不同形式的区域经济合作，我国应积极与东南亚、南亚国家以建立自由贸易区的方式加强区域经济合作，在资源互补的基础上建立互利合作的长效机制，推动三大经济区形成资源共享的局面。近期优先建立的合作机制：

1. 自然资源开发合作机制

我国与东南亚、南亚三大经济区内拥有丰富的自然资源和广阔的市场，以资源领域的合作促进各成员国的投资与发展，具有很强的物质基础和现实意义，建议在此领域内尽快建立政府、企业和社会各界对话的合作机制，确定重点合作领域和优先项目，为资源合作提供有效的对话机制。

2. 跨国旅游合作机制

我国与东南亚、南亚地区拥有多国度多民族风情以及旖旎风光，合作开发区域内丰富的旅游资源前景广阔。建议尽快与东南亚、南亚合作开发客源，联合宣传促销，共建旅游环线及旅游景区景点的合作机制。

3. 人力资源开发合作机制

人才是推进我国与东南亚、南亚全方位交流与合作的基础。建议与东南亚、南亚建立人力资源开发合作机制，重点是支持国内有条件的学校与东南亚、南亚国家合作办学，与国际组织合作建立人力资源开发培训基地，促进学术界的交流合作等。

(三)与东南亚、南亚协商，共同设立资源开发基金

建立资源风险勘查基金，是扭转当前资源勘查滞后、勘查开发投入不足、资源保证程度偏低局面的重要措施，也是实现“勘查先行”的重要举措。资源风险勘查基金的模式，可分为风险基金的融资渠道、风险基金的资本建立、风险基金的经营管理及风险基资的使用监督等 4 个单元。建立基金管理委员会、经营管理机构、使用监督机构，制定基金使用监督管理条例，明确基金使用的目的、对象、范围、管理监督、仲裁机构、基金使用权申请受理审批程序、审批内容、所有权人权力、义务与法律责任等。

(四)签定区域资源合作开发多边协议

签定区域合作开发多边协议，协议”中明确合作勘查的范围、内容和首批资源风险勘查基金投入的物种与地区的建议，以及对资源风险勘查进行统一补偿的原则、范围和赋予本资源企业优先权等。

(五)完善区域资源合作开发外部环境

1. 金融环境

要充分利用中国一东盟自由贸易区、GMS 次区域合作及边境贸易等 WTO 最惠国待遇的例外条款优惠，真正实现次区域资源勘查、开发市场自由化，资源产品贸易便利化。

2. 交通环境

要充分认识云南一东南亚、南亚是构成亚洲中部的南北轴线，昆明是中国陆路交通连结东南亚、南亚及非洲各国支撑点的地域优势。东南亚是世界货

物周转、集散的物流中心之一，充分发挥这一地域区位优势，将是 GMS 各国经济发展的重大依托。目前澜沧江一湄公河已初步实现国际通航，泛亚铁路东线玉溪一河口段将于近期施工，滇越铁路越南境内改造正在进行，昆明一曼谷、曼谷一腊戍高等级国际公路已全面开工，中缅陆水联运通道开发利用前期工作已基本完成。涉及交通、能源、矿业、农畜牧业、电信、环保、旅游、人力资源开发与投资等领域的合作项目全面开展。这些项目的启动、实施和建成，将使云南形成铁路、公路、水运、航空相互衔接配套、多方位连接中国与东南亚、南亚国际大通道经济走廊，不但可使我国内陆省市经云南东、中、西三个方向进入东南亚和南亚，而且可使中国南下印度洋、西进中东、北非里程缩短 3000 公里～5000 公里，从而根本上改变 GMS 次区域矿业开发的交通运输条件。

3. 电力环境

要充分重视 GMS 五国与中国具有矿电结合的国际竞争优势。GMS 次区域耗能矿产资源种类多，数量大，整体水能资源十分丰富，具有以电促矿，矿电结合，发展电磷、电铅、钢铁、有色金属等耗能矿业精深加工产品的迭加优势，对优化次区域矿业产业结构，增强矿产品国际市场竞争能力具有十分有利的资源组合条件和区位优势。

4. 矿业市场贸易环境

要充分发挥市场对资源配置的基础作用。完善矿业贸易投资环境需要建立统一的含矿产品物流、矿业信息流及资金流的三流合一的矿业大市场，其中最关键的是：

·建立矿产勘查、开发、矿产品贸易风险投资交易中心。引进国际风险投资和矿权交易机制，组建多层次并具规模的矿业风险投资交易中心，改政府拨款为融资（募集社会资本）进行矿产勘查和矿业开发。

·建立矿产资源数据管理及矿产资源评价系统。GIS 地理信息系统，是全球矿业开发中被普遍关注的新技术。是矿产勘查、开发中可以用来获取、管理、分析、模拟和展望未来空间相关信息的计算机系统。GMS 次区域和中国一东盟自由贸易区极需通过亚太经社会的经费、技术援助，通过各国协商，合作解决 GIS 空间数据库的三大建设问题，即数据采集和数据共享。

（六）制定相关导向政策

制定相关导向政策，依靠科技进步，提高资源利用水平，在信贷上实行差别利率，在财政上实行部分贴息和全额贴息，在税收上实行进口免税、出口退税，支持和鼓励企业应用国内外高新技术成果，提高资源综合利用上的技术水平和装备水平，提高产品深加工能力和产品的附加值。

（七）开拓两个市场，利用两种资源，改善我国资源利用结构

我国在一些设备生产和技术能力上有优势，同时我国某些大宗资源缺口大和部分产品供应不足。因此，必须“开拓两个市场，利用两种资源”，实现资源全球范围的优化配置。要以我国短缺矿种资源为重点（如石油、富铁矿、铜、钾盐、锰矿、铝土矿、铬矿等），从外贸进口矿石到“走出去”收购、参股采矿权、再进行风险勘查、开发，应在国家层次上研究建立全球矿产供应体系。

（本研究报告完成时间为：2003 年 9 月）

专题研究报告之三

21世纪初中国生产力发展南向互利合作战略中的市场研究

20世纪中国对外开放的重点是推出东部沿海地区，主要面向太平洋市场，由此带动了沿海地区的飞速发展，同时也带来了对美国和日本市场的过度依赖。目前，中国与美日贸易额已占中国外贸总额的1/3以上。从发展的眼光看，进一步拓展与美日经贸合作的潜力不大，而且对美日市场的过度依赖容易使中国在政治上受其钳制。进入21世纪，中国的对外开放应重点推出西部沿边地区，应将国内的西部大开发同中国与东南亚、南亚的合作紧密结合起来。因此，有必要认真研究东南亚、南亚两大市场，有必要全面认识云南在沟通太平洋和印度洋两大洋中的重要战略地位，有必要充分发挥云南独特区位优势，以云南为前沿，面向东南亚和南亚，开放式、大跨度调整中国西部生产力布局，将云南建成我国实施南向战略的主要基地。

一、三大市场的主要特征

(一)人口众多，市场潜力巨大

东南亚有11个国家，目前人口为5.1亿，是当今世界上一个新兴的、充满活力的大市场。南亚有7个国家，人口13.2亿，需求旺盛，与我国商品互补性很强，市场潜力巨大。中国、东南亚、南亚三大市场陆地总面积1828万平方公里，约占地球陆地总面积的12%，人口近32亿，占世界人口总数的1/2，人口密度为每平方公里175人，世界上再也找不出另一个面积同等大小、人口密度如此之高的区域。

众多的人口必然形成潜力巨大的市场。随着三大市场经济的快速发展，居民收入水平的不断提高，无论是原材料、中间产品，还是日用消费品都存在着巨大的需求。目前，三大市场的联系尚不密切，尤其是南亚市场相对孤立。如果将三大市场融合在一起，形成一个统一的大市场，那将是一个新兴的、充满巨大潜力和活力的、全球容量最大的市场。

(二)消费层次多样，以中低档商品为主

中国与东南亚、南亚各国处在不同的发展阶段，人均收入水平悬殊，消费结构不同，消费层次多样，对高、中、低档的各种商品都有需求。东南亚国家中的新加坡、文莱属于高收入国家，马来西亚、泰国、菲律宾、印度尼西亚属于中等收入国家，南亚国家中的印度中产阶级以上的人口占全国人口总数的1/3。这些国家的高收入人群有较强的购买力，对高、中档商品的需求较大。三大市场大多数国家属于发展中国家，经济发展水平仍然较低，低收入人口占据相当大的比重，因此对物美价廉的中、低档商品有巨大需求。随着这些国家居民收入水平的提高，社会购买力的增强，居民消费支出中用于吃穿的比重将逐步缩小，而用于购买耐用消费品等商品的支出将稳步增长，这将为制造业的发展提供巨大空间。

(三)市场机制逐步健全，投资环境日益宽松

东盟除越、老两国外都是WTO成员国。中国于2001年11月加入WTO。东盟自由贸易区建设进展顺利，中国－东盟自由贸易区正式启动。南亚大多数国家推行了以市场取向的改革，积极推进贸易自由化，取消了对绝大多数产品进口的限制和减少进口许可证商品的种类，降低关税，取消出口商品补贴。随着市场机制的健全，各国投资环境日益改善。东南亚国家普遍对外来投资实行国民待遇。中国正在按照入世承诺放宽吸收利用外资领域，已成为吸收外国直接投资最多的国家。南亚各国注重吸引外国投资，不少国家出台了鼓励引进和利用外资的政策，投资环境日益宽松。

(四)经济增长速度快,市场成长性好

20 世纪 90 年代以来,三大市场经济增长速度位于世界前列,在全球发展中的地位日益重要。中国改革开放以来,生产力得到巨大释放,GDP 按照 9%的年均速度高速增长,经济发展速度位于世界各国前列。

东南亚国家在 1990－1996 年,经济高速增长,其中东盟原始六国的年均经济增长率超过 7%;缅甸、越南、老挝、柬埔寨 4 国的年均经济增长率也在 6%以上。1997 年 7 月,东南亚金融危机爆发,东盟国家持续近 10 年的经济快速增长时期结束。1999 年出现了强劲的复苏势头。2002 年地区 GDP 接近 9000 亿美元,对外贸易总额达 8000 亿美元,已大大超过金融危机前的水平。

南亚各国在 20 世纪 90 年代推行经济自由化和对外开放政策,不断提高经济的外向度,为经济增长注入了新的活力。其中,印度经济在 20 世纪 90 年代的平均年增长率达到 6.3%,巴基斯坦、孟加拉国等国也保持了较快的增长。进入 21 世纪,因受世界经济衰退的影响,南亚各国经济增长速度有所放慢,2002 年随着全球经济的复苏,南亚经济已开始回升。2000－2002 年,印度、巴基斯坦、孟加拉国的 GDP 年均增长率分别为:5.2%、3.7%、5.5%。20 世纪 90 年代以来,世界经济的年平均增长速度仅为 3.2%,中国、东南亚、南亚成为同期经济增长最快的三大市场。经济的快速增长带动了三大市场居民收入水平的不断提高,三大消费市场的开发潜力巨大、前景看好。

(五)经济增长前景强劲,是全球经济的最大亮点

进入 21 世纪,三大市场经济增长的前景依然强劲。根据亚洲开发银行发表的《2003 年亚洲发展展望》报告预测,中国经济 2003、2004 两年的增长率将保持 7.3%和 7.6%;东南亚经济 2003 年的增长率将保证 4%,2004 年将上升到 4.8%;南亚经济 2003、2004 两年预计将分别增长 5.7%和 6.1%。随着三大市场消费需求的不断扩大,出口形势和政策环境的日益改善,三大市场经济的平均增长率将继续高于世界其它地区,成为全球经济发展中的最大亮点。

二、三大市场互补性分析

(一)产业结构的互补

1. 中国与东南亚各国产业结构互补性分析

中国和东南亚各国在产业结构上的互补性强。从工业看,东南亚各国的工业化进程不一。新加坡、马来西亚、泰国和印尼等国,制造业、加工业、石化业、电子业、汽车业、服务业、旅游业和运输业等较为发达,同时还建立了一些高科技和高附加值的产业。越南、菲律宾等国的电器、制造业、服装业、煤炭工业和石油等发展较快,基础较好。缅甸、老挝、柬埔寨和东帝汶等国基本上是落后的农业国,工业基础薄弱,尚无重工业、制造业、电子工业和化学工业,更没有高科技和高附加值的产业。文莱产业单一,主要是石油和天然气,其他产业才开始起步。东南亚国家产业结构偏重于轻工业、机械工业和电子工业,而冶金、电力和重化工等基础工业是经济发展中的"瓶颈"。而中国已建立了门类齐全的工业体系,在重工业、机械制造业、化学工业、冶金工业、建材工业等方面有明显优势。以云南为前沿的中国西南地区的重化工、建材、水电、机械制造等产业实力较强,并有一批高科技产业。国家加大支持云南等西南地区企业"走出去"的力度,将加快实现中国和东南亚产业结构的互补。

从农业看,中国是农业大国,农业资源和农产品丰富多样,其中温带水果、温带蔬菜等农产品与东南亚国家的热带、亚热带作物有较强的互补性。东南亚国家除新加坡外,其他国家基本上还是农业国,农业结构均以种植业为主,大米、橡胶、木材、棕榈油等在世界占有重要地位。随着中国一东盟自由贸易区建设的不断推进,特别是"早期收获计划"的实施,将为中国农产品出口东盟赢得更广阔的市场空间,而中国对东南亚各国优势农产品的需求也将不断扩大。

2. 中国与南亚各国产业结构互补性分析

长期以来,南亚国家在经济结构上以第一产业为主,稻谷、棉花、茶叶和黄麻在世界上均占有重要地位,但南亚各国优越的农业自然条件尚未得到充分的开发利用。从工业方面看,目前南亚国家的工业化水平普遍较低,仍然处于农业化向工业化过渡的阶段,2000 年第二产业占 GDP 的比重不到 30%。南亚各国的工业以轻纺工业为主,唯印度拥有规模较大的重工业,但印度轻重工业发展不平衡,重化工业占工业产出的 56%左右,轻工产品则供应不足,价格上涨,影响了人民生活水平的进一步改善。中国目前正处于工业化发展的中期,产业结构明显偏重于工业,特别是制造业。改革开放以来,中国以工业为主导的第二产业快速发展,在 GDP 中所占份额已经超过50%，占据了半壁江山。工业中的制造业飞速增长，2000年制造业增加值已超过30000亿元人民币，在GDP中的比重接近34%，成为世界第四大制造国。南亚工业与中国工业存在着明显的差距和梯度，因而具有较强的互补性。

（二）贸易产品结构的互补

1. 中国与东南亚各国贸易产品结构互补性分析

中国与东盟的贸易发展迅速。从20世纪80年代起，中国与东盟的贸易额年均增长20%。从双方贸易的产品结构看，在90年代初，东盟出口中国的前五大类商品是矿产品、木材及木制品、机械及电器设备、油脂、贱金属及金属制品。这五类产品占东盟对中国出口总额的81.2%，其中资源类商品占了很大比重。2001年，东盟出口中国的前五大类商品是机械及电器设备、矿产品、塑料、化工产品、纸浆及纸，占东盟对中国出口总额的79.3%。东盟对中国的出口商品呈现多样化，制造业产品比重有很大提高，但资源类商品仍然占据相当重要的地位。东盟具有优势的出口商品是：矿产品（包括矿物燃料）、塑料和橡胶制品、木材及木制品、纸浆和纸制品、油脂等。

与东盟对中国的出口相比，东盟从中国的进口呈现更为明显的多样化。1993年，东盟从中国进口的前五类商品是机械及电器设备、纺织品和服装、蔬菜产品、贱金属及金属制品、矿产品，占东盟从中国进口总额的67.9%，其中机械及电器设备占20.8%。到2001年，机械及电器设备继续位居第一，而且比重升到东盟从中国进口总额的50.9%。过去10年中，中国对东盟进出口贸易最强劲的增长来自制造业产品的贸易，机械和电器设备的增长幅度最大。中国对东盟的出口以通用机械、电器为主，而从东盟进口的机电产品很大一部分是电子元器件类产品，这显示了由产业分工和规模经济带来的产业内贸易的重要性。中国与东盟进出口贸易的商品结构，进一步佐证了中国与东盟在资源结构和产业结构方面的互补性。

2. 中国与南亚贸易产品结构互补性分析

中国与南亚的经贸往来目前仍处于低层次。根据亚洲开发银行的有关资料测算，近几年中国与南亚国家的进出口总额在80亿～90亿美元之间，占中国外贸总额的1.5%左右。中国向南亚出口的主要商品有：生丝、焦炭、药品、机械设备、家用电器、化学制品和电站设备等。中国从南亚的进口主要来自印度，2001年印度向中国出口最多的商品是矿产品，达6.8亿美元；其次是纺织原料及其产品，出口值达2亿美元。印度是中国在南亚的最大贸易伙伴（中国与印度的进出口贸易占中国与南亚进出口贸易的1/3，中国已取代日本成为印度最大的进口国）。中国与南亚扩大经贸合作的潜力巨大。从南亚的出口商品格局来看，在目前和今后相当长一段时期内仍将以资源性商品和电子产品为主，这符合中国的进口需求。从南亚消费层次来看，目前和今后一段相当长时期仍以中低档商品为主，这与中国的出口商品结构相适应。南亚是中国未来最大的目标市场。

（三）市场要素的互补

1. 中国与东南亚、南亚人力资源互补性分析

中国与东南亚各国在人才和劳动力方面有很强的互补性。中国虽然高尖端科技人才还较紧缺，但一般科技人才已出现过剩，劳力过剩则更为明显，可以大量“出口”到其他国家。新加坡和马来西亚，科技人才和管理人才较多，还有一支高尖端的科技队伍，在经济和科技的发展中已积累了较丰富的经验，可供其他国家学习和借鉴，其科技人才和管理人才也可以为区域经济合作发挥作用。但新加坡和马来西亚劳力紧缺，需要“进口”。泰国的技术人才数量较多、素质较高，为发展制造业提供了重要人才支撑。缅甸、老挝、柬埔寨、东帝汶等国，科技人才、管理人才及一般技工和劳力紧缺，需要大量引进。越南、印尼和菲律宾等国缺科技和管理人才，但劳动力力相对较多。东南亚是海外华人最集中的地区，特别是新加坡，拥有众多精通英语，又具有华语背景的各类人才。这种文化上的融通性和人力资源的互补性，为建立区域性经济合作体、促进人才的合理流动和高效使用奠定了基础。

中国与南亚各国在人力资源上也存在一定的互补性。南亚国家人口密集，从事农业的劳动力众多，但发展工业所需要的人才除印度外的其它南亚国家非常紧缺。印度是世界上的人才大国，无论在高校数目、入学人数和科技人员数量上，仅次于美国和俄罗斯，居世界第三位。印度人才素质较高，博士和工程师的数量相当可观，特别是软件技术人才数量仅次于美国，居世界第二。印度具有讲英语的背景，英语是官方语言之一，这为中印双方加强科技合作和人才交流提供了很好的条件。

2. 中国与东南亚、南亚资金互补性分析

从总体上看，东南亚、南亚各国和中国都缺建设资金，但仍存在互补性。如新加坡和文莱等国不但是东南亚的富国，也是世界的富国之一，人均 GNP 已超过 3 万美元，具有向其他国家投资的实力。马来西亚、泰国和中国的一些财团、大企业和大公司也具有向其他国家投资的能力。缅甸、老挝、越南、柬埔寨等国不但是东南亚的穷国，也是世界的穷国，人均 GNP 仅 300 美元～400 美元。建设资金奇缺，国家投资能力和支付能力都很弱。南亚国家普遍缺少资金，但印度却有不少实力雄厚的私人大财团，特别是在软件行业，印度的 INFOSYS、WIPRO 和 SATYM 等信息技术公司具有对外投资的能力。近几年来，印度的 RANBAXY 公司和 NIIT 公司已分别在广州、上海建立了合资企业，另外还有多家印度大公司正在对中国市场进行考察。

中国目前 GDP 已突破 10 万亿元人民币，人均 GDP 超过 800 美元，涌现了红塔、海尔、长虹、康佳等一批实力雄厚的工业企业，具有一定的对外投资能力。经济全球化的趋势，使中国的企业家逐步将眼界放宽到世界的范围内整合资源，开拓销售市场。目前中国对东南亚的投资集中在与中国接壤的周边国家。2000 年，中国对老、越、柬三国的投资均占这些国家当年吸引外资总额的 15%以上(东盟原始六国目前还不是中国 FDI 的主要投资场所，大多数资金都投向了东盟的四个新成员国)。中国对南亚投资的项目主要集中在机械设备、信息技术产业以及化工等领域。在未来 10 年中，随着经济力量的加强和产业结构调整的需要，中国将成为重要的资本输出国。为了满足国内日益增加的资源需求，中国大部分对外投资都将与资源有关。东南亚、南亚国家，特别是与中国接壤的越、老、缅等国，由于资源富集，地理邻近，文化渊源深远，在未来吸引中国资本输出中拥有很大的优势。

3. 中国与东南亚、南亚科学技术互补性分析

中国与东南亚、南亚各国在科学技术方面存在较强的互补性。东南亚各国均属于发展中国家，无论是教育、基础科学还是前沿科技研发领域都存在资金、人员等方面的制约，东盟内部较发达的新加坡、文莱等由于综合国力小，难以带动整个东盟产业升级，因此东南亚迫切需要借助外力提高科技水平。南亚各国除印度外，科学技术普遍落后。印度科学技术水平较高，特别是核能技术、空间技术、电子技术和新材料、新能源等技术在世界上具有重要地位，但印度整体科技实力与中国相比仍有一定差距。中国与印度在电子信息技术领域的互补性非常明显，2002 年初，时任国务院总理的朱镕基同志访问印度时曾说：印度软件是世界第一，中国硬件是世界第一，如果中印合作，就能成为世界电脑软硬件的领导者。

经过数十年的努力，中国的科技事业却有了长足发展，建立起了一支从基础理论到应用科学、从生物技术到电子信息的较为完备的科研队伍，整体科技实力远远高于东南亚、南亚国家。通过建设中国一东盟自由贸易区和发展中国与南亚的经贸关系，有形贸易、服务贸易、跨国公司投资等将成为科学技术转移的载体，将先进的技术从中国传播到东南亚、南亚各国。

三、影响三大市场对接的主要障碍

中国与东南亚、南亚，市场容量巨大，经济互补性强，合作空间广阔，是 21 世纪最具潜力的三大市场。三大市场在地理上紧密相连，各自潜力的发掘在很大程度上取决于市场的相互融合和对接。目前，三大市场相互之间的融合和对接还存在诸多障碍，可归纳为以下五个方面。

(一)陆路通道不畅

中国与东南亚、南亚三大市场，虽然在地理上紧密相连，但目前陆路交通运输仍不便。中国与东南亚的越、老、缅三国接壤，但现在只有两条国际铁路通往越南，而且存在技术标准低、运力小的问题。泛亚铁路目前只通过了东线方案，而连通老挝、缅甸的中线方案、西线方案还未提上议事日程。中国与东南亚陆上国家虽有多条国际公路相连，但普遍存在等级低、路况差、线路不科学等问题。

中国与南亚的陆路交通更为不便。我国的西藏虽与南亚的印度等国有公路相连，但海拔高，人烟稀少，山口通道路面差，受气候影响大，秋冬季节大雪封山时交通中断。云南距印度边境只有 300 公里，距孟加拉国也只有 500 公里，但目前不仅没有铁路相通，就是二战时曾使用过的史迪威公路(滇一印公路)也因年久失修而无法使用，严重阻碍了中国与南亚各国之间商品贸易的发展，并在一定程度上影响着中国与南亚各国之间投资活动的进一步发展。

(二)三大市场至今没有形成统一的机制来推进和协调合作

目前，东南亚国家已形成“东盟自由贸易区”合作机制，南亚国家也建立了“南亚区域合作联盟”机制，中国与东盟之间已形成“东盟＋中日韩”

(“10＋3”)经济合作、中国一东盟自由贸易区、东盟一湄公河流域开发合作等机制。中国与南盟之间尚未形成制度性的合作机制。中国与南亚国家的合作,除双边合作外,有一个联合国亚太经社会主持下的《亚太经社会发展中成员国贸易谈判第一协定》(简称《曼谷协定》),现在成员国为印度、韩国、孟加拉国、斯里兰卡、老挝和中国。此外,还有一个二轨的孟中印缅地区经济合作论坛在推动三大市场连接地区孟、中、印、缅四国的经济合作。三大市场之间,至今没有建立一个中国、东盟、南盟共同参与的合作机制,这种局面直接影响了三大市场的对接和融合。

(三)三大市场连接地区经济发展水平落后

东南亚的柬埔寨、老挝、缅甸是世界上最不发达的国家,人均 GDP 仅 200 至 300 美元。南亚的孟加拉国人均 GDP 也只有 300 多美元,是南亚和全球最贫穷的国家之一。三大市场连接地区这些相对落后国家,基础设施差,交通、能源和通讯滞后,对外资、外援和外来经济技术合作的依赖性很大。有些国家的外来投资占国家建设投资额的 50%以上,其中,老挝、柬埔寨甚至主要是依赖外资进行基本建设,依赖外援维持财政。这种对外经济的依赖性制约着区域经济合作的进程。

(四)三大市场之间信息不通畅

信息时代,信息就是商机。但目前三大市场信息不通畅。一是三大市场之间信息传输网络的建设和对接滞后,特别是三大市场连接地区信息网络规模小,技术层次低,信息化水平落后。二是对他方的国情和市场,生产和消费形态,产品储量和价格,有关贸易章程以及基本经济数据还缺乏深层次的了解,很难获取快捷准确的信息,一些企业界人士往往不知道他方市场的商品需求以及本企业能够在他方市场发挥什么作用,这在一定程度上影响了相互间贸易交往,制约着三大市场的相互融合。

(五)三大市场连接地区中的毒品问题和地方武力割据问题突出

三大市场连接地区的“金三角”,是世界三大毒品产地之一,毒品犯罪势力猖獗,严重祸害这一地区的生存和发展环境,严重影响国际大通道建设以及人流、物流、信息流和资金流畅通,成为阻碍三大市场融合和对接的一道黑色屏障。三大市场连接地区,特别是缅甸的民族地方武装割据也好似一道道锁链,阻拦着中国与东南亚、南亚的通途。

四、云南充分发挥区位优势,推动三大市场融合的主要构想

经济全球化、区域经济一体化是当今世界经济发展的重要趋势。实现中国与东南亚、南亚三大市场的融合和对接,不仅是顺应经济全球化浪潮的需要,也是加快三大市场自身发展的需要。实现三大市场融合,有利于形成优势互补和合理分工的格局;有利于扩大相互之间的贸易规模;有利于提升三大市场在世界经济中的地位;有利于逐步改变不平等的国际政治经济秩序。

云南位于三大市场的结合部,在推进三大市场对接中具有不可替代的区位优势。云南充分发挥区位优势,推动三大市场融合和对接的主要构想是:高度重视市场导向作用,切实加强对三大市场的研究,深入了解三大市场需求;充分发挥区位优势,加快构筑连接三大市场的国际大通道,主动为三大市场相互融合提供良好服务;积极推动三大市场贸易、投资便利化和自由化进程,努力扩大相互之间陆上贸易规模;充分利用三大市场生产力势差,大力发展特色产业和优势产业,努力推动三大市场形成优势互补、合理分工的格局。

(一)深入了解市场需求

三大市场容量巨大,消费层次多样,消费需求各异。切实加强对市场的研究,深入了解市场需求,是推动三大市场融合的重要基础。了解市场需求,必须从汇集信息做起。请求国家支持云南在昆明市和河口、磨憨、瑞丽三个主要边境口岸城市分别建立技术先进、信息全面、内外相通、便捷交流的信息枢纽;加快建设昆明国际信息港,全面汇集我国与东南亚、南亚各国的经济发展信息、产业信息、产品信息、投资信息及主要合作信息等,使昆明成为我国与东南亚、南亚合作的主要信息中心,为我国广大企业开拓东南亚、南亚市场,以及东南亚、南亚各国企业了解我国市场提供良好的信息服务。

了解市场需求,必须重视组织和参加各种产业交流会、商品交易会。请求国家支持云南举办中国一东盟旅游业交流会、中国一东盟高新技术产业交流会、中国一东盟医药产业交流会、中国一南亚机电产业交流会、中国一印度信息产业交流会、中国一南亚商品交易会,把云南建成我国与东南亚、南亚各国产业交流和商品交易的中心,为我国企业与东南亚、南亚各国企业加强交流与合作搭建平台。

(二)主动提供良好服务

服务全国,服务三大市场对接和融合,在服务中创造发展机遇,是云南发展开放经济的重要思路。主动提供良好服务,从硬件方面来说,就是要加快构筑中国连接东南亚、南亚的国际大通道,这是从陆上实现三大市场对接和融合最重要的基础条件之一。要在中央大力支持下,充分发挥云南陆上通道的优势,加快公路、铁路、航空、水运等交通基础设施建设,切实把云南建成"东连黔桂通沿海,北经川渝进中原,南下越老达新马,西接缅甸连印巴"的快捷、便利的国际大通道,为实现中国与东南亚、南亚国家的大规模经济往来奠定坚实的基础。

从软件方面来说,就是要努力构建中国与东南亚、南亚合作的公共事务平台。云南气候条件优越,省会昆明更是世界闻名的"春城",是中国与东南亚、南亚合作设立公共事务机构最为理想的选择地。目前,缅甸、老挝、泰国三国已在昆明设立总领事馆,越南驻华总领馆也在昆明设立了办事处。为推动三大市场相互融合,要在昆明构建中国与东南亚、南亚各国合作办事的公共事务平台以及商贸企业办事机构平台,将昆明建成执行中国一东盟合作框架的组织机构常设地和东南亚、南亚区域性的国际组织的常驻地,为推动中国与东南亚、南亚合作提供良好服务。

(三)努力扩大陆上贸易

对外贸易是不同国家间实现优势互补、形成专业化分工的重要渠道。三大市场在地理上紧密相连,相互之间开展陆上贸易的基础、条件和前景较好。扩大三大市场陆上贸易,关键之一在于建立健全三大市场连接地区的经济合作机制,加快实现贸易、投资的便利化和自由化。上世纪末,在云南学者和印度学者的共同推动下,三大市场连接地区的孟中印缅四国,连续四次举办孟中印缅地区经济合作与发展国际会议。经过多年探索,孟中印缅地区经济合作由学术界推动上升为政府间合作机制的时机和条件已经成熟。第五次"孟中印缅"国际会议将于2004年在云南昆明举行,请求国务院领导以及有关部委领导出席会议,并由我国政府出面邀请其它三国政府领导出席会议,共同支持将这一机制由二轨上升为一轨。建议将这一新的合作机制名称定为"昆明经济合作组织",将云南昆明定为组织会议的永久性地址,并将新组织建成一个开放型的经济合作组织,以孟中印缅四国为基础,逐步向东南亚、南亚其它国家扩展,最终形成中国、东南亚和南亚各国共同参与的经济合作组织。

努力扩大陆上贸易,必须加快三大市场连接地区资源开发和经济社会发展。三大市场连接地区,特别是云南周边国家,资源富集,战略地位重要,且对加强与中国合作的热情高。目前,三大市场连接地区仍然处于封闭和经济发展水平较低的状态,越、老、柬、缅、孟都是最不发达国家,经济基础差,自我发展能力弱,在经济合作中要求国外包括要求中国给予优惠、援助等期望值较高。在这种背景下,中国作为大国应加大对这些国家支持和援助的力度,帮助这些国家加快发展,同时为自身加快发展创造良好的周边环境。建议中央组建"中国亚洲发展银行",为我国周边发展中国家,特别是最不发达国家加快资源开发和基础设施建设提供资金支持,并将援助项目尽可能交给云南等边疆省份的企业实施。

(四)大力发展优势产业

充分发挥比较优势,是国际分工与合作向广度和深度扩展的重要前提。中国与东南亚、南亚三大市场,资源禀赋各异,工业化进程不一,相互之间加强合作的潜力巨大。云南发挥区位优势,推动三大市场相互对接和融合,就要充分利用中国与东南亚、南亚各国生产力势差,大力发展特色产业和优势产业。烟草产业、生物资源开发创新产业、旅游业、矿产业和以水电为主的能源产业,是云南相对于东南亚、南亚国家具有明显优势的产业,应进一步加大培育力度,尽快做强做大。加工制造业、高新技术产业、医药产业是中国与东南亚、南亚国家互补性强的产业,云南应努力将这些产业培育成优势产业,加快实现与东南亚、南亚各国产业结构的互补。

云南在推动三大市场相互对接与融合,形成各展优势、合理分工的格局中具有特殊重要的地位。请求国家以东南亚、南亚市场为导向,以云南为前沿,加快调整西部生产力布局,大力支持云南发展烟草产业、旅游产业、生物资源开发创新产业、矿产业、能源产业、加工制造业、高新技术产业、医药产业等支柱产业和优势产业,将云南建成我国实施南向战略的主要基地。

五、充分发挥云南区位优势,推动三大市场对接的主要对策建议

加快实现三大市场融合与对接,需要中国与东南亚、南亚各国的共同努力。云南应充分发挥位于三大市场结合部的独特区位优势,主动以下促上、以

内促外，认真做好各方面工作，努力争取国家支持以云南为前沿，开放式、大跨度调整西部生产力布局，推动三大市场相互融合和对接。

（一）充分发挥云南位于三大市场结合部的独特区位优势，将云南建成我国实施南向战略的主要基地

一要加快建设中国连接东南亚、南亚的国际大通道，实现交通联网。国际大通道是我国陆路实施南向战略的重要基础。建设国际大通道，不仅涉及巨额的建设资金，而且涉及与周边国家通道的对接和联网，因此需要国家大力支持。请求国家把中国连接东南亚、南亚的国际大通道纳入西部大开发和中国－东盟自由贸易区建设基础性项目的总盘子中，加大资金支持；同时请求帮助解决国际大通道建设中需要国家出面协商的问题。

二要加快发展制造业，将云南建成我国西部重要的加工制造基地。中国与东南亚、南亚三大市场经济的互补，主要体现在工业化水平上。中国工业化进程迅速，特别是制造业发展迅猛，已成为世界第四大制造国。随着中国制造业的发展，开拓国际市场日益重要。东南亚和南亚市场容量大、成长快，是中国制造业未来最重要的目标市场。云南是中国开拓东南亚、南亚市场最好的“跳板”。但目前云南工业规模还不大，发展速度还不快，实力还不强，影响了中国制造业走向东南亚和南亚。请求国家充分发挥云南连接中国与东南亚、南亚的国际大通道作用，充分利用中国与东南亚、南亚生产力水平势差，在云南布局一批背靠大西南、面向东南亚的加工制造基地。支持在昆明建设精密机电制造基地和农机具制造基地，在曲靖建设轻型汽车制造基地，在玉溪建设金属制品精深加工基地，在红河和文山建设摩托车组装基地，在保山和德宏建设珠宝玉石加工基地。

三要加快实现通关便利化，促进人员、商品货物的便捷流动。在加大交通基础设施建设的同时，还要加快交通软环境建设。要完善口岸基础设施，建立健全与自由贸易区相适应的政策法规体系，提供优质高效的服务，实现人流、物流、资金流、信息流的畅通。我国 2002 年 11 月加入的《大湄公河次区域便利过境客货运输协定》简化和统一了有关货物和人员过境运输的法律、规章、制度和程序，将促进澜沧江－湄公河次区域国家间贸易往来，进一步为各国之间过境客货运输提供便利。请求国家支持在中国与老挝交界处进行“一站式”海关的试点工作。对尚未加入这一协定的缅甸，请求国家加强与缅甸协商，本着与这一协定一致的精神，相互简化和统一中缅边境人员与货物过境的规定以及程序。

四要加快将云南省会昆明建成中国面向东南亚、南亚的现代开放城市。′99 中国昆明世博会以来，昆明市在国际社会中知名度大大提高，在中国与东南亚、南亚合作中重要地位日益突现，越来越多的国际会议在昆明召开，昆明的经济建设和城市面貌日新月异。请求国家支持将昆明建设成中国西南地区重要的商贸、旅游中心之一；西部大开发的带动型城市；中国最适宜人类居住、西部投资环境最佳的城市之一；建设成中国面向东南亚、南亚的现代开放城市；中国与东南亚、南亚重要的贸易、金融、旅游、进出口加工中心和交通、信息枢纽。

五要积极推动大湄公河次区域各国加快建设昆明－胡志明市、昆明－曼谷、昆明－仰光三条纵向经济走廊，并以此作为云南融入中国－东盟自由贸易区建设的跳板和突破口。上述三条联系云南与缅老泰越的“三纵”经济走廊于 1998 年 10 月在大湄公河次区域第八届部长级会议上通过，并得到亚行的肯定和支持。请求国家加大与亚行以及大湄公河次区域各国协商力度，尽快启动三条经济走廊的建设，以昆河公路（滇越铁路）、昆曼公路（澜沧江－湄公河航道）、昆明－仰光通道为纽带，将三条走廊建成中国通往东南亚、南亚的国际贸易走廊、外向型工业走廊和国际旅游走廊。

六要加快建设一批综合性市场和专业化市场。现代区域经济的生命力在于特色经济，与特色经济相配套的是专业市场。建设专业市场是主动融入区域分工合作的重要基础。请求国家支持在云南布局一批专门面向东盟的综合性市场和专业化市场，在昆明建设海产品交易市场和水果交易市场，在思茅和景洪建设活畜交易市场，在玉溪建设小五金专业市场和皮革交易市场，在昆明、保山建设珠宝玉石交易市场，在昆明、思茅建设茶叶交易市场。通过专业市场的建设来引导和促进特色经济的发展，并逐渐形成产地优势，在区域分工合作中确立自己的地位。

（二）在云南边境一带设立经济特区，以大开放促进大开发

实施西部大开发战略对推动中国与东南亚、南亚三大市场相互融合具有重要意义。西部大开发应充分利用改革开放以来东部沿海地区取得的成功经验，在西部边境地区创办新特殊经济区——“边境特区”，以吸引东部地区和国外更多的资金、技术、人才等要素投入西部地区。“边境特区”与“自由贸易区”

是相互联系又有所不同的概念,“边境特区”是减国内税和制定特殊的法规,不涉及关税的谈判,主动权在国内,只要国家认同和支持,就可以尽快设立。设立自由贸易区涉及到相关国家之间针对关税的谈判,具体实施需要较长的时间。而在云南率先设立几个“边境特区”试点,培育几个经济增长极,不仅有利于加快推进三大市场相互融合,而且在云南与东盟交界的区域率先设立“边境特区”试点成功后,还可以在西部其他地区推广。为充分发挥云南区位优势,推动中国与东南亚、南亚三大市场加快融合,请求国家在云南边境一带的红河、德宏、西双版纳等民族自治州设立“边境特区”,对在“边境特区”新办企业,所得税降低到10%,在关税方面先行执行自由贸易区的优惠政策,并在服务贸易领域对外开放准入方面实行更加优惠的政策。

(三)设立南向战略基金,支持以云南为前沿的西部地区企业走向东南亚、南亚

实施南向战略对中国利用两种资源、开拓两个市场,实现全面建设小康社会目标具有重要意义。

1. 请求国家设立“南向战略基金”,对以云南为前沿的西部地区企业“走出去”到周边国家经商办厂、参与境外资源开发提供资金支持。

2. 请求国家大力支持云南建设中国面向东南亚、南亚的现代物流中心。支持云南加快建设以昆明凉亭货运站为主的中国西南大型物流基地、以大理为主的滇西大型物流基地和以思茅为主的滇南大型物流基地,以大型物流基地的建设为依托,努力将云南建设成中国面向东南亚、南亚的重要的现代物流中心。

3. 请求国家将云南列入境外投资外汇管理改革试点省份。国家已在浙江、江苏、上海、山东、广东和福建等六个省市开展了境外投资外汇管理改革试点,为试点省市企业“走出去”提供了实实在在的支持。目前试点省份只有东部省市,西部地区尚未有省市区列入试点,鉴于云南位于三大市场结合部的独特区位优势,请求国家将云南列入试点省份,增加试点省份的代表性,使政策调整更符合全国实际。

(四)加快促进三大市场贸易、投资便利化和自由化进程,促进区域内产品通过云南国际通道进行大交换

请求国家通过中国一东盟自由贸易区建设,促进贸易、投资的便利化和自由化,为云南与东南亚、南亚各国的经贸合作提供全面的制度框架和机制保障。

1. 比照东盟会员国间的关税协议,实施“共同有效普惠关税”,实现快速减税;并向老挝、缅甸、柬埔寨等最不发达的东盟成员国提供特殊优惠关税待遇,对周边国家从云南口岸进口的货物采用关税配额给予零关税。

2. 根据“中国一东盟全面经济合作框架协议”确定的原则和谈判进程,提出对会员国的投资者适用国民待遇,允许云南“边境特区”全部开放给会员国的投资者。

3. 积极拓展与新加坡、马来西亚、菲律宾、泰国、文莱等较发达东盟国家的服务业合作,推进服务贸易自由化。

4. 制定“中国(云南)一东盟产业合作计划”,对参与计划的国家制造的产品视同国内产品,享受关税和非关税优惠待遇。

5. 尽快达成中国(云南)一东盟会员国间“相互认证框架协议”和“运输便捷化协议”,提高透明度,消除非关税壁垒,实施贸易投资便利化措施。

6. 尽快达成“中国(云南)一东盟越、老、缅三国货币流通协议”,构建区域性人民币结算机构,进一步巩固和增加人民币在该区域的地位与作用。

7. 积极促成缅甸加入《曼谷协定》,推动中国与印度、孟加拉国、老挝、缅甸之间就过境贸易和转口贸易达成相互提供优惠关税和非关税减让为主要内容的贸易优惠安排。

(本研究报告完成时间:2003年9月)

专题研究报告之四

21世纪初中国生产力发展南向互利合作战略中的通道建设研究

一、建设中国连接东南亚、南亚国际大通道的深远战略意义

中国连接东南亚、南亚国际大通道，是指经云南连接中国大陆与东南亚、南亚及其以外地区，以通信为先导、公路为基础、铁路为骨干、航空为辅助、水运为补充，多种运输方式和信息网络于一体的综合运输传导体系。

云南历史上就是中国的西南门户，是中华民族与东南亚、南亚地区人民友好交往和贸易往来的重要通道。早在两千多年前的秦汉时期，中国便修筑了由成都经宜宾通往滇东北昭通、曲靖的道路，时称“五尺道”。后进一步向西延伸，形成经缅北通往印度，到达中亚和阿拉伯地区的著名商道——南方丝绸之路，从而直接沟通了中国内陆腹地与东南亚、南亚地区的联系。到了近代，帝国主义列强又把云南作为连接印度与扬子江的“链环”，修建了滇越铁路，以此进行殖民掠夺和政治控制。抗日战争时期，举世闻名的滇缅公路和“驼峰航线”成为战时的生命线，再次显示了云南国际通道重要的军事战略地位。新中国成立后，随着昆洛公路的贯通和滇缅公路、滇越铁路改造的逐步完成，云南作为中国与东南亚、南亚国家进行友好交往的通道地位日显重要。

（一）国际大通道是实施中国生产力发展南向互利合作战略中通往印度洋最直接、最安全的战略要道

长期以来，我国进入印度洋的主要通道是沿黄海、东海、南海南下，经过马六甲海峡或经雅加达港再进入印度洋及沿岸各国。这一海上运输大通道，运距和运时较长。据测算，我国成都、重庆、贵阳、昆明等地经上海、广州、湛江、北海等港口，到仰光、加尔各答、卡拉奇、亚丁、塞得港、马赛等港口，运距为9000公里～14000公里，与经昆明从陆路进入印度洋到达上述港口相比，运距增加1200公里～3400公里。从云南开辟陆上通道进入印度洋，不仅可克服绕道运输的不便，还可规避单一通道存在的潜在风险，与我国通过东部沿海地区连接印度洋的海上大通道遥相呼应，形成我国海上通道与陆上通道互为补充的战略安全通道。从而有效巩固我国与东盟各国的睦邻友好关系。同时，也给东南亚、东南亚各国进入中国广大市场提供了方便，推动中国、东南亚和南亚的共同繁荣。

（二）国际大通道是建立中国一东盟自由贸易区，实施中国生产力发展南向互利合作战略最重要的条件

中国一东盟自由贸易区建设的启动，对推进中国生产力发展南向互利合作战略具有极其深远的意义。建立中国一东盟自由贸易区，其宗旨就是扩大区域内相互间的贸易和投资往来，加速人、财、物在区内的流动，在更大的区域空间实现资源和其他要素的合理整合。高效的交通系统，可以促进物流网络的不断完善，推动物流技术的现代化。云南是中国通往东盟地区最便捷的陆上通道，建设中国连接东南亚、南亚国际大通道，将从根本上改善我国与东盟之间的陆上交通运输格局，实现中国和东盟两大市场的对接，为中国一东盟自由贸易区建设提供便捷、快速、高效、优质的国际运输服务，提高区内贸易的规模和水平，促进区内贸易的发展。从这一角度看，建设国际大通道，是建设中国一东盟自由贸易区，实施中国生产力发展南向互利合作战略最重要

的基础条件。

(三)国际大通道是建立孟中印缅地区经济合作以及推进中印两国建设性合作伙伴关系的基础

孟中印缅地区经济合作包括中国云南省、印度东部的比哈尔邦、西孟加拉邦和东北部地区,缅甸和孟加拉国全境。区域面积 165 万平方公里,人口 4.03 亿人。它处于中国、东南亚、南亚三大市场的联接地带,区位条件优越,自然资源丰富,生态地位重要,发展潜力巨大。从 1998 年至今,已先后在昆明、新德里、达卡、仰光举行了 4 次关于孟中印缅地区经济合作与发展的国际研讨会,签署了颇有影响的《昆明倡议》、《达卡宣言》等。通过几年来的共同努力,尤其是随着中印两国关系的不断改善,建立四方合作机制,全面开展孟中印缅地区经济合作,进一步加强彼此间联系与交流已成为四方的共同愿望和要求。目前,对话机制的雏型已渐形成,正由第二轨向第一轨升级,为建设中国连接南亚地区的国际大通道创造了良好的国际环境。

(四)国际大通道是实施中国生产力发展南向互利合作战略,促进中国与东南亚、南亚国家共同繁荣的经济通道和文化交流通道

中国是世界上潜力最大的市场,毗邻中国的东南亚、南亚各国都高度重视开展与中国的经贸合作。自 20 世纪 90 年代以来,沿边开放成为我国全方位开放的重要组成部分。国家采取了加快边境口岸建设以及东西走向的交通干线建设等重要举措,先后修复、开通了与西伯利亚铁路相连的第一座亚欧大陆桥和沿陇海线延伸的第二座亚欧大陆桥。它们与长江航道一起构成了横贯中国东西的三条对内对外交通大动脉。但是,由于帕米尔山脉及其南延高山峡谷的阻隔,占全国陆地边界约 43%的西南地区尚无一条通往东南亚、南亚及环印度洋地区的便捷的陆上通道。把云南建成中国连接东南亚、南亚的国际大通道,从根本上改善我国与东南亚、南亚各国的陆上交通运输格局,形成大量的人流、物流,并带动信息、资金的流动,从而为合作开发资源、调整产业结构、实现优势互补、提升相互间的投资和贸易水平创造更好的条件。同时也将大大推动区域内各国的文化交流,进一步巩固睦邻友好关系,促进亚洲地区的稳定、繁荣和发展。

二、实施中国生产力发展南向互利合作战略,建设中国连接东南亚、南亚国际大通道的基本思路、目标和重点

经过 50 多年的建设,云南交通基础设施条件有了明显改善,为国际大通道建设奠定了坚实基础。一是交通和通信基础设施有了极大的改善。以昆明为中心 200 千米范围内的干线公路全部实现了高等级化,一批连接省外和周边国家的干线公路正在向高速化、高等级方向发展;内昆铁路竣工后,加上贵昆、成昆、南昆、昆河等铁路,共有 5 条出省、出境铁路;水运通航里程达 1530 千米,中、泰、缅、老四国“澜沧江—湄公河国际航运”已通航;建成通航机场 10 个,云南省民航航线总里程达 13.5 万公里,开辟国际国内航线 163 条,云南已成为全国民航体系较完善、运输能力较强、经营管理水平较高的省区之一;云南省光缆传输网络总长度达到 4.2 万千米,有线电视光缆干线全长 7000 多千米,以昆明为中心,通讯光缆为主体,集数字微波、卫星通信等多种手段为一体的长途干线传输网已基本形成。二是在中央领导和国家有关部委的大力支持、帮助下,先后启动了“澜沧江—湄公河国际航运”、“昆明—曼谷高等级公路”、“中缅陆水联运通道”、“泛亚铁路”等一批对外交通重大建设项目,并取得了实质性进展。

展望今后的发展,国际大通道的运输需求量将会稳步快速增长。发达国家的社会、经济发展与交通运输之间的数量关系表明,随着人均 GDP 的增长,交通运量增长率呈上升态势。当人均 GDP 达到 2000 美元左右时,交通运量增长会进入拐点,增长率逐步转为下降态势。按此推算,我国西部大部分省区的人均 GDP 水平目前均在 600 美元左右,云南省 2002 年人均 GDP 也仅达 622 美元,与 2000 美元拐点还有相当距离。经过二十多年的改革开放和市场经济建设,云南省的经济正快速地向前发展,云南省对运输的需求无论从数量、质量,还是流向、结构上都有一个较大的提高和改变。因此,未来 10 年~20 年内,随着我国与东南亚、南亚各国经贸合作的不断加强、西部大开发战略的实施和自身经济水平的逐步提高,云南省运输需求量将会呈现持续、快速的增长态势。

基于以上分析,国际大通道建设的思路和目标如下:

(一)基本思路和总体目标

建设国际大通道的基本思路是：以“连接中国、东南亚和南亚三大经济区（以下简称“三大经济区”），陆上沟通太平洋和印度洋两个大洋；服务三大经济区加深全面合作，发展云南，促进我国东中西地区经济协调发展”为宗旨，切实遵循“统筹规划，内外协调；突出重点，分步实施；依靠科技，创造一流；内畅外通，形成网络”的建设方针，充分发挥各种运输方式的优势，促进各种运输方式的协调发展，重点加快出境、出省干线公路和出境铁路建设，积极发展民航、水运和信息通道，形成快捷、便利的国际大通道。

国际大通道建设的总体目标是：逐步建成云南“东连黔桂通沿海，北经川渝进中原，南下越老达新马，西接缅甸连印巴”的立体交通运输网络和以数字化光纤传输为主导，数字微波和卫星通信为辅助，集信息处理和传递功能为一体的大容量、高速度、交互式的综合信息传输网络，使云南真正成为中国连接东南亚、南亚的国际大通道。直观地说，一是要形成一日内可通达相邻省区省会城市（拉萨除外）或周边国家城市的快捷运输体系；二是要形成能与东南亚、南亚国家信息高速公路紧密相连的信息传输网络；三是要形成连接三大经济区的公路网和铁路网，为建设整个亚洲交通网奠定良好基础。

（二）分阶段目标

在确立国际大通道建设总目标的基础上，在5年～10年内，国际大通道建设可分两个阶段实施。

1. 连通改善阶段（至2005年）

在现有基础上，进一步加大投资力度，交通设施以连通、改善为重点，提高道路等级，扩大路网规模，增强通过能力，使交通的瓶颈制约基本消除。信息通道以数字化光纤线网铺设及云南省环网改造为重点，基本实现网络设施的光纤化和通信技术的宽带化。建立在交通、信息基础之上的国际大通道轮廓初步形成。

公路：围绕云南省“三纵三横”、“九大通道”高等级公路网络建设，以南北纵向、东西横向“大十字架”主通道为重点，逐条改造低等级公路，提高高等级公路比例，使总长6693千米的核心路网全部实现高等级化。同时，开工建设一批包括经济干线、旅游专线、口岸公路在内的对经济发展影响较大的支线，提高县乡公路等级和路面等级，增加云南省公路路网密度。

铁路：基本完成成昆、贵昆、南昆、广大铁路和昆明枢纽站改造；在积极推进大（理）—丽（江）铁路、泛亚铁路东线建设的基础上，继续争取泛亚铁路中线和西线立项建设；积极开展连通中国与印度的昆明—大理—瑞丽—缅甸（曼德勒）—孟加拉（达卡）—印度铁路的前期准备工作。

水运：继续促进中缅陆水联运建设，形成进入印度洋的便捷通道；完成澜沧江—南阿河口—会晒（老挝）的五级航道改扩建工程；扩建水富港，形成内昆铁路、昆水公路与金沙江—长江陆水联运通往华东地区的大通道；完成右江百色水利枢纽通航设施建设；开展珠江水运、红河水运的前期准备工作，使云南省水运通道系统得到优化。

航空：加快昆明新机场建设；新建文山、红河机场，改扩建西双版纳、迪庆机场；以现有机场为依托，建设连接云南省著名景区、景点的通用小型机场和直升机场；进一步开通连接东南亚、南亚国际性大城市的航线，完善航空运输网络。

信息：初步建成满足云南信息发展需要，覆盖云南省、通边达省的高速宽带网络基础设施；加快建设昆明国际信息港。在提高信息网络的总体规模、技术层次、服务质量和信息化水平的同时，形成信息大通道的基本轮廓。

2. 综合运输体系基本形成阶段（2006—2010年）

到2010年，国际大通道综合运输体系硬件建设基本完成，各国之间相互签定运输便利化协定，在中国西南与周边国家之间的货物、人员大流通的态势基本形成，国际大通道对云南及全国经济社会发展所起的带动作用明显增强。

公路：全面建成云南省“三纵三横”、“九大通道”高等级公路网，继续提高重点经济干线和县乡公路等级，增强路网密度，提高综合运输能力，初步实现干线公路运输高速化，实现全面连接东南亚、南亚地区公路网和我国内地公路网的目标。

铁路：完成泛亚铁路东线建设，争取开工泛亚铁路中线和西线工程；积极筹备建设滇藏（云南段）、中印铁路，构建第三座欧亚大陆桥，从根本上改变云南作为全国铁路末稍的状况。

水运：进一步提高通往东南亚国家的澜沧江—湄公河国际航道的运输能力，完成出省金沙江—长江陆水联运航道和配套设施建设，畅通中缅陆水联运通道，全面实现中缅双边运输及过境转口联运。

航空：完成昆明新机场、怒江支线机场和主要旅游景区小型机场建设。形成以昆明为中心，面向世界，连通东南亚、南亚各国重点城市和全国各大、中型机场，辐射云南省支线机场和旅游景区的方便、快捷、高效的航空运输体系。

信息:以光纤通信网络为主,集智能化计算机处理和多媒体终端服务为一体的国际信息大通道全面形成。

相关运输协定:在国家的统一安排下,通过与周边及东盟国家协商,签定相互之间的水、陆、空运输协定及信息使用协议,并在道路提示牌、交通收费、交通规则、过境车辆管理、通行路线、出入境检查等方面达成协议,统一规定,使车辆及货物能在对方境内较为便利地通行。

(三)建设重点

国际大通道建设将以主干道建设为重点,形成沿东、中、西三路出境的格局。

1. 东路出境通道

东路即以滇越铁路(泛亚铁路东线)为主干,包括经过国家级口岸河口,省级口岸麻栗坡、金水闸出境的三条公路以及直接进入南太平洋地区的中越红河水运通道,与越南相衔接,并经越南首都河内至海防港进入北部湾。昆明至海防的铁路只有 863 公里,公路里程长约 922 公里。

2. 中路出境通道

中路即以昆明至中老边境的昆明一磨憨公路、中缅边境的昆明一打洛公路为主干,包括经国家级口岸磨憨,省级口岸打洛、孟连出境的三条公路;连通中、缅、老、泰、柬、越 6 国的澜沧江一湄公河国际水运通道;景洪航空港,思茅航空港;泛亚铁路(中线)。形成与老挝、缅甸相连接并可直达泰国的中路通道。其中昆明至中老边境公路 837 公里,至中缅边境 848 公里。经由澜沧江一湄公河至泰国金三角也只 1100 公里左右。澜沧江一湄公河国际航运担负着维系次区域经济合作的纽带作用,承担沿岸和通过陆路转运达马来西亚、新加坡等国家间的贸易物资运输,对促进云南及西南与沿岸国家间的贸易往来与经济合作起重要作用。特别是它连接着西双版纳与泰国"金三角"这两大旅游热点,将为云南及我国西南的国际贸易、旅游业发展创造极为有利的条件。

3. 西路出境通道

西路即以滇缅公路为主干,包括由国家级口岸瑞丽、畹町以及省级口岸孟定、南伞、章凤、盈江、腾冲、片马等出境的多条公路;经伊洛瓦底江直接进入印度洋的中缅陆水联运通道;芒市航空港、保山航空港;拟建设的泛亚铁路(西线)。形成与缅甸北部相连接的西路通道。由此路南下可直达缅甸首都仰光,往西不到 300 公里即可与印度东北部铁路相接。

4. 近期建设重点

公路

一是改造连接周边省区的高等级公路,重点是建设和改善上海一贵阳一昆明一瑞丽(GZ65)、福州一南宁一昆明(G324)、衡阳一南宁一昆明(GZ75)等经黔、桂两省区汇聚入滇国道干线的云南部分路段,形成我国华东、华南地区的重要入滇公路通道。

二是改善和建设西宁一昌都一景洪(G214)、兰州一成都一昆明一磨憨(G213),北京一西安一成都一昆明(G108),呼和浩特一成都一昆明一河口(GZ40)等经川、藏两省区汇聚入滇的国道主干线的云南部分路段,形成我国西北、华北和中原地区的重要入滇公路通道。

三是建设云南东、中、西三个方向出境的公路,即东路的昆明一河口、中路的昆明一曼谷和昆明一万象、西路的昆明一仰光四条高等级公路。

铁路

一是以现有成昆、贵昆、南昆、内昆等汇聚入滇 4 大干线和广大、昆玉等云南省支线为基础,高起点全面规划,多渠道筹资建设,完成成昆、贵昆、南昆、广大铁路和昆明枢纽站改造,形成各省区入滇的铁路交通大动脉。

二是重点争取建设泛亚铁路(东、中、西线)出境通道和大丽铁路,逐步建成经云南铁路网后由东、中、西三向与东南亚、南亚铁路网相互对接的"五入滇三出境"的快捷高效铁路大通道。即泛亚铁路东线由昆明一河口口岸出境,至越南一柬埔寨一泰国一马来西亚一新加坡;中线由昆明一玉溪一思茅一版纳出境,至老挝一泰国一马来西亚一新加坡;西线由昆明一大理一瑞丽出境,至缅甸一泰国一马来西亚一新加坡。连接南亚的铁路可从大理向缅甸延伸,然后由缅甸向西延伸至印度。

水路

围绕国家"以水运主通道为骨架,干支相通,设备配套,水陆联运,功能完善,优质服务的现代化水路运输"的建设方针,实施"三通两畅工程"。即开通中越红河水运通道、中缅陆水联运通道、滇桂珠江水运通道;畅通澜沧江一湄公河航运、金沙江一长江水运。开发建设"三出境、两出省"水运通道。即由澜沧江一湄公河中缅老泰 4 国水运、中缅伊洛瓦底江陆水联运、中越红河水运出境通道;金沙江一长江水运、滇桂珠江水运出省通道。最终形成由长江水运和珠江水运构成两大通道,经云南路网后,由三条国际黄金水道连接东南亚、南亚地区并直接进入南太平洋和环印度洋广大地区的水运格局。

航空

突出昆明国际枢纽机场这个中心，强化空中交通管制体系的建立、航空油料供应设施的建设“两个重点”，完善覆盖中国西南地区、辐射国内其他省区各主要城市、面向国际的“三个网络”，通过增建机场、加强空管、增开航线、增设油库，形成以昆明机场为枢纽，支线机场和小型机场为补充，涵盖云南省、辐射全国、面向东南亚和南亚、延伸世界各地的现代航空网络。

信息通道

以建立信息平台为主体，以提高网络综合能力为目标，加快建设覆盖云南省、连接东南亚国家的高速宽带基础传输网，健全信息网络体系，提高网络容量和传输速度，促进电信、电视、计算机三网融合。加快“信息高速公路”和枢纽基础设施建设，使国内广大地区通过光缆、微波和卫星通信等组成的长途干线传输网与云南通信网络相连后，经泛亚光纤环网等国际信息传输线直接联系新加坡国际通信交换局，实现国内信息网与东南亚、南亚地区信息网的顺利对接。

三、依托国际大通道，发展“通道经济”，带动云南和西部地区经济结构调整和产业升级

当前我国已进入加快经济结构调整、提高产业竞争力的关键时期，中国连接东南亚、南亚国际大通道可以依托我国现有的经济实力和比较优势，实现与毗邻的东南亚、南亚地区实现以经济联系为纽带的产业配置和合理的区域分工，为我国生产能力普遍过剩的消费品工业开拓新的发展空间，促进云南和西部地区经济结构调整和产业升级。

（一）云南在我国开放式产业梯次结构中处于承前启后的中间层次，有加快产业结构调整的有利条件

改革开放20多年来，中国、东南亚和南亚三大经济区逐步形成了开放式的产业梯次结构，即：由西方发达国家向我国东南沿海地区转移的第一梯次，由我国东南沿海地区向中西部地区转移的第二梯次，由云南等边疆省区向周边国家和地区转移的第三梯次。沿着这三个梯次，产业技术层次和结构也形成了由东南沿海向中西部省区，再向西南境外国家地区，由高向低布局的明显趋势。相对于东部沿海省区，云南的产业技术层次和结构滞后5年～10年，处于承接先进技术和产业的位置；相对于与云南邻近周边国家，云南的产业技术和产业结构又超前10年～15年，处于可以向其输产业技术的位置。可见，云南正处在产业技术和结构梯次转移的中间层次。这样的位置为云南实施“两个面向”的产业结构开放式调整创造了良好条件。

（二）积极引进东部的先进技术，提升云南产业发展的层次和水平，并辐射周边国家

一是引进。一方面，云南要面向发达国家和我国东南沿海地区，以优势资源、廉价劳动力为基础，创造优良的服务和优美的环境，大举引进国内外的资金、先进技术、一流人才和科学的管理经验，构建优势资源和一流技术相结合、独具特色的产业体系。另一方面，我国作为一个人均资源拥有量较低的国家，完全依赖国内资源供给，将难以支持我国巨大经济规模的持续高速增长。与云南相邻的越南、老挝、缅甸等国森林资源和矿产资源十分丰富，森林覆盖率分别达到37%、40%和67%；矿产资源中钨、锡、钾、石膏等储量丰富。但因经济发展水平较低，资源开采水平、效率和开采量并不高。随着我国经济的发展，资源短缺问题将更加突出。因此，充分利用中国连接东南亚、南亚国际大通道，积极与东南亚、南亚国家合作开发资源，确保我国近期资源的供给和远期资源的战略性储备，也是关系到我国实现可持续发展战略目标的重要方面。

二是输出。面向东南亚、南亚等周边国家和地区，发挥通道优势，以成熟技术和优势产品为基础，大力开发、创新、输出适应周边国家市场需求的技术和产品，开拓市场，大量换取国内需要的稀缺资源和市场，换取产业结构后期调整的空间。如，目前我国相对过剩的中低档工业产品、日用百货、家电产品、“10小”加工工业等。

（三）以城市为节点，以交通通道为轴线，发展和布局一批进出口加工工业，把云南建设成为面向东南亚、南亚的“大工厂”

建设国际大通道将在云南形成众多交通结点，这些交通结点是推进新型工业化、城镇化战略的最佳载体。要把大通道建设与城镇化战略有机结合起来，以大通道交通结点的建设为重点，在生产力的布局、城市化的推进等方面给予政策倾斜，使交通结点能够依托国际大通道迅速发展，形成规模，成为新的经济增长点。同时，按照以点串线，以线带面的方式，在交通结点迅速拓展的基础上，形成依托城市、沿通道布局的经济走廊。

当前，云南产业结构调整和生产力布局的重点，就是要依托昆明市和边境地区，以及连接东盟地区的昆明—河内、昆明—曼谷、昆明—曼德勒三条业已存在和即将建设的交通干线，分别从东、中、西三个方向建立昆明—河内、昆明—曼谷、昆明—曼德勒三条经济走廊，布局和发展一批面向东南亚、南亚的进出口加工基地，把国内外的资金、技术、管理等资源吸引到云南，提高云南出口商品的竞争力，加速推进云南与东南亚、南亚国家贸易投资的发展，进而促进西部地区的产业结构调整和生产力合理布局。

(四)千方百计采取各种措施，为我国西部省区加快结构调整，实施中国生产力发展南向互利合作战略进一步做好服务工作

由于自然和历史等方面的原因，我国区域经济结构与资源配置的空间分布存在着不平衡态势，即资源贫乏的东部沿海地区经济相对发达，资源丰富的中西部地区经济发展相对落后，并且东、中、西部三大地带的经济发展落差正呈现出扩大趋势。在这一背景下，国家从“九五”开始，逐步加大对中国西部扶持的力度。在继续保持东部地区发展活力和速度的基础上，通过中央财政转移支付、优先安排资源开发和基础设施建设项目、鼓励到西部地区投资、理顺资源性产品价格体系等措施，来增强西部地区活力和发展能力，在共同发展中逐步缩小东部与西部的地区差距。依托中国连接东南亚、南亚国际大通道，积极发展西部地区与东盟国家的经贸合作，不仅有利于促进我国西部经济快速的发展，而且还可推动参与中国—东盟自由贸易区建设，构建开放型经济，促进产业结构调整和生产力的合理布局，在更大的区域空间加快经济一体化的发展进程。

四、建设国际大通道的保障措施

(一)建立健全国际大通道建设的管理、协调机制

1. 建议在国家和云南省两个层面上成立国际大通道建设领导小组作为国家和省两级的协调机制。大通道建设涉及国内、国际等多方面的关系，既需要云南各族人民的共同努力，也需要中央政府的大力支持。建议国家成立由国务院领导担任组长，国家计委、财政部、外交部、商务部、交通部、铁道部、科技部、国土资源部、信息产业部、国务院西开办、广电总局、民航总局、海关总署、国家质量检验检疫总局及云南省等有关部门组成的“中国连接东南亚、南亚国际大通道建设领导小组”，负责通道建设的组织领导和协调工作。并建议把领导小组办公室设在国家发改委，负责领导小组的日常工作。

2. 在中国—东盟合作机制下成立“10＋1”交通部长级会议作为建设国际大通道的国际协调机制。这一国际协调机制在起始阶段可以与大湄公河次区域经济合作机制结合，以后逐渐扩大到南亚次大陆各有关国家，同时吸收有关国际组织、金融机构加入。大通道国际协调机制要研究和制定大通道建设的国际协调和战略规划，以及通道沿线区域可持续发展的相关政策建议和有利于沿线国家经济技术合作的海关通关、过境运输、贸易合作、资源开发、环境保护等方面的政策措施。

(二)请求国家发改委、铁道部立项研究建设“第三座亚欧非大陆桥”，并争取列入国际合作项目

云南省 1987 年对此项目进行研究后认为，第三座亚欧非大陆桥是我国面向南亚、西亚、南欧、北非进而走向世界的重要通道。它沟通了三大洋，连接了三大市场，包容了世界 1/2 的人口，是我国实现全方位对外开放，构筑中国政治、外交、经济新格局，积极发展国家间经贸关系的一个组成部分。目前，规划建设这座大陆桥的条件和时机比较成熟，建议国家发改委和铁道部进一步立项研究建设该大陆桥的可行性，并争取纳入国际合作项目。

(三)把推进中国连接东南亚、南亚国际大通道建设上升为国家战略

建设中国连接东南亚、南亚国际大通道，是实施中国生产力发展南向互利合作战略最重要的基础条件之一。建议国家高度重视大通道的重大战略意义，把加快大通道建设上升为国家战略和国家决策，将相关的重点项目纳入国家计划盘子，并在资金等方面给予统筹考虑和优先安排。重点是把泛亚铁路、昆明至曼谷高等级公路、昆明新机场、澜沧江—湄公河航道整治等大通道建设项目国内工程纳入国家支持西部开发的投资计划先行实施。国家支持泛亚铁路东线方案云南段尽快开工，同时开展西线、中线方案云南段建设的前期工作。支持云南开通昆明—吉隆坡等航线，并将昆明通往欧盟国家的航线列入规划中。支持在昆明设立出口通信局。积极开展泛亚光纤环网和移动通信网络建设，并支持云南等边境地区与境外设立点对点的通信设施，并在条件成熟之时，在昆明设立中国—东盟出口通信局，逐步构建联系紧密、快速高效的通信网络，解决我国与东盟国家进行国际信息交换的“瓶颈”问题。抓住签订

"大湄公河次区域便利跨境客货运输协定"的契机，推动国内各部门统一行动，积极落实人员、车辆、货物的出入境便利化各项措施；为确保昆曼公路建成后三国汽车运输的顺利开展，尽快与老挝、泰国两国和亚行就后期道路养护及汽车过境运输问题签署协定。

(四)充分发挥政府在国际大通道建设中的主导作用

1. 做好规划编制，认真组织实施

规划是建设的前提，是顺利实现国际大通道建设目标的基础和关键。要加快政府机构改革步伐，逐步建立科学、统一、高效的综合规划机制和运行机制，对国际大通道建设进行总体规划和布局。政府各有关部门要相互配合、协调一致、形成合力，确保大通道的规划编制落到实处。

2. 制定优惠政策，引导社会投资

国际大通道建设的投资效益体现在经济效益和社会效益方面。国际大通道应以国家建设为主，体现其基础性和公共性。同时，广泛吸引社会资金参与国际大通道的建设。政府应制定优惠政策，最大限度的放宽各种限制，营造大通道建设良好的政策环境，引导国内外投资商投资开发建设经营性通道项目。

3. 健全规章制度，强化监督管理

制定国际大通道建设的专门法规、规章，将行之有效的政策措施用法规和规章形式确定下来，使大通道建设有法可依。同时，要建立一支高素质执法队伍，加大法规、规章的执法力度，强化监督和管理，确保大通道建设的质量。

4. 充分发挥国家财政基金在国际大通道建设中的作用

国际大通道是重大基础设施建设，国家财政基金在大通道建设中应发挥基础性作用和引导作用。政府对通道建设应保证足够的资金投入，尽量减轻项目的债务负担，同时实行投资市场化，建设主体招标化、公开化，采取必要的扶植政策，引导社会资金特别是东部发展省区的资金参与建设。

(五)坚持高标准、高起点，确保国际大通道的畅通

建设国际大通道不仅是功在当代、利泽子孙的千秋大业，也是中国作为一个地区大国肩负的重要责任。国际大通道的建设要着眼长远，大胆采用国内外先进的设计和施工技术，高标准、高起点、高水平地进行规划和建设。

一是公路通道线路标准应适度超前。云南地形地貌多属高山峡谷，修建高等级公路尤其是高速公路对土地资源的合理利用显得特别重要。如果路线标准订得过低，不仅造成重复投资、重复建设，而且给选线位带来很大困难。应从大交通大流量的战略高度来制定国际大通道公路建设的技术标准，尽量做到一步到位。

二是铁路通道建设应千方百计保证技术标准。铁路通道在整个大通道体系中具有极其重要的地位。对国内进出滇的铁路通道，要按照大交通、大运量的要求进行设计和建设，千方百计保证技术标准，确保铁路输送能力满足日益增长的客、货运输需要。对出境铁路通道，应从扩大与周边国家交往、改善和巩固周边环境、促进沿线地区经济发展的角度，来综合评价铁路建设的经济、社会、生态效益，并以此确定建设方案。

三是水运通道建设，对已开通的国际航运的澜沧江一湄公河航运通道，应在不断改善通航条件和提高航道等级，进一步完善港口设施，确保航运通畅方面下功夫。对尚未开通的中越红河航运通道，应尽力做好航道疏浚，并逐步完善配套设施，确保红河水运通道开通后的正常运输。

四是应协调周边国家建设规划。充分利用澜沧江一湄公河次区域合作机制，将国际大通道主要陆路和水路出境通道列入澜沧江一湄公河次区域合作项目，加大与周边各国的协调力度，促成周边各国的公、铁、水、航交通从建设国际大通道的高度予以规划，保证技术等级和技术水平，形成相互衔接、内外一致的交通蓝图。

(六)积极构建多元化投融资机制，确保国际大通道建设所需资金

为满足国际大通道建设所需的资金，不仅应争取更多的项目列入国家西部大开发计划，而且必须引入市场机制，使政府的主导作用和市场导向相结合，形成投资主体多元化和资金来源多渠道的局面。

1. 建议国家设立国际大通道建设专项基金。对一些重大交通项目，建立由国家控股、有关部门和云南省政府参与、广泛吸纳国内外资金的大通道建设基金，并按市场原则，做到"谁投资，谁受益"。

2. 充分发挥澜沧江一湄公河次区域合作开发机制的作用，争取更多的通道建设项目列入次区域合作开发资助项目。澜沧江一湄公河流域开发合作在经过多年的前期研究和协调的基础上，已经进入实质性开发阶段。交通领域是我国参与次区域开发合作的主要领域之一，应切实抓住这一机遇，加强与亚洲开发银行以及东盟各国的合作，争取更多的通道建设项目列入次区域合作开发资助项目。

3. 建议省政府成立国际大通道投资公司，并争取国家同意发行大通道建设专项债券，以汇集民间闲散资金。

4. 建议由“云南省国际大通道建设协调领导小组”牵头成立国际大通道建设招商引资工作小组，统筹负责大通道建设的招商引资工作。

5. 放开基础设施经营权，盘活存量资产筹集建设资金。对已建成的重点项目和交通企业进行必要的分类，并根据其赢利性或非赢利性的程度，确定其采用转让经营权方式筹集建设资金的可能性。原则上，对赢利性项目，尤其是市场前景看好的项目和企业，应大胆将其推向市场，通过资本市场运作和经营权转让等方式，筹集更多的建设资金，以解决大通道建设中的资金“瓶颈”问题。

6. 加大协调力度，建立健全信用担保体系，吸引金融机构增加贷款投入。尤其要进一步发挥政策性银行在我省交通建设中的重要作用，争取扩大信贷规模。要进一步加强政府协调工作力度，主动帮助解决银行与企业在资金借贷资方面存在的困难和问题，为企业打造良好的信用担保体系，促进信贷资金更多地投向交通建设领域。

(七)千方百计促进对外贸易发展，确保国际大通道运量不断增长

中国加入WTO，中国与东盟建设自由贸易区，为云南扩大对外贸易带来了千载难逢的机遇。凭借独特的区位优势，云南在自由贸易区建设中，可发挥4个方面的作用。一是桥梁作用，作为交通枢纽、客货中转站、物流中心等，沟通中国与东南亚、南亚的经济联系。二是窗口作用，作为资金、技术、科教、文化等交流的窗口，展示我国经济社会发展的状况。三是中介作用，作为金融、信息及其他现代服务的中介，就近提供服务。四是基地作用，作为进出口加工基地、人力资源开发基地、会展基地等，有效聚集各方资源。这些作用归结起来，就是云南可以为中国和东南亚、南亚的交流与合作提供优质、双向和全方位的服务，以此推动云南经济结构的调整升级、优势资源的开发和生态环境的改善，进而实现云南省经济社会的持续快速健康发展。只要发挥好上述作用，就能在云南与周边国家间形成通畅快捷的物流、人流、资金流和信息流网络，提升贸易规模和层次，实现以贸促运，以运带贸的目标，使国际大通道的经济效益充分发挥出来。

（本研究报告完成时间：2003年9月）

专题研究报告之五

21世纪初中国生产力发展南向互利合作战略中的合作机制研究

“继续加强睦邻友好，坚持与邻为善、以邻为伴，加强区域合作，把同周边国家的交流和合作推向新水平。”这是新世纪、新时期我们进一步做好周边工作的根本指针。如何遵循这一原则，积极发展同东南亚、南亚国家的睦邻友好关系，进一步从国家层面完善与东南亚、南亚的合作机制，重视发挥云南的桥梁和纽带作用，大胆探索更为有效的合作途径，加快推进与东南亚、南亚的制度性经济合作，是实施我国生产力发展南向互利合作战略的重要方面，也是我国对东南亚、南亚开放急待解决的重要问题。

一、我国与东南亚、南亚制度性经济合作的现状及趋势

我国与东南亚、南亚制度性经济合作的总体状况是：与东盟的合作机制已较为健全，且在资金上也一定保障，已步入制度化建设的新阶段；与南亚的合作则明显滞后，尚不适应开展全面经济合作的要求。

（一）与东盟合作已步入制度化建设新阶段

20世纪90年代起，我国与东南亚各国的关系连续迈上新台阶。1991年，我国同所有东盟成员国都建立或恢复了外交关系。1996年，我国成为东盟全面对话伙伴国。1997年，江泽民主席与东盟领导人举行首次会晤，确定双方建立面向21世纪的睦邻互信伙伴关系。与此同时，进行了“10＋3”（即东盟一中日韩）领导人非正式会晤和“10＋1”（东盟分别与中、日、韩）领导人非正式会晤。2000年11月，举行了第四次东盟与中、日、韩领导人会晤和东盟与中国领导人会议，即“10＋3”会议和“10＋1”会议，去掉了“非正式”一词，表明“10＋3”模式和“10＋1”走向制度化和体制化轨道。2001年，我国倡议与东盟建立自由贸易区。2002年，双方签署了《全面经济合作框架协议》，奠定了自贸区法律框架，启动了全面谈判进程，标志着中国与东盟的制度性经济合作进入新阶段。2003年10月8日中国和东盟国家领导人在印度尼西亚巴厘岛签署了《中华人民共和国与东盟国家领导人联合宣言》，宣布建立“面向和平与繁荣的战略伙伴关系”，双方关系又迈上了新台阶。目前我国与东盟已基本建立了以领导人会议为核心、以部长级会议为重要组成、官方和非官方合作齐头并进的合作框架。

一是领导人会议。一年一度的领导人会议是“10＋3”合作的最高决策机构。主要是在“10＋3”的框架下进行会晤，就东亚地区的形势、经济发展及合作规划进行协商并形成共识。同时分别进行的还有“10＋1”的对话，即东盟分别与中日韩三国对话，商谈合作。

二是部长级会议。部长级会议主要是落实领导人会议提出的各项倡议。已启动的“10＋3”部长级会议有经济部长会议、财长会议、外长会议、劳动和社会保障部长会议、农业和林业部长会议、旅游部长会议。部长会多为每年一次，财长会议和经济部长会议则不定期举行。一方面，部长会议就合作的重大问题进行讨论，确定合作项目，进行经济政策协商。另一方面，也为领导人会议所讨论的重大问题做准备。

三是高官会议。这是推进合作的工作机构。负责合作联系，对合作的议程进行商讨，为部长会议以及领导人会议进行准备。

四是非官方的“二轨”会议。除官方合作机制外，还包括一些非官方的第二轨道会议。这些机制大多由专家学者和其他非官方人士组成，对本区域

合作的有关问题进行研究并提出建议。

(二)与南亚合作明显滞后

目前,我国与南亚合作还停留在业已建立的双边关系的基础上,合作的机制也大多是双边贸易及经济技术合作机制。

1996年11月,江泽民主席实现了中印建交以来中国国家元首的首次访问印度。访印期间,江泽民主席提出了中国与南亚各国共同构筑面向未来的长期稳定的睦邻关系的五点主张。两国决定在和平共处五项原则基础上建立面向未来的建设性合作伙伴关系。2003年6月23日两国总理共同签署了《中印关系原则和全面合作的宣言》,确立了双边关系今后的发展目标与指导原则。双方还签订了一系列有助于促进双边经贸关系的协议,包括中印双方在《曼谷协定》框架下互相给予优惠关税安排;建立财经领域的对话与合作机制;加强农业领域合作;中国贸促会与印度工商联合会搭建联合商务网络平台,并签署两商会合作协议等。按照中印双边协定的安排,中国将以2003年最惠国税率为基础,向印度提供含217个税目的减让单,平均优惠度为13.5%,并同意今后每年保持这一平均优惠幅度。这些税目包括食品、化工产品、药品、皮革、纺织产品和机械产品等大类商品。印度也将其在《曼谷协定》中承诺的减让单适用于来自中国的进口产品,主要包括水产品、化工产品、纸制品、钢铁产品、橡胶产品、电气设备、铁道用品和玩具等大类商品。中印将于2003年内尽早相互适用《曼谷协定》。目前双方都已完成国内的核准程度,正在着手进一步完成海关方面的有关程序,准备在商定生效日期后,同时实施该协定所规定的关税减让。

此外,我国与巴基斯坦、孟加拉国等其它南亚国家的睦邻友好关系不断加强,双边合作富有成果。2003年11月3日,中国与巴基斯坦签署《中华人民共和国和巴基斯坦伊斯兰共和国关于双边合作发展方向的联合宣言》,双方承诺将进一步密切双边关系,深化和拓展两国全天候友谊和全面合作伙伴关系。

(三)澜沧江—湄公河次区域合作机制为促进我国与东南亚、南亚制度性经济合作作出了成功的示范

目前澜沧江—湄公河次区域有四种主要合作机制:一是大湄公河次区域经济合作;二是东盟—湄公河流域合作开发;三是湄公河流域可持续发展合作;四是中、老、缅、泰毗邻地区增长四角。在党中央、国务院的亲切关怀下,云南作为我国直接参与澜沧江—湄公河次区域经济合作的省份,通过这些合作机制的保障,取得了显著成效。

一是加快了基础设施建设。通过与次区域国家及亚行合作,云南在交通基础设施建设方面取得了较大成效。其中,由亚行贷款1.5亿美元支持的楚雄—大理高速公路已全线开通,亚行贷款2.5亿美元的昆曼高速公路元江—磨黑段正在加紧建设,思茅—小勐养段已列入亚行贷款计划。澜沧江南得坝至中缅边境的262公里航道进行了整治,达到了国家6级航道标准,实现全年可通航100至150吨级的机驳船。澜沧江—湄公河国际航运合作正成为次区域经济合作和建立中国—东盟自由贸易区的纽带和桥梁。

二是推动了对外开放。云南通过参与次区域开发合作,努力提高对外开放的层次和水平。2002年,云南与东盟国家的贸易总额达8.24亿美元,占云南对外贸易总额的37%。同时,次区域合作使云南能够充分利用现有口岸和边境通道,发展与越、老、缅三个周边国家的贸易,实现相互之间的便利化来往和交流,使来自我国各地的轻纺商品、家用电器、农机、日用百货等源源不断地运往东南亚各国。

三是造就了一批对外开放人才。在次区域合作的推动下,云南在人力资源开发方面的许多合作项目也得到实施。以湄公学院为重点的合作机制使云南一大批人员受到较高层次的培训和教育。

四是促进了境外毒品替代种植的实施。90年代以来,云南在加强打击毒品范围活动的同时,积极在邻国毒源地开展了罂粟替代种植。据不完全统计,共投入资金3亿多元,帮助缅北、老北开展罂粟替代种植面积已达44.5万亩,无偿或低价提供各类粮食和经济作物籽种百余吨,各类经济苗木数十万株,派出专家和技术人员3000多人次,开展替代种植的面积达44.55万亩,使缅甸克钦新民主军、克钦独立军和缅甸掸邦东部第四特区三个民族武装辖区内基本放弃了罂粟种植。这些成就,已经引起了国内外的广泛关注和重视。

(四)以孟中印缅地区合作为契机的我国与南亚制度性经济合作已初见端倪

拟议中的孟中印缅经济合作地区包括中国云南省全省、印度东部的比哈尔邦、西孟加拉邦和东北部地区,缅甸和孟加拉国全境。区域面积165万平方公里,人口4.03亿人。1999年8月在昆明召开的第一次会议上,与会代表在合作原则、目标、重点、运作框架等重要问题上形成了一致意见，签署了《昆明倡议》。2000 年 12 月在新德里举行的第二次会议上，提出了改善四国陆上通道条件，开展旅游合作，加强贸易往来和信息交流等建议。2002 年 2 月在达卡召开的第三次会议上，通过了《达卡声明》，提出应把合作组织逐步由民间层面上升到政府层面，并将“研讨会”正式更名为“孟中印缅地区经济合作与发展论坛”。2003 年 3 月，第四次论坛在缅甸仰光举行，各方认为应继续推进这一地区的经济合作，争取各自政府支持和参与，使合作早日由民间层面向政府层面拓展。

云南作为孟中印缅地区经济合作的发起方和倡议者之一，积极开展与南亚国家的经济技术合作，目前这一合作正不断向前推进。2000 年 12 月 4 日，云南省首开从昆明至新德里的包机，结束了中印之间长期以来不通航的历史。2002 年 10 月 27 日起中国东方航空集团将北京至新德里的航班经停昆明，云南又增辟了一条国际通道进入南亚。2002 年云南与印度的进出口贸易额由 1996 年的 1134 万美元上升到 5800 万美元。与孟加拉国的进出口贸易额为 2068 万美元，比上年增长 23.5%。云南与南亚国家的经济技术合作正快速向前发展。

(五)完善我国与东南亚、南亚合作机制还面临诸多挑战

一是多种合作机制难以统一。东南亚、南亚地区具有特殊的地缘经济特点和重要的战略地位。在区域合作中，不仅区域内的国家积极参与，而且日、韩甚至欧、美国家也纷纷卷入。目前，已形成多边区域合作和双边经济合作并行的态势。在运作中，有些机制相互交叉，缺乏有效沟通，难以形成合力。

二是国家利益的矛盾难以协调。我国与东南亚、南亚国家间，既有相互依存的一面，也存在竞争、矛盾和冲突。有些问题经双边、多边磋商或国际机构的协调已得到解决，但也有一些问题至今仍继续存在，今后有可能出现新的矛盾和冲突。

三是南盟实现和平的国内和区域环境尚需时日。南亚各国经济发展水平落后，一些国家政局不稳，民族矛盾、社会矛盾突出。半个世纪以来印巴长期不和、斯里兰卡政府与泰米尔猛虎组织之间的持续内战、尼泊尔反政府游击队的兴起等影响了南盟内部的经济合作。2002 年后，一段时间来阴云密布的印巴关系虽有所缓和。但历史形成的领土分歧、战争仇恨和种族冲突等，很难在一朝一夕之间得到解决。南盟各国实现民族和解，结束纷乱、冲突和内战，实现和平的区域环境仍存在有许多不确定的因素。这将成为我国与南亚加强制度性经济合作的最大障碍。

二、实施中国生产力发展南向互利合作战略建议国家采取的重大政策

任何国家都重视与邻国的关系。“远亲不如近邻”，东南亚、南亚国家是在我国对外开放，开展互利合作的重要伙伴。当前，实施中国生产力发展南向互利合作战略，可提到议事日程或应着力推进的工作有：

(一)制定我国与东南亚、南亚制度性经济合作的总体规划，建立战略实施指导与协调体系及合作机制

当前，与我国邻近的东南亚、南亚地区各种地区合作组织正加快发展，而且这一区域又同我国接壤，直接关系到我国未来发展与稳定。要提升我国在世界经济中的地位及对国际事务发挥更大作用，可首先考虑通过提升在东南亚、南亚等周边区域中的地位及作用来逐步实现。鉴于目前我国尚未形成统筹组织与协调参与区域经济一体化行动的有效机制。建议外交部门、对外经济关系事务部门和国内产业政策部门等联动，及早制定与东南亚、南亚制度性经济合作总体战略规划，建立战略实施指导和协调体系，优先考虑在以下 10 个领域建立合作机制。

一是国际大通道建设合作机制。在中国—东盟自由贸易区建设过程中，或是正加快推进的孟中印缅地区经济合作的进程中，加快公路、铁路、水运、航空、信息通道等基础设施建设，形成中国陆上与东南亚、南亚国家往来便捷的大通道，始终是必备的前提和先决条件。建议尽快与东南亚、南亚国家协商，建立相应的合作机制，推动中国连接东南亚、南亚国际大通道的建设，使其早日建成、造福人民。

二是能源开发合作机制。我国与东南亚、南亚三大经济区内拥有丰富的能源资源和广阔的市场，以能源领域的合作促进各成员国的投资与发展，具有很强的物质基础和现实意义。建议加快机构建设，建立政府、企业和社会各界对话的合作机制，确定重点合作领域和优先项目，为能源合作提供有效的制度保障。

三是优势农产品贸易合作机制。由泰国提议建立的成员包括中国、泰国、印度、巴基斯坦和越南 5 国的大米贸易合作机制已产生了积极效益。建议提

升5国大米贸易合作机制，建立优势农产品贸易合作机制，帮助各国了解和把握国际市场供求趋势，加强在生产和贸易方面的合作，促进我国与东南亚、南亚三大经济区农产品贸易的发展。

四是工业品贸易磋商机制。随着我国与东南亚、南亚相互间贸易额的扩大，建立一个全面的信息交换和磋商机制至关重要。重点是就涉及与工业产品技术法规相关的问题进行广泛的沟通，并通过一系列合作机制以防止贸易纠纷或避免曲解相关法规，促进中国、东南亚、南亚三大市场间贸易的增长。

五是投资促进合作机制。我国与大部分东南亚、南亚国家签署了投资保护协定，但有些内容已不适应新形势的发展。建议与东南亚、南亚建立投资促进合作机制，包括定期或不定期就相互投资的政策、措施和重大项目等进行沟通与协调，促进各国相关领域的企业家相互交流信息和进行投资合作，促进并协助双方投资合作有关人员的互访。

六是跨国旅游合作机制。我国与东南亚、南亚地区拥有多国度多民族风情以及旖旎风光，合作开发区域内丰富的旅游资源前景广阔。建议尽快与东南亚、南亚各国形成合作开发客源、联合宣传促销、共建旅游环线及旅游景区景点的合作机制，如与东盟各国共同建设以澜沧江－湄公河为纽带，以各国自然风光及历史文化为特色的次区域跨国旅游带等。

七是人力资源开发合作机制。人才是推进我国与东南亚、南亚全方位合作与交流的基础。建议与东南亚、南亚建立人力资源开发合作机制，重点是支持昆明大学城建设及国内有条件的学校与东南亚、南亚国家合作办学，与国际组织合作建立人力资源开发培训基地，促进学术界的交流与合作等。

八是城市间合作机制。在信息化、现代化和经济全球化的进程中，加强城市之间的合作，积极探寻解决新世纪城市问题的有效方式，显得尤为重要。建议推动我国主要城市如昆明等积极与东南亚、南亚的各主要城市结成友好城市。大力开展城市间合作，建立紧密的良性互动经济联系。以城市合作为突破口，推进经济、科技、文化等方面的全方位合作与交流。

九是环境保护合作机制。我国是多条国际河流的发源地。我国生态环境的好坏，将对东南亚、南亚的生态环境产生直接影响。建议与东南亚、南亚建立环境保护合作机制，联合开展科学考察和评价，合作制定生态环境质量评价标准和体系，共同促进区域内资源、环境与人口的可持续发展。

十是疾病防控合作机制。地处我国与东南亚、南亚结合部的云南及三大经济区的边境地区是艾滋病、疟疾、结核病等各种疾病的重灾区。加强各种疾病的防疫工作已刻不容缓。建议尽快建立三地在传染病的预防、收治、监控以及科研上的合作机制，并扩大对疾病信息和资料的交流如通报有关疫情的数据及资料、及时向各国政府报告疫情等。

(二)加快与东南亚、南亚洽签自由贸易协定或建立自由贸易区的步伐，推动建立亚洲复合型地区合作框架或自由贸易区

近年来，伴随着经济全球化的汹涌浪潮，区域经济合作呈现出强劲的发展势头。世界上绝大多数国家和地区都参加了不同形式的区域经济合作。据世贸组织统计，到2002年底，全球累计共签署了255个区域贸易协定，其中约九成是双边自由贸易协定。东南亚、南亚的部分国家对洽签自由贸易协定表现出了前所未有的热情。新加坡已与美国、新西兰、欧洲自由贸易协会签署双边自由贸易协定，与澳大利亚达成双边自由贸易协定，正在或准备同加拿大、墨西哥、韩国和印度等国及中国台湾和香港谈判达成双边自贸协定。印度尼西亚正积极推动与美国、日本、智利、南非等国家建立自由贸易区的计划。泰国正与印度、日本、巴西、克罗地亚、俄罗斯等国协商建立自由贸易区事宜。菲律宾已与日本开始进行洽签双边自由贸易协定的研究和磋商。印度正在与泰国和新加坡举行自由贸易协定谈判，也希望与中国协商签署双边自由贸易协定。

有研究表明：中国加入任何一个自由贸易协定都会带来本国GDP增长率的上升，包括中国在内的自由贸易协定的区域覆盖范围越大，对中国GDP增长的拉动效果越明显。我们认为，在新世纪头20年，除了积极参与WTO主导下的经济全球化，从多边贸易自由化中获益之外，我国还应通过与周边国家建立自由贸易区的方式加强区域经济合作。重点是根据“近”(周边近邻国家)、“大”(经济规模较大的国家和市场)、“特”(在区域内能发挥特殊作用的国家)以及先易后难等原则，先期将印尼、越南、缅甸、泰国、新加坡和印度作为我国首批启动双边自由贸易谈判的伙伴国，加快与其建立更紧密的相互依存关系。当前，可分步骤或同时实施如下目标：

第一，巩固现有的合作框架，完成与东盟之间的自由贸易谈判，促使“中国－东盟自由贸易协定”早日生效，建成中国－东盟自由贸易区。同时推进与印尼、新加坡、泰国等东盟主要成员的双边自由贸易安排的磋商。

第二，积极推进东北亚全面经济伙伴关系，及早促成中、日、韩建立自由贸易区，或进行中日、中韩建立双边自由贸易安排的正式磋商，以避免日韩先行建立自由贸易区，使我国在东亚地区合作中陷于被动。

第三，适时启动与东盟和日、韩的正式谈判，在中国东盟自由贸易区和中国、日本、韩国三国自由贸易区的基础上，建立东亚自由贸易区。

第四，适时启动与南亚国家建立自由贸易关系的对话和谈判，建立中国—南盟自由贸易区。

第五，在中国—东盟自由贸易区、中国—南盟自由贸易区和中、日、韩自由贸易区的基础上，形成东亚和南亚自由贸易区，最终建立整个亚洲多层次、多样化、相互联系又相互促进的复合型地区合作框架。

(三)把促进贸易投资便利化作为推进我国与东南亚、南亚制度性经济合作的切入点

自由贸易安排的基本目标大多是：逐步减少或取消货物贸易的关税和非关税壁垒；逐步实现服务贸易的自由化，减少或取消歧视性措施；促进贸易投资便利化。当前推进我国与东南亚、南亚的制度性经济合作，应将政策的着力点放在以下几个方面：

一是贸易投资促进。加强我国与东南亚、南亚在贸易、投资方面的相互促进，降低贸易和投资成本，扩大相互贸易与投资。

二是通关便利化。建立和完善我国与东南亚、南亚的海关信息通报制度，探讨数据联网、发展口岸电子清关的可行性，合作建立区域贸易和投资信息服务机制，实现信息共享。通过技术手段加强双方对通关风险的管理，率先在重要口岸简化通关手续，提高通关效率。

三是商品检验检疫、食品安全、质量标准。加强我国与东南亚、南亚在机电产品检验监督、动植物检验检疫和食品安全、卫生检疫监管、产品认证认可及标准化管理等方面的合作，率先在检验检疫标准化、认证认可等方面实现便利化。

四是电子商务。加强我国与东南亚、南亚在电子商务规则、标准、法规的研究和制定及企业运用、推广、培训等方面的合作。加强相互间的电子政务合作。

五是法律法规透明度。加强与东南亚、南亚的合作，努力为两地工商企业提供资讯，为促进两地经贸合作与交流交流奠定基础。

六是中小企业合作。加强我国与东南亚、南亚中小企业的合作与交流，共同制定支持中小企业发展的策略和扶持政策。

三、云南实施生产力发展南向互利合作战略需请中央支持的重大政策措施

云南是中国从陆路出入东南亚，直接沟通印度洋沿岸国家的重要省份，是中国连接东南亚、南亚的门户和桥梁。随着大湄河次区域合作向纵深发展、中国—东盟自由贸易区建设不断加快，云南作为参与大湄公河次区域经济合作的主要省份、东盟—湄公河流域开发合作的主体和孟中印缅地区经济合作的重要参与者，其在区域经济合作的作用日渐凸显，正成为中国面向东南亚、南亚开放的前沿。进一步发挥云南的桥梁和纽带作用，加快实施中国生产力发展南向互利合作战略，既需要云南各族人民自力更生，艰苦奋斗，但也迫切需要中央的帮助和扶持。

(一)请求国家支持将云南建成我国实施南向战略的主要基地

一是请求国家充分利用中国与东南亚、南亚生产力水平势差，在云南布局一批背靠大西南、面向东南亚的加工制造基地。支持在云南工业基础较好的中心城市建立进出口加工基地，在条件较好的口岸和边境城市建立进出口加工贸易区，以电子信息、机电、冶金、橡胶、建材、食品、日用化工 7 大行业为重点，拓展对东盟国家的经济技术合作。重点支持在昆明建设精密机电制造基地和农机具制造基地，在曲靖建设轻型汽车制造基地，在玉溪建设金属制品精深加工基地，在红河和文山建设摩托车组装基地，在保山和德宏建设珠宝玉石加工基地。

二是请求国家支持将昆明建设成中国西南地区重要的商贸、旅游中心之一；西部大开发的带动型城市；中国最适宜人类居住、西部投资环境最佳的城市之一；建设成中国面向东南亚、南亚的现代开放城市；中国与东南亚、南亚重要的贸易、金融、旅游、进出口加工中心和交通、信息枢纽。

三是请求国家支持在云南布局一批专门面向东盟的综合性市场和专业化市场，在昆明建设海产品交易市场和水果交易市场，在思茅和景洪建设活畜交易市场，在玉溪建设小五金专业市场和皮革交易市场，在昆明、保山建设珠宝玉石交易市场，在昆明、思茅建设茶叶交易市场。通过专业市场的建设来引导和促进特色经济的发展，并逐渐形成产地优势，在

区域分工合作中确立自己的地位。

四是请求国家支持“中国昆明进出口商品交易会”同期举办“中国－东盟交易会”，适时将其办成“中国、东盟、南盟交易会”。支持云南举办中国－东盟旅游业交流会、中国－东盟高新技术产业交流会、中国－东盟医药产业交流会、中国－南亚机电产业交流会、中国－印度信息产业交流会、中国－南亚商品交易会，把云南建成我国与东南亚、南亚各国产业交流和商品交易的中心，为我国企业与东南亚、南亚各国企业加强交流与合作搭建平台。

五是请求国家积极创造条件，大力支持云南大胆实践，不断摸索出与东南亚、南亚国家优势互补、实现我国西部产业大幅度向毗邻国家梯度转移的办法和经验，进一步释放产业结构开放式调整的效益。

六是请求国家支持和帮助在云南边境一线建立边境出口加工区，或以沿边地州为支点、以边境口岸为前沿设立“边境特区”，培育西部新的经济增长极。

七是请求国家对橡胶、大米、棕榈油等实行配额、许可证管理的进口商品，在配额分配上给予云南倾斜，以利于云南通过易货贸易的方式扩大与东盟国家的贸易往来，逐步缩小贸易逆差。

八是请求国家批准云南开展“扩大垄断行业开放度”试点工作，加快开放云南金融、保险、电信、流通、中介、旅游等服务领域，推进服务贸易自由化。

九是请求国家支持东南亚、南亚国家在昆明设立领事机构。目前，缅甸、老挝、泰国和越南四个国家已在昆明设立有领事机构。马来西亚已与云南就在昆明设立总领事馆事宜达成协议，请国家支持尽快开馆。同时，从中远期对外开放考虑，请国家与印尼、新加坡等东盟国家及印度、巴基斯坦、孟加拉国等南亚国家协商，早日在昆明设立领事机构。

十是请求国家支持云南省及省内城市与东南亚、南亚国家省邦和城市建立友好关系。自 1999 年以来，我省已与缅甸、泰国和老挝三国建立了四对友城、友好省府和友好省州关系。为促进云南与东南亚、南亚国家的友好交往，请外交部和国家友协支持介绍更多的省邦和城市与云南结好。

(二)请求将孟中印缅地区经济合作由民间的“二轨”转为政府间“一轨”，倡议成立“昆明经济合作组织”

目前孟中印缅地区经济合作由民间的“二轨”转为政府间“一轨”的条件已基本具备。一是四方对合作均采取积极的态度，并得到各自政府的赞同和认可；二是全面开展中印缅孟地区经济合作，进一步加强彼此间联系与交流已成为四方的共同愿望和要求；三是四方均分别参与了本地区的其它经济合作组织，通过“澜沧江－湄公河次区域合作”、“孟印缅斯泰经济合作联盟”和“恒河－湄公河合作组织”为四方建立更加紧密的经济合作关系创造了有利条件；四是四方对话机制的雏型业已形成。

建议借鉴澜沧江－湄公河次区域合作和上海合作组织等合作机制的成功经验，由国际组织牵头，通过建立各国政府间稳定牢固的合作机制，将中印缅孟地区经济合作建成一个开放式的合作组织，与北边的上海合作组织共同形成南北呼应的周边经济合作框架。

一是尽快在现有定期举办的“孟中印缅地区经济合作论坛”基础上，由四方政府出面组成筹备机构开展前期工作。

二是在 2004 年“孟中印缅地区经济合作论坛”第五次会议于昆明举行时，请国家领导出席会议并出面邀请孟、印、缅三国政府首脑出席，实现孟中印缅地区经济合作由民间的“二轨”转为政府间的“一轨”，并倡议成立“昆明经济合作组织”，常设机构设在中国昆明。

三是制定《“昆明经济合作组织”章程》、《“昆明经济合作组织”行动计划》。根据《章程》和《行动计划》开展全方位合作，逐步推行地区性贸易自由化。

(三)请求国家在建立中国－东盟自由贸易区和推进大湄公河次区域合作进程中，允许云南先行先试，并给予相关政策支持

一是加强与东盟各国协商，把澜沧江－湄公河次区域作为实施自由贸易区建设早期收获计划的重点地区，并以次区域合作为载体，尽快确定在瑞丽、河口、磨憨口岸以及关累码头开展单一窗口检查和一站式检查试点。根据国务院关于“进一步简化旅游者出入境手续，研究实施在主要国际口岸对特定客源地的旅游者实行短期免签证或落地签证政策”的要求，研究授予磨憨、河口两个国家级口岸以口岸签证权。批准云南实行电子通关系统，实现昆明海关及其所属 3 个边境口岸海关与云南检验检疫局及其 3 个重点口岸分支局的网络互联，加快口岸进出口货物的通关速度，便利货物的出入境。支持昆明海关与云南检验检疫局对进口货物实行检验检疫与海关共同查验。同意在云南省 4 个重要口岸(昆明、河口、磨憨、瑞丽)通道对出入境货物和人员的监控实现检验检疫与海关“一机两屏”的监管，简化程序，方便快速通关。

二是加强与缅甸、越南、老挝、泰国等协商，加快昆明—曼德勒—仰光经济走廊、昆明—河内—海防经济走廊、昆明—万象—曼谷经济走廊建设。

三是建议国家尽快与越、老、缅协商并签订有关协议，允许三国与云南在各自境内登记注册过的运输车辆，按常规对货物进行报关检查后，可相互自由出入境。与老挝、缅甸、泰国等协商，在昆曼公路的出境处，即磨憨口岸和磨丁口岸对接处共建“联检大楼”，实行单一窗口和一站式检查，多方各有关部门联合并同时对人员、车辆及货物进行检查和监管，把“联检大楼”建成中国—东盟自由贸易区建设陆路口岸快捷通关的“样板工程”。

四是配合我国对越南、老挝、缅甸三国实行关税特别优惠措施，请国家批准对越、老、缅三国从云南口岸进出的货物率先实行关税特别优惠政策，并尽快实施。

五是赋予云南一定的对外金融权。允许云南在先期实践中探索与周边国家货币自由兑换和流动的可行方式；支持云南在周边国家培育和发展为跨国投资服务的金融体系，发展银行业国际化经营，强化对企业投资的金融服务和政策与支持；允许云南境外企业在适当的时机，在境外成立自己的财务公司；对云南在周边国家开办的资源开发性企业或投资金额较多的企业，允许其向国家银行申请更多的优惠贷款。

六是把云南作为国家放宽外汇管制政策的试点。延长云南企业投资周边国家所获外汇的金额留成时间(国家规定为5年)，并适当减少上缴的外汇额度(国家规定为20%)；在目前人民币经常性收支项目自由兑换的既定前提下，适当放宽外汇管制，允许云南投资周边国家项目的外汇自由输出输入；对云南非贸易性跨国投资项目的实物、技术投资部分实行免收保证金的鼓励性政策，以促进企业用实物资产、专利技术进行投资。

七是进一步放宽携带人民币限制。人民币由于币值稳定、信誉度高，长期以来，一直是边境地区贸易结算、支付和兑换的“硬通货”。请求国家进一步放宽中国公民出入境和外国人入出境携带人民币的限制，建议具体限额可根据实际情况由人民银行云南省中心支行会同昆明海关确定，报人民银行总行和海关总署备案。

八是请求国家有关部门尽快与越、老、缅签订协议，使人民币成为边境贸易结算货币，加快建立安全、便捷、互利的资金流动和结算体系，率先在河口、瑞丽等边境口岸或城市设立结算中心。

九是请求国家把昆明作为中国与东盟各国开展多边、双边活动的主要城市和重要联络点。根据《中国—东盟全面经济合作框架协议》附件4第六条第5款“(c)通过未来设定的特定程序与机制，指定东盟成员国与中国的联络点，作为推动与促进各缔约方之间贸易与投资发展的中心”的规定，建议把昆明作为中国与东盟各国开展多边、双边活动的主要城市和重要联络点

十是请求国家研究授权云南省药监局《进口药品通关单》的发证权，以解决大量中药材积压在云南边境口岸无法进口的问题。请求国家研究对边境贸易实行濒危证管理的进口商品实行一证在有效期内多次使用的制度。请求国家研究对实行原产地证明管理的出口商品，实行累计核销制度；研究将进口动植物产品检疫审批权下放给云南省出入境检验检疫局办理。

十一是请求国家把云南省国家一类口岸海关、出入境检验检疫部门收取费用的50%留给当地用于口岸建设，以完善口岸的基础设施，提升口岸的国际形象。

十二是请求中央将云南列为中国参与中国—东盟自由贸易区谈判的成员单位，准许云南参与中国—东盟自由贸易区的全程谈判。

(四)请求国家加强与东南亚、南亚国家协商，加快中国连接东南亚、南亚国际大通道的建设步伐

一是请求国家成立国际大通道建设领导小组作为国家层面的协调机制。大通道建设涉及国内、国际等多方面的关系，既需要云南各族人民的共同努力，也需要中央政府的大力支持。建议国家成立由国务院领导担任组长，国家计委、财政部、外交部、商务部、交通部、铁道部、科技部、国土资源部、信息产业部、国务院西开办、广电总局、民航总局、海关总署、国家质量检验检疫总局及云南省等有关部门组成的“中国连接东南亚、南亚国际大通道建设领导小组”，负责通道建设的组织领导和协调工作。并建议把领导小组办公室设在国家发改委，负责领导小组的日常工作。

二是请求国家在中国—东盟合作机制下成立“10+1”交通部长级会议作为建设国际大通道的国际协调机制。这一国际协调机制在起始阶段可以与大湄公河次区域经济合作的项目结合，首先建立起中国与周边国家的协调机制，以后逐渐扩大到包括中南半岛、南亚次大陆各有关国家，同时吸收有关国

际组织、金融机构加入。大通道国际协调机制要研究和制定大通道建设的国际协调和战略规划，以及通道沿线区域可持续发展的相关政策建议和有利于沿线国家经济技术合作的海关通关、过境运输、贸易合作、资源开发、环境保护等方面的政策措施。

三是请求国家把国际大通道作建设列入国家重点项目，并在资金等方面给予统筹考虑和优先安排。重点是把泛亚铁路、昆明至曼谷高等级公路、昆明新机场、澜沧江一湄公河航道整治、中缅陆水联运等大通道建设项目国内工程纳入国家支持西部开发的投资计划抓紧实施。

四是请求国家给予通道建设特殊的投融资政策，如允许适当延长贷款期限、提高部省合建项目中央补助资金比例等。

五是请求国家支持云南企业在勘测设计、建筑施工、设备材料供应、人员培训等方面优先参与通道境外工程与招标竞争，将通道建设方面更多的对周边国家援助项目交由云南省实施。

六是请求国家尽快与有关东盟国家协商，解决好大通道在东南亚的连通问题。优先解决昆明一新加坡铁路金边至曼谷、金边至胡志明市等铁路路段和昆明一仰光、昆明一万象、昆明一河内等重要公路的连接问题。

七是请求国家与老挝、缅甸、泰国三国协调，在实施澜沧江一湄公河第一期航道清障工程后，逐步开展下游三国的航道建设，以利于航运畅通。

八是请求国家与有关国家协商开通昆明一吉隆坡定期航线，并将昆明至马尼拉、雅加达、加尔各答的航线列入规划。

九是请求国家加大对泛亚光纤环网和移动通信网络建设的支持，并在云南建设中国一东盟边疆通讯局，解决我国与次区域国家之间国际信息交换的“瓶颈”问题。

十是请求国家立项研究建设“第三座亚欧非大陆桥”问题，并争取将其列入国际合作项目。云南省1987年对此项目进行研究后认为，第三座亚欧非大陆桥是我国面向南亚、西亚、南欧、北非进而走向世界的重要通道。目前，规划建设这座大陆桥的条件和时机比较成熟，建议国家发改委和铁道部立项研究建设该大陆桥的可行性，并争取将其纳入国际合作项目。

（五）请求国家在云南与东南亚、南亚合作，促进三大经济区可持续发展方面给予政策支持

一是请求国家大力推进我国与东南亚、南亚尤其是周边国家资源勘查的国际合作。重点是继续支持滇桂黔石油勘探局等公司开展次区域油气勘探工作，并开展从东南亚、南亚国家铺设油气管道进入云南的可行性研究，为增加我国战略资源储备早作准备。

二是请求国家设立“南向战略基金”、“风险勘查基金”等，对以云南为前沿的西部地区企业“走出去”到东南亚、南亚国家经商办厂、参与境外资源的合作勘查、开发提供资金支持。

三是请求公安部、国家旅游局、外交部等部门根据大湄公河次区域经济合作向纵深发展以及东南亚旅游圈与云南省构成新的比较完整的国际大旅游带的要求，研究尽快开通澜沧江一湄公河边境水路旅游专线。

四是请求国家支持云南强化环境保护和生态治理。云南处于长江、澜沧江、怒江、伊洛瓦底江的上游，还是珠江和红河的发源地，是我国唯一具有多条大流量国际河流的省份。云南生态环境的状况，对下游的东南亚国家将产生重要影响。请求国家将云南国际河流的生态保护与治理列入国际合作项目，加大流域退耕还林（草）和生态防护林建设支持力度，为长江、珠江等大江大河及国际河流建好生态屏障。

五是加大对云南开展境外罂粟替代种植的支持，扶持云南实现由低层次的境外替代种植向高层次的替代产业发展，并把替代种植的税收优惠政策扩大到种植业之外的二、三产业及与替代发展相关的产品。

（本研究报告完成时间：2003 年 9 月）

专家评审意见

云南课题评审委员会

2003年9月18日，由中国工程院李京文院士等19位专家组成的评审委员会(到会13位)，在昆明对《21世纪初中国生产力发展的南向互利合作战略——云南面向东南亚、南亚生产力发展研究》课题进行了评审。评审专家一致认为，这是一份高质量、高水准，有重大理论价值、有现实指导意义、有国内领先水平的创新性成果。

一、内容充实，结构完整，观点科学合理，是今年《中国生产力发展》总课题中质量最高、分量最重的一项研究成果。整个研究由1个主课题研究报告和5个分课题研究报告组成，是一个完整系统的成果体系。主课题全面分析了我国实施生产力发展南向互利合作战略的必要性、现实性和可行性，具有国际眼光和前瞻性，饱含“国家兴亡，匹夫有责”之抱负；阐明了云南在实施南向互利合作战略中的重要战略地位，具有全国一盘棋的全局观，充满了“立足云南、服务全国、服务中国与东盟和南亚合作、发展自己”的殷切希望；阐述了我国实施生产力发展南向互利合作的战略思路和原则；提出了实施中国生产力发展南向互利合作战略需要解决的若干重大政策措施和建议，既宏观又具体。5个分课题分别就实施中国生产力发展南向互利合作战略中云南的战略地位和作用、资源、市场、通道建设和合作政策等问题进行了专题研究。主课题与分课题之间，各个研究报告内各部分之间，环环相扣、相互印证，有较强的说服力和可操作性。是《中国生产力发展》总课题中一份有创新性的高质量的研究成果。

二、提出实施生产力发展的南向互利合作战略，是对我国对外开放总体战略的重要补充，符合我国“以邻为善、以邻为伴”的对周边国家战略的总方针，符合我国与东盟“面向和平与繁荣的战略伙伴关系”以及与南亚面向未来的建设性伙伴关系的新定位。课题研究以经济全球化、区域经济一体化、我国加入WTO、西部大开发战略及中国—东盟建立自由贸易区等新形势为背景，立足云南、背靠全国、放眼次区域和区域，与时俱进地思考和探索一个省的生产力空间发展战略，研究方法、思路、观点都很有创新性。研究报告考虑到了近期与远期、局部与整体、内部与外部等的辩证发展关系，强调通过加快陆上参与经济全球化步伐，提出建立“昆明经济合作组织”和建设中国连接东南亚、南亚的国际大通道，以促进中国、东南亚、南亚三大经济区全面经济合作的新思路，这在全国还是首创。

三、研究报告思路开阔，与时俱进，具有较强的现实指导意义。研究成果所倡导的实施中国生产力发展南向互利合作战略，是值得国家有关部门认真研究、采纳并付诸实施的创新举措，建议国家有关部门高度重视，将其列入国家对外开放规划、重大建设计划和与东南亚、南亚合作计划。同时，建议课题组继续在文字修饰、立论态度等方面作进一步深入的修改完善，进一步增强公允色彩、淡化自我色彩、强调内外联动、注重区域协调，使研究报告建立在更加科学合理、更易操作的基础之上。

最后，建议课题组根据专家提出的修改意见及建议对课题进行完善后，由中国生产力学会尽快呈报国家领导人和有关部委决策参考。

为建设绿色山西鼓与呼*

蒋正华

本课题名副其实地是重大课题，不仅是山西发展的关键，更是全国全面、协调、可持续发展的基础性问题。课题研究的成果，所提出的基本理论、基本观点、政策建议都是正确的，既有理论意义，又有实践价值，是优秀的成果，在国内同一领域居于领先地位。趁此机会，我谈谈对一些问题的看法，仅供讨论时参考。

一、课题研究符合工业内部结构演变的规律

认真分析一下55年来中国工业发展的历史，不难发现，目前我国正进入新一轮由轻化工向重化工的转变。这个转变不是历史的重复，它与“优先发展重工业”那个时代根本不同。新一轮重化工是以高加工度和技术密集为主要特征的。经济发达国家的发展，都经历过这个转变。我们与他们又有所不同，我们正处在“科技是第一生产力”的时代，我们的重化工建立在高新技术基础之上，因此是新型的，它必将成为我国工业发展的主力军，必须高度重视。在这个转变的时候，我们进行了这个课题的研究，非常及时、非常必要。

二、新型能源重化工基地建设这个命题突出了新时期结构调整的特点

课题所提的重化工不仅是新型的，而且是能源重化工，把重化工与能源紧紧连在一起适应了当今世界石油短缺，资金争夺加剧的形势。众所周知，重化工是以能源和矿产品为主要原料的产业，两者的关联度极大，如何寻找结合点至关重要。山西是能源大省，在山西发展重化工业，可以充分发挥能源优势，提高经济效益。这样的布局是最合理的、最恰当的。因此，在山西发展重化工业，地点选得对，时机选得好，方向选得准。

三、“建设绿色山西”的口号符合时代特征

山西地处黄土高原，在大规模开采、运输、燃烧煤炭之后，变成黑色的了。毋庸讳言，山西的污染比较严重。2004年7月国家环保总局公布了全国十大污染城市的名单，山西的临汾、阳泉、大同在其中，还有一个三门峡市，虽建制属于河南省，但三门峡却是地处山西与河南的交界处。

中国正在告别GDP崇拜，中央提出以人为本的科学发展观，国家统计局已经拟就“绿色GDP”的核算指标，即将付诸实施。山西在这方面先行了一步，在全国第一个计算出省级“绿色GDP”，其结果是惊人的。山西省每年的环境污染损失大约占到GDP的15%左右，每年新增的GDP基本上都被环境损失抵消了。

我们是否应该有这样一个认识：煤是山西的财富，而环境则是山西人安身立命之本，煤要利用好，环境更要保护好。以人为本不仅只管现代人，还包括我们的子孙后代。如果为一时的经济增长，损害了生态环境，我们将愧对子孙后代成为千古罪人！

* 此文为全国人大常委会蒋正华副委员长在《山西新型能源重化工基地发展研究》课题专家评审会议上的讲话。（2004年9月24日）

四、山西应该成为节约能源的模范

生活在煤海里，到处是煤，往往不爱惜，在使用上大手大脚。其实，我们山西人最知道煤来之不易。越是富有，就越应该节省。我国煤的利用处于很低的水平。2003年，我国消耗了全球31%的原煤，而创造的GDP却不到全球的4%。我国单位GDP所消耗的能源是日本的10倍。因此，我们不能只是开源，更要花大力气节流。山西应带头发展节煤型经济。还要从大处着眼小处着手，实实在在地把煤炭视为黑色金子，从一点一滴做起，生产、储运、消费的各个环节上都要防止浪费。在这方面，秦皇岛为我们树立了榜样。2004年8月15日经济日报中华环保世纪行专栏报道：一个世界最大的煤炭码头——秦皇岛码头竟然做到一尘不染，增产不增污。如果我们山西全省都能做到秦皇岛那样，不但会节约煤，环境也会大变样。

五、无烟工业是山西的更大优势

在谈论山西这个全国煤炭的最大富矿的时候，人们不会忘记山西旅游资源也是全国数一数二的"富矿"，可供"开采"的太多太多。两者不甚相同，一个在地下，开采的难度大，一个在地上，"开采"的难度相对低；一个有污染，且总会有枯竭之日；一个不但无污染，还光彩夺目，在美化着环境，如果保护好了，可万古长青，流传百世。给世人的印象是，似乎我们对后者的重视还不太够。山西省到处是文物，应该有更宏伟的战略规划，可否把山西全省建成为最大的历史博物馆。文化古迹再加上秀丽的自然风光，有充分的条件使旅游业成为山西最大、最长远的支柱产业。全国人大已经有文物保护法，当务之急是把文物保护好。如果不保护好，有朝一日，煤炭挖没了，环境也破坏了。山西的老百姓吃什么，喝什么？再去"走西口"？

六、山西的煤枯竭了怎么办

这不是我个人提出的问题，许多人都这样提了，恐怕山西的朋友们自己也早这样想过了。这也不是耸人听闻，煤炭不是取之不竭的，东北的煤都之一阜新就是例证。有人说这是一个世界性难题，可这个难题，在阜新正在得到破解。这个资源型城市，经过近三年的努力，基本实现了经济转型。也许有人会说，你这是杞人忧天，山西的煤还多着呢。可中国不是有成语说："人无远虑，必有近忧"、"凡事预则立，不预则废"、"勿临渴而掘井，宜未雨而绸缪"。早做打算不更主动吗？我们也不一定走阜新之路，阜新是从发展现代农业转型的。我们能不能像前边讲过的，转向旅游业？

七、还要高喊"安全第一"的口号

家宝总理讲："时刻牢记人民的生命安全重于泰山"。这是"以人为本"应有之义。煤炭是多发事故产业，2002年全国煤矿因公死亡人数达6995人。我们应象防治非典那样防止事故。

还有一个问题我也想提一提，对矿区塌陷问题也应采取有效措施。山西的情况我不了解，抚顺矿采沉区面积已达18平方公里，占城市建成区总面积的15%，开滦矿已塌陷13万亩，徐州矿已塌陷18万亩。严重危害着人民群众的生命财产安全。

胡锦涛主席讲："群众利益无小事"。生产安全问题、塌陷问题都是大事，我们必须高度重视。

为振兴山西老工业基地献计献策*

王茂林

今天我们在这里召开《山西新型能源重化工基地发展研究》课题专家评审会议，我谨代表中国生产力学会和课题组全体同志向评审委员会各位专家能热忱参加本课题评审组表示深挚的感谢，同时也向参加会议的山西省的领导，以及特邀代表、新闻界的朋友们表示深挚的感谢！

现在，我就《山西新型能源重化工基地发展研究》课题的情况作一些介绍。

2001 年 11 月第 12 届世界生产力大会在北京召开，温家宝总理作了主题演讲。他在演讲中提出的关于“中国生产力学会和世界生产力科学联盟以及各国生产力科学组织，应继续深入研究生产力发展的问题，开展广泛的国际交流与合作，为在新世纪实现世界生产力的更大发展，创造人类更加美好的明天而共同努力”的指导方针，成为中国生产力学会开展工作的宗旨。在世界生产力大会期间，温家宝总理还交给中国生产力学会一个任务：研究“中国生产力发展”课题。世界经济发展进程表明，能源供应是制约经济增长的基本因素。经济发展，能源先行。国务院通过的《能源中长期发展规划纲要》指出，必须坚持把能源作为经济发展的战略重点，为全面建设小康社会提供稳定、经济、清洁、可靠、安全的能源保障、以能源的可持续发展和有效利用支持我国经济社会的可持续发展。煤炭工业是我国重要的基础产业。我国在相当长的时期内，以煤炭为主的能源格局不会改变。鉴于能源是我国经济发展中的重大问题，而山西是我国煤炭能源基地，按照上述指导思想，我们确立了本课题研究。

为进一步加强山西新型能源重化工基地建设，振兴山西老工业基地，经过中国生产力学会两任会长报告，温家宝总理批复同意，正式确定了由中国生产力学会和世界生产力科学联盟合作的《中国生产力发展》总课题，并经研究将本课题作为总课题下面的一个分课题。2002 年年底，课题组相关人员在北京确立了课题报告的基本范畴，于 2003 年春天拿出了开题报告。后来，由于“非典”的影响，课题研究被迫推迟。到 2003 年 7 月，由山西省政府牛仁亮副省长、省人大薛军副主任、原副省长彭致圭同志和我组织召开了课题开题会议，具体进行了部署，标志着本课题研究正式开始。

关于课题的组织工作，由于我在山西工作多年，又是从煤炭行业滚战出来的，大家推荐我为本课题总牵头人，担任课题组组长。课题开题伊始，就得到了山西省委、省政府的高度重视，经过甄选，形成了由熟悉山西煤炭行业的领导为顾问和组长、山西省发改委省政府有关部门直接参加、山西省政府经济研究中心为协调力量的强有力的领导班子与专家团队。课题组由张塞、薛军同志任顾问，副组长由翟立功、彭致圭、牛仁亮同志担任，课题总协调人由山西省政府经济研究中心张保同志担任；课题牵头单位是中国生产力学会和山西省发展和改革委员会、山西省政府经济研究中心，课题组成员由山西省煤炭工业管理局、山西省安全监督局、山西省环保局、山西省煤炭运销总公司等单位的研究人员组成。

一年多来，我们在山西省开展了煤炭能源发展方面的广泛调研活动。我们分别召开煤炭行业及其相关行业的研讨会和座谈会，深入基层和企业进行调查研究，在此基础上，形成了《山西新型能源重化

* 此文为中国生产力学会王茂林会长在《山西新型能源重化工基地发展研究》课题专家评审会议上的讲话。（2004 年 9 月 24 日）

工基地发展研究》的总报告和6个分报告:《山西煤炭工业中长期发展研究》、《山西煤炭流通体制市场化改革研究》、《山西煤炭开发与国民经济可持续发展研究》、《山西煤炭工业安全生产问题研究》、《山西煤炭化工工业发展问题研究》、《山西省煤炭主要相关产业发展研究》。

这份研究成果在2004年8月课题组同志向省委书记田成平、省长张宝顺进行了专门报告,省委省政府主要领导充分肯定了课题组的工作,并决定把研究报告送省四大班子领导。广泛听取了省委省人大、省政府政协领导以及部分老同志和相关厅局、企业的意见。在此基础上经过修改形成了正式递交专家评审组的正式稿子。请评审组各位专家提出宝贵意见。

山西新型能源基地发展研究

——研究报告内容摘要

中国生产力学会 “山西新型能源基地发展研究”课题组

80年代初，国家根据经济发展的需求，将山西确定为全国的能源重化工基地。根据温家宝总理关于加强中国能源问题研究的指示，为进一步加强山西能源重化工基地建设，振兴山西老工业基地，确立本课题为“中国生产力发展研究”的分课题之一。

一、山西能源基地在我国能源战略中的重要地位

党的十六大提出了全面建设小康社会，国内生产总值到2020年力争比2000年翻两番，基本上实现工业化的奋斗目标。在本世纪头20年满足我国经济发展需要，能源生产和供应量必须有大幅度提高。研究表明，今后20年我国能源消费需求量将达到24.7亿吨～32.8亿吨标准煤，煤炭需求量将达到21亿～29亿吨。

据预测，到2020年，如果山西煤炭产量占全国总产量的比例仍保持在30%，高方案为8.7亿吨，中方案为7.8亿吨，低方案为6.3亿吨；山西煤炭外运量高方案为5.22亿吨，中方案为4.68亿吨，低方案为3.78亿吨。

山西煤炭资源得天独厚，具有分布广、埋藏浅、储量丰富、品种齐全、煤质优良、地质构造简单、开采条件优越等特点。煤炭已探明储量占全国30%。煤炭年生产能力5亿吨，煤炭产量占全国总量的30%，煤炭外调量占全国省际外调量的75%。建国50多年来，山西累计生产煤炭65.5亿吨，累计外调出省40.7亿吨，在我国经济生活中发挥着重要的支撑作用。山西煤炭企业资产总值735亿元，煤炭从业人员95万人，围绕煤炭生产，山西已经拥有一大批从事煤炭科研、勘察设计、生产、管理和营销队伍。目前山西煤炭外运已基本形成以铁路运输为主、公路运输为辅的路网体系。

二、山西能源基地建设中的困难与问题

多年来，由于煤炭生产中的深层矛盾尚未得到有效解决，煤炭能源同全省经济、社会、生态环境的协调发展处理得不理想，仍然存在一些不能不解决的困难和问题。一是煤炭工业组织结构仍不合理，企业规模小而散，产业集中度低。二是煤炭产品结构单一，原煤生产和输出的比重大，附加值低。三是多数矿井建设投入不足，技术装备落后，资源浪费严重。四是国有企业改革依然任重道远，有的扭亏脱困尚未彻底解决。五是煤矿安全投入欠帐多，安全生产问题没有根本解决。六是煤矿企业长期以来人员多、包袱重、效率低的状况并未得到改变。七是长期煤炭开采造成的生态与环境破坏严重。

三、加强新型能源基地建设需要抓好的几项战略工程

山西新型能源重化工基地建设需要遵循的指导方针是：以经济结构优化升级为主线，全面实施煤炭深加工和综合利用工程，大力发展循环经济，减少环境生态损失，提高经济社会效益，积极培育大型煤炭企业集团，建立现代企业制度，推动煤炭经济的体制创新和经济增长方式的转变，加快建成山西新型能源基地，带动山西经济的发展，提高人民生活水平和质量。

（一）提升山西煤炭工业的“传统产业新型化工程”

按照市场经济的原则优化资源配置，增强产业集中度。今后几年要加快组建3个1亿吨规模的大型煤炭基地：即依托大同煤矿集团公司，整合地方煤矿资源，组建晋北动力煤基地；依托山西焦煤集团公司，整合地方煤矿资源，组建晋中焦煤基地；整合阳泉煤业、潞安矿业、晋城煤业三大集团以及地方煤矿资源，组建晋东无烟煤基地，逐步形成大型跨国煤炭企业。

按照“扶持、改造、整顿、联合、提高”的方针，发展中小煤炭企业。建设一大批生产能力在30万吨以上的乡镇煤矿；原煤洗选比重力争达到75%以上，其中国有重点煤炭企业力争达到100%，地方煤矿力争达到50%。继续关闭小煤窑，淘汰落后生产能力。争取2006年完成9万吨以下矿井的关闭工作，2010年关闭所有15万吨以下矿井，2020年关闭所有30万吨以下矿井。

（二）发展山西电力的“输煤输电并举工程”

2005年山西装机容量将达到2260万千瓦，2010年达到4250万千瓦，2015年达到5600万千瓦，2020年达到7000万千瓦。山西将成为我国最大的火力发电基地之一，电力的产能相当于上个世纪90年代初期全国火力发电的总量，也将成为外输电量最大的地区之一。在全省建设一批坑口电厂和向华北、华东、华南输电基地。

（三）发展高载能工业的“资源综合开发利用工程”

大力发展和延伸煤—电—铝（高耗能产品）、煤—焦—化工两条产业链，促进煤炭的加工转化和产业优化升级。鼓励山西发展包括冶金、化工、建材工业在内的高载能产业。2005年山西钢产量将达到1093万吨，2010年1964万吨，2015年钢产量为2514万吨，2020年3220万吨，使山西成为特种钢基地。2005年山西电解铝的生产能力将达到100万吨，氧化铝的生产能力将达到210万吨，预计2015年电解铝150万吨、氧化铝300万吨，并将保持这一水平。到2010年，使全省煤化工主要产品产量有较大幅度提高，山西煤化工实现销售收入将超过500亿元。2010年至2020年在此基础上继续稳定发展，保持10%～15%的增长幅度。

（四）发展循环经济的“煤气化多联产工程”

发展循环经济，主要途径是发展以洁净煤炼焦技术和焦炉气利用为基础的焦、化、含氧燃料多联产，以煤气化为基础的热、电、化多联产。

（五）积极开发和扶持“煤基替代燃料工程”

山西省大型煤炭企业在国家支持下，准备引进间接液化技术的成熟工艺和生产设备，投入批量生产。煤制甲醇是清洁燃料。山西已具备甲醇生产能力30万吨，2005年甲醇生产能力可达200万吨，如果在国家政策的支持下，山西完全有能力在2015年使甲醇产量达到3000万吨，可以代替2500万吨汽油，为我国石油安全作出贡献。

（六）广泛推广洁净煤技术的“清洁能源工程”

制订洁净煤技术的规划，逐步做到全部煤炭能源经过洗选后再进入消费领域。水煤浆整体技术已趋成熟，山西已经设立制浆厂和相关企业，推广和扩大水煤浆产品的应用。

（七）加大环境污染治理的力度的“绿色山西工程”

一是建设一批能源环境重点控制区，加强环境的监测和治理。二是推动节能降耗和资源综合利用，加快淘汰能耗高、效率低、污染严重的技术、工艺和设备。三是继续抓好重点城市、重点流域、重点行业、重点风景名胜区和重点公路干线的污染防治和生态保护。四是建立完善环保产业服务体系，积极推进城市供水和污水、垃圾处理等市场化改革。要力争使全省大气污染物总量下降20%，工业企业污染物全部达标排放。

（八）补充山西水资源的引黄工程和“节水山西工程”

为解决山西省北部煤炭基地缺水问题，建议万家寨引黄北干线工程尽快上马。在“节水山西”建设上，力争社会总耗水量的增加不超过20%。

四、需要着力解决的几个政策建议

（一）关于基地建设的政策措施

建议国家准许山西延期征收能源基地建设费。批准山西征收能源基地建设基金并延长至2010年，该项基金的主要用途：(1)用于关闭政府批准的“三证齐全”的小煤矿的补偿费；(2)用于关闭9万吨以下矿井，建设30万吨以上矿井的贴息贷款。(3)用于改善一批小煤矿的安全设施的专项贷款贴息和补贴；(4)用于重点煤矿城市产业结构调整和衰老期转产资金；(5)用于治理由于煤矿开采造成的工业污染和环境保护的补贴。

加快煤炭运输通道建设。一是尽快批准落实石太线客运专线建设工作，把石太线已有运输能力腾出来，作为晋煤运输专线；二是尽快研究和上马晋、陕、蒙“三西”地区的煤炭运输第二通道建设；三是尽快研究规划一批山西出省铁路、地方铁路的建设和改造，增加新的运输能力；四是鼓励企业法人、非公有资本入股共同参与铁路建设和管理。

（二）关于煤矿建设的支持政策

山西按照规划建设 3 个大型煤炭基地，增加 3.6 亿吨产能，共需投资 1000 多亿元，请求国家给予资金补助和贷款贴息。准许大型煤炭企业从成本中提取 10 元/吨煤，作为煤矿建设的资本金。

已经进入国家十大煤炭集团的企业，设定为煤炭资源国家规划区，规划区内煤炭资源由国土资源部集中规划和管理。保证大型煤炭企业的采矿权和后备资源区的探矿权。加快大型煤矿项目的前期工作，改革和简化大型煤矿项目的审批程序。

加快煤炭企业债转股工作，妥善解决煤炭企业的递延资产挂帐。要解决好债转股企业中的股权问题，金融资产管理公司不能参与公司生产经营的管理，也不能控股。

建议财政部、税务总局重新核定煤炭行业增值税税率，将现行增值税率降至 1994 年税制改革前产品税的水平，并将过去多上缴部分返还煤炭行业。

（三）关于相关产业的发展政策

国家对山西发展电力工业给予各方面的支持，凡山西申报的坑口发电项目，只要符合基本核准条件的，其核准程序从简。大力支持煤炭和电力两大行业的跨行业、跨地区的战略合作，鼓励联合投资、联合办电，尽快研究解决煤炭企业办电厂在上网和电价问题方面的限制。

为支持山西发展煤基醇醚替代燃料，建议把山西省列为国家醇醚燃料生产基地和国家醇醚燃料汽车产业化示范地区；发展煤基醇醚燃料列入国家《中长期能源规划纲要》，加大力度在全国推广；支持山西早日上马煤合成油项目，凡煤合成油的产品应暂缓征收汽油消费税。

（四）关于资源和环境的补偿政策

建议国家批准山西吨煤征收 5 元煤矿城市建设费，同时通过中央财政转移支付，增加山西环境保护综合治理的资金投入。

建议国家准许山西继续征收煤炭和焦炭的水资源补偿费，并将征收标准提高到每吨 5 元，专项用于水利工程建设和解决农村人畜吃水用水困难的问题。

建议国家发改委、财政部重视解决山西省地表塌陷的治理问题，并提高治理费用中国家承担部分的比重。

（五）改革煤炭流通体制，建设现代煤炭物流体系

发展专业化的大型煤炭物流集团，促进煤炭生产流通消费和运输企业，以资本为纽带打破行业、地区、所有制界限开展联合，鼓励煤、电、港口多元联合，形成面向全国、全球市场，专业化和现代化的煤炭物流配送体系。在经济发达地区和主要煤炭生产地区举办若干个符合现代物流的大型煤炭交易市场。在山西或上海试办煤炭期货市场。改革一年一度的煤炭订货会议制度，举办分品种订货，按区域订货和对用煤大户实行中长期煤炭合同订货，提倡电子商务和网上交易等。创建和发布煤炭价格指数信息。

（本报告内容摘要完成时间：2004 年 9 月）

总 报 告

山西新型能源基地发展研究

我国《能源中长期发展规划纲要(2004—2020年)》指出,必须坚持把能源作为经济发展的战略重点,为全面建设小康社会提供稳定、经济、清洁、可靠、安全的能源保障,以能源的可持续发展和有效利用支持我国经济社会的可持续发展。国务院总理温家宝2004年8月11日主持召开了国务院常务会议。会议认为,煤炭是我国的基础能源和重要原料,在国民经济中具有重要的战略地位。从我国能源资源的结构看,煤炭将长期是我国的主要能源。要坚持以煤炭为基础的能源发展战略,高度重视煤炭的生产、建设和有效利用。会议提出要着力抓好以下重点工作:(一)进一步挖掘煤炭生产潜力;(二)深化煤炭行业改革;(三)加快大型煤炭基地建设;(四)加强煤炭运输的综合协调,提高运能,增加运量;(五)积极发展洁净煤技术,提高煤炭清洁化程度;(六)切实搞好安全生产和煤炭市场秩序整顿。

改革开放初期的80年代初,国家根据经济的发展的需求,将山西确定为全国的新型能源基地。在国家的重点支持下,经过20余年的建设,山西以煤炭为主导的能源基地已经初具规模,总生产能力达到4亿多吨,煤炭产量占全国的30%左右,在国内市场和全国煤炭出口中占据首位,有力地支撑了国家的经济建设。上个世纪90年代,煤炭市场出现了过剩态势,市场疲软,国家随之采取限产压库、关井压产的政策,山西新型能源基地面临很多困难和问题,放慢了发展的步伐。党的十六大确定,本世纪头20年是中国经济社会发展的重要机遇期,我国进入全面建设小康社会的历史时期,山西新型能源基地在我国经济社会发展过程中的作用会更加重要。

一、重新认识煤炭能源的主体地位

(一)我国能源需求趋势的预测

世界经济发展进程表明,能源供应是制约经济增长的基本因素。经济发展,能源先行。党的十六大明确提出了"全面建设小康社会,在优化结构和提高效益的基础上,国内生产总值到2020年力争比2000年翻两番",并且提出"到2020年基本上实现工业化"的奋斗目标。在本世纪头20年满足我国经济发展需要,我国能源的生产和供应量必须有大幅度提高。

根据钱纳里模型,我国正处于经济结构转变三阶段中的工业化阶段,而且处于重工业加速发展的工业化中期阶段。工业化一般经历三阶段:第一阶段是消费品工业居主导的阶段;第二阶段是资本品工业加速发展并逐步赶上消费品工业的阶段;第三阶段是资本品工业居主导的阶段。将我国工业化定为第二阶段或从第二阶段向第三阶段过渡的阶段可能更为合适。从先行工业化国家的历史经验来看,一旦工业化进入重工业大发展的时期,工业化和经济发展的速度将加快,基础设施建设和新技术对重工业发展形成支撑,重工业所需原材料和能源较多,对基础设施和能源的依赖性较大。研究表明,今后20年我国能源需求的总体趋势是:第一,在终端能源消费部门,对清洁高效能源需求将快速增长,石油、天然气和电力将成为增长比较快的能源品种;而煤炭将越来越多地用于加工转换部门,煤炭在终端能源部门的消费比例减低,作为基础能源的作用增强。第二,影响未来能源需求的关键因素是:经济增长模式的转换、产业结构的调整、能源结构的变动和节能技术的推广应用。今后 20 年,中国经济增长能否摆脱粗放型扩张的发展模式,改变高增长、高消耗、高污染的状况,实现高增长、低消耗、低污染,这是我国能源可持续发展的关键。按照产业结构政策、能源结构政策、能源技术政策等可持续发展的政策执行力度的不同,我们设立了能源需求的高、中、低 3 个不同方案,预测的能源需求与供给也有差别:

方案 1:不采取有力的可持续发展的政策和措施,实现了 GDP 翻两番,经济发展了,但产业结构不能优化,能源效率未能提高,清洁燃料和节能技术的推广和应用不够广泛,不够理想。预测到 2020 年,能源总需求量将达到 32.8 亿吨标煤,终端能源需求量为 24.8 亿吨标准煤,煤炭需求量将高达 29 亿吨。

方案 2:较好地执行可持续发展的政策,促进经济结构和能源结构调整,采用和推广节能技术取得一定成效,今后 20 年中国 GDP 保持年均 7%的增长率,国家"十五"计划和后十年展望所规定的主要社会经济目标能够顺利实现,取得基本理想的效果。预测到 2020 年,能源总需求量将达到 28.5 亿吨标煤,终端能源需求量为 22.5 亿吨标准煤,煤炭需求量将达到 26 亿吨。

方案 3:强化可持续发展的政策执行力度,达到比较理想的情景,实现 GDP 翻两番;在经济结构调整和提高能效、推动节能技术进步方面有重大举措;外部环境比较理想,我国可以充分利用国际能源市场获得优质能源,使能源结构调整取得实质性进展,并能顺利引进先进的技术设备,使我国的能源效率达到世界上比较先进的水平。预测到 2020 年,能源总需求量将达到 24.7 亿吨标煤,终端能源需求量为 19.1 亿吨标准煤,煤炭需求量将达 21 亿吨。

如果山西煤炭在未来全国煤炭总生产中的比例不变,预测到 2020 年,山西煤炭产量高方案为 8.7 亿吨,中方案为 7.8 亿吨,低方案为 6.3 亿吨;山西煤炭外运量高方案为 5.22 亿吨,中方案为 4.68 亿吨,低方案为 3.78 亿吨。

(二)能源领域深层次矛盾和能源安全问题

伴随我国经济社会的新发展和能源需求的迅速增加的趋势,我国能源也将面临严重的挑战,能源领域深层次矛盾日益突出。一是我国能源结构过度依赖化石燃料,对资源的可持续供应造成压力。虽然我国常规能源资源的总储量较为丰富,2000 年我国石油资源总储量为 940 亿吨,天然气资源总储量为 38 万亿立方米,煤炭资源总储量 5.57 万亿吨,然而,由于人口众多,人均能源资源占有量仅相当于世界平均水平的 1/2。二是环境的可持续发展面临较大压力。全面建设小康社会对环境质量提出了新要求,化石燃料的消耗对环境带来很大的污染,现在的环境容量已经出现透支,如何满足小康社会对环境的要求,是我们今后面临的巨大挑战。三是随着人均收入水平的提高,石油消费量显著增加,中国将必须大量进口石油以满足国内需求,能源安全尤其是石油安全问题越来越重要,如果措施不当就会出大问题。我国从 1993 年开始,已经由一个石油净出口国变为石油净进口国。2003 年,我国石油生产量为 1.969 亿吨,而当年石油消费 2.492 亿吨,净进口 8299 万吨,对外依存度达到 33%。预计到 2020 年我国石油产量预计为 1.8 亿吨～2.0 亿吨,石油消费量至少将达到 4.5 亿吨,需进口 2.5 亿吨～2.7 亿吨,对外依存度高达 60%。作为一个发展中的大国,我们不可能把支撑自己生存和发展的能源供应寄托在由发达国家和石油输出国组织控制的国际市场。

(三)煤炭在我国能源结构中的主体地位

我国能源结构的特点决定了煤炭是主要能源。在我国常规能源中,煤炭储量占 90%以上,能源资源的国情是"缺油、少气、富煤"。在我国的能源生产、消费结构中,煤炭始终占有较大的比重,1998 年原煤在一次能源生产中所占比重为 71.9%,在能源消费结构中所占比重为 69.6%;到 2005 年煤炭仍将在能源生产、消费结构中占到 65%的比重。本世纪我国经济发展必将出现迅速增长的能源需求,决定了国家能源战略对煤炭能源的倚重,特别是我国中西部煤炭能源的开发,将成为我国经济发展的主要支撑。我国《能源中长期发展规划纲要》提出我国能源战略的指导方针:要坚持从我国国情出发,走中国特色的能源发展之路,必须坚持以煤炭为主体、电力为中心、油气和新能源全面发展的战略。煤炭将长期是我国的主要能源,以煤炭为基础的能源结构不会改变,煤炭在我国能源中的主体地位不会改变。煤炭作为我国供应最可靠、使用最经济的能源,随着加工转换和综合利用技术的提高,也可以成为高效清洁的能源。我们要坚持以煤炭为基础的能源发展战略,这就是我们的结论。

二、加强山西新型能源基地建设的现实意义

(一)山西新型能源基地在我国能源战略中的重要地位

鉴于煤炭在我国能源结构中的主体地位不会改

变,煤炭能源对于我国能源战略的支配作用不会改变,我们必须以新的视角,重新审视建设山西煤炭能源重化工基地在我国经济社会发展中的重要作用。

1. 山西煤炭的资源赋存是不可替代的。山西煤炭资源得天独厚,具有分布广、埋藏浅、储量丰富、品种齐全、煤质优良、地质构造简单、开采条件优越等特点。山西已知煤炭地质资源储量6624.17亿吨,已探明储量2724.99亿吨,已探明储量占全国30%。山西作为煤炭能源基地在全国经济发展和生产力布局中具有明显的承东启西、连接南北的区位优势。

2. 山西煤炭的供给能力是国内领先的。山西煤炭能源重化工基地建设以来,国家投入大量资金,有计划地建设了一批国有重点煤矿,形成了10个大型煤炭生产基地。2003年,山西各类煤矿矿井4277处,核定年生产能力5亿吨。其中重点煤矿94处,核定生产能力1.7亿吨,占34%。山西煤炭企业资产总值735亿元,煤炭从业人员95万人,围绕煤炭生产,山西已经拥有一大批从事煤炭科研、勘察设计、生产、管理和营销队伍。目前山西煤炭外运已形成以铁路运输为主、公路运输为辅的路网体系。山西是我国煤炭生产和外销量最大的省份。2003年,山西煤炭产量4.8亿吨,占全国总量的28.9%,是第二产煤大省内蒙古自治区的三倍。同年,山西煤炭外调量2.97亿吨,占全国省际外调量的75%,是第二煤炭外调大省内蒙古自治区的3.5倍。据统计,建国五十多年来,山西累计生产煤炭65.52亿吨,累计外调出省40.76亿吨。经过20多年能源重化工基地的建设和发展,目前山西所形成的煤炭生产能力,足以在未来我国经济发展中发挥重要支撑作用。

(二)山西新型能源基地在我国能源战略中的整体功能

我国经济和社会发展不仅需要常规能源,即原煤、石油、天然气等一次能源,而且需要多种能源产品,如电力、焦炭等二次能源产品以及钢铁、电解铝、化肥、建材等高载能产品。山西能源基地不仅为全国供应大量的煤炭能源,而且逐步建立起以煤炭工业为基础,带动电力、冶金、化工、建材等产业发展的经济结构,这些相关产业的发展是山西经济的重要现实基础,也为全国提供着多种能源产品,发挥了山西能源基地多种能源综合输出的整体性功能。

山西是全国最大的火力发电基地之一,山西电力工业对全国经济发展的影响举足轻重。山西立足于煤炭资源优势,变输煤为输煤的同时输电,“八五”以来,分别向京津唐、河北、江苏送电的总装机容量达396万千瓦。2002年山西电力总装机容量已经达到1506万千瓦,发电量已经达到842亿千瓦小时,当年外输电力212亿千瓦小时,占发电量的25%,成为全国外输电重要省份之一。

山西省炼焦用煤资源储量1245亿吨,占全省煤炭资源储量的57.6%,丰富的炼焦用煤资源使山西省成为中国最大的焦炭生产基地。2002年山西焦炭产量达到了6600万吨,约占全国的42%;山西出省焦炭80%以上销往河北、山东、北京、天津、河南、陕西等周边省市,市场辐射华东、东北、中南、西南等地区。在世界焦炭贸易量中我国出口占60%。山西焦炭成为山西出口创汇最大的产业,自营出口约600万吨,占全国焦炭出口的44%。加上外省购买山西焦炭出口,山西焦炭出口约占全国出口量的80%,占世界焦炭贸易量的48%。

以向国内外市场输送高载能产品的方式间接供应能源,是山西新型能源基地的重要作用之一。在我国耗能较大的7个工业部门中,山西的能源消费量大约占到全国总量的13%左右。山西具有丰富的铁铝矿产资源,已经发展成为我国钢铁和铝的重要基地。在钢铁工业方面,2002年,山西生产生铁1641.7万吨,占全国当年总产量的9.61%;钢997万吨,占全国4.48%。太原钢铁集团公司是全国最大的不锈钢生产地,也是我国特种钢生产基地,担负着极其重要的军工特种生产任务。2003年太钢集团公司不锈钢产量达到70万吨,大约占全国不锈钢生产量的1/3。在有色冶金方面铝工业最为突出,山西铝矾土储量全国第一,从上个世纪90年代以来,山西的铝工业发展速度很快。2002年山西生产电解铝26万吨,占全国总产量的6.1%,居第五位;氧化铝136.7万吨,占全国总产量的25.3%,居全国第二位。

以煤炭为原料的煤化工业是山西新型能源基地中最富有成长性的重要产业。山西煤种齐全,价格相对低廉,特别是高硫、高灰等劣质煤的利用,焦炉煤气的利用和焦化产品回收利用等技术的逐步应用,给煤化工的发展创造了条件。改革开放以来,山西煤化工有了长足的发展,逐步形成了以化肥、无机化工、有机化工、合成材料、精细化工为主的工业体系。2002年全省化工行业实现工业总产值145.2亿元。山西的煤化工产品在国内市场占有重要地位,其中硝酸磷肥、元明粉、硫化碱、草酸、顺酐、氯丁橡胶、1,4—丁二醇等产品均排列首位,有些在国际市场也占有相当位置。

三、山西新型能源基地建设的成就与困难

(一)基地建设的成就

20 世纪 80 年代初,山西根据国家对能源基地发展的总要求和山西经济、社会、环境发展的总目标,制定了山西能源基地建设规划,这对指导山西能源基地的建设曾经发挥了十分积极的作用。按照这个规划,山西成功地进行了 20 年的大规模开发和建设,取得了巨大的成就。解决了能源产业长远发展的目标、方针、政策等一系列重大问题,解决了煤炭、电力以及其他部门之间,开发、加工、转换、运销等环节之间的各种问题,积累了基地建设的经验。

进入"九五"以来,山西能源基地从大规模高强度开发时期转入稳步健康发展阶段。山西省总结了 20 年基地建设的经验教训,避免走过去计划经济时代高投入、高消耗、高污染、低效益的老路,坚持煤炭生产实行"控制总量、有序增长"的方针,坚持走科技含量高、经济效益好、资源消耗低、环境污染少的新型工业化发展道路。对于这个时期基地建设特别是煤炭能源产业的主要举措及其成绩,我们给予积极的评价。

一是加快大型煤炭基地建设,推进煤炭工业技术改造的步伐。重点建设一批 1500 万吨、1000 万吨、600 万吨的现代化矿井,形成煤炭综合开发工业园区。推进采煤方式改革,进一步提高煤炭工业技术和装备水平,全省建成一批高产高效矿井和百万吨综合队,重点煤矿的采煤机械化程度由 97.57% 提高到 98.86%,重点煤炭企业全员平均日产量由 1995 年的 3.28 吨,提高到 2000 年的 4.2227 吨。

二是关井压产,淘汰落后生产能力。依法取缔非法开采的小煤矿和关闭布局不合理的小煤矿都取得阶段性成果。1998 年到 2003 年底,全省已累计关闭各类小煤矿 6192 座,淘汰落后生产能力 1.17 亿吨。小煤矿随意布点、越层越界、乱采滥挖现象得到遏制,办矿秩序和生产经营秩序趋于好转。采取资源整合、联合改造的方针,提高地方小煤矿的生产力水平,促进了全省经济增长质量和效益的进一步提高。

三是加快实施大公司、大集团发展战略,全力推进企业改革,实现体制、机制创新。组建了山西焦煤集团公司、大同动力煤集团公司、山西焦炭集团公司。国有煤炭企业改革取得重大进展,现代企业制度改革初见成效。到 2003 年底,全省国有重点煤炭企业均已进行了以建立现代企业制度为核心的公司制改造,阳泉煤业、西山煤电已成功上市,大同、潞安股票上市已经通过审查。一些地方国有煤矿也采取了灵活多样的改革、改制方式。

四是加大结构调整力度,推动全省产业优化升级。1998 年以来,随着煤炭市场供求关系的变化,山西省政府适时提出了控制煤炭生产总量,提高煤炭产品质量,增加产品附加值和科技含量,走煤炭深加工的路子,煤炭工业结构调整全面起步。安排了煤炭洗选、配煤、型煤加工等一批结构调整项目,已经初见成效。坚持以发展和延伸煤－电－铝(高耗能产品)、煤－焦－化工两条产业链为目标,鼓励煤电、煤焦、煤化工联营。加快出口煤基地和配煤项目建设,扶持煤制甲醇项目,加快非煤产品项目建设。抓住"西电东送"的机遇,加快建设大型坑口电厂和煤电联营的步伐,充分利用煤矸石和劣质煤资源建设电厂,装机容量达到 300 万千瓦。

五是深化安全生产专项治理,建立安全生产体系,建设"一通三防"网络系统,大力整顿矿山秩序,形成安全生产长效机制,安全状况进一步好转。2003 年全省煤炭工业百万吨死亡率为 1.1 人,其中国有重点煤矿百万吨死亡率为 0.28 人,地方煤矿百万吨死亡率为 1.37 人,大大低于全国平均死亡率。

(二)存在的困难与问题

山西新型能源基地建设至今,由于煤炭能源生产中的深层矛盾尚未解决,煤炭能源同全省经济、社会、生态环境的协调发展处理得不够好,仍然存在一些困难和问题,且有的问题比较严重。这些问题不仅影响了今天山西煤炭产业的增长,而且也影响到今后山西经济社会协调发展和可持续增长能力。

第一,煤炭工业组织结构仍不合理,企业规模小而分散,产业集中度低。2003 年山西拥有的 4000 多个矿井中,乡镇煤矿占 89%,在各类矿井中 70% 左右年产能力 9 万吨以下。全省平均单井年生产能力 11.25 万吨,其中乡镇煤矿仅 5.56 万吨。山西虽然总体煤炭生产能力强,但形成规模和集约化生产的企业却比较少,全省国有重点煤矿产量只占全国的 10%左右。

第二,煤炭产品结构单一,附加值低。原煤生产和输出的比重大,附加值低。山西煤炭工业的选洗能力低,未经洗选的煤炭比重大,原煤平均入洗率 45%。2003 年,全省选煤厂 871 座,平均每座年产

能力仅11万吨,和煤炭大省的地位极不相称。

第三,多数矿井建设投入不足,技术装备落后,资源浪费严重。山西国有重点煤矿机械化水平比较高,回收率可以达到70%左右。但国有地方煤矿和乡镇煤矿的回收率平均只有30%,相当一批小煤窑甚至于只有10%～20%左右。煤炭工业投入大、建设周期长,由于“九五”以来国家对煤炭企业减少投资,煤炭企业自我积累能力差,加之企业因外欠货款严重、银行信用度低、融资能力差等因素,使得煤炭企业在矿井建设上投入严重不足,造成矿井接替紧张,有的甚至接替脱节,企业发展缺乏后劲。

第四,国有企业改革依然任重道远,有的扭亏脱困尚未彻底解决。国有重点企业虽然均已改制挂牌,但在法人结构治理、产权多元化、产运销一体化以及企业内部改革等方面尚有诸多不完善之处。产运销管理体制改革进程慢,煤矿企业没有完全成为真正的市场主体,生产与销售脱节,销售环节竞争主体过多,造成行业整体利益流失严重。

第五,煤矿安全投入欠帐多,安全生产问题没有根本解决。据调查,山西煤炭工业安全生产欠帐高达138.78亿元,其中国有重点煤矿57.96亿元,地方煤矿80.82亿元,中小煤矿安全隐患很多,事故不能消除。

第六,煤矿企业长期以来人员多、包袱重、效率低的状况并未得到改变,由此导致企业市场竞争能力差,抵御市场风险的能力低,制约了资源优势的发挥。由于矿区远离城市,基础设施落后,文化教育、卫生医疗等事业发展迟缓,下岗职工再就业难,煤矿职工收入水平低。全省县以上煤矿企业职工年收为7330元,国有重点煤矿企业也仅有8343元,无论是自身纵向比较,还是与社会平均收入水平比较,均处于较低水平。

第七,除了煤炭工业本身的问题外,更为突出的是长期煤炭开采造成的生态与环境破坏。首先是地下开采对土地造成的严重破坏问题。到2000年,全省煤炭矿区已达到1.4万平方公里,形成采空区2080平方公里,塌陷区650平方公里,地面塌陷和煤矿废弃物堆放面积合计约100万亩。因采煤造成433处水利设施、40座水库、79万米输水管道毁坏。仅据大同、阳泉等五大矿务局的不完全统计,由于大面积开采造成的塌陷面积为621581亩,97800万亩水地变为旱地,605个村庄4250户居民、96万平方米房屋需要搬迁。

煤炭开采对水资源的损耗和破坏尤为严重。据测算,山西每开采1吨原煤,平均损耗和破坏水资源2.39立方米,其中地下水静储量1.05立方米,动储量1.34立方米。到2000年,山西因煤炭开采给水资源的破坏总面积已达20352平方公里,占全省总面积13%。其中水资源严重遭到破坏的地区达到2670平方公里,导致水井、泉水水位下降或断流3218处,造成1678个村庄、近百万人口和几十万牲畜用水困难,100万多亩水浇良田变为旱地。

最为严重的还是煤炭燃烧造成的污染。据环保部门的经常性监测,山西全省已经没有一条河流断面能够达到国家地表水环境质量标准Ⅰ类要求,26条河流的105个水质监测只有5个达到国家Ⅲ类水质标准,77个为劣5类水质标准,10个城市地下水63%水质超过Ⅲ类水质标准。就空气质量方面看,山西18个城市中,国家重点考核的空气质量指标TSP和二氧化硫超过国家三级标准的城市分别有17个和13个。在世界113个国家的重点城市中,山西临汾、阳泉、大同位居空气污染综合指数最严重的前三位,成为不适宜人类生存的地方。

四、加强新型能源重化工基地建设必须树立新的发展观

(一)山西新型能源基地建设的指导方针

加快发展山西新型能源重化工基地,必须总结吸取历史的经验和教训,不断调整我们的指导思想和指导方针。这就要求我们与时俱进,进一步解放思想,创新思维,树立新的发展观。

山西新型能源基地建设需要遵循的指导方针是:全面实施煤炭深加工和综合利用工程,大力发展循环经济,减少环境生态损失,提高经济社会效益,积极培育大型煤炭企业集团,建立现代企业制度,推动煤炭经济的体制创新和经济增长方式的转变,加快建成山西新型能源重化工基地,带动山西经济的发展,提高人民生活水平和质量。

山西新型能源基地建设的战略目标是:在本世纪初的20年,经济结构显著优化,经济增长的质量显著提高,综合经济实力显著增强,城乡居民收入显著增加,环境生态状况显著改观。煤炭生产年均增长达到3%以上,国内生产总值年均增长达到10%以上,财政总收入年均增长达到15%以上,城镇居民人均可支配收入和农民人均纯收入接近或达到全国平均水平。

所谓山西新型能源基地建设,就是在新的历史

时期，按照走新型工业化道路的要求，在科学合理地利用资源，治理保护环境的前提下，发展清洁燃料煤生产，进一步把煤炭转化为二次能源和化工产品，取得显著经济效益和社会效益，中心问题是协调解决好资源、环境、经济和社会的可持续发展，走出一条科技含量高、经济效益好、资源消耗低、环境污染少、人力资源得到充分发挥的新型能源重化工基地之路。新型能源重化工基地建设与过去的不同之处在于，坚持以人为本，坚持可持续发展，坚持循环经济，坚持体制创新的基本原则。

(二)必须着重处理和解决好的重要关系

按照可持续发展的原则，在今后山西新型能源基地建设中，应着重处理和解决好以下一些重要的关系问题，才能保证基地建设的健康、稳定发展。

第一，建设新型能源基地和调整山西经济结构的关系。建设山西新型能源基地，是站在全国经济的大局对于山西省产业发展和区域分工的要求；以调整经济结构为主线，建立产业支撑体系，实现经济社会全面、协调、可持续发展，是山西省区域经济发展的中心任务。由于能源重化工工业构成了山西经济结构中的主导产业，煤炭工业是山西的支柱产业。因此，山西经济结构调整的首要内容是搞好基地建设。最近，山西省委、省政府在调整产业结构中提出“建设新型能源和工业基地”，全省经济结构调整总的目标和任务是：以科学发展观为指导，以传统产业新型化和新兴产业规模化为方向，以深化和提高为着力点，坚持走新型工业化道路，大力推进优势产业的发展，形成多元化新型支柱产业，确保在2005年明显见效的基础上，到2010年使经济结构优化升级达到全国中等或更好一些水平，努力将我省建设成为国家的新型能源和工业化基地，建立起全面建设小康社会的产业支撑体系，实现经济社会全面、协调、可持续发展。这是对山西省经济结构调整的深化，对山西省发展思路的提升。根据山西省实际，经济结构调整重点发展7个优势产业：一是加快以煤炭为基础、以电力为中心的能源产业的发展及其延伸与开发。二是发展以不锈钢和铝镁合金为主的金属材料及其制品工业。三是整合提升装备制造业。四是发展具有山西优势的化学和医药产业。五是发展新型材料产业。六是发展以特色农业为基础的家畜产品加工业。七是发展旅游文化产业和现代服务业。山西是一个农业省份，农村人口占总人口的80%，发展农业和提高农村经济的比重，在推动山西经济社会发展过程中具有重要意义。一是要重视改善农业生产条件，加强农、林、水利灌溉系统的基础设施建设，发展农村电力供应和农药化肥生产，加强县域经济的发展，推进乡镇企业的改造和提高。二是加大农业产业化力度，走公司加农户的新路子，提高农产品的加工深度，发展一大批高附加值高效益的农副产品，建立一批具有山西特色的的名牌食品。

第二，挖煤和运煤的关系。运输能力是长期以来制约山西煤炭工业发展的一个重要因素，山西每年铁路、公路向外运输的能力已经超过3亿吨，由山西向外辐射的几条铁路都已超量运载，其中大秦线能力利用率已达120%，石太线达114%，京原线达105%。随着经济的发展，到2020年山西省煤炭外运量将超过5亿吨，必须把解决山西运输能力看作与煤炭生产同等重要的问题。

第三，挖煤和耗水的关系。山西历来缺水干旱，2000年山西水资源总量为81亿立方米，仅占全国总量的0.29%，是全国人均水资源占有量的1/9。按照国际标准，山西水资源指数在全国排位第29位；全省人均供水量170立方米，全国排名倒数第一。但是，山西水资源开发利用率却高达68%，大大超过国家公认用水高度紧张的20%～40%标准。因此，处理好煤炭生产和水的关系至关重要。

第四，挖煤和发电的关系。早在“六五”时期国家就提出建设大型坑口电站的指导方针，但是，直到现在山西省每年用于省内发电的煤炭还不到煤炭产量的10%，发电量只占全国的5%，与丰富的煤炭资源相比，电力建设明显滞后，山西作为煤炭大省的优势还远远没有发挥出来。今后20年电力是我国能源战略的中心，电力需求增长迅速。必须调整山西煤、电的生产比例，变单纯输煤为输煤与输电并举，较大幅度提高电力生产和供应能力，发挥山西煤炭能源重化工基地作用。

第五，开采煤炭和保护煤炭资源的关系。现在小煤矿的资源回收率10%～15%，煤炭是不可再生的宝贵资源，保护资源到了刻不容缓的地步。要花大力气关闭小煤窑，杜绝乱开滥采。到2006年要全部淘汰年产9万吨以下的小煤矿，集中发展30万吨以上的矿井。在开采煤炭资源时，要将保护资源放在重要位置。要加强资源管理，合理规划，实行有计划开采。山西焦煤属世界优质、稀缺资源，应设立资源保护区，制定“特殊煤种和稀缺资源管理办法”，实施保护性开采，为后代保留较多的稀有资源。

第六，发展能源产业和保护环境生态的关系。山西的环境容量已经不允许煤炭能源产业以传统能源生产方式和低水平能源效率扩大规模。山西必须走出“污染一治理一污染”的怪圈。改变传统的煤炭能源生产和消费方式,解决煤炭能源消费的低效能、重污染问题,实现洁净煤技术产业化,选择高效清洁的煤炭能源消费模式,走新型工业化道路,是加强山西新型能源基地建设的主线。

第七,加强基地建设和提高人民生活质量的关系。20多年来,山西人民的生活水平总体有很大提高。但是,同全国平均提高的速度和水平比较,同东部沿海地区比较,山西居民生活水平提高的幅度较低。特别是山西以煤炭能源为主导的经济结构性效益差,城乡居民收入水平低,加之生态环境恶化,使不少的山西民众形成了“挖煤吃亏”的心理情结。有效提高居民消费水平和改善生活质量,使山西人在山西新型能源基地建设中得到较多的实惠,是唤起山西人民建设积极性和热情的基本保证。

五、加强新型能源重化工基地建设的几项战略工程

山西新型能源基地建设是一个经济和社会的战略性系统工程。这个巨大的系统工程是由涉及经济和社会的各个方面的子系统工程构成的,是具有层次性、整体性和开放性的有机的体系。按照新的发展观和战略指导方针,加强山西新型能源基地建设,我们必须着重抓好一些重点战略工程。

(一)提高山西煤炭工业供给能力的“传统产业新型化工程”

为了提高山西煤炭工业的生产和供给能力,山西省政府做出了煤炭工业“传统产业新型化”的战略部署,形成未来山西煤炭工业发展的基本思路。山西要坚定不移地实施“控制总量、调整结构、优化布局、提高效益”的指导方针,大力推动煤炭工业由数量速度型向质量效益型转变,由生产初级产品向综合开发利用转变。

按照市场经济的原则优化资源配置,增强产业集中度,是提高山西煤炭工业生产能力的重要举措。今后几年要加快组建三至五个5000万吨到1亿吨规模的煤炭企业集团公司,建设一大批生产能力在30万吨以上的乡镇煤矿;原煤洗选比重力争达到75%以上,其中国有重点煤炭企业力争达到100%,地方煤矿力争达到50%。继续关闭小煤窑,淘汰落后生产能力。山西省政府制订了关闭小煤窑的规划,争取2006年完成9万吨以下矿井的关闭工作,2010年关闭所有15万吨以下矿井,2020年关闭所有30万吨以下矿井。

要从加快山西煤炭行业和国有煤炭企业体制改革方面入手,创新机制,调动生产者的积极性。一是加快国有企业改革。山西拥有一批代表我国煤炭工业先进生产力的国有煤矿,是我国煤炭工业的脊梁。要以股份制为目标,推动国有重点煤炭企业改革,推动有条件的企业上市,培养和塑造煤炭市场的健康主体。二是按照现代企业制度模式组建资本多元化的大型煤炭集团公司,提高山西煤炭企业在国内外市场的竞争能力。大集团战略的重要目标是:进一步完善大同煤矿集团有限责任公司、山西焦煤集团公司,新组建晋东无烟煤集团公司,联合重组山西省煤炭运销总公司和山西煤炭进出口集团公司。三是改革山西煤焦流通体制,建立“根据市场需求分散生产、集中销售、保持产能、控制总量、稳定价格、增加收入”的运销体制。发展大型的专业化物流公司,以市场为导向,政企分开,按照现代物流原则,鼓励煤、电、港口多元联合。组建山西煤炭运销协会和和煤炭销售联盟,加强诚信建设,规范市场行为。改革现行煤炭订货会议制度,开展多种交易方式,提倡电子商务和网上交易,为中小煤炭用户服务。对电力、冶金、铁路、化工等用煤大户订立长期供货合同,强化太原煤炭交易市场建设,并试办煤炭期货。

按照山西省政府“十五”计划和“十一五”目标规划,2005年将生产原煤5亿吨,2010年6.5亿吨。如果山西煤炭继续保持目前在全国煤炭工业中的相同比例,2015年将生产7.3亿吨,2020年8亿吨。实际上,只要解决好制约山西煤炭工业发展的体制、价格、环境、交通和水资源等方面的问题,在未来20年内,山西完全有能力为我国填补煤炭能源供应的巨大缺口。

(二)发展山西电力工业的“输煤输电并举工程”

国务院确定的“西电东送”战略,为山西提供了一个发挥煤炭优势,服务全国的平台。山西决心把握机遇,抓好电力建设。山西处于“西电东送”北通道中枢位置,具有发电成本低、输电距离短、送电可靠性高等明显优势,再加上丰富的煤炭资源,山西省被国家确定为“十五”期间建设大型坑口电站、实施“西电东送”战略的重要省份。在国家已确定的“西电东送”北通道建设首批项目中,山西省的装机容量占到总项目的50%以上。这批电源点工程的建设,不仅关系到国家“西电东送”北通道方案的实施,而且对于山西省的经济发展将起到巨大的拉动作用。

建立坑口电站，特别是燃烧高硫高灰份煤，变运煤为输电，是今后山西新型能源基地建设的一个重要方向。要着重解决好四个问题。一是提高煤转换电力的比重，大同、阳泉、晋城、长治等煤炭城市应在国家重点煤矿建设一批坑口电站。二是缩小"剪刀差"，理顺煤、电比价。三是放宽煤炭企业联办坑口电站的有关限制规定，鼓励煤电联营，以调整煤电两个行业的利益。四是鼓励发展单机容量在13.5万千瓦以上的煤矸石电厂的建设。

根据山西省"十一五"电力发展规划及2020年远景目标，2005年装机容量将达到2260万千瓦，2010年达到4250万千瓦，2015年达到5600万千瓦，2020年达到7000万千瓦。山西将成为我国最大的火力发电基地之一，电力的产能相当于上个世纪90年代初期全国火力发电的总量，也将成为外输电量最大的地区之一。

（三）发展高载能工业的"资源综合开发利用工程"

山西将在严格控制原煤输出，大力发展煤炭深加工的基础上，形成煤炭产业链，减少环境污染，提高煤炭附加值。国有重点煤矿通过实施煤炭资源综合开发利用工程，推进多种经营，使非煤产业与煤炭主业的比例达到1:1；大力发展和延伸煤—电—铝（高耗能产品）、煤—焦—化工两条产业链，促进煤炭的加工转化和产业优化升级。

山西焦炭行业发展要坚决克服盲目投资与无序扩涨的情况，在结构调整上下工夫。重点支持大型企业集团发展，促进焦化行业的联营改造和产业重组。做好焦化工业园区建设，抓好临汾、吕梁两大焦炭生产基地，建设洪洞、介休、孝义等8个焦化工业园区。坚持上大关小，促进焦炭产业升级。按照产业政策，坚决关闭和取缔未经政府审批、煤气排空燃烧、污染严重超标的土焦、改良焦炉和小机焦炉；有控制地发展环保设施完备的大机焦炉和清洁型热回收焦炉，积极推进焦炭生产能力的结构调整。2005年山西焦炭生产能力为8000万吨，2010年达9000万吨，2010年之后生产能力继续保持在这个水平。

鼓励山西发展包括冶金、化工、建材工业在内的高载能产业。山西有丰富的铁矿资源，其中探明的铁矿保有储量占全国第4位。重点发展以不锈钢、结构钢、板材为主的钢铁工业，发展优质钢以替代进口，是发挥山西资源优势，对全国经济社会发展的特殊贡献。在本世纪头20年里，如果第一个10年继续按照1995—2002年平均每年增长12.4%速度发展，2005年山西钢产量将达到1093万吨，2010年1964万吨。第二个10年按照"九五"其间平均每年增长5.1%的速度，2015年钢产量为2514万吨，2020年3220万吨。

山西铝土矿储量居全国首位，电力充足，具有发展铝工业、延伸煤电铝产业链的良好条件，结构调整的重大任务之一就是充分发挥比较优势，大力推进煤、电、铝联营，将煤、电、铝的资源优势转化为产业优势。依托山西关铝集团公司、中铝山西公司等大型企业，改造和关闭小电解铝厂，实现从单一电解铝向氧化铝、电解铝、铝材深加工转化延伸，将铝工业培育成新的支柱产业。2005年山西电解铝的生产能力将达到100万吨，氧化铝的生产能力将达到210万吨，预计2015年电解铝150万吨、氧化铝300万吨，并将保持这一水平。

由于全球石油价格的上涨和煤化工产业的技术进步，使传统煤化工有了较大的比较优势，为山西煤化工产业的发展带来了前所未有的机遇，山西煤化工在今后的一段时期将会出现快速发展的势头。山西已形成了天脊煤化、山西焦化、三维集团、南风集团、太化集团、丰喜集团、兰花集团等一批煤化工优势企业，形成了硝酸磷肥、元明粉、草酸、氯丁橡胶、聚乙烯醇、1，4丁二醇、白乳胶、活性炭等一批煤化工优势产品。今后山西煤化工发展的五个重点目标是：炼焦化产品加工工业、碳一化工工业、化肥工业、电石乙炔化工工业和煤制合成油工业。以煤化工大企业企业集团为龙头，围绕五条主线发展，努力打造山西煤化工品牌，实现山西煤化工的可持续发展。到2010年，使全省煤化工主要产品产量有较大幅度提高，山西煤化工实现销售收入将超过500亿元，实现建设煤化工基地的初步目标。2010年至2020年在此基础上继续稳定发展，保持10%～15%的增长幅度。

继续推进煤层气资源的开发和利用。煤层气俗称瓦斯，是一种热值高、无污染的新能源，可用于城市居民生活燃料、发电燃料、工业燃料和化工原料，具有广阔的市场前景。山西省经过多年的探索，已经在沁水盆地开辟大面积煤层气排采试验区，现已控制地质储量380多亿立方米。山西省确定了"先井下抽放，后地面开采"的方针，鼓励煤层气资源的勘探、开发和利用。由晋城市煤气公司、山西省能源公司、晋煤集团负责承担的山西省煤层气开发项目获得了亚洲银行的支持，项目以抽放煤矿井下瓦斯，通过集气输气，为城市提供民用燃气。以此为突破口，进一步在晋城市规划煤层气工业园区的发展，形成煤层气化工的产业集群。

（四）积极开发和扶持“煤基替代燃料工程”

通过煤液化合成油是实现替代燃料的现实途径之一，“煤变油”称为煤基液体燃料合成技术，分为直接和间接液化两种方式。由于直接液化的操作条件苛刻，对煤炭的种类依赖性强，工业技术还不成熟。目前适合于工业化生产的“煤变油”都是间接液化的。世界上可以通过“煤变油”技术合成高品质油品的只有南非等少数国家，国内掌握间接液化合成油技术的只有中科院山西煤化所。山西省大型煤炭企业在国家支持下，准备引进间接液化技术的成熟工艺和生产设备，投入批量生产。

煤制甲醇是重要的化工原料，又是一种清洁燃料，在我国石油消费急剧增长和国内石油生产严重不足的情况下，将成长为具有前途的新型替代燃料产业。从煤炭中提取甲醇用于燃烧，山西不仅拥有目前我国最强的生产能力，而且有10多年发展燃料甲醇和甲醇汽车研究的经验。山西省政府已从2002年开始在太原、阳泉、临汾和晋城四个城市试行甲醇燃料和甲醇汽车实验，在汽油中低比例掺烧甲醇，较好地解决了甲醇作为车用替代石油燃料的经济性、技术性、安全性等方面的问题。山西目前炼焦废弃被“点天灯”的煤气每年达到80亿立方米，如果回收其中50亿立方米～60亿立方米，可生产甲醇250万吨。2002年山西具备甲醇生产能力30万吨，2005年甲醇生产能力可达200万吨，如果在国家政策的支持下，山西完全有能力在2015年使甲醇产量达到3000万吨，可以代替2500万吨汽油，为我国石油安全作出贡献。

（五）广泛推广洁净煤技术的“清洁能源工程”

加快山西新型清洁能源基地的建设，重点是推广洁净煤技术。洁净煤技术是包括煤炭清洁生产和清洁消费的应用性技术。我国目前煤炭能源基本上是以直接燃烧原煤的方式进入终端消费的，这是低能效、高污染的根源。只要广泛推广洁净煤技术，煤炭也是可以清洁利用的。煤炭在洗选中可以脱除50%～80%的灰分、30%～40%的硫分，烟气净化技术可实现燃烧后脱硫90%以上。山西省已经制订了洁净煤技术的规划，逐步做到全部煤炭能源经过洗选后再进入消费领域。此外，水煤浆作为一种新型低污染代油燃料，目前已在电厂锅炉、工业锅炉、工业窑炉中实现了工业燃烧。水煤浆代油有成本低、经济效益高的特点，所以有望成为我国重要代油产品。水煤浆整体技术已趋成熟，山西已经设立制浆厂和相关企业，推广和扩大水煤浆产品的应用。

（六）加大环境污染治理的力度的“绿色山西工程”

环境污染和生态破坏是影响山西新型能源基地进一步发展的主要障碍。一是按照山西已经制定的《汾河流域水污染防治规划》、《火电发电厂脱硫脱硝规划》等环境治理规划，在能源生产、加工、消费环节建立全面的污染物排放管理机制，建设一批能源环境重点控制区，加强环境的监测和治理。二是推动节能降耗和资源综合利用，加快淘汰能耗高、效率低、污染严重的技术、工艺和设备。严格执行建设项目环境管理制度，控制新增污染源。对新上项目无法做到环境达标的要坚决取缔，原有项目要限期改造达标，经过改造仍然无法达标的，必须强行关闭。三是继续抓好重点城市、重点流域、重点行业、重点风景名胜区和重点公路干线的污染防治和生态保护。四是建立完善环保产业服务体系，积极推进城市供水和污水、垃圾处理等市场化改革。到2005年，在“绿色山西”的建设上，要力争使全省大气污染物总量下降20%，工业企业污染物全部达标排放，全省自然保护区占全省国土面积的10%以上，植被覆盖率达到15%以上。

（七）补充山西水资源的引黄工程和“节水山西工程”

山西的水资源状况已经严重制约煤炭能源和相关产业的发展。所以，山西新型能源基地要进一步扩大规模，必须在保护和利用好现有水资源的同时，尽可能地增加和扩充水资源的拥有量。山西省万家寨引黄工程是解决山西中、北部城市用水的大型跨流域调水工程，目前总干及南干线输水建筑物工程已基本完成，为解决山西省北部煤炭基地缺水问题，建议北干线工程尽快上马。在“节水山西”建设上，力争社会总耗水量的增加不超过20%，所有城市生活用水器具要更换为节水型器具，所有新增建筑节水器具的普及率达到100%。

六、需要国家解决的几个重大问题

（一）关于基地建设的政策措施

中央政府在山西新型能源基地建设上要有长期、稳定、连续的政策，有强有力的支持措施。不能能源紧张就给政策，能源暂时缓解就放松政策支持的力度。建议重点研究解决能源基地建设费征收和加快煤炭运输通道建设两大问题，为基地建设营造更好的环境。

建议国家准许山西延期征收能源基地建设费。从1979年开始，山西征收煤炭专项基金，20多年来，该项资金对煤炭资源城市的调整经济结构、改善生态环境，发展矿区教育事业起到了重要的作用。该项资金的性质至今已经发生变化，不再从煤价外向用户收取，煤炭用户按市场价结算，不支付此项基金。这些基金国有重点煤矿即原国家统配矿也不收取，现在完全由地方煤矿承担。地方小煤矿生产方式落后，生产成本很低，所以能承担该项基金收费。如停止该项资金的收取，只能造成小煤矿矿主的暴利，而导致地方政府没有能力解决现在小煤矿存在的严重问题，带来严重后果。建议国家批准山西征收能源基地建设费并将收取期限延长至2010年。山西太原、大同、阳泉等历史悠久的煤矿城市，大部分煤矿建矿早，资源锐减，有的接近枯竭。按照《中华人民共和国煤炭法》规定，"国家建立煤矿企业积累煤矿衰老期转产资金制度"，解决企业矿井改造、转产、接替产业开发所需资金。国家批准山西征收能源基地建设费并延长至2010年，该项资金的主要用途：(1)用于关闭政府批准的"三证齐全"的小煤矿的补偿费；(2)用于关闭9万吨以下矿井，建设30万吨以上矿井的贴息贷款。(3)用于改善一批小煤矿的安全设施的专项贷款贴息和补贴；(4)用于重点煤矿城市产业结构调整和衰老期转产资金；(5)用于治理由于煤矿开采造成的工业污染和环境保护的补贴。

加快煤炭运输通道建设。国家有关部门要用超常规的办法，迅速解决山西省煤炭运输通道建设问题，进一步提高晋煤外运能力。建议国家有关部门，一是尽快批准落实石太线客运专线建设工作，把石太线已有运输能力腾出来，作为晋煤运输专线；二是尽快研究和上马晋、陕、蒙"三西"地区的煤炭运输第二通道建设，国家在政策上要进一步放开，实现多元投资主体，鼓励企业法人、非公有资本入股，组成股份公司，共同建设和管理铁路与煤站。三是尽快研究规划一批山西出省铁路、地方铁路的建设和改造，如中卫—太原—青岛线、阳涉线、孝柳线等，增加新的运输能力。

(二)关于煤矿建设的支持政策

加快建设山西大型煤矿，提高生产能力和技术装备水平，关键是加强对于煤炭企业的支持力度，进一步研究和解决增加建设投入、减轻企业负担的政策措施。主要是：

请求国家对于山西煤矿建设给予政策扶持和资金补助。山西按照规划建设三个大型煤炭基地，"十一五"期间新开工建设矿井增加3600万吨产能，按吨煤投资300元计，共需投资1000多亿元，鉴于企业资本金严重不足的实际，请求国家给予资金补助和贷款贴息。准许大型煤炭企业从成本中提取10元/吨煤，作为煤矿建设的资本金，解决大型煤矿建设的资本金来源，加快大型煤炭基地建设。

设立大型煤炭基地煤炭资源国家规划区。已经进入国家十大煤炭集团的企业，设定为煤炭资源国家规划区，规划区内煤炭资源由国土资源部集中规划和管理。原国家能源部、煤炭部按照统配煤矿总体规划，划给大型煤炭企业的资源范围，国土资源部给予重新确认。保证大型煤炭企业的采矿权和后备资源区的探矿权。规划区内的地质勘察由大型企业组织，国家增加勘察投入。加快大型煤矿项目的前期工作，改革和简化大型煤矿项目的审批程序。

国家有关部门加快推动山西重点煤炭企业的债转股工作。加快煤炭企业债转股工作，首先应妥善解决过去煤炭部行业统管、大包干时期的遗留问题，煤炭企业处理政策性递延资产挂帐和对应银行的"表外息"，建议国家财政部会同银监会以及金融资产管理公司尽快进行核准，抓紧处理。该核销的债务应实事求是地核销，已经进入金融资产管理公司并已转为股权的，也要予以核销。要解决好债转股企业中的股权问题，按"产权清晰"的要求核实债转股企业的资产，合理确定各方比例。国家财政部应明确，金融资产管理公司是阶段性持股人，不能参与公司生产经营的管理，也不能控股。如果债转股额度已经构成控股的，可经过协商将部分股权暂作债务处理，并由企业在逐步回购中加以解决。

建议国家批准山西省恢复从每吨煤中提取5元安全专项资金。煤矿安全生产的一个突出问题是投入不足，生产设施安全隐患问题严重。20世纪80年代初期，国家批准山西从每吨煤中提取5元作为瓦斯等重大灾专项资金，专门用于"一通三防"工程，但从2003年7月起，该项收费停止执行。建议批准山西省恢复每吨煤提5元安全专项资金，用于瓦斯等特大灾害专项治理和解决安全设施多年欠帐问题。此项专项资金由税务部门统收，省发改委、省煤炭主管部门和煤炭安全监察部门管理，实行专户储存、专项使用，不得挪做他用。

进一步减轻煤矿企业的税费负担。煤炭工业现行税赋较重，不利于企业发展。1994年税制改革，忽视了煤炭业并不加工增值的客观实际，对煤炭企业征收增值税，实际税赋与原来征收产品税税率相比，增加了6.5个百分点。特别是山西煤炭企业，从1996年开始不享受增值税返还政策，8年累计超缴税金28亿元。建议国家财政部门重新核定煤炭行业增值税税率，增值税比原产品税多上缴部分应返还煤煤炭行业。

(三)关于相关产业的发展政策

发展与煤炭相关的重化工业是基地建设重要任务，主要着眼于煤—电—高载能和煤—焦—化两条产业链的延伸，重点研究解决支持山西建设坑口电厂和支持山西发展煤基合成油和醇醚替代燃料的政策措施。

国家支持山西建设坑口电厂煤电联合。山西建设坑口电站，输煤的同时向外输电，是符合我国国情的战略性举措。山西随着煤矿深度开采，对于高硫高灰的劣质煤通过就地发电的形式，支援全国建设是完全符合经济规律的。同时山西50多年的开采形成了约6.8亿吨的煤矸石，建立燃烧煤矸石的火力发电厂是变废为宝、改善山西环境的重要措施。国家发改委应重点支持山西发展坑口电厂，把山西建成国家重要的火电发电基地。建议国家对山西发展电力工业给予各方面的支持，凡山西上报的发电项目，只要符合包括环保条件在内的基本要求，其审批程序应一律从简。国家要大力支持煤炭和电力两大行业的跨行业、跨地区的战略合作，鼓励联合投资、联合办电，尽快研究解决煤炭企业办电厂在上网和电价问题方面的限制。同时要鼓励和支持民营企业、“三资”企业投资电厂建设。

支持山西发展煤基合成油和醇醚替代燃料。为支持山西发展煤基醇醚替代燃料，我们建议：第一，把山西省列为国家醇醚燃料生产基地和国家醇醚燃料汽车产业化示范地区；第二，参照国家发改委等8部委关于《车用乙醇汽油扩大试点方案》(发改工业[2004]230号)，国家应以支持车用乙醇的政策支持煤基醇醚燃料发展：如对国家批准的燃料甲醇生产企业免征5%的消费税，增值税实行先征后返；第三，在山西省煤基醇醚燃料产业化示范阶段，国家发改委在重点甲醇生产项目、甲醇汽车及发电机项目、输配工程项目方面给予贴息贷款扶持，加快能力建设和市场培育；第四，把发展煤基醇醚燃料列入国家《中长期能源规划纲要》，加大力度在全国推广；第五，支持山西早日上马煤合成油项目，凡煤合成油的产品应暂缓征收汽油消费税。

(四)关于资源和环境的补偿政策

提升资源和环境保护对基地建设和经济发展的指导作用，将资源和环境保护延伸到能源重化工基地建设的一切领域，国家应重点研究解决能源重化工基地建设过程中的资源环境补偿问题，把能源开发所带来的生态环境破坏以及土地和水资源的浪费减少到最低限度。

加大环境治理的力度、增加环境综合治理的投入。山西发展较快的城市几乎都属于煤城，环境容量是影响山西新型能源基地进一步发展的主要障碍。山西已经制定《汾河流域水污染防治规划》，根据其经济能力和环境恶劣的实际状况，建议国家有关部门将山西列为生态环境综合治理重点省，给予“三河、三湖、一市”和西部省区相同的资金、政策支持。对于不少矿区因连续多年采煤造成地层破坏、地表蹋陷，水土流失，植被无存，生态系统严重失衡。建议国家在批准山西吨煤征收5元煤矿城市建设费的同时，并通过中央财政每年转移支付，增加山西环境保护综合治理的专项资金。

国家准许山西继续征收水资源补偿费。由于煤矿大面积开采，造成地表塌陷，水源泄露，农民人畜吃水困难。上个世纪80年代后期，国务院曾批准山西吨煤提取1元(后调整为2元)水资源补偿费，这对解决由地表塌陷引起部分城镇、村社人畜吃水困难起到了重要作用。由于山西引黄资金严重短缺，此项资金一度又用于引黄工程，致使农村人畜吃水问题积累很多。建议国家将煤炭和焦炭的水资源补偿费提高到每吨3元，专项用以解决农村人畜吃水用水困难的问题。

国家对于采煤造成地表塌陷的治理给予补偿。山西煤矿重点矿区因采煤造成地表塌陷十分严重。据调查，仅重点矿区已造成地表塌陷62.16万亩，其中，急需治理的耕地面积40.17万亩，影响村庄605个，影响村民4.25万户，需搬迁及维护的房屋面积96万平方米。据测算，解决上述问题需资金19.2亿元。其余小矿区地表塌陷状况，虽然资料不全，但社会反应十分强烈。建议国家发改委、财政部提高对山西省地表塌陷的治理费用中由国家承担部分的比重。

(本研究报告的完成时间：2004年9月)

专题研究报告之一

山西煤炭工业中长期发展研究

我国是世界上最大的产煤国，也是最大的煤炭消费国。山西作为全国的主要产煤省和煤炭调出省，连续20多年煤炭产量占全国煤炭产量的25%左右，近两年已上升为近30%，煤炭净调出量占全国省际净调出总量的75%以上。山西在满足全国经济建设对煤炭能源需求方面的地位和作用，十分重要。引导山西煤炭工业健康发展，牵动着国家能源安全的大局。

本世纪头20年是我国国民经济快速发展的重大战略机遇期。随着全球经济一体化进程的加快和我国经济持续快速发展，煤炭工业发展迎来了难得的历史机遇。在新的历史条件下，进一步深化对煤炭工业发展规律的认识，坚持以人为本，树立全面、协调、可持续的科学发展观，弘扬求真务实精神，面向未来、面向世界、面向科技、面向市场，对山西煤炭工业进行具有客观性、科学性、前瞻性、可操作性的中长期发展研究，是一项十分重要、十分紧迫的任务。

报告依据当前煤炭市场发生的深刻变化和我省煤炭工业改革发展出现的新情况，坚持“三个代表”重要思想，贯彻党的十六大和十六届三中全会精神，认真分析研究煤炭工业面临的国际、国内市场环境，深刻总结煤炭工业发展的历史经验和教训，客观评价煤炭工业发展中存在的主要困难与问题，必将对确定山西煤炭工业中长期发展规划产生积极的影响。

本研究报告将山西煤炭工业定位为传统产业、基础产业、支柱产业、优势产业。从这一定位出发，进一步明确山西煤炭工业必须走科技含量高、经济效益好、资源消耗低、环境污染小、人力资源得到充分发挥的新型工业化道路。走新型工业化道路，必须提高山西煤炭工业的核心竞争力，重点煤矿企业实现高产高效，不断延伸产业链，积极发展煤、焦、化循环经济，实现多元化发展；中小煤矿企业进行资源整合、关小上大、不断提高技术水平和整体竞争力；对企业组织结构进行改革，组建大公司、大集团。必须坚持可持续发展战略，实现资源持续利用，保护生态环境，提高人员素质，为把山西建设成全国经济发展的新型能源基地而奋斗。

报告立足于经济规律和自然规律的内在统一，立足于社会再生产（生产、分配、交换、消费诸环节）的良性循环、经济发展和社会进步的良性循环、社会进步与经济发展的良性循环、人的全面发展与自然界运行的良性循环，围绕山西煤炭工业中长期发展的目标、规模、速度以及相关对策措施进行分析研究，从中长期发展的宏观背景、主观条件、客观环境等方面进行论证评价，提出了科学规划、合理开发、有效保护和综合利用山西煤炭资源，提高资源回收和利用率，优化生产力布局，调整生产结构，提高煤炭产业集中度，提高核心竞争力和产业整体素质，进一步规范办矿秩序，促进煤炭资源综合开发利用和煤炭产业链的形成与延伸以及产业结构优化升级等方面的战略目标。

山西煤炭工业，在中长期发展中，依托煤炭资源优势，坚持以发展为主题、以结构调整为主线、以大集团和大基地建设为重点，必将为国民经济建设和社会进步不断作出新的更大的贡献。

一、山西煤炭工业发展概况

（一）资源状况

山西煤炭资源得天独厚，储量大、品种全、煤质优、易开采。全省含煤面积 6.2 万平方公里，占国土面积的 40.4%，自北向南分布有大同、宁武、西山、河东、沁水、霍西六大煤田和浑源、繁峙、五台、垣曲、平陆五个煤产地，含煤地层有石炭二迭系、侏罗系及下第三系。2002 年底，全省完成的煤田地质勘查面积覆盖全省含煤面积的 33%，累计探明煤炭资源储量 2733.99 亿吨，其中，精查储量 798.83 亿吨、详查

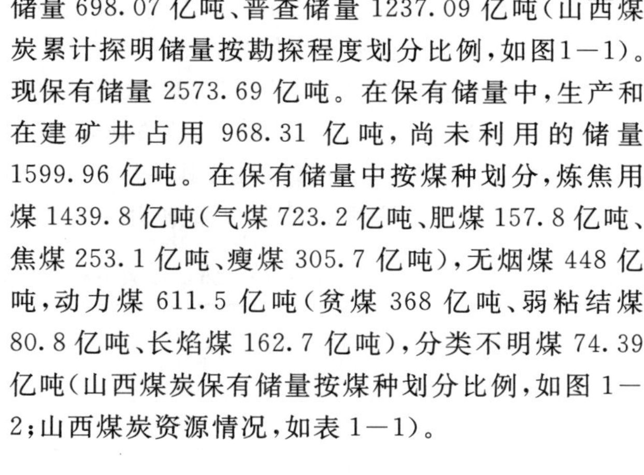

储量 698.07 亿吨、普查储量 1237.09 亿吨（山西煤炭累计探明储量按勘探程度划分比例，如图1—1）。现保有储量 2573.69 亿吨。在保有储量中，生产和在建矿井占用 968.31 亿吨，尚未利用的储量 1599.96 亿吨。在保有储量中按煤种划分，炼焦用煤 1439.8 亿吨（气煤 723.2 亿吨、肥煤 157.8 亿吨、焦煤 253.1 亿吨、瘦煤 305.7 亿吨），无烟煤 448 亿吨，动力煤 611.5 亿吨（贫煤 368 亿吨、弱粘结煤 80.8 亿吨、长焰煤 162.7 亿吨），分类不明煤 74.39 亿吨（山西煤炭保有储量按煤种划分比例，如图 1—2；山西煤炭资源情况，如表 1—1）。

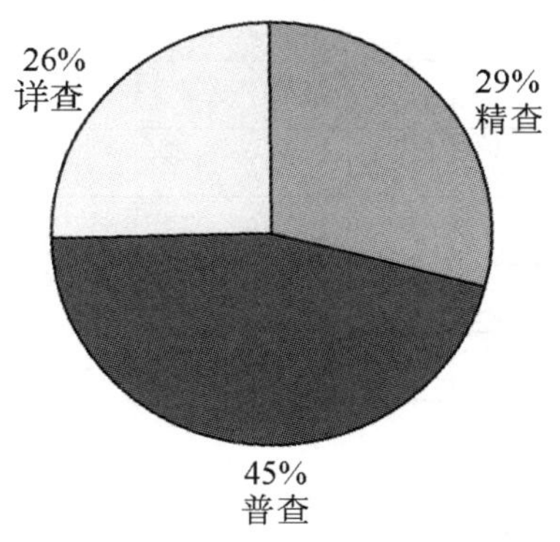

图 1—1　山西煤炭累计探明储量按勘探程度分比例图

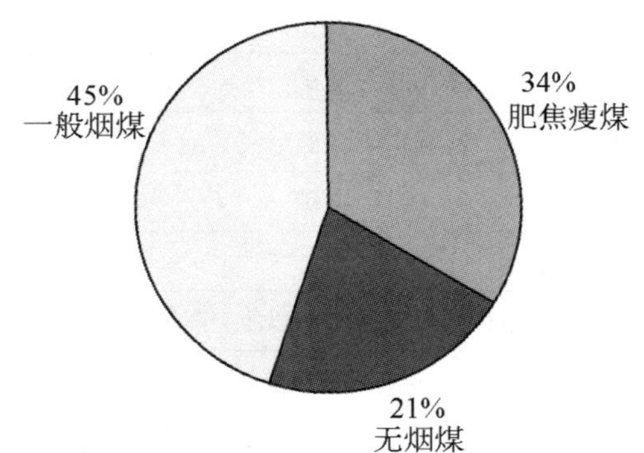

图 1—2　山西煤炭保有储量按煤种分比例图

表 1—1　山西煤炭资源情况一览表　　单位：亿吨

资源总量	已探明资源储量				预测资源量		
	储量		资源量	合计			
	精查	详查	普查		可靠	可能	推断
6624.17	798.83	698.07	1237.09	2724.09	2339.15	1303.74	256.29

保有储量总计	保有储量							
	生产、在建井占用			尚未利用				停采停建
	精查	非精查	合计	精查	详查	普查	合计	
2573.69	523.98	444.33	968.31	177.20	491.30	931.46	1599.96	5.42

（二）煤炭生产及运销情况

1. 生产情况

2003 年末全省各类在籍煤炭生产矿井计 4277 处，核定生产能力约 50000 万吨/年。其中，国有重点煤矿 94 处，核定生产能力 16989 万吨/年，占总能力的 33.98%；地方国有煤矿 394 处，核定生产能力 8747 万吨/年，占总能力的 17.49%；乡（镇）村及其它煤矿 3789 处，生产能力 24264 万吨/年，占总能力的 48.53%。

2003 年底，全省在建煤矿矿井 79 处，建设规模 8781 万吨/年。其中国有重点煤矿在建 7 处，建设规模 3840 万吨/年；地方煤矿在建 72 处，建设规模 4941 万吨/年。

新中国成立以来，山西省煤炭工业发展很快，煤炭产量从 1949 年的 267 万吨，发展到 1979 年突破 1 亿吨大关，用了近 30 年时间。改革开放以后，从 1979 年的 1 亿吨发展到 1985 年的 2.14 亿吨仅用了 6 年时间。又用了 8 年时间，1993 年山西省煤炭

产量已突破3亿吨大关。2002年达到4.3亿吨，2003年全省煤炭产量为4.8亿吨。

2003年全省煤炭产量，按统计口径划分，国有重点煤矿18972万吨，占39.53%；地方国有煤矿7550万吨，占15.73%；乡(镇)村及其他煤矿21478万吨，占44.74%。按井型划分，大型矿井17281万吨，占36%；中型矿井8466万吨，占17.64%；小型矿井22253万吨，占46.36%。按煤种划分，动力煤24005万吨，占50.01%；炼焦煤13465万吨，占28.05%；无烟煤10530万吨，占21.94%(2003年末山西煤矿在籍矿井生产能力及煤炭产量如表1—2)。

表1—2 2003年末山西煤矿在籍生产矿井生产能力及煤炭产量表

类别		矿井个数(个)	核定生产能力(万吨/年)	原煤产量(万吨)
按统计口径划分	全省合计	4277	50000	48000
	1. 国有重点煤矿	94	16989	18972
	2. 地方煤矿	4183	33011	29028
	其中：国有地方煤矿	394	8747	7550
	二轻集体煤矿	79	1118	1192
	乡(镇)村煤矿	3710	23146	20286
按井型划分	全省合计	4277	50000	48000
	1. 大型(120万吨及以上)矿井	66	16530	17281
	2. 中型(30—不足120万吨)矿井	122	7400	8466
	3. 小型(不足30万吨)矿井	4089	26070	22253
煤种划分	全省合计	4277	50000	48000
	1. 动力煤矿井	1772	25200	24005
	2. 炼焦煤矿井	1595	13000	13465
	3. 无烟煤矿井	910	11800	10530

2. 运销情况

目前全省铁路营运里程已达2500多公里，铁路外运煤炭能力2.5亿吨左右。全省公路通车里程59611公里。山西作为煤炭净调出省，2003年全省通过铁路、公路共外运出省煤炭31135.2万吨，占全国省际净调出总量的3/4强，供应全国六大行政区28个省、市、自治区，支撑着4000多个大中型企业及社会用煤。同时，出口煤炭4558万吨，占全国出口煤量近50%。2000—2003年，山西煤炭累计出口量15637万吨，占全国同期煤炭出口量的48.56%，主要销往日本、韩国等国家以及我国台湾省、香港特区等地。

(三)近几年促进煤炭工业发展的主要措施

1. 实施大公司、大集团战略

2000年以来，省煤炭销售办公室和全省煤炭企业认真贯彻落实省政府确定的“保量、提价、回款、清欠”和“努力扩大出口，巩固国内市场”的营销方针，提高了山西省煤炭销售的质量和效益。2001年10月16日山西焦煤集团公司挂牌运行。2002年山西省煤炭销售办公室被确定为常设事业单位，明确了职责范围，进一步规范了全省煤炭销售管理。2003年12月10日山西省煤炭销售集团挂牌，12月21日大同煤矿集团公司重组成立。晋东无烟煤集团公司的重组正在积极筹划中。

2. 实施关井压产，淘汰落后生产力

1998年来，全省煤炭行业狠抓非法煤矿的取缔和布局不合理煤矿的关闭工作，淘汰了一批落后的生产能力。1998年至2003年末，全省共关闭各类应关闭小煤矿6692座(山西煤矿关井压产情况，如表1—3)。县以上煤矿的产量基本稳定，国有重点煤炭企业的产量占全省总产量的比重呈逐年上升的态势。

表 1—3　山西煤炭关井压产情况　　单位:个,亿吨

年　度	1998 年	1999 年	2000 年	2001 年	2002 年	2003 年	合计
关井个数	1453	1565	1033	969	1291	381	6692
压减生产能力	2679	4399	1100	802	1530	1215	11725
备　注	私开矿	布局不理矿	布局不合理矿	布局不合理矿	未参加整顿及事故后关闭矿	不具备基本安全生产条件	

3. 调整结构,优化布局

通过结构调整,煤炭生产结构进一步优化。2003 年国有重点煤矿煤炭产量占到了全省煤炭产量的 40.28%,比 1999 年的 35.68%提高近 5 个百分点;原煤入洗比重达到 56%,比 1999 年的 33%提高 23 个百分点;国有重点煤矿非煤产业收入达到 75.83 亿元,比 1999 年的 56 亿元增加 19.83 亿元。2002 年全省国有煤矿综合机械化采煤程度平均达到 87.91%,其中国有重点煤矿平均达到 91.72%,国有重点煤矿全员效率平均达到 5.217 吨/工。

4. 推进体制创新和企业改革

在政府机构改革中,山西保留省煤炭工业局,作为省政府对全省煤炭工业实行行业管理的职能机构,对全省煤炭工业进行宏观调控和行业管理,对于强化全省煤炭工业的行业管理发挥积极作用。

国有重点煤矿以建立现代企业制度为核心的公司制改造已基本完成,股份制改造加快推进,兰花科创、西山煤电、神州股份、国阳新能已成功上市。

国有重点煤炭企业联合、兼并、收购改造地方煤矿取得了显著成果;地方煤矿积极推进公司制改革,以联合、兼并、重组、拍卖、托管等多种形式进行改制,均取得了重大进展;省煤炭运销总公司和省煤炭进出口集团公司在实体化经营方面迈出了新步伐。

5. 深化安全专项整治

2003 年,全省 66 个产煤县煤矿四级瓦斯监测监控网络已建成投入使用;截至 2004 年 1 月 7 日,全省共有 2779 个地方和乡镇煤矿(3040 个矿井)批准恢复生产,占停产整顿煤矿总数的 73.5%。多年来,山西煤矿百万吨死亡率均大大低于全国平均人数,煤矿安全生产居全国先进行列(全国及山西煤矿 2001—2003 年百万吨死亡率对照,如表 1—4)。

表 1—4　全国及山西煤矿 2001—2003 年百万吨死亡率对照表　　单位:人/百万吨

类　别	2001 年		2002 年		2003 年		
	全国	山西	全国	山西	全国	山西	比全国(±)
合　计	5.07	1.66	5.00	1.24	4.17	1.10	—3.07
国有重点	1.21	0.27	1.25	0.28	1.08	0.28	0.28
地方国有	4.51	1.40	3.83	1.90	3.13	1.37	—1.76
乡镇集体	13.81	3.64	12.12	1.85	9.62	2.21	—7.40

二、山西煤炭工业发展的机遇

(一)山西在世界煤炭工业发展中的地位不断提高

山西煤炭产量的增长速度举世瞩目。1949 年只有 267 万吨,占全国总产量的 8.23%,在世界煤炭总产量中的份额,只占 0.16%。1979 年山西煤炭产量突破亿吨大关,达到 10893 万吨,占全国煤炭总产量的比重达到 17%,进入全世界 6 个年煤炭产量超亿吨的产煤区行列。在中国煤炭产量突破 10 亿吨大关的 1989 年,山西煤炭总产量达到 27501 万吨,占全国煤炭总产量的 26.09%,在世界煤炭总产量中的份额上升到 5.64%,已接近联邦德国和英国两个国家当年煤炭产量的总计。2002 年,山西煤炭总产量达到 4.3 亿吨,占全国的 30%,超过了德国、英国、波兰三个国家当年煤炭总产量之和(主要年份世界主要产煤国家和山西煤炭产量变化情况如表 2—1)。

表 2—1　主要年份世界主要产煤国家和山西煤炭产量变化情况　单位:万吨

年份	中国		美国	前苏联	德国	波兰	英国
	全国	山西					
1949	3342	267	43597	23551	19052	7870	21862
1980	62013	12103	76295	71637	21697	22998	12864
1985	87228	21418	80162	68014	20921	24938	8864
1989	105415	27501	88006	74032	18753	24221	10350
1990	107930	28597	94404	70325	18384	21526	9292
2000	99917	25152	99245	25703	20640	16254	3120
2001	110559	26894	101451	26520	20416	16343	3172

(二)世界煤炭消费趋势为山西煤炭发展拓宽了空间

根据美国能源信息管理局 2003 年 5 月 30 日发表的《2003 年世界能源展望》,煤炭是世界储量最丰富的石化燃料,2000 年末世界煤炭探明储量为 9842 亿吨,预计世界煤炭年消费量,将由 2001 年的 53 亿吨增加到 2025 年的 75 亿吨,增加 22 亿吨,增长 41.5%。在这增加的 22 亿吨煤炭消费量中,发展中亚洲国家的增加量为 19 亿吨,占 86.36%,而其中中国和印度两个国家煤炭消费量将增加 16.5 亿吨,占全世界煤炭消费增加量的 75%,占发展中亚洲国家煤炭消费增加量的 86.84%。

根据 1997 年统计,中国煤炭消费量为 98793.7 万吨标准煤,同年印度煤炭消费量为 26706.9 万吨标准煤。两个国家的煤炭消费量比值为 3.7∶1。以这个比值测算,在中国和印度两个国家中,中国影响世界煤炭消费量增长的系数,是印度的 3.7 倍。

可见,从国际煤炭消费的角度考察,至 2025 年中国将是世界上煤炭消费增长最多的国家。在中国,满足全国煤炭能源消费的重要产煤省是山西,山西在未来煤炭工业发展中的空间十分广阔。

(三)山西煤炭出口贸易仍具发展优势

预测到 2025 年,世界煤炭进出口贸易总量将达到 8.26 亿吨,占世界煤炭消费总量的 11%。

近几年,欧美国家煤炭进口需求比较稳定,亚洲国家,特别是日本、韩国等国家与地区煤炭需求增加几乎全部依赖进口,至 2025 年,对亚洲煤炭市场将继续施加重要影响。焦煤贸易曾一度主宰世界煤炭贸易,预计到 2025 年焦煤贸易所占份额为 27%左右。发展中国家为加快工业化进程,对焦煤的需求在未来会有所增加,特别是韩国、印度、巴西、墨西哥等国将大幅增加对焦煤的进口。山西作为全国炼焦煤(含配焦煤)生产大省,在满足本国对炼焦煤需求的同时,焦煤国际贸易量将明显增长。

中国煤炭出口自 1991 年超过 1000 万吨,呈逐年增长趋势,2001 年已达到 9011.6 万吨。山西作为占全国煤炭出口总量 50%左右的出口煤供应省,在未来煤炭出口贸易中,是大有作为的。

(四)我国煤炭需求不断增长继续拉动山西煤炭发展

我国能源消费需求,一直在一个偏紧的经济环境中运行。自"一五"时期末至 2001 年,我国能源消费总量增长 28.26 倍,能源生产总量仅增长 23.31 倍。在国内能源消费和生产构成中,煤炭能源一直处于主要的地位,进入新世纪后仍占 2/ 3 左右的比重,预计,到 2020 年将下降为 60%左右。

近几年煤炭消费总量增长因素主要在于发电、供热、建材、机电行业煤炭消费量在逐年增加。

火电作为我国煤炭消费大户,已进入快速发展期。2000、2001 年全国发电用煤均比上年增长近 5000 万吨,2002 年增长近 8000 万吨,2003 年增长 1 亿吨。预测 2005 年电力工业用煤量达 9.5 亿吨,2010 年达 11 亿吨。

中国钢铁工业将进入高峰发展期,2002 年中国钢产量已达 1.81 亿吨,年消费煤炭 1.2 亿吨。钢铁工业的发展必将拉动对焦煤需求的增长。预测 2005 年全国钢铁工业煤炭需求量为 1.4 亿吨,2010 年为 1.6 亿吨。

2002 年我国水泥产量 7.25 亿吨,水泥工业煤炭消费量为 1.6 亿吨。预测 2005 年、2010 年全国水泥产量分别为 8.7 亿吨、9 亿吨。考虑到我国水泥平均能耗因采取先进工艺而逐步下降的因素,2005、2010 年水泥工业煤炭需求量分别为 1.7 亿吨、1.65 亿吨左右。

综合预测,到 2005、2010 年,我国煤炭需求量分别为 18 亿吨和 20 亿吨。随着新能源、替代能源的开发利用和节能技术的成熟与进步，预测到2020年，全国煤炭需求量将为23亿吨左右。

三、山西煤炭工业发展规划

（一）指导思想

坚持以人为本，树立全面、协调、可持续的发展观，落实省委、省政府关于“传统产业新型化”的部署，山西煤炭工业中长期发展的基本指导思想是：产业集中度明显提高，产业技术水平明显提高，资源回收率明显提高，经济效益和市场竞争力明显提高，产品产业结构明显优化，安全状况明显好转。

（二）发展目标

1. 煤炭生产与建设目标

原煤产量：根据全国对煤炭需求预测，2005年全省煤炭产量达到5.2亿吨；2010年达到6.5亿吨；2020年达到8亿吨。

煤炭外销：2005年全省煤炭外销售量3.13亿吨。2010年实现煤炭外销量4亿吨。

煤炭出口：2005年全省煤炭出口5000万吨。2010年煤炭出口8000万吨。

矿井建设：预计山西因资源衰减，到2010年减少煤炭生产能力1亿吨。在2003年末，全省在建矿井79处，建设规模8781万吨/年的基础上，2004—2010年，新建矿井249处，建设规模36144万吨/年。

矿井数量：2005年全省煤矿矿井数量控制在3500个，其中乡镇煤矿控制在3000个左右。2010年全省煤矿矿井数量控制在3000个以内。

2. 矿井结构调整目标

自“十五”期末起，在实施资源整合、技术改造、关小上大、淘汰落后的战略中，扶持改造50个煤矿，达到90万吨/年以上规模；500个煤矿通过改革采煤方法，能力达到30万吨～60万吨/年；关闭淘汰9万吨/年以下能力的矿井。到2010年前淘汰15万吨/年以下的矿井，2020年前淘汰30万吨/年以下的矿井。在全省国有重点煤矿实施“3、6、9”战略中，逐步建成3个1500万吨/年矿井、6个1000万吨/年矿井、9个600万吨/年矿井。在矿井结构调整中，大型矿井综采程度达到100%，中型矿井实现壁式采煤，逐步淘汰炮采。

3. 产业结构调整目标

2005年全省煤炭洗选比重提高到60%以上，其中国有重点煤矿达到90%，国有地方煤矿达到50%，乡镇煤矿达到30%；全省煤炭行业内企业实现配煤总规模达到1500万吨/年，型煤加工能力达到200万吨/年，水煤浆生产能力500万吨/年，焦炭产量500万吨/年。2010年煤炭洗选比重提高到70%以上；全省煤炭行业内企业实现配煤总规模5000万吨/年，型煤加工能力达到500万吨/年，形成水煤浆生产能力1000万吨/年，焦炭产量1500万吨/年。

4. 资源与环保目标

煤炭回收：全省煤炭回收率2005年平均达到50%；2010年平均达到60%。

环境保护：2005年大型煤矿的土地复垦率达到40%，矸石利用率达到当年排放量的80%，大型煤矿矿井水外排达标率达到90%，中型煤矿矿井水外排达标率达到75%。2010年大型煤矿的土地复垦率达到60%，矸石利用率达到当年排放量的90%，大型煤矿矿井水外排达标率达到100%，中型煤矿矿井水外排达标率达到75%。

大型坑口及煤矸石综合利用电厂：五大重点煤炭集团公司2004—2010年，建设煤矸石及煤层气、矿井瓦斯等综合利用电厂27座，装机容量1704.1千瓦。由于煤矸石综合利用电厂锅炉结构特殊，机组规模相对较小，达不到国家发改委的行业标准要求，但此类电厂的燃料是煤矸石，其社会效益、环境效益、经济效益都比较好。

5. 组建大集团目标

大同煤矿集团有限责任公司 以大同、宁武煤田为基地，以大秦、京包、京原、朔黄铁路运输为依托，以大同动力煤品牌为标志，以大同煤矿集团有限责任公司为主体，将大同、朔州、忻州县以上国有煤炭企业、运销企业联合重组。到2010年，煤炭产销量达到1亿吨以上。同时，发展煤炭延伸产业，建设大型坑口电厂，实现煤电联营，进入世界“十大”煤炭企业的行列。

山西焦煤集团公司 以西山、霍西、河东、沁水煤田为基地，以山西焦煤为品牌，以原西山煤电集团、汾西矿业集团、霍州煤电集团联合组建。规划到2010年煤炭产销量达到1亿吨以上。

晋东无烟煤集团公司 以沁水煤田为基地，以晋东无烟煤为品牌标志，先行分别以基地内的大型煤炭企业阳泉煤业集团、晋城无烟煤矿业集团、潞安矿业集团为核心，分别联合重组阳泉、晋中（东四县）、长治、晋城的县以上国有煤矿，组建大型煤炭集团公司，待条件成熟，整合重组形成国内最大的晋东无烟煤集团公司。规划到2010年煤炭产销量达到1亿吨以上。

山西省煤炭运销总公司 山西省煤炭运销总公司除对大同动力煤集团公司通过晋北动力煤销售集团公司参股经营外,通过兼并、收购、控股、参股其它小煤等方式联合重组,建立煤源基地,逐步发展成为以销售地方煤炭为主,生产、经营一体化的大型地方煤炭集团公司。规划到2010年,煤炭产量5000万吨以上,煤炭销量达到1亿吨以上。

山西煤炭进出口集团公司 通过兼并、收购、参股、控股等方式与部分地方煤矿联合重组,扩大出口煤基地建设,逐步实现全省各重点煤矿集团公司现由其他公司代理的出口煤业务向本企业转移,实施出口煤基地建设和代理煤焦出口并举的发展战略,到2010年,煤炭出口量达到5000万吨。

山西省煤炭销售集团 承担煤炭销售统筹协调职能;研究制定全省煤炭销售战略和营销策略;组织全省煤炭年度订货;组织煤炭企业与主要用煤行业、运输部门业务合作,平衡铁路运输计划;协调全省各煤种和企业间的销售价格,监督煤炭贷款结算,组织联合清欠;发布全省煤炭销售和煤炭市场动态信息等。

6. 大型煤炭基地开发目标

山西省晋北、晋中、晋东三个大型煤炭基地列入国家确定的13个大型煤炭基地建设范围。这三大煤炭基地涵盖全省六大煤田,拥有十大矿区煤炭储量2496.06亿吨,规划到2010年煤炭产量能达51680万吨。

四、发展中主要制约因素和政策建议

(一)发展中的主要制约因素

1. 产业结构不尽合理

自“八五”时期以来,山西煤矿建设特别是大型煤矿建设投入减少,发展相对滞后,生产力能力不足。2003年底,全省拥有各类矿井4266处,平均单井能力11.25万吨。其中,乡镇煤矿3789处,平均每处年产量只有5.56万吨。全省拥有选煤厂871座,平均每座年产量只有11.3万吨。据调查,全省国有重点选煤厂,由于入洗原煤煤质特性变化、选煤方法及工艺落后,设计生产能力大而实际产量小,能力利用率只有2/3左右。大同煤矿集团等5个国有重点煤炭集团的煤炭产量只占全省总产量的32.83%、占全国煤炭总产量的9.8%,产业集中度低,与全国重要产煤省的地位不符。

2. 扭亏但尚未脱困

由于政策的原因,社会主义市场经济体制确立以后,煤炭与电力、铁路、冶金等关联比较紧的行业相比,价格“剪刀差”进一步拉大,煤炭企业盈利水平低,成为弱势行业。由于“九五”时期和“十五”头两年煤矿建设项目开工不足,加之全省煤炭行业“九五”时期经营状况连年低迷,维简费不足,资本金缺乏,矿井接替能力紧张,多数煤矿超能力生产,发展后劲明显不足。

煤炭用户拖欠山西煤款,最高达112.5亿元,至2003年末仍有40多亿煤款未收回,造成煤矿投入不足。据调查,至2003年末全省煤矿安全欠帐已近139亿元。

3. 企业负担过重

一是企业办社会负担重。据对全省国有重点煤炭企业的不完全统计,2002年企业办社会从业人员6.76万人,全年负担费用27.3亿元。其中仅各类学校就有205所,共有教职员工2.16万人,在校学生22.4万人,年负担费用3.67亿元。

二是企业税赋重。1994年税制改革,忽视了煤炭业并不加工增值的客观经济规律,对煤炭企业征收增值税,实际税赋与原来征收产品税税率相比,进项税和销向税相抵后,仍增加近6.5个百分点。特别是山西煤炭企业,从1996年开始不享受增值税返还政策,8年累计超缴税金28亿元。

三是税费重复征收。如资源税与资源补偿费并征,1994年到2002年仅全省国有重点煤炭企业共缴纳资源税14亿元、缴纳资源补偿费7.5亿元;企业在为办社会支出费用的同时,仍需上缴教育附加费等相应税费。

四是煤炭运输的不合理收费,加重了煤炭企业负担。就铁路建设基金而言,自1991年国家开征铁路建设基金,征收标准已上调4次,达到每吨公里3.3分。山西依靠铁路长距离向全国供应煤炭,2003年达2.3亿吨,按铁路运距平均700公里计,每吨支付铁路建设基金达23.1元。全国煤炭行业每年支付铁路建设基金140亿元,仅山西就支付51亿元,近占40%。

4. 资源与生态环境问题突出

我国还未真正形成矿产资源的有偿开采机制,山西煤炭工业总体生产技术水平不高,增长方式粗放,煤炭资源过度消耗。长期以来,全省煤炭资源回收率偏低,小煤矿资源回收率只有10%~20%,全省煤炭资源回收率平均只有30%～40%。如不尽快提高小煤矿资源回收率，山西煤炭资源优势将提前丧失，特别是浅层优势资源将提前枯竭。另外，绝大多数矿区的煤泥、劣质煤、与煤伴生矿物及矿井水等资源未得到有效利用。

据调查，山西地下采空面积达1300平方公里，土地塌陷面积达520平方公里。仅国有重点煤矿造成的疏干漏斗，已涉及18个县(市)、240多个村庄，造成23万人吃水困难，30多万亩水浇地变成旱田。全省煤矸石存放量近10亿吨，大气污染负荷为全国平均值的1.6倍(焦炭生产区则高达6—10倍)，烟尘排放量为全国平均值的7倍，二氧化硫及颗粒物排放为全国平均值的6.5倍。十分明显，山西人民在为国家经济建设提供煤炭的同时，自身生存条件也付出了巨大牺牲。

(二)政策建议

据测算，今后一个时期煤炭供需缺口仍比较大，煤炭紧张将成为制约经济社会发展的重要因素。从我国能源资源的结构看，煤炭将长期是我国的主要能源，以煤为基础的能源结构不会改变。煤炭作为我国供应最可靠、使用最经济的能源，随着加工转换和利用技术水平的提高，也可以成为高效、清洁利用的能源。

因此，要坚持以煤炭为基础的能源发展战略，高度重视煤炭的生产、建设和有效利用。必须采用综合配套的措施。立足当前，着眼长远，远近结合，标本兼治，以煤炭的可持续发展和有效利用，支持我国经济社会的可持续发展。

1. 根据规划，建设山西三个大型煤炭基地，投资较大，仅规划2004—2010年新建、改建矿井，增加能力36114万吨/年，按平均吨煤投资300元计，需投资1000多亿元，年均投资150多亿元。

同时，山西将选择一批储量丰富、外运条件好的大中型煤矿，实施改造和扩建，加强在建矿井的施工管理，加大资金投入，努力缩短建设周期，尽快达产或提前出煤。鉴于企业资本金严重不足的实际，请求国家重点政策扶持。

2. 建议以1994年税制改革前煤炭行业产品税为基数，重新核定煤炭行业增值税，中央财政增值税比原产品税实际多上缴部分返还煤炭行业。

3. 加快煤炭企业债转股工作，是支持国企改革、脱困的重要措施。对国有重点企业的挂帐递延资产对应银行的“表外息”(未计入损益的应收未收利息)的处理，建议由财政部门和有关金融机构，核实挂帐递延资产对应的银行“表外息”的其中无偿划转给金融资产管理公司的数额，并明确这些无偿划转的部分不能转为股权。

4. 为分离企业办社会职能问题，建议在实施大集团中，同时解决这一老大难问题。条件具备的将企业办社会职能由地方政府全部接收。暂时不具备条件的先将办社会职能与煤炭主业剥离，所需费用由财政采取税收减免或返还的形式给予补贴，并最终过渡到移交地方政府。

5. 随着矿井开采年限已久、资源已经枯竭，山西煤矿企业以及以煤为主的老工业基地转产问题已突出显现。为解决煤矿企业转产、发展替代产业、加快煤炭资源型城市转型所需资金，建议尽快出台煤矿衰老期转产资金政策。

6. 为认真落实国务院关于“重点支持大型煤炭基地建设，促进煤电联营，形成若干个亿吨级煤炭骨干企业”的决策，山西规划新建、改扩建一批现代化大型煤矿，使其成为全国商品煤供应基地、煤炭深加工基地和出煤基地，应抓紧大型煤炭后备基地的勘探、建设和开发。建议国家专项安排地质勘探资金，并适度提高对大中型矿井综合开发建设的投资比例；为确保煤炭建设项目达到环境保护标准，建议国家对企业环境治理与保护建设项目给予相应的政策支持。

7. 积极鼓励对水煤浆、煤炭气化、液化、型煤、煤矸石、洗中煤、煤泥等资源综合利用项目，支持煤焦化、煤电铝产业链的延伸和煤层气的开发。鼓励企业引进和开发有市场的技术和资金密集型高新技术产品以及劳动密集型产业。其资金除通过自我积累、招商引资外，建议国家给予5—8年贷款的贴息补助。

8. 按照国家铁路建设和港口建设规划，抓紧建设山西出煤通道和下水港口。同时，须抓紧山西建设煤炭管道运输的立项，解决煤炭外运瓶颈。由于山西省调出煤量大，依靠铁路和公路运输难以满足煤炭外运任务，建议国家专项安排晋煤外运管道运输项目，以保证煤炭外运需要，保持国民经济持续快速发展。

9. 采用地下气化，回收小煤矿丢弃的煤炭资源。由于关闭的小煤矿地域分散，相对丢弃的煤炭资源量减少，宜试验和采用移动式地下气化站，国家应设立专项资金，作为战略重点课题进行攻关，这是煤炭回收的重大措施。

10. 按照我国入世承诺和国务院的规定，争取

2005年前取消内销煤炭铁路建设基金。

11. 积极推进煤炭企业的战略性重组，以产权为纽带，以市场为基础，通过改组、联合、控股和参股等方式，组建一批跨地区、跨行业、跨所有制的大型煤炭企业集团。积极推进投资体制改革，真正使煤炭企业成为投资主体，放宽煤炭市场准入并制定规范的准入标准，鼓励非公有资本投资煤矿开发建设，合理引导社会投资，避免盲目和低水平重复建设。

在煤炭企业战略性重组中，坚决淘汰不符合安全、环保要求，破坏资源和违法违规经营的小煤矿。鉴于被淘汰小煤矿多数证件齐全、依法办矿，只是规模小。为减少矛盾，加快关小上大，调整结构的步伐，建议出台关闭小煤矿补偿资金政策，以加快小煤矿关闭进度。

12. 为强化山西煤炭工业宏观管理力度，建议在政府机构改革中，市级政府和重点产煤县政府保留设置煤炭工业行业管理的专门机构，行使政府宏观调控和行业管理的职责，以保证山西煤炭工业改革和发展的顺利进行。

(本研究报告的完成时间:2004年9月)

专题研究报告之二

山西煤焦流通体制市场化改革研究

建设统一开放竞争有序的现代煤焦市场体系，是完善社会主义市场经济体制的一项重要内容。山西深化改革进一步完善社会主义市场经济体制，解决能源基地建设和发展中的突出矛盾和问题，必须加快山西煤焦流通体制改革，加快山西煤焦工业市场化改革进程，从而保证对全国能源的可持续供给，同时使山西资源优势真正变成经济优势。

市场化改革是我国煤炭行业可持续发展的必由之路，市场竞争是山西煤炭工业发展的根本动力。在山西建立统一开放、竞争有序的现代煤炭市场体系是完善社会主义市场经济体制的一个重要内容。而建立煤炭现代流通体制，并以煤炭市场营销为突破口来深化山西煤炭工业市场化改革是解决山西煤炭工业可持续发展，保障全国能源供给的一个重要环节。

本报告认为，节能优先、结构多元、环境优好，逐步形成能源可持续发展的新机制将是中国未来最基本的能源发展战略。受我国“丰煤少油”的资源禀赋制约，煤炭在我国能源结构中还将担当重要角色，预测到2020年我国煤炭比例仍在60%左右。从全球、全国煤炭工业发展的趋势分析，解决我国煤炭工业长期存在的矛盾和问题必须选择市场化改革。

本报告认为，山西煤炭未来的定位是：资源赋存、地理位置等决定了今后20年山西仍将是全国最大的产煤省份，并仍然具有成本、区位、品种等特定优势。

本报告通过对山西煤炭在全国的优势、劣势分析之后，认为：山西要拥有煤炭市场的主控权、发言权、定价权，必须凸显山西煤炭行业的集体理性，通过市场化改革提高市场集中度，培育煤炭物流“旗舰型”企业，使煤炭运销企业真正成为市场竞争主体。并提出两个可供选择的方案，供决策参考。

一、山西煤焦流通体制改革的外部环境及宏观形势

建立煤焦现代流通体制，并以煤焦市场营销为突破口深化山西煤焦工业市场化改革，必须顺应全球现代煤焦流通发展的趋势，按照完善社会主义市场经济体制的要求，把山西放入全国、全球的大背景下作出选择。

(一)实现可持续发展能源战略将是新时期我国能源发展的基本方针

全面建设小康社会的目标对能源供应及供给质量提出了更高的要求，新的发展观要求我们必须采取正确的能源战略，这对于保障能源供应、解决当前突出矛盾、应对未来的挑战具有决定性意义。中国应当面向国际、国内两个市场，顺应能源结构调整的大趋势，逐步改变能源结构，尽力扩大以煤为原料的各类煤变油技术及新的替代能源的发展。本世纪头20年的中国能源战略应着眼于长远目标，实现发展方向和发展方式的转型。能源发展的目标应从“量”到“质”的转变，将环境保护作为能源发展战略的内生决策要素。所以“节能优先、结构多元、环境优好”，逐步形成能源可持续发展的新机制将是中国未来最基本的能源发展战略。

(二)受我国"丰煤缺油少气"的资源禀赋制约,煤炭在我国能源结构中还需要担当重要角色

从1990年以来,我国一次能源消费构成中的煤炭比重下降明显,1990年煤炭在一次能源消费构成中的比重为76.2%,2002年则降为66%,但是改变这种状况,必须在立足国内资源、保证能源安全的前提下,尽可能地优化结构。这就限定了降低煤炭在一次能源中的比重不可能太大。预测到2020年煤炭消费的比例仍在60%左右。

(三)煤炭国际市场与国内市场的结合更加紧密,煤炭价格体系将以全球性的"大市场"为导向,与国际价格联系

我国加入WTO以来,随着全球经济一体化进程的加快,国内和国际煤炭市场的联动效应越来越明显,国内煤炭供求和煤炭的进出口越来越多地受到国际市场的影响。目前煤炭出口与进口并存,煤炭进口量已由前几年的200多万吨增长到2002年的1080万吨,煤炭的大量进口意味着国内煤炭市场价格将越来越受国际价格的影响。

(四)从世界煤炭工业发展的趋势分析,解决我国煤炭工业长期存在的矛盾和问题必须选择市场化改革

目前煤炭工业的市场化改革已经成为全球性趋势。无论是市场经济国家还是向市场经济转轨国家,放松政府管制,打破垄断,让竞争性的市场充分发挥作用,让竞争性企业真正独立地走向市场,这是世界煤炭行业必须选择的发展道路。从各国的经验分析,煤炭行业市场化改革是一个复杂的过程,选择何种改革模式、改革路径和改革政策显得尤为重要。

(五)煤炭价格机制中的市场力量显著增强,但"煤电"矛盾成为一个突出问题

2002年国家决定放开电煤价格以后,由于电力市场化严重滞后和电力工业的垄断地位等因素,使"电煤矛盾"久拖不决。政府的"协调价格"使煤炭价格的双轨制依然存在。从目前的情况分析,多年的传统体制和我国电力供需矛盾的存在,电价将逐步放开,国家对电煤价格的干预和调控受市场调节的需要也将逐步放松。理顺煤电价格已经成为社会关注的突出问题,理顺煤电价格指日可待。作为山西来讲竭尽全力把本省煤炭企业做大做强,形成集团性企业,同时在对外煤炭销售中形成合力改变目前多头订价各个击破的被动局面,才能促进真正意义上的煤炭价格符合市场供需规律,改变现在的由行政直接干预的所谓指导价。

(六)煤炭市场交易关系多样化和不规范并存,煤炭市场化改革任重道远

20世纪80年代以来,受经济全球化以及能源结构调整的影响,世界煤炭工业都掀起了市场化改革的浪潮,放开管制,打破垄断,让竞争性的市场机制发挥作用,让竞争性的企业真正独立地走上市场。形成了传统煤炭市场、柜台交易市场(OTC)、期货市场并存的市场体系并相继创建了一系列煤炭价格指数,用以指导煤炭市场交易,按照现代物流产业发展的理念,把能源和交通运输市场结合起来。

从全国来讲,20世纪90年代以后,国家在煤炭市场建设上进行了一系列改革,煤炭市场的交易关系正在逐步丰富和完善,但总体上仍然不能适应煤炭工业发展和市场化改革的需要。

一是煤炭交易市场发育不全,还不能起到煤炭交易的主导作用。从1992年我国第一家煤炭交易市场——天津煤炭交易市场正式建立以后,全国先后建立了上海煤炭交易市场、东北煤炭交易市场、秦皇岛煤炭交易市场、郑州煤炭交易市场、太原煤炭交易市场等全国性和地方性交易市场。但是除了天津等少数煤炭交易市场运作比较规范外,多数交易市场发育还不健全,国家级交易市场完成的成交量还只占全国煤炭销售量的很小一部分。一些区域性煤炭市场秩序还不完善,隐性交易较多,运力也无法保证。

二是煤炭订货会亟待改革。在煤炭行业推进市场化改革的进程中,订货会(包括全国订货会和区域订货会)仍然是煤炭运输与销售的重要途径,尽管它并不是市场化改革的理想交易模式。在市场经济条件下煤炭订货会的作用已经大不如前,前两年这种交易方式所面临的深层矛盾已暴露无遗,煤炭市场主体呼唤改革的呼声越来越高。随着我国加入WTO承诺的到来,全面放开煤炭、电力价格之后,订货会这种方式必然会完成历史使命,退出舞台。

三是煤炭铁路运输方式亟待改革。煤炭是大宗物质,主要靠铁路运输而铁路系统至今仍是以计划经济体制为主,煤炭运输主要靠国家指令性计划直接分配运输量,从一定意义上讲煤炭订货会实质上是铁路运量分配会。由于铁路运输是煤炭生产的重要制约因素,"以运定产"成为煤炭组织生产的一条重要原则,由于铁路运力不足,在具体操作过程中出现了买卖车皮的严重消极腐败问题,铁路改革的滞后已经严重影响煤炭交易市场的规范化运作。

（七）国家实施节能优先和环境优好战略，对山西煤炭工业的可持续发展提出了更高的要求

未来 20 年，要实现能源消费翻一番、GDP 翻两番的目标，需要继续发掘过去 20 年的成功经验，必须在体制改革和技术创新两方面有新的突破。单纯从节能来讲，短时期对山西煤炭工业的市场形势不会有实质性影响，但是把节能优先和环境优好结合在一起，对我省煤炭工业的可持续发展则提出了较高的要求。针对我省煤炭工业存在资源浪费严重、矿区环境容量逐渐缩小、开发布局不太合理等问题，在今后 20 年山西煤炭工业必须实施可持续发展战略。用生态学的方法规划矿区建设；加快煤炭产品结构调整，实施综合开发；加快清洁开采技术的推广，发展洁净煤技术；实施科教兴煤，推进技术创新，促进煤炭工业的可持续发展。

二、山西煤炭市场在全国的定位及优势、劣势分析

市场化改革是我国煤炭行业可持续发展的必由之路，市场竞争是山西煤炭工业发展的根本动力。山西煤炭在未来的市场定位是山西煤炭步入可持续发展的新机遇期，保持在全国煤炭市场中的优势地位，为我国能源供应和安全作出积极的贡献，凸现山西煤炭行业的集体理性，通过市场化改革提高市场集中度，培育煤炭物流“旗舰型”企业，使煤炭运销企业真正成为市场竞争主体，达到拥有煤炭市场的主控权、发言权的目的，真正使资源优势成为经济优势。为了实现上述目的，在弄清楚今后 20 年中国能源发展战略的同时，还必须对全国煤焦流通领域和煤炭市场的改革现状及发展趋势有一个清晰的认识。

（一）未来煤炭市场分析及预测

本世纪头 20 年是中国经济社会发展的重要战略机遇期，按照“十六大”提出的全面建设小康社会的目标，到 2020 年中国经济实现翻两番。根据国际经验，这一时期是实现工业化的关键时期，也是经济结构、城市化水平等发生明显变化的阶段，同时也是中国承接国际产业转移的时期。反映到能源领域，就是人均能源消费量较快增长的阶段。能源将是支撑经济社会发展和全面建设小康社会的一个重要保障。未来 20 年中国的能源需求在大力节约能源的前提下将保持相对较高的增长速度。按照中国能源可持续发展的理想目标，煤炭消费比例控制在 60％左右，全国煤炭市场需求约在 23 亿吨左右。

受我国的资源禀赋影响，煤炭在我国能源结构中还需要担当重要角色，这种情况可能持续较长时期。单纯从资源量的角度分析我国煤炭是有中长期保证的，但是受资源、环境容量的制约，实现上述目标亦是相当艰巨的。我国煤炭资源产出的最大规模为年产 29 亿吨煤，即使按照煤炭需求最小的方案，到 2005、2010 年煤炭需求分别达到 18 亿吨和 20 亿吨，中国煤炭工业的产能和基础设施建设将承受很大的压力。从目前的在籍矿井和在建国有矿井的供应能力分析，扣除这年退役矿井的产能，预计到 2020 年生产能力只有 7.1 亿吨（来源于国务院发展研究中心 2004 年能源研究专题汇编），如果乡镇煤矿生产能力仍按 3.5 亿吨估算，要保障稳定的供给，从现在起到 2020 年，年需要将增加产能 5000 万吨以上，可见煤炭建设的任务十分繁重。山西作为全国重要的能源基地，稳定增加产量，保证全国煤炭供给的任务十分重要。

（二）国际、国内两个市场的日益紧密对今后山西的煤炭市场会产生较大影响

我国是一个煤炭净出口国，2002 年全国煤炭出口量约 8600 万吨，但同时煤炭进口量已达到 1000 万吨左右。从煤炭进口对国内市场的影响分析，国际煤炭竞争的主要市场在东南沿海的“珠三角”、“长三角”等沿海省市，专家预测今后在煤炭市场紧张的情况下煤炭进口的数量将会达到 2000 万吨左右。能够进入沿海市场的煤炭将主要来自澳大利亚、越南、印度尼西亚等国，同时品种质量将成为沿海煤炭市场竞争的主要因素，我省动力煤市场将会受到一定影响。但是从国际市场分析，山西焦煤、焦炭的出口需求将会进一步加大，炼焦煤和焦炭的出口将稳中有升，预计中国净出口炼焦煤将在 1600 万吨左右，考虑到国家控制焦炭的出口，炼焦煤的需求可能还会进一步增加。

（三）山西煤炭市场的优势

1. 资源赋存、地理位置及多年的能源基地建设，决定了在今后 20 年山西仍将是全国最大的产煤省份。山西是我国最大的煤炭生产、消费、调出及出口省，连续 20 多年煤炭产量占全国产量的 25％左右，煤炭净调出量占全国省际净调出总量的 75％以上。2002 年的煤炭实际产量 4.1 亿吨（统计产量为 36762 万吨），占全国 30％左右，焦炭实际产量为 6000 万吨（统计产量 5851 万吨），约占全国出口量 80％。据山西省煤炭行业结构调整方案 2005 年的

山西煤炭产量将稳定在4.2亿吨左右。从山西资源赋存分析，在今后20年内山西仍将是全国最大的产煤省份。

2. 山西煤炭工业可持续发展的天然条件，决定了未来20年中山西在煤炭市场的特定优势。山西得天独厚，煤炭资源储量大、品种全、煤质优、易开采。截止2002年底，全省累计探明煤炭资源储量2724.99亿吨，其中生产和在建矿井占用968.31亿吨，未来利用的储量1599.96亿吨，这是山西一大优势。在未来煤炭工业可持续发展和生产营销竞争当中煤炭资源的占有和有效供给已成为全国煤炭企业争夺的一个重点。

3. 优质的炼焦煤和配煤资源是山西在煤炭市场中的绝对优势。经过50多年的大面积、高强度的开采，山西一些浅层、优质、动力煤种的资源趋于紧张，但是焦煤、肥煤、瘦煤等几个特殊煤种是山西独特的优势。

中国炼焦煤煤种齐全，可以进行配煤炼焦，但主要炼焦煤煤种和储量相对稀缺，可以配煤炼焦的省份不多。在未来相当长一个时期，中国炼焦煤的主供应产地仍然是山西，焦煤资源丰富和配煤品种齐全是山西的优势。

4. 在全国生产力布局中山西地处中部具有明显的区位、运输优势。我国煤炭资源分布的不均衡和生产力布局等原因导致的“西煤东送”、“北煤南运”的格局将长期存在。山西地处全国煤炭消费扇面中心，距煤炭主消费地和港口运输半径平均为600公里—700公里，具有铁路、公路建设相对超前的优势，主要煤矿都在铁路、公路沿线，较之陕西、内蒙、宁夏等西部产煤省份来说区位优势明显。

5. 煤炭赋存条件和多年的生产经营使山西煤炭工业具有一定的成本优势。从山西煤炭的整体分析，山西开采成本较低，煤炭制造成本仍居于全国较低水平，因而煤炭价格具有较强竞争优势，并且具有一定的引导性和控制力，部分产品还有决定性。

(四)山西煤炭市场的劣势

1. 产业集中度低，市场竞争主体过多，产业整体发展水平不高，缺乏世界级的大集团领军。山西是全国的产煤大省，总量水平目前还没有省份会取代，但是市场集中度低，龙头企业做不大、做不强，将会失去我们的竞争优势，主导不了未来的市场。

2003年底，全省拥有各类矿井4266处，平均单井能力11.25万吨。其中，乡镇煤矿3789处，平均每年年产量只有5.56万吨，大同煤矿集团公司、山西焦煤集团公司等5个国有重点煤炭集团的煤炭产量只占全省总产量的32.83%、占全国煤炭总产量的9.8%。产业集中度低与山西这个全国重要的产煤省的地位不符，不仅群龙无首，而且逐渐会失去全国煤炭行业中的领导地位。

2. 动力煤市场的优势将逐步下降，神华集团已成为山西最大的竞争对手。动力煤曾经是山西的一大优势，但是随着大同侏罗系煤大规模开采，大同优质动力煤可开储量已十分有限，特别是神华集团的快速发展使山西的动力煤市场上的优势正在逐年减少。2002年山西北路动力煤产量13581万吨，销量13225万吨，占全省煤炭总销售量的36.8%、占全国电煤的18.9%。山西动力煤70%以上销往京津唐、华东及沿海地区，市场相对集中，但是1997年以来山西动力煤销售逐年减少，其中以大同动力煤最为突出。

三、山西煤焦流通体制的现状及弊端

山西是全国的产煤大省，产量居全国第一位，是世界上五大产煤地之一。但是煤焦物流产业的集约化程度很低，高度分散和主体多元是山西流通体制的典型特征。

(一)山西煤焦流通体制的现状

目前，全省几个国有重点煤矿各为一个销售主体，直接对用户订货，直接发运，直接销售；地方国营煤矿和乡镇煤矿出省、省内煤炭销售由省煤炭运销总公司及所属市(地)分公司和县(区)公司管理和经销；出口煤炭由省煤炭进出口公司统一订货、统一销售；地方国有重点煤矿、省能源产业公司、省乡镇煤炭运销公司等一批企业的煤炭销售实行计划单列。

近两年正朝着“4+2+1”的管理模式迈进。即：组建大同煤矿、山西焦煤、山西无烟煤、山西焦炭公司等四大集团公司。目前，大同煤矿、山西焦煤、山西焦炭公司、山西煤炭销售集团已组建完成。

(二)山西煤焦流通体制的弊端

从1999年开始山西省对山西煤炭销售管理体制进行了不断的改革和探索，成立了山西省煤炭销售办公室，之后又在省煤炭销售办公室的基础上成立了行业协会性质的山西煤炭销售集团，由大同煤矿集团公司、山西焦煤集团公司、阳泉煤业集团公司、潞安矿业集团公司、晋城无烟煤矿业集团公司、山西省煤炭运销总公司、山西煤炭进出口集团公司、山西统配煤炭经销总公司、平朔煤炭工业公司、太原煤气化公司等10家煤炭企业共同组建。目前，山西省煤炭销售办公室（为常设事业单位，隶属于省煤炭工业局管理）与山西省煤炭销售集团合署办公，一套机构，两块牌子，行使全省煤炭销售管理职能，对外实行企业化运作。这种体制在组织煤炭订货和全年销售等方面发挥了重要作用，使全省煤炭集中度有所提高，使全省统一对外的优势得到较好的发挥。

但是，应该看到，这种体制仍然没有克服多年来政企不分，管理与运营不分的弊端，全省煤炭工业管理体制多年存在的部门分割、地区分割、条块分割，分散化管理的体制仍然没有从根本上改变，省煤炭销售办公室主要是分配车皮计划。国有重要煤矿由于实行产运销一体化管理，享有独立参加全省煤炭订货会的权利。但全省地方煤矿和乡镇煤矿，由于产销管理分离，煤炭生产企业与市场脱节，生产处于盲目状态。

为此，1983年山西对全省煤焦流通体制进行改革，成立山西省煤炭运销总公司，对全省地方煤炭实行“五统一管理”，实行分散生产、相对集中销售，对缓解山西地方煤炭运销的恶性竞争，遏制煤炭利益流失，发挥了十分重要的作用。尤其是1992年系统人事上划一级管理以来，煤炭运销系统积极发挥职能作用，以运销管理行政职能为支撑，发挥了组织地方煤炭统一对外、扼制企业间过度竞争的重要作用。以上缴能源基地建设基金为手段，发挥了对煤炭价格向价值回归、行业收入分配的调节和公共建设资金积累的突出作用，在山西煤炭工业和经济发展中，承担了其他企业及部门难以替代的主体功能。但是，由于煤炭利益主体过多过滥、分散产销的问题没有从根本上解决，山西煤炭利益的流失仍然比较严重。根据专家研究，从1981－2000年，仅煤炭价格与价值背离，就使山西煤炭效益流失高达约1200亿元。特别是随着我国由计划经济向市场经济转轨和煤炭行业结构调整的深入，传统的以行政收费职能为主的流通体制越来越不适应形势发展的要求，不适应市场竞争的要求。只有加速改革传统的煤焦流通体制，才能从根本上改变山西煤炭多头对外、恶性竞争、利益严重流失的状况。改革山西煤焦流通体制，必须进一步完善和强化分散生产、集中销售，建立适应市场经济发展规律的新型煤焦流通体制，按照现代物流理论，构建山西煤炭大物流配送体制，发展现代化的大型煤炭物流集团，实行分散生产，高度集中销售。

四、山西煤焦流通体制改革的目标、方向和路径选择

市场化改革是山西煤焦流通体制改革的必由之路，在经济全球一体化和中国加入WTO的新形势下，山西煤焦流通体制改革面临着现代经营理念、营销方式、管理体制、运营机制等多方面的挑战，全省煤炭的生产、销售、运输、经营以至消费等各个方面都需要按照完善社会主义市场经济体制的要求，进一步完善和建立山西煤炭市场体系。

（一）山西煤焦流通体制改革的总体目标

山西煤焦流通体制改革的总体目标就是使资源优势变为经济优势。从煤焦流通入手，以提高山西煤炭行业的国内、国际竞争力，形成充分竞争的煤炭市场为出发点，深化企业改革，使煤炭企业建立现代企业制度取得明显进展，产业集中度明显提高。通过市场主体的培育、煤炭秩序的规范和监管，使市场机制在引导山西煤炭产业和企业的主导性作用得以充分发挥，形成“根据市场需求、分散生产、集中销售、保持产能、控制总量、稳定价格、增加收入”的煤焦流通体制，达到山西煤炭工业可持续发展，在保证全国能源供给的同时，使山西资源优势变为经济优势。

（二）山西煤焦流通体制改革的方向

建立专业化的现代煤焦物流配送体系，适应经济全球化和我国完善社会主义市场经济体制的要求是山西煤焦流通体制改革的方向。山西煤焦流通体制改革必须按照现代流通体系发展的趋势，使具有跨国能力的集团公司成为流通的主要载体，实现山西煤炭区域经济一体化，按照市场需求供应链体系组织和创新山西的煤焦流通体制，加大煤炭行业的重组，加快生产和流通的联合，形成面向全国、全球市场，专业化和现代化的煤炭物流配送体系。

首先，发展专业化的大型煤炭物流集团，是社会大生产发展和分工的产物。实行分散生产，高度集中销售，符合市场经济发展和产业集群的规律。煤炭作为大宗能源产品，在山西高度分散的生产体制下，必然要求专业分工和高度集中的销售体系的建立。

其次，发展专业化的大型煤炭物流集团，实行分散生产、高度集中销售，符合WTO的规则。煤炭产业作为一次性产业，具有垄断竞争性的产业特点，煤炭还是我国的主要能源，事关我国能源战略和安全。

政府对煤炭产业进行必要干预，实行分散生产、高度集中销售，也完全符合国际通行规则，适用 WTO 一次性产业援引例外的条款。

第三，发展专业化的大型煤炭物流集团，实行分散生产、高度集中销售，符合山西的整体利益和国家能源安全利益。山西煤炭分散生产的体制，大量小煤矿的存在和山西煤炭的资源赋存特点有关，也和山西的经济发展水平有关。山西煤焦流通体制的改革，如果走上分散生产、分散销售的路子，大量中小煤矿争相进入市场，势必形成又一轮压价竞销、恶性竞争，造成山西煤炭利益的进一步流失，不符合山西的整体利益。同时，也势必影响全国煤炭市场的稳定，损害国家能源安全利益。山西是全国煤炭的主要产地，在山西鼓励和支持发展大型物流集团，对稳定全国能源市场，保障国家能源安全，具有特别重要的意义。

（三）山西煤焦流通体制改革的几个原则

1. 依法改革的原则

山西作为全国最大、最重要的煤炭能源生产基地，必须按照《煤炭法》，结合山西煤炭工业的实际，重新修订《山西省煤炭工业条例》。主要应从两个方面解决生产经济主体过多、竞争无序的问题。一是提高煤炭产业的准入门槛，规范煤炭生产经营秩序，对小、散的布局进行依法整顿。二是鼓励规模以上的国有重点煤炭企业进行重组。通过依法改革，逐步改变煤炭生产经营主体过多过滥的状况。

2. 市场为导向和政企分开的原则

必须把市场作为一切生产经营活动的起点和归宿，把煤炭作为市场要素来考虑，把煤炭企业作为市场主体来对待。让市场机制最大限度地发挥基础作用，在煤炭资源占用、煤矿建设和生产、运输、销售等各个环节引入竞争机制。政府应当依法进行宏观调控，由煤炭企业通过市场竞争，不断发展壮大，进而形成销售的联合。市场化改革的一个基本特征是政企分开，山西煤焦流通体制改革应本着生产、销售企业化和煤炭工业管理机构职能转变的原则来深化企业改革，转变政府职能使政府管政府的事、企业做企业的事。

3. 稳定改革和统筹兼顾的原则

坚持社会主义市场经济的改革方向，注重制度建设和体制创新，主要通过产权制度的改革，实现山西煤炭经济的市场化，使全省煤炭经济的各个领域和各类活动能够真正通过市场紧密地富有活力的联系起来，真正充分发挥市场在资源配置中的基础性作用。同时一定要认识到煤焦流通体制改革的艰巨性和复杂性，通过循序渐进、统筹兼顾等方法逐步达到改革目的。

4. 运销突破和运销联合的原则

必须由产、运、销的模式转为销、运、产的模式，以市场销售为龙头，建立起适应市场经济要求的企业经营机制。打造全省晋煤“航母”，在煤炭运销管理、煤炭销售主体资格认证、企业经营自主权、政府宏观调控等方面发挥运销协会的作用。

从山西煤炭行业的经营现状和市场竞争局势分析，只有运销联合，才能有大发展，才能有影响力。山西煤炭运销的联合不仅要把分散在各煤炭企业的运销力量集中起来，形成符合经济发展的合理规模，而且要与运输部门、消费部门联合，不仅要在省内联合，而且要跨区域联合。按照现代物流的要求，加强煤、电、路、港的多元联合。加快全省煤炭资源和要素的整合，以产权为纽带，注重发挥山西煤炭运销基础设施的作用，充分发挥山西煤炭运销集团的组织管理资源优势、客户资源、运销资源及资产规模等优势，按照现代物流发展的趋势，形成一个覆盖全国 26 个省市、3500 多个用煤大户的现代营销组织网络。进一步加大与电力、铁路、港口联合，建立以现代物流为标志的大型集团公司。

5. 先焦后煤的原则

山西的煤炭市场改革应本着先易后难，从焦煤做起的原则，以便尽快形成山西的竞争优势。我国是世界上最大的炼焦煤、焦炭生产国和消费国，焦煤、焦炭的生产和出口均居世界第一。近几年国际焦炭市场供需两旺，价格飙升，山西作为中国乃至世界最大的炼焦煤消费省和焦炭出口省应该抓住未来几年中国炼焦煤需求仍然处于高增长期的历史性机遇，充分发挥山西焦煤品种齐全、炼焦煤产量居全国首位、焦炭工业具有一定基础等优势，在做强机焦工业的同时，加大对焦煤资源的市场行政配置手段，严格执行国家对炼焦煤资源保护性开采政策，调控省内炼焦煤和焦炭的供需平衡。并按照做大做强的原则，在山西焦煤集团加快重组的同时，先行规范焦炭工业交易市场，组建具有强有力调控能力的山西焦炭运销公司或行业协会，严格炼焦企业进入门坎，坚持取缔土焦和小机焦，鼓励省内外企业联合重组，形成大的集团提高山西焦炭在国际、国内市场的竞争力。建议由煤炭运销总公司会同山西焦煤集团拿出具体方案，报省政府批准。

(四)山西煤焦流通体制改革模式

1.“四大两强”模式

针对山西煤炭流通体制存在的问题,我省应认真贯彻落实《中共山西省委、山西省人民政府关于实施行业结构调整的意见》和《山西省煤炭行业结构调整方案》以及山西省焦炭行业结构调整方案,并在此基础上进一步深化山西煤焦流通体制改革。按照重组启动、销售联合、做强主体、适应市场的原则,整合山西全省范围的资源和要素,以销售职能专业化为突破口改革山西煤焦流通体制。

加快实施大集团化战略。按照市场取向和规模经济的原则,在推进产权多元化改革的基础上,实现煤炭企业间的联合和重组。通过集团化的发展,提高山西煤炭产业的集中度和竞争力。发挥山西资源优势,加快以煤炭品种为范围的整合模式的进度,通过煤炭细分和调控煤炭流向,最大限度地满足不同用户的需求,从而提高山西资源利用效率,真正形成山西煤炭在全国乃至世界的独特优势和市场竞争力。

——做大做强山西焦煤集团公司。通过新建、收购、兼并、参股、联合等手段,对吕梁、晋中、临汾、太原等部分地市煤矿进行改造。对焦煤生产实行严格的市场准入制度,加大对焦煤、肥煤、瘦煤几个特殊煤种的保护性开采力度,通过人大立法建立炼焦煤采矿权市场机制,坚决关闭10万吨以下的焦煤矿井,引导企业走上规范化和节约化开采。通过上述措施,使山西焦煤集团形成年产1亿吨的生产能力。

——组建山西焦炭销售集团公司。成立山西省焦炭行业协会,充分发挥省焦炭集团公司在销售链中的作用。全省应进一步提高焦炭工业进入门坎,抓住目前有利时机取缔土焦和不合格的小机焦,关停不符合条件和没有批准的大机焦项目。严格控制焦炭生产总量,贯彻国家产业政策,分析市场供求动向,应对加入WTO后的国际争端,严格行业自律,坚决纠正目前市场混乱、自相压价和盲目扩大产量的做法,按照可持续发展的原则保证山西焦炭工业的长期发展,按照市场价值规律维持和形成一种焦炭的相对短缺市场,保证山西焦炭取得合理的市场价格,提高山西焦炭在国际、国内市场上的竞争力。

——组建山西动力煤集团公司。以大同煤矿集团为核心,以生产经营动力煤为主,以大秦线为前提,组建辐射大同、朔州、忻州的煤炭、电力、铁路、港口等各企业的山西动力煤集团。

——组建山西无烟煤集团公司。以企业自主、自愿为前提,积极推进以阳泉集团、潞安集团、晋城集团为核心的地方不同所有制煤矿的重组,在组建地方性集团公司的基础上,同时推进三大集团的联合重组,以石太、太焦、侯月线流向为前提,组建山西无烟煤集团。

——支持山西煤炭运销公司和山西煤炭进出口集团公司煤源基地建设和实体化经营。充分发挥山西省煤炭运销公司已经具备发展煤炭大物流体系的优势组建山西煤炭运销集团,发展现代物流业,构建山西煤炭大物流配送体系。通过集团化重组改制,组建母、子、孙三级公司体制的经营集团,建立健全物流配送网络。将山西省煤炭运销公司集团化,建成以煤炭物流配送为主业,集煤炭生产、加工、转化和资本运营为一体的,产能5000万吨,经销1亿吨,在全国煤炭市场有重要影响的大型煤炭物流企业集团。

——组建山西煤炭运销协会,构建山西煤炭销售联盟。充分发挥“欧佩克”式的积极作用。通过山西煤炭销售协会,加强全省煤炭产量的宏观调控和管理,保持煤炭供需总量的平衡;加强煤焦流通信息化建设,促进煤炭有序合理流动;整顿和规范煤炭市场经济秩序,树立“诚信”的经营理念。山西煤炭运销协会的主要功能是构建晋煤销售联合舰队,实现市场经济条件下全省煤炭的“分散生产、集中销售、联合竞争”。山西煤炭运销协会和山西煤炭销售联盟是大同煤矿集团公司、山西焦煤集团公司、阳泉煤业集团公司、潞安矿业集团公司、晋城无烟煤矿业集团公司、山西省煤炭运销总公司、山西煤炭进出口集团公司、山西统配煤炭经销总公司、平朔煤炭工业公司、太原煤气化公司等10家煤炭企业共同组建的。

2. 山西煤炭销售集团公司模式

这是市场化改革比较深入的一种模式。实现这种以市场为导向,以运销为龙头的模式,从销售环节入手解决山西煤炭问题,通过煤炭运销的联合,组建山西煤炭运销集团,把分散在全省各煤炭企业的运销力量集中起来,形成符合经济发展规模,可以降低煤焦流通成本,提高运销规模效益,从而增强山西煤炭的影响力、竞争力。这种模式的核心内容是行业管理机构要真正做到政企分开,转变职能,运销单位要真正做到企业化运营。

第一,在培育大公司和大企业集团的基础上改革企业的运销管理体制,使各大集团运销职能部门企业化、专业化。结合建立现代企业制度,改革企业内部机构,确立煤炭运销在市场的销售主体地位,根据“煤炭企业运销机构企业化改组办法”把全省各大集团公司、地方煤炭企业的运销单位，改造为独立核算具有法人资格的实体企业，即煤炭运销公司形成集团内部生产、销售两条线平行运转。运销公司通过建立内部市场，对集团、企业内部的煤炭产品采取收购、代理等形式，统一经营，共同管理，在集团内部建立起有序、高效、合理的运销网络体系。

第二，改革全省国有、地方分散多元的运销体制，本着“统一销售、统一价格、减少环节、集团经营”的原则，在省内各煤炭企业运销部门企业化的同时，组建覆盖全省的山西煤炭销售集团公司。首先整合全省分散的地方所有煤炭经销企业，重点推进和整合山西省煤炭运销公司、山西省煤炭进出口公司、山西省乡镇企业煤炭运销公司以及几家计划单列的省管煤炭经销企业，使之成为一家山西省地方煤炭运销总公司。然后加快地方煤炭与国有大型煤炭企业集团的运销公司联合，组成全省性的山西煤炭运销集团。通过建立山西煤炭的销售网络，加大客观调整力度，实现山西煤炭的统一、协调与均衡销售，联合竞争。

第三，寻求与铁路、港口、物资、贸易等企业的联营，按照现代物流配送方式在上海或长江中游口岸建立符合现代物流和期货市场要求的大型煤炭交易市场。我省应发挥山西省煤炭运销总公司的组织资源优势、客户资源优势以及经营规模和融资能力等优势，通过运输、销售联合省内、省外组建几家港口、煤炭集散地为主的煤炭市场，在上海、长江各口岸等交通枢纽地组建一些功能多、效率高的晋煤运销基地。并在与流通环节联合的基础上，进一步把联合延伸至消费环节，按照平等互利的原则与主要用煤单位建立松散的供需联盟，鉴订中长期的购销合同，并采用现货贸易、补偿贸易等多种方式建立相对稳定的供需伙伴关系。

第四，建立行业协会，加强诚信建设，规范市场行为。一是要规范市场主体，二是要规范市场行为。要规范市场主体，就是通过行业协会或集团公司，规范市场销售主体，彻底改变过去那种销售主体多元化格局，通过内部机制整合，确立单一市场销售主体，建立山西煤炭销售联合舰队，形成山西煤炭联合竞争的营销格局。但这种联合决不能形成垄断，而是根据我省煤炭的市场分布和品种优势，按照现代物流和能源产业发展的趋势，形成规模经济。其目的就在于对内制止无序竞争，创造一个平等的交易条件。规范市场行为，就是要通过建立现代企业制度和行业协会，规范企业自身行为；通过行业组织协调政府与企业、企业与用户之间的关系；通过行业协会保护行业利益，加强行业自律，通过诚信和品牌，做大做强山西煤炭运销公司。

第五，开展多种交易方式。一是建立网上市场，实施以电子商务为管理模式的现代营销方式。随着电子商务的普及和发展，利用网络开展煤炭订货和交易逐渐被人们接受，也对现有煤焦流通体制产生了深刻的影响。网络定货和交易不仅可以增加煤炭流通的透明度、节约定货和交易时间、节省订货和交易费用、降低流通成本，还可以加快信息流动、促进煤炭物流的合理化。山西省煤炭运销集团应逐步发展电子商务，实现网上交易、网上订货。煤炭网上交易需要一个公共平台，我省应发挥市场广泛、用户稳定的优势，与中国煤炭市场网联手建立煤炭网上市场，通过煤炭网上市场，使供需双方在网上达成订货协议。二是与电厂、冶金等大用户联合，订立长期供货合同。中长期煤炭购销合同实质上是煤炭供需双方建立稳定的战略伙伴关系的体现。国家应鼓励煤炭供需双方特别是大型煤炭企业集团与大中型用户签订中长期煤炭购销合同，引导煤炭供需双方从战略合作高度来谈判煤炭价格，减少短期利益冲突。抓住目前煤炭紧缺的机会，与老客户、大客户共同协商、互惠互利，签订 10 年左右的长期定货合同。三是配合铁路、港口大力开展优质配煤销售。优化配煤工艺，打造煤炭精品，为满足国内外用户对煤炭质量的需求，大力开展配煤销售，从而提高山西煤炭的市场竞争能力。我省应通过实现产品整合、细分煤种等级等办法，以现有煤种为基础，结合产需实际，优化配煤方案，多渠道、大范围配煤。

五、几点政策建议

（一）创建煤炭价格指数

改革全国煤炭交易方式和合理确定煤炭价格是煤炭行业市场化改革迫切需要解决的问题，我国煤炭交易市场亟待有一个能够客观、科学地反映供需状况的标准，才能顺利解决电煤价格矛盾以及煤炭企业资金等行业交易的纠纷。从全球煤炭市场的发展趋势分析，受石油、电力能源产品市场大量采用以商品价格指数为基础进行交易的启发，国外煤炭市场相继创建了一系列煤炭价格指数，用以引导煤炭市场交易。

创建价格指数，从根本上讲，是由于煤炭价格具有内在波动特征所决定的。在国际上，对波动率价格一般以商品价格指数为基础确定。科学的煤炭价格指数既能反映价格现状，也能反映煤炭供需双方对价格的期望。因此，创建新的煤炭价格指数，对促进和规范煤炭市场有很重要的作用。建议：由国家发改委出面组织煤炭、电力、冶金、铁路、大型煤炭产运销有代表性的企业出资委托独立的机构设计和测算一个能够反映我国实际情况的价格指数。

（二）试办煤炭期货市场

煤炭产品在20世纪90年代中期开始出现在柜台交易市场（OTC），2001年纽约商品交易所开始进行煤炭期货交易。现在世界煤炭市场已发展为传统煤炭市场、柜台交易市场、期货市场三种市场并存的市场体系。在美国、澳大利亚、南非等国，煤炭交易各方借助期货、期权的套期保值功能，较好地进行了风险管理，降低了因现货市场高度波动产生的经营风险，促进了煤炭及相关工业的发展。

我国目前有上海、郑州、大连等3家期货交易所，尽管交易所不多，期货交易品种太少，但是在小麦、棉花等方面起到了很好的效果。发展我国的煤炭期货必须建立煤炭期货交易所，或在现有煤炭交易所开展煤炭品种期货交易。建议：由山西省煤炭运销公司、神华、华能等大企业牵头组建公司制的期货交易所，同时培育机构投资者，使煤炭集团、发电集团、大型冶金、铁路、港口和部分金融机构参与能源期货的交易。建议国家发改委等部门抓紧进行操作层面的研究，并早日推出。

（三）改革一年一度的订货会议

煤炭订货制度的改革是煤焦流通和中国能源市场改革中的重大问题，随着煤焦流通体制改革的深入，煤炭计划削减和煤炭价格逐渐放开，特别是我国加入WTO后，煤炭产运销等方面的基本条件已发生了根本变化。全国一年一度的煤炭订货交易会也面临越来越多的问题。诸如订货效率不高、订货成本太大、“煤电”矛盾难以协调以及订货合同执行不好等，改革订货会交易方式已势在必行。建议：加快全国订货会的改革，近期可以进一步缩小订货范围，举办分品种订货、煤炭消耗大户、举办中长期煤炭合同订货等。行业试点从电煤、铁路、钢铁、化工开始，一订三年，小户实行网上订货以山西省煤炭运销总公司作为网上订货试点企业。从长远看应真正实现煤炭价格放开。

（四）为了全国的能源安全和区域经济协调发展，支持山西“中部崛起”使山西真正成为全国能源基地和制造业基地

山西“中部崛起”和能源基地的振兴是战略机遇期改善全国生产力布局、保障能源供给的战略性任务。我国应汲取20多年前片面追求扭转“北煤南运”格局、放松对山西老工业基地支持的教训，认真总结国家25年前决定在山西搞能源基地建设的经验，为了保证今后20年我国能源的战略安全和煤焦的可靠供应，仍应从国家产业政策的层面，认真对待山西老工业基地的改造问题，使之与东北一样享受相应的政策。应根据山西实际情况采取相应的一系列措施，主要包括：扶持山西能源重化工基地建设的政策性措施、煤化工和以煤为原料的相关工业的支持政策，加大山西水资源保护的建设，同时在公路、铁路建设和煤炭市场建设等方面给以大力支持。在国际、国内产业转移加快的今天，国家应该支持山西充分发挥承接制造业转移的优势和基础，重新打造中国重要的制造业基地。“中部崛起”和“一个基地变两个基地”既是山西新的区域定位和产业定位，也是全国生产布局和产业协调发展的必然要求。

（五）从宏观层面上支持、协调好煤炭运销与铁路、港口的营运联合

煤炭运输方式中铁路是最为便利、最为经济的一种方式，也是山西煤炭外运中成本最低的一种方式。由于运销主体太多、中间环节太多，致使运煤成本太高。从山西向省外运煤运费占整个价格的1/3～2/3，加上目前全国性的公路限制超载等因素，晋煤运力已经影响到全国的能源供给。建议中央从宏观层面上重视山西煤运基础较好、运距较短、煤炭产能较大等优势出发，支持、协调好山西煤炭运销集团与铁路、港口联合，形成矿、路、港、航一体化的现代煤炭运销网络。目前山西仅省煤炭运销总公司这一煤炭运销系统已经有288个铁路发运站，铁路年发运能力达3亿吨，与全国25个省、五大区域、四大重点用煤企业建立运销关系，资本规模、经营规模居全国前列。建议：国家在加大铁路部门改革与增加铁路建设的同时，从煤炭企业交纳的铁路建设基金中拿出1/3专门用于支持煤炭运销集团与铁路、港口进行联合，组建大型煤炭物流公司，以保证全国的煤炭供给，增加国家对煤炭生产、销售、运输的宏观调控能力。

（本研究报告的完成时间：2004年9月）

专题研究报告之三

山西煤炭开发与国民经济可持续发展研究

山西以煤炭资源开发为主导的大规模能源重化工基地建设，不可避免地造成山西全省范围内的资源破坏和环境状况的急剧恶化，使山西本来就十分脆弱的生态环境系统承受着极为严峻的压力，具体表现在污染物排放数量较大、环境质量日趋恶化、环境污染负荷沉重、地下水系破坏严重、地质灾害加剧等五个方面。究其原因，主要有经济结构畸形、能源不合理开发、能源生产消费结构扭曲等三个方面。

资源与生态环境的严重破坏，对山西经济社会发展造成多方面危害，一是恶化了生存空间，加重了社会负担，加剧了生态失衡，制约了地区可持续发展。二是造成巨大的经济损失。20 多年来，山西省仅大气污染、水污染、工业固体废弃物污染、煤炭开采地质环境破坏所造成的经济损失便高达 1358 亿元～2108 亿元，占 20 年 GDP 总和的 9.92%～15.40%。三是加剧了生态环境价值的流失与转移。20 年来，山西仅煤炭、焦炭、电力三项产品流失转移的生态环境价值便高达 539.89 亿元。

为迅速扭转上述发展的困境，除山西省自身积极采取有力的措施外，还需中央给予一定的政策支持，这包括：(1)建立并推广实行污染物排放申报和许可证管理制度；开征环境损耗补偿费，实行污染物有偿排放，对土地塌陷、地下水系破坏也建立相应的补偿管理制度，使企业环境成本价值化和内部化。(2)对污染治理项目建立责任人制度，实行项目跟踪考评和事后监督，以及责任追究制度。为确保项目建设的资金，可实行企业自筹、省排污费返还、财政支持、银行贴息贷款等政策。(3)在山西试行排污权交易拍卖制度、“三同时”保证金制度和环境责任保险制度。(4)建立生态建设与环境保护基金。(5)设立产业调整援助基金，运用金融创新的力量切实援助煤炭、焦化、电力等能源高耗能、高污染企业的退出和转产行为。(6)在山西制定特殊的水资源保护政策。如地下水资源保护性开发政策。将山西地下水资源保护纳入国家环境保护与综合治理的重点地区，在全社会按照用水量普遍征收水资源保护费和排污费。适时调整山西煤炭、洗精煤、焦碳等能源产品的水资源补偿费等。

20 多年来，山西经过以煤炭资源开发为主导的大规模能源重化工基地建设，能源及各类高耗能原材料工业的发展取得举世瞩目的巨大成就，为地区经济发展和整个国民经济稳定运行做出重要的历史性贡献。然而，煤炭资源的大规模、高强度、大面积开采，各类高耗能工业的迅速发展，不可避免地造成山西全省范围内的资源破坏和环境状况的急剧恶化，使山西本来就十分脆弱的生态环境系统承受着极为严峻的压力，对全省经济社会的可持续发展构成极大的威胁。因此，以科学发展观为指导，深入研究和认真解决山西煤炭开采所造成的一系列环境问题，对保障全国的煤炭供给安全，实现区域经济社会的全面、协调、可持续发展，无疑有着十分重要的战略意义和极为紧迫的现实意义。

一、煤炭开发对山西可持续发展造成的影响

(一)环境污染严重

1. 能源及高耗能工业污染物排放数量较大。据统计，能源基地建设 20 年来，全省累计排放烟尘

1743万吨，年均排放量87.15万吨，二氧化硫累计排放1632万吨，年均排放81.6万吨，工业污水累计排放155.6亿吨，年均排放7.78亿吨，生活污水累计排放44.8亿吨，年均排放2.24亿吨，固体废弃物累计产生量7.05亿吨，年均产生量3525万吨，工业固体废物历年累计堆存量28624万吨，危险废物产生量13.0万吨。目前，全省煤矸石堆存总量已达9亿多吨，电厂煤灰渣1亿多吨，占地20余万亩，每年煤矸石和粉煤灰的排放增长速度分别高达3000多万吨和450万吨。全省106座煤矸石山有40多座正在自燃。

2. 环境质量日趋恶化。山西省环境管理部门提供的环境监测数据表明，多年来，全省大气、水体、饮用水源和声环境状况一直处于严重的污染状态。

城市空气质量处于较重的污染水平。全国污染严重的城市30个，山西占13个，名列前5名为山西省的临汾、太原、忻州、阳泉、榆次等城市。全省18个已经开展空气环境质量监测的城市中，国家重点考核的空气质量指标TSP和二氧化硫，超过国家三级标准的城市分别有17个和13个，其中，TSP超标0.26—1.5倍，二氧化硫超标0.3—2.5倍。在世界113个国家的重点城市中，山西临汾、阳泉、大同位居空气污染综合指数最严重的前3位。

从地表水环境质量来看，全省26条河流的105个水质监测断面的监测数据表明，按国家《地表水环境质量标准》Ⅲ类比较，化学需氧量平均超标3.9倍，最高46.1倍，非离子氨平均超标62.4倍，最高1804倍，石油类平均超标26.1倍，最高240.8倍，挥发酚平均超标9.3倍，最高192.6倍，生化需氧量平均超标3.71倍，最高39.66倍，亚硝酸盐氮平均超标1.6倍，最高22.3倍。

从地表水水质来看，全省河流没有一个断面能达到国家地表水环境质量标准Ⅰ类水质，73.1%的断面超过国家Ⅴ类水质标准，符合国家Ⅱ类水质标准的仅占5.8%，有76.9%的河流属严重污染。目前，全省主要河道70%以上明显受污染，其中454公里的河段水质超过“三废”排放标准。如汾河古交段对晋祠泉及灵石段对郭庄泉的污染，桃河水在阳泉到西武庄沿途渗漏污染娘子关泉，造成近100平方公里的污染晕，数十平方千米内氰化物严重污染。全省11座水库中，有8座未达到规定的功能要求，有3座已被严重污染。

从地下水水质来看，8个城市52个地下水供水水源井的监测表明，在18项监测指标中，已经有9项指标出现不同程度的超标现象，其中，超国家Ⅲ类标准的井，总硬度指标占11.5%，硫酸盐占26.7%，大肠菌群占38.1%。27%的井水水质属于较差和极差。

从声环境状况来看，在7个开展道路交通噪声监测的城市中，其年均等效声级平均值为69.8分贝，全部超标（70分贝）的城市有3个，占监测城市的42.9%。

3. 环境污染负荷沉重。全省每年因采煤排放的矿井废水约4亿多吨，平均吨煤排水量为1.62立方米，大量废水排入河道，使地表水系受到严重污染。全省每年因燃煤排放的烟尘为145万吨，二氧化硫150万吨。目前，全省每平方千米大气污染负荷为全国平均值的1.6倍，焦炭生产地区则高达6—10倍。苯并芘国家标准为10微克/立方米，山西主要产焦市（县、区）的浓度都在400微克—600微克/立方米，超过国家标准上百倍之多。据有关专家对山西省和全国环境负荷所做的比较分析，每平方千米单位面积污染负荷，无机污染物是全国的2.07倍，烟尘4.1倍，二氧化硫为4.07倍，粉尘3.23倍，工业固体废物4.95倍。人均污染负荷，无机污染物是全国的1.33倍，烟尘3.15倍，二氧化硫2.63倍，粉尘2.08倍。万元产值污染负荷，无机污染物是全国的1.7倍，烟尘4.02倍，二氧化硫3.36倍，粉尘2.66倍（详见表1）。省会太原TSP日均浓度为国家二级标准的1.89倍，二氧化硫为国家二级标准的3.52倍，空气质量指数为四级，在被监测的全国43个大城市中，空气质量倒数第一，是世界上污染最严重的城市之一。

4. 地下水系破坏严重。一是煤炭开采对地下水系造成严重破坏。据评价，山西煤炭开采对水资源破坏影响的总计面积为20352平方公里，占全省总面积的13%。其中严重破坏区面积为2670平方公里，占全省总面积的1.7%；一般破坏区面积10113平方公里，占全省总面积的6.5%；影响区面积为7569平方公里，占全省总面积的4.9%。二是采煤破坏了地下水循环系统，造成水利设施报废，地表植被死亡。地下水资源系统的破坏形成了以开采区为中心的水位下降漏斗区，造成浅层水资源枯竭。据有关部门调查，1995年，全省地下水位漏斗区面积已达7145平方公里。地下水位下降不仅使省内许多著名大泉减流和断流，更为严重的是导致地表下沉，太原市已形成309平方公里的地下水降落漏斗区，平均地面下沉0.55米，最严重的已达1.38

米，给城市建筑物安全和人民生活带来多方面影响。据不完全统计，全省采煤漏水已涉及20多个县，1678个村庄，造成近百万人口和几十万牲畜用水困难，100万多亩水浇良田变为旱地。全省主要矿区内，每公顷耕地粮食减产250公斤，每年减少粮食产量1.17亿公斤，经济损失达9400万元。三是造成地下水的严重污染。目前，在全省岩溶水中，均被检测出污染物，其中，中度和重度污染的岩溶泉占被检测泉总数的34.51%，而保持清洁的岩溶泉仅占被检测泉总数的29.2%。

5. 采煤引起的地质灾害加剧。到2000年，全省煤炭矿区形成采空区2080平方公里，塌陷区650平方公里，地面塌陷和煤矿废弃物堆放面积合计约100万亩。因采煤造成433处水利设施、40座水库、79万米输水管道毁坏。仅据大同、阳泉等五大矿务局的不完全统计，由于大面积开采造成的塌陷面积为621581亩，97800万亩水地变为旱地，605个村庄4250户居民、96万平方米房屋需要搬迁。

表1　山西省环境污染负荷与全国比较表

	单位面积污染（千克/平方公里）				人均污染负荷（千克/人）				万元产值污染负荷（千克/万元）			
	COD	烟尘	SO_2	粉尘	COD	烟尘	SO_2	粉尘	COD	烟尘	SO_2	粉尘
全国	1447	1446	1953	1224	11	9.2	14.7	9.3	16.9	14.1	22.6	14.3
山西	3000	5929	7942	3955	14.6	29	38.7	19.3	28.7	56.7	76	38
倍数	2.07	4.10	4.07	3.23	1.33	3.15	2.63	2.08	1.70	4.02	3.36	2.66

(二)生态环境问题的成因

1. 能源工业畸形发展。据统计，近20年来，山西能源工业固定资产投资总额累计达932.3亿元，占全省固定资产投资总额的53.6%，年均增长幅度达16.5%。高耗能工业所占比重为29.7%，而制造业仅占到6.7%。在全省工业固定资产原值中，能源工业所占比重达51.1%，原材料工业为25.8%，制造业为16.3%。在全省工业职工人数中，能源工业的比重达38.9%，原材料工业为23.6%，制造业为19.6%。多年来，全省能源工业增加值一直占到工业增加值总额的50.02%，利税占工业利税总额的64.7%。

统计资料表明，在全省工业行业各类污染物的排放中，初级能源原材料工业的废水排放量占工业部门排放总量的比重为72.21%，废气排放总量占94.92%，固体废物产生量占96.49%，固体废物存储量占98.84%，固体废物累计存储量占98.07%，固体废物排放量占93.34%。环境部门的监测调查也表明，在工业废气中，电力、建材、炼焦、采掘等四个行业排放的SO_2占全省的64.1%，电力、炼焦、建材、黑色金属冶炼和其它等5个行业排放的工业烟尘占全省的64.1%；建材、黑色金属冶炼等二个行业排放的工业粉尘占全省的87.9%(详见表2)。

表2　山西省“三废”排放行业统计表(2000年)

行业		废水排放总量（万吨）	废气排放总量（万标立方米）	固体废物产生量（万吨）	固体废物贮存量（万吨）	固体废物历年累计贮存量（万吨）	固体废物排放量（万吨）
总计		32405.78	66354635	7694.49	816.72	25867.63	646.01
初级能源原材料工业	采掘业	4888.36	2589717	4321.3	414.15	12840.25	511.16
	石油加工及炼焦业	934.42	8784950	261.32	3.83	23.09	13.46
	电力、煤气及水生产供应业	6540.78	26694294	740.59	304.16	4505.32	18.93
	能源工业小计	12363.56	38068961	5323.21	722.14	17368.66	543.55
	能源工业所占比重(%)	38.15	57.37	69.18	88.42	67.14	84.14
	化工原料及化学制品制造业	4927.95	5879348	209.83	39.07	636.29	13.17
	化学纤维制造业	268.94	254836	2.48			0.21
	橡胶制品业	102.30	101125	2.24		0.02	0.06

续表

行　　业		废水排放总量（万吨）	废气排放总量（万标立方米）	固体废物产生量（万吨）	固体废物贮存量（万吨）	固体废物历年累计贮存量（万吨）	固体废物排放量（万吨）
初级能源原材料工业	塑料制品业	11.62	18600	0.05			0.01
	非金属矿物制造业	347.74	5514853	39.54	1.23	1.36	5.72
	黑色金属冶炼及压延工业	4458.77	9482468	1177.76	32.28	978.80	38.88
	有色金属冶炼及压延工业	918.62	3762374	669.33	12.54	6382.18	1.39
	合　　计	23399.50	62982565	7424.44	807.26	25367.31	602.99
	比　　重(%)	72.21	94.92	96.49	98.84	98.07	93.34
	食品、烟草加工及食品、饮料制造业	786.72	407921	10.27	0.07		0.74
	纺织业	577.89	334880	7.54	0.28	9.94	0.54
	皮革、毛皮、羽绒及其制造业	10.11	5718	0.13			0.01
	造纸及纸制品业	5441.82	175655	5.58	0.01		0.16
	印刷业、记录媒介的复制	12.83	4959	0.07			0.02
	金属制品业	40.21	62150	3.17	0.02		0.61
	机械、电气、电子设备制造业	1494.62	1910024	67.16	9.07	489.89	3.41
	其他行业	429.85	309820	173.1	0.01	0.08	37.29
	合　　计	9006.28	3372070	270.05	9.46	500.32	43.02
	比　　重(%)	27.79	5.08	3.51	1.16	1.93	6.66

2. 能源资源不合理开发利用。目前全省煤矿资源回采率，国有矿平均为55%，乡镇矿仅为15%～20%，全省煤炭资源平均回采率仅有25%，扣除规范合理损失后，全省平均每开采1吨煤损耗煤炭资源6.6吨，煤炭开发、加工、转化过程中资源综合利用程度低，全省原煤平均入洗率45%，中煤利用率不到40%，矸石利用率不足20%，粉煤灰利用率为54%；焦化工业的资源浪费更为严重，煤焦油、粗苯等化工产品回收率也很低，全省每年排空浪费的焦炉煤气高达80亿立方米。

3. 能源生产消费结构扭曲。在全省一次能源产量中，原煤比重高达99.88%，在输出的能源产品中，原煤比重为79.9%，而电力仅为2.3%，洗精煤为8.3%，焦炭为9.5%；全省煤炭加工转化比为45.5%，加工转化能源占一次能源的41.37%。从全省燃料消耗结构看，原煤占46.62%，焦炭占27.35%，电力占9.93%、石油占5.69%、煤气占6.78%、洗精煤占3.63%，实际上电力、焦炭、洗精煤、煤气都是境内二次能源，均为煤炭转化而来，因此，煤炭消费机构实际所占比重为94.31%，石油天然气仅占5.69%，是典型的煤烟型污染燃料结构。

20多年来，山西作为全国的能源基地，除了要承担为满足本地区人民生活所需消耗能源而带来生态损失和环境污染之外，还承担着为满足整个国民经济发展所需而生产、加工、转换、运输能源所带来的生态灾难与环境负荷。据统计，1980—2000年山西累计生产煤炭52.77亿吨，约占全国同期煤炭总产量的30%，累计出省煤炭外调量为37.83亿吨，外输电力1225亿千瓦小时，外运洗精煤5.48亿吨，外运焦炭1.58亿吨。煤炭年出省外运量占全国省际间煤炭交易总量的80%以上；火电出省外供电量占本省发电量的19.57%；焦炭年出省外运量占本省焦炭总产量的42.1%，年出口量占全国焦炭出口总量的60%。

(三)对山西经济社会造成多方面危害

1. 恶化了生存空间。据环境管理部门对全省11个城市1999年1～10月的空气质量指数比较分析，11个城市中，81.6%的时间处于“对易感人群症状有轻度加剧，对健康人群出现刺激”的轻度以上污染状态。其中，“对健康人群普遍出现症状，对心脏病、肺病患者症状显著加剧”的中度以上污染时间占10.8%，使“健康人群有明显的强烈症状，提前出现症状”的重度以上污染的时间占到26.9%。世界银行曾经公布了全球空气污染最严重的20个城市，太原市名列榜首，其TSP是世界卫生组织规定标准的8倍，SO_2是世界卫生组织公布标准的3倍。

2. 加重了社会负担。统计部门的抽样调查表明，1985 年全省城镇居民人均医疗费年支出额为 5.9 元，占年支出额的 1.1%，2000 年其费用已上升到 300.81 元，所占比重也上升到 7.5%，数额上涨了 50.99 倍，比重上涨了 6.8 倍。而全国城镇居民平均支出费用上涨的倍数仅仅为 20.1 倍，所占比重上涨的倍数为 2.6 倍。

3. 制约了经济发展。巨大生态与环境负担，给区域经济的发展背上沉重的包袱。据不完全统计，能源基地建设 20 年来，山西省累计在环境保护方面的投资高达 61.7 亿元，年均投资 3.085 亿元。即使这样，全省依然存在严重的环境欠帐。据测算，山西仅消除现有的环境欠帐，便需投资 188.8 亿元，如此巨额投资，无疑将成为山西经济发展的沉重负担，从而，使全省经济、社会、环境协调发展的矛盾更为尖锐。

4. 环境经济损失巨大。据有关专家测算，1980—2000 年能源基地建设 20 多年来，山西省仅大气污染、水污染、工业固体废弃物污染、煤炭开采地质环境破坏所造成的经济损失便高达 1358 亿元～2108 亿元，占 20 年 GDP 总和的 9.92%～15.40%。

5. 造成严重的价值转移流失。由于山西是全国的煤炭能源生产基地，每年山西生产的煤炭、电力、焦炭等能源产品源源不断地输送到全国 26 个省、市、自治区。可见，从某种意义上讲，山西能源产品外输实际上是生态与环境资源价值的外输，是可持续发展能力的外输，在目前资源性产品生产成本不实的价格体系下，这显然是一种不对等地区贸易关系。据计算，20 年来，煤炭产品外输转移到全国 26 个地区的生态环境价值为 332.38 亿元，焦炭产品外输转移的生态环境价值为 33.33 亿元，电力外输转移的生态环境价值 134.95 亿元，3 项合计，20 年来，山西能源产品的外输共造成 539.89 亿元生态环境价值的流失转移。

二、山西可持续发展的战略选择

(一)环境保护与治理的对策

1. 在能源生产、加工、转化、消费领域建立起全面科学的污染物排放生态环境管理机制，建成一批能源环境协调发展的重点控制区、示范小区和样板工程，制订颁布能源开发利用环境影响评价制度和办法，加强对各环节的环境监测，实施从勘探、开发、加工、转换、利用、传输的全过程环境管理，建立生态环境补偿收费制度和复垦保证金政策，减少环境代价。对生态环境破坏严重地区，制订生态恢复计划。做好资源开发利用的生态影响评价工作，超前分析预测开发利用各类矿产资源对其他资源和周围环境及社会要素造成的影响；提出保护生态环境和综合利用资源的方案和措施，并确保它们与整体工程同步设计和建设实施，将工程对生态环境的破坏控制到最小程度，将资源开发建设的生态影响评价管理纳入环境保护部门和各级资源管理部门的工作议程，强化对各类资源开发利用的管理。

2. 在全省范围内，根据不同地市产业结构特征和能源发展现状，结合国家“双控区”规划和“火电厂脱硫控制”计划，根据本省实际，实施电厂脱硫工程，强制性推广电厂脱硫技术，即从现在起，所有新上电厂必须上脱硫装置，在 2006 年以前，全省 60 万千瓦机组推广活性炭脱硫示范工程，2010 年以前全省现有电力企业的 70%～80%实现脱硫，到 2015 年现有电力企业全部完成脱硫。

3. 依靠科技进步，建立能源环境协调发展和废弃物综合加工利用的示范工程：

——焦炉排空煤气回收净化综合利用。在 2006 年实现 20%的综合利用，2010 年回收利用率达 50%，2020 年基本实现全部利用；

——矸石、粉煤灰及其它固体废弃物综合加工利用。2005 年以前，建设 260 万千瓦矸石发电厂，实现年消耗 1860 万吨矸石，2015 年新建 500 万千瓦矸石电厂，年利用矸石 3500 万吨，2010 年，在全省煤炭主产区，形成年产 15 亿块以矸石为原料的建材生产能力，年处理矸石 400 万吨；

——污水和城市垃圾集中净化处理。研究和推广污水和城市垃圾的最佳实用技术、包括末端治理技术、回收利用技术、源控制技术和全过程控制技术。在 2005 年城市污水集中处理率达 45%，垃圾无害化处理率达 50%，2010 年城市污水集中处理率达 60%，垃圾无害化处理率达 65%，2020 年城市污水集中处理率达 80%，垃圾无害化处理率达 90%。

4. 大力发展循环经济，组建环境与发展促进会，广泛动员和组织全社会力量，建立发展基金，加大政府扶持力度，对环保产业发展创造良好政策环境。在全省城市实施能源结构清洁化战略，使其电力、气体燃料和其他清洁能源的消费量占据主体地位，发展集中供热，扩大城市烟尘控制区面积。2006 年以前，全省 5 个中心城市全部实现集中供热，2010 年以前，11 个地级市全部实现集中供热，2015 年以前，全省县级市和大运路沿线所有县城全部实现集中供热，2020年全省85%的县城实现集中供热。同时，要鼓励企业采用“生命周期分析”方法生产产品；推广绿色技术和绿色产品，促使生产技术的绿色化、生产产品的绿色化和消费的绿色化，对矿产资源的开采、选、冶、运、加工、回收等各环节层层控制，实行封闭式管理方式，建立清洁型闭合生产与消费体系。

5. 认真解决汾河等主要流域的生态环境问题。尽快成立强有力的全流域水资源管理机构，统筹规划，统一调整上、中、下游水资源，确保全流域经济社会与生态环境的协调发展。建立源头水资源涵养生态保护区，用经济手段建立新的水资源调控机制，实施统一的水资源费征收管理办法，逐步形成分级分部门的收费管理制度并提高水价。应打破行政界限，以流域为单元，建立水资源供应与水污染控制一体化管理委员会，实行流域管理委员会管理制度并逐步使之企业化，履行取水、防洪、排水、航运、发电、流量控制、水质保护、污染控制等职能，同时征收水资源税、水费、排污收费并进行统一核算，以保证其运转费用和建设新的水利工程与污染治理工程项目。在重点流域建立跨行政区域河流边界水质达标交接制度，依据上下水断面控制目标，各行政区的首长履行环保目标责任制，促进全流域水资源合理开发利用和经济与环境的可持续发展。

(二)请求中央和省给予支持的若干政策

1. 根据山西省的实际，从多方面采取措施，建立有效的能源污染控制和管理制度；建立并推广实行污染物排放申报和许可证管理制度；开征环境损耗补偿费，实行污染物有偿排放，对土地塌陷、地下水系破坏也建立相应的补偿管理制度，使企业环境成本价值化和内部化。

2. 对污染治理项目建立责任人制度，实行项目跟踪考评和事后监督，以及责任追究制度。为确保项目建设的资金，可实行企业自筹、省排污费返还、财政支持、银行贴息贷款等政策。

3. 在山西试行排污权交易拍卖制度、“三同时”保证金制度和环境责任保险制度。如在项目建设初期，向环境保护管理部门交付一定比例的项目环保建设保证金，待项目完工，环保设施验收通过后，再给予全额返还。

4. 建立生态建设与环境保护基金。基金的来源可以是排污收费(空气污染费和污水排放费)、自然资源使用费(如水、矿产等)、特定产品收费(燃料、有包装的产品)、贷款收还收入，也可以是来自国内外的各种组织及个人的捐赠等，还可以是通过发行环境资源保护债券等。基金的使用主要用于治理环境污染、改善生态环境、水资源的开发和利用、退耕还林的补偿等有助于扩大基金开支产生环境效益的重大项目，有偿使用，滚动发展。环境基金运营应通过组建规范运作的基金管理公司，按照基金的基本规范去进行。

5. 设立产业调整援助基金，运用金融创新的力量切实援助煤炭、焦化、电力等能源高耗能、高污染企业的退出和转产行为。应依据国家有关法规，探索设立专门用于结构调整的基金，加强与区域性信贷政策沟通协调，可以对从“长线”行业中退出的企业给予优惠待遇，如企业若封存和淘汰设备，在进行新投资时，就可以按比例得到优先或优惠贷款或采用特别折旧率，或者按封存和淘汰的设备数量，给予一定的资金补偿，产业调整援助基金还可以用来作为职工再就业培训的费用和行业救济金等。

6. 在山西制定特殊的水资源保护政策。一是制定地下水资源保护性开发政策。根据全省现行地下水资源的赋存和开采情况，划定地下水资源特殊保护区，对部分优质地下水、名泉、名水分别实行限制开发、保护性开采、恢复性开采或休采等政策。对在此进行煤矿开采作业的，应特别进行限制或限量开采。二是鉴于山西地下水资源破坏的严重性及其对京、津、冀、豫等周边地区影响的深远性，建议将山西地下水资源保护纳入国家环境保护与综合治理的重点地区，在生态环境治理项目安排和资金上给以重点扶持。三是在全社会按照用水量普遍征收水资源保护费和排污费。四是为弥补山西水利工程建设严重的资金短缺，适时调整山西煤炭、洗精煤、焦碳等能源产品的水资源补偿费，建议由目前的2元/吨煤调整为4元/吨煤。

专题研究报告之四

山西煤炭工业安全生产问题研究

山西是全国的产煤大省。1949－2003年累计生产原煤77亿吨，其中，1980－2003年累计生产原煤63亿吨，为山西和全国的经济发展做出巨大贡献。同时，山西煤炭工业在安全生产方面也付出了沉痛的代价。

安全生产是煤矿生产经营活动中一个最重要、最基本的前提。新中国成立以后，党和政府高度重视煤矿安全生产工作，特别是改革开放初期，国务院确立山西为全国能源重化工基地以后，山西省委、省政府始终坚持“安全第一，预防为主”的方针，煤炭工业紧紧依靠科技进步，推进安全综合治理，开展安全思想教育，强化安全技术培训，落实各项安全措施，促进了全省煤矿安全生产状况的逐步好转，山西煤矿百万吨死亡率由1980年的5.76下降到2003年的1.18，居全国先进水平。

党的十六届三中全会和十届人大二次会议提出了“科学的发展观”，就是在解放和发展生产力、促进经济发展和社会全面进步的过程中，要按照统筹城乡发展、统筹区域发展、统筹经济社会发展、统筹人与自然和谐发展、统筹国内发展和对外开放等五方面协调发展。随着我国经济的不断发展和人民生活水平不断提高，人类生存的价值观发生了深刻的变化。党和政府对安全生产的重视程度和人民群众对安全生产的关注程度已经上升到前所未有的高度，追求人与自然的和谐发展已成为一切生活的共同目标，而搞好安全生产则是实现人与自然和谐发展的重要体现。

本课题针对山西煤炭工业安全生产的现状、经验和教训，以及差距和成因进行了分析和研究，围绕全面建设小康社会和能源重化工基地建设过程中的煤炭工业安全生产提出了对策和建议。

一、对山西煤炭工业安全生产的基本估价

煤炭工业在我国国民经济经济发展中具有举足轻重的地位，在一次性能源供给中，煤炭占到60%以上。煤炭工业的盛衰，直接影响我国国民经济的发展和人民生活的安定。

山西是全国的煤炭大省，煤炭产量占全国的25%以上，省际调出量占全国的75%以上，出口量约占全国的50%。特别是80年代初被国务院确定为全国能源重化工基地以来，累计生产原煤近63亿吨，2003年产量达到4.51亿吨，比1980年增长2.72倍。

山西煤炭生产大部分属于井工开采，受地质构造影响较大，水、火、瓦斯、煤尘、顶板等五大灾害直接威胁煤矿工人生命和国家财产的安全。为此，安全生产也就成了煤炭工业持续健康发展的头等大事。

改革开放以来，省委、省政府高度重视煤炭工业安全生产，煤炭开采技术与装备跨入世界先进行列，生产条件不断改善，管理水平不断提高，安全状况稳定好转。回顾山西能源基地建设以来煤炭工业安全生产的历程，既有成功的经验和巨大的进步，也有沉痛的教训和严酷的现实。

(一)认真贯彻“安全第一、预防为主”方针，不断强化安全生产管理，煤矿安全生产状况不断好转

省委、省政府和有关部门认真贯彻执行“安全第

一、预防为主”的方针，不断改善安全设施，加强安全管理，安全状况不断好转。特别是改革开放20多年来，依靠科技进步，加强安全管理，提高安全装备水平，建设现代化文明矿井，国有重点、地方国有和乡镇煤矿安全生产状况都有了明显好转。全省煤矿百万吨死亡率从1980的5.76人下降到2003年的1.18人(详见表1)，居全国先进水平。

表1　1980年以来煤矿事矿死亡人数及百万吨死亡率　　单位：人，人/百万吨

年份	全国		山西省								美国	
			全省		国有重点		国有地方		乡镇煤矿			
	死亡人数	百万吨死亡率	死亡人数	百万吨死亡率	死亡人数	百万吨死亡率	死亡人数	百万吨死亡率	死亡人数	百万吨死亡率	死亡人数	百万吨死亡率
1980	5165	8.17	697	5.76	254	3.99	137	6.58	306	9.27		
1981	5162	8.17	693	5.23	236	3.49	121	5.60	336	7.75		
1982	4873	7.21	725	4.99	259	3.57	149	6.05	317	6.57		
1983	5431	7.06	702	4.42	233	3.06	134	4.96	335	5.97		
1984	5698	7.22	854	4.58	241	2.98	130	4.42	483	6.28		
1985	6659	7.63	1058	4.94	298	3.47	192	6.08	568	5.86	68	0.088
1986	6736	7.53	955	4.52	177	1.91	162	3.85	616	7.12		
1987	6897	7.43	889	3.98	130	1.39	159	3.46	600	5.72		
1988	6751	6.89	915	3.92	185	1.88	149	3.44	581	5.15		
1990	7185	6.66	724	2.72	75	0.73	153	3.28	496	3.70	66	0.072
1991	6269	5.78	1065	3.39	74	0.69	382	7.66	609	3.10		
1992	5854	5.43	822	2.78	59	0.52	201	3.98	562	3.85		
1993	6210	5.39	586	1.91	53	0.56	144	3.07	389	2.72		
1994	7212	5.87	668	2.07	72	0.63	198	3.48	398	2.11		
1995	6854	5.30	583	1.76	61	0056	135	2.14	387	1.70	47	0.050
1996	6499	4.73	566	1.62	44	0.50	91	2.01	431	1.70		
1997	7015	5.29	538	1.63	37	0.32	121	1.76	380	1.30		
1998	6275	5.09	361	1.18	23	0.15	67	1.32	271	1.13		
1999	6399	6.13	503	1.95	32	0.32	100	2.02	371	4.03		
2000	5765	5.77	518	1.85	51	0.42	48	1.12	419	3.69		
2001	5601	5.07	490	1.66	38	0.27	81	1.40	371	3.64	42	0.049
2002	6971	5.00	501	1.24	40	0.28	121	1.90	340	1.85	27	0.032
2003	6434	4.17	496	1.18	51	0.26	123	1.62	322	1.78		

20多年来山西煤炭工业安全生产的发展历程，分为几个阶段：一是“七五”时期，在“预防为主，综合治理”方针指引下，全面开展“质量标准化、安全创水平”活动。国有重点煤矿积极发展综合机械化采煤技术，减人减面，提高单产，实现集约化生产；加大安全投入，提高安全装备水平。大同、阳泉、潞安、晋城等一大批矿井的安全生产接近世界采煤国家先进水平。二是“八五”时期，贯彻“安全第一、预防为主、综合治理、总体推进”的方针，坚持“管理、装备、培训并重”的原则，全面推广应用安全系统工程，完善全员、全过程、全方位的安全管理网络，建立健全以法制约束和经济制约手段为主的安全监察和安全管理机制，形成了“企业负责、行业管理、国家监察、群众监督”的安全工作格局。三是“九五”时期，抓重点、抓基础、抓落实，重奖重罚，强化监督；关闭资源枯竭、布局不合理、生产工艺落后的小煤矿；坚持依法办

矿、依法管矿、依法治矿、依法处理事故，安全生产逐步规范化、法制化。四是“十五”时期以来，煤矿安全生产进入法制化监管阶段。国家实行煤矿安全监察制度，对各类煤矿依法进行安全生产专项整治，煤炭生产的安全标准进一步提高，安全基础进一步夯实。具体采取了以下主要措施：

1. 建立健全安全生产的各类规章制度。省人大、省政府和安全生产监督管理部门，先后制定了《山西煤矿企业安全条例》、《山西煤炭企业业务保安制度》、《关于加强通风管理，防止瓦斯煤尘爆炸事故的若干规定》、《关于防止零星事故的若干规定》、《关于改善综采安全生产的若干规定》、《关于加强火工管理防止重大事故的若干规定》、《乡镇煤矿安全生产的若干规定》和《山西省煤矿安全质量标准检查验收办法》等一系列地方法规和规章。

近年来，安全生产法制化进程明显加快，先后出台了《山西省实施〈矿山安全法〉办法》、《山西省矿产资源管理条例》、《山西省劳动保护暂行条例》、《山西省煤炭管理条例》和《关于强化煤矿安全监督管理有效遏制重特大事故发生的有关规定的通知》、《山西省煤矿职工伤亡事故报告和调查处理实施细则(暂行)》、《山西省乡镇煤矿安全生产规定》、《山西省安全生产监督管理办法》、《山西省煤矿安全生产监督管理规定》等，安全生产监督管理和监察执法的法律法规和制度体系已初步形成。

2. 采取综合防治措施，提高矿井抗灾能力。针对煤炭生产中，水、火、瓦斯、煤尘、顶板直接威胁安全的特点，采取静压洒水、煤层注水、煤电钻湿式打眼、高压喷雾降尘等综合防尘措施；采用减风降压、管风防火、堵住漏风、以风治火、消灭火区、治灌并举的综合防灭火措施；配备瓦斯遥测监察系统、配备瓦斯断电仪、风电闭锁、电钻综合保护、更换使用阻燃电缆、采掘分开供电、使用水胶炸药、配备自救器、配备瓦斯报警头灯等防止瓦斯事故措施；测绘地质图、测量顶板下沉量、记录周期来压时间等方法，对顶板来压进行预测预报。同时，积极推广壁式采煤方法，要求每个工作面必须形成两个安全出口，每个矿井必须有两个独立的直通地面的安全出口。严禁独眼井，消灭自然通风，实行机械通风，建立合理的通风系统，矿井的抗灾能力明显提高。

3. 落实安全技措工程，增强矿井防御重特大事故的能力。安全技措工程是从吨煤成本中提取一定比例的资金，集中用于安全装备提高和安全设施建设。省、市(地)、县、矿分别确定重点，制订计划，安排资金，针对薄弱环节和关键工程以“会战”方式抢做工程，消除事故隐患。并且每年都要将其作为安全工作的主要内容，进行严格的检查和考核。

4. 组织科技攻关，解决制约安全生产的重点、难点技术问题。以瓦斯治理和顶板管理为重点，组织有关专家和专业技术人员进行科技攻关。阳泉矿务局试验成功了“邻近层煤层成气地面钻孔抽放技术”；大同矿务局对采煤工作面坚硬顶板进行高压注水软化试验，获得成功；晋城矿务局古书院矿首创“Ⅱ型钢梁无极迈步支护法”；西山矿务局西曲和镇城底矿研制使用适用性强早强速凝锚固力大的CSP型水泥锚杆；在围岩破碎巷道中试验前探梁锚杆和金属网锚杆联合支护。另外，一些重点煤矿在防治水和防灭火等方面也取得了重大突破。

5. 积极推广应用新工艺、新技术，防范生产安全事故的发生。从1984年开始在国有重点煤矿引进安全监测监控系统。80年代后期，国有重点煤矿和生产规模大、经济效益好的高瓦斯地方煤矿使用瓦斯监测监控系统，瓦斯超限次数减少了58.3%。其它煤矿则普遍推广使用“三专两闭锁”，有效地遏制了重特大瓦斯爆炸事故的发生。2001年晋城市全面推广阳城经验，全市所有高瓦斯矿井全部实现全市瓦斯联网集中监控。

6. 全面开展安全宣传教育和培训，提高职工素质。利用广播电视、报刊、板报，出动宣传车、发放宣传品等形式，组织文艺汇演、安全生产演讲、工伤致残职工及工亡职工家属现身说法、身边的人讲身边的事等活动，广泛宣传党和国家关于安全生产的方针政策、法律法规，营造“关爱生命、关注安全”的安全生产氛围。对煤矿从业人员，组织省、地(市)、县三级培训。一些煤矿还实行矿上全员培训、全年培训的制度，职工素质不断提高。

7. 认真查处生产安全事故，严肃责任追究。认真贯彻国务院302号令，组织生产事故的调查处理，起到了应有的警示教育作用。仅2003年在煤矿安全事故调查中，处理责任者1217人，其中地市级2人，县处级25人，科级136人，移交司法机关追究刑事责任86人，给予行政处分549人，党纪处分146人，关闭事故矿井19处。

(二)山西在煤矿安全方面所付出的沉重代价

山西煤矿安全生产状况逐年好转，绝对死亡人数由90年代初每年死亡近千人，降到了近几年的每年500人左右；百万吨死亡率从5.76降到了2003年的1.18。但是由于煤炭生产的特殊性，煤矿事故死亡人数仍然占全省工矿企业事故死亡人数的70%以上。从1980年到2003年的24年中，全省共生产煤炭62.92亿吨，在煤矿生产安全事故中有16801人死亡，百万吨死亡率平均为2.67。在煤矿生产事故中，还有大量的伤残人员。据不完全统计，全省国有重点煤矿现有伤残13000人，他们失去劳动能力，成为社会的弱势群体。

除生产安全事故造成死亡和伤残之外，井下职工的身体健康还受到煤尘、岩尘的威胁。据不完全统计，全省国有重点煤矿自有统计以来到2003年底，患矽肺病职工累计达到16962人，疑似病人21411人。

从以上统计、测算、分析可以看出，山西能源基地建设20多年来，在为国家提供大量煤炭的同时，牺牲了上万名煤矿职工的宝贵生命和健康。可以说，山西在煤矿安全生产方面付出了沉重的代价。

（三）山西煤矿安全生产的特点

1. 国有重点煤矿大大好于国有地方煤矿，国有地方煤矿又好于乡镇煤矿。20多年来，国有重点煤矿生产煤炭26.45亿吨，占全省总量的42.04%，事故死亡2821人，占全省总数的16.79%，百万吨死亡率平均为1.07；国有地方煤矿生产煤炭9.57亿吨，占全省总量的15.21%，事故死亡3514人，占全省总数的20.92%，百万吨死亡率平均为3.67；乡镇煤矿生产煤炭26.90亿吨，占全省总量的42.75%，事故死亡10466人，占全省总数的62.29%，百万吨死亡率平均为3.89。

2. 随着煤矿机械化程度的提高，安全生产状况也明显好转。以国有重点煤矿为例，1985年以前，回采机械化程度在75%以下，百万吨死亡率则在3以上；1986年至1988年，回采机械化程度在75%～85%之间，百万吨死亡率降到2以内；1989－1995年，回采机械化程度在85%～95%之间，百万吨死亡率降到1以内；特别是到1996年以后，回采机械化程度达到95%以上，百万吨死亡率则降到0.5以下。地方国有煤矿，1995年以前，回采机械化程度不到50%，百万吨死亡率高达3以上；1996年以后，回采机械化程度达到50%以上，百万吨死亡率降到2左右。乡镇煤矿，由于回采机械化程度很低，百万吨死亡率平均都在3以上。

3. 重特大事故集中多发，造成的社会影响大。一是时间集中，几天内连续发生多起重特大事故；二是区域集中，往往是在一年之内，重特大事故集中发生在几个区域；三是事故类型集中，在一段时间内连续发生几起瓦斯事故、或者水害事故、或者是顶板事故。重特大事故集中多发，引起了党中央、国务院的高度重视和社会各界的广泛关注，给山西经济发展造成了严重的负面影响。

4. 非法私开矿井事故多发。2002年全省无证非法小煤矿或未经验收擅自恢复生产的煤矿发生事故12起，死亡80人，死亡人数占总数的16.7%；其中发生一次死亡10人以上事故2起，死亡56人，占10人以上事故起数的25%，死亡人数的30.27%。2003年，全省非法私开矿造成事故6起，死亡40人，占事故死亡总人数的9.08%，而且均为一次死亡3人以上的重特大事故，占全年重特大事故总死亡人数的11.87%。

5. 煤矿瓦斯事故占有相当大的比重。2002年全省煤矿发生瓦斯事故26起，死亡207人，占总死亡人数的41.32%。其中瓦斯爆炸重特大事故11起，死亡190人，占全省煤矿重特大事故死亡人数的62.50%。2003年，全省煤矿共发生瓦斯事故20起，死亡267人，占总死亡人数的53.83%；其中瓦斯爆炸重特大事故17起，死亡259人，占全省煤矿重特大事故死亡人数的76.85%。

二、山西煤炭工业安全生产问题的原因分析

分析山西煤炭工业安全生产方面存在的问题，既有客观因素，也有主观因素；既有指导思想上的失误，也有宏观政策的不利影响，还有从政府部门到煤矿企业安全管理方面的差距和不足等等。

（一）发展煤炭工业指导思想上的偏差，是造成煤矿安全问题的根本原因

从80年代初，国家确立建设山西能源重化工基地，对煤炭工业发展采取了“大、中、小并举”、“国家、集体、个人一起上”和“有水快流”的方针，山西地方煤矿数量平均增长速度约16.6%，原煤产量平均递增速度达18%，其中乡镇煤矿原煤产量年平均递增速度高达24.7%，成为山西煤炭工业发展历史上最快的时期。与此同时，出现了办矿标准低、矿点过密、规模过小、私开滥挖、浪费资源、事故多发等问题。

尽管“七五”时期山西提出了“以销定产、以运定产、合理开发、增强后劲”的煤炭工业发展方针，严厉打击非法矿，遏制了私开滥挖的势头。但是“村村办矿、处处开口”的状况已经形成，煤矿最多的时候达到近1万座，规模最小的年产仅几千吨，多数小煤矿

煤炭资源采出率在15%左右，生产方式极为原始，安全生产毫无保障。

(二)政府监督管理和保障体系建设存在较大差距

一是政府安全监察机制不健全。建立具有权威的煤矿安全监察机构，依法治矿是遏止煤矿事故的最重要的手段，而我国长期以来沿用计划经济的行政管理办法。2000年我国新的煤矿安全监察制度正式确立，实现从管理型督促检查向执法型监督监察转变。但是，由于这个体制建立时间短，尚有许多现实问题需要解决，如监察人员少、监察矿井多、监察频度远远不够等等；煤矿安全监察员的知识更新、定期轮换对调、异地查处事故等有效监察手段也因监察任务繁重、执法成本高而受到影响。

二是煤矿安全生产的保障机制不健全。煤矿工伤保险起步晚、范围小、不规范，不能充分发挥减少生产安全事故、预防工伤的积极作用；对乡镇煤矿实行安全生产风险抵押金制度无法律依据，只靠行政手段实施起来是有困难的，强制力不够；现行伤亡事故经济赔偿标准低，不能形成矿主自觉地加大安全投入、改善劳动环境的激励机制。

三是由于市场经济体制不发育，为煤矿安全生产服务的中介机构不完善，培训、检测检验、安全评价、应急救援等不能适应煤矿安全生产的需要。

(三)职工队伍不稳定，从业人员素质低下，缺乏技术人才

由于煤炭是高危险性行业，劳动强度大、环境艰苦，除国有重点煤矿职工队伍相对稳定外，大多数乡镇煤矿由于地处山区，劳动环境恶劣、生活条件差、劳动收入不高，从业人员流动性很大，80%的井下工人是外省籍民工，他们文化素质、劳动技能、安全意识都不能适应井下安全生产的要求。尤其是煤炭专业技术和安全管理人才的缺乏，也是小煤矿技术落后、管理混乱，导致生产事故的主要因素。

(四)煤炭产业集中度低，小煤矿单井规模小、采煤方法落后

自1998年执行国家关闭非法和布局不合理煤矿和2001年开展煤矿安全生产专项整顿以来，山西煤矿数量大为减少。1998年到2003年底共关闭矿井6123个，压减和淘汰落后生产能力1亿吨。2003年末全省现有煤矿(矿井)4718个，当年产煤约4.5亿吨，单井平均产量约10万吨，但生产规模在9万吨/年以下的煤矿还有2390个，约占煤矿矿井总数的51%。

采煤方法是实现煤矿安全生产的前提条件。2003年对全省4033个矿井调查，仅有864个矿井实行或正在布置长壁采煤，另有532个矿井采用短壁刀柱采煤法；有2637个矿井采用非正规采煤方法，这种状况严重制约着煤炭工业生产力水平的提高和安全状况的好转。

(五)煤矿安全生产技术基础工作薄弱，“一通三防”等现场管理不到位

近年来，大数部分煤矿没有进行瓦斯等级鉴定、报审；开采煤层和采掘区域发生变化后，没有对煤层自燃倾向性、煤尘爆炸性重新鉴定；乡镇煤矿极少进行反风演习和应急救援预案的演练；安装或更换主扇风机或生产系统调整、通风系统改变后不进行通风机性能测试、网络通风阻力测试；大矿新采区布置前不进行瓦斯涌出量预测，水平延伸、扩大能力不进行瓦斯参数测试；矿井水文地质不清楚等。所有这些都是地方国有和乡镇煤矿瓦斯和水灾事故连续多发的主要原因。

(六)事故责任追究不落实，没有起到对安全生产防范、警示、震慑的作用

2001年至2003年6月全省共发生87起一次死亡3人以上事故。但从事故查处批复结案后的落实情况来看，存在较大差距。一些地方政府对煤矿安全监察机构的事故调查处理批复文件，不能认真落实，处理时擅自改变对责任人的行政处分意见。对建议追究刑事责任的责任人在补充侦察、移送、提起公诉、审判等环节中速度慢、周期长、缓刑多、实刑少。特别是对因发生事故而要求依法关闭的煤矿，许多并没有真正关闭。

三、实现山西煤炭工业安全生产的对策和措施

(一)树立科学的发展观，把煤矿安全生产摆到山西能源重化工基地建设的重要位置

要认真贯彻“三个代表”重要思想，以科学的发展观为指导，努力实现人与自然的和谐发展，把煤炭工业安全生产纳入能源重化工基地建设和全面建设小康社会的重要内容，认真贯彻“安全第一，预防为主”的方针，加强各级政府对煤炭工业安全生产工作的领导，强化生产经营企业安全生产主体责任，加强安全生产基础管理，落实各项安全保障制度和措施，建立安全生产长效机制；积极推进安全生产法制建设、安全生产监管体制建设和安全生产执法队伍建设，强化政府安全生产监管和社会舆论监督，推进安全生产法制化进程，实现山西煤炭工业安全生产状

况的根本好转。

今后一个时期，山西煤炭工业安全生产的总体目标为：煤矿百万吨死亡率在2003年1.18的基础上，到2010年力争达到0.75以下（平均年下降0.06）；2015年达到0.50以下（平均年下降0.05），努力实现煤炭工业安全生产状况明显好转。

（二）实施科学合理的产业政策和安全许可制度，解决制约山西煤矿安全生产的根本问题

1. 坚持"关小上大"，提高煤炭产业集中度。根据《山西省煤炭工业十五发展规划》，到2005年淘汰9万吨/年以下的小煤矿；到2010年前淘汰15万吨/年以下的矿井，到2020年前淘汰30万吨/年以下的矿井。在具体实施中要坚持"资源整合、关小上大、能力置换"的原则，理顺国家、企业和经营者的关系，明晰产权；以资源为纽带，以产权制度改革为切入点，通过资源整合、资产重组等方式，实施联合改造；鼓励国有重点煤矿收购兼并和联合改造地方小煤矿，形成一批生产规模达到100万吨/年、500万吨/年、1000万吨/年，乃至1500万吨/年以上的优势煤炭企业。使全省煤炭产业集中度、产业技术水平和资源回收率明显提高，安全状况明显好转。

2. 落实安全许可制度，提高煤矿安全准入门槛。国务院397号令发布了《安全生产许可证条例》，从2004年3月起施行。按照《煤矿安全生产基本条件》和《煤矿安全规程》等规定对煤矿进行安全生产许可，这是我国建立的第一部有关煤矿安全准入的法规。《安全生产许可证条例》规定，2004年现有煤矿必须取得安全生产许可证，未能取得安全生产许可证的将予关闭。对现有的3828座煤矿（4326个井），要针对采煤方法不合理、双回路电源线路供电未实现、重要设备和装备不符合要求等问题，加大整改力度，对符合安全生产条件的煤矿颁发安全许可证。对整顿不合格的矿井，坚决不能发证，并实施关闭措施。对新建、改扩建的煤矿，必须坚持高标准，从资源配置、开采方案、生产布局、技术装备、企业员工、管理模式等方面，都要符合安全生产的标准要求，这是新建、改扩建矿井建设和投产以后实现安全生产的基本前提和保证。

3. 依靠科技进步，用先进技术改造传统煤炭工业。新建一批大中型现代化矿井，主要技术装备以国内先进水平为主。改造一批地方中小煤矿，推行采煤方法改革，提高煤炭资源回收率和安全生产水平。淘汰关闭一批规模小、开采技术原始落后的小煤矿。加强和完善全省煤矿瓦斯监测监控系统的管理，扩大瓦斯监测监控覆盖面，提高系统的可靠性、稳定性。继续组织有关单位开展瓦斯抽放、火区治理等科技攻关项目的研究，做好新技术、新设备、新工艺的推广和应用。

（三）强化煤炭企业内部安全生产管理

一是依法加强和改进煤矿企业安全管理。企业是安全生产的主体，各类煤矿要按照《安全生产法》和有关法律规定，设置安全生产管理机构，配备分管安全生产和安全技术的专职领导人员，配备专职安全生产管理人员。积极采用职业安全健康管理体系认证、风险评估、安全评价等方法，落实各项安全防范措施。各类煤矿都要制定矿井灾害预防应急预案，报安监部门备案。每年要按照应急预案进行演习，使每个矿工都掌握预防事故灾害和救援知识。每次演习后，要向安监部门写出专题报告。

二是搞好安全生产技术培训，提高煤矿矿长、工程技术人员和员工的整体素质。对现有煤矿工人，由劳动、煤炭和安监部门组织，用三年时间分期分批进行安全生产技术培训，经考试合格后持证上岗。对煤矿长和其他安全管理人员、特殊工种必须按照有关法律、法规的规定，接受规范的安全生产培训，经考试合格，取得相关资质证书后，方可上岗。要制定政策，鼓励煤炭企业接受应届大中专毕业生到矿上工作；鼓励在职职工到煤炭院校学习深造；鼓励煤矿聘任老技术人员当技术顾问，解决当前煤炭专业技术人员缺乏的问题。

三是全面推行提取安全费用制度，加大煤矿安全投入。安全生产费用由企业自行提取，专户储存，专项用于安全生产，接受安全生产监督管理部门的监督。山西省政府171号令公布的《山西省煤矿安全生产监督管理规定》做出了煤矿企业安全生产资金按实际产量在生产成本中列支，每吨不得低于10元的规定。这个政策反映了煤矿安全生产的现实需要，切中了多年来普遍存在的安全投入不足，欠账越来越多的要害，必须坚决贯彻落实并在更大范围内推广。

四是建立安全生产大检查制度。所有煤矿都要定期组织安全大检查，对查出的事故隐患必须责任到人，限期解决。对违章指挥、违章作业造成事故隐患的责任人，要严肃追究。安全检查工作要经常化、制度化，切实把"预防为主"的方针落到实处。

五是大力开展煤矿安全质量标准化活动。要以国有重点煤矿为样板，在各类煤矿全面开展安全质量标准化活动，促进煤炭生产和建设的各环节、各岗位建立起严格的安全生产责任制，使生产经营活动和行为符合安全生产有关法律法规和安全生产技术规范的要求。

(四)强化政府对小煤矿安全生产的监督管理

针对当前全省小煤矿安全生产工作中存在的突出问题，政府安全生产监督管理部门要加强对小煤矿安全生产的监督管理，要求所有小煤矿必须做到：(1)小煤矿下井工人一律佩带自救器，熟练掌握自救器的使用方法，否则不准下井。自救器必须定期送有关机构进行检测，保证自救器完好率为100%；(2)小煤矿必须形成两个通风井，方可开采；(3)井下机电设备和电缆必须防爆，建立漏电控制装置；(4)所有小煤矿必须安装地面瓦斯监控装备，实现矿与县、市、省瓦斯监控网络的联网；(5)所有小煤矿矿长、生产矿长和总工程师必须进行资格认证；(6)小煤矿井下工人必须进行不少于7天的安全培训，经考试合格方可下井；(7)所有小煤矿必须编制灾害预防措施，并报安全生产监督管理部门批准后实施；(8)所有小煤矿每月要组织一次安全大检查，查出的问题要限期解决。

各级安全生产监督管理部门和煤矿安全监察机构，要加大监督检查的力度和频率，一般要做到每两个月要对辖区内的小煤矿进行一次安全检查，查出的问题要限期解决。特别是要加大对越层越界、私开乱挖小煤矿的打击力度，小煤矿和小煤矿、小煤矿和大煤矿之间，任何一方擅自打通矿界安全煤柱者，要以非法生产论处，追究当事人和矿主的法律责任。所有小煤矿必须取得采矿许可证、煤炭生产许可证和安全生产许可证以及营业执照等有效证件后，方可生产。对非法开采者必须严肃追究刑事责任，追究当地乡长、县长和政府有关责任人的责任。

(五)建立完善安全生产考核奖惩、风险抵押和伤亡事故经济赔偿制度

一是建立煤矿安全生产控制指标体系和考核制度。制定全省安全生产中长期发展规划，确定分年度安全生产控制指标，并实行定量控制、考核、检查和监督。每季度对各市、县、乡及各煤矿企业的安全生产控制指标完成情况，以新闻发布会、政府公告、简报等形式公布一次。对全面完成年度安全生产考核指标的单位及其负责人，以及在安全生产工作中做出突出贡献的单位和个人给予奖励。二是完善煤矿企业安全生产风险抵押金制度。目前山西省乡镇煤矿风险抵押金制度已经建立，要不断完善并向各类煤矿推广，以强化企业经营者的安全风险意识和责任意识。三是完善煤矿企业伤亡事故经济赔偿制度。煤矿企业必须依法为从业人员办理工伤社会保险，并为井下作业人员办理意外伤害保险，足额缴纳保险费。依法向受到生产安全事故伤害的员工或家属支付赔偿金。对赔偿金的标准应当进一步规范并逐步提高。

(六)大力培育为煤矿安全提供服务的中介机构

一是建立信息调度网络体系，数据共享，实时监控，实现安全生产信息现代化。建立安全监管数字化网络，实现安全状况远程实时监测、信息数据直观管理、安全隐患网上排查。建立安全生产信息资源数据库，实现安全状况、安全监管与监察、统计分析报告的计算机管理和信息传输网络化。二是建立健全以省级安全培训机构为中心的安全培训网络。按照标准统一、分级负责、考核严格的要求，建立健全安全培训机构。要实行安全工程师注册制、企业主要生产经营管理者和安全管理人员安全培训考核认证制、特种作业人员操作资格培训考核制，按照“统一领导、分级管理、统一标准、教考分离”的原则，依法强化安全培训考核。使所有煤矿企业经营者、安全管理人员和特种作业人员都能做到持证上岗。三是建立覆盖全省的安全评价中心和安全装备技术测试网络。依法开展对煤矿的安全评价，加强对安全设备、装备、仪器仪表等的安全技术性能检测、检验和测试，实行特种设备许可制度，淘汰不符合安全标准的装备，提高安全装备水平。四是建立煤矿安全应急救援中心。以各市、县和国有重点煤矿救护机构为基础，统筹规划，合理布局，形成煤矿应急救援体系。

(七)大力推进煤矿安全文化建设，营造“关爱生命、关注安全”的社会氛围

一是以增强安全意识为重点，搞好宣传教育。高度重视社会和企业安全文化建设在安全生产中的地位和作用，利用大众媒体和各种文化场所，采用舆论引导、警示提示、系统教育、业余帮教、干部示范等进行安全教育，提高煤矿职工遵章守纪的自觉性。二是以营造安全氛围为重点，搞好综合治理。党政工团要齐抓共管，通力合作，发挥优势，吸引职工群众广泛参与，在参与中接受教育。三是发挥新闻媒体的作用，搞好舆论监督。鼓励各种媒体积极参与安全生产监督，对安全生产违法行为和重特大安全事故及时曝光，对典型案例开展新闻调查，接受人民群众的监督。

四、几点政策建议

(一)建立煤矿安全生产专项资金

煤矿是一个高危险性行业,水、火、瓦斯、煤尘、顶板等五大灾害俱全,其中高瓦斯矿井在山西各矿区普遍存在。以瓦斯治理为主要内容的"一通三防"工程,不仅是煤炭开采的前提,而且是煤矿安全生产的基础。

从20世纪80年代初国家批准山西建立能源基地建设基金开始,其中每吨煤提取5元作为瓦斯治理专项资金,专门用于"一通三防"工程。这部分资金在煤矿安全生产中发挥了巨大作用。但是从2003年7月起这项政策停止执行,事关煤矿安全生产的"一通三防"工程成为"无米之炊"。

"一通三防"工程一般都是投资很大的系统工程,不是一般中小煤矿所能承担的,应当由政府统一规划、统一协调、统一治理。2004年省政府出台的《山西省煤矿安全生产监督管理规定》要求"煤矿安全生产资金按实际产量在生产成本中列支,每吨不得低于10元"。但是这项资金仅限于每个煤矿内部使用,对于全省性或区域性煤矿安全问题的解决,仍缺乏资金来源。

建议继续实行原有政策,从能源基地建设基金中切出3—5元/吨,作为煤矿"一通三防"安全专项资金,用于煤矿矿井安全检测监控系统的改造等重点工程、重点矿区瓦斯的抽放、大型火区的治理等公共安全设施建设以及煤矿事故的应急救援等。

(二)建立健全煤矿安全生产法律法规体系

中国是一个产煤大国,煤矿又是一个高危险性行业,制定《煤矿安全生产法》很有必要。目前,我国有关煤矿安全生产方面的法律法规有:《煤炭法》、《矿山资源法》、《矿山安全法》、《煤矿安全监察条例》《煤矿安全规程》等。但是,这些法律法规的执法主体已发生了很大变化。《煤炭法》的执法主体——煤炭主管部门已不存在;《矿山安全生产法》的执法主体——劳动主管部门也已不承担安全生产监督管理职能。由此出现煤矿安全执法主体过多或执法主体缺位等问题。如:煤矿通风管理、矿长和特殊工种培训等工作究竟应当由那个部门负责,现行的法律法规与现行的管理体制相互矛盾,企业无所适从。这些法律法规规范的对象很多不是针对煤矿的安全生产,同《道路交通安全法》、《消防法》等专业法律相比,规定的很不具体、很不到位。另一方面,这些法律法规出台的时间较长,经过十几年的发展,煤矿的所有制形式、劳动用工等情况都发生了很大的变化,很多法律条文已不再适应现在的情况。为此,我们认为国家应当根据《安全生产法》,结合现行煤矿安全管理体制,针对煤矿安全监管工作中存在的突出问题和薄弱环节,制订一部《煤矿安全生产法》,是十分必要的。

(三)进一步加强煤矿安全监察机构建设,充实煤矿安全监察队伍

1999年我国对煤矿安全生产监督管理体制实行重大改革,组建国家垂直管理的煤矿安全监察机构,对全国煤矿实施安全监察,对煤矿及其有关人员的安全生产违法行为实施行政处罚。

这对于查处煤矿非法、违法生产和违章、违规行为、调查处理各类事故、遏止煤矿重大事故等方面发挥了积极作用。但从山西煤矿安全监察机构和监察情况来看,存在监察力量严重不足的问题。全省现有各类矿井4000多个,而全省煤矿安全监察机构的工作人员只有220名,面对4000多个煤矿的安全监察任务,显然力不从心,监察任务与监察人员的数量极不相称。由此造成煤矿在常年累月的生产中出现的大量违法违章行为不可能得到及时制止和处罚,大量事故隐患也不可能得到及时监察和整改,这是煤矿事故多发的主要原因之一。为此,我们建议国家进一步加强煤矿安全监察机构建设,在山西8个国有重点煤矿和38个重点产煤县建立煤矿安全监察站,每个站配置10人左右,以满足全省煤矿安全监察工作的需要。

专题研究报告之五

山西煤化工工业发展问题研究

山西化学工业经过建国以来几十年的建设，已经发展成为以煤化工为主体的重化工工业体系，是山西新型能源基地建设的重要支柱产业之一。

山西省有着丰富的煤炭资源，而且煤种齐全、品质优良，为发展煤化工提供了充足的资源。随着石油、天然气价格的不断上涨，石化产品价格的不断提高，特别是近年来由于发展煤化工的先进技术的不断突破和应用，为山西煤化工的发展提供了良好的机遇。

煤化工是重化工的一个重要组成部分，因而山西要发展煤化工一定要以煤炭综合利用为宗旨，以发展循环经济为方向，以实现可持续发展为目标进行总体规划布局。一定要制定积极合理的产业政策；发展一批优势煤化工系列产品；培育一批大型煤化工企业集团；形成一批煤化工工业基地，使山西煤化工能得到健康、快速的发展。

为加快山西煤化工工业的发展，山西煤化工专题组经过调研和论证提出“山西煤化工工业发展问题研究”，供编制“山西新型能源基地建设发展研究”参考。

一、山西化学工业现状

建国50多年，特别是改革开放以来，山西化学工业有了长足的发展，初步形成了以煤化工为主的化学工业体系。

从建国初期开始到改革开放初的“五五”期末，全省化学工业总产值为17亿元人民币。从“六五”至“九五”期间，国家累计投资100多亿元，先后引进了合成氨、大颗粒尿素、硝酸磷肥、离子膜烧碱、1,4—丁二醇、四氢呋喃、PTMEG、乳胶等先进工艺技术装备，建设了一批重点化工项目。同时消化吸收引进技术对一批小化肥厂实施了改产尿素的技术改造，使山西化学工业逐步形成了以化学矿山、化学肥料、无机化工、基本有机化工、合成材料、橡胶加工、精细化工等以煤化工为主的工业体系。1999年全省化学工业总产值达到106.7亿元人民币。

从1999年实施产业结构调整以来，山西化学工业以发展潜力产品为切入点，依托优势企业和优势产品，利用高新技术和先进适用技术改造提升传统产业，全省先后实施了一批重点工业调产项目和化工高新技术产业化项目，如天脊集团、丰喜肥业、兰花科创等高浓度化肥规模化改造项目；太化集团、榆社化工聚氯乙烯规模化改造项目；山西合成橡胶集团氯丁橡胶规模化改造项目；山西三维集团聚乙烯醇和1,4—丁二醇以及下游产品规模化改造项目；山西焦化集团90万吨/年焦化项目；南风化工精细化工和日用化工项目；原平化工甲醇项目和侨友化工、太明化工顺酐等项目的实施，大大促进了山西化学工业的发展。2002年全省化工行业实现工业总产值145.2亿元，工业增加值40亿元，销售收入140亿元，利税6.7亿元。从1999年到2002年，全省化学工业年增长率分别为9.7%、10.8%和16.8%。从2003年开始山西化学工业在今后的几年到十几年可以预期仍然会保持一个高的增长态势，是山西化学工业发展的大好时机。

但是，我们应清醒地看到，山西化学工业在全国化工行业中的比重已由1990年的2.63%降到2002

年的 1.35%，其排位在全国处于第 17、18 位上，与化学工业发达的省份相比差距较大。因此，我们一定要根据我省的实际，分析存在的问题和发展的可能空间，统筹规划，合理布局，抓住重点，把山西化学工业的发展进一步加快，为山西新型能源基地建设做出更大的贡献。

二、山西煤化工工业发展趋势分析

（一）国内外煤化工工业发展趋势

国内外煤化工的发展，受石油、天然气价格影响，一波三折，发展极不稳定。当前，虽然由于石油、天然气价格上涨直接影响世界化工的发展，但总的来看，世界化学工业仍然是以石油化学工业为主，发达国家煤化工在整个化学工业中所占比重是很小的。不过，从近几年的发展趋势看，一方面由于石油、天然气价格上涨，考虑到能源安全问题，发达国家都加快了煤化工的技术开发和储备；另一方面由于煤化工生产的关键技术的不断开发和完善，一些新的技术成功用于大型工业化生产装置，也推动了煤化工工业向一个新的技术和产业层面的发展。

从总的趋势分析，我国煤化工在今后几年到十几年将会有一个大的发展。

（二）山西煤化工工业发展趋势

山西煤炭资源丰富，煤种齐全，价格相对低廉。特别是高硫、高灰等劣质煤的利用，焦炉煤气的利用和焦化产品回收利用等技术的逐步应用，给煤化工的发展带来新的机遇，为山西经济发展创造更大的经济、社会和环境效益。

经过几十年的实践和探索，山西煤化工已走出了自己的发展道路；培养了一大批有丰富经验的管理、技术和运行人员；建设了一批大型煤化工企业，形成了山西煤化工产业链和生产基地。我们一定要充分发挥我省能源、资源优势，用先进技术改造传统产业，引进国内外先进技术，建设一批大型煤化工工业装置，形成山西煤化工特色产业基地。但是，山西煤化工就其整体发展水平在全国所处的位置与能源重化工基地的地位相比还是有较大差距的。最近以来，由于全球石油价格的上涨和煤化工产业的技术进步，使传统煤化工有了较大的比较优势，现代煤化工的快速发展，提高了煤化工的竞争力，为山西煤化工产业的发展带来了前所未有的机遇。山西煤化工在今后的一段时期将会出现快速发展的势头。其发展呈现如下特征：

第一，以资源和大企业集团为依托，山西煤化工呈现出区域化集中联片发展的特征，形成了向大企业大集团和资源地集中的趋势，并发展成特色煤化工产业区。为山西煤化工做大做强实现规模经济打下了基础。

第二，山西煤化工发展呈现出主导产品规模化和工艺技术明显进步的特征。

山西煤化工发展主要围绕化肥（主要是尿素）、甲醇及下游产品、电石乙炔化工、精苯加工及下游产品、煤焦油加工及深加工产品和煤制合成油等方面的主导产品规模化和用先进技术改造传统煤化工产业同建设现代煤化工产业相结合的技术进步为特征。

第三，大型煤炭企业和民营资本规模化介入山西煤化工行业，推动了煤化工工业的发展，增强了煤化工产业发展的后劲。

第四，延伸拓展产业链，加大资源综合利用和环境保护，实现可持续发展和循环经济理念在山西煤化工产业的发展中有了初步体现。近年来，山西在结构调整过程中，坚持在煤化工行业大力发展循环经济，不断提高资源的综合利用水平，走可持续发展之路。取得良好的社会、环境和经济效益。

（三）山西煤化工工业发展优劣势分析

基于我国加入 WTO 以后的形势和市场变化，正确分析和认识我省煤化工工业发展的优劣形势，发挥比较优势，加快山西煤化工的发展是十分必要的。

1. 发展优势和有利因素

山西已形成了一批煤化工优势企业。主要有山西天脊煤化工集团、山西焦化集团、山西三维集团、南风集团、太化集团、山西合成橡胶集团、丰喜集团、兰花集团、临汾染化集团、榆社化工股份有限公司等煤化工发展优势企业。

山西已形成了一批煤化工优势产品。其中产量和市场占有率居全国首位的有：硝酸磷肥90 万吨/年、元明粉 45 万吨/年和硫化碱6 万吨/年、草酸 5 万吨/年和顺酐 6 万吨/年、氯丁橡胶 2.5 万吨/年、聚乙烯醇 7.5 万吨/年、1，4—丁二醇 3.5 万吨/年、γ—丁内酯 1 万吨/年、四氢呋喃 1.5 万吨/年、聚四氢呋喃 1.5 万吨/年及白乳胶 3.1 万吨/年等，在国际国内市场上均占有一定的位置，山西煤化工开始具备了国内一流的煤化工技术装备和产业优势。

山西煤化工发展拥有一批国内实力较强的科研院所和设计单位的技术支持。中科院煤化所、中国日化所、太原理工大学、化工第二设计院、山西省化工设计院、山西化工研究所、山西应用化学所等在煤基合成油、粉煤灰熔聚气化、碳一化学、聚氨酯化工、化学助剂等领域的科研成果在国内居领先水平，为山西煤化工发展提供了强有力的技术支持。

山西煤化工发展还具有资源、能源和人才的优势。山西有丰富的煤炭资源和能源资源用于煤化工发展。近年来由于我国钢铁工业的快速发展带动了山西焦化工业的发展，产生了大量可回收的产品，对其深加工可以得到系列煤化工产品。同样也是由于焦化工业的发展产生了大量的洗煤废弃物煤矸石和中煤可用于循环流化床锅炉发电，供应高、中压蒸汽，为发展煤化工提供了充足而廉价的电力和热源。山西煤化工由于经过几十年的发展已培养了一大批煤化工技术、管理和操作运行人员，为山西煤化工发展提供了技术和人才支持。

山西煤化工在我国加入 WTO 以后，在带来挑战的同时也带来了发展机遇。随着我国加入 WTO，我国开始了经济结构调整，一些能源、资源型产业向中西部转移，为发展山西具有比较优势和特色的煤化工提供了引进资金、技术和加快发展的良好机遇。

2. 存在的问题和不利因素

山西化学工业在长期发展中受到资源约束，主要依赖于煤炭资源，重点放在煤化工发展上，而且是以原料化工和重化工为主的初级产业。煤化工既是我们的特色又是严重结构性矛盾形成的根源。据测算，全省初级化工产品的比例高达 80%以上，精细化工仅占 16%，全行业万元产值能耗(约 10 吨标煤)高出全国的一倍多。这种产业结构，导致山西化工行业能源资源综合利用率和经济效益低下。

受石油化工和天然气化工的制约，山西煤化工发展仍局限于传统领域。目前我省煤化工的主要领域，一是煤的气化制合成氨，化肥和甲醇；二是煤焦化产品初级加工；三是电石乙炔化工的初级产品等几个方向，同时煤化工由于其投资大、工艺流程长，技术复杂，用水量大，环境污染等因素也影响了它的发展。

(四)发展山西煤化工的指导思想

依托山西丰富的煤焦资源和能源优势，以煤化工大企业企业集团为龙头，围绕煤化工五条主线发展，实施循环经济战略，加快“六区一带”特色煤化工基地建设，努力打造山西煤化工品牌，实现山西煤化工的可持续发展。

(五)发展山西煤化工的阶段性目标(见下表)

序号	产品名称	第一阶段(2005—2010)		第二阶段(2011—2015)		第三阶段(2016—2020)	
		产量(万吨)	销售收入(亿元)	产量(万吨)	销售收入(亿元)	产量(万吨)	销售收入(亿元)
1	尿素	600	90	800	120	1000	150
2	甲醇及下游产品	800	200	1500	400	2000	540
3	聚氯乙烯及下游产品	58	45	90	90	120	132
4	氯丁橡胶及下游产品	5.5	11	10	25	12	30
5	聚乙烯醇及下游产品	12	24	14	30	16	35
6	1,4—丁二醇及下游产品	11	26	15	40	20	60
7	苯精制及下游产品	45	36	60	54	70	70
8	煤焦油加工及下游产品	150	40	250	80	300	150
9	煤制合成油	100	30	500	175	1500	600
10	活性炭	45	22	90	45	186	102

注:2010 年后，随着精细化工，深加工的发展，销售收入将有较大幅度的提高。

三、山西煤化工工业发展重点目标

根据对山西煤化工工业发展趋势的分析，充分利用山西发展煤化工工业的比较优势和有利因素，努力克服和解决存在的问题及不利因素，抓住发展煤化工的有利时机，加快重点行业和产品的发展并做大做强，加快山西煤化工的发展，经过今后五至十年的发展，使山西成为我国煤化工的重要基地。

(一)煤焦化产品加工工业

近年来,随着我国钢铁工业的快速发展和国际市场对焦炭需求量的增加,山西省焦炭工业发展快速,2003年全省焦炭产量估计6600万吨,大型机械化焦炉一定要建化产回收装置。建一个年产焦炭100万吨/年的焦炉配套化产回收装置,投资约需7000万元—8000万元人民币,它可以每年回收外供焦炉煤气(含硫低于20毫克/立方米)1.6亿立方米—1.8亿立方米;回收煤焦油4万吨—4.5万吨;粗苯1万吨—1.1万吨;硫酸铵约1.2万吨;硫膏约2500吨等。这些化产品按时价计算价格超过1.2亿元人民币,既提高了经济效益,又变废为宝,保护了环境。

对化产品进一步深加工,还可以生产各种高附加值产品。

1. 焦炉煤气的加工利用

到2005年,山西全省预计建设带有化产回收的机械化大型焦炉装置年生产能力约为6000万吨,所产生的焦炉煤气除供焦化厂自用外,剩余可外供加工利用的焦炉煤气约为100亿立方米—120亿立方米。

预计用于城市煤气、工业窑炉、还原铁、制氢、联合循环发电等方面的焦炉煤气用量按50%估算,可以用去50亿立方米—60亿立方米焦炉煤气。还有50%,即50亿立方米—60亿立方米/年焦炉煤气要用化学加工的方法生产煤化工产品。如将50亿立方米—60亿立方米焦炉煤气全部转化为甲醇的话,则可加工约250万吨甲醇,投资50亿元,销售收入50亿元,利税12亿元。当然,甲醇除了用于汽车燃料外还是碳一化学的主要原料,对其深加工可以得到一系列化工产品,也是煤化工工业的一个重要产业。焦炉煤气制合成氨联产甲醇、生产尿素产品也是一个比较理想的化学加工方案,可以选择合适的企业进行实施。

2. 煤焦油的加工利用

到2005年,全省预计建成带有化产回收的机械化大型焦炉装置年生产能力为6000万吨,则产生的煤焦油约为250万吨—300万吨/年。如何加工利用好大量的煤焦油是发展山西煤化工的一个重要课题。

(1)国内外煤焦油加工产业化进程

从发达国家煤焦油加工工业的发展历程经验看,一是装置大型化进行集中加工;二是由各大型煤焦油加工装置分离出来的主要馏份进行交换集中加工;三是投入大量人力物力财力进行深加工产品和精细化工产品的研发;四是对煤焦油加工企业进行整合,形成大集团大公司。我国的煤焦油加工工业已经有了一定的发展。宝钢引进日本加工技术建有2×13.2万吨/年装置,30余种产品。最近几年一些省、区也开始筹建15万吨—30万吨/年加工装置,开始了大型化集中加工的历程。

(2)山西煤焦油加工工业发展对策

山西省煤焦油加工工业正在起步,山西焦化集团已引进法国技术开工建设单机加工能力为30万吨/年的焦油加工装置;山西交城宏特煤化工有限公司已投产单机加工能力的15万吨/年煤焦油加工装置,正在建设单机加工能力为25万吨/年煤焦油加工装置,该企业将形成40万吨/年总加工能力。孝义已批准建设30万吨/年煤焦油加工装置。

第一,煤焦油大型化集中加工是科学发展观的具体体现,一是它可以最大限度地合理利用煤焦油资源,取得好的经济和社会效益;二是它可以减少环境污染,集中处理“三废”,有效地保护环境;三是它可以用先进的科技成果,生产优质的产品,实现装置的现代化,保证长周期安全稳定运行。为此,需尽快制定山西煤焦油加工工业发展产业政策,加强宏观调控,统筹规划,合理布局。支持大型化集中加工项目的建设;限制10万吨/年以下规模加工装置的建设,杜绝发生私建滥建现象。全省根据煤焦油集中的各焦化园区可规划建设三个30万吨/年和四个15万吨/年煤焦油集中加工装置。投资28亿元,销售收入30亿元,利税8亿元。

第二,对煤焦油加工企业用市场经济的方法进行行业整合,使之成为山西煤化工的重要支柱产业。在煤焦油大型化(含中型)集中加工企业之间用市场经济的方法进行行业整合,形成集团化产业。

第三,建立全省煤焦油加工研发中心。研发中心的任务是,一方面根据市场的需要不断为企业提供二次、三次甚至四次深加工精细化工产品的技术方案。如文水晋丰化学有限公司已用蒽生产精蒽、咔唑等产品,其纯度、规模均在全国领先,正在赶超德国水平,进一步发展永固紫、海棠兰等染料,每吨售价28万元—59万元。另一方面研发煤焦油加工的新途径,比如焦油加氢工艺技术方案,同合成油混炼生产油品的工艺技术方案等。

东辉集团正在同石化研究院合作开发一种新的工艺,即煤焦油先蒸馏出一部分高附加值的化工产品(约占总馏份的10%)。然后将轻质煤焦油经过加氢生产石脑油、柴油和燃料油；而重质煤焦油则用延迟焦化的办法生产沥青焦和轻质油，轻质油再加氢生产油品。这一工艺的开发将为煤焦油加工开辟一条新路。

到2005年山西煤焦油按250—300万吨产出可规划安排其中50%（即130万吨—150万吨/年）用生产传统产品的工艺方法进行加工，保持煤焦油化产品在市场上的一定占有率；另外的50%（即120万吨—150万吨/年）则用煤焦油加氢新工艺进行加工生产，除得到约10%高附加值的焦化产品（如萘、酚等）外，还可获得约占15%的石脑油，45%～60%的柴油和燃料油，约15%～30%的沥青焦等产品，解决部分柴油和燃料油的供应问题。加氢用氢气从焦炉煤气中提取，也可从甲醇弛放气中提取，可以降低成本。全省2010年煤焦油加工能力达到150万吨，2015年达到250—300万吨，此后即向深加工、多出精细化工产品，提高效益方向发展。

3. 粗苯的加工利用

到2005年全省焦炭产量达到6000万吨时可回收粗苯60万吨—70万吨。粗苯经过加工精制，主要可得到纯苯、甲苯和二甲苯。它们是重要的基本有机化工原料，经过深加工其衍生物广泛用于三大合成材料及染料、涂料、医药、农药、助剂、粘合剂等所用中间体的基本原料。

山西省目前粗苯加工主要是传统的直接蒸馏酸洗工艺，其废渣难以处理，污染严重，属于淘汰型工艺。现在先进的苯加氢精制工艺已成熟可靠，可以得到高质量的纯苯、甲苯和二甲苯。太化集团公司正在建设6.6万吨/年粗苯加氢精制生产装置；三维和东辉集团也准备合作建设20万吨粗苯加氢精制生产装置。加氢所用的氢气由价格低廉且含富氢的焦炉煤气用变压吸附等方法制得。太原侨友化工正在建设15万吨/年粗苯蒸馏新工艺生产装置。全省粗苯加工能力2005年可达到14.1万吨，2010年可达到40.7万吨，预计投资5亿元，销售收入11亿元，利税收入1亿元。2015年达到60万吨，此后主要是发展苯系精细化工产品的开发形成产品链。

山西省粗苯加工精制得到的纯苯主要有如下几个方面的加工途径：

（1）用于有机化工原料生产：太化集团公司的纯苯用于氯化苯和环已酮、环已醇进而用于已二酸生产，天脊煤化工集团的纯苯用于正在筹建的苯胺生产等。

（2）用于顺丁烯二酸酐的生产：以顺酐为原料形成系列产品。一个是侨友化工以顺酐为原料进行深加工生产富马酸和L－苯果酸、L－天冬氨酸、L－丙氨酸等以食品添加剂为主的精细化工产品；2005年可达到5万吨，2010年可达到15万吨，2015年形成系列产品，2020年开发精细化工产品。预计投资10亿元，销售收入30亿元，利税7亿元。一个是三维、东辉集团筹建的以顺酐为原料进行深加工生产7.5万吨1,4－丁二醇、四氢呋喃、聚四氢呋喃和γ－丁内酯等系列产品，2007年可以投产。预计投资11亿元，销售收入16亿元，利税3亿元。2015年建成第二套，此后即向深加工方向发展。

粗苯加工得到的甲苯主要可供给蓝星化工生产甲苯二异氰酸酯（TDI）的原料。TDI产量2005年达到3万吨，2010年达到13万吨。预计投资20亿元，销售收入19.5亿元，利税4亿元。2015年达到15万吨，2020年达到18万吨。

（二）碳一化工

“碳一化工”是指以含一个碳原子的化合物为原料合成一系列重要有机中间体或单体的化学工业，主要开发重点为醇类、烃类、酸类等三个方面。

其中甲醇、甲酸、醋酸、醋酐和合成汽油等均已大型工业化生产。“甲醇化工”是“碳一化工”的重要组成和相对成熟的分支。

甲醇（CH_3OH）是一种用途十分广泛的基本有机化工原料，目前在各种有机化工原料中仅次于乙烯、丙烯、纯苯列第四位。用甲醇可以制造甲醛、甲酸、醋酸、二甲醚、甲酸甲酯等一系列产品，用这些产品又可以生产树脂、粘合剂、醋酸纤维素、汽油添加剂、医药、农药、染料、涂料等产品；甲醇也已被用做清洁燃料替代部分汽油，其市场前景是十分广阔的。2002年世界甲醇产量2800万吨，美国是主要的甲醇生产国，产量占世界总产量的35%，但每年还进口230万吨，预计2005年世界需求量为3300万吨。我国2000年生产甲醇198.7万吨，进口131万吨，消费量330万吨，预计2005年需求量为500万吨，2010年需求600万吨，2015年需求700万吨。山西截止2002年底，有11家化肥厂联产甲醇，实际产量19.8万吨。但是山西具备低成本生产甲醇的独特优势。机焦工业的发展，目前每年有将近80亿立方米焦炉煤气空放“点天灯”，如果利用50%，就可生产200万吨甲醇，另外还可以分别采用化肥联产甲醇，高硫高灰粉煤“灰熔聚气化”制甲醇、煤层气制甲醇等多条工艺路线生产甲醇。经测算，在现有工艺路线和原辅材料价格条件下，以焦炉煤气制甲醇成本约800元—900元/吨，化肥联醇成本约850元—950元/吨，以高硫高灰粉煤等劣质煤“灰熔聚气化”制甲醇成本约750元—850元/吨，均具有与石油天然气为原料生产的甲醇竞争的能力。

现已提出用焦炉煤气制甲醇的有：山西焦化、山西焦煤、霍州煤电、潞安环能、天脊、智海、天浩等9个企业，拟建规模300万吨；化肥联产甲醇有丰喜肥业、兰花科创、原平化肥、介休光华等9个企业，拟建规模63万吨；晋城无烟煤集团拟用高硫煤“灰熔聚气化”制甲醇，规模60万吨。大体上到2005年全省甲醇产量可达到60万吨，2010年以后按照省规划将有更大发展。

醋酸：东辉煤焦化集团和三维集团合作建设一套20万吨/年醋酸装置；天脊集团也拟建一套20万吨/年醋酸装置。预计到2010年全省醋酸生产能力可达到20万吨，2015年可达到40万吨。预计投资22亿元，销售收入32亿元，利税6亿元。此后往醋酐、醋酸乙烯、醋酸纤维丝束等深加工产品、提高效益发展。

二甲醚：在文水60万吨/年甲醇基地建20万吨二甲醚装置，在丰喜肥业和晋城无烟煤采用“灰熔聚气化”技术生产甲醇联产二甲醚，各建一套20万吨装置。预计2010年全省二甲醚生产能力可达到100万吨，2015年可达到200万吨，2020年达到300万吨。

关于建设山西煤制甲醇并进而生产烯烃示范基地的建设：近年来，UOP（美国环球油品公司）和Lurgi（德国鲁奇公司）分别开发成功了甲醇制烯烃（MTO）和甲醇制丙稀（MTP）的方法并进行了示范工厂试验，取得了技术放大的数据，但尚未建成工业化生产装置。据了解UOP已在尼日利亚为新加坡业主设计甲醇年处理量为240万吨的制烯烃生产装置，计划2007年投产；Lurgi公司正在为埃及设计甲醇年处理量为180万吨的制丙稀生产装置，于今2010年可投入生产。

山西省甲醇工业大型化生产装置正在建设中，甲醇深加工项目也在规划中，由甲醇生产烯烃应当做为重要内容列入规划中，因此，建议在省内选择一个建设条件比较好的地区或大型企业建设煤制甲醇并进而生产烯烃的示范工业基地。

根据我省的实际，示范基地的初步建设方案为：

甲醇生产选用低压法合成工艺。生产能力为82万吨/年；甲醇制丙稀（MTP）选用Lurgi工艺，生产能力为25.9万吨/年；丙稀制聚丙烯（PP）选用Spheripol工艺，生产能力为25万吨/年。

项目建设总投资估算为43.5亿元人民币，其中甲醇装置23亿元人民币，甲醇制丙稀装置10亿元人民币，聚丙烯装置10.5亿元人民币。年均销售收入为17.5亿元人民币；年均增值税及附加为2.39亿元人民币；年均税后利润为5.08亿元人民币。

（三）化肥工业

根据我省化肥生产资源条件及化肥工业发展的基础进行分析，由于磷、钾资源的短缺，磷肥、钾肥不可能有大的发展。而从比较优势分析，发展氮肥是有很大潜力和前景的，而在氮肥品种方面，根据我省农业生产施肥的实际需要，每个地市保留1—2个基础较好的化肥厂（合成氨能力2.5万吨左右）生产碳铵。但是山西氮肥品种的发展重点是高浓度氮肥—尿素。

据联合国粮农组织预测，到2003年，世界氮肥需求量约9040万吨，其中尿素为5000万吨（折纯氮、下同），亚洲缺口达500万吨。世界化肥工业的发展趋势是由发达国家向发展中国家转移，其中氮肥新建项目主要在中国、中东、印度、南美等地区。

历年来，国产化肥不能满足需求，每年进口的化肥都占国内需求量的30%～40%，近年氮肥进口有所减少。

据我国农业部对2005年至2015年化肥需求预测，其中氮肥2005年为2950万吨，2010年为3131万吨，2015年为3697万吨。

由于石油、天然气价格居高不下，我国一批引进的年产18万吨合成氨30万吨尿素企业（简称18—30）和年产30万吨合成氨52万吨尿素企业（简称30—52）都出现了严重的困难，有的亏损，有的已停产。由于煤价上涨，省外无烟块炭达到600—700元/吨，生产尿素成本不断提高，生产企业困难重重。另一方面，国家强调“三农”，减轻农民负担，提高农产品收购价格，鼓励农民种植的积极性，提高单位面积产量，这就要增加化肥用量。因此，我省化肥工业具备了良好的发展条件和机遇。

晋城煤业集团和丰喜集团各自发挥资源和技术管理的优势，在闻喜合建一个年产18万吨合成氨、30万吨尿素的化肥厂；在高平建一个年产30万吨合成氨、52万吨尿素、联产6万吨甲醇的大型化肥厂。天脊集团也利用高平的煤炭资源，建一个年产40万吨合成氨、60万吨尿素、联产8万吨甲醇的大型化肥厂。一期工程均已开工建设。最近天脊晋城化工股份有限公司与沁和能源股份有限公司（年产煤600万吨，在建产煤能力400万吨/年)在沁水建设2×18—30的大型化肥厂。

这几大集团加上山焦、原平、霍州、永济、五台等中型化肥厂，2005年尿素生产能力可达到300万吨。到2010年生产能力可达到600万吨；省经委规划的太行山煤化工经济带和丰喜煤化工经济区将承担主要尿素(及甲醇)发展任务。从2010—2015年，将利用"中压灰熔聚气化"技术将劣质煤(含高硫高灰无烟煤及低热值烟煤等)造气，通过合理布局，使全省尿素总生产能力达到800万吨以上，到2020年尿素生产能力达到1000万吨。把山西建成全国的尿素生产基地(占全国产量25%～30%)，而且有一定的国际竞争能力。由于投资低、财务成本低，加上规模优势和资源优势(特别是用劣质煤"灰熔聚气化")，每吨尿素成本在850－1000元之间，不仅仅远远低于国内市场价1450－1600元/吨，也低于国际市场价140美元/吨(加上运费、保险、关税等到岸价180美元－200美元/吨)，因此，如果把化肥行业组织好，在市场、价格、生产安排上统一协调，将会带来巨大的社会效益和经济效益。增加400万吨尿素，预计投资80亿元，销售收入60亿元，年利税15亿元。

(四)电石乙炔化工

电石乙炔化工是高能耗的产业，是煤化工的一个重要组成部分。山西省有得天独厚的资源和能源条件，并已形成了一定的产业规模，涌现出一批在全国电石乙炔化工行业中著名品牌和企业，主要产品有聚氯乙烯(PVC)、氯丁橡胶(CR)、聚乙烯醇(PVA)、1,4—丁二醇(BDO)及其下游产品等。

聚氯乙烯树脂是重要的合成树脂产品，应用非常广泛。生产聚氯乙烯必须同时配套发展氯碱以满足其合成所需的氯气和氢气。国际市场2000年聚氯乙烯消费量为2500万吨，而预测2005年将达到3100万吨。我国2000年聚氯乙烯产量为239万吨，净进口量为177万吨，今后几年市场需求将以平均10%以上的速度增长，预计到2005年需要量将超过600万吨，而产量为400－450万吨左右；另一方面由于石油价格高昂，进口聚氯乙烯价格比国内电石乙炔法生产的每吨贵2000元左右，这就为我省发展聚氯乙烯提供了良好的机遇。我省太化集团氯碱分公司2003年投产了8万吨PVC装置，榆社化工股份有限公司投产了6万吨PVC装置，该公司还将于2005年投产8万吨PVC装置，到2005年全省PVC总生产能力达到22万吨；到2010年，潞安煤业集团、阳煤集团及太化集团将各投产1套10万吨PVC装置，榆社将再投产1套6万吨PVC装置，全省PVC年生产能力将达到58万吨；到2015年，太化公司PVC总产量将达到30万吨，潞安煤业集团、阳煤集团和榆社化工将各达到20万吨，全省PVC年生产能力将达到90万吨。预计新增投资20亿元(不含配套烧碱)，销售收入45亿元，利税13亿元。到2020年，全省PVC产量将达到100万吨—110万吨。

氯丁橡胶是一种具有特殊性能的合成橡胶，主要用于胶粘剂业(占60%)，橡胶制品业(有阻燃性，适于煤矿使用，占27.5%)，电线电缆(占7.5%)及其它用途(5%)。世界氯丁橡胶2002年消费量为30万吨，预计2005年需求35万吨。我国氯丁橡胶生产能力为4.3万吨/年，其中山西橡胶集团2.5万吨/年，四川长寿化工1.8万吨/年，进口量2.04万吨/年，预计到2005年我国氯丁橡胶需求量将达到6.9万吨，到2010年将达到7.9万吨。山西合成橡胶集团同亚美尼亚Nairit公司合作建设3万吨氯丁橡胶生产装置，(预计投资8亿元，销售收入6亿元，利税2亿元)，由于工艺技术先进，每吨氯丁橡胶可降低电石消耗700多公斤，产品品种可增加到31个；计划于2006年建成，届时将可满足国内需求。预计2015年产量10万吨，2020年产量12万吨。

聚乙烯醇主要用于生产乳胶粘接剂、高透明塑料薄膜、高强度耐磨超短纤维、纺织浆料等。2000年世界产量为360万吨，预计2005年需求量为450万吨。我国2000年产量70.8万吨，进口3.8万吨，总销量为74.6万吨，预计2005年需求量90万吨；且国内生产的品种少，不能满足需求。山西三维集团原设计聚乙烯醇生产能力为1万吨/年，经几次改造，现生产能力已达到5.5万吨/年，品种近20个，均居全国首位。白乳胶在引进德国汉高公司5000吨/年装置消化吸收后，现已达到3.1万吨/年，质量、产量均居全国首位。2005年聚乙醇产量将达到7.5万吨，2010年达到12万吨，排名世界第二位。预计增加投资3.75亿元，增加销售收入9亿元，利税1.5亿元。预计2015年达到14万吨，2020年达到16万吨。

1,4—丁二醇主要用于制造四氢呋喃(THF)，聚四亚甲基醚二醇(PTMEG)，γ—丁内脂(GBL)等，用做溶剂、增塑剂、高弹性氨纶纤维，聚氨脂类产品和医药中间体等。世界2000年产量70万吨，预计2005年需求80万吨。我国2000年消费3.4万吨，全部依靠进口。预计2005年需要6.5万吨，2010年需要8万吨，2015年需要10万吨。山西三维集团突破杜邦、巴斯夫等跨国公司的联合封锁，于2002年投产了我国第一套2.5万吨/年1,4—丁二醇生产装置，到2005年产量将达到3.5万吨，同时相继引进开发了1.5万吨/年四氢呋喃、1.5万吨/年PTMEG、1万吨/年γ—丁内脂等项目，将于2005年形成生产能力。下一步三维拟和民营企业东辉集团合作，开发20万吨粗苯精制项目，用顺酐法生产1,4—丁二醇7.5万吨/年，到2010年1,4—丁二醇总产量达到11万吨/年，进入世界前五名，并相应发展下游产品。预计2015年达到13万吨，2020年达到15万吨。

发展乙炔生产的关键是电石，我省2002年电石产量达85万吨，但是由于周边省低电价和开放式电石炉大量投产，使我省电石生产遇到极大困难。按照国家产业政策及治理环境的要求，应该关闭高电耗、高污染的5000千伏安及以下开放式电石炉，而集中发展大功率(25000千伏安)及以上密闭式电石炉，可以降低电耗、减少污染、减少占地、节约劳动力、提高电石质量，从经济效益和社会效益来看，都是十分有利的。如果再配上煤矸石循环流化床锅炉发电，经济效益会更好，产量也将逐步提高，2010年达到90万吨，2015年达到105万吨，2020年达到120万吨。

(五)煤基醇醚燃料

甲醇是一种有机化工原料，作为替代汽油的清洁燃料，市场前景广阔；由甲醇脱水生产的二甲醚，可以代替柴油，也是超清洁的发动机燃料。以煤炭为原料生产燃料用甲醇和二甲醚称作“煤基醇醚燃料”。上世纪80年代，国际上经过两次石油危机的冲击，确立了甲醇燃料的重要地位，美国各州普遍使用掺烧10%～15%的甲醇汽油；除此而外，以发达国家为主，德国、意大利、挪威、澳大利亚、巴西等多个国家也大量掺烧。在发展全甲醇汽车方面，美国有一万多辆全甲醇车，至今行驶正常，但由于受石油财团利益纷争的发展受阻。

山西省作为煤炭大省，一直高度重视煤基甲醇燃料的研究发展，改革开放以来，几届省政府连续抓了10多年，特别是从国家能源战略、环境战略和可持续发展战略出发，加快了推进步伐。山西省制订了切合实际的规范和实施方案，配套出台了相关的政策，先后实施了4项工程：(1)与美国福特公司合作开展软科学课题研究，即富煤地区的煤转化成汽车燃料的经济(Economic)、环保(Environment)和能源利用(Energy)的生命周期的研究(即3E研究)，得出了在山西省及其它富煤地区把煤转化为汽车燃料是重要选择的结论；(2)实施煤制甲醇洁净燃料汽车示范工程；(3)高比例M85多点电喷甲醇发动机开发工程；(4)低比例掺烧M15甲醇汽油的四城市(太原、阳泉、临汾、晋城)试点工程，并取得了重要的阶段性成果。在工作上重点抓好了低比例掺烧和高比例甲醇汽车示范运营。

在高比例甲醇汽车示范运营方面，山西省承担了科技部国家清洁汽车行动计划“甲醇燃料汽车示范工程”。在公交车、中巴车和出租车上进行示范运营。

山西省燃料甲醇与甲醇汽车推广应用取得的阶段性成果，突出表现在两个方面：一是环保性。燃料甲醇辛烷值高，燃烧性能好，使用M15甲醇汽油的汽车，其尾气常规排放中的CO平均降低率为23.2%，HC平均降低率为28.5%；使用M85—M100甲醇的汽车尾气常规排放比汽油车CO降低了70%，HC降低了50%，NOx降低了10%，表现出良好的特性。针对甲醇车的甲醛排放量略大于经三元催化后的汽油车，现已研究出甲醇汽车尾气催化器，可使排出的甲醛90%以上得到净化，常规排放完全符合国家标准，达到并超过欧Ⅱ指标。二是经济性。山西煤基醇醚燃料的生产具备多种低成本的工艺路线，主要有两种：第一采用焦炉气制甲醇，甲醇的生产成本每吨只有800到900元，目前山西每年焦炭生产过程中有80亿立方米的煤气排空，既浪费了资源，又造成了大气严重污染，仅此一项回收利用就可制甲醇400万吨，可以代替300万吨汽油；第二，充分利用山西煤炭生产中废弃的高硫高灰劣质煤，采用“多联供”的工艺路线制甲醇成本在850元左右，最具实施的条件，也是最实际的综合利用项目，吸引了许多煤焦行业的民营资本进入。目前，甲醇平均价格每吨2200元，汽油价格每吨4500元，以陈化粮生产的燃料乙醇每吨成本近4000元，相比之下，煤醇醚燃料的经济性是十分明显的。山西省现在运行中的甲醇汽车，使用低比例M15、高比例M85、全甲醇M100的，每吨燃油费分别比同型号汽油车低194元、764元、900元。目前销售一吨M15的93#甲醇汽油比销售一吨93#汽油给石化公司多带来效益121元，因此中石化、中石油两大系统参与甲醇汽油配销的积极性也很高。发展以甲醇为主的煤基醇醚燃料产业，有利于山西省产业结构调整，同时有利于降低污染，符合我国的国情和可持续发展战略。

按照山西省编制的《醇醚燃料与醇醚汽车六年行动计划》(2005—2010年)，2005年将具备甲醇生产能力200万吨；2010年可能实现年产燃料甲醇800万吨—1000万吨，其中转化为二甲醚100万吨；2015年达到1500万吨，2020年达到2000万吨的生产能力，二甲醚达到300万吨。如果以1000万吨用于M15低比例掺烧，1000万吨用于M85—M100高比例使用，此2项就可替代汽油1600万吨，可节省外汇50亿美元。

新西兰是一个岛国，全国人口约300万，私人小汽车140多万辆，所需汽油全部靠进口，而且远隔重洋。为了保障能源安全供给，新西兰政府欲寻找一条少依赖进口油的途径。1994年我们考察了新西兰合成燃料厂，该厂利用丰富的近海天然气资源，在分离冷凝液、精脱硫后经蒸汽重整制成 $CO+H_2$ 的甲醇合成气，再压缩至10MPa，加热至250—300度后进入装有Cu—Zn催化剂的甲醇合成反应器，转化为粗甲醇(含有17%的水)。然后采用Mobil公司开发的MTG固定床流程从甲醇转化为汽油。1992年该公司年产79.5万吨汽油，辛烷值达到93#。

我省有大量焦炉煤气可集中生产甲醇，一套年产60万吨甲醇的装置约需投资12亿元，每吨甲醇成本800元左右，可以转化为27.6万吨93#汽油，并副产约3万吨液化石油气作为燃料，也可作为一个建设方案来考虑。

(六)煤制合成油工业

煤的液化工艺有两大类：即煤的直接液化和间接液化。

煤的直接液化就是煤在高温、高压催化剂作用下首先打断煤的大分子结构，然后将外供氢加到碳原子上而成液体油，再通过加氢提质等工艺过程得到合格的汽油、柴油、液化气等。

已接近工业化的煤直接液化技术有：德国IGOR工艺，美国HTI工艺，日本NEDOL工艺。但到目前为止，国际上尚未有煤直接液化的工业化生产装置建成投产。

煤的间接液化是煤经气化、净化制得 H_2 与CO之比符合合成油要求的原料气，然后在一定压力、温度、催化剂条件下，合成液体燃料过程。目前已商业化的煤间接液化技术有：南非Sasol固定床高温工艺、浆态床低温工艺、流化床高温工艺和Shell(壳牌)公司SMDS固定床工艺。

比较起来，直接液化对煤质要求严格，可选择范围小；间接液化对原料煤质适应性广，产品柴油特别适合使用，而且工艺过程、技术难度、设备材质与制造、操作维修等都比直接液化简单，技术风险小。

中科院煤化所从上世纪80年代初开始进行间接液化技术研发。从本世纪初开始该所加快了对浆态床合成油技术攻关，并开发出系列廉价高效铁催化剂，2002年4月建成千吨级浆态床工业中试装置，从技术上突破了煤制油过程的技术经济瓶颈，同时开发出煤制油软件，2004年已进行长期稳定运转，为工业化装置的建设提供工程数据和积累运行经验。

中科院煤化所从上世纪80年代起还进行了“灰熔聚流化床粉煤气化技术”的研究，经过20年坚持不懈的气化试验、中间试验、常压工业示范装置、加压试验装置等一系列试验研究，目前常压气化炉已投入工业运行，每台气化炉日处理煤100吨，所生产的煤气可配套生产甲醇、氨2万吨/年。现在该所和晋城矿务局合作正进行低压气化炉推广(200－300吨/日·台)和加压气化炉的研发，压力1.0MPa，日处理煤500吨/日、台，可供生产甲醇10万吨/年，或合成油4万吨/年，进而研发更高压力的气化炉(2.5MPa)，生产能力将成倍增加，进行加压大型化、工程化、产业化开发。灰熔聚气化炉的特点是：

适用煤种广泛，我省几乎所有的煤都已试验证实可用，特别适用高硫高灰粉煤等劣质煤；气化炉结构简单、制造成本低；燃烧充分，环保条件好；中国自主专利，同等条件下，比引进气化技术投资低50%～70%。

山西作为煤炭资源大省，又有20多年的间接液化和灰熔聚气化炉试验研究经验，有强大的技术队伍和制造能力，如果把有关研究所、高等院校、设计院、制造厂和企业组织起来，可在煤制合成油方面取得重大进展，以更快的速度掌握有自主知识产权的煤制合成油技术，实现工业化生产。经与有关专家研究，建议分三步走。

第一步攻关阶段，在晋城矿务局和中科院煤化所合作建15万吨/年煤制合成油项目，具体工艺方案建议要点是：

1. 煤气化选择中科院煤化所自主开发的1MPa纯氧0－6mm粉煤灰熔聚气化工艺；

2. 合成油选择中科院煤化所正在开发的浆态床工艺。

3.15 万吨/年煤制合成油用浆态床总投资约10亿元—11亿元。

计划从2004—2007年用4年攻关建成15万吨煤制合成油装置。

2005年开始第二步试验阶段前期准备，2008年到2011年在攻关的基础上建设百万吨级煤制合成油装置。

第三步发展阶段，2012到2020年平均每年建一套100万吨级煤制合成油装置，到2020年全省年产煤制合成油1000万吨。依托晋城、阳泉、西山、大同、平朔、潞安等超大型煤矿集团，使用各矿务局高硫、高灰煤及劣质煤作为主要原料，用“灰熔聚气化”技术生产合成气，再用大型浆态床合成汽油，利用焦炉煤气变压吸附提出氢气精炼油品，达到高品质要求。

在国内攻关发展的同时，为了加快进度，可以考虑引进国外技术相结合。

1. 引进Shell(壳牌)公司的SMDS固定床工艺，加快15万吨煤制合成油攻关速度；

2. 与SASOL公司谈判全面合作，建设年产500万吨合成油的工业化装置。

(七)活性炭

活性炭是含炭材料经过炭化、活化制成的具有发达孔隙结构和巨大比表面积的吸附材料。它的原材料主要来源于煤和其它含碳物质，它的主要用途是空气与水的净化及军事化学防护，应用领域有：环境保护、化学工业、石油化工、食品加工、湿法冶金、医疗、药物精制等。随着社会发展对环境保护的重视，为了解决燃煤电厂SO_2的污染，脱硫脱硝活性炭的需求量将会大量增加。随着对饮用水质的标准提高，净水炭的需求量也会继续增大。

随着环境保护的要求愈来愈高，活性炭作为环境保护的一种主要材料，使用将日益广泛。酸雨、温室效应和臭氧层破坏是人类生存环境当前面临的三大问题。其中我国酸雨的形成主要是由于煤炭的大量开采和低效利用造成排放大量SO_2带来了严重的环境污染，导致酸雨覆盖区占国土面积的30%。

2002年全国废气中SO_2排放量1927万吨，其中工业SO_2排放量为1562万吨，占81.1%；生活排放量365万吨，占18.9%。从电力行业来讲，2000年SO_2全国总排放量为810万吨，约占全国工业SO_2排放量一半以上。山西省2000年SO_2排放量为120.2万吨，其中火电厂SO_2排放量为61.6万吨，占山西省总排放量51.3%。

活性炭干法脱硫，是一种成熟的脱硫技术，80年代，在国际上已达到工业应用水平。但在大型发电机组上使用，在世界各国中，日本首先采用，它是以气固交叉流循环化床原理为基础，把优质特性活性炭作为吸收剂，吸附高温SO_2及微粒粉尘，并作为NO_X反应的场所，高效除去烟气中的硫和氮及其他可吸附物质。近几年来，由于脱硫装置的技术不断改进，通过控制活性炭与烟气的接触时间，可获得97%以上的脱硫效率及75%的脱氮效率。活性炭是以煤炭为原料生产的一种新型颗粒材料，它对SO_2具有很好的吸附性能，并能在较高温度条件下，对所吸附的SO_2进行吸收，作为脱硫剂可以反复使用。它又可以作为催化剂使NO_X与氨气发生反应，生成无害的水与氮气，以去除烟气中的NO_X。

用活性炭干法脱硫，运行耗水量为零，这对严重缺水的山西省尤为重要。该项技术装置可立式布置，占地面积可以控制在5平方米/万标立方米以下，可解决大量已在运行的电厂在原设计上没有考虑脱硫设备场地的问题。设备和工程造价低，活性炭干法脱硫装置投资约占发电机组投资的6%左右；而一般半干法、湿法脱硫装备投资要占发电机组投资额的25%～30%。而且脱硫剂活性炭可反复使用，也降低了运行成本。

日本和法国都在研究活性炭脱硫脱硝技术，日本竹原电厂2号350MW流化床机组和矾子电厂新1号600MW燃煤机组分别于1990年和2001年应用了该技术。我国正在开展10万千瓦等级活性炭干法脱硫的科研工作，已列入863计划。

山西省有丰富的优质煤炭，2003年活性炭产量达到13万吨，是全国活性炭总产量28万吨的46%。山西省2003年出口煤质活性炭7万吨，占全国煤质活性炭出口量12.6万吨的55.5%。

1. 对国内活性炭产品需求量预测

近两年来，为了保证城市饮用水质量，各大城市都在采用活性炭净化水质，这将进一步加大国内净水炭的需求量。

2008年奥运会将在中国举行，随着对空气与水的质量要求提高，活性炭的需求量也将大大增加。

目前为使燃煤电厂SO_2污染达到控制标准，针对中国水资源缺乏现状，国家正在进行干法脱硫技术及脱硫脱硝装置的研制。山西目前也正与日本等国合作，准备引进这一技术，此技术一旦在国内推广，脱硫脱硝活性炭的需求量将会进一步加大。

鉴于以上原因，专家预测国内活性炭产品的需求量将会在2001年7万吨的基础上(摘自《山西经济》2003第一期),以每年15%的需求量增长。

2005年可达到12.2万吨;

2010年可达到24.6万吨;

2015年可达到49.5万吨;

2020年可达到99.6万吨。

如果国内解决燃煤电厂SO_2干法脱硫技术过关并开始在国内各大电厂推广应用,在2015年以后的预测产量可能会成倍增加。

2. 对活性炭产品的出口预测

随着2001年12月11日中国成功加入世贸组织,活性炭出口量呈持续增长态势,据海关统计:中国活性炭出口量(见下表):

单位:万吨

年　度	1999年	2000年	2001年	2002年	2003年
出口量	10	9.7	13.2	15	18

由五年数据计算出平均增长率为15.6%,由此预测2005—2020年出口量为见下表:

单位:万吨

年　度	2005年	2010年	2015年	2020年
出口量	24	49.4	102	210

在活性炭总产量中,木质、果壳、果核等各类活性炭增加潜力有限,而以山西优质煤炭生产的活性炭将占主要份额(60%以上)。特别是山西已引进日本、美国技术,生产大颗粒活性炭,在国际国内市场深受欢迎,万吨级生产装置已投入工业运行,质量好,效益高,山西必将成为我国的活性炭生产和出口基地。

(八)煤层气的加工利用

煤层气是煤炭生成过程中的伴生产物,它的主要成份是甲烷,甲烷以吸附和游离状态储集在煤层的空隙和空隙壁中。甲烷也是天然气的主要成份,所以煤层气的加工利用与天然气的加工利用是相似的,其用途十分广泛,具有良好的发展前景。

我国拥有丰富的煤炭资源,同时也拥有丰富的煤层气资源,经初步预测,我国埋深在2000米以浅的煤层气资源量约有35万亿立方米,与我国现已探明的天然资源量40万亿立方米相近。我国政府为了充分利用煤层气资源,增强煤矿安全保证度,减少温室气体甲烷(温室效应比二氧化碳高20倍)的排放、提高企业综合经济效益,已将煤层气的开发利用列入能源发展规划之中。由于煤层气(甲烷)既是优良的清洁能源又是重要的有机化工产品生产用原料,可以预测其发展前景是十分广阔的。

山西是煤炭大省,煤层气资源十分丰富,其资源量预测可达10万亿立方米,约占全国煤层气总量的近三分之一,山西煤层气主要分布在沁水、河东、西山、霍西、宁武等五大煤田,而且相对集中分布在沁水和河东煤田,约占全省煤层气总量的90%以上。沁水煤田煤层气资源具有分布集中,埋藏浅,可采性好,甲烷含量高等特点,具备大规模开采的有利条件,应集中力量优先进行开发利用。

煤层气有两大来源:

一个来源是煤矿开采过程中从井下抽放的煤层气,即矿井煤层气(CMM),其甲烷含量平均为50%左右,热值为4500—5000大卡/立方米。

另一种来源是地面打井从煤层中抽放的煤层气,即地面煤层气(CBM),其甲烷含量平均为95%左右,热值为9000—9500大卡/立方米。

山西煤层气加工利用总的设想是应分两个阶段进行。

第一阶段在2010年以前先将矿井煤层气(CMM)通过集输管网送城市煤气和供发电用燃料,同时加快地面井抽放煤层气的开发工作,为第二阶段打下基础。

第二阶段是煤层气的化学加工利用阶段。

从2005年至2010年做好前期准备工作,特别是地面煤层气抽放和化工利用项目开发的可行性研究工作;从2010年—2020年是煤层气化学加工大型化、规模化工程建设实施阶段。

具体实施方案为:

第一阶段:2005年—2010年,重点落实国家发展和改革委员会2003年8月22日发改能源[2003]

1020 号《国家发展改革委员会关于亚行贷款山西煤层气综合开发利用项目总体方案的批复》意见和山西省发展改革委员会晋计外资字[2003]297 号文和晋发改外资函[2004]14 号文的要求。

1. 晋城无烟煤矿业集团煤层气开发利用项目规划为：

到 2005 年投资 3.2 亿元人民币进行 100 口煤层气井放大试验，产气规模达 1 亿立方米/年，然后滚动发展，到 2010 年达到 300 口井，形成产气规模 2.5 亿－3 亿立方米/年。主要供城市煤气和电厂用燃气。

2. 山西省沁水煤田煤层气利用工程项目

实施主体为山西能源产业集团公司。

项目构成及设计规模：将阳城、沁水县的 8 个煤矿井下抽放的煤层气收集起来，通过两条输气管道分别输往晋城市城区、泽州和阳城县，做为城市管理煤气气源。设计输气能力为 3.1588×108 立方米/年(甲烷含量 52.4%)，热值约 5000 大卡/立方米。

主要建设内容包括：集气工程、输气线路工程，分输站及未站工程等项。

项目总投资为 29023.79 万元，其中利用亚行贷款 2058 万美元(折合人民币 17024.92 万元)，占总投资的 60%，国内的配套资金 11998.87 万元，占总投资的 40%。项目建成后预计年销售收入为 9895 万元，年税后利润 1048 万元，财务内部收益率(税前)为 7.01%。

3. 晋城市煤气利用工程

实施主体为晋城市煤层气综合利用有限公司，气源由山西能源产业集团和晋煤集团提供。

项目构成：包括晋城市区、泽州、阳城、高平、沁水、陵川四县一市一区燃气贮气及输配系统管网工程。

项目总投资 29589.19 万元，其中拟申请亚行贷款 2100 万美元(折合人民币 174390 万元)，占总投资的 59%，国内配套 12159.19 万元，占总投资的 41%。

项目达产后，可实现年销售收入 18362.32 万元，销售税金 990 万元，年利润 2287.31 万元，财务内部收益率(税前)为 7.53%。

在此阶段的同时要组织力量进行地面煤层气(CBM)开发的前期准备工作，特别是地面煤层气的抽放井建设和化工利用开发项目的可行性研究工作。

第二阶段，煤层气加工利用生产新型清洁燃料及化工产品规划方案总的方案是：利用矿井煤层气(CMM)为燃料建设大型煤层气热电厂，供电供热。

利用地面煤层气(CBM)为原料进行综合加工利用形成甲醇、二甲醚、醋酸及合成油等多联产工艺组合生产清洁燃料及化工产品。

第二阶段可大致分成三步进行：

第一步从 2005－2008 年进行煤层气加工利用多联产示范工程工业区建设的前期准备工作。

第二步从 2008－2013 年进行煤层气加工利用多联产示范工程工业区的建设工作。

具体建设内容为：

(1)20×104 吨/年煤层气制甲醇工程；

(2)5×104 吨/年煤层气(或甲醇)制二甲醚工程；

(3)10×104 吨/年甲醇羰基化制醋酸工程；

(4)18×104 吨/年煤层制合成油工程；

(5)以上工程相配套的热电工程，供水和排水工程及公用

辅助设施等工程。

本期上述工程年总耗煤层气约 6 亿立方米。

第三步从 2013－2020 年进行煤层气加工利用大型工程项目建设工作。

具体建设内容为：

(1)100×104 吨/年煤层制甲醇工程；

(2)25×104 吨/年煤层气制二甲醚工程；

(3)20×104 吨/年甲醇羰基化制醋酸工程；

(4)100×104 吨/年煤层气制合成油工程；

(5)与上述工程相配套的热电工程，供水和排水工程及公用辅助设施等工程

本期上述工程年总耗煤层气约 34 亿立方米，即包括示范工业区项目年总消耗煤层气约 40 亿立方米。

四、山西煤化工工业发展政策建议

1. 成立山西省煤化工领导组，由一位副省长担任领导组组长，统一规划、统筹安排、协调服务，创造优良的促进我省煤化工产业快速发展的内外部环境。

凡符合国家产业政策，有利于发挥我省能源、资源优势的企业和项目，有关部门要加快审批立项手续。环保、国土资源、水利、税收等部门在按照政策规定加强行业管理的同时，因地制宜制定鼓励和扶持当地煤化工产业发展的优惠政策。

加强对水、电等公用工程和污水处理等环保设施的投入和扶持力度,对能耗较大的重点煤化工项目要鼓励建设自备热电厂(特别是利用煤矸石、洗中煤、“放空煤气”的),实施热电联产,降低用电及蒸汽成本,增强产业竞争力。

对重点煤化工企业按照资源有偿使用原则由政府批准划拨专用煤田予以支持。可以与焦煤集团成员企业合作办矿或委托管理。

资本投入是我省煤化工基地建设的根本。在加大招商引资力度的同时,要支持有竞争实力的重点煤化工企业上市融资。通过政府调产资金对煤化工企业以贴息、入股等形式的扶持,引导银行资金、民间资本加大对我省煤化工企业的投入力度。

2. 产学研密切结合,培养专业人才,推进技术进步,增强山西煤化工产业核心竞争力。

建立我省煤化工开发工程技术中心,把研究所、高等院校、设计院和企业紧密结合起来,为煤化工快速发展提供人才保证和技术支持。充分发挥离退休专家、管理人员及技术工人的作用,通过学校和技术培训,培养大批技术、管理及计算机控制专业人才。

3. 大力发展循环经济,拓展延伸煤化工产业链。

目前石油价格居高不下,石油化工产品价格不断提高,这为煤化工的发展提供了良好机遇。我省焦化工业的迅速发展,提供了大量焦炉煤气(含氢气)、煤焦油、苯等煤化工基础原料。加之从上世纪80年代后期,我省就针对电石乙炔化工、合成气化工、碳一化工等方面建设了一批项目,引进了一批国外先进技术,积累了生产技术经验,也培养了一批专业人才。这将为我们抓住机遇,以发展循环经济为方向,以煤炭资源综合利用为宗旨,以实现可持续发展为目标,用成熟、先进的工艺发展煤、焦、化及精细化工产品,形成煤化工工业完整的产业链创造了优越条件。

4. 实施联合重组,做大做强核心龙头企业,形成合力,参与国内外市场的竞争。

随着大型煤炭企业和民营资本加盟山西煤化工产业,山西煤化工行业的资产结构将发生很大变化。要鼓励和引导煤炭企业与化工企业,国有企业与民营企业联合重组,实现优势互补,做大做强,形成核心龙头企业,增强市场竞争实力。

5. 发展煤化工工业要把安全生产和环境保护放在首位。

煤化工工业是一个高危产业,也是一个高污染产业,所以在发展煤化工工业的过程中一定要把安全生产和保护环境放在首位。

首先,要用循环经济的思想指导制定总体发展规划,使资源、能源得到充分的综合利用,力争“零排放、少排放”,变废为宝。其次,要选择清洁型煤化工工艺和现代控制手段建设生产装置,实现长周期安全稳定运行,实现生产装置与环保设施“三同时”,并严格工艺管理,避免生产过程中“三废”的无组织排放,杜绝事故排放。要加强企业管理,提高职工整体素质,以确保安全生产和有效保护环境。

6. 由于合成油投资大,试验及建设周期大,且有一定风险性,建议申请国家给予一定财政支持,并免征汽油、柴油消费税。

专题研究报告之六

山西省煤炭主要相关产业发展研究

焦炭、电力、冶金是与煤炭紧密的相关产业，随着山西能源重化工基地的开发，焦炭、电力、冶金行业得到了迅速地发展，成为山西的支柱产业。回顾山西能源重化工基地的建设，有必要对焦炭、电力、冶金行业的发展进行“盘点”，便于总结经验，接受教训，解决问题，更好发展。

本研究报告力图进一步认清山西焦炭、电力、冶金行业发展的基础和优劣势，认识在新发展观的指导下，山西焦炭、电力、冶金行业发展的定位。既要发展经济，更要注重环境，既要保障山西人民的生存权利，又要顺势而上把握历史机遇期。

本研究报告从焦炭、电力、冶金行业发展的侧面，描述了在四分之一世纪的能源重化工基地建设的历史进程中，对山西矿产资源的超强度开采造成的资源破坏、土地塌陷、水源漏失、大气污染，使山西一些地方和城市的居住环境成为“人类可以忍耐的边缘”。从而证实加大山西产业结构调整，特别是焦炭、电力、冶金行业结构调整的必要。

本研究报告表明，解决20年来以来山西能源重化工基地建设中出现的问题，仅仅靠山西的人民、山西的政府是远远不够的，更需要国家的支持和帮助。对于山西在建设能源重化工基地承受的损失，国家应该给予补偿。

一、山西省煤炭主要相关产业发展现状

中国目前正处于工业化中期，这一经济发展阶段的特点是重化工发展加快，对能源原材料需求加大。山西作为中国的能源重化工基地，发展以煤为主的相关工业，将有力地支持全国经济发展。

(一)焦炭行业

1. 山西焦炭行业的优势及地位

山西省是中国最大的炼焦用煤资源基地，据中国第三次煤田预测公布的资料，山西省炼焦用煤资源查证储量1245.92亿吨，占全省煤炭资源查证储量的57.6%。丰富的炼焦用煤资源支持山西省成为中国最大的焦炭生产基地。2002年，全省焦炭产量达到了6600万吨(统计数5851万吨)，约占全国的42%；全省规模以上焦炭企业销售收入132.1亿元，占全省工业的7.63%，占全国同行业的50.54%；实现税收10.25亿元，占全省工业的7.58%，占全国同行业的56.3%。

2. 山西焦炭行业的结构调整

山西机焦产量从1995年的653万吨，增长到2002年的3236万吨，机焦比重从12%增加到55.31%，在焦炭行业结构调整和国内、国际市场拉动的共同作用下，焦炭价格一路攀升，天津FOB价从2002年初的50美元/吨上涨到年底的80—90美元/吨。针对焦炭行业盲目投资与无序扩涨的情况，在经过调查研究、专家论证和充分协商的基础上，山西省委、省政府于2003年8月出台了《山西省经济结构调整的意见》，12月省政府又出台了《山西省行业结构调整实施办法》，其中，对焦炭行业发展提出了具体的调整意见和办法。要求年底以前彻底关闭改良焦、土焦。在这次行动中，关闭改良焦、土焦1800多座，削减落后生产能力2000多万吨。

3. 焦炭出口情况及省外销售

2000年世界焦炭贸易量2510万吨，中国出口1520万吨，占世界焦炭贸易量的60%。山西焦炭自营出口约600万吨，占全国焦炭出口的44%。如果加上外省购买山西焦炭出口，山西焦炭出口约占全国出口量的80%，成为山西出口创汇最大的产业，占世界焦炭贸易量的48%。2003年，山西焦炭产量6747万吨，自用3547万吨，出省(含出口)3200万吨(其中出口656.8万吨)，占产量的47.4%。山西出省焦炭80%以上销往河北、山东、北京、天津、河南、陕西等周边省市，市场辐射华东、东北、中南、西南等地区。

(二)电力行业

1. 电力工业是山西经济的重要支撑。从1949年山西解放到1979年改革开放之初的30年，山西发电量从0.64亿千瓦时增加到114.10亿千瓦时，增长了177倍；从1979年到2002年，发电量增加到842.01亿千瓦时，增长了6.38倍。

2002年，在山西工业中，电力工业的总产值、增加值、销售收入、上缴税金、利税总额分别居第三位、第三位、第五位、第二位。

2. 山西电力在国内、国际的地位。2002年，山西发电量为842.01亿千瓦时，在全国各省市中名列第6位，占全国的5.1%；全社会用电量达629亿千瓦时，占全国的3.8%，排在10位。实现销售收入230.6亿元，工业增加值95.88亿元。

2002年，山西向外送电212.4亿千瓦时，占发电量的25.2%，排全国火电外输量第一位。其中大同二电厂向北京送电65.8亿千瓦时，阳城电厂向江苏送电88.1亿千瓦时，天桥水电站向陕西送电1.8亿千瓦时；另外，通过电网向北京、河北、陕西送电56.7亿千瓦时。

目前，山西电力发展正处于一个关键的历史机遇期，国家大幅度调整电力建设规模，各大发电集团为重新划分电力资源而跑马圈地，各省市电力建设积极性空前高涨，特别值得关注的是山西周边的内蒙、陕西、河南、河北，在这种形势下，山西电力不进则退，错过大好的发展机遇。

2002年，山西电力系统发电总装机容量(500千瓦以上电厂)为1506.3万千瓦，占全国的4.2%，排在第11位。其中山西水电容量78.2万千瓦，占5.2%，火电装机容量1428.1万千瓦，占94.8%。山西电网10万千瓦以上机组55台，容量为1198万千瓦，占总装机容量的79.53%，接入220千伏及以上系统的电厂15座，其中，直接接入500千伏系统的电源容量为470万千瓦，接入220千伏系统电源容量为668万千瓦。

2002年，中国发电量与经济合作与发展组织(OECD)成员30国相比，名列第2位；山西发电量与经济合作与发展组织(OECD)成员国的发电量相比，也能排在第19位，排在比利时、芬兰、捷克、瑞士、奥地利、希腊、丹麦、葡萄牙、匈牙利、新西兰、斯洛伐克、爱尔兰、冰岛、卢森堡之前。

中国电力消费量与经济合作与发展组织(OECD)成员30国相比，名列第2位；山西发电量与经济合作与发展组织(OECD)成员国的发电量相比，可以排在第20位。

3. 1999—2002年山西经济结构调整期间电力行业的变化。四年间，山西电力工业总产值增加56.63亿元，增长了47.9%，年均增长11.98%；工业增加值增加40.2亿元，增长了72.18%，年均增长18%；销售收入增加87.9亿元，增长了61.59%，年均增长15.4%；税金及附加增加0.47亿元，增长了39.49%，年均增长9.87%；利税总额增加19.95亿元，增长了86.42%，年均增长21.6%。

(三)冶金行业

1. 山西钢铁工业现状

山西省铁矿资源主要分布在五台山、吕梁山、塔儿山和二峰山地区，黎城、泽州、陵川、广灵、左权和垣曲等地区也有零星分布。其中五台山区储量达15.12亿元，娄烦、岚县区16.14亿吨，塔儿山、二峰山区1.84亿吨，平顺西安里区2275.5万吨，狐堰山区2575.1万吨。山西铁矿资源按成因类型和规模由大到小有鞍山式、矽卡岩型(邯邢式)、沉积式(俗称山西式或窝子矿)和热液型4种。鞍山式铁矿主要分布岚县和娄烦县交界处、五台山区、黎城县和左权县地区。矽卡岩型铁矿床主要分布在临汾塔儿山—二峰山地区、平顺县西安里地区、古交市和交城县交界处狐堰山地区。深积式铁矿的分布面积很大，全省11个地市的多数县(市)均有分布。热液型铁矿床主要分布在垣曲县。

山西的钢铁工业在全国占有重要的地位。1949年全国的生铁产量25万吨，当年山西产铁4.1万吨，占全国的16.5%；1978年全国生铁产量为3479万吨，山西产量为150.4万吨，占全国的4.3%；2002年全国生铁产量17084.6万吨，山西为1641.7万吨，占全国的9.61%。在山西生铁总量中，铸造生铁占绝大部分，1995年，炼钢生铁只占生铁总量的25%左右，其余为铸造生铁。

2. 山西不锈钢行业

不锈钢是山西冶金行业中技术含量高、附加值高、市场竞争力强的亚行业，其生产主体是太原钢铁集团公司。太钢是以生产板材为主的特大型钢铁联合企业，也是目前中国最大的不锈钢生产企业。目前，太钢的不锈钢产量占国内总产量的1/3以上。

太钢集团是国家120家现代企业集团试点单位之一。太钢的不锈钢产品以板、带材为主，也可生产棒、管、线、丝以及不锈钢复合板、不锈钢制品和工艺品，是目前国内规格最为齐全的不锈钢生产企业。2002年，国家统计局按新的规模排序标准，对全国1588家企业进行了规模排序，太钢排名第53位，在山西省排名第一。并形成了年产100万吨不锈钢的能力，跨入了世界不锈钢十强的行列。

3. 山西省铝工业

山西铝土矿资源极为丰富，现有矿产地75处，累计探明矿石储量11.15亿吨，居全国第一位。山西铝土矿主要分布在晋西北的原平－保德－怀仁、晋中的寿阳－盂县－阳泉－和顺、吕梁的兴县－孝义(含邻近的汾西、霍州、灵石、介休及沁源等县、市)、运城的夏县－平陆、晋北的五台5个地区。太原的娄烦县也有少量分布。山西铝土矿资源具有五个特点，一是分布相对集中。全省铝土矿主要集中于吕梁、晋西北和晋北地区，储量占到全省的75%以上。二是贫矿多、富矿少。全省总储量中有84%以上的矿石为中、低品级。三是共生、伴生矿产多。铝土矿床中多伴生有益元素或共生矿产煤、耐火粘土、铁矾土、铁矿、硫铁矿、熔剂灰岩等，有综合利用价值。四是开采条件较好，适宜露天开采的储量占总储量的41.21%，坑采的占20.82%。五是矿石加工性能好，碱溶出性能为全国最佳矿床，采样试验三氧化二铝相对溶出率在96.25%以上，矿石预脱硅率在69.3%以上。

山西发展铝工业具有很多优势，但铝工业发展速度相对缓慢，90年代以前，电解铝占全国的比重一直维持在2%左右的水平。在山西新一轮结构调整中，铝工业作为重要的优势产业，经过大规模的技术改造，企业的技术水平普遍提高，生产规模明显扩大，形成了山西铝厂、关铝股份、阳泉铝业、振兴铝业、兆丰铝业和东方铝业等一批优势企业。2002年，全省生产电解铝26万吨，占全国电解铝总产量的6.1%，居全国第5位；生产氧化铝136.7万吨，占全国的25.32%，居全国第2位。

2002年，山西生铁产量1641.7万吨，进出省相抵后，净出省820万吨，占50%；钢产量769万吨，净出省230.7万吨，占30%；不锈钢产量37.4万吨，净出省35.7万吨，占95%；氧化铝产量120万吨，净出省72万吨，占60%；电解铝产量26万吨，净出省2.9万吨，占11.5%。

二、山西煤炭主要相关产业竞争力分析

煤炭相关行业是山西省的优势产业群，我们用区域经济学中“区位商”模型来证实。区位商有两种定义形式第一种是：

$$LQ_{ij}=(L_{ij}/\sum L_{ij})/(\sum L_{ij}/\sum\sum L_{ij})_{jiij}$$

式中：LQ_{ij}表示i地区j行业的区位商；

L_{ij}表示i地区j行业的实际值；

i表示第i个地区；

j表示第j种产业。

第二种形式是：

$$LQ_{ij}=(L_{ij}/\sum L_{ij})/(\sum L_{ij}/\sum\sum L_{ij})_{ijij}$$

根据区位商的定义，如果一个地区某一产业的区位商大于1，就意味着该产业供给能力除能满足本地区需求外，还可对外供应产品，是该地区的优势产业；反之，如果一个地区的某一产业的区位商小于1，就意味着该产业供给能力不能满足本地区的需求，需要由区外调入相应的产品，该产业是本地区的劣势产业。表1列出了山西省第二产业2000年的区位商。从表中可以看出，山西省煤炭主要相关产业群在全国具有明显的比较优势。

表1　山西省各工业行业2000年的区位商

工业行业	区位商	工业行业	区位商
煤炭采选业	11.7227	食品制造业	0.3981
有色金属冶炼及压延加工业	2.7711	食品加工业	0.3852
黑色金属冶炼及压延加工业	2.6896	交通运输设备制造业	0.3561
石油加工及炼焦业	1.9688	电气机械及器材制造业	0.2710
黑色金属矿采选业	1.9035	家具制造业	0.2536

续表

工业行业	区位商	工业行业	区位商
电力、蒸汽、热水生产供应业	1.6280	造纸及纸制品业	0.2256
化学原料及制品制造业	1.1792	有色金属矿采选业	0.2081
自来水生产和供应业	1.1277	烟草加工业	0.1805
医药制造业	1.0093	仪器仪表文化办公用机械	0.1652
非金属矿物制品业	0.8777	文教体育用品制造业	0.1465
非金属矿采选业	0.8687	化学纤维制造业	0.1389
专用设备制造业	0.8046	塑料制品业	0.1053
饮料制造业	0.6916	服装及其他纤维制品业	0.0564
橡胶制品业	0.6558	电子及通信设备制造业	0.0290
金属制品业	0.6124	木材加工及竹藤棕草制品业	0.0182
煤气生产和供应业	0.5998	皮革、皮毛、羽绒及其制品业	0.0051
普通机械制造业	0.5532	石油和天然气开采业	0.0000
印刷业	0.4635	木材及竹材采运业	0.0000
纺织业	0.4104		

注：表中数据根据《中国统计年鉴(2001)》和《山西统计年鉴(2001)》计算而得。

(一)山西煤炭相关行业的共性优势

1. 资源优势

一是煤炭资源优势。山西省煤炭主要相关产业群的优势主要是基于煤炭、矿产资源。山西已查证的煤炭储量约2163.2亿吨，占全国的29.8%。2002年，山西煤炭实际产量约4.1亿吨，外运量2.77亿吨，自用1.23亿吨。山西炼焦煤探明储量为1245.9亿吨，占全国炼焦用煤储量的51.8%，且炼焦用肥、焦、气、瘦煤品种齐全，适宜于发展配煤炼焦、配型煤炼焦、捣固炼焦。山西煤层气储量大约占全国的1/8—1/5左右，煤层气平均发热量4000—4300大卡/立方米。主要分布在河东煤田和沁水煤田，河东煤田的煤层气渗透率高，抽气性好，储气量丰富；沁水煤田渗透率虽差，但衰减系数小，经技术处理，开采前景仍然很好。目前煤层气发电处于试验阶段。2002年，山西火电装机容量1428.1万千瓦，全年消耗标准煤约3002.6万吨。山西煤炭资源足以支撑电力发展对煤炭的需求。

二是矿产资源优势。山西钢铁工业的竞争优势主要来自其得天独厚的资源条件。据勘探，全省列入《山西省矿产储量表》中的铁矿储量产地有102处，保有储量34.42万吨，在全国居第四位。保有储量中，鞍山式铁矿占91.33%，矽卡岩型铁矿占7.43%、其他不足1.5%。山西具有全国储量最为丰富的铝土矿资源。山西铝土矿资源约占全国的41%，且大都集中在孝义地区，有利于大规模露天开采。

山西具有储量丰富的且品质优良的各种冶金辅料资源，如铝矾土、硅石、白云石等。从20世纪50年代始，山西耐火材料业随着钢铁工业的发展而不断发展，不仅可满足省内各钢铁企业的需要，而且还有一部分出口到国外。目前，山西是全国的耐火材料大省。

三是水力资源优势。山西水电资源开发总量为743万千瓦，其中省境内62.25万千瓦，黄河小北干流680.8万千瓦，根据国家计委和水利部审查通过的《黄河治理开发纲要》，在该河段规划布置有670.8万千瓦的装机容量，即万家寨(108万千瓦)、龙口(40万千瓦)、天桥(12.8万)千瓦、碛口(180万千瓦)、古贤(256万千瓦)、甘泽坡(44万千瓦)等水电站。

2. 区位优势

山西各焦炭产区离天津港较近，实现了铁路整列直达大批量运输，大大降低了出口运输成本。距离国内市场较近，80%销往北京、天津、河北、河南、山东、陕西等周边省市。山西是一次能源富集地区，有多余的一次能源可供外送；山西电力外送的合理流向是京津唐、河北南部、山东和华东地区。相对于电力资源富集西部地区来说，山西的北部、中部和东南部的电源点距上述地区较近，输电距离均在经济合理输送范围之内，电力输送的线损少，效率高，在未来竞价上网的竞争中处于优势地位。山西的钢铁、电解铝等冶金产品距离京津唐、江浙沪消费区运距短,竞争力强。

3. 成本优势

山西的焦化、电力、冶金等相关企业大都建在煤炭产区,加上相对较低的煤价和劳动力成本,以及免收煤炭能源基金的政策,生产成本低于国际、国内的大部分生产厂家。

(二)各行业特殊优势

1. 焦炭行业:规模优势

山西省焦炭产量占到全国的40%,约占世界焦炭产量的20%。山西焦炭出口量占全国焦炭出口量的80%,山西焦炭出口占世界焦炭贸易量的48%。天津口岸山西焦炭FOB价已经成为国际贸易基准价。山西焦炭出省销售量约占全国省际间净销量的80%。山西对国际、国内焦炭市场价格具有重要影响力。

目前,全省焦炭企业共有上市企业6家(即:山西焦化、安泰股份、神州股份、太钢不锈、太化股份、西山焦煤)占全省上市企业的30%。山西焦炭行业综合优势突出,吸引了众多国内外大公司的投资建设,多元化的投资结构为山西焦炭产业发展提供了有利的资金条件。

2. 电力行业:电源点资源优势

山西省适合建设电厂的电源点较多,省外资金进入"西电东送"北通道4个项目,新组建的大型发电集团多方到山西寻求合作,山西电力发展的资源条件对外部资金的吸引力不断增强。

3. 冶金行业:综合竞争力优势

太钢的综合竞争力在全国排名第一。2001年,太钢的不锈钢粗钢产量为32万吨,列世界第十位。到2006年前后,太钢的不锈钢产量达到300万吨时,将进入世界不锈钢生产的前五名。

三、山西煤炭主要相关产业进一步发展面临的问题

(一)煤炭主要相关产业的共性问题

主要是生态环境容量十分有限和水资源匮乏且消耗巨大。

1. 污染严重

在1999—2001年山西经济结构调整期间,全省二氧化硫、工业粉尘、工业固体废弃物、废水、COD等污染物排放总量有不同幅度减少,同比分别下降了3.23%、18.48%、11.80%、2.91%和33.55%,烟尘排放量同比增长了10.92%。然而,环境恶化的形势仍不容乐观。

炼焦行业是造成全省环境污染最严重的行业之一。据环保部门测定,2002年,全省炼焦工业排放二氧化硫24.46万吨,烟尘和粉尘12.87万吨,苯并芘为127吨。美国炼焦区大气苯并芘含量标准为2微克/立方米,中国标准为10微克/立方米,我省平均浓度达到64微克/立方米,我省炼焦区大气中颗粒物高达800微克/立方米,苯并苯含量严重超标,附近的地表水中化学耗氧量、氨氮等污染物严重超标,焦化行业对大气和水环境的污染负荷分别占到全省总负荷的25%和8%。特别是稠环芳烃和苯并芘属于严重的致畸、致毒、致癌污染物,是危害人民群众健康的第一杀手。

2002年,根据山西省重点调查工业企业主要污染排放数据,全省火电厂排放二氧化硫36.79万吨、烟尘30.25万吨、工业废水7867.31万吨,用水5.04亿吨,2002年规模以上电力工业产值172.7亿元,占全省的13.9%,而火电厂排放二氧化硫、烟尘、工业废水和用水分别占全省工业的38.06%、42.41%、29.1%和38%。这就是说,电力行业每得到1个单位的产值,则要付出排放2.7个单位二氧化硫、3.1个单位烟尘、2.1个单位废水和2.7个单位用水的代价。

2. 水资源匮乏且消耗巨大

水资源十分短缺。山西省人均水资源量为438立方米,按照联合国所提出的"水紧缺指标",属于严重缺水的地区(处于500立方米以下的最低档)。山西现状人均供水量170立方米,在全国排名倒数第一,是全国平均值的41%,从国际公认的评价标准评定,属于供水严重不足的地区。山西水资源指数在全国排第29位。1998—2000年全省水资源的开发利用率高达68%,早已超出了国际公认的用水高度紧张标准(20%~40%)的1.7—3.4倍。山西属于资源型缺水省份,加之资源型缺水、工程型缺水与污染型缺水交织在一起,使得水资源短缺形势十分严峻。

据测算,目前全省吨焦平均耗水3吨左右,每年焦化生产耗水为2.1亿吨,占全省工业耗水近15%。山西采1吨煤损失水资源2.48吨,生产焦炭用原煤约1亿吨,损失水资源2.48亿吨,全省炼焦耗水和采炼焦用煤损失水资源合计4.58亿吨,而炼焦产业的无序扩张,加剧了水资源紧张状况与供需矛盾。

2000 年,全省规模以上工业总取水量为 10.47 亿立方米,其中,电力工业取水量为 4.02 亿立方米,占规模以上工业总取水量的 38.35%,接近全省城市生活用水 4.47 亿立方米的水平,是山西工业第一取水大户。火电生产采用不同的冷却方式取水量差异很大,直流冷却系统、二次循环冷却系统和风冷冷却系统等三种不同冷却方式的取水量之比为 6.5∶2.3∶1,山西电力系统大多为耗水巨大的二次循环冷却系统。

(二)煤炭相关行业各自不同的问题

1. 焦炭行业

(1)主焦煤资源有限。炼焦用肥煤、主焦煤属于国际上的稀缺煤种。山西省主焦煤探明储量共 348.18 亿吨,占全省煤炭探明储量的 16.1%。近年来大规模、超强度的开采,特别是炼焦工业的无序发展,使这部分优势资源锐减。若按 2002 年全省焦炭产量计算,山西的肥、焦煤资源只够开采 80—90 年。如果再加上供应全国和出口,山西的炼焦用主焦煤和肥煤只够使用 50 年左右。目前,部分矿山已因资源枯竭而关闭,煤矿开始向远山区、深煤层发展。

(2)新技术应用减小市场需求。高炉喷煤技术比传统技术可以节约焦炭 1/2—1/3,2003 年上半年全国重点钢铁企业平均喷煤比达到 115 公斤,全国重点企业平均焦比 483 公斤。如果全国炼铁焦比达到全国重点企业平均水平可节约焦炭约 2000 万吨。电炉炼钢原料是废钢和直接还原铁,其生产流程不用焦炭。随着我国工业化进程加快,废钢社会蓄积量也会不断增加,电炉钢比例也会不断增加,相应的焦炭需求也会逐步下降。

(3)供给增加市场竞争激烈。据中国焦化协会统计,2003 年全国运行焦炉设计能力 19538 万吨,在建焦炉生产能力 7443 万吨,拟建焦炉生产能力 4468 万吨,到 2005 年前后,全国焦炉生产总能力 31449 万吨,估计剩余产能 8000 万吨。此外,由于焦炭总量控制不力,2002 年山西焦炭生产能力含在建的已超过 8000 万吨。如果包括拟建和筹建的,2003 年将达到 1.3 亿吨,扣除当年末关停的改良(土)焦炉,生产能力仍将超过 1 亿吨。国家决定减少焦炭出口退税税率,由 15%降为 5%,逐步减少出口配额,2004 年计划减少 30%,这些政策使国内焦炭供给增加,竞争加剧。

(4)布局分散,内部结构不合理。2002 年全省有焦化生产企业 1500 余个,遍布全省 11 个地市,平均每个焦化生产企业产量不足 4 万吨,点多面广,布局分散严重,产业集中度过低。2002 年,全省焦炭产量中,机焦产量 3011 万吨,占总产量的 51.5%,其中炭化室高度≥2.8 米的大中型机焦炉产量只占 27.66%,改良焦和土焦产量占 45.12%,机焦比例,特别是大机焦比例大大低于全国平均水平。

(5)供给调控能力不足。2002 年以来,由于国民经济的快速发展,刺激了对原材料的需求,全省焦炭行业出现了盲目发展、过度投资现象。相关部门对焦炭市场分析欠准,没有深入研究对策和政策,没有采取强有力的调控措施,现有的山西焦炭协会协调服务能力不强,作用发挥有限,致使焦化企业在需求不足时一哄而上,在需求过剩时竞相压价、自相残杀。

2. 电力行业

(1)500 千伏主网架急需形成。受煤炭资源的限制,山西电网的大容量机组主要集中在北、中部,而用电发展强劲的南部电网大机组较少,故需要从北中部向南输送。尽管 500 千伏侯临线投入运行后改善了南部电网的结构,但因省内北电南送容量有限,致使运城地区经常拉闸限电。

(2)电源结构单一,调峰问题突出。山西电力以火电为主,调峰能力有限,由于完全调峰性能较差的火电机组调峰,对机组设备的经济性、可靠性带来不利影响,并造成运行成本增加,整体效益降低的被动局面。

(3)清洁可再生的水电资源开发滞后。山西水电资源已开发 78.2 万千瓦,仅占可开发量的 10.5%,不利于解决山西电源结构单一、电网调峰能力不足的问题。

(4)外输电力税收损失严重。2002 年山西向外输电 212.4 亿千瓦时,排全国火电外输量第一位。据初步估算,输入山西电力的外省市通过用电销售形成的增值税 20 多亿元,而山西电力行业的利税总和才 21 亿元,其中,税收 12 亿元左右,这就是说,发电耗费了山西的稀缺水资源和污染了环境,但产生的税收却大量流向省外。山西企业高耗能的产品多,附加值低,利润空间小,电价定价与全国相比较低,税务部门从电力输出端征收的税金亦低,而电力输入端的省市电价高,电力输入端税务部门征收的税金亦高。但由于没有合理的税收分割机制,导致山西在电力工业方面形成付出的代价与获得的利益极不对称的局面。

(5)电力体制改革前的产权和债权问题。一是产权问题。①电厂资产。山西投资的 30 亿元电力资产产权不清。②农网资产。山西地方各级政府和农民集资31亿元建成的110千伏及以下输变电网资产，全省农民出资约43亿元建设的农村低压电网，因由原省电力公司直供直管的县级供电企业多达97户，实际上形成74亿元资产产权不清。③电力建设基金投资形成资产。由于山西先是全部县级供电企业、后是97户县级供电企业由原省电力公司管理，绝大多数电力建设基金由原省电力公司收取，至今产权不清。二是债权问题。2001年底原省电力公司欠缴电力建设基金、欠缴发供电资产电附贷资金、占用电网建设资本金、通过减征方式占用地方电力建设基金、欠收电费、结算性欠费等共计5.09亿元。

据初步统计，产权和债权涉及资金150多亿元。

3. 冶金行业

(1)产品初级化。山西钢铁工业生产方式初放，产品加工深度不足。如钢材与钢产量之比明显低于全国平均水平。

(2)铁矿资源丰富但品位不高。这种资源状况导致钢铁工业工艺流程长，加工难度大，生产成本高，削弱了市场竞争力。

(3)不锈钢生产中镍、铬、不锈钢废钢等战略资源储备不足。特别是镍还没有形成稳定的供货渠道，而且远离炉料级铬铁产地。

(4)铝电联营体制还没有完全理顺，能源优势还没有得到充分的发挥。山西省有比较明显的能源优势，但这一优势在电解铝生产远没有体现出来，生产企业的用电价较高，平均水平为0.32元/千瓦小时，不仅高于电解铝第一生产大省河南平均电价0.28元/千瓦小时的水平，也高于全国0.30元/千瓦小时的平均水平。

四、山西煤炭各主要相关产业发展的指导思想及目标

(一)焦炭行业

1. 指导思想

山西焦炭工业发展的指导思想是：按照“十六大”提出走新型工业化道路的要求，实行总量控制，发展新型炼焦，严格等量置换，鼓励综合利用，保护资源环境，实现可持续发展。

2. 目标

2003年全省焦炭实际产量为6700万吨，据中国焦炭工业协会预测，2010年全国焦炭需求2.3亿吨，在2015年、2020年两个时间区段内的市场需求基本稳定在2.3亿吨左右；山西焦炭工业的发展目标是：2005年焦炭产量得到有效控制，稳定在8000万吨；2010年全省焦炭产量控制在1亿吨以下。在按照规划目标控制总量的同时，要实现结构优化，大幅度提高大机焦产量，严格控制行业污染物排放总量。

3. 支持重点

(1)加快实施大集团战略

——发展壮大山西焦炭集团公司。通过政府授权、行政划拨、收购兼并、参股联合、集团章程等手段，形成以集团公司为核心，成员涵盖省内主要焦炭生产企业的产业集团，对外协调、统一，对内形式灵活、合作紧密，为集团乃至山西焦炭行业争取更大的市场利益和发展空间。

——做大做强山西焦化集团。山西焦化集团是山西焦化行业的龙头企业。积极推进30万吨煤焦油加工项目、三期150万吨机焦项目和12万吨甲醇项目，建设成煤—焦—化产业链示范企业。

——推进龙头企业发展。重点支持大型企业集团发展，促进焦化行业的联营改造和产业重组，鼓励焦化企业产权多元化改革。

(2)做好焦化工业园区建设

延伸焦炭产业链，建设焦炭工业园区。“十五”后期，在抓好临汾、吕梁两大焦炭生产基地的基础上，重点建设洪洞、介休、孝义、汾阳、清徐、古交、潞城和河津八大焦化工业园区。

贯彻循环经济思想，推进生态园区建设。按照洗煤—炼焦—焦炉煤气—化产及中煤、矸石发电—粉煤灰生产建材两条产业链发展，力争使园区废气、废水、废渣少排放、无排放。加强焦化工业园区环境容量监测和评价，使园区环境质量逐步达到国家三级排放标准。

(3)推进焦炭产业结构升级

一是用高新技术、信息化技术改造焦炭生产企业，促进传统产业技术、产品升级换代；二是发展焦炭下游附加值高的深加工产品，如用焦炉煤气生产甲醇、二甲醚、海绵铁。

——上大关小，促进焦炭产业升级。按照产业政策，坚决关闭和取缔未经政府审批、环评未通过、煤气排空燃烧、污染严重超标的土焦、改良焦炉和小机焦炉；采用经济补偿办法，加快关闭和淘汰炭化室高度≤2.8米的小机焦炉；有控制地发展环保设施完备的大机焦炉和清洁型热回收焦炉，积极推进焦炭生产能力的存量结构调整。

——采用高新技术和先进适用技术改造焦炭企业。鼓励发展炭化室高≥4.3米的捣固式机焦炉。采用先进的焦炉配套机械设备,先进的煤气净化工艺,先进的自动化控制系统和完善的环保设施。推广应用配型煤炼焦、捣固炼焦、干熄焦、煤调湿技术、选择性破碎、低污染装煤、污染物集中处理、污水综合治理、中水循环利用、计算机控制等先进适用技术,改造全省焦炭产业,提高焦炭质量,降低炼焦污染,力争使主要焦炭生产企业的脱硫效率达到90%以上。

——推进焦化副产品回收率和综合利用,延伸焦炭产业链。建立煤—焦—化、煤—焦—海绵铁产业链。重点推进山西焦化集团、山西宏特煤化工公司30万吨/年煤焦油加工项目建设。积极依托太原钢铁公司,开展用焦炉煤气生产海绵铁的工业性实验。积极推进孝义天浩公司利用焦炉煤气生产二甲醚项目试点。

(4)大力推进煤层气产业

煤层气是一种新型清洁能源,开发利用这一优质洁净能源,对于优化我国的能源结构、减少温室气体排放、减轻大气污染、从根本上解决煤矿安全问题以及实现国家经济的可持续发展均具有十分重要的现实意义和深远的战略意义。

我国煤层气资源十分丰富,2000米以浅的煤层气资源量约,30亿万—35亿万立方米,超过了常规天然气资源总量。山西煤层气资源量达10万亿m^3,约占全国的三分之一,是国家煤层气开发的重点区域。山西省地处人口集中工业发达的中部地区,这种富集的资源优势和地理经济位置,其能源发展战略地位是得天独厚,不可替代的。

近年来,山西省矿井煤层气利用已形成了一定的规模。阳泉市利用矿井煤层气解决了城市燃气。晋城市已开始用亚行贷款,采用多井集气的方式通过长输管线,供周边中小型城市民用燃烧、部分工业燃烧和发电。沁水煤田、河东煤田通过地面钻探积累了大量的勘探基础数据和技术研究成果。初步显示了煤层气商业化开发的巨大潜力。

山西煤层气开发必须坚持地面开采和矿井抽放并举的战略和市场导向,效益优先,统筹规划,科学勘探;自营与对外合作并举的原则。在煤层气综合利用上必须坚持"先井下后地面、先易后难、先民用后工业"的方针,在扩大利用矿井煤层气,拓宽市场的同时,加快地面钻探煤层气的技术突破和全省煤层气综合利用总体规划。依靠资源优势,坚持多元投资和多元开发,以新体制、新机制、新技术,集中力量在晋城建立以煤层气化工为主导产业和产品,融煤层气集输、发电、提纯和化工利用等系列产品于一体的山西沁南煤层气综合利用工业示范区。力争在5—10年的时间里,开创一个煤层气产业发展的新局面,使其在山西省能源结构优化和新能源与工业基地建设中发挥重要作用。

(二)电力行业

1. 指导思想

山西电力行业发展应坚持"积极适度,注重环保、上新上大、关小改旧,合理布局,内外并举"的原则,统筹兼顾经济与社会、人与自然的和谐发展,充分发挥市场在电力资源配置中的基础性作用。

电力行业发展的重点是:加快提升电力行业技术及装备水平,坚决淘汰能耗高、污染重、耗水多、容量小的落后火电机组,大力发展能耗低、污染轻、耗水少、容量大的机组。注重电源与电网协调发展,加强主网架结构,完善输配电网络,同时增强南北互供和网间输送能力;适度超前发展电网,在保证投资主体利益的前提下理顺电网管理体制,实现统一规划和调度。推动"西电东送"和省内用电项目建设,努力改善国内、省内电力供需紧张局面。

2. 目标

——2005年总装机容量2400万千瓦,其中,省内自用新增装机434万千瓦,外送电新增装机460万千瓦,共894万千瓦;2010年总装机容量4000万千瓦,其中,省内自用新增装机890万千瓦,外送电新增装机720万千瓦,共1610万千瓦。根据"山西省'十一五'电力发展规划及2020年远景目标",2015年装机容量达5400亿千瓦,其中,省内自用新增装机770万千瓦,外送电新增装机630万千瓦,共1400万千瓦;2020年达6700亿千瓦,其中,省内自用新增装机715万千瓦,外送电新增装机585万千瓦,共1300万千瓦。

——2005年,发电量1200亿千瓦时,销售收入约320亿元,税金31亿元;2010年,发电量2200亿千瓦时,销售收入约610亿元,税金60亿元;2015年发电量1859亿度,销售收入约496亿元,税金48亿元;2020年发电量2488亿度,销售收入约663亿元,税金64亿元。

——除热电联产和综合利用以外的燃煤机组,按发电机组规模从小到大逐步关闭常规燃煤小机组,2007、2010年底分别关闭0.6、1.2、2.5、5万千瓦及以下燃煤机组,总共可以为电力发展腾出

262.65万千瓦的空间。对处于环境容量宽松、不在大电网覆盖地区的常规燃煤小机组适当放宽关闭期限。

——对现有5万千瓦及以上的火电机组分2005年、2007年、2010年三期实施脱硫改造，2010年全部完成；考虑到技术、场地、改造成本等制约因素，在2005年前完成湿冷机组的空冷改造试点工作，同时，重点推行城市污水回用。

——2005年，通过关闭常规燃煤小电厂、用脱硫设施改造大型燃煤电厂，二氧化硫减排28万吨，取水每年减少0.24亿立方米；2010年，通过关闭常规燃煤小电厂、改造大型燃煤电厂，二氧化硫再减排31万吨，因火电机组新增100%以上，取水每年增加1.2亿立方米。

——加快推进大同二电厂二期、神头二电厂二期、河曲电厂、王曲电厂等“西电东送”项目和漳泽三期、榆社二期、古交电厂、河津二期、霍州二电厂、西龙池抽水蓄能电站等在建省内自用电源项目的建设，确保项目在“十五”后三年和“十一五”期间按期投产。抓紧运城电厂、柳林电厂二期等一批后续电源项目的前期工作，争取早日开工建设。

——2005年底，建成投产大同小营500千伏变电站、侯马至运城500千伏输变电工程，太原东流等4个220千伏电网工程。同时开工建设中南部500千伏环网工程、绛县等6个200千伏输变电工程。2004年底，建成投产贯穿山西南北的500千伏双回网。2005年底前，开工建设忻州、晋中、霍州、柳林等500千伏变电站。

加强与周边电网联系，构成山西北部与京津唐电网、河北电网联络；中部与河北南网联络；东南部与华东、华中及华北联网。

3. 重点支持企业

重点发电企业为中电投、大唐、华能、国电四大国电集团，鲁能、神华等国内大集团和省内发电大企业山西国际电力集团公司。

(三)冶金行业

铝工业：

1. 指导思想

发挥铝资源和能源资源优势，以煤－电－铝产业链为目标，把铝工业培育成山西省重要的接续产业。改革现有铝、电联营体制，支持有条件的电解铝企业发展煤矸石电厂，或与电力企业形成战略联盟，不断提高山西省电解铝的市场竞争力。支持现有大型电解铝企业进行技术改造，走新型工业化的道路。大力发展氧化铝项目，支持阳泉、吕梁、朔州等地发展氧化铝，确保山西电解铝生产的原料来源。鼓励运城、阳阳、太原等地发展铝型材加工，提高铝的附加价值。

2. 目标

2003年到2010年，按照电解铝每年10%的速度递增，全国电解铝产能将达到1072万吨，2010年到2020年，按照每年5%的速度递增，2020年将达到1746。若按山西省电解铝占全国6%～10%的比重计算，2010年山西省电解铝的产能将达到65万－100万吨，2020年将达到105万－175万吨。2010年，全省电解铝行业的销售收入将达到100万－150亿元，利税将达到18亿－25亿元；2020年，销售收入将达到160亿－260亿元，利税将达到30亿－45亿元(约18%的利税率)。

3. 发展重点

重点支持山西铝厂、关铝股份、兆丰铝业、阳泉铝业、东方铝业等大型重点企业。同时支持运城、太原、阳泉等地建设铝型材加工基地的建设。

不锈钢：

1. 指导思想

以250万吨不锈钢建设项目为目标，将太钢建设成全球最具竞争力的不锈钢企业。积极支持以太钢为龙头的不锈钢生态园区的建设，大力发展不锈钢的深加工，使太原成为全国最重要的不锈钢及深加工基地。

2. 目标

到2006年，太钢的不锈钢冶炼能力达到250万吨，不锈钢材的加工能力达到220万吨，实现销售收入300亿元，利税50亿元。到2010年，不锈钢的加工能力达到150万吨，销售收入达到400亿元，利税达到80亿元；到2020年，不锈钢深加工能力达到200万吨，销售收入达到800亿元，利税达到160亿元。

3. 发展重点

重点支持太钢对现有生产工艺进行数字化、自动化改造。支持太钢与国际大公司合作开发镍、铬等战略资源，确保太钢生产不锈钢的资源供应。支持太原不锈钢生态加工园区积极发展彩色不锈钢装饰材料、汽车排气管、不锈钢集装箱等不锈钢深加工产品。

普钢与生铁：

1. 指导思想

按照“控制总量，上大关小”的原则推进钢铁企业的结构调整。鼓励钢铁企业间兼并、重组，提高钢铁企业的集中度。坚决淘汰150立方米以下的高炉、20吨以下的转炉，以及其它消耗高、污染大的落后生产工艺。支持普钢企业积极向特钢、优质钢方向延利产业链，支持生铁企业发展高中档精密铸造，不断提高钢铁产品的附加值。

2. 目标

据预测，2010年，国内钢的需求量约为3.7亿—4.3亿吨，2020年为5.4亿—5.7亿吨。根据山西省钢产量目前占全国的比重，目前全省的钢的实际产能和在建能力，以及山西省的环境容量，到2010年，全省的钢产量控制在2500万吨，到2020年，控制在3000万吨以内。生铁产量2010年控制在3000万吨，2010年控制在4000万吨。到2010年，整个钢铁行业的销售收入预计为1000亿元，利税总额为100亿元，到2020年，全省钢铁行业预计实现销售收入1500亿元，利税预计达到150亿元。

3. 发展重点

重点支持长钢、临钢、海鑫等大型钢铁企业发展H型钢、造船用钢和其它优质钢。支持运城、临汾、晋城、吕梁等地区发展精密铸造。

五、需国家和省共同努力解决的问题

（一）加强对炼焦煤资源的保护性开发

目前，国家开始编制13个大型煤炭基地建设规划，其中有山西的晋北煤炭基地、晋中煤炭基地、晋东煤炭基地。晋中煤炭基地包括西山煤田（含古交矿区）、霍西煤田（含汾西、霍州矿区）、河东煤田南部（含离柳、乡宁矿区等）。特别是离柳、乡宁矿区的炼焦煤资源属于稀缺性煤种，对于钢铁、化工、机械制造、城市煤气等发展具有长远的战略意义。因此，建议国家对其实行保护性开采，以维持国民经济持续、稳定发展。

（二）加强对焦炭行业排污费的征收力度

山西是焦炭生产大省，为国民经济发展做出了突出贡献。同时，炼焦工业也是严重的污染行业。国家出台了《排污费征收使用管理条例》、《排污费征收和管理办法》、《排污费资金收缴使用管理办法》等，按此办法计算，每炼一吨焦排污费应征收100元左右，这将对规范山西焦炭行业发展起到积极作用。因此，建议国家应支持和批准山西在焦炭行业率先执行这一办法。

（三）调整外输电力价格，减少山西经济利益的流失

应扭转外输电力税收损失巨大的被动局面，考虑到现行上网电价中未包含对电力输出地区环境损失补偿，应适当提高山西外输电的上网电价。为保持晋电的竞争力，在竞价上网实施之前，外输电价应略低于输入晋电的地区同期、同类机组的上网电价。

（四）电力体制改革中将电力上市公司保留在山西

山西漳泽电力股份有限公司上市是占用当时山西“上市指标”，电力体制改革中山西漳泽电力股份有限公司划归中电投集团，应将山西极其稀缺上市公司“资源”留下。对漳泽电力的“上市公司”资产、特别是无形资产进行评估，尽可能通过资产置换，形成山西国际电力集团公司控股的格局，为山西电力在未来的大发展中保留一条融资的通道。

（五）协调解决电力产权和债权问题

应“尽早明确产权，尽快理清债权，以债权换股权”。

“尽早明确产权”就是根据国发[1996]48号文关于“国家电力公司与其它投资主体是法人参股关系，是电力建设的合作伙伴”的规定，根据能源部能源电[1998]64号文《关于成立山西省电力公司的批复》中批准的《山西省电力公司章程》第二十二条规定：“省公司按照中央、地方和企业产权不同分立账户，单独核算、统一管理，资产各方对产权有自主权。”不仅要明确国电系统的产权，更要明确中央与地方电力公司的产权。

“尽快理清债权”就是根据国家发展计划委员会计基础[2002]2704号文，“国家计委关于国家电力公司发电资产重组划分方案的批复”中有关精神，国家有关部门参与对原省电力公司欠缴、占用的资金进行认真地逐项清理。

“以债权换股权”主要指用原省电力公司欠缴、占用资金形成的债权，置换国家电力集团、省电网公司的部分股权。“以债权换股权”的另一层意思，是置换漳泽电力股份有限公司中国家电力的部分股权。

（六）加快对太钢150万吨不锈钢建设项目的审批

为把太钢培育成全球最具竞争力的不锈钢企业，在我国国民经济建设中发挥更大的作用，必须加快太钢150万吨不锈钢项目的建设速度。目前，太钢关于建设150万吨不锈钢项目的项目建设书已经通过国家改革和发展委员会的审批，希望该项目尽快获得国务院的批准。

专家评审意见

山西课题评审委员会

由中国生产力学会和山西省人民政府合作组织的课题组完成的关于《山西新型能源基地发展研究》，立题具有重大意义，山西新型能源基地的建设发展，与全国可持续发展关系重大。正确处理能源基地建设中宏观、中观、微观三者关系，不仅是我国经济发展中的焦点、难点问题，也是在全面落实中央关于科学发展观的过程中，在老工业基地建设中需要认真把握好的重大战略问题。课题研究目标明确，结构设计合理，研究思路清晰，应用方法得当，资料丰富翔实，基本结论可靠，是一个有较强科学性和重要实践性的研究成果。研究的基本结论不仅对山西的经济社会发展有着重要的指导意义，对国内同类地区的研究也有着普遍的参考借鉴价值。

本课题的研究解决了山西能源基地的一些主要问题。总结了山西能源重化工基地建设的基本经验和困难，提出了新的时期继续加强新型能源基地建设的一系列方针、政策、措施，规划了基地建设的产业发展方向。研究指出，为保障我国能源安全和国民经济持续、稳定、健康发展，必须加强煤炭的基础能源地位。山西是国家重要的能源基地，在我国经济发展中发挥了十分重要的作用，在新的历史条件下，必须贯彻新的发展观，进一步加强山西新型能源基地建设。

本课题研究的创新之处，一是对于山西新型能源基地建设要贯彻新的发展观，发展循环经济，走新型工业化道路的方针；二是把山西能源基地作为战略系统，设计8个大的系统工程。所提出的基本理论、基本观点和政策建议，在国内同一领域的研究中处于领先水平。

本课题研究所具有的实践意义与理论价值：一是深入分析了我国能源面临的严重的挑战和能源安全的矛盾，预测了未来20年我国经济发展对能源的需求，重新审视山西能源基地在我国能源战略中具有的重要地位，指出山西煤炭资源和煤炭供给能力的不可替代性，高度评价了山西能源基地多种能源综合输出的整体性功能。二是在总结并肯定山西20年基地建设的成就和经验的基础上，进一步指出基地建设的困难和问题：如煤炭工业组织结构仍不合理，产业集中度低；煤炭产品结构单一，附加值低；国有企业改革依然任重道远；煤矿企业长期以来人员多、包袱重、效率低的状况并未得到改变；长期煤炭开采造成的生态与环境破坏严重；小煤矿开采资源回收率低，安全设施差，事故多的问题等。三是规划了加强新型能源重化工基地建设的8项战略工程：提高山西煤炭工业供给能力的“传统产业新型化工程”，发展山西电力工业的“输煤输电并举工程”，发展高载能工业的“资源综合开发利用工程”，发展循环经济的“煤气化多联产工程”，积极开发和扶持“煤基替代燃料工程”，广泛推广洁净煤技术的“清洁能源工程”，加大环境污染治理的力度的“绿色山西工程”。

课题研究站在国家的宏观角度，提出了需要国家解决的4个重要方面的重大政策建议，对于加快山西能源重化工基地建设，解决我国能源供应具有决策参考价值：一是关于基地建设的政策措施，建议国家准许山西延期征收能源基地建设费，国家加快煤炭运输通道建设。二是关于煤矿建设的支持政策，请求国家对于山西煤矿建设给予政策扶持和贷款支持，设立大型煤炭基地煤炭资源国家规划区，国家有关部门加快终结山西重点煤炭企业的债转股工作，批准山西从每吨煤中提取5元安全专项资金，进一步减轻煤矿企业的税费负担。三是关于相关产业的发展政策，国家支持山西建设坑口电站，支持山西发展煤基合成油和醇醚替代燃料。四是关于资源和环境的补偿政策，国家增加环境综合治理的投入，准许山西继续征收水资源补偿费，对于采煤造成地表塌陷的治理给予补偿。

本课题具有很强的实践性和可操作性，对促进山西新型能源重化工基地建设，对于能源的可持续发展和有效利用，支持我国经济社会的持续、稳定、健康发展有重大参考价值。

新型工业化要坚持走集约发展的道路

彭致圭

当前,我国总体上还处于工业化中期阶段,虽然已建立了完善的工业体系,许多重要工业产品产量居世界前列,基础设施日臻完善,以信息产业为先导的高新技术产业迅速发展,特别是涌现出一大批优强工业企业,但由于原来的工业基础薄弱,经济实力不强,人才不济,经验缺乏等,我们基本上走了一条传统的工业化道路(所谓A模式),一条分散、粗放发展的路子,这条路再也走不下去了,现在到了全面转轨的时候了。

1. 分散、粗放、发展的清算与盘点

分散粗放发展的结果造成了我国工业经济的:(1)产业布局结构不合理;(2)产品结构、产业结构不合理;(3)生产的低效率、低效益。2000年我国制造业的劳动生产率3.82万元/人·年,为美国的4.38%,日本的4.07%,德国的5.56%;(4)国土资源被严重浪费。大量的耕地、良田被不合理侵占,2003年独立工矿占用耕地11.17万公顷(167.55万亩)比上年增加了3万公顷(45万亩),增长37%。在全国性土地市场秩序治理整顿中撤消各类非法建设的开发区3763个,收回土地面积5878.4公顷(8.82万亩);(5)资源利用率低,资源消耗畸高。2003年,我国主要物耗占世界的份额见表1。这样的物耗令世人感到惊叹和忧虑;(6)能源消耗畸高。20世纪90年代中期,我国单位GNP的能耗与发达国家的比较见表2。中国经济是一个"高耗能经济"难以否认;(7)水资源消耗畸高,工业用水陡增,造成全国水资源全面紧张,2003年全国工业万元增加值用水量为218立方米,是发达国家的5—10倍,水的重复利用率为50%,发达国家已达85%,目前全国66.7%的城市缺水;(8)生态被严重破坏,2000年全国十大地表水系的综合污染物COD年排放量达1445万吨,比Ⅲ类水质要求的800万吨容量高出80.6%。另外森林被过度砍伐,水土流失,江河断流,土地荒漠化,农田遭受化肥、农药、重金属严重污染等等;(9)环境被严重污染,全国CO_2排放量的70%,SO_2的90%、氮氧化合物的67%来源于燃煤,我国的环境容量是$SO_2$1620万吨、氮氧化合物1880万吨,目前均已超标,如不采取措施,到2020年SO_2、氮氧化合物排放量将分别达到4000万吨和3500万吨,CO_2排放量将占全球的17.2%。归纳起

表1 我国GDP与物耗占世界的份额

2003年	我国占世界份额
■GDP	4%
■物　耗	
原　油	7.4%
原　煤	31%
铁矿石	30%
钢　铁	27%
水　泥	40%
氧化铝	25%

来，构成了六高两低的中国工业经济，即高速度、高占地、高物耗、高能耗、高水耗、高污染、低效率、低效益。这样下去，显然我国的国土、资源秉赋、能源储存、生态和环境均难以承载。如此进一步推进必将导致全国性的国土资源危机、能源危机、资源危机、水资源危机、生态危机和环境危机，不转轨难以为继，不转轨就难以实现可持续发展。

表 2 我国单位 GNP 能耗与发达国家比较

中国单位 GNP 能耗为：

美国的	英国的	德国的	法国的	日本的	意大利的
4.6 倍	7.2 倍	8.3 倍	8.8 倍	10.6 倍	11.3 倍

2. 集约发展的理念

集约发展是在回顾总结传统工业化发展道路基础上提出来的，是在审视发达国家集约发展经验基础上提出来的。集约发展道路的要害：一是科学发展观指导下的可持续发展的路，不吃子孙饭的路，满足人们不断增长的物质精神需求，有利于人的全面发展的路，全面、协调、均衡、可持续发展的路。二是不再沿袭以往的分散发展，而是在人们构筑的环境优良的“经济大棚”中去“集中发展”。三是按照专业化分工协作的原则组织联合起来的“集群发展”。四是精益发展理念指导下的“精益发展”，“精益发展”要求“精工细作”，不仅把企业做大做强，而且要把企业做精，精益求精，做到技术精、工艺精、人员精、管理精、产品精，从而确保产品高质量，生产高效率，能源、原材料低消耗，环境低污染，经营高效益。五是不断地延长产品链延伸产业链，不断地提高经济效益的“延伸发展”。六是追求规模经济能力和规模效益的“规模发展”。七是立足于自身的资源优势、成本优势、传统产业优势、人才优势、区位优势等发展特色产品、特色产业的“特色发展”。八是大力发展“资源—产品—再生资源”的物质资源重复、循环使用的闭环式流程组成的“循环经济”。九是着眼于人类长远发展，坚决地淘汰落后生产力的“淘汰式发展”。十是以信息技术为先导，大力发展高科技产业，运用高新技术和先进实用技术改造提升传统产业，信息化带动工业化，工业化促进信息化，加速赶超发达国家的“超越发展”。

总而言之，我们可以把集约发展的理念归纳为坚持四高四低原则的发展，即高技术含量、高质量、高效率、高效益；低物耗、低能耗、低水耗、低污染（零污染）的发展。

3. 集约发展的目标模式

我们把集约发展的模式归纳为 8 种目标模式：

（1）集中发展模式：主要是发展“园区经济”。“园区经济”的最大优越性在于避免了“分散发展”带来的弊端。园区资源集聚、资源共享；基础设施、服务设施、市场网络、公众信息等公共物品共享；共同面对市场，客户资源共享；专业化分工协作，避免重复建设，大大降低了生产成本和交易成本；优胜劣汰，公平竞争，促进发展；共创园区品牌，形成群体竞争优势。发展“园区经济”，地方政府的角色应该是着力营造优良的经济发展环境，政府只为企业提供高质量的公共物品是不够的，政府应高度关注园区的区位选择和产业定位。

（2）集群发展模式：“集群”源于生态学，是以“共生”关系生存于同一栖所中的不同动植物族群。集群，共生共荣是中小企业生存发展的最好方式。集群发展表现为“产业集群”、“企业集群”、“集群经济”。人类的专业化生产经历了原始专业化、门类专业化、产品专业化、工艺专业化和零部件专业化这四个发展阶段，目前处在工艺和零部件专业化阶段。“产业集群”是工艺专业化、零部件专业化发展的必然趋势。“产业集群”是按照专业化分工、协作的原则组织发展起来的，其最大优势在于分工精细、技术精湛、劳动生产率极高、消耗低、成本低，同时企业抱团扎堆，共担风险，共拓市场，具有很强的群体优势，因而竞争力很强，效益很好。在许多地方“产业集群”和“专业市场”相伴而生，形成一种“双胞胎经济”，“产业集群”带动了“专业市场”，“专业市场”又促进了“产业集群”的发展，良性循环，共生共荣，如绍兴市的服装面料产业集群和服装面料市场年销售收入超过 200 亿元，国内市场占有率达 10%。

目前，许多地方把集中发展与集群发展有机结合，因地制宜，发挥区域优势，创办了许多“产业集群的特色工业园区”，这是应该大力倡导的。

我们的地方各级政府应确立“集群发展战略”，因为“产业集群”的就业空间很大，能够大量吸纳国企下岗职工和城乡劳动力，同时促进区域经济发展。

(3)精益发展模式:上世纪50年代丰田汽车公司首创精益生产,至今已发展到比较完善的程度。精益生产主要是在复杂的机械制造、航空、航天、仪器、仪表等行业。精益生产消耗较少的人力、空间、资金、资源和时间,制造最少缺陷(乃至无缺陷)的产品,满足客户的需要。核心是要把产品做精做细,精细到使别人难以模仿难以复制,如此形成独特的优势。如美国的波音公司、欧洲的空中客车公司、瑞士著名的生产磨齿机的MAAG公司等。

目前,国际国内用高新技术改造提升传统产业,主要是提高能源、资源的利用率,减少废弃物的排放,乃至将废弃物无害化、资源化,减轻对环境的污染,实现"传统产业新型化",这是精益发展的现实选择。

(4)延伸发展模式:这种发展模式是工业企业不断延伸产品链产业链,不断增加产品品种,不断扩大产业规模,形成一种大规模高效益的"链式经济",如美国的汽车产业、石化产业和硅谷的IT产业是产业延伸发展的典范。山西省的三维集团,上世纪80年代只有纺织用的维尼纶一种产品,后来依托本省能源、资源优势相继开发了聚乙烯醇(7.5万吨)、白乳胶(3.5万吨)、季戊四醇(0.3万吨)、1,4丁二醇(3.5万吨)、四氢呋喃(1.5万吨)、γ丁内酯(1万吨)等16种产品,形成了比较完整的"乙炔化工的产业链",工业产值由当初的4174万元,增加到目前的7.85亿元,增加了近19倍,由原来的年亏损690万元,到盈利5000多万元。目前他们规划设计进一步延伸产业链,发展煤焦化循环经济,三维集团是国内延伸发展模式的榜样。

(5)规模发展模式:在能源、原材料等行业,产品的社会需要量很大,市场空间广阔,因此应该搞规模经济实行规模发展。有了规模就可以采用最先进的技术和设备,就可以极大的提高效率,极大的降低成本,经济效益自然会好。如我国的神华煤炭集团,2002年生产优质动力煤7732万吨,兼营运输、电力等,年销售收入258亿元,利润37亿元。宝山钢铁集团2003年生产各类钢材2000万吨,年销售收入1204亿元,利润131.7亿元,这都是规模发展的成功范例。

(6)特色发展模式:这种发展模式主要是依托区域的特种资源、土特产品、传统技艺、特种工艺发展起来的特色产业,并且把它做大形成一定的规模,形成品牌,使得别人难以照搬,难以模仿,如荷兰的花卉,法国的香水,瑞士的手表,威尼斯的玻璃制品,山西省的煤焦化产业、铸造业、铝工业(铝土矿一氧化铝一电解铝一铝合金一铝型材一铝制品)都属于特色产业。

(7)循环经济发展模式:这是集约发展的最理想的模式,循环经济要求运用生态学规律来指导人类社会的生产活动,它以"减量化、再使用、再循环"为准则,按"资源一产品一再生资源"的循环途径组织生产,这样就可以最大限度地减少能源和原材料消耗,并将生产过程中产生的废弃物变为再生资源重复、循环使用,从而达到经济与资源环境"双赢"的目的。它不是对传统发展模式的简单修补,而是与严重牺牲资源环境的旧的工业文明实行彻底决裂,在促进经济发展的同时,切实提高人类生存发展的质量。"绿色制造"、"清洁生产"、"工业生态经济"都属于循环经济的范畴。循环经济是对传统生产型经济的否定和扬弃,是一场现时代的"产业革命"。循环经济为我们走出了一条可持续发展之路,它应该是我们走新型工业化道路的首选发展模式,我们的各级政府应制订最优惠的产业政策,引导帮助企业大力发展循环经济。

(8)淘汰落后(生产力)的发展模式:从当前工业生产来看,一些小煤矿、小炼铁、小造纸、小水泥、小化工……采用的工艺落后、设备陈旧,因而生产效率很低、产品质量极差、极不安全,特别是严重糟蹋浪费资源,破坏生态,污染环境,属于十分落后的生产力,对国家对整个社会弊大于利,因此应予淘汰,淘汰落后也是一种发展。淘汰落后应当主要运用看得见的手,在现行体制下比较容易做到。

以上各种发展模式应以信息化为先导为主导,运用数字技术对设计、工艺、生产、管理进行改造,实行计算机辅助设计和辅助制造,推广现代集成制造系统(CAD/CIMS),推行计算机管理和电子商务。工业化信息化同步推进。

"地上本来没有路,走的人多了也便有了路",引导帮助千千万万的企业走集约发展的道路——新型工业化的道路,是我们的神圣职责。

城市化的国际经验与中国城市化进程和战略

城市化研究课题组*

党的十六大确定了新世纪国民经济发展的战略目标，并明确到2020年的目标为全面建设小康社会，实现国内生产总值再翻两番。经过改革开放20多年的发展，我国人民生活已基本实现了小康，但是，包括农民收入低在内的“三农”问题，长期以来一直是困扰我国经济发展、社会公平和实现国家现代化的核心问题之一。

针对当前经济生活中以“三农问题”为代表的一些最突出矛盾，在最近召开的第十六届三中全会做出的《关于完善社会主义市场经济体制若干问题的决定》，提出了“五个统筹”的改革目标，即统筹城乡发展、统筹区域发展、统筹经济社会发展、统筹人与自然和谐发展、统筹国内发展和对外开放。

解决“三农”问题的根本办法就是要走有中国特色的统筹城乡经济社会发展的“城市化道路”。即党的十六大指出的“全面繁荣农村经济，加快城镇化进程。统筹城乡经济社会发展”，“走中国特色的城镇化道路”，即：大中小城市和小城镇协调发展，以现有县城和有条件的建制镇为基础，发展乡镇企业和发展农村服务业相结合，科学规划与体制改革相结合，合理布局与引导富余劳动力合理有序流动相结合的城市化之路。

解决好农业、农民和农村问题是我国社会经济稳定持续发展的核心问题，而城市化又是解决中国农业、农民和农村问题的治本之策。从总体上看，我国已进入工业化的中期阶段，但城市化程度却只达到37.7%，比2000年世界平均城市化水平要低10.3%。我国目前人均GDP仅有900美元，但已经出现了严重的农产品需求制约，最基本的原因是城镇农产品消费群体比重太小。我国农村剩余劳动力转移困难，最根本的障碍是城市化进程明显滞后。2001年，我国农业GDP份额已经下降到15.2%，而农业就业比例仍高达50%。农村人口非农化和城镇化进程缓慢，农民比重过大，导致农业相对劳动生产率过低，这是“三农”问题的症结所在。因此，从根本上解决现阶段的“三农”问题，不能就农业论农业、就农村论农村，必须重点解决制约农业和农村发展的体制性矛盾和结构性矛盾，改革计划经济体制下形成的城乡分治的各种制度，减少农民，加速农村城镇化进程，发挥城市对农村发展的帮助和带动作用。

从1978年到2000年，小城镇由2176个增加到20312个，城市数量由190个增加到663个，其中大城市、特大城市及超大城市93个，城市化水平显著提高，城市化率达到36.09%。到2001年年底，我国总人口为126,727万人，其中城镇人口48,064万人，占37.7%，乡村人口79,563万人，占62.3%。根据“三步走”战略所确立的发展目标，我国未来的城市化水平将以每年1%的速度提高，每年有大约有1200万的农民转变为城市居民。因此，深入分析改革开放以来我国的城市化进程，客观分析和评价我国城市化进程所面临的“瓶颈”因素，探索有中国特色的城市化之路有着重要的现实意义。

一、城市化的内涵与动力机制

1. 城市化的内涵

根据《中华人民共和国国家标准城市规划术语》中城市化的定义，“城市化是人类生产与生活方式由

* 本课题组组长为陈胜昌，成员有张佐友、戴岱、闫甜。

农村型向城市型转化的历史过程，主要表现为农村人口转化为城市人口及城市不断发展完善的过程。”这一过程使得城市人口增加，无论是城市人口的绝对数，还是城市人口占总人口的比重都在增长，城市数目增多，城市规模扩大等等。其中，城市人口占总人口的比重是城市化的一个重要标志，因而也成为城市化水平测度的最常用指标。城市化的过程和特点受生产力发展水平、社会劳动分工的深度和社会所有制性质等多种因素制约，变农村人口为城市人口这一过程虽同城市产生同时出现，但从城市发展的历史来看，工业革命前后，城市性质、规模、数量、内容、形态都发生了剧烈的变化，是城市经济生活在整个社会经济生活中占统治地位的一个历史转折时期。从世界近代历史发展的规律来看，世界发达国家如英、美、法、德等国家其工业化的进程与城市化是互为因果、互相促进的。因此，我们通常所说的城市化，是指现代城市化，主要是指工业革命进程中的城市发展和城市人口集聚的过程。

关于城市化的概念有很多，在不同的视角下有着不同的理解。有人将城市看作“三大结构形态和四大功能效应的系统集合体”(《中国城市发展战略报告》,p3)。从结构上看，城市是一种空间结构形态，是一种生产结构形态，是一种文化结构形态。从功能上看，城市在一个“自然－社会－经济”的复杂巨系统中，通过集聚效应、规模效应、组织效应和辐射效应等四大功能寻求“人口、资源、环境、发展”四位一体的现代文明发展模式。从这个意义上看，城市化被看作是一个国家或地区实现人口集聚、财富集聚、技术集聚和服务集聚的过程，同时也是一个生活方式、生产方式、组织方式和思维方式转变的过程。城市化过程是两个方面的力量作用的过程，即内向的集聚过程和外向的扩散过程，两者在城市的不同发展阶段具有不同的重要性。

无论如何，城市化反映了一个动态的变化过程，这个过程中农村社会变为城市社会，从农村地域转向城市地域，城市文明替代了农村文明，城市地域、城市人口逐步地居于社会主体地位。具体内涵，可以简单归纳为四个方面。一是人口的城市化，城市化水平测算就是以城市人口占总人口的比重来定义的，所以，城市化就是一个农村人口逐步减少，城市人口占总人口比重不断提高的过程。二是非农产业的集中，这是城市化的实质，城市经济活动的载体，城市是第二、第三产业的集中地，城市经济活动的要素使用方面的集约化程度不断提高。三是生活方式的转变，在传统的农业文明中，自给自足的生产生活方式占据了相当大比重，且社会交流和交易活动的内容和范围有限，单位经济活动的交易成本相对较高。四是观念意识的转化，生活和生产方式的转变必然意味着文化传统的转变，从而也导致了意识形态观念上的转变，城市文明替代了乡村文明，成为社会的主流文化。城市经济活动特点就是社会化生产，这种生产的优越性主要体现在三个方面即规模经济、地方化经济和城市化经济。

2. 城市化动力机制

从中外城市发展的客观规律看，决定城市化发展的根本动因是两大效应的交替作用，一是向心集中的集聚效应，另一是离心扩散效应。现代城市的形成源于经济活动的聚集(扩散)效应。而经济活动的聚集有着一定的规律，一个国家的城市规模结构在很大程度上决定于这样的规律。马克斯·韦伯将这种集聚(扩散)效应归纳为三个层面的概念，即企业内部的规模经济，地区产业层面的地方化经济和城市综合层面的城市化经济。

由于经济活动具有规模效应，经济活动的聚集将累积这一效应。因为：第一，一个工厂与邻近的其它工厂之间存在一种“溢出”(spillover)效应关系。这种溢出包括技术、供货商、客户以及市场情况等信息的溢出。第二，经济活动的聚集将为工厂在特定生产领域内的专业化提供机会。第三，经济活动的聚集有利于实现地方供货商对地方出口商供货的多元化。第四，经济活动的聚集可以为工人和雇主在劳动力市场上更好的匹配提供便利。第五，经济活动的聚集减少了买者和卖者之间的交通费用，降低了零售中的交易成本。

经济活动在地域上的发展主要是“地方化经济”和城市化经济。具有“地方化经济”性质的产业的发展依赖于当地同一产业的规模，产出一般为标准化的产品，如纺织品、钢铁、陶瓷制品、加工食品等，它们通常集中在中、小专业化城市。企业在这些地方聚集，可以通过同行间的相互学习，获得显著的外部经济效益。城市化经济的经济效益产生于不同类型的工业在一特定地方，例如城市的空间集中，由于该地方或城市的各种服务和基础设施为生产的运作提供了极大的方便和良好条件，生产的花费可以降低，经济效益因之提高。空间集中所产生的工业环境加强了工厂企业之间的联系和协作，生产技术、新发明、新知识和信息可以在它们之间很快传播和流通，而它们之间的生产竞争则孕育新的生产技术，并促进效率的提高。空间集中，还可以在地方劳动力中创造一支专门化的熟练工人队伍。但是最重要的是，区位化的集聚导致产品生产在不同工厂之间进一步划分，从而大大提高劳动生产率。

“城市化经济”活动的产出一般为非标准化产品（定做的机械产品、时尚服饰、娱乐服务、出版发行）、有中心市场的具有互动性质的服务（一些特定的金融服务，包括股票和期货市场）、研发以及新产品（电子、软件）开发等。具有“城市化经济”性质的产业有着向大都市集中的倾向，因为大城市可以为这些产业带来很大的外部经济效益。比如，从事产品研发的公司需要在本行业外获取创意和专业化的雇员，需要经常与科技咨询业、大学、软件业、各种各样的供货商等一切能激发创新的机构交往和互动，还需要较大的地方市场去检验产品和创意并获得迅速的反馈信息。实证研究表明，无论是对于“地方化经济”而言，还是“城市化经济”而言，聚集都会为之带来明显的效益增加。虽然聚集可以带来明显的外部正效应，但是城市规模也不会无限扩张。因为，较大城市因规模经济而带来较高生产力的同时，也提高了居民的生活成本（包括住房、食品、公共设施、通勤等方面），因而，城市的发展必然意味着产业结构的不断升级和产业的外移。实际上，在市场经济中，城市规模是当地就业增长所带来的规模生产力效应与其人口增长所带来的生活成本增加之间相互作用而达到一种均衡状态的结果。

由于经济活动的性质存在差异，还由于城市规模与居民生活成本之间相互制约，世界城市发展过程中出现了专业化和分散化的趋势。那些“地方化经济”则有着向中小城市聚集的倾向，而那些“城市化经济”有着向大城市集中的倾向。在“地方化经济”中，城市将专注于某一行业，因为增加另一个不同行业并不能帮助提高本行业的生产水平，行业的增加反而会引起城市生活费用的上升。这类行业包括金属冶炼、纸浆和造纸业、纺织业以及机械制造等。其中一些行业的产品涉及自然资源的利用以及生产过程中重量的降低，这些行业最好分布在资源所在地周围。当然，城市的专业化也会扩展到服务领域。理论和经验证据均表明专业化城市的规模与这个城市所从事的“标准化生产活动”的性质有关。如，钢铁和汽车制造业所在城市往往比纺织业和传统服务业所在城市要大，而后者一般又比造纸业和食品加工业城市要大一些。

3. 城市化演进的空间形态

城市发展的过程也是工业化的过程，工业化是城市化的基本动力。从总体上看，城市化是一个地区或国家实现人口集聚、财富集中、技术密集和服务集中的过程，城市化不仅是一种生产和生活方式的转变，还是一种社会文化生活的改变过程。通常认为，城市化是经济发展过程中，由于城市具有的集聚效应，并且第二和第三产业通常比第一产业具有更高的要素生产率，大城市通常比中小城市具有更高的要素生产率，故而使得农村向城镇化发展，城市的演化不断从中小城市向大城市发展，单一的城市向城市群和连续的城市连绵带发展。

从城市形成和发展的内在机制分析，城市体系是在城市的向心增长（集聚）和离心增长（辐射）交替作用下逐步形成的。在一定区域内，城市以其优越的社会、经济、科技、文化等活动条件确立其作为区域发展的中心地位，随着社会财富积累，城市规模的扩大，从而产生巨大的吸引力，导致周围地区工业和人口的进一步集聚，表现为城市的向心增长。

在城市集聚增长的同时，由于环境容量和经济容量的限制，集聚效益在渐次下降，导致城市企业向周围地区扩散，从而形成新的工业中心，以至经济中心，这些新中心则成为人口和工业的集聚点，相对于原有中心，呈现出城市的离心增长。向心与离心增长是城市一区域在一定条件下不断向前推进的发展过程，这一过程将逐步形成在一定区域内具有层次性的城市群体，即城市体系。首先是市中区和边缘带构成的团块状城市，然后沿交通线延伸，形成放射性近郊区，并粘合第一、二代卫星城构成星状城市，进一步发展成为第三代卫星城后，则形成城市体系，最后是城市连绵带的形成。对于某个具体城市，可能是处于城市序列等级中某一层次、某一阶段，其进一步演化要看地域经济和环境条件。一般看来，城市体系类型可以大致分为下面几种：

（1）以某一大城市或特大城市为核心，周围伴有若干不同等级的中小城市及卫星城镇的大城市地区。从其形成机制来看，主要是大城市离心和向心增长的结果。由于中心城规模过大，引起人口过密、住房困难、交通堵塞、环境污染等一系列社会问题，导致环境质量下降，居民生活条件恶化，城市人口和社会经济活动出现向外扩散的趋势。

（2）由若干规模相仿的大中城市及其周围的城镇所组成的多中心的城市集群。这类城市体系的形成，起初通常以大中城市为中心，在“向心一离心”机制作用下,形成多中心的城市群组;由于空间距离较接近,城市群组在相互作用力的影响下,经济联系日益加强,逐渐形成具有密切联系,又有分工协作的城市集群。

(3)以各级行政中心为依托,大中小各类城镇相互联系所形成的城市体系。这类城市体系的形成中行政因素起了较大的作用,通常城市的规模与所在地行政机关的级别相对应,各城市间的联系首先也表现为不同等级城市间的行政联系,由于政府决策对经济的影响,因此客观上又造成城市间较为密切的经济联系,从而使各级各类城市(镇)形成相互联系的城市体系。

二、发达国家城市化发展阶段

(一)英国城市化的特点和模式

英国的城市化是以轻工业为先导,以交通运输业的发展为纽带,通过优胜劣汰的自然选择过程进行的。城市化不仅改变了英国的经济地理,建立起近代城市体系,而且也改变了传统的英国社会,变一个封闭分散的农牧社会为一个经济一体化的城市文明社会。

现代的城市化进程是在工业化推动下引发的,工业化是城市化的直接动因。然而各国工业化开始的阶段不同,不同类型的各国所具有的资源条件和产业比较优势也不同,而不同类型的产业经济结构和经济发展所展示的空间态势不同。

工业化的本质在于其自身所具有的规模经济特征,第二次产业的发展在土地、资本和劳动力等基本要素使用上的集约化程度远远高于第一次产业,因此城市化和工业化的过程也是要素在城市集聚的过程。

1. 英国的城市化历程

英国是世界上工业化的发源地,也是第一个实现城市化比重超过50%的国家。从工业革命到20世纪以前,英国一直是世界经济的“火车头”。19世纪,英国的城市化速度远远超过其他国家,在城市化的进程中独领风骚。

18世纪早期,英国城市人口约占总人口的20%~25%;1801年,英国5000人以上的城市和镇只有105座,其城市人口仅占全国总人口的33%,到了工业革命结束以后的1851年猛增到580座,城镇人口比重上升到50.2%,英国已基本上实现了城市化,世界上第一个城市化国家。(见表1)

表1 英国的国民生产结构

单位:%

	农、林、渔业	制造业、矿产业和建筑业	商业、交通运输和海外收入	政府、家庭和其他服务业	住 房
1801	32.5	23.4	17.4	21.3	5.3
1851	20.3	34.3	20.7	18.4	8.1
1901	6.1	40.2	29.8	15.5	8.2
1955 *	4.7	48.1	24.9	19.2	3.2

引自《欧美农村劳动的转移与城市化》,P7。

城市化的发展不仅是数量的增加,城市的规模也不断扩大,1801年英国10万人以上的城市只有伦敦1个,到1837年,增至5个,1891年增至23个,1901年增至30个。伦敦人口从1800年的86万增加到1850年的232万和1900年的658万人,是当时世界上最大的城市。曼彻斯特、利物浦、伯明翰、谢菲尔德等一批新兴工业化城市迅速发展起来。1760年至1840年,曼彻斯特人口从3万人增至40万人,伯明翰从3万人增至23万人。1891年,城镇数目增至622个,城镇人口占到68%,英国成为当时世界上城市化水平最高的国家。

随着城市数量的增加,绝大多数为5万人以下的小城或镇。在这个过程中,镇演化为城市的方式主要有二:一是集聚的人口不断增多,达到了中等城市甚至大城市的水平。如布拉德福德在工业革命时就是一个小镇,1801年才有1万多人,到了1851年人口超过了10万,成为当时的大城市之一。二是小镇被中心城市吸纳进去,成为大城市的一部分。如伦敦市区的扩大就把当时的小城市和镇包括了进去,如威斯敏斯特、格林威治、索斯沃克等,包括市郊区的伦敦称为“大伦敦”;再如,作为英国棉纺织中心的曼彻斯特在工业革命刚开始时也只是一个较大的镇,工业革命开始后,它在19世纪40年代之前的近一个世纪中人口增长了40倍。40年代末期,它又把周围的几个小城和镇囊括进来,跻身于大城市之列。到了1851年,曼彻斯特的人口增加到30.3万人，在当时的大城市中排名第四位。城市或小城镇数量的增加和升级，除了纺织工业的带动外，采矿业、铁路交通业、海上和内河运输业以及文化教育事业的发展也起到了十分重要的带动作用。

城市人口的增长也是不平衡的，大城市、新兴工商业城市、港口和旅游城市人口增长得持别快。1861年，英格兰2万人以上的72个大中城市平均每个城市拥有人口106495人，这些城市在1801年只有人口2221 753人，1861年增至7667622人，60年间共增加人口5445869人，仅伦敦一个城市就新增1845126人。大城市人口年均增长2.085%，而小城镇和乡村年均仅增长1.039%，大城市人口增速比其余地区快一倍。

与高速发展的工商业城市形成鲜明对照的是，一些历史悠久的郡城和地方集镇发展却相对缓慢。郡城是各郡的首府，是郡的行政、司法和宗教活动中心。郡城诺里奇、约克和埃克塞持在17世纪曾位居全国六大城市之列。此外，林肯、伍斯特、兰开斯持、格洛斯特、莱期特、赫里福德等郡城也比较重要。在工业化过程中．不少郡城未能跟上经济变革的步伐，经济地位下降，被一些新兴工商业城市远远地抛在后面。（见表2）

表2 英国主要大城市人口增长情况

	1801年	1851年	1901年	1951年
伦敦	108.8	249.1	456.3	335.3
伯明翰	7.1	23.3	52.2	111.3
布里斯托尔	6.1	13.7	32.9	44.3
爱丁堡	8.3	19.4	39.4	46.7
格拉斯哥	7.7	34.5	76.2	109.0
利兹	5.3	17.2	42.9	50.5
利物浦	8.2	37.6	68.5	28.5
曼彻斯特	7.5	30.3	54.4	70.3
谢菲尔德	4.6	13.5	38.1	51.3

引自《欧美农村劳动力的转移与城市化》，P23。

自工业革命以来，英国作为主要发达国家一直是向外输出人口。即使在英国内部城乡之间也存在明显的人口转移趋势。到20世纪的70—80年代，伴随着大都市地区制造业的衰退，英国的人口转移以大都市地区向非都市化地区转移为主，一般趋势是规模越大的城市转移出的人口越多（见表3）。

表3 英格兰和威尔士城乡人口的转移

	居住人口		
	1971年（百万）	1971—1981年变化（千人）	增长（%）
大伦敦	7.46	—756	—10.1
内伦敦	3.04	—535	—17.7
外伦敦	4.42	—221	—5.0
大都市	11.79	—546	—4.6
主要城市	3.88	—386	—10.0
外部郊区	7.91	—160	—2.0
非都市化地区	29.52	1564	5.3
大城市	2.91	—149	—5.1
小城市	2.24	—55	—3.2
其他地区	24.86	1768	7.1
英格兰和威尔士	48.75	262	0.5

引自《大城市的未来》，P157。

2. 英国城市化的特点

(1)“圈地运动”为城市化打下了坚实的经济基础

工业革命之前的英国大部分居民生活在小城镇，农业和商业以及手工业作坊或稍大一点的手工业工场相结合，随着“圈地运动”和第一次工业革命的到来，英国终于走上了通过对农民的财产剥夺和强制性农场化，提高农业生产剩余的能力，从而为工业化和城镇化积累资金和输送廉价劳动力的城市化之路。

“圈地运动”扩大了农场的规模，提高了农业的相对和绝对剩余水平。农场规模的扩大，为具有不可分特征的农业机械技术的广泛采用提供了可能。在机械技术广泛应用的基础上，化肥和良种技术也开始推广，并进行了耕作制度的改革。这就使得当时英国的农业生产水平和农业剩余水平大大提高。在从1650—1800年的150年间，英国的小麦单产水平平均提高了77%，而仅在19世纪上半叶就提高了79%，其中19世纪50年代比30年代小麦产量提高了大约50%。1790年以后农业生产的增长速度逐渐加快，1790—1815年间平均增长率大约为0.2%，1816—1846年为0.3%。一个农业劳动力在1700年时只能养活1.7人，而到1800年时就能够养活2.5人了。“圈地运动”不仅为工业化、城镇化提供了坚实的经济基础，还使得越来越多的小自耕农丧失了土地所有权和在公有土地上的放牧权，为当时日益增长着的城市机器大工业部门释放了大量的廉价劳动力。这两方面的作用，使得英国当时农村人口占总人口的比重迅速降低，城市人口所占比重迅速提高。

(2)城市化起步早、自发性强，打乱了原有的城市格局

17世纪初，在英格兰和威尔士约有800多个城镇，城市人口占总人口的58%，其中伦敦最大，人口约25万，其它万人以上的城市有5座，城市化程度要低于除中欧以外的其它欧州国家。城镇的职能以商业、行政、教育、司法和宗教等职能为主，城镇间彼此极少往来和联系。工业革命开始后，城市化的速度大大加快加大，在一些煤铁矿资源密集区和乡村工业发达的地区，一大批新的工业城市迅速崛起，使城乡的格局大大改观。由于棉纺织业是英国工业革命的摇篮，兰开夏就发展成棉纺织业的工业区，而曼彻斯特、索尔福德、奥尔德姆等纺织工业城市迅速成长壮大，此后，煤炭工业中心和炼铁中心也出现了大批城镇。伴随着交通运输业的革命，位于交通咽喉处的城镇也繁荣起来。所有这一切城市的发展，都是自发产生的，其间显然未有任何人为的设计和规划，在城市发展中，一切均是随着产业革命的步伐自然而然地发展的，因而在城市布局上显示出天然性不平衡性，这与现代社会城市化发展迥然有别。

城市化之前，英国的经济重心集中在以伦敦为中心的东西部地区，工业革命的高潮来临之后，已有的城市格局被打破，一大批工业城市群涌现在西北部地区，经济的重心和人口都大大北移，原先发达的英格兰东南部衰落下去，如一度是英国第三大城市的诺里奇，在工业革命中停滞不前了，在城市化浪潮中明显落伍了。另一方面，即使是实现了城市化的地区，其发展速度也是极不平衡的。

(3)城市发展规模大、速度快，产生了大量专业化城市

伴随着工业革命的进行，英国的城市如雨后春笋般地发展起来，在英格兰西北部就形成了曼彻斯特、索尔福德、博尔顿，贝里、普雷斯顿、奥尔德姆这一大片棉纺织业城市。1801年，全英只有伦敦人口接近百万，是第二大城市利物浦的11倍之多，到1861年，则已有16个城市人口超过10万大关，1911年更增至42个。据估计，在1801—1851年间，英国纺织业城市人口增长率居第一，为229%，其他如港口城市为214%，制造业城市为186%，城市发展速度非常惊人。

由于经济的集约化发展及受历史、资源条件制约，也由于城市发展的密集和选择性，造成了城市之间的职能分工，即产生了专业性城市。可大致把它们划分为四类：1)产业革命后率先发展起来的制造业中心城市，如以棉纺为中心的曼彻斯特、以毛纺织业为主导的利兹，作为重工业中心的伯明翰和谢菲尔德。2)作为交通枢纽发展起来的城市，著名的港口城市有伦敦、利物浦、纽卡斯卡、赫尔、南安普敦、布里斯托尔等，因铁路狂潮而兴起的城市有汉弗尔顿、克鲁、斯温顿、什弗顿、达林顿和德比，因运河开凿而成长的古尔等。3)休闲城市的发展，这类城市或者位于内陆，以矿泉取胜；或者位于海滨，以海水取胜。19世纪上半叶英国已出现了一大批休闲城市，如内陆的巴思、利明顿等矿泉城市，滨海胜地的布赖顿、黑斯迁斯等城市。休闲城市的发展，在于交通运输条件的改善大大缩短了旅行时间，也在于节假日制度的逐渐推行。4)综合性城市的出现，以伦敦为代表，它一方面是英国的政治、经济和文化中

心，另一方面也是交通枢纽，伦敦的发展使其远远超出了原有范围，城市沿着公路、铁路向郊外延伸，包容了邻近的威斯敏斯特、格林威治等，从而形成了一个庞大无比的都市区——大伦敦市。1911 年英国有 7 个集合城市，大伦敦有 730 万人，兰开夏郡东部 210 万人。这种综合性大都市的出现城市化进程不是一个孤立的点，大中小城市共同发展形成了富有活力的城市体系。

(4)城市化进程中的人口迁移呈现出阶段性特征

工业革命的深入发展，城市就业机会增多，实际工资水平有所提高，形成一股吸引农村移民的强大拉力；而农业劳动生产力的提高、爱尔兰的饥荒则构成一股强大的推力，把破产饥饿的农夫推向城市，形成了一个巨大的自由劳动力市场。虽然 19 世纪英国总人口只增加了 3.66 倍，但城市人口却增加近十倍之多。英国国内移民构成了英国移民潮的主旋律，而以爱尔兰移民为主的境外移民也是不可忽视的一支力量，他们大多以利物浦为落脚点，继而渗入其他地区。英国移民呈现出“梯级移民”的特色，他们往往以就近的大城市为最终目标。具体表现是农村人口总是先向附近的中小城镇迁移，然后同这些中小城镇的居民一起，再向就近的磁场——大城市迁移。

英国的城市化进程中也存在着激烈的竞争、优胜劣汰。在城市化过程中，凡能抓住机遇，发挥自身特长，且敢于创新的城镇则发展壮大，如曼彻斯特、谢菲尔德、里兹、利物浦等。相反，一些古老的郡城和军事要塞城镇，则坐失良机，日渐落伍。如 17 世纪时还名满英伦的诺立奇、约克，兰开斯特等，在城市化中无可挽回地衰落了，失去了往昔的重要地位。

归结起来，英国的城市化是以轻工业为先导，以交通运输业的发展为纽带，通过优胜劣汰的自然选择过程进行的。其人口流动则以短距离的向心移民，即梯级移民为特征。

3. 伦敦案例分析

(1)伦敦的城市化发展概述

伦敦是世界上最古老的城市之一，也是工业化时代到来城市化大发展所造就的世界上最大的城市。伦敦历史上曾长期分为不同的自治市，1964 年成立了由 28 个自治市组成的大伦敦委员会，由此确立了大伦敦的地域界限，它包括 32 个自治市和伦敦城，面积 1580 平方公里，1992 年人口为 690 万。

工业化时代以前伦敦是一个古老的港口城市，16 世纪中期以后，随着英国海上贸易的扩展，伦敦城市人口迅速提高，到 17 世纪中叶伦敦成为英国首都和最大的贸易中心。18 世纪末，蒸气机时代开始到来，形成了以纺织工业为代表第一次经济发展长波，形成了曼彻斯特、伯明翰、利物浦等一批工业城市。与此同时，英国凭借工业革命的成果，用武力建立起了全球最大的殖民帝国。19 世纪 30 年代，铁路成为伦敦城市发展的新动力，到 1850 年英国铁路总长度高达 6500 英里以上，伦敦成为新兴铁路网络中的枢纽，成为连接国内铁路网和远洋航运网的结点，也是连接国际和国内市场的结点。运输方式的改变使得伦敦城市规模不断向外扩张，从而有助于容纳越来越多的各地移居伦敦的人口，到 1851 年，大伦敦人口已经高达 658.6 万人，占英格兰和威尔士总人口的 20%。

伦敦的人口在 1939 年达到顶峰的 8.6 百万人，然后经历了一段持续的人口流失，其中部分是有计划的疏散，包括新城运动或其他人为因素，1951 年，大伦敦人口为 8.2 百万人，直到 1983 年的低点 6.8 百万人。之后就进入了渐进但稳定的上升期，目前估计有 7.4 百万人，预计到 2010 年将达到 8.2 百万人。与此同时，居民户数快速增加，每户人口和结构都发生很大变化。

(2)后工业化时代，作为全球城市的伦敦

第二次世界大战以后，随着原属英国的殖民地陆续取得政治独立和国内工业结构老化，英国的衰落已经不可避免。1950 年代以来英国经济总量开始落后于日本、德国、法国和意大利等国，目前是世界上经济总量第六大国。经济总量的下降，不可避免地对伦敦的经济发展和产业结构带来影响。战后伦敦的经济发展和产业结构调整主要有以下特征：

第一，虽然仍然是重要的生产基地，但制造业地位日益下降。

19 世纪最后 30 年和 20 世纪初是以电力应用为标志的第二次工业革命时期，各国技术创新与工业生产迅速发展，特别是美国和德国的迅速发展。而英国的主要利润来源仍然来自于纺织业等传统工业和资本输出，忽视了新兴工业发展，开始逐步丧失“世界工厂”的地位。特别是第一次世界大战之后，英国经济受到重创，世界经济中心已经转移至美国。20 世纪 20—30 年代英国经济经历了长期萧条和经济危机的沉重打击，而后又经历了第二次世界大战的巨大创伤。

二战后，从 1951 年到 1979 年，英国对英联邦国家的出口从占出口总值的50%下降到14.8%。进口从占进口总值的41%下降到9.5%。英国经济结构日趋老化，竞争力日益下降。特别是制造业就业人数在1961年到1988年间减少了100万，伦敦的失业率大幅度上升。但与此同时，伦敦的服务业得到很大发展，特别是金融保险业和专业服务业。

伦敦的制造业在1961年达到高峰(145.3万人)后，逐步萎缩，至1988年已经净减少100万人。制造业的萎缩主要是由于新兴工业化国家和发展中国家产品出口的冲击，电机、汽车等工业受到日本、德国的冲击。

第二，服务业成为城市经济的主导部门，服务业内部的金融保险业和专业化服务发展迅速，伦敦成为全球最大的金融中心。

在工业革命时代，奠定了伦敦作为商业中心的传统地位，随着英国工业品和原料的大量出口和进口，伦敦的服务业发展迅速发展，特别是银行业的兴起，到20世纪初英国形成了以伦敦为基地的5大股份银行，它们的存款总额占2/3，一直到第二次世界大战前，英国一直是世界最大的资本输出国，伦敦发挥着国际金融中心的作用。

20世纪60年代，服务业成为伦敦最大的就业部门，其就业人数占总就业的50%～60%以上，而制造业就业人数占1/3。从60年代开始，伦敦的制造业就业人数逐渐下降，但服务业就业人数稳中上升，到80年代末占就业总数的82%，伦敦经济结构呈现出明显的后工业化社会特点。

50年代初，伦敦的金融保险业虽已具有国际中心地位，但在整个城市经济中的地位还比较低。1951年，伦敦金融保险业的就业人数为18.7万人，仅仅占第三产业就业人数的7%。60年代，伦敦欧洲美元市场开辟，70年代后金融自由化、国际化发挥迅猛，金融创新层出不穷，伦敦金融保险业有了长足发展，1981年，伦敦金融保险业就业人数达到46.3万人，1989年达到84.7万人，远远超过了纽约、东京金融保险业的人数规模。这不仅使得金融保险业成为伦敦最大的就业部门和经济部门(金融保险业占伦敦GDP的1/3)，伦敦成为全球最大的金融中心。

随着金融业的大发展和信息社会的到来，伦敦的专业服务业迅速增长，特别是律师业和会计行业。伦敦金融中心伦敦城内的开业律师有1.5万名，占英格兰和威尔士开业律师数的1/4，80年代以来律师业是伦敦发展最快的咨询出口业，从1986年到1992年，行业国际收支净收入就增长了一倍以上。伦敦的注册会计师高达2万人。专业服务业的发展，使得伦敦成为跨国公司总部的集中地，特别是服务业公司总部的集中地。据统计，1989年英国1000家英国大公司中，有208家服务业公司将总部设在伦敦，其行业涉及贸易、商业、房地产、广告、旅游娱乐、市政工程、交通通信等。

第三，文化娱乐业发展迅速，成为国际文化中心。

80年代以来，在伦敦的服务业中文化娱乐业异军突起。1991年，伦敦文化娱乐团体有11700个，就业人口超过20万，年收入74.6亿英镑，占伦敦国内生产总值的近6%。与专业服务业一样，伦敦的文化产业还是重要的出口创汇行业，据统计，90年代初，伦敦的出口收入高达38亿英镑，文化娱乐业的发展，加强了伦敦国际文化中心城市的地位。

(3)伦敦的城市更新与城市竞争力提升

进入70年代，城市经济衰退日益严重，由城市经济衰退所引发的一系列深层的社会问题也日益突出地表现出来。70年代后期以来，政府制订和实施了一系列城市更新政策，推动城市更新运动。城市更新以解决城市经济衰退为中心目标。提出了许多政策项目，对城市经济衰退采取相应的解决对策。英国的城市更新政策主要体现在四个方面：

第一，加强国家对城市的干预，增加国家对城市的资金支持。

1977年政府发布了《内城政策》白皮书，把城市更新政策作为一项国内政策首次提出来。白皮书把经济衰退看作城市中的核心问题，强调了国家对城市实行干预主义。由国家统筹安排城市中的更新，对城市增加国家支持性投资。另外对城市计划项目进行改革，由过去资助社会工程为重点转向工业、环境改善和基础设施工程上。通过国家的干预和支持，吸引更多的资金投向城市，改善城市经济状况。

第二，以建立经济性特区的方式更新城市区域。

从1978年以来建立许多不同类型的经济性特区。1978年建立了产业改善区，产业改善区选建在城市中一些衰落的工业或商业区域，以稳定经济活动为目的。一般区域规模在50公顷以下，对衰落的城市区域进行局部区域的更新。在区域内实施优惠政策吸引新的企业布局。以就业成本补偿金的方式稳定就业状况。由于其具有较好的社会经济效果，至1984年建立200多个产业改善区。受自由化思想的支配，减少对企业的种种束缚，于1981年开始，在城市中萧条的工业区域选建企业区，为了企业发展创造一个自由的环境。在企业区内工业投资享有许多优惠，如十年地方税豁免，开发土地税免除等等。企业区的建立对改善这些区域的投资环境，改善区域就业状况起到积极的作用。

第三，建立城市发展公司。

城市发展公司是80年代和90年代以及未来城市更新最主要的政策项目。它的规模比前两者都大，是较大范围进行城市更新的一种经济性特区。它是在城市区域中开辟一块经济衰退的区域，通过使土地和建筑得到有效地利用，通过刺激新的工业和商业发展，通过形成一个具有吸引力的投资环境，通过保证住宅和社会设施满足城市居民的要求，使被指定的衰退区域达到全面更新。与企业区相同，它也采用以公共投资为杠杆刺激更多的私人投资的方式，在区域内同样实施优惠政策。从1981年至1986年建立了6个城市发展公司。规模最大的是伦敦船坞地发展公司，占地约5000亩。建区十余年已经实现了该区域的更新，成为英国投资的热点地区。另外，还有自由港的建设。1983年在利物浦、伯明翰等地建立了6个自由港。利物浦自由港发展最快，刺激了地区经济的发展。通过某些形式的经济活动改善萧条地区的形象，使其经济活跃起来。除以上所提到的辟建经济性特区方式以外，有些衰退的城市区域通过举办公园节，建设大型有影响的建筑物等方式改善区域的形象，以此刺激投资改善城市经济。举办公园节改善城市区域环境条件。公园节过后，通过开发提供给投资者一个较好的有吸引力的投资环境，改善了老城市区域的形象。为了改善城市形象，有的城市通过建设一些大型有影响的建筑物。例如伯明翰建设了国际会议中心改变城市作为老工业地区的形象；利物浦建设了海船博物馆吸引游客等等。这些对改善城市经济起到了积极的作用。

第四，强调协调的战略，调动各方面的积极性进行城市更新。

1977年以来城市更新运动一直强调协调，城市更新涉及许多利益集团如中央政府、地方政府、私有企业、社区组织等等。通过各利益集团共同参与，制订一套协调的城市更新战略。例如建立伙伴关系，由城市更新涉及的各个组织和机构的代表组成一个委员会，制订协调战略，调动各方面的积极性。另外，将中央政府各部门如环境部、贸易部、工业部等协调一致制订城市更新的共同战略。

纵观近二十多年来英国政府进行的城市更新运动，虽然对一些城市的局部区域进行了更新，缓解了经济衰退，取得一定的效果，但是经济衰退的城市区域并没有得到全面更新。虽然在局部地区通过国家干预的加强，增强了对投资的吸引力，但从整体上说，城市区域仍处于萧条状态。在英国，城市更新政策已经成为政府一项永久性的国内政策，无论社会还是政府都关注着城市经济衰退问题。由于只有巨额的城市投资才能使城市全面地更新，因此，今后的任务仍然是相当艰巨的。

(二)美国城市化的特点和模式

1. 美国城市化进程和特点

美国是一个高度城市化的国家，目前，全国50个州，3043个县(郡)，35153个市、镇(村)。2000年，美国全国人口高达2.81亿人，城市人口比例占75%以上。

在过去的200—300年间，美国的城市化经历了发生、发展、成熟的过程，经历了集中和分散两个种态势。美国从一个殖民地变成一个超级大国，从东部13个州发展成为具有50个州、跨两大洋的国家。在人口结构上美国作为一个年轻的移民国家，其城市发展大致经历了3个阶段。(见表4)

表4 美国城市化发展史

年份	5000人口以上的城市数目(个)	总人口(百万)	城市人口比例(%)
1790	12	3.9	3.4
1800	21	5.3	5.2
1850	147	23.2	13.9
1900	905	75.9	35.9
1930	1803	122.7	52.3
1950	2449	150.7	54.5
1970	4140	203.2	61.7
1990	5831	248.7	71.2

第一发展阶段:殖民地到非殖民地(1609—1830年)。

美国城市发展的开始阶段,特点是城市数量少、规模小。但城市的形成是以殖民地为目的,并经由契约组成。早期的美国城市都是经过详细规划,沿袭了欧洲的城市规划传统。城市道路网一般呈网格状,早期的城市以港口城市为主,例如,纽约(1625年建市)、波士顿(1630年建市)、查尔斯顿(1680年建市)和费城(1682年建市)。

在1776—1830年期间,美国在政治上获得独立,经济上仍然高度依赖与英国的贸易。这期间,美国城市化的发展主要依赖向英国出口南方的棉花,国内依靠铁路建设向西部发展。1790—1830年期间,美国人口从不到400万人增加到1300万人,1830年,美国2,500人以上的城市数目为90个,城市人口占总人口比重约为9%,城市体系初步形成。

第二发展阶段:小规模到大规模工业化(1830—1920年)。

这期间爆发了美国南北战争,是美国工业化大规模发展阶段。美国仍然主要依靠移民的增长来增加美国的城市人口。1860年时,全美最大的50个城市人口的40%为外国出生的移民。1865年到1920年是美国工业化和城市化迅速发展的时期,1860年,美国还只有3100多万人口,其中城市化水平为20%,到1920年人口超过1亿,城市化水平达到50%以上,其中增长的40%以上是由外来移民引起的,大多数移民通常选择前往纽约等大城市。在1920年代以后,美国开始通过新的移民法限制移民速度的增加。到1920年,美国25%的就业人口从事农业,40%从事制造业、建筑业、交通和通讯等,其余的从事商业和个人服务业,能源从蒸气变成电力,大大加快了工业化进程。

第三发展阶段:成熟的都市区形成和转型(1920年至今)。

1920年至今,美国城市发展的最主要特征为现代都市区的形成和转型。这一时期郊区化十分普遍,城乡差别日益缩小,都市区成为城市发展最重要的一种形式。到1940年,全美国共有城市和城镇3464个,城市人口6900万,占全国总人口的56.3%,已基本形成了全国性的现代城市体系,拥有少数特大城市和一大批大、中城市,以它们为主体组成了几十个规模不等的大工业区和100多个大都市区,这些主要城市构成全国或地区的重要经济中心,或者还是政治、文化中心。10个大工业区拥有的人口不到全国总人口的1/4,却集中了全国制造业职工人数的2/5和产值的2/5以上。反映了近现代社会化大生产的内在要求,城市成为理想的聚集空间。

1940年代以来,美国人口增长开始减缓,自然增长和移民日益减少。城市人口增长趋于饱和,人口在地域上重新分布,人口迁移逐步变成城市之间的迁移,而非农村向城市迁移。这一时期,城市逐渐变成都市区,郊区化开始。人口的重新分布有两种:都市区内人口向郊区分散,郊区化使得郊区在政治、经济上不断独立并同中心城市形成竞争;人口从核心地区东部和中西部向非核心地区西部和南部迁移。所谓的阳光地带(从洛杉矶到亚特兰大的西部和南部地区)吸引了越来越多的人口和就业。美国100年来的人口迁移使得各区之间的人口分布趋于平衡。这一时期,美国的都市区经过郊区化使得相互连接变成巨型城市带,最大的巨型城市带为以纽约为核心的东北城市走廊和以洛杉矶为核心的南加州城市走廊。

所谓郊区化指人口和城市向中心城市以外的都市区发展。1920年至今,美国大都市区①的发展可以分成两个阶段;1920年—1950年(都市区的形成)和1950年至今(都市区变成巨型城市带)。1950年代以后,美国重新开始并且加快了城市郊区化的进程。由于人口郊区化在大都市内进行,大都市区的发展主要发生在郊区,各个相连的大都市区逐渐交叉变成巨型城市带。1960年,中心城市和郊区人口相当,以后郊区人口超过中心城市人口。

美国的郊区化经历了以下4个阶段:萌芽阶段——首先搬入郊区的都是富有阶层;形成阶段——

① 大都市区(Metropolitan District)是指一个大型的人口中心及与该中心有较高经济、社会整合程度的社区。美国的大都市区概念于1910年人口统计中首次使用,其标准为:人口在10万及10万以上的城市及其周围10英里范围内的郊区人口,或与中心连绵不断、人口密度达150人/平方英里的地区,均可合计为大都市区。1950年,大都市区的统计被定名为"标准大都市区统计区"(Standard Metropolitan Statistical Area,缩写为SMSA),它包括一个拥有5万或5万人口以上的中心城市及拥有75%以上非农业劳动力的郊县。1980年定义被补充为"若该区域总人口达到或超过10万,并且有5万以上居住在人口统计署划定的城市化区域中,即使没有中心城市,也可划为大都市区。"定义还规定,人口在百万以上的大都市区内,其单独的组成部分若达到一定的标准,则可划分为主要大都市统计区(Primary Metropolitan Statistical Area,PMSA),任何包含PMSA的大都市复合体都可称为联合大都市统计区(Consolidated Metropolitan Statistical Area,CMSA),这两个标准能有区别地反映规模较大的大都市区的发展情况(王旭,美国城市史,P174)。

大量中产阶级开始搬入新的郊外开发区居住，但仍要每天到市中心工作，购物和娱乐；发展阶段——居住郊区化和工业郊区化；成熟阶段——郊区的自立程度越来越高，由单一的居住功能变成具有各种城市功能的就业中心。郊区人口是都市区人口的一部分，郊区化的出现导致了多中心城市空间结构的形成和巨型城市带的兴起。（见表 5）

表 5　美国大都市区

类型	1950—1960 年增长(%)	1960—1970 年增长(%)	1970—1980 年增长(%)	1980—1990 年增长(%)
总人口	1.8	1.3	1.1	1.0
非大都市区	0.7	0.7	1.4	0.4
大都市区	2.6	1.6	1.0	1.2
中心城市	2.2	0.6	0.1	0.6
郊区	4.7	2.3	1.7	1.3

1980 年，大都市区人口已经占美国总人口的 3/4，其他 1/4 人口的绝大多数也是居住在大都市区 25 英里范围内。在美国城市化进程中，大城市一直呈优先发展的局面，并在空间结构方面发生了相应变化。20 世纪以前，主要是大城市的市区本身不断扩大，但尚未形成大都市区。进入 20 世纪 20 年代，美国城市人口超过农村人口，大城市人口开始逐渐向郊区迁移，形成了功能相当集中的市中心商业区和以居民为主的郊区，构成美国大都市区的两个基本要素。（见表 6）

表 6　不同规模大都市区人口占全国大都市区人口比重(%)

大都市等级	1950 年	1960 年	1970 年	1980 年	1990 年
100 万以上	52.6	54.6	57.8	54.8	60
25 万—100 万	31.9	31.0	29.9	31.1	29
25 万以下	15.5	14.4	12.3	14.1	11

《美国城市史》P176，按 MSA 和 PMSA 计算。

20 世纪 90 年代以来，随着美国经济高速增长，像纽约这样的传统城市中心及其郊区边缘城市共同构成的大都市圈又有向其外围拓展延伸的趋势。有人认为这一趋势将在未来 20 年中使美国的农村地区城市化，这种城市化的对象不是城市本身，而是目前已经存在的农村集镇。促使新一轮城市化的原因有两大方面：一是大都市圈边缘地区的社会发展和经济增长正促使在边缘地区工作的城市居民把家搬迁至开车一小时可以达到的周边城镇；二是经济的增长正促使大都市圈内的公路干线向外延伸，这一趋势引导着美国的投资向公路干线经过的农村集镇扩张。

2. 美国西部开发与城市化

从历史上看，19 世纪中期，美国经济发生了显著变化，在全国形成了三大专业化经济地带，东北部、南部和中西部。中西部以粮食生产为主，南部以棉花生产为主，东北部是全国的制造业和财政中心。三大专业化地区的贸易直接促进了城市的兴起，但是南部城市化进程一直滞后于其他两大地区的。

美国西部的独特道路体现在，它的开发是以城镇为先导和主体。开拓者根据当地历史和地理条件，没有步东部后尘，走传统的农业垦殖先行，而后工业化和城市化的循序渐进式道路，而是超越农业发展阶段，这是基于西部的特定环境。

首先，西部开发之初，矿业开采先行，矿业营地便成为城镇的雏形。这里是投资者、工人和商人的集中地，随之为采矿服务的各类行业也应运而生。为维护治安，各类管理机构也相继产生，营地呈现了城市文明的初级阶段。不可否认，大部分采矿营地随矿源枯竭而逐步消失，只有少数日后发展为固定的城镇。然而，在此过程中，城市文明并未随之而去，相反，在人们的流动当中得以繁衍和升华，为以后城市的大规模发展打下良好基础。

其次，美国内战后，政府为鼓励向西修筑铁路，颁布各项对铁路公司的优惠政策。铁路公司利用政府赠与的土地和贷款，下设城镇开发公司，沿线选址建镇。在美国五条横贯东西大铁路两侧，一批城市在短期内拔地而起。书中指出，铁路作为一个相对独立的经济部门，在矿业开发的基础上更有力地促进了西部的全面发展，19 世纪 80 年代以后，这种作用大为突出。时至今日，在西部仍旧发挥重要作用的各大城市，无一不是铁路时代的佼佼者。

纵观西部城市化的主要特征着重体现在四个方面：

第一，西部城市化带有跳跃性特征。由于地区发展的不平衡，西部在开发初期人口稀少，又远离经济发达地区。所以，迫切需要能够沟通内地和东部的"支点"，而不是分散的大面积农业垦殖。于是，西部以工业化先行的东部为依托，大城市以惊人速度得到发展，在短期内经历了从小城市到一般城市，再到地区性中心城市的几次过渡，阶段性不明显。对比东西部城市由几千人的小城市到拥有 20 万人的大城市所需的时间表明，完成这个转变在东北部需 130—170 年，中西部（除芝加哥外）需约 50—70 年，而在西部仅用 30—40 年。可见，西部的城市化发展速度之快。

第二，城市是地区经济的集中反映。它们通过自己的经济辐射区，又相互交叉，形成地区生产力布局的网络。美国西部地区性中心城市的崛起，无疑提高了城市化的整体水平，到 20 世纪初，以太平洋沿岸城市为主体的西部城市体系的基本结构已经形成。

第三，大城市的发展与垄断性组织的集中程度有关。财团组成的上流社会贿赂议员，买通新闻媒体，压制社会舆论，起着幕后操纵，左右政局的作用。垄断组织与州、市一级政府的结合，反映了以城市为中心的经济体系形成时期的特有现象。

第四，政府投资与大城市形成关系密切。美国西部城市的崛起，得益于第二次世界大战期间联邦政府投放到该地区的巨额军事开支，军火工业和战时必需品的生产改变了西海岸工业的结构。1940—1945 年间，西部各州从联邦政府获得了 20%的军需合同，40%的战时工业设施工程，而当时西部的制造业增加值仅占全美国的 10%。几乎每个北纬 41 度线以南的西部城市都得到了新建或扩建的基地，造船业、飞机制造业、石油业和制铝工业开足马力、空前高涨。二战后，联邦政府下达的巨额国防开支，以及鼓励开发高科技产业的政策，均在西海岸大城市获得显著成效，飞机制造业、造船业、导弹和宇航业发展迅速。

工业的勃兴带来了大规模的移民，而这些移民大多集中在城市。二战结束的时候，美国西部已经有了一个颇具规模的本地市场和较为完整的工业体系。持续的发展需要持续的推动力，西部地区的利好因素在 20 世纪 60 年代之后越来越多：对外贸易的发展尤其是与东亚日益密切的联系；外来移民势如潮涌，而这些移民中大多数来自临近西部的拉美和东亚；美国卷入朝鲜战争和越南战争使得西部地区的战略重要性有增无减。经过数十年的经营，西部城市已经从边陲小镇走向了全国性乃至国际性的大都市。特别是 20 世纪 60 年代以来，以斯坦福大学和硅谷微电子工业的崛起，导致高科技产业成为西海岸城市经济的主导。

3. 纽约大都市区

第二次世界大战以来，美国经济结构在地理布局上出现了两个明显的变化，其一是东北部、中西部城市的衰落，城市中心区人口减少、地位下降，与"阳光带"城市的崛起；其二是郊区化的长足发展，成为城市发展的主导趋向。然而，同样位于东北部的纽约市却独领风骚，尽管它经历了由盛而衰的过程，但在郊区化的挑战面前，其市中心区并没有出现严重衰落；而且，经过一系列经济结构的调整，纽约市的原有地位再度复兴，并日渐巩固。

在纽约早期的发展史上，优越的地理位置和制造业、商贸业的蓬勃发展，使纽约由 1615 年的货栈迅速崛起为美国的进出口贸易中心。1820 年，纽约市的人口超过费城成为全美第一大城市。到 19 世纪末，纽约又逐渐成为美国的制造业中心之一、广播中心和金融中心。第一次世界大战之后，纽约便取代伦敦成为全球的金融之都。到第二次世界大战前后，纽约不仅发展成为经济功能齐全的综合性大都市，而且其产业结构也逐渐确定为以劳动密集型的制造业为主导性的产业，工业门类相当齐全的格局。正是这种灵活多样的产业结构使纽约的经济有很强的适应性，也是其经济持续稳定发展的重要保证。

第二次世界大战结束以后，纽约本身的经济结构发生了很大变化，主要体现在产业结构的调整和人口构成的变化等方面；纽约以外的全国性经济结构的调整，区域经济结构的转变和郊区化与大都市区化的发展也不同程度地对纽约的经济结构和地位产生了影响。

（1）产业结构的调整

60 年代开始，全球产业结构在科技革命的推动下发生了历史性变革。纽约的产业结构则出现了制造业急剧衰落与金融、服务等第三产业崛起的双重变化。60 年代、、70 年代、80 年代，这里的制造业就业人数分别减少了 9.2 万、18.1 万和 26.7 万人，下降比例分别为 9%、19%和 35%。纽约制造业的下降速度逐年加快。在这个过程中，损失最为严重行业首推服装制造业这一纽约传统的制造业部门。该行业在 1950—1980 年间共有 20 万人失业，占纽约失业人口的 20%。自 1980 年以来，该行业的就业人数减少了 60%。与此形成鲜明对照的是第三产业特别是其中金融、服务业就业人口在总就业人口中的比重迅速增加。全国而言，从事采矿、建筑、运输等第二产业的人口在总就业人口中的比重从 1945 年的 53%下降到 1975 年的 35%，而同期就业于贸易、金融、服务等第三产业的人口比重则由 47%上升到 65%。标准的第三产业部门金融、保险、房地产业(FIRE)在纽约市的地位变化集中反映了服务业在该市崛起的情况。从 1959 年到 1969 年，就业于纽约的 FIRE 的人口增长 22.8%，占纽约就业总人口的比例则由 1959 年 10.8%上升到 1969 年的 12.3%。

(2)人口结构变化

产业结构调整所引起的就业地位的变化促使原本居于市区的中产阶级居民不断向纽约市郊区和西部、南部“阳光带”地区大规模迁移。近期研究表明，1945—1980 年间约有 200 万中产阶级居民迁出纽约市。这一人口空间迅速为北上的黑人和拉美人所填补。

1945—1970 年，大批波多黎各移民也到纽约定居。结果，从 1945 到 1974 年，纽约新居民大部分聚集在市区那些白人遗弃的公寓里。

经济的衰退使纽约陷入进退维谷的境地，进而造成恶性循环。并且，政客们推行了“赤字财政”政策。到 1975 年 11 月，终于引发了纽约历史上最为严重的财政危机。

(3)全国区域经济结构调整对纽约的影响

美国区域经济结构演变史上，从 19 世纪初到 20 年代，东北部繁荣一时，19 世纪 70 年代到 20 世纪初，中西部作为工业化和城市化进入鼎盛时期的产儿脱颖而出，“具有明显的阶段性”。二战后，新科技革命兴起，高科技产业所占比重逐渐增大，西海岸得以长足发展，“阳光带”城市成为美国区域经济发展的崭新增长点。加快了美国建国以来经济中心缓慢西移的过程，人口中心的移动是明显的标志。该中心从 1940 年伊利诺伊州和印第安纳州交界处西移到密苏里州杰斐逊县。1990 年，中心移到密苏里州东部的斯蒂尔维尔市东南。它使西部城市在全美对外贸易中的作用日益重要。1970——1980 年，美国经西部港口城市进口贸易额占全国进出口贸易总额的比重由 25%上升到 38%。洛杉矶港已称雄全美。

(4)郊区化与大都市区化的冲击

继 1920 年美国的城市人口超过农村人口之后，1970 年，美国郊区人口超过城市人口。1990 年美国人口统计显示：居住在 39 个人口在 100 万以上的大都市区的人口达到美国总人口的 50.2%。这表明美国的城市化已经进入大都市区化这一崭新的发展阶段。它们对纽约的最大影响体现在与制造业衰落联系在一起的大公司总部的外迁。1960 年代末，《幸福》杂志公布全美 500 家最大企业中 136 家将总部设在纽约，到 1970 年代后期，减少到 78 家。造成的消极影响是消弱了纽约的经济地位。阻碍了纽约市与周边区域经济联系的进一步加强和共同发展。不利于纽约市的经济稳定。

(5)纽约市的经济结构调整

70 年代后期，人们对纽约的未来存在各种不同的观点。纽约市制定并实施了多种战略。有三类：

第一是城市工业园区战略。一是袖珍工业园区战略。二是“高科技产业研究园区”，它的目的是利用纽约市众多的大学、研究机构和企业的综合优势，研究和开发高科技产品，以弥补纽约在这方面的不足，适应后工业社会城市经济结构变化的新趋势。这种园区提供较为完善的基础设施，以吸引更多的高科技人才来到这里。

第二是区域经济发展战略。旨在加强纽约市与大都市区其他地方的原有经济联系，充分发挥大都市的整体优势，以加快城市复兴的步伐。

第三是振兴纽约的外向型服务业等第三产业部门。首先，它试图通过“我爱纽约”运动、世界博览会和其他活动来刺激纽约旅游业发展，使这里成为自由储兑贸易区和会议中心。其次，强化纽约的国际中心地位。纽约一直是国际金融、贸易中心。再次，全面改善与提高该市的投资环境和生活质量，努力使人口、企业回流。到 1980 年，纽约经济经过五年调整，开始稳定发展。

(6)90 年代以来，纽约的产业经济发展新特征

1994 年纽约的产业部门中的就业人口仍然处于增长态势，但是各产业部门的发展很不平衡。纽约的金融业、商业服务业、信息与传媒业、艺术和文

化事业、交通运输物流业以及生化医学等产业部门依然在全国起着主导作用,保持着良好的增长态势,而传统的第二、三次产业部门则处于不断调整之中。第二次产业中的制造业在纽约处于净移出的地位,建筑业则在中心城区下降,纽约周边地区有所上升。第三次产业中的批发和零售等传统行业均处于下降态势,甚至连金融保险和房地产业这样的部门也出现下降,但是服务业中的其他服务业特别是专项服务业则处于上升态势。(见表7、表8)

表7　纽约1994年产业增长情况一览

	全美份额(%)	增长(%)
金融业	12.5	3.6
商务业	9.6	4.8
信息与传媒业	11.4	3.9
艺术/文化/旅游	6.5	3.3
交通运输/物流	8.7	3.7
生化医学	10.2	4.4

引自《世界城市与创新城市》。

表8　纽约劳动力就业结构与趋势

	建筑业		制造业		运输、通讯和公用事业		批发贸易		零售贸易	
	1994年(千人)	比1984年(%)	1994年(千人)	比1984年(%)	1994年(千人)	比1984年(%)	1994年(千人)	比1984年(%)	1994年(千人)	比1984年(%)
曼哈顿	27	—23	158	—35	93	—28	115	—30	179	—10
曼哈顿和布隆克斯	36	—22	173	—35	102	—27	126	—28	206	—10
纽约其余地区	50	+8	107	—35	95	+2	54	—7	142	—6
	FIRE		其他服务		Other Music		政府		全部	
	1994年(千人)	比1984年(%)	1994年(千人)	比1984年(%)	1994年(千人)	比1984年(%)	1994年(千人)	比1984年(%)	1994年(千人)	比1984年(%)
曼哈顿	407	—7	690	+5	5	—35	442	+7	2118	—7
曼哈顿和布隆克斯	419	—7	783	+8	6	—34	469	+7	2320	—6
纽约其余地区	57	+23	334	+52	5	—19	77	+5	921	+3

资料来源:《世界城市与创新城市》,P36。FIRE是finance, insurance & real estate services的缩写,Other Music疑为原文印刷错误。

(7)"9·11"事件对美国和纽约的城市发展带来深远影响

1993年国会预算办公室规划到2000年的联邦赤字为4500亿美元。事实上,到1999年财政盈余大约1670亿美元,周转总额为220亿;取得了连续7年半的持续的经济增长,使许多城市的就业、住房和财政收入得以复苏。但是好景不长,在2001年"9·11"事件之后,纽约乃至于美国的经济遭受了沉重打击,纽约死亡或失踪人口高达3200多人,直接和间接的经济损失达数千亿美元。

"9·11"事件前一年时间,美国经济已呈疲软状态,但仍保持低速增长。如果不发生"9·11"事件,美国经济本可继续低速调整一段时间,然后转入回升。"9·11"事件是外生变量,来得突然,冲击力大,对美国经济和城市生活造成史无前例的震荡。

(三)日本城市化的特点和模式

作为亚洲唯一的发达国家,日本的崛起和城市化的发展,对中国和其他亚洲国家的城市化进程具有非常重要的借鉴意义。

1. 日本城市化的历程和特点

(1)日本城市化发展历程

工业化是城市化的根本推动力量,日本的城市化始于明治维新时期,是伴随工业化发展起来的。日本城市化的发展也是其内部市、镇(町)、村三级结构不断调整和变动的过程。(见表9)

表 9 日本的城市化进程中的市、镇(町)、村数(单位:个)

年份	合计	市	镇	村
1888	70472	37	12002	58433
1893	15144	43	1328	13773
1903	13532	60	1121	12351
1920	12244	83	1365	10796
1925	12018	101	1532	10385
1950	10500	254	1889	8357
1955	4877	496	1873	2508
1985	3254	652	2001	601

引自《日本经济史:产业化的时代》,P193。

日本城市化始于明治维新时期,伴随工业化的推进而逐步演进,大体经历了 4 个阶段。第一阶段为城市化的准备阶段(1868－1920 年)。明治维新前的日本是一个农业国,1868 年日本第一产业人数占就业总人数的 87.9%,第二产业只占 4.1%。当时,全国只有为数很少的城市。(见表 10)

表 10 1886 年日本的城市化水平

	城市数(个)
1000 以下	405
1000－3000 人	972
3000－5000 人	345
5000－10000 人	205
10000－20000 人	77
20000 人以上	50
合计	2054

引自《日本经济史:产业化的时代》,P211。

第二阶段为初始城市化阶段(1920－1950 年)。随着经济的发展,日本劳动力逐渐由第一产业向第二、第三产业转移,人口和经济向城市区域集中。城镇人口所占比重由 1920 年的 18%上升到 1940 年的 35%。1875－1939 年期间农业劳动力年平均转移量为 3.5 万人,处于一种较低的转移水平。二战结束后,经济处于低谷,大量劳动力被安排在农村,这种安排在客观上延长了初始城市化的时间。到 1950 年,日本城市化率仅为 37%。

第三阶段为加速城市化阶段(1950－1977 年)。1950－1977 年,日本城市化水平从 37%上升到 76%,年均增长 1.5 个百分点。1956－1973 年是日本工业发展的黄金时期,18 年间工业生产增长 8.6 倍,平均每年增长 13.6%。日本工业的快速发展推动农业劳动力转移达到创纪录的水平,即平均每年转移 42.9 万人,年均转移递增率为 3.6%。

第四阶段为稳定(成熟)城市化阶段(1977 年以后)。由于城市人口基本达到饱和状态,城市化速度减缓。1996 年城市化水平为 78%,仅比 20 年前高出 2 个百分点,且在这一阶段很多居民开始从三大都市区向外迁移。由于不少城市居民迁入房价低廉、环境优美的农村地区,使农村地区中农业人口与非农人口混居的现象变得十分普遍。(见表 11)

表 11　1980 年日本城市化水平

人　　口	城市数
5 万以下	224(65)
10 万—10 万	198(21)
10 万—20 万	91
20 万以上	92(16)
合　　计	605(102)

注：括号内是最近 5 年间人口减少的城市，内参数字。引自《日本经济史：产业化的时代》，P213。

(2)日本城市化的主要特点

第一，走过了一条从高度分散到高度集中再到适度分散的发展历程。

日本城市化是一种人口从农村及小城镇地区向太平洋沿岸城市移动的过程，日本形成了东京、大阪、名古屋三大都市圈。其中东京是最大的都市圈，目前 1.26 亿日本人口中的 25%生活在东京的 23 个行政区及其周围，1998 年三大都市区人口占全国人口的 46.8%。日本城市化的集中性还表现在城市国土空间分布上的高度集中，日本的十大城市集中分布在太平洋沿岸工业地带，而且七个分布在从东京到大阪的东海道都市带内。

第二，日本工业化与城市化协调发展，城乡差别不明显。

日本自 60 年代初推行工业化政策以来，由于城市商业为农村剩余劳动力提供了大量就业机会，农户转移速度加快，农户人口急剧减少。据统计，1960 年日本农户为 606 万户，1975 年减至 495 万户。工业化快速发展，吸收了大量农民到城市就业，1965 年日本第二产业增加值占 47.9%，非农就业比重为 75.3%，城市化达 68.1%，二、三产业发展是城市化的主要动力。另一方面，日本工业化与城市化协调发展，也与日本工业的特点有关。日本轻重工业之间关系比较协调，轻工业的比较劳动生产率一直大大低于重工业，吸纳了工业化过程中大量从第一产业转移出的劳动力，而重工业则始终保持高技术密集性，比较劳动生产率高，技术进步快，从而为整个国民经济的发展提供了先进的技术设备。

在城市化快速发展阶段，城乡差别无疑是推动农村人口向城市转移的一个重要的因素，但是当城市化基本完成以后，城乡差别的持续扩大会带来深远的社会问题。日本通过对农村的扶持政策，保证了农村的社会稳定，为城市化打下了良好的社会基础。日本在 1965 年每个城镇工人年收人为 17.7 万日元，每个农民年收人为 14 万日元，到 1977 年农民年收人为 92.2 万日元，工人为 81.7 万日元，农民收入反而高于工人。随着收人的增加，农民的生活条件也得到很大改善，实现了生活城市化和电气化。在政策引导下，农村发生了很大变化。农村不再是单一农户居住的区域，而成为专业农户、兼业农户、非农户混居的社区，农业不再是农村的支配产业，1980 年日本农村中从事第三产业的人口比率达到 42%，大大超过了从事农业的比率(24%)。地方小都市得到了较快发展，人口在 1 万—8 万的小城镇遍布全国。

第三，竞争压力下的城市不平衡发展。

城市化的发展动力不外乎是一方面来自于与城市自身资源禀赋条件相适应的经济利益主体的对追求财富的创新动力，另一方面则来自城市外部的竞争压力，不同等级的城市面临着不同层次的竞争压力。城市作为产业经济活动的空间载体，而产业则是处于不断地调整和发展过程中，竞争则是最直接的推动力量。这种竞争造成了城市发展的不平衡的客观现实。从日本的城市化内部看，不同地域空间的城市发展始终面临不同的发展态势，与东京等三大经济圈的崛起相对应的是的在 80 年代“城市发展相形见绌的府县”(引自西川俊作，山本有造《日本经济史：产业化的时代》，p195)，1980 年日本有 14 个县的人口在 5 万以上的城市不足 4 个，其中在人口 10 万以上的城市，只有县政府所在地的岩子(盛冈，23 万)和滋贺(大津，22 万)2 县。这些地方的城市化进程相对迟缓。

第四，政府在城市化进程中起着关键作用。

与西方发达国家不同，日本虽然是市场经济国家，但政府对工业发展和城市时空布局起着重要的作用。二次大战后，政府为工业的重建提供重要的投资基金，特别重要的是 50 年代和 60 年代，为保证经济部门优先增长，在工业建设用地、工业区的准备、工业用水和交通设施的建设以及技术帮助等多方面，中央、地方两级政府提供了多种多样的金融支持和帮助，政府发展经济的精力始终放在出口行业上，外向化的经济战略使产业向沿海城市高度集中。

法制化是市场经济的重要保障，作为法制化国家，日本政府用法律手段促进城乡协调发展。日本在城市化中后期注意到农业、农村发展问题，制定了大量法律促进农村发展，如在扶持山区农村及人口过疏地区经济健康发展方面的法律包括《过疏地区活跃法特别措施法》、《半岛振兴法》、《山区振兴法》、《大雪地区对策特别措施法》及《离岛振兴法》。确保劳动力充分就业及向农村地区引进工商产业的法律主要包括《向农村地区引入工业促进法》、《新事业创新促进法》及《关于促进地方中心小都市地区建设及产业业务设施重新布局的法律》等。

2. 日本大都市圈①

日本根据自身的资源禀赋条件，借鉴西方城市化经验，走过了一条富有特色的城市化之路。形成了具有特色的大都市"都市圈"城市群发展模式和"城市带"工业化空间组织模式，在世界中心城市的空间地域结构中具有典型意义。

(1)"都市圈"模式

日本的人口密度为每平方公里 333.9 人(1997年)。由于国土狭窄，地价昂贵，区域集中是经济发展的一种内在需求，由此形成了一种以三大都市圈为主、以大中城市为主、高度紧凑的城市布局和以大中城市为主体的城市化进程。下表列示了 1920—1995 年日本 50 万人口和 20 万人口以上城市的人口占城市总人口的比例。(见表 12)

表 12　1920—1995 年日本 50 万人口和 20 万人口以上城市的人口占城市总人口的比例

单位：%

	1920 年	1940 年	1960 年	1980 年	1995 年
50 万人口以上城市的人口占城市总人口的比重	45.8	52.2	31.2	32.6	33.1
20 万人口以上城市的人口占城市总人口的比重	54.3	62.2	47.2	59.5	60.4

引自"日本、美国城市化比较及其对我国的启示"。

在日本的城市规模结构中，大中城市是城市的主体。这些城市大都集中在京浜、中京和阪神三大都市圈内。例如，1995 年在日本 11 个 100 万人口以上的城市中有 6 个分布在这一带，4 个 200 万以上人口的城市全部集中在这一地区。这三大都市圈的地域半径都在 50 公里—70 公里。日本正是借助于这种圈域结构模式，较好地发挥了中心城市和城市群的综合功能。此外，地方都市圈是以区域中心城市为核心，形成具有特色的产业和技术的集聚地，并有配套完善的基础设施形成地区内部一体化的城市地域结构。(见表 13)

表 13　日本的三大都市圈

	地域范围	城　　市	概　　况
东京都市圈	东京都和邻近的崎玉、神奈川、千叶县	特大城市：东京都区部和横滨市；地区枢城市：川崎市、千叶市、大宫市、立川市、浦和市、八王子市；专业化核心城市：土浦市、筑波，以及成田等副核心城市	占国土面积的 8.51%，集中了全国 31.6%(2000 年)的人口，人口密度高达 1241 人/km2，是全国平均水平的 3 倍之多。
大阪都市圈	大阪府、京都府和兵库县	以大阪市、京都市、神户市为中心，包括大津市、奈良市、和歌山市等	
名古屋都市圈	包括爱知县和三重县	以名古屋市为中心，包括岐阜市、丰田市以及四日市等	

① "都市圈"是日本特有的术语。1950 年代，日本行政管理厅将都市圈定义为：以一日为周期，可以接受城市(人口规模必须在 10 万以上)某一方面功能服务的地域范围。50 年代中期进一步提出大都市圈的概念，中心城市人口须在百万以上或是中央指定市，圈内到中心城市的通勤率不小于本身人口的 15%。显然，都市圈是城市能发挥其机能的时候与周边地域所形成的种种紧密联系所波及的空间范围，通常以物流、人流、经济流、信息流等作为研究衡量的指标，都市本身的对外控制能力和经济辐射能力也是其重要的衡量标准。

(2)“城市带”模式

“城市带”模式，现在国际上公认是一种城市地域相互蔓延，甚至连成一片的带状城市群。日本是个“加工贸易”型国家，其城市分布与结构的突出特点是与临海工业带和港口城市密切相关，因而形成港口工业为主的城市带是日本大城市地域结构的一个重要特色。明治维新以后，日本有两个工商业中心，即东日本以东京为中心，西日本以大阪为中心，并分别与重要国际贸易港口横滨、神户联结成著名的“京滨工业带”和“阪神工业带”。以此为基础，在城市地域类型的构成上就相应的形成了“京滨城市带”和“阪神城市带”的空间结构模式。

“京滨城市带”

濒临东京湾西岸，由东京、横滨、川崎为中心，是全国最重要的工业地带和高新技术产业研究开发中心。在行政区划上东京和横滨是完全独立的单元，东京是东京都的首府，而横滨在行政上是神奈川县的首府。而在经济联系上却成为密不可分的双城型联合体。

京滨城市带内部，以东京和横滨两大中心城市为代表的南北地域有较大差异出现了“南重北轻”现象，在一定程度上反映了两大城市的历史分工和互补。东京的产业构成以商业和服务业(特别是金融业)为主的第三产业占优势，1993 年，东京总贸易额占全国总贸易额的 11.5%，集装箱贸易额达到全国的 22.3%。东京的第二产业中中、小企业所占的比例极高，竟占 99%。工业部门结构以出版印刷、电气机械、运输机械、食品和精密机械为主。横滨是东京湾港口运输的主要分流中心和新兴重、化工业城市，与东京形成了“轻重有别”的城市功能。横滨以具有全国意义的大型骨干企业为多，并以重、化工业为主，炼油、石化、造船、汽车、钢铁、电机、有色冶金等占有很大比例。横滨又是著名的贸易型深水良港，1993 年货物吞吐量 1.42 亿吨，居全国第三位。

“阪神城市带”

以大阪、神户两大中心城市为核心，包括明石、西宫、土界、尼崎和泉大津等一大串城市组成(广义的又包括西延的播磨工业地带和东北部的京都、大津等城市，被称为京阪神工业带)，是日本重、化工业和轻工业极为发达的综合性工业城市带。

阪神城市带的核心是大阪和神户，两者在经济上的联系密不可分，但在行政区划上互为独立，不存在隶属关系，在法制上都具有同样的行政地位。1874 年建成大阪——神户铁路线，然后相继建成高速公路、铁路干线等，使两大中心城市的关系更为密切。大阪和神户是阪神城市带的两大港口城市，大阪港 1993 年物资吞吐量 9233 万吨，居全国第四位；神户是大阪工业城市的外港，1993 年货物 年吞吐量达 1.6869 亿吨，居全国首位。关西空港是阪神地区共用的大型国际机场。轻纺工业是阪神工业带最早的主导产业，而后随着工业的发展与集聚，形成了以造船、发动机、电气机械为主的机械部门，以制药、染料、涂料、橡胶为主的化工部门和以钢铁、制铜为主的冶金部门的工业比重不断上升。战后阪神形成了以重化工业为主导的产业格局。

3. 东京都和东京都市圈的发展

(1)东京的多重中心职能

东京市是日本的首都，全国的政治、经济、文化、交通、金融、信息等中心。为世界五大城市之一，是亚洲最大的城市。东京地处关东平原，在本州近东中部的南面海岸地区。广义的东京指东京圈，包括东京都、神奈川县、千叶县与琦玉县；狭义的东京指东京都市区。东京大都市区面积为 2,059 平方公里，其中市区面积为 618 平方公里，1992 年，市区人口达 812.9 万人，如将卫星城人口包括在内，共有 1200 万人。从人口的年龄结构看，60 岁以上的老年人口已占总人口 17.1%，达 139.5 万人，呈老龄化趋势。

作为日本的经济中心，东京的国内生产总值约占全国的 1/5，第三产业很发达，在国内生产总值中占 73%，在就业人数中占 76%，第三产业以批发零售和服务业占的比例最，大约占 57%，其次是第二产业中的制造业约占 23.7%，主要工业有机器制造、电子、汽车、造船、钢铁、化工、皮革、食品、印刷和精密仪器等，其中以机器制造最为发达。

东京交通运输也很发达，是全国的交通枢纽。东京港是日本第四大港，有 12 个现代化码头，每年进出船舶 8.5 万多艘，年吞吐量 4000 多万吨。有高速铁路干线及其他 5 条铁路线和高速公路与全国相连接、成田和羽田机场是东京空中门户，运量占全国三分之一。

东京是日本的教育、文化和科技中心。日本有近一半的科研机构设在东京，据不完全统计有 170 多个，日本对教育事业比较重视，1990 年市内有大学院校 190 多所，有 47.91 万大学生。1992 年，东京有公共图书馆 194 个，博物馆 160 个，电影院及剧院 275 个。

(2)东京的兴起

从江户到东京，东京经历了从封建社会小城堡向现代资本主义大都市的转变过程，也经历了从一国政治首都向全国经济中心、世界经济中心转变的过程。

二战前的东京

在日本开放之初，东京只是全国的政治、文化中心，工业生产低于爱知、大阪两地。以后日本中央政府加强了对全国经济的控制，使东京的经济地位逐步上升。第一次世界大战期间，日本工业的发展速度很快，全国工厂数从1909年的3.2万家增加到1920年的4.56万家，就业人数从82.1万人增加到175万人，同期东京工厂数占全国比例从10.3%上升到11.1%，就业人数从10.6%上升到11.2%。1923年的关东大地震对东京造成巨大人员、财产损失，全国的经济中心转移到大阪。1930年，东京工业就业人数较1920年减少了2万人，占全国比例下降到10.4%。

30年代初期，日本走上了军国主义道路。作为日本首都，东京开始高速发展。1940年的东京人口达到735万人，是战前人口最多的一年，但第二次世界大战给东京带来比地震更为沉重的打击。战后，在美国的军事管制下，东京人口急剧减少，1945年底仅为278万人，经济呈现一片萧条。在日本经济开始增长时期，东京由于具有一系列的有利条件，工业出现了空前规模的集聚，并推动工业人口的增长和城市地域向外扩展。1945年至1955年间，城市住宅地向城市西郊及临近各县扩大，工业向千叶县等地延伸。1955年至1965年间，城市用地延伸至离市区30至40公里的西郊和多摩等地区。1965年后，东京人口和工业规模向郊外和毗邻各县推进，形成东京都市圈。

与此相应，东京的人口也经历了从集聚到向外扩散的过程。1955年，东京人口达到804万人，超过战前最高水平。1962年东京人口突破1000万人。由于东京人口和工业高度集中，日本政府先后制定了“首都地区整备法”和限制在东京市区发展工业”等一系列政策法令，促使工业和人口逐渐向外扩散。从1967年到1984年，东京的人口机械增长为负数。

二战后东京城市化进程的阶段分析

第一，制造业中心地位的确立和内部结构调整

第二次世界大战后，日本经济面临崩溃的边缘，为了解决人民的基本生活需要，日本经济以恢复农业和轻工业为重点。1950年朝鲜战争爆发，给日本经济带来转机，与军火工业配套的部门在日本得到迅速发展。1955年，东京东南海湾地带成为日本新的工业集聚地，东京的工业产值占到全国15%，跃居全国第一位。工业结构中重工业和轻工业比例相当，食品、纺织、印刷、化学、钢铁和金属制品等部门成为主导产业，东京人口达到800万人，东京成为日本制造业生产中心。

20世纪50年代中期以后，日本的工业生产已经超过二战前最高水平，日本政府开始推行工业现代化，实施“重化工业立国”和“贸易立国”战略。在大规模私人资本和技术引进的条件下，东京因其优越的自然和经济条件，出现了大规模的工业空间集聚，以资本密集型重化工业为主导的产业结构成为东京经济发展的主体。1960年，东京工业结构中，重化工业比重上升到65%，工业产值占全国工业总产值的1/6。1960年东京的产业结构发生了显著变化，第一次产业产值占总产值的0.8%，就业占2.1%，第二次产业比重为38.1%，就业人数比重为43.1%，第三次产业迅速发展成为第一大产业，产值比重达到60.5%，就业人数比重为54.8%。60年代以后，东京的工业仍然处于全面增长阶段，产业结构不断优化，到1965年，电气工业、运输机械、精密机械等资本——技术密集型部门逐渐替代以原料生产为主的重化工业部门，成为东京工业主体，服务业同时也得到很大发展。1962年，东京人口突破1000万，此时，东京已经完全由劳动密集型制造业中心转变为资本密集型制造中心。

第二，东京的经济完成了从资本密集型制造中心向经济中心转变。

在这一时期，工业和人口在东京的集聚带来了很多问题，特别是人与环境之间出现了严重失衡。为此，日本政府采取措施，促使工业和人口逐步向外扩散，并且着手调整产业结构。这时的日本正处于经济高速增长时期，重化工业在日本工业的比重继续上升，同时，电子、汽车等新兴工业部门也急剧发展，使得东京的产业结构发生了新的变化，冶金、化工等资本密集型部门在工业中的地位下降，电子、汽车工业产值大幅度上升，东京在全国工业中的地位开始下降，服务业地位迅速上升，特别是金融部门得到迅速发展。与此同时，东京成为日本八大财团下属跨国公司和金融机构的总部所在地，成为全国的生产要素配置中心和决策管理中心，东京基本上完成了由制造业生产中心向经济中心的过渡。

第三，从全国性中心城市到全球城市——经济

稳定增长时期的东京

20世纪70年代中期爆发的石油危机对日本经济造成了强烈冲击，东京传统部门出现持续衰退，工业不断向外扩散，到1987年，东京的工业销售额比1970年下降了4.5%，在全国工业中排位从第一下降到第四。20世纪80年代，日本开始实施“技术立国”的新发展战略，东京制造业全面转向技术密集型产业，服务业得到长足发展。（见表14、表15）

表14　东京都三次产业就业结构的变化

单位：万人，%

年份	总人数	第一次产业		第二次产业		第三次产业	
		人数	比重	人数	比重	人数	比重
1970	567.1	5.9	1.0	220.3	38.1	339.6	59.9
1975	562.0	4.3	0.8	192.9	34.3	361.9	64.4
1980	567.2	4.0	0.7	180.5	31.8	381.5	67.3
1985	600.6	3.8	0.6	178.6	29.7	414.5	69.0
1990	628.4	3.3	0.5	178.7	28.4	438.6	69.8

资料来源：《日本城市统计年鉴(1992)》，中国统计出版社，北京。

表15　东京劳动力就业结构与趋势

	农林渔		采矿		建筑业		制造业	
	1991年（个）	比1981年（%）	1991年（个）	比1981年（%）	1991年（个）	比1981年（%）	1991年（个）	比1981年（%）
6个中心城区	2	−62	4	−1	227	4	429	−2
其他城区	1	−56	1	12	278	7	746	−15
TMG以外地区	1	−38	1	−47	98	23	291	11
Met外围地区	13	−19	4	−21	661	28	1954	15
NCR以外地区	13	−6	6	−31	327	15	1100	20
	公用事业		交通运输、通讯		批发和零售		金融和保险	
	1991年（个）	比1981年（%）	1991年（个）	比1981年（%）	1991年（个）	比1981年（%）	1991年（个）	比1981年（%）
6个中心城区	13	−7	204	1	1185	11	344	55
其他城区	14	−19	293	2	1095	8	117	5
TMG以外地区	6	−10	75	38	390	30	49	30
Met外围地区	41	7	524	35	2119	33	225	33
NCR以外地区	16	2	171	15	868	19	98	22
	房地产		服务业		公共服务		全部	
	1991年（个）	比1981年（%）	1991年（个）	比1981年（%）	1991年（个）	比1981年（%）	1991年（个）	比1981年（%）
6个中心城区	128	59	1142	60	124	4	3858	23
其他城区	74	31	822	29	72	−1	3535	5
TMG以外地区	26	53	408	49	35	9	1382	30
Met外围地区	145	61	1875	60	200	9	7767	32
NCR以外地区	32	76	817	46	100	6	3552	24

引自《世界城市与创新城市》，P37。

自20世纪70年代初开始，日本经济的国际化开始了新的阶段，自1972年，日本经济国际化开始了以国际直接投资为主要形式的生产资本国际化。随着日元的不断升值，日本对外投资不断增长，从1972年的23亿美元增加到1987年的330亿美元。自1980年底，日本开始推行金融自由化和日元国际化，1984年日元成为继美元和德国马克之后的第三位的国际储备货币，1986年，东京离岸金融市场建立，使得日本的经济国际化进入了以国际信贷为主的货币资本国际化。这些推动了东京国际金融中心的形成，东京也随之由全国性经济中心向全球城市转变。这种转变的主要标志性特征是：(1)初具规模的全球性生产要素配置中心；(2)初具规模的全球性决策管理中心；(3)发达的商业服务业中心；(4)教育和知识创新中心；(5)信息中心。

4. 东京都市圈：挑战和发展

狭义的东京大都市圈是指东京、神奈川、千叶、崎玉这一都三县，进一步加进北关东地区的群马、栃木、茨城三县，就构成了广义的东京大都市圈，也即首都圈。有些规划中也常常将山梨县包括在东京大都市圈范围之内，但由于山梨县在地形、产业结构等方面与关东地区存在较大的差异，因此本文虽从广义的东京大都市圈范围来进行研究和分析时并不包括山梨县。东京大都市圈，作为日本三大城市圈之首，是日本乃至世界上最大的城市聚集体。它的面积虽然只占国土面积的8.51%，却集中了全国31.6%(2000年)的人口，人口密度高达1241人/平方米，是全国平均水平的3倍之多。东京大都市圈是日本的政治、经济、文化中心，并逐步确立起全球三大金融中心的地位，同时也是日本最重要的交通与信息枢纽。该区域集中了国家立法、行政和司法机构，主要的政治党派总部、外国使领馆、地方政府办事部门以及民间企业的相应机构，发挥着政治、行政中枢的职能。它作为日本经济的核心地带，是日本各主导产业(制造业、服务业、商业、不动产业、运输通信业、金融保险业)的中心，其生产总值均占全国比重的1/3强，尤其是制造业、服务业，更是高达64.6%和78.9%(1997年)。它作为日本文化事业的核心区，集中了全国1/3以上的大学，其中有著名的东京大学、庆应大学、早稻田大学等；并拥有全国1/3的国家级文化机构，日本广播电台和三大报纸的总部均设在这里。该区域拥有日本最大的港口群体——东京湾港口群，东京(羽田)和新东京(成田)两大国际机场以及发达的陆路交通，并且信息基础设施发达，是全国信息处理中心，发挥着交通和信息中枢的职能。(见表16)

表16 1985年首都改造规划内容

	业务核心城市	职　　能	次核心城市
东京中心部	区部	政治、行政、金融、信息、经济、文化	
多摩自立都市圈	八王子市、立川市	商业、大学集聚	青梅市
神奈川自立都市圈	横滨市、川崎市	国际港湾，工业集聚	厚木市
崎玉自立都市圈	大宫市、浦和市	居住、政府集聚	熊谷市
千叶自立都市圈	千叶市	国际空港、港湾，工业集聚	成田、木更津市
茨城南部自立都市圈	土浦市、筑波地区	大学、研究机构集聚	

引自卢明华等,《东京大都市圈东京大都市圈内各核心城市的职能分工及启示研究》，地理科学，2003.4。

自20世纪80年代，东京成为全球城市之后，再塑全球竞争力是东京保持其世界城市地位的主要手段。20世纪90年代早期日本经济泡沫的破灭，及1998年发生的国家金融危机，带来的经济衰退对全国产生了严重影响，东京受到的影响更为严重。据东京规划顾问委员的研究报告(2001年3月)提出：“……东京规划的目标应该定位于创建一座有吸引力和活力的国际城市，并鼓励城市之间的竞争”，“在全球范围的城市竞争中，没有国际吸引力和竞争力的国家与城市将不可避免地面临失败。社会经济结构的全面改革是完全必要的，如在公共行政、产业结构、金融和商业管理等方面”。为了提高东京世界城市的竞争力，东京都市政府(TMG)提出几项新政策和计划，其中包括振兴城市核心区、首都重新布局、机场和滨水区开发的相关政策和计划。在恢复城市核心区的活力方面，新的发展战略关注提升城市的竞争实力，强调服务和基础设施的建设，以支撑东京落后于其他世界城市的商业功能；强调核心区商业功能聚集的重要性，提倡功能混合，营建一个令人愉快的、方便的环境，以提升城市竞争力，促进日本经济大发展。针对东京人口过度集中、交通拥挤和地价过高等问题，东京都市区政府在规划中提出采用区域的方法和控制政策，使区域在保持中央政府功能的同时实现效率。这种行动整合的观点对于把东京建设成为一个有竞争力的世界城市来说至关重要。

三、中国城市化发展阶段与特征

城市是经济发展的产物，是第二、三次产业集聚的载体，城市之所以发展是因为城市可以在外部经济作用下带来集聚效应。城市的兴衰始终是与产业经济的成长、发展、成熟、衰退的生命周期密切相关。不同的经济发展时代，城市化的动力机制不同。在计划经济时代，城市的兴衰与中央政府政策密切相关，城市化较多地展现出自上而下的发展特征；在市场经济下，城市化进程则更多地呈现出自下而上的自主发展特征。

（一）城市化进程阶段分析

新中国成立以来，我国的城市化进程在波动中前进，从研究上一般可以大致分为三或四个阶段，这里我们采用三阶段说来描绘我国的城市化进程。（见表 17）

表 17　中国城市化历程

年份	总人口（万人）	城镇人口（万人）	乡村人口（万人）	城镇人口占总人口比重（%）
1952	57482	7163	50319	12.5
1954	60266	8249	52017	13.7
1957	64653	9949	54704	15.4
1958	65994	10721	55273	16.2
1959	67207	12371	54836	18.4
1960	66207	13073	53134	19.7
1961	65859	12707	53152	19.3
1962	67295	11659	55636	17.3
1963	69172	11646	57526	16.8
1964	70499	12950	57549	18.4
1977	94974	16669	78305	17.6
1978	96259	17245	79014	17.9
1984	104357	24017	80340	23.0
1992	117171	32372	84799	27.6
1998	124810	37942	86868	30.4
2000	126333	45594	80739	36.1

1. 城市化快速发展的起步阶段（1950－1957 年）

这一时期是中国社会主义经济制度建立的初期，城市经济发展以变消费性城市为生产性城市为特征，实现了城市化和工业化的快速、健康发展。建国后，中央规定凡人口在五万以上的城镇均可设市，到 1949 年底，全国共有设市城市 136 个，其中中央直辖市 12 个，省辖市 55 个，专署辖市 69 个。1955 年，6 月，中央出台了《关于设置市、镇建制的决定》，这是建国以后第一部关于市镇设置的正式法律文件，我国城市建设开始走向行政管理和经济并重的轨道。这一时期，我国城市的发展主要是受中央“一五”计划影响，1953 年开始的第一个五年计划是我国经济发展，也是城市人口增长最快的时期之一，其中城市人口的自然增长率高达 3.3%，为建国后的最高时期，并且城市人口机械增长率更高，达 4.5%（城市总人口年平均增长率为 7.8%），平均每年机械增加人口 250 万人。至 1957 年城市总人口为 9949 万，城市化水平为 15.4%。这一时期，我国城市化和工业化发展成绩显著，然而由于过度强调工业特别是重工业的发展，对发展第三产业的忽视为未来的城市化发展留下潜在的不利影响。到 1957

年全国有城市176个城市化水平为15.4%。

2. 城市化波动和停滞阶段(1958—1978年)

这期间经历了"大跃进"时期和六十年代初开始的国民经济调整时期，我国城市化进程开始出现反复。随后，长达十年的"文革"时期(1966—1976年)，我国城市化进程陷入了彻底停滞阶段。

1958年我国开始实行《中华人民共和国户口登记条例》，对人口流动的进一步限制出现在1964年的《关于户口迁移政策规定》的实施上。

1958年到1960年的"大跃进"和人民公社化运动，深深地改变了中国的工业化和城市化道路。1958年到1960年城市人口快速增长，从1957年的9949万人增长到1960年的13073万人，城市化水平为19.7%，新设城市44个，人口净增长31.4%，出现了"过度城市化"的现象。而人均占有的粮食从1958年的303公斤锐减至1960年的216公斤。在这种情况下，从1961年开始进行国民经济的调整，动员大批城镇过剩人口返回农村，使之造成"逆城市化"现象。1961—1963年上半年间，动员回乡的城镇人口达2600万，全国陆续撤消了52个城市。1963—1965年间，由于调整市镇建制标准等原因，经济增长没有带来城市化水平上升，至1965年全国城镇人口仍保持在1.3亿的水平，但城市化水平下降至17.9%。全国建制镇3146个，比1954年减少了2254个。

在文革期间，我国城市化基本陷入停滞阶段，由于人口基数的增加，我国城市人口从1966年的1.33亿增加到1978年的1.72亿，城市化水平为17.9%，建制镇为2173个，比1954年减少了近60%。1978年我国有城市193个，比1957多17个。

导致我国城市化进程波动的既有经济因素，也有政治因素。由于我国城市化过程中特有的波动性，导致我国城市化速度慢，水平低。以城镇非农业人口占全国总人口的比例计，1961年为16.1%，1980年下降至14%。即使考虑到1961年的城市化水平受"大跃进"影响有高估一面，但至少可以肯定，从60到70年代，我国城市化水平没有提高。

3. 改革开放以来的城市化发展

党的十一届三中全会以后，我国政治、经济、社会进入全面发展时期，我国的城市化发展的突出特点是小城镇蓬勃发展，农村经济的快速发展，和乡镇企业的异军突起，大量农村剩余劳动力从农业转移到非农产业，1984年，我国修订了建制镇标准，进一步放宽了小城镇设置门槛，建制数量急遽增加。1978年到2000年我国城市数量从193个增加到663个，平均每年新增40个，建制镇从2173个增加到20312个，市镇总人口从1.7亿人增加到4.56亿人，占全国总人口比重从17.9%增加到36.1%。目前，全国工业总产出的50%，国内生产总值的70%，国家税收的80%、第三产业增加值的85%、高等教育和科研力量的90%以上都集中在城市。特别是随着农村经济的繁荣和发展，小城镇已经成为推动我国城市化进程的重要力量。

(1)1978—1984年，以农村经济体制改革为主要动力推动城市化阶段。这个阶段的城市化带有恢复性性质，"先进城后建城"的特征比较明显。第一，表现在大约有2000万上山下乡的知识青年和下放干部返城并就业，高考的全面恢复和迅速发展也使得一批农村学生进入城市；第二，城乡集市贸易的开放和迅速发展，使得大量农民进入城市和小城镇，出现大量城镇暂住人口；第三，这个时期开始崛起的乡镇企业也促进了小城镇的发展；第四，国家为了还过去城市建设的欠帐，提高了城市维护和建设费，结束了城市建设多年徘徊的局面。这个阶段，就人口来看，城市化率由1978年的17.92%提高到1984年的23.01%，年均提高0.85个百分点。

1978年以后，在经济高速增长而城乡户籍分隔的背景下，积极发展小城镇就必然成为可供政府选择的最佳城市化政策。1980年，在当时城乡分隔、大城市基础设施滞后的情况下，全国城市规划工作会议提出了"控制大城市规模，合理发展中等城市，积极发展小城市"的城市发展总方针。为贯彻上述政策，80年代初，开始实行市(地级市)管县制度，地级市数量增加较快，1983—1998年间，共有100多个县级市升格为地级市，其中仅1983—1985年的3年里，地级市的数量净增加50个。

(2)1985—1991年，乡镇企业和城市改革双重推动城市化阶段。这个阶段以发展新城镇为主，沿海地区出现了大量新兴的小城镇。1983年，著名社会学家费孝通提出"解决农村剩余劳动力问题要以小城镇为主，大中小城市为辅"，认为"加强小城镇建设是中国社会主义城市化的必由之路。"上述建议在当时的城乡户籍制度下，应该是最好的选择，因此得到社会和政府的认同。1984—1986年"撤社建乡"，并降低建制镇标准，结果3年里建制镇数量增加7750个；1992—1994年，国家对乡镇实行"撤、扩、并"，结果3年里建制镇又增加7750个。这6年里建制镇增加数相当于1979—1999年间(21年)净增加数的71%。

1986年国家有关部门修订“建市”标准后，县级市也增加很快。1986—1996年的11年间，县级市数量净增加286个。1992年，国务院再次修订小城镇建制标准，促进了小城镇的发展。

(3)1992—2003年，城市化全面推进阶段，以城市建设、小城镇发展和普遍建立经济开发区为主要动力。1992年到1998年，城市化率由27.63%提高到30.42%，年均提高0.42个百分点。

进入90年代以后，我国城市化，已从沿海向内地全面展开。2001年底与1990年相比，建制市已从467个增加到662个，建制镇则从1.2万个增加到2万多个；从人口来看，城市化水平也从1990年的26.41%提高到28.62%。大中小城镇建设投资的扩张，已经成为90年代新一轮经济高速增长的主导因素。到2000年底，全国小城镇(包括城关镇和建制镇)已达2.03万个，比1978年(2173个)增加了4倍。建制镇数量已占乡镇总数的46.7%。其中有14个省市区的建制镇比重超过50%(上海98.3%，广东97.9%，广西54.7%，海南66.6%，福建63.1%，山东68.3%，浙江56.3%，江苏81.6%，安徽52.6%，湖北64.9%，吉林53.6% ，辽宁58.5%，北京66.2%，天津53.8%)。1999年底，全国建制镇(不包括县及县级市城关镇)镇区人口户数为2579万户，占全国乡村总户数的11.6%；人口为9113万人，占全国乡村总人口的10.2%。

1993年10月，建设部召开全国村镇建设工作会议，确定了以小城镇建设为重点的村镇建设工作方针，提出了到本世纪末我国小城镇建设发展目标。会后，经国务院原则同意，建设部等6个部委联合颁发了《关于加强小城镇建设的若干意见》。1995年4月，国家体改委、建设部、公安部等11个部委联合下达《小城镇综合改革试点指导意见》，并在全国选择了57个镇作为综合改革试点。1997年6月10日，国务院批转了公安部《小城镇户籍管理制度改革试点方案》和《关于完善农村户籍管理制度意见》的通知。通知认为，应当适时进行户籍管理制度改革，允许已经在小城镇就业、居住并符合一定条件的农村人口在小城镇办理城镇常住户口，以促进农村剩余劳动力就近、有序地向小城镇转移，促进小城镇和农村的全面发展。农村新生婴儿可以随母或者随父登记常住户口。此后，许多小城市为促进经济发展，基本放开了户籍限制；不少大中城市，甚至北京、上海等，也放松了外地人口进入本市的限制。

1998年10月，中共十五届三中全会通过了《中共中央关于农业和农村工作若干重大问题的决定》，提出“发展小城镇，是带动农村经济和社会发展的一个大战略”，进一步提升了发展小城镇的重要地位。2000年7月，中共中央、国务院发出《关于促进小城镇健康发展的若干意见》。《意见》指出，加快城镇化进程的时机和条件已经成熟。抓住机遇，适时引导小城镇健康发展，应当成为当前和今后较长时期农村改革与发展的一项重要任务。

2000年10月，中共中央在关于“十五”规划的建议中提出：“随着农业生产力水平的提高和工业化进程的加快，我国推进城市化条件已渐成熟，要不失时机实施城镇化战略。”为了加快城镇化，2001年5月，国务院批转了公安部《关于推进小城镇户籍管理制度改革的意见》，2001年5月，国务院批转公安部《关于推进小城镇户籍管理制度改革的意见》。《意见》指出：小城镇户籍管理制度改革的实施范围，是县级市市区、县人民政府驻地镇及其他建制镇；凡在上述范围内有合法固定的住所、稳定的职业或生活来源的人员及与其共同居住生活的直系亲属，均可根据本人意愿办理城镇常住户口；已在小城镇办理的蓝印户口、地方城镇居民户口、自理口粮户口等，符合上述条件的，统一登记为城镇常住户口。这标志着小城镇已经废除了城乡分隔制度。有些地方甚至采取了鼓励农民到小城镇居住和创业的政策。

综上所述，改革开放以来，我国城市化政策的变化主要体现在两个方面：一是由过去实行城乡分隔，限制人口流动逐渐转为放松管制，允许农民进入城市就业，鼓励农民迁入小城镇；二是确立了以积极发展小城镇为主的城市化方针。

(二)近年来我国城市化发展概况

1. 我国城市化水平大大提高

90年代初以来我国城市化水平得到很大提高，1990年到2001年间，我国城市数量由188个增加到269个，市区非农业人口超过百万的特大城市由31个增加到41个。城市覆盖的面积达408.9万平方公里，比1990年增加了229.2万平方公里，占全国国土面积的比重由1990年的20%增加到42.6%，2001年城市市辖区总人口30400.9万人比1990年增长69.5%，其中非农业人口17753.3万人，比1990年增长51.9%。2001年城市市镇总人口比重达37.7%，比1990年提高了11.3个百分点。(见表18、表19)

表 18　2001 年与 1990 年城市基本情况比较

	2001 年	1990 年	增长(%)
全部城市数(个)	662	467	41.8
地级及地级以上城市数(个)	269	188	43.1
特大城市个数(个)	41	31	32.3
城市全市覆盖面积(万平方公里)	408.9	189.7	115.6
城市市辖区面积(万平方公里)	49.4	26.5	86.4
城市建成区面积(平方公里)	17586	9332	88.4

引自《中国城市发展报告 2001》,P8。

表 19　2001 年与 1990 年城市人口比较

	2001 年	1990 年	增长(%)
全部城市全市总人口(万人)	110297	62461.3	76.6
全部城市市辖区总人口数(万人)	30400.9	17939.0	69.5
全部城市市辖区非农业人口数(万人)	17753.3	11688.0	51.9
市镇总人口	48064	30195	59.2
市镇总人口占总人口比重	37.7	26.4	

引自《中国城市发展报告 2001》,P8。

据公安部 2001 年统计,全国城市共吸纳了暂住人口 4744.3 万人,占城市总人口的 8.5%。在珠江三角洲等城市化程度较高的地区,许多城镇的外来人口数量远远超过本地人口。

在城市的发展过程中,以大城市为中心的城市群、城市带进一步发展壮大。东部地区形成了以北京、天津、唐山、大连和青岛为中心的环渤海城市群,以上海、南京、苏州、杭州和宁波等城市为中心的长江三角洲城市群,以广州、深圳、珠海、东莞、中山等城市为中心的珠江三角洲城市群。(见表 20)

表 20　2000 年分省(市、区)城市化水平

地　区	总人口(万人)	城镇人口(万人)	乡村人口(万人)	占总人口比重(%)	
				城　镇	乡　村
合　计	**126333**	**45594**	**80739**	**36.1**	**63.9**
东　部	**49384**	**21619**	**27765**	**43.8**	**56.2**
辽　宁	4238	2299	1939	54.2	45.8
北　京	1382	1072	310	77.6	22.4
天　津	1001	721	280	72.0	28.0
河　北	6744	1759	4985	26.1	73.9
上　海	1674	1478	196	88.3	11.7
江　苏	7438	3086	4352	41.5	58.5
浙　江	4677	2277	2400	48.7	51.3
福　建	3471	1443	2028	41.6	58.4
广　东	8642	4753	3889	55.0	45.0
海　南	787	316	471	40.2	59.8
山　东	9079	3450	5629	38.0	62.0
广　西	4489	1264	3225	28.2	71.8

续表

地　　区	总人口（万人）	城镇人口（万人）	乡村人口（万人）	占总人口比重(%)	
				城　镇	乡　村
中　部	**43940**	**14719**	**29221**	**33.5**	**66.5**
安　徽	5986	1665	4321	27.8	72.2
山　西	3297	1151	2146	34.9	65.1
江　西	4140	1146	2994	27.7	72.3
吉　林	2728	1355	1373	49.7	50.3
黑龙江	3689	1901	1788	51.5	48.5
河　南	9256	2147	7109	23.2	76.8
湖　北	6028	2424	3604	40.2	59.8
湖　南	6440	1916	4524	29.8	70.2
内蒙古	2376	1014	1362	42.7	57.3
西　部	**28666**	**7930**	**20736**	**27.7**	**72.3**
重　庆	3090	1023	2067	33.1	66.9
四　川	8329	2223	6106	26.7	73.3
贵　州	3525	841	2684	23.9	76.1
云　南	4288	1002	3286	23.4	76.6
西　藏	262	50	212	19.1	80.9
陕　西	3605	1163	2442	32.3	67.7
甘　肃	2562	615	1947	24.0	76.0
青　海	518	180	338	34.7	65.3
宁　夏	562	182	380	32.4	67.6
新　疆	1925	651	1274	33.8	66.2

注:总人口不包括解放军现役军人。根据《全国第五次人口普查》数据计算。

2. 城市经济结构明显改善

2001年,全部地级以上城市国内生产总值由1990年的6708亿元增加到55057亿元,增长了3.9倍,年均增长达15.5%,占全国比重由1990年的36%上升到2001年的57.4%,提高了21.4个百分点。

1990年我国市辖区国内生产总值超过200亿元的城市有北京、天津、上海和广州等4个城市。到2001年达到了45个城市,其中9个城市超过1000亿元,依次为上海、北京、广州、深圳、天津、武汉、杭州、沈阳、大庆。除了大庆、沈阳和武汉位于中部地区,其余六个为东部地区的城市。(见表21)

表21　主要城市GDP比较

单位:亿元

城　市	2001年GDP	1990年GDP	2001/1990	城　市	2001年GDP	1990年GDP	2001/1990
上　海	4893	511.7	9.6	武　汉	1347.8	511.7	2.6
北　京	2698	447.7	6.0	杭　州	1195.2	85.1	14.0
广　州	2449	258.6	9.5	沈　阳	1057.2	85.1	12.4
深　圳	1954	107.6	18.2	大　庆	1031.5	143.9	7.2
天　津	1649.9	253.0	6.5				

2001年,全国全部城市市区人均国内生产总值超过万元的城市有4个,分别为深圳、珠海、大庆和克拉玛依,2001年达到164个,其中超过2万的城市有58个。这些城市主要集中在东部地区为42

个、中部地区为11个，西部地区仅有5个。从城市的主要职能上看，东部地区的这些城市主要由交通枢纽、加工业城市、商业城市和省会城市等组成，中西部地区多为资源型工业城市和机械工业城市和省会城市组成，例如大庆和克拉玛依是著名的石油城市、鄂尔多斯是著名的世界级羊绒产品生产基地。（见表22）

表22 人均GDP过万元城市分布

东部(42个)	中部(11个)	西部(5个)
深圳、珠海、宁波、广州、厦门、上海、东莞、无锡、惠州、江门、大连、佛山、福州、威海、杭州、温州、苏州、东营、青岛、泉州、北京、中山、南京、镇江、南通、秦皇岛、济南、石家庄、常州、海口、天津、淄博、绍兴、三明、扬州、烟台、漳州、鞍山、大庆、盘锦、沈阳、马鞍山	长沙、长春、昆明、十堰、濮阳、泰州、荆门、岳阳、哈尔滨、芜湖、株洲	克拉玛依、玉溪、成都、鄂尔多斯、白银

随着经济发展，城市经济结构得到很大调整，城市第三产业迅速发展，城市经济结构不断升级和优化。2001年城市第一、二、三产业的增加值分别为2630.7亿元、27432.3亿元和24993.9亿元，一、二、三产业比重由1990年的6.6∶60.4∶33调整为4.8∶49.8∶45.4。2001年与1990年相比第三产业所占比重提高了12.4个百分点。

我国城市工业规模不断扩大，城市所具有的企业载体的功能显得越来越重要。2001年全国有国有及销售收入在500万元以上的非国有规模企业81521个，实现产值61869亿元，销售收入60928亿元，利税7311.6亿元，分别占全国66%和72.5%。

2001年，城市社会消费零售总额达21737.5亿元，是1990年的6.6倍，年均增长18.7%，批发零售和贸易业的商品销售总额为42671亿元，比1990年增长11.4倍。

居民生活水平迅速提高，2001年城镇居民可支配收入6860元，是1990年的4.5倍，年均增长14.8%。居民消费结构也发生显著变化，由生活资料型为主向享受型转变，2001年城市居民恩格尔系数为37.9%，比1990年下降了16.3个百分点，居民娱乐、交通通信、教育、文化和居住等方面支出显著上升。2001年城市人均住房面积15.7平方米，比1990年增加了6平米。入住成套住房的居民人数大大上升，比1990年上升28个百分点。

3. 城市基础设施大大改善

——城市交通设施明显改善。2001年城市年末铺装道路17.8亿平方米，人均铺装道路面积5.8平方米，分别比1990年增长2.1倍和80%。南京、武汉、长春等大城市正在筹备地铁建设。城市交通能力大大提高，城市年末拥有的公共汽车20.4万辆，比1990年增长6.3倍和80%。2001年城市出租车总数75.7万辆，比1990年增长6.3倍。

在城市市内交通改善的同时，城市外部的通达性也大大提高。2000年城市总货运量55.6亿吨比1990年增长48%，客运56亿人次，比1990年增长56%，民航客运增长3.1倍。

——城市邮电通讯业发展迅速。城市每百人拥有的电话机从1990年的4.3部增加到2000年的39.2部，移动电话网已经覆盖全国95%以上的县市，用户数量超过1.5亿，跃居世界第一位。

纵观我国近年来的城市化进程，尽管还存在这样那样的问题，但毋庸置疑，过去的二十年是我国城市化发展最快的二十年。

(三)我国城市化发展的总体特征

建国以来，我国的城市化走过了一条曲折的发展之路。一般而言，城市化发展水平与工业化水平、社会经济发展水平有着密切相关的对应关系。西方发达国家及世界多数国家的城市化是与其工业化和社会经济同步伴生发展的。而我国城市化发展除受制于工业化以及社会经济发展水平外，还受经济体制与政策、形势等影响。时停时进，断断续续，大起大落。直至改革开放以来，随着社会主义市场经济体制的建立和逐步完善，我国的城市化才步入稳定、快速发展时期。

一是发展水平相对较低。我国的城市化水平不仅低于发达国家，而且也低于发展中国家的平均水平。2002年，我国城市化水平仅为36%，这一数字不仅包括了城市中的暂住人口、建制镇中的亦工亦农人口，甚至镇域范围内的农业人口都算在内。

而世界各国平均水平已达到45%，发达国家达到70%～80%，一些发展中国家的城市化水平也达到了40%～50%。另外，我国城市化发展水平明显滞后于工业化水平。1998年我国第二、三产业人口已达50.4%，而城市化水平却仅有30.2%。这表明我国城市化发展严重滞后于工业化和经济结构现代化的发展，滞后于经济发展和就业结构的变化。

一是城市化滞后于工业化进程。尽管从总体上看我国的城市化进程已经有了长足进展，但我国的城市化的进展与工业化的发展速度仍然不一致。建国以来，我国工业总产值1978年比1949年增长了38.18倍，工业总产值占工农业总产值比重，由1949年的30%提高到1978年的72.2%；社会总产值增长12.44倍，其中非农产业在全社会总产值中的比重，则由1949年的41.4%上升到1978年的77.1%；国民收入总额则从1949年的358亿元增长到1978年的3010亿元（按当年价格计算），提高7.41倍，其中非农产业在国民收入构成中的比重，也由1949年的31.6%上升到1978年的64.6%。但是，工业化水平的提高使得城市化水平也在提高。（见图1）

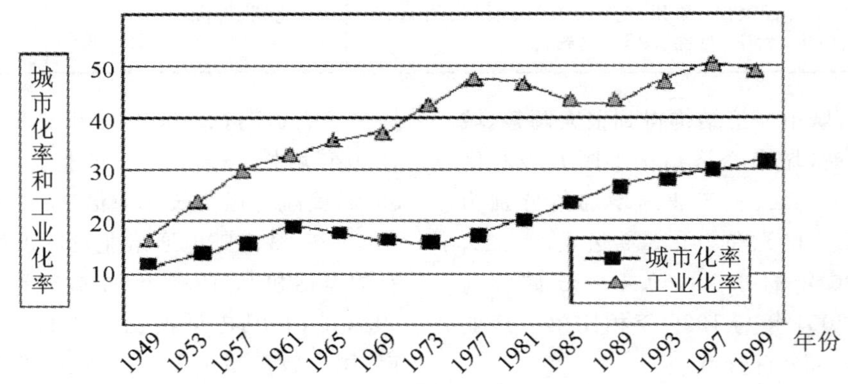

图1 中国城市化和工业化进程轨迹图

三是发展不均衡，地域差异明显。从总体情况看，我国城市化发展层次呈东高西低状态，即东部沿海地区城市的经济发展领先于中西部地区，这种经济发展上的差异决定了城市在发展建设、规模和建设特点等方面存在着一定的地域差异。

四是城市化造成的环境挑战。第二产业发展是带动城市化的主要推动力量，第二产业从业人员比重偏高，占到50%以上，而第三产业从业人员比重低，目前仅为30%左右。城市企业各项经济效益指标不高，无力支持农村城市化，城市发展后劲不足；交通、能源等基础设施滞后，适应不了城市发展的需要；城市绿地少，大气污染严重，水环境质量差和“城市热岛效应”明显；城市管理差，管理人员不足，素质不高，管理法规不健全，离城市现代化管理要求相差较远。

改革开放以前，计划经济下的城市化，形成了城乡之间相互隔离和相互封闭的“二元经济”结构。政府对城市和市民实行“统包”，而对农村和农民则实行“统制”，即由财产制度、户籍制度、住宅制度、粮食供给制度、副食品和燃料供给制度、教育制度、医疗制度、就业制度、养老制度、劳动保险制度、劳动保护制度、甚至婚姻制度等都存在着巨大的城乡差异，以此为基础构筑了一道阻止了农村人口向城市转移的藩篱。

在二元经济结构下，我国的城市化进程呈现以下特点：政府投资是城市化的根本源泉，受高度集中的计划经济体制制约，城乡居民迁移和城市经济运行均受到政府的严格管制，从而导致了城市化对农业劳动力的吸纳能力相对较低的“过低城市化”现象的出现。

四、城市化进程的社会经济影响

改革开放二十多年来，我国城市化进程走上了一条二元经济结构下城市化与工业化不同步增长的发展之路，导致了我国城市化进程远远滞后于工业化发展水平，由此导致了一系列的问题，这些问题成为我国城市化进程的难点问题。

我国工业化与城市化严重不协调主要表现为城市化滞后于工业化。若以非农产业产值占GDP的比重来表示工业化水平，则改革开放前城市化滞后于工业化的程度从1952年的37个百分点上升到1978年的54个百分点。改革开放以来滞后程度有所缓解，从1978年的54个百分点下降到2001年47.1个百分点。

从城市化率与工业化率之比来看，我国的比值离合理范围存在较大差距。根据国际经验，城市化率与工业化率之比（城市化率/工业化率）的合理范围是1.4－2.5，即城市化水平一般高于工业化水平。而我国的情况正好相反。若以第二产业产值占GDP的比重来表示工业化水平，则1952年城市化率与工业化率之比为0.6，1978年为0.37，2001年为0.74。若以非农产业产值占GDP的比重来表示工业化水平，则1952年城市化率与工业化率之比为0.25，1978年为0.25，2001年为0.44。

由于工业化与城市化的非均衡化发展导致了一系列的问题，这些问题主要体现在三个大的方面。

（一）城市化进程的结构失衡

结构决定功能，有什么样的结构就决定了有什么样的城市职能。结构失衡主要是二元经济结构造成的三大失衡，地区失衡、城乡失衡和城市体系失衡。这里我们以西部地区为例，重点分析地区失衡和城市体系失衡。从总体上看，城市化发展的主要制约因素是：(1)自然资源条件约束；(2)生产条件约束；(3)经济发展水平约束。

1. 资源条件约束

西部资源储备丰富，但是资源条件分布的极度不均衡，客观上限制了西部的发展空间。虽然西部地域辽阔，但是可利用土地比例非常低，水资源储量丰富，但是可利用水资源也非常稀缺，因此，形成了土地承载力低、人口密度低、内部空间差异大等一系列问题。水和土地资源条件成为西部城市化发展的致命约束。当然这种约束是相对于西部现有的技术条件和经济开发成本而言。

对于西部城市化发展来说，水资源短缺成为西部城市化的一个瓶颈。西北降雨和地表水都非常缺乏，西南多雨但是土地稀缺，水资源的蓄积、利用成本较高。可利用土地资源相对稀缺使城镇发展空间受到限制。西部地区的地形地貌条件复杂，目前的超大特大城市向周边空间区域发展的余地较小。比如兰州市，沿黄河河谷的两岸山前狭长的盆地形成了带形城市，发展的空间受到地形和地理区位的限制，势必影响新项目的进入和产业结构的调整。同时，一些难以避免的大城市问题的也在客观上降低了城市工业投资的效率。西部城市第三产业发展整体水平偏低，吸纳劳动力的能力受到很大制约。水土资源条件的先天不足，是西部城市化的经济发展水平滞后于全国其他地区的一个客观条件。

西部大开发战略指出要“再造一个山川秀美的西部”。西部生态环境脆弱，土地荒漠化、沙化、盐碱化、水土流失严重，改善西部的自然生态环境，已经成为西部优先考虑的问题。经济发展与环境保护的矛盾对西部乡镇企业的发展造成挑战，西部的乡镇企业不能再走东部曾经走过的老路——建立在环境牺牲基础上的低成本生产模式。并且，东部地区城市化的发展中一个一直没有解决好的问题就是城镇工业排污和生活污水的处理问题，即使在北京这样具有特强融资能力的政治、经济、文化和科技中心，这个问题依然明显。那么我们不禁要问，如何才能在西部这样工业化和城市化发育相对滞后的地方寻找出一条异于东部地区的可持续发展之路呢？

另外，从以往的西部开发经验看，建国后历次大规模的西部建设和资源开发都集中在西部地区的重点城市和周边地区，围绕主要道路沿线展开。在西部本来就很脆弱的生态条件状况下，经过多年的开发，西部很多资源已经接近枯竭或开始枯竭，很多特大超大城市已经不能够再负担较大规模的低层次开发和基本建设。

从区位条件上看，西部地区除了广西以外均是内陆地区，西部地区远离我国经济增长的中心和人口密集地区，也意味着远离国内外主要市场，受制于交通运输成本，进而限制了产品竞争力，与西部接壤的周边国家均为发展中国家，通过陆地口岸的贸易量较小，西部地区交通不便，基础设施相对不足，封闭度较高，既限制了与区外的合作与交流，又必然增加资源的开发成本。

2. 人力资本条件制约

生产条件对西部城市化发展的制约主要体现在生产成本较高、资本极度稀缺和人力资本储备不足等几个方面。

人力资本投入是一项投资长见效慢的投资，西部地区在长期的发展过程中受制于空间成本，对外交流受到客观限制，少数民族文化和生活方式都在一定程度上进一步制约了西部地区与区外的文化和资本交流。或多或少的形成了一种“贫困的恶性循环”态势，许多西部地区居民在接受新生事物的观念上仍较为保守。

从数据上看，西部地区1999年总人口高达3.6亿，但是西部从业人员具有平均素质偏低、地区差异大的特点。全国从业人员不识字的比率超过20%的六个省区全部是西部省区，全国从业人员中高中文化程度比重为11.9%，西部地区中除了内蒙古(16.4)、陕西(15.1)和新疆(16.7)外，其余省区市均低于全国平均水平。

我们把西部省区从业人员受教育年限在全国的位次和城市化水平进行直观的比较，可以发现，从总体上看，西北地区的从业人员受教育程度和城市化水平均高于西南地区，受教育年限在西部位于前六名的省区，同时也是城市化水平较高的省区，两者基本上是正相关关系。（见表23）

表 23　西部地区从业人员受教育年限位次(全国)和城市化水平(1999 年)

位次(全国)	省区市	城市化水平	位次(全国)	省区市	城市化水平
6	新　疆	33.82	26	四　川	24.01
12	内蒙古	42.68	27	甘　肃	26.69
15	陕　西	32.26	28	青　海	34.76
22	广　西	28.15	29	贵　州	23.87
23	宁　夏	32.43	30	云　南	23.36
24	重　庆	33.09	31	西　藏	18.93

根据《中国统计年鉴》2000 计算。

3. 经济发展的环境制约

(1)竞争动力不足

城镇是经济集聚的中心,对周边地区的经济起着控制和沟通的作用,一个城镇的兴起,就意味着其经济水平和向周边辐射的能力的扩大,即经济腹地的扩大。城镇在发展的不同阶段有着不同的表现方式,一种是向心集聚,另一种是离心扩散,城镇的成长就是这两种力量交替作用的反映。城镇的成长还意味着竞争范围的扩大,这种竞争在同一规模等级层次的城镇之间展开,发展较快的城镇其竞争对手也在不断地更换。城镇的成长还意味着分工范围的不断扩大和规模经济的实现。西北和青藏地区地广人稀,空间交易成本相对较高,西南地区多山,人口过度集中于盆地地区,对资源条件产生了很大压力。在这种竞争态势下,使得城镇之间的竞争动力不足,这也造成了城市化产业结构趋同,发展缺乏特点。

(2)产业转移与国内制造业过剩态势

从历史上看,西部地区许多城镇的产生和发展都离不开当地丰富的工矿资源条件,资源型城市在西部占有较高比重,随着产业生命周期的演变,绝大多数传统的资源型城市都面临城市转型问题,从国外的经验看,城市工业从资源型向综合的制造业转变并不是一个没有痛苦的过程,这意味着城市的产业结构从资源密集型向劳动和技术密集型转变,制造业对人力资本和技术创新有着远远超过资源型行业的要求,对于西部城市化来说,由于受制于中心城市的发展水平,西部城市化受大中城市辐射的范围有限。

客观上看,随着一个地区的产业结构升级,其第三产业将越来越壮大,工业结构也在不断地向资金和技术密集型转变,东部制造业中的劳动密集型产业存在向中西部转移的趋势。但是,令人遗憾是这种态势目前并未大规模展开,从产业结构上看,东部地区目前正处于第三产业大发展的时期,其部分产业的转移也只会优先向临近的中部地区转移。而且,由于我国出口的不断增加,东部地区仍然具有很强的节约运输成本的优势,中西部劳动力向东部流动可以在很大程度上减缓产业的转移态势。

从国内制造业的过剩态势上看,西部城市化发展更是"雪上加霜",乡镇企业在经历了二十年高速增长,目前已经形成了占国内工业产值的"半壁江山",在这种格局下,发展相对滞后的西部乡镇企业,在资金和技术、人才等方面都非常欠缺,无论在开发新产品还是设立新工厂方面,都面临已经被大大抬高的市场进入门槛,从而对西部乡镇企业发展带来严重的挑战。

4. 城市结构体系制约

改革开放以来,中国的城市化走的是限制大城市发展和发展小城镇的道路。它不但制约了中国城市化的进程,而且留下了许多难以解决的"后遗症"。小城镇对人口的吸纳能力弱,不可能满足中国人口城市化的需求。小城镇由于缺乏大量的非农产业的支撑,特别是发展第三产业的空间很小,不可能大量吸纳农村劳动力和人口。特别是内陆地区的小城镇,由于经济实力弱,对人口的吸纳能力极弱。根据统计,从 1980 年至 2000 年,全国建制镇增加 1 万多个,占已有小城镇的一半以上,但 3 万人以上的新建镇不足 1000 个,规模过小的问题比较突出。浙江现有建制镇 965 个,平均每镇人口不足 0.8 万人,建成区面积不足 0.9 平方公里。尽管从 1980 年到 1997 年,中国的城市数量增长了 2 倍,小城镇更是星罗棋布,而城市化水平仅仅提高了 10%。

以小城镇为主的城市化效益相对较低。早在 80 年代,我国就对是否采取限制大城市发展,积极发展小城镇的城市化道路发生过激烈的争论,张秉忱、胡兆亮等专家就曾对小城镇与大城市的经济效益进行了初步比较,提出大中小城市协调发展的思路。(见表 24)

表 24　1985 年不同规模城市经济效益比较

城市规模	城市个数（个）	城市人口数（万人）	人均工业产值（万元）	人均利税（元）	百元固定资产平均产值(元)	百元固定资产平均利税(元)
合　计	324	11825	0.41	1059	124	27
100 万人口以上	21	4640	0.59	1406	152.5	36
50—100 万人	31	2291	0.46	1025	94.8	24
20—50 万人	94	297	0.46	890	112	20
20 万人以下	178	1987	0.34	640	99	19

叶维钧、张秉忱等,《中国城市化道路初探——兼论我国城市基础设施的建设》,P10。

由于小城镇的规模太小,达不到规模经济的要求,导致城市化的效益极低。无论是从职均 GDP、地均 GDP 还是固定资产投资报酬率来看,20 万人以下的城市(镇)的效益都明显偏低。特别是小城镇的发展导致中国的耕地面积大幅度减少。据统计,我国有三分之一的省、市、自治区人均耕地不足 1 亩,有 666 个县人均耕地低于联合国确立的 0.8 亩的警戒线,有 463 个县人均耕地低于 0.5 亩危险线。

城市首位度是测断地区内部发展是否平衡的重要指标,西部地区的城市体系中,西部城市体系中城市体系的首位度过高,中等数量偏低,城市规模等级结构不合理。以超大特大城市为骨干的发展思路必然进一步加深目前西部地区城镇体系构架不合理的局面,造成城市化过程中,城镇体系的脱节和断裂,不利于形成完善而合理的城镇体系。

西部城市密度较低,城市和居民点在空间上较为分散,难以发挥城镇的集聚效应。城市规模小使城市化缺乏广泛的市场需求的刺激,从而使得城市化建设资金不足,发展后劲不强,缺乏鲜明的个性和特色。

(二)城市化发展的制度约束

长期以来,我国在制定城市化发展方针时均对大城市发展采取了控制政策。1980 年,我国制定了“控制大城市规模,合理发展中等城市,积极发展小城市”的城市发展基本方针;1989 年颁布的《规划法》规定:“国家实行严格控制大城市规模,合理发展中等城市和小城市的方针”,再次以法规的形式,强化了对大城市规模的控制政策。那时的城市化不是让农民转向现有的城市,而是要农民在发展乡镇企业的同时就地发展小城镇,即农村人口“离土不离乡”的模式。在这一方针下形成了约束城市成长的制度体系,这些制度包括城市规划制度、土地制度、户籍制度、财税制度和社会保障制度等。

城市不是自己形成,而是人为改变,与户籍制度一样,不同的“身份”等级的城市就可以享受不同的政策。因此,许多地区都热衷于通过“县改市”、“乡改镇”等行政区划变动实现“城市化”。据统计,目前 54%的城市是“县改市”设立的,83%的建制镇是“乡改镇”设立的;改革开放以来城镇净增的约 3 亿人中,由行政区划变动导致的占 40%以上;有些县级市市区人口由政区扩展而增加的部分甚至占到 80%左右;一部分由行政区划变动而被纳入城市和城镇的人口其实并没有真正实现城市化。“市管县”体制也导致了城镇人口的高估。而且,一部分被纳入城镇化统计口径的小城镇规模过小,根据 1997 年国家体改委等 11 个部委对全国 18 个省市 1035 个建制镇(包括县城关镇)的随机抽样调查显示,从小城镇的人口规模看,非城关镇镇区人口规模 1 万人以下的占 65.76%,1 万—3 万人口之间的占 28.79%,5 万人以上的只占 6%。据 1997 年底 18316 个镇统计,总人口平均每镇 3.32 万人,非农业人口平均每镇仅 6618 人,小城镇非农人口比例普遍偏低。

户籍制度是控制城市人口的根本制度,以户籍制度为基础形成了城市的社会保障制度、劳动人事制度等制度体系,这种制度体系人为地造成了城乡之间、城市与城市之间在就业上的不平等。

传统的户籍制度是计划经济的产物,在社会主义市场经济建设的今天,已经在很大程度上成为限制要素合理流动,扭曲要素市场价格,阻碍人口流动和城市化发展的一个重要因素。近年来,中国的户籍制度已经开始松动。1997 年,国务院批转了公安部的《小城镇户籍管理制度改革试点方案》,该方案规定“允许已经在小城镇就业、居住并符合一定条件的乡村人口在小城镇办理城镇常住户口,以促进农村剩余劳动力就近、有序地向小城镇转移。”“同时继续严格控制大中城市特别是北京、天津、上海等特大城市人口的机械增长。”1998 年,国务院又批转了

《公安部关于解决当前户口管理工作中几个突出问题的意见》(国发[1998]24号)。该方案规定:“在城市投资、兴办实业、购买商品房的公民及随其共同居住的直系亲属,凡在城市有合法住所、合法稳定的职业或者生活来源,已居住一定年限并符合当地政府有关规定的,可准予在该城市落户。”“北京、上海等全国特大城市人民政府对于到当地落户的,应当在制定具体政策时加以严格控制。”但是,上述政策并没有动摇传统的户籍制度,农民进城落户仍然受到极大的限制。这主要表现在以下两点:一是农民进入大城市落户仍然几乎是不可能的,二是准许在城市投资、兴办实业和购买商品房的农民进城落户,但歧视普通农民(如进城打工的农民)。今后应该尽快取消城乡隔离的户籍制度,允许愿意进城落户而又能在城市自食其力的农民及其配偶进城落户。只要在城市能工作较长一段时间(比如2年),就应该准许其在城市落户。

(三)城市化进程中的社会冲突

2000年全国《第五次人口普查》表明,全国有1.2亿多流动人口,其中有74%是从农村流入城市,也就是说进入城市的农村流动人口高达8800多万。在当前的户籍和劳动人事制度下,这些人被称为“农民工”,他们的生产、生活和社会活动都主要依赖于城市,但是这些人却不能分享城市的卫生、教育、福利和社会保障等方面的好处。受计划经济影响,在长期的计划经济模式下,他们处于社会的弱势地位。

城市化被看作是一个国家或地区实现人口集聚、财富集聚、技术集聚和服务集聚的过程,同时也是一个生活方式、生产方式、组织方式和思维方式转变的过程。农民工已经实现职业的流动,但是职业的流动并没有使他们在社会身份方面发生变动,换句话说他们虽然非农化了,但是没有实现城市化,没有被城市社会所接纳,这就是我国农民工社会流动的整体状况。在这里,社会身份具有两重含义:首先是国家制度安排。我国构建了一套安排社会位置的制度,比如户籍制度、社会保障制度、迁移就业制度等,通过这样的制度把城乡分割为两个社会体系——农民身份的社会体系和城市居民的社会体系,现在农民工尽管进城务工经商,但是他们还是农民身份,还没有被国家在城市所制定的这套制度所吸纳,于是也就难以进入城市社会体系。其次是社会认可。这跟国家制度安排也有很大的关系,由于制度上没有给农民工融入城市社会的空间,城市社会也就没有把他们当作自己的成员对待,从观念到行为,都把他们当作外来人,总觉得他们不会也不应该长期在城市社会生存下去,从而对它们构成了一定的社会排斥,在这种排斥中,农民工也强化了对城市社会的不认可,在观念和行为上游离于城市社会。

农民工融入城市,是一个长期、分阶段的过程,一般来说需要经历职业变迁、定居点的改变、接受一定的教育,才能实现从职业流动到社会流动的转变。户籍制度改革仅仅是城市迈出促进农民工融入城市的第一步,还需要全面改革城市社会体制,从就业体制、社会保障体制、财政体制到教育体制等,都需为农民工融入城市创造条件。

目前,在户籍制度和建诸其上的诸多制度框架下,在劳动力市场上存在着明显的城乡分离。针对农民工的拖欠、克扣工资、劳动条件恶劣、工伤事故频繁发生等问题突出,农民工及其所携家属的计划生育、子女教育、劳动就业、妇幼保健、卫生防病和治安管理等方面都存在管理上的盲区,在城市中工作的农民工却不能享受城市的最低保障。农民工问题已经成为城市化进程中的一个重要问题。

五、中国城市化之路——重点发展超大型城市

1989年《城市规划法》中明确提出了我国城市化方针:“严格控制大城市规模,合理发展中等城市和小城市”。在这一方针的指导下,我国大城市的发展一直受到抑制。然而,事实是大城市能够产生远远优于中小城市的经济规模效应和人口聚集效应,能够带来更高的土地和基础设施的利用效率,更高的国民教育水平,更多的就业机会以及更加多样化的人文环境,对经济的贡献最大。我们认为,中国不应控制大城市规模,限制其发展,而应确立“发展超大城市”的战略,重点发展500万人口规模的超大型城市。

(一)国内外的大城市现状

1. 国内大城市现状

《中国城市统计年鉴(2001)》按市区非农业人口规模将城市分为五大组:(1)超大城市:200万人口以上;(2)特大城市:100万至200万人口;(3)大城市:50万至100万人口;(4)中等城市:20万至50万人口;(5)小城市:20万以下人口。我国2000年在全部663个建制市中200万人口以上的超大城市有13个,占2%;100万至200万人口的特大城市有27个,占4%;50万至100万人口的大城市有53个,占8%,与1995年相比,这三类城市分别增加了3个,5

个和 10 个。大城市数目的增加和规模的扩大，是与流动人口激增密切相关的。

所谓流动人口，是指未改变原有常住户口到另一城市居住和乘坐火车、汽车、飞机等途经该城市的人口。流动人口是个规模庞大、构成复杂的人口群体，就其个体考察，其中大部分仅仅只在城市暂住一时，然而从整体看，这些人你来我往，虽然不具有该城市常住户口，但不间断地组合成为该城市实际人口的一部分。随着经济的发展，流动人口的数量呈不断上升的趋势，成为大城市人口总量增长的主要来源。据 2000 年人口普查资料，全国流动人口已达 12107 万人，其显著流向特点为：从经济欠发达地区向经济发达地区流动；从乡村向城市流动。以上海为例，根据第五次人口普查信息，该市现有实际人口总量为 1696.94 万人（包括常住人口和来往于上海，并在上海停留一天以上、半年以下的流动人口）。1990 年上海户籍人口为 1283.35 万人，2000 年上升为 1321.63 万人。① 上海市户籍人口增长原因是人口净迁入，而外来流动人口是上海人口总量增长的主要来源。上海外来流动人口 1988 年仅为 106 万人，2000 年第五次人口普查时已经升至 387.11 万人，相当于上海户籍人口的 1/3 左右，成为上海实有人口总量的一个重要组成部分。

流动人口中，从事社会经济活动而不具有城市常住户口的人口占相当大的比重，他们大多在城市的传统服务业，如建筑、环境卫生、小商小贩、饮食服务和家庭用工等行业就业，有效地促进了大城市的发展和建设。以北京为例，1997 年的外来人口普查结果显示，在京居住一天以上的外来人口总量为 229.9 万人，其中来京务工经商及从事其他工作的人员达 181 万人，占全部外来人口的 78.7%。② 从暂住期看，来京暂住的时间日趋延长。1995 年至 1999 年，暂住一个月以下的下降了 32 个百分点，暂住一个月至一年的下降 6 个百分点，而暂住一年以上的上升 6.8 个百分点。他们当中滞留三年五载的不算少数，有的实际上已成为未落户的“常住人口”，有的甚至拖家带口，在市郊买了房子，置办产业，扎根定居。流动者不再流动，而转变为阵地战，在城市扎下了营盘，从而增加了城市的容量。

由此可见，人口的迁移和流动是引起城市大规模增长的主要原因。随着改革开放的深入和现代化进程的加快，我国对人力资源优化配置的要求必然导致越来越多的人口流动。外来人口激增，城市人口规模迅速膨胀已是既成事实，大城市化作为一股不可阻挡的潮流迅速发展起来。

2. 国外大城市现状

1980 年以来，世界范围内 200 万人以上的城市人口增长速度是 1964—1980 年的 6.37 倍，人口向特大城市持续集中也是世界城市化进程中的一个重要趋势。

从大城市人口占全国人口的比重看，伦敦人口 697 万，约占英国总人口（5882.2 万，1996 年统计）的 1/8；法国首都巴黎人口 217 万，包括市郊在内的大巴黎人口高达 906 万，约占法国总人口（5000 万左右）的 1/5；而墨西哥城人口更是多达 2500 万，占墨西哥 9740 万总人口的 1/4。（数据有待进一步证实）

从大城市数量来看，从 1900 年到 1980 年的 80 年时间里，全世界 100 万至 200 万人的大城市增长了 18.5 倍，200 万至 500 万人的大城市增长了 20 倍，500 万人以上的大城市数也增长了 20 倍。从大城市的城市人口数量来看，从 1900 年到 1980 年，100 万至 250 万人口的大城市，城市总人口由 1200 万人增加到 24000 万人，增加了 19 倍；250 万至 500 万人口城市总人口由 800 万增加到 13400 万，增加了 16 倍；500 万人口以上的大城市总人口则由 700 万增加到 14900 万，增加了 20.3 倍。至 2000 年，世界大城市人口占城市总人口的比重，100 万以上人口规模的城市占 42.6%，而 500 万以上人口规模的城市占 20.5%. 据联合国预测，到 2025 年，全球大约有 93 个城市的人口规模在 500 万人以上。

在所有的城市发展中，千万人口的超大型城市的发展尤其引人注目。1950 年，世界上城市人口超过 1000 万的超大型城市只有纽约一个，到 1995 年，就已达到 14 个。预计到 21 世纪 20 年代，世界上人口超过 1000 万的城市数量可达到 20—30 个，到时将有 10%以上的世界人口居住在超大型城市中。以墨西哥城为例，现在其人口已达 2500 万，几乎相当于整个加拿大的人口（2800 万），然而这一数字到 2025 年将增长到 3100 万，比一个世纪前的规模增长了 30 倍。有统计表明，不管是发达国家还是欠发

① 《解放日报》，2001.11.1。

② 北京市统计局，1998。

达国家,大城市人口比重都随着城市化水平的提高而提高。因此,大城市超常发展是世界城市化的发展趋势。

(二)发展超大城市是必然趋势

1. 超大城市的经济规模效应

100多年前,恩格斯说过,250万人集中于伦敦,使每个人的力量增加了100倍,指的就是城市的规模效应。北京国民经济研究所的研究结果显示,城市规模低于10万人时,规模收益很低,而负担的成本很高,经济效益较差。大致在10万至1000万人规模区间都有正的净规模收益。在100万至400万人之间时城市的净规模收益最大,在最高点(200万人)大约相当于城市GDP的19%左右。城市的规模收益随着城市规模扩大而明显提高。

(1)就对经济的贡献而言,超大型城市明显高于其他类型的城市。超大型城市在组织生产、提高生活水平方面具有其他城市无可比拟的优势。它便于按照国家建设和市场需要,不断进行工业结构、产品结构、布局结构的调整;便于统一安排和建设必需的供电、供水、供热、通讯、交通运输等基础设施;便于开展工厂之间生产协作,使资源、能源得到合理利用,节约能耗,降低成本。正是因为超大城市这些无可替代的优势,它逐渐成为重要的资源转换中心,价值增值中心、物资集散和流转中心、资源配置中心、信息交换处理中心和人才集聚中心,并在这些活动中成为主要的经济活动中心,成为了经济中心,也成为了经济增长中心。

我国学者对各种规模的城市分析表明:人口规模200万以上的超大城市社会、经济、环境、建设效益最好,其中每万元固定资产的工业产值要比全国城市平均数高出45%。而王小鲁和夏小林的另一项研究结果表明,城市的经济效益随着城市规模的扩大而显著上升。当规模达到700万人口时,城市的综合要素生产率达到城市产出水平(按国内生产总值计)的45%左右。就是说,同量的生产要素投入在这些超大城市所形成的产出,接近于投在非城市或最小城市的一倍半。这表现在超大城市较高的企业利润、工资水平以及财政收入。1996年,我国综合实力最强的50个城市仅占全国土地面积的0.9%,人口的9.1%,却创造了占全国27.1%的国内生产总值,41%的财政收入和32.8%的社会消费品零售额。1998年,我国的北京和上海的GDP分别占全国的2.5%和4.6%。到了2000年,全国有六个城市的国内生产总值超过1000亿元,上海4098.6亿元,北京2332.3亿元,广州2165.1亿元,深圳1665.2亿元,天津1392.9亿元,武汉1206.8亿元。这六个城市中,除深圳外,均为人口规模超过200万的超大型城市,其产生的规模效益十分突出。再从税收角度看,这六个城市所缴税款也极为可观。2000年上海市利税总额达697.16亿元(第二),深圳286.93亿元(第三),天津243.97亿元(第四),广州241.61亿元(第五),北京238.5亿元(第六),武汉125.98亿元(第九),对国民经济持续快速增长、保证国家财政收入贡献巨大。

超大城市经济效益高具有世界普遍性。以世界公认的大都市为例,其人均国内生产总值一般在3000—5000美元,GDP占全国的比重也比较大。例如,东京GDP占全国的18.6%,汉城占26%左右。法国的巴黎总人口为215.5万人(1990年),英国的伦敦总人口为689.0万人(1991年),它们人均国民收入最高的地方。

(2)从土地利用方面看,城市规模越大,土地利用越集约。大城市尤其是超大型城市在提高土地利用效率、减少土地浪费上起着重要作用。据联合国统计分析,全世界24亿城市人口占用20万平方公里的城市用地。人均为83.3平方米,仅是农村人口人均用地的1/2—1/3。

目前,我国特大城市、大城市、中等城市、小城市人均用地分别为75、88、108、143平方米,特大城市土地利用率明显高于中小城市。按人均占有的建成区(指公用设施达到的建筑密集区域)面积计算,我国20万人口以下的小城市人均占地是200万人以上超大城市的两倍,建制镇人均占地是后者的三倍以上。星罗棋布的小城镇对耕地的蚕食远远大于特大城市。让我们算一笔帐,在农村人口向城市转移的过程中,每增加200万超大城市人口来代替200万的小城市人口,将减少侵占13600万平方米耕地,如果2010年我国将原打算有小城镇容纳的2亿人口改为由超大城市容纳,将少占耕地1360000万平方米,这对于我们这样一个人多地少的国家将是一笔巨大的财富。

(3)从基础设施方面看,城市规模经济效益包括内部规模经济效益和外部规模经济效益,前者取决于企业的技术装备,后者则取决于其所在城市提供的基础设施,只有现代化的大城市才能提供先进的基础设施和高效率的、完备的社会服务。大城市的基础设施投入回报率比小城市高,运转更经济。一般来说,城市市政设施的人均运转费用与规模成反比。水、电、道路、通讯等基础设施，一次性投入很大，但它一旦建成，使用的边际成本很小。大城市里人口众多，厂商云集，他们共同分享着这些基础设施，降低了使用成本，提高了资源的利用率。而小城市由于达不到经济规模，市政设施投入收益不管是直接经济收益还是外部社会效益，都小于大城市。城市规模过小，造成经济结构单一、就业机会少、经济效益差，城市建设高成本、低质量，结果是小城市基础设施建设滞后，或建了拆，拆了建，造成极大的浪费，很难为居民提供优质廉价的基础设施。以配置污水厂为例，污水处理厂投资费与运营费有着密切的关系，如 0.4m^3/s 的污水处理厂是 4.0m^3/s 的污水厂投资的 2.6 倍，而运营费则是 5.5 倍！

（4）从环境保护和资源利用角度看，大城市中的污染物，如废气、工业与生活污水、固体废弃物等较为集中，便于处理，有利于环境保护；而中小城市污染物分散化，治理难度加大，严重污染了环境。尤其是许多乡村企业为了降低生产成本，将“三废”直接排放到自然环境中，一方面造成环境污染，另一方面也造成资源的间接浪费。

2. 超大城市的人口聚集效应

人口向超大城市的持续集中还导致了人口的高度密集，早在 1990 年左右，伦敦市的人口密度就已达到 4363 人/平方公里，纽约市为 8886 人/平方公里，而巴黎更是高达 20427 人/平方公里。同期，美国已有 50%以上的人口居住在百万人口以上的大型大都市区里，日本的东京都、大阪、名古屋三大都市区面积仅占全国的 13%，却聚结着占全国人口 49%的居民。如此高度密集的人口必然产生人口聚集效应，促进超大城市的繁荣和发展，同时由于人口聚集效应，增加了超大城市的吸引力，吸引更多的人口流向超大城市，形成超大城市化的发展趋势。人口聚集效应具体体现在以下几个方面：

（1）降低人才的培养成本、搜寻成本、使用成本

在培养人才的过程中，由于成本分为校舍、场地、大型教学仪器等固定成本和投在每个学生身上的可变成本，可变成本的总量虽然会随着学生人数的增加而增加，但由于固定成本总量不变，学生越多，单个学生承担的固定成本就会越少，因此，对于每一个人才、尤其是高级人才的培养而言，超大城市众多的人口使得高级人才的培养可以形成规模，成本远低于中小城市。例如，2001 年北京有 726.88 万人的市区非农业人口，市区于高等学校就学的人达 22.2 万人，在京投资巨额建立多所高等学府看似成本极高，实际平摊到每个学生头上成本很低；而晋城市区非农业人口仅有 17.44 万人，属于小城市，该市对高等院校的需求极少，高等学校就学人数为 0。若在此地建立高等院校，大量固定资本的投入将无法充分发挥功效，反而会大大提高人才的培养成本。

由于超大城市人口集中，人才培养达到多元化、专业化，各行各业的雇主在寻找合适的雇员时搜索成本较低；相反，在中小城市，由于人才培养层次较低，培养结构较为单一，有些雇主不得不投入大量的时间、精力和金钱去搜寻人才，增加了搜寻成本。例如，在北京高等学校的专任教师数多达 3.4 万人，而晋城则为 0，现在若某企业想聘请一位大学教授对企业员工进行培训，在北京与在晋城相比，搜寻成本会低得多。在使用人才方面，超大城市多元化、专业化人才的使用降低了企业对雇员的培训费用，从而降低了人才的使用成本。

（2）促进国民教育水平的提高

城市规模的大小与国民教育水平的提高是有关系的。在小城市，教育设施和教师的利用无法形成规模效益，教育投入不少，但效率不高，导致其教育水平低下，严重阻碍了国民整体教育水平的提高，对经济长远的发展不利；而超大城市人口众多，教育投入虽然多，但教育设施和教师的利用效率高，使得教育产出远远大于投入，促进教育事业的发展，进而有助于提高国民教育的整体水平。2001 年，北京市每万人中高等学校在校生人数为 305 人，上海市为 240 人，而作为中等城市的阳泉（46.20 万市区非农业人口），每万人中高等学校在校生人数仅为 43 人，小城市晋城每万人中高等学校在校生人数则为 0。这四个城市每万人中普通中学在校生人数均在 800 人左右，相差并不太大，而北京、上海这两个超大城市在高等教育方面的贡献则远远大于后两个中小城市，人口的聚集对国民教育水平的提高产生了巨大的推动作用。

（3）增加就业机会

随着城市的发展，城市规模的扩大，对城市交通运输、商业零售、餐饮娱乐等产业的要求也会越来越高，这些产业市场发展的空间和潜力也会越来越大，从政、做工、经商、教育、科技、信息、交通、城市基础设施建设和社会交流等就业机会和从业人员也会越来越多，以服务业为主的第三产业获得合理利润的前提条件是工业企业和人口的集聚，通过集聚，第三产业可以创造大量的就业岗位。统计证明，我国 200 万人以上的大城市第三产业就业比重高达

45%，而且还在继续提高，而20万人以下的小城市该比重只有23%（王小鲁，夏小林，2002）。第三产业劳动密集度高，将能够创造更多的就业机会。高新技术产业一般愿意首选超大城市安家落户，根据美国“新经济”的发展经验，高新技术产业创造的就业岗位超过了被摧毁的就业岗位。就业机会的增多，吸引了越来越多的人口，而不断增加的城市人口又带来了更多的就业机会。因此，超大城市对吸纳大量人口，增加就业机会起到了重要作用。以伦敦为例，大约在伦敦市中心区，有一个当时被罗马人占领的小城区，它的土地面积仅为2.6平方公里，在那里生活的居民只有4600人，而在那里工作的人数却达40万之多。

(4)保持人文的多样性

人文，即人类社会的各种文化现象。不同的人群有不同的偏好，人口的聚集可形成对文化的多元化需求，既激发一些新事物的产生，同时也给予一些传统文化以生命力，使之得以生存、发展，甚至发扬光大。如北京这个现代化的大都市中，尽管不断有新鲜事物冲击着北京人的视界，但总有一部分人对古老的京剧艺术情有独钟，京剧国粹因此而得以传承和发展。如果是在一个小城镇，尽管有的地方文化很有价值和特色，却也因为接受和承载这些文化的人太少，而逐渐为时间所湮没。因此，人口的聚集是保持人文多样性的必要条件。

(5)提高居民生活质量

超大城市在衣食住行等各个方面提供给人们的选择机会与中小城市相比更加多样化。由于规模效益，超大城市能够创造出更高的生产力，极大丰富人们的物质生活，同时也满足人们的精神需求，从而在物质、精神两方面提高了人们的生活质量。例如，评价居民生活质量的指标之一是恩格尔系数，即食物消费支出在总消费支出中所占的比例。1990年时，巴黎市这一比例已降到16%，而伦敦市更是达到了12%，这样居民能够将绝大部分收入将用来支付事物以外的其他消费，如度假、旅游、消闲、娱乐等等。再以图书馆和影剧院为例，2001年北京市区拥有209个影剧院，公共图书馆总藏书量28377千册，人均公共图书馆藏书293册；上海市区影剧院共42个，公共图书馆总藏书量54103千册，人均公共图书馆藏书478册；与之相比，小城市晋城市区影剧院数仅为3个，公共图书馆总藏书量为63千册，人均公共图书馆藏书只有25册。因此，无论是物质方面，还是精神方面，居住于超大城市中的人们都面临着更多的选择机会，并在多样选择中实现效用最大化，从而提高生活满意度，提高生活质量。

3. 中国特有的国情要求发展超大型城市

诺贝尔经济学奖获得者、美国著名经济学家西蒙．库兹涅茨指出：“一个国家进入现代经济增长过程的标志的经济增长的大大加快，一般也同时伴随着总人口中城市人口份额的加速上升。”①这意味着城市化水平是与经济发展水平相适应的。2000年底，我国城市化水平已达到36.2%，但与我国经济发展水平相比，城市化水平明显偏低。

(1)工业化发展需要有一定的城市化水平与之相适应

按照城市化、工业化发展规律，城市化要与工业化发展相适应，但实际上我国城市化发展水平一直落后于工业化发展，直到2000年仍滞后于工业化水平14.3个百分点。如果按照钱纳里世界标准模型，我国城市化落后程度更大。根据钱纳里模型，工业化率为37.9%时，城市化率应为65.8%，而我国1971年工业化率就已达到38.2%，当年城市化率仅为17.3%，滞后于世界标准模型48个多百分点。

同时，我国城市化水平也落后于经济发展水平。根据世界银行的统计资料，1997年我国人均GDP为860美元，城市化水平为29.9%，同年人均GDP在630美元～1090美元之间的12个国家平均城市化水平为41.3%，我国城市化水平低11.4个百分点；按世界银行购买力平价(PPP)计算的我国人均GDP为3570美元，同年人均GDP在2040美元～4840美元之间的28个国家平均城市化水平为52.6%，我国城市化水平低22个百分点。根据世界银行《2000/2001年世界发展报告》，1999年我国已进入下中等国家行列，下中等国家城市化水平平均为43%，比同年我国高出12个百分点左右，中国城市化水平亟待提高。

根据国际城市化发展进程的历史经验，城市化水平在30%～70%之间是加速城市化时期。1999年我国城市化水平为30.4%，正处于加速发展的起点上。这一时期的城市化进程不应人为地加以控制，应按其客观规律给大城市予充分发展，以期达到最佳人口规模效益、经济规模效益。

(2)解决“三农”问题，需要发展超大型城市

① 西蒙·库兹涅茨[1971]《各国的经济增长》，P24。

最近几年来，全国经济发展一直保持了良好的势头，但“三农”问题却日益突现。所谓“三农”问题，是指农村问题、农业问题、农民问题。其中农民问题是根本。

著名国情研究专家、清华大学教授胡鞍钢指出，中国发展的首要问题始终是农民问题。1997—2000年，全国农村人均纯收入增幅连续4年持续减缓，1998年农村居民人均总收入下降了0.1%，到1999年农村居民人均总收入进一步下降了0.3%。出现这一现象的根本原因在于中国庞大的农村人口与有限的耕地之间一直存在着的僧多粥少的矛盾。据匡算，目前我国1/3的农村劳动力处于就业不充分状态，剩余劳动力1.5亿人左右，2001年至2010年全国农村将新增劳动力6350万左右，依靠农业来实现农村劳动力充分就业，促进农民收入增长似无可能。因此，要富裕农民，必须减少农民。让那些能独立谋生，有生活经济来源的农民流动人口，彻底脱离农村，变农民身份为市民身份，不仅有利于提高转移人口的收入水平，而且也有利于提高农业劳动生产率，增加为转移农民的收入。这时，超大城市成为农村剩余劳动力转移的首选之地。

从迁移者角度看，农民更愿意选择超大城市作为流入地。根据刘易斯和托达罗的人口流动模型，我们很容易解释这种现象：农村劳动力“近乎无限供给”，且收入水平低，从而对劳动力产生巨大的外推力；城市预期收入较高，对劳动力产生强大的吸拉力。这两种力量形成的合力可产生出类似于河水流动所仰赖的“势差”，且势差越大，流速越快；没有势差或势差太小，就不能或很难流动。势差的大小取决于两个因素，即劳动力流动的成本和预期收益。流动成本主要由两部分构成：其一是直接成本，即迁徙费用；其二是机会成本，即劳动力流出所放弃的其他收益。预期收益由两个因素决定：就业概率和预期工资水平。农村劳动力总是选择成本低、预期收益高的地方作为流入地。很显然，如果单纯从流动成本方面来看，农村劳动力流向当地小城市是最经济的，迁徙费用和机会成本都很低。但是，从收益方面来看，由于小城市产业水平低，就业容量很有限，就业岗位远远不能满足农村剩余劳动力的要求，就业概率小；即使能够就业，工资水平也明显低于超大城市。这样，预期收益成本的差值即势差较小。另一方面，如果农村劳动力流入超大城市，不论是直接成本还是机会成本都可能较高，但超大城市的就业概率和工资水平远远高于小城市，城乡势差非常大。所以，农村劳动力在选择流入地时，较多地选择超大城市，而不是小城市。第五次全国人口普查资料显示，2000年全国流动人口已达12107万人，但68.5%的劳动力都流向了广东、浙江、上海、江苏、北京、福建等地，其中上海和北京两个超大城市就已吸纳了全国流动人口的13.2%，在许多中西部省份，几乎是绝大部分剩余劳动力将东部沿海的超大城市作为仅有的流向地。由此可以看出，超大城市对农民的“磁力”远远大于中小城市。

从城市吸纳能力看，超大城市可以吸纳更多的农村剩余劳动力。目前我国已有1.5亿农村剩余劳动力，如果要将城市化水平提高到与中国的工业和经济发展相适应的水平，则需要转移农村人口2.5亿人；到2050年我国城市化水平将达到60%，相当于目前中等发达国家水平，届时城市人口将达9.6亿（2050年总人口按16亿计）。这就提出一个问题，怎样安排这9.6亿城市人口？我国大量存在的中小城市有许多问题，如产业结构单一，人才缺乏，基础设施薄弱，投资与就业机会缺乏等等。面对如此巨大的人口压力，中小城市难以成为巨量农村剩余劳动力的“蓄水池”。相反，超大城市的生存与发展机会多，其综合效益符合可持续发展要求，对提高城市化水平有显著作用。超大城市像一块可以吸水的海棉，对人口有着巨大的吸纳能力。只要有10个平均人口规模1500万的超大城市就可容纳1.5亿城市人口，占2010年13.5亿人口的11%，若2010年我国城市化水平达40%，则这10个超大城市对城市化的贡献率为28%。因此，超大城市在吸纳农村剩余劳动力上的贡献要远远大于中小城市。

（3）融入全球经济体系，需要发展“世界城市”

在世界所有地方，都是大城市区域的人口在增长，它们既是经济、政治和权力的中心，又是所有交通和信息贯通的枢纽站，成为“世界城市”。中国加入WTO以后，经济走向全球化。作为一个拥有12亿人口的大国，我们必须要有若干个国际级的经济中心城市，成为全球经济网络中的重要节点。通过这些节点使中国经济融入全球的大体系中。这种国际经济中心的城市，没有足够大的规模（500万人以上）是难以承担这一重任的。目前，北京、上海的人口规模都已达千万，巨大规模产生的规模效益使二者经济实力日益增强，国际地位也日益提高，越来越多的国际公司落户中国，越来越多的大型会议来华举办，奥运会和世博会的申办成功就是最好的证明。

城市的发展不可避免地要经历大城市阶段，超大城市的发展顺应了规模经济的要求，形成了国家经济的拳头，在国际上增强了竞争力，在国内也形成了强大的中心辐射作用。发展超大城市是实现我国现代化的强大推动力。

（三）发展超大城市的基本思路和对策

1. 政策上鼓励超大城市发展，改革城乡隔离的户籍管理制度

超大城市发展首先应以政策支持为前提，改革户籍管理制度，拆除城乡壁垒，给进城农民以市民待遇。户籍管理制度是造成城乡隔绝的一项基本制度，必须彻底改革。1997年国务院已批准公安部提出的一份户籍管理改革方案，允许已经在小城镇就业、居住并符合一定条件的农村人口在小城镇办理长住户口。这一改革是个良好的开端。但是，目前的改革只是在县及县以下的小城镇层次，农村人口要迁入大城市，尤其是超大城市仍十分受限制，将来还应逐步放开大城市户口限制，凡是有合法固定住所、稳定职业或生活来源的居民都可以移居大城市。从长远看，城乡隔离的户籍管理制度最终要取消。

此外，政府还应努力改善进城农民的工作和生活环境，给予他们长期居住权利和市民待遇，包括在就业、上学、医疗、养老、住房分配等方面，不能再歧视；要把他们当成新的纳税人而不是争夺城市人饭碗的人来对待，在商品房价、建设费用收取等方面应对新移民采取优惠政策，以降低农民进入超大城市的成本。总之，只有在政策上鼓励超大城市发展，超大城市才能够拓展更多的发展空间，为中国的城市化进程，为中国的经济健康发展做出更大的贡献。

2. 避免“摊大饼”式的盲目扩张，走多中心的城市发展道路

北京长期以来以旧城为单一中心，以改造旧城为主导方向发展城市，形成了新区包围旧城、同心同轴向外蔓延的“单中心＋环线”生长模式，这被建筑界形象地称为“摊大饼”。“摊大饼”式的城市发展策略实际上是一种无策略的策略：人多地少的发展中国家，“摊大饼”城市人口密度极高，居住、产业、交通等功能组织无序，阻滞城市高效运转，削弱城市竞争力，如墨西哥城、加尔各答等；人少地多的发达国家，“摊大饼”城市以巨大的能量消耗和土地低密度利用为特征，如美国的洛杉机。这两种结果都是我国国情所不允许的。

超大城市的发展不应是空间上盲目的平铺蔓延，也不是市区人口的简单堆砌，而是行政、商务、商业、交通、文教等一系列重要城市功能的完善。在城市人口规模越来越大时，仅仅一个中心会大大限制城市经济规模，这时建立多个中心承担不同的城市功能，并借此功能分散过于集中的居住和就业人口就显得十分必要了。

3. 做出科学规划，防治“大城市病”

我国之所以确立“严格控制大城市”的城市化战略，是担心由于大量人口涌入而引发“大城市病”。所谓“大城市病”，具体症状表现在：

（1）城市过大，造成自然生态环境的恶化。城市水资源不足。北京市由于地下水严重超采，地下水位下降20米～30米，形成了近1000平方公里的地下漏斗区；污染严重，北京、上海1997年进、进入世界大气污染最为严重的十大城市之列[①]，水污染、噪声污染、“热岛效应”等广泛存在；用地紧张，我国大城市的人均用地不到一般城市的三分之二，不少大城市甚至不到平均水平的三分之一，由此导致住房、交通紧张、城市绿化缺乏等。

（2）城市过大，增大了配套基础设施的难度，交通拥挤、住房紧张、城市排水不成体系，污水处理设施跟不上，电力缺口普遍等等。

（3）城市过大，增加了管理的难度。管理的成本大，结构调整、社会治安、人口就业、人民生活等等往往在大城市较难安排好，这方面所花的成本也远远高于一般城市。

这些症状中，有的是国家社会问题在城市中的反映，由于大城市人口多而突现，但这些并非城市大而引起，也并非控制大城市就可解决；有的是发展不足的表现，只有通过发展去解决，大城市解决这些问题难度大些，但不可将问题的根源归结于城市的大。试看西方发达国家一些大城市，这类问题在六七十年代突出，而如今多已基本解决。如果仅仅为了避免“大城市病”就转而鼓励发展小城镇，那无异于因噎废食。

实际上，由于发展不足，中等城市和小城市都有“病”，它们的问题与大城市正好相反，虽然交通、治安问题没那么突出，但存在经济缺乏活力，无投资吸引力、人才流失、生活水平较低等问题，“严格控制大城市”非但不能使污染总量减少，“积极发展小城镇”还会导致污染总量增加，污染源分散化，这些可谓之“小城镇病”。无论是“大城市病”还是“小城镇病”，

① 《人民日报》，1997.3.25，第10版。

都只有通过发展才能治好。

因此，建立“超大城市发展战略”，对超大城市发展提前作好科学规划，为其预留充足的发展空间，这样才能有效地防治“大城市病”。

4. 克服四合院思维，实现良性大发展

老北京的一大特色建筑是四合院，四合院那个时代形成的城市发展思维，我们称之为“四合院思维”。

四合院思维的特点是大封闭、高围墙、自砌图圄的封闭思维和过死过窄的死胡同思维。笔者曾实测纽约的街道，基本上是50米宽整齐布局，由于是18世纪规划的，街道一般四车道宽，现在都改成四车道单行线，交通仍然畅通。目前，北京在花大力气拓宽二环路内的部分狭窄街道。虽然造价不菲，却也非办不可。但是我们却看到一个矛盾现象：在三环路以外建设的办公区、住宅小区，仍在搞庞大的封闭管理区。按照纽约的规划，属于城市公共道路的路，在北京变成封闭的小区私路。军队大院、机关大院、小区大院成为北京城市规划的范式。修建大量环路，而疏散的支路、辅路、社区路不足，所有的车都饶圈子找自己大院的出入口，不仅造成拥堵，而且形成社会财富的巨大浪费，而这种局面的出现，从本质上说是没有冲破四合院思维。中国大城市、超大城市的发展都或多或少地存在这样的问题。在城市基础设施规划时，仅从眼前城市常住人口规模出发进行设计，不考虑大量流动人口的需要，或是对基础设施有效使用期内城市人口增量的估计过于保守，都会导致基础设施超负荷运作，出现“大城市病”。这一切从本质上说仍是四合院思维横行的恶果。若要实现中国超大城市进入良性大发展，则必须克服四合院思维，以开放的、四通八达的方式合理进行规划，提高超大城市发展的质量，否则就是盲目大发展。

参考文献

[1]王章辉等著，《现代学会文学库欧美农村劳动的转移与城市化》，社会科学文献出版社，1999.4。

[2]高强，“日本、美国城市化比较”，《经济纵横》，2002.3。

[3]陆伟芳，“简析近代英国城市化的特征”，《扬州大学税务学院学报》，1998年第3期。

[4]孔祥智，《制度创新与中国农村城镇化》，中国经济出版社，2001年。

[5]卢明华、李国平、孙铁山，“东京大都市圈内各核心城市的职能分工及启示研究”，《地理科学》，2003.4。

[6]王文元，《东京大都市》，中国世界语出版社，1993.10。

[7]朱庆芳等，《世界大城市社会指标比较》，中国城市出版社，1997.11。

[8]王旭、黄柯可，《城市社会的变迁：中美城市化及其比较》，中国社会科学出版社，1998.3。

[9]尹继佐主编，《世界城市与创新城市》，上海社科院出版社，2003.6。

[10]Dave Shaw 著，王红扬译，“战略规划：大都市地区有效治理的方向盘——大伦敦战略规划的演变与最新发展”，《国外城市规划》，2001.5。

[11]国家统计局城市社会经济调查总队、中国统计学会城市统计委员会编，《2001中国城市发展报告》，北京：中国统计出版社，2001年。

[12]中华人民共和国国家统计局编，《2002中国发展报告》，北京：中国统计出版社，2002年。

[13]国家统计局城市社会经济调查总队编，《中国城市统计年鉴(2001)》，北京：中国统计出版社，2001年。

[14]朱庆芳、莫家豪、麦法新编，《世界大城市社会指标比较》，北京：中国城市出版社，1997年。

[15]柯兰君、李汉林主编，《都市里的村民—中国大城市的流动人口》，北京：中央编译出版社，2001年。

[16]郑静、陈革，“论大城市、小城镇与可持续发展的城市化道路—对当前城市化政策的思考”，《规划师》，2000.5。

[17]邹农俭，“论大城市的现代化”，《城市发展研究》，2000.1。

[18]王小鲁、夏小林，“中国需要何种规模的城市”，《中经网浙江中心》。

[19]霍海燕，“论大城市发展的问题、挑战与对策”，《城市发展研究》，2000.6。

[20]陈秉钊，“发展小城镇与城市化的战略思考”，《规划研究》，2001.2。

[21]冯年华，“理性看待我国大城市的发展”，《城市研究》，1999.6。

中国农村发展的五个问题

陈锡文

今年是中国农村改革的第二十六年，26 年的改革使中国农村发生了深刻变化，当然也有许多问题没有解决。同时，解决了老的问题也会生出许多新的问题，有些还相当尖锐。如果历数这些矛盾和问题，可能会排出相当长的单子。我想最主要的有五个方面。

一、农民收入的增长问题

近年来农民收入的增长非常困难，从 1997 年到 2003 年这七年时间中，农民的人均收入每年增长 4%。如果从全球的角度来看，增长 4%是很不错的水平了，但是从中国的实际情况来看，就会引出很多矛盾。

首先，增长 4%就没有实现国家《十五计划纲要》提出的农民增收目标。《十五纲要》规定："十五"期间，农民人均收入增幅每年达到 5%，但是三年过去了都没有实现。

第二，过去六到七年之中农民收入只增长 4%，但是城镇居民的收入却每年增长 8%，因此城乡居民之间的收入差距是在不断地扩大。如果从 1998 年算起，6 年时间里农民的人均纯收入总额增加了 532 元，但是城镇居民在这 6 年中人均可支配收入增加了 3312 元，也就是每年增加了 552 元，这就是说农民 6 年的收入增加总额比城镇居民平均一年收入的增加额还要少 20 元，这当然是个非常尖锐的矛盾。

但是更突出的问题是这几年农业没有让农民增收，不仅没增收，而且减收。中国农民的人均收入目前大概有 45%是来自农业，这个比例比 8 年前大概下降了 18 个百分点，也就是农业收入在农民收入中的比重不断下降，而且绝对额连续 7 年来也是在减少。中国农民收入来自农业部分最高的是 1997 年，那一年平均达到了 1276 块钱，但是从 1998 年到 2003 年，就没有一年再达到过这个水平。从这个角度去看，在农民收入中制约农业收入增长的一个非常大的问题就是农产品的市场问题，其中粮食价格到去年 10 月底为止连续 84 个月是下降和低靡的，也就是粮食市场很难扩大，其他的农产品也有类似的问题。

我们曾经做过一个分析，把 2001 年的指标和 1996 年的指标相比，城镇居民的人均可支配收入在这五年中平均增加了 2020 元，但是每个人用于粮食、植物油、肉类和蔬菜的开支 2001 年却比 1996 年人均减少了 131.2 元。在这样一个背景下，农民要想从农业中增收是非常困难的。于是就一定要考虑向非农产业、向城镇的转移。

但是，被寄予很大希望的乡镇企业在过去这几年中，尽管生产、产值、利税都在增长，但是就业却很少增长，1996 年中国乡镇企业中从业人员的总数是 1.3508 亿，到 2002 年为止，就业水平一直没有达到过 1996 年的这个指标，到了去年略有增加，比 1996 年增加了 63 万人。可以这么说，乡镇企业在过去的 7 年中几乎没有增加就业。于是大家就看到了越来越汹涌澎湃的农民进城的民工潮。

提高农民收入有很多制约因素，但我想最主要的是两个问题，一是如何扩大农产品市场，使农产品在市场上有一个稳定的价格；二是如何转移农村的剩余劳动力，使农民能够从非农产业中、从城镇中获得更多的收入。这两方面确实都存在很多的矛盾，要想解决，是一件难度非常大的事情，所以不可能指望短期内农民收入就会实现突飞猛进的增长。

二、粮食问题

当前的粮食问题开始凸显,并不是说现在的供求有问题,而是指中国现在到底还有多少粮食生产能力。

从90年代后半期以来,中国曾经经历了5年粮食丰收的可喜局面,因此到90年代末就整个国家来说,实现了粮食总量供过于求的局面,库存明显增长。由于有了巨大的库存,所以在过去几年中持续4年粮食产量下降并没有影响市场的供给,甚至粮价都没有回升。在这个背景下,很多人认为中国没有长期粮食问题,或者粮食不是个大问题。但是我觉得从2003年年底粮价开始上涨实际上又使得中国长期存在的粮食问题凸显出来。一个非常重要的指标是去年的粮食总产量只有8613亿斤,而去年各个方面预测的总需求是8760亿斤,所以,粮食的产需缺口是非常大的,必须动用库存、增加进口,否则市场马上就表现出来了。

我知道经济学界都说当粮食短缺的时候价格就上涨,价格上涨农民就会多种粮食,因此粮食矛盾自然就会很快地解决。这种判断的基础是在我们有足够的粮食生产能力这一点上。我觉得这个逻辑是对的,但客观上很多实际问题不一定这么表现出来,我之所以讲当前的粮食问题开始凸显,并不是说现在的供求有问题。我想需要认真研究的是我们现在到底还有多少粮食生产能力。

1990年代后期我们确实曾经有过3年粮食产量超过1万亿斤,在很多人的印象中,中国有1万亿斤的粮食生产能力,但是我说现在可能没有那么多。到底有多少,需要认真分析研究。2003年国土资源部公布的中国实有耕地面积是18.51亿亩,和1996年底相比,耕地面积整整减少了1亿亩,这是一个基本情况,而且按我自己的调查和掌握的实际状况来看,我觉得减少1亿亩是一个最低限度最保守的估计,实际远远不止,仅退耕还林,到2003年年底就已经退耕了1亿零800万亩,第二个指标就是粮食的播种面积,2003年的粮食播种面积是14.9亿亩,历史最高水平1998年是17.06亿亩,减少了两亿多亩的播种面积。第三个指标就是粮食的总产量,我刚才讲到去年的粮食总产量8613亿斤,而最高的1998年是1万零246亿斤,年度之间的粮食产量下降了1633亿斤。第四个指标就是单位面积的产量。单位面积产量最高的时候按播种面积计算1998年正好是300公斤,600斤,2003年是289公斤,减少了11公斤。第五个指标就是人均粮食拥有量,1996年是人均粮食拥有量最高的一年——824斤,去年的人均粮食拥有量只有667斤。第六个指标就是库存。2001年初的时候库存最高,大概是5200多亿斤,现在明显下降了,降到多少还不知道,但是马上能想到的一个现象就是从2000年开始,我们的粮食产量就没有达到过9200亿斤,而总需求在9600、9700亿斤以上,2003年供给又降到了8600亿斤,所以这几年每年都要动用几百亿斤甚至上千亿斤的粮食库存,因此库存实际上是只出不进或者进的少出的多,所以,如果不促使粮食生产尽快有一个恢复性的增长,中国很快会面临非常严峻的粮食供求矛盾。

在这一段时间的调查中我也遇到以下一些现象:比如说我到发达地区,也就是我们经常讲的粮食销区,从当地的决策者到部门的负责人都跟你讲这一条:我不怕,我有钱,我有钱就能买到粮,所以不用跟粮着急。这是沿海发达地区的态度。第二就是13个粮食主产区,能够向外调出粮食的主要是这些地区,但是到这些地区去调查,所有的干部都讲,粮食搞多了很吃亏,卖不出去放在库里,又要压资金又要付利息,最后还可能造成严重的亏损。所以他们说:你放心,我们最多就是没粮可卖,但我自己肯定是够吃的。剩下10个省份就是我们所说的产销平衡地区。这些省份的领导就更简单:我从来自顾自就可以了。因此,没有一个地方愿意多生产粮食。这是最关键的问题,中国最终还会出现粮食供需的突出矛盾。

三、农村土地问题

土地有两个层面的问题,一个是农村自身的土地制度问题——农地制度问题。中国的农地制度是和中国农村的基本经营制度联系在一起的。宪法里有规定,农村实行以家庭承包为主统分结合的双层经营体制是中国农村的基本经营制度。这是宪法规定的,但是你到基层去会发现,没有多少干部读过宪法里这句话。或者读完了忘得最快的就是这句话,因此基层干部不断地折腾农民的土地,土地的承包纠纷层出不穷。正是由于这样一个原因,2003年3月1日开始实行一个新的法律,就是《农村土地承包法》。《农村土地承包法》里相当重要的一条叫做“在承包期内发包方不得收回承包土地”;还有一条叫做“在承包期内发包方不得调整土地”。但是可以坦率地说，这两条执行得很不好。

土地问题第二个层面就是土地的征用，也就是农地转为非农地，现有的制度应该说存在着很大的缺陷。现行征地制度的最大弊病就是“我卖你的地我可以赚钱”。不解决中国的征地问题，无论是对于农业生产能力的保护还是对农民的利益保护，都存在非常大的隐患。农地转为非农地在中国一个基本的前提是它必须改变所有权，由政府征用集体土地之后才可以进入建设用地的市场，这是一个最基本的制度，这个制度在过去引出的矛盾不大，原因第一就是过去城市化的进程很慢，农地转为非农地的规模很小；第二在计划经济条件下政府征用了农民的土地就要改变他的户籍，农转非，提供商品粮，就要给他提供住房，提供工作，都由政府包下了，所以那个时候农民对于国家征地是欢欣鼓舞的。但是现在情况有了非常大的变化，一是城镇化的用地数量急剧扩张；二是市场化条件下对农民的补偿和安置对农民来说利益损失很大。

因此征地制度必须进行改革。这在 2003 年 10 月召开的中国共产党第十六届三中全会上已经明确提出了改革的基本方向，就是三句话：实行世界上最严格的耕地保护制度；保障农民权益，控制征地规模；严格区分公益性用地和经营性用地。

当然要解决这个问题涉及到的矛盾是非常大的，因为它涉及到许多实实在在的利益。为了清理整顿市场，“五一”前国务院发出暂时停止半年审批农地转为非农地的通知后，我在跑过的任何地方听到的都是一片反对声。那么实际情况怎么样呢？据我了解，全国各地建立的土地储备中心现在掌握着 270 万亩的建设用地；在全国所有的房地产商手里，已经批到手的土地还有 40%没有动工。这么大的土地供应量，我想半年不再审批新的土地不会产生什么问题。实际状况是，每批一笔土地政府都能从中得到好处，所以半年不批等于政府半年得不到好处，因此他们是从这个角度反对的，并不是真正地从影响经济发展的角度考虑。

土地之所以会出现这么大的矛盾和问题，我想肯定是我们现有的法律和政策存在不少问题，需要改革、需要完善。但问题是现有政策对很多人来说都置若罔闻，才会造成这么严重的问题。之所以出现这么大的问题，说来说去，现行征地制度的最大弊端就是“我卖你的地我可以赚钱”。于是受苦受难的就是农民。不解决中国的征地问题，无论是对于农业生产能力的保护还是对农民的利益保护，都存在非常大的隐患。

四、农村社会事业发展问题

这个问题之所以重要，因为它影响到农民素质的提高，也影响到下一代农民能不能摆脱贫困。

农村的社会事业发展问题尤其是教育和卫生问题在农村存在着非常突出的矛盾，与城乡之间经济上的差距相比，社会事业发展滞后的矛盾更突出一些。统计资料显示，2002 年中国全社会的教育开支是 5480 亿元，这包括财政开支、学生家长开支，也包括社会各方面的投资和捐赠。根据教育部的统计，这 5480 亿元用在农村的只占 23.1%，76.9%是用在城市。在中国，1.6 亿接受义务教育的孩子中绝大部分是在农村，因此农村分到的教育资源实在太少。即使在 2003 年中央已经明确各级财政新增加的教育、卫生、文化事业经费，必须主要用于农村，但据我了解这个政策其实落实得并不好。因为能够参与教育资源分配的人实际上没有多少人能够代表农村的孩子，大学校长的嗓门显然要大得多。

在农村有病缺钱不敢医治的现象大量存在。2002 年各级财政用于乡镇卫生院的全部财政事业经费接近 60 亿元，只占全国各级财政卫生事业经费开支的 15.5%。农村人口是大数，但是享受到的卫生事业经费却是微乎其微。我曾经当面看到过温家宝总理问卫生部长：你知不知道在农村有多少因病去世的农民能够在医院去世？城市是什么比例？在农村有多少生孩子的妇女可以在医院生产？城市是什么比例？这两个指标没有纳入统计体系，所以谁都说不上来，卫生部长也说不上来。到农村跑一下我们可以看到，真正因病在医院去世的农民寥寥无几。能够到医院去生产的农村妇女实际上比例也是相当低。按我的估计，全国所有的农村妇女不会超过 1/3 能够在乡卫生院生产，大部分都还是在家里。前两天我看到了一个资料，当然它不是完整的统计资料。它提出了两个指标非常让人震惊，它提出在中西部边远地区孕妇和产妇的死亡率是沿海地区的 3.6 倍，婴儿的死亡率是沿海发达地区的 4 倍，有 40%的死者是因为缺钱无法去治疗最后导致去世。这是个非常可悲的现象。一方面在城里有大量的医疗资源在浪费，购置了大量昂贵的设备，医生开出的药单都是让人非常吃惊的天文数字。另一方面，大量的农民缺乏最基本的医疗条件。从这个角度去看，如果不能加快农村的教育卫生事业的发展，那么注定农村现在贫困，将来还会贫困。

五、农民的权益维护问题

在中国，农民之所以弱，非常重要的一条不在于他们的数量有多少，而在于组织化程度太低，凝聚不起来，没有自己的组织和声音，甚至在很多地方缺乏表达诉求的渠道。

其实开始这场改革时，我觉得中国共产党和中央政府就非常清晰地认识到，真正要促进中国农业和农村经济的发展，最基本的条件是保证农民的权益。经历这场改革都讲，十一届三中全会所作的“中共中央关于加快农村发展若干问题的决定”吹响了中国农村改革的号角。三中全会重要在哪里？重要的是三中全会的决定提出了党和政府处理同农民关系的基本准则。26 年来，中央政府在制定有关农村政策的时候时时考虑这个准则。这个准则就是两句话：要调动农民的积极性，必须在经济上保障农民的物质利益，在政治上尊重农民的民主权利。因此，中央政府的政策制度在执行中的后果可能各有不同，但是从初衷来说，都为了保障农民利益，包括经济的、政治的，但实际效果可能没达到。所以我觉得，村民委员会这样的组织能起到什么样的作用确实需要认真考虑，对农民来说，他们更需要能够带领他们发展生产、进入市场、增加收入的组织，而这类组织极其短缺。从去年开始，全国人大常委会已经把建立农民专业合作经济组织列入立法议程，现在正在启动法律的起草工作。

我感觉到农村有大量的问题，梳理起来不知道能列出多少个，但是就我的感觉来说，如果能够把上述这五个突出矛盾比较好地解决，那么其他的问题可能解决起来就会事半功倍。我想正像大家所知道的，这五个问题怎么解决 100 个人至少可以开出 99 张处方来，因此要形成一个有效的政策还有许多磨练的过程。但是我感觉到至少最近一个时期以来，党中央和国务院确实对农业和农村问题是高度重视。我记得去年的 1 月 8 日中央农村工作会议闭幕的时候，胡锦涛主席去作报告，他首次提出要把解决“三农”问题作为全党工作的重中之重。2004 年 3 月 5 日温家宝总理在全国人大二次会议的政府工作报告中又强调要把解决好“三农”问题作为政府全部工作的重中之重。那么问题是各级掌握政策、掌握资源这样的机构和领导人是不是真正能够把解决“三农”问题作为重中之重来解决。如果都能放在重中之重，我想经过一段时间的努力，农村的很多矛盾是可以化解的，就怕嘴上讲“重中之重”实际放在“轻而又轻”的位置，很多矛盾不仅解决不了还会逐渐增加。

“三农”问题的现状、症结和出路

张佐友

一、中国的问题主要是农民问题

工农联盟是法宝，半个多世纪以来，我们在革命和建设中的许多重大问题的解决都依靠了这个法宝。消灭工农差别和城乡差别是我们实现“最终目标”的过程中必须逐步解决的问题。然而，几十年了，这个问题却解决的不太好。现在，已清醒的认识到，“三农”问题到了必须切实解决的时候了。

“三农”问题始终是最重要的问题。古人说：“民以食为天”。马克思说“超越于劳动者个人需要的农业劳动生产率是一切社会的基础。”(《资本论》第3卷第28页)毛泽东说：“手中有粮，心中不慌。”改革开放以来人们又说：“无农不稳，无工不富，无商不活。”近年来对农村有深刻感情的研究人员温铁军说：“没有农民，谁还能生活在天地间?”现代的外国人，尽管在工业社会，甚至已发展到后工业社会，仍然很重视农业，在给产生排序时，把农业划为第一产业或第一次产业。“三农”问题实在太重要了。试想，如果中国的农业人口占全国人口的比例不大幅度降低，中国能实现工业化吗？试想，如果农业不实现现代化，中国能现代化吗？试想九亿农民不富裕起来，能实现全社会的共同富裕吗？试想，如果农民不过上小康生活，这个小康能是全面的吗？试想，农村如果不彻底改变面貌，“三个代表”重要思想能完全落到实处吗？

在过去的若干年里，由于种种主客观原因政府所采取的一些做法，亏待了农民(或农民做出牺牲，对国家做出了贡献，城市的老大哥受益多)。从1952年至1989年，国家通过农业税和工农业产品“剪刀差”从农民手中取得近1万亿元资金，而这期间国家支农资金仅3千亿元。改革开放以来，通过征地的“剪刀差”，又从农民手中拿走了大约2万亿元。由于多年农业生产资料价格偏高，农产品收购价格偏低，农产品是亏本的，因此出现了不少“丰产穷队”、“丰产穷县”，生产的越多，亏损越多，不但难以扩大再生产，连简单再生产都难以为继。

在些特殊的历史年代里，农业、农村和农民还在政治上遭受刮“共产风”、搞“穷过渡”、割“资本主义尾巴”和瞎指挥等政治干扰。取消自留地和家庭副业，甚至把多种经营也作为资本主义尾巴割掉了。农民穷到连买盐买火柴的钱都没有，养只鸡，生几个蛋，也舍不得吃，拿到供销社换盐换火柴，农民把这戏称为“鸡屁股”银行。在割“资本主义尾巴”最猖狂的时候，养只鸡也算走资本主义道路。在这种把商品经济等同于资本主义的情况下，让农业远离市场，农业是绝对不可能正常发展的，农村、农业、农民是摆脱不掉落后的。

不争的事实是，过去的几十年，农民与城市人所享受的待遇是不平等的，农民没有充分享受到国民待遇，甚至都没有充分享受到宪法所规定的公民待遇。从近年情况看，城市人和农民之间的鸿沟仍然很大，各方面的差距还不小，且有进一步扩大的趋势，伤害农民，侵犯农民利益的事不断发生，屡禁不止，农民苦不堪言。主要表现在以下几个方面：

1. 城乡壁垒森严

由户籍制度而形成的“分业定居”，是农民与城市人在许多方面不平等的主要根源之一。在中国历史上，春秋时期的管仲首次提出士(军士)、农、工、商“分业定居”的主张，他认为这样可以“相语以事，相示以巧”，并实现“士之子恒为士”，“农之子恒为农”，“工之子恒为工”，“商子之恒为商”的目的。应该说，当时管仲是从分工可以提高劳动生产率出发的，有一定的积极意义。2700多年以后的今天，在一个社会主义国家里，依然存在着“农之子恒为农”，“工之子恒为工”的现象，就没有任何积极意义，也实在太不公平了。农民之子不是不可能改变“恒为农”的命运，但是太难了。原来有两条，一条是上大学，一条是参军。上大学有可能分配在城市里工作，参军如果提了干有可能不再返乡。太难了，幸运者是极少数。现在，又有了一条，进城务工，当“农民工”，在“工”前边还加上了“农民”这个限制词，这个称谓本身就表现了与城市工人的差别，仍然有许多不平等，甚至歧视。

2. 城乡收入的差距继续扩大

农民为工业化、城市化做出了极大贡献，但是农民并没有分享到工业化和城市化的成果。城市居民收入增长快，农民收入增长慢。从1997年到2003年，农民收入平均每年增长4%左右，只相当城镇居民收入增长速度的一半。1997年城乡居民收入差距是2.47:1，2003年扩大为3.24:1。联合国人口基金会的资料显示，2002年底世界贫困人口总量1.5亿人，中国占其中的1/5，绝大部分在农村。

3. 城乡消费差距仍然很大

农民占全国人口的2/3，但消费仅占1/3。2002年，农民人均消费支出水平是城市居民的1/3，消费差距比80年代扩大了40%以上。现在，全国有83%的村没有电话，尽管95%的村通了电，但电费比城市贵得多。一般是城镇的2倍。全国还有10%的县没有公共图书馆，67.9%的村没有文化站。

4. 农负率过高

国务院明文规定，农负率不能超过全年纯收入的5%，但实际上农负率高达30%、40%的现象是极普遍的。2000年3月2日湖北省监利县棋盘乡党委书记李昌平在致朱镕基总理的信中讲到他们那里农民的负担如泰山。他说：“我们这儿的田亩负担在200元/亩。另外还有人头负担100—400元/人不等。一家5口人种地8亩，全年负担2500—3000元。亩产1000斤谷子(0.4元/斤)，仅仅只能保本，80%的农民亏本。农民不论种不种田都必须缴纳人头费、宅基费、自留地费，丧失劳动力的80岁的老爷爷奶奶和刚刚出生的婴儿也一视同仁交几百元的人头负担。……我经常碰到老人拉着我的手痛哭流泪盼早死和小孩跪在我面前要上学的悲伤场面。”

5. 农民的“命根子”变成了商人的“摇钱树”

一些地方政府，打着“经营城市”的旗号，刮起了一股“卖地风”。据说在一次研讨会上，一位地方领导公然说：经营城市，说穿了就是两个字：卖地。搞发展，搞城市化，城市搞经营，当然要占一些地。但一些城市违规占地圈地，未批先占，少批多占，越权批地、擅自改变用途的情况常见，大大突破规划指标，有的城市寅吃卯粮，2010年的指标在2001年就用完了。这些土地，当然有一部分用得正当，但相当大的一部分成了开发商的“摇钱树”，或流入地方政府的腰包，甚至是鼓了一些腐败分子的私囊。开发商应获得正当利益，地方政府的经费也应补充。但不能只照顾一头，必须两头兼顾，不能忘记农民这一头。土地是农民的命根子，据了解我国目前因征地而丢掉命根子的农民已超过2000万人。而且还在不断增加，目前我国非农业占用耕地每年达到300万亩左右，这就意味着每年还要增加二三百万失去土地的农业人口。命根子丢掉之后怎么办？国家是有保命的、合理安置的政策规定的。但一些地方政府胆大妄为，根本不按政策办事。根据报载，湖北襄荆高速公路荆州段征地，给农民的安置补助费是每亩500元，仅为国家规定的最低标准4800元的10.4%；浙江上虞市2000年土地出让收入为2.19亿元，可付给农民的征地补偿费仅仅是591万元，占2.7%。某省抽样调查表明，在被调查的455户“失地农民”中，被安排就业的只占总人数的1.1%，参加养老保险和医疗保险的也分别只有6.2%和8.1%。这部分人群的现状是：打工没人要，经营无门路，办厂缺本钱，就业难度大。守着那点微薄征地补偿费，坐吃山空。2003年，中央电视台《焦点访谈》栏目以”关注农民利益”为大标题，连续做了六期有关侵害农民利益的节目，看了之后，真是触目惊心啊！

6.“形象工程”猛于虎

在刮“卖地风”的同时，还刮着一股“形象工程”风，这股风同样是坑农、害农的罪恶之风。任何一位领导人，在任期内都必须有政绩，否则要你干什么？但政绩必须是执政为民的，干什么事情心里都必须揣着老百姓。政绩必须是实实在在的，对国家有利，让老百姓从中受益的，不能是虚假的，不能是花架子。中央电视台《焦点访谈》在一期节目中，以“好看的工程给谁看”为题把山东省安丘市兴安街道办事处搞虚假“形象工程”，干部升了官，百姓遭了秧的丑事暴了光。该办事处用国家支农款与农民配套的资金，在农田地头盖了30间“水井房”，房子盖的好看，说是给农田搞喷灌，但在30间“水井房”中，只有5间有机井，其余25间没有打井，没装机器，没有机井如何喷灌？此“工程”据说还已经过有关部门检查验收。这样的怪事为什么屡屡出现呢？原因很简单，那就是“形象工程”与“政绩”连在一起，有了“政绩”仕途才宽广畅通。因此，老百姓说，“形象”是起点，“升官”是目的，为官一任三五载，哪顾发展可持续？

7. 受教育权利不平等

人类社会发展到今天，对一个人来说，受教育与否，受教育多少，所受教育的优劣，是至关重要的。一个人受教育机会的丧失是仅次于丧失生命的最悲惨之事。因此，他有可能永远生活在愚昧和贫困之中。据国家统计局的统计和教育部的研究报告显示，无论是从入学机会还是从获得的教育资源看，近10年来，我国教育机会不均的问题十分严重，并且有扩大的趋势。差距主要表现在城乡之间。目前，农村普通小学教育经费占全国的比重为56.77％，而农村小学适龄人口占全国的比重为70.68％；农村初级中学教育经费占全国的比重为49.87％。农村初中适龄人口占全国的比重为66.13％。这两个差距，使得农村的教学条件落后于城市，入学率也低于城市。此外，在教育经费负担方面也存在不平等，如《教育法》规定，农民要负担教育费附加，而城镇居民大多没有这个责任；对义务教育学校的基建支出，《教育法》也规定，城镇由政府负担，农村则要求由乡村负责，部分通过向农民集资解决。我国宪法规定，每个公民都享受有平等的受教育机会，尤其是国家规定的义务教育更应该平等。但，至今，我国城乡之间受教育的权利仍然是不平等的。这是造成城乡之间其它不平等问题的重要根源之一。

8. 卫生资源分配不公

第五次全国人口普查的数据显示，我国城乡人口比例大约为36％和64％，而城乡公共卫生资源所占的比例，恰好倒过来了，城市占60％以上，而农村则不到40％。从全国卫生总费用测算的结果看，1993年农村费用占全国卫生总费用的34.9％，1998年为24.9％，5年下降下10个百分点。1998年，国家投入的卫生费用为587.2亿元，用于农村的仅92.5亿元，只占政府投入的15.9％。这次抗击非典的斗争，给我们敲响了警钟，农村卫生工作存在问题很多，直接关系到9亿农民的健康、农村的稳定和农业的繁荣，关系到全面建设小康社会的目标的实现。必须认真地加以解决。

9. 工业上去了，企业赚钱了，粮食减收了，农民病倒了

由于企业缺乏诚信，没有社会责任感，鼠目寸光，以牺牲环境为代价，过分追求利润最大化，赚昧心钱；还由于一些地方政府，当官不为民做主，嘴上说的好听，实际上是不作为，对污染问题，睁一只眼闭一只眼，采取放纵的态度，具有严重的地方保护主义倾向。致使工业企业，无论是大型企业，还是“十五小”企业的违法排污，超标排污屡禁不止。企业虽然获得一些利润，却破坏了农业，坑害了农民百姓。这样的案例太普遍了，俯拾皆是。问题十分严重，往往还受不到惩罚。报载，宁夏永宁县通桥乡东升村三、四两队的3千多亩水稻，因浇灌了沟里的水，稻苗腐烂死掉，彻底绝收了。经自治区环保部门调查，水沟沿岸的造纸厂、制药厂、味精厂常常有偷排、超排的现象，污染了水沟，对水稻生长不利，发芽率低，成活率低，情况属实。农民上访到县城，某部门的负责人竟然说：县里的四大企业很重要，他们一年上缴的税收比你们3000亩水稻的钱多得多，现在搞工业化就要保企业。这是什么话！讲的是那家子道理！保工业，难道就应该毁农业吗？

10. 假冒伪劣农资坑农

农民是一个弱势群体，农业是一个经不起风吹雨打的脆弱产业，农村是一个信息不畅比较闭塞的地方。一些不法工商业者都想从农民那里获得不义之收入，农民又很容易上当受骗，用假冒伪劣农资坑害农民的事件年年打击，还是年年有。仅2002年上半年，全国各级工商行政管理机关进行的一次专项整治，就查处了制售假冒伪劣农资案件7658件，捣毁制假窝点595个，查获假冒伪劣化肥1492万公斤，农药104万公斤，和假冒伪劣农用机械及配件13710件。

已经离开农村和农业，进城打工的“农民工”，其处境又如何呢？有一句话说得很贴切，即：城市只接受了他们的劳动，却还没有接受他们的身份。他们的劳动已成为城市和城市发展所不可或缺的了，或者说通过劳动他们已融入城市。如不健忘，当会记得2002年春节，当大批农民工返乡过节的时候，许多家庭的孩子没人带了，老人没人服侍了，奶业公司的牛奶送不到户了。近些年城市发展的很快，一年变一个样，大楼越来越多，马路越修越长，绿化面积越来越大，服务性产业发展的越来越方便，谁在为这些付出辛勤的劳动？是农民工，这不会有任何异议。他们为城市做出了突出的贡献，但城市却没给他们以等价的、应有的回报，甚至还刁难他们，歧视他们。他们的人格不能受到应有的尊重。广东省一份调查显示，有65.5％农民工从事着苦、累、险的工作，劳动条件恶劣，工伤事故频繁发生；80.5%的农民工每天工作长达10小时～14小时，47.2%的农民工没有休息日：有超过50%的人月工资只有400元～800元；64.4%的民工所在单位拖欠或克扣工资。2003年，据30个省市自治区汇总，就曾拖欠农民工工资160多亿元。他们常常受到侮辱，被视为“盲流”、“下等人”。常常是没有任何正常理由就被收容被遣返，没有一点安全感。有一位曾被遣返过4次的农民工诉说：“每当全国人民喜庆的日子，就是我们最害怕的日子，白天不敢出门，晚上不敢开灯，我们在辛苦地建设北京城，北京城却没有我们容身之地。”某年，春节将临，某小区竟然贴出了“当前农民工回流，谨防家中被盗”的告示。还有一件让农民工最苦恼的事，是子女入学难。入普通学校，“借读”收费太高，农民工交不起。专为打工子弟的民办学校，收费低，但有关部门给这些学校定的门槛又太高，很难办，甚至受到排斥。目前有2000万随农民工父母进入城市的儿童，他们的失学率高达9.3%。

近年来，在坚持以邓小平理论和“三个代表”重要思想为指导，深入贯彻党的十六大和十六届三中全会、四中全会精神，树立、落实立党为公、执政为民和以人为本、全面协调可持续的科学发展观的过程中，党和国家心系农业、农村、农民，坚定不移地执行惠农政策，坚持城乡统筹发展方略，坚持“多予少取放活”方针，在政策向“三农”倾斜，实行“两减免三补贴”政策，上述这些问题，正在得到解决，成效十分显著，仅2004年一年，农村贫困人口就减少了300万。2004年，我国粮食总产量比上年增长了88亿公斤，是建国以来增长最多的一年；农民人均纯收入比上年增加314元，是1997年以来增幅最高的一年。但是，由于问题是多年积累起来的，彻底解决，尚需时日，仍须不懈努力。

二、农民问题主要是土地问题

1. 必须让绝大数农民离开土地

在农业社会的时候，农业，特别是种植业是主导产业、基础产业，农民是主要劳动者，生产力发展处于手工劳动生产力阶段，主要是农业手工劳动生力。由于土地占有的不合理，劳动与土地占有权相分离，阻碍了生产力的发展，并且影响社会的稳定。因此，那时的先进思想和开明政策是“均田地”、“耕者有其田”，是通过土地革命使“土地还家”，让农民获得土地，让农民与土地相结合，即改变劳动者与生产资料相分离的状态，使劳动者与生产资料结合起来，提高劳动者的积极性，从而解放和发展了农业生产力。

从农业社会向工业社会过渡，进行工业化的过程中，情况发生了变化，不能再把农民捆绑在土地上了，必须让绝大多数农民离开土地，而且必须割断与土地的联系，彻底离开，“离土不离乡”不成，“务工兼务农”也不成。因为，分散的、狭小的、落后的、以手工劳动为主的、与市场联系很少商品率很低的农业，与社会化大生产的、开放的、市场化的、以机械生产力为主的现代工业是不匹配的、不协调的。落后的农业阻碍着工业的发展。

英国工业化初期，曾经用野蛮残酷的手段、用血腥立法，强迫农民离开土地，变成产业工人，变成市民。美国工业化的过程中，因为当地没有足够的供转化的农民，而大量使用了从非洲大陆贩卖去的黑奴。

我们过去，对工业化的理解不够准确和全面，曾认为工业产值在工农业产值中所占比重达到70%以上，就算工业化了。后来才认识到，工业化的过程同时还是农民转化为工人的过程，只有工人在人口中占绝大数才算实现工业化，才从农业国变为工业国。现在，进一步认识到，后工业社会，占比重最大的还不是工业，而是第三产业、第四产业。因此，我们所面临的任务还不仅仅是把农民转化成工人，而是要把农民转化为市民。

我国自改革开放以来，这个转化过程正在逐步加快，9.3亿农民已有9900万成为农民工，约占全部农民的1/10，约占全部农村劳动4.85亿的1/5。当然，他们还没有彻底转化，还与农村、土地有着千丝万缕的联系。他们多数人的亲属还留在农村，农忙时还要返乡去种他承包的土地，以解决留乡亲属的口粮问题。但是，随着这种转化的进程，无论城市还是农村都发生了变化，城市发展了，毋庸赘述，农村也有变化，这些农民工每年的务工收入达3000亿元，已占农民人均年收入的43%。已脱贫的农村，主要是靠外出打工而富起来了。现在，外出打工农民只占农村劳动的1/5，如果增加到4/5，并且举家进城，与土地彻底脱离，中国城乡面貌就会发生天翻地覆的变化。

绝大多数农民离开农村与土地彻底相分离，至少可产生三个方面的效应：一是，转移出来的农民由原来的农产品生产者变为农产品消费者，可极大地改变农产品供需状况，农产品的价格会有年提高，留在农村的农民的收入可以增加；二是，绝大多数农民转移出来之后，留在农村的农民人均占有耕地面积大大增加，有条件改变经营方式，由小生产转变为大农业，改变产品结构，提高产品质量，增加产品产量，从而可以大大增加收入；三是，可以为城市第二、第三、第四产业的发展增添劳动，他们既是财富的创造者，又是各类物质产品精神产品的消费者，从而拉动内需，促进整个国民经济的发展。

农民转化为市民，是符合经济社会发展规律的一个大趋势，是不可阻挡的一股大潮流，无须鼓励，只要不加限制，适当引导，让它有序地进行，即可。

2. 必须保护好土地

在无土栽培尚未普及，生物工程还没达到“亩产万斤”，航天技术还不能把多余的地球人向其它星球大量转移的时候，土地始终是最重要的农业资源。而且这种资源呈减少的趋势。有一组众所周知的数字，中国用占世界7%耕地，养活了占世界22%的人口。这确确实实是一件了不起的事，是世界历史上的一个奇迹。然而，那是若干年前的事，值得注意的是，这些年，人口还在增加，耕地在大量减少。人们说，要想富先修路，修路占了很多地，绝大多数是合理的。要想现代化必须搞开发区，搞开发区占了很多地，但其中有些是不合理也不合法的，滥占了很多地。生命在于运动，运动必须有场地，也占了一些地，其中多数是合理的，但有些地方不顾国情滥搞高尔夫球场，也滥占了很多地。2003年底国土资源公开调查处理的山东齐河高尔夫球场占地竟然达到1.2万亩，使大量农民丧失土地，南京市已有4个高尔夫球场，在建的还有5个，这5个占地23900亩。开展体育运动也不能忘记中国地少人多的国情，为何称乒乓球为国球？不仅是因为我国乒乓球世界冠军多，还因为非常普及。为什么能够普及？是不是因为乒乓球运动占地少？我国足球老上不去，有人说因为普及不够，为什么普及不够，可能与场地少有直接关系。我国的足球场与巴西相比，少得太多。地少人多的国情决定了，我们不可能搞巴西那么多足球场。安居才能乐业，为了解决安居问题，农村盖房子，城市发展房地产业，有的占地是绝对必需的，但滥占的情况也常见。还有，用了两千多年的汉瓦少见了，可泰砖至今还是盖房的主角，烧砖地用了大量好土好地。

除滥占外，耕地退化、土壤流失、土地沙漠化的危胁、也日益严重。我国水土流失面积已占国土面积的37.4%，损失的肥力折合成化肥，竟然是全国年化肥年产量的一倍以上。全国已有17.6%的土地沙化，168.9万平方公里沙化土地中有116万平方公里是目前技术和财力条件难以治理的。旧的难治好，新的还在不断地增加，目前有90多万平方公里的土地处于明显沙化过程；一条西起塔里木盆地，东至松嫩平原西部，东西长约4500公里，南北宽约600公里的风沙地带已经形成；近50年来我国土地沙漠化累积有三个海南省那么大，每年土地沙化造成的直接经济损失达500多亿元。有的专家指出，在自然力的作用下，在地球上形成1厘米厚的土壤需要100万年～400万年，而现在我国每年平均土壤流失的数量恰好相当于从耕地上剥去1厘米的肥土层。

这些触目惊心的数字，让我们深深感到党和国家近年来所采取的一系列保护土地的措施，是非常正确的、及时的。但这些法规和政策，必须不折不扣的兑现。万万不可为了狭隘的局部和眼前利益而再搞“上有政策，下有对策”，各级地方政府和官员的行为必须对全国人民，对子孙后代负责。

3. 必须合理利用土地

土地既稀缺，又在逐年减少，因此如何合理地、充分地利用必然是十分重要的问题。合理利用土地，一靠政策，主要是政府的支持，特别是资金方面的支持，世界各国无不如此，各个国家都把农业作为保护的对象，都大力投入资金以支持农业的发展。二靠科学，要搞节水农业，高效农业，生态农业，生产绿色产品，逐步淘汰石油农业。在依靠科学中应包括生产力科学。靠生产力科学调整产业结构，调整规模结构，实现农业生产力的综合优化。如何调整农业产业结构的必要性和途径，谈论的已很多，这里不必赘述。从现在起，应开始注意农业的规模结构。当年，在农村实行以家庭为单位的联产承包责任制时，调整了利益关系，调动了生产者的积极性，解放了生产力，解决了全国的吃饭问题，这是一个伟大的创举，必须充分肯定。然而，这一举措却丢掉了规模效益。分包土地时，农民的本能要求是“均田”，由于家庭人口和劳动力数量不同，土地肥瘦和远近的差距很大，不能有的户只包好土地，有的户只包坏地，为了实现公平不致使户口所承包的土地肥瘦不均，而把土地分割成七零八碎的小块，那时，全国农民户均9.2亩，平均每户9块，南方各省和华北平原户均耕地只有四五亩，也分为八九块。土地这样零碎，这样交错，怎样使用大农具？怎样机械化？怎样建设和使用农田水利工程？由于从生产关系方面调整了利益关系，农民的积极性提高了，解放了生产力，与此同时，由于土地被分割，又影响了土地的合理利用，从机械化、半机械化生产力又倒退到手工劳动生产力。在巴掌大的小块土地上无论种什么优良品种，无论单产多么高，也难能让农民脱贫致富。根本办法是通过适当的途径实现土地相对集中，实行适度规模经营。

家庭联产承包责任制是一个创举。扩大规模以后，以家庭为单位仍应是主要形式，这符合中国的文化背景，符合中国的国情。家庭是人类的祖先为了生存和繁衍而进行的一个伟大创造。家庭是社会的细胞，人类社会是由千千万万个家庭组成的。早期，人自身的生产和物质生产都是以家庭为单位进行的。随着社会生产力的发展，在分工的过程中，社会分工代替了自然分工，物质生产才从家庭逐步分离出来。在我国，这一分离过程，由于种种原因，比较缓慢，以家庭为单位进行生产，在广大农村，至今仍是主要形式。当它还有一定生命力时，是不会退出历史舞台的。以家庭或家族为单位的企业形式，现在看来，仍有以下几方面的优势：(1)与原来的乡镇企业相比，它的产权比较清晰；(2)与其它形式相比，由于利益一致，凝聚力和向心力较强，如俗话所说，"家和万事兴"，(3)与其它形式相比，由于亲情关系，激励力和战斗力也较强，如俗话所说，"打虎亲兄弟，上阵父子兵"；(4)由于同一祖宗、同一家庭，人际关系比较简单，这种"血浓于水"的关系，行动容易一致，内耗比较少。许多著名大企业，最初都曾是家族式企业，比如美国的福特汽车公司就是这样的企业，1903 年开始建立，虽然到老福特的孙子小福特由于竞争的需要对企业进行了现代公司制的改造，但至今仍保留着浓厚的家庭色彩。著名的华人企业家，如包玉刚、李嘉诚等所创办的企业也都是家族式企业。

农业经营规模化是普遍规律，也是我国农业改革与发展的必要之路。但是，由于我国耕地少，农业人口多，农业经营规模化应遵循的基本原则是：(1)从实际出发，循序渐进的原则；(2)优化组合规模适度原则；(3)尊重农民意愿和适时推进原则；4)经济效益、社会效益、生态效益相一致的原则。

三、把教育放在首位是从根本上解决"三农"问题的关键

今日之中国与经济发达国家之间的差距，主要在农业、农村和农民。而中国农民与市民之间的差距，又主要在受教育的程度。

大陆外的资本大量涌入大陆的动力主要有二：一是劳动成本低，工资成本目前为一些工业化国家的 1/50～1/30，工资成本所以低是因为工资低的农民工是一般企业里劳动者的主体；二是中国的市场大，特别是有一个尚未充分开发潜力十分巨大的农村市场。劳动力价格与市场规模是相关的，我国农村的购买力现在还不太大，因为农民劳动力价格太低，农民劳动力价格是不会长久低下去的，农村这个潜在的市场必然会随着农民劳动力价格的提高而不断扩大，从潜在的市场变为现实的大得无比的市场。

劳动力商品的价格除受供求关系影响外，决定劳动力商品价格的最重要因素是劳动者受教育的程度。我国农民劳动力价格低廉主要是因受教育程度和职业训练的水平低。目前，在农业户口的劳动力中受过专业技能训练的仅占 9.1%。我国人均受教育年限已达 8 年，但仍存在 8500 万文盲半文盲，其中 3/4 在农村。这就决定了，要解决"三农"问题，也就是从根本上解决中国的发展问题，必须花大力气提高农民的受教育水平。人们常说，要想富先修路，要想大富修铁路。这话当然有道理，但还没有说到根本上。其实，在知识经济初见端倪，迈向信息社会的今天，教育才是财富的最重要的源泉。我们可以这样认为，要想富必须办教育，要想先富必须先办教育，要想大富必须大办教育。大量的农村劳动力，无论是继续留在农村还是转移出来，都必须提高受教育程度，都必须进行职业技能培训。

现在城市里劳动力供求矛盾十分尖锐，主要表现为结构不平衡，多余与短缺并存。能从事简单劳动的工人多余，能从高复杂劳动的工人短缺。因此，与其说是缺少工作岗位，不如说是缺少能胜任工作的较高素质的工人。比如，现在就非常缺少技术工人，特别是高级技工。2002 年国家有关部门公布的数据表明，我国工人队伍中，技工仅占 23%，而发达国家却高达 75%左右，在发达国家中，高级技工占 35%，中级技工占 50%，初级技工占 15%，而我国上述三项数字却分别为 5%、35%、60%，比例严重失调。而且缺乏来源，后继无人。企业里技术工人的平均年龄高达 40 岁，50 岁的老技工还在挑大梁。由于一线工人技术水平低，直接影响着产品质量，使"中国制造"的商品，在国际市场上卖不到好价格。2002 年的统计表明，我国企业产品平均合格率只有 70%，不良产品造成的损失近 2000 亿元。有的企业老总感叹地说："招一个技工比招硕士研究生还难。"

由于我国技工严重短缺，甚至一些外国退休的技工都有意到中国来发挥“余热，”我国的一些老总地考虑用重金来礼聘他们。

我国的技工为什么这么短缺呢？过去，企业的技工有三个来源。一是以师傅带徒弟的形式由企业培养的；二是企业的技工学校培养的；三是职业高中和中专培养的。现在，第一个来源由于某些原因不存在了。第二来源，由于在改革中一些企业为了减轻负担，改变企业办社会的状况，不分青红皂白，把对企业十分有用的技工学校一块砍掉，这个来源也不存在了。第三个来源，由于受不正确的择业的影响，城市的孩子不愿报考职高和中专，因生源不足而是日益缩减的趋势。

看来，有条件的企业应把技工学校恢复起来，也应为城市的职高和中专开辟生源。出路何在？必须另辟蹊径（其实是大道），那就是让企业技工学校和城市职高和中专的招生面向广大农村。企业的技工学校可采取刘少奇提倡过的半工半读的形式，学生一面从主力所能及的劳动，一面学习。这样既可以节省企业办学的经费，也可以减轻学生家长的负担。城市的职高和中专，为了吸收农村生源，可将走读改为寄，住宿费和学费由国家负担，从与农经费中开支，或采取高校实行的那种助学贷款的方式。为了进一步减轻学生家长的负担，可尽量开辟勤工俭学的门路。

此外，农村的普通中学也应改革。我国的教育改革比较缓慢，至今尚未摆脱以应试为目的金字塔型教育结构。小学的规模最大，初中次之，高中再次之，高校居塔尖。小学为升初中打基础，初中为升高中打基础，高中为升大学打基础。不管怎样强调素质教育，这种横式基本未变。由于小学和初中属义务教育，还比较普及，而农村的初中毕业生入高中的比例则比较小，高中毕业入大学的则更少，有如凤毛麟角。中学的课程是为升学做准备的，所学全为文化课，毕业时只具备了一些文化基础，却不掌握任何就业所需要的劳动技能。正因为如此，“读书无用论”又在广大农村产生影响。建议农村中学的学制改为“3＋1”的学制，即初中毕业未升入高中，也未升入职高和中专，高中毕业未升入大学者，再学一年农艺、园艺、林艺、或畜牧、经济等类课程，让学生获得在农村就业的初步技能。

适应成年劳动者的需要，应尽快通过政府的扶植把过去普遍存在的农民夜校恢复和发展起来，利用晚上和农闲时期让农民学文化，学政治，学技能。

以上都是传统的，引之有效的办法和措施，一段时间丢掉了，现在重新拾起来，又不是简单地恢复，而是要与时俱进，加以创新。办教育还必须追赶时代潮流，必须创造条件使各种形式的远程教育、网络教育伸入广大农村。这是一种投资相对少，见效最快也最大的教育形式。

大办教育所需条件有二。一是资金，这确实是现实问题。但不是没有办法，国家也决定新增教育经费主要用于农村，再考，可把搞“形象工程”那些钱用来办教育，把教育办好，才是真正的、国家和人民所需要所认可的形象工程。二是师资问题，近几年高校毕业生总有一些不能当年就业，可以号召和鼓动他们到农村去任教，高校毕业生是爱国的，只要党团组织一号召，他们就会积极响应，肯定会涌现出大批优秀的“乡村女教师”、“乡村男教师”。

相信，只要高度重视，花大力气办好教育，尤其是与“三农”问题息息相关的教育，随着农民素质的普遍提高，不断提高，“三农”问题，诸如农业人口转移、土地保护、土地合理利用、增加农民收入，缩小直至消除城乡差别和工农差别的问题就会逐步地、真正切实地得到解决。

从美日银行破产分析看我国银行业的风险防范

巫云仙　李震亚　龚秀敏　韩莉

一、前　言

金融业与一国的经济增长密切相关，而银行业又是一国金融业的核心组成部分，因此商业银行经营管理的成功与否是一国经济发展的决定因素。如果一国的银行业出现危机，则会对该国的经济增长和社会稳定产生巨大的负面影响。一些发展中国家和转型国家在这方面的经验，已经为我们提供了现成的例证。由于这些国家在金融领域缺乏有力的监管和约束机制，没有严格实行商业银行贷款抵押和严格的约束措施，信贷市场中的逆向选择和道德风险问题就无法避免。即使具备良好的监管和约束机制，但是由于这些国家的司法制度不够完善，也就难以让这些机制发挥应有的作用。

在我们现实的经济生活中，商业银行的影响无处不在。人们对它们的经营状况和经营管理给予了高度的重视，各级政府官员、众多的学者以及所有关心商业银行的各界人士，在研究和关注商业银行的资产、负债和资本管理，越来越多的人对银行如何在利率风险、信贷风险和表外业务风险管理等方面进行研究，关于银行的监管制度和立法，监管方面的国际合作等问题，则是研究的重点课题之一。特别是1997年亚洲金融危机以后，由于金融全球化和自由化的步伐越来越快，以及由此所产生的一系列影响，使不少人在关注银行破产倒闭的问题。

我国银行业的发展起步较晚，在改革开放以前，规范的商业银行几乎没有。20世纪90年代以后，才逐步形成以国有商业银行为主体，众多股份制商业以及外资银行机构并存的局面。虽然银行业已经为国民经济的发展和改革开放发挥了重要的作用，但是，在当今更为开放的环境下，银行业所要面临的市场竞争环境要比以前更为复杂了。我国已经出现了个别银行失败的案例，如海南发展银行。在这样的情况下，如何发挥银行业在我国国民经济发展以及全面建设小康社会中的积极作用，应该是我们迫切要考虑的问题，而这些问题需要放在一个更大的范围内进行研究才能看得透彻。

国际货币基金组织在1998年发表的《世界经济展望》中曾指出，金融危机大致可以分为四种类型，即：货币危机、债务危机、银行危机、系统性危机（指货币危机、银行业危机、股市崩溃及债务危机同时或相继发生的一种危机）。其中，银行业风险是影响金融系统性风险的关键因素。

我国正处于由计划经济体制向市场经济体制的转轨过程中，银行风险在不断积累。有关专家指出，从我国金融系统各个子系统的风险状况来看，证券业风险暴露高峰已经过去，保险业风险暴露高峰尚未到来，银行业风险暴露高峰正在到来。因为在2004－2006年间，较好的中国银行和建设银行已整体上市完毕，改制上市效果将逐步体现，而其余两家国有银行也在加速上市的准备进程中，国有银行体制处于最不确定的状态，而利率市场化和银行准入也将在这一段时间实现和落实。所以，银行业风险在我国当前的金融风险中占有举足轻重的地位。

因此，无论是从世界范围来看，还是从中国的具体情况来看，研究银行风险、危机与破产这一课题具有重大的理论意义和现实意义。

美国和日本的银行业代表着发达国家不同的商业银行发展模式。美国自1933年以后走的是一条严格管制然后逐步放松管制的发展轨迹，而日本的银行却是与政府与企业有着密切的联系。这两个国家的银行业在为经济发展提供金融支持的同时，也都不同程度地经历了破产和危机的命运。不少大中银行倒闭破产，对政府的监管机构形成了一个沉重的负担，没有能够发挥对经济发展的积极作用。因此，我们以美国和日本破产倒闭的商业银行为例，特别是20世纪80和90年代这两个国家的银行破产事例，进行重点分析和论述。通过对这两个国家银行危机和破产的研究，以揭示银行危机和破产的原因，总结商业银行破产倒闭的经验教训，探讨处理银行危机的方法及其对我国银行业发展的启示。

(一)银行业与国民经济的发展

1. 银行业的健康运行对国民经济发展的积极作用

从宏观经济的层面来说，商业银行拥有大量的流动性资金，同时它又具有存款创造的功能，因此，商业银行是中央银行实施货币政策的主要参与者。中央银行可以通过改变商业银行的存款准备金率以及公开市场操作，控制企业的信贷规模，以达到间接地调整一国货币供应总量和总体经济活动水平的目的。

银行业是一国或地区金融业的主要组成部分，是企业外部资金的主要来源，在美国企业的贷款中，70年代以前，有60%以上是商业银行贷款，到2001年时，这一比例达到79%，人们通过银行获得的资金是通过发行股票获得资金的25倍。银行业在发展中国家的重要性，更甚于工业化国家。因此，包括商业银行在内的银行业，在国民经济和金融活动中，扮演着非常重要的角色。

商业银行是金融中介组织的重要组成部分。它之所以在金融市场中发挥重要作用，是因为它们在信息发布活动中具有优势地位，从而促进了生产性投资以及经济的发展。作为一种金融中介机构，它能够降低交易费用，使中小储蓄和借贷者在现有的金融市场中获益。银行是通过自身的规模经济和拥有的专门金融人才，以降低交易费用的。商业银行比直接金融市场更具有解决信息不对称问题的优势，从而尽量避免金融领域中的逆向选择和道德风险问题，促进社会资金从盈余者手中，流向资金短缺者手中。

这就是银行业对经济和金融活动的运行，是如此重要和不可或缺的重要原因所在。

2. 银行业出现经营风险和问题贷款对国民经济发展的影响

作为金融中介组织的银行业在国民经济发展中的重要性，已经成为一个常识性的问题。但是如何发挥银行业的作用，各国却有不同的运作模式。银行业是联结国民经济的中枢组织，它们的资产和负债业务与政府和企业都有着千丝万缕的联系。银行业又是经营风险的企业，在不同的经营环境下，又会面临着各种不同的风险，如果它们本身不能防范和管理风险，就会面临破产的命运。

导致银行业危机的因素通常主要有：利率持续上涨、不确定性因素不断增加、银行的资产质量对银行资产负债表的影响、以及银行业本身的问题。如果银行的资产负债表出现问题，它们的资本就会减少，能提供贷款的资金也会减少，因此会减少贷款，从而减少投资，影响到经济的发展。如果银行内部的经营管理出现严重的问题，势必会使银行面临破产倒闭的危险，一旦倒闭就会产生传染效应，引起许多有关联的银行破产，最后导致银行业的恐慌。

在美国银行发展的历史上，由于银行危机而引发的金融业恐慌，曾多次发生在1819年、1837年、1857年、1884年、1893年和1907年，以及1930—1933年由经济大萧条而引起的银行业的破产倒闭风潮，这一次次的经济和银行业危机给人们留下了深刻的印象，也留下了许多解决危机的制度、办法、经验以及各种问题。

在20世纪，发展中国家最大的两次金融危机是1994年的墨西哥金融危机，以及1997—1998年的亚洲金融危机。

银行业的破产和危机，给政府的监管机构、储户和企业都带来了不可估量的损失。如1995年俄国发生银行业的恐慌时，银行同业之间的借贷以及银行的正常作用已经处于停滞的状态，迫使政府干预。到1998年7月时，整个银行体系处于全面破产的边缘，俄国政府不得不宣布延期支付外国政府债券，11月时，全俄国的1500家商业银行有一半破产倒闭，为了对破产银行进行救助，政府支出了150亿美元的成本。东南亚国家也是如此，为了应付金融危机，泰国、马来西亚、印尼和韩国支付了相当于20%以上的国内生产总值，救助和处理银行的破产事宜。表1列举了一些国家政府在救助破产银行所花费的成本，占国民生产总值的比例，代价是巨大的。

从这些过去发生的银行破产事例中，我们可以清楚地看到，一旦发生银行业的危机“传染”，政府和人民都要为此付出沉重的代价，在一定程度上会危及到国家经济与金融的安全，因此，健康和良好运行的银行企业是国民经济发展的关键所在。

表 1 一些国家政府为救援破产银行的费用成本占国内生产总值的比重

时间	国家	救援破产银行费用成本占 GDP 的百分比(%)
1980—1982	阿根廷	55%
1997—	印尼	50%～55%
1981—1983	智利	41%
1997—	泰国	33%
1997—	韩国	27%
1997—	马来西亚	21%
1994—	委内瑞拉	20%
1995	墨西哥	$20\%^{+\%}$
1990	日本	$12\%^{+\%}$
1989—	捷克	$12\%^{+\%}$
1991—1994	芬兰	11%
1991—1995	匈牙利	10%
1994—1995	巴西	5%～10%
1987—1993	挪威	8%
1998	俄国	5%～7%
1991—1994	瑞典	4%
1984—1991	美国	3%

资料来源：Frederic S. Mishkin, The Economics of Money, Banking, and Financial Markets, Addison—Wesley Publishing Company, Inc., 2002, 307。

以商业银行为主体的金融业是国民经济的重要组成部分，对国民经济的发展水平和增长程度起到了关键性的作用。一般来说，金融业比较发达的国家，都会有较高的经济发展水平。相反，金融业不发达的国家，经济发展和经济增长的程度明显不如前者。要想取得经济的快速和稳定发展，金融业的健康运行是一个重要的条件。

(二)关于美国和日本商业银行破产研究综述

1. 关于美国银行破产的研究综述

关于美国银行破产的问题，一直是美国政府机构、有关部门、美国国家经济研究局以及专家学者关注的重点问题。从政府和相关部门来说，美国的财政部、联邦存款保险公司、货币监理总署、国会预算办公室和国家会计总署等机构，都对美国银行破产的详细情况以及破产原因，进行了不同角度的分析。涉及的问题包括：联邦存款保险公司、银行保险基金、储蓄协会保险基金、存款保险制度的改革、银行经营失败的原因、道德风险问题以及银行“太大而不能倒闭”的重大问题等。

特别是联邦存款保险公司，自从 1933 年建立以后，每年都要对破产银行的情况进行官方的信息发布，对一年当中银行业的总体经营情况进行总结和分析。1983 年时，为了纪念联邦保险公司成立 50 周年，它出版了《第一个 50 年：1933 年至 1983 年联邦保险公司的历史发展过程》。90 年代以后，重点对 80 年代和 90 年代初期美国银行的危机，进行了比较全面的分析。1998 年出版的研究报告《80 年代银行危机的历史及启示》，可以帮助我们了解当时银行危机的全貌，以及每一个有代表性银行破产的个案详情。其公开出版的《存款保险制度简史》，对美国存款制度的发展过程进行了很好的勾勒。同年还出版了两卷本《银行危机处理》，对联邦存款保险的银行危机处理模式进行了详细的说明，对当时倒闭破产的主要大银行进行案例分析，并召开多次学术讨论会，对银行危机问题进行专门的探讨。2000 年出版了《1989 年至 1999 年有关存款保险公司的文献研究综述》，则对涉及到这一制度的 700 多部论著进行了综合和述评，包括了著作、期刊杂志、博士论文、研究报告的单行本以及其它资料，并计划每年进行更新。

国会预算办公室，则在 1994 年时出版了《变化中的银行业务：对 1987 年至 1992 年破产银行的研究》，对这一时期银行破产的原因进行了具体的分析，并研究了为处理这一些破产银行，政府所花费的处理成本及其后果和影响。

美国货币监理总署在 1988 年出版了《银行破产：关于国民银行破产的原因探讨》，对银行内部的特定因素和经营模式进行了研究，并认为内部因素是银行破产的主要原因，同时当地市场中的其它经济问题，也对银行破产产生了重要影响。

除了这些重要的政府组织重视美国银行业危机问题的研究外，不少学者也一直在关注美国银行的破产问题。他们从不同的角度分析银行破产的原因和影响以及政府所作的挽救银行破产的各种措施和手段①。

国内只有少数学者关注美国银行业危机的问题，一些学者从监管、总结美国金融体制发展、美国金融业的变革和金融自由化改革等方面，在某些著作里论述过美国银行业陷入困境的原因以及处理的

① FDIC, History of the Eighties, Bibliography, http://www.fdic.gov/bank/historical/history/523_563.pdf。

措施①。徐诺金发表的论文《美国八九十年代银行危机:成因、处置方法及启示》②。对美国20世纪80和90年代的银行业危机进行了专门的分析,对破产银行的处置方式也作了简要的论述。吴燕的博士论文也谈到了美国银行业的危机表现、影响、原因以及美国银行业机制的内在缺陷。

2. 关于日本银行破产的研究综述

关于日本银行破产的问题,有较多的国内学者进行了研究。香港大学饶余庆教授的论文《日本银行危机的透视》③,对90年代日本银行危机的原因进行了专门的分析;杨丹辉对日本银行危机的原因和影响也作了较为详细的分析④;罗清的专著《日本金融的繁荣危机与变革》,对日本银行业的不良债权及其处理、日本金融机构破产及其处理等问题进行了详尽的论述;宋清华的专著《银行危机论》和苏同华的博士论文《银行危机论》,也涉及到日本银行危机方面的内容;国彦兵和王立军对日本住宅专门金融机构的问题进行了全面的分析;中国社科院的王洛林、余永定和李薇等学者在对日本金融业进行实地考察后,撰写了关于日本金融危机的考察报告,对日本金融业和银行业出现危机的背景、原因、银行机构不良债权处理成本、解决方案以及日本宏观经济政策的变化、日本金融自由化对金融危机的间接影响等方面作了比较全面和系统的分析。藏世俊的专著《日本金融危机与金融变革》对日本主要的破产银行进行了案例分析,并对处理模式进行了介绍。国外也有学者对日本银行问题进行了研究。日本学者鹿野嘉昭的专著《日本的金融制度》对日本金融进行了较为全面的介绍,其中有些章节涉及到日本金融机构危机与破产方面的问题。日本学者野田武辉在《日本企业破产的实况》文章中,也对日本银行破产的原因进行了论述。

但从总的来说,有关美日银行破产的问题,国内外的学者已经做了不少基础性的研究,但是随着金融全球化步伐的加快,还有许多方面需要进一步的研究和挖掘,在全球范围内把美国和日本这两个不同的银行体制进行对比研究,具有重要的代表性意义,早在1994年时,苏存已经关注了这一问题,发表了《美日银行业危机:成因、影响及启示》一文⑤,他从房地产融资、证券业务、经营环境的变化和发展中国家的债务危机等方面,初步讨论了美日银行业危机和破产的原因。因此,将美国和日本的破产银行进行对比分析,也是一个不同的研究角度,这一问题需要一手原始资料,在当今的金融自由化浪潮中进行深入的研究。

二、美国和日本商业银行制度的特点

(一)美国商业银行制度的主要特点

美国的金融中介机构包括三种类型:存款类金融机构、合约类储蓄机构和投资类金融中介组织。存款类金融机构包括:商业银行、储蓄和贷款协会、互助储蓄银行和信用协会;合约类储蓄机构包括:人寿保险公司、火灾和意外伤害保险公司、年金基金和政府的退休基金;投资类金融中介组织包括:金融财务公司、共同基金和货币市场共同基金。美国的银行业包括商业银行和储蓄机构,储蓄机构包括储蓄和贷款协会、互助储蓄银行和信用协会。在长期的发展过程中,从银行业的结构和运行来说,美国银行业是世界上独一无二的。它不象有的国家几个大的商业银行就几乎主宰了整个银行业的业务和活动,它是由8500多家商业银行,1200多家储蓄和贷款协会、400多家互助储蓄银行和12000多家信用协会组成。

与其它国家的银行体系相比,美国银行业形成了不同的特点。美国这种多样化的银行业体系并非就是最具竞争性的和最有经济效率的,它们不一定就是最为健康运行的银行组织。

1. 双重银行制度

美国双重银行制度的形成,与美国银行业的发展进程有关。1782年北美银行的建立以后,其它银行也开始营业,由此开始了美国现代银行业的历史发展进程。但是由于美国特殊的政治和经济环境,在银行业的发展中,始终存在两股相反的力量,他们在是否由联邦政府还是州政府给银行发放执照的问

① 参见陈元主编,《美国银行监管》(北京:中国金融出版社,1998年);徐诺金著,《变革中的美国金融》(广州,广东经济出版社,2002年);武汉大学吴燕的博士学位论文:《美国银行监管研究》(1999年);王继祖著,《美国金融制度》(北京:中国金融出版社,1994年),等。

② 徐诺金,"美国八九十年代银行危机:成因、处置方法及启示"(一、二、三),《国际金融》,2001年第8、9、10期。

③ 饶余庆,"日本银行危机的透视",《金融研究》,1999年第6期。

④ 杨丹辉,"日本银行危机探析",《现代日本经济》,1997年第1期;"日本银行危机的原因及其影响",《亚太经济》,1996年第5期。

⑤ 苏存,"美日银行业危机:成因、影响与启示",《日本问题研究》,1994年第1期。

题上，没有取得一致的意见。

一方面是以汉密尔顿为代表的联邦主义者，主张银行业的集中化和由联邦政府给银行发放营业执照，这种努力导致了1791年美国银行的成立，它具有私人银行和中央银行的性质，承担国家经济中货币和信贷总体供给的任务。

但是另一方面，以农业和其他利益集团为代表，对中央政府的权威表示怀疑，主张由州政府给银行发放营业执照。而且，他们对大城市的货币利益集团非常不信任，不断给他们施加政治压力，致使美国银行20年的营业期限在1811年到期时，没有给它延长营业期限，美国银行不得不停止营业。后来为了应付1812年战争的需要，1816年国会通过了建立第二美国银行的决议。但是双方的争吵和对抗一直没有平息下来，1836年，第二美国银行营业期限到期时，又没有得到延期营业的许可，美国联邦政府在银行业集中化、政府对银行业的监管以及建立中央银行等方面的努力，宣告失败了。

从1836年至1863年期间，美国所有的商业银行都由州政府发放营业执照，没有全国性的货币和银行管理机构。而州政府的监管非常松懈，商业银行由于内部的经营问题、互相之间的欺诈以及资本严重不足，经常导致银行的破产倒闭，所发行的银行券也是一文不值。

为了消除商业银行运行中的种种弊端，美国国会在1863年通过了《国民银行法》，创造了另一种由联邦政府发放营业执照的新银行体系，这种银行体系由隶属于美国财政部的货币监理总署来监管，同时通过加强税收的办法限制了州政府银行体系的发展，由此导致了今天美国独特的双重银行体制，即由联邦政府监管的银行和州政府监管的银行平行运行的体制。

2. 多重监管体制

1913年美国联邦储备银行体系建立以后，所有的联邦政府发放执照和监管的银行，都要求成为美国联邦体系的成员，州政府发放执照的银行可以选择是否成为美联储的成员。这样商业银行就可以在美联储的监管之下，进行营业活动。

1933年的经济大危机之后，美国国会通过了一些旨在加强银行业健康运行的法规。比较重要的是建立了存款保险制度，要求美联储的成员行必须购买存款保险，非美联储银行可以自愿购买，但大多数银行都购买了存款保险。这样又把商业银行置于联邦存款保险公司的另一套监管制度的监管之下。同时严格规定商业银行不得经营投资银行业务，只能在监管当局允许的范围内购买政府机构的证券，严格将商业银行业务活动与证券业的活动分开。这样一种格局一直延续到1999年。

从以上分析可以看出，美国的商业银行监管制度已经发展成为一种混合、权限交叉和多头监管的体制。货币监理总署主要监管由联邦政府注册营业的2000多家商业银行，这一类银行的资产占商业银行总资产的一半以上；美国联邦储备体系和州政府银行和保险监管委员会，主要监管由州政府注册营业，但同时又加入美联储的1000多家商业银行；美联储还是银行控股公司的主要监管机构，同时还是联邦州政府注册银行的第二监管责任人；联邦存款保险公司和州政府银行和保险监管委员会，主要监管由州政府注册营业，且购买了保险的5000多家非美联储成员的商业银行，另外未参加保险的另外500多家州政府注册的银行，则由州政府银行和保险监管委员会全权管理，这一类银行规模很小，其存款数额只整个银行体系存款总额的0.2%。

到目前为止，美国的金融监管机构主要有7个，包括：证券交易委员会，主要监管证券交易所和金融市场；商品期货交易委员会，主要监管期货交易市场；货币监理总署，主要监管由联邦政府注册营业的商业银行；全国信贷协会管理署，主要监管由联邦政府注册营业的信贷协会；州政府银行和保险监管委员会，主要监管由州政府注册营业的存款机构；联邦存款保险公司，主要监管商业银行、互助储蓄银行和信贷协会；联邦储备体系和储蓄业监管总署，主要监管储蓄和信贷协会。其中，联邦储备体系是一个分散化的中央银行，由分布于各地区的12个中央银行组成，位于华盛顿的联邦储备委员会进行协调管理。

设立多重监管的目的是：使投资者获得更多的有关信息、保证金融中介组织的健康运行、提高货币政策的控制能力、对海外金融机构进行监管。而为了保证金融中介组织的健康运行，政府监管部门的监管内容包括：严格银行的市场准入、信息披露、对银行资产和经营活动的严格限制、存款保险、限制竞争、限制存款利率（Q条例）等。

1999年通过的《格拉姆——比利金融服务现代化法案》之后，1933年建立的商业银行经营和监管制度，在法律程序上被废除了。银行业、证券业和保险业泾渭分明的营业活动，变得越来越模糊了，但是多头监管体制还是没有太多的变化。

3. 不断变化的商业银行体系

美国的8500多家商业银行中，只有少数大银行，为数众多的都是各种形式的小银行，这些小银行就是单一银行。主要是由于美国在过去对银行设立分支机构，进行严格限制所致。后来为了对付这一监管限制，美国出现了银行控股公司、非银行的银行机构以及普遍建立的自动取款机的金融创新形式。

20世纪80年代至90年代初期，美国银行业经历了长时间的危机动荡，以及90年代以后的银行合并浪潮之后，银行数量比以前大大减少了，从以前的14000多家，减少到目前的8500多家。特别是1994年取消了银行设立分支机构的限制后，出现了不少全美规模的大银行。

除了单纯的商业银行，以及上述提到的银行机构的创新之外，美国的银行业还有为数众多的储蓄银行机构。与商业银行一样，美国储蓄和贷款机构也发展了一种双重体制。同样包括了由联邦政府和州政府发放执照的储贷机构，美国联邦住房贷款银行体系（FHLBS）相当于美联储那样的全国性组织，受储蓄贷款机构总署监管。储贷机构的保险由联邦存款保险公司的下属机构储蓄协会保险基金负责，监管组织没有对储贷协会设立分支机构有太多的限制。

20世纪60年代，由于国际贸易的发展、跨过公司的扩张、一些美国银行在承销外国债券中获得了可观的利润，以及美国银行想涉足境外美元市场，使美国出现了8家国际性的大银行。目前有100多家美国的商业银行在海外设立了分支机构组织，总资产达到5000多亿美元。美国在海外的银行机构组织有边缘法银行（Edge Act Corporation）和国际银行分支机构（International Banking Facilities）。同时也有外国在美国设立的银行机构，目前，这一类银行组织所持有的银行资产占美国商业银行资产的20%左右，是一支不可忽视的力量。

自从20世纪70年代以来，先后出现了货币市场共同基金、垃圾债券、商业票据和证券化等创新性金融工具，使商业银行的传统业务受到了较大的冲击。为了应对资金来源和资金使用方面的竞争，维持以前的利润水平，商业银行越来越多地涉足高风险业务，如房地产信贷和给公司提供并购和杠杆收购资金。同时努力开拓表外业务活动，获取非利息收入。这些都使银行承担了较大的风险。为美国银行在80年代和90年代初期发生的危机，埋下了伏笔。

4. 处于不断调整的银行组织形式

20世纪80年代以后，美国商业银行的组织形式一直处于变化之中，90年代以后，由于取消了银行设立分支机构的地域限制和放松管制，商业银行可以跨州设立银行机构，以及通过组建金融控股公司从事证券业和保险业。因此，在1994年以前，银行可以分为单一制银行、分支制银行和银行控股公司。

目前，从商业银行的规模和地域范围的角度，还可以把银行分为以下几种形式。即全球性银行、全国性银行、跨州和跨地区银行、地区性银行和社区银行（专业银行）。美国比较大的全球性银行有花旗银行（Citigroup）、摩根大通银行（J.P. Morgan Chase）、美洲银行（Bank of American）、纽约银行（Bank of New York）和State Street Bank and Trust Company等。

（二）日本商业银行制度及其主要特点

1. 独具特色的主银行制度及其主要内容

二战后，日本经济开始重建，对资金产生了巨大的需求。由于日本国内资本市场发育不全，所以企业很少以发行股票和债券等方式融资，而主要依靠银行融资。由此形成了具有日本特色的银企关系——主银行制度，即日本绝大多数企业都有一家与之发生主要信贷关系的银行，银企双方在一定机制的作用下建立起比较固定的权利与义务关系，但这种长期和稳定的默契关系，并不受法律约束。

具体来看，日本的主银行制度包括以下内容：

（1）主银行是企业最大的贷款银行，即在向一家企业提供贷款的多个银行之中，主银行占有最大的融资份额。长期以来，银行贷款是日本企业最重要的外部资金来源，同时贷款也是日本商业银行最重要的收入来源之一，且贷款数量的稳定增长会扩大银行收益，所以银企双方都愿意建立这种关系。

（2）银企交叉持股，主银行是企业最大的股东之一。主银行通过信贷关系对企业的控制还只是表层的，主银行对企业更深层的控制在于资本的结合，即通过持有企业的股份实现对企业的掌握和支配；同时，日本企业也反向持有银行的股份，以便在竞争中充分利用银行，确保货币资本的来源，获得有利的贷款和分享银行利润。日本的银行大多是由旧式的家族财阀演变而来的，受传统儒家思想的影响较大，讲求团体凝聚力和整体性，因此日本允许银行持股，但同时为了保护有效竞争，防止垄断，对银行参与企业持股的范围和比例等作了一系列的限制。根据日本

1947年通过的《禁止垄断法》，金融当局持有企业股票的比例不许超过10%，后来修改为5%。但是由于各商业银行改头换面，由本集团的其他金融机构（如信托银行、保险公司等）出面持股，实际持股比率大大超过了有关规定。据日本东京证券交易所的相关统计，金融机构所持股本占上市公司总股本的比例1960年为23.1%，而到了1990年这一比例上升为41.6%。在主银行与企业的相互持股关系中，银行居于主导地位。通过银行和企业之间的互相持股，从而使双方紧密地联系在一起，使它们一荣俱荣、一损俱损。

(3)人事参与。主银行作为主要贷款人或大股东，可以派遣代表出席公司的董事会，派出自己的职员到企业担任高级职务，可以任命董事，甚至董事长，参与企业的经营决策。这一作法源于战后日本企业财务人员极度不足，政府鼓励银行人员参与企业管理，并且银行也可借此准确把握企业的经营状况。

(4)企业与主银行保持稳定的综合交易关系。主银行除了给企业提供贷款外，还提供清算汇兑、财务分析、信托担保、有关投资银行业务、代理债券发行、外汇交易、咨询服务、提供管理技术等各类金融服务。当企业经营出现危机时，主银行要采取救济政策。

主银行制度对于战后50年代至70年代日本经济的高速增长发挥了极为重要的保证作用。

首先，主银行制度的施行，使日本政府的产业政策得以顺利地实施。因为在该制度中，政府起着核心和支配作用，它决定着主办银行的政策走向和信贷投向，并通过人事安排来具体实施其政策。

其次，主银行制度的实施，使主银行作为债权人和股东的双重身份对企业的经营活动进行监督。这对企业有效使用资金，防止出现不良债权，提高资金使用效率，发挥了重要的作用。在以直接金融为主的社会里，企业的经营状况受资本市场监督，如果经营不善，随时随地都有被敌方收购的可能，因此资本市场作为外在压力迫使企业竭尽全力提高资产运用效率，而在日本这样以间接金融为主的格局下，主办银行代替资本市场的外在压力，发挥监督作用。

第三，在主银行制度下，银企之间信息的沟通较充分，在一定程度上避免了信息不对称情况下带来的逆向选择和道德风险问题。因为在这种模式下，银行和企业之间相互持股，使企业的经营成败与双方的利益紧密相关，所以相互之间的信息较为公开。企业可能定期将公司战略和投资计划等向主银行公开，主银行认同后，就会全力提供该企业所需的资金。同时，根据必要的贷款协议，主银行也为其客户提供各种有价值的信息及服务。银行不很注重企业短期的股票价格表现或盈利状况，而更关心企业的长期发展和增长。如果企业面临暂时的困难，银行会积极帮助企业渡过难关，两者“唇亡齿寒”的关系决定了它们往往能够“生死与共”。

第四，主银行制度的实施，在一定程度上保证了企业的稳定发展，减少了企业倒闭带来的社会震动和资源浪费。当企业经营恶化或面临倒闭时，为维护和确保主银行的名声。主银行通常会助企业一臂之力，避免其破产倒闭，通常的做法是主银行放弃债权，注入资金甚至对企业控股更换经理决策层，以谋求企业重建。不过这种保险功能并没有法律或合同的基础，而是取决于银行对利益得失的考虑，一旦主银行已对企业失去信心，或认为不值得花费如此巨资，就可能会袖手旁观。

然而到了20世纪80年代至90年代，随着金融自由化和国际化的冲击，日本国内外经济环境发生了很大的变化。一方面，由于90年代泡沫经济的崩溃，许多主银行出现巨额亏损，被迫中止与企业之间的主银行关系；另一方面，日本国内资本市场有了较大的发展，一些大企业开始更多地通过股票市场融资，所以实行主银行制度的大企业数量逐渐减少，只有中小企业更多地保持着该制度。另外，主银行制度在新的环境下暴露出许多问题，甚至成为引发金融危机的根源之一。这一点将在第三部分中详细论述。

2. 商业银行是日本民间金融机构体系的重要组成部分

长期以来，日本金融业形成了民间金融机构体系。日本的银行和非银行金融机构大都属于民间金融机构，是民间金融机构体系的一部分，直接接受中央银行（日本银行）的指导和控制。这一金融机构体系主要包括可接受存款的金融机构和不可接受存款的金融机构两大部分。日本银行业在这一体系中的地位，如图1所示。

从图1可知，日本的民间金融机构体系主要由可接受存款机构和不可接受存款机构组成。可接受存款的机构主要包括银行业、中小企业金融机构以及农林渔业金融机构等。

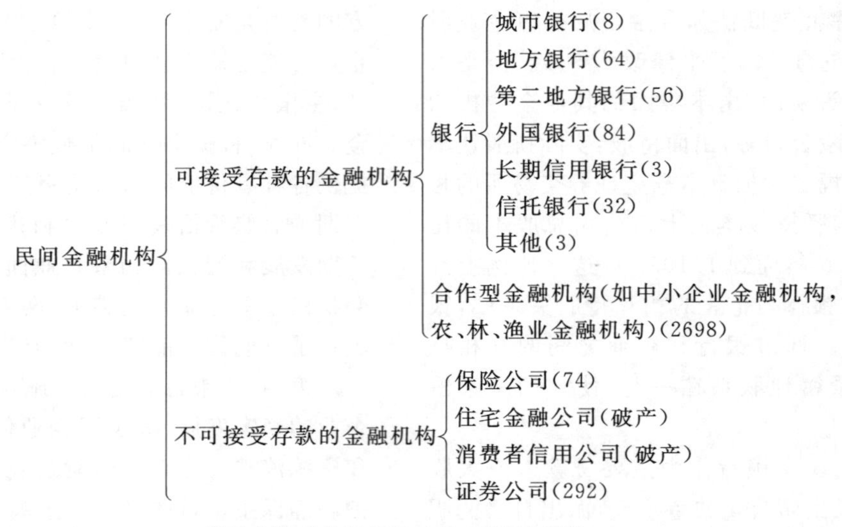

资料来源:日本银行2001年5月底的数据。

图1　日本民间金融机构体系的构成

银行业是可接受存款机构的主体,主要以商业银行为主,包括都市银行、地方银行、外国银行等。日本商业银行吸纳的存款约占全国存款总额的60%,对日本国民经济的发展起着重大作用。除商业银行外日本还有长期信用银行和信托银行等政策性银行和专业银行。都市银行主要在大都市设立总行,然后在全国各地形成分支行的网络。

90年代后期都市银行为了将强竞争实力,确保生存安全,纷纷联手合并,逐渐形成了四大银行集团的局面。第一大银行为日本瑞穗金融集团(Mizuho Financial Group),由富士银行、日本兴业银行和第一劝业银行合并而成。第二大银行为三井住友银行(Sumitomo Mitsui Financial Group),由樱花银行、住友银行合并而成。第三大银行为三菱东京金融集团(Mitsubishi－Tokyo Financial Group),由东京三菱银行、三菱信托银行和日本信托银行合并而成。第四大银行为日本联合金融集团(UFJ Bank),由三和银行、东海银行、东洋信托银行合并而成。

日本地方银行的规模都小于都市银行,它们主要以其总行所在地为中心,向当地的中小型企业和当地居民提供融资或存储服务。根据2001年官方数据显示,地方银行的数量为64家。90年代的经济泡沫所引起的银行危机也波及到地方银行,银行内部问题重重。

日本的长期信用银行主要指三家银行:日本长期信用银行、日本债券银行和日本兴业银行。他们主要向大型、中型企业提供长期融资方面的服务。1998年,日本长期信用银行和日本债券银行因出现大规模不良债权宣布破产而被国有化,在日本银行界掀起轩然大波。1999年日本兴业银行与富士银行、第一劝业银行合并为日本瑞穗集团银行,于是,日本的长期信用银行不复存在。

日本信托银行的业务范围主要是向周边企业提供信托服务,通过受托资金获取利润。信托银行也受到90年代经济泡沫破灭而导致的银行危机的影响,银行内部也出现了各种问题。

中小企业金融机构主要包括第二地方银行、相互银行、信用金库、劳动金库、工商组合中央金库等。他们主要为中小型企业提供贷款服务,相互银行和地二地方银行的规模要小于地方银行。而信用金库和劳动金库的规模则更小。90年代日本的金融危机使得许多第二地方银行以及100多家信用金库和信用组织破产。

农林渔业金融机构主要指农林中央金库、信联、农协等金融机构。他们向农业系统的团体吸纳存款,并同时向这些团体提供贷款。90年代也制造了不少不良债权。

不可接受存款的机构主要包括各种保险公司、住宅金融公司、消费者信用公司、证券金融公司等。

保险公司主要分为生命保险和损害保险两种形式的公司,或者相互交叉形式的公司。上市的保险公司曾经有7家,但1997年后,生命、东棒以及第一火灾保险公司相继破产。

住宅金融公司的主要业务是从金融机构借款后再向个人提供住宅贷款。80年代较早时期,日本拥有8家住宅金融公司。但由于80年代末90年代初期经济泡沫的破灭,使得多数住宅金融公司大量的贷款成为长期无法收回的不良债权,1996年,住宅金融公司被全部清算，宣布破产。

消费者信用公司主要是向消费者提供“销售信用”担保以及消费者融资服务的金融机构。这些机构主要是通过银行贷款、股票上市以及在海外发行可转换债券等形式来筹集资金。随着2000年日贸信和生命等机构的破产，消费者信用机构的生存状况十分不佳。

3. 三元银行监管体系

日本的银行监管体系主要由三部分构成：大藏省、日本银行、各自治体或其他中央监督厅。

大藏省是日本金融机构最高的、最权威的监管当局。主要负责对政府和民间金融机构的监管。长期以来大藏省一直对日本的银行、证券、保险等金融机构实行监管加保护的政策，不允许银行破产，在其监管工作中出现了一系列的问题。1998年6月，日本金融监督厅成立，专门负责对银行的监查，削弱了大藏省的金融监管职能。1998年12月，日本金融再生委员会成立，进一步缩小了大藏省金融监管的权限。2001年，大藏省被废止，新的财务省诞生。

日本银行是日本的中央银行，它成立于1882年，负责监督和管理各金融机构的运行状况并通过调整活期存贷利率、存款准备金率、制定贷出限额制度以及债券和票据的买卖行为对日本金融市场进行宏观调控。日本银行虽然具有相对的独立性，但在很多重大决策上它还必须与大藏省协商。

除了银行、证券、保险等大型金融机构归大藏省和金融监督厅管辖外，日本还有许多中小型的金融机构，这些机构大都受控于各地方自治体和其它中央厅。

三、美国和日本商业银行破产概况

（一）美国商业银行破产概述

1. 20世纪80年代以前，美国商业银行破产概况

20世纪是美国银行业急剧变化，银行机构重新分化组合，银行监管立法不断变化的时代。在这一世纪里，银行业的破产事件一直伴随着银行和经济变革的始终。以80年代为分界线，银行业经历了两次大的倒闭破产和危机风潮。

早在20世纪初期，美国银行业经常面临破产倒闭的命运，出现了多次由于银行危机而引发的经济恐慌。从1921年至1929年，平均每年破产的银行达到600多家。但是当时倒闭的银行多半是小型的农业银行，城市里的人们是不太关心这些破产银行的，投资者和商人们都认为，这些银行的破产是因为他们势单力薄，管理不善，它们的失败还可以加强银行体系的健康运行。到了1930年底，银行失败可谓一浪高过一浪，人们纷纷把存款从银行中提取出来，对银行的信心进一步动摇，银行破产就成为家常便饭了。当年银行破产的总数达到1350家。

可以说，在80年代以前，美国银行业的破产以20世纪30年代的银行危机达到高潮。1931年，仅仅因为流动性危机，就使2293家银行破产，这个数字是20年代银行破产数量的4倍，存款客户损失3.9亿多美元。迫使美国政府不得不对银行业和金融机构进行整顿，通过了一系列规范银行和金融机构经营的法律法规，但是仍然没有扭转局势，1932年有1453家银行破产。由于当时的经济大危机还在继续，银行面临着非常不稳定的经营环境，银行持有外国货币、黄金和黄金证单的投机性业务的风险性不断暴露出来，到1933年时，美国的金融系统濒临全面崩溃的边缘，当年有4000多家银行破产倒闭。1933年，美国国会不得不通过了《格拉斯——斯蒂格尔法》，建立了存款保险制度，商业银行业务与投资银行业务、银行业与保险业严格分业经营。

随着经济大萧条局面的进一步好转，美国银行业破产的大风潮才暂时告一段落。从30年代中期以后，美国银行业进入了一个非常谨慎的经营时期。加上当时的战时经济和战后经济的重建，银行的经营环境比以前大大改善了，银行和政府都接受了大萧条的经验教训，政府加强监管力度，银行也注意加强流动性管理，银行破产的数量都在可控的范围之内。从1934年至1942年，银行破产总数为393家，多数是小银行，这些倒闭的银行仅限于参加存款保险的商业银行，没有参加保险的银行机构还没有包括在内，如果把这一部分的数量加上的话，破产银行的数字还远远不止这些。从40年代到60年代，由于银行经营的业务更为保守，加上当时经济环境良好，以及政府严格的监管措施，使这一段时间，银行破产的数量很少。从1943年至1974年，银行业的经营状况比较稳定，银行破产的数量都是个位数，平均每年为3至4家①。

70年代以后，美国新一代的银行家成长起来了，这些人基本没有经历过大萧条年代的洗礼，他们

① FDIC, Managing the Crisis, Chapter 1, http://www.fdic.gov/bank/historical/managing/Chron/PREFDIC.pdf.

逐步放弃了坚持多年的银行保守经营的传统做法，迅速扩大资产和负债，以获得比较可观的收入。但是由于 1973 年和 1975 年，美国经历了两次经济衰退，多年的高利率问题，使银行的大量房地产贷款以及固定利率贷款出现利率风险，导致了不少大银行破产，而从 1975 年开始，银行破产一下增加到了 13 家，1976 年为 16 家，达到一个新的高点。1979 和 1980 年都分别是 10 家银行破产倒闭。1976 年就有 6 家大银行破产，包括富兰克林银行（Franklin National Bank，New York）、美国国民银行（United States National Bank，Calif.）、底特律的国民银行（Bank of Commonwealth，Detroit）、汉密尔顿银行（Hamilton National Bank）、，特拉华州农民银行（Farmers Bank of the State of Delaware）、以及 Banco Credito yvde Ahorro 等，这是联邦存款保险公司成立以后首次面对大银行的破产情况。

总之，从 1934 年至 1980 年，美国联邦保险公司纪录的倒闭和破产银行数量为 576 家，其中有 8 家银行，不需要联邦保险公司支付各项破产费用，平均每年破产的银行不到 10 家。

2. 20 世纪 80 年代至 90 年代，美国银行业危机扫描

80 年代以后，由于放松金融官制，取消了“Q”条例对利率的限制，美国的经济衰退进一步加剧，房地产市场的泡沫，政府取消了对商业银行地域和业务产品的限制，加上监管方面出现的逆向选择和道德风险问题，使美国的大小商业银行普遍出现了经营状况严重恶化、资产质量显著下降、股票价格日益下滑、国内和国际地位一落千丈的局面，整个银行业都呈现出明显的危机现象。银行破产的数量迅速增加，从 1981 年到 1994 年，参加存款保险的银行破产数量为 1493 家，平均每年为 100 多家。特别是 1985 年到 1992 年期间，这是银行破产的高峰时期，破产银行总数为 1260 家，平均每年破产的银行有 150 多家。

这一次的银行破产风潮是继大危机之后最大规模的一次银行破产倒闭。破产时间连续了近 15 年，在地域上呈现出波浪式的景象。先是西南和中西部地区，然后是东北部地区，而后是南加州地区。破产银行主要集中在农业银行，中小型商业银行，以及提供农业贷款、能源贷款、房地产贷款、发展中国家贷款以及与国防高科技有关行业贷款的银行。

从 1980 年开始，就有 10 家银行破产，另外还有 200 多家问题银行。1981 年有 7 家银行破产，其中 2 家在伊利诺斯州，2 家在俄勒冈州，亚力桑那、科罗拉多和佐治亚州各 1 家。从 1982 年开始，西南地区（主要包括德克萨斯州、俄克拉荷马州、路易斯安娜州、新墨西哥州、阿肯色州）的银行，由于农业生产不景气，农产品出口下降，石油价格和房地产市场的波动，使与此有关的银贷款出现问题，直接导致 13 家银行破产。另外的一个问题是对发展中国家的政府贷款，1982 年继墨西哥政府宣布无法偿还国外银行贷款以后，陆续有 30 多个国家宣布无力偿还贷款，使美国向这些国家提供贷款的八大银行，如美洲银行（Bank American）、纽约银行家信托公司（Bankers Trust New York）、大通曼哈顿银行（Chase Manhattan）、纽约化学银行（Chemical New York）、花旗银行（Citicorp）、第一芝加哥银行（First Chicago）、摩根制造业公司（Manufacturers，J. P. Morgan & Co.）等，都出现大规模的问题贷款，当年就有 369 家银行上了联邦存款保险问题银行的名单。

1982 年之前，人们普遍认为，大银行是不会倒闭破产的，客户的存款资金无论如何都是有保障的。但是当大银行佩恩广场银行（Penn Square Bank）破产倒闭时，人们的这些传统观点才得以改变。1983 年有 45 家银行破产，642 家问题银行。在破产银行中就包括了 7 家大银行，其余的多数是西南地区的银行。1983 年 2 月倒闭破产的最大的银行是田纳西美国联合银行（United American Bank，Knoxville，Tennessee），其所有者杰克·布彻（Jake Butcher）曾是田纳西州州长候选人，该银行的破产使其 7 家分行一起倒闭，经济损失达到 3.826 亿美元。接着是中西部地区的农业银行加入了破产银行的行列，1984 年一共有 31 家农业银行破产，占破产银行总数的 31%，在当年 78 家银行破产中，田纳西州就有 11 家，其中有 3 家是由田纳西美国联合银行控股的银行，问题银行达到了 848 家。

从 1984 年开始一直到 1993 年，西南地区和中西部地区的银行，特别是农业银行，以及与石油和燃气行业贷款有关的银行，成为银行破产的重灾区。1985 年西南地区的破产银行为 62 家，占全部银行破产数量（116 家）的 53%多。1986 年破产银行总数为 138 家，其中 60 家为农业银行，其中德克萨斯州就有 26 家银行倒闭。1987 年破产银行总数为 184 家，从地区分布来说，中西部有 51 家，西南地区有 110 家。在西南地区没有倒闭的银行中，有 39% 的银行利润增长为负数，不良贷款资产占银行总产的 4.2%，德克萨斯州破产数量为 50 家。从行业分布来说，农业银行破产数量为 56 家。而货币中心城市银行的对外贷款出现了极大的国家风险，他们向国外的贷款是其资本的 211%。问题银行数量达到 1575 家。1988 年的情况更为糟糕，联邦保险公司在处理破产银行时，出现了严重亏损。银行破产数量为 200 家，其中德克萨斯州就有 174 家银行破产，规模最大的银行是第一共和银行（First Republic Bank），资产为 3340 万美元，更有甚者，联邦保险公司一天处理 40 家破产银行。1989 年，全美有 206 家银行破产，这是自大萧条年代以来，破产银行数量最多的一年，其中西南地区的银行破产就有 167 家，占破产银行总数的 80%多。同时，东北部地区的银行业开始出现问题，大银行的外国贷款资产没有得到改善，中西部的银行盈利状况有一定改善，西南地区的小银行运行良好加州的银行经营状况也算比较好。农业银行倒闭的数量有所减少，约为 20 家左右①。

图 2 为西南地区银行工商业贷款增长与全美银行对比情况。从图中数据可以看出，该地区的贷款增长普遍高于全美银行的资产比例。在 1987 年之前，西南地区的工商贷款一般都以 10%以上的速度增长，增长最快的年份超过了 15%。

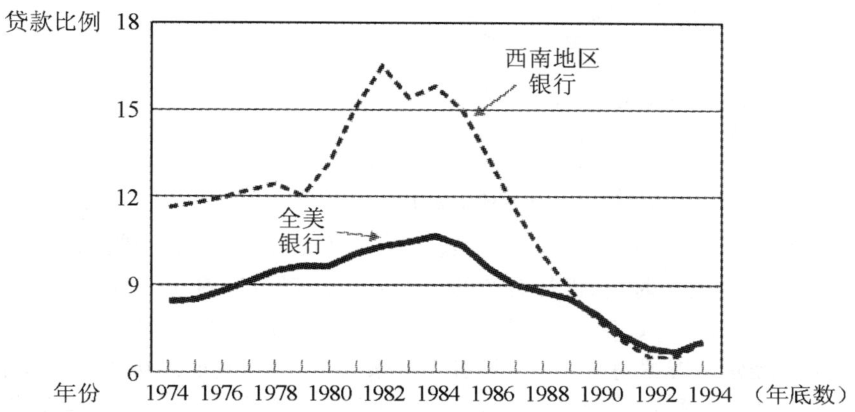

数据来源：FDIC，History of Eighties。
http://www.fdic.gov/bank/historical/history/291_336.pdf

图 2 全美与西南地区工商业贷款平均资产增长比例图(1974—1994)

1990 年全美破产银行数量为 168 家，但是从这一年开始美国银行破产的地区转移到了加州和东北部地区，西南和中西部地区的银行破产风潮暂时得到遏止，出现了下降趋势，破产银行为 120 家，农业银行的经营状况得到逐步恢复。东北部地区有 16 家银行破产，其中包括成立于 1829 年纽约最大的储蓄银行 Seamen's Bank for savings。加州的经济发展进入了自从大萧条以后景况最坏的一年。1991 年时，全美破产银行数量为 124 家，但已经比前几年的破产数量大大减少了。1992 年，最为突出的是东北部地区，一共有 43 家银行破产，而加州有 12 家银行破产，但是加州的四大银行（Bank of American，First Interstate，Security Pacific，Wells Fargo）由于其业务的多样化，顶住了经济衰退和银行倒闭风潮，稳健经营。西南和中西部地区的银行虽然仍存在不少问题，但是破产银行的数量已经大大地减少了，在这一年西南地区只有 36 家银行破产。

图 3 为 1980 年至 1994 年，美国银行破产的地区分布情况。德克萨斯州排在首位。加州也是后来者居上。

到 1993 年时，由于美国经济已经从长期的衰退中正逐步走向复苏，西南和中西部地区的银行业和经济发展已慢慢地步入良性发展轨道，该地区在当年没有银行破产，这是自 1981 年以来的首次没有发生银行倒闭的事件。东北部地区的银行经营状况也有所改善，只有 4 家银行破产，而加州除外。由于军费支出减少，与军工、国防、高科技以及与航天行业有关的银行贷款出现萎缩，加上房地产泡沫的崩溃，使加州经济陷入困境，拖累了当地的银行业，当年加州有 8 家银行破产。

但是从总的来说，到 1993 年时，美国银行业自 20 世纪 80 年代以来危机风潮出现了转机，破产银行只有 13 家，这是自 1981 年以来银行破产最少的一年经过 80 年代的银行破产危机之后，美国银行业

① FDIC，Managing the Crisis，Chapter 2—17 http://www.fdic.gov/bank/historical/managing/Chron/1980—1994.pdf.

未接受政府援助的 1484 家银行破产

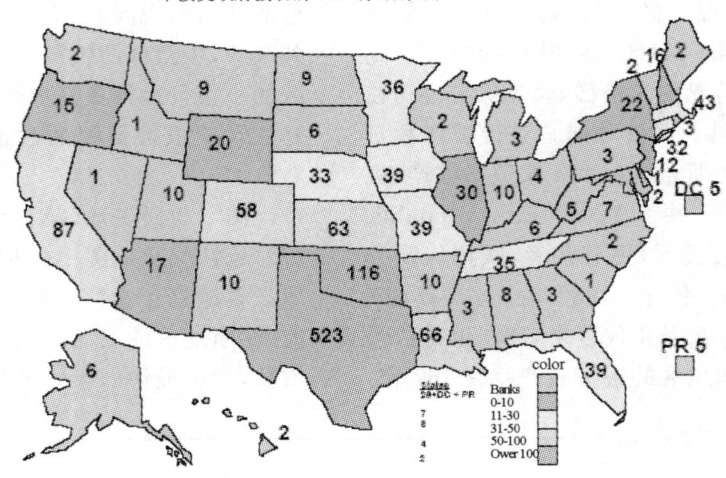

来源：FDIC 研究与统计部报告。

数据来源：FDIC，《危机管理》。

http://www.fdic.gov/bank/historical/managing/Chron/SUM—MAP4.pdf

图 3　美国银行破产的各州分布(1980—1994)

加强了监管和经营管理，逐步扭转了银行破产传染的趋势，进入了一个新的稳定发展时期，银行破产的数量大大减少了，从 1995 年至 2001 年，破产银行只有 30 家，1997 年是银行经营状况最好的一年，只有 1 家银行破产。2002 年破产银行数量有所增加，为 11 家。

图 4 为美国监管机构为各州破产银行处理时，所花费的救援成本与破产银行资产的百分比情况。从图中可以看出，西南各州、东北地区各州以及加州地区所占的比例比较高。

(二)日本的银行破产情况概要

1. 破产背景

日本自 1945 年成为第二次世界大战战败国以来，它的经济发展经历了濒于崩溃—逐渐复苏—繁荣强大—泡沫膨胀——持续萧条几个时期。在日本经济从繁荣转为萧条的过程中，日本的银行业既对日本经济的繁荣发挥了极其重要的积极推动作用，也对日本经济的萧条产生极为负面的重大影响。我们看到，日本银行业大规模的不良债权以及接连不断的银行破产事件，的确对日本经济从繁荣走向低

1617 家银行破产与政府援助

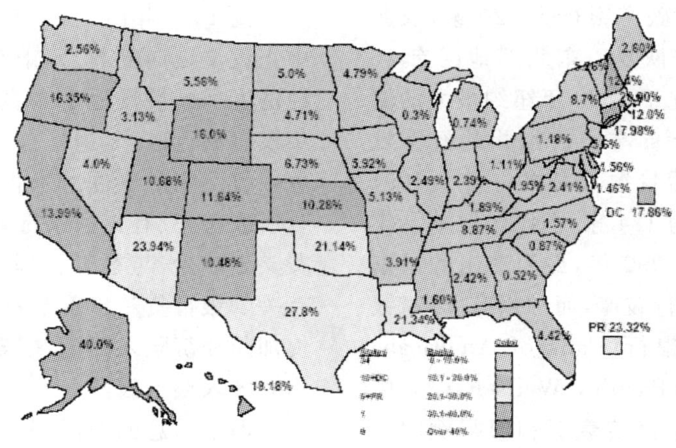

＊资产数据是指 1979 年 12 月 31 日当天的银行资产数，加上当天新的被认定为破产而进行合并重组的银行资产或 1994 年 12 月 31 日的资产数。

数据来源：FDI，研究与统计部报告。

数据来源：FDIC，《危机管理》。

http://www.fdic.gov/bank/historical/managing/Chron/SUM—MAP4.pdf

图 4　美国政府援助处理的破产银行成本占全部破产银行资产比例的分布情况(1980—1994)

谷起到了推波助澜作用。在研究日本银行破产状况时，我们可以用一句话来概括其破产背景：即经济泡沫的膨胀导致了日本诸多银行的破产，而日本一系列的银行破产事件又加剧了经济萧条的程度。

(1)20 世纪 60—70 年代——严格监控和保护下的日本银行业

日本的银行破产事件集中发生在 20 世纪 90 年代，尤其在 90 年代中后期，日本的银行业危机全面爆发。但是这一系列的危机事件并不是因短时间内某个偶然因素引发的，而是长期银行业疾患以及日本经济的整体衰退所导致。

我们看到，在第二次世界大战结束后的 20 年时间里，日本经济迅速地崛起，赶上或超过了许多老牌的资本主义国家，并在 20 世纪 60 年代中期成为仅次于美国的第二经济强国，创造了所谓的日本神话。在这过程中，日本的银行业因其独特的主银行制度，对日本经济的振兴和日本企业的崛起做出了巨大的贡献。这个时期日本银行业的特点是利润高、信誉好和监管严。日本战后经济的高速成长一直持续到 20 世纪 70 年代，1973 年全球石油危机才使日本的经济发展速度逐渐减速。但即使这样，日本的经济仍然没有受到太大实质性的打击，因为，这些来自外界的环境变化因素还不足以破坏作为国民经济命脉的行业——金融业的发展，其金融业和银行业在政府的监管和保护下，仍然比较稳定而有序地发挥着自身的作用。70 年代日本的银行业仍以"安全"著称，因为大藏省不允许银行破产，大藏省和央行对银行系统实施着严密的监控和保护。

(2)20 世纪 80 年代——放松金融官制下的股票和房地产泡沫

到了 20 世纪 80 年代，日本金融业相对稳定的格局开始被打破。首先是大藏省在 80 年代初开始放松对银行和金融业的管制，允许外国金融机构进入日本的金融市场，逐步实施金融自由化。到了 80 年代后期，日本许多金融机构以金融自由化为名，开始了大规模的金融投机。尤其是 1985 年 9 月广场协议之后，日元大幅升值，银行和金融机构也与日本企业联袂大举进军海外市场，迅速扩张海外的金融业务。与此同时，在日本国内，由于日元的升值，使得以出口为主的外向型经济受到抑制，经济景气度下降。为了克服日元升值带来的经济萧条，日本政府又采取了降低利率和增加货币供应量的措施，以刺激企业的投资和增加内需。这些措施的确使社会上的存量资金大增。但是，大量的资金并没有按照政府的指挥棒进入到生产投资领域和个人消费领域，而是大规模地流入房地产和证券等资本市场。巨大的资金能量推动着资产价格狂升，酿成了巨大的经济泡沫。经济泡沫突出地表现在两大市场中：即日本的股票市场和房地产市场。

1989 年日经指数达到 39000 点的顶峰，与 1979 年相比，指数提高了 6 倍左右。股票价格大幅上升远远背离了股票本身的实际价值。不少企业意识到投资金融业获得的利润远远高于生产领域的利润，于是，很多企业参与到股票市场的投机中。一些非金融机构也以发行债券的形式筹集资金，然后将资金投入到股票市场中。一时间，来自银行的大量贷款成为推动股指上升的资金动力。从表 2 可以看出，20 世纪 80 年代后期日本股票市场泡沫的形成。

表 2　20 世纪 80 年代后期日本股票价格的变化

年末	东征股价指数		日经 225 种平均股价	
	股票指数(点)	增长率(%)	股价(日元)	增长率(%)
1984	913.37	24.8	11342.60	16.7
1985	1047.08	14.6	13083.18	13.3
1986	1562.55	49.2	18820.64	43.9
1987	1725.83	10.4	21564.00	14.6
1988	2357.03	36.6	30159.00	39.9
1989	2881.37	22.2	38915.87	29.0

资料来源：黄泽民，《日本金融制度论》，华东师范大学出版社，2001 年第 1 版。

日本房地产市场泡沫化严重。银行与企业的借贷关系中加入了大量的不动产成分。许多企业用土地作担保向银行提出贷款申请。于是，以土地和不动产作抵押的融资行为越来越普遍。银行和非银行的金融机构都普遍乐观地预期房地产市场的增值空间，认为只要贷款人抵押的房地产价值一直上升，银行就不会有偿还贷款的安全问题。银行的大量资金投入到房地产行业中，助长了金融投机行为。一时间，土地价格迅猛上升，东京、大阪、名古屋等 6 大城市的商业用地价格指数以 1980 年为 100，1990 年上升到 625.9，全国平均地价的上涨幅度也在 1 倍以上。值得一提的是，日本土地价格的上涨不仅局限在商业用地和民宅用地上，而且也带动了大面积的荒地价格上涨，也就是说整个日本国土面积的价格都呈现出泡沫化趋势。我们看到，日本国土面积仅仅相当于美国国土面积的 4%，但在 1988 年，日本全国房地产账面价格已经上升至全美国房地产总价格的4倍左右，泡沫化程度极其严重。

(3)20世纪90年代——日本泡沫经济的破灭

20世纪80年代后期日本国内酿成的严重的经济泡沫一直持续到90年代初终于破灭。三个方面的因素加速了日本经济泡沫的破灭。

第一，日本央行提高利率。1990年1月，日本央行开始通过提高利率、紧缩银根的方式控制经济泡沫的扩大，治理金融业的过热局面。于是股票市场和房地产市场的资产价值出现大幅度下跌。日本东证股票指数也从1989年的2881.37点跌倒1998年的1086.99点。股票指数下跌幅度超过62%，平均股价下跌幅度超过64%。从表3中可以看出20世纪90年代日本股票市场泡沫的破灭。

表3　20世纪90年代日本股票价格的变化

年末	东征股价指数		日经225种平均股价	
	股票指数(点)	增长率(%)	股价(日元)	增长率(%)
1990	1733.83	−39.8	23848.78	−38.7
1991	1714.68	−1.1	22983.77	3.6
1992	1307.66	−23.7	16924.95	−26.4
1993	1439.31	10.1	17417.24	2.9
1994	1559.09	8.3	19723.06	13.2
1995	1577.70	1.2	19868.15	0.7
1996	1470.94	−6.8	19361.35	−2.6
1997	1175.03	−20.1	15258.74	−21.2
1998	1086.99	−7.5	13842.17	−9.3

资料来源：黄泽民，《日本金融制度论》，华东师范大学出版社，2001年第1版。

第二，股指期货交易制度的导入。20世纪80年代末，日本政府在逐渐开放金融市场、允许外国投资机构进入日本证券市场之际，还在1988年9月开始实施股价指数期货交易制度，并在1989年6月创建了金融期货市场。股指期货的导入给刚刚进入日本证券市场的欧美投资者兴风作浪的机会。1989年底，他们开始大肆打压日经期指，巨大的期指空投抛盘终于诱导日经现指大幅度地回落。所以，20世纪90年代初日本股票市场的暴跌，是在股指期货交易和政府大幅提高利率的共同作用下发生的。

第三，“总量控制”措施的出台。在日本股票价格大幅回落的同时，其土地价格也在大幅下跌。为了抑制20世纪80年代后期日本出现的房地产泡沫，日本政府出台了“紧急土地对策纲要、“综合土地对策纲要”和“土地基本法案”等一系列政策和法规，但对平抑土地价格泡沫效果不明显。于是日本大藏省在1990年3月27日向银行发出通告，要求银行业向不动产融资的增长率不得超过银行融资总额的增长率，并要求银行在向不动产、建设或非金融机构融资时必须向上级主管部门请示报告。这就是所谓“总量控制”措施的出台。此项措施有效地阻止了大量银行资金流向不动产行业，使得日本地产价格因缺乏资金的炒作而大幅回落。从图5中就可以看出日本具有代表性地区的地产价格回落情况。

从图5可以看出，以1990年的土地价格为基数100，到了1992年时，6大城市(东京、横滨、名古屋、京都、大阪和神户)的平均地价为20，下跌了近80个百分点。2002年6大城市平均地价基本上回到了20年前的水平。自1990年开始，日本经历了10年的经济萧条期。GDP增长率从1990年的8.1%下降到1997年的1.0%，1998年开始出现负增长。与此同时，持续的经济通缩困扰着日本经济，在1990年至2001年的12年里，日本的批发物价指数有9年为负增长，消费物价指数也有4年为负增长。

随着日本经济增长速度的减慢以及股票市场和房地产市场泡沫的破灭，许多企业开始出现不同程度的经营困难，银行与企业之间严重的超借和超贷行为，终于酿成了大量的无法偿还的企业贷款和银行的不良债权，不少企业纷纷破产，也有不少金融机构开始倒闭。但是在90年代经济泡沫破灭初期，由于政府的保护，还没有大银行和大的金融机构破产。

到了90年代后期，日本银行业长期积蓄的严重问题终于导致北海道拓殖银行、长期信用银行、长期债券信用银行以及住宅专门金融机构(简称住专)等大型银行和金融机构的破产和倒闭，银行业出现大地震。总体上来看，如果说日本银行业在20世纪60和70年代的经营是盈利的、高信誉的和平稳发展的，那么，80年代应该是其银行业开始积蓄问题的时期，90年代，尤其是后半期则是日本银行体系问题大爆发，以及接连不断地出现银行破产的时期。

2. 破产的银行——银行不倒神话的破灭

20世纪90年代开始，日本拉开了银行破产的序幕，“银行不倒的神话”时代宣告结束。在这个过程中，有不少大型银行和金融机构都出现在破产名单中。表4列出了自从1992年以来，日本已经破产的部分银行和金融机构。

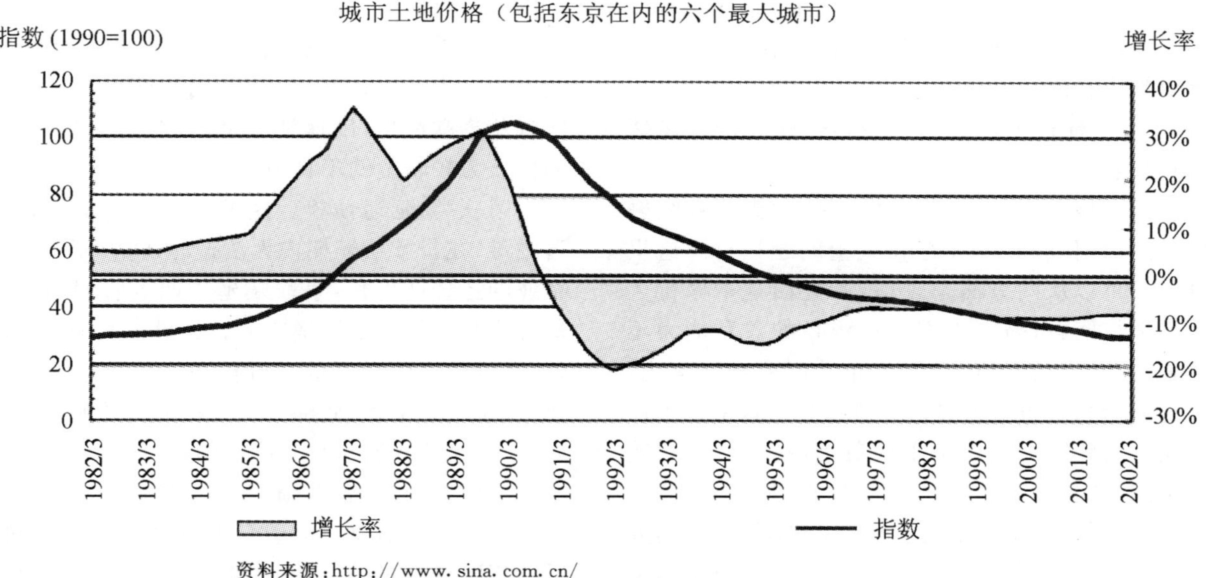

资料来源：http://www.sina.com.cn/

图 5 日本六个最大城市土地价格指数图(1982 年 3 月— 2002 年 3 月)

表 4 日本金融机构破产概况

破产时间	破产金融机构名称
1992 年 8 月	东洋信托公库宣布破产
1994 年 12 月	协和信用社、安全信用社倒闭
1995 年 7 月	日本最大信用社宇宙信用社发生挤兑风波被政府接管
1995 年 8 月	日本最大的地方银行——兵库银行破产
1995 年 8 月	大阪信用社倒闭
1995 年 8 月 30 日	日本第二大信用社木津信用社宣布倒闭
1996 年 3 月 29 日	作为地方骨干银行的太平洋银行破产
1996 年 11 月	7 家“住专”停业关闭
1996 年 11 月 21 日	贩和银行暂停营业
1997 年 10 月 14 日	日本东京京都共荣银行因资不抵债宣布破产
1997 年 11 月 3 日	日本第 7 大证券公司——山洋证券倒闭
1997 年 11 月 17 日	具有近百年历史的日本第十一大银行北海道拓殖银行宣布破产，这是日本第一家全国性商业银行破产
1997 年 11 月 24 日	日本第四大、世界第十大证券公司山一证券破产
1997 年 11 月 25 日	日本德阳城市银行宣布破产
1998 年 9 月 11 日	日本长期信用银行破产
1998 年 12 月 13 日	日本债券信用银行宣布破产
1999 年 4 月	国民银行因资金周转恶化而破产
1999 年 5 月	幸福银行破产
1999 年 6 月	东京相和银行破产
1999 年 8 月	浪速银行破产
1999 年 10 月	新潟中央银行破产
2003 年 11 月 29 日	日本政府接管十大地方银行之一的足利银行

其中2001年，日本共有56家银行、信用银行和信用社等金融机构破产，创日本金融机构破产数量的历史最高记录。

3. 尚未宣布破产的问题银行——大量不良债权的背负者

自20世纪90年代以来，除了不少银行和金融机构破产倒闭外，日本还存在大量问题银行。这里的"问题"可以从两方面来理解：一方面是指银行大量不良债权问题；另一方面是指银行的盈利能力不足问题。这些银行虽然没有宣布破产或被国有化，但是它们仍然背负着大量的不良债权。这部分不良债权始终是银行发展中沉重的负担，在银行盈利能力下降的情况下，还必须把新创造的利润用来填补过去的不良债权，从这个角度来看，日本银行业的危机状况并没有因部分破产银行或破产金融机构的国有化，或被接管而有所好转，经济泡沫破灭的负面影响还在困扰着日本的银行业，这势必影响银行业在国民经济中发挥正常的作用。

在考察日本的银行债权时，可以参照日本金融机构的债权分类标准。日本金融机构的债权大致分为四类：第一类属于正常债权，第二、三、四类属于程度不同的不良债权。具体分类情况如下：

第一类：正常债权。即银行在企业的还贷期内可以按时收回的债权。

第二类：利息减免债权。这类债权是指由于企业经营困难，无力偿还贷款的利息部分。银行为企业减免贷款利息，以保证本金的收回。这种情形下的债权为较轻度的不良债权。

第三类：延迟债权。这类债权是指由于企业经营困难，在贷款偿还期内无法按时还贷，于是银行将企业的还贷期延长，争取在延长期内收回债权。这部分贷款的偿还是不确定的。如果企业经营有所好转，此贷款可以全部或部分偿还。如果企业经营恶化，甚至破产倒闭，此部分贷款将成为死帐。对银行而言，这类债权属于较为严重的不良债权。

第四类：破产企业债权。这类债权是指银行贷给破产企业的债权。由于企业经营失败，宣布破产，银行贷给企业的本金和利息将成为无望收回的死帐，银行必须靠自己的利润将这部分死帐冲销。这类债权属于最严重的银行不良债权。

从表5中可以看出，日本在20世纪90年代坏账的基本情况。从1992年至1998年中坏帐的累计损失总趋势是上升的，不良资产的趋势也是在上升的。这说明日本银行业危机程度并没有随时间的推移而减缓，新的不良债权仍在继续出现。

表5　日本银行贷款的坏账损失和不良资产情况

单位：10亿日元

	1992年	1993年	1994年	1995年	1996年	1997年	1998年	1999年
坏账损失	1640	3782	5232	13369	7763	13258	13631	6944
累计损失	1640	5512	10744	24133	31877	45135	58766	65710
不良资产	12775	13576	12546	28504	21789	29758	29627	30366

资料来源：刘光友：日本银行的信贷扩张及其危机效应，《现代日本经济》，2004年第1期。

1995年6月8日，日本大藏省发表了《关于恢复金融体系机能》的报告，第一次公布了金融机构不良债权数额情况。该报告显示，截止到1995年3月，日本主要21家银行公布的第三、四类不良债权为12.5万亿日元，大藏省认为整个金融系统的二、三、四类不良债权总额是这个数字的3倍。但非官方经济人士认为这些数据不能让人信服，人们相信实际上不良债权的程度可能要严重得多。一些银行和金融机构可能隐瞒了真实的不良债权情况。事实上没有人能说清日本的银行危机到底造成了多少不良债权。

另外，从日本四大银行集团的亏损情况也可以判断出，日本的银行业仍然没有摆脱经营困难的局面，问题银行仍然困扰着日本的银行界。

截止到2003年3月31日，日本第一大银行瑞穗银行集团的亏损额达2.38万亿日元。与此同期，日本第二大银行三井住友银行集团公布的亏损数据为4650亿日元；日本第三大银行集团的亏损额为1615亿日元；日本第四大银行日联银行集团在2003年5月26日公布了其亏损情况为6080亿日元。①

在考察日本的银行盈利能力时，可以通过ROE进行分析。在对日本的银行与其它西方主要银行在1992—1999年期间资产回报率的比较之后就可以发现，日本银行的平均盈利能力在20世纪90年代

① 苏蔓薏：日本四大银行全面亏损，《企业导报》，2003年第8期。

是相当糟糕的。具体数据如表 6 所示。

表 6　西方主要国家银行 ROE 比较

	1992 年	1993 年	1994 年	1995 年	1996 年	1997 年	1998 年	1999 年
德国	8.2	8.5	7.5	8.4	9.3	8.2	10.8	8.3
美国	13.1	15.6	15.0	15.6	15.7	16.1	19.5	19.8
法国	4.5	2.3	1.5	4.0	7.6	9.6	9.5	14.4
英国	9.2	14.7	20.4	18.8	18.3	18.6	18.4	19.0
日本	3.0	2.2	−1.32	−2.0	0.6	−12.2	−17.6	3.5

资料来源：刘光友，日本银行的信贷扩张及其危机效应，现代日本经济，2004 年第 1 期。

由上述分析可以看出，90 年代日本银行业的破产事件具有损失大、波及面广、持续时间长的特点。问题银行虽然还没有破产，但它们对日本银行业仍构成潜在的巨大威胁，一旦这些银行的经营继续恶化，问题继续扩大，那么最终结果只能是破产。

4. 银行危机对日本经济的负面影响

日本银行的破产危机以及难以估测的不良债权，对日本经济的发展产生了多方面的影响。

首先，银行危机直接影响日本产业创新。日本银行危机的背后实际上是严重的信用危机。银行贷给企业的资金无法正常收回，其结果就是银企之间基本的信用链条和资金链条出现断裂。银行为了避免和减小贷款风险，更愿意将资金贷给大企业，而不是中小企业；贷给低风险企业，而不是高风险企业；带给保守型的企业，而不是开拓性的企业。根据日本央行统计数据显示，自 1997 年以来，日本银行业对中小企业的贷款额度已大幅度缩减 30%。而且为了贷款的安全性银行也开始增大对个人和政府的贷款，或增加国债的持有量。这种银行危机后遗症和恐惧症使得日本风险产业出现资金供给困难，而这些产业往往与新兴的和高科技产业相关。因为这些新兴产业在初创阶段更需要大量资金用于研发费用，而且一定会伴随较高的风险。由于高科技风险产业的投资减少，使得日本在 20 世纪 90 年代全球掀起的信息化、网络化、高科技的新经济革命中处于极其被动的地位，在很多重要的尖端领域落后于美国等发达国家。

其次，政府的宏观调控措施几乎失灵。自 1992 年以来日本央行连续降低利率，以刺激企业的投资、减轻企业的偿债负担、增加居民个人消费、拉动内需、和恢复国家的经济活力。但是这一系列的举措并没有刺激经济的好转和企业经营状况的改善。究其原因，从银行角度看，银行破产和金融危机使日本的银行业大伤元气，庞大的不良资产疾重难返，这些银行在给企业贷款问题上开始缩手缩脚，生怕加重自身不良资产负担。从企业角度看，企业一方面无法得到充足的贷款资金，另一方面受到经济萧条和经济通缩影响，无法在短时间内摆脱经营困境。基于这种背景，无论政府采取什么样的措施，都难以挽救衰退的局面，国家的宏观调控措施几乎失灵。

第三，日本经济明显衰退。随着银行的破产和金融危机的发生，日本的国民经济因此受到重创。日本企业和家庭在 1990－1996 年间共损失资本 840 万亿日元，[①]许多中小企业纷纷破产。从表 7、8、9、10 中几组 1994－1998 年的数据中可以看出，日本 90 年代的金融危机给日本企业和日本经济所带来的极大负面影响。

表 7　按注册资本分类的破产企业家数及占当年破产企业总数的百分比

企业类别	1994 年	1995 年	1996 年	1997 年	1998 年
个体经营	2907(20.8)	3162(21.0)	2767(19.0)	2889(17.7)	3588(18.7)
≤100 万日元	312(2.2)	307(2.0)	149(1.0)	42(0.3)	36(0.2)
100 万日元－1000 万日元	7074(50.6)	7412(49.1)	5458(37.5)	5009(30.6)	5498(28.7)
1000 万日元－5000 万日元	3357(24.0)	3832(25.4)	5795(39.8)	7886(48.2)	9308(48.6)
5000 万日元－1 亿日元	223(1.6)	238(1.6)	273(1.9)	361(2.2)	502(2.6)
＞1 亿日元	90(0.6)	135(0.9)	102(0.7)	178(1.1)	239(1.2)
合计	13963(100)	15086(100)	14544(100)	16365(100)	19171(100)

资料来源：(日)野田武辉，日本企业破产的实况，经济界，1999 年第 4 期。

① 刘光友，“日本银行的信贷扩张及其危机效应”，《现代日本经济》，2004 年 第 1 期。

表 8　破产企业的负债总额

单位:亿日元

年度	1994 年	1995 年	1996 年	1997 年	1998 年
负债总额	54996	90335	79945	140210	143812

资料来源:(日)野田武辉,“日本企业破产的实况”,《经济界》,1999 年第 4 期。

表 9　按行业分类的破产企业家数及占当年企业破产总数的百分比

单位:%

行业	1994 年	1995 年	1996 年	1997 年	1998 年
建筑业	320(23.0)	3786(25.1)	3710(25.5)	4785(29.2)	5440(28.4)
制造业	2740(19.6)	2818(18.7)	3670(18.4)	2666(16.3)	3325(17.3)
批发业	2912(20.9)	3073(20.4)	2996(20.6)	3324(20.3)	3870(20.2)
零售业	2245(16.1)	2465(16.3)	2382(16.4)	2490(15.2)	2859(14.9)
服务业	1537(11.0)	1552(10.3)	1532(10.5)	1715(10.5)	1953(10.2)
其它	1323(9.4)	1392(9.2)	1254(8.6)	1385(8.5)	1724(9.0)
合计	13963(100)	15086(100)	14544(100)	16365(100)	19171(100)

资料来源:(日)野田武辉,“日本企业破产的实况”,《经济界》,1999 年第 4 期。

表 10　按创业年份分类的破产企业数量及占当年企业破产总数的百分比

单位:%

行业	1994 年	1995 年	1996 年	1997 年	1998 年
≤3 年	860(6.2)	745(4.9)	733(5.0)	790(4.8)	779(4.1)
3—5 年	1877(13.4)	1532(10.2)	1019(7.0)	965(5.9)	1019(5.3)
5—10 年	3592(25.7)	3959(26.2)	3660(25.2)	3964(24.2)	4029(21.0)
10—15 年	2246(16.1)	2409(16.0)	2438(16.8)	2849(17.4)	3343(17.4)
15—20 年	1723(12.3)	1958(13.0)	1958(13.5)	2058(12.6)	2552(13.3)
20—30 年	2199(15.7)	2608(17.3)	2734(18.8)	3215(19.6)	4000(20.9)
30 年以上	1463(10.5)	1875(12.4)	2002(13.8)	2524(15.4)	3449(18.0)
合计	13963(100)	15086(100)	14544(100)	16365(100)	19171(100)

资料来源:(日)野田武辉,“日本企业破产的实况”,《经济界》,1999 年第 4 期。

在银行破产和企业倒闭的背景下,日本经济增长出现了大幅度的下降。从 1988 至 1996 年,日本 GDP 的变化可以明显看出日本经济的衰退情况,而且在 90 年代初泡沫经济破灭后,经济的下滑速度更快一些。见表 11。

表 11　1988—1996 年日本实际 GDP 的变化程度

单位:%

	1988 年	1989 年	1990 年	1991 年	1992 年	1993 年	1994 年	1995 年	1996 年
真实 GDP 变动率	6.2	4.8	4.8	4.3	1.4	0.1	0.5	0.9	3.2

第四,出现经济空洞化趋势。银行的破产以及金融机构的倒闭使得日本国内的经济长期处于低迷状态,并逐渐使日本经济出现了空洞化趋势。所谓空洞化大体上是指一个国家由于受到某些内部经济因素或外部环境因素的影响,将本该在国内发展的行业移师海外的一种趋势。银行业的危机以及连年的经济不景气,使得日本的产业界和金融界出现了不同程度的空洞化现象。

从日本的产业界来看,由于日元的升值以及国内经济萧条的因素,日本国内的生产环境和投资环境趋于恶化。于是不少厂商选择了离开状况不佳的本土环境,转向扩大海外投资的项目。1993 年末,日本对内和对外投资比为1:17，而同期其它发达国家的内外投资比依次为，美国1:1.1；英国1:1.0；德国1:1.4；法国1:1.3。另外，在对144家机械产业公司(包括不少高科技公司)的调查中发现，从1992年至1994年，这些公司的海外投资产值扩大了32%，而国内生产减少了80%。[①] 这些数据应该很让日本的产业界担忧，透过这些数字，不仅要看到投资海外的好处，更要看到大规模投资海外对日本国内经济的影响。在当今全球化的背景下，许多发达国家的确存在不同程度的产业空洞化现象，投资海外和在海外建厂的确可以更接近消费市场，减少运输费用和中间环节，降低生产成本，但同时也要看到，大规模地将资本和产业移师海外可能产生以下及各方面的后果：即直接导致日本国内的生产投资萎缩，使国内就业机会的大规模减少，间接影响内需的增加，影响日本国内的研发能力，使之失去产业创新的动力。

从金融业来看，由于银行业的危机和股票市场泡沫的破灭，日本金融证券市场失去生机和活力，空洞化趋势也越来越明显，主要表现在：

日本本土股票市场资金交易量萎缩。伴随着日本经济的持续萧条和股票市场的大幅度震荡，日本股票市场交易规模渐缩。自1989年至1998年间，东京证券交易市场的成交额呈递减趋势，递减幅度超过69%。(见表12)

表12　东京证券交易所股价和股市规模的变化

年份	东证股价指数		日经225种平均股价		股市规模(亿美元)	
	指数	环比(%)	平均股价(日元)	环比(%)	交易额	市价总额
1989	2881.37	22.3	38915.87	29.0	24312	42604
1990	1733.83	—39.8	23848.71	—38.7	13031	28217
1991	1714.68	—1.1	22983.77	—3.6	8271	30186
1992	1307.66	—23.7	16924.95	—26.4	4759	23205
1993	1439.31	10.1	17417.24	2.9	7823	28999
1994	1559.09	8.3	19723.06	13.2	8554	35933
1995	1577.70	1.2	19868.05	0.7	8894	35565
1996	1470.94	—6.8	19361.35	—2.6	9382	29964
1997	1175.03	—20.1	15258.74	—21.2	8982	21618
1998	1086.99	—7.5	13842.17	—9.3	7446	23805

资料来源：黄泽民著，《日本金融制度论》，华东师范大学出版社，2001年。

海外证券交易市场上日本股票交易额增加。在日本本土证券交易量大规模递减的同时，投资者将资金转向海外金融市场，参与伦敦和新加坡等证券市场或期货市场的交易，以寻求更全面的金融服务和更安全有序的金融市场环境。从表13数据中我们可以看出上述趋势。

表13　日本股票交易额在伦敦市场与东京市场的比较

单位：亿日元

	1990年	1991年	1992年	1993年	1994年(1—6月)
伦敦证券交易市(A)	102222	92876	73309	95711	71112
东京证券交易市(B)	1866688	1108975	601104	868891	518848
比率：A/B(%)	5.5	8.4	12.2	11.0	13.7

资料来源：高建华，浅析日本的金融空洞化，现代日本经济，1996年第6期。

一些外国银行和证券公司将其总部迁移到香港和新加坡等地。一些外国大企业也从东京证券市场撤出。1991年时，参与东京证券市场交易的外国企业数量为127家。1994年6月，这个数量减至97家。到1995年10月，只剩下了87家。[②]

金融空洞化的结果使投资者逐渐丧失在日本金

① 赵儒煜，“日本‘空洞化’论剖析”，《现代日本经济》，1996年第6期。

② 高建华，“浅析日本的金融空洞化”，《现代日本经济》，1996年第6期。

融市场上的投资信心，国外资金撤离和本国的资金外逃，使日本证券市场由于资金的抽走而导致供血不足，股票市场等出现持续的萎靡，甚至萎缩，进而影响整个股票市场的融资功能，使得企业的直接融资渠道深受影响，从而影响国民经济的健康发展。

第五，日本国际金融大国的地位受到严重威胁。从世界大银行总资产排行榜的变化中，可以看出随着金融危机的加剧和银行业的衰退，日本银行的国际地位日趋下降，信誉程度大大滑坡。1982 年，日本银行就开始跻身世界排行榜的前十位。比如，第一劝业银行位于第八位，富士银行位于第十位。1987 年，日本银行在世界大银行排行榜中更显出强大的实力和霸气，在前十名中，除第八名是一家法国银行外，其余均被日本囊括。1991 年，日本银行在世界排行旁中仍然占据了前七名和第十名的位置。1992 年，在世界大银行排行榜中，日本的银行完全从前十位消失了。而且，在当年由美国穆迪评级公司评定的大银行信用等级时，没有一家日本的银行进入 A 级。1996 年 3 月，美国穆迪评级公司对日本 50 家银行进行评级的结果是，没有一家银行进入 A 级；只有一家地方银行——静冈银行进入 B 级；另外有 3 家被评为 C^{+}；10 家银行评为 C 级；10 家为 D^{+}；16 家为 D 级；还有 3 家被评为最差的 E 级；其整体平均评级为 D 级[①]。日本银行业的危机使其在世界总体排名中的位置每况愈下，信用等级连连走低，与之 80 年代的高信用评级形成鲜明的反差。

四、美国和日本商业银行破产原因分析

(一)美国商业银行破产原因分析

1. 农业问题与银行破产

在 20 世纪 80 年代，美国商业银行的破产首先发生在农业银行中。美国的农业生产和农业收入在 70 年代时，达到一个历史高峰。农业投资的需求增加很快，但是 80 年代初期的通货膨胀和高利率，使农业地产价值飚升，容易得到农业贷款，使农业中的信贷规模迅速增大。那些大量贷款给农业客户的银行，其经营绩效自然就与农业经济的发展状况联系起来了。当农业收入增加时，农业方面的贷款需求通常会增加；当农业部门处于困难时，银行的不良贷款和贷款损失也会增加。因此在 80 年代，银行的经营状况与农业经济的发展具有十分密切的联系。1981 年至 1985 年是农业经济处于困境的年代，同样也是商业银行破产倒闭的年代。1985 年一共有 65 家银行破产，占全美国破产银行总数的一半。

由于银行的破产与农业的生产周期相联系，因此，由农业问题而引发的银行破产，一般具有地域性和行业性。农业部门的问题和破产银行大多在美国中西部的一些州，如爱荷华州、达科达州、内布拉斯加州、堪萨斯州、伊利诺斯州、明尼苏达州、密苏里州、俄克拉荷马州和德克萨斯州。这些州是主要生产粮食，农业经济是其主要经济支柱；另一方面，这些州生产的农作物如小麦、谷物和大豆等，都是供出口的，出口受到影响的话，这些农业部门的收入就会受影响，因此，位于这些州的地区性农业银行大都破产了。此外，这些地区的土地价格大幅度下降，使那些提供购买土地和农业设备的贷款银行，承受较大的信贷风险。

在提供农业贷款中，除了一些非银行的金融机构蒙受损失之外，农业银行是最大的损失者之一了。在 20 世纪 80 年代之前，很少有农业银行破产的，但是从 1983 年至 1985 年，破产的农业银行是全美国破产银行总数的 51.7%，在 1987 年仍有不少农业银行破产，从 1984 年到 1987 年，总共有 205 家农业银行破产，占全美国银行破产总数 548 家银行的 37.4%，从 1988 年到 1990 年，仍有 62 家农业银行破产，占破产总数 655 家的 9.5%。

但是，由于破产的农业银行规模比较小，1984 年时，其平均资产为 2800 万美元左右，1989 年为 3200 万美元，在数量上虽然占总银行数量的 23%，如果按资产来计算的话，农业银行所占份额很小，超过 2 亿美元资产的农业银行不到 1%。但是农业银行在农业经济中却发挥了非常重要的作用，不足 5%的农业银行总资产，却持有商业银行农业贷款总额的 44%。由于这些特征，使数量庞大的破产农业银行，只花费了存款保险资金少量的救援资金。

地区的经济环境确实对农业银行的破产有较大的影响，但这不是根本原因。因为在这一地区其他的许多农业银行都还在良好地运行着，并没有破产，关键是他们比较好地解决了资产多样化的问题。

2. 发展中国家的债务危机与银行的隐性破产

1982 年由于墨西哥政府宣布不能偿还到期的 800 亿美元的债务，由此引发了一连串的发展中国家无法偿还贷款的债务危机。其中有 16 个国家是

① 杨旭东，“日本的金融危机与金融改革”，《现代日本经济》，1998 年第 2 期。

拉丁美洲国家，4 个最大的债务国为墨西哥、巴西、委内瑞拉和阿根廷，一共欠各种商业银行贷款 1760 亿美元，占发展中国家贷款总数的 74%。而在这些债务中，有 370 亿美元是欠美国前 8 大银行的。这些贷款资产是这些银行资本和储备的 147%。因此，国际债务危机使美国一些国际大银行面临贷款违约风险和破产的命运。

20 世纪 70 年代的石油危机以后，拉美国家加大了借外债的力度，大量的外债都是银团借款，期限多为中长期，贷款利率是浮动的，约有 2/3 的贷款利率是根据伦敦同业拆借利率（LIBOR），每 6 个月变化一次的，这样的贷款模式会因为借贷国宏观经济环境的变化，在每一次的重新定价时，承受较大的风险。而这些银团贷款多半是美国商业银行，特别是货币中心的大银行提供的，他们以欧洲美元的方式，给拉美国家提供贷款。中等规模的地区性银行和非货币中心银行，以及许多小银行也都参与了这一种信贷活动。八大货币中心银行在 1978 年底就给拉美国家提供了近 360 亿美元的贷款，这一数字是他们总资产的 9%，是 8 大银行平均资本和储备的 208%。

美国商业银行开拓海外信贷市场的动机源于 70 年代后期，为了应对美国国内金融市场结构变化，而进行的寻找新市场和盈利的行为。特别是其它金融机构的兴起，对他们的资产和负债业务构成了新的威胁，他们在传统金融市场中的份额和地位受到了严重的挑战。为了寻找新的资金使用渠道，转而走上了充满风险的向海外扩张的道路。而美国的监管部门，虽然也听到了一些警告的声音，但没有引起足够的重视，普遍认为，这样的信贷应该不会有什么问题的。

70 年代末期，已经有一些债务危机的迹象了，拉美国家普遍经济不景气，加上 1979 年再次发生的石油危机，恶化了拉美国家偿债的能力。而 80 年代开始，美元走强，利率居高不下，更加剧了这些借贷美元外债国家的成本负担。而拉美国家还在大量借贷外债，从 1979 年到 1982 年，外债总数从 1590 亿美元上升到 3270 亿美元，为了满足这些需求，美国银行也加大了信贷规模，8 大货币中心银行的拉美贷款从 1979 年的 360 亿美元，上升到 550 亿美元，是其资本和储备的 217%，高集中的大额信贷，使美国商业银行的风险已经暴露出来了。美国联邦储备银行委员会的官员、经济学家以及一些经济观察家已经看出银行问题的严重性了，但是市场信息却还没有反映出这些不妙的迹象，标准普尔的信用评级以及银行股票价格都对银行有比较好的收益预期。实际上，在拉美国家债务危机前夕，这些银行的收益还不错的，资本收益率平均达到 12.7%，资产收益率平均为 0.5%。

美国的监管机构试图阻止美国银行的冒险行为，减少向拉美国家借款的数量，但是作用不大。只有一个措施大概还有些作用，那就是银行信贷“不能集中于一个借贷者”。

1982 年，继墨西哥债务危机之后，40 个国家不能承受美国高利率带给他们的利息成本，1983 年，又有 27 个国家要求重新谈判他们的债务问题，只有到这时，银行才开始意识到问题的严重性，减少了对这些国家的信贷。

发展中国家的债务危机，使不少银行遇到了贷款的国家风险，事后也有人会问，既然这种贷款的风险那么高，为什么银行还要趋之若鹜呢？是否有什么外在的压力要银行这么做的？很显然没有任何证据，证明贷款国和国际组织压迫银行去做这样的贷款，那都是银行自己愿意做的贷款投资，不少公司主管认为，拿这些石油美元再投资，可以获得更大的利润，也许还是一个爱国的举动。无论是贷款国还是美国政府都认为，通过私人金融中介机构，资源会得到最有效的配置。

美国的商业银行在这场的债务危机中，实际上已经破产了。但是美国金融监管当局采取了宽容的监管政策，要求给发展中国家发放贷款的银行，重新补足资本金，而不是提留大量的贷款损失准备金，这样就使银行处于隐形破产状态。如果不是这样的话，美国的前 10 大银行都要公开破产倒闭，有可能引发大的政治和经济危机。从 1987 年开始，美国银行业承认了给发展中贷款的巨大损失。最后他们借助国际货币基金组织，与贷款国协商谈判，重新商谈还款时间，后来又减免一些债务，而减免债务的费用是由国际货币基金组织和世界银行筹集的，美国银行承受了大部分的贷款损失，发展中国家的债务危机以及由此引起的美国银行危机，就是以这样的方式解决了。

3. 能源问题与银行破产

美国的西南地区，包括德克萨斯州、俄克拉荷马州、路易斯安娜州、新墨西哥州和阿肯色州，是 80 年代美国银行破产的重灾区之一，第一城市银行公司（First City Bancorporation）、第一共和银行（First RepublicBank Corporation）、以及 Mcorp holding companies 控股公司等较大的银行先后破产。而在西南地区，德州的银行破产更为严重，从 1980 年到 1989 年，有 425 家银行破产，其中有 9 家是德州前 10 位的银行。西南地区的银行破产原因是多方面的，但是不可否认的是，该地区的能源问题是引起银行破产的重要原因。

石油产品包括原油和天燃气，是该地区经济的主要支柱之一，同样也是银行破产的力量所在。当 70 年代初期石油危机时，美国进口原油的价格仅是每桶 2.75 美元，在 80 年代时却涨到了每桶 36.95 美元。但是石油产品的需求还在不断增加，有人甚至很乐观地估计，油价有可能涨到每桶 60 美元，许多人都想贷款进行石油勘探、开采和提炼各种石油产品。面对石油行业的巨额利润，商业银行普遍扩大了石油行业的贷款。但是好景不长，仅仅过了几年的时间，由于国际政治局势的变化、美国经济的衰退以及产油国调整政策，油价就开始下降，从原来每桶 36 美元的高价，跌到了每桶 15 美元，最低的时候是每桶 10 美元。这使那些给石油行业大量借贷的银行来说，就要面临着大量的违约风险和呆帐，而石油价格下降的时间持续过长，使大量银行面临破产的命运。但是银行的经营者们仍然被要求维持市场份额，目的是为了在竞争的环境中，拉住顾客，而不惜成本和风险而借贷。1981 年，德州共和银行就是如此，鉴于董事会的压力，为了保护银行在能源行业的市场占有率，而继续为那些濒临破产的企业借款，董事会主席詹姆士 · D · 贝里（James D. Berry）即把那些负责能源贷款业务的经理们叫到他的办公室，号召他们振作起来，并告诉他们说，他还要扩大能源贷款，因为他相信，石油价格一定会恢复到每桶 60 美元的。

这只是非常典型的银行经营者的心态，当时别的银行管理者也是这么想的。都认为石油价格的下跌是暂时的，该行业从长远来说是有前途的。一些警告的声音，已经变得很微弱了。在危机来临时，银行的管理者不是理智地想办法避免更大的损失，而有些孤注一掷了。同时，该地区的银行不止是经营一种周期性明显而风险又大的业务，还经营风险更大的商业性房地产业务。因此，银行破产倒闭是在所难免的。

俄克拉荷马州佩恩广场银行（Penn Square Bank , N. A. of Oklahoma）和德克萨斯州的米德兰第一国民银行（First national Bank of Midland, Texas）就是因为进行大量房地石油贷款而破产的两个银行典型。

佩恩广场银行是一个位于俄克拉荷马市大型购物中心，且原来只有一个办公室的银行，1982 年 7 月 5 日破产时银行资产为 5.168 亿美元，存款总额为 4.704 亿美元，是俄克拉荷马州第 7 大银行。它的石油贷款主要贷给那些小型的石油和天然气生产商，80％的贷款都是与石油行业有关，只在短短的 5 年时间，它的资产规模就从 3000 万美元，增加到 4.36 亿美元，只要是与石油行业有关，它都愿意提供贷款，而贷款条件很松，接受贷款企业 75％的石油和燃气的价值作为抵押。它的资金来源大部分依赖存款，更有甚者，佩恩广场银行还将大量高风险的石油和燃气贷款资产，出售给货币中心的大银行，其中芝加哥伊利诺斯大陆银行买了 10 亿美元，而纽约大通曼哈顿银行买了 2.12 亿美元。佩恩广场银行的大量石油和燃气行业贷款，是根据当时高油价时积累的，当油市不景气时，大量贷款违约，而以石油资产抵押的贷款更加缩水了，导致该银行破产倒闭。在它倒闭两年以后，受其牵连，芝加哥伊利诺斯大陆银行也宣告破产。

德克萨斯州的米德兰第一国民银行也是大量投资能源行业。把它主要贷款集中在石油的钻探和开采上，而用于资产扩张的资金来源于华尔街投资者的大量存款，面对行业扩张的势头，它逐步放弃了谨慎的经营原则，放松贷款条件。例如，它允许客户自行评估其抵押产品的价值，银行还以其“握手贷款”而著称，投资长期的油气企业，这是引起其破产的主要原因。在 1983 年 10 月破产时，它的不良贷款占总资产的比例是 25％，这在当时破产的美国银行中是最高的，最后由于坏消息传播速度非常快，动摇了公众的信心，出现大量挤提存款的现象，破产就成为势在必然的趋势了。

4. 房地产贷款与银行破产

美国前联邦存款保险公司主席 L · 威廉 · 塞德曼（L. William Seidman）认为，美国银行的破产主要与房地产贷款有关。主要是银行为了与货币市场金融工具抢顾客的结果。为了保持利润的增长，美国大银行都试图进行杠杆收购（Leveraged buy-outs, LBOs）和给拉美国家贷款，但是最大的信贷增长是房地产的新贷款。80 年代初期，房地产贷款是银行资产的 10％左右，但到 80 年代中期，却高达 50％～60％，从而推动房地产的膨胀，出现“只要银行贷款，房地产商就建房”的局面。因此，在这一时期里，美国银行破产的主要原因是银行的大量房地产资产，都暴露在该市场的高风险中。

商业性的房地产建设，如办公楼、零售中心和工业用房，更是一个风险高的投资领域。它不仅要受到地区性经济周期，还要受到一国经济发展趋势的影响；房地产业方面的建设家户和市场信息是难以得到的，很多交易是私下进行，交易条件也是不公布于众的；房地产的市场和价格都是经常变动的，许多房地产项目都是债务杠杆融资，更加剧了这一市场的变动性；另外政府的税收和其它的经济政策、投资期限过长以及宏观经济环境的变化，都有可能导致房地产市场的高风险性。

而从银行来说，这是一个新的投资领域，没有足够的专业技术人才，在签订合同时处于劣势的一方，在贷款文件中，通常有一些条款对银行是不利的，如“无追索权”(nonrecourse)的条款，使银行不能有效地从借贷者的资产中得到一些损失补偿。

在80年代期间，银行的资产增长速度非常迅速，而在资产的增长中，房地产贷款在银行资产中的比例，从1980年的18%，到1990年上升到27%。房地产贷款总额从1980年的2690亿美元，上升到1990年的8300亿美元，增加了3倍多，光是商业性房地产的贷款就从1980年的640亿美元，上升到1990年的2380亿美元，增加了近4倍。

因此，当房地产业出现泡沫现象时，银行资产质量普遍恶化，不良贷款比例大幅上升，1991年房地产的不良贷款高达8.2%，被注销的房地产贷款为2.1%。

商业银行由于面对着非常竞争性的经营环境，因此，在签订合同时，害怕别的银行抢了生意，“假如我不提供贷款的话，别的银行就会抢在我的前面”，加上当时办理这种贷款费用可观，银行都普遍放宽保证条款，而对贷款的房产抵押价值的估计，太过于乐观。有的银行还跨州发放贷款，或者与其它跨州合作者共同发放贷款，而对于房地产项目没有进行仔细的调查，对它们的资质没有太多的了解，既没有经过专门的房地产评估机构，也没有经过监管部门的评估，就很草率地签订合同。

因此，在80年代和90年代，破产的银行中有相当大一部分是因为投资于商业性房地产。这一部分的贷款通常占其房地产贷款总额的40%以上，有的高达69%。在不良贷款中，87%是房地产贷款(1993年)，被注销的呆帐中，房地产占20%，大量投资这一行业的银行没有一个能够逃脱破产的命运的。

美国西南地区和南加州地区的多数破产银行都有同样的经历，房地产贷款是其破产的主要原因。但是美国东北地区因为房地产泡沫而破产的银行，更有典型的意义。东北部主要是新英格兰地区的6个州(缅茵州、新罕布什尔州、佛蒙特州、麻萨诸塞州、罗得岛州和康涅狄格州)，加上纽约和新泽西州。这是一个银行比较集中的地区，大银行都集中在这里，银行家们向来在银行经营方面是比较谨慎和保守的。但是在房地产热中，同样也迷失了方向。从1983年开始涉足房地产业，到1986年房地产贷款快速增加。而这种资产的增加是通过互助储蓄银行向股份制的转制、重新注资、该地区比较高的收入水平以及大量新银行注册成立等方式得以维持的。转制的银行，可以得到外部资金，同样带来了为股东能够获利的压力，使他们不断开拓以房地产业为主的新业务。大量新注册成立的银行，使银行业的竞争环境更为激烈。银行纷纷争相给房地产商贷款，这种贷款在银行资产中的比例不断上升，在1983年的平均比例为25%，1986年为39%，到1989年高达51%，大大高于美国的平均水平。因此，当90年代美国房地产泡沫崩溃，地产价格下跌时，东北部地区的银行损失惨重，1990年，美国货币监理总署的官员罗伯特·克拉克(Robert Clarke)也认为，该地区银行的问题和破产主要原因是房地产泡沫。

在1989年该地区就出现了不良资产大幅度上升的严重问题，许多的房地产贷款已经被蒸发了。1990年，纽约的7家最大的储蓄银行，就有总数307亿美元的不良贷款。当时美国最大的银行花旗银行(Citicorp)，总资产为2170亿美元，而贷款损失高达3.82亿美元；大通曼哈顿银行(Chase Manhanttan)是当时美国第三大银行，1990年的贷款损失准备金为2亿美元，同时注销了2.3亿美元的呆帐。1994年时，由于大量房地产不良贷款而破产的银行，包括位于纽约，资产74亿美元的CrossLand Savings Bank，资产规模为40亿美元的Dollar－Dry Dock，资产规模为32亿美元的American Savings Bank，以及位于新泽西州，资产规模为35亿美元的Howard Savings Bank。

CrossLand Savings Bank就是一个典型的因为房地产泡沫而倒闭的银行。1986年，它从一个互助储蓄银行转制为股份制银行，1989年资产规模迅速上升到150亿美元，从一个专门的储蓄银行，摇身一变就成为为大都市房地产融资提供服务的综合金融机构，在美国东西海岸积极进行银行的合并收购工作。其资产业务主要包括:银行按揭市场、商业和消费者信贷、中介人的贴现服务、人寿保险服务以及房地产贷款等。1990 年的第一个季度,该银行就损失了 1.365 亿美元,它想通过优先股补充资本金,但是储蓄机构监管总署认为,新的法律是不允许这样做的,使它资本短缺 1.13 亿美元。由于资本不足,它不得不把垃圾债券在低迷的市场中出售,蒙受了大量损失。1990 年,它在纽约市的商业房地产贷款就占其总资产的 22%,其近 50%的资产都是分布在当房地产的投资、收购、开发和建设上,当房地产价值大为缩水时,损失在所难免,1991 年 9 月,其资产价值就缩水了 20%多,当年前 9 个月的损失高达 3.08 亿美元,基本上处于资不抵债的状况,1992 年 1 月 24 日宣告破产。

Howard Savings Bank 是因房地产而破产的另一个典型例子。该银行是新泽西州破产的最大银行,是一个州政府颁发营业执照的银行,有 70 个分支机构,1988 年银行资产为 52 亿美元。80 年代中期,它的房地产贷款的增加速度虽然不是最快的,但是它把银行资产主要集中在房地产的投资和开发上,1989 年时房地产贷款为 37 亿美元。其实它的房地产贷款在 1988 年就开始出现问题了,贷款的项目信用等级较差,而还跨州进行贷款,当 80 年代末期,房地产泡沫时,该银行损失巨大,连续三年亏损,到 1992 年它在“骆驼评级体系”中,已经被评为最后一级了,到了资不抵债的地步,1992 年 10 月 2 日宣告破产。它已经经营了 135 年,在大萧条的年代都幸存下来了,但是却倒在房地产的萧条中。

5. 政府监管机制与银行破产

从 1980 年至 1994 年,美国关于银行监管方面出现了自大萧条以来最大的一次立法高潮,这些法律法规以及监管方面的变化,对金融业来说产生了较大的影响,而这些对于银行的破产也起到了一些直接和间接的作用。联邦银行管理机构有着保护整个银行体系安全和健康运行的责任,但是州一级的立法机构和监管机构在监管州政府发放执照的银行机构方面,也同样发挥了重要的作用。这些法律法规以及不同级别的监管机构,由于各自有不同的出发点,观点和理念也不尽相同,往往会出现不同的声音。这些监管职能互有交叉的监管机构,他们在面对金融自由化的发展趋势时,态度基本一致,但是如何协调和进行监管,还没有形成比较成熟和有效的机制。

一方面,政府的监管机构希望改变对美国银行业的经营控制,使银行业可以在同一起跑线上进行公平竞争。在联邦一级的监管机构中,货币监理总署(OCC)是最先积极推动放松金融管制的,联邦储备银行体系理事会(FRB)和联邦存款保险公司(FDIC)则次之,他们都同意银行涉足一些新的领域。为此,立法机构相应地通过了 5 个法案。1980 年的《存款机构放松管制和货币政策控制法案》(The Depository Institution Deregulation and Monetary Control Act of 1980)和 1982 年通过的《高恩—圣杰曼存款机构法》(The Garn－St Germain Depository Institutions Act of 1982)。这两个法律主要是放松金融监管、废除格拉斯——斯蒂格尔法的一些条款以及扩张银行的权力;消除对存款利率的限制,对跨州设立分支机构的限制,以及对不同规模的银行机构的差别存款准备金制度,还允许银行机构跨州兼并和收购。这样就可以使银行与货币市场工具相竞争了。1987 年通过的《银行平等竞争法》(The Competitive Equality Banking Act of 1987,)目的在于消除银行体系和储蓄行业的一些机制问题,同时允许联邦监管当局赋予银行有从事证券业、保险业和房地产业的权力。1989 年通过了《金融机构改革、复兴合加强法》(The Financial Institutions Reform, Recovery, and Enforcement Act of 1989),目的是重新组建了监管储蓄机构的监管机构,废除了 FSLIC 代之以储蓄协会保险基金(SAIF),在银行保险基金(Bank Insurance Fund, BIF)的管理之下,储蓄业监管总署成立(Office of Thrift Supervision),并在财政部的监管之下。1991 年通过了《联邦存款保险公司修正法》(The Federal Deposit Insurance Corporation Improvement Act of 1991),联邦存款保险公司的一些监管条款作了调整。

另一方面,监管机构又试图建立新的风险管理体制。将监管的内容逐步转到对银行资本充足率的严格管理上。资本充足率、立即改正行动的执行、宽容监管政策的实施,则成为监管的主要措施。特别是宽容监管政策的实行,给银行经营者以及破产银行传递了一个错误的信号,即政府一般不会让银行破产。如最早实施于 1982 年的“净值存证计划”,1986 年当农业银行和涉及到能源贷款银行出现问题时,在这些银行中实施了“资本宽容计划”。而在 80 年代末期,则此政策广泛用于储蓄和贷款协会的危机处理中,因此,这样的监管和处理措施的局限性就难以避免了。

监管方面的另一个问题涉及到使用“中介存款”的问题。这是一种“热钱”,是引起储蓄机构危机的一个原因,监管机构限制有问题的银行使用这一类资金。为此,监管立法提高了存款保险的金额,从原来的4万美元,提高到10万美元,以此来吸引存款客户,提高与货币市场金融工具的竞争力。

同时,对于银行不能把信贷集中于一个借款者身上的限制也逐步放松了,从原来的10%的限制,放松到15%,并规定如果资本有保证的话,还可以增加10%的信贷给同一个借款者。1983年开始,关于国民银行给房地产贷款的限制也放松了,政府允许国民银行可以经营房地产贷款业务了。州一级的银行监管机构和法律是允许州政府颁发执照的银行,经营证券业、保险业和房地产业务,还允许进入其它的新行业,而这是联邦一级的监管机构不太允许的。1982年以后,为了逃避法律对银行的监管,申请成立“非银行的银行”的人数也越来越多,这些银行的监管基本处于无序状态。

伴随着放松金融管制的过程,加上各方面的监管漏洞,使美国银行经营者放弃了原来传统的谨慎原则。大量银行的资产都涉及到风险较高的行业,难逃破产的命运。

6. 内部管理和控制与银行破产

前面所谈到的几个方面的原因,虽然有不同的方面和表现形式,但是对于银行来说,都是外部的经营环境,以及引发破产的外因。这些因素对于其它银行来说,也都是要面对的,但是为什么这么多的银行没有破产,而且还经营得不错,偏偏这些银行倒闭了,因此,引起银行破产的关键是内部因素,内部管理和控制是银行破产的最主要内因。

从银行管理的角度来说,银行的破产是因为董事会和高级管理人员不善经营,缺乏全局眼光。他们没有了解当地经济、美国经济乃至世界经济形势的发展趋势,没有做好贷款资产组合的充分分析论证,盲目扩张和发放贷款,特别是商业性房地产贷款,将贷款集中于某一个行业或部门。没有认真对待贷款合同的签订,不注重贷款抵押的比例和资产,贷款发放出去以后,又没有必要的风险监管措施。中层管理和具体的办事人员对银行的政策又不甚了了,没有很好地贯彻和执行董事会的贷款政策。银行的内部控制制度也是不完备的,出现了不少管理上的漏洞,内部人员的欺诈和渎职的行为时有发生。

从银行内部控制的角度来说,部门之间、上级下级之间、同级别的人员和管理者之间、银行经理与客户之间,经常出现信息不对称的现象,银行的内部控制是比较混乱的,特别是大银行更是如此。

在80和90年代破产的每一个美国银行中,都或多或少地存在这方面的问题。比如曾两次破产的德克萨斯州的银行公司(First Bancorporation)就是比较典型的,纽约的富兰克林银行(Franklin National Bank of New York)、旧金山的美国国民银行(United Sates national Bank of San Francisco)、以及汉密尔顿银行也有这样的情况。

由于存在诸多内部行动和管理的不协调,银行的某些资产就有出现管理的“真空”,大家都没有对资产的风险给与足够的关注,发放的贷款就很有可能出现问题。

(二)日本商业银行破产原因分析

1. 经济泡沫化背景下银行过度参与房地产融资和证券融资

20世纪80年代中期,日本由于签订“广场协议”,使得日元汇率一路走高,日元的大幅度升值所产生的直接后果使日本的对外贸易受到严重打击,以致严重依赖外需的日本经济很快陷入一场萧条。为摆脱经济萧条,日本被迫扩大内需来替代出口。为此日本政府和银行采取了一系列力度强大的政策措施,一举将官定利率降至2.5%的“超低”水平。在金融自由化全面推开和实体经济资金需求缩小的背景下,超低利率导致的大批过剩资金纷纷涌向股市和房地产市场,股市连创高点,土地价格迅速上升。结果以股价和地价攀升为中心的经济泡沫急剧膨胀。

此时,日本银行业正处于以放松管制为重点的金融改革初期。众所周知,二战后日本为重建和发展经济,产生了大量的资金需求,由于国内证券市场不发达,企业的资金主要靠银行提供,许多银行都严重“超贷”,为了保证资金供给,政府确立了发展间接融资为主的金融发展战略,采取一系列保护银行业的措施,如中央银行对商业银行贷款支持、实施分业经营政策、限制利率政策和分离国内外金融市场政策等等。这种保护政策到了20世纪70年代,日益暴露出其自身的缺陷。过度的政策保护使日本银行业缺乏市场竞争、管理手段落后、缺乏创新、经营机制不完善等,这使得日本金融业的发展远远滞后于其经济本身的发展。因此从80年代后期日本政府开始考虑金融改革,提出金融自由化和国际化的目标,并在利率自由化和放宽分业经营方面采取了一些措施。但在金融自由化的同时,政府并没有建立有效的金融监管体系。因而在泡沫经济时期，面对企业旺盛的贷款需求，整个银行体系严重超贷。

到20世纪90年代初，日本泡沫经济突然破灭，股价和地价大幅度下跌，企业资产大幅缩水，银行业的巨额贷款无法收回，形成庞大的不良债权，一些金融机构被拖垮，从而引发了金融危机。以下三个金融机构的破产，可以很好地说明这一问题。

案例：住宅专门金融机构

“住专”是日本“住宅专门金融机构”的简称，主要经营不动产抵押贷款业务。20世纪70年代，日本经济进入高速增长时期，随着国民收入的快速增加，购买住房成为新的消费热点。但是，日本法律规定，银行等金融机构不能直接向私人提供住房贷款。为了绕过这一法律障碍，1971年日本三和银行系统率先成立了“日本住宅金融”。[①] 后来多家银行纷纷效仿，到1976年“住专”机构发展到7家。

20世纪80年代，日本经济泡沫化严重，股票价格和房地产价格飞速增加，在高利润的驱使下，许多著名的金融机构向“住专”提供巨额资金，从而对外形成了大量的房产贷款，据有关数据显示，到1988年，“住专”的贷款达到13亿日元，这也是“住专”发展的鼎盛时期。

20世纪90年代，日本泡沫经济崩溃，房地产价格暴跌，许多房地产公司倒闭和破产，住专由此形成了大量的“死账”和“坏账”。1995年6月末，7家住专公司共计6.2738万亿日元的贷款被归类为不能回收的债权。1996年，“住专”事件爆发，从而引起了一场金融危机。

由于住专几乎完全依靠银行筹集资金，倘若住专破产，可能会发生大量的挤兑事件，从而对银行经营造成严重的影响，所以住专问题终于转化成了社会性和国家性的问题。为了维护国内外对日本金融体系的信任，切实保护存款者的利益，1995年日本政府提出了“住专问题的具体处理方案”。在该方案中，日本政府提出，在1996年的财政预算中划拨6850亿日元作为处7家破产住专公司的经费。但这引起了广大国民的强烈不满，人们提出疑问：为什么必须投入公共资金去处理住专这样普通的民间企业？同时，在野党在国会中也对政府方案进行猛烈攻击，致使1996年度财政预算未能按期通过，最后预算通过但其中为“住专”不良债务问题的财政拨款却被“冻结”起来。

案例：日本长期信用银行

日本长期信用银行，简称长银，成立于1952年12月，是根据日本长期信用银行法而设立的政策性银行。它的设立主要以政府的政策意向为导向，通过发行债券获得资金，然后定向地为煤炭、海运、钢铁、电力等重要行业提供融资。长银的设立对日本战后经济复苏和快速发展起到了积极的作用。但是，在20世纪90年代日本泡沫经济破灭行以及频频出现的银行危机中，长银终于宣告破产，被国有化。

1998年10月23日，日本金融检察厅发布了对长银1—4类债权的调查结果。截止到1998年9月30日，长银的总资产为24.15万亿日元；正常债权为19.52万亿日元；第二类债权为3.3万亿日元；第三类债权为8000亿日元；第四类债权为5200亿日元。这三类不良债权合计为4.62万亿日元。长银的有价证券和不动产的损失为5000亿日元，自有资本为1600亿日元。1999年3月30日，日本金融再生委员会宣布长银债务超过2.6535万亿日元，股价为零，由国家强制收管。[②] 在分析长银破产原因时发现，不良债权是致使长银破产的根本原因，而引起不良债权的因素有以下几点：

第一，向企业和非银行金融机构融资，超贷严重。首先是长银向一家从事休闲开发的EIE国际集团融资，1990年底融资350亿日元，1993年夏增至2000亿日元以上。另外长银及其所属公司还对住宅专门公司融资近4616亿日元，其损失高达3257亿日元。

第二，转移不良债权和粉饰损失程度。长银为了清理不良债权，于1992年7月设立了事业推进部专门负责清查不良债权的工作。事业推进部先后设立了197家关联公司，负责回收长银及其所属金融机构的不良债权担保物品。但是这些公司并没有能力顺利回收抵押品，于是长银又向这197家回收公司融资1.15万亿日元，让他们用这些资金直接去购买作为抵押品的不动产和其它担保物件。这意味着长银账面上的不良债权似乎已经被其他公司收买和消化，但实际上，帮助长银消化不良债权的公司正是长银本身下设的回收公司。所以，长银自己出钱回

① 国彦兵，“‘住专’问题与日本不良债务危机浅析”，《日本问题研究》，1997年第1期，第23页。

② 藏世俊，《日本金融危机与金融改革》，中国城市出版社，2002年。

收了自己的不良债权，将原有的不良债权转移到长银集团回收公司身上。其结果是，长银旗下又添置了许多所谓回收来的不动产和有价证券。而这些资产随着经济泡沫的破灭年年贬值，致使长银的不良债权越积越多。

长银虚设机构和转移债权的做法为的是粉饰其银行形象，隐瞒其真正不良债权的严重程度，应付大藏省对长银不良债权的检查，这种违规经营的做法最终将长银推向了破产的深渊。

第三，对贷款没有按照程序严格审查。长银在对企业进行贷款时，比较看重借贷双方的关系密切程度，而不是按照银行的纪律和贷款程序对借方的资格、项目风险程度、以及抵押物品价值进行认真评估。在对 EIE 国际集团的融资中就掺杂了私人交往关系的成分，凭借着长银负责人和 EIE 集团社长密切的交情，EIE 从长银那里获得了超过 2000 亿日元的贷款。其中此项贷款的部分抵押品是 51 幅没经认真评价和鉴定的名画，当时长银接收这些名画作抵押品时，其价格为 EIE 购入名画价格 82.465 亿日元。但 1994 年初当长银想出手这些名画，请求画廊进行价值鉴定时发现，这 51 幅画的时价总额仅为 15.917 亿日元，只相当于当初抵押价格的 1/5。长银因其贷款时的随意性引来了大量的不良债权。

案例：北海道拓殖银行

北海道拓殖银行是一家成立于 20 世纪 50 年的都市商业银行。业务范围集中在被北海道和东京都一带，在日本其他地区和海外也有拓殖银行的营业网点。1997 年 11 月 17 日，拓殖银行宣布破产，其业务由第二地方银行北洋银行等接管。拓殖银行的倒闭也是由于其向不动产大量融资造成巨额不良债权引起的。

在 20 世纪 80 年代后期，拓殖银行开始对札幌市的“钢盔集团”大量融资，用于该公司买地造楼，然后转手出售楼宇，从中获取收益。拓殖银行对“钢盔集团”的融资最多时达 4000 亿日元，这些融资在 20 世纪 90 年代日本不动产泡沫破灭时，成为无法收回的不良债权。

另外，1989 年 4 月，拓殖银行向札幌市另一家准备建造都市型休闲中心的建设集团无担保融资 170 亿日元，用于该集团购买建设用地。90 年代该集团经营失败，建设休闲中心的计划被搁置，在这种情况下，拓殖银行担心该集团破产，于是又追加投资数百亿日元，使得不良债权损失逐步扩大，最终不可收拾。

拓殖银行在大量的融资无法收回的情况下出现了严重的资金短缺问题。在这种情况下，拓殖仍然可以靠同业银行间的拆借来解决资金周转的问题。但是由于 1997 年一系列金融机构的破产，造成银行业和金融界严重的信用危机，银行间彼此拆借资金是非常困难的事情，这种信用恐慌致使拓殖银行无法筹集足够的资金，资金周转出现严重问题，最终只得被逼破产。拓殖银行破产事件又一次证明了银行向不动产建设行业过度融资是非常危险的，而且一旦银行业与金融市场的信用出现危机，其后果是连锁性的和灾难性的，拓殖银行的破产引起了国际上对日本金融机构的信用不信任危机。

2. 从国家政策看日本银行破产原因

(1)日元升值是日本经济萧条的起因

1985 年 9 月，西方五国财长会议在美国纽约广场饭店举行。来自美日等五国财政部长和央行行长就联合干预外汇市场、促使美元对日元和德国马克贬值以及日本扩大内需等内容达成协议，该协议被称为“广场协议”。

广场协议的签订使得日元对美元的汇率大幅上升，由 1995 年 9 月 22 日协议生效时的 240 日元兑换 1 美元，升至 1996 年的 150 日元兑换 1 美元，1997 年更是达到 120 日元兑换 1 美元。在两年时间内日元升值 50%，这给日本经济带来两个结果：即一方面日元升值使日本货币在世界各地的购买力增强，并且使日本在海外的投资成本大幅降低，为日本企业向海外大规模扩张提供了绝好机会。另一方面，日元升值给日本的产品出口带来不利的影响，使日本产品在国际市场上失去价格竞争优势，进而影响到日本国内大批出口企业的生产和经营。于是很多以出口为主的企业不再坚持国内生产和国外销售的出口型战略，而是转向资本输出战略，直接向海外投资设厂。这种经营战略上的转移带动了大批汽车、家用电器和机械等行业纷纷将生产线移往海外，扩大在海外的生产比重，其直接后果就是使日本国内的生产陷于萧条。

日本这个以贸易立国为主导路线的外向型国家，在西方国家的压力下将其货币升值必然会引致经济放缓和经济衰退。日本政府为了防止因日元升值带来的经济萧条，于 1986 年 1 月开始采取行动，实施大幅度降低利率和放松银根的政策，以期刺激国内的投资和消费需求，从此拉开了资产价格膨胀和泡沫经济生成的序幕。所以在回顾日本经济衰退和银行破产原因时，不能不说日元的升值是一个起因。

(2)不稳健的利率政策是银行破产的导火索

在分析银行破产原因时，不能不提到日本政府的利率政策。自二次世界大战结束以来，日本政府一直奉行低利率，这对当时的战后经济恢复起到至关重要的作用。80年代中后期，日本政府又启动了低利率政策，但这次政策的实施为后来的经济泡沫和银行破产埋下了隐患的伏笔。1985年9月广场协议之后，大批以出口为主的日本企业受到日元升值的影响，出口不畅，进而带动日本经济陷入因升值引起的萧条。于是日本政府为了刺激国内经济，在1985年后连续几次调低了利率(见表14)，放松银根，致使市场上的存量资金严重过剩。这些多余的资金大量地流入到股市和不动产行业，使得金融资产价格严重扭曲和膨胀，最终导致了大量泡沫的生成。但是，在泡沫生成初期，日本政府并没有适时采取提升利率的紧缩政策，而是任由泡沫一直持续到90年代初，才开始通过上调利率的方式遏制经济泡沫。但是这一举措又有不当之嫌，因为利率上升的节奏过快，幅度过大。也就是说政府在使用利率政策抑制经济泡沫时过急和过猛。1989年5月，利率从原来的2.5%升至3.25%，上调0.75%。紧接着当年10月份又上调了0.5%，12月再次上调0.5%。1990年3月继续上调1%，8月又上调0.75%。[①] 由于银根收缩太快，使得股票市场和房地产市场因资金供应严重不足而出现连续暴跌，大批的银行、企业受到严重的冲击，其资产价格快速缩水。由此可以看出，日本90年代经济泡沫的破灭、经济持续的低迷以及大量不良债权的出现，甚至大量银行和金融机构的破产都与日本政府在升降利率问题上采取了不够稳健的做法有着直接的关系。

表14 日本银行利率

年份	1980	1981～1985	1986	1987～1988	1989	1990	1991
利率	7.25	5.00	3.00	2.50	4.25	6.00	4.50

资料来源：黄泽民，《日本金融制度论》，华东师范大学出版社，2001年。

(3)宽松的货币政策是导致经济泡沫以及最终致使银行破产的根本原因

广场协议后，日本政府在降低利率的同时也使货币供应量大大增加，政府希望藉此刺激企业投资、增加个人消费能力。1985年3月底，日本货币供应量平均累计额为277.6027万日元，1990年3月底升至444.8856万日元。货币供应量的增加率在1987—1990年度一直保持在两位数，分别为11.2%，10.8%，10.3%，10.2%(见表15)。由表15可得知，在20世纪80年代后期，日本货币供应量的增长速度远远超过了实际经济增长率和物价上升率，也就是说，货币的总供给已经大大超出了经济需求部分，在这种情况下，社会上多余的存量资金找不到释放的渠道，便首当其冲地选择了股市和房地产行业作为投资的去处，于是，资产价格膨胀和泡沫经济的出现以及随之而来的银行破产事件变成为不可避免的事实。

(M_2+CD)(CD为可转让性定期存款证书)

表15 日本泡沫经济形成期货币供应量增长率、K比率上升率等指标变动

单位：%

年度＼指标	M_2+CD增长率	K比率上升率	实际GNP增长率	物价上升率
1986	8.6	4.2	2.9	1.5
1987	11.2	6.3	4.9	0
1988	10.8	4.4	5.9	0.5
1989	10.3	3.1	4.8	2.4
1990	10.2	2.5	5.7	2.0

资料来源：王洛林等著，《日本金融考察报告》，社会科学文献出版社，2001年。

总之，由于政府的宏观调控政策的失误，助长了货币供应量的增加，同时，当大规模的资金进入股市或房地产的炒作时，政府并没有采取迅速而积极的措施加以引导和调节，造成经济泡沫生成并扩大。

3. 从宏观经济面的变化看日本银行破产原因

日本经济的萧条和银行的破产与其宏观经济面的变化也有着很大关系。这些宏观环境因素包括金融自由化因素以及国际因素等，这些因素虽然不是构成日本金融危机和银行破产的直接原因，但它们的客观存在对危机的形成还是有着间接影响的。

(1)日本的金融自由化

日本金融自由化主要包括两方面的内容：即利率自由化和金融业务自由化。进入80年代以后，日

① 臧世俊，《日本金融危机与金融变革》，中国城市出版社，2002年第1版。

本进行了以利率自由化和金融业务自由化为主要内容的金融改革。利率自由化结果是政府放松了对可转让定期存单的存款利率管制；允许银行开办浮动利率存款；允许银行办理货币市场存款单业务；允许银行办理利率完全由市场决定的新型储蓄存款。

金融业务自由化要晚于利率自由化，是在80年代中后期开始的。其主要内容是经大藏省的批准允许银行成立证券子公司从事证券业务，允许证券公司成立信托子公司。尤其是在1987年允许银行与证券公司同时参与商业票据的发行。1983－1988年期间，银行逐步被允许进入国债市场、金融票据市场、金融期货市场。

金融自由化加剧了日本银行和金融机构之间的竞争，伴随着金融自由化，利率风险、流动风险、信用风险以及市场风险都在增加，因此日本90年代初期形成银行危机和金融危机也与日本打破原有的金融控制、开放金融市场有着间接关系。

(2)国际因素

日本在80－90年代采取了诸如日元升值、利率自由化和金融业务自由化等金融政策，其中不少政策都是在西方国家的压力或影响下实施的。国际环境的变化以及日本经济的国际化都迫使日本这个金融管制相对严格的国家逐步开放金融市场，以适应国际金融市场的变化，促进国内金融业的竞争能力。在谈到日本银行破产和金融危机的原因时，我们也能找到一些国际因素影响的痕迹。

比如，1985年9月西方五国的广场协议，直接导致日元升值，引起日本国内经济萧条。再比如，日本银行为了遵照卢浮宫协议，于1987年3月将官定利息率降到2.5%，并维持了两年零三个月。现在看来这是一个政策上的错误，连续地降低利率导致货币供应大幅增加，最终结果是严重的股市泡沫、不动产泡沫和经济泡沫。另外，1988年9月日本开始实施股价指数期货交易制度，欧美等国的国际投资者借股指期货的导入，在日本证券市场上作了不少文章。1989年底，日本的股票市场泡沫化已经很严重，这些国际势力敏感地察觉到日本政府可能通过降息等方式干预股市泡沫的扩大。于是他们开始大肆打压日经期货指数，巨大的期指空投抛盘终于诱导日经现指大幅度地回落。所以，20世纪90年代初日本股票市场的暴跌与这些国际势力因素有着相当直接的关系。

4. 制度性因素

(1)政府主导型金融体制

二战后初期，日本政府为了恢复和发展本国经济，实现赶超战略，对企业采取了“护送船队式”的保护。当时企业资金极度短缺，而日本国内资本市场的不发达，使得银行贷款成为企业资金的最重要来源。所以，银行业承担了很大的社会责任。为了保证有限的资金能够分配到本国最重要的产业，日本政府极力推行扶植和保护银行的政策，对金融业实行较严格的管制，从而形成了政府主导型金融体制，即形成了企业－银行－政府三者之间以政府为导向的紧密轴心，政府通过干预银行的信贷投向来影响企业发展，从而实现本国的产业政策目标。因此，政府主导型金融体制是日本经济赶超时代的产物。

这种政府主导型金融体制，对日本战后经济的高速增长起到了积极的效果。它将资金集中用于重点产业的发展，提高了资金使用效率，推动了经济迅速发展；各项金融管制措施的实施，防止了金融机构因竞争激烈而出现破产，保持了金融市场的稳定；政府根据经济发展需要制定的金融政策能得到微观主体的积极配合，使得高速增长时期日本政府的金融政策取得了低成本和见效快的好处。

自20世纪80年代以来，随着工业化的完成，日本国内外经济环境发生了很大的变化，其中一个突出的特征就是企业资金短缺的状况得到了根本扭转，这就使得为实现资源有效分配而形成的政府主导型金融体制已无存在的必要，需要实现从政府主导型向市场主导型转变。然而，日本政府未能及时进行金融体制的合理调整。80年代后期，日本卷入了全球金融自由化的浪潮而被迫做出极为谨慎的调整，但各种缓慢的渐进式改革，远远滞后于时代潮流。经济体制的变迁严重滞后于环境变化，使得曾经有效的政府主导型体制，在新的经济环境中表现出许多弊端，主要表现为金融机构缺乏创新精神，竞争能力日益下降，生存和发展能力逐渐下降。这些最终引起了泡沫经济，导致了金融危机的爆发。日本金融危机的爆发，迫使日本政府痛下决心对金融制度进行彻底的改革。这时的改革已不再是渐进式的金融自由化，而是要实施“东京大爆炸”，把由政府“保驾护航”改变为加强政府的监管职能，给金融机构以更多的自主权，增强其竞争意识和创新能力。

(2)主银行制度引发的金融危机

第一，制度环境的变化使主银行制度失去了原有的优势。主银行制的存在是以间接融资和资金短缺的存在为前提的。然而随着金融自由化的推进，这种制度环境发生了很大的变化。

一方面，由于对企业发行债券的管制放松，以及日本国内资本市场的迅速发展，企业的融资渠道逐渐多元化；再加上日本经济进入低速增长期后，企业自有资金增多，资金短缺状况得到缓解。这些都使企业对银行贷款的依赖度下降，发生了所谓企业离开银行的"脱媒"现象。而且离开银行的主要是大企业和业绩优秀的企业，这使主银行失去了一部分资信最好的顾客，对其业务造成了重大影响。在资金供大于求和竞争日益激烈的情况下，主银行不得不把更大的贷款份额转向中小企业。由于中小企业的资信较低，相应增加了银行的贷款风险，为了保证贷款的安全性，主银行在放款时要求其必须提供抵押品。对于自有资产很少的中小企业来说，最合适的抵押品只能是房地产。于是许多中小企业在以房地产为抵押品从银行获得贷款后，再用贷款去购买房地产，又以更多的房地产为抵押去向银行贷款。在泡沫经济崩溃后，房地产价格暴跌，这些中小企业陷入危机，银行由于向它们提供贷款从而形成大量的不良贷款，以至于引发金融危机。

另一方面，金融自由化放开了利率和外汇管制以及放松了市场准入管制，这使主银行失去了政策租金和相当一部分垄断性租金。面临日趋激烈的市场竞争，主银行为了维持利润，不得不调整经营方式，通过降低成本和扩大贷款数量及业务范围来确保利润。由于银行的成本相当大部分出自对贷款对象的审查和监控成本，削减成本就意味着放松对贷款企业的审查和监控，这就不可避免地形成大量的不良资产，当积累到一定程度，必然引发金融危机。

第二，银企关系过于密切，排斥了市场竞争，容易掩盖财务危机与各种矛盾，当主银行的风险积累到一定程度后，很可能出现濒临破产的危机。近年来日本几家银行发生的不良债权危机已经暴露了这一点。

在主银行制度下，主银行由于向企业提供贷款，从而成为债权人；同时由于银企双方的交叉持股，主银行又是企业的大股东。这种双重身份使主银行处于尴尬境地。作为债权人，主银行应对企业进行外部间接监管；而作为股东，主银行又要站在监督企业经理人的角度来维护股东的利益。由于主银行与企业关系密切、荣辱与共，这使得主银行更重视作为股东的利益，这样就失去了外部监督的功能，容易产生主银行和企业相互勾结，对外掩盖财务问题的现象。而企业财务危机一旦暴露，很可能迫使银行不断增加贷款，而不管企业经营绩效有无改善，这使得主银行反而成为企业"预算软约束陷阱"，银行贷款源源不断地变成不良资产。

另外，在已经发生危机的情况下，共存共荣的银企关系会进一步加重危机的程度。日本主银行制的积极作用是建立在银行和企业均不会倒闭的基础之上的，然而若已发生金融危机，企业与主银行之间却成了相互的拖累。一方面，在企业经营状况恶化后，银行拥有的收益率差的股票不但成为沉重负担，而且还不得不对危机企业追加贷款以助其渡过难关，一旦企业破产，则贷款与投资一起成为不良资产，加重了银行负担。而银行为了摆脱不良债权的困扰，不断抛售那些收益率差的股票，这对积重难返的股市来说无疑是雪上加霜。另一方面，由于企业对银行资金十分依赖，一旦主银行由于呆帐过多而陷入困境，企业就将难以获得必要贷款，经营状况良好的企业也会因之受到牵连而陷入窘境，甚至破产。这种银企共进共退的关系在泡沫经济崩溃后日益表露出来，并成为造成整个国家经济持续不景气的最大原因。

(3)存款保险制度带来的逆向选择和道德风险问题

日本 1971 年开始实行保护有问题金融机构存款人利益的存款保险制度，这也助长了银行的投机行为。因为在存款保险的安排下，在银行利润下降时，为在短期内大幅度提高效益，银行更倾向于开展高风险高回报的业务，从而出现逆向选择和道德风险问题。特别是当银行出现危机时，存款保险公司在大藏省的安排下，无条件的向金融机构注入公共资金，更加强了银行的逆向选择预期，这必然导致不良资产规模的急剧扩大和银行业泡沫的急速膨胀。

5. 金融管理方面的因素

(1)外部监管不利

日本银行监管的主要任务长期由大藏省担任，而非日本银行(中央银行)担任。在谈到日本银行业在 20 世纪 90 年代银行危机的成因时，香港大学教授饶余庆明确指出，银行业监管不善或不当，是一个主因。[①]

二战后，大藏省建立起行政色彩极为浓厚的政府监管方式。他们以速度最慢和经营效率最低的金融机构为标准，制定了一系列政策，以保证低效率的

① 宋清华，《银行危机论》，经济科学出版社，2000 年 11 月第 1 版，第 110 页。

金融机构不掉队；同时，为维持整个“金融船队”的速度，对高效率金融机构的行为进行限制，实行严格的增设店铺的审批制度。这种监管方式强调对银行的保护，大藏省曾多次承诺，决不让 20 家大银行破产倒闭。当某一家大银行出现经营困难或者濒临破产时，监管当局就通过行政手段予以保护和援助，由此形成了日本银行不会破产的神话。然而进入 90 年代以来，这种行政型的政府监管方式弊端丛生，以致金融机构破产问题频频爆发，银行不倒的神话被打破。具体来看，日本银行业监管所暴露的问题主要表现在以下几方面：

第一，抑制了市场竞争机制，导致整个银行体系效率低下，缺乏创新，银行的生存和发展能力较弱。据 1998 年英国《银行家》杂志统计，全球银行的资本排名，前 10 名中只有 3 家为日本银行，而且认为日本银行的盈利能力是全世界最差的，盈利能力最差的 10 家银行中有 8 家是日本银行，资本利润率和资本收益率最差的银行中日本均占 5 家。

第二，监管制度存在的官商勾结和腐化舞弊等弊端降低了金融监管的力度。为讨好掌握金融行政大权的大藏省官员，回避金融监管，日本金融界多年来一直对大藏省重要官员展开“招待攻势”。各银行都有专门负责与大藏省沟通的主管，这些主管的任务就是日常接触大藏省官员，了解金融行政动向等，特别是探听大藏省金融检查的时机和对象；而且，大藏省与各银行的业务联系大多通过这些主管，大藏省利用他们收集金融信息。显然，这种检查制度不能及时发现和揭露问题，所进行的金融检查形同虚设。如大和银行的违规经营 11 年之后才被发现就是最好的例证。同时，由于金融监管部门的高官退职后有担任金融机构领导人的传统，这就使得官员为退休后获得更大利益不惜降低金融监管的标准，从而人为地放松了银行贷款质量的监管。大藏省与银行界这种多年的结构性串通，是日本紧密型银企关系的外在表现，以致爆发大藏省金融检查部官员涉嫌受贿总额 920 多万日元的丑闻，迫使大藏大臣引咎辞职。

第三，由于政府与银行的紧密结合，金融体制改革涉及到银行与政府间的根本利益，从而使迫切的金融改革一拖再拖。另外，日本政府及金融监管当局对银行的不良资产问题早有察觉，但是基本上采取了放任的态度，没有及时清理银行坏帐，结果若干年后终于酿成一场巨大的金融危机。

第四，监管缺乏透明度和有力手段，银行缺乏照章操作的意识。由于大藏省是以行政指导作为监管的依据，与单纯的法律相比，行政指导虽然具有灵活性和针对性，但由于缺乏统一的规范，大藏省又具有相机行事的权力，独家掌握着判断问题及进行处理的标准，且不对外公开，所以这种监管制不可避免地存在不透明性和暗箱操作，使金融机构很少面临或承担直接的经营风险，也使它们的经营活动处于非公开或不透明状态。长此以往势必使金融机构丧失自我约束或自我完善机制，成为市场竞争中的真正弱者。同时由于大藏省的行政指导无章可循。金融机构也因此缺乏依法或照章操作的意识。

(2)银行内部管理不善，制约机制失灵

银行危机的产生与其内部管理不善是分不开的。1987 年，美国货币监理总署对 1979 年以来 162 家国民银行倒闭的原因，提出了一份专题研究报告，该报告指出，“管理质量”因素在银行倒闭中起了决定性的作用。其中“无效率管理”为占总数 89％的商业银行倒闭的主要原因，包括资产质量管理差、追逐高利润风险、流动性不足、董事经理缺乏经验和无充足的内控监督体系；而内部滥用职权、玩忽职守、欺诈和自我交易又是 17％的观察银行倒闭的重要原因。[①]

日本 90 年代的银行危机同样有管理方面的原因。日本大和银行倒闭就是一个典型。

日本大和银行总部设在大阪，在国内有 200 多家分行，海外有近 40 家分行，客户遍布全球，在日本银行界排在第 7 位，也是日本银行界最大的退休基金管理公司。然而由于该行在纽约的分行，对证券买卖管理不善，主管证券交易的副总经理——年仅 44 岁的井口俊英，从 1984 年起的 11 年里，擅自出售该行持有的不得买卖的有价证券，来填补因投资美国政府债券失误造成的损失约 11 亿美元。他之所以能够这样做，是因为他既是负责交易业务的副总裁(副总经理)，又是交易的业务员。作为副行政总裁应负责监督证券交易和债券的保管，作为交易的业务员可以亲自去做债券生意，结果自己做生意，自己监督自己，使其经营亏损的问题隐伏达 11 年之久。虽然由于该行资本雄厚，逃脱了像巴林银行被收购的命运，但已大伤元气，银行总裁和副总裁等高级主管被迫辞职，最后被美国当局取消经营许可，让

① 宋清华，《银行危机论》，经济科学出版社，2000 年 11 月第 1 版，第 114 页。

住友银行并购了。[①]

大和银行事件的表面原因是由于业务员证券交易不善,造成巨额亏空所致。但是通过各方面的调查看,其深层次的原因是银行管理层管理不严,稽查不力,用人不当,制约机制失灵的结果,也和银行管理层的经营指导思想不够稳健有关。

五、美国和日本银行破产的处置

银行危机和破产处理是指当银行潜在风险成为现实,支付和清算压力很大,运作完全陷入困境时,所必须采取的一系列挽救和治理措施。银行业在现代金融业中处于核心地位,银行危机又极具有扩散性和破坏性,因此美日都十分重视银行危机和破产的处理。

(一)美国商业银行破产处理模式的演进

1. 处置主体和法律依据

美国银行破产的事情是经常发生的,一旦出现这样的情况,由谁来收拾残局呢?根据美国的法律,主要三个机构负责处理银行破产事宜。一是美国联邦存款保险公司(FDIC),二是清算信托公司(Resolution Trust Corporation, RTC),三是联邦储蓄和贷款机构保险公司(Federal Savings and Loan Insurance Corporation,FSLIC),由他们全权处理银行破产的各项工作。

在 80 年代初期,美国联邦存款保险公司处理破产银行的法律根据是 1933 年和 1935 年通过的《银行法》,1950 年通过的《联邦存款保险公司法》。

当时给破产银行的存款客户支付款项的一个主要方法是建立一个"新银行",或者是由"存款保险国民银行(Deposit Insurance National Bank, DINB)"来进行。存款保险国民银行只有有限的存在期限和权力,不用任何资本金就可以注册成立的。目的是为了使破产银行的处理有序地进行,把破产银行对当地社区和金融市场的影响降低到最小程度。

1950 年的《联邦存款保险公司法》,有关于对营业银行援助以及授权联邦存款保险公司提供援助的条款,这样联邦存款保险公司就可以通过贷款和出售资产的方式,防止参加保险的银行机构破产。

在 80 年代,联邦存款保险公司,主要依赖收购和接管,以及存款支付这两种方式处理破产银行。到底采取哪一种方式,会根据不同的金融机构和政策而定。但是无论采取哪一种方式,都必须考虑以下几个目标,即:要维持公众的信心和银行体系的稳定;鼓励市场约束,防止过度冒险;以成本最低和最有效的方法处理;不管采取哪一种方法都要求公平公正。另外,尽量避免联邦存款保险公司在处理银行资产过程中的拥有权、融资权和管理权。

由于银行破产数量不断增加,以及各个不同时期的变化,监管立法方面也作了相应调整。如 1989 年通过了《金融机构改革、复兴和加强法案》(The Financial Institutions Reform, Recovery, Enforcement Act of 1989),1991 年通过了联邦存款保险公司修正法(The Federal Deposit Insurance Corporation Improvement Act of 1991)。

2. 三种比较常见的处理方式

(1)收购与接管(Purchase and Assumption Transaction)

在清算破产银行的收购接管中,收购银行就是破产银行的接管者,通常要签订正规的协议,列名接管者的权利、义务和责任。收购银行一般要收购破产银行的存款负债以及某些有保证的债务,它可以出售破产银行的某些资产,并接受联邦存款保险公司的财政援助。大量资产的出售不会马上进行,收购者也只是接管经过甄别处理的资产,通常不要求收购银行接管不良贷款。原因是刚开始的时候,破产银行数量比较少,联邦存款保险公司接受破产银行的资产还不是一个很大的负担,从监管者的角度来说,联邦存款保险公司也不希望马上把这些不良贷款甩给收购银行。

在 80 和 90 年代,这是处理破产银行的最主要的方式,存款基本上是 100%的有保证。从 1980 年至 1994 年间,由联邦存款保险公司经手处理的 1617 家破产银行中,有 1188 家是用这种方式处理,占 73.5%,处理的资产额为 2040 亿美元,支付的存款数量为 1613 亿美元。

(2)存款支付(Deposit Payoffs)

如果在联邦存款保险公司没有找到合适的最低竞标者,处理成本比较高时,就会实施这一种方式。在这一种方式中,没有其它的机构收购破产银行的负债,也不会出售破产银行的资产。联邦存款保险公司或是直接地,或是通过一个代理机构对破产银行符合保险条件的客户,如数支付他们的存款,包括至破产之日时的利息。不符合保险条件的存款是不

① 张德,"借鉴知名案例,防范内部风险",《理论观察》,2000 年第 2 期,第 112 页。

能进行支付的，只给你一张财产凭证，根据银行资产拍卖情况，而得到部分偿付，这一点与收购接管方式是不同的。

在1980年至1994年间，由联邦存款保险公司经手处理的1617家破产银行中，这种方式使用得较少，一般用于破产的小银行机构的处理，处理的资产只有5.3%，存款只有6.1%。

这种处理方式通常受到指责，因为有人认为它不公平，与原来的政策目的不符，因为大银行的破产可以采取收购接管方式，客户的存款100%的支付了，而小银行的存款只能得到分别偿付，这对于社会和金融体系的稳定不利。

(3)存款保险国民银行(Deposit Insurance National Bank)

这种方式在1935年之后，只使用过5次。最为著名的一次是1982年5月，当时位于俄克拉荷马城的佩恩广场银行破产时，资产规模为51.68亿美元。以前破产的银行规模都小于1亿美元，可以用上述两种方式进行处理。而该银行的贷款多半是在能源行业，各种文件非常不齐全，在当时都很难找齐这些东西，联邦存款保险公司无法将这些有疑问的资产和负债进行估价，买给任何一个银行。为了把损失降低到最低限度，联邦存款保险公司采取了成立一个新机构处理该银行的资产和负债事项。

所有的客户的存款只要在保险的范围之内，都得到支付了，超出部分则发给一个凭证，使客户成为接收者，接收者的凭证价值为4.59亿美元，最后可以收回破产银行财产处理和出售后净收益的70%，联邦存款保险公司为此付出了6500万的处理成本。

3. 新的处理方式

1982年以后，由于高利率以及"脱媒"现象的发生，参加联邦保险公司的银行，在资金来源和收益方面都面临新的挑战，特别是那些吸收短期存款，但又进行长期按揭贷款的银行来说，压力和损失更大了，互助储蓄银行所受到的冲击更大，每年损失近20亿美元，市场价值要低于账面价值的25%～30%。因为高利率的问题，联邦保险公司也有可能遭受损失。它在关注互助储蓄银行破产处理的同时，也要避免公众对这些机构体系安全性和稳定性的过多关注。因此，尝试着采取一些新的方式，处理这些破产倒闭的金融机构。

(1)收入维持协议(Income Maintenance Agreement)

采用这种方法的目的，是为了鼓励经营业绩较好的银行兼并处于困境中的金融机构，使兼并者的市场回报率得到保障。所收购的互助银行盈利资产的收益与成本的差额，由联邦保险公司来支付，但是如果利率下降到收购成本小于盈利资产收益时，兼并者就应该把这部分收益返还给联邦保险公司。从1981年至1983年，联邦保险公司利用这样的方式，一共处理了11家破产的互助储蓄银行。因为这些面临破产的银行合并到还在营业的机构之中，高层管理者被要求离职，使它们没有马上倒闭，事实上，还存在下来了。在11家银行中，最后在80年代末期和90年代初期，有8家还是破产了，有3家保留下来了。这些银行不是股份制，因此，联邦保险公司不用考虑股东的利益，仅仅是为它们在利率变动的情况下，提供一个保护的屏障，这一方法在当时来说是比较成功的。

(2)净值证明书(Net Worth certificates)

这一方式的目的是为了让濒临破产的银行赢得时间，以便使一些关键的失衡指标达到要求，以及达到可以接受的资本监管要求。1982年的《高恩——圣杰曼存款机构法》(The Garn－St Germain Depository Institutions Act of 1982)允许濒临破产的银行，以净值证明书的方式，得到资本方面的援助。在这一方案下，符合一定条件的银行可以从联邦保险公司那里获得一个净值证明书，证明其一部分损失可以作为向监管部门报告时所用的资本数额。在实施过程中，银行损失中的50%～70%可以作为满足监管要求的资本。最初的要求是参加这一计划的银行，其最低资本比率为1.5%，并且要根据可行的对经济发展的预测，制定一定时期的银行发展计划，禁止内部人交易和投机性的管理活动，如果需要提高资本的话，可以在联邦保险公司的同意下，通过转型为股份制银行获得外部资金。

这一方式使一些经营较好的银行，在重新整顿其资产和负债结构之后得以保存下来。用这种方式一共处理了29家破产银行。其中22家扭转了经营过程的问题，没有再需要额外的帮助，7家需要一小部分的帮助，基本度过难关。

(3)受保存款的转移(Insured Deposit Transfers)

与直接支付存款方式不同的是，这种方式主要是将破产银行中应该得到保险的存款和负债，转移到作为联邦保险公司代理机构的另一个健康运行的金融机构中。代理行将这部分存款开设一个"转移存款账户"，这样客户就可以继续在代理行持有自己的账户,自行选择是继续保有账户还是关闭账户。联邦保险公司作为破产银行的接收者,保留该破产银行未能保险的存款和其它负债,并给代理行支付现金来处理客户的提款。一般情况下,代理行还可以用这些现金,从联邦保险公司那里购买某些破产银行的资产。这种方法有助于减少客户提现所带来的不良影响,维持社会的稳定,还可以使联邦保险公司减少一些经营和处理的成本。

这种方法在1983年首先使用,到1994年一共有176家破产银行通过这种方式处理的存款有95亿美元,仅占这一时期破产银行存款总额的4%,因此,这并不是主要的处理方式。

4. 根据破产银行的不同类型而采取的处理方式

1982年时,一些贷款集中于能源和农业部门的银行开始出现于联邦保险公司问题银行的行列。一般来说,农业和能源贷款在银行贷款中的比重大于25%,就可以称为农业银行和能源银行。在1984年至1986年,被联邦保险公司接管和破产的这一类银行存款大约有3000万美元。

(1)看跌期权方案("Put"Option)

这是对以前纯粹收购接管方式的改进。联邦保险公司希望把破产银行的资产更多的转移给接收银行,但又不想让个别银行集中收购,于是设计出一种择权方案。一种为择权方案A,即把破产银行的全部资产转移给收购银行,并允许它在未来的30至60天里,如果不想持有这些资产可以返回给联邦保险公司,另一种择权方案B,可以允许收购银行在未来的30至60天里,从接收者那里选择自己希望持有的资产。

在这种方案中,收购银行有权选择收购好的资产,以及那些风险程度低的资产,当所接受的资产有损它的价值时,可以返回给联邦保险公司。保证了保险基金的流动性,降低了支付给收购银行的费用。但是这种方法在1991年底以后,就不再使用了。

(2)宽容政策的运用(Forbearance Program)

这种方式主要是针对一些濒临破产但又运行良好的银行,不再对其资本充足方面有严格要求。前面所提到的净值证明书方案,就是宽容政策的第一次使用。1986年,监管机构又将这一政策运用于农业和能源银行。合格的银行,其资本充足率可以低于4%。因为这些银行的资本达不到要求,是因为外部经济环境引起的,而不是由内部管理不善、过度的费用开支和红利支出引起的。301个农业和能源银行,总资产为130亿美元,使用这一种方式来处理。大部分银行在1989年都恢复了正常的运行,但是还有65家银行最后还是破产了。

1987年时,在1987年通过的《银行公平竞争法》,实施贷款损失分期偿还计划,监管部门采取了更为宽松的政策,允许农业贷款损失的银行,可以在7年时间里,分期补偿自己的损失。有33家银行用这样的方式处理,最后又27家银行扭转颓势,有2家被合并,4家最终破产。

(3)营业银行援助(Open Bank Assistance)

伊利诺斯大陆银行是美国最大的提供工商贷款的银行,1984年3月也宣告破产,由于害怕大银行破产倒闭会引起社会动荡,因此,联邦存款保险公司决定采取这样的方式,处理该银行的资产和负债问题。宣布凡是该银行的存款,无论是否是得到保险的,一律会得到偿付,而破产的银行在政府的援助下继续营业。这种处理方式引起人们对"太大的银行不能倒闭",以及大银行与小银行不同的处理方式的讨论。

后来这种方式也运用到其它银行的收购中,政府以提供贷款、捐款、接受存款、资产出售和接管负债等形式,提供各种财政援助。使破产银行的资产原封不动地保留下来,以保证联邦保险公司以最小成本处理破产银行的目的。这种方式会根据立法环境的不同而有不同的形式。

从1980年至1994年,用这种方式处理了133家破产银行,占破产银行总数的8%。1987和1988年,用这种方式处理的破产银行有75%已经完毕,1992年基本完成,之后,再也没使用过这种方式。

5. 因为西南地区的银行破产危机而采取的处理方式

在80年代,美国西南地区的银行多数是因为油价波动、房地产泡沫、银行资产结构的变化和监管机构的疏懒而破产倒闭的,与因为高利率而破产的银行不同,因此,对这一地区破产银行的处理方式也应该有所不同,联邦存款保险公司也意识到这一点。但是联邦存款保险公司也很清楚,无论采取哪一种方式,都应该保持银行的私人所有性质,以及要求联邦存款保险公司以最低的费用完成破产银行的处理事项。

(1)搭桥银行(Bridge Bank)

搭桥银行是一个由货币监管总署注册成立、并由联邦存款保险公司控制的、为处理破产银行提供全面服务的银行。最初的时候,搭桥银行的有效期限是2年,可以有1年的延期,但是1989年通过的

《金融机构改革、恢复和加强法案》，允许搭桥银行有3次的1年延期。搭桥银行的建立为联邦存款保险公司赢得时间，以便一次性地处理完破产银行的资产和负债。一旦联邦存款保险公司的董事们认为，这一种方式是成本最低的，就会建立这一种银行。1988年10月，在处理位于路易斯安娜州巴吞鲁日(Baton Rouge)的 Capital Bank and Trust Company 的破产事宜时，首次使用这种方式。

搭桥银行成立以后，通常是采用收购和接管的方式，对破产银行进行收购或股票买卖。一共建立了32家搭桥银行，基本上都是短期的，只有2家时间长一些，处理第一共和银行的搭桥银行存在了13个月，处理 MCorp 银行的搭桥银行存在了2年半时间。当收购银行买走了联邦存款保险所承担的利息以及取得正常的国民银行执照时，搭桥银行的使命就算完成了。

(2)优先考虑转移资产(Preference for Passing Assets)

在整个80年代，联邦存款保险公司非常灵活地选择各种不同的模式，来处理破产银行的各项事宜，原则就是支付存款客户的费用要最低化，并最大程度地提高破产银行资产的流动性。当破产银行的数量越来越多时，联邦存款保险公司就要想办法尽快将破产银行的资产转移给收购者手里。

从联邦存款保险公司的角度，这样做是有一定道理的。因为当破产银行不是一两个的时候，它要承担很大的资金压力，破产银行的资产会把存款保险公司的资金消耗完毕；在转移破产银行的资产中，由于信息不对称，接管者在对资产进行重新估价时，资产会有一定的损失，原来银行与客户的关系会中断，有些客户有可能出现不认账的可能，或者不会完全偿还原来的债务；联邦存款保险公司已经接收了大量的银行资产，为了不增加接收、维持和进行资产变现的成本，它必须把资产尽快地脱手；另外，联邦存款保险公司还要坚持银行必须恢复到私人所有制，以及不能给社会造成不稳定的后果。

(3)对原来收购和接管方式的变通形式

第一种变通形式是破产银行全部资产一次性转移(Whole Bank Transactions)，这是联邦存款保险公司为了保证将破产银行尽快恢复为私人所有制状态所作的最大努力。这种方式要求收购者要一次性付清所有费用，并要接受破产银行的全部存款，不管其是否得到保险。从1987年开始，19家银行使用了这一种方式处理破产事项，事实证明这种方式有一定的优势，它可以破产银行的贷款客户在另一家银行中继续原来银行和客户的关系，给社会造成的损失和危害最小，减少联邦存款保险公司所持有的破产银行资产。因此这种方式与清算银行的收购接管、受保存款的转移和直接的存款支付就成为联邦存款保险公司处理破产银行的主要方式。1988年，在处理的279家破产银行中，有69家是通过这种方式处理的。后来引入了最低接收成本考核，减少了不少竞标者。但是从总的来说，从1987年到1992年，联邦存款保险公司用这种方式处理了202家破产银行，处理的资产为82亿美元。

第二种变通方式是清算银行很少购买的破产银行资产(Clean Bank Purchase & Assumption)，以及有限的收购和接管(Modified Purchase & Assumption)。后者要求获胜的竞标者购买破产银行的现金和债券资产，以及部分分期付款的资产和按揭贷款组合。在这种方式下，收购者可以购买破产银行25%～50%的资产。还有一种是收购者专门购买破产银行的贷款(Loan Purchase P & A)，只要求它接管破产银行的部分贷款组合，通常是分期付款资产的一部分，加上现金和债券，大概占破产银行资产的10%～25%。但是无论采取怎样的方式，客户的存款都要全部有保障的。

第三种变通方式按优势次序排队(Sequential Bidding)，也就是根据各种方式的利弊，按各自的优势排队，优先考虑优势大的方式。1986年，联邦存款保险公司按照转移资产的数量，对6种可供选择的方式进行次序排队。排在第一位的是破产银行全部资产一次性转移(Whole Bank Transactions)，第二位的是有限收购和接管(Modified Purchase & Assumption)，第三位的是收购者专门购买破产银行贷款的方式，第四位的是清算银行很少收购的破产银行资产的方式(Clean Bank Purchase & Assumption)，第五位是破产银行受保存款的转移和资产的收购(Whole Bank Deposits Transfer and Assets Purchase)，最后是直接存款支付方式。每一种方式都要通过收购成本的考核，最低收购成本者中标。

在操作过程中，谁收购的资产最多，成本最低往往中标的可能最大，这样做的目的是为了最大可能地转移破产银行的资产，在最短的时间里把资产转移到私人公司手里，并要保持联邦存款公司的流动性，使费用成本最小化。

6. 1992年以后破产银行的处理策略

1991年12月通过的《联邦存款保险公司改良法》,对联邦存款保险公司对破产银行的处置方式产生了重要影响。取消了联邦存款保险公司的优先转移资产和收购者必须全部对存款进行保护的做法。主张对濒临破产的银行采取紧急纠正措施,要使处置成本最小化,要求监管当局根据资本充足情况,将银行资本分为五级,作为实施紧急纠正措施的基础。

因此,在1992年以后,联邦存款保险公司对破产银行的处置策略更为灵活了。这些新的方式包括:只对受保存款进行竞标(Insured Deposits Only Bidding)、资产组合出售(Asset Pools)、拆分分支机构(Branch Breakups)和不良资产股权合作(Loss Sharing Transactions)。

只对受保存款进行竞标改变了以前将所有存款一起竞标的方式,联邦存款保险公司允许收购者只接收破产银行得到保险的存款,这样的话很多竞标者就有可能通过接收成本的考核。这样一些没有存款保险的存款不能得到全部支付,减少了收购银行的一些压力,但是客户就要受到损失了,实际上把负担转嫁给了客户。

资产组合出售的方式,允许收购者只对一些自己感兴趣的,期限相同、抵押条件相同以及结构相同的资产绑在一起购买,可能不是同一个银行的资产,还可以把资产的处理与存款的处理分开。联邦存款保险公司还根据收购者的喜好,将地理位置相同的破产银行资产一起出售。这样做的目的是为了提高处置的灵活性,尽快将资产处置完毕。

拆分分支机构的方式,是将有多个分支机构的破产银行的资产分开处理。因为有的大型银行不可能有一个机构就能买得下来的,分开以后,就可以使资产的出售更具竞争性。

不良资产股权合作方式,主要用于大量的商业房地产贷款组合的处置,联邦存款保险公司给与收购者相当的保障,如收购者购买的资产面临损失时,联邦存款保险公司可以提供80%的资产保障,返还80%收购者在追收贷款和处置损失时的管理费和人员开支等,更多的是考虑收购银行与联邦存款保险公司的利益合作问题。特别是收购大的破产银行时,由于其商业性贷款组合太过于庞大,又没有任何保障条款,而处理的时间又很短,收购者不太愿意购买,即使愿意购买了,但是由于当时的房地产价格暴跌,所折算的价值相当低,因此,联邦存款保险公司就采取这样一种方式进行处理。

除了上述讨论到的处置方式之外,还有其它的创造性的方法,但都是有一定针对性的,适用的范围也不是很大,处置的资产规模与上述这些方式是无法相提并论的。

联邦存款保险公司是美国处置破产银行的主要机构,从1980年至1994年,参与了1617家破产银行的处理过程,处置资产为3026亿美元,处置成本为363亿美元,相当于破产银行资产的12%。无论采取哪一种方式,都要付出一定的代价。在处置的过程中,联邦存款保险公司也积累了相当多的经验,因此,无论是资产的处理,还是负债的处理,它会根据形势的不同,而不断调整处置方式,设计出许多切实可行的方案,从而保证了得到保险的存款一分不差地支付给客户,并能很快支付,避免了30年代大萧条时整个金融体系崩溃的危险,使公众没有对银行体系失去信心,保证了金融系统的稳定运行,以及社会的稳定。

无论是80年代初期的储蓄和贷款协会的危机,80年代中期农业和能源银行的危机,还是80年代末期和90年代初期的房地产泡沫危机,联邦存款保险公司都能掌握局势,最终都使破产银行保持私人所有的性质,避免了国家政府背上沉重包袱的结果。由于处置方式的灵活,使破产银行的处置成本达到最低的标准。

(二)日本处理银行危机的方式

1. 几种普遍的金融机构危机处理方式

(1)注资。指通过存款保险制度给处于危机状态的金融机构提供资金援助,或由行业组织和民间机构提供资金援助。

(2)接管。当某一金融机构陷入危机时,由其自身向金融监管当局申请,或是由金融监管当局强制要求,将其全部经营业务由特定"管财人"接管,作为"管财人"的主体,可以是其他商业金融机构,金融监管当局,或是专门组建的机构。当政府作为接管主体时,我们一般称之为"国有化"。如为解决日本长期信用银行与日本债券银行的问题,日本政府对两家金融机构实施了暂时国有化。

在对该金融机构进行管理期间,"管财人"可以采取各种整顿和改组的措施,对被接管人的经营管理、组织结构进行必要的调整,同时继续向那些健全且善意的借款人提供融资服务,最终实现财务状况的改善,渡过危机。实施接管是为了保护发生危机的金融机构的债权人的利益,恢复金融机构的正常经营能力,是对金融机构发生危机的行政性挽救措施，但这并不意味着接管后就一定保证该机构不破产。

(3)合并或收购。合并一般指一家健康的金融机构合并破产银行全部资产与负债。如1996年日本大和银行由于在美国国债交易中受挫而与住友银行合并。收购是指由一家健康的金融机构对陷入危机的金融机构，采取现金或股票交换的方式将其股权的全部或大部分购入。

(4)清算破产。即对亏损严重，已经失去偿债能力的金融机构实行强制接管，禁止挤兑，清理其资产负债，按比例偿还其债务。该机构的股东将失去其股本，债权人也将承受损失。[①]

2. 日本政府在银行破产处理方式上的灵活性和针对性

90年代前期，银行破产多属于个别情形，处理方式以业内吸收合并为主。因为当时日本还存在严格的金融管制，出于规模竞争的需要，吸收合并竞争落伍者被看作扩大存款规模和增加营业网点的良机。如朝日银行由第一银行吸收合并，河内银行由住友银行吸收合并，东都银行由三井银行吸收合并，平和相互银行由大藏省、日本银行等向其提供2000亿日元资金援助，后由住友银行吸收合并。

90年代后期，日本逐渐进入金融自由化时期，银行追求规模竞争的吸引力日益缩小，再加上许多银行由于巨额不良资产的拖累，所以通过行业内部吸收合并来处理破产银行的方式变得日益困难。因此，日本金融监管当局逐渐对银行破产处理方式做出调整，开始利用以存款保险制度为主的“安全网”，为金融机构吸收合并破产者提供资金援助。同时，专门设立公共性质的“清理回收银行”，对破产银行的不良债权进行剥离与回收工作。例如，东邦相互银行破产的处理方式是：由伊予银行吸收合并，存款保险机构向伊予银行提供80亿日元资金援助；兵库银行由新设的MIDORI银行接受全部业务转让，存款保险机构向新银行赠款4730亿日元，新银行连年亏损，后由阪神银行吸收合并；北海道拓殖银行破产的处理方式是：北洋银行、中央信托银行分别接受19000亿和16000亿日元资产转让，剩余资产由存款保险公司交清理回收银行回收，存款保险公司向两银行提供34113亿日元资金援助。

3. 存款保险制度对金融机构的保护

日本的存款保险制度建立于1971年，机构的主要业务是当发生银行停付存款或倒闭时，负责支付存款保险金。但是直到80年代末，由于日本政府对金融机构实行了严格的限制竞争管制和无微不至的保护，一直没有金融机构倒闭，所以存款保险机构一直处于休眠状态，从没有运作过。

20世纪90年代，日本泡沫经济破灭后，银行的经营问题不断暴露出来。开始时，陷入危机的都是中小金融机构，大藏省和日本银行作为金融主管机关，试图维持“银行不倒神话”，劝说大型金融机构对危机机构进行合并，以避免出现金融机构破产。但是随着泡沫破灭的不利影响越来越大，大型金融机构也因大量不良债务缠身而苦不堪言，因此也就不愿再合并其他机构。这样一来，大藏省开始利用以存款保险制度为主的“安全网”，为银行吸收合并破产者提供资金援助。1992年10月，存款保险机构对三和银行合并东洋信用金库进行资金援助，这是日本存款保险制度的首次启动。

日本政府对危机银行处理方式做出的这一调整，使存款保险机构的建立的目的发生了改变。本来是为了保护存款防止挤兑目的而建立的存款保险机构，却被用作救济和鼓励合并危机银行的工具，原来保护存款人利益的目的变为保护金融机构。在处理危机银行过程中，存款保险机构丧失了独立性。根据规定，兼并在获得大藏大臣的批准以后，参与兼并的金融机构可以向存款保险机构的决策机构运营委员会提出申请，要求获得资金援助。但实际上，在获得大藏省的批准以后，存款保险机构的资金援助就已经是决定了的。既然如此，又何必建立存款保险机构，中央银行的最后贷款人职能就已足够。由于被置于大藏省的严格控制之下，存款保险机构缺乏对加入保险金融机构的各种金融机构进行检查的动力和权限，丧失了对金融机构的检查监督功能，变成只是在政府决定合并之后提供资金的机构。

这就是日本式的存款保险制度，其功能主要体现在资金援助上，而不是存款支付，以致使存款保险机构的目的不是为了保护存款者的利益，而是为了保护金融机构。

4. 政府谨慎对待破产银行处理成本

在日本来说，破产损失和处理成本是一项巨大的负担，因此，日本政府主要通过存款保险制度和行业力量对危机和破产银行提供资金援助，对动用财政资金处理危机金融机构的态度较为谨慎。

① 杨明，“金融机构危机处理”，《国际金融研究》，1993年第3期，第58页。

从资金援助的渠道来看，存款保险机构投入资金最多，资金援助的形式包括拨款、贷款、资产收购和承购债务等，1992—1998 年 2 月间，存款保险机构提供拨款 22119 亿日元，贷款 80 亿日元，收购资产 3294 亿日元，承购债务 40 亿日元。截止 1999 年 6 月，存款保险机构共对 58 家救援金融机构提供资金总额达 89019 亿日元。另外相关金融机构和行业组织也投入了大量资金，但日本政府对动用财政资金处理金融机构破产的态度比较谨慎。日本中央财政除为处理住专问题曾拿出 6850 亿日元外，尚未参加过对一般金融机构的救助。

5. 多种银行破产处置方式混合使用

日本监管当局在银行破产方式上，一般不采用清算方式，而多采用注资、合并或收购、接管等方式进行，并且这几种方式经常混用，其中合并或收购方式特别赢得日本政府的青睐。

之所以如此，有以下原因：第一，清算方式会导致存款人和债权人的损失，公众的信心将遭到严重损害，并且借款人会因后续资金不能到位而使项目被拖延。第二，合并方式有许多优势：一是能用较低的成本稳定金融秩序；二是作为被购并金融机构，虽然它丧失了偿付能力，但它仍然具有许多可观的价值，如富有经验的管理人才、营销网络、长期经营中形成的客户关系、在某一金融领域从事活动的特许权等等。购并方可以相对较低的代价获得这些资源，实现其业务扩展与金融结构的调整。

面对不同的情况，日本监管当局会成立专门的救治机构处理危机银行。如为处理兵库银行破产问题而成立了绿色银行；为处理东京协和及安全两个信用合作社的问题而新成立了东京共同银行；为处理住宅金融专门公司而成立了住宅金融债权管理机构，管理和处理破产金融机构的不良债权；为处理陷入经营恶化的全部信用合作社的问题，改组东京共同银行成立整理回收银行等等。

6. 破产处置决策过程从不对外界公布

在保护存款人和维护信用秩序稳定的前提下，大藏省的破产处理决策过程从来不公开，以控制社会影响。

在日本，大藏省是金融机构破产处理事件的政策制定者，日本银行缺乏独立性，在行政上受大藏省的领导和监管，所有破产银行的处理方案，都是在大藏省主导下进行调整，日本银行则是执行者和资金供应者。大藏省在主导银行破产处理过程中，有鲜明的政策取向。更多注重的是金融、经济以至社会当前的情况，重视对金融机构和财政利益的维护，而较少的顾及存款保险机构的承受能力和对金融风险的有效化解。

六、美国和日本银行破产对我国商业银行经营管理的启示

美国和日本的银行业危机和破产，都是在各自不同的经济环境中出现的，其表现形式各不相同，但是从上文对这两个国家的银行危机和破产的原因分析，以及破产银行的处置模式来看，从商业银行的经营管理来说，仍然有一些值得借鉴之处。

(一)银行存款保险制度不是万能的

从美国银行体制的特点以及商业银行破产的历史分析来看，自从 20 世纪 30 年代的大萧条以后，美国就比较重视银行存款保险制度的建设，可以说，美国是世界上存款保险制度比较完善的国家，按理说不应该出现险些导致整个金融系统危机的银行破产风潮。因此，即使有存款保险制度，也是不能消除所有的风险。况且存款保险制度本身，在一定程度上还会间接地导致银行破产。这其中的根源就是，金融机构是不可能消除逆向选择和道德风险问题的。即使具有多重监管机构、存款保险制度和众多的银行监管制度，也都有可能出现严重的银行问题。在美国各州，监管的严格程度不同，麻州监管较严，而德州监管稍松，但同样出现银行破产和严重的金融问题。美国布鲁金斯研究所的罗伯特·E·利坦(Robert E. Litan)认为，美国经济衰退在 70 年代就开始了，但是那时没有这么多银行破产，商业银行的破产并不是因为失去商业票据市场，当时破产的很多都是中小银行，他们并不具备发行商业票据的条件，因此，他认为银行破产的主要原因是由存款保险制度而引起的道德风险问题。由于 1980 年把存款保险的赔付额度增加到 10 万美元，因此，基本上所有的存款客户都有保障，甚至没有保险的存款也有保障。

而日本的存款保险制度，虽然名目上与美国相同，但是在实际运用中，已经与最初的建立这一制度的初衷完全不一样了，它已经不是为了存款人的利益，而是为了保护金融机构了。

因此，没有什么魔法的制度，可以保证银行的安全和健康运行。无论政府设置怎样的安全网络，比如美国政府就有“太大的银行是不能倒闭的”原则，那些大型的国际性银行不能轻易倒闭，但是只要银

行内部漏洞百出，银行最终还是会破产的。正如亚当·斯密所说，各种银行是不同的，因此，不可能也从来不会有完全不付费的市场制度。

（二）如何在不同的处置模式中权衡利弊

美日银行破产的处理方式是不尽相同的。美国是采取政府介入的方式，给银行提供资金支持，直到他们恢复为止。具体的处理运作是由联邦存款保险公司（FDIC）和破产处置信托公司（RTC，Resolution Trust Corporation）进行的。通常是接管（take over）的方式。保护存款人，把存款卖给另一个有足够资金满足偿还负债的银行，然后尽可能快地处理银行资产。如果是大银行，就要由政府组织一个新的搭桥银行（bridge bank），政府作为所有者，一直到该银行通过私人行为处理好为止。

每一个国家都应该有不同的处理方式，即使是在同一个国家，处理方式也应该根据银行的条件、规模和地理位置，而要有不同的处理模式。在美国，不管政府是如何介入处理过程，最终都要还原银行机构的私人所有性质，保证社会和经济的稳定，尽可能少地花费处置费用。越快处理就越少花费处理成本，银行和金融系统就能越快恢复营业。从1980年至1994年列入问题银行名单的银行，后来都没有破产，大部分原因是处于困境的银行获得一些喘息的时间，没有马上被关闭或要求他们重新注资，这可能会是一个更好的办法。

美国在处理破产时，还是比较灵活多样的，特别是采取宽容的监管政策，使一些处于劣势濒临倒闭的银行获得一定的时间进行恢复，从而避免了破产的命运。立即纠正行动（Prompt Corrective Action，PCA）也许并不是一个最好的方式，因为这种方式要求监管者在银行资本减少时，就尽早采取行动，或限制银行资产的增长，除非银行筹集到更多的资本，或者在银行账面价值破产之前，就采取接管行动。后来监管者发现了这一问题，就尽量少使用这样的方式。

而日本的做法则有一些不同，政府担负的责任过大，破产银行处置以后，大都是国有化了，破产成本都是由政府承担，这样做的结果是包袱越背越重。

（三）风险防范和管理问题

通观美国银行的破产，可以看到无论是80年代西南地区的经济衰退、中西部地区的农业经济的周期性衰退、80年代末期东北部地区的经济衰退，还是90年代初期加州地区的经济萎缩，使大多数地区性以及不少大银行破产，许多新注册成立的银行破产比例更高，所有破产的银行中，一些银行为了与货币市场金融工具抢客户，保持银行利润的增长，都试图进行大量的杠杆收购（Leveraged buyouts，LBOs）和给拉美国家贷款，但是最大的信贷增长是房地产的新贷款，房地产贷款的损失是银行破产的罪魁祸首。80年代初期，房地产贷款是银行资产的10%左右，但到80年代中期，却高达50%～60%，从而推动房地产的膨胀，出现“只要银行贷款，房地产商就建房”的局面，这已经是世界银行业的普遍问题了。美国前联邦存款保险公司主席L. William Seidman认为，当银行失去传统的基础业务时，更加冒险地去做高风险的LDC贷款、房地产贷款和杠杆收购，这些资产都有较大的违约风险和操作风险，甚至国家风险。

因此，风险管理应该是银行管理者时刻关注的问题。要运用高新科技，规范银行的市场行为，建立完全的信息披露，尽早建立风险预警系统，这是建设健康的银行体系的前提。

（四）房地产价格膨胀很容易引发经济泡沫和银行危机

在总结日本银行破产和金融危机的教训时，我们发现日本是沿着这样一条轨迹从经济繁荣走向经济衰退的：即政府放松银根－货币供应量增加－刺激银行向房地产行业大量放款－房地产商以土地作抵押不断向银行贷款－房地产商超借、银行超贷－巨额资金使房地产价格泡沫化－资产价格膨胀引起政府不安－政府采取强硬措施消灭泡沫－房地产价格大跌－银行被卷入不良债权和破产的漩涡－经济萧条周期开始。我们看到，无论是日本的“住专”，还是北海道拓殖银行，无论是日本长期信用银行，还是日本债券信用银行，他们都毫无例外地参与了20世纪80年代末为日本房地产业贷款的大竞赛，结果，谁贷款数额越大，谁失败得越惨。房地产泡沫可以将许多银行拉向破产的边缘，可以使整个银行界面临严重的危机，可以使一国的国民经济在短时间内走向衰退而且在很长时间里走不出低谷。现在的日本正是这样的情形，它的惨痛教训值得世界各国引以为戒。

美国银行的破产虽然是在不同时期，在不同的地区波浪似的出现的，但是这些破产的银行都有一个共同点，即商业性房地产的泡沫现象导致了银行出现大量的不良资产，最终引致银行破产倒闭。

我国的房地产业在近20年中经历了巨大的发展，为国民经济做出巨大贡献，现已成为国民经济的重要支柱。但是目前来看,我国房地产业也出现泡沫化的迹象。比如部分地区房产投资增长过快;房地产价格升幅过高;房屋空置比率上升;房贷违规现象增多。2002年9月,温家宝批示“要高度重视房地产市场出现的过热现象,及早采取有效措施进行控制”。这些情况表明我国房地产行业的泡沫迹象的确已经显现出来,而且中央也开始注意这个问题。政府应该着手考虑如何通过调控政策阻止房地产的过热转化为房地产泡沫。这中间要注意两个关键方面:一方面要对银行贷款总量和贷款结构的加以监控,另方面就是避免调控政策过激和过猛。我国银行体系目前尚不健全,银行在自律性和法规的健全方面都不及日本。所以,我们更应该警惕房地产泡沫以及由此将引发的银行危机。

(五)政策失误助长银行危机

这一问题在日本是比较突出的,日本政府在金融危机形成的过程中犯了两个政策性的错误:

第一,一味地保护问题银行。一直以来,日本政府对日本的银行始终采取保驾护航的态度,日本大藏省曾经多次表示不能让20家大银行和大型非银行金融机构倒闭。当银行出现大面积的不良资产或濒于破产时,政府首先是采取补漏措施,为问题银行注入大量的资金,以帮助银行应付资金周转需要,或通过行政手段要求他金融机构予以大力协助。政府在充当银行血库的同时,也延误了果断处理坏账的时机,使坏帐数额越积越大,终于成为填不满的无底深渊。

当银行和金融机构出现系统性危机时,政府出面救助本是无可厚非的。但在政府采取事后补救措施前,先应该做好银行和非银行金融机构的监管工作,不能任由超贷和超借情况持续发生。实际上,政府的供血行为是为问题银行和金融机构搭建了一个无形的安全网,在其保护之下,一方面银行可能继续从事高风险的经营活动,另一方面,存款人也可能放松对金融机构和银行的经营失败的警惕,最终导致问题程度和损失程度的扩大。从这个角度看,政府对银行和金融机构的有效监管,比事后大规模的补救行动更重要,更有助于从源头遏制危机的出现和蔓延。另外,保护性政策只能削弱银行自身竞争力,助长银行的依赖感,在危机出现时,不能果断采取处理手段,致使漏洞越来越大,延误了了断问题的最佳时机。

第二,一味地扩大货币供应量。货币政策是一个国家调控宏观经济的重要手段,政府通过货币政策的实施,可以直接调控和引导社会上的存量资金,从而达到放松银根和刺激需求,紧缩银根和抑制通胀的目的。从传统的角度来看,政府在考虑采用扩张性货币政策时,是以分析和判断社会的物价稳定程度为前提的。当经济中的物价水平相对平稳,国际收支状况良好时,政府便可以实施扩张性货币政策。但是,日本金融危机和银行破产的成因分析告诉我们,政府在实施扩张性货币政策时,除了考虑物价因素外,还要考虑货币供应对金融资产价格的影响,这是不容忽视的一个重要方面。我们看到,当日本政府希望通过扩大货币供应,刺激产业投资和居民消费时,来自银行的大量信贷资金并没有进入消费市场和生产领域,而是大规模地流入到资本市场和地产行业,其结果是物价仍然平稳,但金融资产价格狂升。由此我们得到的启发是政府在制定货币政策时,不但要关注货币供应量对物价的影响,同时也要高度重视货币供应量对资产价格的影响。

(六)金融制度的滞后会导致一系列危机的出现

如果说日本的金融制度在20世纪60年代时还可以有效地发挥作用,那么到了20世纪90年代,其一贯不变的求稳和求全的金融制度已经不能适应日本国内外环境因素的变化,不能适应经济全球化背景下日本国内经济的发展。实际上,即使在20世纪80年代,日本的金融制度仍然沿用日本战后的一套模式,没有改革和创新。比如,日本一直以来固守的主银行制度。

主银行制度在日本战后经济重建过程中发挥了极其重要的作用。但是到了20世纪80年代,当欧美金融体系更强调市场运作和契约关系时,日本的主银行制度还在强调密切的银企关系和对企业的保护伞作用。这就使得主银行与企业间可能形成隐性的、排他的、非竞争的甚至是内幕交易的关系。在这种关系下,企业尤其是后来的许多中小企业对主银行有着极大的依赖性,银行也对企业放松了贷款审批程序,甚至不顾企业经营失败的风险而凭着与企业的密切关系为企业追加贷款,这种制度最终铸成了80年代日本银、企之间超借、超贷的严重错误,导致经济泡沫的膨胀。

另外,政府主导型的金融体制也是金融制度滞后的表现。在二战结束后,为了解决企业资金短缺的需要,政府对金融体系实行严密的监控和指导,将有限的资金调集到重点产业,靠行政手段分配资源,这种方式在当时的确有效地促进了日本经济的复苏和高速发展。但是日本政府对银行和金融机构的

“护送船团”式的管理，实际上阻碍了银行间的合理竞争，使得银行放松了对风险的分析、识别和防范意识，同时强化了间接融资功能而弱化了直接融资方式，使日本的资本市场的发展滞后。

除上述滞后因素外，金融制度缺乏创新，以及将金融自由化等同于放松金融监管，这些都是日本金融制度内在缺陷的反映，这些缺陷对日本的金融危机和银行破产都有着直接或间接的影响。

（七）间接金融体系使银行承担较大风险

以银行信贷为主的间接融资在企业融资中居于主导地位，增加了银行的资产风险。日本金融体系主要以间接金融为主，也就是说企业大都通过银行来达到融资的目的，而不是以发行债券和股票的方式在证券市场上进行直接融资。比如，在日本证券市场最繁荣的 1990 年，间接融资的比重仍高达 80%，日本企业的资金来源中直接融资比重过低。在这种情况下，间接金融就为银行带来不良债权的隐患，一旦银行将资金贷给经营不良的企业，而这些企业又由于经营失败宣布破产，则银行的贷款就成为收不回来的坏账。为了避免间接金融给银行带来的潜在风险，政府和金融监管当局有必要逐步培育直接融资渠道，并引导企业通过在一级市场发行股票的方式达到融资的目的，这样可以减少银行的风险，让社会投资者共同分摊这个风险。①

结　论

20 世纪 80 年代至 90 年代，并不是美国和日本这两个国家经历了银行业的破产危机，当时的世界各地都出现了不同程度的银行破产事件。北欧国家由于金融自由化和政府放松管制的影响，使这一地区的银行进行了风险较高的房地产的贷款，当房地产泡沫崩溃时，导致了大量银行贷款损失，为了拯救银行的破产政府付出了较大的代价。拉美国家的银行大多是政府所有，利率受到政府的严格管制，而当金融自由化时，这些国家也放松了对信贷市场的控制，并对银行进行私有化改造，最后也导致了银行的大量呆帐和坏账，以致于银行破产。俄国和东欧这样的转型国家也在 90 年代经历了大规模的银行破产。由于社会制度方面的巨变，缺乏对银行贷款进行筛选和监管的专门人才，银行监管组织和机制的缺失，使大量银行出现坏账和呆帐，最后导致银行破产，政府不得不进行干预。1998 年时，俄国的银行体系几乎瘫痪了。

根据国际货币基金组织对 181 个成员国的统计，1980 年以来，有 133 个国家发生过严重的金融问题或金融危机，其中 108 个发生过严重金融问题的国家中，67%即 72 例由银行不良资产引发；41 个发生金融危机的国家中，59%即 24 例由银行不良资产引发。可见，银行风险与危机是一个世界性的普遍问题，应在更大的范围内，进行比较研究。

参考文献

[1]Timothy W. Koch, Bank Management, South－Western, a Division of Thomas Learning, 2003.

[2]Frederic S. Mishkin, The Economics of Money, Banking, and Financial Markets, Addison－Wesley Publishing Company, Inc. , 2001.

[3]FDIC, Managing the Crisis, *http://www.fdic.gov/bank/historical/managing/*

[4]FDIC, History of the Eighties ,*http://www.fdic.gov/bank/historical/history*

[5]Robert A. Weigand, Donald R. Fraser, and Bahu G. Baradwaj, FDICIA and Bank Failure Contagion: Evidence From the Two Failures of First City Bancorporation, Journal of Economics and Finance, Volume 23, No. 1, Spring 1999, pp 99－111.

[6]FDIC, Federal Deposit Insurance Corporation Annual Report, from 1980 to 2003, *http://www.fdic.gov/about/strategic/report*

[7]Thorsten Beck, The Incentive－Compatible Design of Deposit Insurance and Bank Failure Resolu-

① 张红霞，王昌友，“不良贷款和日本银行”，《中国改革》，2001 年第 11 期。

tion: Concepts and Country Studies, Policy Research Working Paper 3043, World Bank.

[8]Benton E. Gup Edited, International Banking Crises: Large-scale Failures, Massive Government Interventions, Greenwood Publishing Group, Inc., 1999.

[9](美)彼特·罗斯著,刘园等译,《商业银行管理》,机械工业出版社,2001。

[10]俞乔、邢晓林、曲和磊著,《商业银行学》,上海人民出版社,1998年。

[11](美)乔治·H·汉普尔,多纳德·G·辛曼森著,《银行管理——教程与案例》,中国人民大学出版社,2002。

[12]徐诺金,《变革中的美国金融》,广州,广东经济出版社,2002年。

[13]徐诺金,"美国八九十年代银行危机:成因、处置方法及启示"(一、二、三),《国际金融》,2001年第8、9、10期。

[14]吴燕,《美国银行监管研究》,武汉大学博士学位论文,1999年。

[15]王继祖,《美国金融制度》,北京:中国金融出版社,1994年。

[16]陈元,《美国银行监管》,北京:中国金融出版社,1998年。

[17]董小君,"美国金融预警制度及启示",《国际金融研究》,2004年第4期。

[18]徐良平等,"金融与经济关系研究的功能范式:一个初步分析框架",《金融与保险》,2004年第3期。

[19]于永达、郭沛源,"金融业促进可持续发展的研究与实践",《金融与保险》,2004年第3期。

[20]龚明华,"当代金融发展理论:演进与前沿",《国际金融研究》,2004年第4期。

[21]孙森等,"我国有问题金融机构市场退出模式探讨",《经济学动态》,2002年第3期。

[22]杨爱文,汪燕,"日本金融危机的制度分析",《商业研究》,2002年8月下半月版。

[23]杨丹辉,"日本银行危机探析",《现代日本经济》,1997年第1期。

[24]杨丹辉,"日本银行危机的原因及其影响",《亚太经济》,1996年第5期。

[25]张季风,"当前日本金融风潮透视",《世界经济与政治》,1998年第2期。

[26]宋清华,《银行危机论》,经济科学出版社,2000年第1版。

[27]张德,"借鉴知名案例,防范内部风险",《理论观察》,2000年第2期。

[28]何士彬,《银行不良资产重组的国际比较》,中国金融出版社,1998年2月第1版。

[29]罗清,《日本金融的繁荣、危机与变革》,北京,中国金融出版社,2000年第1版。

[30]国彦兵,"'住专'问题与日本不良债务危机浅析",《日本问题研究》,1997年第1期。

[31]王立军,"日本住宅专门金融机构的发展及其存在的问题",《日本问题研究》,1996年第4期。

[32]杨明,"金融机构危机处理",《国际金融研究》,1999年第3期。

[33]鹿野嘉昭著(日),余熳宁译,《日本的金融制度》,北京,中国金融出版社,2003年10月第1版。

[34]袁步英,"从日本银企关系的变化看我国的主银行制度",《南开经济研究》,1998年第4期。

[35]陶涛,"存款保险制度在日本金融危机的角色",《世界经济》,1999年第1期。

[36]游江,耿涛,杨奇军,"对美、日银行市场退出的比较和思考",《新疆金融》,2002年第12期。

[37]刘澄,"关于日本金融危机与银企关系的反思",《日本研究》,1999年第1期。

[38]裴桂芬,"美日监管当局处理金融机构危机方式的比较",《世界经济与政治》,2000年第7期。

[39]苏存,"美日银行业危机:成因影响及启示",《日本问题研究》,1994年第1期。

[40]薛万祥,"日本金融机构的破产处理研究",《金融参考》,1996年第8期。

[41]高秀屏、周卫,"日本金融制度危机的原因透析及对金融结构转型的思考",《现代日本经济》,2001年,第116卷,第2期。

[42]刘昌黎,"不良债权对日本经济的严重影响与日本政府的新举措",《日本问题研究》,2003年,第1期。

[43]王朝阳,何德旭,"对日本银行不良债权的考察",《世界经济与政治论坛》,2003年第6期。

[44]邵斌,"金融危机的原因及启示",《福建金融》,1998年第4期。

[45]吴昊,"期待与焦虑中的日本经济",《现代日本经济》,2002第2期,总第128期。

[46]黄泽民,《日本金融制度论》,华东师范大学出版社,2001,6第1版。

[47]臧世俊著,《日本金融危机与金融变革》,中国城市出版社,2002,10,第1版。
[48]王洛林等著,《日本金融考察报告》,社会科学文献出版社,2001年。
[49]张红霞,王昌友,“不良贷款和日本银行”,《中国改革》,2001年第11期。
[50]杜亮,“‘冬天’如何降临?”,《中国企业家》,2003年第7期。

附 录

案例一、第一宾夕法尼亚银行破产案例

第一宾夕法尼亚银行(First Pennsylvania Bank, N. A.)是总部位于美国费城的一家商业银行,1980年4月28日宣布破产,破产处理方式是营业银行援助,处理机构为美国联邦存款保险公司。

第一宾夕法尼亚银行的前身是成立于1782年的第一家美国私人银行,该银行是一家股份制银行,在全美国排第23名,是当时美国银行破产历史上最大的一家银行。总资产为80亿美元,总存款为53亿美元,存款客户账户为574 000,在美国有69家分支机构,其中在费城就有40家分支机构,在国外也有分支机构。

1. 银行破产面临的外部环境

第一宾夕法尼亚银行的破产倒闭与美国当时的经济衰退以及商业银行的制度变化有密切关系。20世纪70年代末至80年代初期,美国经济持续衰退,经济增长缓慢,1979年的失业率为7.2%,房地产价格猛增,空置率大大增加;同时,美国的商业银行还要面对高利率的压力,当时的联邦基金利率达到11.8%,30年国债利率为13.8%,导致银行的存款和贷款利率都普遍升高,行业本身的发展相当脆弱,不少银行为应对高利率,不得不购买大量的长期市政府债券,当利率继续上升时,银行的赢利下降,要经受大量的损失,大量的存款从银行和储蓄机构转移到货币市场基金和证券市场,寻求更高的收益,存款商业银行经历了“脱媒”的风潮,以及资金成本提高的双重挑战,70年代末,一些银行曾经因为这样的损失而遭受破产的命运;而当时的世界石油需求量增加迅速,欧佩克还对石油生产进行限产,使油价大为飙升。

2. 第一宾夕法尼亚银行经营管理本身存在的问题

该银行从60年代末期开始走上了发展的快车道,到70年代,其资产规模迅速扩大。从1967年至1976年,该银行的资产就从21亿美元增加到60多亿美元。在银行资产迅速增加的同时,已经出现了不良贷款的问题,银行曾采取了一定的办法予以解决,但是根本问题还是没有解决。

从1976年开始,该银行开始使用短期存款负债进行长期投资,购买了大量长期的固定利率美国国债。银行的经营者本来以为利率这么高,购买国债可以获利,可以固定未来的收益。当利率提高到7%~8%时,银行经营者认为已经足够高了,于是购买了10亿美元的国债,国债期限多为10年,有的甚至30年,每年的利率为7.6%~7.9%之间。但是出乎经营者的意料之外的是,这样的利率并不是高利率的终结点,利率还在不断攀升,1979年该银行要支付的存款利率高达15.5%,国债的市场价值大为缩水,远远小于面值,国债收入根本无法支付获得资金的成本,所购买的国债就成为该银行的一个巨大负担。

更为严重的是,到1980年第一季度末期,第一宾夕法尼亚的贷款资产又出问题,贷款客户只支付了6.3%的利率,问题贷款一下增加到3.28亿美元,比银行的全部资本还多出了1600万美元。

以上两方面的问题,一经传出就动摇了客户的信心,大量的存款客户提现或转移资金,银行的一些大客户包括地区银行和中介存款也开始大量转移资金,第一宾夕法尼亚银行马上面临流动性危机。它只有出售国债以及向费城的联邦储备银行寻求贴现贷款来应付危机,大量损失和银行破产在所难免。

美国联邦储备银行、美国货币监管总署和美国联邦存款保险公司等方面的代表经过多方讨论,考虑到大银行的社会影响,决定采取营业银行援助(Open Bank Assistance Transaction)的方式,处理第一宾夕法尼亚银行的破产事宜。

3. 对第一宾夕法尼亚银行的破产处理

联邦存款保险公司成为破产银行的法定接受机构,由联邦存款保险公司与其他的商业银行一起进行援助,提供5亿美元的一揽子援助计划。但是实际上,联邦存款保险公司提供了一个5年期3.25亿美元的资金作为次级债券,第一年免息,第二年以后利率为8.54%,费城地区以及全美国范围的27家银行组成银行团,提供了另外一个5年期的1.75亿美元资金作为次级债券,利率为花旗银行一年期大额存单的利率(每年要调整),美国联邦储备银行提供10亿美元的贴现窗口贷款,银行的母公司被要求

注资5500万美元，银行可以发行股票，但是要母公司提供2000万美元的担保，在银行破产处理期间，银行、母公司、下属公司都必须服从各方的监管要求，服从联邦存款保险公司的援助计划的实施，提供相应的财务报告，随时准备监管检查，管理人员要进行撤换。在这样的援助条件下，该银行可以继续营业。

令美国各方代表和监管机构满意的是，银行破产的处理比较顺利。第一宾夕法尼亚银行提前达到了清偿要求，付清了危机处置贷款的本金和利息，存款客户的存款没有损失。对联邦存款保险公司来说是零成本，唯一的成本就是第一年的贷款利息。

为了不支出存款保险基金，以及波及到其他与第一宾夕法尼亚银行有业务联系的银行，联邦存款保险公司倡导的这一冒险计划基本上是成功的。在监管部门看来，对于大银行来说，在各方监管机构的共同监管下，允许破产银行继续营业，给它一个获利的机会，比马上关闭它要好得多。

案例二、佩恩广场银行破产案例

佩恩广场银行(Penn Square Bank, N. A.)的总部位于俄克拉荷马州的俄克拉荷马城，破产日期是1982年7月5日，处理方式是存款支付。

佩恩银行破产时资产规模为5.168亿美元，存款总额为4.704亿美元，是俄克拉荷马州第7大银行，是当年破产的第21大银行。由于该银行实行的是一种扩张性的信贷政策，尤其把贷款集中在石油和天燃气行业，使其资产的发展从1977年的6200万美元，上升到1982年中期的5.2亿美元。然而它本身并没有全部持有这些资产，而是以贷款合作者的形式，把相当大一部分资产出售给其他银行，它本身则保留全部贷款服务的责任。因此，当它于1982年破产时，由它提供服务的贷款约为20亿美元。而在4.704亿美元存款中，只有2.075亿美元的存款是享受保险的，大量没有保险的存款多半是其他银行的资金。

经美国联邦储备银行、美国货币监管总署和美国联邦存款保险公司等方面代表的讨论以后，决定对这一破产银行实行存款支付的处理方式，美国联邦存款保险公司只支付有保险的存款，因此，佩恩广场银行是美国联邦存款保险公司处理破产历史上最大一家损失客户存款的银行。

1. 佩恩广场银行的发展和问题所在

佩恩广场银行成立于1960年，成立之初它是一个位于俄克拉荷马市大型购物中心、只有一个办公室的银行。1975年，佩恩广场银行的前主席创办了一个控股公司，并从俄克拉荷马市其他的银行和股东那里筹集了2500万美元的资金，买下这一家单一银行，第二年该银行就成立了一个贷款办公室，专门给石油和天燃气企业贷款，80%的贷款都是与石油行业有关。开始从事信贷业务时起，该银行就没有认真进行过贷款文件的必要审批程序，只要是与石油行业有关，它都愿意提供贷款，而贷款条件很松，只重视贷款抵押物的价值，接受贷款企业75%的石油和燃气的价值作为抵押，而不重视贷款企业的偿债能力。监管美国货币监管总署对同一个客户的贷款设置了最高限额，但是佩恩广场银行的贷款客户往往会突破这一界限。

佩恩广场银行把大量的油气企业贷款出售给其他的银行。1978年时就把一部分贷款卖给了伊利诺斯大陆银行，1979年世界石油价格上涨时，又把大量油气企业贷款卖给了西雅图、芝加哥，以及纽约的大通曼哈顿银行等货币中心的大银行。其中芝加哥伊利诺斯大陆银行买了10亿美元，而纽约大通曼哈顿银行买了2.12亿美元。

早在1977年时，美国货币监管总署对佩恩广场银行进行检查时就发现了该银行把信贷全部集中在油气行业的问题，1980年4月又发现该银行的资本金很低，存在大量低质量的贷款，银行缺乏流动性，员工的工作经验欠缺，问题贷款增加，以及经营管理存在严重问题。1980年6月银行领导层针对这些问题，曾经向监管当局保证改进信贷活动，维持7.5%的资本金比率，但是收效甚微，银行的外部审计部门也注意到了贷款损失准备的问题。

佩恩广场银行的大量石油和燃气行业贷款，是根据当时高油价时积累的，当1981年油市从每桶36.95美元一直下跌不景气时，大量贷款违约，而以石油资产抵押的贷款更加缩水了，它的贷款再也无法向其他银行出售了，许多合作贷款银行开始要求清偿贷款资金。这些不利的消息很快就传播出去了，使大量存款客户提现和转移资金，致使该银行只好主要依赖中介存款这样的“热钱”来维持运转，1982年时中介存款的资金为2000万美元，到5月份就上升为1.5亿美元，1982年7月5日，佩恩广场银行宣布破产。在它倒闭两年以后，受其牵连，芝加哥伊利诺斯大陆银行也宣告破产。

2. 佩恩广场银行的破产处理

鉴于该银行没有保险的存款数目比较大，监管部门决定对其采取存款支付的处理方式。

联邦存款保险是法定的接管者，专门成立了一个存款保险国民银行(Deposit Insurance National Bank)，进行接管处理工作，这一新成立的银行于1982年7月6日开业，支付所有得到保险的存款。但是即使是支付存款客户的资金，处理的过程也相当困难，因为该银行的存款和贷款纪录资料不齐全，不准确，困难可想而知了。人们为了要回自己的存款，冒着酷暑在广场上排队取钱。

没有得到保险的存款，联邦存款公司只发给他们一个收据，要等待资产处置以后，再按照比例获得偿付，有贷款和存款往来业务的，则进行核销，只发给余额收据，这一方面的处理工作相对更加复杂一些。

该银行的破产处置工作一直到1996年7月才算完成。联邦存款公司的处置成本为6500万美元，相当于银行总资产的12.6%。

案例三、芝加哥伊利诺斯大陆银行破产案例

伊利诺斯大陆银行(Continental Illinois National Bank and Trust Company)总部在伊利诺斯州的芝加哥，破产日期是1984年5月17日。破产处理方式为营业银行援助。该银行破产时为芝加哥地区最大的银行，其资产和存款规模都是全美国第七大银行，是全美国第一大工商贷款银行，在美国14个州和29个国家设有57家分支机构。美国监管机构对该银行的处置也是意义重大，涉及到大银行的处理和管理的政策问题。

1. 伊利诺斯大陆银行简况

伊利诺斯大陆银行是伊利诺斯大陆公司(1969年为控股公司)的子公司，有124年营业史，1933年因为电力贷款和跨地区贷款而得到政府援助而保留下来，1984年之前的20年时间里，该银行发展迅速，积极开展国际业务，同时设立了专门的部门为石油、天燃气、电力以及金融公司提高服务，设立了房地产金融部门，为居民和商业房地产提供金融服务，在美国和世界范围内建立了一个庞大的网点机构，在1981年是伊利诺斯大陆银行发展的巅峰时期，成为美国境内第六大银行以及最大的工商信贷金融机构，雇员有12000人，资产约有400亿美元。1984年3月破产前夕，伊利诺斯大陆银行的资产和存款总额仍然是芝加哥地区最大的商业银行，全美国第七大银行。

2. 伊利诺斯大陆银行在经营管理方面存在的问题

从20世纪70年代开始，伊利诺斯大陆银行实行的是扩张性信贷发展战略。1973年，银行董事会主席Roger Anderson的目标是使伊利诺斯大陆银行进入美国国内工商贷款银行的前三位。负责贷款的官员在从事信贷活动时，允许其出现一定的差错。一般的信贷人员从事信贷时，其信贷额度比同等银行要高，为了赢得业务，不惜低利率贷款。如果是银行团贷款，伊利诺斯大陆银行则要获得大头。这样伊利诺斯大陆银行的信贷增长比美国的其他全国性银行要快得多。从1976年到1981年，该银行的工商贷款从50亿美元上升140亿美元，总资产从215亿美元上升到450亿美元，信贷的年平均增长率为19.8%。贷款与资产的比率，1977年为57.9%，1981年为68.8%，资产收益率一直为0.5%左右，而股本收益率则为14.4%。

但是为了获得信贷的不寻常发展，银行本身的财务报告，却往往掩盖了银行为获得信贷资金而在收益和流动性方面所存在的严重问题。与其他大银行不同的是，伊利诺斯大陆银行几乎没有核心存款。伊利诺斯州对银行设立分支机构有严格的限制，使伊利诺斯大陆银行只有少量稳定的个人存款。因此，迅速增长的信贷资金主要依靠短期的大额存单、欧洲美元以及从其他金融机构的隔夜贷款。1981年，伊利诺斯大陆银行依靠此类“热钱”进行的信贷额，是其他同类银行的两倍。

伊利诺斯大陆银行的资产质量确实存在问题。在70年代复杂多变的经济环境中，将信贷过度集中在某些行业，就要求银行承担相当大的信贷风险。而信贷的增长是依赖于能源行业的贷款而增加的，石油价格上涨，赢利就会增加，而一旦油价下跌，损失也是巨大的。

1982年，当佩恩广场银行破产倒闭时，伊利诺斯大陆银行在贷款方面的疏忽进一步暴露出来，它购买了佩恩广场银行近6亿多美元的贷款。在这一过程中，操作人员竟然没有得到以及没有看过出售贷款银行的相关资料和信息，这些信息资料包括银行所能够提供的抵押、现金流计划以及贷款的缘由。银行的内部审计人员也没有很好的证实抵押的东西是否真的存在，法律顾问也没有很好完成相应的文件，以确保银行贷款的利息等。因此当佩恩广场银行破产后，伊利诺斯大陆银行深受牵连，出现了13亿多美元的不良资产，从国内金融市场上很难获得营运资金，只好转向国际金融市场，主要欧洲美元市场，为获得资金付出了较高的利率，成本高昂，影响了伊利诺斯大陆银行的盈利空间。

1982年，伊利诺斯大陆银行的股票评级开始下降，股价下跌，同时评级机构又降低了它的信用和债券等级。更为雪上加霜的是，这时由于墨西哥的债务危机而引发了发展中国家的债务危机，伊利诺斯大陆银行给发展中国家提供了大量的贷款，使其大部分贷款面临国家风险，从1983年至1984年，该银行的资产质量下降，到1983年底，不良资产为19亿美元，银行收入大大减少。到1984年破产前夕，伊利诺斯大陆银行的不良资产增加到23亿美元，其中大部分是发展中国家的债务违约所致。

外国债权人包括荷兰、日本、原西德、瑞士等国的机构，听说伊利诺斯大陆银行在经营上出现了重大问题，都要求提高贷款利率。当路透社把这些消息见诸报端以后，更加剧了债权人的紧张情绪，同时又盛传日本银行想收购伊利诺斯大陆银行，使外国债权人的信心彻底动摇，纷纷迅速抽回资金，60亿美元的资金很快就从银行的账上抽出了。

1984年5月11日，伊利诺斯大陆银行向芝加哥的联邦储备银行请求贴现贷款，1984年5月14日，银行宣布破产。

伊利诺斯大陆银行的破产基本上是由不良贷款引起的，不良贷款产生收益方面的问题，由此减少了银行股票的市场价值，动摇客户的信心，最后引起存款的大量流失而最终导致破产。

3. 伊利诺斯大陆银行的破产处置

由于伊利诺斯大陆银行是美国历史上最大的破产银行，如何处置这样一个庞然大物，对于美国的监管当局来说确实是一个两难的问题。考虑到伊利诺斯大陆银行的破产牵涉的面太广了，不仅仅对美国的银行制度、金融市场、中小银行等产生负面的影响，有可能面临全面的流动性危机，而且也会动摇国际社会对美国经济的信心。因此，美国监管当局对于伊利诺斯大陆银行的处理比较谨慎。

首先在1984年5月17日，美国监管当局采取了一个临时性的处置办法，主要是为了稳定货币市场。鉴于伊利诺斯大陆银行的存款中，有30亿美元是享受保险的，而有300亿美元是没有保险保障的。后者的数额太大了，因此美国联邦储备银行、联邦存款保险公司以及美国货币监管总署决定保护所有的存款，无论其是否享有保险权利，所有银行服务不中断，以稳定局势。然后决定使用营业银行援助的处置模式。

先由Morgan Guaranty Trust Co. 公司给伊利诺斯大陆银行提供45亿美元的紧急信贷援助；由联邦存款保险公司以及7家美国银行组成的银行团共同给伊利诺斯大陆银行，提供20亿美元的次级债券作为注资，而伊利诺斯大陆银行必须接受联邦存款保险公司的严格条件，由联邦存款保险公司重新雇佣和撤换员工，撤除银行高级管理人员和董事会人员，并对银行进行控制。后来援助的银行团扩大到28家，他们与联邦存款保险公司一起援助伊利诺斯大陆银行，提供了55亿美元的信用贷款；美联储保证给伊利诺斯大陆银行一直提供贴现窗口贷款。

这只是一个暂时的援助方案，在这些援助团的支持下，银行的存款源源不断地从银行提走。到1984年7月，将资产变现50亿美元之后，伊利诺斯大陆银行仍然欠美联储40亿美元，28家银行团40亿美元，联邦存款保险公司20亿美元，两个月里流失了将近150亿美元的存款。

其次是在1984年9月26日，美国监管当局又采取了一个永久性的援助方法，这在美国银行破产处置的历史上是第一个有这样待遇的银行。联邦存款保险公司在最后的处置报告中，再一次保证所有存款客户和借款者的利益，使他们不会有任何的损失；联邦存款保险公司在银行控股公司中拥有相当大的股份，有效地使伊利诺斯大陆银行成为政府拥有的银行；伊利诺斯大陆银行的不良资产一共有52亿美元，联邦存款保险公司接收了其中的30亿美元的不良资产，并承担了伊利诺斯大陆银行从联邦储备银行的35亿美元债务，保护所有存款；联邦存款保险公司接手的不良资产比它当时接收的全部不良资产还要多，主要都是国际贷款、能源贷款、航运业贷款以及房地产贷款；在联邦存款保险公司的要求下，伊利诺斯大陆银行自己成立一个专门的机构进行资产的处置和变现。美国监管当局为了处置伊利诺斯大陆银行，花费了11亿美元的成本。这样的处置方法，验证了人们的一个观念，即“银行太大了不能倒闭”。

4. 破产处理以后的伊利诺斯大陆银行

实际上，伊利诺斯大陆银行在破产之后，经过重新改组，在联邦存款保险公司的监督下，仍然继续营业。

在上述这些措施的保护下，伊利诺斯大陆银行还继续从私人银行和美联储借款，营业状况已经大为改善了。

从1985年至1989年，伊利诺斯大陆银行开始有赢利报告。1990年将资产收缩至290亿美元，只相当于1981年资产的1/3还不到。1986年伊利诺斯大陆银行管理层宣布，在联邦存款保险公司的允许下，它把芝加哥地区几个资产规模超过1.5亿美元的银行买下，以建立稳定的零售存款业务基础。从1987年至1989年，伊利诺斯大陆银行重新调整业务战略，把主要业务集中在商业信贷上，通过其专门的分支机构，特别是为高杠杆融资，以及为本地区的期货和期权交易提供投资顾问服务。1990年，伊利诺斯大陆银行管理层宣布出售其下属机构First Option Corp.，裁减员工900人，其财务报告指出，不良资产增加到4.5亿美元，主要业务还是大的工商企业客户的信贷。1994年1月，美洲银行(BankAmerica现在称为Bank of America)宣布收购伊利诺斯大陆银行，并将银行总部从加州移至芝加哥。

至此，伊利诺斯大陆银行破产以后的发展去向，才告一段落。

案例四、日本长期信用银行破产案例分析

日本长期信用银行(以下简称长银)成立于1952年12月。它主要以发行债券的方式筹得资金，然后向日本的煤炭、海运、钢铁、电力等四大支柱行业融资。其融资对象大都属于传统行业，这些行业发展时间比较长，所以积累了不少自有资金，因此，这些行业对长银的依存度逐渐减弱。随着20世纪80年代金融自由化的出现，长银的经营状况开始出现问题。为了寻求新的发展契机和新的融资对象，长银开始在经济泡沫时期向其所属系列的金融、不动产、建设等行业大幅度融资，结果导致90年代出现大量不良贷款。1998年10月长银宣布破产。长银破产事件对日本金融业产生了很大的负面影响，它也是日本金融危机时期银行破产的典型案例。通过对长银的分析，我们可以了解长银破产的经过以及其破产原因和破产的处理方式。

1. 日本长期信用银行破产经过

在谈及日本长期信用银行破产问题时，首先要从长银向“EIE国际集团”融资说起。“EIE国际集团”是日本一家主要从事休闲场地开发的公司。该公司在日本泡沫经济时期大举投资，购买了大面积的土地用于休闲场所的建设，其中也包括众多的高尔夫球场。而长银与EIE一直保持着很密切的关系，因为它是EIE的主要融资银行。1993年7月，长银在对EIE的经营状况做出判断后认为EIE的经营已出现严重问题，于是宣布不再为EIE提供贷款支持。但此时长银的此番撤资举动为时已晚，因为它对EIE的先期融资大部分已成为不良债权。长银对EIE融资的失败以及一系列的其他问题使得长银的经营问题逐渐恶化。除了对EIE融资的失败以外，长银还受到其他多方因素的影响。在后来的兵库银行破产以及对福德、大阪、阪和等金融公司进行处理时，长银又被迫出资救助或主动放弃债权，这使长银的不良债权的包袱越来越沉重。

长银为了不使其经营问题表面化，于是开始了一系列的自救行为。一方面它设法转移不良债权，另方面着手开拓新的经营范围。1993年4月，日本金融改革修正法案正式实施，法案允许银行以子公司的形式向其他业务领域拓展。于是长银开始设立多个子公司经营其他方向的业务，如长银证券公司、长银信托银行等。1997年7月，长银与瑞士银行签署了相互合作的协议，试图通过与外资合作的形式得到外资的资金支持以扭转目前的不利局面。但瑞士银行的本意并非想为长银雪中送炭，而是希望通过与长银的合作扩大其在日本金融市场的势力，并获得长银的客户。在这样一个背景下，双方的合作十分不理想。

面对一系列银行和金融机构破产以及大量不良债权问题的出现，日本大藏省并没有给与高度重视，非但不采取行动来遏制不良债权问题的扩大趋势，反而一味地采取保护主义政策，不让大银行破产。1997年12月，日本自民党紧急金融体系安定化对策本部决定向银行注资30万亿，以求帮助问题重重的银行摆脱危机的困扰。大藏省要求各银行提交申请，然后才能得到政府资金资助。这对长银和其它在困境中挣扎的银行来说本是一件求之不得的事，但事实是没有银行敢于出头申请政府资金，因为，一旦提出申请，就表明银行自有资金不足，这个信号会导致自身的股价在市场上遭受严重冲击。在各银行都保持沉默、不敢轻举妄动的情况下，股票市场还是做出了快速反映，金融股票大跌。随即在三和银行、东京三菱银行、住友银行水率先申请政府资金的情况下，长银也紧跟其后，申请到1776亿日元的资助，暂时得到喘息的机会。

但是，政府的注资对于长银巨大的不良资产来说只是杯水车薪。长银的问题还在继续恶化，其新设立的系列金融公司的业务损失成为威胁长银的新问题。1998年4月，大藏省财务官员向外界透露“在大银行中还会有一两家银行破产”。这句话引发了金融市场的大地震，伴随着日经股票指数的下跌，市场人士都在猜测谁是下一个出局的银行。于是，长银成为市场关注的焦点。

1998年6月5日,日本综合月刊杂志《现代》首次用“长银破产”的标题揭示了长银的经营问题,其他报纸也都转载了相关文章,长银债务超过资本的真相被公之于众。在长银经营者做出否认的回应时,1998年6月9日,长银与瑞士银行合资的证券公司率先抛出了138万股长银股票,引发了市场对长银与瑞士银行解约的传闻,使得长银的处境雪上加霜。

长银问题公开化之后,大藏省和日本银行着手为长银寻找合并对象,以期让实力较强的银行挽救处于崩溃边缘的长银,而不让长银破产。在金融行政当局的撮合下,住友信托银行开始与长银进行合并事宜的交涉,但住友信托银行在合并问题上提出了极其苛刻的条件。比如,只接收长银的正常债权;要求长银在合并之前彻底处理其关联公司的不良债务;以及对长银资产做细致的审核鉴定。住友信托最担心的是长银的债务是否已经超过资本,长银是否隐瞒了大量的不良债权。

与此同时,日本政府以及执政党和在野党各方也都围绕长银的归宿问题展开无休止的争议。各方都对长银的处理提出了建议,自民党希望对长银注入财政资金,而民主党则表示反对。在各党派的争议中,日经股票指数连续下跌,使得长银股票连受重创。1998年10月8日,住友信托银行表示取消与长银合并的交涉。10月19日,日本金融监督厅在考虑到长银有价证券的损失原因后,宣布长银的债务已经超过资本。10月23日,小渊首相根据金融再生法案第36条破产的规定,宣布对长银实行特别政府管理。长银正式破产,原来的民间金融机构被强行国有化。

2. 长银破产原因

在分析长银破产原因时发现,不良债权是致使长银破产的根本原因。长银总裁铃木桓男在接受记者采访时表示,“长银被国有化的最大原因是长银本身及其关联公司向不动产的融资大多成为不良债权。在全力处理不良债权同时,积极推进金融制度的彻底改革,但在时间上没有缓冲余地了。”总体来说引起不良债权的因素有以下几点:

第一,向企业和非银行金融机构融资,超贷严重。首先是长银向EIE国际集团融资,1990年底融资350亿日元,1993年夏增至2000亿日元以上。另外长银及其所属公司还对住宅专门公司融资近4616亿日元,其损失高达3257亿日元。

第二,转移不良债权、粉饰损失程度长银为了清理不良债权,于1992年7月设立了事业推进部专门负责清查不良债权的工作。事业推进部先后设立了197家关联公司回收长银及其所属金融机构的不良债权担保物品。但是这些公司并没有能力顺利回收抵押品,于是长银又向这197家回收公司融资1.15万亿日元,让他们用这些资金直接去购买作为抵押品的不动产和其它担保物件。这意味着长银账面上的不良债权似乎已经被其他公司收买和消化,但实际上,帮助长银消化不良债权的公司正是长银本身下设的回收公司。所以,长银自己出钱回收了自己的不良债权,将原有的不良债权转移到长银集团回收公司身上。其结果是,长银旗下又添置了许多所谓回收来的不动产和有价证券。而这些资产随着经济泡沫的破灭年年贬值,致使长银的不良债权越积越多。

长银虚设机构、转移债权的做法为的是粉饰其银行形象,隐瞒其真正不良债权的严重程度,应付大藏省对长银不良债权的检查。这种违规经营的做法最终将长银推向了破产的深渊。

第三,对贷款没有按照程序严格审查。长银在对企业进行贷款时比较看重借贷双方的关系密切程度,而不是按照银行的纪律和贷款程序对借方的资格、项目风险程度以及抵押物品价值进行认真评估。在对EIE国际集团的融资中就掺杂了私人交往关系的成分,凭借着长银负责人和EIE集团社长密切的交情,EIE从长银那里获得了超过2000亿日元的贷款。其中此项贷款的部分抵押品是51幅没经认真评价和鉴定的名画,当时长银接收这些名画作抵押品时,其价格为EIE购入名画价格82.465亿日元。但1994年初当长银想出手这些名画,请求画廊进行价值鉴定时发现,这51幅画的时价总额仅为15.917亿日元,只相当于当初抵押价格的1/5。长银因其贷款时的随意性引来了大量的不良债权。

3. 长银破产处理方式

第一,在对长银实行破产处理时,首先对长银全部资产进行重新鉴定。对于第一分类债券,尽量维持其正常的融资业务。对第二分类债权将根据财务状况分别进行处理。一方面,对于两年后决算时业务能够恢复正常业务的企业,仍可继续融资。另一方面,对于债务超过资本的企业,则停止向其融资。对于第三、四分类债权的处理方式包括用国家财政资金直接偿还债务,以及将大部分债务卖给整理回收机构,让他们尽量追回债务。对于长银持有的股票,全部卖给存款保险机构。

第二,长银的关联公司进行清算。经过彻底的清算,长银重要的关联公司日本租赁公司在1999年1月被美国GE投资公司收购,长银另外的一家子公司长银综合研究所被一家民间派遣公司收购,长银信用投资信托公司则被大同生命保险公司收购,长银的关联子公司NED于1999年宣布破产。长银其余的100多家债权回收公司被卖给回收整理机构。长银40家关联企业破产。

第三,对长银负责人进行民事和刑事责任的追究。1999年6月,长银员负责人大野木克信、铃木桓男、须田正已3人被警方逮捕。

第四,将国有长银卖给民间机构。1998年10月23日,长银被收归国有后,长银股票也同时被收归国有。日本政府成立了专门机构对长银股价进行核查。1999年3月日本政府宣布以每股零日元(家手续费)的价格买去全部长银股票。另外,经过多方交涉,国有长银最后卖给了一家美国投资公司NLP,政府注资2400亿日元以帮助这个新生银行增强资本。2003年3月1日,长银国有化结束,新生银行开始重新运营。

案例资料来源:

[1]Timothy W. Koch, Bank Management, South—Western, a Division of Thomas Learning, 2003, p547—552.

[2]Frederic S. Mishkin, The Economics of Money, Banking, and Financial Markets, Addison-Wesley Publishing Company, Inc., 2001.

[3]FDIC, Managing the Crisis, *http://www.fdic.gov/bank/historical/managing/*.

[4]FDIC, History of the Eighties, *http://www.fdic.gov/bank/historical/history/*.

[5]FDIC, Federal Deposit Insurance Corporation Annual Report, from 1980 to 2003, *http://www.fdic.gov/about/strategic/report/*.

[6]藏世俊著,《日本金融危机与金融改革》,中国城市出版社,2002年。

我国商业银行内控制度建设思路

赵瑾璐　张小霞

我国商业银行正处于从无风险到微险到风险积累阶段，既存在着银行经营的一般性风险、经济金融体制转轨的体制性风险，又存在着金融创新的风险以及国际金融市场的传导性风险。这四个层次的风险交织在一起，对我国经济、金融的稳定与发展构成了潜在的威胁。因此，防范和化解银行风险是商业银行的重中之重。现实表明，我国商业银行风险与内部控制不完善有关。为了有效控制风险，必须建立健全商业银行内部控制制度。

一、观念创新——树立五大理念

现代金融是在市场经济高度发达、法治比较完备、政府干预积极有效的环境下形成与发展起来的。市场经济条件下，要进行经营思想的革新，树立改革意识、市场意识，树立以效益为中心的经营目标，创造出能够指导社会主义商业银行运行发展的理论。树立市场意识、发挥政府的积极有效的干预作用，依靠法制文明和建立企业文化是实现现代商业银行有效内控最重要的原则精神。

1. 要树立市场约束理念。当前世界金融改革的一个重要趋势是提倡和加强市场约束作用。市场虽不能完全消除风险产生的根源，但可以使金融从业组织和从业人员处于谨慎状态，迫使其通过自我约束，加强管理，防范和化解金融风险。市场竞争及淘汰机制能迫使金融机构高度重视资本充足性、资产流动性等关系其生存和发展的各种必要条件。市场机制已被证明是一种理性的、有效的管理和约束手段，尤其是市场透明度原则所要求公开信息资料的充分性和真实性，将直接影响到市场导向和公众选择。近年来，自我约束机制已成为增强金融业安全与稳定的基本手段之一。因此，必须增强市场自我管理的范围动机，要求市场参与者依靠市场信息、市场感觉和市场环境，坚持严格的市场退出政策，按市场原则来安排和约束自己的行为。现代金融有效监管的基石就是尊重市场经济的基本原则，贯彻公平竞争优胜劣汰的市场法则。

2. 要树立深化国有企业改革的理念。国企改革的广度和深度影响着国有商业银行改革的进程，深化国企改革对国有商业银行提高资产质量至关重要。国有企业改革有三个难点需要攻坚：首先，国有企业财产制度必须真正实现“投资主体多元化”。对于国有企业发展来讲，“投资主体多元化”具有“一石三鸟”之功效：一可以解决国有企业“资本金不足”和“注资能力疲软”导致“债务缠身”的问题；二可以解决国有企业所有者“缺位”，国有资产“无人关心”的问题。三可以解决国有企业政企不分，进而成为政府附庸的问题。其次，国有企业必须建立规范的法人治理结构。规范国有企业法人治理结构，要突出抓好三件事：一要抓好“用人”，尊重投资者的“选人权”，杜绝任人唯亲。二要抓好“制衡”，坚决解决董事长、总经理、党委书记“三位一体”的任职方式。三要抓好“监督”，尝试“独立董事”、“外派财务总监”的制度。第三，必须健全国有企业经营管理者的激励与约束机制，激活“领导核心”。一方面实行“年薪制”、“持有股权”、“股票期权”和补充商业保险多种有利于调动经营管理者积极性的分配制度，切实推进企业家职业化的进程。另一方面要加强经理市场、资本市场、商品市场等对经营管理者的外部约束作用。特别是要加大对经营管理“渎职”行为的制裁力度。

3. 树立政府积极有效的干预理念。切实转换政府职能，维护好市场秩序，保护好产权。市场经济和WTO规则的“灵魂”是“经济自由”，是“尊崇市场权力”，反对“超经济”的特权和直接干预。因此，遵守世界贸易组织规则，建立真正的市场经济，必须进一步解放思想，彻底摆脱传统计划经济的羁绊，切实把政府职能转到经济调节、市场监督、社会管理和公共产品服务上来。现代市场经济并不排斥政府的作用，而恰恰是通过发挥政府的作用来构造市场金融所依托的社会制度环境。加强国家对市场经济的干预，进行必要的宏观调控，是弥补市场机制缺陷，纠正“市场失灵”的客观需要。具体市场经济与市场金融要求政府最根本的职能，就是保障财产权和经济自由。在历史上，最大的侵权是政府的侵权，最大的腐败是权力的腐败，最没效率的经济是被管制的经济。特别是加入WTO，政府更应该规范自己的行为，增强服务意识，依法行政，把自己该办的事情办好，市场经济就会自然开辟自己的发展道路，创造出经济成果。建立有效的政府，就必须实现宪政、法治、司法独立，为人们参政、议政、督政提供基本的制度保障。

4. 树立依法监管理念。从现代社会发展和法律文明意义上讲，现代市场经济就是法治经济。市场经济是受法律规范、引导、制约、保障的。没有与之相适应的法律制度，没有与之相适应的法治建设和司法实践，就不可能形成有效的市场秩序，也就不可能有真正的市场关系，更不可能搞好监管和内控。同理，现代金融是法制金融，法治是现代金融的核心要件，金融法律制度是我国实施金融监管，保障金融安全的法律依据，也是金融监管规范化、法制化的根本保证。如何把一切金融活动纳入规范化、法制化的轨道，为我国金融健康发展创造良好的法制环境，是我国今后一个长时期的重要任务。

5. 树立信用文化理念。市场经济本身就是信用经济，信用是文明国家的标志，是一个民族综合素质的体现，是市场经济的灵魂，也是关系到民族兴衰的一件大事。在商业银行经营活动中，失信成为很普遍的现象，以致出现了“想贷款拍脑袋、借贷款拍胸脯、不还款拍屁股”的“三拍”现象。“信用”竟成为眼下经济发展的“稀缺资源”，给我国经济造成不可估量的损失。因此，重建信用基础，弘扬商业银行文化，成为当务之急。培育良好的银行文化，关键是要建立激励约束机制，同时对银行员工进行全面的世界观、人生观、价值观教育，树立“德才兼备德为先”和“求贤不求全”的理念。特别是我们目前正处社会体制转型期，信用社会、信用经济越来越要求人们在社会活动和经济交往中，必须以诚相待，以信为本，恪守信用是贯穿于一切社会生活的最基本的道德准则。

总之，要牢固树立风险控制理念，创新思维，加快我国计划经济向市场经济体制转变的步伐，充分发挥市场机制在资源配置中的基础性作用，这是实现政府与国有商业银行关系规范化的基本前提；深化国有企业改革，转变政府职能，尽快实现银、政分离；健全法治，增强全社会信用观念，为加强内部控制，防范风险，营造一个良好的外部环境。

二、制度创新

现阶段，我国国有商业银行虽然进行了产权改革，但改革不到位，企业组织制度、财产关系与市场经济发展不协调，金融业特别是国有商业银行缺乏有效合理的约束机制和激励机制，资金供给制依然没有打破。因此我国建立风险控制制度重点不是技术因素，而是要针对“制度性”风险的生成因素，进行制度创新，控制住引发金融危机的“火源”。因此建立有效的内控制度必需首先从股份制改革和建立科学的法人治理结构入手，进行经营制度创新，达到分散风险的目的。

1. 产权制度:“从单一产权”到“多元产权”。国有银行产权由单一国有形式到多元形式，必须走股份化道路。股份化可便于国有银行迅速扩大资本、拓展业务、防范风险。多元化的产权主体将使国有银行产权更加明晰，而且由于产权来源的社会化和股份的流通性，国有银行的资产配置将会更有效率。国有银行股份化是一件新事物，应该有计划、有步骤地进行。可先选择一家综合状况较好的国有商业银行进行试点，探索经验，再逐步推广。具体方法是可先从总行一级开始，以国有商业银行总行为股份制改造的主体，在不改变国有控股的情况下，实行多方持股并择期上市。其一，按国际惯例，设置“国家股”，由国有银行的国家资产存量折股而来。国家股由国有资产管理局代为持有。国有股至少要占国有银行全部股本的一半以上，也可采取“黄金股”形式，即以少数股份，就可控制其股权；其二，设置“法人股”，允许业绩优良的大企业集团参股国有银行，以股票为利益纽带，促进金融资本与产业资本的融合，协调银企利益关系，同时也允许金融机构之间相互持股；其三，设置“个人股”，包括“公众股”和“内部职工股”,利用个人股权这种终极所有制形式的资本内在增值机制和对整个产权关系所具有的边际调节力,使国有银行资本与个人资本有机结合;其四,设置少量“外资股”,所占比重不大,起到促进与补充作用。国家股、法人股、个人股、外资股的比重,可分别占50%、15%、25%、10%。这四种股权形式相互融合,形成新型的国有银行混合产权制度。

2. 法人制度:“从一级法人”到“多级法人”。商业银行一级法人制度,尽管方便了银行内部的政令畅通和资金调拨,但容易造成银行的地方机构在资金上吃国有大锅饭,因而无法调动各地方金融机构的积极性,国有银行代理链条太长,经济费用上升,容易将金融风险集中到中央。另一方面,加大了政府干预的机会,造成信贷约束软化。90年代的大量不良贷款,正是在这种“大一统”的一级法人下,缺乏信贷约束加之过多的行政干预而形成的。

实行多级法人制度,各国有商业银行的地方分支机构都是一个独立的投资主体,是法人代表,实现产权主体的多元化。如果某地的商业银行为本地企业盲目贷款,造成不良贷款,要受到包括地方政府在内的所有股东的反对,从而使金融活动的风险随股权的多元化而分散,而且还使地方性金融风险不再转化为中央财政的损失。在多级法人体制下,国有商业银行总行不再是管理性机构,而是一级经营实体,是一级法人,它和分支机构的关系,只能以股东的身份参与决策和管理,彻底改变目前国有商业银行自上而下的机关式、行政化管理方式,实现商业银行多级经营、自担风险的目的。为多级商业银行在有条件的情况下公开上市、竞争上市打下基础。

国有银行的多级法人制,一方面易于理顺总行与分行之间的“集权—分权”关系,另一方面也有利于国有银行的地方机构加强自我约束,强化内部管理,减少自上而下的干预,提高运营效率与经济效益。

3. 治理制度:从“行政管理”到“公司治理”。国有银行行政式的内部机构设置与行政区域化的分支机构设置,大大强化了经营管理的行政性倾向。国有银行进行股份制改组与实施多级法人制以后,内部管理及运行机制必须引入“公司式治理结构”,彻底清除计划经济体制下行政式的人事安排制度的影响,并努力克服由之带来的国有商业银行各级代理人的短期功利主义倾向。我国商业银行完善公司法人治理结构应从以下几个方面入手:

首先要优化国有商业银行董事会人员结构。国有商业银行董事会人员构成不能完全来自于政府和银行内部,必须借鉴国外商业银行经验,科学地设计国有商业银行内部董事与外部董事,执行董事与非执行董事的构成比例,应借鉴国外商业银行的经验,成立独立董事,这有利于改善董事会的结构,强化董事会的监督机制和约束机制,保证股东和其他利害相关的利益,确保银行的规范运作。其次,优化董事会的机构构成。建议在董事会下设执行委员会、审计委员会、贷款审批委员会等主要职能机构,这样避免主管人员因知识经验不足,造成决策失误。再次,合理界定董事会的功能。我认为,国有商业银行应在较短时间内尽快完成法规型董事会向咨询决策型董事会的转变。根据我国商业银行改革进程,再逐步实现由咨询决策型向社团型董事过渡。

4. 经营制度:银行风险分散的模式选择。风险的分散是一切风险性经营活动普遍遵守的规则。然而,由于分业制度的实行,我国商业银行无论是资产业务、负债业务,还是中间业务,其范围几乎只限制在存款业务和贷款业务领域,这就犯了“把鸡蛋放在一个篮子里”——风险管理之大忌。尽管分业经营的目的也是为了规避风险,但这种防范是片面、被动的、消极的。它防范了合业经营可能带来的风险,但却导致了“风险集中”。虽然进入WTO能为我国带来前所未有的机遇,但国内银行业不得不面临集商业银行、证券、保险等各类业务于一身的国际金融集团强有力的竞争。因此,我认为我国商业银行应采取金融控股公司模式,即“大合业、小分业”的经营模式作为过渡模式,来顺应国际金融潮流。

所谓“大合业”,是指商业银行从总体上应力成全能制银行,在求得盈利性、流动性、安全性最佳组合的前提下,银行应当可以从事国内国际一切金融服务业务及与之相关的非金融领域的服务活动。所谓“小分业”,是指在“大合业”之下,对商业银行所经营的具有不同性质和特点的业务的分别管理。商业银行通过设立、收购、合并等方式形成全资附属或控股的专门机构,经营诸如信托、租赁、保险、证券、期货等业务。在银行集团内部,实行分业核算、分别设置风险准备、分别制定运作规则及监管制度。这样,商业银行、证券公司、保险公司、信托公司等金融机构共同置于一家持股公司之下,由控股公司对其子公司进行宏观管理,而各个子公司又保持各自的独立性,这样金融公司从整体上看,就是一个混业经营的全能制银行,但同时却满足了分业经营的要求。这种模式,不仅可以通过控股子公司实现金融服务多元化，而且能够通过设立共同的信息中心、研究中心和法律中心，使各子公司之间信息共享，有效地降低经营成本，提高竞争力，同时也防止资金的混用给银行、客户及市场造成危害。

三、技术创新

在现代科学技术和金融电子化的冲击下，进入21世纪，现代金融监管的技术创新将不断加强。实践也已证明，单纯依靠传统的行政和司法手段，或单凭直觉经验难以适应电子交易时代迅速变幻的金融市场。大型计算机、数学模型和金融工程的应用已成为国际金融领域风险管理的主流。置于高技术基础上的金融创新能发现越来越多的管理和监控风险的方法。

1. 适应市场环境变化，利用机算机模型建立商业银行动态的风险评估系统。为了适应这种市场环境变化，我国商业银行必须加强风险评估和风险控制，尽快建立起一个能够实时监控风险的动态的风险评估系统。一是完善信贷业务的风险评估程序，建立信贷风险预警系统。制定全行统一的信贷业务风险评估操作流程，实行信贷业务事前、事中和事后监督，建立信贷业务风险预警系统。二是加强市场风险管理，建立动态的风险评估模型。利率风险、汇率风险等市场风险比信用风险的不确定性和危害性更大，风险评估的难度也更大。我们应认真学习国外现代商业银行风险评估的方法和技术，尽快建立起自己的市场风险评估模型，以实现对市场风险的实时动态监控。三是要重视新业务的风险评估。随着我国金融业竞争的加剧和金融全球化步伐的加快，商业银行业务范围不断拓宽，新的金融产品会不断创新，因此，我们应对不断变化的环境及条件作出反应，风险评估应涵盖所有新业务领域和新业务品种。在新业务开展之前，就应设计相应的风险评估方法和程序。

2. 根据风险状况，健全有效的内部控制机制。综合运用事前、事中和事后的控制方法，协调统一地组织控制、授权审批控制、职工素质控制、程序控制等控制手段和风险规避、风险补偿、风险转移和风险分散等风险控制技术，来实现风险的控制。

建立严密的内控组织体系。首先要在总行成立监督控制委员会，作为全行内部控制的最高决策机构，受法定代表人直接领导，对法定代表人负责，并根据金融任务研究制定全行工作方针和规划，对全行基本内控制度进行评价和管理及对内控中发现的重大经济案件和严重违规违纪作出严厉的处罚决定。其次，强化内控执行系统的建设，建立相互协调相互制衡的约束机制。构筑三道监控防线。第一道防线：商业银行在其业务活动中，建立一线岗位双人、双职、双责，事先、事中、事后监控制度。第二道防线：建立相关部门、相关岗位间相互制约的工作关系及程序。第三道防线：建立内部监督部门对各部门、各岗位、各项业务监督反馈制度，实现立体交叉控制效果。再次，强化监督机构建设，充分发挥银行稽核、监察部门的控制职能。建立直接向银行最高权力机构负责、实行统一垂直领导的内部稽核体制，从体制上保证稽核工作的独立性、权威性和超脱性地位；商业银行还应充分利用社会监控系统，积极配合中央银行进行金融稽核监管，充分发挥内控体系的职能作用。

建立全行统一规范的操作流程。商业银行应尽快对以前的内部控制制度进行自查，对没有的制度进行补充，对不完善的制度进行完善，对不合理的制度进行调整。内控制度应该涵盖所有新业务领域，并在此基础上建立全行统一规范的操作规程。

建立科学合理的授权审批制度和岗位责任制。在现有的授权制度基础上，根据各种业务经营活动性质及功能，建立统一法人管理和法人授权为主要特征的内部授权制度。授权要权责对应，上级机构在授权时权责清晰，下级机构应认真履行职责。

加强目标控制，完善业绩考核办法。一是要制定科学的切合实际的年度和分阶段目标；二是完善业绩考核办法，以规模、效益、资产质量作为业绩考核的主要对象，加强过程控制，防范金融风险。

按照独立性原则，加强审计控制。一是要保持审计机构的独立性，各商业银行总行的内部审计部门应在董事会的直接领导下开展工作，各分支机构内部审计人员应由总行实行派驻制，分支行不再设立内部审计部门。二是重视审计人员综合素质的提高。将有能力、懂业务、讲道德的人才充实到内部审计部门工作；要提高内部审计人员的待遇；实行内部审计人员的轮岗制度，确保内部审计工作的质量。三是完善内部审计办法。采用内部控制评价基础审计的方法，以评价内部控制系统的有效性为主，这样可以提高内部审计的效率和有效性。四是加强与外部审计的协调。一方面要积极处理好与中央银行监管审计、财政部门审计、税务部门审计等外部审计之间的关系，另一方面，要进一步落实外部审计的意见，提出整改方案，以共同发挥审计的整体功能。

3. 利用信息技术，建立高效的信息系统。在21世纪，银行业稀缺资源不再是资金，而是信息。鉴于我国商业银行会计信息失真问题的严重性和管理信息系统建设的滞后性，我认为，要建立高效的信息系统，一是要完善会计信息系统，通过健全会计信息质量保证机制来提高会计信息的质量，首先健全会计法规体系，加大会计执法力度；其次，是加强会计人员的控制，确保会员人员按照会计规范和会计操作程序进行会计业务操作。二是运用信息技术，提高信息传递效率。借鉴国外商业银行的做法，在建立管理信息系统的基础上，充分运用计算机和互联网通讯技术，提高信息传递的速度和准确性。通过这些技术可以减少中间环节，及时、准确地实现信息的自上而下和自下而上的传递，提高商业银行管理或控制效率。

我们应在全国范围内，建立一个中央金融数据库，其中包括金融指标信息系统、金融预警系统、金融咨询系统、金融评估系统、银行管理信息系统、银行业务国际联网自动处理系统和办公自动化系统；各行建立以中心数据库为中心的各系统的子系统。以金融信息资源的开发和利用为核心，有效地进行金融信息化工程建设。总之信息化会使银行减少经营风险，提高管理水平，完善内部管理，加强竞争力，业务部门通过各种信息数据进行分析和监控，以便作出正确的决策。

4. 利用计算机技术，加强电子化风险控制。我国商业银行应通过利用现代信息处理和通讯技术手段，在借鉴外国发达国家的先进经验基础上，建立健全银行风险电子管理系统。将本行的经营方针、政策、业务操作规程及银行经营活动，尤其是信贷管理、国际结算及衍生交易风险的识别、防范控制与化解制度纳入系统管理，形成从风险识别、风险控制到风险审计监督、风险挽救的事先、事中事后全方位、多层面电子化风险控制系统。

实行全程电子计算机风险管理与控制制度创新，不仅提高了银行业务管理效率，特别重要的意义还在于有效地控制了银行管理中形成的不合规、不合法行为，进而控制了最难以控制的“人为”风险。从这种意义上来说，电子化技术引入银行风险管理与控制制度，的确是商业银行内控管理制度的一场革命。

中国海外直接投资现状、特点与战略对策

吴勤学　王瑞丰　李锡铃　王晓芳

一、中国海外直接投资的现状

改革开放以来，特别是"九五"时期，我国对外经济合作业务发展速度明显加快。据商务部统计，2004年前11个月，我国非金融类对外直接投资18亿美元，其中货币投资16.9亿美元，占93.8%；实物投资0.78亿美元，占4.3%。目前非金融类累计对外直接投资达350亿美元，对外工程承包和劳务合作营业额分别超过1000亿美元和300亿美元，业务遍布近200个国家和地区。2004年以来我国对外承包工程业务增势迅猛，为多年来罕见。2004年1—11月，对外承包工程完成营业额144.8亿美元，同比增长28.8%；新签合同额207.5亿美元，同比增长43.5%。海外直接投资的开展，不但促进了我国国民经济的发展，也使中国越来越深地融入到世界经济全球化进程之中，在国际经济领域发挥出越来越大的作用，为中华民族的伟大复兴贡献出越来越大力量。

从中国海外直接投资的现状看，中国企业跨国经营的主体可以分为四种类型：一是外贸专业公司和大型贸易集团，主要包括中央政府和各级地方政府直属的外贸专业公司和大型贸易集团，如中国化工进出口总公司、中国粮油进出口总公司、中国电子进出口总公司、中国机械设备进出口总公司、中国技术进出口总公司、中国轻工业品进出口总公司等。二是生产性企业或企业集团，如首钢集团、海尔集团公司、广东科龙电器股份有限公司、赛格集团、春兰集团公司、康佳股份集团有限公司、广东格兰式集团公司等著名企业。三是大型金融保险、多功能服务公司，包括中国银行等五大专业银行、中国人民保险公司、中国远洋运输集团公司、中国建筑工程总公司、中国土木工程公司、中国水利电力公司等。四是中小型企业，主要是乡镇企业、国有或集体所有制中小企业，这些企业数量多，投资规模小，经营品种单一。

中国海外直接投资多元化的对外经营格局初步形成。首先，从市场分布看，我国海外投资与合作业务已扩展到世界近160多个国家和地区，投资与合作重点逐步从港澳、北美地区转移到亚太、非洲、拉美等广大发展中国家；对外承包工程和劳务合作业务遍及全球近200个国家和地区，形成以亚洲为主的多层次、宽领域、全方位的市场多元化格局。其次，从投资与合作领域看，通过投资办厂（包括农业合作）、加工、资源开发、对外承包工程、对外劳务合作等多种形式的对外经济合作，其业务领域已覆盖建筑、石油化工、电力、交通、通讯、水利、冶金、有色金属、铁路、煤炭、林业及航空航天等国民经济的各个领域，形成了投资与合作领域多元化格局。第三，从经营主体结构看，既有国内大型生产企业，也有高科技企业；既有国有企业，也有民营企业；既有海外上市的股份制企业，也有以行业优势组建的企业集团；既有专营对外承包工程和劳务合作的企业，也有实施海外投资战略并初步形成跨国公司雏形的优势企业，从而形成海外投资与合作的经营主体多元化格局。

中国海外直接投资经营主体结构不断优化、实力不断增强。我国海外投资主体逐步从贸易公司为主向大中型生产企业为主转变，生产企业海外投资所占比重不断增大，境外贸易公司所占比重逐渐减少。特别是一批行业排头兵和优秀企业开展跨国经营，到海外开办企业，取得较好成效。一些优势企业

已开始实施海外投资战略，初步形成跨国经营的模式。具有对外承包工程和劳务合作经营资格的企业目前已有1600多家，大型专业工程公司所占比重进一步增加，经营主体结构进一步优化，其优势和骨干作用日益显著，经营水平不断提高。2002年已有11家中国企业进入全球企业500强，34家中国企业进入《美国工程新闻记录》(ENR)杂志评选的世界最大225家国际承包商行列，6家中国企业进入国际工程咨询设计商200强，显示中国企业的实力在不断增强。

中国海外直接投资促进了国民经济发展。对外经济合作的开展取得了良好的经济和社会效益，主要表现在：一是通过推动我国在设备、技术上具有比较优势的产业走向国际市场，实现了资源的国际化配置，同时引进了先进技术和管理经验。二是增加了国家的外汇收入。三是通过与有关国家开展具有较强互补性的资源开发与投资合作，不仅取得了中国国民经济发展紧缺的重要资源，还促进了项目所在国的经济发展。四是拓宽了就业渠道。五是扩大了出口。如2000年新批的120个海外加工贸易项目，中方共投资2.52亿美元，带动出口5.64亿美元。2000年对外承包工程带动国产设备和材料出口8.76亿美元，累计已超过50亿美元。六是带动了地区经济和国内航空、通讯、金融、保险、邮电等相关服务行业的发展。七是促进企业"走出去"融入世界经济，培养了一大批国际型经营管理人才。

加入WTO后，我国对外工程承包面临着更大的发展机遇：第一，建筑市场是国际服务贸易开放程度较高的一个领域。在乌拉圭回合服务贸易谈判的报价单中，主要发达国家成员承诺在市场准入和国民待遇方面，对建筑业的跨境消费和商业存在基本上不加限制，这就为我国对外工程承包创造了更好的条件。第二，各国基础设施建设有力地推动国际工程承包市场的扩张。在发达国家，新一轮技术革命对基础设施提出了新的要求，基础设施建设带动整个建筑市场的发展，发展中国家都将完善基础设施作为发展经济的重要手段。亚洲经济从危机中复苏，建筑市场重新启动。据标准普尔公司的预测，1999—2003年全球建筑市场的年均增长速度为5.2%，到2003年世界建筑市场的规模将达到41913.1亿美元。第三，海外直接投资的扩大也推动国际工程承包的发展。近年来，海外直接投资规模不断扩大，1998年全球外国直接投资(FDI)总额为6440亿美元，1999年超过7100亿美元，2000年超过1.1万亿美元，2001年为7350亿美元，2002年为6,510亿美元，近两年全球海外直接投资尽管有所下降，但仍然处于一个较高的水平上。第四，各国政府纷纷采取公开招标的方式为国际工程承包带来新的市场机会，为其他国家的承包商进入这些国家承揽项目提供了机会。第五，我国在工程承包领域具有较强的竞争力，这就为我国的国际工程承包商进入发达国家市场提供了较好的市场准入条件。以上数据无可置疑的证明，海外直接投资和企业跨国经营正在成为我国对外开放新的发展趋向和重要战略方式，中国企业正在成功地抓住当代国际经济发展新趋势中的机会，为中华民族的腾飞开辟新的动力源泉。

在2003年，无论从兴办海外企业的数量还是从中方直接投资的数目来看，都较前年有一个大幅度跃升：兴办海外企业510家，数量比前一年的1.46倍。中方投资额达到了20.87亿美元的水平，比前年增加11.04亿美元。据商务部统计，2004年前11个月，我国非金融类对外直接投资18亿美元，这表明我国对外直接投资和跨国经营进入了一个新的时期。随着中国改革开放的深入和入WTO，对外直接限制的防宽，投资渠道也逐渐扩宽，投资主体明显增加，许多企业参与海外投资活动，投资项目也日益丰富；而且海外投资的规模逐步增大。

二、中国海外直接投资的基本特点

我国海外投资遍布160多个国家和地区，投资对像以美国、加拿大、日本、西欧、香港为主。从现状看，我国的海外直接投资涉及领域广泛，包括资源开发，各类生产、加工、装配企业，工程承包，餐饮、旅游等行业。企业走出国门进行跨国经营已经成为我国对外开放中一项颇具特色的崭新事业。可喜的是我们已经拥有了像中国石油化工进出口公司、五金矿产品公司、首钢集团公司、金融业的中国银行和中国信托投资公司等大型跨国公司，没有一批这样的跨国公司在世界经济领域中充当主角，就无法体现国家的世界地位，无法体现影响世界的实力。在即将来临的21世纪将是一个经济和科技竞争更加激烈的新时代，我们必须紧随经济的发展，时代的步伐，培育和造就出一大批具有全球影响的中国跨国公司。

我国海外直接投资呈现出具有如下的特点：

(一)起步较晚，但发展迅速，稳中求进，企业数

量稳步增加，投资以中小型项目为主，投资规模逐步扩大

1997年以来，中国海外企业的数量以每年近300家的速度增加。我国企业海外投资规模普遍较小，发展后劲不足，抵御风险能力较差，这也制约了进一步发展。目前发达国家海外投资单项平均金额约为600万美元；发展中国家约为450万美元，而我国海外加工贸易项目平均金额也只有206万美元，若将累计所有海外投资项目考虑在内，则这一指标更低。金额上的差距即反映了我国海外投资企业的现实实力，也反映出了我国海投资行业结构的不足。

尽管我国已有一批部属或专业外贸公司从事跨国公司活动，但中国海外企业投资规模总体上仍以中小型企业承办的中小项目为主。在目前4000多家非贸易海外企业中，一般投资规模仅在几百万美元投资金额水平，除中信公司在澳大利亚波特兰炼铝厂投资1亿多美元达到参股10%，首钢总公司以1.2亿美元收购秘鲁铁矿公司，中化公司投资美国兴建炼油厂和磷肥厂，中冶公司投资恰那铁矿等几个较大的投资项目外，相当数量的中小企业创建的海外企业投资额只有几十万美元，我国海外投资主要是以小项目为主，采取“游击战”的方式，尚没有形成综合性优势和力量。由于投资金额有限，投资项目只能以中小型为主。目前我国参与海外投资的主体是一大批享有技术、产品或其他一些相对优势的中小企业，它们自身的经济实力，有限的经营手段决定了海外直接投资的规模。

中国海外企业经过20多年的跨国经营的实践，取得了令人瞩目的成绩，投资遍及160多个国家和地区，但从我国目前的经济发展水平、综合国力、企业管理现状和企业人员管理水平与能力方面综合分析，我国企业在整体上仍处于企业跨国经营的初级阶段。截止到2004年，我国海外直接投资在国民生产总值(GNP)中所占的比重很小，我国海外投资20多年的累计总额350亿美元，还不到我国2004年国民生产总值的4%，与发达国家比相差甚远，与我国作为世界上最大的发展中国家的地位以及世界上吸引外资的大国地位很不相称。

我国海外投资规模小是受两大因素的直接影响，一方面，它是中国企业跨国经营初期发展阶段的典型特征。企业国际化阶段理论认为，企业国际化应该被视为一个发展过程；企业国际化的渐进性主要体现在两方面：一是企业市场范围扩大的地理顺序，通常是本地市场－地区市场－全国市场－海外相邻市场－全球市场。二是企业跨国经营方式的演变，最常见的类型是纯国内经营－通过中间商间接出口－直接出口－设立海外销售分部－海外生产，中国企业海外经营只有二十几年的时间。国有企业改革仍面临着艰巨的任务，企业内部结构和管理体制都难以适应市场竞争的要求，更缺少海外经营的经验。这一状况决定了中国企业的海外投资必然是小规模、试探性的。

(二)投资行业多样化，经营范围广，以资源开发为重点，投资分布的国别地区较广，分布地区呈现多元化，特别是对非洲、拉丁美洲、亚洲地区的投资增加较多，但投资以港澳为主

从经营范围看，投资行业最初主要集中在餐馆、承包工程、咨询服务等方面，现在已开始向制造业和资源开发型等深层次发展，涉及行业和领域更加广泛，有林业、渔业、石化、冶金、轻工、电子、机电、房地产、交通运输、建筑工程、金融保险、医药卫生、旅游服务、工艺美术、技术服务等，其中以资源开发为主。如中信公司在美国创建的西林公司经营木材，中冶公司在澳大利亚合资的恰那铁矿经营铁矿开采，首钢秘鲁铁矿是我国规模最大的海外企业之一，宝钢集团与巴西CVRD公司双方各出资50%组建宝华瑞矿山有限公司等。中国贸易性海外企业在经营传统进出口商品的同时，投资行业扩展到与贸易有关的各类行业，海外企业非贸易性项目明显增多，生产产品品种门类不断扩大，生产性项目占投资项目的50%以上，其中1994年和1995年则分别达到73.1%和60.4%。由于我国在纺织、服装、制鞋、家具和珠宝加工等领域有一定的优势，投资资金少，见效快，技术要求又适合发展中国家的经济水平和市场需求能力，加工制造业已成为我国海外投资较为集中的部门。

目前中国已在160多个国家和地区已设立了近8000家的海外企业，中国海外投资按企业数量的全球分布情况是亚洲占18.6%；非洲6.5%；拉丁美洲4.3%；欧洲占17.4%；北美(美、加)占12.4%；太平洋占4.2%；中国的港澳地区占37.1%。中国海外投资按金额比例的全球分布情况是：亚洲占6.0%，非洲占5.0%；拉丁美洲占4.0%；欧洲占5.2%；北美14.4%；太平洋占7.3%；中国的港澳地区占58.1%。如果不考虑港澳地区的特殊地位和作用的因素，那么中国的海外投资的国别地区分布与中国海外贸易的国别地区分布也呈正相关的关系。

(三)海外企业管理水平亟需提高，在管理上，多

数海外企业实际上是将国内企业管理体制延伸到海外，管理水平低、管理混乱、管理失控，造成巨大损失。有些海外企业的损失不仅导致自身的破产，还使母公司资产负责结构发生变化，引起公司整体资产质量下降

目前，海外企业发展中存在的一个亟待解决的问题是管理治理机制问题，概括起来这些问题主要是：

1. 人事管理中缺乏一套科学选人、用人、轮换的制度。总公司对海外企业人事管理问题上，表现在海外企业派人缺乏规范化、个性化、公开竞争性，没有采取竞争择优原则选派人员。从而导致了靠人情关系派人，如某些总公司高层领导临退休前安排好海外企业的位置，退休后人情照顾派遣海外工作。人员不定期轮换，该轮换时人员调不回，在一些海外企业是很突出的问题。母公司对海外企业人事管理问题还表现在对海外人员的考核、奖惩、监督、管理或是缺乏一套行之有效的办法，或是有办法没能较好地执行。这表现在总公司选拔人、培养人、使用人方面的严重滞后，不能在公司内外、在国内外范围选择一批不同国家和民族、不同国籍、不同文化背景的人才为己所用。再加上我们的海外企业在人员的管理控制能力方面还相当弱，这表现在很多海外企业对那些内外勾结坑害公司的人，对那些蓄意给公司造成巨额损失的人，对不负责任、没有开拓进取精神和能力的人，对那些损害公司利益而辞职离开公司的人，没有一套有效的防范办法，对出现这种问题的人没有相应的处理措施，甚至有的企业根本就不去处理。

2. 中国的国有企业在海外投资项目成功概率并不高。其主要原因是：缺乏经验。有些投资的目标是解决国内企业生产原料短缺问题。有些国有企业到海外投机，结果以己之短较人之长，难免亏损。例如有的国有企业到美国弗罗里达和纽杰西购买地产，指望从房地产投资中捞一把，结果赔得一塌糊涂。有的国有企业以为背靠着国家这棵大树，非大生意不做，要和世界五百强平起平坐。在选择企业海外经营目标时好大喜功，不切合实际。结果，眼高手低，头重脚轻，一事无成。缺乏企业家人才，人员素质太差。有些投资海外的国有企业官气十足，不懂得国际竞争规则，把国有企业官僚主义的弊病都带到海外。海外企业管理上缺乏明确的激励机制，说到底，仍然是一个国有企业的所有和代理关系问题。

3. 财务管理不规范、不严格，甚至财务管理极其混乱，缺乏一套科学有效的风险控制制度。有不少企业的财务是两本帐或三本帐，但也有的企业却没有帐。多本帐导致了一系列损害公司利益问题的出现，有的海外企业帐外帐成了当地经营者的小金库，或者是总公司领导的小金库，随意挥霍，造成腐败，有的帐外帐给海外企业财务人员卷钱出走开了方便之门，造成总公司资产的严重流失。帐外帐还违反了东道国法律制度，一旦败露，当地公司经理要负法律责任，并连累总公司。也有的企业财务处于失控状态。有的海外企业乱存款、乱贷款、乱调动资金、乱开信用证、乱担保。财务管理中的五乱造成了存款拿不回、贷款不还、资金被私吞、代开信用证、被担保企业赖帐、不遵守协议会同等问题。很多海外企业财务管理上的混乱造成巨额损失，使总公司都陷入困境。

4. 经营上无风险控制，违规操作，业务程序失控，业务开拓不力。大量海外企业经营上没有多少开拓能力，依靠总公司业务上的支持来生存，一旦因总公司国内经营体制变化，失去了业务支持，海外企业马上陷入困境。有的海外企业做高风险业务没有控制措施，特别是对期货交易、炒卖外汇、金融衍生工具交易的监管不严，造成巨额损失。2004 年 12 月出现的中国航油（新加坡）股份有限公司因炒作石油衍生品交易亏损 5.5 亿美元就是一个突出的例子。有的海外企业对业务流程没有控制，使很多业务员挣钱业务自己做，赔钱业务甩给公司，有的业务员垄断客户，垄断信息，将经营作为个人谋利的工具。有的海外企业业务员违规操作，海外企业经营管理者失职，造成严重损失。如有的海外企业业务制度不健全，执行又不严格，业务员背着公司签合同，给公司造成巨额逾期应收帐款。更有甚者，有的海外企业在业务上内外勾结坑害公司利益。例如有的海外企业经理亲自操作业务，不负管理和监督责任，与个体户、与当地毫无信誉的华人做生意，造成一笔又一笔贷款不能收回，个人从中拿高额回扣。

5. 投资失控，融资失控，母公司对海外企业管理控制监督体制不健全。有的海外企业向国内投资不报批，不做可行性论证，搞人情投资、家乡投资、关系投资，造成大量投资失误，投资无法回收。有的海外企业投资疏于管理，在没有管理控制能力的时候，仍然投资，使投资毫无回报。多数海外企业注册资本很小，业务运作靠贷款，自身基本没有融资能力，主要靠母公司提供担保额度。对海外企业管理控制、监督体制不健全，使相当多的海外企业在无管理、无控制、无监督的“三无”状态下运作，造成大量损失。造成这种问题的主要原因是规章制度流于形式，有章不循，有错不纠、不惩、不罚，内部审计流于形式，审不出问题。

（四）海外企业以合资为主，合作伙伴以华侨合作居多，投资经济主体众多，国内投资主体进一步优化，有实力的大企业和优秀企业通过到海外开办企业开展跨国经营，取得了与合作伙伴共同发展的较好成效

外贸专业公司建立的海外企业投资额相对较小，一般都以独资形式在海外注册。随着生产性项目增加，特别是大型项目的建设以独资难以完成跨国经营，因而国内公司与东道国采用合资或合作形式较多。绝大多数海外企业除拥有合资企业部分股份外，一般参与生产和经营活动，有的大型跨国企业利用现代化的融资手段在国际融集资金，作为股份加入合资企业。有的海外企业则以国内设备或技术折合资金入股，或以出售商标、牌号和许可证的形式入股。由于采用合资形式，我方不仅可以节省不少外汇，而且可以充分利用对方或国际市场上的资金进行生产。

虽然中国在海外的总体投入不少，但真正称得上跨国公司的企业却少得可怜，海外机构普遍“小、散、乱”，开拓当地市场的能力差。资料显示，中国非金融类海外企业平均投资额为 206 万美元，其中中方投资在 100 万美元以下的项目占绝大多数，也就是说，如果按中方投资不超过 50％计算，绝大多数海外企业的中外双方投资也超不过 200 万美元，这不仅低于发达国家 600 万美元的平均水平，也低于发展中国家 450 万美元的平均水平，即便以国内中外合资企业的规模衡量，也多是属于小型海外投资企业。

（五）宏观管理薄弱，对企业管理以行政干预为主，现行我国海外直接投资只是与海外投资有关的战略性贸易政策的有机组成部分，但缺乏相对独立性，因此具有一定局限性

从我国海外直接投资管理体制的沿革来看，从一开始就是以战略性贸易政策为核心设计海外直接管理体制的，这与我国改革开放以来经济实力和贸易实力相吻合。1990 年代以来，特别是 20 世纪末，由于我国对外贸易的高速增长，其规模、占世界贸易的比重和位次不断提高，累计的贸易顺差使外汇储备居于较高水平，因而为实施“引进来”与“走出去”相结合的开放战略，扩大海外直接投资创造了良好的物质基础。从海外直接投资导向上看，仍然是以扩大出口为首要目标，推动市场多元化的开展。特别是 1990 年代末，境外加工贸易管理促进政策的出台，更明确了这类海外直接投资对带动出口的作用。因此，我国现行海外直接投资政策还只是与海外投资有关的战略性贸易政策的有机组成部分，尚缺乏独立性，因此具有一定的局限性。

（六）现行海外直接投资管理体制中政府对民间海外投资管理缺位，各项投资促进措施在实施中受到制约，在实施“走出去”开放战略的条件下，凸显出对现行海外直接投资管理体制改革的必要性

在我国已经加入 WTO 的条件下，应对各种所有制类型的企业均实行国民待遇，但现行海外投资管理体制只负责（或只允许）国有企业海外投资的管理，民营企业则不在其范围之内，而后者也没有正常“走出去”的渠道，形成了海外投资管理的“盲区”。但事实上，不少民营企业早已通过多种途径走向国际市场，其海外投资也是不争的事实，政府疏于管理，无力监控，付之阙如，应视为一种缺位或失职，这也就造成了部分国内资产的海外流失或资本的非法外流。

部分海外直接企业对东道国政局预测不准，对其政策、立场了解不够，结果给海外企业带来利益上的损失。例如，当我国在某国投资兴办企业之后，东道国的政局发生了变动，新政府推翻了旧政府，宣布冻结外国投资者的资产，就会给我国带来巨大的损失。再如，东道国出现政府鼓动的或民间自发的“抵制外国货”的意识和运动，或者是认为外来资本是一种“经济入侵”的意识，都会在一定程度上给外国投资者的活动和利益带来损害。还有，我们因为看好东道国某些方面的优势，或者被东道国政府的优惠政策吸引，在该国进行投资后，东道国突然丧失了其优势，或者改变了政策，例如在减免税收、外汇自由汇出、产品外销权利等方面取消了优惠条件，我们的投资利益必然会受到较大影响。再有，某些东道国与邻国关系恶化，全国长期处于战争状态，这样一方面，投资者企业难以正常运行而使利益受损，另一方面，东道国如果受到国际制裁，外国投资者也会因此受到利益上的损失。

三、中国海外直接投资的目标战略选择

（一）扩大出口以占领国际市场的目标

以扩大出口为目标的中国海外企业所遇到的第

一种情况是在进口国没有设置进口障碍，采用的方法主要是：(1)维持原来市场和扩大新市场。中国海外企业在国外设立经贸公司，举办贸易中心，分拨中心，建立维修、配件、培训等售后服务体系，以保护我国已经建立的出口市场，树立良好信誉，继续扩大新客户，建立新的销售网络。(2)建立生产性公司，出口成套设备或在当地散件装配，带动我国技术、设备、劳务出口。中国企业在国外开厂设点，利用东道国的土地，厂房和劳动力，我国则采用成套设备等实物投资，首先带动设备出口，设备出口又相应带动设备的零部件、技术和技术劳务出口。(3)中国海外企业在国外接受的定单和设计，国内加工生产，然后组织产品出口。这种国内外联手的做法把国外市场的产品进口需求和国内生产基地的出口产品供给结合起来，这既满足了国际市场上客户的要求，又开辟了国内出口产品的生产新渠道。(4)中国海外企业在已具有国外销售渠道基础上返回国内投资设厂，产品再度出口。这种做法已带有发达国家跨国公司全球发展战略意识。海外企业在国外开拓若干年后，积累了资金和管理经验，掌握销售渠道，为了帮助母公司开拓新的出口渠道，海外企业可以以在外国注册的子公司名义再与国内母公司所属国内子公司合资，或与其他国内公司合资，将新合资企业生产的产品再出口到国外。

以扩大出口为目标的中国海外企业所遇到的第二种情况是进口国设立某种关税或非关税的壁垒，中国企业必须设法绕过这些障碍，经过第三国或避开进口国的壁垒，迂回进入进口国市场。采用的方法主要是：(1)中国海外企业绕过进口国设置的配额、许可证等非关税规定，到第三国开设公司，利用第三国的配额和许可证组织产品出口到该进口国。由于进口国对不同国家、不同种类和不同数量产品的配额和许可证不同，中国海外企业要仔细作进口国投资环境的调查和研究，做出适合本企业利用某些国家、某些行业、某些种类和具有一定数量的进口配额和许可证等投资的决策。(2)中国海外企业可以避开进口国某种政策规定，利用该国的另外一些政策规定，直接在进口国开公司，扩大出口。中国海外企业要深入进口国，了解当地投资的各种规定，避难就易，钻其空子，打进进口国市场。许多国家有200海里经济区的规定，外国渔船不得进入该经济区捕捞，但中国企业可以建立海外企业直接投资，在当地注册，成为当地法人，与所在国企业一样享受近海捕捞的优越条件。(3)中国海外企业可以跳过进口国层层销售环节，进行现货直接批销。据统计，我国出口商品有80%要通过国际中间商，假如市场在美国，再通过美国国际批发商，然后是一级、二级、三级……批发商，最后才转到零售商，这个时候，如果商品是皮茄克，我国企业出厂价是500元人民币，而到了美国消费者手中，就变成500、800乃至上千美元，其中10、10多倍的差价哪里去了？除去必要的运输、仓储、关税、利息以及正常的经营管理费外，基本上都被层层赚去了，而且别人赚得是大头，我们拿的则是一个零头。我们的外贸公司，一旦跨国投资与经营，甩掉多道贩子，赚取我国与发达国家的商品价位差，同样数量的商品，获利程度可以成倍地提高。

（二）开发资源以满足国内需求的目标

中国许多重要的矿产资源储藏量都名列世界各国首位，但由于我国资源结构和分布、工业配置等方面的原因，一些国民经济急需的资源只能从国外取得；我国有些地区、如沿海捕捞业、竭泽而渔，渔业资源日趋减少；中国人口众多，人均资源拥有量并不高。因此，依靠国内现有资源，或单纯依靠进口贸易所得到的资源产品，已不能适应对资源日益增长的需求。一些大型专业贸易公司和生产性企业已着手在海外建立生产原材料的公司，可以直接控制资源的来源，提供稳定的供应。在经营过程中，有的海外企业取得资源产品后直接向世界市场出售，获取外汇，进口国内公司所需要的设备或原材料。有的海外企业将资源产品运回国内，弥补国内市场某些资源的不足。我国目前以开发资源为目的的中央大型专业公司有：中国国际信托投资公司、中国冶金进出口总公司，首都钢铁总公司，中国水产总公司，中国化工进出口公司等。目前开发的资源行业主要有：矿业、林业、渔业、石油业等。资源开发型海外投资不受经济发展阶段的限制，即使处于发展阶段初期的国家，也可以向外投资，关键取决于能否在他国获得资源的竞争优势。如中国冶金进出口总公司在澳大利亚合作经营的恰那铁矿，总投资2.8亿澳元，我方占40%，约1.2亿澳元，每年可运回2亿吨高品位铁矿砂，将为我国钢铁工业的发展提供长期、稳定、优质的铁矿资源。中信公司在澳大利亚波兰特铝厂参股10%，1亿多美元，采用美国铝业公司先进技术，原料铝土质量好，供应长期稳定，价格较低，工厂所在地电力供应充分、便宜，投资的经济效益良好。

（三）获得先进技术和管理经验以提高国际竞争力的目标

发展中国家跨国公司经济活动一般较少考虑到

追求技术，但从长期来看，在发达国家得到先进技术将具有重要意义。这些投资行业主要在制造业、房屋设计、研究和发展实验室、通讯设备等，主要集中在电子、生化等领域，也涉及其他如旅馆管理、石油勘探、零售等服务行业。对那些已处于较高发展阶段的发展中国家，将会得到世界尖端技术。当然从严格意义上说，与发达国家有较先进技术的公司合资办企业很难说处于平等地位，但这些发展中国家的跨国公司以此将先进技术引进到自己国家，或者组成新的合资企业再输出这种先进技术时，这样的直接投资就是很值得的。这涉及发展中国家跨国公司长期经济发展战略，为了长期的利益，需要从现在开始与发达国家跨国公司进行亲密的合作。

发达国家一般把成熟产品或标准化产品作为出口产品进行对外贸易，把低于世界水平的设备和技术进行直接投资。因此，我们很难获得发达国家的最先进和最新的科学技术，甚至在引进已经过时的技术中也会受到各种限制和刁难。如果我们直接到发达国家投资，特别是采取与具有最新技术的企业合作或合资，雇佣当地工程师、科研人员、管理人员和熟练工人，购买当地的先进设备，我们则可能直接获得许多国内得不到的先进技术和管理技能，这些先进技术和管理技能既能使海外企业在世界市场上站住脚跟，又可为国内建设服务。在国外直接投资获得先进技术的途径有以下几种：第一，海外子公司购买、消化、吸收发达国家的先进技术，利用当地和国际上的研制力量，开发新产品。第二，海外子公司购买东道国具有先进技术企业的股份，获得最新的和内部的技术材料和情报。。第三，海外子公司与具有先进技术设备的外国公司建立合作或合资企业，可以直接参与先进技术的管理、学习和改造。第四，海外子公司在国外组建合资企业进口中国半成品制品，配上世界先进的附件，生产出中外结合、具有先进功能的产品。第五，海外子公司在国外按照国际惯例事，获得国际上先进的管理方法。

(四)海外投资和利用外资相互结合与促进的目标

在国际市场上利用国际资金不能局限于“请进来”的形式，还要设法“走出去”。“请进来”和“走出去”的双向投资已为世界上不同类型的国家所接受、运用和发展。发达国家资金流向发展中国家和社会主义国家，也流向发达国家。发展中国家不仅大量吸收来自发达国家和社会主义国家的资金，而且将有限的资金投入到发达国家和社会主义国家，以吸收更多的资金。双向投资改进了全球生产资源的有效利用和重新配置，直接或间接的双向投资越来越把各国的经济紧密地联系在一起。国内许多有远见的企业和企业家洞察这种现状和趋势，大胆地开展国际化经营。如果说，中国经济落后、资金缺乏，从而利用外资的规模受到限制的话，那么，在国际市场上，特别是在国际金融业务发达的国家和地区，情况迥然不同。国际市场上金融机构林立，国际游资数额巨大，融资渠道畅通，贷款条件优惠，服务态度优质，信贷手续方便，获得贷款的机会远比国内多得多。如果海外企业的项目效益好，资信高，管理好，产品销路广，金融机构会主动找上门来的。

(五)获取信息全方位服务目标

1990年代的世界是信息爆炸的时代。谁先获得信息，谁就获得事业成功和经济效益。国内通讯基础薄弱，得到信息的广度、深度和时效受到限制；相反，国际市场信息横溢，获取和传递信息手段先进。国外或境外可以直接在资本主义市场的竞争环境中，利用国外发达的通讯设备和便利的交通技术条件，捕捉大量技术和市场信息，及时、准确、直接传递到国内，这对于我们了解国际市场动态，抓住机会，扩大出口市场，引进外国资本和技术等都是极有好处的。

四、中国海外直接投资地区、产业和技术选择战略

(一)我国海外直接投资的地区选择战略

在地区战略上，跨国投资应该考虑的主要因素包括：是否符合海外直接投资的目的要求，是否获利，该地区资源(包括自然资源、人力资源、资金等)的数量、质量和开发程度；东道国政府的合作意图及所能提供的优惠条件；东道国政治、经济、法律、文化、人文地理环境；东道国及邻近地区市场潜力和竞争态势；我国产品、技术在目标的适用程度；东道国的基础设施情况以及我国跨国公司自身的能力等。中国海外直接投资的地区选择上，应采取以下的战略：

1. 投资区域应以发展中国家为主。从国际投资的区域选择上讲：有向发达国家的上行投资和向发展中国家的下行投资两种方式。目前，中国海外直接投资主要集中在美国、日本、德国等西方发达国家以及阿联酋等少数石油生产国及港澳、泰国等新兴工业化国家或地区，发达国家拥有比较完备的市

场体系，经济发展水平较高，投资环境优越，并且可以吸收先进技术、管理方式和信息，因此上行投资无论何时也不能完全否定。但是，我们也应看到，上行投资目前面临贸易保护主义和激烈竞争的国际环境。在近年中国企业海外投资与经营对于区位选择的方针，应以发展中国家为主，兼及发达国家的原则，提出这样的原则主要是决定于海外直接投资对生产和贸易可能产生的经济效果。因为发达国家早已进行了产业结构的调整，中国的适用技术难于发挥，中国的相对技术优势和管理优势也难以显示。此外，发达国家的市场发展比较成熟，体系完备，中国由于种种条件所限，在市场方面一时难于同他们进行直接的竞争，而广大发展中国家与中国有良好的政治关系，一般需求结构相似，文化和环境也接近。中国拥有的相对技术优势，再与发展中国家现有的廉价劳动力成本与优惠的政策相结合，具备了拓展多元化市场的条件。因此，加强向发展中国家的投资，成为中国企业从事海外投资与经营的重要方向。中国应当抓住时机，利用我国的相对技术优势，巩固和加强在海外尤其是对发展中国家的纺织、服装、机电等产业部门的直接投资，真正办好在那里的独资和合资企业，并以固定资本作股形式，带动机械设备的出口。为了绕开西方发达国家与集团的贸易关税和非关税壁垒，开拓新市场，必须以海外直接投资带动出口，变消极等待出口为积极开拓国际市场。在发展中国家应以东南亚国家为重点，重视拉美地区，兼顾其他地区。发达资本主义国家减少对发展中国家的资本输出正是我们扩大对发展中国家直接投资的有利时机。中国的生产技术和机器设备适合发展中国家的经济发展水平，在当地有市场和经济效益。我们可以发挥生产技术的相对竞争优势，赢得生产上的比较利益，从而带动机械设备的出口和劳务输出，开拓东道国市场。由于我国某些产品直接销往欧美市场难度较大，为此可以利用发展中国家东道国的出口配额或其他优惠条件，再进入欧美市场。我国已经在非洲和拉丁美洲等国家取得了成功的经验。拉丁美洲疆域辽阔，土地肥沃，森林密布，矿藏蕴量丰富，水产资源充沛。长久以来，西方各国一直通过各种不同方式和途径，直接或间接地开发利用拉丁美洲的自然资源。中国是人均资源较少的国家，应该拿出适量资金和技术到这一地区去进行独资、合资或合作项目，如小水电、木材加工、轻纺、制鞋、捕捞、电子、机械等，以少量的资金，依靠技术上的相对优势进行布点投资，不仅能拓展我国对该区域的经贸关系，获取我国经济建设和人民生活所必需的资源，还能带动机械设备与相关的零部件甚至半成品出口，有利于缓和我国有些行业生产能力过剩、设备闲置等问题。在行业战略上，为了充分利用有限的资源，一般说来应考虑我国的优势与经济技术的可能；是否属于当地规定的优先发展领域，发展前途怎样？对我国经济发展的意义如何？能否做到投资少、见效快，共同收益。这些可选择的行业应包括开发资源行业、制造业、服务业，有中国特色的行业、高新技术行业等。纺织品、服装、鞋类一直是我国出口的大宗商品。然而由于作为主要出口市场的美国的庞大贸易赤字，尤其近年来美国制约外来纺织品、服装和鞋类转入的保护主义条款日益强化，使得我国这类商品通过贸易渠道来保持和扩大在美国市场的销售已变得非常困难。这就迫使我们要在加强对美国市场营销的同时，采用多种灵活措施包括向发展中国家投资，以保持和扩大这类商品的出口市场。

2. 积极谨重发展对俄罗斯、东欧国家的易货贸易和直接投资，加强对美、欧等发达国家的直接投资，增强进入西欧市场的能力。提高我国科技水平和管理能力正处在经济改革中的俄罗斯、东欧国家迫切希望包括中国在内的世界各个国家去那里进行贸易和直接投资，并提供了良好的条件。我们应重视这一世界经济发展的新动向并努力开拓这一广阔的市场。当然，统一的苏联解体后，政局动荡、经济秩序混乱、通货膨胀、无疑给我国对该地区进行贸易和投资带来更多的风险，但前苏联、东欧国家的经济潜力和广阔的市场不可忽视。在发达国家垄断资本纷纷进入这些国家和地区时，亚洲新兴国家和地区，如韩国、台湾省等，也在寻觅这个新的投资领域。我们不应放弃这一个宝贵的机会，针对这些国家重工业先进、轻工业落后的特点，发挥我国轻工业发达的相对优势，以轻工产品作为海外投资与经营的重点，促进进口重工业产品。

海外直接投资最终都要解决两个国家之间的经济等方面的协调问题，各个国家的目标几乎肯定不完全一致。例如，对通货膨胀的宏观管理，保护就业，对未来的预测，政府目标和国家长期目标也许并不一致等等，在利益和成本上各个国家之间的分配也会出现许多矛盾。这些分歧必然会导致各个国家所追求目标不一致。因此，海外直接投资就一定要追求双方在一定时期内共同的目标，这个目标必然具有时间性，要设法保护这个共同目标尽可能存在于更长的时期。

中国的产品价廉物美，比西欧产品更适合于东欧市场。中国企业的运行规律和东欧各国企业更为相近。有利于企业之间的合作。中国企业在这些国家中更容易得到其他相关产业的支持。在国际合作中每一个国家承担不同的责任，各自去追求它的目标的一部分。必须指出，发展中国家的目标是在不断变化的。在中国开发初期最需要的是资金和关于传统商品的市场信息。需要解决走向市场经济的转型问题，建立民营企业，发展体制外经济成分。到了1990年代后期，中国所面临的是产品市场和国内就业问题。东欧各国在目前要解决就业问题、增加外汇储备、出口额和税收，关键在于解决资金短缺和扩展市场渠道。中国有可能带动东欧国家在劳动力密集型产品上走向世界。跨国经营的过程是跨国公司追求最大利润的行为，但同时也是帮助所在国开发比较优势，从而达到双方互利的过程。只要中国能够继续保持较高的发展速度，双方就存在着长期合作的前景。

欧美发达国家及一些新兴工业化国家仍然是我国企业海外直接投资的重要选择，这主要因为：(1)这些国家尤其是发达国家，社会政治较为稳定，能为投资者提供一个公平竞争的环境；(2)这些国家有着先进的生产、管理技术和丰富的营销经验，是我国企业进行“练兵”的良好场地，我国企业只要能在这些经济发达国家和地区中，以新学到的技术和开拓市场本领与当地企业竞争，将也能对国内企业的质量和水平有所推动和提高；(3)从当前形势来看，欧元、美元作为国际硬通货，币值越来越坚挺，具有很强的增值能力，因而可获得较大的投资回报；(4)目前，美国及欧洲的一些国家都实行鼓励外来投资的政策，提供投资者各种低息贷款，这为我国企业进军这些市场提供了大好时机；(5)由于亚洲金融危机，东亚许多新兴工业化国家资产大幅贬值，低于其实际价值，这无疑为我国企业投资这些国家创造了好的条件。

以上只是对今后一个时期我国海外直接投资的目标与地区流向的一个大致的分类，而实际上海外直接投资活动的内容、形式要更丰富多样。我们说加强对发达国家高技术领域的投资，作为吸收世界先进科技成果的渠道之一，这并非排斥我们要同样重视对发展中国家特别是对新兴工业化国家和地区、尤其是独联体、东欧国家先进技术部门和行业的直接投资，这些国家同样不乏有我国建设所需要的先进科学技术与生产设备；我们说要积极开拓拉美国家的自然资源，弥补我国原材料和人民生活消费必需品之不足，这同样包括对拥有丰富自然资源的发达国家如美国、加拿大、澳大利亚等国家的“资源开发型”投资；我们说以发展中国家作为“转口”进入西方发达国家市场，这并不意味着可以忽视甚至放弃对发达国家的“市场占有型”投资。从某种意义说，在发达国家从事生产经营活动，更能培养我国企业的经营管理人员，更能锻炼我国企业的国际竞争能力。日本与亚洲四小龙的成功无不说明了这一点。

(二)中国海外直接投资的产业与技术选择战略

海外直接投资的理论与实践均表明，一国海外直接投资的规模与产业、水平与流向同该国的经济发展所处的阶段有着非常密切的关系。中国是发展中国家的大国，海外直接投资办企业具有相对优势和大国优势，大国效应决定着中国海外直接投资规模可以比处在相同经济发展阶段的其他发展中国家适当大一些。

理论研究表明，一国的海外直接投资活动与产品(产业)生命周期有对应关系，在产品生命周期的不同阶段，海外直接投资活动具有不同的特点。借鉴弗农这一理论，将产品生命周期分为模仿—创新、成熟和标准化三个阶段，分析处于不同阶段产业的海外直接投资流量和流向，就能够大致确定我国海外直接投资的重点产业和重点市场。

在产品战略上，我们应从本国、本地区、本行业的实际情况出发，确定国际化的产品战略，要形成系列产品和规模经济，发展有一项或多项高附加值的、高档的名、优、特产品打入和占领国际市场，大力开发在国际市场上牌子叫得响、市场占得住、有较强竞争力的产品。同时，要充分利用国外的资金、技术，根据国际市场的行情变化，适时地更新产品和开发新产品，开展多样化经营活动。从目前我国的实际看，可供选择的投资行业主要有：(1)制造业部门。制造业部门需求弹性范围大，技术附加值高，旋转幅射面大，特别是中国的轻纺、电子、石油、化工、航运、成套设备等行业有相对优势，制定每个产业的全球化战略，作为海外直接投资的“经济特区”，抓好这一工作。中国应充分利用制造业的相对优势，以投资导向拓展海外市场为目标。(2)高技术开发部门也是中国企业跨国投资与经营的重要部门之一，积极推进研究与开发领域的投资，在高新技术的发源地直接迅速地跟踪与吸收最新技术成果。(3)劳务输出型工程承包部门是以人力资本要素为主体进行的跨国投资与经营,有利于带动我国相关行业的出口和发展。

国与国之间的分工是在价值链上比较优势的分工。海外直接投资并不简单是一个资产交易过程,包括了非金融和无形资产的转移。企业是否应当向国外发展取决于行业性质、国家比较优势和企业所处的价值链地位。企业的价值活动可以分为基本增值活动和辅助性增值活动。基本增值活动又分上游环节和下游环节。上游环节包括材料供应、产品开发和生产运行。其中心是产品;是否具有比较优势取决于产品技术或生产规模。下游环节包括成品分运、市场营销和售后服务。其中心是顾客和销售渠道。如果跨国公司的优势在于价值链的上游环节则应当采用全球策略,如果优势来自于下游环节则应当采取地区性的产品策略。关键是要保持在战略环节上的比较优势,而并不需要在所有的环节上都保持比较优势。战略环节要紧紧控制在企业内部,很多非战略性的活动则可以以合同的方式承包出去,尽量利用市场合作以降低成本。在香港和大陆的分工中香港商人主要是在价值链的后半部分发挥了商品营销的功能,其优势来自于香港的信息、销售渠道、营销和组织能力,中国大陆则发挥了劳动力价格低廉,生产成本低的比较优势。

经过改革开放25年之后,中国不仅在某些产品生产上具有比较优势,在商品营销上也积累了相当多的经验。如果在高科技产品中有一个环节,例如产品装配是劳力密集型产品,那么中国企业就会在这个环节的生产上具有比较优势。现代化的运输和信息使得产品分工更加仔细,可以在一个产品的许多个生产环节上进行分工。中国的海外直接投资既可以在上游环节开展,也可以在下游环节突破。

企业跨国经营应充分利用中国现有的技术优势,并进一步发掘技术发展的潜力。具体说是:(1)中国企业的主要技术优势在于小规模制造的多功能机器设备等基础工业,或成熟的、标准的适用技术方面。这是中国长期以来坚持独立自主、自力更生方针所取得的重要成果,也是中国在技术方面的主要优势所在。因此,中国海外直接投资应充分发挥中国技术结构多元化、制造业门类众多,层次较高的优势,将特定行业或特定技术环节产生的某些特色技术和专有技术,通过海外直接投资方式向发展中国家转移。(2)改革开放以来引进、吸收、消化并经过革新的外国先进技术,可作为海外直接投资的技术投入。(3)大型经贸企业是高新技术国际化的主要承担者,一方面通过与发达国家的技术合作,积极开拓有自己特色的高新技术产业,跨跃更高的技术层次;另一方面直接利用从国外获得的高新技术,消化吸收后在国内生产,然后再向国外投资,以创造更高的经济效益。

五、中国海外直接投资政策策略选择

实施"走出去"战略必须制定一整套政策措施体系,以保证其有效贯彻落实。我国现行海外投资政策,特别是境外加工贸易的一系列政策措施对于我国企业"走出去",以海外直接投资,特别是带料出口加工装配形式,深度开拓国际市场,参与经济全球化中的竞争起着十分重要的推动作用。应当说政策的制定与实施是非常及时的,并且也已经产生了一定的积极效果。我们需要站在21世纪对外开放战略的高度,突破条条框框的约束,在借鉴国际经验的基础上,制定符合我国特点的"走出去"海外直接投资战略的政策体系。从体制创新的角度,研究并设计适合我国国情的海外投资宏观管理体制和政策框架,建立国有企业海外运营的微观机制,只有如此,才能推动我国企业真正"走出去"。

在财税政策方面,首先是改革现行的海外投资上缴利润政策。可以考虑在避免双重征税前提下,区别中国海外投资的投资规模、获利能力、投资地区和行业、经营时间长短等,分别采取税收抵免、税收饶让、延期纳税、免税等不同的财税政策。其次是要建立"走出去"战略的财政资金支持渠道。根据中国实施"走出去"战略所处的不同阶段,在中央和地方财政预算中安排专项扶持资金;研究、调整现有中央外贸发展基金、国际经济合作基金等使用管理方式和支出结构,积极配合"走出去"战略的实施。

在金融外汇政策方面,首先是实行优惠的金融政策。金融外汇政策应注重根据国内外局势具体情况变化实施"阶段性弹性管理"思路。提供宽领域的出口信贷,扩大出口信贷适用范围;提供政府津贴,资助国内企业参加国际投资项目招商、考察、展览等;降低海外投资贷款融资利率和保险费率,并允许国际保险,减轻企业财务负担;逐步放开跨国企业海外筹资、融资权;适时建立中国的海外投资风险基金和成立海外风险投资公司,为走出去的企业提供贷款贴息、信用担保和投资等支持等等。其次是放宽外汇管制,创造良好的用汇条件。第一,中央下放资本项目外汇管理审批权限，并适当放宽海外投资购汇管理。第二，简化用汇审批程序，加强事后监管，尽快完善对用于境外企业流动资金贷款的管理。第三，放松海外投资汇回利润保证金管理，将现行的全额收回投资款后返还保证金改为按汇回利润比例返还保证金，或直接取消海外投资汇回利润保证金。

在服务监管方面，首先要改革审批制度，简化审批程序。其次要加强海外企业产权管理，防止境外企业国有资产流失。第三要改进和完善信息服务。建立健全行业协会组织，充分发挥商会和行业协会的作用；充分利用网络技术的发展成果，与国内相关管理机构联网，逐步发展成为中国在世界各地的海外投资的信息源。

进一步完善海外投资审批与管理制度，在审批体制上，必须彻底改变多个部门审批的状况，建议除关系到我国经济发展战略的能源投资由国家计委和外经贸部联合审批外，其他所有海外投资项目均由外经贸主管部门统一审批。这既简化了程序，又方便了企业的海外投资。

逐步放宽海外投资限制，鼓励有条件的企业到海外从事开发资源、研发技术、建立营销网络和带料加工等投资活动，发展中国的跨国公司。在经济全球化的背景下，海外投资已成为企业增强国际竞争力，国家谋求经济更快发展的一种战略选择。目前我国部分企业已经具备实行跨国经营的条件，通过到海外投资发展，有可能形成一批中国的跨国公司。世界各国，尤其是发展中国家实施海外投资战略，在管理体制上都经历过一个从严到宽的渐进改革过程。调整海外投资管理体制的总体思路是，在合理界定政府、市场、企业关系的基础上，转变政府职能，将海外投资管理中的国有资产所有者职能与公共管理职能区别开来，精简审批内容，减少审批环节，提高行政效率，加强政府的宏观指导与服务职能。同时赋予优势企业更大的海外投资决策自主权，完善对优势企业海外投资的鼓励政策，努力促进中国的跨国公司的发展。

关于长江大流域经济的研究和对策建议

——中国生产力学会组织的对长江三次考察活动回顾

张佐友　（辑录）

长江是我国第一大河，世界第三长河。长江流域面积占全国近20%，流域人口占全国近40%，长江流域的航道占全国的70%，长江水资源占全国的36%，水能资源占全国可开发量的52.3%，有30种矿产资源的保有量占全国总储量的50%以上，耕地面积占全国总量的25%，粮食总产量占全国总量的近40%。2004年，流域年GDP总量约占全国的40%，外贸进出口总额占全国1/3以上。长江在中国经济社会发展中的地位与作用已毋庸赘述。一句话：长江肩负着民族复兴的重要使命。众所周知，长江所面临的问题也很多，已到了不堪重负的地步。

中国生产力学会以促进中国生产力发展为宗旨。因而从建会以来就非常关注长江，心系长江，情系长江，积极地、热情地考察了解长江，为保护长江，开发长江，合理充分地可持续地利用长江献计献策。现将学会关于长江的重要理论研究成果和重要考察活动辑录如下。

一、三次长江考察

中国生产力学会的同志们都说学会组织过两次长江考察。其实是三次。一次是考察长江干流（1984年），一次是考察长江两大支流汉江和湘江（1986年），还有一次是考察江西境内的长江小支流袁河，亦称袁水（1988年）。

（一）长江综合开发利用考察研究

这次考察研究活动是国家交通部与中国生产力经济学研究会共同组织的。从1984年5月20日至7月10日，自长江上游乐山市开始，到上海市结束，行程7000公里，历时52天，参加活动的专家36人，最后向国务院和有关领导机关提交了以政策性建议为主要内容的考察报告，引起了领导和社会对长江的重视。考察报告的主要内容是：

1. 航运落后，恶性循环，亟待振兴

长江水系的航运在全国占有举足轻重的地位，1983年完成的货运量和货运周转量分别占全国内河的78%和85%。但是，全国内河航运量占全国总航运量的比重，却在不断下降。

长江水系的航运条件极好，但利用程度很低。长江干线的利用程度只及美国密西西比河的七分之一，如果长江干线达到密西西比河的利用水平，则其运输能力可相当于二万多公里铁路。

长江水系航运的落后状况，主要表现在以下七个方面：(1)干支航道缺乏统一标准，航道不成网；(2)港口设施落后，基本上是笨重的手工操作；(3)船舶旧，船型机型复杂，木质船和水泥船占运力的30%左右；(4)通信手段和供应设施落后，地方船舶基本上没有通信设备；(5)水运工业的产品质次价高，修造船周期长；(6)缺少必要的航道、港口和运输法规；(7)管理体制不合理，经营水平低。造成落后的原因是：

第一，综合利用水资源的方针未能很好的贯彻，忽视航运的发展。沿江沿河平行铁路的不断修建，取代了内河运输。

在“以粮为纲”的那些年，许多地方不顾航运的要求，修建碍航水利闸坝。有的闸坝虽建有过船设施，但往往标准过低，运转不灵，严重限制了航运的发展。

第二，在产业布局上忽视沿江沿河建厂。沿江沿河建厂，既便于运输，又便于供水，对于运量大、用水多的企业特别有利。美国从1952年到1979年，沿江河新建和扩建工业企业11,000多个，总投资到2,000多亿美元。美国内河运价只及铁路的1/5至1/4，只及公路的1/20。我国却忽视沿江河建厂。

第三，在政策上忽视发展河运。在投资政策上，1949—1978年的三十年中，全国内河航道投资仅占全国基本建设总投资的2‰，只及铁路总投资的2.5%。“六五”期间，河运总投资只及铁路的5.3%。由于投资太少，使内河航运只能维持简单再生产，有的甚至逐年萎缩。

在物资供应政策上，铁路全部使用低价油（“直供油”），而河运，除交通部直属企业外，地方企业只能使用高价油（“商供油”和“议价油”）。铁路车辆建造由国家投资，而内河船舶建造则要贷款。有了贷款，还不能保证按计划价调钢材。

总之，这些政策，加上经营管理不善，造成航运反倒成本高、运价高，从而不能用运价低的优势去弥补运时长的劣势，根本无法同铁路竞争，长期处于落后状态。发展长江水系航运是保证实现国家经济社会发展总目标的一个重要条件。我国的经济发展，对外开放，开发大西南，建设重庆、武汉、上海三大经济区，北煤南运，西磷东运，都应当充分重视利用长江这条重要通道。应当建立一个以长江为主干，沟通淮河、钱塘江、珠江三大水系，通向东海和南海的庞大航运网。这个航运网的建成，不仅在国民经济上，而且在国防上，也有重大意义。

2. 防洪是综合利用的前提，发电要着眼“西电东送”

近两千年来，长江中下游平均10年发生一次洪灾。在长江防洪方面必须尽快解决以下问题。第一，加高加固荆江大堤等重要堤防，结合航道建设，对河道进行必要的整治，扩大泄洪能力。第二，落实分洪措施，严禁围垦湖泊；已围垦的，要尽可能退田还湖。第三，积极研究、规划和兴建干支流水库，但要防止重犯兴一利废一利的片面性，应特别注意兼顾各方，取得综合效益。第四，加强排涝工程建设，适当提高排涝标准。第五，加强非工程性防洪措施（如气象预报、洪水预报、水库合理高度、分蓄洪区管理、群众安全转移等）；适当组织防洪演习；在研究和引进现代化的非工程性防洪手段方面要肯花点钱。

长期以来，北煤南运是解决长江中下游地区能源问题的主要途径。必须在保持必要的北煤南运量的同时，开发长江的水利资源，逐步实现“以水代煤”，提供量大价廉的水电。长江水利资源80%集中在上游的干支流，在这些地方建立大的水电基地，实现“西电东送”，可为长江中下游地区的经济振兴提供能源。同时，对于开发大西南也具有战略意义。

为此，建议采取以下措施：第一，适当加快三峡水利枢纽的建设。第二，抓紧做好大规模建设长江上游地区大型水电基地的前期工作。第三，采取多种渠道，多方集资，尽早开发中下游地区的水利资源。第四，对长江上游水利资源也应实行综合开发的方针。把开发水电同整治航道、防洪建设很好地结合起来。第五，改革移民安置办法。必要时采取特殊政策，尽可能把移民安置同库区建设结合起来。

3. 逐步建设一条横贯东西、带动南北的产业密集带

三峡水利枢纽的兴建，揭开了长江开发利用的新篇章。利用长江能源之便、舟楫之利、流域矿藏丰富和现有工农基础，逐步建设起长江产业密集带，这是一个大的战略性布局。它将在实现战略目标和更长发展中，发挥重大作用。

我们设想的长江产业密集带，是这样一个产业地域综合体：它以长江沿岸经济发达的上海、南京、武汉、重庆等大城市为中心，辐射联通各自腹地的中、小城市和广大农村，包括沿干、支流的工业走廊，沿太湖、鄱阳湖、洞庭湖的产业圈，以及商品率较高的各种农业专业化地带、旅游区和高技术产业密集区。

为此建议采取以下措施：第一，为使建立长江产业密集带那里实现，应该把现有产业的调整和改造同新建项目的布局结合起来考虑，把综合运输网、电力网同其它产业的布局，以及城镇、港口、铁路战场的布局，协调起来，统一规划，通盘安排，以避免零敲碎打，孤立布点，造成失误。第二，提倡和鼓励沿河建厂。对沿江宜于布厂区段，由国家统一征用土地，有关部门负责“五通一平”，创造良好的投资环境，以优惠条件吸引沿江布厂。第三，长江干流武汉以下江宽水深，江海船舶可以直达，建议继沿海一批城市开放以后，再有步骤地对外开放长江中下游一些有条件的城市，如武汉、九江、芜湖、南京等，以加快引进先进技术和利用外资的步伐。

（二）汉江湘江综合开发利用考察研究

这次考察研究活动，是交通部和国务院经济社会发展研究中心牵头，中国生产力经济学研究会同长江航务管理局共同组织。从1986年10月25日至1986年11月10日，自西安开始，经衡阳折返武汉市结束，行程四千公里，参加考察的专家30人，最后向国务院提交了政策性建议报告，李鹏副总理作了批示。考察报告关于政策与体制问题建议的主要内容是：

1. 尽快制定全国国土整治规划、生产力布局规划和交通运输结构调整规划，并在这些规划中给内河航运以合理的地位，改变以往严重忽视内河航运的不合理状况

在国土整治规划中，要充分重视内河的综合治理与开发，尤其要解决好灌溉与通航、发电与通航的协调问题，一般讲，凡是具备通航条件的河流，不论干流与支流，在兴建水利、水电设施时，必须充分保证通航条件的改善，并充分估计远期运量增长对通航设施的要求。

在生产力布局规划中，要重视并强调沿江河布点的原则。这样，既可以使企业获得方便、廉价的运力，又可以使内河水运资源得到充分利用。

在交通结构调整规划中，要因地制宜地发挥各种运输方式的优势，宜水则水，宜陆则陆，改变目前各自规划、各自成网的缺陷，避免平行于通航河流的铁路、公路的重复建设。

2. 改变传统的投资结构，给内河航运以应有的投资比重

传统的国民经济投资结构早已不适应发展社会主义商品经济的新形势了。这种投资结构的特点之一是，偏重建工厂，铺摊子，而对交通运输基础设施则投资严重不足，对内河航运的投资更小。

严重忽视内河航运的投资政策，实质上是对内河航道天然资源的一种掠夺性利用。改变传统投资结构和不合理的水资源利用方式，充分重视内河航运的建设，是沿江人民的强烈愿望，也是发展社会主义商品经济的客观要求。

从全国来说，在“七五”和“八五”期间，如果每年能有8亿元～10亿元的投资，用于开发内河航运，就有可能使内河航运由衰退逐步恢复、振兴起来。这将使我国整个交通运输结构趋于合理，并将缓和运力不足的局面。

3. 调整目前的燃料供应政策，促进航运企业的复苏和发展

近年来内河航运企业步履艰难的一个重要原因是燃料供应政策不合理。在燃料供应方面存在的问题主要有两个，一是所有航运企业都以1982年耗油量为基数供应，而随着运输生产的发展，供需缺口愈来愈大。以湖南省民运局为例，1985年完成的客运周转量比1982年增长53.4%，而计划供油却比1982年减少了5%。二是国营、集体、个体水运企业的供油政策不同。国营基本上用“直供油”，集体、个体基本上用“议价油”，两者相差两倍以上。这实际上在航运企业之间造成了一种不平等的竞争条件，限制了集体、个体水运企业的发展。

目前，全国内河航运企业每年需燃油120万吨。在“七五”期间如果每年供油150万吨，便可使燃料供应得到缓和。同时建议全国内河航运所需燃油统一由交通部掌握，作为行业管理的一个手段，按各地内河航运企业所完成的客货周转量统筹分配，并调节运力的发展。

4. 制定内河航运企业更新改造、培训人才的规划和鼓励政策

当前，技术落后、管理水平低、人才奇缺已成为振兴内河航运的制约因素。据湖南省77家市、县航运企业统计，船舶每艘平均吨位仅16.8吨，钢质船仅占3.6%，而且50%的木质船属三、四类船舶，营运效率极低。条件较好的湖南省航运公司的船舶每艘平均吨位也不足200吨。全国内河船舶平均吨位为70吨，而内河航运发达国家已达1400吨左右。建议继续实行技术改造的扶持政策。对经济困难地区航运企业，象陕西省汉中、安康等地区已接近消亡的航运企业，应给予更加优惠的低息或贴息贷款。

陕西省在50年代尚有一批航运专业人才，但随着水运企业萧条，一些专业人才已作“孔雀东南飞”，目前所剩无几了。湖北省近5万航运职工中，1/3是文盲和半文盲，职工平均技术等级仅为2.8级。各省对航运专业人才的需求十分强烈，希望多往这些地区的航运企业输送一些大专毕业生，交通部所属的航运院校统筹规划，为各省航运企业加紧培养各个层次的人才。

5. 改变传统的内河管理体制

为此，建议：

成立全国水资源综合利用委员会。它应当是一个有权威的决策机构，以国土整治规划为依据，以水资源综合利用为目的。委员会的办事机构应设在国家经济综合管理部门，例如计委，不宜设在某一个专业管理部门，例如交通部或水电部。

进行全国交通运输管理体制改革，以利于综合运输结构的统一规划和管理，从根本上解决各自成网、重复建设问题。

继续进行内河航运管理体制改革，当前要尽快实行政企分开，加强行业管理，扩大企业自主权，鼓励和发展横向联合，打破部门、地区分割，促进航运畅通。

作为试点，建议以汉江流域综合开发为目标，成立一个"汉江流域综合开发公司"。这是结合我国实际，学习美国田纳西河综合开发的经验。这个公司由国家直接领导，赋予它全面发展流域经济的任务，实行计划单列，并以目前已建成的电站为基础，实行"以河治河"、"以河养河"的方针。

(三)袁河综合开发利用考察研究

1988 年 6 月由我会组织 50 多位专家，对江西省新余市的经济社会发展战略进行论证。对袁河的开发利用研究是其中的主要内容之一。

袁河属长江水系，是赣江下游的主要支流，流经萍乡、宜春、分宜、新余，于樟树镇汇入赣江，全长 279 公里，流域面积 6486 平方公里。

袁河流域农业发达，以新余为中心的煤、铁、非金属矿丰富。沿河两岸有新余钢铁厂等大中型厂矿和众多的乡镇企业，形成了袁河产业带的雏形。

新余是袁河流域的重要工业基地，已经形成以钢铁工业为主，电力、煤炭、机械、化工、纺织、建材、食品等初具规模的工业体系。其中，大部分属大运量产业，1987 年产钢 76 万吨，占全省钢产量 72%；锰铁合金 16 万吨，约占全国产量一半。电力装机容量 27.9 万千瓦，原煤 100 万吨，水泥 25 万吨，化肥 8 万吨。1987 年工业产值 13.68 亿元，其中重工业产值占 83.9%。

浙赣铁路超负荷运行，公路等级低，袁河因闸坝碍航严重，航运无法开展，交通运输已成为新余经济发展的主要制约因素。1987 年就有 270 万吨物资运不进，输不出。

根据新余市经济社会长远规划，到 2000 年，年货运到发总量将达 4300 万吨。据预测，浙赣复线全线修通，新余战场相应改造后，其承担的货运量最大可能为 1600 万吨；公路通过改造后，最大运量可能为 1734 万吨；其余 1000 多万吨运量仍无法解决，只有开发袁河航运，新余市交通运输紧张状况才能缓解。经调查测算，到 2000 年，可经袁河水运的物资达 727 万吨，其中上水 303 万吨，下水 424 万吨。袁河五十年代末期还是一条较好的通航河流，58 年以后由于电站与河坝工程而断航，现在看，恢复和开发袁河航运，打通一条经赣江联通长江的黄金水道，是解决新余市及袁河流域交通运输问题的根本出路，也是新余市及本地区经济社会进一步发展的关键。

根据上述情况，袁河开发应分两阶段进行，第一阶段恢复与开发江口水电站以下的河段航运，第二阶段综合开发江口电站以上河流，完成袁河全流域的开发。以下就恢复与开发江口水电站袁河航运进行论证：

1. 开发袁河水运的可行性

(1)袁河流域水量充沛。新余上游 19 公里处的江口水库，库容 3.52 亿 m^3。合理调节放水，可以满足渠化后 500 吨级船舶通航的过闸用水。

(2)水面平缓。新余一袁河口(赣江)104 公里河段落差 17 米，仅需四个低水头航运梯级；水位变幅小，仅 4.9 米。

(3)流域植被好，下泄泥沙因有水库拦截，含沙量极小。

(4)渠化工程地基的地质条件良好。

2. 开发袁河水运经济上的合理性

(1)投资少、航道工程投资约需 1 亿元左右，工期短，见效快，通过能力大。

(2)运费低、耗能省，占地少。并兼有发电、灌溉、供水等综合效益。

(3)能满足煤、矿石、建材等大宗物资与赣江、长江的直达运输。减少中转环节与损耗。

袁河航运按四级航道标准开发。预计可行性研究今年 7 月可完成，工程可行性研究 1989 年 4 月可以完成，并编制任务书上报审批。所需的资金，建议采取国家投资，省内补贴与地方集资相结合，鉴于江西老区，希望国家投资 2/3，省与地方筹集 1/3。

二、"长江大流域经济"研究

作者童大林是我会顾问，早在 1984 年就研究"长江大流域经济"问题，把长江流域视为一个统一而有机联系的整体，也就是今日人们所论的流域经济协调发展的问题。20 年过去了，现在读起来仍有新鲜感，对实际工作仍有指导意义。

"大江东去，浪淘尽，千古风流人物。"每当我们伫立在长江岸边，望着浩荡东去的滔滔江水，吟诵苏东坡这千古名句之际，爱国激情如浪涛汹涌，报国之志似铁石坚定。长江，她象一条巨龙，奔驰在中华大地，哺育着炎黄子孙。中华儿女世世代代生息战斗在她身边，创造了灿烂的古代文化和辉煌的东方文明。

长江是我国第一大河。历史学家一般认为，黄河是有文字可考的中华民族的发祥地；而据地质学家考证，长江的历史比黄河要长得多。黄河大约有50万年的历史，长江则在6000万年以上。应该说，长江和黄河，同是中华民族的摇篮。从近代经济发展的情况来看，长江流域是我国商品经济最发达的地区。现在，长江流域的经济是中国经济的重要支柱。长江流域的经济活了，我们整个国家的经济也就活了。

(一)流域经济是世界各国经济的重要支柱

世界经济发展的历史表明，不少国家和地区的经济发展，往往是与一些著名的河流联系在一起的。

在古代，世界四大文明发源地都是在当时一些著名河流的流域产生的。在中国，黄河流域和长江流域孕育了中国古代文明；在古埃及，尼罗河流域经济的发展创造了金字塔那样的世界奇迹；古巴比伦文化正是从当时的经济发达的两河流域——幼发拉底河和底格里斯河发展起来的；肥沃富饶的恒河流域则是古印度文明的摇篮。

流域经济在近代和现代世界经济中的地位和作用显得更加突出。密西西比河流域是美国经济最发达的地区之一；伏尔加河和顿河流域是苏联工农业生产最发达的地区；横贯欧洲的多瑙河流域，是中欧最富庶的地区；德国的莱茵河，法国的塞纳河和英国的泰晤士河，都连结着这些国家最发达的工商业城市；南美洲的亚马孙河流域，非洲的尼罗河和扎伊尔河流域，也都是经济比较发达的地区。

人类经济活动一直与河流休戚相关，这决不是偶然的。河流总是发源于山丘。有着丰富的林业和矿藏资源；河流有灌溉之利，促进两岸农业兴盛；河流还有舟楫之便，自然成为物资集散流通的渠道。因此，沿着河流必然形成一系列不同规模和各具特色的工业、农业、商业的中心，成为沟通对内对外经济联系的枢纽。从一定意义上说，流域经济一直是构成世界各国经济的重要支柱。

(二)长江大流域经济是中国经济的重要支柱

长江是世界第三大河，中国第一大河。长江流域拥有岷江、沱江、嘉陵江、汉江、湘江、赣江、黄浦江等如此众多的支流，这些支流本身又都可堪称一个流域。沿着长江，还有洞庭湖、鄱阳湖、巢湖、太湖四大湖。长江统帅这些名川大湖，形成一个十分巨大的自然区域。长江的地理位置又居中原腹地，其经济影响可以广延到大西南、大西北、中原大地以及江浙广大地区。所以，从流域经济讲，她不限于江流两岸，而是一个非常广阔的经济大流域。这在世界上，恐怕是绝无仅有的。

长江大流域具有下列突出的优势。

第一，长江流域是中国经济最发达的地区。

长江流域不是一块未开垦的处女地，而是一个有数千年开发历史的经济区域，具有雄厚的经济基础。拿农业说，自古以来上游是“天府之国”，中游有“两湖熟，天下足”的美誉，下游长江三角洲更是得天独厚的“鱼米之乡”。据统计，从全国来看，长江流域的粮食产量占40％(其中水稻产量高达70％)，棉花产量占1/3，淡水鱼产量占17.7％。至于工业，长江流域是我国近代工业发祥地之一，目前工业产值占全国的40％。由此可见，长江流域是中国经济的重要支柱，居于举足轻重的地位。

第二，长江流域是中国交通最发达的地区。

长江流域有全国最大的水陆空交通网络。长江可通航的航道居全国河流之首，在世界也是屈指可数的。何况支流纵横，均可通航，“茫茫九派流中国，把江河湖海联成一片，据统计通航里程占全国70％，内河水运量占65％。陆路运输有成昆、京广、京沪几条纵贯南北的铁路干线，与东西向的浩荡长江相交，形成了连结我国南方和北方、东部和西部的纽带和桥梁。再加上密如蛛网的公路以及航空港，长江流域的交通可以说是四通八达。交通是现代经济起飞的一个先决条件。长江流域这个优势是不可低估的。

第三，长江流域是中国最大的城乡市场。

长江流域屹立着一连串名城大都。从西部的金属工业基地——攀枝花到东海之滨的国际商港上海，长江犹如“一根金线穿珍珠”。不仅有上海这样1000万以上人口的全国最大都市(在世界上也是名列前茅)，还有成都、重庆、武汉、九江、芜湖、南京、无锡等大中城市二三十座。如此众多的都市汇集在一条流域之中，这也是长江流域的一大优势。城市是城乡货物集散地。长江流域以这二三十座大中城市为中心，形成了全国最大的城乡市场网络。市场是现代经济起飞的基石。长江大流域就具有这最坚实的基石。

第四，长江流域是中国经济潜力最大地区。

长江流域虽然是当今中国经济发达地区，但是它的得天独厚的资源还远远没有开发。亚热带和温带的自然条件使长江流域的农业具有很大潜力自不待言，能源和矿藏的丰富更是举世闻名。长江水系的水电资源占全国的40％，长江三峡水电站如建成将成为世界上最大的水电站之一。钛、汞、磷、铜、锑、钨、钴等矿藏储量均占全国50％以上，铁、铝、锰等的储量也很丰富，石油天然气正在不断发现。

第五，长江流域有不可低估的智力资源和技术资源。

人们越来越认识到，单有自然资源并不一定能够成为经济优势，只有把它同智力资源与技术资源结合起来，才能形成真正的经济优势。长江流域人口占全国的1/3。有强大的劳动力资源。更重要的是长江流域人民具有较高的智力素质。在这里，人民的科学文化水平比较高，技术基础比较厚实，现代经营管理经验也较丰富。

这就是为什么上海、苏州、无锡、常州这些地方缺乏自然资源，却成为中国先进的工业基地的原因所在。自然资源的蕴藏是有限的，而智力资源的潜力是无穷的。

总之，从整体来看，长江大流域确是物华天宝，人杰地灵。腾飞吧，长江巨龙！

（三）探索长江大流域经济的新模式

为了充分发挥长江大流域经济的重要优势，加速实现我国现代化的进程，必须在现有的经济基础上探索长江大流域经济的新模式。

第一，把长江流域作为一个统一而有机联系的整体。

我们必须从建设现代化中国的重要经济支柱这个目标出发，综合地开发长江大流域的市场、资源、技术和智力，以求得最佳的系统效应。在这个大前提下，长江大流域的各个地区要充分发挥各自的优势，建立具有自己特色的区域经济。有的地方是农业区，有的地方是工业区，有的地方是商业区，有的地方是文化区、旅游区等等。同样，有些城市是农业城，有些城市是工业城、商业城、科学城、文化城、旅游城等等。更进一步，不同工业区、工业城又有各具特点的工业群，如此等等。这样，取长补短，互相依存，互相竞争，互相支持共同繁荣。如果长江大流域各个地区各自为政，各行其是，把好端端的广阔市场，丰富的资源和技术、智力等等，都分割成一些“中而全”、“小而全”的封闭、僵化的体系，那么，长江大流域的所有优势，就可能在磨擦、内耗中不断地转化为劣势。例如，上海如果不以整个长江大流域作为自己的坚强腹地，仅仅凭依滨海的弹丸之地，是绝对不可能成为真正的经济中心的，也无力逐鹿于世界经济市场；反之，如果长江大流域各个地区，不充分利用上海这个已经历史形成起来的举世公认的国际商港，不致力于与上海进行内外贸易的联合，不善于引进上海的技术与智力，那么，各个地区本身的发展，也不会获得最佳的经济效益。

第二，长江大流域经济要大体符合流域经济的三段模式。

一般来说，一个流域的经济结构是由三段组成的，即上游资源丰富，应成为能源和原料加工区；中游是将上游的原材料加工成各种产品的产品加工区；下游和流域口岸是出口加工区和贸易、金融中心。通过河流运输将上游中游下游联合成浑然一体，从而可以获得流域经济的最佳效益。从总体上讲，万里长江应是这个模式，长江各支流模式的交叉效应复杂，三段模式也不能简单化。例如从汉水流域来说，武汉是流域出口，而从整个长江而言，它又是处于中游。所以任何一个地区还得从实际情况出发，来确定自己的发展方针。但是，作为一个原则，在总体设计长江大流域经济时，在各地区确定自己的经济发展战略时，都应充分考虑这个三段模式，使物质资源与工农业产品“一江春水向东流”；而技术和智力财富，按照相反的“梯度”“比降”，溯江西上尽锦绣。

第三，长江大流域经济应该是内外结合型的。

一般说来，流域经济可以是内向型的，即以流域内部市场来发展自己的经济；也可以是外向型的，即以流域以外的外部市场来发展自己的经济，从而形成各自的经济结构模式。然而，长江流域面积很广，经济能力和资源潜力又很大，各地区情况既悬殊又复杂，因此，单纯的内向型或外向型，都不能适应。看来，采用内外结合型比较好。就是说，下游主要是外向型，着重面向世界市场；而中游、上游主要是内向型，面向国内市场。从长远看，从整体看，更要重视中上游的内向型经济。整个长江流域本身就是我国最大的国内市场。这个市场对工业品和农业品的需求是估量不透的。尤其在农村经济改革之后，最广阔的农村市场方兴未艾，前景无量。迅速发展本流域的商品经济，致力于开拓本流域的城乡市场，应是长江大流域的经济发展的一个战略重点，而满足本流域内正在逐步富裕起来的3亿农民日益增长的物质文化生活需要，更应是重点的重点。把流域内部的经济搞活，促使城乡人民尽快致富，这就增强了长江大流域经济的内部实力。在此基础上，提高市场竞争能力，以我们自己的大量优质品牌产品，打出长江，冲出太平洋，走向全世界。这样，不仅成为下游外向型经济的坚强后盾，而且得以不断扩展整个流域外向型的成份。

第四，万里长江是中国经济和长江流域经济的大动脉，许多长江支流河网就是小动脉和微血管。它们都可以通航，这是非常难得的大优势。

动脉搏动，血管畅流，才有生命与生机。现代经济是大经济，它不只是生产，而是由市场、科研、生产、储运、销售一直到技术服务、维修等一系列环节组成的。大经济的繁荣，各个环节的兴旺，取决于大量物资和信息之间的流通。因此，不充分开发长江大流域这个航运上的大优势，这个大动脉不生气勃勃地跃动起来，是无法开拓长江大流域经济的崭新局面的。当前长江航运虽居全国之首，但与它应负的经济功能相差尚远。拿莱茵河来说，它的流量只是长江的1/10，但其货运量竟是长江的10倍。因此，长江大流域经济要起飞，必须首先把航运成倍增长地搞上去。这就要求建立各个层次的航运公司，建设现代化码头，发展内河船舶工业和集装箱运输系统等等。它们都应该成为长江大流域的大产业。长江沿岸要有内河船舶工业城、集装运输装备工业城。这样，长江大流域经济才会有个根本的转折。

第五，抓住几个大的中心城市，如重庆、武汉、南京、上海等，形成几个强大的各具自己特色，各有自己功能的经济中心，以带动整个长江大流域经济的起飞。

例如武汉，地处长江的中游，雄踞中华腹地，是我国的心脏地带，素称“九省通衢”，历来是重要的水陆交通枢纽。我国整个经济发展的基本战略可以说是“东靠西移，南北对流”，以逐步改变长期历史形成的东富西穷、南轻北重的经济不平衡的状态。显然，武汉在这个经济发展的基本战略中具有突出的地位和作用。武汉应该成为沟通东西，连结南北的“特级市场”成为各种经济网络的都市。从长江大流域本身来言，上有重庆，下有上海，武汉是“一根扁担挑两头”，担负着承上启下的重要作用。

长江是雄伟的江，富丽的江，英雄的江。“江山如画，一时多少豪杰。”长江曾经哺育了多少可歌可泣的民族英雄和历史人物。伟大诗人屈原就是最早的一个。他的革新主张的当时是不可能实现的。他虽然遭到了不幸，但他的改革精神却长留人间。屈原有一句：“路漫漫其修远兮，吾将上下而求索。”今天，为着建设一个具有中国特色的社会主义社会，不管道路多么艰难险阻，我们共产党人也将在上下的追求探索中开拓前进。

（原载于《黄金国土》中国经济出版社，1988 作者，童大林）

三、关于兴建“江黄运河”的建议

南水北调是一项世纪工程，是引长江之水北上。我会的几位理事觉得，长江不是一年四季都有多余的水，长江也有枯水季节。长江多余的是洪水，且是大祸害。应引“长江之洪”北上，变害为利。途径是兴建“江黄运河”。此方案经全国政协常委董辅礽递交到全国政协。

（一）问题的提出与构想

1. 问题的提出

淡水资源匮乏是21世纪全球经济发展和人类正常生活的一个严重制约因素。地球上的淡水仅占水总量的2.5%，而人类真正能够利用的只有0.26%。我国的情况更加严峻，人均水资源不到世界人均占有量的1/4，被联合国列为13个最缺水的国家之一。对我国来说，解决水危机既是影响经济发展和西部大开发的战略问题，又是重大的政治问题。

我国水资源不但少，而且分布不均。在区域上，南方水多，北方和西部水少；在季节上，夏秋两季水多，冬春两季水少；汛期经常洪患肆虐，枯水期连长江行船都时常遇到困难。南水北调已经议论了50多年，所以未能实施，有多方面的原因，特别是枯水季节无水可调。因此解决水危机必须改变思路，另寻出路。

2. 初步构想

改变思路，就是把调水转变为运洪。

长江三峡大坝以上年均水流量为4510亿立方米，三峡工程发电用水近2000亿立方米，其余废弃的水约2500亿立方米，这主要是汛期的洪水。2500亿立方米的废弃洪水，是黄河年均水流量560亿立方米的4.4倍。把这些洪水北运，既可根治洪灾，又可解救北方和西部大开发的水危机。

我们的构想是，从长江三峡水库至黄河郑州桃花峪约800公里，开挖一条人工运河—“江黄运河”，引蓄结合，运洪北上。

“江黄运河”从南向北可分为三段。南段，河首设在三峡大坝上游6公里的龙潭河上，向东沿长江北岸开挖40公里，进入平原和山坡地带，围绕山坡修大堤，形成环山运河。运河宽3公里—8公里，水深10米—30米，堤底宽100米，堤顶宽30米，顶部形成并排6车道的高速公路。堤高40米，堤底高程145米，堤顶高程185米，可抗核弹轰击。河底沿

145 米高程北行，与丹江水库相通。中段，由丹江水库沿南阳市以北伏牛山坡，修建环伏牛山运河。从桐柏山凹方城进入豫东和华北平原，修建燕山调节水库和跌水电站。平原地面高程 120 米—80 米，燕山水库水位高程 130 米，坝顶高程 135 米。运河在郑州市的桃花峪同黄河平交。下段，在桃花峪建黄河大坝拦蓄和分流。北运之水，1000 亿立方米用于黄河冲沙和下游用水，使黄河从"天河"变为地河，并使 5000 吨级船队长年通航；500 亿立方米注入永定河、白沟、滏阳河等水系，解除京津和华北水危机，并使 1000 吨级轮船长年通航；500 亿立方米供给淮河，以解决沿线用水，并使 1000 吨级轮船长年通航。

(二)可行性与效益分析

1. 施工难度较小，可行性大

"江黄运河"三峡至丹江水库段约 300 公里，丹江水库至方城段约 200 公里，方城至黄河桃花峪段约 300 公里。全程主要围武当、伏牛山坡筑坝挖河，不须开山凿洞，露天作业，技术简单，成熟可靠，易于大兵团作战。可以分段承包，全线同时施工。少则 2—3 个冬春，多则 3—5 个冬春，即可建成引水、蓄水。

2. 投资少，回收快

"江黄运河"按堤高 40 米、底宽 100 米、顶宽 30 米计算，共需开挖土石方 22.8 亿方。按每方 10 元计，需投资 228 亿元；包括配套工程的材料、设备，以及征地费、安置费，按土石方费用 10 倍结算，再需投资 2280 亿元。总共投资 2588 亿元。但"江黄运河" 5 年建成送水后，按每年供水 2000 亿立方，每立方 1 元收费计算，每年仅水费一项收入可达 2000 亿元，含贷款利息，一年半即可全部收回。

3. 可解决西部大开发水资源的短缺问题

黄河上游年均 500 多亿立方的水可以大部留给青海、甘肃、宁夏、内蒙古、陕西、山西等地，有计划地分配调节，这样就可以大大缓解西部大开发的用水危机，改善生态环境，再造西部秀美山川。

4. 其他经济效益和社会效益更为可观

(1)长江的洪水灾害将被根治。即便遇到 1870 年每秒 11 万立方米的特大洪水，由于 2500 亿立方米从三峡北运，长江中下游不会再达到防洪警戒水位。这就免除了每年数百万大军站洪水的人、财、物力消耗和上上下下的精神压力。"荆江分红"将永远成为历史。汉江的水流量也将被均衡控制。

(2)黄河的水灾将被根治。黄河灾害的突出特点在于它的泥沙含量高，每年高达 16 亿吨。河床每年以 10 公分的速度升高，最高处已达到两岸地面 10 米以上。目前泥沙含量虽有减少，但每年仍有 13 亿吨。50 年后计划减到 8 亿吨，即便目标能够实现，时间未免太久。从长江运洪 1000 亿立方米入黄，沉淀的泥沙将被逐渐冲走。河水归槽后，两岸 10 公里宽的河滩可以开发利用；20 世纪 50 年代毛泽东同志提出的"河清有日"，只要运洪入黄就能尽快实现。

(3)淮河的灾害将被根治。淮河流域历来是一个灾害频繁地区，所谓"大雨大灾，小雨小灾，无雨旱灾"。解放初期，毛泽东同志就题词"一定要把淮河修好"。修好淮河，既要包括抗洪，又要包括抗旱。兴建"江黄运河"，蓄洪于最大的燕山水库，旱时向淮河泄水，淮河流域用水、通航即可解决。解决洪灾，应适时启动淮河水利委员会多年前关于修建"江淮运河"的计划。为解除淮河流域水患，早在东汉时期曹操就命令过张辽修建"江淮运河"。现在修建，作为"江黄运河"配套工程，综合效益更高。

(4)华北、华中、华东地区将形成一个互相沟通庞大的水运网。"江黄运河"建成后，长江、黄河、淮河、永定河、白沟、滏阳河、钱塘江等大小水系即可"接轨"，通向世界。由于水深、河宽、水量稳定，可以实现内河运输现代化、高速化。而且水运成本比铁路、公路低廉，同时可以减少修建铁路、公里占有的大量土地。

(5)充分发挥"流域经济"的效应，带动两岸经济发展。流域经济是经济发展的重要规律。"江黄运河"兴建，根除了水旱灾害，发展了航运，这就为市场经济的发展创造了基础条件。它必然会带动高新技术产业、水电业、农牧业、水产业、林果业、工业、旅游业以及各种服务行业等大发展。随着一个个内河运输网络的形成，也必然出现一个个大小经济带。

另外，在"江黄运河"和配套设施兴建过程中，先后 2000 多亿元的投资，大规模的土石方工程、大规模的设备供应和原材料供应等，这本身就会对沿岸经济发展产生强有力的先期拉动作用。

可见，"江黄运河"的兴建，对我国经济发展和生态环境改善，具有极其重要的意义，是西部大开发和北部、中部、东部大发展强有力的动力源。

(三)前期的准备工作与措施

(1)成立课题组，进一步考察，汇集国内外各界人士、各个阶层和条条、块块的意见，在国务院发展研究中心领导组织下，用一年左右时间写出可行性研究报告。

(2)召开“三结合”讨论会,审定“研究报告”,提出可供决策的参考意见。

(3)进行勘测设计,提出各项工程概算,探索投资来源和招标、投标意见;提出“江黄运河开发公司”筹建方案和工作任务。

(原载于《透过互联经济体系创造财富》,经济科学出版社,2002,作者:马正、于希礼、蔡建华、薛永应、博孝萱、汪盛熙、张佐友)

四、航运技术进步与长江航运

航运是长江的主要功能,长江在航运方面具有得天独厚的优势。但由于种种原因利用得不够合理,不够充分。发展长江航运,一靠先进科学技术,二靠掌握并善于运用先进技术的人才。

(一)技术进步是推动内河航运发展的动力

内河航运经历了三个发展阶段:原始航运阶段,第一次航运技术革命和传统航运阶段及当前的第二次航运技术革命阶段。

从古代的独木舟到19世纪的大型木帆船的原始航运阶段,是以木材为主要造船材料,以天然河流为主要航道,以风、水流等自然力和人力作动力为其特征的。航运技术虽不断有所发展,但无质的飞跃。1807年,第一艘蒸汽机船的出现,标志着第一次航运技术革命的开始。此后,船舶动力,蒸汽机取代了人力和自然力;造船材料,钢铁取代了木材。但航道基本上仍是天然状态,货物的运输仍是沿用古老的运输方法,港口装卸仍是落后的劳动密集型方式,内河运输还是处于“传统航运”阶段,从而制约了它的发展速度。自1825年英国建造了世界上第一条铁路起,内河运输开始受到了铁路、公路运输的冲击,从世界范围看,内河运输都曾一度衰落。但是,随着现代化航道网的建设,造船技术的日新月异,船舶动力由蒸汽机变为内燃机,港口机械化、专业化程度的不断提高,现代化通讯、管理技术的应用等,内河航运进入了现今的第二次航运技术革命阶段,促进了内河航运的大发展。

例如密西西比河,自美国国会于1928年通过防洪法令,把防洪、航运、发电、灌溉等作为一体的任务纳入该河的综合治理以来,经过几十年的努力,美国已建成了以密西西比河为主干,水深2.7米,里程达12000公里的深水航道网。干流支流与江、河、湖、海相连,畅通无阻。现在该河河运的主力是万吨级顶推船队和千吨级机动驳。古老的内河经历了深刻而广泛的技术革命,成为当今现代化交通运输的重要组成部分。自1940年以来,密西西比河的货运量平均每10年翻一番,超过了美国工业的增长速度,目前该河的货运吞吐量仍在不断增长之中。

内河航运技术发展的历史及实例告诉我们,技术革命是推动内河航运发展的动力。

(二)振兴长江航运的根本出路在于技术进步长江是横贯我国东西的第一大河,在我国国民经济发展战略中具有极为重要的开发利用价值

建国以来,虽然长江航运有了很大发展,但是,由于种种原因,长江水系整个说来仍然存在着航道条件差,港口吞吐能力低,船舶陈旧,运力不足,现代化通讯和管理设施几乎还是空白等弱点,未能充分发挥水运应有的量大、价廉、能耗低的优势。振兴长江航运,除了体制上的政策、政策上的扶植、经营管理水平的提高之外,根本出路在于对它实行技术大改造,使之跟上内容日益丰富、广泛的第二次内河航运技术革命的步伐,逐步实现现代化。只有这样,才能不断提高长江水运的社会经济效益,以适应四化建设的需要。

以交通部长江航运管理局(以下简称“长航”)为例。自1981年以来,长航在落实知识分子政策的同时,结合生产实际,推广成套的先进技术和科技成果,引进和消化国外先进技术,加速技术改造,开展水运技术政策研究和标准化工作,加强科技情报交流和信息服务工作,促进了航运事业的发展,取得了明显的经济效益。1981年到1983年,长航完成重大科技成果23项,利用科学技术增产增收7千万元。1983年长航货运量突破5千万吨,上交利润超亿元,运量和利润分别是1981年的140%和162%,创历史最高记录。在运量和利润的增产因素中,科学技术进步的因素分别是总增长因素的29.1%和24.8%。反之,如果不是依靠科技进步,而是依靠大量的投资和增加劳动力来发展“十年一贯制”生产,必然导致固定资产增长速度大大超过货运量的增长速度,导致劳动力增加过快,基本上同运力保持同步的增长速度。以往正因如此,国家给长航投资1元,上交利税只有0.043元(全国投资1元,平均上交利税0.1元),经济效益很差。因此,长江航运的现代化,势在必行。它对于贯彻以提高经济效益为中心的经济建设方针,保证我国四化的胜利实现,具有重大的战略意义。

(三)长江航运的现代化

长江航运的现代化的内涵可概括为物的现代化

和人的科技知识和经营管理水平的现代化两个方面。所谓物的现代化，主要是指航道的标准化、水网化，船舶的自动化、机电一体化，港口的机械化以及通讯、管理系统的现代化等四个方面。

1. 航道建设要立足于利用，着眼于改造

现代化的内河运输是以现代化的航道网为基础的。目前，在航道建设问题上存在着"以水就船"和"以船就水"两种意见。我认为，长江水系到本世纪末逐步建成以长江干线为骨干，初步形成以重庆为中心的西、南水运网，以武汉为中心的三江两湖（赣江、汉江、湘江和鄱阳湖、洞庭湖）水运网，以上海为中心的长江下游水运网，应是我们的奋斗目标。具体设想是，在长江干流上，把航线向西延伸到金沙江下游的永善，使宜宾以下通航千吨级船队；宜昌以下通航 3 千吨级驳船；武汉以下通航 5 千吨级海轮；南京以下通航 2.5 千吨级海轮。在支流上，通过渠化，使湘江的湘潭以下，汉江的丹江口以下，赣江的樟树以下，南淝河的合肥以下，均通航千吨级船队。此外，积极进行京杭运河、西沙运河、芜中运河的整治和开发。但是，万里航道建设涉及面广，工程浩繁，技术要求高，不可能短期一蹴而就。西德莱茵河建设迄今已近百年，才达到今天平均每年有 18 万艘船舶的通过能力和 2.7 亿吨的运载量。航道建设不单需要时间，而且需要资金和技术。因此，必须强调从实际出发，利用与改造相结合，治标与治本相结合，需要与可能相结合，近期、中期、远期相结合，制定一个综合治理的长远规划。在这个规划指导下再确定做什么和怎样做。我想，长江内河航运近中期应"以船就水"为主；远期则应"以水就船"为主。即从确保长江现行的标准水深，确保航道的"畅通"入手，逐步实现把江河湖海连接起来，向着"航运兴隆通四海，货源茂盛达三江"的目标前进。美国综合开发密西西比河，已建立 12000 公里的深水航道网。苏联重视内河航道建设，内河货运量和货物周转量跃居世界第二位。值得我们借鉴。

航道的"畅通"包含港口的畅通问题。目前，长江有些港口淤积严重，例如镇江港。1965 年，镇江进港航道仅长 5 公里，20 年来，由于淤积逐年严重，如今进港航道已由焦山延伸到了丹徒河口下，长达 10 公里。枯水季节，已出现港口与主航道争用挖泥工具的矛盾。武汉港、高港港等也存在类似情况。减少港口淤积的治本办法，是进行包括防洪、给水、通航等方面利益在内的河道综合治理。目前，必须扩建挖泥船队，包括引进适用的挖泥船，如大功率绞吸式挖泥船，加强港口疏浚技术力量。只有港口搞通，才能使港口搞活。大力加强港口建设是发展内河运输的关键，要扭转目前港口"吞不进，吐不出"的局面。港口搞不活，就谈不上内河航运的经济效益。在建港过程中，港口与港口之间要协调发展，港口本身的前方和后方要配套，港口要向专业化方向发展。

2. 船舶建设要立足于内河，放眼于河海直达

长江船舶的现代化，必须以提高社会经济效益为目的，向着自动化－机电－体化的方向发展。长江新一代的客货轮，应该经过优选，逐步实现定型化。

长江船舶的设计，我认为必须考虑两个基点：一是如前所述，在今后一个时期内，长江水系航道总的说来还将是一个天然航道，通航条件不一致；二是实行对外开放，开展河－海－河货物直达运输业务也必将提到我们的议事日程上来。从目前看，长江船舶必须适航于长江航区天然航道；从发展上看，长江船舶终将通向海洋，积极参与河海直达运输。

(1)根据长江流域的水文等实际情况，长江划分成 A，B，C 级三个航区。重庆至宜昌段为 C 级航区，水面狭窄，航道弯曲，水流湍急；宜昌至江阴段为 B 级航区，江面逐渐宽展，水流减缓；江阴至吴淞口段为 A 级航区，江宽水深，风大浪急。各个航区对船舶的适航性有不同的要求。为了充分合理地利用天然航道，目前，对货运量队中的推拖轮采取分段运输方式，实践证明，是有利于提高船队的运输效率的。因而，航行于 C 级航区的推拖轮须具有航速快、操纵性能好的特点；B 级航区的推拖轮须具有推力大的特点；A 级航区的推拖轮则要求稳定性好，结构强度高。以此为基础，在大宗散装的运输方面，要建造一批无论在线形、结构、推进、操纵、减阻、节能、遥控、安全等方面都符合技术先进、经济合理的新型推轮，取代现有的推拖轮。如 2700、2000、1200、800 马力推轮，可以美国 6000 马力推轮为借鉴，发展适合长江特点的新船型。发展 5000 吨原油分节驳，在 1000、2000、3000 吨散货分节驳中着重发展 2000 吨驳，因其平面尺度与干支直达千吨驳相当，便于发展水网直达运输和混合编队。川江船型针对兴建三峡大坝出现的新情况，所选船型应能保证整队一次过闸，并充分利用库区水深的有利条件，向大型化的方向发展。百杂货、鲜活货以及集装箱货物应积极发展自航驳运输。长江客轮的选型必须符合安全、快速、经济、舒适、美观的原则。

船舶动力应向内燃化方向发展。按照国家标准化、系列化、通用化的要求，以较少的机型满足大多数船型的需要。要引进先进的船用主机，提高船舶操纵和控制性能。

自1961年日本建造的世界上第一艘自动化船舶“金华山丸”试航成功以来，随着70年代微电子技术的迅猛发展，微处理机已成功地运用于船舶自动化系统。与此同时，“智能化船舶”又在积极发展。世界范围的新技术革命成果，大大丰富了第二次内河航运技术革命的内涵。我们尤须进一步组织科技力量，积极采用新的科学技术成果，使我们的船舶自动化装置日臻完善，逐步向船舶智能化的方向发展。

(2)在研究和建造新船的同时，必须着重抓好船舶的技术改造，充分发挥现有船舶的作用。这不但投资少，产出多，而且周期短，效益好。根据以往的经验，重要的是加强技术改造的组织领导和做好项目的前期工作。对每一项重大技术改造项目都要认真进行可行性研究和方案论证等工作，避免重蹈盲目性和一哄而起、一哄而散的覆辙。

(3)运货迅速、费用低廉、竞争力强，是河海直达运输的突出优点。随着河海直达船舶以及载驳船舶的日益完善，发展河海直达运输已成为国外今后运航的一种趋势。

现在实行对外开放，万里长江不仅将迎来外国的海河直达运输船舶，而且今日的长江内河运输也将出现朝着河海直达运输延伸的趋势，其所以必然如此，最根本之点是不仅我国沿海，而且我国中部内陆，特别是我国西北、西南乃至边疆地区，都有着尽早扔掉贫穷的帽子，以最快的速度共同富裕、繁荣起来的强烈愿望。而河海直达运输，将为我国中、西部经济建设，创造一个加速发展的光明前景。随着长江内河以及河海运输的发展，长江流域广大腹地乃至云、贵、川、藏诸省(区)的丰富矿藏和森林资源将得到较快地开发、利用，连同它们的工农副业产品，一齐进入广阔的国内、国际市场。与此同时，带回的将是宝贵的资金和技术，促进地区经济的良性循环。在这一领域，铁路、公路等运输方式都只能是望洋兴叹。得天独厚的航运业正面临大显身手的好时机。

除了航道和船舶，还必须同步甚至超前实现港口和通讯管理系统的现代化。

3. 职工教育要立足于应用，着眼于开拓

航道、船舶、港口、通讯的现代化，是构成现代化水运的物质基础，是培植有活力的水运企业的必备条件，是我们在第二次内河航运技术革命中所必须努力解决好的问题。

但是，人们常说，企业是由人、物、财三要素构成的。企业的活力最重要的是来源于活力，即人的社会主义建设积极性的极大高涨，人的科学技术文化水平的不断提高。当一个企业在没有积蓄这方面的力量时，单纯大搞设备投资是很危险的。例如让不懂微电子技术的人去操纵一艘高度自动化船舶，那将产生何等严重的后果，更谈不上创新和发展！美国在1929至1957年间，年平均经济增长率为2.93%，当中起较大作用的因素，教育和科学两项占了43%的比重。当今，新技术革命向教育提出了最严重的挑战，世界各国都在积极研究对策，其中具有共性的根本一条是开发智力、加速人才的培养。舍此，现代化恐怕只能从一相情愿开始，以彻底失败而告终。

发展长航职工高等教育涉及的问题很多，我认为很重要的一点是，我们培训职工的指导思想应是立足于应用，着眼于开拓，即着眼于学员掌握知识和创新知识的能力的培养。我们不仅迫切需要一般应用型的人才，更需要培养具有创新精神的开拓型人才。依靠传统的传授知识用以加深基础知识和扩大知识面，仍是必要的，但尤须注意学会创新能力的培养。我们不能老是跟在别人的屁股后面走，我们要的是让人家的双眼瞄准我们的脊背。而要做到这一点，不单学校领导，特别是教师需要不断更新知识结构，还须按照邓小平同志关于三个“面向”的指示以及赵紫阳同志关于教学、科研、生产联合体的指示加紧进行探索和实践。

(原载于《生产力经济学与新技术革命》，浙江大学出版社，1986. 作者：于希礼)

五、缅怀孙尚清会长

提起长江，马上就会想到我们的尚清会长。他最关心长江。三次长江考察他都是主要组织者。他主编了两部关于长江的著作，一部是《长江经济研究—综合开发长江的构想》，中国展望出版社出版，一部是《长江开发开放》，中国发展出版社1996出版。

孙尚清同志离开我们将近5年了。值此纪念他诞辰70周年之际，为表达对他深切的怀念和曾经与他共同奋斗过的友情，我们特地把他在1984年5月亲自率领“长江综合考察团”对长江进行的历时52天，行程7000公里的考察活动及其所做贡献记录下来，作为对他的纪念。

(一)综述

1984年5月，孙尚清亲任团长的“长江综合考察”活动，是由中国生产力经济学研究会（1995年改名为今天的生产力学会）、交通部长江航务管理局、中国经济学团体联合会联合举办和组织的。参加考察团的单位成员有：中国社会科学院、国家计委、国家经委、交通部、铁道部、水利电力部、农牧渔业部、中国人民大学和湖北省社会科学院的专家学者和科技人员工36人。

5月中旬，中国生产力经济学研究会在四川省乐山市召开的第三届理事会上，孙尚清常务副会长对长江综合考察活动作了充分的酝酿和思想准备，为这项考察工作的成功奠定了坚实的思想基础。会后，5月20日，孙尚清即亲自率领参加理事会议的考察团成员，从乐山市登上小型客轮出发，溯长江而上，经岷江至金沙江云南境内的水富。因长江上游水道散落，难以再向上行船，遂返程顺江而下。

当在溯江行船的考察中，正遇上风雨交加的天气，尚清所住的舱房正好在船头，倍受风雨袭击，加上江面气温急剧下降，天寒衣单，他就挤到我们所住的统舱内，借着人气取暖。在闲谈中，任俨同志（任弼时同志的侄子）提到他对《红楼梦》中的一些人物的批判观点，一时引起大家的兴趣。尚清也在其中，纷纷各抒己见，顿时统舱内的气氛活跃起来，尚清称之为“金沙江上歪批《红楼梦》”。在欢乐之中，大家忘记了寒冷和饥饿，直到水富下船登岸时才吃上一顿热饭菜，暖和了身子。那时，尚清同志尚年轻，虽然考察工作生活艰苦，但他仍然在沿途利用一切机会向地方企业职工、船工们调查了解长江上游的情况，颇受当地群众的支持和欢迎。在整个“考察”过程中，他都带领大家边考察，边在行船中进行分组或大组讨论、研究、论证或撰写报告和专题等，日夜兼程地紧张工作着。

从1984年5月20日自乐山市溯江考察开始，然后又返程顺江而下，到了重庆市，与考察团的全体成员会合集中，大队人马开始全面展开考察工作。至7月10日到上海市结束，考察团途径四川、云南、湖北、湖南、江西、安徽、江苏等7省25市，重点考察了重庆、武汉、长沙、南昌、芜湖、南京、上海等25个港口，踏看了金沙江、岷江、汉江、赣江、秦淮河、京杭运河、洞庭湖、鄱阳湖、太湖等江河湖泊，行程7000公里，历时52天，广泛听取了沿江各省市对综合开发利用长江水资源的情况介绍和发展构想。拍摄照片2000多张，收集资料200多份，现场录音磁带80盘，撰写考察论文和报告68篇。《人民日报》、《经济日报》、《经济学周报》、《经济参考报》、《世界经济导报》、《中国河运报》、《中国社会科学》杂志等全国性报刊发表了一系列的社论、评论文章以及消息等，掀起了综合开发利用长江的第一次热潮。这次考察所取得的两项重要成果——《长江综合开发利用考察报告》（建议）和《长江经济研究》（专著）中所提出的构想和描绘的蓝图，至今仍在理论和实践上具有战略指导意义。

（二）考察特点

这次考察与众不同的特点是：

1. 在考察的总体目标和任务上，继往开来，又有新的发展

由于“考察”的时期不同，所以在“考察”的总体目标和总任务的立足点和着眼点上，也就有着与以往不同的发展变化。

早在50年代初，中央就曾提出“综合利用长江资源”的方针，并指示有关部门组织力量进行“考察”、制定“规划”。长江水资源利用的主体工程—三峡工程本身，就具有防洪、发电、航运、灌溉、水产、旅游、环保以及“南水北调”等一系列的综合效益，并有“高峡出平湖，当惊世界殊”之美喻。半个世纪以来政府曾收集了不少资料，制定了不同方案，也发生了不少争论，总的说来在兴水利、除洪灾、发电方面做了大量工作，并取得了显著效果。

孙尚清带队的这次考察，既是对以往工作的继承，又是在邓小平改革开放思想指导下的新拓展，其立足点和着眼点都有了新的发展和变化。

孙尚清确定的此次考察的主导思想是“以实现我国社会主义四个现代化的总目标和总任务为中心，着眼于取得最大的国民经济综合效益”。他说：“要立足于长江，胸怀全国，放眼世界。”他提出“21世纪的世界经济看亚洲，亚洲看中国，中国看长江”等高瞻远瞩的战略思想。

人们常比喻说：“亚洲有‘四小龙‘，中国是条大龙。”中国这条大龙究竟如何腾飞？这个问题只有待中国自己来回答。

孙尚清同志看到世界上许多国家的经济都是沿河流发展起来的。“有水则兴，无水则衰”，这是普遍规律。他认为：“长江这条黄金河流，就是我国经济腾飞的基础”。由此可见，孙尚清这次“考察”的立足点虽然和以前一样，都是立足于利用长江水资源，但是，由于新时期与过去不同，它的目标、任务和着眼点都有了新的发展和变化。因此，这次考察的成果，就更具有鲜明的“改革、开放”的色彩和时代精神。

2. 突出以宏观经济效益为中心

改革开放以前，中国长期实行“社会主义计划经济管理体制”，突出政治效应而忽视经济效益，导致在“长江开发利用”上的弊端丛生。孙尚清认为：“长江的综合开发利用问题，关系到自然因素、技术因素和经济因素，我们的着眼点必须侧重在经济方面，特别是宏观经济方面。”他还说：“我们这次考察应该着眼于充分利用自然资源以满足流域经济发展的需要，工程技术也要为这一目的服务，这是我们考察的出发点和归宿。”在谈到宏观经济与微观经济的关系问题时，他说：“国内外江河开发的经验证明：一条大河流域的开发和建设，在宏观上只要有科学依据的总体规划，对微观部门和地域的开发，乃至水利工程的建设效益，都具有决定性的意义。”他还说：“建国以来，我们在长江综合开发和水资源利用上，兴水利，除洪害方面，确实做了大量工作并取得了明显效果；但是，仍存在许多问题，使长江巨大的优势和潜力没有得到充分发挥。”根据有关资料，美国的田纳西流域，经过50年建设，人均产值增加了44倍。中国的长江有1万亿立方米的淡水，其中，70%是雨季洪水，白白流入大海。如果能做到合理地综合利用，按世界市场淡水价格3美元/吨计算，长江每年可有3万亿美元的淡水收入。长江巨大的优势和潜力之所以没有得到充分发挥，除历史原因外，与我们长期忽视经济，特别是忽视宏观经济的综合效益有直接的关系，从而产生“兴一利、废一利”的后果。孙尚清明确提出：“经济与技术相结合、以经济为主”、“宏观经济与微观经济相结合，以宏观经济为主”的新思想和建设方针。

3. 突破部门和地区条块分割管理的局限

在考察过程中，听到、见到许多部门、地区与全局部门发生诸多矛盾，互相争论不休，各执己见，使孙尚清大有“剪不断，理还乱”之感触。他比喻说：“就象一筐螃蟹，互相咬住，谁也动弹不得。”经过深入的调查、分析、了解，他很快发现，许多问题都与规定长江水资源分头管理的不合理体制有关：各部门、地区按条、块分别进行开发建设，受多头管理体制的局限。如，同用一江水，各管各的事；电力部门管防洪，水利部门管发电，交通部门管航运，农牧渔业部门管水产养殖，城乡建设部门管工业供水和水资源保护等等。各部门、各省市所属的地县级也都实行“对口”、“切块”管理。这种“九龙治水，群龙无首”的管理体制，也容易使他们各自从本系统、本位主义出发，各自追求不同的目标和经济效益，各自认为自己是河流的“主人”和“老大”；加上江河投资分散，向国家各要各的钱，各办各的事；工程主管单位，往往砍掉与自己无关或关系不大的配套项目，造成长江水资源的片面利用，产生“兴一利、废一利”的后果。孙尚清清醒地看到，要想取得“长江综合开发利用”的经济效益最大化，必须突破和跨越现行的条块分割管理体制的束缚和纠缠，按照客观经济规律进行改革，从根本上改变“九龙治水，群龙无首”的局面。

4. 突出“航运”

长江水运具有得天独厚的优势，主干流贯穿东西，支流沟通南北。长江航运本身又具有投资少，运输成本低的优势。长期以来，长江航运优势之所以未能得到充分发挥，原因很多。其中最主要的原因是在“以钢为纲”年代，突出对钢铁工业的投资，其他部门处于靠边让路的地位，造成国民经济比例失调，有限的国家计划投资又大都向铁路建设倾斜，从而使长江航运的地位逐渐衰落。

在考察过程中我们看到，除去重庆、武汉、上海等大城市的港口码头外，沿江的大部分码头设施都已破旧、落后，有的甚至处于原始的自然状态：待整治的航道，早该更新换代的轮船和舶子——一派萧条景象。难怪有位在“长航”工作多年的老工程师在汇报中痛心疾首地说：“自己干了几十年的长江航运工作，如今偌大的一条长江黄金水道，只有稀疏可数的陈旧客、货轮在江面上行使，比起美国密西西比河来往轮船川流不息的繁荣景象，不禁令人产生寻寻觅觅、凄凄惨惨的感伤。”是我们中国人不如美国人吗？不是！造成上述结果，其主要原因是我们的航运事业被置于“弃儿”的地位。对此，拿到投资多的单位认为：“这种说法是在否定我们建国以来的伟大成就。”更多的人则主张要振兴航运。孙尚清认为：无论从宏观与微观经济、流域经济等理论上看，或从国内外河流开发利用的历史规律，乃至现实经济的需要看，发展航运事业，充分发挥长江水运的优势地位，都是不容质疑的。

最后，孙尚清同志综合以上观点，在《长江综合开发利用考察报告》中，高度概括为“四项基本原则”：(1)宏观与微观相结合，以宏观为主；(2)经济与技术相结合，以经济为主；(3)航运与水资源综合利用相结合，以航运为主；(4)政策性建议与具体措施相结合，以政策性建议为主。

5. 建立长江产业密集带

通过对长江的考察，集中收集了大量资料和专家、学者及科技人员的意见和建议，最后，孙尚清以他“立足长江、胸怀全国、放眼亚洲、走向世界”的战略眼光，构想并描绘了中国这条巨龙在亚洲如何才能腾飞、如何走向世界的宏伟蓝图，这绝不是乌托邦式的畅想，而是建立在科学考察基础上的结晶与升华。其主要内容是：把长江流域建成全国最大的产业密集带。他所说的“产业密集带”，既包括沿河建厂形成的现代工业化和城市化的发展规律，提出以中心城市作为依托，带动周围大中小城市一起发展的流域经济发展战略。据此，孙尚清把长江流域划分成以重庆、武汉、上海为中心的长江上、中、下游三大经济区，最后连成长江产业密集带，从而促进全国经济的繁荣。孙尚清说：“长江水运条件优越，干流横贯东西，支流沟通南北，是联系中国东部和西部，先进地区和落后地区的大动脉。”长江产业密集带的形成，直接为西部地区的经济发展提供了极为有利的条件。

如果按“弓箭型”的发展战略构想：即以我国东部沿海的产业带为“弓”，以长江产业密集带为“箭”，以由“南水北调”工程所逐步形成的纵横南北大运河的产业带为“弦”。长江的水量是黄河的20倍，支流沟通南北以后，长江的航运就可以形成东、西、南、北、中和五湖四海通航的现代化大水运网。到那时，长江的洪水可以北运，化害为利，变为上千亿计的巨大财源，华北、西北变成江南，沙漠变成良田；利用畅通廉价的水运，北煤可以南运，西磷可以东运，使长江的航运优势得到充分的发挥，并带动全国经济的繁荣富强，为促使中国走向世界经济一体化，作出应有的贡献。

孙尚清同志对他的这个构想和蓝图的实现是充满信心的。他说：只要指导思想正确，体制得当，政策对头，长江水利的巨大潜力就一定能够得到比较充分的发挥。

（三）结束语

孙尚清同志1984年亲自率团进行的“长江综合考察”，成果有《长江综合开发利用考察报告》和《长江经济研究》（专著），报告和专著当时已上报国务院及有关部门，得到国务院和有关部门的重视和支持。这些成果是理论与实践相结合的典范，也具有跨世纪的战略指导意义。

孙尚清同志虽然带着他对中国实现现代化的希望、理想、追求和信心离开我们而去了，但他的奉献精神却永远活在我们心中。

孙尚清同志率团的考察长江虽已成为大江东去的历史，但他留下的光辉成果将万古流芳。

（原载于《孙尚清纪念文集》，中国金融出版社，2001. 作者：于希礼、博孝萱、汪盛熙、马正）

第二部分

区域篇

通过调整和改造让东北再创辉煌*

蒋正华

昨天一踏上大连的土地就感受到东北同志高昂的团结奋斗、加快发展的热情。东北对祖国的发展建设作出过重要贡献。有两件史实我们永远不会忘记：一件是在中国近代史上，东北是遭受外国侵略与损害最深，践踏、蹂躏最严酷的地方，东北同胞长期生活在水深火热之中，一曲《松花江上》唱遍全中国，唤醒中华民族，鼓舞全民抗日，赶走侵略者；另一件不能忘记的是，东北在革命和建设时期作为中国的老工业基地，又是中国的粮仓，在人力、物力、财力上有力地支援了解放战争和经济建设。

这些年，由于种种原因，与东南沿海地区相比，东北发展慢了些。我们对东北怀有深厚的感情，党和国家没有忘记东北，在以人为本、全面协调可持续发展的科学发展观的指引下，提出了振兴东北老工业基地的重大战略决策，一场新的“辽沈战役”已经全面展开。

为了实现全国地区之间的协调发展，党和国家提出了“西部大开发”战略，“中部崛起”战略和“振兴东北”战略。“开发”、“崛起”、“振兴”这三个词确切的反映了三个地区的特点。东北有着强大的经济基础，振兴就是要在原有的基础上，进行调整和改造，实现新的起飞，焕发青春，再创辉煌。

东北的冶金工业有鞍钢、本钢、抚钢；机械工业有一汽、沈飞、第一重型机械厂、哈尔滨三大动力、大连造船厂；能源工业有大庆、小丰满、抚顺；化学工业有吉化、大化、锦化、哈药；农业有北大荒粮仓，有黑土地上的大豆和高粱，还有近年突起的优质小麦和玉米；交通条件良好，铁路网最密，还有大连、营口等优良港口；此外，教育、科研、旅游等第三产业也有极好的基础。

振兴靠什么？首先是靠人。以人为本的内涵，不仅包括一切为了人，还包括一切依靠人。振兴东北，必须充分挖掘和合理利用东北的人力资源。要树立大人才观，不仅科技人员是人才，经营管理人员是人才，在第一线亲手把产品生产出来的工人（兰领）和高级技工（灰领）也都是人才。东北不仅科技人员人数多，水平高，东北还有一个最大的优势，那就是灰领人才门类齐全、数量众多。在全国闹高级技工荒，因技工短缺而严重制约“中国制造”并难以升华为“中国创造”的今天，东北却拥有充分的人才储备。只要让这些人才各得其所，各展所长就能创造出强大的生产力。国家已决定加大对老年人才资源的开发力度，我国现拥有 2900 万年长的知识分子，已退休的达 600 万，并在逐年增加，国家将搭建各种平台，使这些知识分子继续发挥作用。老龄高级技工同样是宝贵财富，也要让他们继续发挥光和热。

学校是人才的摇篮。东北的教育基础较好，人均受教育程度较高。振兴东北，首先要继续振兴教育，进一步发展教育，山东发展的经验是“要致富先修路，要大富先修铁路”。东北的铁路已四通八达。在发展的新阶段应当有更高的境界，以人为本，可以说“要致富先办教育，要大富大办教育”。教育投资是一本万利的投资。科技是今天的生产力，教育是明天、后天的生产力。发展教育是百年大计，千年大计。教育发展了，经济社会的发展就有无穷的后劲。

振兴东北，必须采用系统分析方法，把振兴东北的方略作为一项系统工程协调好、组织好。不但东

* 此文为全国人大常委会蒋正华副委员长在“振兴东北经济峰会”上的讲话（2004 年 4 月 11 日）。

北三省内部的产业结构要合理，要协调，还要大力开展对内、对外的开放。东北的振兴，不能就东北论东北，必须把东北的振兴放在国家全面协调可持续发展上，放在经济全球化的大背景下和实现国家富强、民族复兴、人民幸福的大目标下来考虑。与世界各国和平共处，互利合作，实现共同发展。东北振兴要和东部发展、西部开发、中部崛起实现互动，还必须大力实施对国外开放。东北在历史上曾经有过两次较大的发展，一次是18世纪沙皇俄国的势力侵入东北，外国资本在东北修了中东铁路，发展了一些工业和矿业；另一次是上个世纪，日本侵略者入侵，外国资本涌入，修了南满铁路，发展了经济。那时候的发展是不平等的，外国人入侵，修路是为了掠夺，外方受益，中方受害。现在，时代不同了，形势发生了变化，对外开放实行的是合作、互利、双赢原则，对双方都有利，双方都有积极性。东北从地理位置来看居于东北亚中心，应该也有条件经过平等协商建立一个东北亚自由贸易区，把大连建成欧亚大陆桥北线的桥头堡和东北亚航运中心。

加快发展，振兴东北的关键是更新观念，形成新思维。以往，一提到发展，首先想到的是向国家要项目，争投资。经验证明，凡是“等、靠、要”的省份和地区，发展都慢了；凡是主要依靠自己力量，并充分利用一切外部条件的省份和地区，发展得都比较好；原来“等、靠、要”的观念较重，转变到主要靠自己的省份也很快赶了上来。东北的特点是重工业偏重，面向国内市场偏多，国有经济偏大。逐步改变这种状况，把一切积极因素都调动起来，东北经济就会从“一马当先”变为“万马奔腾”，就会成为在改革开放烈火中重生的金凤凰。

祝这次大会获得成功，祝东北三省以最好的速度、最高的质量、最大的效益，实现新的腾飞。

谢谢大家！

解放思想加快振兴东北的步伐*

王茂林

四月的大连，流光溢彩。由中国生产力学会联合东北三省政府有关部门和大连市政府举办的“振兴东北经济峰会——把大连建成东北亚航运中心”今天在这里隆重开幕了。来自辽宁、黑龙江、吉林省以及全国各地的各界人士相聚在这个美丽的城市，我代表中国生产力学会以及全体会务工作人员向出席会议的蒋正华副委员长、郑新立副主任、孙春兰书记、夏德仁市长、中远集团副总裁马泽华等各位嘉宾表示衷心的感谢！对到会的各省领导、对给予本次会议大力支持的孙春兰书记、夏德仁市长和大连市市委市政府表示由衷的谢意！向莅临大会的各位代表表示热烈欢迎！

东北地区老工业基地是新中国工业的摇篮，他们为建设新中国做出了巨大的贡献，但是，从上个世纪90年代以来，在计划经济体制向市场经济体制的转轨过程中，东北地区的体制性和结构性矛盾日趋显现，东北老工业基地企业设备和技术老化，竞争力下降，就业矛盾突出，资源性城市主导产业衰退，东北老工业基地经济发展步伐相对比较缓慢，与沿海发达地区的差距也在一步步扩大，党中央、国务院领导高瞻远瞩，及时做出振兴东北等老工业基地的战略决策，支持东北地区等老工业基地加快调整、改造，实行东西互动，带动中部，促进区域经济协调发展。

今年是调整改造东北老工业基地的开局之年，党中央、国务院高度重视东北地区等老工业基地改革和发展，已经制定了一系列重要政策，并加强了组织领导。我们坚信，在以胡锦涛同志为总书记的党中央领导下，在东北三省党委政府努力下，在中央有关部门的大力支持下，经过大家不懈努力，东北地区等老工业基地通过调整改造，将发展成为技术先进、结构合理、功能完善、特色明显、机制灵活，竞争力强的新型产业基地，从而将成为我国经济新的重要增长区域，使中国的经济得以全面、快速、持续地发展。

把大连建成东北亚航运中心，是党中央、国务院重要决策；也是大连处于特别优越的区位优势决定的，把大连建成东北亚航运中心是振兴东北老工业基地的重要组成部分，对东北三省的进一步扩大开放，具有十分重要的意义。

家宝总理强调，加快东北等老工业基地调整、改造和振兴，最重要的是必须进一步解放思想，做到发展要有新思路，改革要有新突破，开放要有新局面，工作要有新举措。必须从社会主义市场经济体制要求出发，充分调动民营资本的积极性，为民营资本创造有利发展的环境至关重要。

中国生产力学会致力于研究社会生产力在国民经济管理系统、教育系统、科学技术系统、信息系统的组成要素、组合形式、关联结构和运动规律。在综合研究企业生产力、产业生产力、区域生产力、社会生产力和世界生产力的同时，顺应西部大开发和振兴东北老工业基地的潮流，把握可持续的科学发展观和创新的时代主题，重点研究区域生产力。

我相信，经过全体与会代表的共同努力，我们一定会把这次会议开成一次成功的、丰收的大会。最后，祝大家在接下来三天的会议中过得轻松愉快，满载而归！

谢谢大家！

* 此文为中国生产力学会王茂林会长在“振兴东北经济峰会”上所致开幕词(2004年4月11日)。

让世界选择东北

李泊溪

振兴东北是党中央从全面建设小康社会，完善社会主义的市场经济体制的全局着眼，做出的重大战略决策和战略部署，给东北发展带来了机遇，要贯彻这个战略部署面临着若干关系和战略问题的选择。

一、东北发展与战略提升具有良好的环境及条件

东北地区实施振兴战略是有许多有利的国内和国际环境的：从国内的发展来看，由于我国经济需要有自己的先进装备业来武装本国的制造业，全面建设小康社会的目标要求全国各地区均衡发展。在今年的政府工作报告上提到了我国的经济发展战略是促进区域协调发展，坚持推进西部大开发，振兴东北地区老工业基地，促进中部地区崛起，鼓励东部地区加快发展，行成东中西互动、优势互补、相互促进、共同发展的新格局。这说明我国未来的经济将注重协调发展，振兴东北将成为一项长期的国策。

从国际上看一方面是全球的产业转移问题，新技术逐步扩散，跨国公司全球配置资源，发达国家产业结构调整，造成产业转移；另一方面是东北亚合作问题，东北亚地区包括中国、日本、蒙古、韩国、朝鲜和俄罗斯的远东地区，它以其地理面积、人口总量、资源禀赋、经济规模吸引着世界的目光。东北亚各国和相关地区的经济发展水平不同，经济结构梯次明显，资源条件各有特点，互补性强，而东北地区又处在东北亚地区的中心地带，因而东北的振兴对促进东北亚地区的经济合作，如中俄之间的经贸和战略伙伴关系以及中日韩区域经济合作具有重要意义，有利于推动区域经济的协调发展，促进地区的经济繁荣。

振兴东北不仅有良好的国内和国际背景，而且东北地区本身存在诸多优势：

第一，坚实的工业基础。

在计划经济年代，东北地区被誉为“新中国工业的摇篮”，是中国资源最雄厚的地区，重化工业在东北三省相当集中。东北的工业这几年虽然在全国的比重有所下降，但是东北依然是我国重要的工业基地，在全国工业经济中占有重要的位置。

第二，良好的基础设施。

东北地区具有发达的交通运输条件，例如：铁路的密度大大高于全国平均密度，大连港是我国沿海重要的港口，等等。

第三，训练有素的制造业职工队伍。

东北地区的技术人员比例在全国名列前茅，产业职工的素质较高，这些人力资源条件是东北的宝贵财富，是东北振兴的希望所在。

第四，有良好的教育体系、科研体系和有造诣的科研人员东北地区的教育事业发展水平科技力量也高于全国平均水平。

第五，高新产业露出创新的光芒。

近些年来，东北地区高新技术产业的发展相对较快，有关数据显示高新产业在东北工业中所占的比重大幅提高，这说明东北的高新产业的发展有了良好的发展基础。

第六，东北有丰富的自然资源基础，同时，肥沃的黑土地造就了有竞争力的农业。

这些优势为东北的振兴创造了有利条件。

东北有如此多的优势和良好发展环境与基础，国内外的投资者为什么在过去没有更多的选择东北呢？东北在现在与过去相比较有了很大的进步，但

与东部发达地区相比就有了差距，自身的诸多优势为什么未转化未经济发展的优势，这是一个值得思考的问题！我认为未转化的原因是多方面的，例如：体制障碍；政府的职能不适应市场经济的发展；国有企业的比重大，民营和外资发展规模小等，这些因素基本都能反映在投资环境上。应从改善投资环境角度来考虑问题，可能是一个好的选择。从战略上来考虑把东北所具有的优势转变现实的竞争优势，最重要的基础是良好的投资环境。

二、改善投资环境

至于什么样的投资环境才是良好的投资环境，世界银行最近的研究提出投资环境包括 10 个方面：

1. 基础设施

基础设施是企业生产效率的重要决定因素，基础设施的数量和质量构成了投资环境的一个重要组成部分，新设企业一般愿意选择基础设施完备的地方进行投资，现有企业如果对某地的基础设施不满意将会选择搬迁到其他地方。

2. 国内市场的进入和退出壁垒

进入和退出壁垒是投资环境的重要组成部分，一般大的投资者都不喜欢在进入和退出壁垒高的地方投资。

3. 技能和技术禀赋

产业集群理论标明，促使产业聚集的一个重要的原因是在产业聚集地区有先进可用的技术和大量的有技能的人，投资者倾向于朝技术工人丰富和技术先进的地方聚集。

4. 劳动力市场的灵活性

有效的劳动力市场也是优良的投资环境一个重要的组成部分。一个健全的劳动力市场应保持灵活性，意味着劳动者可以自由择业，企业可以灵活地雇佣和解雇员工。

5. 国际一体化

对国际市场越开放越促进经济增长，这已经为我国开放的实践证明的事实。国外厂商的进入鼓励了技术知识和管理诀窍的转移，并能够帮助国内市场与国际市场的对接。所以，良好的投资环境应该鼓励外商进入并鼓励对外国产品的开放。

6. 私人部门参与

为各类企业包括民企、外企创造一个公开、公平、透明的市场环境，鼓励民间创业，降低民营企业进入门槛，让民资参与国有企业的兼并、重组，促进国有股权多元化。投资环境的调查表明，与国有企业相比，私营企业有更高的生产效率和投资率。私企和国企形成和谐有序的竞争，更有利于地区经济的发展，这已经为我国改革的实践证明的事实。

7. 非正常的支付

非正常的支付是指在正常生产力经营以外的额外的支出，是显示一个地区投资环境的重要指示器。非正常支付通常是过多的干预企业的生产经营造成的，不仅造成企业支出的增加，而且还表现在企业办事效率的下降。

8. 税收负担

在投资者选择投资地点前，肯定会考虑税收水平。因为高税率降低企业的动力，税后收入才是企业关注的问题。所以，税收负担是影响地方投资环境一个很重要的因素。这里我要强调一点，我国的增值税改革首先在东北进行试点，应该抓住这次机会，吸引国内外投资者。

9. 司法效率

随着经济的增长和生产者的专业化，为了更有效地计划和调整生产以及确保合同的执行，司法系统的正常运作变得越来越重要，主要是地方司法系统解决商业纠纷所花的时间。旷日持久的官司，消耗的不仅是企业的时间，还有金钱；错失的不仅是商业机会，而且还有发展机会；失去的不仅企业持续经营的信心，而且还有地区经济的发展。

10. 金融状况

银行对各种类型的企业包括国有和私有企业一视同仁，均能从银行系统中获得正规贷款。这种情况的改进表明投资环境的改善。

投资环境的这十个方面是一个整体，任何一项不完善都会影响到投资环境的整体水平，对东北地区来说，世界银行在 2003 年选择我国 23 个城市进行投资环境调查，其中东北地区有四个，分别是哈尔滨、本溪、长春、大连，在其发布的调查报告中对这全国 23 个城市的投资环境的综合排名显示这四个城市不在高位区，这还是东北投资环境较好的城市。这虽然是世界银行的一项研究报告中反映的，但是在一定程度上也说明了东北地区当前的投资环境现状还不尽人意，虽然有几个方面有比较优势，但还有很大的改进空间，应结合我们的情况做好细致和扎实的工作，努力把优势转变成竞争的优势，让我国的企业家知道，让世界知道，东北正在为改善投资环境而努力。

三、振兴东北的若干战略问题选择

围绕创造良好的投资环境，要处理好三种关系和三个问题的战略选择：

第一，政府和市场的关系。东北振兴是单纯靠政府的力量、靠市场的力量，还是在政府的战略引导下，靠市场的力量。显然应该是在政府的引导下，靠市场的选择，让市场来发挥配置资源基础性作用，以此实现东北的振兴。

第二，政府和企业的关系。在振兴东北的过程中是政府起作用、企业起作用，还是政府企业都按自身定位起作用。回答是既要政府努力，企业也要努力，但政府与企业的职能要界定，政府的作用不是经济发展的直接提供者和行政的直接干预者，而是经济发展的催化剂、协作者、投资环境的改善者、战略引导者、规则的制定者和监管者、某些公共服务的提供者，政府既要精干又要高效，政府要知道企业是市场的主体，政府应利用这次东北发展的大好机遇，为企业创造平等的竞争环境。

第三，上项目和引项目的关系。是靠计划项目的安排、靠投资环境的吸引力，还是要争取国家项目又要市场吸引力。我们的回答是项目要争取，但是主要是要增强投资环境的吸引力。

第四，政府的职能问题。政府管理经济是以行政控制为主是以服务为主。我国东部经济发展经验显示，在市场经济体制下，应由控制型政府转变成服务型政府，增强政府的服务意识，提高政府的工作效率。

第五，资金来源渠道问题。在发展过程中企业的资金来源是以国家支持为主还是来源多渠道。显而易见大家的选择应是多渠道，既要中央支持又要发挥外资、民资和资本市场作用，我们要增强利用资本市场的能力。

第六，东北振兴的依靠力量问题。中国促进东北发展是主要靠国内的力量还是靠世界的力量。显然在经济全球化的今天，既要靠国内也要靠国际，不但让中国选择东北，还要让世界选择东北。

以上“三种关系和三个问题”的正确选择对促进东北振兴有着重要的意义。东北是个好地方，但是要让中国的、世界的投资者做出选择，前提是东北要做出正确的战略选择，必需创造良好的投资环境，不断改善投资环境，增加吸引力，让中国和世界各种类型、各种性质的投资者都把这个地方作为实现理想和梦想，发财致富的地方。如果 20 世纪是国家、地区、政府选择企业的世纪，那么到了 21 世纪是企业选择国家和地区的世纪，我们都应该张开手臂欢迎这个时代的到来。

一句话，创造良好的投资环境，让世界选择东北，我相信一个“新东北”一定能在振兴中誉满全球。

融入东北经济发展　服务东北经济振兴
加快建设东北亚国际航运中心

夏德仁

一、把大连建成为东北亚重要的国际航运中心意义重大而深远，有利于东北经济区国际竞争力的提升

《中共中央、国务院关于实施东北地区等老工业基地振兴战略的若干意见》中明确提出，“充分利用东北地区现有港口条件和优势，把大连建成东北亚重要的国际航运中心”。这是党中央、国务院对大连城市功能的进一步定位，是振兴东北老工业基地的重要任务。

中国东北地区地域辽阔，资源丰富，基础条件完备。50年代以后，国家在东北地区集中投资建设了以能源，原材料、装备制造为主的战略产业和骨干企业，为我国形成独立、完整的工业体系和国民经济体系，做出了历史性的重大贡献。东北三省共有1.07亿人口；国有资产总量达5757亿元，占全国的7.9%；2002年的国内生产总值(GDP)达到1.2万亿元，占全国的11.3%。因此，东北地区既是新中国工业的摇篮，又是一个极具发展潜力和富有后发优势的地区。中央和国务院关于振兴东北地区等老工业基地战略决策的实施，使中国经济由南向北梯度推进，东北地区及环渤海经济圈正在加速发展，完全可能成为继珠江三角洲、长江三角洲、京津唐地区之后，我国经济重要的新增长区域。从国际上来看，中、日、韩、俄经济互补性较强，合作开发前景广阔，在世界经济全球化和区域经济一体化的大背景下，东北亚经济圈正在酝酿形成。东北老工业基地的调整、改造和振兴，迫切需要一个航运中心发挥物流、资金流和信息流的集散、辐射作用，以推进东北地区的对外开放。

大连是中国重要的港口、工业、贸易、金融、旅游城市，是辽宁老工业基地的重要组成部分，也是中国北方地区开放度最高、最具有经济发展活力的城市之一。大连市总面积12574平方公里，其中市区面积2415平方公里；户籍总人口560万人。全市辖6个区、3个县级市、1个海岛县。大连市综合经济实力在全国15个副省级城市中排名第8位，改革开放以来，国民经济持续健康快速发展。近十年来，全市生产总值年均增长13.3%，财政收入年均递增13.6%。去年，全市的国内生产总值(GDP)达到1632.6亿元，比上年增长15.2%；完成地方财政收入110.5亿元，可比增长16.6%。在振兴东北老工业基地中，大连具有重要的战略地位、良好的基础条件和较强的经济实力。

把大连建设成为东北亚重要的国际航运中心，增强大连的辐射功能和牵动作用，吸纳更多的资金流、信息流、物流在大连集散，完全可以形成口岸与腹地的经济互动，增强动东北地区对国际资本、技术人才的吸引力，提升东北地区在东北亚经济圈乃至世界经济中的国际竞争力。

二、建设东北亚重要的国际航运中心，大连具备雄厚的物质基础和优势条件

一是得天独厚的区位和口岸优势。大连位于东北经济区、环渤海经济圈乃至环黄海经济圈的中心地带，是东北最大出海口，是我国环渤海地区和辽东

半岛沿岸港城通往国外的最近点。大连港是闻名世界的天然良港，是中国最大的石油液体化学品集散地，中国北方重要的对外贸易港和东北地区最大的货物转运枢纽港，与世界上160多个国家和地区的300多个港口有着贸易往来，承担了东北地区70%以上的海运货物和90%以上的外贸集装箱运输。2001年，大连港跻身世界亿吨大港行列，去年完成货物吞吐量1.26亿吨，集装箱吞吐量167万标箱，分别比上年增长13%和23.5%。大连周水子国际机场已开通上百条国际、国内航线，是中国东北地区最大的货物空运基地。1200万吨吞吐能力的北良码头、100万吨国家粮食储备库及大连商品交易所和北方国际粮食物流中心，形成了储藏、物流、期货现货交易为一体的亚洲最大的粮食集散地。正在建设的连接辽东半岛和山东半岛的烟大火车轮渡，缩短了东北地区与东部沿海地区的距离，经济贸易往来将更加便捷。被誉为东北地区又一条出海“黄金通道”的东北边境铁路线即将开工建设。这条铁路北起黑龙江省的绥芬河，南抵大连，全长1380公里；可链接俄罗斯、朝鲜的十余个边界口岸，成为深入东北地区东部经济腹地直至出海口的“海陆大通道”。大连位于这两大通道的交汇点，为东北地区利用两个市场、两种资源，提供功能比较完善的物流平台。为东北老工业基地振兴集聚各种生产要素，成为生产要素流入最为顺畅和承接世界产业转移的主要区域。

二是天然优良的建港条件。大连位于辽东半岛的最南端，水域辽阔，深水近岸、不冻不淤，建港条件十分优越。大连岸线资源非常丰富，海岸线全长1906公里，其中深水岸线总长近400公里，水深平均18米以下，蕴藏着建设深水港口的巨大发展潜力。大连湾、大窑湾及双岛湾，是中国最难得的天然深水良港，正在建设中的大窑湾港是中国四大国际深水中转港之一。

三是全方位的对外开放和完善的现代服务功能。大连是中国第一批沿海开放城市、是东北地区对外贸易量和吸引外资最集中的城市，外商直接投资的总量占辽宁省的一半，占东北三省的1/3。目前，我市有外商投资企业9112家，其中世界500强企业60家；累计合同外资274.8亿美元，实际使用外资144.9亿美元；有1887家外国及港澳台企业在大连设有办事处，8家外资银行和2家外资保险公司在大连营业，还有9家外资银行和保险公司在大连设立办事处。大连拥有全国第一批经济技术开发区、旅游度假区；有东北唯一的保税区、出口加工区等对外开放先导区，形成较强的对外开放综合服务功能。大连是全国电子商务综合示范城市，通信网络装备技术达到世界先进水平。

四是雄厚的临港工业基础。大连是一个典型的以港立市的城市，在100多年的发展历程中，依据港口优势，发展了一批临港产业，逐渐壮大了城市规模。大连具有较为完备的制造业基础，也已形成以石化、电子、机械、服务、冶金建材、食品、医药等行业为主的工业体系，具有较强的承载世界制造业转移的能力。大连市工业总产值在东北各主要城市中位居第一。大连的石油化工、造船、机车、大型机械、轴承、制冷设备等行业在全国同行业位居第一。大连的造船能力占中国南北两大船舶工业公司总能力的40%，内燃机车产量占全国的50%，出口量占全国的80%。有比较完善的科技教育和职业培训体系，拥有各类科研机构200多个，有两院院士22人，科技人员25万人，高等院校20所，技术力量资源丰富，产业工人素质较高。

三、以海港和空港基础建设为重点，全面提升港口的核心功能，加快口岸集疏运体系建设，大力发展临港产业，构筑口岸综合服务体系，完善东北亚国际航运中心的综合服务功能

主要目标：力争用10多年时间，基本上完成以海空两港和口岸集疏运体系为主体的基础设施建设，健全完善的国际化口岸城市多功能服务体系和制度环境，初步形成枢纽港地位突出、口岸环境优越、生产要素集聚、航运市场化国际化程度高、信息流通畅的环黄渤海地区的集装箱枢纽港和东北亚重要国际航运中心。到2010年，大连各种运输方式实现货物运输总量9亿吨，其中港口吞吐能力和集装箱吞吐能力分别达到2.5亿吨和1000万标箱；空港旅客吞吐量达800万人次，货邮吞吐量达30万吨。到2020年，港口吞吐量达3.5亿吨，集装箱吞吐量1500万标箱；大连空港旅客吞吐量1500万人次，货邮吞吐量80万吨。

为实现东北亚国际航运中心建设目标，主要从以下几个方面推进：

一是加快推进海港、空港重大基础设施建设。港口是大连国际航运中心建设的核心功能，我们将举全市之力加快建设大连港。今年5月份开始，将

陆续竣工投入使用30万吨级原油码头、30万吨级矿石码头、大窑湾集装箱码头二期工程两个泊位和北良港综合物流工程等。已开工建设的大石化油码头、大连湾通用杂货码头、大窑湾汽车物流码头和大窑湾保税物流园等重大基础设施建设项目,正在加快建设进度。今年还将启动老港区搬迁改造和大窑湾集装箱码头三期工程。下一步,我们将搞好港口资源的优化配置,规划建设20个大型集装箱船泊位;适时增建、扩建油品码头及仓储设施,形成国际油品及液体化学品分拨中心;搞好粮食码头的重组,形成年处理能力3000万吨的国际化散粮转运、加工中心;建设专业化进口汽车码头,整合客滚码头资源以及建设散杂货运中心;争取大型船公司的支持,开辟更多的远洋班轮航新等。同时,加快现有机场的改扩建,按国际空港的标准规划建设新机场,争取在2008年投入运营,把大连空港建成国际一流的枢纽机场。

二是建设完备的支撑口岸集疏运体系。充分利用大连海运、空运、铁路、公路和管道五种运输方式齐全的优势,对交通运输体系进行资源整合,实现运输资源的集聚效应。广泛推进多式联运,实现港铁联营,整合海运和公路运输系统。加快烟大火车轮渡工程进度,开工建设金窑铁路复线,规划建设连接大窑湾的高速公路等,形成路网密集、现代化程度较高,运输工具先进,各种运输方式有效连接、一体化运作的集疏运网体系。

三是加快建设临港工业。中央提出实施东北地区等老工业基地振兴战略之后,大连市确定了老工业基地振兴的基本思路,就是以建设"一个中心,四个基地"为重点,加快老工业基地建设步伐。我们将进一步完善老工业基地振兴总体规划,充分发挥港口岸线资源和已有的工业基地,布局建设和加快发展临港工业,重点做大做强四大临港工业基地。

大型石化产业基地。以大石化和西太平洋两大石油炼制企业为基础,规划和推进具有国际水平的石化产业基地建设。2006年原油加工能力达到3000万吨,成为中国最大的炼油生产基地,技术和装备水平达到国际先进水平。另一方面要努力推进石化向下游深加工发展,争取大型乙烯项目的布局和建设,拉长产业链条,营造多元化的石化产业集群。依托石油大连石化公司的基础,形成120万吨乙烯的年生产能力;依托大连西太平洋石化公司搞好石化后续产业及精细化工产品的发展;建设双岛湾石化工业园,发展800万吨炼油及130万吨乙烯、PVC等石化下游产品,实现石化工业的集聚效应。

电子信息产业和软件基地。进一步发展大连软件业在全国生产、出口、人才培育重要基地的作用,重点发展数字视听、光电子与显示器件、汽车电子、移动通信等大项目,强化电子信息产业的拉动作用。到2007年,电子信息产业制造业销售收入要达到1000亿元,工业增加值达到160亿元,出口70亿美元。按照"现代化、国际化、特色化、生态化"的原则,规划建设好旅顺南路软件产业带,使其成为以软件及智能信息服务、高等教育及相关业务培训为主的滨海新型软件社区。加快大连国家软件出口基地建设,重点支持一批软件龙头企业发展,吸引更多的国际软件大公司落户园区,构筑亚太地区重要的软件外包和业务流程外包(BPO),推动软件产业壮大规模,把大连建设成为国际软件名称和东北亚重要的信息服务中心。

先进装备制造业基地。依托大连机车、机床、重工、起重、冰山等大型骨干企业,加快用高新技术和先进适用技术改造轨道交通、数控机床、重型机械、汽车零部件等重点行业、骨干企业,增强自主创新能力,建设具有较强竞争能力的现代装备制造业基地。

船舶制造基地。以大连造船重工、新船重工两大船厂为依托,进一步扩大造船规模,提高中高档船舶比重,增加技术含量,增强国际竞争能力。以大型油轮、第五代集装箱船、海上钻采平台、FPSO、大型滚装船等高技术含量、高附加值的高端产品为重点,建设具有国际先进水平的世界规模的重要造船基地。2005年末,两大船厂生产能力达到390万吨;2010年前再建设两座30万吨大型船坞及配套设施,造船能力达到730万吨,2020年造船能力要达到1000万吨。

四是加快推进区港一体化。按照港区一体、港区联动的发展思路,以大连保税区、出口加工区、国际物流园以及大窑湾港区为基础,规划建设环渤海经济圈的国际物流中心。加快建设以大窑湾国际物流园为中心,以大连新港物流区、、北良港物流区、保税区物流区和双D港物流区为一体的双岛带状物流园区,促进全市物流网络主要结点的尽快形成。今年力争启动5.8平方公里的区港联动试点,逐步将保税功能辐射到拥有丰富码头岸线资源的大弧山半岛。最终建设成为集国际采购、国际配送、国际转口功能于一体的东北亚国际物流中心。

五是建立完善的口岸综合服务系统。提高口岸管理的规范化、标准化和国际化水平,使大连口岸的功能、效率、管理、服务和文化全面达到国际一流水平。实施数字物流港工程，优化口岸运作流程，为港口用户提供优质、规范、便利的服务。在星海广场规划占地面积约50万平方米，建设星海湾金融商务区。5年内完成全部工程建设，10年内形成总体功能。争取引进100家以上较大规模的金融机构和大公司，集中万名以上金融、商务专业人才，形成万亿以上资金管理，成为全国最大的期货中心、中国北方的保险中心、东北地区的资金中心和国际商务中心。

六是加快体制改革和机制创新步伐，为大连国际航运中心建设提供体制保障和动力支持。一要加快体制和机制创新。以建立现代产权制度为基础，全面推进港口企业的制度创新。吸引与大连港密切相关的中外大型航运企业和货主单位参与大连港的改革和建设，改造成投资主体多元化的股份制公司。二要制定完善的政策支持体系。支持和鼓励港口企业进入资本市场，多渠道、多途径、多形式吸纳增量资产，加快港口的重点工程建设。三要深化行政管理体制改革，建设服务型政府。按照政企分开、政事分开、政资分开的要求，深化行政管理体制改革，切实把政府职能转到经济调节、市场监管、社会管理和公共服务上来。努力形成行为规范、运转协调、公正透明、廉洁高效的行政管理体制。使大连形成交易成本低、商务机会多、投资环境优、市场秩序好，成为东北乃至全国以及东北亚地区发展与创业环境最好的城市之一。

七是加强区域合作，共商振兴大计。大连是东北老工业基地的重要组成部分，大连的产业结构与经济发展与东北三省紧密相联。大连国际航运中心的建设离不开东北三省的支持与帮助。东北三省联合起来进行老工业基地的调整和改造，有利于产业集群效应，降低区域内各经济主体的生产成本和经营成本。三省特钢企业的整合，就是一个极好的例子。去年1月16日，大连钢铁集团与抚顺特钢合并组建了辽宁特殊钢集团有限责任公司；10月26日，辽宁特殊钢集团又与黑龙江省政府签订协议，托管北满特钢厂，正在筹建东北特钢集团。三省特钢行业的资源整合，实现了优势互补，其发展规模和经济效益，大大超过了整合以前。截止2003年12月末，辽宁特钢集团工业总产值同比提高49.5%、钢产量同比提高32.4%、钢材产量同比提高41.3%，营业收入同比提高40.9%，出口创汇同比提高93.4%。工业总产值、钢产量、钢材产量、营业收入和全员劳动生产率位于全国钢铁行业前三名。

大连作为东北地区重要的出海口，我们将紧紧抓住建设东北亚重要的国际航运中心的历史机遇，加强与腹地合作，共荣共进，双赢多赢，共同推进老工业基地振兴发展。我们将按照市场客观规律，努力拓展广阔的发展空间，不断提高综合服务水平，为东北腹地提供优质高效的服务，实现大连自身发展的新突破、新跨越。建设东北亚重要国际航运中心，是党中央交给大连的历史任务，不仅大连要努力奋斗，还需要东北各地区的共同参与和大力支持，我们热忱欢迎东北三省、各市、各企业以各种方式，参与到东北亚重要航运中心的建设中来，共同实现东北地区等老工业基地振兴的宏伟大业。

发展先进生产力 再创东北老工业基地辉煌

——抚顺老工业基地生产力发展战略构想

刘玉玫

一、引言

支持东北老工业基地振兴，是党的十六大从全面建设小康社会全局着眼提出的一项重大战略任务。温家宝总理指出：要用新思路、新体制、新机制、新方式，走出加快老工业基地振兴的新路子。那么，究竟采用什么样的思路、运用什么样的方式振兴东北，仁者见仁，智者见智，目前认识尚不统一。一种观点认为要通过中央和地方政府加大项目和资金支持，一种观点认为国家应该给予优惠政策等等来实现东北的振兴。笔者认为，这些措施能否取得预期效果，根本上取决于能否正确认识东北老工业基地的比较优势，促进产业结构战略性调整，进而大力发展先进生产力，实现价值转化。

生产力是人类具有一定科学技术知识、生产经验及劳动技能的劳动者，运用以生产工具为主要物质力量标志和时代发展水平的劳动资料，作用于劳动对象所具有的生产物质资料的能力。生产力是人类社会发展和进步的决定性力量。先进生产力是以先进的生产工具、生产技术、生产资料和高效率的劳动，生产出低消耗高价值的社会产品；是以先进科学技术、科学管理以及其他智能与知识为要素的生产过程、劳动结晶与财富增长；特别是推动着人类生产力突飞猛进的创造发明与生产方式变革，使人类不仅满足日益增长的物质文明需要，而且为以后持续发展，创造和谐生态环境，推进上层建筑与社会制度及整个社会文明进步的生产力。当代先进生产力的特征突出表现在智能化、信息化、全球化和人本化。

价值转化即"点石成金"，就是将没有价值或价值低的东西转变为有价值或价值高的东西，即实现其价值的转化。价值转化工程是应用辨证唯物主义的原理研究价值转化的特点及规律，并按照这些规律有效地改造客观事物，以最小的代价促进客观事物的价值转化，从而最大限度地利用人的价值资源，提高客观事物的价值，以满足人类日益增长的物质与文化需要的现代综合软技术。从广义上讲，人类有目的的从事改造客观世界以适应人类主体需要的一切实践活动，都可以说是价值转化工程的内容。就此而论，生产力的发展过程就是价值转化过程。现代先进生产力是人类利用先进科学技术手段改造自然创造社会物质财富的能力。而这一实现的过程，从价值转化论的角度看来，就是价值转化工程。现代先进生产力要素是相互联系的整体，各要素之间有机结合，通过不同层次结构、空间布局组合形成系统结合，即先进生产力系统，形成先进现实生产力。

东北三省具有非常好的生产力要素条件：大量的科研人员、工程技术人员，大量的熟练产业劳动力，相对于国内其他地区而言比较雄厚的机械、装备制造能力，稠密的高等级的交通网，比较便利的出海条件带动等等。因此，振兴东北老工业基地的基本方针和主要方向应是：立足现有基础，发挥比较优势，发展先进生产力，实现价值转化，坚持依靠国家政策与自力更生并举，坚持传统产业改造和新兴产业发展并举，坚持实行广就业和高效益并举，从整体上提高经济素质和资源的配置效益，推动经济进入良性循环、快速发展的轨道。

二、东北地区生产力发展现状

新中国成立后，东北三省对中国国民经济建设做出过巨大贡献。但是，改革开放以来，东北三省的发展步伐远远落后于其他沿海城市。1978 年，辽宁、黑龙江和吉林的人均 GDP 仅次于三大直辖市，但是到 2001 年，在全国的排位却下降到第 8、10、14 位。尽管如此，东北三省在中国国民经济整体中仍占较重要的地位。以工业为例，2001 年东北三省全部国有及规模以上的非国有工业企业的资产总计 15924 亿元，占全国 11.76%；其中固定资产净值 7318 亿元，占全国 13.2%；创造的工业增加值 3052 亿元，占全国 10.78；实现利润总额 723 亿元，占全国 15.29%。目前，东北原油产量占全国的五分之二，木材产量占全国的 1/2，汽车产量占全国的 1/4，造船产量占全国的 1/3。

东北三省自然资源十分丰富，地下有油，地表有煤，地上有粮食，多年来对原油、煤炭等资源的开采和加工成为许多地方的经济增长的主要方式。但是长期的开采不仅使这些非再生性资源日益枯竭，而且对环境产生了不利影响，出现了一系列的严重问题，如国企包袱重、一些企业陷入困境，如辽宁省还有约 15%的企业未实行公司制改革，相当部分企业虽在形式上是公司制但内部治理结构与传统国有企业区别不大，另外厂办集体平均资产负债率高达 133%，这些集体企业的生存在发展上的矛盾早以成为国有企业改革和发展的一大制约因素；替代产业难兴、转产接续困难，主要原因在于国有企业数量多，资产规模大，在规模以上工业经济中，东三省国有经济所占比重远远高于全国水平，同时东三省国有企业的资产负债率高于全国 15～26 个百分点，不良资产权益比高于全国 60～210 个百分点；下岗人员多、居民生活困难，1997－2002 年底，东北地区国有企业累计下岗职工人数共计 681.7 万人，占全国的 25.1%，2002 年东北地区共有 452.9 万人领取最低生活保证金，占全国的 22%，低保人口占城镇比例人口比重平均为 7.9%，高于全国近一倍。

以抚顺为例，这里曾炼制了中国第一桶原油，烷基苯、石蜡和轻蜡产量分居亚洲和世界首位，煤炭和原油、聚乙烯和聚丙烯产量至今仍居全国前列，地下还有 4 亿吨煤的储量没有开采。但是丰富的资源被单一的经济形态和陈旧的体制所影响，反而成了城市发展中沉重的势能：重重轻轻，即重工业太重，第三产业和其它新兴产业过轻。结果导致：工人不足 1/3 在岗，1/3 下岗，1/3 退休；十几万人生活在贫困县以下；工业污染一直挥之不去等等，使其五六十年代“煤都”的辉煌渐渐被人们所淡忘。在抚顺，煤矿开采了 102 年，5 座煤矿占据了市区面积的 1/4。虽然煤炭工业现在只占全市产值的 2%—3%，但煤都带来的“副产品”尚存，整个城市缺乏发展兴奋点。因此迫切需要寻找新的经济增长点，发展接续产业。

三、东北地区生产力发展战略建议

（一）重视知识，加大教育投入

据联合国统计，中国对教育的投入低于其他发展中国家。1998－1999 年，中国对教育的总投入相当于 GDP 的 2.2%，而对有形资产的投入大约是它的 15 倍。土耳其对教育的总投入占 GDP 的 2.9%，印度为 3.2%，俄罗斯为 3.5%，菲律宾为 4.2%，而美国为 5%。科学技术是第一生产力。在现代社会，科学技术生产力的地位越来越重要，高科技的出现，使人类社会生产力出现了飞跃式发展，社会经济跃上一个新的阶梯。然而提高科学技术生产力的根本是教育，只有提高全民教育水平，才能进一步提高生产力。美国经济历史学家布拉德·德朗指出：英国曼彻斯特 1850 年前后的经历说明了忽视教育的危害性，他说：“到 19 世纪末，由于缺乏受过良好教育的劳动力队伍，英国对电力、冶金和化学等技术的掌握远远落后于曾对教育进行投资的德国。因此，进入 20 世纪时，英国没有保持住其原本在技术和生产力方面具备的巨大优势。”在进入 21 世纪之后，中国必须吸取如此惨痛的教训，重视知识，加大教育投入，提高劳动者掌握科学技术的能力。这是发展先进生产力的根本所在，同时也是缩小贫富差距过大的有效办法。

（二）发挥比较优势，发展先进生产力

东北老工业基地改造与振兴，应该实行围绕主导产业和优势产品倾斜发展的新战略，即要选择所占比重大、综合效益高、增长潜力大、能带动本地区经济增长，推动产业结构向高度化演进的产业，同时，进一步确定优势产品，特别是能拉长产业链的优势产品。

以抚顺为例，地处辽宁的抚顺石化是新中国炼油工业的摇篮，有过辉煌的历史。然而，作为东北老工业基地的典型代表，由于体制、机制和结构上的先天不足，抚顺石化曾经陷入困境。1999 年，全国石

化行业的重组改制使企业重现生机，2000 年企业实现改革脱困、扭亏为盈后，利润连年增长。基于煤炭的渐渐淡出和石化产业的优势：三大石油加工厂、两大钢厂、一大铝厂、三大煤矿、三大发电厂、八大化工厂，以及石化科研院所的雄厚实力：辽宁石油化工大学和抚顺石油化工研究院，抚顺应积极建设"中国北方石化城"，培育特色产业，发展特色经济，炼油做精，化工做强，以世界独一无二的 HCC(重油接触裂解制乙烯)技术为核心动力，通过大力发展乙烯，推进企业由炼油主导型向化工主导型的转变，逐步形成"千万吨炼油，百万吨乙烯"的世界级规模。另外，抚顺地区气候宜人，资源丰富，为发展林业、畜牧业、果树、中药材、食用菌、山野菜、鹿业、林蛙和珍稀动植物提供了优越条件，为农、林副产品加工提供了丰富的原料。因此，在大力发展石化工业的同时，应充分发挥自然资源优势发展特色农业，在保证粮食生产的基础上，打好"绿色牌"、"特色牌"。

(三)转变政府职能，扶持企业发展

西方经济学理论认为，最能满足人类生活需求的经济体制，就是让人们自由劳动、自由交换的市场经济体制，市场经济的特点就是自由竞争。为了保证自由竞争的公平性，美国政府根据产业结构、厂商行为和经营状况这三个标准，把"可操作性竞争"作为行为政策目标，制定并实施《反垄断法》，并由行政机构加以监督，司法部门具体执行，因而推动了市场经济的发展。同时，通过经济预测手段及财政、货币政策的实施，进行总需求管理，从而实现政府对宏观经济的调控。

东北老工业基地的多数企业都是计划经济体制下国家所有制的大型企业，在市场经济体制下，振兴东北经济的关键是对国有企业进行二次改制、二次重组，在改制转型的过程中，必须转变政府职能。作为市场管理者，政府是为企业服务的，不能代替市场，不能代替市场主体起作用。为此，首先要制定相关的法律法规和政策，扶持企业的发展。例如，尽快建立和完善包括企业人事制度、用工制度和分配制度在内的企业制度；制定以大型企业为主体的与产业政策相融合的技术创新政策体系，同时注意选择重点扶持技术创新的大企业等。其次要排除整个市场运营中的各种障碍，促进企业的发展。例如，通过政府建立债权交易平台，把不良资产推到平台上去，通过市场竞争的办法，解除企业改制、重组过程中的债务问题；积极鼓励和支持大公司和企业集团到境外上市，鼓励和促进企业进行跨国经营，融入经济全球化发展；鼓励企业与科研院所和高校优势互补，协同合作等。

(四)调整产业结构，发展接续产业

振兴东北老工业基地，必须走新型工业化道路，推动产业结构的优化和升级。由于东北目前仍以传统产业为主，所以首先要充分发挥产业大军和专业人才的优势，调整改造传统产业，保持东北工业基地的原有特色，其次要大力发展高新技术产业，带动传统产业的发展。作为高科技代表的信息产业，能够以信息技术的转化和应用，推动东北老工业基地向依靠科学技术发展生产力的方向转变。

结合抚顺地区的实际情况，在确定产业结构模式时，既要考虑区域经济优势互补和比较优势原则，在很大程度上保持原有的能源、原材料基地的特色，同时要考虑适时适度的改造老工业基地，逐步延长加工链条，提高产品的技术层次和附加值含量。即，在逐步采用高新技术改造和发展传统产业的同时，本着量力而行和效益优先的原则，积极、大力发展高科技、高效益以及与居民消费相关的新兴产业，形成传统产业带动新兴产业，新兴产业支援传统产业，新兴产业和传统产业并举的格局。

根据投入产出技术中关联度分析的方法，按照感应度、影响力和关联度指标的分析结果，抚顺地区应优先发展石油、化工、冶金、建材、纺织、电力、电子、机械、农业、商业、金融等关键部门。石油加工部门要在稳定高档燃料、润滑油等名优产品质量的前提下，努力降低成本，不断推出新的优质名牌产品；化工部门要以基本有机化工产品为主导，发展碳黑、洗涤剂及精细化工、日用化工医药等系列产品；冶金部门要以完善钢、铝冶炼配套发展为重点，充实轧材的深加工，发展齿轮钢、模具钢、螺纹钢、铝合金等型材系列产品；机械部门要进一步更新技术，大力发展工程机械、石化炼制设备、余热锅炉、机电一体化系列等拳头产品；纺织部门要致力于延长腈纶、涤纶、睛氯纶、丙纶及棉、毛、丝产品的加工链条，大力发展阻燃织物系列和复合织物系列产品；电子部门要搞好内引外联，积极寻求国际、国内大企业集团作为依托，实施名牌战略，走出困境。农业要立足自身优势，加强基础建设，不断提高集约化水平。商业、金融、文教等部门要拓展服务领域，在为完善市场功能提供服务保障的同时，完善自身发展。加强信息产业的发展，不仅可以优化经济结构，同时还能够扩大就业，提高居民生活质量，因此，应重点发展这种类型的接续产业。

(五)充分挖掘潜力,多渠道筹集改造资金

东北老工业基地改造的最大难点在于资金的筹集和运用。东北地区的自然资源、交通通信、工业技术基础、科学教育等方面在全国都是相对发达的,但这些比较优势在吸引外资方面尚未充分发挥,能够牵动行业和地方经济发展的大项目不多,由此造成东北无论是引进外资的总体规模,还是单个项目的水平,都与发达地区有很大差距:2001 年,东北三省实际利用外资的总额为 52.62 亿美元,仅相等于广东省 157.55 亿美元的 33.4%,江苏省 73.5 亿美元的 71.6%。

老工业基地改造是一项系统工程,单纯依靠国家财政反哺和利用外资都是不现实的,只有通过市场运作的方式,从长期经济发展和现有资源利用的可行性出发,实行多渠道筹集资金。以抚顺为例,首先加大力度发展经济开发区,加强基础设施建设,努力创造优良的软环境,“以商招商,以外引外”;第二,充分发挥政府优势,实行政务与商贸活动的紧密结合,继续搭建“抚顺满族风情节”的舞台,为企业构筑沟通的平台,寻找合作的伙伴;第三,发挥地区历史人文优势,创造“启运之地”和“雷锋精神”旅游精品,吸引八方来客,在发展休闲经济的同时,积极招商引资;第四,通过变现部分国有资产,实行土地转让,土地置换等办法,盘活存量,加速流量,扩大增量,解决资金不足的问题;第五,利用便利的交通网络,以及与沈阳接壤的有利条件,加强沈抚区域合作,实现优势互补。

此外,还应采取更新观念、规范法制、增强竞争意识、广泛开拓市场、扩大开放力度等措施,提升东北地区生产力发展水平,重振雄风,再铸辉煌。

参考文献

[1]张崇康 徐则林 、亢巨福,“运用价值转化工程发展先进生产力”,《生产力研究》[J],2003。
[2]林木西,“振兴东北老工业基地的理性思考与战略抉择”,《经济学动态》[J],2003,(10)。
[3]陈永杰,“东北老工业基地情况调查报告”,《经济研究参考》[J] ,2003,(77)。
[4]黄锦奎,“先进生产力与价值转化工程”,《 生产力研究》[J],2003,(4)。

房地产业是振兴东北的一支主力*

蒋正华

踏上东北这块祖国的宝地，百感交集。全国人民什么时候也不会忘记东北。东北是最早遭受帝国主义侵略的地方，有近百年的屈辱血泪史。东北回到人民手中之后，成了中国人民解放军解放全中国的最强大的后方；东北作为“共和国长子”，在经济恢复和建设的过程中，作出了最突出的贡献。东北的钢铁、煤炭、石油、电力、机械、化工产品、轻纺产品、木材、粮食源源不断地支援了全国。东北生产出新中国第一台火车头，那时候人们都说：“火车跑得快，全靠东北火车头带”；东北生产出第一批国产卡车、第一辆国产轿车；生产出第一艘两万吨级的远洋货轮、第一根无缝钢管、第一只晶体管、第一块水晶玻璃、第一根尼龙纤维……鞍钢是中国最大的钢铁基地，吉化曾是中国最大的石化基地，大庆油田的开发彻底抹掉了中国贫油的阴影，大长了中国人民的信心和志气。我们还不能忘记，在被封锁的那些年代里，东北还曾是我国对外经济交往的主要通道，还曾是抵御外国侵略者的前哨阵地。

然而，近20多年来，由于种种原因，东北这个建立过不朽功勋的“老基地”，确实呈现出一定程度的“老态”。这一点，不但被全国人民看在眼里，更被党中央、国务院挂在心上，适时提出了振兴东北的战略决策。这一重大决策鼓舞了东北人民，鼓舞了全国人民。正是在这样的大背景下，我们来到东北开今天这个会，各位的光临，就是用实际行动，对东北的支持，对振兴东北战略的支持。

这次大会讨论的问题，确定的主题非常好，非常重要。房地产业应该也必须是振兴东北的主力军。而要发展房地产业，就必须创新，就必须进行区域合作，就必须开展国际间的交流。

各位都是房地产业的专家，这个产业的重要性怎么说也不过分。1900年前，史学家班固曾写道：“安其居而乐其业，甘其食而美其服”。治国之道，首先是让百姓安居。而且只有安居，才能乐业。既安居又乐业，国家就会兴旺发达。在这个问题上，我们的认识是出过偏差的。曾经有过“先治坡，后治窝”、“先生产，后生活”的口号。不但违背了马克思主义生产与消费互动的基本原理，也挫伤了群众的积极性。这些早就成为历史了。现在，我们的认识越来越清楚，指导思想越来越明确。党和国家把管理学上的“以人为本”的管理原理运用于治理国家，这是一个伟大创举。并且提出了在本世纪前20年全面建设小康社会，走新型工业化道路，到本世纪中叶基本实现现代化，而且把彻底解决“三农”问题作为各项工作的重中之重。发展房地产业，改善居住条件无疑是全面建设小康社会的重要内容。实现工业化、现代化，解决“三农”问题，都必须通过城市化把绝大多数农民转化为市民。而保证农民进城的居住条件，则是这一转化的重要前提之一。还是那句话，安居才能乐业。房地产业的发展，既可创造这个转化条件，进城的农民又从耕者变为建设者，成为建筑业的主力军。其实，现在的建筑职工队伍，已主要由穿上工作服的农民组成。从国外的经验来看，经济发达国家在实现经济起飞时，都曾把房地产业作为支柱产业，因为房地产业是关联度极高的产业，它的发展不但可以提高就业率，还可以拉动内需，把一系列生产资料和消费资料产业拉动起来。

怎样发展中国的房地产业？提几点不成熟的个

* 此文为全国人大常委会蒋正华副委员长在“振兴东北经济峰会”上的讲话（2004年4月11日）。

人意见。

1. 必须充分体现以人为本

各项工作都要以人为本，房地产业更要以人为本。住房要保证人的健康，要保证人的安全，要适用，要方便。杨慎同志在几年前的第12届世界生产力大会上，曾提出一个“绿色住宅的六条标准”，我认为很好，体现了以人为本。今天杨老也到会了，不知他对这个问题的认识有没有新的发展。

2. 必须保证发展的可持续性

我国最大的实际是人多地少。干什么事情都必须从这个实际出发。房地产业既和人有直接关系，又和地有直接关系，因此，更必须立足于这个实际。把这个问题处理好，才能保证发展的可持续性。现在，国家正在提倡发展循环经济，城市要搞循环型城市，住宅也要搞循环型的。

3. 必须处理好文化遗产保护与房地产开发的关系

这是我们房地产企业的一项重大社会责任。对老祖宗留下来的文化遗产，要千万倍地珍惜和保护。有人说得好，我们这一代人既是子孙，又是祖先。我们是祖先的子孙，同时又是将来我们子孙后代的祖先。我们的祖先给我们留下了数不完的令外人羡慕、让我们自豪的文化遗产，如果我们不把这些文化遗产保护好，就不能成为合格的祖先，既有愧于我们的祖先，也无颜面对我们的后代。我们现在盖的房子是有价的，而文化遗产是无价的，这笔帐很好算。但是在实践中会有利益的冲突，我们坚决主张，当两者发生矛盾的时候，开发必须服从于保护。全国人大已有这方面的立法，房地产企业必须成为守法的模范。

4. 努力把城市打扮得更美丽

建筑物的功能，在不同时代不同条件下是不同的，原始人的房屋，只要能防风、避雨、保温、抵御野兽的攻击即可。现代的住房，又有了现代标准，简而言之，就是美和好。首先是好，在此基础上，还必须美。建筑学及其实践，是人文社会科学与自然科学的融合。建筑物是文化的载体，建筑物是一种艺术品。我们必须十分注意建筑物的个体美，还必须注意与周围其它建筑物的和谐，求得整体美。我们的建筑业必须服务于现代人，也要留下一批传世之作，供后人瞻仰。

5. 防止“泡沫”的产生

经济发达国家，都曾把房地产业作为支柱产业，大大推动了经济社会的进步，但不少国家也都曾发生过因发展过热，形成“泡沫”而影响社会经济稳定的情况。我国在十年前也曾出现过房地产业的“泡沫”现象。我们必须引以为戒，从中吸取教训。防止“泡沫”的再度产生。从国家来说，必须适时地采取恰当的宏观调控政策。对企业来说，最重要的是要以诚信为本，处理好义与利的关系。通过技术创新、管理创新、为百姓提供物美价廉的住宅。

祝大会圆满成功取得丰硕的成果，祝与会朋友们、同志们身体健康，谢谢大家。

广西的过去不得了 广西的未来了不得*

蒋正华

中国生产力学会与广西合作召开的这次会议有很重要的意义，主办方面做了大量研究工作，提出了有价值的意见。我讲以下几点意见供参考。

一

经济全球化与区域经济一体化的发展是你中有我、我中有你，是伴生的、并生的社会经济现象。任何一个国家，在经济全球化过程中，要想维护本国和本民族利益，都必须在本区域内寻找伙伴，建立共存共荣、互利双赢多赢的合作关系，在经济全球化过程中，趋利避害，发挥比较优势，争取获得最大利益。

我国已经与东盟十国签署了《中国与东盟全面经济合作框架协议》（人们把它简称“10＋1”），并准备在10年内建成自由贸易区。最近又传来东盟十国承认中国市场经济地位的消息，东盟成为世界上第一个承认中国完全市场经济地位的区域组织，这将极大地促进中国与东盟国家之间的贸易关系，有力地推动中国—东盟自由贸易区建设的进程，为中国—东盟面向21世纪的战略伙伴关系奠定了更加坚实的基础。关于如何发展国与国之间的经济合作关系，胡锦涛主席、温家宝总理已经讲得很多，讲得十分清楚和明确。在最近召开的第十次驻外使节会议、对发展中国家经济外交工作会议、第三届亚洲政党国际会议上，又重申和强调了我国经济外交工作的原则、方针和观点。概括起来就是：中国始终不渝地高举和平、发展、合作的旗帜，努力寻求各方利益的汇合点，同所有国家开展平等互利友好合作，坚持与邻为善、以邻为伴和睦邻、安邻、富邻的政策，坚持相互尊重、平等相待、以政促经、政经结合、互利互惠、共同发展、形式多样、注重实效的原则。

遵循这些原则，我国的外交、对外经济联系已取得十分可喜的成就。积建国55年经验，我们充分认识到，发展对外关系与做好国内工作之间的联系十分密切，两者相互促进，把国内的工作做好更是对外工作的基础和后盾。因此，我们要想在对外的区域经济合作中取得成绩，首先必须搞好国内区域经济合作。我们已经有过由于不能统一对外，在恶性内部竞争的过程中，使“肥水流入外人田”的深刻教训。令我们高兴的是，党中央、国务院高瞻远瞩，对国内的区域经济合作高度重视，已经签署了《泛珠三角区域合作框架协议》（即“9＋2”协议，东南、西南9省区加香港、澳门）。通过协作、联合，扬长避短、优势互补，这一区域的经济，在过去已奠定的基础上，将会出现新的更大的突破。“十一五”规划中，区域发展将是一个重要的课题。

二

上述两个“协议”（“10＋1”和“9＋2”）的签订，对广西来说非常重要，既是百年难遇的战略机遇，又是极大的挑战。在这两个“协议”中，广西占有关键的地缘、区位优势。有的学者预言：“未来中国的南大门在广西。”广西是我国大西南、西部唯一有出海通道的地区，广西是欧亚大陆桥和东南亚大陆桥最便捷的起点。广西属于“承东、启西、联南”的交汇地带，是联结“10＋1”和“9＋2”的枢纽。

要充分发挥广西的枢纽作用，必须首先花大力气把广西自己的事情办好。办好广西自己的事情则必须从本地的实际出发。

* 此文为全国人大副委员长蒋正华在《广西发展生产力与东盟经济合作的前景分析与对策》研究研讨会上的讲话（2004年10月10日）。

广西的最大实际是什么？我说得不一定十分准确，我认为，广西应该说属于后发展起来的、后富的“老、少、边、穷”地区。广西是老区，百色起义、红七军和右江革命根据地的创建，为中国革命做出了突出贡献；广西是少数民族地区，有30多个民族，是我国四大民族自治区之一；广西是沿边地区，而且是我国少有的既沿海，又沿边的地区。同时也是我国三大“侨乡”之一。广西的经济相对后进，“一五”时期，全国156个重点项目，广西一项也没有排上；“三线”建设时期，广西由于地处前线和沿海，得到的投资也很少；改革开放以后，北海虽被列入14个沿海开放城市之内，由于港口建设滞后等原因，也不如东南沿海发展的快；近年来的西部大开发，广西虽毗邻大西南，但沿海又属于东部地区。由于错过上述一系列发展机会，至今广西的人均GDP仍居全国后列。

坏事变好事是一句很富哲理的名言，我们可以把这句话用到广西。由于一些主客观原因，广西发展比较慢些，当然是坏事。但恰恰又是因为一些机会没有赶上，广西丰富的矿产资源没有遭到毁灭性的掠夺式开采，广西的文化遗产也保护得好。现在，党中央在总结国内外经验教训的基础上，提出并正在大力贯彻落实以人为本，全面、协调、可持续发展的科学发展观。广西少走了弯路，完全有条件迎头赶上，后来居上。在统筹几个方面的协调发展中，我认为从广西的实际出发，最重要的是“人与自然”的和谐，广西应把“山青、水秀、天蓝、人富”作为目标。俗话说：靠山吃山、靠水吃水。但是，在不同的年代，不同的条件下，吃的方式方法都非常不同。在历史上，我们曾做过“焚林而田”、“竭泽而渔”的蠢事，教训是极其深刻的。现在，我们必须彻底抛弃传统的吃山吃水的方法。在保护好广西的山和水的基础上合理利用。《论语》有云：“智者乐山、仁者乐水”。山巍峩雄伟，象征着厚实稳重，水活泼多姿，象征着机智权变，因此，喜山乐水是执政治事者的追求，也是一般人的爱好。广西的山山水水，世人皆爱。未来之前，令人向往，梦寐以求；来了之后，让人倾倒，流连忘返。美国总统尼克松说：我周游了80多个国家的100多座名城，没有一个比得上桂林的美丽，没有一个名城的山水比得上阳朔山水。卢森堡首相维尔纳说：参观了桂林壮丽迷人的风景后，我不想游览其他地区了。举世无双的旅游资源是广西的最大优势。应大力发展旅游业，把广西建设成世界最大公园，通过“山青、水秀、天蓝”达到“人富”的目标。

科学发展观的本质与核心是“以人为本”。在这个问题上，广西也有特殊性，广西以少数民族为主，贯彻以人为本，必须以维护民族大团结为重。以人为本，简单地说就是一切为了人，一切依靠人。为了人是目标，依靠人是动力。广西的大发展具有独特的区位优势、丰富的资源优势、良好的政策优势。但也应看到还有劣势，最大得劣势是人力资源不足。人力资源的开发，主要靠教育。许多地区在发展过程中，有一个响亮的口号：“要想富先修路。”后来，人们又作了补充：“要想大富修铁路。”这是宝贵的经验。从广西的情况看，路已经四通八达，陆上、水上、海上、天上的路都比较发达了，可是利用的还不够充分，靠谁去利用？当然靠人。因此，我认为，广西应把教育放在最重要的位置上，可不可这样认为，要想富先办教育，要想大富大办教育。广西的教育怎么办？在财力物力有限的情况下，是否可以在普九的基础上“抓两头”。一头是大学教育，办好大学培养高水平的人才；另一头是职业教育，培养高级技工。办大学不要学某些大学大兴土木，动辄占地数千亩的做法，不要把有限的投资用在盖高标准的大楼上。前清华大学校长梅贻琦先生有一句名言：大学者非大楼之谓也，乃大师之谓也。大学只有大楼不行，必须有大师。人家钱多的地方可用高薪聘大师，我们付不出高薪怎么办？我看可以通过感情投资请一些大师来讲学。广西高校至今还没有一位院士，但全国以至国际上广西籍的院士、名教授不少？广西是他们的老家，可以请他们常回家看看，讲一讲，指点指点。江苏省的昆山市有过这方面的成功经验。他们曾邀请昆山籍的百名教授回家共议昆山的发展大计。开拓思路、牵线搭桥、引进项目、明确方向，对昆山的发展起了很大促进作用。

过去广西发展慢了些，是暂时的，好处在于保持了原有的优良投资环境。现在发展的机会来了，只要牢牢抓住，并且避免其他地区在发展中产生的一些弊端就完全可以迎头赶上，后来居上，实现跨越式发展。百色起义时，广西人民曾扯起一面大旗，上写“广西不得了。”在全面建设小康社会的新时期，只要我们发扬百色起义的革命精神，学习小平同志等老一辈革命家的实事求是的精神，顽强拼搏，奋勇向前，振兴广西振兴中华的目标一定能够实现。广西的过去不得了，广西的现在仍然不得了，广西的未来了不得。

谢谢大家！

加强区域一体化 应对经济全球化*

王茂林

首先，我代表中国生产力学会和广西生产力学会向出席会议的陆兵主席等各位嘉宾表示衷心的感谢！对自治区党委、人大、政府、政协及各位领导给予本次会议的大力支持表示由衷的谢意！向莅临大会的各位代表表示热烈欢迎！

经济全球化是一种历史趋势，是当今世界经济的基本特征。经济全球化对发达国家、发展中国家、欠发达国家产生了不同的影响，某些发达国家利用经济全球化，进一步控制发展中国家，特别是欠发达国家，这一点，要引起我们关注。中国政府历来主张，国家不论大小，都是独立平等的，发达国家理应利用各种形式支持发展中国家、欠发达国家，做到共同发展、共同富裕。经济全球化虽然对世界各国的影响是不完全一样的，但总的来说，无论对哪个国家都既是机遇，又是挑战，都应该采取积极态度来应对出现的新问题新矛盾。中国政府改革开放 20 多年来，切身体会到，面对经济全球化，必须从本国实际出发，根据本国国情扩大开放、招商引资、趋利避害，努力争取利大于弊的结果。只有这样，才能正确的应对经济全球化和区域经济一体化。

区域经济一体化也是一个历史趋势，它是各个国家，包括发达国家应对经济全球化的最主要措施之一。据世贸组织统计，截止今年 10 月，向世贸组织通报的各种区域贸易安排已达 293 个，印度、巴基斯坦、孟加拉等南亚 7 国签署了自由贸易框架协议，东南亚自由贸易区和东南亚共同市场开始启动，欧盟完成新一轮东扩，美国与中美洲 5 国签署了自由贸易协定，俄罗斯、乌克兰、白俄罗斯和哈萨克斯坦正在组织统一经济区等等。欧洲、美洲、亚洲这样的一体化组织不断增加，不断扩大。对发展中国家来说，如果处理得好，通过区域经济合作，扬长避短，甚至可以出现后来居上，逐步缩小与发达国家的差距的前景。因此，许多发展中国家对此都采取了积极的态度。中国政府对此也是认识比较早，行动比较快的。我国已与东盟十国签署了“10＋1”的合作协议，还要加强与俄、日、韩、蒙、西亚、中亚各国的合作，更要加强与南亚印度的合作，中印是亚洲两个最大的发展中国家，正在崛起，有些国际媒体和人士，有意无意的散布中印两国之间的某些矛盾，并毫无根据的推测，两国有朝一日必然要争个上下高低。我们中国有一句名言：“鹬蚌相争、渔翁得利”。近年来，中印两国友好相处，高层接触频繁，两国间经济、商务贸易、文化科技交往日益密切。我们为什么要相争，而让他人得利呢？中印两国携起手来，互利合作，对两国都有利，也是对世界的一个贡献。改革开放以来，我国政府贯彻执行的是以邻为伴、以邻为善的重要方针。我们和东盟各国的关系相处很好，经贸交往有很大发展，特别是云南、广西和东盟各国的经济、商务贸易、文化科技交往越来越密切。

在经济全球化和区域一体化的过程中，我们必须实施“引进来”和“走出去”相结合的战略。

过去以“引进来”为主，现在“引进来”“走出去”并重，今后还要逐步增大“走出去”的力度。只要对比一下国内生产总值（GDP）和国民生产总值（GNP）两个总值指标，就不难发现“走出去”战略的重大意义。我们由于“引进来”多，国内生产总值

---

* 此文为中国生产力学会王茂林会长在“广西发展生产力和东盟经济合作的前景分析与对策研究”研讨会上所致开幕词（2004 年 10 月 10 日）。

(GDP)增长快；而由于“走出去”少，国民生产总值(GNP)的增速则相对慢，相当数量的财富流到外国去，而我国却承担着生产这些财富的社会成本。

GDP是20世纪的一个伟大发明，但在实践中也发现它有严重缺陷。因此，还有考虑用绿色GDP来代替它的构想。国家统计局已提出绿色GDP的核算指标，这无疑是一项重大改革，是一个很大的进步。但是，这还不够，我们必须同时对国民生产总值(GNP)予以高度重视，把GNP也作为一个考核经济总量的重要指标。

自从改革开放以来，广西在经济和社会的各个方面都取得了显著的进步，国民经济以两位数快速增长，经济增长质量和经济水平有很大提高，广西对外开放的力度逐年加大，已连续举办了10年东盟博览会。由于广西生产力的跨越式发展，社会经济发生了显著变化，广西的面貌正在发生着深刻变化。广西的贫困户和贫困人口大幅度下降，一、二、三产业比例趋向合理，工业化和城市化进程正在加快，对外开放力度不断加大，交通网络和信息网络建设日趋完善，为广西的经济发展奠定了良好的物质基础。广西的区位具有很大优势，无论在发展与境外的区域经济一体化，还是在发展国内各省区的合作方面都具有许多有利条件。广西和东盟各国在地理上有特殊区域优势，广西在南宁举办的东盟博览会规模一年比一年大，效益一年比一年好，影响也会越来越大。广西在有色金属、建材、轻工、中药、农业机械、重型矿山设备、水泥和制糖成套设备以及特色种植业和旅游业都有自己独特的竞争优势。在和东盟各国的商务贸易、技术开放、旅游文化等方面都有良好宽广的发展前景，来势很好。

党的十六大以来，广西正处于一个新的发展机遇期，区党委和政府已经制定了一个较好的发展规划，我们坚信只要进一步解放思想、转变观念，充分利用好广西自身的优势，把优势转化为生产力，扩大同东盟国家各种经贸、文化、技术交往，广西会紧紧的抓住新的发展机遇，全区人民在区党委和政府领导下，同心协力、万众一心、兴桂富民，广西的经济社会会取得新的更大的成就。

本次研讨会与会的领导、专家、经济界、企业界人士将欢聚一堂，就广西的生产力发展以及广西同东盟的经济合作献计献策，为广西的社会经济发展尽微薄之力。为把广西建设成为中国一东盟自由贸易区的区域性商贸中心而努力。

最后预祝本次研讨会圆满成功！谢谢大家！

积极参与国际国内区域合作
努力实现生产力跨越式发展

陆兵

在中国—东盟博览会即将召开之际，中国生产力学会和广西生产力学会在南宁联合举办研讨会，探讨广西生产力发展和东盟经济合作的前景与对策，这对于广西加强东盟全面经济合作，加快生产力发展，将起到重要的推动作用。在此，我谨代表广西自治区党委、自治区人民政府，对与会的各位领导、各位专家和各位朋友表示热烈的欢迎！对研讨会的召开表示热烈的祝贺！并借此机会，向多年来关心支持广西发展的蒋正华副委员长、中央国家机关有关部门领导、各位专家和各位朋友表示衷心的感谢！刚才蒋正华副委员长作了个重要讲话，希望与会的各位领导、各位专家也充分发表自己的真知灼见，对广西经济发展多提宝贵意见和建议。下面，我就广西参与国际国内区域合作谈一些看法。

广西是全国五个少数民族自治区之一，地处华南经济圈、西南经济圈和东盟经济圈的结合部，是中国通往东南亚的国际大通道，区位优势明显，战略地位突出。改革开放25年来，广西经济年均增长9.2%，综合经济实力明显增强，今年国内生产总值将突破3000亿元。但总体上看，广西经济发展仍较落后，仍属于经济欠发达地区，目前人均国内生产总值仅相当于全国平均水平的66%左右。广西要缩小与全国的发展差距，要与全国同步实现全面建设小康社会的奋斗目标，必须紧紧抓住本世纪头40年重要战略机遇期，在不断提高经济增长质量和效益的基础上，力争经济年增长10%左右。要保持20年时间的持续两位数高速增长，必须努力实现生产力跨越式发展。要实现生产力跨越式发展，必须积极参与国际国内区域合作。

上世纪90年代以来，广西充分发挥作为西南地区出海通道的作用，在大西南及全国区域合作发展格局中发挥了应有的作用，在参与国内区域合作中实现了经济较快增长。1991年至2003年，广西经济年均增长11.1%，高于全国9.4%的平均水平。当前，广西面临着发展区域合作的新的历史性机遇。建立中国—东盟自由贸易区和泛珠三角经济区，尤其是2004年起每年在南宁市举办中国—东盟博览会，从国家战略高度把广西推向了区域合作和对外开放的前沿。广西在建立中国—东盟自由贸易区和泛珠三角经济区中将具有重要的战略地位和作用，成为双向沟通中国与东盟的重要桥梁和基地，双向促进中国与东盟合作发展的重要平台，双向对泛珠三角经济区与东盟自由贸易区的重要枢纽。广西将把参与建立中国—东盟自由贸易区和泛珠三角经济区作为新时期区域合作的战略重点，以新思路、新举措促进区域合作上新水平，在区域合作中谋求生产力跨越式发展。

新时期广西参与区域合作，要充分发挥自身在建立中国—东盟自由贸易区和泛珠三角经济区中的战略作用，以举办中国—东盟博览会为契机，统筹国内发展和对外开放，实施以开放为主导的经济社会发展战略，东靠西联，南向发展，加强与泛珠三角区域内各方、各省区市及东盟各国的全面经济合作，以大开发促进大合作，以大合作促进大发展，努力把广西建设成为中国—东盟自由贸易区的区域性物流中心和加工制造中心。

“东靠西联、南向发展”是新时期广西区域合作的战略构想。“东靠西联”，就是充分发挥广西作为西南地区出海通道和华南通往西南通道的作用，加强与粤港澳的全面经济合作，借粤港澳兴桂，同时巩固发展与大西南的经济合作，促进华南经济圈与西南经济圈的对接互动，推进泛珠三角经济区的建设。“南向发展”，就是充分发挥广西作为连接中国与东盟国际大通道以及双向沟通中国与东盟重要桥梁和基地的作用，利用中国一东盟博览会这个重要平台，依托泛珠三角经济区拓展与东盟各国的全面经济合作，促进泛珠三角经济区与东盟自由贸易区的对接互动，推进中国一东盟自由贸易区的建设。通过实施“东靠西联、南向发展”区域合作战略构想，充分发挥广西在国际国内区域合作中的双重战略作用，在国际国内区域合作互动中实现生产力跨越式发展。当前和今后一个时期，广西将着力抓好以下工作：

第一，努力把中国一东盟博览会打造成中国与东盟合作发展的重要平台。我们将举全区之力，借全国之力，联合泛珠三角区域内各方及全国各省区市，把中国一东盟博览会办成集货物贸易、投资合作、服务贸易、高层论坛和文化交流于一体，服务全国、服务东盟、面向世界的综合性、国际性博览会，为东盟各国企业进入中国和中国企业走向东盟架起桥梁、搭好平台，促进泛珠三角区域及全国各省区市与东盟各国商品、服务、投资的双向流动，推动中国与东盟国家的全面经济合作，同时，依托博览会大力发展会展经济等相关产业，充分发挥博览会的辐射带动作用，努力把广西建设成为中国一东盟自由贸易区的区域性商贸中心。首届中国一东盟博览会及中国一东盟商务与投资峰会将于今年11月3—6日在南宁同时举行，目前各项筹备工作已基本就绪。我们将以一流的投资贸易场所、一流的会展场所设施、一流的安全保障措施、一流的高效服务质量、一流的城市人居环境，确保博览会成功举办，办出特色、办出水平、办出成效。

第二，加快构筑中国通往东盟的国际大通道。我们将把交通等基础设施放到建立中国一东盟自由贸易区和泛珠三角经济区的大格局中去统筹规划和建设，联合泛珠三角区域内各方及东盟国家，用开放的思路和市场的办法，加快建设和完善与周边各省及东盟对接的现代综合交通运输体系，重点加快建设沿海大型组合港、出海出省出边高等级公路网、铁路网、国际航空港及口岸设施等，努力把广西建设成为连接中国与东盟最便捷的国际大通道。同时，依托区位优势和国际大通道，大力发展现代物流业和通道经济，努力把广西建设成为中国一东盟自由贸易区的区域性物流中心。

第三，积极推进中国与东盟的产业合作开发与相互投资。坚持“走出去”与“引进来”相结合，双向承接国内外与东盟的产业转移，双向促进我国东盟的经贸往来、产业合作开发与相互投资，充分利用国内外两个市场、两种资源，做大做强现有工业产业，培养发展新的优势产业，大力发展加工制造业，努力把广西建设成为中国一东盟自由贸易区的区域性加工制造中心。重点抓好汽车、制糖、机械、有色金属、电力、建材、食品、制药等传统产业的改造提升，加快培育发展一批年销售收入上100亿元、50亿元的大企业大集团，加快铝工业、林浆纸一体化产业等新优势产业发展，增创产业和企业竞争新优势，重点与东盟开展农业、能源、矿业、旅游业、劳务五大产业合作开发与相互投资，推进我国与东盟各国的经贸合作。

第四，努力把沿海地区建设成为环北部湾经济圈的核心区。我们将把南(宁)北(海)钦(州)防(城港)沿海地区作为重点开放开发区域，从投资项目安排、产业布局、政策措施等方面给予更大力度的倾斜和支持，努力把该区域建设成为开放度更高、政策更灵活、环境更优越的重点对外开放区域，建设成为中国一东盟自由贸易区的区域性综合经济区，建设成为环北部湾经济圈的核心区。重点加快实施沿海基础设施建设大会战，完善出海大通道，发展临海大工业，建设沿海大市场，发展现代城市群，着力提升沿海地区的综合经济实力和城市竞争力。

第五，积极参与泛珠三角经济区建设。我们将认真履行泛珠三角区域合作框架协议，加强与粤港澳的全面经济合作，主动接受粤港澳的经济辐射和产业转移，巩固发展与大西南的经济合作，联手共办中国一东盟博览会，联手共建国际大通道，联手开拓东盟市场，联手推进产业对接，联手推进资源开发，联手盘活存量资产，联手发展现代物流业，联手推进南贵昆经济区建设，使港澳、两广和大西南形成互动。同时，加强与长三角等区域的经贸合作，促进与长三角等区域合作上新水平。在积极参与国内区域合作中增强实力，夯实基础，强化优势，借势拓展与东盟的全面经济合作。

第六，大力优化发展环境。加强与泛珠三角区域内各方的合作，进一步建立完善相关制度性规定和具体协议，加快建立区域市场共进共荣的制度基础，消除市场经济条件下区域合作的体制性障碍。积极争取国家支持，与东盟建立完善通关便利化机制，促进我国与东盟投资和贸易便利化。大力改善投资软环境，努力营造良好的政策环境、市场环境、政务环境、法制环境、舆论环境、人文环境和社会环境，为充分发挥广西在国际国内区域合作中的双重战略作用积极创造条件。

进入新世纪以来，广西经济保持了持续快速健康发展。“十五”计划前三年，广西经济年均增长9.6%，高于全国平均水平1.4个百分点。广西与东盟经贸合作日益扩大。2003年广西与东盟进出口贸易总额8.26亿美元，比上午增长31.7%，占广西外贸进出口总额的25.9%。东盟已经成为广西最主要的贸易伙伴。今年以来，广西认真贯彻落实科学发展观和中央宏观调控方针政策，以举办中国一东盟博览会为契机，以招商引资为重点，以改善投资环境为突破口，全面实施“东靠西联、南向发展”的区域合作战略，积极参与泛珠三角经济区和中国一东盟自由贸易区的建设，全方位扩大对内对外开放，加强了与粤港澳、各省区市及东盟各国的经济合作，尤其是加强了与广东的全面经济合作，把两广合作推向了新阶段，形成了大招商、招大商的好局面。上半年，广西实施引进区外资金138亿元，比去年全年多29亿元，预计全年实际引进区外资金将突破250亿元。广西对外开放呈现出前所未有的好形势。全国在关注广西，东盟在关注广西，世界在关注广西，广西正成为外来投资的热土，今年以来，广西经济呈现出良好的发展态势，速度在加快，结构在优化，效益在提高，开放在扩大，后劲在增强，经济运行处于近10年的最好时期。上半年全区生产总值同比增长12.8%，今年将提前一年完成“十五”计划目标。实践证明，“东靠西联、南向发展”区域合作战略构想符合中央扩大开放的战略方针，也是切合我区实际的。只要广西充分发挥在建设中国一东盟自由贸易区和泛珠三角经济区中的双重战略作用，在更大范围、更广领域和更高层次上积极参与国际国内经济技术合作与竞争，不断提高对内对外开放水平，就一定能够实现生产力跨越式发展。

广西开展与东盟各国的经济合作潜力巨大，前景广阔。但我们也清醒地看到，广西是一个欠发达的少数民族自治区，经济基础还比较薄弱，产业和企业竞争力还不够强，在与东盟各国开展经济合作中将会面临各种严峻挑战，在前进道路上将会遇到许多困难。我们要更加自觉地贯彻中央的战略、方针和政策，振奋精神，抓住机遇，采取积极有效的措施，应对和克服各种困难和问题，努力加快经济发展。同时，我们热切地希望中央国家机关各部委、各兄弟省区市，特别是与会的各位领导、各位专家和各位朋友，一如既往地关心、支持广西的改革开放和现代化建设。广西将积极参与中国一东盟自由贸易区和泛珠三角经济区建设，充分发挥在国际国内区域合作中的双重战略作用，更好地为全国服务、为东盟服务。我们坚信，在党中央、国务院的领导下，在各方面的支持帮助下，广西在积极参与国际国内区域合作中一定能够实现生产力跨越式发展，加快富民兴桂新跨越步伐，全面建设小康社会。广西的明天一定会更加美好！

抓住开放机遇　加快广西发展

郑新立

中国与东盟“10＋1”区域贸易自由化协议现在正在积极推进，这对我国，特别是对广西是一个大的发展机遇。最近一年多来，由于 WTO 多哈会谈遇到挫折，区域贸易自由化和双边贸易自由化发展的很兴旺。100 多个国家坐在一起搞一个统一的自由贸易协议很难达成一致，但是，区域的和双边的国家，有着共同的利益，搞一个区域性集团，在内部投资、贸易可以自由往来，而在集团外部又形成一种壁垒，这个趋势在国际上发展的比较快。现在区域贸易自由化的团体已发展到 180 多个，而且许多国家已从区域贸易自由化中得到了很大的好处。例如墨西哥，由于加入了北美自由贸易区，他们的产品取得了进入美国、加拿大市场的优惠待遇，为经济发展带来了很多机遇，包括中国、韩国、日本等国家的产品为了绕过配额和技术壁垒进入美国市场，不得不到墨西哥去投资。到目前为止，墨西哥已经同 20 多个国家签订了多边和双边自由贸易协议。去年，胡锦涛总书记参加亚太首脑会议后，访问了澳大利亚和新西兰，这两个国家表示愿意同我们发展双边贸易自由化。智利等国家同我国搞贸易自由化的积极性也很高。怎样通过积极参与区域和双边贸易自由化组织，绕过一些国家给我们设置的贸易壁垒，为我国对外开放创造一个更为有利的外部环境，应当作为一个重要的对外战略来考虑。“10＋1”组织是我国积极参与区域贸易自由化优先考虑、比较成熟的一个区域经济组织。广西与东盟经济合作正是在这样的大背景下提出来的。我们把这个问题研究透了，就可以为中国今后进一步发展同东盟的经济贸易关系，以及更积极地推动和参与区域经济合作创造一些经验。所以，研究这个问题，不仅对广西的发展，而且对整个国家对外发展战略都具有重要意义。

广西的同志对这个问题已经作了广泛的研究，有关研究机构、经济部门提出了大量的研究报告，很多研究成果是有深度的。现在，我想就广西发展战略的选择上提出一些不成熟的建议，供大家讨论和参考。

一、以优胜弱的战略

广西如何能够抓住“10＋1”这样的机遇来发展经济，我觉得首要的是要对我们广西目前的产业和产品与东盟国家作一个比较，看看我们哪些是优于人家的，哪些是弱于人家的。在比较的基础上，把具有优势的产业和产品进一步做大做强，利用贸易自由化的条件扩大出口。按照赛马的原则，把我们的产业分为 A、B、C 三类，A 类产业是竞争力最强的，B 类产业竞争力一般，C 类产业竞争力比较差一些。把东盟国家的有关产业也划成 A、B、C 三类。用我们比对方强的产业打进去。这样就可以在中国—东盟的经济合作中赢得发展的机遇，利用这个机遇加快广西的现代化步伐。从目前来看，我觉得至少有这几个产业广西比东盟国家具有优势：第一是农用生产资料，包括农用机械和化肥，如拖拉机、水泵、插秧机、收割机、磷铵化肥等。东南亚国家很多是以农业为主，对这些产品有着很大的需求量，如农用小水泵，前些年我到浙江去调查才了解到，浙江省温岭有个乡镇企业通过广西将他们生产的小水泵出口到了越南，目前在越南市场的占有率达到了 80%。广西在农用生产资料和农用机械方面有着相对的优势。第二是经济型客货车在东南亚国家也有着成本优势，如柳州汽车现在和上海通用汽车公司合资生产的产品，适合他们市场的需要。第三是铝型材，如苹果铝业公司生产氧化铝、电解铝等，要把这些产品深加工成各种各样的最终产品。不要卖铝锭。建筑用的铝型材产品在东南亚国家有着广阔的市场。第四是玉柴的柴油机，全国有名，在东南亚国家也应当有优势。另外还有建筑材料、建筑机械、药材、制糖等产业都是具有比较优势的产业。热带水果与东南亚国家相比可能是我们的劣势，但可能某些产品广西也是具有比较优势的。

二、东引南向战略

利用珠三角、长三角地区已经发展起来的在国际上具有优势的产业，发挥广西劳动力成本低和到东盟国家运输成本低两大优势，吸引沿海地区的资金到广西办厂，生产一些直接向东盟出口的产品和用于内销的产品。要从边贸开始，由办专业市场到形成生产基地，由当推销员到当老板，走浙江发展的道路。最近这两年，中西部地区有些省在吸引内资方面做的很成功，如江西这几年大力改善投资环境，吸引沿海地区的资金，对江西经济的发展起了非常重要的作用。去年，江西省全社会固定资产投资1300亿元，其中吸引沿海地区的资金达到700亿元，吸引外资达到20亿美元，吸引外资的数量在中部地区居于首位，外来投资占到全社会固定资产投资的50%以上。所以现在江西的经济增长速度上来了，在中部地区居于前列，将来很可能是继沿海地区之后在中部地区能率先发展起来的一个省份。又如沈阳，作为一个老工业基地，因为国有企业困难比较多，现在已经没有多少扩大再生产的能力。今年上半年，沈阳市全社会固定资产投资700多亿元，其中，来自国内其他地区的投资约500亿，外资10多亿美元，全社会投资的90%以上来自外资和国内其他地区的投资。广西经过20多年的改革发展，投资环境比较好，特别是北海、钦州、防城港三个出海口，基础设施比较好，交通方便，自然资源丰富，气候条件好，在硬件环境方面已经具备了大量吸引国内投资和外资的条件，只要我们进一步改善投资的软环境，同硬环境结合起来，就可以大量吸引区外投资。要以广西为基地，生产一些轻纺产品、电子信息产品，直接销往东南亚国家和地区。这个战略叫“东引南向”战略。当然，“东引”应当把重点放在邻近的广东、福建，着眼于吸引广西以外所有国家和地区的投资。

三、新经济增长带战略

党的十六届三中全会分析了我国今后利用外资的形势后提出，要进一步改善投资环境，扩大吸引外资，力争再形成若干个外资密集、内外结合、带动力强的新经济增长带。改革开放20多年，我国已经形成了珠三角和长三角两个外资密集、内外结合、带动力强的经济增长带，环渤海地区也具备了一定的条件，正在向着一个增长带的目标加速前进。除了这三个增长带之外，在中西部许多地方也具备这样的条件，经过努力可以成为一些新的经济增长带和经济增长极，比如广西沿海的北海、钦州、防城港三市，港口条件都非常好，在这样的地方形成一个新的经济增长带，条件初步具备，需要我们改善投资的软环境和硬环境，大力吸引外资，特别是吸引东盟国家的投资，重点是东盟国家华人华侨的投资。他们的资本实力雄厚，吸引他们来投资，包括对农业、第二、三产业投资，产品既可以销往国内，也可以出口到世界各地，包括返销到东南亚国家。沿海增长带的形成必须依托南宁、柳州、桂林等广阔的腹地，并为四川、贵州提供出海通道服务。广西目前还缺乏一个经济增长带或增长极，应当重点扶持沿海城市，改善投资环境和基础设施，把外资集中往这些地方吸引，发展起来之后再进一步扩散。如广东的发展，当时开放广东沿海城市是深圳、珠海、汕头三个市，但真正发展起来的是深圳，成为增长极，沿珠江湾形成增长带。广西也应集中一个地方发展，如北海的条件就很好，二十多年来已经在基础设施上投入了很多，能否把北海建成一个广西的经济增长极，形成密集的产业带。因为外国企业喜欢扎堆，产业越是密集，在信息、交通、技术等方面越容易形成集聚效应。如果过于分散就形成不了吸引外资的氛围和产业集聚效应。要树立全球战略意识，积极走出去，到东盟国家去投资，特别是越南、老挝、柬埔寨、缅甸这些国家，在发展水平上比广西要低一些，我们有些产业的技术水平、管理水平、资金能力比他们强。他们的资源开发程度比较低，有很多投资机会，而这些资源都是我们国内建设所必需的，特别是能源、森林、矿产等资源都是我国今后需要大量进口的。到那里去投资，可能比国内的成本还低，既帮助了他们的发展，又为解决我们经济发展中资源缺口做出贡献。我国现在每年进口纸浆几百万吨，需求量很大。东南亚地区木材生长周期短，搞纸浆业有优势。东南亚国家土地资源非常丰富,我国西南耕地比较少,而且还要退耕还林,将来弥补我国农产品缺口,可以到这些国家去租种一些耕地,种植一些农产品返销到国内,这样我国的退耕还林政策才能长期稳定下来。

四、服务带动战略

要大力发展旅游、航运等服务业,这样可以发挥广西的自然资源优势,这也是我们抓住中国—东盟"10+1"区域贸易自由化的机遇,加快广西开放发展的重要举措。广西的旅游资源是世界上少有的,但是怎样更多地吸引国内外的游客,在这方面还需努力。广东发展旅游业是向香港学习。香港过去在吸引欧美游客方面有一套成功的做法,他们了解欧美游客的习惯和消费需求。我们在这方面可以和香港合作,吸引香港一些旅游企业到广西来投资或合资,做一些示范,把广西的旅游资源更好的开发利用起来,使旅游业成为广西的支柱产业。另外,我们还要利用北海、钦州、防城港三大港口优势,吸引四川、贵州、云南、湖南等没有出海口的省到广西投资,完善出口和航运服务,在扩大和完善服务体系中实现广西经济的振兴。现在,服务业在发达国家已经成为第一大产业,但我国服务业比重始终上不来。最近十多年,我们一再强调加快发展第三产业,但第三产业的比重总是停留在30%左右。过去我们说我国经济发展水平和人民生活水平比较低,所以第三产业发展不上来,但是,印度人均GDP不到我国的1/2,但印度第三产业占GDP比重已经达到40%—50%,更不用说发达国家占到60%—70%。因此,广西应高度重视第三产业的发展,重视旅游、交通、服务业的发展,包括现代物流业的发展,吸引四川、贵州、湖南等省把货物通过广西出口,在北海周围形成一个新的贸易中心、物流中心,使广西的服务业不光为自身发展服务,而且为整个西南地区对外开放服务。

五、县域经济发展战略

党的十六大报告提出,要高度重视发展县域经济。这对我国加快实现农村的工业化、城市化具有重大意义。县是城乡的结合点,县域经济是富民的经济。十六届三中全会提出,要统筹城乡发展。抓住县域经济发展,可以说在统筹城乡发展上就抓住了把手,掌握住了城乡互动的枢纽。发展县域经济也是沿海发达地区改革开放20年成功的经验。无论是苏南、浙江,还是珠三角,他们的经济发展之所以好,是因为他们的县域经济发展的好,一个县的国内生产总值达到100亿元～200亿元,一年的财政收入最多达到50亿元～60亿元,如浙江省,年财政收入超过10亿元的县就有十多个,相当于中西部地区一个地级市财政收入的规模。为什么那里一个县可以形成这么大的经济总量和财政收入总量,主要是在县域范围内,能把农民巨大的生产潜力和生产积极性调动起来。广西人均GDP相当于全国平均水平的66%,下一步抓住"10+1"区域贸易自由化的机遇发展经济,关键是抓好县域经济的发展。根据浙江的经验,发展县域经济要抓住以下五个方面:

第一,一定要使农民成为市场的主体、创业的主体。浙江省共4000多万人,其中3000多万农民,在这些农民中到外省经商办企业的有300万人左右,到国外经商办企业的有100多万。全省有115万个大大小小的乡镇企业,有100万个个体工商户。如果每个企业平均有3个合伙人的话,那就是有近400万个大大小小的老板,再加上这100万个个体工商户,一共有500万个大大小小的老板。如果一个老板家庭3～4口人的话,就有1000多万人,也就是说浙江省农民近50%是老板和老板家庭成员。目前他们的收入来源有三种,这就是资本收入、工薪收入和种地收入。浙江省全省农民收入结构中,来自于二、三产业的收入占85%,剩下15%的收入中60%来自于养殖业,40%来自于种植业,在种植业中经济作物又占相当大的比例,来自粮食种植的收入所占比重已很少。因此,这些年粮食价格下跌,根本不影响收入的增长。从1990—2003年,浙江农民人均纯收入年均增长13%,在全国各省、区、市中,是增长最快的。农民人均纯收入已达5389元,在全国各省、区中已连续8年居第一位。总结浙江的经验,最重要的一条就是,鼓励农民闯市场,鼓励农民创业。有100个农民去创业,可能有95个失败了,有5个成功了就很了不起,这5个成功的人把失败的95个人全部雇过来可能还不够。广西农民素质不亚于浙江人,如何把广西农民创业的积极性、致富的积极性调动起来,鼓励他们到市场上去闯荡和发展,这是加快经济发展的根本出路。

第二,兴办各类专业市场,以市场带动经济增长。浙江省从改革开放到现在,兴办各类专业市场4000多个,在发展中,有些专业市场已经被淘汰,有些规模不断在扩大。目前,全省年销售额200亿元以上的专业市场有 2 个，一个是在绍兴的纺织品市场，可以说是世界上最大的化纤布批发市场，每年生产的化纤布可绕地球几十圈。另一个是义乌的小商品市场，年销售额约 300 亿元，吸引了全世界几千个外商常年驻在那里采购。刚开始，义乌的商品 1/3 是广东货，1/3 是自己生产的，1/3 从广东以外的各省采购过来，而现在大部分都是在当地生产。通过办市场，这些农民积累了资金，然后自己办厂生产。现在义乌的小商品市场越发展越好，小商品市场建设已经到了第五代，成了全世界有名的小商品城，小商品物美价廉广受好评。现在外商通过网上发订货信息过来，这边提供全套服务，采购商不需要过来就可以订购商品，特别是在中东这些国家，销路非常好。所以发展乡镇企业的第一步是先建市场，有了销路，然后才逐步生产。

第三，以专业市场为依托，发展块状经济。就是在专业化分工的基础上，发展块状经济，一个县或一个镇就搞一两个产品，使这个产品在国内市场达到一个相当高的占有率，进而在世界市场上也达到一定的占有率，在一两个产品上成为生产中心、集散中心和信息中心。目前，浙江省像这样的大大小小的块状经济有几百个，最典型的是诸暨有一个镇，一年生产袜子就达 60 多亿双，相当于供全世界每个人两双袜子。另外还有一个镇生产淡水珍珠，每年的产销量在亚洲排第一位，这个镇上的珍珠价格能影响世界的珍珠价格。广西水面比较广阔，也适合养殖珍珠。广西要发展，必须引导农民走专业化的路子。

第四，以二、三产业为依托加快城镇化步伐。专业市场起来了，块状经济形成了，然后逐渐让他们向县城和小城镇集中，提高城市化水平，发挥集聚效应。现在，浙江一些市县正在搞城乡一体化的规划，在一个县的范围内，规划好工业区、居民区、商贸区和生态区，集中搞一些居民点，中间用公路连接起来，用十年或者更长的时间形成一种新的城乡一体化的布局，逐步消灭城乡差距。将来农民的居住环境、生活环境、交通条件比城市还要好，农村比城市更能吸引人。广西作为经济后发达地区，发达地区就是榜样，应向他们学习，根据本省的实际，把浙江的经验移植过来。

第五，各级党政机关要为县域经济的发展创造良好的政策环境。浙江的发展是各级政府政策引导和组织的结果。在各地经济发展的关键时候，都有一任书记或市长、县长起了关键的作用，支持他们的发展。如义乌，不靠海，没有资源，历史上很穷，改革开放初期，农民搞一些小商品到市场上去卖，受到工商和市场管理人员的驱赶。当时这位县委书记提出四个允许：允许前店后厂，允许农民进城办企业，允许农民进城购房，允许长途贩运。这四个允许现在看很简单，但在 80 年代初期要冒丢乌纱帽的风险。义乌没有这任书记就没有现在的发展。温州、宁波等地方在发展的关键时期都有一任这样比较开明的领导，支持和保护他们的发展。温州的柳市镇是全国的低压电器生产中心，生产的低压电器占全国市场的 60%。在 80 年代中期，电器电死人了，差一点要把这些企业斩草除根，但当时浙江省管工业的副省长觉得这事不能这么简单的处理，调查后，生产开关需要导电力强的银，但国家控制材料不给他，后来给他解决了问题，质量就提高了。现在已成为国内最大的低压电器生产基地。如果当时采取极端措施，勒令停工，那就没有今天柳市镇这样的生产基地。所以党政领导要开明，要满腔热情鼓励农民发展经济。

浙江省这些年在政策上有这样几个诀窍：一是县财政直接对省财政，这样可以多留一些财力给县财政，以利于发展县域经济；二是鼓励支持非公有制经济的发展，县域经济没有多少国有企业，大部分是集体经济和私营个体经济，要为他们创造良好的发展环境；三是给有发展前景的企业贷款贴息。在 80 年代浙江各级财政比较困难的情况下，省级财政每年拿出 7000 万元用于贷款贴息，市县财政也拿出一定量的钱用于贷款贴息，现在浙江财力雄厚了，全省拿出几个亿用于贷款贴息，由各个地方的经委来操作，他们召集银行和企业在一起开银企座谈会。如果银行给小企业贷款，政府就给他贴息，也不是全贴，只是贴一半，这样银行就放心的去扶持小企业了。这种政策坚持二十几年，所以浙江省民营企业的出口迅速发展，现在一般贸易出口顺差占全国的 50%。如果没有财政的扶持，就没有今天的发展。浙江农民有句口号："战争年代出农民将军，改革开放年代出农民企业家"。二十多年前只会种地、钉鞋、弹棉花、修自行车的农民，现在成为了国内外有名的企业家。农民中间有人才，八亿农民具有无穷的创造力。广西人也是很能干的，当年太平天国起义几乎把清王朝推翻。广西最大的增长潜力就是把几千万农民的积极性调动起来，抓住机遇，把乡镇企业搞上去。

在自由贸易格局下欠发展地区面临的挑战和对策

——广西提升竞争力的主要途径

袁正中

20世纪后期，世界经济的全球化趋势和自由贸易区的兴起，引起世界性的关注和各种不同的反响。各个国家和地区都在试图确定自己在自由贸易格局中的地位和利益，寻找自身发展的机遇。但是自由贸易并不完全自由，也并不完全均益。无论是在WTO旗下的自由贸易，还是在已出现和即将出现的各种自由贸易区都将如此。在自由贸易格局下，有多少贫穷的国家和地区富了起来还需要时间来作证。在自由贸易格局下，在同一国家中，充分发展的地区和欠发展的地区之间的差距也并不能自然而然地消失。由于经济和社会发展水平不同，在政府效率和企业效率，在技术和教育等方面都存在差距，因而，欠发展地区往往处于被动和不利的地位。贫富差距在一个相当长的时间内，不但不会缩小而且在明显扩大。这是人们感到很不安的地方。出现这种情况有分配制度方面的问题，也有政府政策方面的问题，但其根本原因是欠发展地区竞争力的脆弱。在自由贸易格局下，欠发展地区面临的最大挑战是竞争力的挑战。

本文就这种挑战和应取的对策作一探索。侧重点放在竞争力的参照、比较、借鉴以及和广西实际情况的结合上，试图在自由贸易格局下，能够找到欠发展地区提升竞争力的途径，实现快速、协调、持续发展的目标。

本文中的欠发展地区是指发展中国家中的欠发展地区，可以是一个省，也可以是省辖的一个地区。

一、在自由贸易格局下，欠发展地区迎来的最大机遇是扩大开放，融入全球经济

欠发展地区之所以欠发展，原因很多，但重要的一个方面是封闭不开放，感受不到竞争的压力。在加快改革、提高效率、改善基础设施、提升经济质量等方面缺乏紧迫性。在自由贸易格局下，这种悠闲状态已不复存在，因为竞争已找上门来。现在经济的全球化也好，自由贸易也好，大家都在争个什么呢？都在争一个全球配置资源的资格。有这个资格就主动，没有这个资格就被动。欠发展地区欲要取得这个资格，只有加大全面开放的力度，以开放来融入全球经济别无更多的选择。世界经济发展的实践表明，当今世界是一个开放的世界。经济的发展、科技的进步、信息的快速传递和交流，使整个世界的联系越来越紧密。没有哪一个国家和地区，能够离开世界经济体系而自我封闭发展的。欠发展地区也不例外，它们虽拥有丰富的劳动力和自然资源，但都缺乏资金、技术和人才。而开放有利于在更广阔的范围内实现生产要素的流动和组合，有利于引进急需的资金、技术、人才和管理经验；有利于充分利用国内外两个市场及资源，以此促进欠发展地区的发展。扩大开放是欠发展地区寻求发展的唯一途径。但开放带来了竞争，突显欠发展地区竞争力的脆弱。机遇和挑战往往结伴而至，最大的机遇也必然带来最大的挑战。从观念到行为都处在深刻的变化之中，正是由于这种变化，蕴育着巨大的发展力。这是从

封闭的平静到开放的不平静所产生的必然结果。

二、在自由贸易格局下，欠发展地区面临的挑战是多方面的，但最大的挑战是竞争力的挑战

自由贸易格局下更多地蕴育着国际分工的调整，不是生产同样的产品，更不是生产同一档次的产品。而是要看比较优势的发掘和发挥，生产出优势产品。比较优势涉及的是各国不同产业或产品之间的关系，它更多地强调各国产业发展潜在的可能性，比较优势取决于一国的资源禀赋或产业发展的有利条件。

而欠发展地区对自己的比较优势往往认识不深，发掘不快，发挥不力，易造成优势竞争力不强。欠发展地区由于农村人口众多，农村经济单薄，农民收入低下，虽然农业在GDP中比重相当高，但农业的竞争力并不强；由于城市化水平低，缺少功能全、影响力强的大城市和城市群，使城市的集聚利用和优化组合各种生产要素的能力，其中包括资本、技术、人力、信息和文化等方面的能力不强，也即表现为城市竞争力弱；由于工业化程度低，工业的技术含量低，欠发展地区在新产品的开发能力、知识产权的拥有能力和市场的应变能力等方面也比较薄弱，表现为产业的国际竞争能力不高。因此，由于竞争力的不同，发展地区处于强势和有利地位，而欠发展地区处于弱势和不利地位。因而，提升竞争力是欠发展地区一项长期的又是困难的任务。对此，除了欠发展地区自身努力之外，一个国家整体或者一个区域经济应对欠发展地区竞争力的提升提供某种协调并建立扶持机制是必须的。

三、竞争力的基本概念和提升竞争力的基本途径

何谓竞争？这个词来自生物学，物种间为争夺食物而展开的生存竞争。引入经济学意指为了自身的利益而与他身互相争胜。继而在政治学、社会学都普遍演义竞争行为。从而竞争已无处不在。产品竞争、产业竞争、城市竞争、国家竞争、区域竞争，真是千姿百态，各持奇招，为的是独占鳌头。至于竞争力概念则是一言难尽，竞争力是反映竞争者的能力，是一种相对的概念而不是一种绝对的概念，在比较中论高低。这种比较不仅反映当前的能力而且还反映长期的发展能力。正因为这样，故在介绍竞争力的基本概念时，本文不准备从定义出发，而是从竞争力评价指标体系去理解。现在竞争力排名正在逐渐走热，不仅有国家竞争力排名，还有城市竞争力排名以及企业竞争力排名。其中国际竞争力排名数瑞士洛桑国际管理发展学院（IMD）出版的世界竞争力年鉴和世界经济论坛（WEF）全球竞争力报告最具参考性。由于IMD的年鉴比较简明通俗且有浙江省排名，故本文引用IMD的资料，其评价指标体系由八大项和大项下的子项及子子项组成。八大项包括国内经济实力、国际化程度、政府、财政金融、基础设施、管理、科学技术和人才等方面。指标体系共有45个二级指标和244个三级指标。由此可见这个指标体系是力求全面反映一个国家的综合实力、可持续发展实力、基础实力，涵盖了经济绩效、政府效率、商业效率和基础设施能力。因此可以说IMD竞争力评价指标体系颇具科学性，也因此对各国提升竞争力具有一定的指导意义。

关于欠发展地区提升竞争力的基本途径，首先要立足于科学的发展观，既要发挥主观能动性又要按客观规律办事。要以人为本，不要见物不见人，特别要把人看作是一切资源中最宝贵最重要的资源，把人作为出发点，又要作为落脚点。发展是为了人，发展成果归于人。这里所说的人是全社会的人，而不是少数人。科学的发展观要体现在全面发展、协调发展和可持续发展上。科学的发展观既重量更重质，不搞短期行为，不做表面文章，坚持实事求是。只有坚持和落实科学的发展观，欠发展地区提升竞争力才能迈入正确的途径。其次是培育和发挥欠发展地区的比较优势。使潜在的优势尽快转变成现实经济实力，形成适应市场经济发展的特色经济、特色产业和特色产品，这是竞争经济中的核心竞争力。这也是推动欠发展地区经济从非均衡到相对均衡的动态中求得更快发展的重要因素。第三，培育和提升欠发展地区城市的竞争力。我们要充分的认识到人类社会经济活动总是围绕城市而展开，随着社会生产力的发展，城市也不断发展壮大，城市的发展状况是衡量一个国家或地区社会经济发展水平的重要标志。国家间的竞争也是在城市间展开。城市是竞争力的主要体现者。因此，刻意打造城市是提升地区竞争力的重要途径。第四，增加科技投入、教育投入、扩大自主知识产权，制定科技和人才立省、立市的规划与措施。这是诸竞争中最具战略性的竞争，是欠发展地区后来居上的根本所在。

四、跟踪浙、琼两省提升竞争力的经验，跟踪粤、苏提升粤北、苏北两地区竞争力的措施，以求学习、借鉴之处

先看浙江。浙江是中国最成功的省区之一，今年共有60个国家和地区参加了IMD的国际竞争力评比，其中有浙江，她的排名19位(去年是第38位)进入由传统发达国家和新兴经济体或发展中经济组成的第一集团前二十名。在这一集团中还有中国的香港和台湾。而中国大陆列在由发展中国家和转型国家组成的第二集团(20—40名)，名列24位，由以上排名看，浙江的竞争力已超出中国大陆的整体竞争力。浙江竞争力大幅上升的主要原因是商业效率排名大幅上升，从去年的第四十三位上升到今年的第三位。浙江的这一进步，引人注目。《世界竞争力年鉴2004》指出，浙江若要进一步提升竞争力，则要解决的关键问题是进一步加大物质基础设施和科学、教育、环境、卫生等基础设施的投入力度。浙江还应加大对外开放力度，吸引更多的外资和扩大外贸的规模。而制约浙江发展的另一因素是落后的金融服务。这些评语是有普遍意义的，对于欠发展地区尤其可以借鉴。

浙江的成功，可以有许许多多的解读。长期以来，也一直存在不同意见。但我们认为有以下几点是非常突出的。其一，浙江的竞争强势在于浙江人的比较优势。有三点是出类拔萃的：勤劳、敢闯、合作。从我们的所见所闻中，浙江人是令人佩服的，无论在世界各地，全国各地，还是在本地，浙江精神不是三个和尚没水吃，而是三个和尚水成池。典型的和气生财。其二，浙江可以说是民营经济的天下。这是浙江能够大幅提升商业效率的重要原因。同时这还是浙江大幅提升政府效率的重要原因。其三，浙江的城镇竞争力特别强，每个县市几乎都形成很有特色的县域经济，也可称作“块块经济”。这种小的经济体很有集约效应，互动效应和规模递增效应。有资料表明，浙江全省88个县市区中，有85个形成了“块块经济”，总产值占浙江全省工业总产值的一半左右。吸纳就业人员380万人。这种“块块经济”总数中有519个年产值超亿元，其中118个产值达10亿元～50亿元，26个达50亿元～100亿元，3个达到100亿元以上。有52个“块块”的产品在国内市场占有率达30%以上，这真是浙江人的奇迹，不起眼的事在他们手上都可以做大做强。

再看海南。海南是中国最大的特区，也是广西的近邻，两省区常往常来。现在海南的发展思路和产业格局已日显清晰。给人感觉最强烈的是海南的腾飞已不远了，就像高速路上行车已无障碍。印象最深刻的是海南特色经济已打下基础。西海岸是工业，北是洋浦开发区，60万吨纸浆厂今年就要投产了，往南是东方天然气化工城，正在做大做强。现代化的大工业给海南带来了新的竞争力，大大提升海南工业化水准。南海岸和东海岸是旅游胜地，热带风光独具特色。占尽比较优势。海南的外省籍人的不断涌入，扩展了人力资源，大幅提升了海南的竞争力。海南已形成了一批很有发展潜力的大企业，例如海航集团，东方化工和金海纸业，还有博鳌论坛等大品牌。五指山，少数民族风情也在走向前台。综上所述，海南的竞争力正在大幅提升，海南的经验是很有吸引力的。从欠发展跨入发展这是令人羡慕的。当然这是海南人付出巨大努力的结果，也是国家政策支持的结果。

三看广东提升粤北竞争力的措施。此处粤北是指广东欠发展地区韶关和清远，有一定代表性。这些欠发展地区往往地处山区，交通闭塞，文化落后。他们虽与珠三角同处一省，但他们与珠三角有很大的差距，而且这种差距还未开始缩小。这种紧靠高度发展地区的欠发展地区如何加快发展，如何提升竞争力，是一个普遍关注的问题。大家都想从中得到些什么。广东的做法大体有几点：一是大力发展欠发展地区交通网络建设，安排7亿元补助行政村公路建设7000公里，安排25亿元帮助16个扶贫开发重点县撤并路桥收费站。二是提升欠发展地区市场化程度，改善投资环境，积极招商引资，积极推动产业转移。三是大力发展林产工业和森林旅游业，使其成为欠发展地区经济新的增长点。四是实施“千村扶贫工程”。产业化扶贫组织达1009家，带动40万贫困户，占全省贫困户的一半左右。广东把欠发展地区脱贫看作是提升竞争力的首要措施。

四看江苏提升苏北竞争力的措施。江苏不久前划分为三个经济区域，苏南、苏中和苏北。江苏的欠发展地区是指新苏北，含5个市。江苏提升苏北竞争力的举措，一是大力发展苏中与苏北的交通网络和通信网络，现在铁路、高速公路和长江上的大桥建设热火朝天，这不仅大大缩短了与苏南的空间距离，也大大缩短了与上海的距离，这为苏北融入长三角经济区创造了条件。二是加大对苏北的帮扶力度，加快产业、财政、科技和劳动力四项转移。推进南北

挂钩协作，资源互补。三是加快东陇海线产业带建设，推进苏北的工业化和城市化进程，提升城市的竞争力，尤其是徐州、盐城和连云港的竞争力。

五、广西提升竞争力的若干选择和主要途径

自从改革开放以来，广西在经济和社会的各个方面都取得了显著的进步，贫困面和贫困人口大幅度下降，一、二、三产业的比例渐趋合理，工业化和城市化进程正在加快，对外开放的力度不断加大，交通网络和信息网络建设日趋完善。自己与自己比，今天与昨天比，广西的成就是很大的，是来之不易的，也是十分可贵的。但是摆到全国格局中去比较，摆到区域经济中去比较，广西的竞争力仍然相当脆弱，一些重要的发展指标，例如GDP的增长，人均GDP的增长与全国平均水平，特别是与东部地区的水平比较仍有差距。在外资、外贸总量，在工业化城市化水平，科技和教育等方面在全国的排名都是处在相当后进的地位。广西具有所有欠发展地区的许多共同的特征，面临共同的挑战。因此广西的基本定位是欠发展地区。在探讨其提升竞争力的若干选择时完全可以，也完全应该去参考和借鉴欠发展地区提升竞争力的基本途径。把提升竞争力的基本原理和他人的成功经验与广西的实际情况相结合并能有所创新，这是广西争取大幅提升竞争力的基本选择也是基本途径。这些选择与途径包括：

1. 加大对外开放和对外省开放的力度，大量吸收外资和扩大对外贸易。这是中国东部省份成功的基本经验，也是东西部差距所在。欠发展地区欲要提升竞争力，加快发展，则首先要扩大开放。这一点对广西有重要意义。广西只靠自我积累来发展，则其量和质都不可能快速。因为广西的经济基础相当薄弱。在发展中遇到的最大制约是资金和人才双短缺。政府财力少、民间不富裕、企业不强大、外资来源少，从而导至银行贷款少。这是广西发展中的一大症结。解决的办法只有进一步扩大开放的范围和开放的力度。这样外面的资金、技术、新产品、人才都来了，管理水平也提高了。扩大开放是欠发展地区提升竞争力的一条基本原理。我们要下定决心加大开放力度，因为竞争力是一定要在竞争环境中才能培育和提升起来。过去搞计划经济，没有竞争或竞争不充分，这是国营经济没有活力而垮下去的主要原因。在自由贸易格局下，欠发展地区在一个时期内可能趋于被动或不利地位。为了获得长期的竞争力，这种暂时的代价既是不可避免的又是值得的。

2. 树立科学的发展观，用科学的发展观来指导经济与社会的协调发展。用科学的发展观来评估发展成果。实现增长方式的真正转变，实现长期的协调的可持续发展。科学的发展观对全国都有普遍的现实意义和长远意义。无论是东部已充分发展的地区，还是西部欠发展的地区，科学的发展观是提升竞争力的又一基本原理。这一点对广西同样具有特殊意义。由于欠发展，由于差距在扩大，赶超的心情是迫切的，应该说这是可贵的，也是可以理解的。但容易拼资源、毁生态，容易忽视竞争力协调的全面提升。这是摆在我们面前不得不认真思考的一个大问题。也就是说，我们竞争力的培育和提升一定要遵循科学的发展观。既要敢于竞争还要善于竞争。

3. 学习海南省规划总体发展格局，立足特色经济，发挥优势竞争力，以现代工业和现代旅游为主轴，引资又引才，从欠发展奔向发展的经验。广西自身也有许多比较优势。有绿色的再生资源，南亚热带的水果、甘蔗和速生林木、中药材以及天然保健品。这一资源既构成第一产业中的优势竞争力，也将构成第二产业中的优势竞争力。二有蓝色海洋资源。北部湾的一片海，是广西扩大对外开放的前沿阵地，也是广西提升竞争力最有希望的增长点。这在泛珠三角“9＋2”格局中，在中国与东盟“10＋1”格局中，在中国大西南发展格局中，这一片海蕴藏着巨大发展潜力。海洋运输业、海洋捕捞和养殖业、临海制造业和加工业、沿海城市群竞争力的提升，都将是快速提升广西竞争力的切入点。三有铝土矿等有色金属资源，铝电结合，氧化铝、电解铝和铝材加工将成为广西优势工业中的支柱产业。四有丰富的水电资源，这是干净能源，将是广西工业化的支撑点。广西特色资源将构成广西现代工业的优势竞争力。这是大幅提升广西竞争力的主要途径之一。

4. 学习浙江省快速提升竞争力的经验。浙江的竞争力主要来自较完善的市场经济。浙江是中国大陆经济转型最快、最充分，效果最佳的地区之一。这应归功于民营经济、归功于浙江人的合作和勤奋。浙江创造了全国各地最好的商业效率和政府效率。浙江的这些经验对广西来讲是很有益处的，浙江与广西在计划经济时代，同属国家投入偏少的省区。在转入市场体制后，浙江可以说是突飞猛进。其中民营经济是强大动力。我们广西没有同样突飞猛进，一个重要原因是民营经济没有出现迅速的持续的发展，民营经济在整个经济中的比重远没有浙江

那么高。因此要像浙江那样大幅提升竞争力，广西就应该大力发展民营经济和以民营经济为主体的县域经济。我们还要学习浙江人的合作精神和勤奋精神，努力提高商业效率和政府效率。这是大幅提升广西竞争力的又一主要途径。

5. 借鉴广东提升粤北竞争力、江苏提升苏北竞争力的措施，大力扶持贫困地区。广西有相当大的贫困面和贫困人口，特别是8万多平方公里的石山区，存在水土困难。因此要像粤苏两省那样，实施产业、财政、科技和劳动力四项转移。前三项是向贫困地区转入，后一项是由贫困地区有序转出。要从建设交通网络和信息网络着手，尽可能地缩短与高度发展地区和较发展地区的空间距离和文化距离。使那些贫困的欠发展的地区能够较快融入社会化专业化大生产之中，找到自己的分工地位。应把提升贫困的特别欠发展地区的竞争力，看作是提升广西整体竞争力的必不可少的途径。

6. 大力提升广西城市竞争力。这是全面提升广西综合竞争力的核心部分。其一，把握好中国—东盟博览会在南宁举办的契机，大力提升首府南宁的竞争力。加大香港、澳门、广州、南宁、贵阳、昆明等城市链的互动作用。城市链是由发达的航空、铁路、高速公路和信息网络构成。这个城市链将成为泛珠三角9+2区域经济中南线的经济发展的动力源。加大武汉、长沙、桂林、柳州、南宁、河内、胡志明市、金边、万象等城市链的互动作用。这个城市链将成为中国与东盟10+1自由贸易区陆路东线的发展动力源。南宁竞争力的大幅提升，这对于提升整个广西的竞争力将会产生强劲的带动作用。其二，柳州是广西制造业的中心，制造业的竞争力是工业竞争力的核心。而提升柳州市制造业竞争力的关键是提升企业的竞争力和产品的竞争力。关键中的关键是加大科技投入，提升新产品的开发力度，提升自主知识产权的份额，开拓更多的名牌，提升国际市场销售服务水平。柳州工业产品很可能是广西较早较多进入东盟市场的品牌之一。柳州竞争力的大幅提升，将对广西工业竞争力的全面提升起到重要的推动作用。其三，桂林是广西国际旅游名城。桂林是广西迈向国际的重要窗口。桂林的山水闻名天下，这是桂林的独特品牌。因此大力提升桂林旅游业的竞争力是提升广西竞争力的重要组成部分。现代桂林将依托现代旅游业和现代高新工业，这是桂林的最大优势。其四，广西沿海的北海、钦州、防城港三市，目前在广西经济总量中所占比重仍不大，城市规模也不大，城市竞争力也不高。这是广西提升竞争力的进程中急待解决的课题。广西的长远潜力在此沿海、在此三市，我们把希望寄托在三市的扩大开放上，寄托在外资和民营上。可以预言广西沿海三市腾飞之时就是广西腾飞之日。广西城市竞争力的大幅提升将标志广西整体竞争力的大幅提升。

六、国家对欠发展地区提升竞争力的政策取向

国际上对欠发展国家提升竞争力的通常做法是公共援助和金融支持。公共援助又包括政府的和非政府组织的，政府的主要包括财政、金融和政策扶持，非政府组织的主要是捐赠和志愿者队伍。国际上的这种通用办法完全可以借鉴来制定国家对欠发展省区的扶持机制，以便使欠发展省区竞争力得到提升并较快地融入区域经济。这种扶持机制包括：

1. 扩大中央财政对欠发展省区的转移支付力度。特别是在教育和脱贫两方面应大幅提高财政转移支付力度。教育方面重点放在基础教育质的提高和职业教育及专业培训。脱贫方面还应下决心解决老库区移民生活问题和减轻自然灾害带来的贫困。科教兴国是我国的国策，而这更是欠发展地区策中之策。教育是提高国民素质，培养更高竞争力人才，开发人力资源之根本。为此对于国家如何进一步支持欠发展地区教育事业，提出以下具体建议：①在欠发展地区国家义务教育应优先普及至高中。经费由中央财政直接负担。②为了规范和提高教育质量，在欠发展地区，每个县建一个标准的完全中学，起到示范作用。配备现代化的教学设施和配有学生寄宿条件。③教师必须是合格的，应具备正规高等院校的大专以上学历，多数教师应来自师范大学毕业生。教师的待遇应高于省会城市中学教师的平均工资，并享受应有的各种补贴。④大力发展义务职业教育，普通高中和职业高中要有一个适当的比例。在欠发展地区每个县应建一个标准的职业中学，以起到示范作用。这种职业教育是专业劳动技能的基础培训，是劳务输出竞争力的基础，也是劳动就业掌握科技的基础。以上设想如能实现，欠发展地区必定会迎来全面发展的新局面。

2. 加大对欠发展地区的金融支持力度。欠发展地区目前最困难的发展问题之一，可能是金融服务。这是欠发展地区最为无能为力的一个方面。在经济走向全球化，走向自由贸易的格局中，欠发展地区在一个相当长的时期内面临资金、人才等资源流

失的困境。这将是制约欠发展地区发展的最大因素。为此在金融上给予支持，将是一种最大的支持。建议参照世界银行和亚洲开发银行的模式，设立“第三窗口”贷款或特种基金发放的特别贷款。向低收入地区提供长期的低息贷款。以满足该地区发展中所需的资金。具体办法有以下：①在现有的国家开发银行和农业发展银行中设立专向欠发展地区提供建设资金的长期低息贷款。②设立新的“西部开发银行”。其宗旨是向西部欠发展地区提供长期贷款和投资。其资金来源其一是各省区缴纳的股金；其二是向各省区或国际国内金融市场借款和发行债券；其三是出让债权，将贷出的款项的债权出让给商业银行，以扩大资金周转能力；其四国内外的捐款和优惠贷款。③在“9＋2”区域经济中建立“珠江开发银行”。其宗旨是向“9＋2”区域经济内欠发展地区提供长期低息贷款和投资。其资金来源主要在区域内筹措。以上设想之各银行其贷款的使用范围主要是公用事业、农业、工业、运输业和邮电事业项目。管理机构可以参照世行和亚行，设立理事会、执行董事会和正副行长。综上，加大中央财政向欠发展地区转移支付的力度，特别是支持教育的力度和加大金融支持力度，建立能够向欠发展地区提供长期低息贷款和投资的新的发展银行，应是各项政策取向中的主要取向。

3. 中央政府适当地扩大欠发展省区建设项目的审批权限。例如，对广西沿海建设项目及对广西优势产业的建设项目的审批权可以较多地放给广西，以便加快引资，加大引资成片开发的力度，包括工业和旅游，让有实力的投资者来开发经营。扩大开放是提升欠发展地区竞争力的首要途径，而扩大开放是与项目审批权限密不可分的。

4. 支持广西与越南在边境地区建立跨国经济技术合作区的设想。以及扩大边境贸易，扩大广西边境贸易的进口权限。以此促进广西成为中国通向东南亚的重要陆上通道和海上通道。跨国经济技术合作区的设立，可以探索优势互补的种种模式，以利实现共同繁荣。

七、结束语

在自由贸易格局下，欠发展地区机遇和挑战并存。在改革开放中大力提升自身的竞争力是欠发展地区的首要任务。以科学的发展观为指导，坚持发展的普遍规律与实际情况相结合和以人为本的理念。相信欠发展地区，在经历了扩大开放初期遇到的种种挑战和被动之后，竞争力终将得到提升，生产力终将获得释放。欠发展地区终将迈向充分发展的阶段。广西的发展也将循此规律，广西也同样充满希望。别人能够做到的广西也一定可以做到。

在本文写作过程中得到广西社科院原院长詹宏松同志和广西政协副秘书长陆荣甫同志的帮助，在此表示感谢！

欠发达地区在自由贸易条件下面临的新挑战

——中国一东盟自由贸易区与广西生产力发展对策研究

刘咸岳　刘军

区域经济一体化已成为当今世界的一个主要发展趋势。至2004年1月，世界上已签订区域经济一体化的贸易协定有298个，已生效197个。在这些贸易协定中，自由贸易区占了72%。自由贸易区旨在通过免除区域内成员国关税及非关税限制，消除成员国经贸差别待遇，扩大该区域成员国相互贸易和投资，以实现双赢结果。本文以广西为例，着重分析欠发达地区在自由贸易条件下面临的新挑战和需要采取的应对措施。

一、中国一东盟自由贸易区的建立与前景

中国与东盟地缘相连，文化相近，长期以来存在着密切的合作关系。特别是上世纪90年代以来，中国与东盟的经贸关系进入了一个快速发展时期，年均贸易增长率达到了20%。在全球多边与双边贸易自由化兴起的背景下，中国一东盟自由贸易区也应运而生。

(一)中国一东盟自由贸易区建立的进程

经过多年努力，2002年11月4日，中国与东盟签署了《中国一东盟全面经济合作框架协议》，确定了自由贸易区的目标、范围、措施、时间表、先期实现自由贸易的《早期收获》方案，以及给予越南、老挝、柬埔寨、缅甸以多边最优惠国待遇的承诺。随后经过多次谈判，决定从2004年开始，中国与东盟之间有600种商品作为早期收获产品先行降税，3年内税率降至0%～5%(东盟四个新成员国推迟3～4年)。2005年，建立自由贸易区的进程全面启动，最终于2010年或2012年全面落实自由贸易区废除6000多项产品关税的计划。

(二)中国一东盟自由贸易区的目标和措施

自由贸易区的目标是：在货物贸易方面，最终在双方实行零关税、免配额的贸易；在服务业方面，降低主要服务领域市场准入的门坎，最终实现中国一东盟自由贸易区服务业市场的进一步融合；在投资领域方面，全面取消双方之间的投资壁垒、投资障碍，提高投资的保护程度。实现这一目标的具体措施是：逐步取消所有货物贸易的关税与非关税壁垒；逐步实现涵盖众多部门的服务贸易自由化；建立开放和竞争的投资机制，促进自由贸易区内的投资；对东盟新成员国提供特殊的差别待遇及灵活性；在中国一东盟自由贸易区谈判中，给各缔约方提供灵活性，以解决他们各自在货物、服务和投资方面的敏感问题，建立有效的贸易与投资便利化措施。

(三)中国一东盟自由贸易区的前景

自由贸易区的建立，符合双方的利益，将为双方创造互惠双赢的结果。同时，将有力地推动整个东亚地区的合作。建成后的中国一东盟自由贸易区将拥有约18亿人口的消费大市场、近2万亿美元的国内生产总值和1.2万亿美元的贸易总量。据有关部门的研究分析，自由贸易区建成后，东盟国家的GDP将增加0.9个百分点，总量增长54亿美元；中国GDP将增加0.3个百分点，总量增长22亿美元。东盟对中国的出口额将增加130亿美元，增长48%；中国对东盟的出口额将增加106美元，增长55.1%。更重要的是，自由贸易区建成后，随着贸易和投资的自由化及经济技术合作的广泛开展，将带动双方企业生产能力、生产水平和产品国际竞争力

的提高。

(四)中国—东盟自由贸易区面临的挑战

自由贸易区在形成与发展过程中,将面临来自区域内外的一系列挑战。对中国来说,贸易逆差将继续加大,关税收入减少,国内企业竞争加剧等。另外,由于中国和东盟发展水平相近,产品结构相似,在国际分工中基本处于同一层次,双方均以美日欧为主要出口市场,部分商品在第三国存在重叠现象,必然产生竞争。东盟一些国家,尤其是经济欠发达的国家也担心自由贸易区建立后中国商品对他们的冲击。如印度尼西亚,2002 年的人均 GDP 为 680 美元,按世界银行的划分标准,属于低收入国家。他们认为,自由贸易区在未来可创造更多的经济活动,但无论从区域还是全球来讲,中国都是东盟的主要竞争对手。因为双方的产品类似,特别对于印尼,中国在某些领域还起了主导作用,目前大量来自中国的廉价产品在印尼市场上销售,而且中国产品比印尼本地产品更具有竞争力。又如菲律宾,2002 年人均 GDP 为 891 美元,也属于欠发达国家。他们认为,中国的改革开放是菲律宾商品失去出口优势的主要原因;菲律宾政府官员也强调,中国是菲律宾当前经济复兴与发展的直接竞争对手。

二、中国—东盟自由贸易区给广西带来的新挑战

《框架协议》的基本原则是建立公平、平等、公正的贸易秩序。但由于自由贸易区内各成员国之间,甚至是同一国家内不同地区之间,发展水平和环境不一样,竞争力也不一样。而市场竞争和价格规律总是使资源向发达、富裕和环境好的地区流动,即使在条件平等、公道的竞争中,也必然产生不利于欠发达地区的不平等、不公道的结果。按照联合国工发组织的划分(第二产业在 GDP 中所占比重达 40%～60%者为工业化中期)和世界银行的收入组别分类(人均 875 美元以下为低收入国家),中国目前处于工业化中期和中等收入偏低的水平,高于东盟四个新成员国,也高于印尼和菲律宾。但中国是一个大国,境内各地情况千差万别,经济发展水平、人力资本水平、经济结构等,都不尽一样,在贸易自由化情况下,所处的地位作用、机遇挑战也都不一样。欠发达地区遇到的压力和挑战要远远大于较发达的地区。

广西属欠发达地区。2002 年人均 GDP 为 5099 元,约 621 美元,相当于全国平均水平的 62.3%,在全国 31 个省区市中排第二十九位;第二产业在 GDP 的比重为 36.8%,低于全国 16.1 个百分点。因此,广西还处在工业化初期。诚然,自由贸易区会给广西带来新的发展机遇,但自由贸易区也是一把双刃剑,也会给广西带来新的历史性挑战。具体表现在以下五个方面:

(一)外贸出口将面临更激烈的竞争

广西生产力水平较低,对外贸易额较少。2003 年广西进出口总额 31.92 亿美元,只占全国同期总量的 0.37%;外贸依存度只有 9.66%,大大低于全国 60.3%的水平。广西与东盟的贸易额为 8.26 亿美元,其中 65%是中越边境贸易。广西出口东盟的主要产品是机电、农产品、矿产品、化纤服装、农用物资、玻璃、陶瓷、中成药等。这些产品的特征表现为二多二少:资源型产品多、新产品开发少;初级产品多,高新技术产品少。如机电产品出口,广西只占 30%,而全国达到 60%。这些特征说明广西出口产品缺乏竞争力,而且在近期还会遇到更激烈的竞争。一方面,广西与东盟的产业结构相同,特别是与主要贸易伙伴的越南和泰国,产品主要以劳动密集型和部分资本技术密集型为主;另一方面,广西的工业主要是中小型企业,资源型的初级产品比重较大,出口贸易处于弱势;再有,中国与东盟出口商品结构接近,产品重复率达 60%,这将加剧双方对国际市场的竞争。

(二)吸引国际资金将带来更激烈的竞争

改革开放以来,广西利用外资取得一定成效,但在全国所占份额很小。至 2003 年,广西累计利用外资 72 亿美元,只占全国同期总量的 1.6%。其中引进东盟资金 6.06 亿美元,占全国 2%。在东盟中主要集中在新马泰,占 94%。至于广西在东盟投资,目前还很少。近年来广西利用外资进展不大,1995 年为 9.64 亿美元,2000 年下降到 7.53 亿美元,2003 年只有 6.9 亿美元,今年上半年仅完成 1.24 亿美元。自由贸易区建成后,随着投资促进机制和相关措施的落实,东盟国家在华投资将有明显增加。据东盟秘书处的研究结果显示,自由贸易区启动后,东盟对华投资将增加 48%,实际投资规模将由现在每年 30 亿美元左右增加到 50 亿美元。这将给广西引进东盟资金带来良机。但是,这个良机能否转为现实效果,或者这个现实效果有多大,都是值得认真分析研究的。笔者认为,广西未来在吸引外资方面将面临更加激烈的竞争。一方面,广西同东盟一样

都缺乏资金，而引资的主要来源地却基本相同。在自由贸易条件下资本的流动都是寻求效益回报的最大化，由于广西的制造业相对落后，尤其装备制造业如成套设备、数控机床、电子元件生产设备等较少，致使广西在利用外商投资制造业方面缺乏有吸引力和竞争力的必备条件；同时，广西初级产品多，产业链短，投资成本较高。自由贸易区建成后，国际资本在东盟任何一个国家投资生产的产品都可以按原产地原则享受同样优惠进入自由贸易区的市场，特别是中国市场。这就不可避免地加剧了东盟和广西乃至中国在吸引外资方面的竞争；另一方面，广西投资环境特别是软环境比较差，观念比较陈旧落后，办事效率低，这也是广西引资缺乏吸引力的重要原因；还有，广西现有外资企业相当一部分由于种种原因亏损和停业，据调查，台商在广西投资半数的企业因经营状况不好等原因而导致撤资或停业，这对广西引资工作将产生一定的负面影响。我们必须正视这些问题，认真研究并加以解决。

（三）农业面临着“早期计划”的冲击

东盟很多国家都是农业国，尤其是热带亚热带农业特征突出。广西与东盟特别是亚洲中南部的国家农产品结构类同，而东盟气候条件比广西好，资源比广西丰富，加上“早期收获”计划和中泰果蔬协议中有不少产品被列为“例外清单”，从而使广西农业面临严重冲击。据统计，2003 年广西与东盟农产品贸易额达 23774 万美元，占广西对东盟贸易额的 28.8%。其中出口 12758 万美元，进口 11016 万美元。中国与东盟通过谈判决定早期收获产品的范围，主要涉及 600 多项农产品，包括活动物、肉及食用杂碎、鱼、乳品、其它动物产品、活树、食用蔬菜、食用水果及坚果等门类。双方同意最迟从 2004 年 1 月 1 日起，在三年内将这些产品的税率降到 0%～5%，东盟新成员国可以推迟 3—4 年（详见附表）。

附表　“早期收获”计划实行关税削减和取消关税的产品类别及其时间框架表

产品类别	国家	不迟于 2004 年 1 月 1 日	不迟于 2005 年 1 月 1 日	不迟于 2006 年 1 月 1 日	不迟于 2007 年 1 月 1 日	不迟于 2008 年 1 月 1 日	不迟于 2009 年 1 月 1 日	不迟于 2010 年 1 月 1 日
1	中国和东盟六国	10%	5%	0%	—	—	—	—
	越南	20%	15%	10%	5%	0%	0%	0%
	老挝和缅甸	—	—	20%	14%	8%	0%	0%
	柬埔寨	—	—	20%	15%	10%	5%	0%
2	中国和东盟六国	5%	0%	0%	—	—	—	—
	越南	10%	10%	5%	5%	0%	0%	0%
	老挝和缅甸	—	—	10%	10%	5%	0%	0%
	柬埔寨	—	—	10%	10%	5%	5%	0%
3	中国和东盟六国	0%	0%	0%	—	—	—	—
	越南	5%	5%	0—5%	0—5%	0%	0%	0%
	老挝和缅甸	—	—	5%	5%	0—5%	0%	0%
	柬埔寨	—	—	5%	5%	0—5%	0—5%	0%

随着“早期收获”计划的实施，广西农业至少有三方面遇到挑战：一是从上表看，东盟新四成员国有 3—4 年的保护期，尤其是作为广西贸易伙伴的越南，农产品与广西类同，但越南有保护期，广西没有保护期，同类产品实行不同的税率，这对广西是极为不利的；二是从上表看，我国对东盟新四成员国降税幅度较大，这对四国尤其是越南大有好处。近年来，越南出口广西的水果增长很快，1997 年仅 335 万美元，到 2003 年已超过 4000 万美元，这种趋势今后还会增加。而对广西来说则受到负面影响。据有关人士分析估算，关税降到零以后，广西龙眼、荔枝、香蕉、芒果、菠萝五大类水果将损失 6.33 亿元，果农人均损失 85.8 元。这个估算是否准确不必苛求，但“早期收获”计划的实施对广西农业的负面影响是不容置疑的。三是蔗糖业，2003 年，广西生产机制糖 601.4 万吨，占全国产量的一半以上。从未来趋势看，中国食糖供求缺口增大已不可逆转，今年预计缺口 130 万吨。广西的制糖业无论从自身资源禀赋来看，还是从全国食糖供求情况来看，都是具有优势的支柱产业。但是，广西制糖业受冲击也是不可避免的。一方面，是来自中国—东盟自由贸易区内的冲击。广西糖厂规模小，生产成本高，效益低，与产糖国泰国比较，广西每吨糖成本要高出 500 元左右；泰国是食糖出口大国，年出口 500 万吨以上，而中国是食糖进口国。自由贸易区的建立，关税逐步降至零，泰国凭着他们的低成本有可能向中国大量出口食糖，这对广西是极为不利的；另一方面，是来自自由贸易区外的冲击。由于我国入世时承诺对糖业保护

程度很低，如今年我国食糖进口关税降到15%，是目前世界最低的，WTO中135个成员国平均食糖进口关税为97%，发展中国家为55%。象我国周边的产糖国印度也达到75%。这就使我国制糖业处在一个极不公平的竞争环境之中，而首当其冲的就是广西的制糖业。

(四)边贸优势将逐步弱化

广西与越南接壤，有25个边民互市贸易点。改革开放以来，特别是1989年中越边境恢复边民互市以来，边境贸易发展很快，从1989年到2001年，年均增长近20%；2003年边境贸易额达到5.35亿美元，分别占广西对越南和东盟贸易额的80.3%和64.8%。可见边境贸易在广西对外贸易中占有非常重要的位置。尽管边境贸易存在这样那样的问题，但由于出口关税、增值税双减半的现行优惠政策，边贸仍有较强的竞争力。自由贸易区建设进程开始后，国家之间的贸易关税逐步降低，边贸和一般贸易的关税及收费将趋于一致，这样边贸的政策优势将不复存在，原来很多依靠边贸出口的农副产品和工业产品由于关税逐步降低和取消，会转为以一般贸易方式进行。在自由贸易区建成之前的过渡期，边境贸易还有一定的优势，但由于实施“早期收获”计划，农产品进出口关税逐步降低，边贸的优势也将逐步弱化。据南宁海关统计，今年上半年广西边境主要口岸的进出口贸易均出现不同程度的下降。

(五)区位优势面临周边兄弟省的剧烈竞争

中国与东盟毗邻的不仅是广西，还有广东、海南和云南等省，陆地相邻的有广西和云南，既有陆地又有海上通道的唯有广西。因此，在中国一东盟自由贸易区中，广西具有明显的区位优势。但随着中国南下战略的推进，中国通向东盟的交通建设进一步加快。如从上个世纪90年代初期开始，湄公河次区域经济合作，重点项目是交通，主要涉及澜沧江一湄公河的国际通道开发、“泛亚铁路”及区域公路网建设。经过双方近十年的努力，2001年6月，中、老、缅、泰四国实现了正式通航，到2005年，澜沧江一湄公河的通航能力将显著提高；从昆明到新加坡，途经越、柬、泰、马的“泛亚铁路”，全长5500公里，预计耗资25亿美元，历时十年，正在积极筹建中；昆明至曼谷的公路，已确定由亚洲开发银行牵头，中、老、泰三国负责修建，2006年全线贯通。这些项目的实施建成，将为大西南和中原通向东盟增加一条大干线。此外，海南与越南隔海相望，距离很近，海南也开辟了对越南的通商口岸，充分发挥海上的运输优势，直插越南中部和发达的南部。广东沿海港口，自古以来就是中国通向东南亚的商埠。周边兄弟省加快与东盟交通网络建设，对中国—东盟自由贸易区的建立是有力的推进，但同时对广西发挥区位优势也形成了挑战。

三、广西在中国一东盟自由贸易区中的对策选择

面对中国一东盟自由贸易区给广西带来的挑战，我们应该冷静分析，积极应对，抓住机遇，克难制胜。

(一)广西发展需要把区位优势转化为经济优势

广西有许多优势，如矿藏水电资源优势、地理气候优势、区位优势、政策优势等等。这无疑都是正确的。但如果把广西放在全国甚至整个中国一东盟自由贸易区来看，其最大的优势还是区位优势。广西沿海沿江沿边，北部湾一片海，公路铁路直达越南，内河西江直通广东、香港，这在西部地区是不可多得的。至于水电矿藏资源，有一定优势，但不是很突出，目前正在加快开发步伐；而地理气候优势和政策优势已不明显。因此，广西最有优势的是区位优势，但目前开发利用程度还很低。如何把区位优势转化为经济优势，这是广西要认真做好的一篇大文章。

1. 把发展沿海经济作为战略重点来抓。广西沿海三市分设以来经济有了很大发展，但与其优越的区位优势相比，还很不相称。如1995年三市GDP总和、工业增加值总和、财政收入总和在全区的比重分别为13.78%、9.28%和12.4%，而到2003年这三项指标分别为13.43%、10.0%和8.45%。除工业增加值比重略有增加外，GDP、财政收入的比重都下降。这说明“八五”以来的八年，沿海三市经济发展不仅在全区未能领先，反而还拖全区的后腿，这是很值得深思的。国内外发达国家和地区，无不是从沿海率先发展起来的。广西沿海经济不加快发展，全区就很难实现跨越式发展。加快沿海经济发展，必须从基础设施建设、产业布局、政策倾斜、干部配备等方面给予支持，当前特别是要解决行政体制分割的障碍问题。目前沿海三市行政性区际关系削弱着甚至替代了市场性区际关系。三市距离很近，资源禀赋基本一样，由于区域内地方行政主体利益导向难以做到资源的优化配置及经济融合，突出表现在不合理的重复建设，竞相出台优惠政策，甚至产生资源大战，实行地方利益保护，严重制

约了沿海区域综合竞争力的提高。克服体制障碍的基本思路：一是调整行政区划，但这在目前比较困难；二是在不涉及行政区划框架的情况下，积极推动市场化条件下区域的合作联动，即联动营造一个少有政府参予的沿海区域统一市场，以利于资源和信息的自由、合理、充分、顺畅地流动和配置；联动制定市场运作的统一法规和制度；联动探索政府间合作的新机制和新模式；联动培育区域产业群落和产业链；联动实现区域城市、环保和社会发展的协调。为此，建议自治区成立“南北钦防”一体化协调小组，邀请国家权威机构和专家对广西沿海区域经济和社会发展进一步做好规划；做好沿海区域统一市场基础设施、信息共享平台、产业集群、城市体系和重大项目建设的协调联动；实现区域某些职能管理方面的一体化，如交通管理与规划、工商管理和监督、环境保护等等。

2. 把物流业作为一项大产业来抓。1992 年中央作出要“充分发挥广西作为西南地区出海通道的作用”的战略部署，这是对广西区位优势的充分肯定。经过十多年的努力，广西已初步建成出海通道的交通网络，为物流业的大发展打下了基础。但是，广西至今这一优势并未能很好发挥作用。2003 年广西的货物周转总量为 936.77 亿吨公里，港口货物吞吐量为 4409 万吨，分别只占全国总量的 1.63％和 1.33％，远远低于 GDP 所占的比重。随着中国—东盟自由贸易区的建立，物流不断增加，将为广西物流业发展提供良好的条件。我们应该抓住这一机会，把广西物流业做大做强：一是要进一步改善物流业发展的政策环境。要树立以客户为导向，以服务为核心的竞争观念。目前广西地铁占据三段连接港口的铁路，而收费又比国铁高，加上调度能力较差等，制约了广西物流业发展。建议尽快改变广西地铁体制，交由国铁经营管理，或与国铁组建股份公司，以减少体制障碍，降低物流成本。二是建立统一协调的物流管理机构，由综合部门牵头，交通、铁路、民航、邮政、海关、质检、信息、财政、税务、国土资源等相关部门参与，以形成全区物流部门协作制度。

3. 加强完善通道建设和物流设施配套建设。加快修建出省出境的高速公路，主要是东进广东，使广西的高速公路与广东的高速公路网络联通；北上修通联接湖南的高速公路，打通广西与中部地区的快速通道；向西加速建设通往云贵联接大西南的高速公路；向南加快建设南宁至友谊关、东兴的高等级公路。积极争取国家尽快修建洛湛铁路广西段和合浦至河唇铁路。加快沿海三市港口和西江内河港口建设，实现 2000 吨级船舶从贵港直达珠三角。此外，还要加快枢纽港口和中心城市物流园区、物流中心等物流服务设施建设，加快物流信息化、标准化建设以及专业批发市场和各种仓储、装卸设施的建设，形成一整套适合我国物流业需要与国际惯例接轨的物流标准化体系。

(二)调优经济结构，增强广西产品在自由贸易中的竞争力

根据《协议框架》的原则，要扶持具有较强竞争力的产品，调整部分竞争力较弱的产品，做到扬长避短。

农业方面，要大力发展有特色、有优势的优质水果、瓜菜。做好优势农产品区域布局并加以实施，形成较大规模的产业带。畜牧业是广西优势产业，具有较强竞争力和带动作用，必须作为主攻产业来抓。要加快龙头企业发展，加快发展农产品加工业，尤其是食品、饮料等，推进农业产业化进程。对从事农产品加工的，在政策、资金上加大支持力度。

工业方面，重点是改造传统产业。广西工业90％以上是传统产品，虽然有资源优势，但加工层次低，产业互动链短，产品能耗和成本高。如每亿元工业产值能耗约为 1.2 万吨标准煤，电耗 1256 万度，比全国分别高 54％和 47％。即使是机械工业，大多数也是停留在 20 世纪九十年代水平。因此，广西提高工业竞争力，除了继续发展有限的资源型优势产业，如电、铝、纸以外，重点应该放在用高新技术改造传统产业上。有条件的可以自行改造，而更多的是提倡鼓励以产权为纽带，与国内外强势企业进行嫁接改造，实现产业链的对接。在这方面，柳州的许多企业，如柳工、柳化、柳汽、五菱等已经这样做，并取得了很好的成效。

蔗糖是广西典型的资源型优势产业，但如上所述，它将面临自由贸易区和 WTO 的双层压力。在这种情况下，广西蔗糖业既不应该用行政手段人为进行压缩，也不是盲目进行规模扩张，而是要进一步整合、改造、提升，把蔗糖业做大做强。关键是要降低制糖成本，重点要抓好三个环节：一是以产权为纽带，实行资产重组，打破行政区划界限，发展农工贸一体化的大型糖业集团；二是积极引进先进技术和设备进行技术改造，并逐步实行原糖生产和精糖生产专业化，提高糖厂加工能力、加工深度和加工效益；三是推广高产高糖的甘蔗品种，逐步提高原料蔗生产的规模化和集约化水平。

(三)加大人力资本投入,培育提高广西核心竞争力

一个国家和地区,劳动者受教育的程度和所具有的科学文化素质的高低,是生产力发展水平的最终决定力量。因此,无论国际国内,生产力发展最核心的竞争力是人力资本水平。广西经济发展滞后的根本原因就是人力资本水平低。如果说广西经济发展与发达地区存在较大差距,那么最大的差距是广大公民在科学文化上的差距。据第四次人口普查,广西15岁以上公民受教育年限为6.7年,其中农村劳动力为6.1年,而全国分别为8.5年和6.9年;广西普九人口覆盖率只有71.8%,比全国低13.2个百分点,每万人口拥有专业人才只及全国平均水平的2/3。因此,在自由贸易格局下,广西面临的最大挑战是人力资本,是科技和人才。

提高核心竞争力,从根本上说是优先发展教育。广西当前最需要的是发展劳动密集型产业,与此相适应的教育应当是低端教育,重点是基础教育和职业技术教育。要坚持以人为本,真正把教育作为生产力来抓,像抓项目一样抓教育、抓培训,用抓基础设施的力气来抓基础教育。要按中央的要求,五年内全面完成普九任务。在抓好基础教育的同时,加强高层人才队伍的建设,特别是要加快培养一批熟悉国际市场、具有国际先进水平的专业人才、管理人才和企业家。发展教育的关键是增加投资。据权威机构的分析,人力资本投资回报率和物质资本投资回报率之比为3∶1。广西在资金比较短缺的情况下更应调整投资结构,加大对教育的投入。财政用于教育的支出占GDP的比重应达到国家规定的4%。要营造良好的环境留住人才、引进人才。广西2000年至2003年高层次人才进出比为1∶2.5,这种局面应尽快扭转。

(四)加强区域合作,联合走向东南亚

根据博奕论,博奕双方合作能够达到双赢的结果。广西竞争力较弱,而周边兄弟省都具有通向东盟的区位优势。因此,广西必须加强与兄弟省的合作,最主要是东靠西联。东靠即靠拢广东,对接珠三角,融入珠三角;西联,即联合大西南,特别是要加强与云南的合作。珠三角起步早,实力雄厚,人力资本水平高,2002年人均GDP34295元,相当全国平均水平的4.19倍;进出口额2211亿美元,占全国35.6%。CEPA的实施更为珠三角注入新动力。广西同广东同饮一江水,地缘、历史、经济紧紧相连,古为一家,今为兄弟。两广经济合作历史悠久,特别是1996年中央确定广东对口帮扶广西后,两广经济合作不断加强,1997—2003年共签订合作项目1700项,实施1200多项,引进广东资金60亿元。今年以来双方高层领导再次互访,签订了合作协议,标志着两广合作进入新阶段。要进一步巩固和发展两广合作的好形势,从广西来说,一是认识上要树立合作的迫切性。广西属于欠发达省区,光靠自己的力量是难以走向东南亚的,也是难以缩小与发达地区的差距。因此,必须解放思想,转变观念,虚心学习,甘当"二老板";二是行动上要有主动性。要打破自我封闭的束缚,克服"万事不求人"的小生产意识,主动融入珠三角,主动争取广东产业的幅射和转移;三是要确立企业的主体性。实行区域合作,无论是进行资源的开发合作、加工型合作、延伸产业链合作,还是输入品牌合作,都是企业行为,必须坚持企业为主体,遵循"自愿参与、平等互利、市场主导、优势互补"的原则;四是强化政府的服务性。区域合作,政府的责任在于创造公平开放的市场环境,促进生产要素的合理流动和优化组合,加强基础设施建设的协调,解决合作过程中相互关联的重大问题。

广西和云南地缘关系密切,在自然禀赋、区位优势、产业结构和经济发展水平上,都存在相似性和互补性,双方都应树立合作博奕的思想,从多方面加强联合与合作。如重视政策信息合作,尽快建立两地信息交换机制;打破行政区划条块分割,通过整合双边资源与市场优势,加快实现面向东南亚市场的统一开放、公平竞争的桂滇区域合作体系,等等。

(五)强化软力量建设,营造对外开放的良好环境

所谓软力量,是一种影响别人选择的能力,如有吸引力的文化、意识形态和制度。广西有良好的区位优势,有丰富的自然资源,为什么外商到广西投资较少?为什么广西人才和资金外流较多?究其原因,在于广西软力量较差,缺乏吸引力和凝聚力。在部分外商印象中,广西环境不太好,特别是软环境较差。因此,加强软力量建设,改善投资环境,是广西扩大对外开放、提高竞争力的关键性措施。

软力量建设,包括文化建设、制度建设、思想观念创新等等。当前从广西实际情况出发,最重要是要进一步解放思想,更新观念。观念决定思路,思路决定行动。广西历史上商品经济不发达,小生产意识比较浓厚,一些地方"土司文化"影响较深,历次政治运动"左"的影响也较大。虽然多次开展解放思想讨论,但当前在一些领导干部和公务员中,陈旧落后的思想观念还比较突出。如习惯于用计划经济时期的行政命令式领导经济的方法；疏于交往，自我封闭；层级观念和官本位观念影响较深等。所有这些陈旧落后的观念，严重禁锢着人们的思想，制约了广西对外开放和发展。广西要融入珠三角、走向东南亚，必须进一步解放思想，更新观念。不仅领导层要解放思想，广大干部群众也要解放思想。但关键是领导层，一个单位的主要领导，如果思想不解放，观念不更新，这个单位谈解放思想、更新观念就是一句空话。

（六）以中国一东盟自由贸易区博览会为契机，进一步扩大广西与东盟的合作

中国一东盟自由贸易区博览会每年在广西南宁举办一次。这对于提高广西知名度，振奋民族精神，激励广西人民加快现代化建设步伐，具有重大的深远意义。同时，也为广西扩大对外开放，加快经济发展，提供了一个良好的机遇。我们一定要利用博览会这一平台，宣传广西，了解东盟，了解世界，加快出海通道建设，改善软硬环境，大力发展物流业，调优结构，提高广西在东盟的竞争力。企业是对外贸易和融资的主体，要防止“上头热下头冷”的倾向，高度重视发挥企业的主体作用，广泛动员企业积极参与博览会活动，参与国际竞争，扩大招商引资，扩大对外贸易，提高自身竞争力。

四、积极争取中央对广西的更大支持

由于东盟各国发展水平不一样，自由贸易区给他们的影响也不一样。为此，中国对东盟采取了区别对待的政策，如欠发达的东盟四个新成员国，虽然还不是 WTO 成员，但中国同样给予他们与 WTO 成员国一样的最惠国待遇；同时，对“早期收获”计划，亦允许他们有 3～4 年的过渡期。

广西既是西部贫困省区，又是少数民族边境省区。在中国一东盟自由贸易区的建立中，广西同全国一样，既赢得良好的发展机遇，但更面临严峻的挑战，而且机遇是潜在的，挑战则是现实的。因此需要争取中央给予更大的支持。

1. 争取中央进一步支持广西加快出海通道的建设。（1）请求国家尽快将洛湛铁路湖南永州经岑溪至玉林段列入开工计划并全部由国家投资建设，争取早日建成这一我国第三条纵贯南北大通道的重要路段。（2）请求国家全部出资并尽快开工新建广西合浦至广东河唇铁路，打通中国南部沿海铁路网，形成广西沿海地区勾通广东和我国东部沿海发达地区的便捷通道。（3）请求国家分段加快黔桂、湘桂、焦柳、南昆、南防、钦北等现有铁路的改造，同时加大柳州、南宁、桂林等枢纽站的解编能力。

2. 争取中央扶持广西蔗糖业的发展。目前世界上许多国家对制糖业均采取高关税低税赋的扶持和保护政策，而我国是实行低关税高税赋的政策，致使我国制糖业与国际食糖出口国之间的竞争力差距很大。广西食糖产量占全国一半以上，而且涉及到近 2000 万农村人口的收入问题。为此，建议国家在宏观政策上对蔗糖业进行保护：（1）降低国内税赋，在现有税率基础上减半征收；（2）国家应合理保持食糖库存，正确运用储备工具；（3）建立食糖市场调控的有效机制。根据国际市场走势和国内生产成本，合理确定并公布食糖保护价，保持食糖价格相对稳定。同时，建议国家压缩和限制糖精生产。

3. 支持广西发展教育事业。（1）广西还有 41 个县普九未达标，希望中央对普九所需资金通过财政转移支付给予支持；（2）农村教育经费由原来主要由县负担改为县、省和中央三级负责，以中央为主；对教师的工资改由省或中央直拨。由此所增加的经费由中央通过财政转移支付解决。

参考文献

[1]杨成绪等，《共商合作，共享商机》〔J〕，世界知识出版社，2004.4。
[2]王　勤，《中国与东盟经济关系新格局》〔J〕，厦门大学出版社，2003.12。
[3]杨成绪等，《共商合作，共享商机》〔J〕，世界知识出版社，2004.4。
[4]杨成绪等，《头商合作，共享商机》〔J〕，世界知识出版社，2004.4。
[5]王　勤，《中国与尔盟经济关系新格局》〔J〕，厦门大学出版社，2003.12。
[6]庞革平，《广西农业直面东南亚自由贸易区竞争》〔N〕，人民日报华南新闻，2004.4.14。
[7]李银雁，《不公平竞争环境压榨中国糖业》〔N〕，中国经济时报，2004.3.26。

发挥广西在中国—东盟石油合作的作用

覃达

2004年，当油价刚跨过40美元/桶时，市场一遍哗然。8月20日，纽约商品交易所的9月原油期货报价盘中一度飙至每桶49.40美元的历史高峰，油价已经直指50美元的心理关口，更是引起各石油消费大国的恐慌。中国，是消费石油的大国。根据我国的经济规模计算，国际油价每桶变动1美元，将影响进口用汇46亿元人民币，也就是说国际油价每变动1美元，将直接达到我国的GDP大概0.043个百分点。有专家指出：国际石油价格波动对我国GDP增长速度的影响将从2000年的24.28倍，扩大到2010年的31.88倍。人们不禁要问，中国能够应对每桶50美元的油价吗？中国的石油安全的出路又在哪里？

一、石油安全呼唤加强中国东盟的石油合作

有关数据显示，我国已经成为仅次于美国的世界第二大石油消费国，是继美国、日本之后的世界第三大石油进口国。据我国海关统计，2003年我国进口源于9112万吨，进口成品油2824吨，石油进口量已占到国内消费量的32%，中国自1993年成为石油净进口国以来已经连续1年成为石油净进口国。有关权威部门预计，2004年我国进口的原油将接近1亿吨大关。根据国际能源机构的预测，到2005年，中国石油消费量将达3亿吨，将进口原油1亿吨以上。2010年中国石油消费的61%、2020年石油消费量的76.9%要依靠进口。业内人士认为，当一国的石油进口量超过1亿吨以后，就要考虑采取外交、经济、军事措施以保证石油供应安全。于是建立多元化的石油供给体系，维护中国石油安全的应对措施呼之欲出。目前，中国石油海外合作项目已遍及亚洲、非洲、北美洲和南美洲等四大洲的12个国家，经国家批准已中标和签约了28个勘探开发项目，初步形成了以苏丹项目为依托的中东和北非战略区、以哈萨克斯坦项目为依托的中亚和俄罗斯战略区、以委内瑞拉项目为依托的南美战略区，涵盖了油气勘探开发、地面建设、长输管道、石油炼制、石油化工和油品销售等业务领域。在这些海外合作项目中，与东盟的合作有其独特的意义。在外交上，比最大的竞争对手日本更胜一筹，我国与东盟国家的友好有着悠久的历史，目前同东盟主要国家的外交关系正处于历史上最好的时期。而日本在二战时期曾经蹂躏过东盟许多国家，近几年日本首相参拜靖国神社，极大地伤害了这些国家人民的感情。加上东盟国家有众多的华侨、华裔，对祖国有更多的亲情感，在当地社会经济中举足轻重。在军事上，东盟国家不是与我国陆地相连就是与我国隔海相望，石油运输基本上绕开了令人生畏的马六甲海峡，国家的石油利益最容易受到我国的军事力量的保护。在经济上，从东盟国家获取石油至少比中东和非洲节省一半以上的路程，比拉丁美洲节省三分之二的路程。中国—东盟的石油合作也是双赢的，有利于扩大我国对东盟国家的进出口。在质量上，东盟石油比中东石油含硫量低，便于生产加工，并能极大地缓解日益增长的汽车数量给环境污染带来的压力。中国—东盟石油合作的主要渠道有：

1.石油的勘探和开采。在南中国海，到上个世纪90年代末期，周边国家已经在南沙海域钻井1000多口，发现含油气构造200多个和油气田180个，仅1999年年产石油4043万吨、天然气310亿立方米，分别是我国1999年整个近海石油年产量和天然气产量的2.5倍和7倍。然而迄今为止我国在南

沙还没有竖起一座井架，没有打出一桶油。据估计，南海是世界四大海底储油区之一，油气地质储量约为350亿吨。对此我国政府的态度是明确的，就是“搁置争议、共同开发”。但应当把政策具体化，制定可操作的步骤和措施，早日解决南海领土划分问题，为开发南海的油气资源创造条件。

在印度尼西亚，中海油在2002年斥资12亿美元收购了澳大利亚和印度尼西亚的三块石油天然气田。而中石化和中信也表示正在收购海外油田资产。其中以5.58亿美元购买西班牙瑞普索公司在印度尼西亚5个海上油田的部分石油资产，是目前中国公司并构国外资产数额最大的项目之一，这5个油田共有超过1亿吨的总探明储量。

在泰国，据泰国石油局报告，泰国已发现并可开采的石油储量为1亿吨左右，天然气12.7万亿立方英尺。泰国的液化石油气生产发展很快，2000年达7131亿立方英尺，产量供大于求，主要出口周边的中国、缅甸、越南等国。2001年中国已经成为泰国液化石油气最大的出口市场，占其出口额的53%。泰国天然气的开发利用将在今后10年得到进一步发展。泰国凭借与中国邻近的地理位置，将比中东的液化石油气更具有运输成本上的优势。

在缅甸，而据缅甸石油天然气公司公布的最新数字，缅甸陆地和近海已探明石油储量达4.2亿吨，天然气储量达14420亿立方米。近年缅甸每年生产原油54.4万吨，天然气80多亿立方米，出口天然气50多亿立方米。中国石油天然气总公司已参与缅甸油气地质勘探工程，另外中石化云南公司也在考虑参与缅甸北部的石油开采。

在东南亚诸国中，越南的石油储量仅次于印度尼西亚、马来西亚而位居第三。越南目前是中国在东南亚地区最大的原油进口国，也是中国第六大原油进口国。

2. 石油运输管道的建设。我国的能源安全策略之一就是要开辟西南通道，有专家建议，建设从缅甸实兑港上岸，直达云南的输油管道。这条线路比传统的通过马六甲海峡将原油运抵湛江和宁波的“太平洋线路”节省1200多公里，而且要安全得多。有更多专家提出的“三大工程”项目，即泰国管道项目、四大通道建设、泰国运河建设。首先是泰国管道项目（泰国管道项目是横贯马来半岛、总长度达220公里的大型原油管道铺设项目），建设后将部分取代马六甲海峡运输路线。该项目已经引起我国有关部门的高度重视，有参与项目的意向。其次加紧四大通道建设，具体是指曼谷－昆明湄公河国际航道、昆明－曼谷公路、泛亚铁路以及南宁－友谊关－河内高等级公路。“三大工程”的第三项是泰国运河，来自中国国家计委的消息称，中国石油系统对在泰国南部克拉地峡开凿运河的计划，表现出极大的兴趣。上述工程一旦建成，每艘巨型油轮可缩减至四天的六百海里航程，每趟节省30万美元开销。将减轻中国对马六甲海峡的依赖性，扩大石油运输的活动空间。

3. 石油储备和运输。我国石油安全的重大另一个问题是石油储备，目前我国的国家石油储备仅有205万立方米的成品油储罐，以原油储备为主的石油战略储备尚属空白，国家几乎没有实际意义上的石油战略储备。现有石油储备主要是石油、石化企业的生产性周转储备，主要集中在油田和煤油厂；原油进出口码头和重要原油中转站的储备能力相对不足，且原油的商业性调节功能也很弱；成品油储罐普遍较少，地区分布和部门权力分散。解决石油储备问题，一是建立由中央政府直接投资、拥有和控制，战略石油储备设施；二是鼓励我国石油公司与国内外大用户建立商业石油储备。在石油运输方面，我国90%以上的进口石油需要从海上船运，而海上船运的90%又是由外轮承担的。到2005年时，中国力争50%的进口石油将由本国油轮运输，另外50%还不要外轮承担。为了规避经营风险，应当通过合资、合作等方式和石油输出国家组建石油运输公司。中国－东盟自由贸易区的建立，使中国－东盟的石油合作达到一个更深的层次，我们特别要重视吸收东盟的资金，从石油勘探开采到运输甚至还包括石油加工到储备、销售形成一个完整的利益共享链条。

二、广西参与中国－东盟石油合作的优势和措施

纵观中国周边环境，中国南部的广东、广西、海南是相对安全的地区，是中国海外石油进口的便捷安全大通道。再从石油工业的布局来看，我国的石油工业在布局上主要分布在中国的长江和长江以北的地区，以及西部地区，长江以南只有茂名石化一枝独秀。中国北部石油工业主要承接本地产原没和来自俄罗斯的原油，中国西部石油工业主要承接本地产石油，一旦国家将所在地油田确定为战略储备油田，这些地区的石油工业主要将依赖哈萨克斯坦的原油进口。中国沿海石油工业主要承接我国领海以

及近海陆地开发原油和来自海外的原油。从地理上来看，中国东南和西南使用茂名成品油是最经济的，并且茂名石化承接海外原油运输成本也是最低的。茂名石化年炼油能力已经突破1000万吨，中远期达到1600万吨至2500万吨的能力。按中国从海外进口石油的趋势推算，每隔几年要新建一个年原油加工能力达500万吨的炼油厂，才能满足新增进口原油的加工能力，显然仅仅靠茂名石化扩大生产能力满足不了从海外增加进口石油的需要。因此，在广西沿海港口新建石油工业项目弥补了中国石油工业布局的缺陷。中国—东盟博览会落户南宁，实际上把广西推向中国—东盟合作的前台。既然如此，把中国—东盟的石油合作作为博览会的一个重要项目不更是锦上添花吗？而广西在中国—东盟石油合作，应紧紧抓住广西是中国—东盟合作的桥头堡和南博会大做文章。

1. 广西参与中国—东盟石油合作之一是对原油的加工。广西现有田东和北海两个小型炼油厂，但以其为龙头的广西石油行业对广西的财政贡献却有目共睹，近几年，每年上缴的利税都排在全区工业行业的前10名，2002年上缴利税达到3.5亿元。广西要尽量争取中央扶持广西在沿海城市新上石油工业项目，并作为东盟石油的加工基地。如果这个计划能实现，石油工业即刻成为广西经济新的增长点，也将成为广西新的支柱产业。这可视为继南昆铁路、平果铝业、龙滩水电站之后的第四大扶贫工程。石油工业项目的建成将极大地带动广西经济的发展，对广西在2020年国内生产总值达到全国平均水平有及其重大的意义。目前，我国石油行业为中国石化集团和中国石油集团所垄断，也是我国暴利行业之一，对资金的引进有强大的诱惑力。中国石化集团和中国石油集团海外上市，标志着外资进入中国石油市场已经成为现实。外资进入意味着两大石油集团将逐步丧失了国家石油专营权，是外资进一步大量涌入中国的开始。这种影响是非常深刻的，外资加盟两大石油集团以后，两大石油集团享受种种“待遇”的基础已经不存在，中国很难限制其他投资者投资于中国石油市场。于是我们看到民营企业和外资企业参与中国石油加工的曙光，广西应当积极做好准备，迎接民营企业和外资企业加入广西的石油工业建设。

2. 广西参与中国—东盟石油合作之二是石油储备。根据中央提出充分发挥广西西南出海大通道作用的确定，初步建成了通往西南各省市的高等级公路网和铁路网，即将动工的洛阳—湛江的铁路，以及经桂林出广西境内的铁路和高等级公路（含高速公路下同）把出海大通道延伸到中国的中部地区，可以想像广西沿海石油工业的动工，将使出海大通道不仅是西南、中部地区出口货物的大动脉，更是成为成品油运输的大动脉，使大通道由单向变双向，提高了大通道的使用效率，进一步丰富了大通道的内涵。我们再把目光往东看，沿海高等级公路已经形成，即防城港—北海—湛江—广州—汕头—厦门—福州—杭州—上海，然后从上海可通过江苏和山东的高等级公路网到达这两省的任何一个主要城市；沿海铁路也初见端倪，即将开工的合浦至广东合唇铁路，使防城港至上海的沿海铁路基本形成，即防城港—北海—合唇—广州—梅州—南平，然后绕道江西的上饶经杭州到上海。而前些时候，深圳、惠州、汕尾、揭阳、梅州、汕头、潮州、漳州、厦门9个城市公开宣布争取兴建一个长约550公里的东南沿海铁路，更是缩短了沿海铁路东部到最南部之间的距离。可见，广西不仅是西南出海的大通道，也是中国东部和中部通往东盟的陆地大通道。回头再看西南，如果从缅甸实兑港上岸，直达云南的输油管道建成和泛亚铁路的通车，加上原有中国—越南的铁路，将形成东盟石油进口的陆地通道，届时广西将成为石油中转站。因此，在广西建设大型石油储备设施有较强的区位优势。中国政府已经决定，“十五”期间要建立中国的石油战略储备制度，在2005年前，建立一个相当于30天石油净进口量的储备；2010年建成相当于四十天净进口量的储备。我们应当抓住有利时机，力争中央把广西作为战略石油储备基地之一。与此同时，在石油的商业储备上、在引进外资方面有重大突破。值得注意的是，在广西与东盟尚未有合作成果的时候，中亚的哈萨克斯坦倒是捷足先登，中哈合作北海铁山港十二万立方米液化石油气冷冻储存库项目与铁山港石油及石油化工产品港口码头项目即将动工，这是中外合作的交通与能源配套的大型石油港口物流基地，亦是中国西部及大西南地区唯一的大型石油港口。

3. 广西参与中国—东盟石油合作之三是共同开发石油零售和批发市场。我国入世时承诺，入世后三年放开石油零售市场、五年放开石油批发市场。前不久广西放开了中越国际运输市场，标志着石油零售面向客户已经国际化，随着中国—东盟自由贸易区的建立，国际运输市场将延拓到中国内地和更多的东盟国家。世界上第七大石油公司——马来西亚石油天然气公司在中国建立的首个独资子公司在深圳已经正式启航。正在参与中国石油天然气下游领域,例如润滑油的销售和加油站的设立,开创了在我国石油天然气下游领域引进外资的先河。广西目前高速公路已经突破1000公里,沿途加油站基本上已经被中国石化集团和中国石油集团所控制。笔者建议,在新建的高等级公路中,应根据公平原则,鼓励外国公司和民营企业通过投标的方式取得公路沿途加油站的经营权,特别是把这些经营权作为南博会推介项目吸引外资。由于中国石油市场一直被中国石化集团和中国石油集团所操纵,至于未来石油批发市场的建设我们没有太多成熟的经验,既然中越国际贸易运输已经拉开了中国—东盟国际贸易运输的序幕,理所当然我们优先考虑同东盟国家在石油批发市场建设上的合作。

4. 做好中国石油技术输出的配角。中国的石油的开采、加工、储存、石油管道的铺设技术相当成熟,修建高等级公路、铁路、疏通河流的技术也处于世界领先水平。"三大工程"项目部分已经开工,中国在一些项目中有所作为。如果"三大工程"项目进一步展开,中国在项目中将扮演更重要的角色,广西也将有望成为技术支持的集散地。我们应当充分利用每年举办南博会的机会,组织国内相关企业推介自己的技术产品。实施走出去的发展战略,广西应积极培训自己的施工队伍,为广西的劳务输出奠定基础。此外,广西还可以在石油运输过程中,为运输工具提供维护、修理等方面的服务。

区域经济一体化态势下广西生产力发展研究

梁赞安

进入新世纪，经济全球化、区域经济一体化的趋势日益明显。2002年11月，我国与东盟十国签署了《中国与东盟全面经济合作框架协议》(CAFTA)。2003年6月，中央政府和香港特区政府签署了《内地与香港关于建立更紧密经贸关系的安排》(CEPA)。2004年6月，泛珠三角"9＋2"各方签署了《泛珠三角区域合作框架协议》。由此，掀起了区域经济一体化的浪潮。这对广西生产力发展既是机遇，也是挑战。

一、区域经济一体化对广西生产力发展的影响

生产力发展的要义是通过提高、扩大资本、技术、劳动力等生产力要素的质和量，并把各个要素优化组合起来形成现实的生产力，从而达到提高生产率，促进经济发展的目的。区域经济一体化是指两个或两个以上国家(或地区)相互之间以一定的共同利益和互补的经济条件为基础，通过签订共同的协定或条约以实现紧密的跨国(或地区)经济合作。它从跨国(或地区)的贸易自由化起步，逐渐向生产要素的自由流动等高级形式发展，与生产力发展的要义十分吻合。广西处于中国一东盟自由贸易区、泛珠三角经济区的中心地理位置，随着中国一东盟自由贸易区建设步伐的加快和泛珠三角经济合作的扩大，日益增长的商品交换、经济交流和生产要素流动将对广西生产力发展起着越来越深刻的影响。

(一)建立中国—东盟自由贸易区对广西生产力发展的影响

中国一东盟自由贸易区的建设将在一个拥有17亿消费者、近2万亿美元国内生产总值、12万亿美元贸易总量的国际区域内，形成由自由贸易推动的国际分工与合作。根据比较成本理论和现代区域经济学理论，在自由贸易的条件下，随着贸易量和贸易范围的扩大，能促使各国(或地区)根据贸易信息把本国(或地区)的产业发展放到自由贸易区的大范围内与其他国家的产业进行比较，由此筛选出自己的优势产业加以重点发展，从而促进各国生产力发展中的优势发挥和经济互补，形成共赢的国际分工与合作局面。因此，推进中国一东盟自由贸易区建设，对于我国和东盟各国的生产力发展都是有利的。广西与东盟国家(特别是越南)的经贸合作关系密切，随着中国一东盟自由贸易区建设的加快，将有力地促进广西生产力的发展。特别是从2004年起每年在广西南宁举办中国一东盟博览会，在正式建立中国一东盟自由贸易区之前将巨大的商机提前带给广西，为广西实现跨越式发展带来了很好的机遇。

首先，建立中国一东盟自由贸易区有利于广西优势工业产业发展。由于东盟十国因自然资源和经济发展水平不一样，其资源结构、经济结构及经济技术水平有很大的差异，他们与广西在工业上的互补大概可分为三个层次：新加坡、文莱等沿海国家，经济实力较强，石化工业和电子产业相对发达，但轻工和食品工业较弱，广西工业与两国之间仍有很强的互补性，广西可利用沿海的优势吸引新加坡、文莱等东盟国家的资金，加快临海重化工业的发展；印尼、越南、柬埔寨、老挝、缅甸等国家，资源丰富，但工业基础薄弱，经济技术水平低，与之相比，广西工业优势突出；泰国、菲律宾、马来西亚的工业与广西工业虽然相似，但也存在一定的互补性。从目前广西与东盟贸易发展态势和工业的互补性来看，走上新兴工业化道路的东盟国家，基础设施建设任务重，对机械、钢材、汽车需求大。同时，越南、老挝、柬埔寨和

缅甸等国家工业落后，工业方面的需求更广。比较之下，广西的机械、钢材、汽车和中小型农机、中药加工、制糖、食品、矿产、建材等工业具有一定的竞争优势。因此，建立中国－东盟自由贸易区将加快广西与东盟的工业合作，有利于广西优势的工业产品开辟东盟市场，扩大对东盟的出口，也有利于从东盟进口广西工业发展所需的原材料。同时，广西作为中国内地企业进入东盟的“桥头堡”，有利于广西吸引沿海地区和内地企业到广西建厂、办企业，这将加快推进广西工业化进程。

第二，建立中国—东盟自由贸易区有利于广西新的优势产业形成。根据中国与东盟达成的协议，中国与东盟自由贸易区建立后，各国之间对所有产品将实行最高不超过5%的关税。并且，东盟许多国家使用的配额许可证、提高检验检疫标准等非关税壁垒将通过谈判逐步取消。这为广西具有竞争力的出口产品提供了良好的机遇。按进出口商品分类，分析广西与东盟整体的显性比较优势指标(RCA指数)，广西对东盟出口的第二类、第四类至第七类、第十一类、第十三类、第十六类、第十七类、第二十类和第二十一类产品均具有中度以上的竞争力，其中第二类、第十六类和第十七类产品具有较强以上的竞争力。结合广西与东盟进出口商品竞争力指数和广西与东盟整体的显性比较优势指标(RCA指数)，可以得出第四类、第六类、第十一类、第十三类、第十六类、第十七类、第二十类和第二十一类产品在东盟市场上具有较强的竞争力。广西的上述具有较强竞争力的产品会以较低的关税进入东盟市场，出口会不断增加。贸易额的增加进而会促进具有较强竞争力产品的生产而形成新的优势产业，由此而推进广西产业结构的调整，为广西生产力的发展奠定更坚实的产业基础。

第三，建立中国—东盟自由贸易区有利于加快广西旅游业、交通运输业和物流业的发展。广西与东盟国家的旅游资源各有特色，有很大的互补性。如广西有甲天下的桂林山水、有北海银滩、亚洲最大的跨国瀑布－德天瀑布，越南有世界自然遗产下龙湾，柬埔寨有世界文化遗产吴哥窟，泰国有金碧辉煌的宫殿和佛寺以及风光旖旎的海岛，印度尼西亚有风光秀丽的巴喱岛，马来西亚有世界著名的云顶景区等等。基于旅游资源的互补性，广西与东盟各国在旅游方面的合作已有一定的基础。泰国、新加坡、马来西亚是我国首批开放中国公民自费出国旅游的目的地国家，也是广西公民自费旅游的主要目的地，1993年至2000年，广西旅行社组织的前往上述国家自费旅游人数达52807人次。同时，东盟10国也是广西重要的旅游客源地之一。2001年，全区共接待东盟国家旅游者141332人次，占亚洲市场的42.25%。越南是广西中越边境旅游的主要目的地，除本区居民外，全国各地每年都有大约50万人次经过广西的凭祥、东兴、北海等口岸前往越南旅游。近年来，我国还与泰国、新加坡、菲律宾、越南、缅甸等东盟国家分别签署了政府旅游合作协定或旅游合作谅解备忘录。2002年1月23－25日，第一次东盟和中、日、韩旅游部长会议通过了一项决议，强调要加强与东盟各成员在旅游领域的合作，尽快把东盟地区建设成为统一的旅游市场。各国同意积极创造条件，争取2005年之前在东盟地区实现互免旅游签证。因此，建立中国－东盟自由贸易区，将为双方旅游业的发展提供更多便利。这将有利于广西加快与东南亚旅游市场的对接，利用国内外两个市场、两种资源，形成资源共享、客源互流、彼此促进的广西－越南－东盟其它国家的大旅游格局。从运输业和物流业的发展来看，广西经过十多年的建设，已形成高等级公路、铁路、海运和航空的立体交通运输网，而且公路、铁路、海运与越南相连。随着越南与柬埔寨、老挝和缅甸、泰国交通条件的改善，中国产品进入东盟和东盟产品进入中国内地，广西都是最便捷的陆路和海上大通道。这一地位不会因云南方向交通条件的改善而动摇。因此，建立中国－东盟自由贸易区是广西抓住机遇加快建设区域性交通运输中心和物流中心的最佳时机，是广西交通运输业和物流业千载难逢的发展机遇。

第四，建立中国－东盟自由贸易区有利于广西扩大与东盟的服务贸易。通过与东盟各国开展经济技术合作和技术交流，为进一步发挥广西有色金属、建材、轻工、中药、农业机械、重型矿山设备、水泥和制糖成套设备以及种植业等方面的竞争优势，提供了很好的机遇。如：利用广西育种优势，在越南、菲律宾、柬埔寨、泰国等国开展技术交流与合作；发挥广西有色金属、农业机械、重型矿山设备等方面的技术优势，通过提供技术合作与交流，实现技术贸易的升值。相对于越南、柬埔寨、老挝、缅甸四国而言，广西与四国的经济技术合作具有很大的优势，可以向四个国家输出更多的技术人员和管理人员；对新加坡、泰国、马来西亚、菲律宾、印尼、文莱六国，广西在工程承包等多方面具有一定的优势，可以利用广西劳动力价格优势扩大对上述六国的劳务输出。

建立中国一东盟自由贸易区虽然使广西迎来了促进生产力发展的机遇，但是由于广西是一个欠发达的少数民族自治区，受经济发展水平低、财力有限、工业化和农业产业化程度低等因素的制约，必然会受到国际区域经济一体化的冲击。

一是广西农业将面临巨大的冲击。广西农业结构，特别是热带水果与东盟基本相同，例如，龙眼、荔枝、香蕉、芒果、菠萝等热带水果和甘蔗、木薯与东盟趋同。但是广西热带水果的质量、外观、规模与东盟相比有较大的差异，生产成本高，竞争力低。而建立中国一东盟自由贸易区却是以放开农产品贸易为先导(见表 1)，这必然使广西热带水果以及甘蔗、木薯、大米等农产品受到较大的冲击。近年来东盟诸国都加大了热带水果对我国的促销活动，加快了对我国的热带水果市场的占领。因此，中国一东盟自由贸易区建立后，东盟热带水果将大大挤占广西热带水果的国内市场，这无形中将压低广西热带水果价格，果农损失较大。据有关方面的预测，广西仅龙眼、荔枝、香蕉、芒果、菠萝五大果类将损失约 7 亿元，果农人均损失 90 元。此外，广西海产品、木薯、蔗糖业也将受到泰国较大的冲击。特别是蔗糖业，由于广西甘蔗生产成本比泰国高，食糖成本比泰国高 200－400 元，中泰食糖关税一旦降为零，将对广西的糖蔗种植业和蔗糖制造业造成致命的打击。此外，在“早期收获”计划项下，越、老、柬三国共提出 229 种“例外清单”产品，其中：广西的优势产品禽蛋、柚子、未列名的柑桔属水果被越南列入“例外清单”，老挝、柬埔寨多种果蔬都列入“例外清单”。这明显削弱了广西优势产品进入相关市场的竞争力，影响广西有比较优势的农业产业发展。

表 1　中国一东盟自由贸易区部分关税削减时间表

年　度	关税税率	覆盖关税条目	参与的国家
2003.7.1	WTO 最惠国关税税率	全部	中国与东盟 10 国
2003.10.1	中国与泰国果蔬关税降至 0%	中泰全部果蔬	中国、泰国
2004	农产品关税开始下调	农产品	中国与东盟 10 国
2005.1	对所有成员开始削减关税	全部	中国与东盟 10 国
2006	农产品关税 0%	农产品	中国与东盟 10 国
2010	关税降至 0%	除部分敏感产品外的产品	中国与原东盟 6 国
2015	关税降至 0%	除部分敏感产品外的产品	东盟新成员国

资料来源：1. 东盟秘书处网站。
2. 2002 年 11 月签署的《中国与东盟全面经济合作框架协议》。

二是边贸优惠政策的作用逐步弱化，冲击广西对越贸易和内地生产要素向广西的流动。随着与东盟国家减税产品范围的不断扩大，现有边贸进口减半征税的优惠政策逐步取消，以及边贸出口以人民币结汇给予退税等问题的逐步解决，使边贸进出口失去了原有的、比一般贸易方式优惠、方便等功能。从 2004 年 1 月 1 日起，我国率先取消现行水果边境小额贸易的减半征税政策，这一变化意味着原来边贸企业独占的政策优势不复存在。同时，中泰果蔬协议也间接冲击广西对越贸易。由于泰国低值农产品主要是通过澜沧江一湄公河进入云南口岸，大宗或高附加值农产品主要是走广东、福建口岸。因此，中泰双方对果蔬产品实施零关税以后，云南口岸水运运输成本相对较低的优势会比较明显，原有经广西一越南辐射泰、老、柬、缅的北方温带产品有可能会改变出入境口岸，冲击广西对越贸易规模。进而会使在边贸优惠政策吸引下流向广西的内地生产要素改变流向。这对广西生产力发展是十分不利的。

三是广西吸引外资的来源受到分流。亚洲金融危机后，东盟国家普遍加快了经济结构调整步伐，对外资的需求较大，如东盟的新四国(越老柬缅)，既是经济欠发达国家也是商品和外资需求最迫切的国家，特别是越南加快了革新开放步伐，机制也更为灵活，近几年吸引了大量日、韩、港、台、新加坡以及外籍华人资金投资基础设施和兴办工业企业，这些都是来自广西的吸引外资的主要来源地。由于建立中国一东盟自由贸易区后，国际资本在东盟任何一国投资生产的产品都可以享受同样优惠进入“10＋1”市场，特别是中国市场，我国又给予东盟新四国产品进入我国市场更加优惠的差别待遇和税率，因此，东盟各国特别是越南对广西吸引外资将产生更激烈的竞争。

(二)泛珠三角区域合作对广西生产力的影响

根据“9＋2”各方签署的《泛珠三角区域合作框

架协议》，泛珠三角区域合作比中国与东盟各国建立自由贸易区的经济合作更高级，它在清除阻碍商品流通的行政障碍，推进自由贸易的同时，侧重于推进区域内的生产要素流动。基于这种性质，以及泛珠三角区域有对商品、生产要素起聚集、扩散、辐射作用的经济增长极（包括港澳在内的珠江三角洲），区域内各方经济互补性强的特点，泛珠三角区域合作对广西生产力发展将起着巨大的促进作用。

首先，泛珠三角区域合作有利于广西更好地接受粤港澳的经济辐射、产业转移。广西与粤港澳毗邻，人文相近，语言相通，长期以来有着密切的经济交往关系。进入新世纪，珠江三角洲的产业升级、转移已成为明显趋势，而处于其向西南地区辐射线节点上的梧州、贺州、贵港、玉林等市有着地形平坦、交通便利、资源丰富、劳动力成本低等符合资本趋利性质的条件，还有大量在珠江三角洲打过工的劳动力，是珠江三角洲产业转移的理想地区。泛珠三角区域合作的推进，将会进一步去除计划经济时代遗留下来的阻碍生产力要素自由流动的行政因素，促进珠江三角洲对广西的经济辐射和产业转移，进而推进两广的经济合作。据统计，1997－2003 年，两省区共签订合作项目 1700 多项，协议投资 300 亿元，广东到位资金 60 多亿元。而在 2004 年 4 月 13 日至 17 日，广东党政代表团对广西进行了考察期间，两广企业就签订了总投资达 486 亿元的 100 个项目合同。

第二，泛珠三角区域合作有利于广西充分发挥西南地区出海通道的功能作用。作为西南地区的出海通道，广西不但拥有 1500 多公里的海岸线和最终年吞吐能力可达 2 亿吨的防城、钦州、北海三大海港，为西南地区的开发开放提供便捷的港口服务。而且拥有自南宁起 1000 吨级船舶可直抵粤港澳的西江黄金水道和与广东高等级公路相连接的南梧二级公路及在建的南梧高速公路，为西南地区提供东向出海的水陆运输服务。随着泛珠三角区域合作的发展，西南地区与粤港澳的商品交换和经济交流将进一步扩大，这必然使广西作为西南地区出海通道的功能作用得到充分的发挥，进而促进广西内部区域的协调发展。

第三，泛珠三角区域合作有利于广西特色、优势产业发展。把广西现有的工业产业放到泛珠三角区域进行比较，广西的制糖、有色金属、汽车和机械制造、建材、食品、医药等产业具有一定的优势。2003－2004 年榨季，机制糖产量达 560 万吨，占全国总产量的一半以上；机械行业已培育形成全国最大的车用内燃机生产企业玉柴机器股份公司、全国最大的预应力机具生产企业柳州建筑机械总厂等一批有实力的企业；汽车工业是广西正在着力培育的支柱产业，一汽、上汽、东风三大国内汽车集团，以及美国通用、韩国大宇、法国雷诺等国际汽车大公司已在广西建立生产基地，到 2005 年实现汽车产量 50 万辆，力争成为我国重要的汽车工业基地。铝工业是广西最具发展潜力和优势的支柱产业，广西平果铝业公司已形成年产 85 万吨氧化铝、13 万吨电解铝的生产能力，今年将继续扩建，最终将达到年产 160 万吨氧化铝、40 万吨电解铝的生产规模。随着泛珠三角区域合作的扩大，这些产业将与“9＋2”各方的优势产业形成优势互补的关系，在区域市场拓宽的基础上加快发展。

第四，泛珠三角区域合作有利于广西优化生产力布局，发展临海石化、钢铁产业。从区域生产力布局来分析，目前泛珠三角区域最大的产业缺陷是没有大型的石油化工、钢铁企业。这不但不利于该区域的生产力发展，也不利于国家战略上的经济安全。由于泛珠三角区域的石化、钢铁原料需要进口，所以，其布局以在沿海并环境压力不大的地区为宜。广西沿海港口发展潜力大，与西南腹地的交通运输便捷，至今没有布局大型的工业产业，是布局大型石化、钢铁企业的最佳地点。广西应该抓住区域合作中的生产力布局需要，利用这些有利条件积极争取在广西沿海上大型石化、钢铁项目。

在泛珠三角区域合作可促进广西生产力发展的同时，由于广西在该区域中属于一个欠发达的省区，其生产力发展水平和工业化程度上与广东等发达省区有着很大的落差（见表 2），因而在区域合作中将会遇到一定的困难和问题。

表 2　2003 年泛珠三角区域各方三次产业构成及生产力发展水平情况

省　区	第一产业（%）	第二产业（%）	第三产业（%）	人均 GDP（元/人）	人均 GDP（美元/人）
广　东	7.8	52.4	39.8	16909	2044.6
香　港				179308（港币/人）	23907.7
澳　门					17782

续表

省　区	第一产业(%)	第二产业(%)	第三产业(%)	人均 GDP(元/人)	人均 GDP(美元/人)
福　建	13.5	47.6	38.9	15006	1814.5
湖　南	19.1	38.7	42.2	7247	876.3
江　西	19.8	43.4	36.8	6677	807.4
海　南	36.8	24.6	38.6	8655	1046.6
云　南	20.3	43.4	36.3	5647	682.8
贵　州	21.9	42.5	35.6	3600	435.0
四　川	20.7	41.5	37.8	6271	758.3
广　西	23.0	36.8	40.2	5964	721.2

注:数据来源于2003年各省统计公报,汇率按1美元:7.5港币,1美元=8.27元人民币换算。

一是泛珠三角区域生产要素自由流动会给广西生产力发展带来一定的负面影响。由于广西与粤港澳毗邻,同时又存在着较大的生产力发展差距,居民(特别是人才)收入落差很大,受高收入信号的诱导,广西的人才流向粤港澳已成为过去不争的事实。随着泛珠三角区域合作的发展,生产要素自由流动也将进一步扩大,广西人才流向广东的现象将随之扩大,并不会在短期内改变,这必然会使广西的核心竞争力受到削弱。此外,在广东产业未完成转型的阶段,随着生产要素自由流动的发展,受广东资源型产业的吸引,广西资源流向广东的现象也将扩大,直接影响广西围绕特色资源拉长产业链设想的实现。

二是紧密区各方以核心区为市场取向的竞争将对广西同类产业的发展形成冲击。按地理远近和经济联系程度来划分,围绕在粤港澳(泛珠三角区域的核心区)周围的福建、江西、湖南、广西、海南等省区是泛珠三角区域的紧密区,四川、贵州、云南等省为半紧密区。改革开放以来,紧密区的各省区围绕核心区的市场需求已形成同类的农业产业,其中尤以广西农副产品产业对广东市场的依赖性大。据统计,广西梧州、贺州、贵港、玉林、北海和钦州等市外销的农副产品90%以上销往广东、海南两省。随着泛珠三角区域合作的发展,江西、湖南等省必然在农业产业发展上对广东市场更为重视,这势必对广西同类产业的发展形成冲击。

三是紧密区与半紧密区各方吸引核心区资本、技术和转移产业的竞争将给广西带来较大的基础设施建设压力。吸引核心区资本、技术和转移产业是紧密区与半紧密区在区域合作的中重要内容。随着泛珠三角区域合作的发展,核心区外围的各方围绕这一内容,势必要竭力完善各自的投资环境,进而掀起新的一轮基础设施建设高潮,这会给作为西南地区出海通道的广西增加基础设施建设的压力。目前,最迫切的是要建设贯通东西、联接西南和广东的高速公路,进行南宁以南地方铁路的改造提升,形成港口、公路、铁路相配套的运输网络。这对人均财政收入仅有703元,财政再投资能力非常有限的广西来说,投资压力是巨大的。

二、区域经济一体化态势下广西生产力发展的目标和重点

根据以上论述,在区域经济一体化态势下的广西生产力发展,必须顺应区域经济一体化的客观要求,正确处理涉及到广西生产力发展与CAFTA和泛珠三角区域各方的关系,明确区域经济一体化态势下广西生产力发展的目标和重点。

(一)区域经济一体化态势下广西生产力发展的目标

CAFTA和泛珠三角区域合作客观上形成了广西生产力发展的东进西联南下的空间战略格局。因此,区域经济一体化态势下广西生产力发展,必须贯彻东进西联南下的战略,科学地确定其发展目标。从广西在泛珠三角区域生产力发展中应起的作用看,其东进西联的目标是:充分发挥承东启西和西南地区出海通道作用,主动接轨核心区,积极参与区域合作,努力培育和发展优势、特色产业,依托泛珠三角区域,进一步拓展生产力发展空间,力争用10—15年时间,把广西建设成为西南地区最便捷的出海通道、开放门户,泛珠三角区域的“西电东送”基地以及有色金属、制糖、建材、特色农林产品基地,区域性的物流中心。从广西与泛珠三角区域各方关系的层面上看,应实行点轴发展的目标模式,即:全面承接核心区的生产力辐射,形成自珠江三角洲经梧州、南

宁、贵阳、昆明至成都的区域生产力发展主轴；在广西建设南宁、梧州、贺州、贵港、玉林、柳州、桂林、宜州、钦州、北海、防城港、百色等增长点，形成合理的生产力布局和生产力发展网络，推进广西区域的均衡发展。

从广西在中国——东盟自由贸易区中的作用来看，实施南下战略的发展目标是：根据“比较成本”原理和“发挥优势”理论，针对自由贸易区的特点，贯彻“贸易先行，产业跟进”策略，积极扩大与东盟各国的经贸交流，带动优势、特色产业发展，努力把广西建设成为中国一东盟自由贸易区的区域性的经贸平台、物流中心和旅游胜地。从广西与东盟各国关系的层面上看，应实行“平台”与前沿为重点的生产力布局策略，努力把南宁建设成为集国际会展、国际贸易、加工贸易、现代物流、现代交通功能为一体的国际化城市，把沿海沿边的北海、防城港、钦州、东兴、凭祥建设成为国际贸易、加工贸易、现代物流、现代交通的增长点，以重点联结区内的节点城市，形成南下发展的生产力网络。

（二）区域经济一体化态势下广西生产力发展的重点

根据以上的比较分析以及目标要求，广西在区域经济一体化态势下生产力发展的重点是：

1. 打造南宁经贸合作平台。充分发挥广西处于中国——东盟自由贸易区、泛珠三角区域地理中心的区位优势，以每年在南宁举办中国—东盟博览会为契机，通过全力办好中国—东盟博览会，建立泛珠三角区域各方与东盟各国的交流协作、平等协商、互利共赢的机制，形成以泛珠三角区域各方、东盟各国参与为主，国内外多方参与的南宁经贸合作平台。全面承接泛珠三角区域核心区生产力辐射和东盟优势产业、资本、技术辐射，推进南宁的东盟加工贸易区、广东一条街、港澳一条街建设和广西优势产业群发展，形成梯度辐射，推进南贵昆经济区建设，带动贵州煤炭能源基地建设和云南特色产业群发展。

2. 加强交通设施建设。立足于连接华南、西南、中南，走向东盟的国际大通道建设，力争在 2015 年之前，基本建成现代化的综合交通运输体系。在广西与周边省的高速公路对接方面，到 2020 年，广西出省高速公路 12 条（其中：通广东 4 条、湖南 3 条、贵州 3 条、云南 2 条）；通往越南高速（或高等级）公路 2 条。

铁路建设，到 2020 年，建成广西通往外省铁路通道 13 个（其中通广东 6 个、湖南 3 个、贵州 3 个、云南 1 个）；通往越南的国际铁路通道 3 个［现有的凭祥通道出口、构思靖西（龙邦）通道出口和防城港（东兴）通道出口］。除国家规划的洛湛铁路、（四川）隆昌至百色铁路外，应加紧柳州至广东肇庆的铁路新线前期规划。规划玉林经博白至合浦的地方铁路建设和广西沿海铁路技术更新改造。

规划和协调广西沿海港口群的分工定位。抓紧 15 至 30 万吨级泊位建设。争取国家把广西沿海港口群纳入环北部湾港口群乃至次国际枢纽港口的建设规划，与越南乃至中南半岛沿海港口形成大环状，成为次国际枢纽港口群。

加快以贵港为重点的内河港口基础设施改造建设。推进西江流域航道疏浚整治。

按照国际航空港标准要求，加快南宁、桂林机场扩建和改造。争取国家规划南宁机场为航空始发站，增加飞往东盟的国际航线，准许落地签证，增进区域间经济往来。

加强粤桂滇黔协作，加快大西南成品油输送管道工程建设。规划扩建北海炼油厂，提高其提炼能力，以适应国家石油战略安全和西部大开发的用油需要。

3. 加快“西电东送”能源基地建设。采取“水、火、核并举”的方针，加快广西能源基地建设，以满足 2020 年广西实现国内生产总值 10000 亿元的用电需求和实施国家“西电东送”战略需要。争取“十一五”开工建设大藤峡水电站。加快北海、钦州、防城港、贵港、百色等地的火电厂建设。抓紧对广西发展核电基地的前期规划研究。

4. 推进加工产业的区域合作。依托广西的资源、产业优势，积极吸引粤港澳和东盟资金、技术，有重点地开展区域产业合作。

资源开发合作。包括：林化林板产业、有色金属矿产资源、桂东南家禽畜养殖加工业、桂北水果保鲜储藏及加工业、桂西特色山地养殖业和桂南海洋产业开发等。

联合发展广西特色优势工业产业。包括：铝及铝材加工业、其它有色金属加工业、数控机床、汽车零部件加工业和中成药加工业等。

大力发展重化工业。为填补全国沿海工业的空白地域，争取国家支持，加强省际合作，引进项目及资金，在广西沿海布局大型石油化工、天然气化工基地、大型浆纸基地、船舶修造基地、大型钢铁基地、酒精基地和国家石油战略储备基地。

5. 加快发展加工贸易产业。充分运用西部大开发的政策，发挥区位优势，吸引粤港澳和内地、国外资金、技术到广西发展加工贸易产业。以南宁东盟经济合作区、凭祥边境经济合作区、东兴边境经济合作区为重点，大力提升各类对外经济开发区的开发水平。到2010年，力争加工贸易产业的出口额占广西总出口额的30%以上。

6. 努力扩大与东盟国家的经贸关系。一方面，要跳出广西现有的生产、需求的局限，着眼于我国广大内地的生产与需求，利用区位优势和广西与东盟国家已形成的经贸关系，扩大发展广西与东盟国家的商贸业务，做大做强广西的对外贸易业。一方面，要根据东盟国家的不同发展程度，采取不同的方式推进经贸关系的扩大。对新加坡等中等发达国家，要积极吸纳其产业资本到广西投资。对越南等发展中国家，要在努力扩大商贸关系的同时，大力实施“走出去”战略，推进技术贸易和经济合作。

7. 大力发展现代物流业。一方面，依托沿海港口和沿边口岸，建设向北经南宁、柳州、桂林出省的南北向物流大通道；一方面，承接泛珠三角区域核心区的辐射，建设经区域生产力发展主轴节点城市向西出省的东西向物流大通道。在节点城市培育发展物流中心和现代物流企业，努力把广西建设成为区域性现代物流中心。

8. 推动旅游业合作，培育区域大旅游。利用区域生态资源丰富、各具特色、地域相邻优势，以及粤港澳拥有开发区域旅游资源的资金、技术和与国际接轨的运作方式，共同建立和健全旅游合作的协调机制，加快制定区域性旅游业发展的整体规划，加大旅游市场拓展、项目开发和基础设施建设等方面的合作力度，共同构建区域性的旅游网络和旅游品牌，联合对外推介和招商开发。特别要充分利用好北回归线以北与粤港澳、东盟具有较大差异的气候、景点资源，加快桂东、桂北地区生态旅游景点、旅游线路和旅游设施的规划建设，吸引粤港澳、东盟各国游客来观光旅游度假。推进广西与东盟各国的旅游合作，共建广西—东盟的大旅游圈。

9. 开展环保合作。健全江河上下游环境、资源保护和补偿机制，加强区域性的生态环境保护和建设。按照“谁污染谁治理、谁受益谁投资”的原则，联合周边省加强区域污染治理和生态环境保护工作，进一步改善区域生态环境和人居环境。

10. 利用CEPA开放服务领域，共建区域创新体系。按照“优势互补、互惠互利、合作共生”的原则，实行科技资源的开发与共享，建立区域合作创新协作体系，重点提高自主创新能力、区域科技综合实力、营造创新大环境的三个环节，建立适应产业发展要求的开放型创新体系。

三、区域经济一体化态势下广西生产力发展的对策建议

综上所述，区域经济一体化对广西生产力发展影响最大的是区位优势的发挥、泛珠三角区域核心区的辐射和与东盟国家的贸易关系的扩大，对广西最大的挑战是广西与区域各方同类的产业和产品所面临的挑战，特别是农产品将受到较大的冲击。因此，必须从区域经济一体化的规律和广西的实际出发，采取积极、切实的措施来促进广西生产力发展。

（一）积极联系沟通，强化对接规划，推进交通设施建设

发挥区位优势是广西抓住机遇，加快发展的主要方面，而发挥区位优势关键又在于建设经广西与东盟国家连接的“国际大通道’，以及广西与周边省对接的出省通道。必须在西南出海通道建设的基础上，抓紧做好“十五’和“十一五”广西交通运输体系的发展建设规划的修编工作，加强与国家有关部门以及周边省的联系沟通，加快建成我国广大内地经广西与东盟国家连接的“国际大通道”和广西与周边省连接的交通网络。

（二）以企业为中心，积极扶持发展市场主体

在市场经济条件下，企业是生产、经营活动的主体。促进生产力发展的各种措施最终也需通过企业来落实。因此，从政府领导到各个部门，都必须明确以企业为中心的思想认识，制定的各项对策措施都必须是能使企业用得上、落实得了的。同时，要积极调整政府部门的工作思路，积极扶持企业发展。一方面，要积极进行国有企业改革，特别是加快对国有外贸专业企业的改革，整合原有的资源，加快发展广西的大型外贸企业集团，拉动对外贸易的发展。一方面，要调整政府部门的服务方向，适应我国外贸体制改革的要求和外贸企业多元化发展的趋势，把政府部门的政策、工作服务调整到面向多元化外贸企业的方向上来。在产业结构和产品结构调整方面，也要贯彻以企业为中心的原则，制定的各项对策措施必须是能引导、扶持企业进行产品创新、产业结构调整的政策。此外，要收集全国、泛珠三角区域各方以及东盟的信息资料，尽可能地为各类企业提供参与区域合作的信息服务。

(三)大力营造促进出口的政策环境

积极争取有关国家部门对广西对外开放工作的支持,打造广西对外贸易与经济交流的国际平台;增加广西中小企业国际市场开拓资金,以资助更多的出口企业开拓东盟市场;做好应对中国一东盟自由贸易区建立进程中有关问题的对策研究和宏观指导。

认真研究广西对东盟国家有比较优势农产品,积极争取国家有关政策、资金和提高部分优势农产品的出口退税率的支持,优先支持农产品出口东盟市场的开拓工作;继续争取国家给予广西对越出口人民币结汇出口退税的政策。

(四)积极利用外资

1. 针对东盟影响,进一步加强招商引资的力度。在提高招商效果方面,要与工业强省和互补性较高的省区联合举办招商活动。在项目推介方面,要继续加强项目按国际标准包装的基础工作,以项目为中心,优先推介市场前景好、投资回报率较高、产业链长的项目,增强外商投资信心。在招商方式上,强化网上招商,拓宽广西招商网站的链接能力,增加网上资料的语种范围。在载体建设方面,以北海出口加工区、各类经济技术开发区、高新区以及各地的物流园区为招商引资的载体,争取多方支持,加快各类园区的基础设施、政策配套和软环境建设。

2. 加快凭祥、东兴边境经济合作区建设。加大招商引资力度,多方筹集资金加快合作区内基础设施、公用服务设施、信息网络等方面建设,完善合作区服务功能。要强化合作区投资软环境建设,制定税收、土地使用、快速通关等方面的优惠政策,吸引国内外客商发展边境地区出口加工业,全面提升边境地区经济发展水平和综合竞争力。

3. 努力营造良好的投资软环境。一是提高行政管理水平、效率,优化政务环境;二是大力改革审批制度,简化审批程序,建立监督机制;三是配合有关部门清理经济秩序,该落实的优惠政策要不折不扣,该取消的收费项目一律取消,为投资者降低投资成本提供良好的法律环境;四是落实投资环境评议制度。

4. 落实招商引资激励政策,努力培育多元化招商主体。对各级政府、部门主要是通过不断完善招商引资的目标责任制,推动各部门相互理解,形成合力;对企业、社团、个人招商活动,通过奖励机制,推动其形成专业化队伍。

(五)积极实施"走出去"战略

1. 制定企业"走出去"的战略目标。要摸清广西企业所具有的优势,制定广西企业走出去的战略目标。对于不同企业应该采取不同的鼓励措施,使企业在"走出去"战略的指导下有序的对外直接投资,进而拉动广西经济的发展。

2. 确定广西企业走出去的目标市场和行业。根据广西的区位优势、企业的素质和经济发展水平,特别是中国一东盟自由贸易区进程的推进,广西企业走出去的目标市场是:在对东盟投资方面,要以越老柬缅为重点,按照贸易先行、产业跟进的模式,积极推进广西医药、林化、轻工、机械、建材、冶炼、信息等优势产业到东盟投资;扶持广西有特色和竞争能力强的农机企业开拓越老柬缅广阔的农业机械市场,建立售后服务网络,适时、适地开展当地化组装生产,推动广西农机企业的国际化经营。还可以合作开发东盟国家的煤、锰、铁等矿产资源和农林、海洋资源等。

(六)抓住机遇,全力承办好中国—东盟博览会

要以沟通联系、扩大商机、服务全国、服务东盟为宗旨,根据我国与东盟各国协调的统一部署和要求,以新思路、新办法来把中国一东盟博览会办出特色、办出商机,努力实现"长办长兴",把潜在的市场转变成为现实的市场,打造出我国与东盟经贸合作平台,促进广西加快发展。

(七)积极沟通与国家各部门的联系,努力争取国家对广西的支持

建立中国一东盟自由贸易区,是国家从宏观总体上,从国际政治、经济的高度所作出的决策,对我国的发展是利大于弊,对广西来说是机遇大于挑战。但是,我们也应当看到,由于广西制造业还很不发达,农业产业结构与东盟国家有诸多的雷同,并缺乏竞争优势,这使广西将面临着较大的竞争压力。同时,由于国家从国际政治格局上来考虑与东盟国家在陆地上的交通连接,也会使国家把国际陆地通道建设的重点放在云南方向,这对广西的区位优势的发挥有着一定的影响。因此,要积极加强与国家各部门的联系和沟通,努力争取有关部门形成建设经广西连接东盟的国际大通道的构想,增加对广西交通运输建设的支持力度。要积极争取中央财政对广西农产品所受冲击的财政转移支付的支持。努力争取国家在今后的谈判中给予广西农业适当的关注或采取合理的保护措施。积极争取国家建立和完善农产品进口特别是热带水果进口的监测预警机制,切实落实检验检疫、原产地保护措施和必要时启动保障措施的机制。

(八)制定泛珠三角区域资源补偿和生态保护的财政转移支付政策

按现行的属地征收的税收政策,泛珠三角区域合作推进的商品、生产要素自由流动,必然会拉大资源输出地和资源受益地的利益鸿沟。建议由国家协调推动区域各方协商,根据宪法和民族区域自治法、矿产资源法、水资源法等法律,制定由资源输入方向资源输出方提供一定的资源可持续发展基金的财政转移支付政策。同时,协商签署江河下游区域对江河上游区域发展生态林、水源林,保护生态环境的补偿协议,切实保护生态环境,推进区域生产力的可持续发展。

(九)构建区域合作机制

按照"市场运作,政府推动"方式推进的泛珠三角区域合作是在社会主义市场经济发展还不尽完善条件下的经济合作,在充分发挥市场机制在区域经济发展中资源配置的基础性作用,企业作为合作的主体,依法自主决策投资经营的同时,会存在着市场调节失灵的缺陷,需要政府进行调控,因此,构建区域合作的协调机制十分必要。此外,按照市场经济条件下,政府创造良好发展环境、提供公共服务的主要职能来推动区域合作,也需要区域各方政府协商一致。这种合作机制可由三个层次来构成:一是国家宏观协调,对事关国家宏观规划、宏观调控的区域各方的事情,由国家有关部门组各方进行协商解决;二是区域各方政府间的协调,对事关各方的政策、市场规则、重大基础设施项目决策等事宜协调。三是区域内双方、多方协调,对事关双方、多方的事宜进行协调。为保障三个层次的协调有序,要就区域合作协调机制做出制度安排。

新世纪新阶段我国参与东南亚国际区域经济合作的战略

——构建中国—东盟自由区与广西生产力发展

广西社会科学院课题组

当今世界，欧盟经济区、北美自由贸易区、亚太经济区等三大经济区，已成为全球最活跃、并带动全球经济发展的主要力量；我国国内，珠三角经济区、长三角经济区、环渤海湾经济区这三个经济区域，也已成为我国经济发展的“龙头”。经济的发展，越来越呈现出全球化、区域化，集团化的特点，生产要素正加速向区域集中，区域经济的合作和一体化的进程在加快。

一、构建中国—东盟自由贸易区与区域生产力发展的前景分析

(一)从区域集团化的发展，认识世界生产力发展布局的趋势

1.世界生产力发展的区域化趋势。经济区域化有助于消除全球化带来的负面影响，有助于增强民族和地区经济抗御全球化浪潮冲击的能力。目前，包括发达国家在内的遍布全球的区域性的经济合作方兴未艾。一些区域性的经济合作组织，或讲模式已初具形态。经济区域化将成为下一世纪初世界经济强有力的发展趋势之一。

综观世界历史，经济不平衡发展是全球发展的一般规律。经济全球化不是某一时段上的状态，而是一种不断变化的过程，并与经济区域化和集团化共同发展与演进。根据世界贸易组织的统计，迄今为止，世界上已出现了144个区域性经济集团(国际货币基金组织的调查数为68个，而日本贸易振兴会推算数为101个)。英国《经济学家》杂志公布的数字显示，从1948—1994年，全世界先后出现过109个区域经济合作组织，其中2/3是20世纪90年代的产物。据资料显示，目前至少已经有146个国家和地区参加了以上各种形式的区域性经济集团。这些经济集团主要是：7国集团、77国集团、24国集团等。

像许多其他事物一样，全球化也是一个二律背反：它既包含一体化的趋势，同时又包含分裂化的倾向；既有单一化，又有多样化；既是集中化，又是分散化；既是国际化，又是本土化。目前，世界的一个重要特点，就是全球化与本土化之争，而全球化与本土化两个动力之间的紧张关系，构成了当今世界事务的核心。我们还要看到，当今世界，经济的民族化倾向有三个层面：一是区域性经济集团在发展；二是发达国家贸易保护主义抬头，特别是美国；三是各区域集团以及各国之间的经济竞争和经济矛盾越来越明显。

2.亚洲生产力发展的新组合趋势。20世纪70年代以来，亚洲经济发展呈现“雁型经济结构”形态，日本发展最快，充当了领头羊，有亚洲四小龙之称的台湾、香港地区和韩国、新加坡紧跟其后，接着是东南亚各国的追赶。在这一适合亚洲各国的发展阶段和水平的发展模式作用下，形成了产业亚洲各国不同时期的分工，使亚洲国家在过去30年间保持了7%的世界绝无仅有的经济增长率。

中国，包括港澳台，“两岸四地”的经济总量大约是1500多亿美元，在全球排位第四；外汇储备超过3千亿美元，全球第一；进出口总额超过1万亿美元，全球第三。这就是说，如果这个经济体整合完成，其经济实力将在全球经济中占有重大地位。更

为重要的是，中国大陆属全球增长最快、最有潜力的经济体，“两岸四地”的经济互补性最强，形成紧密联系的区域经济的需求性也很强。从亚洲经济发展的高度去看待“两岸四地”的经济整合，一个“大中国”经济区的形成，不仅对“两岸四地”的经济发展有利，而且有利于东北亚经济体的形成，进而可以推动亚洲经济的整合。曾经有学者作出过这样的估算：在15年后，如果能够形成一个包括“大中国”、日、韩和俄罗斯远东地区在内的东北亚经济联合体，这个经济联合体的GDP可望超过25万亿美元，届时将成为全球最大、最具影响力的经济区域。

在世界经济一体化和区域经济集团化的驱动下，经过多年的沟通、磋商与合作，东亚地区已初步具备了在更大范围内进行区域经济一体化合作的条件和可能。最近几年，“10＋3”、“10＋1”及中日韩三国合作对话也在加速进行。2001年11月6日，在文莱首都斯里巴加湾召开的中国与东盟“10＋1”领导人第五次会议上，中国领导人与东盟10国领导人达成重要共识：双方将在10年内建成自由贸易区。这一重大决策，有助于在东亚形成与欧盟、北美自由贸易区保持平衡的力量，应付那些外来地区的经济挑战。

3. 中国生产力发展具有南向延伸趋势。目前东南亚、南亚经济正处于加速发展之中，据世界权威组织预测，中国、东南亚和南亚三大经济区的经济增长速度在今后相当长的时期内仍将高于世界平均水平，是世界经济最活跃的地区之一。中国一东盟自由贸易区，将覆盖接近全球30％的人口，拥有大约占世界40％的外汇储备，国内生产总值和对外商品贸易额均占世界总额的10％左右，成为世界经济的重要力量。据东盟的测算，到2010年，中国一东盟自由贸易区内贸易总额将从目前的1.3万亿美元大幅提高，接近欧盟和北美自由贸易区的水平。各成员的区内贸易比重将从目前的20％左右提高到30％以上，中国一东盟自由贸易区的建立，使双方的经济发展达到双赢。

最近，广东省委首先提出并开始全面启动包括福建、江西、湖南、广西、海南、四川、贵州、云南、广东以及香港和澳门在内的“泛珠三角”（即“9＋2”）区域合作构想。整个泛珠三角经济圈，占全国国土面积的1/5、人口1/3强、经济总量占全国的比重超过四成。加强“泛珠三角”区域经济的紧密联系和合作，是区域生产力发展的内在要求，是适应经济全球化、区域化发展的必然选择，符合中央提出的关于“形成东、中、西部经济互联互动、优势互补、协调发展的新格局”的战略方针。在建立中国一东盟自由贸易区进程中，推动“泛珠三角”区域合作，形成区域经济发展的合力，有利于促进九省（区）经济持续增长，加快九省（区）经济的国际化步伐和资源优势的转化；有利于同步推动环境治理，促进区域经济的可持续发展；有利于发挥各地区比较优势，推动区域产业结构调整和经济增长方式的转变，从而为区域经济增长注入新的活力，推进全区域在更广的领域和更深的程度上参与国际经济技术合作与竞争，营造大区域经济发展的多赢格局。

（二）从区域经济合作与发展的两个层面，分析中国一东盟自由贸易区对区域生产力发展的影响

区域经济的合作往往是在特定的区域地理条件和交通条件下，多个国家或地区为了追求共同的经济目标或其他利益目标，在相互信任的基础上逐步实现共同市场，从而达到参与区域合作的国家和地区利益的多赢。这种互动对该区域生产力的发展影响很大。然而互动和发展的过程需要客观的基础性要素，及其不断排除技术和机制上的障碍。

1. 基础性因素，包括基础设施、政治互信、经济的互补性、市场制度和已有的合作成就，对区域生产力的影响

近年来，亚洲国家区域合作方兴未艾，东亚“10＋3”合作自1997年诞生以来取得迅速发展，成为本地区最具代表性的区域合作机制。中国与东盟则是在“10＋3”框架下率先启动自贸区进程，既适应了经济全球化的大潮，与历史前进的方向相一致；又应对了全球化带来的挑战，符合本地区各国的共同利益，更会对东亚地区的融合产生深远影响。

中国与东盟诸国政治关系多年来保持稳定发展，经济合作愈益密切。双边贸易额从1991年的79.6亿美元增至2000年的395.2亿美元，2001年又突破了400亿美元大关。东盟现已成为中国第五大贸易伙伴，中国则成为东盟第六大贸易伙伴。中国与东盟既是巨大的潜在市场，也是巨大的现实市场。中国与东盟的双向投资也呈现良好的态势。1991年至1998年，东盟企业对华协议投资额为442亿美元，实际到位资金达184亿美元。中国企业对东盟投资也在不断增加，仅2000年，中国企业在东盟的投资项目就有56个，协议金额1.7亿美元，实际投入1.2亿美元。中国与东盟的合作是全方位的，不仅涉及贸易、投资和科技领域，而且在金融、文化、航空、旅游、邮电、交通、海运、环保等领域的合作与交流，也取得了明显的进展。中国与东盟建立自由贸易区是政治关系稳定发展及经济合作不断拓展的结果。转过来，则可通过贸易创造效果及贸易转移效果，进一步推动贸易区内外贸易与投资的活跃，促进双方经济增长与发展。

2. 技术性因素，包括市场准入、技术接纳和融资能力等对区域生产力的影响

中国—东盟自由贸易区的建立，其目标不单纯是削减关税和消除贸易壁垒，而且包括农业、信息通讯、人力资源开发、交通设施建设及湄公河开发等广泛领域的合作。经济合作则是以农业、信息通讯技术、人力资源开发、投资促进和湄公河流域开发为重点，并逐步向其它领域拓展。

中国和东盟各国发展水平各异，社会制度不同，市场经济发展的程度也相差很大，但同属发展中国家，在迅速变化的世界中面临共同的机遇和挑战。双方通过建立自贸区形成有效的互补机制，就可以有效提升各自经济抵御外部风险的能力，减轻对发达国家市场的过度倚重，开创发展中国家互助合作的新典范。同时，中国也充分考虑东盟内部发展水平不同的情况，对东盟的欠发达国家予以照顾，承诺向柬埔寨、老挝和缅甸提供特别优惠关税待遇，这就为东盟诸国商品进入中国市场彻底敞开了大门。

过去 10 年，中国与东盟的贸易额迅猛增了 4 倍。中国加入世界贸易组织后又已把一个更加成熟、广阔的市场展现在世人面前。在新世纪新形势下，中国与东盟正在相互重新认识，在对方经济战略中的地位都在显著上升。自贸区的建立，通过市场的融合，在市场准入和资源配置上实现生产要素的自由流动，必将促进该区域生产力的极大发展，从根本上改变这个区域的生产力发展水平。

（三）实施中国—东盟自由贸易区"框架协议"四大目标与区域生产力发展的前景分析

1. 以贸易和投资为先导以及分期降低关税壁垒对区域生产力发展的作用

自由贸易区虽是降低关税税率并逐步取消非关税壁垒，但仍保留各自对成员国的贸易保护政策。区域经济一体化意味着地区内各国之间壁垒的消除，简化贸易层次程序，加速货物自由流通，并有利于资源跨国界的流动，导致资源在地区内更加有效的配置。

按照中国与东盟达成的《框架协议》，主要体现在农产品方面的"早期收获方案"，已于 2004 年 1 月 1 日开始实施，并将在 2006 年完成。我国在劳动力密集型农产品，如水果、蔬菜等方面占有一定优势，且与东盟有互补性。且目前东盟在家畜及肉产品、食糖及一些蔬菜方面有比较高的关税壁垒，"早期收获"扫清了这些障碍。因此，"早期收获方案"确定的关税减让，将为中国相关企业提供更多的出口机遇。除农产品出口外，我国企业还可结合双方将要开始的投资方面的谈判，考虑在东盟进行农业方面的投资。

以贸易和投资为先导及分期降低关税，将实质性地加快区域经济一体化进程，意味着市场规模扩大，使各成员国研发和生产的结合，相互贸易与投资的扩大，从而获得规模经济的效益，促进生产效率的提高，产生各成员国封闭锁国所不能得到的效果。也因此激发各成员国加强和扩大经济合作关系，以综合的力量，采取协调一致的行动，形成合力，汇入国际社会。据东盟秘书处的一项研究报告，中国与东盟自由贸易区相互投资、贸易及经济增长，将产生正面和积极的影响，使双方的经济发展达到双赢，并能加速推动日本、韩国与东盟的经济合作及中日韩东北亚经济合作机制形成。

2. 以促进货物和服务贸易便利化以及形成新投资机制对区域生产力发展的作用

《中国—东盟全面经济合作框架协议》的目的之一是创造一个透明、开放、竞争性以及便利化的投资体制，以使中国—东盟自由贸易区内的投资更加便利，继而促进投资，强化并改善双方的全面经济合作。

目前中国在东盟的投资，大到石油化工、银行、矿山，小到家电、纺织品、食品加工，投资领域非常广泛，而且投资形式从直接投资发展到包括技术投资、BOT 等多种形式。但东盟目前还不是中国 FDI 的主要投资场所，中国对东盟的投资每年约 1 亿美元，而且大多数资金投向东盟的四个新成员，即越、老、柬、缅。

由于东盟与中国地理临近、文化相似，易于管理；一些国家的成本比我们国内还低，随着我国经济实力的加强和产业结构调整的步伐加快，加上我国政府实施鼓励"走出去"的战略，中国对东盟的投资必将增加。东盟应该是我国企业优先考虑的投资市场。而且，中国企业在东盟投资，实际上面对的是两个市场。一个是东盟市场：由于其本身就是自由贸易区，按照其原产地规则，在东盟一国投资且当地含量达到 40%，生产出的产品就可享受东盟自由贸易区的关税优惠，这样实际上就是拥有了整个东盟的

5亿消费者市场;二是可充分利用在东盟生产的有利条件,更多进入在中国出口可能会面临障碍的其他市场。另外,东盟中的老挝、缅甸、柬埔寨都属于最不发达国家,由于欧美发达国家对世界上最不发达国家有特殊的出口政策,中国企业也可利用这些优势获取更好的出口条件。中国的企业可根据自身的规模以及东盟各国的不同特点,灵活地开展在东盟10国的投资形式,就一定能有效地促进生产力发展。

3. 开辟各缔约方在金融、技术、信息、人力资源等方面新的合作领域以循序推进对区域生产力发展的作用

从宏观角度看,服务业的保护水平要比货物贸易更高,而且,从服务贸易所需要进行的资本和劳动力的移动所带来的外溢效应,也会进一步扩大经济收益。因此,开放服务业带来的经济收益将远远大于开放货物贸易带来的收益。

为扩大服务贸易,中国和东盟双方同意就有步骤地开放服务领域进行谈判。以逐步消除成员间服务贸易方面的所有歧视性或限制性措施,加大开放深度和广度,加强服务业方面的合作。东盟和中国在服务业(特别是旅游、金融和电信方面)方面的合作关系进展良好。比如旅游,不仅是到东盟国家旅游的中国游客数量在不断增加,到中国旅游的东盟游客数量也在增加。如果解决好中国少数民族在个别东盟国家受到歧视性待遇的问题,相信发展前景会更好。目前,东盟国家在东盟自由贸易区框架内,已就金融服务、海洋运输、通讯、航空运输、旅游、建筑业以及商务服务开始了谈判。如果中国——东盟自由贸易区服务贸易方面的合作和开放,能参照东盟自由贸易区已有的服务业合作,那么,在其中一些领域,中国企业还是有一定优势的。

4. 缩小区域发展水平差距对区域生产力发展的作用

区域经济非均衡发展是世界各国经济发展过程中面临的共同问题,如果这种不平衡过大,将会对国家经济和社会发展、民族团结和政治稳定产生极大的消极影响。缩小区域发展水平差距,是构建中国一东盟自由贸易区一个重要目标。随着自由贸易区的建设进程的加快,关税壁垒的下降,投资服务贸易便利化,可以加大生产各要素在这些国家和地区间的流动,降低经济发展的成本,增加各生产要素产出效率,再加上基础设施的建设,自由贸易区内的国家和地区之间有形与无形的信息渠道通畅,这样,后发达国家和地区就会分享到自由贸易区的共同利益。而与东盟自由贸易区相邻的正是我国后发达的西部地区,我国西部大开发的政策正是致力于解决后发达地区的经济发展问题。中国一东盟自由贸易区的构建,会把我国与东盟相邻的西部推到开放的前沿,首先分享自由贸易区的利益。对东盟国家而言,这种利益更是不言而喻的。所以中国一东盟自由贸易区的构建,对缩小区域发展水平差距,对平衡发展自由贸易区内生产力的作用是巨大的。

二、中国—东盟自由贸易区建立与广西生产力的发展

广西处在中国与东盟各国连接的前沿,建立中国一东盟自由贸易区,不仅给广西生产力发展带来一次难得的机遇,同时也突现了广西在构建中国一东盟自由贸易区中重要的地位和作用。

(一)广西在构建中国一东盟自由贸易区中的地位和作用

具体体现在几个方面:

1. 发展平台和枢纽作用

广西为中国南边陲,既是中国东、中、西三大地带的交汇点,又是我国与东南亚国家山水相连,路路相通的省区,更是我国内地连接海外的通道。因而,凭藉广西区位,客观上,广西在我国开展区域经济合作与发展中,具有“东进”,即构建“9+2”泛珠江三角洲经济区;“西联”,即构建我国又一大经济协作区南贵昆经济区;“南下”,即构建中国一东盟自由贸易区的发展平台和枢纽的作用。

2. 可以为中国与东盟各国互动交流提供重要平台

建立中国一东盟自由贸易区,促进中国与东盟各国友好关系的深化和双边贸易、投资进一步扩大,实现国际区域经济合作和交流深入发展,可以有效增强中国、东盟在世界市场上的竞争力,促进经济增长和发展,有利于亚洲的和平与稳定。在这种促进国际区域经济发展的格局和基础上,中国国务院总理温家宝提出,并经中国、东盟各国一致同意,从2004年起,每年在中国广西南宁举办一次中国一东盟博览会,其主题是贸易与投资、交流与合作。南宁是广西的首府,是中国大陆南边陲最大的城市,是中国大西南出海通道上和中国南下进入东南亚通道的重要枢纽。在这里举办中国一东盟国际博览会,让中国与东盟各国通过参加博览增加交流,增进合作,从而达到推进双边贸易和双向投资的目的。这就为

中国与东盟各国的互动交流与合作发展提供了一个重要的平台。

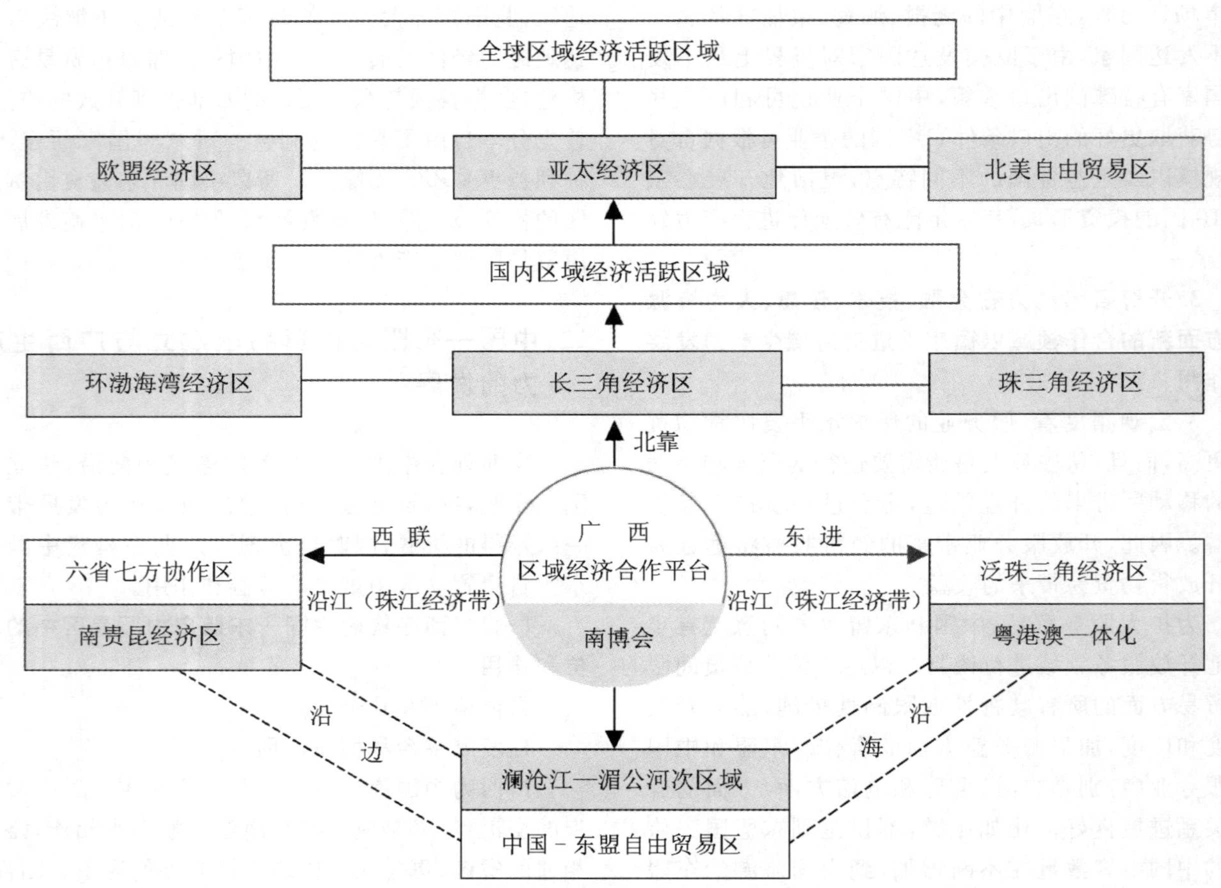

图 1　广西区域经济合作与发展态势图示

3. 广西在中国珠江经济带建设中，对东西部地区合作和产业结构调整将起承东启西的重要作用

构建“9 +2”泛珠江三角洲经济区，顺应了区域经济一体化的世界潮流，广西是后发展地区，处于我国三大经济板块的结合部，东连我国发达地区的粤港澳。可以说，随着泛珠江三角洲经济区的构建和逐步形成，广西占区位之优，可得风气之先，发达的珠江三角洲要成为珠江流域经济发展核心和主导力量，作为“龙头”，带动区域发展，就要实施产业转移，进一步提升本身产业结构，而其首选产业转移之基地和通道，势必是广西。广西客观上必然在构建泛珠三角经济区，中国珠江经济带建设中，对东、西部地区的合作交流和产业结构调整，起承东启西的重要作用，为包括发达的东部地区和后发展的西部地区在内的产业结构调整、升级，及其经济发展做功出重要贡献。

4. 广西历史和社会发展中的民族、文化和人文精神，在构建中国—东盟自由贸易区中具有重要的支撑作用

建设自由贸易区的目的，是为了吸引众多国家和地区来进行贸易活动，扩大转口贸易，刺激当地经济发展，获取经济利益。为达到这个目的，自由贸易区中的民族、文化和人文精神，会是构建自由贸易区成功和取得效果的重要因素。目前世界上两大贸易区，欧洲经济共同体(欧盟)、北美(美、加、墨)自由贸易区之所以促进发展的效果明显，就是在这个问题上能够比较一致。广西许多民族与东盟各国，特别是中南半岛国家多个民族是同源异流的关系，甚至是同根生的民族。由于同源共根，这些近亿人的生活习俗相同或相近，相互之间的日常生活用语可以相通。同时，广西籍华侨华人主要集中在东南亚，其中居住在越南的人数最多。这些华侨华人，已基本融入了东南亚各国社会之中，他们完全可以充当中国与这些国家交往与合作的沟通者，从中起举足轻重的作用。正是在历史和发展中形成的民族、文化和人文精神，使广西在构建中国一东盟自由贸易区中，具有特殊而重要的，别的地区所难以替代的支撑作用。

图 2　1980 年—2003 年广西区域经济合作主要产业及比重

广西区域经济合作
主要产业

农业合作			工业合作			服务业		
项目(个)	5442	占 32.5%	项目(个)	7669	占 45.8%	项目(个)	3635	占 21.75%
金额(亿元)	118.4	占 15.5%	金额(亿元)	433.2	占 56.7%	金额(亿元)	212.4	占 27.8%
主要行业: 良种、优良种苗调剂 热带、亚热带资源开发 农产品及商品基地建设 农作物病虫害防治 特色水产品养殖 农业科学技术交流 玉米、甘蔗育种与栽培 农业综合开发规划 农业水利及环境保护 农产品现代化加工处理 茶叶、烟叶栽培及加工 松脂、桂皮、茴油加工 中草药药用资源种植			**主要行业:** 矿产资源采掘 电力开发 化学工业 机械汽车工业 制糖工业 食品工业 纺织工业 煤炭工业 医药工业 轻工工业 有色金属工业 建材工业 林浆纸一体化产业 电器生产工业 高新技术产业			**主要行业:** 旅游业 金融 交通运输 商业 房地产 保险业 科技服务 服务贸易 人力资源开发 劳务输入输出 信息交流 邮政 电子商务		

注:以上统计数据根据自治区招商局(原经协办)档案资料整理,合作金额指到位资金,不含引进外资的到位资金。

(二)构建中国—东盟自由贸易区及“早期收获”对广西社会总供给(三大产业发展)的影响和作用

《中国—东盟全面经济合作框架协议》中的“早期收获”计划,对中国、特别是对广西三大产业发展会产生巨大影响。

1. 对广西第一产业的影响和作用

首先,中国—东盟自由贸易区正式启动之后,本来存在相当程度的农业互补性的中国和东盟各国,在农业经济上将更趋为一体,区域内农产品流通,将随着“早期收获”计划的实施而加速发展,市场争夺更为激烈。这一历史发展趋势,势必将广西和广西农业推向前台。因而广西农业只能是面临两个选择,要么加快融合步伐,在真正意义上同有关方面进行合作,寻求更大发展空间;要么因思维跟不上形势,丢失机遇,放弃合作,而在发展进程中被削弱以至被淘汰。广西农业应当抓住机遇,搞好广西农业的战略性调整,充分发挥自身优势,通过搞好合作,最大限度地缩小因挑战而带来的冲击,更好地适应变化了的形势,从而促进更快发展。

第二,由“早期收获”计划导致的贸易转移效应,将促进广西农业产业结构和产品结构调整的加速度。东盟诸国农业资源丰富,且历来重视农林业的合作,并曾发表联合公报,表示东盟各国在制定农林产品质量标准化方面继续加强合作,逐步建立东盟自己的产品标准,增强国际竞争力。“早期收获”计划实施,由于关税减让,建立有效的贸易便捷化措施,必然大大促进双方果蔬等农产品进出口贸易。这对我国的农产品生产、贸易会产生一个较大的影响和制约,尤其对广西更是直接威胁。现实上,中泰率先实施零关税之后,由于泰国进口的蔬菜水果的价格不同程度地下降,短期内进口增加会加快加大,刺激国内市场需求变化。广西农产品特色本来与东盟各国相同近似,且在很多方面比较,劣势明显,其结局势必减弱竞争力。这种形势虽对广西带来很大冲击和制约,但必然导致推动广西搞好农业产业结构和产品结构调整的步伐。

第三,广西的农产品加工和加工贸易面临更严峻的考验。这一严峻的考验来自两个方面:一方面,东盟诸国，主要是老东盟六国，总体上比较，在生产方式、品质、保鲜技术、产后商品化处理、加工、包装、营销等方面，我国尚处于劣势，广西劣势更为明显；另一方面，长江三角洲、珠江三角洲这些我国的经济发达地区，凭借他们雄厚的加工工业基础和庞大的民间资本，他们不仅提出了与东盟共同打造太平洋沿岸的黄金贸易走廊战略，而且凭借他们与东盟有着更强的资源和产品互补性，加大了贸易与农产品加工的往来。这一压力，从客观上会要求机促进广西作提高农产品加工能力和水平的努力。

第四，促进广西更加敞开思维，要更积极地开展全方位的开放与合作。中国一东盟自由贸易区建立，“早期收获”计划实施，暴露了广西事实存在的弱点，比如，广西同我国中西部腹地某些农业大省相比(与东部发达省市是难以相比较的)，广西在科研实力、农机、农药、化肥、种子等方面，均处于相对的竞争劣势，广西不仅品牌少，名牌更少，优良品也不多，尤其在种植技术、管理水平和经验等方面，更是不多。这种现实，不仅是给广西的压力和冲击，它同时又可以激发广西，更加解放思想，敞开思维，更新方式，以创新姿态，积极地开展全方位的开放与合作，寻求广西更大的发展空间。

2. 对广西第二产业的影响和作用

第一，有利于合作，又存在着激烈的竞争。由于东盟诸国因产业结构是南部国家(主要是老东盟六国)以制造业为主，北部诸国以农业为主。制造业在各国的情况是雷同性大于差异性，竞争性大于互补性，互相之间缺乏有计划和有序的产业分工。近年来，广西向东盟出口的主要制造业产品是机电产品、矿产品、化纤服装、农用物资、玻璃、陶瓷、中成药、五金产品，在产业结构上与东盟的互补性还是比较强的。自由贸易区建立，广西有可能可以依托这些出口产品，推动生产这类拥有比较优势产品的产业、行业的加快发展，甚至可以与对方在互惠共利的情况下，进行更大规模、近距离的合作。但同我国各省市相比，广西将面对更多的竞争对手。

第二，利于广西与东盟诸国增加相互投资，同时又存在着投资上的竞争。广西与东盟诸国，特别是东南亚各国要加快发展，都同样需要大力吸引外资，双方外资的来源都主要是亚太地区。因此，自由贸易区建立，有利促进双边的相互投资的加大。另一方面，目前邻近中国的东盟国家，加快了改革和与国际交往，因而在吸引投资上，广西会同它们存在激烈竞争。此外，由于建立自由贸易区，中国各地都可以吸引来自东盟诸国的投资，很显然，东盟诸国在中国投资将更为分散，广西要吸引更多资金事实会存在困难。

第三，利于加快推进广西工业化。广西正在加快推进工业化。由于产业结构上的差异性，广西在一些产业上明显居于竞争优势。自由贸易区建立，使广西获得了一个极好的机会和发展平台，可以充分利用自己的优势，加大引资步伐，加快发展，形成良性的循环，从而可以更快地将工业化向前推进。但在这同时，东盟新兴工业化国及中国先进地区，同样获得了好的机会和登上了更利于发展的平台，势必都在盯住双方的需要及各方面的消费需求，组织好生产和供应，这当然在事实上对广西加快推进工业化产生一定的压力和影响。

第四，通过资源的流动，对广西第二产业制造业产生影响。作为制造业基础的矿产资源，广西与东盟诸国，尤其是东南亚国家虽有很大的雷同性，但毕竟也有着很大的差异性。比如铜、铁、镍、铬、石油、天然气、煤、玉石、宝石，这都是广西较稀缺的资源。而广西制造业正好需要这些资源的支撑，尤其是煤、石油、天然气等。自由贸易区建立，无论是关税还是运输等方面，广西都占有得天独厚的优势条件，广西可以利用这优势条件，在东盟诸国，特别是东南亚国家获取资源，以促进自身制造业的发展。

3. 对广西第三产业的影响和作用

(1)对商贸物流的发展将产生重大影响和促进增长。建立自由贸易区，实行货物贸易关税减让，并逐步取消非关税壁垒(措施)，简化和协调关税程序，尤其实施“早期收获”计划，中国对东盟新成员国如越南、柬埔寨、老挝、缅甸给予特殊的差别待遇及灵活性，直至实现完全的货物贸易自由化和逐步实现涵盖众多部门的服务贸易自由化，必然极大地促进中国与东盟诸国货物贸易的大幅度增长。广西处中国与东盟交往前沿，直接与东盟新成员国相邻，并且有多年的边境互市贸易传统。可以预见，广西与东盟诸国特别是与东盟新成员国的商贸流通更为活跃。由此影响，必然十分有利于广西组建和形成一、二个涵盖面广、实力雄厚的跨国物流企业或企业集团，为活跃双边贸易做好服务。

(2)促进金融科技业进入一个新阶段。随着双边关系的深入，经贸合作增长和发展，必然同时带来金融和科技方面的合作更为活跃和增加实质内容。1997 年东南亚金融危机以来，中国与东盟有关国家签订了《清迈协定》，与其他东盟国家就双边货币互换协议开始接触，还与东盟举办各种研讨会和培训班，以加强金融方面的合作。科技方面，中国积极支持并参加“电子东盟”建设，签署了《中国与东盟信息产业中长期合作谅解备忘录》，中方举办多期培训班，为东盟培训信息技术方面的人才。此外，各类技术交流，机电装备贸易也非常活跃。随着自由贸易区建立，中国与东盟诸国间的金融和科技合作必然发展迅速，而广西得区位和民族渊源之便利，这种合作与交流必定上一个新台阶。

(3)旅游业合作将迅速升温和得到大发展。中国和东盟都在积极发展旅游业。目前，东盟诸国均已成为中国公民出国旅游目的地国。中国与东盟国家签署了多项旅游合作协定，开创了新的旅游合作局面。广西本来就与东盟国家山水相连，有着优良的旅游地缘合作基础，可以与东盟各国开展种类旅游交流活动。随着自由贸易区建立，这种旅游业合作前景更为广阔，广西旅游业也由此迅速升温和得到大发展。

(4)广西的餐饮服务业将得到更大发展。广西餐饮业极具广西特色，深受东盟诸国，尤其是东南亚国家的喜爱和欢迎。随着自由贸易区的建立，双方经贸往来、人员往来增多，旅游业更为红火，这就会在现实上促进餐饮业的增长和发展。同时，由于逐步实现服务贸易的自由化，双方都逐步建立起有效的贸易便捷化措施，广西餐饮业有更多机会走出国门，到东盟诸国去寻求新的更大的发展空间。

(5)开展文、教、体、卫与东盟诸国的交流合作会更为活跃。自由贸易区建立，必然极大地改善和促进双边国家关系，促进双边各个方面的交流与合作。广西与东盟特别是东南亚国家历史、民族、文化的渊源同流相近，交流与合作更为便利。随着自由贸易区建立，旨在为经贸合作服务，为发展服务，为社会服务的文化、教育、卫生、体育等方面的交流与合作将有更大的发展。广西占历史、民族关系、地缘之便利，将成为最活跃的地区之一。

(三)构建中国—东盟自由贸易区对广西生产力发展的积极作用

构成生产力的因素主要包括劳动者、生产工具、劳动对象、科学技术、经济管理信息等。对生产力的积极作用，就是促进上述因素发生综合作用，表现在具体上就是促进经济的增长和发展。

1. 构建中国—东盟自由贸易区与广西投资需求拉动作用

广西的生产力发展水平比较低，而又有着最邻近东盟的区位优势，可以作为中国进军东盟，东盟进入中国的最优良的发展基地之一。随着自由贸易区的构建，国内国外的大量投资，都会瞄准广西这一相对优势，有着巨大的市场潜力和扩张潜力而进入广西，抢滩广西。在这同时，面对发展了的形势，广西也会为了参与竞争，并能在激烈的国内、国际竞争中发展自己，势必想方设法，从互惠互利的根本出发，降低门槛、出让利益，来吸收区外和国外资金，会运用一切关系，调动一切积极因素引进资本、人才和技术。只有大量的投资，才能解决广西发展潜力的释放，比如丰富资源和劳动力的利用，才能解决广西综合经济实力和竞争力增强，解决广西当好中国与东盟合作交流竞争前沿基地等问题。正是由于建立中国—东盟自由贸易区所引起的两个方面和两种途径的引力作用，即广西内在和外在的投资需求，会在实际上产生积极作用，吸引更多的国内外投资。在一定的固有的基础条件下，投资需求必然引至投资增长，投资增长必然地促进广西经济的大增长和大发展。也就是说，构建中国——东盟自由贸易区与广西投资需求拉动的直接紧密关系，必然极大地促进广西生产力发展。

2. 构建中国—东盟自由贸易区与广西消费需求拉动的作用

统计数据表明，广西的区内消费需求是趋旺的。随着中国—东盟自由贸易区建立，预计广西区内将出现以下几种趋势：一是投资增加强劲，引起经济增长强劲，从而引起生产消费的大幅度增加；二是随着经济增长，城乡居民收入增加，消费水平也会有较大提高；三是由于更多的区外、国外客商进入广西，在这同时也会有一定数量的劳动力流入广西，势必进一步拉动广西的消费需求；四是消费结构发生调整和逐步改善。即城乡居民的恩格尔系数进一步降低，娱乐、教育、文化、家庭设备用品、服务等消费比重会进一步上升。

消费的增长必然拉动需求的增长，需求增长同样必然促进经济增长。按照中央关于科学发展观的要求，我们的发展必须是全面、协调和可持续的。因此，在关注构建中国—东盟自由贸易区与广西消费需求拉动作用中的积极方面的同时，我们必须重视对消费方面的引导：一是从科学合理有效利用资源出发，引导对资源的科学消费，通过科技进步和提高节约意识，实现以最少的消耗换取尽可能大的产出和收入；二是运用国家宏观调控政策来指导和引导产业发展，防止为恰当的高收入、高消耗、高污染的产业、企业在广西建设，防止过大幅度和过高速度推动广西不正常消费的增长；三是想方设法增加农民收入，提高农村的总体消费水平；四是运用多种手段，其中包括扩大就业，缩小居民的收入差距，提高全体民众的总体消费水平；五是进一步改善居民的消费环境，如改善农村用电、解决通讯收费不合理、鼓励消费、加大对消费品安全的监管力度、提高社会诚信水平等，促进消费总体水平提高；六是重视分析和研究东盟诸国的消费倾向，不断调整广西产业和产品结构，扩大东盟对广西产品的消费市场。

可以预见，随着中国一东盟自由贸易区的建立，广西的消费需求必然有一个极大的增长。广西一定要对此有所预见，要做到未雨绸谬，及早规划和准备，利用这一作用来促进广西经济的发展。

3. 构建中国一东盟自由贸易区与广西对外贸易拉动作用

对外贸易增长，对增加就业和增加居民收入有着连锁反应，这是一个客观存在。中国与东盟构建自由贸易区，一般会产生贸易创造效果，是有利于经济发展和福利水准提高的。这里的关键在取得贸易顺差，使广西在对外贸易收支上处于有利地位，以利于促进广西经济发展。

中国一东盟自由贸易区构建，意味着国家对进出口贸易不加干涉、限制，允许商品自由输出和输入，并适当地、逐步地实行减免关税的政策。在这种自由贸易经济中，每个国家和地区可以，也只能是根据自己的生产资源、技术水平专门生产那些最有利于自己取得利益的商品，以带动本国本地区经济的发展。这是一种国际分工，也是一种国际竞争。在这种情况下，通观和分析广西，相对于东盟诸国来说，在综合实力上，特别是技术水平上很难与新兴工业化国家比肩，但与发展中国家，尤其是新东盟国家有相似的水平，甚至讲是稍高一筹。即无论在资源或科技水平上，大体相当，各有所长，也有不足。而这些新东盟国家正与广西相邻或相近，广西可以利用自己的长处和优势，首先进入这些国家，占领市场，引导这些地区群众的消费心理。这就是千方百计地增加和扩大对它们的外贸。在这同时重视分析研究新兴工业化东盟国家，研究它们的需求和存在的短缺空间，想方设法打进去。另一方面，引进它们的先进技术、资本和管理经验，武装广西，提高广西水平和增强竞争力。在对外贸易的问题上，一定要扬长避短。而扬长避短的前提和基础是分析研究好对方，也分析研究好自己。

构建中国一东盟自由贸易区，对广西对外贸易拉动的作用是明显的和必然的，广西应很好地利用这一机遇促进广西外贸增长，从而促进经济增长。要注意做好几项工作：一是重视调整自己的产业、产品结构；二是重视不断分析、研究东盟的需求；三是也要循序渐进，逐步积累经验；四是加紧研究一些对外贸易的技术性问题，以提高对外贸易水平；五是重视通过多种方式开展与东盟国家和地区的区域合作；六是也要重视可能给广西带来的不利因素。

三、面对中国一东盟自由贸易区建设，广西必须进一步加快生产力发展

建立中国一东盟自由贸易区，对拥有如此优势区位的广西来说，是一次重大的发展机遇，然而又是一个严峻的挑战。如何抓住这一千载难逢的机遇，迎接这一前所未有的挑战？广西必须进一步加快生产力的发展，才能在中国一东盟自由贸易区建设中，通过大范围的交流、合作与竞争，取得自己的利益，获得自身的良好发展。

(一)端正促进生产力发展的指导思想

发展是我们党执政兴国的第一要务。广西是后发展地区，经济总量较小，产业结构层次水平较低，推动生产力发展，维护和实现最广大人民群众的根本利益，更是重要的任务。必须解决好生产力发展问题。这是关系人心向背、事业兴衰的大事，是广西能否跟上全国发展步伐，实现社会的繁荣和稳定的大问题，绝不可等闲视之。要集中全区人民的智慧和力量，聚精会神搞建设，一心一意谋发展。

谋划广西的发展，要坚持以邓小平理论和“三个代表”重要思想为指导；坚持以人为本，树立全面、协调、可持续的科学发展观，推动经济社会和人的全面发展；坚持按照中央提出的“五个统筹”要求，推进广西的改革和发展，全面建设广西的小康社会；坚持从实际出发，结合广西的具体情况谋发展，要以市场为导向，以产业为载体，以联合促开放，以开放促开发，注重实效，注重长效，努力实现富民兴桂新跨越。

(二)制定和实施正确的发展战略

进一步加快广西生产力发展，必须制定和实施正确的发展战略。这就是广西必须制定和实施“通江、达海、出边，全面提升对外开放水平”的战略策略。这是能够推动广西生产力发展的正确的战略策略。

通江：即东进、西联，搞好与兄弟省市交流、合作

和协作，共同构建南中国经济横向轴线——珠江经济带，即形成泛珠三角经济区、南贵昆经济区为形式的区域经济发展新格局。南贵昆经济区，是我国从有利于发展区域经济，增强地区经济综合实力出发，所要构建的区域联合形式。泛珠三角经济区更是南中国九省区二地，为应对经济全球化形势而提出的构建区域经济发展新模式的宏大战略构想。广西要大力推进生产力发展，就必须积极主动融入，并依托这些新的区域经济发展模式，在其中交流、合作和竞争有所作为。

达海：致力于提升北部湾沿海港口吸引和辐射东盟诸国和我国广大腹地的能力，进一步改善和提升广西陆、水、空路线交通运输状况和水平，构建好齐驱并进的国内（区内）陆路和海上国际大通道。广西不仅是我国西南地区出海大通道，而且在进行国际交往方面，其区位条件与其他沿海地区相比，也是逊色不多。从经济全球化趋势考虑，广西制定和实现好“达海”战略策略，确是明智之举。

出边：与我国各省市，特别是泛珠三角经济区，尤其是与粤港澳，联合与借助他们的力量，联手共建我国对外开放的前沿－中国－东盟自由贸易区，把广西发展成泛珠三角经济区，以至全中国与东盟自由贸易区对接的合作与发展平台。广西是我国少有的沿江、沿海、沿边省区，不仅有便利的海上国际通道，更是我国陆上与东盟诸国直接相连的最佳前沿基地。在这里，与全国联手共建对外开放的合作与发展的基地和平台，应当讲是较恰当的选择。广西应不失时机，主动谋划，制定和实施好出边的战略策略。

（三）必要做好几项工作

要实现在中国－东盟自由贸易区建设中，进一步推动生产力发展，广西应着力做好几项工作：

1. 加强中国－东盟自由贸易区建设的合作，共同办好“南博会”。广西要实现在中国－东盟自由贸易区建设中，推进生产力发展，不仅要有合作的意识，更要在实际上加强与全国各省市区、与东盟诸国的交流与合作。要有这种大局思想。中国－东盟自由贸易区是11个国家共同的事，相对中国来讲，是全国的事，不是广西独家的事。但广西拥有得天独厚的优势条件，广西背靠祖国，面向东南亚，是中国与东南亚唯一的水陆相连的省区。因此讲是天赐予广西以极好的发展机遇。搞好与全国各省市区、东盟诸国的合作，首先就是要联手共同办好“南博会”，通过办好“南博会”，展示广西，吸引全国和世界对广西的关注和支持，以获取广西的发展机会。

2. 加强区域交通、能源、通讯、城市基础设施等方面的合作。这是合作的具体之一，也是广西做好服务的基本条件，是广西对外产生吸引力的重要方面。而这些方面对广西来讲，还极不完善，需要进一步增强功能，提高水平。要能使之功能增强，水平提高，就要加强与外部的合作，借助外部力量，把这些事情办好。

3. 加强区域间经贸合作，推进产业对接，提升产业整体竞争力。这是发展广西生产力最本质、最核心的东西。交流、合作的目的是为了自身的发展。交流、合作必然产生竞争，竞争的交流、合作才是真正意义的交流与合作。广西应研究好自己，按照互利互惠，优势互补的原则，加强区域间经贸合作，推进产业对接，实现提升产业整体竞争力的目的。

4. 加强区域文化、教育、科技、体育、卫生、信息等方面的交流与合作。在科学发展观下，推进广西发展，是全面、协调、可持续的发展，这个发展是全方位的和协调的，而不仅仅是经济的增长。而且，推进全面、协调、可持续发展，也要依靠包括各个方面的力量支撑。因此，广西必要加强同全国、同东盟诸国间文化、教育、科技、体育、卫生、信息等方面的交流与合作。

5. 加强区域间人力资源的开发与合作。在科学技术突飞猛进的当今世界，竞争，讲到底是人才和智慧的竞争。作为第一生产力的科学技术，其源在于高素质的人才和劳动力。推进生产力发展，广西缺乏的正是这个方面。因此广西必要加强与区外、国外的人力资源开发与合作，以此促进广西生产力的发展。

6. 加强区域间的政府领导互访，为经济合作提供制度支撑。区域间政府领导互访，进行动态交流，互通情况，增进友谊，这是加强合作的必要方式，这种方式能给经济合作提供有力的支持，对推进生产力发展有很大的促进作用，这要成为一种制度。在事实上搞好有利于互相交流，互帮互助的互访。

（四）一些主要对策措施

1. 抓住“三大机遇”，理清发展思路。就是结合广西的实际，紧紧抓住我国实施西部大开发、加入世界贸易组织和构建中国－东盟自由贸易区的三大机遇。面对新世纪、新形势，及时调整广西发展的思路，调整对外开放布局，调整促进发展的思路。要将机遇看作仅仅是促进广西发展的可能性机会，还必须靠广西下力气去作实质性的努力，才能实现发展的目的。因此,需要广西实事求是研究、谋划好自己,充分认识、运用、发挥自己的优势,以增强产业竞争力、发展生产力为核心目标,利用好一切可能利用的条件和力量,采用多种形式,搞好全方位服务,提高开放水平,积极主动走上竞争,广泛参与交流、合作,努力把广西建设成为中国一东盟自由贸易区的制造中心、贸易中心、物流中心、信息中心和文化交流中心。

2. 动员和引导广西全社会力量,以只争朝夕的精神,更加积极的态度参与到区域合作的各项工作中去。做好上述 6 项工作,搞好与全国各省市区,与国际,特别是东盟诸国的合作,推进广西生产力的发展,不是那党那派、那一局部地方、那一行业企业的事,而是全广西上上下下的事。缺乏哪一部分的积极性主动性,显然不行。要依靠全广西人民群众的智慧和力量。只有依靠全区各族人民紧密团结,万众一心,奋发图强,才能将工作搞好。因此,当务之急,是做好宣传、教育、动员、号召工作,让人民懂得中国一东盟自由贸易区,懂得经济全球化,懂得新世纪新形势新趋势,并认识形势对我们的要求,从而提高人们参与区域合作的积极性主动性,也以此为主观基础,形成广西参与区域合作的聚合力。

3. 研究、制定和实施广西参与区域合作的总体战略规划方案。面对中国一东盟自由贸易区建设,广西参与区域合作,加快推进生产力发展,是一个中长期的总体发展谋划,是一个庞大的系统工程,涉及面广,层次深,其中包括:如何抓住新世纪经济全球化和我国全面建设小康社会的重要战略机遇期;如何充分发挥广西作为“西南出海大通道”和中国进军东南亚市场前沿发展平台的地位和作用;如何利用好广西的五个战略优势(沿海优势、沿边优势、通道优势、区域发展平台优势、民族文化优势),加强区域合作的统一规划、统一行动、统一政策;如何按照市场经济规律,以不同的功能、层次、规模建立对外贸易区、出口加工区、高新科技协作区、新型工业园区、现代农业生产园区等等;如何以法律、法规和政策导向为支撑,加快人力资源、金融资本、现代科学技术、地区特色商品等合理流动;如何实现制度和机制的创新,拓展区域的产业合作,开创区域经济合作新局面;如何以国际市场为目标,提高对外开放水平,加快经济合作、制度安排和与国际接轨的进程,等等,需要广西的通盘考虑,统筹协调安排,这只能依靠制定和实施正确的总体战略规划方案来解决。

4. 建立和完善区域合作的协调机制。在中国一东盟自由贸易区建立过程中,广西参与区域合作,不仅是国内各省市区间的合作,更重要的是与东盟诸国乃至世界各国的合作。这一合作最少涉及几个方面:拓宽广西与东盟各国的合作领域;打造广西与东盟合作的信息平台;营造广西与东盟产业企业间合作发展的新空间;建立和发展广西与东盟合作的协调沟通机制,等等。所有这些,都是仅仅作为我国一个自治区的广西在进一步扩大开放中,遇到的新课题、新问题。在进行合作的过程中,不可避免的要涉及建立和完善区域性经济合作和行业网络组织;设立领事馆或办事处、商务联络处;国际间信息交流与合作;非政府组织作用的发挥;举行首长联席会议,加强高层对话和磋商;组织协调建设重大工程项目;组织研究有关国际合作方面的重大问题,等等。有的必须由国家及中央有关部门牵头,地方政府参加。但是,必须进一步密切联系,建立起区域合作的协调机制。广西在其中充当怎样的角色,一定要定位好。只有这样,才能搞好搞活区域合作。

5. 联合越、老、缅、柬率先合作为突破口,努力实现弱与弱合作而变强的效果。构建中国一东盟自由贸易区,是一个大战略,真正与东盟诸国实现商品和服务完全自由贸易化和便利化,要到 2010 年。与中国接攘的国家越南、老挝、缅甸、柬埔寨都是经济比较落后的国家。中国对他们要在贸易上给予优惠照顾,甚至还要提供无偿援助。然后他们是我们的近邻,一方面,中国与东盟交往,中国的人员和货物均可以经过中国广西从陆路(公路、铁路)进入东盟,东盟诸国也可以从中国广西进入中国内陆其他省市区,这是最便捷的陆上通道;另一方面,中国国家也好,各省市包括广西本身,可以在边境与东盟诸国合作共建边境经济技术合作区、进出口加工区,而最直接的就是中越边境经济技术合作区和中越边境进出口加工区。目前,越、老、柬国家,他们从基础设施到工业化、产业发展现代化建设都有大量的项目,需要大量的投资。中国大量的产品适合他们的消费,中国的许多技术和设备也很适合他们需求。在现实上,相当长时期以来,中国有关方面对这些国家的支援和与他们的某些经济技术合作,取得了良好效果,受到当地的欢迎。中国是发展中国家,经济技术上难以与发达国家相比,但比起这些国家来,还是有优势的。广西在我们国内虽比较落后,属于后发展的地区,但是比这些邻国,同样具有一定优势,互补性很强。比如,广西的汽车工业、机械工业就比较强。橡胶工业在广西基本上形成了一个体系完善、产品成系列的产业,有一批名优产品,实力雄厚,在我国甚至国际都有一定影响。上述国家,橡胶工业虽落后但原料很丰富。广西的医药工业也比他们强。广西缺煤,煤炭对广西产业发展有举足轻重的影响,但是越南在这方面拥有优势。如此等等。此外,在农业和第三产业都有可以互补和合作的机会和领域。广西和越、老、柬,都属于后发展地区,相对于发达国家和地区,都处在弱势之中。但是,处在弱势,并不表明一切都弱,何况弱势中的联合与合作不见得还是弱势。弱与弱合作得好、真诚,也会变成相对强势。从竞争态势上看,1 加 1,当然比不上 3,更比不上 3 以上。然而 1 加 1,形成抱团,在竞争上,总比 1 与 3 比要有威力得多。穷哥们抱成团,财产比不上富人,但也有其可敬可畏的地方。比如广西的橡胶工业,能与越南的优势原料结成了联盟,合作起来的跨国橡胶产业,恐怕在国际市场上就是竞争的强者。越南鸿基的煤产业,与广西需煤的产业联合作,双方产业就都会如虎添翼。因此,我们认为,在构建自由贸易区过程中,广西要研究完全崭新的合作方式方法和途径,寻找合作的突破口,在我们邻居身上寻找、发现、开发合作的机会和领域,不一定非得要舍近求远。须知,我们在未来发达之时去寻找富的作为依托,未尝不受白眼。而搞好同任何方面包括是不发达的对象的合作,未尝就不能成功,壮大威势。

6. 抓紧研究和实施新的对内、对外开放措施。面对经济全球化、中国——东盟自由贸易区建设,特别重要的是广西的对外开放问题。也就是说在新世纪新形势下,广西必须进一步加快扩大开放,提高开放水平。开放必须是全方位、多层次的,包括对境外、国外开放,也包括对我国国内各省市自治区的开放。开放工作要根据国内外形势发展变化,坚持与时俱进,开创新局面。广西的进一步全面提高开放水平,不仅是进一步扩大与国内外的商品和服务贸易,而且要更重视由于广西基础薄弱,综合经济实力不大的实际,要进一步吸引国内外客商来桂投资,参与广西的结构调整和国有企业改组改造,提高利用外资的质量和水平。在这同时,要研究建立健全区域补偿机制,特别是在生态环境建设和能源、粮食、水资源利用保障等方面,制定有利于可持续发展的方式方法和措施,制定和实施鼓励区域双向开放和合作的政策措施,以促进扩大广西对外开放,提高开放水平。

7. 以体制和制度创新为动力,提高企业、政府、社会中介三方协调和联动效应,改善政府的政务环境。体制和制度创新,是从传统计划经济向市场经济转型的必要之举,也是推动社会进步和经济发展的根本动力。要通过体制和制度创新,形成以企业投资经营机制创新、政府以法行政、社会中介服务组织发挥重大作用"三位一体"的市场经济运行机制。按照广西的具体情况,关键在必要解决好地区之间、部门之间相互分割、自成体系的封闭保守问题,以建立和完善规范和统一市场体系为重点,特别是要素市场,包括生产资料市场、资本市场、人才市场和产权市场等,培育区域市场体系,要从体制上保证互相开放。同时,通过体制和制度创新,进一步转变政府职能,实行政企分开,减少审批事项,简化办事程序,强化服务意识,实行依法行政,严肃执行各项法规,以保障各类市场主体参与广西开发的顺利进行,引导资本、技术、人才向广西流动。

8. 目前要特别重视做好一些具体的工作。在新世纪新形势下,广西当前要抓好一些具体事:一是积极主动融入泛珠三角经济圈,以取得区内兄弟省市,特别是粤港澳地区力量的支持、帮助,首先加强同它们的合作,以提高广西的产业结构水平,增强广西经济实力,提高广西的产业竞争力;二是倾力办好"南博会",同时要寻求中央部门和兄弟省市区的有效支持和帮助,"南博会",要尽情展示广西,显示广西的魅力;三是集中力量,搞好一些战略性产业项目的前期分析研究,使之能在"南博会"中和会后找到合作伙伴,实现实质性合作;四是争取中央将一些重大项目布局在广西,如沿海大型石化企业和大型钢铁项目;五是利用国内外和区内外资源建立广西国际战略研究机构,开展向国际进军方面的深层次研究;六是结合广西实际。编制广西利用优势项目,加快国际国内合作与开发的建议书,等等。

关于中部崛起几个问题的思考*

郑新立

中部崛起问题酝酿已久，正式写入中央文件是在今年。温家宝总理今年在中央党校的报告、人代会的报告和视察湖北时的讲话中，三次讲到了关于中部崛起的问题。党的十六届四中全会《决定》明确提出要“促进中部地区崛起”。现在中部各省正积极研究怎样在新时期新阶段抓住机遇，实现经济社会的较快发展。下面我想就这个问题谈谈自己的一些思考。

一、中部经济快速发展的条件已经成熟

中部地区主要包括五个省：河南、湖北、湖南、江西、安徽。自然条件、经济发展水平、目前面临的问题大体相同。概括起来这五个省当前加快经济发展有三个方面的有利条件。

1. 明显的区位优势。中部地区位于中国的中部，交通发达、承东启西、贯通南北、人口密集。古时候讲，得中原者得天下。从古代、近代到现代，中部地区经济在全国都具有举足轻重的作用。中部的现代化在某种程度上决定着中国现代化的命运。如果中部地区能够像沿海一样走上加速工业化、现代化的道路，就能对全国实现全面小康社会的目标，进而基本实现现代化做出重大贡献。

2. 比较好的经济基础。经过改革开放26年的发展，中部的交通条件有了很大的改善，工农业生产有了很大的发展，居民收入有了较大幅度的提高，经济基础条件比较好，具备了实现经济腾飞的基本条件。特别是中部地区涌现了一批率先发展起来的典型，在河南，也有一批率先发展起来、富裕起来的县市和乡镇，对整个中部的发展起着巨大的鼓舞和示范作用。

3. 发展的软环境有了很大改善。经过26年的改革开放，中部的经济体制、政策环境有了很大改善。沿海地区的率先发展，对中部的广大干部群众产生了巨大的激励效应。20多年以前，大家发展水平差不多，收入水平、生活水平差不多。20多年以后，刮目相看了，人家富裕起来了。中部人民产生了加快脱贫致富的强烈愿望，这是中部崛起最强大的动力源泉。所以，目前中部地区是困难最大、潜力最大、希望最大。在中央提出中部崛起的号召之后，中部的广大干部群众都在认真思索发展的政策措施，决心通过自己的努力，实现更好更快的发展。

中部经济与沿海和全国经济相比，目前有三个方面明显滞后：

一是工业发展滞后。中部地区第二产业增加值占国内生产总值的比重，比全国平均水平低了7.2个百分点。全国第二产业占国内生产总值的比重为52.2%，中部五个省只占45%。河南的二产比重比中部其他几省高一点，但仍低于全国平均水平，更低于沿海。所以，从一二三次产业来看，中部地区与沿海地区主要差在第二产业的比重偏低，也就是说，工业化进程明显滞后了。

二是非国有经济发展滞后。改革开放以来，集体经济、私营个体经济、外商投资企业以及各类股份制企业发展很快。但是中部由于这样那样的原因，非国有经济的发展比较慢。目前中部非国有经济占整个经济的比重明显低于全国平均水平，更低于沿海的水平。在城镇从业人员中，非国有经济从业人

* 此文为中共中央政策研究室郑新立副主任在河南财经学院的讲话，原载《河南日报》，2004年11月20日。

员的比重，中部五省比全国低21.3个百分点。全国的城镇从业人员里面，非国有的占73.2%，中部五省仅占52%。河南非国有占52.6%，比中部五省平均高0.6个百分点，但是比全国的平均水平也要低20个百分点以上。中部五省比浙江低23.9个百分点。在这一块最有活力、发展最快的经济中，中部明显滞后了。

三是农村劳动力向非农产业转移滞后。2003年第一产业从业人员占全部从业人员的比重，中部五省比全国平均水平要高4.4个百分点。其中，河南第一产业从业人员占的比例最高，达60.2%，比全国平均水平高11.1个百分点，比浙江高30.8个百分点。浙江现在第一产业从业人员占全部从业人员的比重只剩下29.6%，第一产业劳动力大批地往二、三产业转移了。而在改革开放初期，各省第一产业劳动力所占的比例都差不多。20几年出现这样大的变化，这是最重要的差距。

实现中部和中原崛起，必须抓住主要矛盾，把劲集中使到突出滞后的方面，才能尽快缩短与沿海地区的差距。

二、中部地区经济腾飞要以工业化为突破口

加快农村工业化和城镇化是我国“十五”计划《纲要》提出的两大发展战略。这是经过长期实践和反复讨论才形成的正确认识。在制定“八五”和“九五”计划的时候，有些专家就提出，要把农村工业化作为一个重要任务提出来，但也有一些专家不赞成，原因是工业占国内生产总值的比例在70年代就达到50%以上了，工业化的任务是否已经基本完成了。这些同志忽视了就业结构。在大部分劳动力还集中在第一产业的情况下，很难说工业化的任务已经完成了。所以，直到制定第十个五年计划的时候，大家才统一认识。能不能深刻理解和认真实施这两大战略，对中部崛起至关重要。

中部五省都是农业大省，农村劳动力占整个劳动力的绝大部分。从中部各省的省情出发，发展经济必须把推进农村工业化，加快农村劳动力从第一产业向第二、三产业转移作为根本任务。与沿海相比，中部农业具有优势。中部五省的人口占全国的25%，粮食产量占26%以上。人均粮食占有量高于全国平均水平，是粮食主产区和商品粮调出区。中部农业比沿海并不差，甚至比沿海好。所以，加快中部地区的发展，首先就是要加快工业的发展，加快农村工业化的步伐。这个指导思想一定要明确。江西省，过去十几年，历来强调农业强省，要由农业大省变成农业强省，后来反复调查论证，得出一个道理来，就是你要想成为农业强省，首先必须成为工业强省，你要想建立发达的农业，必须首先建立发达的工业，通过建立发达的工业，来支持农业的发展，支持农业的现代化。这个思路是非常对的，也是沿海地区走过的道路。沿海地区这20多年的发展，主要是靠乡镇企业取得的利润，实行以工补农，以工建农，用工业取得的利润来加强农业基础设施建设，改善农业的基本生产条件，实现农业生产的机械化，使农业现代化水平、生产能力，都有了很大的提高。中部要想成为农业强省，应当先成为工业强省。

首先要把原有的、传统的、优势的工业行业做大做强。中部五省在全国的一个行业的产值的比例占到20%左右的，一是有色金属采掘和加工，在全国占到25%左右，从采矿、选矿、冶炼到加工，这是中部工业的第一大产业，也是在全国最有优势的产业；二是煤炭，占到全国的20%左右；三是食品工业包括粮食、畜产品加工和饮料等，在全国食品工业中占到19%左右；四是机械制造业，包括交通运输设备、各类专用设备等。这是中部工业现有的基础，是具有比较优势的四大产业。这些行业集中了一批国有大中型企业。要用现代技术改造这些传统产业，延长其产业链，实现产业升级，提高产品的附加值。加快这些行业的发展，必须深化国有企业改革，要建立混合所有的股份制，实现投资主体多元化，在此基础上形成规范的公司制和科学的治理结构，使国有企业焕发活力，尽快做大做强。第二，大力发展新的战略性产业。包括电子信息业、装备制造业、运输设备制造业、生物制药、新能源、新材料等技术密集型产业，在中部都有一定的基础，应当加快发展。发展这些产业符合新型工业化的要求。在这些领域增加投资，是调整结构，转变增长方式的战略需要。要从国内外各个方面千方百计寻求相关技术，筹划高起点的建设项目，使其成为中部地区新的经济增长点。第三，改善投资环境，吸引沿海资金和外资。这是加快中部工业化的捷径。这方面比较成功的是江西。江西近两年全社会固定资产投资的50%以上来自外省，去年吸收外资20多亿美元，加上外省投资共达800多亿元。第四，要走新型工业化道路。坚持用信息化带动工业化，以工业化促进信息化，走出一条科技含量高、经济效益好、资源消耗低、环境污染少、人力资源得到充分发挥的新路子。在推进农村

工业化的过程中，尤其要注意坚持高标准、高起点，不搞村村冒烟，严格控制污染物的排放，决不能以高投入、高消耗、高污染为代价来换得工业的发展。

三、大力发展非国有经济

十六届三中全会提出大力发展非公有制经济。如果说过去有些地方对发展非国有经济还有一些顾虑的话，现在应该解放思想了。国务院正在制订鼓励、支持非公有制经济发展的政策性文件。按照各类所有制经济平等竞争的原则，将放宽非国有经济进入的领域，包括垄断性行业、公共基础设施、教育、卫生、文化等社会事业、军工行业、地方性小型商业银行和合作性金融机构、国有企业的重组等，将为民营经济的发展提供新的机遇。

沿海和中部在民营经济发展上的差距，主要是政策环境上的差距，并不是许多人认为的那样是人的素质上的差距。中部地区应抓住机遇，为加快发展民营经济创造良好环境。

要采取放水养鱼的政策，鼓励民营经济的发展。通过政府提供贷款贴息，建立贷款担保机构等办法，切实解决小企业融资难的问题。在税收、用地、项目审批、咨询服务等方面，对民营企业和国有企业要一视同仁。

要鼓励农民成为创业的主体，成为市场的主体。农民中间潜藏着巨大的发展积极性，有着巨大的发展潜力。要关心和扶持农民企业家的成长，以带动更多的农民发展致富。

四、发展粮食经济和出口创汇农业

要继续扩大中部地区在农业特别是粮食生产方面的优势。今年国家出台了一号文件，加大了解决三农问题的力度。今后，随着国家财力的增强，还要继续加强对粮食主产区的扶持，不断改善生产条件，完善农田水利设施；继续实施“一减三补”政策，降低直至取消农业税，增加粮食直接补贴、良种补贴和购买大型农机具的补贴；增加对农业科研和农技推广的支持力度；加快开通全国鲜活农产品绿色通道；对商品粮大县实行财政补助等。中部粮食主产区应当抓住这些机遇，把粮食产业做大做强。积极实施优质粮食工程，按照市场的需要调整种植结构，发展粮食的深加工，通过农产品加工业来带动种植业的发展，增加农民收入。

在发展粮食经济的同时，要把很大的精力放到发展高效农业、创汇农业方面来。从全球战略角度看，中国农业要实施以劳力换土地战略，即通过适当进口土地密集性产品，出口劳动密集型产品，来提高农业的比较效益。土地密集型产品是指粮食和饲料，劳动密集型产品是指花卉、水果、蔬菜、畜产品、药材等，通过国际交换，发挥我国农村劳动力丰富的优势，弥补土地资源不足的劣势。这样的战略在欧洲一些国家很成功。荷兰耕地少，气候不好，只有22万农村劳动力，仅相当于我们一个县的劳动力数量，但一年的农产品出口创汇达300多亿美元，进口100多亿美元，年外贸顺差达150亿美元左右。我国农产品进出口今年1—10月份已经出现了50亿美元逆差，而投入的劳动力多达4亿。荷兰的做法很简单，就是进口一定的粮食和饲料，发展畜牧业，出口牛肉、奶制品，把有限的耕地用来搞花卉和优质饲草。如果我们在这方面下功夫的话，畜产品、花卉和特色农产品出口应该能超过他们。

发展出口农业，必须加快农村经济体制改革，完善农村基本经营制度。现行以土地家庭承包经营为基础的经营制度已基本稳定，但是，由家庭经营和社会化服务体系组成的双层经营体制，现在在广大的中西部地区，社会化服务这一层基本上不存在了，变成农户的一层经营了。这种分散的小生产经营方式很难适应加入世贸组织以后的新情况，如果不抓紧提高农民进入市场的组织化程度，农产品贸易的逆差还会进一步扩大。要发展农村专业合作组织，为农业生产提供产前、产中、产后服务。扩大农产品出口，必须把农产品质量搞上去，使其符合国际质量标准要求，并对农民进行技术培训。通过专业合作社，组织农民从农产品生产环节进入加工和流通环节，让农民不仅享有生产环节的利润，而且能够分享加工和销售环节的利润。四川省提出“农民要致富，协会加支部”。党支部引导农民组织各类专业合作组织。现在全国人大正在起草合作社法，将赋予专业合作社以法人地位。这件事应作为完善农村基本经营制度的大事来抓。但千万不能回到过去公社化“大锅饭”的老路上去。要按照市场经济的要求，让农民自愿地组织起来，真正成为一个经济组织，乡村政权不要干预它的经营活动。

五、发展专业市场和现代物流业

中部要利用自己的交通优势发展各类专业市

场。浙江的发展实际上就是一个由办市场到办工业的路子。就农民来讲，就是由推销员到当老板的路子。开始是全国到处跑，卖东西，形成专业市场。再由采购人家的产品转到销售自己制造的产品。依托专业市场，形成块状经济，一个乡、一个县生产一两个产品，实行专业化分工。现在浙江有4000多个大大小小的专业市场，把浙江企业生产的产品销到全国和全世界。河南长垣县经济的崛起，也是走的这条路子。目前长垣生产的中小型起重机、卫生材料和建筑涂料，在全国市场已占相当大的比重。

要发展现代物流业，特别是把粮食的加工流通作为重点。目前郑州粮食期货市场在全国已有影响，应发展为全国粮食集散中心。要建立完善的现代服务业，包括法律、信息、技术、咨询、金融、保险等，为中小企业的发展提供完善的服务体系。

六、充分发挥各级党政机构的组织领导作用

沿海经济的率先发展，很大程度上是由于各级地方党政组织从本地实际情况出发，创造性地贯彻了中央的方针政策。如1993年，中央十四届三中全会通过了《关于建立社会主义市场经济若干问题的决定》，提出了要建立现代企业制度，实现产权清晰、权责明确、政企分开、管理科学。文件下发之后，浙江省委、省政府组织全省机关干部，用了几个月的时间制定了一整套贯彻落实十四届三中全会《决定》的实施细则。提出国有企业、集体企业怎样建立现代企业制度，怎样引导私营个体企业向股份制的方向发展。这套文件搞完之后，又组织干部队伍一个企业一个企业帮助制定改制方案，经职工讨论通过后付诸实施。从1995年开始浙江国有、集体、私营个体企业基本上做到了产权清晰、责权明确。正是由于这次改制比较成功，激发了经济发展的活力，近十年成为浙江发展最快最好的时期。

当前，要按照科学发展观的要求，树立正确的政绩观和科学的评价体系，要大兴求真务实之风，克服弄虚作假、急于求成的坏毛病。要精简县乡机构，转变政府职能，充分发挥各级党政组织在经济发展中的组织领导作用。

中部崛起的时机已经成熟。如果说前26年沿海经济已经崛起了，那么，按照梯次发展的规律，到2020年以前的16年应当是中部崛起的时期，是中部追赶沿海、加速发展的时期。中部人民重铸辉煌历史的日子已经到来。

增强武汉经济圈发展活力*

郑新立

刚才俞书记讲话提到武汉经济圈的发展，首要的问题是增强活力，解决一些体制性的障碍。我对俞书记的这个观点十分赞成。武汉确实具有成为中部经济增长极的条件。昨天我看了大家为会议精心准备的文件，对武汉经济圈的发展作了充分的论证。包括一百公里经济圈，二百公里经济圈和三百公里经济圈，它的发展对于我国中部经济的崛起，乃至对全国的现代化建设事业都具有决定性意义。现在的问题是怎么样实现武汉经济圈的较快发展，我觉得关键在于如何激发武汉经济圈发展的活力。从历史上看，经济地图历来是靠人来改写的，一个地方有区位优势，有自然资源的优势，有人才优势，并不等于这个地方经济就发展得好。相反，有些地方不具备区位优势，没有很好的自然条件，它的经济却能够发展得很好。改革开放二十多年各地经济发展的实践充分证明了这一点。大家的调研报告中，把武汉经济圈同长江三角洲、珠江三角洲进行了对比，非常说明问题。比如说武汉在改革开放前，在国内是一个实力非常雄厚的大城市，排在前列。现在苏州、无锡、杭州、宁波在 GDP 方面已经超过武汉。财政厅罗辉同志主持的研究报告所提供的数据，更能说明问题。他们把武汉经济圈九个城市跟浙江六个城市相比，2002 年我们的 GDP 只相当于它的 1/2，财政收入它是我们的 2.5 倍。经济实力发生了很大的、相对的变化。像义乌这个地方，既不靠海，没什么自然资源，也没什么区位优势，但是这里已经形成全世界最大的小商品城，每年小商品贸易额达 300 多亿，吸引几千名外国商人长驻采购；像萧山、绍兴这块地方已经建成了全世界最大的化纤布纺织印染基地；像深圳、东莞已经成为世界上最大的电子产品制造基地。这些地方经济的崛起，有外部条件，也有内部条件，归根到底是靠人的努力。实现武汉经济圈的振兴，形成上千万人的大城市，带动周边三个圈共同发展，形成中部崛起之势，必须以改革为动力，增强经济发展的活力。这就要贯彻十六届三中全会决定，加大改革力度，扩大对外开放，真正把武汉经济圈这三千万人进而扩大到湖北省的六千万人的积极性充分调动起来，把每个人脱贫致富的愿望和创业发展的积极性充分的激发起来。这是武汉经济圈活力的根本所在。现就这个问题提四点建议。

第一，通过发展混合所有的股份制经济，把武汉经济圈国有经济蕴藏的巨大潜力发挥出来。

武汉的钢铁、汽车、激光通信、机械制造、船舶、制药都是传统的优势产业，至今在全国甚至在世界上都有一定优势。还有一个优势，就是你们的数控系统。华中理工大学有一位姓陈的教授，是我国搞数控系统有名的专家。机床的数控系统非常复杂，全国只有两个地方能搞，华中理工大学就是其中一家。如何把这些优势发挥出来，做大做强，使之在国内市场上的占有率能够达到第一、二位，在国际市场上达到一定的占有率，关键是体制和机制问题。如果说过去国有企业改革还有一些障碍，那么现在十六届三中全会决定把可能遇到的障碍都从理论上解决了，并且作出了具体部署。《决定》有两大理论创新，一个是提出混合所有的股份制是公有制的主要实现形式；一个是提出建立现代产权制度。这两大理论创新为国有企业改革铺平了道路。按照《决定》的要求加快国有企业改组、改革，使绝大多数国有企

* 此文为中共中央政策研究室郑新立副主任在“推进武汉城市圈建设研讨会”上的发言（2003 年 11 月 9 日）。

业在产权多元化的基础上建立起规范的现代企业制度，形成科学的公司治理结构，国有企业这批笼中的老虎就能放出来。对你们这些企业，浙江人很羡慕。尽管浙江现在发展得很好，但是他们想搞像武汉市这样的资本和技术密集型的制造业企业却搞不起来，因为缺乏技术基础。所以他们只能主要靠生产打火机、鞋子、服装等劳动密集型产品来占领国内外市场，靠这些产品出口。改革前的三十年，国家没有给浙江多少投资，没有摆多少重点项目，现在要搞技术密集型的企业谈何容易？我们有这么好的企业，这是国家的宝贝，是全国人民几十年省吃俭用积累起来的财富，要通过加快改革，把绝大多数国有企业改为混合所有的股份制经济，把它激活，使现有的经营性国有资产能够流动、重组、增值、变现，这将会成为实现武汉经济圈振兴和发展的决定性力量。推动国有企业改革，不是照中央文件念几遍就行了，需要制定一系列可操作的文件。浙江省近十年发展比较快，主要在于十四届三中全会《决定》发表的时候，他们就抓住了机遇。我去年去调查，他们把九年以前省委省政府制定的一套文件拿出来给我看。十四届三中全会提出要建立产权清晰、权责明确、政企分开、管理科学的现代企业制度，只是指出了方向和原则。浙江的同志把这些方向和原则同本省的实际相结合，制定出了具体文件，创造性地加以贯彻落实。为了搞好这些文件，省委、省政府在十四届三中全会之后，组织了一批干部，用几个月的时间，进行调查研究。文件制定出来后，又组织专门队伍，一个企业一个企业去落实。根据每个企业的具体情况，制定出切合实际的改制方案，由职代会通过后付诸实施。由于这次改制比较彻底，真正做到了产权清晰，实现了产权多元化，调动了各方面积极性，所以这十年的发展达到了前所未有的速度。现在混合所有的股份制经济在全省 GDP 里占 60%，估计到 2005 年要占到 70%，成为各类经济中发展最快、最有活力的一部分。率先改革使他们占得了先机，这是浙江经济发展比较好的根本原因。我们武汉市是国有企业比较集中的老工业基地，只要抓住机遇，深化改革，国有企业一定能搞活。同时要争取国家对老工业基地的支持。现在最大的支持是技术改造的贴息贷款。前几年技术改造的贴息贷款用不出去，各地技改项目报不上来，关键在于国有企业机制没有转换，缺乏发展的动力和压力。所以，在企业机制没有转换的情况下，对它的支持是起不到应有作用的。必须先改制，然后再给予政策支持。

第二，为非有公制经济发展创造良好的政策环境。

十六届三中全会决定提出，大力发展和积极引导非公有制经济。非公有制企业和其他所有制企业应享受同等待遇，实行平等竞争，取消对非公有制企业的歧视性和限制性规定，消除对非公有制经济发展的各种体制性障碍。在改善非公有制经济发展环境方面，我认为湖北省、武汉市还需要大力改进。由于财政养的人比较多，各级财政压力比较大，所以农民税费负担比较重。这样，非公有制经济发展很难有宽松的环境。往往不是放水养鱼，而是竭泽而渔。这里我给大家讲一个真实的故事，是中央一个部门的负责同志在湖北亲自遇到的。前些年这位领导同志到湖北调查，在一个镇上的小饭馆吃饭。饭馆老板一听口音是北京来的，抢着向他咨询一个问题，问特产税是否可以到饭馆来征。他们说特产税是向生产者征的，不应到饭馆来征。后来一问，知道当地养鱼开始养得不错，由于特产税收得太重，农民不养鱼了。后来改为在市场上向卖鱼的征，卖鱼的也不卖了，就跑到饭馆来征鱼的特产税。可以想象，在这样一个政策环境下，民营经济怎么可能长大呢？有的地方对私营、个体经济不是保护、支持和鼓励发展，而是围追堵截。现在按十六届三中全会决定精神，为非公有制经济发展创造良好的政策环境，是非常必要的。刚才俞书记讲了，我们这里创业者的知识层次高，许多都是大学生、研究生创业。如果再加上全省几千万农民加入创业者队伍，就可以形成不可估量的巨大的经济发展活力。最近，我到浙江调查，看到浙江发展得好，有四条重要经验。第一条就是鼓励农民成为创业的主体。全省 3 千多万农民，现在有乡镇企业 110 多万个，平均每个月还有几万个新的企业在产生，有 100 万个体工商户。他们提出战争年代出一批农民将军，改革开放年代要出一批农民企业家。农民将军是出在我们湖北，但是农民企业家在浙江确实出了不少。现在年销售额上亿元的乡镇企业有 300 多个。20 多年前还是弹棉花的、钉鞋的、修自行车的、打铁的、种水稻的，现在产生出一批在国内外市场上小有名气，经营着几亿、甚至几十亿资产的企业家。正是这些人在推动着浙江经济的发展。我们这里要想增强经济的活力，使武汉经济圈迅速崛起，关键是把几千万农民动员起来，人人创业，一百个人中有五个人成功就不得了。第二条经验是以专业市场为依托发展块状经济。一个县、一个镇可集中搞 1—2 个产品，不搞则已，一搞就要搞到国内第一，甚至世界第一。在区域内实行专业化分工。第三条经验是以第二、三产业为依托，加快城市化进程。二、三产业起来了，它的集聚本身就是城市规模的扩大。第四条经验对发展前景好的企业实行贴息贷款。在80年代省财政较困难的时候，每年拿出6千万—7千万元对产品能出口的、市场前景好的乡镇企业给予贴息贷款，对各类所有制企业一视同仁。虽然财政拿的钱不多，但它引导出来的银行贷款是财政贴息的几十倍。现在省财力强了，每年拿出20亿元，地、县级财政也都拿钱出来搞银行贷款贴息，每年引导的银行贷款上千亿元。现在浙江一般贸易顺差一年一百多亿美元，占全国的50%。没有这二十多年财政坚持不懈地放水养鱼，不可能有现在这么好的发展成果。另外，他的财政体制是省直接管县，县财政不对地级市；县委书记也由省委组织部直接管。这种体制可能有利于县域经济发展。现在每个县的财政收入都是十几亿到二十亿，像这样的县在中部地区很少找得到。我们应当认真贯彻十六届三中全会精神，为非公有制经济的发展创造良好的环境，这是武汉经济圈振兴活力的重要来源。

第三，要改善投资环境，大力吸引沿海地区的资金。

现在沿海地区发展起来了，有剩余资金了，但地皮很紧张，市场也在中部；有的地方能源短缺。沿海已经到了资本输出的阶段，浙江省有民间资金八千多亿，江苏八千多亿，上海六千多亿，这三个地方的民间资金2万多亿元，正在寻找投资机会。中西部地区哪个地方投资环境好，它就会流向那里。现在中部已有两个省抓住了这个机遇，湖南、江西已有这个苗头。江西省近两三年不断改善投资环境，吸引沿海投资，近两年全社会固定资产投资有一半来自沿海地区，其中80%来自于浙江。湖南吸引广东投资也很有成效。中部地区民营经济没有发展起来的地方，把投资环境搞好，请人家来投资，通过合资、重组把困难企业搞活，这是发展经济的一个捷径。哪个地方觉悟得早，吸引的沿海资金多，哪个地方发展就会快一些。这种引进应当是多层次的，既包括国有企业引进沿海具有一定规模的民间资本，也包括中小企业和农村的养殖业，引进沿海的资金、技术和管理人员，有些水面可以承包给沿海来的养殖专业户。这可能是增强振兴的活力的第三方面来源。

第四，吸收外资，要着力吸收战略投资者。

根据我们这里国有企业多，资本、技术密集型产业比较集中的特点，要吸引跨国公司，吸引本行业在世界上排名前几位的战略投资者，请他们来合资合作，才能提高我们的水平。基础设施建设也应当利用外资，包括用BOT、TOT等方式，着力改善交通条件。刚才罗省长讲武汉经济圈振兴，交通特别重要。交通设施建设需要大量的资金，钱从何而来？需要用市场机制的方式、股份制的方式，吸引外资和社会资金增加投入。

总之，我觉得武汉经济圈振兴的时机已经成熟，机遇到了。要抓住机遇，关键在于推进改革，解放思想，转变观念。我相信在湖北省和武汉市党政领导的有力组织下，经过大家的共同努力，武汉经济圈实现经济的崛起指日可待。

青岛市构建万国码头研究报告

青岛市生产力学会课题组

杜世成书记主持青岛工作以来，多次提出青岛市要构建“万国码头”。本课题在青岛市经委的大力支持下，首先认真探索“万国码头”的内涵和国内外构建“万国码头”的大趋势，进而着力研究青岛市构建“万国码头”的必要性、必然性和现实可行性，提出构建“万国码头”的战略目标和战略措施，并对市委、市政府和有关部门提出了相关对策建议。

一、“万国码头”的内涵

通过历史和现实的考察分析，课题组认为，“万国码头”这一概念主要包括如下三层含义：

其一，是指高度开放、万商云集的码头，是对港口繁荣景象的形象描述。

从历史考察，我国古代就曾使用“万国商埠”“万国码头”等词语来形容沿海、沿江港口开放发达、外贸繁荣的景象。

例如，泉州拥有长达400多公里的海岸线及悠久的海外贸易史，宋元时期，成为当时世界最大的海港之一，与埃及的亚历山大港并驾齐驱。泉州的赤桐港是古代“海上丝绸之路”的起点，自古有“市井十洲人”、“涨海声中万国商”的描述。

黑河市口岸位于黑龙江省北部，以黑龙江为界与俄罗斯远东第三大城市阿穆尔州首府布拉戈维申斯克市隔江相对。黑河市边境贸易历史悠久，早在100多年前，两国边民就交往频繁。1918—1920年，中俄贸易达到鼎盛时期，当时，除与俄贸易往来外，日、德、法、美等国均在黑河设有多家商号，被称为“万国商埠”。

江苏省昆山市的浏家港四通八达，曾为明代郑和下西洋的起锚地，古有“万国码头”之称。马玉麟《海舶行送赵克和任市舶提举》一诗极其生动的描绘了“蕃人泊舟”时码头上欢乐和繁忙的情景。

在近代，1897年青岛市被德国占领后，德国曾宣布青岛港为自由港，允许世界各国船舶自由进出、停泊，欢迎全国船东货主来青经商。实际上也是意在把青岛港建成高度开放、万商云集的“万国码头”。

在现代，我市提出构建“万国码头”，实质是在维护国家主权的条件下，坚定地实施外向发展战略，进一步提升青岛港口的开放度，促进青岛市的对外开放和经济繁荣。

其二，是指航班密、航线多的国际中转干线枢纽港码头，是对港口所处国际航运中心地位的形象描述。

码头是港口为船舶进出提供的最基本的设施。这层含义的“万国码头”与“干线枢纽港”和“国际航运中心”的含义十分相近。

港口就其功能而言，可分为枢纽港和喂给港。在一定的国际区域中，一旦一个港口上升成为枢纽港，其他港口就会沦为喂给港。就集装箱班轮航线而言，可分为主干航线和支线。远东/北美、远东/欧洲、欧洲/北美是三大主干航线，世界集装箱枢纽港都在这三大洲际航线上。据统计，三大航线上航行的船舶构成中，4250标箱以上的船舶92%左右使用在该航线上，说明营运航线日趋向主干航线集中。如鹿特丹港就拥有世界最大的集装箱码头，处于国际主干航线上，航班密度高，中转货物十分丰富，每年进港停泊的远洋轮达3.5万多艘，定期驶往这里的班轮达1.25万航次之多，每年还接待30多万艘内河船舶，一年内完成的各类中转货物达3亿多吨，是欧盟货物集散中心之一，有“欧洲门户”之称，是典型的“万国码头”和国际航运枢纽港。

青岛港航线数量、航班密度发展较快，港口集装箱吞吐量排名逐年前移。集装箱干线航线已通达世界所有主要航区，航线多达70多条，每月400多个航班。经过5年的跳跃式发展，青岛港已经率先成为环渤海地区最大的集装箱干线港，国际远洋、大宗货物储存与集转和国际中转等综合功能比较齐全，可以说青岛港已经凸现了北方国际航运中心的雏形。我市提出构建“万国码头”，实际上是要进一步拓展青岛港的国际中转功能，增加航班密度，使青岛港成为名副其实的国际集装箱枢纽港和中国北方乃至东北亚地区的国际航运中心。

其三，是指打破国有资本独家投资和国有企业独家经营的垄断状态，形成多元投资、多元经营的码头，是对码头建设和经营多元化的形象描述。

这层含义的“万国码头”，实质上是港口投融资体制和经营管理机制的一场深刻变革，是要彻底摆脱计划经济模式的制约，而引入竞争机制，在港口码头建设和经营上建立起一种市场化运作模式，在更大范围、更广领域、更高层次上融入国际资本和民间资本，实现港口投资主体多元化和经营主体多元化。

青岛港在码头建设上已经开始实施国际化发展战略，先后吸引日本三菱、芬兰富腾、中化集团、英国铁行、中石化等世界500强企业投资参与青岛港集团的项目建设。特别是在发展代表世界航运业潮流的集装箱事业方面，青岛港在国内沿海港口中较早地把引资目光聚集在了世界著名航运企业身上。已引进国际大企业投资近200亿元参与港口建设。

但是，在以往码头建设的中外合资中，还没有打破中方国有资本控股和中方国有企业为主经营的格局。

我市提出建设“万国码头”，并不否定青岛港集团多年来形成的、在青岛港口投资和经营方面的主体地位，但也并不局限于青岛港集团控股条件下与外商合资的多国投资码头，而是要进一步解放思想，拓展思路，彻底打破国有资本和国有港口企业的垄断状态，不但积极吸引外方参股，而且鼓励外资控股和外商经营，以提升港口建设和经营的外向度，把港口的管理现代化提高到一个新的水平上来。

以上三层含义的“万国码头”，第一层含义所指的“万商云集”的港口繁荣景象，实际上是码头成功建设、成功经营的结果和表象；第二层含义所指的航班密、航线多的国际枢纽港是港口地位的提升，是我市提出构建“万国码头”的目的所在；第三层含义的投资模式和经营方式向市场化、多元化转变，则是实现港口繁荣和提升港口地位的关键性举措，也是我市提出构建“万国码头”最实质性的用意所在。

从以上分析可以看出，“万国码头”虽是古已有之的提法，但过去所谓的“万国码头”仅是对港口繁荣的现象性描述，而我市提出要构建的“万国码头”，实质上一是要提升港口的国际枢纽港地位，二是要进行港口投资模式和经营方式的市场化、多元化变革。这无疑对“万国码头”是一种内涵上的极大丰富和理论上的独特创新。

二、从世界大港和国内港口建设的经验，看建设“万国码头”的势头及其特点

从我们了解到的世界大港的码头建设情况和到深圳、厦门两市港口实地考察的情况看，由于近年来随着经济全球化、贸易国际化的发展，航运界出现了船舶大型化、码头深水化、功能多元化、运行国际化的新趋势，海内外的沿海城市都在采取有力措施，挖深港池、航道，建设深水大型码头，特别是建设能够停泊第五代以上集装箱船舶的专用码头。同时，由于码头建设需要巨额资金，港口经营需要与国际接轨，国际航运中心建设需要引进竞争机制推进，所以在码头建设和经营上纷纷走利用外资、合资甚至外商独资的新路。不仅海外大港如香港、鹿特丹港、纽约港、伦敦港等均利用外国资金进行运作，而且在我国大陆的165个海港和1302个江河港口中，55家港口已有外资涉足。自我国1987年第一次与外资合资建设集装箱码头以来，到2002年底共有180多个港口合资项目，总投资额已超过200亿元人民币，其中外资110亿人民币。特别是最新公布实施的《外商投资指导目录》和将于2004年实施的中国第一部《港口法》，放开了外商投资内地港口的股权限制，港口业迎来一浪高过一浪的外商投资和外资并购的热潮。概括起来，海内外港口码头建设和经营呈现了如下几个特点：

（一）不仅码头建设和经营呈现多元化趋势，而且出现了许多外商控股、外商独资和全由民资建设和经营的码头

深圳市在9个港区的20个港口公司中，除4个公司是中中合资以外，其余16个公司都是中外合资公司，整个港口建设利用外资占投资总额的65%左右。其中蛇口招商石油化工有限公司是香港招商局的蛇口控股有限公司和物流集团有限公司分别占有75%和25%的股份，招商港务（深圳）有限公司是招

商局的两个公司分别占有51%和49%的股份。至于盐田港的国际集装箱码头有限公司则是由李嘉诚的和记黄埔公司控股73%,深圳盐田港股份有限公司只占27%的股份,所建的第一、二期码头泊位都归李嘉诚的公司统一经营管理,董事长总经理均由他们派出,盐田港本身只派一副总参与管理。厦门市目前建有24个万吨级深水泊位,其中集装箱专用泊位14个,绝大多数是中外合资或外商独资建设的。如香港惠阳公司独资建了2个泊位,台湾王永庆的台塑集团独资建了1个泊位。还有沿河大嶝岛的村民自己集资建了一个散杂货码头。

深圳港口企业多元化投资情况一览表

	企业名称	合资、合作单位	股比(%)
1	深圳中石油美视妈湾油库有限公司	中国石油天然气股份有限公司 美视电力集团(控股)有限公司	70 30
2	深圳月亮湾油料港务有限公司	妈湾电力公司 市能源总公司 中石化(香港有限公司)	51 24 25
3	深圳南油港口仓储发展有限公司	市投资管理公司 中国南海石油联合服务总公司 中国光大集团有限公司	35 32.5 32.5
4	深圳海星港口发展有限公司	南油集团有限公司 中国外运集团 光大海星控股公司(新加坡)	34 33 33
5	深圳市光汇石油化工有限公司	深圳市光汇(集团)股份有限公司 深圳市光森建材有限公司	91.2 8.8
6	深圳华安液化石油气有限公司	深圳市燃气集团有限公司 日本丸红株式会社 丸红香港华南有限公司	51 44 5
7	赤湾石油基地股份有限公司	中国南山开发(集团)股份有限公司 新加坡海洋联合服务私人有限公司 境外投资B股	51.79 22.19 26.02
8	深圳赤湾港集装箱公司	深圳赤湾港航股份有限公司 赤湾港航(香港)有限公司	60 40
9	赤湾集装箱码头有限公司	深圳赤湾港航股份有限公司 中国粮油食品进出口总公司 海丰发展有限公司(维京) 香港国际企业公司(香港)	50 1 24 25
10	深圳赤湾港航股份有限公司	中国南山开发(集团)股份有限公司 发行A股 发行B股	58.84 13.3 27.9
11	蛇口招商石油化工有限公司	招商局蛇口控股有限公司 招商局物流集团有限公司	75 25
12	招商港务(深圳)有限公司	LINKCO LIMTED(香港) LOVEDAYS INVESTMENTS LIMITED(香港)	51 49
13	蛇口集装箱码头有限公司	招商局控股有限公司(香港) 中国远洋运输(蛇口)有限公司(维京) 铁行荷兰公司(荷兰) 太古洋行有限公司(香港)	32.5 17.5 25 25
14	深圳圳华港湾企业有限公司	市航运总公司 香港达力集团	51 49
15	深圳市机场港务有限公司	深圳市机场股份有限公司 深圳机场(集团)公司	95 5

续表

	企业名称	合资、合作单位	股比(%)
16	深圳市空港工贸发展有限公司	深圳机场(集团)公司 中国航空油料总公司	50 50
17	深圳市盐田港股份有限公司	深圳市盐田港集团有限公司 上市股份	78.63 21.37
18	深圳岩谷液化气有限公司	市石油公司 岩谷菱达投资有限公司(香港)	50 50
19	盐田国际集装箱码头有限公司	深圳盐田港股份有限公司 和记黄埔盐田港口投资有限公司(香港)	27 73
20	深圳大鹏湾集装箱货运码头有限公司	深圳沙渔涌港口区联合开发总公司 香港亿贸货柜码头有限公司	50 50

(二)不仅一个地区有众多外商投资建设“万国码头”,而且一家大的外商投资公司也到众多的国家和地区进行跨国甚至跨洲的码头投资和经营,形成另一种意义上的“万国码头”

香港李嘉诚的和记黄埔国际码头公司在远离香港的欧洲原属英国的费利克斯托港,和在加勒比海地区的巴哈马弗利波特港分别拥有50%的股份,它共在世界各地参与了30多个地方港口码头的建设和经营,其中在我国内地参与了9家集装箱港口码头的建设与经营。澳大利亚的半岛和东方码头公司取得了南美阿根延布宜诺斯艾利斯TRP码头49%的股权和俄罗斯一个国际集装箱码头公司25%的股权,并在非洲的莫桑比克和亚洲的越南进行港建投资,从而把自己的投资经营范围扩大到了其他各洲。美国总统轮船公司、海陆联运服务公司等也都投资于港口建设,不仅供本公司使用,而且供其他公司的船舶使用。随着港口业跨国跨洲经营的发展,一些实力强大的港口公司所占有的市场份额愈来愈大,据粗略统计,在全球集装箱吞吐量中,10%的码头公司已占有20%的比重。

(三)“万国码头”的建设和经营采取招标办法进行公开公平竞争

香港的集装箱码头都是在慎重完成可行性研究的基础上决定兴建的,港府作出兴建决策后即进行公开招标,通过公开公平竞争再由某一码头公司夺得码头的兴建和发展权。早在1969年香港当局就聘请顾问公司研究用何种方法融资兴建葵涌集装箱码头,结果倾向于由私人兴建,进行市场化运作。1970年2月公开招标,9月,英资的现代集装箱码头和美国海陆联运公司分别夺得1号和3号集装箱码头的经营和发展权,他们共同邀请日本小三海运株式会社辖下的九龙仓码头公司兴建和发展第2号集装箱码头。1974年7月港府批准帕维特公司斥资3亿港元兴建第4号集装箱码头,具体由其下辖的国际集装箱码头公司操作。1975年日本小三海运珠式会社出现财务困难,遂将第2号集装箱码头公开拍卖,由国际集装箱码头公司夺得。1975年国际集装箱码头公司夺得第5号码头经营权。1976年港府批准和记黄埔码头公司购入第2号码头的经营和发展权。1982年10月港府公布葵涌码头二期发展计划,邀请国际集装箱码头公司、美国海陆联运和现代集装箱码头公司参与发展。1985年现代集装箱码头公司斥资20亿港元收购葵涌6号集装箱码头。1987年港府决定以公开招标形式批出葵涌7号集装箱码头,1988年和记黄埔公司以近亿元夺得7号码头的经营权。1990年港府决定于昴船洲兴建8号集装箱码头,并由中远公司发展。土耳其的作法则是通过招标出租港口的经营权。1996年土耳其私有化管理署宣布以2.523亿美元的总额出租本国安塔利亚、吉雷孙、霍帕、奥尔杜、里泽、特基尔达和锡诺普7个港口的经营权,出租经营期为30年。结果特拉克亚港出价1.346亿美元租进特基尔达港,联合进出口公司出价1.025亿美元租进安塔利亚港,而锡诺普港竟以80.1万美元的低价成交。欧洲的港口市场开放度更比较高,政府鼓励市场竞争,汉堡港更是如此。对于具有天然垄断性的码头装卸业,政府采取竞标获得港口土地使用权(租赁)的办法实行市场准入,政府负责填海造陆、兴建航道、泊位等基础设施,码头岸上的设施(港区道路、铁路、办公楼、装卸设备等)则由企业投资兴建。以集装箱码头为例,经过多年竞争、兼并和发展,目前汉堡港从事集装箱装卸业务的码头企业仅剩2家。新西兰通过竞争与调整,实际运行的港口逐步减少,货运更加集中到少数规模较大、设施较先进、服务较好的港口，20 世纪 60 年代，新西兰拥有大小港口 112 个，其中 26 个从事对外贸易；到 70 年代只剩下 35 个港口；以后经过不断的竞争和调整，港口数目进一步减少到 14 个，小而散的港口物流格局得以改变。

（四）以先进的码头设施、完备的服务功能和完善的自由港政策吸引船东货主，形成强大物流中心

调研发现，国际大码头公司投资兴建的码头大都是标准高、起点高、设施过硬的。深圳交通局的专家告诉我们，码头建设质量至关重要，维修一天就要造成很大损失，如果说我们自己兴建的码头使用年限在 25—30 年的话，那么李嘉诚的和黄码头公司所建的码头使用年限就可达到 50 年以上。而且，和黄公司从香港调过来 70 多位经理，并不断进行人员培训，使用先进管理技术和管理软件，港口服务十分到位，加上海关配合得好，通关快捷，这样就对船东货主有很大的吸引力。香港成为国际航运中心之一，其中一个重要条件是一直实行自由港政策，进港货物除烟酒、化妆品等个别货种外，对其他商品均实行免税。再加上 24 小时不间断的港口服务，和处理集装箱的高服务效率，以及几乎是世界最低的船舶停泊费和装卸费，使得香港成为国际轮船公司总部设立中心和远洋船舶停靠中心。在港设立总公司、分公司或代理处的轮船公司共达 300 多家，其中外国轮船公司占到一半以上；香港船东控制的船舶占世界商船的 6%左右，在世界排第 5 位；20 多年来远洋船只在香港停靠一直占很大比重。近年来，在直接船运中，远洋货物货柜运输一直占 50%以上；在转运中，远洋货物货柜运输占 95%以上。自 1992 年起美国传统基金会根据 10 项指标对全球主要国家和地区的经济自由度进行评价，香港连续获全球经济最自由地区殊荣。正因为如此，自 1987 年以来，除有 2 年货物处理量略低于新加坡港外，香港一直是世界第一大集装箱处理港。荷兰的鹿特丹港，不叫自由港或自由贸易区，但有二、三百个保税仓储区，提供原材料、零部件的国际整合。德国的汉堡港在港区 1/3 的地方设了自由港，但现在已经感到这么小的一块区域搞自由贸易已经不适应国际化大物流的需要了，要进行调整。

1998—2003 年世界十大集装箱港口（标箱）

年份	第一位	第二位	第三位	第四位	第五位	第六位	第七位	第八位	第九位	第十位
1998	新加坡 15100000	香港 14582000	高雄 6271053	鹿特丹 6010502	釜山 5945614	长滩 4097689	汉堡 3547000	洛杉机 3377998	安特卫普 3265750	上海 3065830
1999	香港 16210000	新加坡 1594480	高雄 6985361	釜山 6439589	鹿特丹 6343020	长滩 4408480	上海 4215974	洛杉机 3828851	汉堡 3738037	安特卫普 3614246
2000	香港 18100000	新加坡 17040000	釜山 7540387	高雄 7425832	鹿特丹 6300000	上海 5611838	洛杉机 4879429	长滩 4600787	汉堡 4248247	安特卫普 4082334
2001	香港 17900000	新加坡 15520000	高雄 7815855	釜山 7800000	上海 6339852	鹿特丹 6100000	洛杉机 5180000	深圳 5078600	汉堡 4700000	长滩 4460000
2002	香港 19140000	新加坡 16800000	釜山 9453356	上海 8610000	高雄 8493000	深圳 7613754	鹿特丹 6515449	洛杉机 6105863	汉堡 5373999	长滩 4526365
2003	香港 20100000	新加坡 18100000	上海 11280000	深圳 10610000	釜山 10366881	高雄 8840000	洛杉矶 7180000	鹿特丹 7100000	汉堡 6138000	安特卫普 5445437

三、从中国北方国际航运中心建设和青岛港潜能的发挥，看青岛市建设“万国码头”的必要性与必然性

从 1998 年青岛市生产力学会、老教授协会海洋分会、市交通运输协会和太平洋学会联合向青岛市委、市政府正式提出“争取把青岛港建成中国北方国际航运中心”的建议，到青岛市国民经济与社会发展“十五”计划中正式把建设中国北方国际航运中心列为我市“十五”期间经济社会发展的重要目标之一，到时任青岛市市长的杜世成同志 2001 年正式批复下达“关于加快建设中国北方国际航运中心的实施意见”，青岛市建设中国北方乃至东北亚地区的国际航运中心，已从理论构想变成了社会实践。青岛港的港口业务西移和西海岸新的经济发展重心的构建，已是国际航运中心建设的大手笔，杜世成同志提出的建设“万国码头”的构想，是建设国际航运中心

的又一重大举措。

(一)"万国码头"建设是直面我国北方各大港口竞争和韩日等国港口竞争,争取将青岛港建成中国北方乃至东北亚地区国际航运中心的有力措施

从我国国内港口发展情况看,以时任国务院总理的李鹏同志1995年12月给上海港的题词和1996年5月份上海国际航运中心领导小组成立为契机,上海港在建设国际航运中心方面已经迈出了坚实的步伐。针对经济腹地广阔、货源充足而缺乏深水大港、难以停泊现代大型船舶的矛盾,上海市一方面搞好长江口航道的治理疏深,另一方面选定在离上海30公里的大小洋山投资1200亿人民币建设深水大港,将分四期建设,现已正式启动。从航运发展看,在我国北方迫切需要建设一个国际航运中心。而国际航运中心的首要条件是基础设施先进的深水大港。青岛、天津、大连早在三年前就拉开了争夺北方国际航运中心的帷幕,展开了一系列的较量,三大城市纷纷加大港口建设力度。如大连市投资150亿元全面展开新一轮大规模港口建设,大窑湾集装箱码头二期工程、25万吨级矿石码头、30万吨级原油码头及新港总体扩建工程等关键项目均已开工建设。天津市计划2010年前共投资270亿元进行港口建设,届时吞吐量将达到2.2亿吨,集装箱将达到1000万标准箱。其中,2003年投入16亿元建设集装箱和散货泊位。通过能力为1000万吨的南疆港区15万吨级散货泊位今年已开始接卸铁矿石,该港区的20万吨级散货泊位即将开工,20万吨级的铁矿石专用泊位也将上马,25万至30万吨级原油码头也将开工建设。大连、天津这些港口建设项目的上马,将使青岛港原有的20万吨级矿石码头、20万吨级原油码头以及集装箱码头失去在全国居于压倒优势的地位。在这种条件下,青岛港通过吸引外资建设"万国码头"再造港口新优势具有重大而紧迫的意义。再从整个东北亚地区来看,客观上需要一个国际枢纽大港,而如果哪个港口成为这样的枢纽大港,就理所当然地成为无可争辩的东北亚国际航运中心,其他港口就只能处于从属地位,沦为喂给港。目前看,这方面国际间的港口竞争也已达到白热化的程度。釜山、神户、横滨等港纷纷提出要建设成为国际集装箱枢纽港的目标,特别是釜山港目前不仅是韩国最大的集装箱吞吐港,其吞吐量占韩国4大港口集装箱吞吐量的93.2%,而且它拥有的子城台集装箱码头和神仙台集装箱码头泊位多,岸线长,堆场大,装卸设备先进,2002年已是仅次于香港、新加坡的世界第三大集装箱港口,但仍不满足,还在加大建设力度。日本的神户港和横滨港过去因大地震受到严重破坏,但通过日本政府投入大量资金进行改建和扩建,已经恢复和发展成为现代化港口,也在奋力争夺东北亚航运中心地位。青岛港要想在东北亚地区成为枢纽大港,就必须使港口的硬软件建设上一个新台阶。建设"万国码头"不仅可以解决建设资金问题,而且将带来大量新的航线和货源,并可直接将国外港口的先进技术、先进管理和先进机制融入我们的港口,从而提高港口现代化水平和国际竞争力。

1998—2003年中国大陆十大集装箱港(万标箱)

年份	第一位	第二位	第三位	第四位	第五位	第六位	第七位	第八位	第九位	第十位
1998	上海 306.58	深圳 195.2	青岛 121.3	天津 101.8	广州 84.1	厦门 65.4	大连 62.6	中山 38.4	宁波 35.3	珠海 26.2
1999	上海 421.6	深圳 297.8	青岛 154.3	天津 130.2	广州 117.9	厦门 84.8	大连 73.6	宁波 60.1	中山 43.0	福州 31.8
2000	上海 561.2	深圳 395.94	青岛 211.63	天津 170.84	广州 142.67	厦门 108.46	大连 100.84	宁波 90.21	中山 45.76	福州 39.98
2001	上海 633.99	深圳 507.86	青岛 263.85	天津 201.10	广州 162.83	厦门 129.48	宁波 121.31	大连 120.89	中山 54.64	福州 41.76
2002	上海 861.00	深圳 761.37	青岛 341.00	天津 240.80	广州 218.00	宁波 185.80	厦门 175.40	大连 135.20	中山 62.00	福州 48.00
2003	上海 1128.00	深圳 1061.00	青岛 424.00	天津 300.00	广州 277.00	宁波 275.00	厦门 233.10	大连 167.00	中山 75.00	福州 62.00

(二)“万国码头”建设是承接国际产业转移,打造山东半岛制造业基地,应对未来中日韩自由贸易区的有效步骤

伴随经济全球化、区域化的发展,发达国家和新兴工业化国家看中发展中国家的巨大市场和廉价劳动力,纷纷进行产业转移,特别是与我国邻近的日韩等国将其制造业基地向中国、首先是向山东半岛转移,已经成为一股潮流。不久前,韩国发表了《2010年产业构想和发展战略》,要在2010年把韩国建成世界四大产业国之一。产业结构调整和部分产业转移是其“产业立国战略”的重要措施。近年来韩国制造业转移输出率达到32%。日本的制造业更是明确将生产基地向中国集中和转移,美能达公司、东芝公司、索尼公司、日本电气公司以及信息通讯、汽车制造业等行业均正重组在亚洲各国的生产基地,将主要生产基地向中国集中。青岛作为日韩隔海相望、交通便捷和文化认同感最强的近邻,最有条件承接日韩产业转移,打造山东半岛制造业基地。青岛市到2003年底累计韩资项目5288个,合同利用韩资87.5亿美元,实际利用韩资46.9亿美元;累计日资项目1042个,合同利用日资10.8亿美元,实际利用日资15.3亿美元。截至2003年世界500强在青投资的121个项目中,韩国19个,占15.7%,日本46个,占38.0%。在外资项目中,韩国在青办的企业数最多,而日本来青投资的大跨国公司最多。日韩在青企业生产的产品主要是瞄准国际市场,出口销售,必然要依靠港口。我市抓住日韩等国产业转移这一重大机遇,确立“制造业立市”战略,实行以制造业为主干,现代物流业与文化旅游业为两翼的经济发展方针,进一步形成以三大特色经济、五大产业基地为主要支撑的新的产业格局,根本离不开“万国码头”的建设。海洋运输、港口经济、现代物流、滨海旅游等产业本身就要以高水平的码头建设为条件,修造船、集装箱、船舶机械等直接为港口服务的产业的发展有赖于港口码头的兴旺和繁荣更是显而易见,至于石油化工、钢铁、汽车等临港产业,也必然要依赖港口码头提供原材料、零配件和产成品大进大出的方便条件,才能得到大的发展。在这方面,“万国码头”的建设将为制造业和现代物流业等相关产业发展带来巨大的激发力和纽带力。随着前湾新港区的建设发展,已经吸引了一批世界著名的跨国公司前来投资,除了马士基与铁行,荷兰的壳牌、法国的罗纳普朗克、日本的松下、芬兰的耐斯特、美国的铝业集团等大企业纷纷落户青岛西海岸。最近,青岛港三国四方建港协议一签订,中国外运山东公司和日本东海运株式会社合资的青岛远东储运公司又应声成立。

由于日韩与中国不仅互为近邻,而且经济上也存在互补关系,三国之间的经济合作近年来取得了很大发展。日本是中国的第一大贸易国,又是韩国的第二大贸易国,韩国是中国的第四大贸易国,又是日本的第三大贸易国,而中国是韩国的第三大贸易国,又是日本的第二大贸易国。日本拥有比较尖端的技术和大量的资本,韩国拥有先进的生产技术(特别是中间技术),成功的产业化及结构调整经验,中国拥有巨大的市场,廉价的劳动力和一定的自然资源,以及一定的制造业基础。如果三国能够建立类似北美、欧盟那样的自由贸易区,形成更紧密的经济合作关系,进行优势互补,必将有利于三国的经济发展和人民生活质量的提高。从经济总量看,中日韩是全球第三大经济力量。2002年,日中韩三国GDP分别居全球的第2、第6和第12位。据世界银行统计,三国GDP总量达57000亿美元,占全球的20%。2001年三国出口在全球的市场份额为11.9%,2000年对美国和欧盟的出口分别占中日韩出口总额的36%、46%和35%。三国现有外汇储备合计为9000亿美元,占全球外汇储备总和的40%。所以,如果中日韩构成新的经济合作体,就有可能成为仅次于欧盟和北美的巨大经济圈,而成为世界经济的一大支柱。中国专家的研究表明,“三国自由贸易区”因素的积极影响,可以使中国的GDP增长1到3个百分点,日本为0.1到0.5个百分点,韩国可达2.5到3个百分点。为此,拟议中的中日韩自由贸易区现已从民间学术界的建议,变成了政府间的合作议题,在不久前于印尼巴厘岛召开的“10+3”会议期间,中日韩三国领导人再次举行专门会谈,并发表联合宣言,再次确认共同推进三国自由贸易区。虽然这一自由贸易区的构想目前还不会很快变为现实,但是出于互惠互利、合作共赢的共同意愿,可望在不太遥远的未来崛起在世界的东方。青岛作为山东省和沿黄流域的最大口岸和开放园区最集中的城市,必定成为未来的中日韩自由贸易区一个重要的窗口和纽带。这就期待青岛辟建一个自由港区。青岛保税区和青岛港如能通过构建“万国码头”实现“港区联动”,进而过渡到自由港区,就可以为未来的中日韩自由贸易区提供一个重要的纽带和桥梁。

(三)“万国码头”建设是拓展港口功能,建设国际中转枢纽大港的坚实基础

世界上的国际航运中心在贸易形式的构成上，一般可分为腹地型和中转型两大类型。在贸易的辐射功能上又可分为世界级和区域级两个层次。鹿特丹港和纽约港是以腹地货物集散服务为主的世界级国际航运中心，香港和新加坡港则是以转口贸易为主的世界级国际航运中心。上海的目标是建成世界级腹地型的国际航运中心。因为上海港有十分广阔的经济腹地，它的直接腹地是长江三角洲地区，还有整个长江流域、苏浙地区及其他沿海省份作为其间接腹地。从实际情况分析，青岛港的目标应当是建设腹地型与中转型相结合的区域级复合型的国际航运中心。这是因为，其一，青岛港的直接陆向腹地主要局限于山东省及河南、河北和山西省的部分地区，近年来虽然随着市场的拓展，开始打破了单纯的区域划分的经济腹地模式，使环渤海地区的“三省二市”、沿黄流域和亚欧大陆桥沿线各省区，发展成青岛港的经济腹地，但比起上海港来，经济腹地还是相对较小的；其二，青岛港经济腹地的经济发达程度和对外贸易水平较低，货源对港口的支持力远比上海港差。如 2002 年上海市的进出口总值为 726.5 亿美元、苏、浙两省分别为 702.97 亿美元和 419.6 亿美元，这就使得上海港的本地货源生成量非常丰富。而同一时期山东地区的进出口总值为 340 亿美元，加上河北、山西、陕西、安徽、甘肃、青海、新疆共 7 个省份的外贸进出口总值总计为 490 亿美元，仅高于浙江省，远远低于上海、江苏，沿黄流域 7 省进出口总值仅等于长江三角洲两省一市的 26.45%。在陆向腹地小，货源支持力差的条件下，青岛港要想成为区域性的国际航运中心，就必须解放思想，拓展港口中转功能和海向腹地，大幅度提高中转贸易的比重。韩国的釜山港从 1995 年至 2001 年，仅从我国港口中转的国际集装箱即由 85.9 万标准箱增至 239 万标准箱，6 年间增长了 1.7 倍，年均增幅高达 18.6%。釜山港正是凭借大量的中转货源，于 1995 年取代神户港，2000 年又一举超过高雄港，成为世界第三大集装箱港和东北亚地区最大的国际集装箱中转枢纽港。目前神户港和横滨港国际中转箱占总箱量的比例分别为 21%和 15%，而青岛港国际中转业务仅占总业务量的不到 5%。显然，青岛港要争取中国北方乃至东北亚地区的国际航运中心地位，就必须走“大中转”，吃“全球饭”的新路，利用靠近国际航线、成本低的优势，把目前国内到釜山、神户、横滨等港中转的业务吸引过来。而要搞好“大中转”，吃好“全球饭”，就必须引进世界大跨国公司、尤其是国际航运巨头的资金，建成“万国码头”；因为它们最熟悉世界航运业竞争的状况和规律，可以为青岛港带来庞大的市场和货源，从而使青岛港实现跨跃式发展，成为区域级复合型的国际航运中心。

（四）“万国码头”建设是充分利用胶州湾港口资源，调整城市布局，构建现代化国际大城市框架的重大举措

胶州湾是世界上少有的半封闭型优良海湾，湾内水域面积 420 平方公里，终年不淤不冻，掩护条件好，拥有天然的深水航道，水深都在 12 米以上，最深航道水深 21 米，可建码头的岸线数十公里，岸线基岩埋深在 15—20 米之间，可规划建设 100 个以上大型深水泊位，具有 10 亿吨杂货和集装箱港址的发展潜力。所以是典型的可持续发展的国际港口。目前，青岛港建设已有相当规模，老港区已建成大港、中港、小港，大港区共有 25 个泊位，其中万吨以上泊位 6 个；前湾新港区和黄岛油港区共建成 22 个泊位，全部是万吨以上泊位，包括 20 万吨级原油码头、20 万吨级矿石码头和我国大陆最大的集装箱专用泊位。新老港区岸线共达 13 公里长。目前胶州湾可建码头的岸线仅利用了一部分，前湾岸线还没有充分利用，沧口水道和女姑口等处的岸线还有待根据需要逐步开发。

“港为城用，城以港兴”。纵观中外沿海湾城市，基本上都是以海湾为中心，以港口为依托，进行空间布局的扩散。青岛的城市就是围绕胶州湾，以港口建设带动而发展起来的，城市布局也随着港口的发展变化而展开。德国人强占青岛后，首先于 1902 年在胶州湾东海岸建成了大港，随同建成了胶济铁路，以港铁联运形式来掠夺胶州湾和整个山东半岛的资源，于是青岛就形成由大港开始沿铁路线延伸的南北狭长的城市布局。在改革开放的新形势下，随着港口和整个青岛经济社会的快速发展，我市在 20 世纪 90 年代初进行了行政中心和金融中心东迁以及新东部城区的开发，拓展了城市空间，但尚未从根本上改变东海岸繁荣、西海岸冷清的城市偏向。21 世纪初，市委、市政府作出了挺进西海岸，构建新的经济发展重心的战略决策，随着前湾港一、二期工程的顺利进行和港口主要业务的成功西移，青岛市的大项目、大工业、大物流重点向西海岸摆布，从开发区到胶州、胶南市，一个新的经济增长极在海西兴起，从而形成了胶州湾东西两岸两个增长核、双火车头共同带动青岛经济跨越式发展的新格局，青岛的城市空间有了新的更大的拓展。同时，市领导提出以青岛、黄岛、红岛这三点沿胶州湾形成核心区，带动300多公里滨海大道的重点城镇，形成滨海卫星城市群的“三点布局，一线展开，组团发展”的布局思路。在此基础上，最近我市完成了新的城市规划，提出“一湾（以青岛、黄岛、红岛为核心的胶州湾城市圈）、两翼、三极”的现代化国际大城市发展框架构想。未来，胶州湾西南部和西北部临港大工业、大物流、大旅游的发展，有赖于前湾港码头的更大规模建设和胶南市一些新港口码头的建设；胶州湾北部滨水海景城市新区的发展，也有赖于沧口水道和女姑口等地新港口码头的兴建。显然，如此繁重的码头建设任务，仅仅依靠内资是远远不够的；只有充分利用外资兴建“万国码头”，才能完成现代化国际大城市的发展构想。

四、青岛市建设“万国码头”的现实可行性

（一）建设“万国码头”有良好的机遇

我国、我省、我市经济的快速持续发展，特别是山东省外贸进出口额和腹地外贸进出口额的快速增长，对港口码头建设提供了新的需求；山东省委、省政府关于建设山东半岛城市群和胶东半岛制造业基地的战略决策，对青岛港和相邻港口的码头建设提出了新的要求；青岛市迎接2008年奥帆赛，带来了青岛旅游码头建设的新机遇；青岛港已经下放地方，实现了政企分开；这一切，都为打破垄断，建设“万国码头”创造了前所未有的有利条件。

山东省国内生产总值和外贸进出口额预测表

指标	单位	2002年实际	2003年实际	2005年预测	2010年预测
国内生产总值	亿元	10552.06	12430	13380	21063
外贸进出口额	亿美元	312.8	418.4	440	709

（二）国家出台的港口政策法规有利于“万国码头”建设

一直以来，中国政府鼓励中外合资建设并经营公用港口码头，但限定外资比例不得超过总额的50%。然而中国最新实施的外商投资产业指导目录打破了这一限制，允许外商在港口建设中控股、甚至独资，并欢迎任何其他投资方式。将于2004年1月1日实施的中国第一部《港口法》首次明确提出，国营、私人和外商投资者在投资建设和经营中国港口时将享有相同的待遇。中国政府今后将陆续出台一些针对外资进入中国港口市场的管理条例和配套法规，以确保中国港口建设和运营的规范和安全。随着中国港口投资多元化以及港口功能的逐步完善，中国港口面向外国投资者的大门将会越来越敞开。

（三）青岛港具备了建成中国北方乃至东北亚地区国际航运中心的坚实基础，颇具建设“万国码头”的吸引力

青岛港不仅水深等天然条件十分良好，而且建设和经营取得了优异的业绩，成为全国服务质量最好的港口之一，航线、航班快速增加，集装箱吞吐量连年攀升，在世界大港中的位次不断提高。这一切为吸引外资建设“万国码头”奠定了有利基础。

青岛港集装箱吞吐量及在世界大港中的位次

	1998年	1999年	2000年	2001年	2002年	2003年	2005年预测	2010年预测
集装箱吞吐量（万标箱）	121	154.3	212	263.9	341	424	650	1200
在世界大港中的位次	36	30	24	19	15	14	12	8

（四）青岛市建设“万国码头”已经迈出坚实步伐

1.2003年7月21日，在温家宝总理和英国首相布莱尔的亲自出席下，青岛港集团与英国铁行、丹麦马士基、中远集团三大国际航运巨头签署了合作协议，共同出资8.87亿美元，完成前湾港第二、三期工程，将把前湾港码头建成年吞吐能力超过650万标准箱的中国最大集装箱码头。此项目不仅在青岛港历史上、而且在中国大陆沿海港口码头合资建设中也创下了最新记录，三大航运巨头同时投资一个码头，这在国际航运市场也很罕见。此项目由青岛港集团控股31%，世界三大航运巨头股份比例分别是29%、20%和20%。

2.2003年5月8日，青岛经济技术开发区与美国环球货柜公司签订了“前湾南港区美国环球货柜开发协议”，总投资5亿美元，在前湾南湾区开发3.2平方公里的海域和陆域，岸线长2350米，采取

一次规划、分期实施的方案，共建设8个泊位，2006年前先建成4个，其余4个泊位原则上2008年前建成。此项目的特点是美方控股95%。

3.2003年9月19日，青岛保税区管委与香港招商局集团在香港签订了“前湾招商码头物流开发”项目协议，总投资5亿美元，在前湾港湾底（包括南港区一小部分）开发面积2.76平方公里，岸线长约2000米，建设前湾招商码头及现代国际物流园区。此项目的特点同样是外方控股95%。这一项目的成功建设，有望成为我市第一个保税码头。

总的看，我市建设“万国码头”已经取得实质性进展，初显“万国码头”的雏形。

（五）青岛市进一步建设“万国码头”还有很大潜力

前湾湾底和南港区在美国环球货柜项目和招商码头项目之间，还有1000米的岸线有待招商；薛家岛还有2300米岸线有待引资开发；在胶南市建设钢铁基地，为泊里董家口建设货主矿石码头提出了需求；即墨汝岛码头有望建成保税码头；利用沧口水道建设货主码头条件良好；青岛港口业务西移后，老港区码头处于半闲置状态，发展国际客运旅游码头势在必行；迎接2008年奥帆赛，北海船厂搬迁至海西湾后，可利用浮山湾建设旅游码头；青岛发展海岛旅游也为旅游码头建设提出了新的要求，等等。这些潜在的需求和可持续发展的码头建设，为引进外资建设“万国码头”创造着新的机会。

五、青岛市建设“万国码头”的战略目标

定性目标：2005年初步建成中国北方国际航运中心，2010年进一步建成可与釜山港实力抗衡的东北亚地区国际航运中心。

定量目标：2004年至2010年，吸引世界跨国投资公司和国际知名船公司来青岛港投资，港口码头海外投资40亿美元。

青岛港集装箱吞吐量：2005年达到650万标准箱，2010年达到1200万标准箱。

到2010年，青岛港在中国北方稳居集装箱大港首位，在全国稳居集装箱大港第三位，在世界集装箱大港中进入前八强。

六、建设“万国码头”的战略措施

为了确保上述战略目标的实现，必须采取以下六个方面的战略性措施：

（一）投资合作和体制创新

建设“万国码头”，首先必须创新港口码头的投融资体制，打破多年形成的国有港口企业在港口投资方面的垄断状态（这种垄断是客观形成的，而不是国有港口企业主观采取的垄断措施），进一步敞开国门，提高投融资的开放度，形成外资、内资、民资广泛合作的真正意义上的“万国码头”。

纵观港口码头建设的成熟经验，港口码头建设投资的多元化主要有两种基本形式：一是港口发行股票、债券，实现多元化投资；上海港、深圳港、天津港等大中型港口已经通过这种方式来筹措码头建设和发展的资金。二是外商直接投资码头建设、持有股份。如新加坡港务局、香港和黄集团、合塑集团分别参股广州港、盐田港、厦门港。而股份合作是我国港口码头建设投资合作的主流，股份合作的具体模式大致有如下几种：

1.从投资主体看，有双方合作和多方合作。而按持有股权的多少，又可分为中方绝对控股，外方参股（如上海外高桥四期集装箱码头建设和大连集装箱码头建设）；中方相对控股、外方大量参股（如我市与马士基、铁行、中远三国四方合资）；外方控股、中方参股（如深圳盐田国际集装箱码头建设）甚至外方绝对控股、中方参股（如美国环球货柜与我市开发区合资项目，香港招商局与我市保税区合资项目）等多种形式。从发展趋势看，在《港口法》正式实施之前，中方绝对控股是股份合作的主要形式；而在近期，中方相对控股、外方控股、甚至外方绝对控股，渐成气候。

2.从合资合作的空间范围看，可分为国际合资合作（中外合资）和国内合资合作（内资合资）两大类。而国内的港际合作和港企合作已成趋势（如上海港投资宁波、南通、武汉等港，宁波港与舟山港联合成立港口开发公司，上海国际港务集团参与合资的上海同盛投资集团等），跨国港际合资合作更成大势（如香港和黄港口有限公司、新加坡港务集团、英国铁行、丹麦马士基等不仅登陆我国许多港口参与码头建设，而且广泛投资参与世界许多港口码头的建设）。

3.从合资合作的内容看，有资产合作、资金合作与经营权合作等多种形式。在中外合资中，往往是外方投入资金，而中方将港口土地岸线、码头、已有基础设施等作价股份投入；或者港口方以土地岸线、设施等作股，不足部分以资金投入。

我市今后在建设“万国码头”的过程中，应当进

一步解放思想，贯彻扩大开放和市场化运作的原则，广泛采用多种投融资模式，实现投资主体的多元化。在大力引进外资的同时，也要积极引导民资进入码头建设。

在合资合作中，现行作法大都是伴随着投资的合作，控股方同时作为港口码头的主要经营者，参股方参与经营，以便以经营权来确保投资者权益的实现。或者对港口码头实行租赁经营，由码头的使用者、经营者通过这种方式实现码头的所有权和经营权的分离。随着外资、民资的进入，我市在港口码头的经营管理上，也应进一步引入国际上成功经验，进行经营管理体制的创新，对国有港口企业传统的经营管理模式进行必要的改革，特别是进行公司制改造，建立科学的法人治理结构，尽快与现代化港口经营管理接轨。

(二)中转枢纽和功能再造

建设“万国码头”的实质是建设中国北方乃至东北亚地区的国际航运中心。而世界国际航运中心的功能，已从第一代的货物集散功能，向第二代集散和加工的功能，第三代的综合增殖服务中心功能过渡。目前我们港口基本上还是处于第一代国际航运中心功能向第二代国际航运中心转化的过程中，第三代国际航运中心的功能还很薄弱。根据国际航运中心发展的新趋势，我们必须向具有国际中转、物流分拨、仓储加工、商品展示、临港服务等具有全方位增值功能的现代港口迈进。特别是突出增值国际中转的功能。青岛港想真正提升为东北亚国际航运中心的中转枢纽港，必须加大下列措施力度：

1. 在进一步拓展陆向腹地的同时，把大力拓展海向腹地提到重要地位，利用与国际大跨国公司、大船运巨头、大物流公司合资合作的有利条件，开辟更多的国际航班和航线，争取更多的国际货源。

2. 瞄准世界航运市场的前沿水平，以综合配套为支撑，进一步提高大通关效率，提高港口服务质量，降低港口作业成本，提升青岛港的核心竞争力，将国内首先是北方地区目前到釜山等地中转的货物吸引过来。

3. 充分发挥青岛作为新亚欧大陆桥桥头堡群之一的作用，加强我市与中西部地区各省以至中亚、海湾、东欧地区的经贸合作，搞好海铁联运，增加上桥箱量。青岛港早就沿着黄河流域上溯到我国西部内陆，开通了铁路集装箱专列和实施了海关直通式的通关办法，乌鲁木齐、兰州、西安、郑州、成都的进出口集装箱源源不断地在青岛口岸进出。预计到2010年，内陆过来的资源占青岛集装箱吞吐量的比重将从目前的1－2％增加到10％左右，达到100万标准箱。

4. 进一步实施科技兴港战略，加快港口和整个口岸的信息化建设，建设数字化港口，真正建成网络覆盖率高、快捷反应的信息中心，为“大中转”服务。

5. 把国际中转、过境、转口业务做为主业务加以精心经营。主要的，一是在境外装货港装船后，经国内中转卸船后转运到境内其他港口的集装箱，以及在国内装货港已办理验关手续，船公司出具全程提单，经国内中转港转运至国外目的港的国内外贸集装箱；二是由境外启运，经中转港换装国际航线船舶后，继续运往第三国或地区口岸的国际外贸集装箱；三是由境内启运，经中转港换装其他航线船舶后，继续运往国内其他港口的内贸集装箱。通过这些业务的拓展，大幅增加青岛港的中转箱总量。预测2005年中转箱量将达到100万标准箱左右，2010年中转箱将进一步增至200万～300万标准箱，从而将确立青岛港中转枢纽大港的地位。

(三)临港产业和港口经济

通过下列产业的发展有效地支撑“万国码头”建设：

1. 港口运输业，特别是集装箱运输业。从80年代至今，青岛港国际集装箱运输一直保持30％的高速增长，95年成为我国第一个国际集装箱中转港。2001年集装箱吞吐量达264万标准箱，居世界集装箱大港第十九位，2003年即达到424万标准箱，跃居世界集装箱大港第十四位。随着国际航运巨头的加盟，美国环球货柜等世界500强的入驻，招商保税码头的启动，以及山东省等经济腹地外贸进出口的进一步发展，将使航线、航班大大增加，预测2005年青岛港集装箱吞吐量将突破650万标准箱，2010年将突破1200万标准箱。

2. 以港口物流为中心的现代物流业。现代港口不仅是一个货物装卸地，而且将日益成为一个综合物流业的平台。它将借助自动化的管理系统，使货物顺畅地从始发地运到目的地，准时投向市场，同时又向货主提供增值服务，并且是一个货流的缓冲地和货物储存的战略中心，货物可以从这里选择最佳时机投入市场，待价而沽。随着港口业务的西移和西海岸新的经济发展重心的构建，国际物流、区域物流和市域物流都将有较大幅度扩张，而“万国码头”建设的好势头，更引来了以马士基物流、伊藤忠国际物流、韩国韩进海运为代表的世界500强和日韩著名大物流公司，纷纷在西海岸建设专业化物流园区。

据不完全统计，目前西海岸的各类物流企业已达300家，其中外资企业74家。随着“万国码头”建设的进一步发展，首先在西海岸形成以大项目、大工业园、大物流园和现代信息技术为支撑的现代物流体系，预测到2005年西海岸物流业的增加值将从2002年的39.3亿元增加到98.9亿元，年均增长率将达到36%，比西海岸GDP增长率高出13个百分点，物流业增加值占西海岸GDP的比重将从2002年的12%增至2005年的16.2%，2010年西海岸物流业增加值将进一步增加到365亿元，占西海岸GDP的比重将达到22.6%。现代物流业将使我市成为国际物流枢纽和区域物流中心，这将保证我市“万国码头”有源源不断的货源。

3. 临港工业。“万国码头”的建设，要求我市进一步发挥港口优势，为承接国际产业转移和建设半岛制造业基地提供更为快捷通畅的物流条件，促进我市临港工业的更快发展。现代制造业是大进大出的产业，四大产业基地、五大产业集群的建设是建设国际航运中心的有力后盾。以海尔、海信、澳柯玛等现有龙头企业将再上档次再上规模，以新岛理光、三洋电机、松下电子、日立空调等新兴家电企业将形成新的龙头带动型企业；以1000万吨大炼油项目为龙头，石油化工下游产品为配套的石化产业链将建成国内重要的石化工业基地；以颐中汽车加盟一汽为契机，以一汽集团青岛汽车厂、各特种汽车厂、客车厂和汽车零部件厂为基础，将形成汽车整车及零部件生产基地；以中集（青岛）工业园和太平货柜项目为依托，将形成年产25万标准箱的集装箱制造基地；以北海船厂的西迁为契机，我市修造船业将有快速发展，将尽快实现年修船200余艘、年造船224万吨的能力；以冷轧不锈钢、彩色钢板等钢材后续加工项目为依托，引进和建设相关配件项目，将使我市钢铁工业上一个新的台阶。到2010年，青岛市将在现有基础上建成山东半岛和东北亚地区举足轻重的制造业基地。

4. 临港商贸业和港航服务业。“万国码头”的建设要求临港商贸服务业有一个新的发展。通过外资码头特别是保税码头的兴建，进一步利用前湾港集疏大宗货物的优势，拓展港口商贸加工、物流分拨、商品展示和贸易功能，扩大储运区，成立专业公司，发展现货交易，形成中国北方的贵金属加工展示交易市场、汽车及零配件交易中心，橡胶加工分拨中心、建材展示交易中心、粮棉交易中心和国际商品展示销售中心。同时，由于“万国码头”将吸引更多国外远洋货轮进港和港航服务企业在青落户，客观上要求港航生产生活服务业为主配套发展。在提高港口内引航、系解缆和拖带等系列服务质量的同时，建设外籍船舶零配件供应市场，建立港口船舶与机械维修、配件供应、船舶及生活用品配送等港航后勤基地。建立为远洋船员服务的免税商场、大型超市、海员俱乐部、外文书店、欧美酒吧等生活配套服务设施；并在临港地带建设一批为日益增多的港航工作人员服务的公寓、酒店、医院及幼儿教育设施，从而形成繁荣的港航服务企业集群。

（四）“港区联动”和自由港区建设

纵观世界上运作成功的国际航运中心必定有自由港（自由贸易区）的政策支撑。同时，世界上运作成功的自由贸易区也大都与港口在区域上连为一体，在体制上实行一体化管理。我市要改变目前港口没有自由港政策、保税区没有出海口的局面，抓住国家海关总署正在选择几家保税区实行“港区联动”试点的机遇，通过“港区联动”实施“准自由港区”的政策，确是当务之急。上海外高桥保税区将是全国第一个规模最大、综合实力最强的“港区联动”保税区，全国试点当属首选，无可争辩。除上海之外，谁能争取上第二个试点保税区正成为国人注目的焦点，各保税区特别是天津、厦门、宁波、深圳、大连等保税区，在行动上也是争先恐后。我市保税区和前湾港均已具备了实施“港区联动”的基础条件。通过管理体制的调整和招商思路的创新，青岛保税区近年来经济获得了超常规的发展，到2002年，实现进出口总额、实际利用外资、固定资产投资、税收分别比1999年增长1.99倍、4.11倍、26.91倍、4.06倍，不仅一举甩掉了落后帽子，而且跨入了全国先进保税区的行列。青岛保税区管委会在全国保税区中率先向成思危副委员长提出了向自由贸易区转型的建议，得到了肯定并由此而设立了应急课题，同时在2000年设立了港区联动办公室，多次主动提出了实施港区联动的建议，争取海关的支持。2002年底又承办了由经济日报社和青岛市人民政府主办的“中国保税区发展高层论坛”，请来了各方面的领导同志和专家深入论证“港区联动”和向自由贸易区转型的必然性和可行性，在青岛保税区率先实现“港区联动”方面取得了共识。青岛港为了打造国际枢纽港，加快了结构调整步伐，顺利完成了四大货种港口业务的西移，三国四方的成功合作，将建成我国目前岸线最长、水深最大、设备最先进、陆域纵深最大、效率最高的集装箱专用码头。而且，通过青岛保税区与香港招商局共同建设“青岛前湾现代国际物流园区”项目，以此为载体，按照国际上自由贸易区为样板，规划设计了港口码头、物流仓储、商品展示、服务贸易集于一个平台流程，连片围网，海关监管，信息网络无缝覆盖的方案，已经上报国家，除了力争早日获得批准外，还需解决好或探索解决下列问题：一是在保税区与前湾港发展规划的实施中，协调好区港之间在发展空间上的某些矛盾；二是探索保税区与出口加工区的“区区联动”；三是探索在前湾港区内建立保税区的延伸区，探索港务公司在保税区注册，享受保税政策；四是探索保税区与港口在管理体制上的衔接，进而探索体制的一体化。在“港区联动”的基础上，争取进一步将“准自由港”政策延伸到前湾港的其他港区，逐步实现港区在地域、功能和体制上的全面一体化，早日实现自由港区的梦想，为青岛港插上进一步腾飞的翅膀。

（五）疏港道路和大交通网络配套

在公路建设方面，主要是加快以下公路建设：

1.“同三线”高速公路。国家重点工程“同三线”青岛段全长 201.439 公里，包括同三线主线长 175.293 公里、疏港连接线 26.146 公里，其中黄岛段 6.4 公里，胶南段 82.23 公里(含疏港连线)，预期 2004 年完工通车。将解决胶南市高速路过短的问题，形成西海岸南北通畅的高速路。

2. 黄岛疏港公路。北港区规划建设直通港区的高架疏港专用通道，同时尽快改造黄王公路，解决从前湾港到环胶州湾高速路的集装箱运输畅通问题。南港区规划疏港主干道由齐长城路接入同三线和 204 国道。同时在南北港区之间建设专用疏港路。鉴于目前环胶州湾高速成路本身压力过大，时有阻塞现象，将展宽环胶州湾高速路，或设复线，使来往港口的集装箱有专用高速路顺利通过。

3. 204 国道洋河崖——大庄段、小哨头至宋家岭路面改造铺筑沥青工程。全长 73.2 公里，总投资 1.58 亿元，二级公路升一级公路。

4. 开发区内和胶南市内的公路建设。开发区内重点是为完善交通主干道，解决前湾港疏港运输紧张问题的黄张路道路及配套设施工程、嵩山隧道、嘉陵江西路大型立交桥建设。胶南市内主要是 2003—2005 年的 229.4 公里的路面改造和路基拓宽工程，以及 25.5 公里的新建公路工程。

在铁路建设方面，胶黄铁路作为前湾港对外唯一的铁路通道，近期单向能力为 1800 万吨/年，已接近满负荷状态。为适应西海岸物流发展的需要，除在前湾南港区增设进港铁路联路线和铁路分区车场外，要加快胶黄线与胶济线一并进行电气化改造，使单向能力达到 2600 万吨/年，同时，抓紧胶黄铁路复线工程，使单向能力 2005 年前达到 4000 万吨/年。

（六）区域经济辐射和港口资源整合

建设“万国码头”，形成国际航运中心，不仅服务于整个青岛市的经济社会发展，而且要着眼于山东半岛城市群的建设，进而推动沿黄地区、中国北方地区的经济发展，乃至东北亚地区的经济合作与发展。而区域经济的进一步发展，反转过来必将为青岛港带来更多的货源，为“万国码头”和国际航运中心的形成创造更有利的条件。

1. 首先要拉动青岛的外向型经济发展。进一步发挥青岛大口岸的作用，促进我市扩大对内对外两个扇面的开放，更好地利用国内国外两种资源，面向两个市场，实现资源的优化配置，拉动整个青岛经济的发展。一方面，在更大范围、更宽领域、更新形式上吸引外资，促进青岛市农业经济、工业经济和服务业经济的发展，和城市基础设施建设及社会公益事业重大项目的进展，特别是利用外资尽快解决制约青岛发展的“青黄不接”大交通问题和水资源短缺等瓶颈问题，加快青岛市的城市化进程和城市布局优化；另一方面，扩大对外贸易，提升高科技高附加值出口商品的比重，尽快使机电产品出口比重达到 50%以上，高新技术产品出品比重达到 15%以上；全方位拓展国际市场，实现出口市场的多元化；扩大先进技术进出口，推进服务贸易发展，形成货物贸易、技术贸易和服务贸易“三贸”齐上的新格局。这样，由推动“港区联动”进而推进“港城联动”，形成以港兴城、以城带港、港城共荣的新局面。

2. 带动山东半岛城市群经济带的经济发展。国内外的经验证明，任何一个经济带或城市群，都必须要有一两个具有雄厚经济实力的中心城市作为“龙头”来带动。2002 年青岛市 GDP 已占 8 市组成的山东半岛城市群 GDP 总量的 22%，已经超过了辽宁半岛城市群“龙头”城市沈阳和大连，但比长三角的上海和珠三角的广州、深圳都还有很大差距，所以，要想成为山东各兄弟城市心服口服的“龙头”城市，青岛的综合经济实力和国际竞争力还必须有一个更大的跨越。达到这一要求的重要途径还是需要进一步发挥大港口这一最大优势，切实抓住建设“万国码头”这一有力机遇提升青岛港的竞争力和带动力。再从青岛港 2001 年集装箱吞吐量 263 万标准箱货源地分析来看，青岛市本身 152 万，山东省其他地区56万，共占总吞吐量的79%，船转船30万，占11.5%，外省仅有25万，仅占9.5%。在“万国码头”建设过程中，要为整个山东省的进出口贸易和内外贸集装箱的增长提供更有利的口岸条件，从而更好地发挥青岛市作为山东省经济中心城市的作用。

3.推动沿黄地区乃至整个中国北方地区经济发展。从青岛港几个主要进口货种的分拨走向来看，国外进口矿石的主要走向，除山东的钢厂外，主要是河北、首都、山西、河南、东北共27家钢厂；进口的化肥除山东占70%外，河南、河北、东北、西北、华中等也占了30%；进口的氧化铝除供应山东铝厂占10%外，大部分供应河南、青海及甘肃等铝厂；进口的粮食除80%供应山东部分地区外，河南、河北等也占了20%。同时，进口矿石不仅缓解了北方地区接卸进口矿石的压力，而且每吨矿石还比用小吨位船舶进口矿石节省运费5美元－8美元，可为钢铁企业降低运输成本。至于目前集装箱海铁联运，发货地和到达地是河南郑州、洛阳，陕西的西安，山西、四川的绵阳、成都，及重庆等地。在“万国码头”建设的同时，要进一步加大物流分拨力度，同时增加海铁联运的集装箱，从而推动沿黄各省和整个中国北方地区国民经济的发展。

4.增强与环黄海经济圈和东北亚地区各国的经济合作。承接好日韩等国的产业转移，发展与俄罗斯等国的经济交流，提升青岛在我国与东北亚地区经济合作中的地位，增强青岛在更大国际空间的经济辐射作用。

在加强区域经济辐射作用的同时，还应打破地区封锁和各个港口各自为战的局面，避免山东青岛各港口的重复建设，以青岛港为龙头，与日照、烟台、威海、龙口等港口从不必要的竞争走向竞合，探索以建立大港口集团或港口联盟等形式，整合半岛港口资源，科学分工，密切协作，形成合力，是建设国际航运中心的长远大计。最近，日照市已主动提出“接轨青岛，融入半岛城市群”，而日照是青岛进入新亚欧大陆桥的必经之地，日照港与青岛港又靠得很近，青岛港完全可以首先和日照港建立联盟关系，将煤炭和一些杂货业务转移到日照港，而将日照港的一些集装箱业务转移到青岛港，形成合理分工，优势互补。

七、加快建设“万国码头”的对策建议

1.建议市政府设立“建设万国码头协调推进领导小组”，由分管副市长主持，市经委、计委、外贸局、口岸办、开发区、保税区、海关、青岛港集团等部门参加，下设办公室(可设在市经委)，搞好统一规划，市场化运作。

2.鉴于建设“万国码头”必须科学合理地利用胶州湾的港口资源，建议组织力量对胶州湾功能规划进行认真研究，或做必要的修编。

3.建议市政府制定和出台鼓励“万国码头”投资建设的政策，调动各方面的积极性，加大对“万国码头”的招商力度。建议市招商局、外商投资服务中心、贸促会、台办商促会等机构密切合作，打破部门界限，集中优秀招商人才，组成专业招商团队，制订具体的招商工作方案，加以落实。

4.建议市人大出台建设“万国码头”的地方性法规，防止一哄而起，盲目建设，随意开发。

5.建议加大海港、空港、铁路、公路、交通等各方面关系的协调力度，搞好海铁联运、海空联运及集疏运基础设施建设。

6.建议进一步加大工作力度，支持青岛保税区争取进入全国“区港联动”第一批试点，早日实现向自由港区的转型。将港和区连为一体，以口岸国际物流业为核心功能，在港口建设国际物流中心，发展贸易、海运、理货、海运代理、货代、仓储、商展、信息、金融等业务，为船东货主、进出口贸易、国际转口贸易提供便利、优质和低成本的物流服务。

7.根据建设“万国码头”的需要，参照深圳、厦门等地经验，建议市政府考虑尽早成立交通委，或设大交通局，统一协调、指导、管理海港、空港、公路，并协调铁路，一套人马挂交通局和港务局两个牌子。

8.为强化港口中转功能，早日将青岛港建成国际中转干线枢纽港，建议交通部放宽干线互转的政策限制，允许船公司在国内港口间利用自己的船舶开展不同航线上的干线互转业务；建议海关在保证有效监管的条件下，允许外贸内支线装载内贸货物；建议改变目前出口退税政策中的界限限制，使用外贸内支线的退税界限以始发港装船为界限，而不以中转港装船为界限。

9.为克服地方保护主义，避免国内港口间的恶性竞争，建议交通部在宏观上协调港际间的分工协作，发挥各自优势，互为中转，共同把竞争对手瞄准国外港口。改变目前国内港口间相互抵制，宁可高价到国外中转，也不放在国内周边港口中转的状况。

10.建议延伸胶黄铁路，建设黄岛——日照的铁路线，既拉动胶南的经济发展，又形成更快进入新亚欧大陆桥的快速通道。

发挥比较优势 用高新技术改造提升江西农业

中共江西省委党校 江西生产力学会课题组

一、提升的理论依据与现实依据

(一)理论依据

18世纪英国经济学家斯密用一国中不同的职业分工和交换提出绝对优势理论,认为,各国所存在的生产技术上的差别以及由此造成的劳动生产率和生产成本的绝对差别,是国际贸易和国际分工的基础。在斯密绝对优势理论的基础上,英国另一经济学家李嘉图提出了比较优势理论,强调根据本国绝对有利的条件生产商品,进行国际交换。提出,如果一个国家在本国生产一种产品的机会成本低于在其他国家生产该产品的机会成本的话,则这个国家在生产该种产品上就拥有比较优势。20世纪初,瑞典经济学家赫克歇尔和俄林又进一步从生产要素比例的差别来阐述贸易的基础。认为生产商品需要不同的生产要素而不仅仅是生产力,资本、土地以及其他生产要素也都在生产中起着重要的作用并影响到生产率和生产成本。根据这一原理,产生比较成本的差异必须有两个前提条件,一是两个国家的要素赋予不一样;二是不同产品生产过程中所使用的要素比例不一样。一个国家的贸易是如此,而一个地区所选择的产业分工以及在市场中的交换同样如此。因此,比较优势主要是指一个国家或地区的资源禀赋优势,例如良好的自然条件、丰富的矿藏或廉价的劳动力使该国或该地区某些产品获得相对成本低廉的优势。它是市场经济的基本原则。市场经济的全部真谛就在于分工和交易,而分工的依据则是比较优势。在市场经济下,每个人、每个企业、每个地区,都只干自己最擅长的事情,然后进行交易。这样做,不仅交易双方的“蛋糕”可以做得更大,整个社会的“蛋糕”也可以由此做得更大。

从上所知,比较优势的经济学意义在于:首先,发挥比较优势,每个人、每个企业、每个地区,都只干能发挥自己资源优势的事,这是一切交易从而也是市场经济的基础;第二,按照前面的逻辑,比较优势原则反对大而全小而全,因为这样的模式并没有发挥本地区的资源优势;第三,凡是遵循了比较优势原则的东西都相对丰富,并相对便宜,于是成本会最低;第四,结构重复是不可取的。因为结构重复意味着什么都要自己干,但却没有发挥自己的特长。

在经济欠发达阶段,经济发展至关重要的是比较优势。研究地区经济比较优势要解决好两个问题:一个是地区间合理的产业分工问题;另一个则是作为一级利益主体的地方各级政府如何选择和确定本地区的优势产业,以此充分发挥自身优势。目前,我省各地区加快发展和主导发展方向的欲望和冲动十分强烈。江西农产品的比较优势较为明显,但竞争优势不突出。比较优势和竞争优势相互区别又相互联系,具有比较优势的产业往往容易形成较强的竞争力,从而获得竞争优势。但比较优势与竞争力不是一成不变的,比较优势并不等同于竞争优势,它仅是构成竞争优势的重要部分,也就是说具有比较优势的农产品在竞争中并不一定具有竞争优势。农产品的竞争优势指的是在市场上具有优势的资源和产品,其优势的大小体现为农产品竞争力的强弱,表现为市场占有率的高低。21世纪全球社会和经济发展最为关键问题是人工、事物、资源、环境。面对这些问题，21世纪世界农业科技发展的主要目标：一是增加产量；二是改进品质；三是提高资源利用率和经济效益；四是保护生态环境。如果我们不认真地、科学地调整和提升传统农业结构，我们的农业就难以在一个更高的层面上发展。高新技术无疑是现代农业可持续发展支撑体系中的主要成分。就我省农业的现状来说，我们当然要提升整个产业，发展高新技术，都争取有我们的地位。但我省依然是资本稀缺，农业资源和劳动力相对丰富，这一基本的制约说明我们只有通过高新技术改造我们具备比较优势的产业和产品。

（二）现实依据

要实现江西在中部地区崛起并进而全面建设小康社会的战略目标，就必须跨越式发展，就必须在充分发挥现有优势的同时，努力创造新的、独特的优势，寻求局部突破。而用高新技术改造提升具有比较优势的传统产业已成为当今经济发展的趋势。我们可以发现，内蒙古在全国有几个叫得响的品牌，如鄂尔多斯、鹿王、伊力奶制品、草原兴发等，所有这些无不打上浓厚的内蒙古本地资源和新技术融合的烙印；山东的农产品结构的提升和一些知名品牌的崛起，与其得天独厚的农业基础、工业基础以及高新技术产业改造分不开。

2002年，我省农业在国民经济中占21.9%，占全省总人口76.7%的农民家庭经营纯收入来自第一产业的占50.45%，农业在我省经济中仍起着非常重要的作用。然而，江西农业结构还不尽合理，主要表现在浓产品质量不高、品种单一，产业化、商品率较低；农产品加工程度低；农业内部种植业比重大，林牧副渔比重较低等，在很大程度上依然是“粮猪型”的传统农业。因此，我们今天强调发展高新技术产业，一个重要原则就是要集中力量在具有比较优势的重点领域寻求突破，优化和提升农业是推行高新技术产业化的题中应有之义。

21世纪头20年，对江西省来说，是一个必须紧紧抓住并且可以大有作为的重要战略机遇期。所谓战略机遇，是指能够在根本上全局上提升产业发展质量、加快经济增长速度的机遇。提升产业发展质量要遵循的原则就是学会发挥比较优势。我省经济正处在工业化初期，具有广阔的发展空间，完全可以抓住新技术革命带来的机遇，发挥农业资源和区位条件好的优势，充分利用国际国内“两种资源、两个市场”，实现跨越式发展。

（三）江西农业的比较优势最终要靠高新技术来提升市场竞争力

“将来农业问题的出路，最终要由生物工程来解决，要靠尖端技术”。当前，随着全球经济一体化的发展，以生物技术、信息技术为代表的高新技术正在促使世界农业发生巨大变化，并成为支撑各国农业发展的基石和提高农业竞争力的关键所在。发展高新技术产业和利用高新技术改造传统产业已经成为赢得市场的重要手段，把发展高新技术产业、实现产业化和利用高新技术产业改造传统产业作为加快工业化进程的关键措施，必将有力地推动经济的发展。经济欠发达地区传统比重大，要加快现代化进程，实现经济腾飞，从总体上缩短与发达地区的差距，就必须运用高新技术改造提升传统产业。而农业是现代生物等高新技术应用最广阔、最活跃、最富有挑战性的领域。发展农业高新技术产业在生物技术、信息技术、动植物工厂生产、白色农业和节水高效农业等重点领域实现高新技术产业化，可以大幅度提高土地利用率、劳动生产率和产品的商品率，提高整体效益，以农产品加工技术为主体的食品制造技术迅猛发展，将成为农村经济的重要增长点。

江西在自然资源方面占有优势，自然禀赋有明显的比较优势，生态环境优良，传统农业技艺与现代科学技术的结合使这种良好条件可以转化为现实的竞争优势。我省森林覆盖率高达59.7%，农业资源总指数在全国排在第三位，在周边省份中排第一位，十分有利于农作物生长，以占全国2.5%的耕地，生产了全国4%的农产品，粮食、猪、油、菜、果等主要农产品分别列全国11至12位。区位优势在地处内陆的中部六省中日益凸显，毗邻东部沿海经济发达地区，处在全国最富裕的珠江三角洲和长江三角洲之间。然而，江西许多农产品的比较优势不能完全地转化为竞争优势，降低了农产品的竞争力。从技术水平来看，江西主要农产品与国内外农产品的质量差距参差不齐，这对农产品的竞争力带来直接影响。江西是传统的大米调出省，也是我国主要大米出口省。由于大米在品种、米粒长度、千粒重、淀粉含量等方面与国外大米存在着较大差距，江西大米基本退出了上海市场，广东和福建消费江西大米的多是低收入者，江西大米在香港米市上已失去了往日的辉煌。江西出口米的主要去向是印尼、非洲，只能占据国际低档米市场，在高档米市场无法与泰国米竞争。其它农产品如水果、蔬菜、水产品等质量虽然有改进，但由于高新技术推广滞后，保鲜加工、运输等综合利用技术落后，产品质量尚不能很好地满足国际市场竞争的要求。江西不论是科研机构数、科研人数(特别是高新科研人员数)，还是科研经费投入、完成的课题数、专利权授予和国家科研成果数与周边省市都存在一定差距，有的差距还比较大。不仅是量上的差距，更主要的是质的差别。江西农业科研院所的综合实力不强，全省没有一个农业科研单位进入全国“百强所”行列，且科研项目和科技力量90%集中在产中阶段，对急需解决的现阶段农业面临的出路问题的加工、贮藏、保鲜、市场信息等产前、产后服务的研究薄弱，新技术推广应用和传播手段落后，科研成果转化率低或严重滞后。这些都必然影响江西农产品的科技含量，最终影响江西农产品的市场竞争力。从市场比价和成本来看，江西主要的农产品的比价优势在品种上只有水稻，其他农产品市场售价则无优势可言。江西农产品单位成本偏高，除水稻、花生、甘蔗、鸡蛋、精养淡水鱼等外，其他农产品不但没有优势，甚至还处于明显弱势。目前，江西农产品有的价格低是由于生产成本上具有一定的比较优势，而这主要是通过要素价格低廉，弥补了在技术和规模上的不足。这种优势在经济发展初期能够维持很长时间，但是，随着江西工业化的进展和人均收入水平的提高，生产要素价格低廉的优势将很快趋于丧失，农产品的价格竞争力也将趋于下降。

因此，江西作为农业大省，单纯依靠传统技术已远远不能适应发展需要，必须进行一次新的农业科技革命，用现代高新技术改造传统农业，这是降低农产品生产成本和改善农产品质量的关键举措，是形成和增强农产品竞争力的必然选择。

二、江西农业比较优势分析

(一)江西农业资源分析

农业资源主要包括土地资源、水资源和气候资源。它是农业生产的重要条件，特别是在农业现代化水平还比较低的阶段，其作用更是明显。江西土壤肥沃，气候适宜，生物种类繁多，是发展多熟制农业和密集、配套、互补型农业的良好区域。土地面积在华东地区居首位，宜农用地面积占全省土地面积的83%，比全国平均水平高14个百分点，江西以占全国2.5%的耕地，生产了占全国4%的农产品。江西土地后备资源较多，尚待开发利用的宜农、宜林的荒山、荒坡、荒滩面积就多达46.7万公顷，在现有耕地中，中低产田占三分之二以上。中国科学院的《2003年中国可持续发展战略报告》依据可持续发展能力系统学评价指标体系对全国31个省、市、自治区的生存资源禀赋进行了分析，表1自然资源指数数据表明，江西农业资源总指数在全国排在第4位，在周边省份和中部地区均排第一位。全省水资源丰富，全省可养殖水面达500多万亩，这些水面污染少，特别是全国最大的淡水湖鄱阳湖的面积相当于整个上海的面积，达5100平方公里，而且没有污染，十分有利于发展对水质等生态环境要求很高的特种水产品养殖业。这里开始成为全国闻名的大闸蟹生产基地，广东、福建等地的鳗鱼、甲鱼养殖业，为了寻一方适宜的水生环境，也纷纷前来落户。江西山江湖工程被选入我国政府为改善21世纪人类生活环境条件，促进世界经济发展所制定的《中国21世纪议程》，并成为这一计划中第一个获得联合国开发计划署援助的项目。2002年我省首批确定了永丰等8个蔬菜基地、修水大椿茶等3个茶叶基地、新余蜜橘等7个水果基地、安义县畜牧良种场生猪等8个畜禽基地、峡江县鱼种场等12个水产品基地等42个为无公害农产品标准组织生产基地。优越的气候和青山绿水使江西拥有生产优质农副产品的良好条件，而传统农业技艺与现代科学技术的结合使这种良好条件正在转化为现实的竞争优势。

表1 中部地区生存资源禀赋情况表

指标	江西	安徽	湖北	湖南	河南	山西
土地资源指数	39.09	41.42	40.57	41.20	42.63	32.17
水资源指数	68.22	53.55	57.15	64.79	38.59	26.69
水土资源匹配指数	75.51	92.97	88.47	73.56	98.32	92.24
气候资源指数	73.16	54.33	60.13	67.83	44.77	33.49
生物资源指数	34.42	21.94	29.33	31.74	15.95	14.41
农业资源总指数	58.08	52.84	55.13	55.82	48.05	39.80
江西在全国排位	4	13	8	6	19	26

资料来源：中国科学院《2003年中国可持续发展战略报告》。

(二)江西农产品数量分析

江西丰富的自然资源和生态环境使农产品品种资源具有独特优势,拥有不少垄断性资源,如南丰蜜桔、彭泽鲫、鄱阳湖青虾、赣南脐橙、遂川狗牯脑茶等等。据《江西省农业品种资源及名特优新产品概要》收集,江西有记录在册的品种资源 13 类 509 种,有优良的中药材资源 312 科,2061 种,真是得天独厚,丰富之极。江西农产品总量在全国有什么样的市场地位,本课题选择最有影响和最具代表性的水稻、棉花、油菜籽、花生、甘蔗、烤烟、柑桔、蔬菜、水产品和畜产品等几种农产品进行分析。表 2 是 2002 年江西与中部省份主要农产品产量占全国的比重及排名情况:

表 2　江西及中部地区主要农产品占全国的比重

单位:%

产品＼省份			江西		湖南		湖北		安徽		河南		山西	
			比重	排名	比重	排名	比重	排名	比重	排名	比重	排名	比重	排名
粮食			3.53	11	5.97	5	4.72	9	5.52	7	9.10	1	1.53	23
	谷物		3.80	11	6.25	4	4.73	9	5.67	6	9.39	1	1.52	23
		稻谷	8.39	3	13.11	1	8.18	4	6.46	8	1.14	16	0.01	29
		小麦	0.06	28	0.23	23	2.27	11	7.90	4	24.50	1	2.42	10
		玉米	0.05	27	1.01	20	1.71	17	2.45	14	10.09	3	2.72	12
	豆类		1.59	19	2.99	12	3.60	10	5.15	5	5.97	3	1.67	18
	薯类		1.74	20	4.57	9	5.31	6	4.13	11	7.65	3	1.57	21
油料			3.16	9	4.80	8	9.75	4	10.43	3	12.66	2	0.63	26
	花生		2.84	9	2.07	11	4.44	5	7.21	2	2.05	12	0.24	23
	油菜籽		4.09	8	9.39	5	17.19	1	15.70	2	3.76	9	0.06	25
	芝麻		3.98	4	0.99	11	24.25	2	20.77	3	29.73	1	0.99	13
棉花			1.52	11	3.57	8	7.02	6	6.71	7	15.55	2	1.58	10
麻类			2.50	7	14.39	2	7.49	3	4.99	5	3.52	6		
甘蔗			1.63	6	2.20	4	1.04	9	0.39	12	0.35	14		
烟叶			0.85	18	6.94	4	5.23	5	1.53	15	13.62	2	0.47	19
蚕茧			0.76	14	0.15	18	1.83	12	4.12	9	2.90	10	0.61	15
淡水产品			7.3	9	8.26	6	9.12	5	7.70	8	1.14	12		
水果			0.87	22	2.78	14	3.51	11	2.21	16	5.99	7	2.95	12
	苹果								1.30	10	12.61	3	7.75	4
	柑桔		3.74	9	13.68	3	9.24	7	0.08	17	0.19	15		
	梨		0.49	22	0.63	21	7.70	3	7.64	4	4.50	8	1.59	13
禽蛋			1.44	16	2.34	11	4.63	8	4.82	6	12.24	3	1.82	12
肉猪出栏头数			3.64	12	10.09	2	4.56	9	4.38	10	7.68	3	1.05	23

资料来源:《中国统计年鉴》2002 年版。

分析上表数据,从总量上看江西农产品在全国排在前 10 位的有稻谷、油料、茶叶、甘蔗、麻类、柑桔和淡水产品,因而这些农产品在量的竞争上具备一定优势。但进一步分析发现,江西人口占全国比重 3.2%,真正在数量上具有优势的农产品是早籼稻、晚籼稻、油菜籽、淡水产品分别占全国总量的比重为 15.74%、5.8%、4.09%和 7.3%,大大高于江西人口占全国比重,说明江西人均占有量高于全国平均水平，在全国占有重要的市场地位。其它农产品则不然，有的虽然排位较前，但总量占全国比重较小，如棉花占1.52%、花生占2.84%、甘蔗占1.63%、大豆占1.59%、桔柑占3.74%、茶叶占1.99%，人均占有量低于全国水平。除山西外，江西在中部地区是较低的。

一是粮食。五省均为国内粮食主产区和粮食净调出省份。粮食总产量最多为河南(4119.90万吨)、最少为江西(1600.00万吨)。按人均粮食产量计算，最高是河南，每人438公斤，最低是湖北，每人356公斤。

二是经济作物。经济作物播种面积及总体发展水平以湖北、河南较高，江西、湖南较低。其中人均出售商品量，棉花、油料以湖北最多，江西、湖南最少。蔬菜以湖北、湖南最多。水果以湖北最多，安徽、江西最少，而湖南、湖北的产量均在江西的数倍以上。

三是肉类。猪肉是江西的主要畜产品，但与安徽、湖北、湖南、河南及周边等省相比，产量不及湖南的一半(只占36%)，占仅高出两位安徽的83%、占湖北的79%。猪肉产值比重最高为湖南，畜产品最多的为河南。牛羊肉以河南、安徽最多，其他省较少。5省人均肉类占有量均在37公斤以上，其中湖南达到62公斤。

四是淡水养殖。鄂、皖、湘、赣4省的淡水资源较为丰富。淡水产品产量依次排位：湖北(242.18万吨)、安徽(159.94万吨)、湖南(140.96万吨)、江西(132.26万吨)。人均淡水产品的商品量排位依次为湖北、江西、湖南、安徽。

另有一些产品虽然在比重方面超过江西人口占全国比重，如油菜籽占4.09%、猪肉占3.64%，但绝对量也周边省份比存在很大差距。

综合起来看，江西农产品在数量上具有明显优势的只有稻谷，其他农产品有处于中等水平，有的还明显处于弱势。

(三)江西农产品品质分析

农产品在市场竞争中的地位和竞争力的高低都可以通过产品质量的好坏表现出来。在既定的价格水平下，质量高，竞争力越强；质量差，竞争力越差。

1. 绿色农产品。发展绿色食品我省有得天独厚的比较优势和坚实的食品工业基础。江西具有良好的生态环境，森林覆盖率，物种资源丰富，野生植物达5000多种，地方名优特新农产品繁多；此外，我省绿色食品起步早，自1993年以来，全省累计开发绿色食品110个，其中4个AA级、106个A级绿色食品，2/3以上县市拥有一个以上绿色食品。无公害农产品生产和绿色农产品发展表现出强劲的势头，安远无公害水果基地、永丰无公害蔬菜基地、修水和婺源的无公害茶叶基地已成为全国首批100个无公害农产品生产基地。目前，全省共认定86个无公害农产品基地。省委、省政府对做大做强绿色食品产业高度重视，科学制订了"十五"期间全省绿色食品产业发展战略目标，要求各地发挥我省的比较优势和后发优势，切实做大做强绿色食品产业，使之成为我省的支柱产业，成为沿海发达地区优质农产品重要的供应基地。各地按照"区域化布局、专业化生产、规模化经营、科学化管理"的发展思路，倾力推进绿色食品基地建设。目前，全省已建成绿色食品基地400多万亩。至2003年3月底，全省从事绿色食品开发的企业达到130个，获绿色食品标志产品数逾105个，正在申请的绿色食品60个。2002年，全省绿色食品实现销售收入30多亿元，实现出口创汇1900多万美元，环境监测面积达到445.2万亩。省政府制定了16条支持省级农业龙头企业发展的政策，各地从实际出发，走农业工业化的路子，促强扩优，扶持和壮大龙头企业。宜春、赣州、上饶等市积极鼓励和支持龙头企业建立"市场引绿色食品龙头、龙头带绿色食品基地、基地连绿色食品种植户"模式，走"公司＋基地＋农户＋专家＋绿标"和贸工农一体化的绿色农业产业新路，一批绿色食品龙头企业脱颖而出。

2. 粮食生产。江西粮食生产与流通以市场为导向，进行了战略调整，积极扶持和引导种值优质品种，提高大米质量，实施名牌战略，取得了明显效果。2002年全省粮食播种面积4876万亩，粮食总产量1564万吨，油料作物面积1096万亩，产量84.06万吨。全省优质稻面积占水稻种植面积的比重达70%。优质早稻面积1213.4万亩，高档优质晚稻为679.8万亩，绿色大米面积为17.38万亩，其中A级16.92万亩，AA级0.46万亩，优质油菜面积420万亩，占播种面积的57.4%。目前，全省已打出六个公认品牌大米，如奉新碧云牌大米，南昌昌碧牌大米、绿叶牌大米，樟树玉珠牌大米，九江九九香大米，吉安、上饶丝苗牌大米，在国内市场已供不应求。其中，碧云牌大米被中国食品工业协会评为"名牌"产品，国家绿色食品发展中心颁发的国家AA级绿色食品证书。

3. 畜禽水产品。三元杂交猪在全省已基本得到普及，优质瘦肉型猪比重亦达45%。2002年，三元杂交猪、优质家禽所占比重分别比上年增长5%和15%。全省各类规模养殖不断扩大，出栏生猪有35%来自规模养殖户，全省特种水产品产量已占水产品总量的25%。特种水产品养殖扬优成势，环鄱阳湖区优质水产品产业带初具规模。畜牧业、水产业占农业总产值的比重进一步加大，由2001年的42.45%上升到47.49%。水产品总量达138万吨，其中特种立产品产量36万吨；渔业总产量110亿元，水产品出口创汇3000万美元，连续5年稳居全国内陆省市水产品出口创汇第一名。

我省形成了一批有着浓郁地方特色的产品，如万年贡米、广昌白莲、南丰蜜桔、信丰脐橙、环鄱阳湖特种水产等生产基地在全国都拥有一席之地，泰和乌鸡、河蟹、彭泽鲫等基地规模不断扩大，黄颡鱼基地、鳜鱼基地等已初具规模，奉新晚米、赣南脐橙、大余花卉、高安肉牛等正发展成为区域经济的支柱产业。这些"名优特新"农产品，市场前景广阔，有着巨大的开发潜力。

(四)江西农产品营销能力分析

农产品市场营销能力如何，决定了农产品在市场中的地位和市场份额，从而直接体现了农产品竞争力的大小。江西农产品在市场营销方面还存在着以下诸多问题，使农产品的竞争力不强。这些问题是：第一，现代市场营销观念淡薄，许多农民与政府官员仍然存在着"重生产、轻流通"，或"先生产，后推销"的思想；第二，市场调查不够，信息不灵，农民往往跟着感觉走，盲目生产；第三，市场定位不准，江西农产品过去过份依赖沿海市场，对东北、华北、西北等北方市场开拓不足；第四，农产品整体观念不强，无法有效地实现农产品生产标准化、品种优良化、包装特色化、品牌化的策略；第五，农产品分销缺乏网络化、组织化、高效化，农产品的生产和销售分散在千家万户，其分销规模有限，效率低下；第六，市场外部环境不佳，地方保护主义以及市场分割现象严重，基础设施落后，流通成本高昂。

1. 江西农产品国内贸易分析

碧云牌大米不仅销售到广东、广西、云南、贵州、福建等全国主要籼米市场，还打入了湖南、湖北、安徽等粮食产区市场及北京、上海、浙江、江苏等粳米市场，已在全国30多个大中城市建立总经销、总代理50多个，一批优质米品种呈现未产先销的好势头。

随着粮食市场开放程度的变化，加上品种和质量的原因，江西可供大米在数量上有较好的基础，但在质量和价格的竞争上有逐渐减弱的趋势，国内外市场的份额不断受到挤压和排斥，目前除个别品种如"丝苗米"、"贡米"等在国内市场大受欢迎之外，江西大米在上海的市场已基本失去，在广东、福建的市场也在日益萎缩，消费江西大米的群体多属低收入者。较之外省，我省市场容量小、商品量少、商品流径短，其原因，就是省门没有完全打开，国门没有冲出。目前我省农业种植业总的商品率约为59%，外销的粮食、水果、蔬菜，80%是销往广东、福建、浙江等市场，年销往东南沿海市场的生猪、肉牛、家禽、禽蛋也占外销的大头。

江西及中部地区农村经济收益情况

单位：亿元，%

	江西	湖南	湖北	安徽	河南	山西
1. 农村经济总收入	1178	2667	4042	2921	4624	1923
占全国比重	1.18	2.67	4.05	2.9	4.63	1.93
2. 出售产品收入	555	1206	1883	1511	2066	683
占全国比重	1.04	2.27	3.55	2.84	3.89	1.28
3. 出售种植收入	150	218	335	358	525	125
占全国比重	2.35	3.42	5.25	5.61	8.23	1.96
4. 出售林业收入	13	23	19	24	33	8
占全国比重	2.89	5.12	4.23	5.34	7.34	1.78
5. 出售牧业收入	113	183	159	160	211	55
占全国比重	2.75	4.46	3.87	3.90	5.14	1.34
6. 出售渔业收入	18	31	64	42	10	0.7
占全国比重	1.39	2.39	4.94	3.24	0.77	0.05

资料来源：《中国农业年鉴》2001年版。

江西及中部地区农村居民家庭平均每人出售主要农产品在全国排位

	江西	湖南	湖北	安徽	河南	山西
粮　食	10	17	8	6	11	20
棉　花	13	11	3	9	7	10
油　料	17	18	3	4	5	23
麻　类	14	4	2	8	5	12
烟　叶	11	4	6	20	5	18
蔬　菜	27	25	15	26	21	13
水　果	23	13	11	31	14	5
猪　肉	6	2	16	19	17	27
家　禽	21	17	23	12	13	29
蛋　类	18	24	13	19	10	5
水产品	13	11	4	21	19	27

资料来源:《中国统计年鉴》,2002 年版。

2. 江西农产品国外贸易分析

大米、蔬菜、茶叶、水产品等已成为我省出口的拳头产品。然而,江西主要农产品与国外农产品的质量差距参差不齐,这对农产品的竞争力带来直接影响。例如大米。江西是传统的大米调出省,也是我国主要大米出口省。由于大米在品种、米粒长度、千粒重、淀粉含量等方面与国外大米存在着较大差距,江西大米在香港米市上已失去了往日的辉煌。江西出口米的主要去向是印尼、非洲,只能占据国际低档米市场,在高档米市场无法与泰国米竞争。其它农产品如水果、蔬菜、水产品等质量虽然有改进,但由于高新技术推广滞后,保鲜加工、运输等综合利用技术落后,产品质量尚不能很好地满足国际市场竞争的要求。

江西及中部地区农产品出口值及在全国排位

单位:万美元

	江西	湖南	湖北	安徽	河南	山西
农产品出口值	20937	16706	15300	26489	16897	3547
在全国排位	18	20	2	16	19	26

资料来源:《中国农业年鉴》,2001 年版。

江西农产品出口总值虽然在中部地区排列第二,但比重只占到全国的 1.57%。园艺产品、畜牧产品、水产品是我国出口强项。园艺产品每年出口额均占到农产品出口总额的 33%以上,其中,蔬菜、水果及制品两项占园艺产品出口的 50%。我省大米出口有比较优势,2001 年大米出口占国内出口国际市场份额的 7.03%,高出江苏、安徽 3.43 个和 2.92 个百分点。二是茶叶。茶叶出口是我省传统出口品种,但近年来,由于在茶叶加工质量、品牌包装和销售渠道等方面与周边省份相比有一定差距,致使我省茶叶出口数量明显下降。2001 年我省茶叶海关出口 662 万美元,占国内茶叶出口国际市场份额的 1.94%,比湖南、安徽低 2.74 个和 2.81 个百分点。三是蔬菜。入世后我国蔬菜出口呈强劲之势,2001 年,蔬菜出口创汇 23.4 亿美元,比上年增长 48.1%。而我省蔬菜、水果等品种难以达到国际市场有关农产品安全质量检验检测规定的标准,农药残留超标、出口受阻,蔬菜出口下滑明显。四是生猪。我省活猪主要出口香港,约占 70%以上,近年活猪出口数量大幅度下降。

(五)江西农产品成本及价格分析

1. 江西农产品成本分析

成本分析法是分析产品竞争力量有效的指标。如果商品生产者的产品成本低于社会平均成本,那么他不但能够在正常情况下获得超额利润,而且当竞争处在价格战的白热化阶段时,即使竞争价格低于社会平均成本水平,别人处在无利可图或亏损状态,他却仍然获得一定的利润,显然其竞争力要优于他人。特别是农业这样一个零散型产业,农产品成本更是体现竞争力的决定性因素。表中是 2000 年江西主要农产品生产成本与全国平均胆识与周边省市的比较。

江西主要农产品成本与周边省份比较表

单位：元/50 公斤

品种	全国	江西	江苏	浙江	安徽	福建	湖北	湖南	广东	广西
早籼稻	44.38	43.55		49.63	41.40	44.08	43.24	46.30	43.06	46.88
晚籼稻	42.02	38.66		38.50	35.52	45.19 *	39.66	40.61	46.50	49.19
大豆	87.34	118.62	37.78		122.08	138.46	102.16	119.02		84.54
花生	96.58	86.04	37.87		96.77	108.81	98.36	122.57	141.59	111.87
油菜籽	115.41	125.71	94.29	89.81	110.18		172.11	149.69		
棉花	359.92	426.36	376.57	354.92	466.93		435.30	456.18		
烤烟	264.62	346.09			254.84	312.98	281.01	315.33	373.42	288.55
甘蔗	7.52	6.80				8.46		10.73	6.95	7.61
桑蚕茧	491.46	564.98	538.57	520.54	492.75		486.20	494.04	460.40	369.95
畜产品										
1.生猪	276.41	314.97	259.56	286.11	268.57	288.41	306.46	268.15	325.74	307.25
2.鸡蛋	201.05	194.20	217.06	204.49	217.01		206.84	274.60		
3.肉鸡	306.36		294.66	320.69	307.88		306.20	286.19	297.06	
淡水产品										
1.农户精养	279.29	221.59	236.02	262.10	285.81	372.96	180.55	283.08	310.60	286.73
2.农户粗养	217.52	298.95			266.84		253.03		261.30	205.87

* 成本数据系按统一工价计算的含税生产成本。

另：新疆棉花成本 313.53，云南烤烟成本 323.31，贵州烤烟 274.13。

资源来源：早籼稻、晚籼稻、油菜籽、棉花、烤烟、甘蔗、畜产品、淡水产品等资料取自《全国农产品成本收益资料汇编》2000 年版（国家发展计划委员会等九部委合编），其余指标取自《全国农产品成本收益调查资料汇编》（中华人民共和国农业部市场与信息司）2000 版。

从上表数据分析，江西农产品在成本方面与全国平均水平比，具明显优势的农产品有水稻、花生、甘蔗、鸡蛋、精养淡水鱼等。其中早籼稻、晚籼稻每百斤成本分别低于全国平均水平 0.83 元和 3.36 元。与周边省份比，除安徽（比我省低）、湖北（与我省接近）外，浙江、福建、湖南、广东、广西等省的成本明显高于我省水平。花生我省每百斤成本比全国平均低 10.54 元，与周边省份比，比其他省均低 10 元以上，比最高的湖南省低 36.53 元。鸡蛋每百斤成本比全国平均低 6.85 元，与周边省份比也是最低的。淡水鱼精养成本低于全国平均 57.7 元，低 20.66%，表明有较强的基本优势。其他农产品不但没有优势，甚至还处在明显弱势。如棉花每百斤成本比全国平均多 66.44 元，高出 18.46%；烤烟每百斤成本比全国平均多 81.47 元，高出 30.79%；桑蚕茧每百斤成本比全国多 73.52 元，高出 14.96%。这几种农产品在成本方面是处明显弱势的。剔除江西劳动力工价实际较低，而上述数据是按统一工价计算从而虚抬了江西农产品成本因素外，最主要的还是江西农业效率差，投入产出率低。

2. 江西农产品价格分析

对于参与市场竞争的农产品而言，价格始终是影响农产品竞争力高低的重要因素。农产品价格是体现比较优势的重要方面，可以用国内外价格比较系数，即此类农产品的国际市场价格水平与国内市场价格水平的比值，进行比较分析。如果价格比较系数大于 1，说明国际市场价格高于国内市场价格，该产品在国际市场上具有一定的比较优势，数值越大，优势越强；反之，数值越小，优势越弱。

通过计算，江西农产品如大米、棉花、柑桔的价格比较系数均大于 1，表示国际市场价格高于国内市场价格，但是值得注意的是这些产品的价格比较系数都有较大幅度下降的趋势，显示出它们的比较优势正在减弱。相对而言，江西猪肉价格比较系数稳定在 1.23～1.33 之间，猪肉价格低于国际市场价格近 1/4 左右，牛肉低 84%。有较强的比较优势。江西油菜籽价格比较系数 1998 年为 0.9，意味着国际市场价格比国内市场价格低 10%，油菜无比较优势。从国际市场来看，由于近年来我省主要农产品（特别是粮食）的生产成本以年均 10%的速度递增，大宗农产品的国内价格已高出国际市场价格的 15

—20%[①]。

我们对赣南脐橙的价格进行了调查，发现赣南柑桔产量高、成本高，价格相比国外要低许多，比全国平均水平略高点，在价格方面具有较强的国际竞争力，再加上赣南柑桔品质在国内是一流，据国内外众多专家认证，完全可以与国外柑桔媲美，所以从品质优势和价格优势角度来看，我省赣南柑桔出口潜力巨大，具有较强的竞争力。目前供给相对需求还远远不够，象欧洲、东南亚等许多国家对柑桔、脐橙的需求是很大的，有70%以上的人爱吃脐橙，由于受自然条件的限制，这些国家和地区无法自己种植，只能靠进口来满足国内消费者的需求。赣南脐橙第三年开始挂果，进入盛果期后一般亩产可达3000斤，平均价格3.6元/公斤，每亩纯收入4000元左右，投入产出比为1:3.6。温柑的投入与脐橙差不多，只是后期管理技术要求相对低点，进入盛果期后亩产5000斤，以每斤0.5元计算，产值为2500元，柰李投资尽管只要脐橙的一半，但其效益只有脐橙的1/3。我省赣南柑桔具有低价位、高品质的优势。（见下表）

江西省赣南柑桔生产情况国际比较

国　家	亩产水平	生产成本	国内销价
美　国	2458公斤/亩	0.8元/公斤	8元/公斤
巴　西	1470公斤/亩	0.6元/公斤	6元/公斤
西班牙	1296公斤/亩	0.8元/公斤	6元/公斤
意大利	1124公斤/亩	0.7元/公斤	6元/公斤
中　国	514公斤/亩	0.85元/公斤	4元/公斤
赣　南	1200公斤/亩	1.20元/公斤	4.5元/公斤

总之，江西土地密集型农产品的比较优势下降幅度较大，如大米。而与此相反，劳动密集型农产品如活猪、茶叶、蔬菜等的比较优势上升。从生产要素的价格来看，江西具有价格低廉的优势，特别是劳动力价格非常低，不仅低于国际市场，而且低于相邻省份。从技术水平来看，江西就不具有优势了。从经营规模来看，江西农户的播种面积太小，也没有优势。可见，江西农产品价格低是由于生产成本上具有一定的比较优势，而这主要是通过要素价格低廉，弥补了在技术和规模上的不足。这种优势在经济发展初期能够维持很长时间，但是，随着江西工业化的进展和人均收入水平的提高，生产要素价格低廉的优势将很快趋于丧失，农产品价格竞争力也将趋于下降。

总之，江西部分农产品具有竞争能力，原因在于农产品价格较低，而这又源自于江西生产要素价格低廉的优势。然而，比较优势理论是一种静态分析，因为当前的比较优势不一定就具备竞争优势。总之，江西部分农产品具有竞争能力，原因在于农产品价格较低，而这又源自于江西生产要素价格低廉的优势。然而，由于江西农产品在质量与市场营销能力等方面存在的问题，江西许多农产品的比较优势不能完全地转化为竞争优势，降低了农产品的竞争力。又由于工业化程度低，我省农业资源优势未能通过第二、三产业的提升变为经济优势。未能使本地的生产要素由经济效益较低的农业部门流向经济效益高的工业和服务业等部门。应该指出，比较优势并不等同于竞争优势，它仅是构成竞争优势的重要部分，也就是说具有比较优势的农产品在竞争中并不一定具有竞争优势。农产品的竞争优势指的是在市场上具有优势的资源和产品，其优势的大小体现为农产品竞争力的强弱，表现为市场占有率的高低。要取得竞争优势，就必须增强农产品的竞争力。

三、江西农业高新技术发展现状分析

（一）高新技术及其发展

1. 高新技术的含义

技术的外延是很宽泛的，而技术的高新则是相对于时间、空间而言的。比如说机械技术、电力技术，相对于发达国家的农业而言，就不是高新技术，但相对于以手工劳动为主的发展中国家的农业而言，也可以看作是高新技术。再比如说市场交换技术和专业化分工技术，相对于发达国家而言，就不是

① 黄世贤，“发挥我省农业比较优势，积极开拓两个市场”，《求实》，2001.1。

高新技术，但相对于经历了几千年的自然经济，实行了几十年计划经济、分工很不发达的中国而言，这些技术也可以视为高新技术。还有，组织技术不是高新技术，但是公司制组织技术，相对于中国农业而言也应该看作是高新技术。管理技术不是高新技术，但系统化管理技术，相对于中国农业而言，也应该看作高新技术。

2. 高新技术的现代发展

当代自然科学技术涉及的领域相当广泛，但主要体现在两个方面，一个是信息技术，另一个是生物技术。

许多专家早就预言：21 世纪是生物世纪。日本人认为，在 21 世纪，谁捉住了生物，谁就是时代的霸王。我们知道，世界上有 150 多万种动物，30 多万种植物，10 多万种微生物。这些动物、植物、微生物构成了一个千姿百态的生物世界。在这个千姿百态的生物世界中到底有什么共同的东西呢？这就是生物学家一直探索的问题。近代科学揭示了细胞是生物的共同构成单位，现代科学则进一步在分子水平上揭示了生物的共同构成单位，揭示了遗传密码。早在 17 世纪，孟德尔就发现，生物有各种各样的性状，比如豌豆，有的开红花，有的开白花；有的高茎，有的矮茎；有的光滑，有的皱皮。为什么会有这各种各样的性状呢？孟德尔当时分析，一定有某个东西在进行控制，孟德尔把这个控制的东西叫遗传因子，后来丹麦的约翰逊把它叫基因。但基因到底是什么东西呢？当时孟德尔也不清楚，1875 年科学家发现了染色体，那就是细胞中能被碱性染料着色的棒状小体，和基因一样，这些染色体也是一对一对的，比如果蝇有 4 对，豌豆有 7 对，人有 23 对，当时一些科学家就想，基因是不是就在染色体上，但基因成千上万，染色体才几对，那又如何解释呢？1915 年摩尔根发表《孟德尔的遗传机理》，把基因同染色体的某个部位对应起来。既然估计基因在染色体上，于是科学家就集中精力研究染色体。研究发现，染色体上主要有两大类分子：一类是蛋白质，另一类是核酸。而基因在核酸上，1953 年英国的克里克和美国的沃森发现核酸的双螺旋结构，1956 年桑格测定出核酸中核苷酸的顺序，1963 年科学家破译出全部遗传密码。遗传密码的破译是生物科学中划时代的贡献。从此生物技术蓬勃发展，人们对生物的认识核改造不断深化。人们总算弄清楚了，为什么有的人是双眼皮，鼻梁高，有的是单眼皮，鼻梁矮？原来是相关的基因片断在进行控制。为什么牛能生产牛奶，为什么鸡蛋有那么好的蛋白，原来是牛的产奶基因和鸡的蛋白基因在控制。只要有相应的基因，在这基因指导下就能合成相应的蛋白蛋，生物就能表现出相应的性状。我们知道胰岛素是治疗糖尿病的特效药，过去从牛身上提，3000 头牛才能提一两，1978 年一个研究小组把老鼠产生胰岛素的基因导入大肠杆菌，激活以后，大肠杆菌在这个基因指导下，也能合成胰岛素。1980 年又把人的胰岛素基因导入大肠杆菌，大肠杆菌在这个基因的指导下也能生产人的胰岛素。以前棉花有一种防虫方法叫细菌防虫，细菌被虫吃进去以后其体内的 Bt 蛋白会粘在虫的肠壁上，使虫无法消化，活活饿死，现在一个研究小组找到了细菌产生 Bt 蛋白的基因，把这种基因接到棉花的基因上，棉花在这段基因的指导下，也会产生 Bt 蛋白，虫一咬棉花，棉花中的 Bt 蛋白也会粘在虫的肠壁上，使虫无法消化，活活饿死。不难看出，你要生物表现某一性状，你只要找到相应的基因，并把它激活就行，生物技术的出现，既引发了医药革命，也引发了农业上的育种革命。

许多专家认为，20 世纪是信息世纪。信息技术包括信息处理技术、信息存贮技术、信息传递技术、人工智能等。在信息技术中，最关键最核心的是计算机及其网络，它的发展趋势是：微型化、网络化、智能化。

随着当代科技和经济全球化的高度发展，人类社会正在跨入一个新的历史时代。这个新的历史时代，有人称为科技革命时代，有人称为信息时代，但从思维转变的角度考虑，或许称为系统时代更为合适。这个时代的特征从思维方面看是从实物中心论转为系统中心论。1945 年贝塔朗菲创立了系统论，1948 年维纳创立了控制论，1948 年申家创立了信息论。这三个学科一般称为“老三论”，老三论提出了三个非常重要的概念：系统、信息、控制，在原来强调物质、能量联系的基础上，特别强调信息联系，强调由这些联系形成的整体性。1969 年普里高津创立了耗散结构理论，1972 年托姆创立了突变论，1977 年哈肯创立了协同学，这三个学科被称为“新三论”，新三论在强调系统整体性的基础上，着力揭示系统稳定与演化的机理。这些学科的创立，使人们认识到，在这个世界上没有孤立的实物，只有由相互联系的诸要素构成的系统。系统思维方式一出现，很快在学多领域引起巨大的反响。20 世纪 60 年代，系统方法引入管理科学。

在系统时代，我们思考问题，就一定要立足于整体，立足于系统，立足于全局，着眼于全局最优，一定要掌握系统管理技术，一定要了解相互作用及其形成的整体性，一定要了解相互作用的两种模式，相互制约的模式（负反馈模式）和相互促进的模式（正反馈模式）。在思考一个对象时，既要剖析这个对象各个要素相互作用而形成的结构，又要看到这个对象又是更大系统的一个要素，看清这个要素在大系统中的作用、功能，弄清它和大系统其他要素既相互制约又相互促进的关系。也就是说，对你要研究的对象，既要进行结构分析，又要进行功能分析，只有这样，对对象的认识才会既有深度，又有高度。

（二）我国农业高新技术现状

1. 我国农业生物技术在一些领域已位居世界先进水平

高新农业包括：农业资源的开发与高效利用技术、农业生物技术、农业装备技术、生态技术、农业信息技术。我国20世纪80年代以来，以信息技术、生物技术、新材料技术为主导的高新技术及其产业迅猛发展。与世界高新技术的发展相比，我国农业高新技术起步较晚。但我国政府近年对农业高新技术发展的重视，863计划、973计划等国家级科技计划历来将农业生物技术作为最重要的内容之一。目前，我国农业科技尤其是在生物育种、植物组织培育、动物克隆及转基因动物技术等一些领域处于国际领先水平。

在生物育种上，我国建立了多种主要农作物的遗传转化技术，应用这些转化技术已获得具有不同性状的转基因植物180种，转基因抗虫棉已进入商品化生产阶段，转基因抗虫水稻和玉米已进入环境释放阶段，即将进入商品化生产。我国的两系法品种间杂交水稻、杂交玉米育种、杂交油菜、精耕细作的多熟种植技术、农作物的高产栽培技术、水稻基因图谱等方面也已达到或接近世界先进水平。利用植物细胞工程和染色体工程技术已育成了小偃6号小麦、京花1号小麦、中花号水稻等一批重要品种。利用核辐射诱变技术在40种植物上诱变育成513个品种。利用空间技术育成了高产、优质、多抗的水稻、小麦、青椒等新品系。建成了包括水稻、小麦在内的主要作物遗传资源收集和研究中心，收集鉴定和创造了一大批具有特殊抗性的遗传资源，建立了一些病害和逆境抗性的筛选与鉴定体系，植物病虫害生物防治、大豆杂种优势利用研究获重大突破。已开展了一定规模的抗性基因分子遗传研究，获得了包括小麦抗白粉病基因、水稻抗白叶枯病和稻瘟病基因等的分子标记，获得了一些主要功能基因。

在动物克隆及转基因动物技术上，某些单项胚胎生物工程技术已在畜牧业生产上应用，位居世界先进水平。我国从80年代中期开始进行胚胎分割研究，1990年开始胚胎细胞核移植技术，先后用胚胎细胞克隆牛、羊、猪、兔等动物获得成功，还成功地获得了转基因鱼、小鼠、猪、牛、羊等动物。我国还培育出了乳腺中能表达人血清白蛋白地转基因牛核乳腺中能表达凝血因子的转基因羊。动物疫病基因工程疫苗、生物反应器接近世界先进水平。在异种动物克隆研究方面，我国已得到克隆大熊猫的胚胎。

2. 全国性的农业网络体系处于初期阶段

信息技术地介入能使农业生产地每一个步骤有可能实现智能化管理；使农业生产过程核管理更加具有科学性、可控性、稳定性和高效率；使农业宏观测报能为农业生产地高速、合理发展提供更为准确地依据，并极大地提高了农业抗灾、减灾的能力。

但我国信息网络体系在农业领域较为落后。现有农业信息网站和提供信息服务地站点数量约为60个，特别是连接到农村基层地还为数不多，并且业务单一、技术含量不高，整体处于初期阶段。

3. 我国农业科技贡献地程度与国外差距仍然较大

目前，我国农业科技在农业增长中的42%贡献率，同国外相比较，仍属于低水平。发达国家农业增长的80%，农业劳动生产率提高的70%，归功于农业科学技术。农业科技贡献率低，突出地表现为农业科技地综合实力差距较大。不仅灌溉技术与设备、肥料生产与施用、动物养殖与防疫、农产品加工储藏等常规技术及装备设施制造能力、技术推广能力等，与发达国家存在明显地差距，而且生物技术研究尤其是其产业化、信息技术在农业上的应用与开发，新材料、新能源等高新技术在农业上的应用，一些关键领域的基础理论研究与开发能力等方面，与先进国家均有相当地差距。农业科技管理也落后于世界先进水平。特别需要指出的是，我国农业科技队伍的素质和广大农民的科技文化素质，这些根本问题上的差距，更与我国农业大国、农业科技率先跃居世界先进水平不相适应。

（三）江西农业高新技术发展现状

科技含量的提高与生产条件地改善，进一步改造了传统农业

目前，我省农业经济增长中科技进步贡献率达44.1%，高于全国平均水平。科技含量的提高与生产条件的改善，促进了农业增长方式由粗放经营向

集约经营转变,农村经济质量和效益有了两个明显提高:一是劳动生产率提高。2001年平均每一乡镇劳动力创造的现价农村社会总产值1.65万元,比1989年增长6.0倍;每一农林牧渔劳动力生产的粮食1637.05公斤,增长19.6%;油料92.63公斤,增长2.0倍;肉类总产量197.61公斤,增长1.2倍;水产品135.32公斤,增长4.6倍。二是耕地产出率提高。2001年平均每千公顷耕地创造种植业产值达1528.50万元,按可比价格计算,比1989年增长13.8%;棉花1142公斤,增长49.3%;油料1163公斤,比1989年增长55.1%。

但是江西农业科技实力在全国仍居中下水平,科技创新能力还较弱。2002年全国科技进步统计监测及综合评价排序结果显示,江西科技进步水平在全国居第22位,在中部六省中居第五位。

2001年3月18日,我省首例胚胎牛在江西金牛企业集团公司问世。而太空莲、超级稻、抗虫棉的推广,表明我省在航天育种、杂交水稻等研究领域正追赶着国内先进水平。广昌县莲科所与中国科学院合作,培育了6个太空白莲品种,推广种植后平均亩产翻了一番。从上个世纪90年代中期开始实施"种子工程"以来,我省共推广新品种2500多个,重点推广良种300多个,重点推广先进实用技术150项,使良种覆盖率提高了10个百分点。全省已建成南昌、赣州农业科技园及鄱阳湖水产科技园三家,其中南昌农业科技示范园列为国家级农业科技园,全省建成市级农业科技示范园11个,县级农业科技示范园171个。农业科技水平取得历史性进步,农业装备水平明显提高。全省农业科技硕果累累。1997年以来,全省种养业共获得省科技进步奖、国家农牧渔业丰收奖、农业部科技进步奖等省级以上科技成果百余项。尤其是基础研究和高新技术研究有了良好的起步。各市许多农业技术处于国内领先水平。

南昌市建立了超级稻良种示范和繁育基地,选育出符合市场需要的不同类型的优质高产超级稻新品种,目前已育成了2个达标的超级稻组合。在安义县建立了20万亩杂交双低油菜示范基地。并重点抓虎纹蛙繁养技术研究,黄桑鱼人工繁殖与成鱼养殖等项目。重点推广水稻薄露灌溉技术、抛秧技术、红壤旱地大豆优良品种及配套技术等,两年来推广农业科技成果36项,创造经济效益近30亿元。

九江市通过组织实施"两系杂交水稻高产制种技术"及"两系杂交早稻高产示范技术"省、市两级重点科技计划项目中,培养"两系两优"、"两优286"及"安香402"等组合了父母本特征地优质高产水稻。

景德镇市培植了一批良种产业基地,如浮梁县种子公司的"水稻良种培育"基地、黄坛药场"名贵中药材引种栽培"基地、浮梁"有机茶生产示范"基地、昌江恒达"美国王鸽饲养及深加工"基地、乐平"海鱼淡水网箱养殖"基地等。组培技术、食品生物保鲜技术、无性繁殖茶苗、无土栽培等技术地攻关,优化了农产品质量和结构,提高了农业科技含量。

宜春市承担的"中国野生苎麻的搜集与整理"、"甘蓝型油菜新组合两优'586'选育"达国际领先水平,"新质源东乡野生稻胞质不育系'东B11A'"、"娃娃鱼的人工繁殖技术研究"达国内领先水平。

萍乡市水稻方面的研究在省内具有领先地位。"早稻优质特种稻'芦溪早香'的选育"在2000年取得了良好的进展。该品种米质达优质米标准,亩产可达400公斤,食味可与泰国香米相媲美。

上饶市"天桂梨产业化技术开发",建成了高标准生产基地2000亩,成熟期早(7月20日成熟)、果大(约200克/个)、味甜(固形物含量约12.5%)、无渣、色好。还有上饶县百亩"灯笼柿"、广丰"优质烤烟"、铅山的"绿竹"、弋阳的"茶薪菇"、横峰的"葛根"、波阳的千亩立体生态农业科技园等。上饶市林科所完成的"金银花系列产品开发及引种丰产技术研究"项目,筛选出大毛花、鸡爪花和山银花等品系,开发出系列产品,其中金银花和金银花降糖茶获国家发明专利,金银花茶获2000年香港国际发明博览会银奖。"泥鳅人工繁殖及规模养殖技术研究"成果填补了我省泥鳅人工繁殖的空白,研究成果达国内同类先进水平,成果完成单位上饶县田生珍惜动物养殖场有望成为农业部第一个泥鳅良种繁育基地。

抚州特色农业较为发达,南丰、广昌、临川、崇仁分别被国家农业部命名为中国蜜橘、白莲、西瓜、麻鸡之乡,东乡列入了"全国瘦肉型商品猪基地县"。2002年又有九种产品获"绿色"和"有机食品"证书。

"吉安红毛鸭选育与繁殖"、"泰和乌鸡改良与繁育"以及"美国斑点叉尾鱼、长吻鱼及银鱼"的繁殖试验研究等进展顺利。特种蔬菜方面,主要抓了优良品种的引进,如日本托鲁姆嫁接茄子、台湾清江小白菜、HB—01长方型甜椒等。

形成促进区域经济协调发展的新机制

沈玉芳

《中共中央关于完善社会主义市场经济体制若干问题的决定》提出了全面建设小康社会的奋斗目标和建成完善的社会主义市场经济体制的战略部署。《决定》理清了社会主义市场经济体制下政府和市场及中央政府和各级地方政府的不同职能和职责范围，强调了社会发展目标和经济发展目标的平衡性和统一性的重要性。同时明确了政府的重点工作领域。《决定》提出了“五个统筹”的要求，即：统筹城乡发展、统筹区域发展、统筹经济社会发展、统筹人与自然的和谐发展、统筹国内发展和对外开放的要求。其中，统筹区域发展，建立促进区域经济协调发展的机制，对于促进我国经济社会全面、持续、稳定和健康发展具有重大意义。

一、形成促进区域经济协调发展机制的必要性和重要性

自十一届三中全会以来，在大区域发展方面，我国相继实施了沿海开放战略、长江战略、西部大开发战略以及目前刚刚提出的东北振兴战略等。其中前两个战略都是以通过有条件的地区经济加速增长带动经济相对落后地区的发展为政策取向的，从实施效果来看，成绩显著。目前在东部地区内生性的自我增长机制已经形成，对我国内陆经济的带动作用正在日益增强，对外开放和经济的市场化、国际化程度也在日益提高，以长江三角洲、珠江三角洲和环渤海经济圈为代表的亚区域经济已取得的成就举世瞩目。后两个战略都是以缩小地区差距、促进区域经济的协调发展为战略取向的。通过西部大开发战略的实施，西部地区的经济社会发展状况正在逐步得到改善，东北地区的振兴计划也正在加紧组织实施中。

从以上两个方面可以看出，我国区域发展的战略考量正由纯经济目标逐步向经济和社会共同发展目标转变。这一发展变化轨迹，同时代表了我国社会主义市场经济体制建设的正确方向，对我国社会主义市场经济体制的完善具有导向性。

但应看到，中央政策尽管采取了不少举措，我国目前在区域协调发展方面还存在一些问题，具体表现在：(1)地区发展的不平衡性有进一步加剧趋势；(2)地区间竞争大于合作，冲突和摩擦时有出现；(3)地区竞争中经济指标突出，引进外资模式单一；(4)受经济体制转轨和经济结构调整的影响，不少老工业区发展步履艰难。这些问题不但影响了经济整体竞争力和国际竞争力的提高，同时也影响了生态环境保护、社会稳定发展和可持续增长能力的提高。

十六届三中全会提出要形成促进区域经济协调发展的机制，对于妥善解决以上问题，促进我国经济的健康持续发展和区域协调，进一步完善我国社会主义市场经济体制，都具有十分重要的指导意义，既十分及时，也非常重要。

二、形成促进区域经济协调复发展的机制要有新思路

我国经济体制转轨的最终目标是建立社会主义市场经济及相关制度。它既有别于传统的社会主义计划经济，又有别于资本主义的市场经济。所以，形成具有我国特色的促进区域经济协调发展的机制必须要有新思路。

在这方面，既要学习和借鉴西方发达国家在区域协调方面的相关机制和习惯做法，又要根据我国

现实情况，解决我国体制转轨情况下所特有的一系列问题，同时，也要照顾到社会主义的本质属性。据此，我国区域经济协调发展机制的构建，应主要包括两方面的内容：(1)建议符合市场经济规律的新概念的区域规划机制和相应体制；(2)建立区域发展合作机制和相应机制。

这主要是因为，在市场经济条件下，资源的配置主要通过市场调节来进行。市场配置方式对于加快资本积累和资源的有效利用，具有较高的效率。但在另一方面，由于资源贮存和禀赋具有空间分布不均衡性的特点及生产周期和价值规律的作用，受资本逐利行为的影响，区域经济非均衡发展的特征相当明显。

区域经济发展不平衡对于加速资本积累固然具有较高的效率，但当这种不平衡达到一定程度，就会造成严重的经济失衡，阻碍经济的继续发展，并带来一系列社会和政治后果。

到目前为止，虽然资本主义世界的宏观经济调控方式和理论发生了不少变化，但它第一次开诚布公的地认识到了市场作用的局限性，并强调了政府这一看得见的手在宏观经济当中的能动作用，对资本主义经济的持续发展，具有一定的贡献。其中，特别是一些在市场经济条件下区域经济发展与规划的宏观调控防范、手段和运作机制，对于我国建设社会主义市场经济和形成促进区域经济协调发展的机制和相关体制建设，仍然具有一定的借鉴意义。

除此之外，面对区域经济市场化、国际化、信息化、法治化的要求，由于市场制度的自身缺陷和体制缺失，在我国区域经济协调发展机制的构建中，地区合作机制的建立，也是一项重要工作，面临的任务也较多。

要形成促进区域经济协调发展的机制，实现区域经济的协调发展，首先必须建立有别于计划经济时代、符合市场经济规律的新概念的区域规哈机制和相应的体制，以开展全国性的新一代区域规划。根据市场经济的特点，新的区域规划的要点，一是必须摒弃以前那种自上而下、政府操控、以计划为形式、以生产力布局为主要内容的一统性的同性规划；二是必须拓展现有区域规划的内涵，采取发展规划、控制规划和经济调节政策相结合的形式；三是必须把定期性的涵盖我国范围的常规性区域规划和不定期开展的有重点的大区域规划结合起来；四是必须有相关法律制度作保证，没有经过任何公众咨询的规划政策，在法律上都应视为无效。每一轮新区域规划的出台，都必须有相应严格按照法律规定的实施步骤和操作程序进行。

新的区域规划应主要包括两部分的内容：区域经济发展规划和区域经济调节政策。其中，根据调节目标和性质的不同，区域经济调节政策又可以细分为区域经济发展支持政策、区域经济发展控制政策和区域经济发展平衡政策等三种类型。

区域经济发展规划的任务是对各地区按照区域规划的目的，即当前所要解决的主要问题进行分类，然后在此基础上，分别制定不同的发展目标，并采取相应的政策手段加以实现。区域经济发展控制政策主要是针对大都市及大都市地区经济过分集中而制定的。为了促进区域经济协调发展机制的有效运作并提供相应的制定保障，除了应加强相应的法律法规体系建设外，建议成立区域规划执行和管理机构"全国区域规划委员会，统筹所有这方面的问题，并担纲区域规划的组织实施工作，负责起草、制订和协调各种区域政策。

三、我国社会主义市场经济条件下区域规划的转型

改革开放以前，我国区域经济发展大体上奉行的是地区平衡布局政策。改革开放后，特别是在上世纪 80 年代中前期，则实行地区倾斜、让能富的地方先富起来，如特区开放政策、沿海开放战略等。自 1994 年初开始出台一系列旨在建立社会主义市场经济新秩序的改革措施，取消或部分取消了以往的地区倾斜政策，同时增加了对内陆地区的投入力度和地区优惠政策，扩大了受惠面积，使我国区域经济发展进入了协调发展的新阶段。在这个新的发展阶段，如何确定适应市场经济的区域发展战略和政策，实现区域政策目标、区域政策作用机制和区域规划形成的转换、是一个新的课题。

1. 区域发展政策目标转换

区域发展政策目标转换，就是使原来单纯追求经济高速增长的区域发展目标转换到追求经济、社会、生态协调发展的区域发展目标上来。与此相适应，在区域政策作用机制上应作相应的调整。区域协调发展的内容除包括区域经济增长中的产业结构协调、资源和财富分配协调外，还应包括区域间经济社会关系协调和生态环境保护协调等。区域经济社会关系协调是指各地区之间应形成市场开放、投资便利和经济技术合作密切的发展环境，其中包括统

一市场体制的创建、法制体系的健全及中央操控下的财政转移支付手段的运用等。

2. 区域发展政策作用机制和区域规划形式转换

区域规划转型的核心，是区域发展政策作用机制的转换和区域规划内容和形成的拓展。区域发展政策作用机制转换的方向，是实行政企分开和政绩与当地经济发展速度相脱钩，逐步建立以宏观管理为核心的地区政策体系。就我国近阶段的主要任务来说，中心是制定行之有效的区域经济发展支持政策，以协调区域经济的健康发展。同时，应建立既适合市场经济运作又能加强政府宏观调控的常规性的区域规划和管理体制新构架，加强区域间的宏观调控手段和评价体系研究，以提高宏观调控的有效性。改革的渐进性和市场的不成熟，决定了在今后相当长一段时间里，政府仍将在地区经济协作中起到主导作用，利用其对各利益主体的调控，达到区域经济协调发展的目的。

四、建立区域发展合作机制和相应机制

社会主义市场经济的本质是兼顾社会公平的市场竞争，但它的核心是市场竞争。我国解放后近30年的社会主义实践证明，没有竞争就没有发展，没有竞争就不可能达到社会公平的最终目标。就竞争而言，政府的作用主要在于两个方面：一方面要创造促进竞争、特别是充分竞争和完全竞争的条件；另一方面要维护公平竞争，也就是要建立促进有效竞争的公平、公正。公开和有序的制度环境，促进资源和要素的合理流动和优化配置。除此以外，由于市场竞争本质属性的缺陷和各行为主体逐利行为的客观存在，政策的作用还在于要弥补市场功能的缺失和不足，保持和维护市场经济的合理性和高效运转，同时保证市场竞争条件下社会公共物品的供给，达到经济目标和社会目标两者之间的平衡。沿海地区各大区域是我国经济发展水平提高、综合实力最强的地区，也是市场化发育程度最高和最具活力的地区。但是，由于行政区经济的实际存在及地区考核制度的客观限制，各地企业在市场化运作过程中，依然会碰到不少地区壁垒、体制障碍和规章制度相互不一致、不协调，在经济活动中势必会增加企业的交易成本。所以，在区域共同发展过程中，必须加强政府的合作和联动，打破地区分割，加强统一市场建设；同时，加强地区间发展的协同和协调，提升区域综合竞争力。

从目前的情况来看，在区域统一市场建设的市场环境以及竞争条件构建方面，在许多地区面上能够做的都已经做了，但深层次的许多问题尚未涉及，如吸引外资方面出现的恶性竞争和无序竞争，除了有待于国家相关法律法规体系的完善外，各地区政府更应加强合作和联动，先行一步，统一市场法规建设。

五、区域发展合作机制建设新思路

1. 区域发展合作机制建设的核心问题

区域发展合作、联动和市场一体化，是我国经济运行的国际国内背景发生重大变化而作出的必然选择，它是历史发展的必然结果，也顺应了时代发展的新要求。根据我国目前现有体制及区域社会合作、联动和市场一体化发展的核心和唯一途径，是全面推动和积极开展市场化条件下的政府间的合作联动。

2. 区域发展合作机制建设新思路的要点和实现途径

为积极推进区域合作，弥补体制缺陷和机制缺失，地区政府间合作和联动发展必须完善和创立三大机制：(1)交流机制；(2)协调机制；(3)同域职能管理机制。对于目前已有的交流和协调机制，需要予以进一步强化，并向具有实质性的方向转变。除此之外，建议学习和借鉴国际经验，通过合作和联动，创建同域职能管理机制和相关机制。

与此同时，作好区域统一市场、基础设施、信息共享平台、产业集群、城市体系、生态环境保护和重大项目建设等重点领域的联动。

中日欠发达地区区域开发政策比较与借鉴

张舒

所谓欠发达地区是指那些低度开发的落后地区或边缘区，其内部发展缓慢且受到外部的抑制，经济发展尚未突破“起飞”转折点。欠发达地区的开发是一项长期的社会经济系统工程，其成败如何，主要取决于有无开发政策和政策的科学性、可行性。从日本的经验教训看，拥有比较科学、可行的开发欠发达地区的区域开发政策至关重要。分析比较研究战后日本制定的一整套开发欠发达地区的政策，对中国西部大开发有重要借鉴价值。

一、中国西部欠发达地区区域开发政策的演进

（一）西部大开发的战略意义

西部地区是我国欠发达省份的聚集区。实施西部大开发战略，是党中央总揽全局，面向新世纪作出的重大决策。开发西部，在近期，是国家实施积极财政政策、扩大内需方针的有机组成部分；是推动产业调整，实现经济结构合理化和高级化的需要。从中长期看，实施西部大开发是实现第三步战略目标的需要，是实现国家可持续发展和社会稳定与国家安全的需要。西部大开发对增强国力举足轻重，21 世纪初实施西部大开发战略的意义十分重大。

（二）西部地区开发政策的演进

中国西部地区经济的形成与发展，主要是由国家的总体经济发展战略，尤其是工业布局战略所推动的。从新中国成立到 20 世纪末期，中国西部地区经济开发政策大体上可以划分为三个阶段：

1. 50 年代初至 70 年代末的“均衡开发政策”与西部开发

建国以来到 70 年代末，中国采取的总体经济开发政策基本上是“加速开发政策”，这种政策以实现工业总产值的最快增长为目标，旨在通过工业的经济增长，带动其他部门的发展，从根本上改变贫穷落后的面貌。在产业布局上以主要采取“均衡开发政策”，强调沿海与内地均衡发展，国家投资重点指向中西部地区，西部建设以能源、原材料基地和国防生产科研基地为重点，为此奠定和加强了西部地区工业的基础。

2. 80 年代初至 90 年代中期的“非均衡开发政策”与西部开发

党的十一届三中全会后，中国经济社会发展政策发生了重大转变，按三大经济地带序列分阶段、有重点地展开布局，总体上推行“非均衡开发政策”。这一布局的实施对西部地区经济发展产生了深刻影响。国家大力支持西部地区基础设施建设，改善投资环境，帮扶农村脱贫和发展农村非农产业。同时，鼓励东部地区通过横向经济联合和对口支援，帮助支持西部地区加快发展。

3. 90 年代中期以来的“经济社会综合协调开发政策”与西部开发

在《中共中央关于制定国民经济和社会发展“九五”计划和 2010 年远景目标纲要》中，首次将地区协调发展作为国民经济和社会发展的指导方针之一，从“九五”开始，更加重视内地的发展，并积极朝着缩小地区差距的方向努力。西部地区发展重点是发挥资源优势，发展优势产业。

二、日本欠发达地区区域开发政策的演进

（一）欠发达地区开发的战略意义

日本是个国土狭小、人口众多、资源贫乏的国

家。战后日本经济高速增长，以三大经济圈为中心的太平洋带状工业区的形成，带来人口与工业分布的"过密"等一系列经济、社会问题。日本政府自60年代以来，先后采取限制在东京、大板及川崎、横滨等大城市新建工厂的措施。石油危机结束了日本经济的高速发展，使日本经济进入了稳定增长时期，在这种情况下，欠发达地区开发的问题更为紧迫地提到日程上来。日本开发欠发达地区的主要标志是：

——经济重心逐步向三大经济圈以外的相对落后地区进行大规模的基础设施和基础结构建设，积极培植和发展地区经济增长极，刺激欠发达地区经济快速发展。

——新技术革命改变着日本经济结构，同时带来了经济地域结构的变化，由资源型向知识技术密集型方向发展，以短小、轻、薄产品为特点，高附加值的尖端技术产业在布局指向上摆脱了"临海型"布局的框框，成为振兴日本欠发达地区的催化剂，日本政府抓住这一契机，大力促进三大经济圈以外的技术密集城市的建设。

——经济发展模式由"外力助长型"向"内发型"转变。由于国家财政困难，很难再以中央财力为后盾推进经济布局由"三湾一海"向内陆地区发展，只能依靠地方政府来创造条件，吸引外来企业和发展地方产业。

为此，日本政府主要通过制定和实施持续的区域开发政策来达到振兴欠发达地区经济的目标，使全部国土都得到均衡、有效、合理的利用。

(二)欠发达地区开发政策的演进

战后，日本欠发达地区区域开发政策的演进历程可分为如下三个阶段：

1. 战后至60年代初的"非均衡开发政策"

战后，日本政府吸收了美、苏等国土开发的经验，结合当时国内的实际情况，确定了对国土实行综合开发的方针，并于1950年制定了《国土综合开发法》，实施以特定地区综合开发计划为中心，目标是整治河流、增产粮食和合理利用水资源，对经济发展迟缓的欠发达地区也采取了相应的对策，如东北地区工业发展较慢，地方财政赤字大，为了通过工业开发促进地区经济发展，制定了《东北地方开发促进法》，以后九州、四国、中国和北陆地方也都先后制定了类似的法令。直到1962年，日本政府实施的是向重点地区倾斜的非均衡政策。这一政策的实施促进了日本经济的恢复，为经济的高速增长奠定了基础。

2. 60年代初至90年代末期的"均衡开发政策"

从1962至1969年，日本采取据点开发方式将经济建设重点转向工业领域，建设"太平洋带状地区"，形成区域经济增长极以此带动周围地区的开发，疏散工业和大城市人口，地方开发据点的形成对欠发达地区的飞跃发展起着中枢主导的作用。自1969年起，由于太平洋沿岸经济的高速发展，造成了日本国民经济空间布局方向的失衡，为了从根本上缩小大城市与欠发达地区的收入差距并适应社会信息化的新形势，日本政府实施了大规模开发构想，以新干线、高速公路等大型交通网和通讯网的建设为重点，在日本的东北、西南等偏远地区如苫小牧、秋田湾、周防滩等建立几个大型工业基地和大型畜产基地，促进欠发达地区的经济增长。1974年，日本政府制定了《国土开发利用法》，它标志着日本经济发展进入了新的阶段。在开发方式上由大规模开发转向综合开发，此阶段目标是发挥地方的积极性，创造良好的地方居住环境。从1970年至1975年，日本原来欠发达地区人口共增加了250万人，这说明欠发达地区的开发工作已取得进展，"过密"、"过疏"问题正在逐步解决。为适应21世纪日本的老龄化、信息化和国际化的需要，日本于1987年开始转向多极分散型国土开发，特别重视对"地方圈"的建设，进一步健全欠发达地区交通运输和信息通讯网，为工业向这些地区发展提供了前提条件。

3. 新世纪的"协调—倾斜开发政策"

1998年日本政府制定了第五次国土规划—《21世纪的宏伟蓝图》，开发方式为参与协作。新国土规划的政策目标是：建设自然居住区，修建大城市，地区之间的合作，形成广泛的国际交流圈。从四个政策目标来看，新国土规划十分重视地区的选择和主要地区的建设，依靠各种主要部门的参加和地区之间的合作，促进高质量的国土环境建设①。

三、日本欠发达地区区域开发政策的主要特点

(一)建立了较完善的法律制度

日本开发欠发达地区的重要措施是立法先行、计划与立法相结合。自50年代起先后制定了《北海道开发法》、《冲绳振兴开发特别措施法》、《过疏地域振兴特别措置法》等法律126种。在立法的基础上，

① 国土厅计划局计划课：日本21世纪の国土のゲランドデザィン[J]1998(2)：5～6；1998(3)：9～13。

政府先后对欠发达地区实行计划开发。仅在1962—1980年间，政府先后制定的国土开发计划和欠发达地区开发计划达20多个，如北海道综合开发计划、冲绳岛振兴开发计划等，并规定国家设立北海道、冲绳开发事业费预算。法律的严肃性、规范性和稳定性，保证了欠发达地区开发的顺利进行。

（二）成立专门的欠发达地区援助机构

为保证欠发达地区援助计划的有效实施，日本政府成立了专门的组织管理机构。如北海道开发的运作体制是由北海道开发厅、北海道开发局、北海道东北开发公库所组成。即日本在中央政府中设立北海道开发厅，厅长官为国务大臣。厅下设北海道开发局，局直接对厅负责。厅的办公地点设在东京，局的办公地点设在北海道的札幌市。北海道开发厅只负责北海道开发中的直辖部分，另有辅助部分交由北海道地方政府负责。这是一种双重负责的开发体制，其特色在于中央为地方开发设立机构，与地方机构并存，而且开发的主要责任不是交给地方政府，而是由中央政府的开发机构负责。这种由中央政府设立直辖的北海道开发机构，便于开发工作在中央政府的各省、厅之间进行协调，有利于北海道的综合开发。同时，鼓励地方及民间力量参与投资，不但减轻了中央财政援助的巨大压力，而且调动了欠发达地区政府的积极性。

（三）寻找和建立经济增长极

日本欠发达地区区域开发政策的制定和实施，为日本经济的发展培植了若干重要的增长极及一批地方中枢和中心城市，也为“地方圈”的建设起到了支撑拉动作用，如冲绳振兴开发计划的实施，使冲绳市成为该地区的经济增长极和地方中枢城市；北海道综合开发计划的实施，使札幌市成为该地区的经济增长极和地方中枢城市，这标志着日本城镇体系的完善和成熟，对日本经济的合理发展起到了重要的促进和调控作用。

（四）积极建设和发展技术密集城市

日本于70年代后期提出“技术立国论”，并在1983年4月颁布了《技术密集城市法》，该法明确规定：技术密集城市的建设必须在三大经济圈以外。为此，日本政府在欠发达地区中选择了19个科技城建设地区，既可实现大力发展尖端产业的计划，强化技术创新，又可利用这些科技城的创新扩散效应振兴欠发达地区经济，实现经济地域空间结构的合理化。如熊本县机械工业有一定基础，其微电子工业的主要复合方向确定为自动化机械产品，他们把先进的微电子技术应用于机械工业；大分县则由于过去是农、林、水产业为主的地区，决定把生物工程、海洋工程和微电子技术复合到这些方面，并提出“农工并茂”的原则[①]。此外，熊本与大分的科技城规划，都坚持了分散的组团布局原则。这样不仅使城市建设格局与自然相协调，获得优美的环境，更重要的是使导入的尖端技术产业对周围地区产业产生更好的扩散效果。日本建设技术密集城市，是日本城市发展的一种新模式，这种产、学、研三者有机结合的新型城市发展，促进了科研成果的转化和日本经济圈的进一步开发[②]，实现了城市与其产业的互动发展，成为日本经济发展最强劲的增长极之一。

（五）振兴山村，综合开发山区

战后经济的发展，使日本认识到要抑制产业和人口向大城市集中，必须大力振兴山村，综合开发山区。日本共有山村2099个，分布在四分之三的国土上。但山村过去长期处于落后状态，生活条件很差，以致造成人口外流，形成“过疏”地带。日本为了发展欠发达地区，保持林业资源，1965年实行《山村振兴法》，振兴山村计划数为1194个，占全国面积的48%。为了振兴山村，增加了国家的投资。在山村振兴事业投资中，国家补助一般占二分之一，其余为地方支出。以山形县最上地区山村振兴为例，总投资为1076亿日元，国家拨款580亿日元（占54%），县拨款281亿日元（占26%），其余20%由市町村负责。

合理地利用土地，植树造林，是发挥山地优势，振兴山村的有力措施。一般山区，坡度8°以下种水田，8°～15°种旱田，15°～25°广植果树，25°以上禁止开垦，一律植树造林，从而保证了山区耕地的有效利用。振兴山村的方向是实行以林为主的综合发展。1974年在全国山区农业产值中，林业占38%，耕种业占31%，牧业占22%，果树、养蚕、特产占9%。通过林牧结合，畜牧业逐渐向山区发展，1976年山区饲养的奶牛占全国的38%，肉牛占66%，猪占30%。果树业也向山区推进，目前，果树栽培面积的70%分布于山地或丘陵地区。为此从根本上改变了

① 日本通产资料调查会，《21世纪の产业立地ビジョン》，工业再配置课监修，1985年10月，59页。

② 张舒著，《日本区域经济发展与城市管理》，辽宁人民出版社，2000年6月，109页。

山村农业生产的结构。

中部山地的高冷地区的综合开发，是日本振兴山村和开发欠发达地区的典型。位于群马、长野、山梨、福岛各县交界的中部山地，气温较低，海拔800米以上地区年平均气温都在10℃以下，无霜期仅110—160天，限制作物的生产。这些地区通过开发都建成为蔬菜、畜产、旅游等综合发展的农业基地。目前高冷地区已发展为旅游基地，夏季建高尔夫球场、网球场，冬季为滑雪场，特别适于休憩和旅游。

(六)建设远隔农业基地

战后日本农业地域分布的最重要特征是从大城市近郊农业地带—中间农业地带—远隔农业地带移动。远隔农业地区能够由落后的农业地区，逐渐发展为全国最重要的农业基地采取的主要措施是：充分利用远隔地区的自然优势，发展牧草和青贮饲料的种植，使之成为全国最重要的畜牧业基地；不断改良水稻品种，培养耐寒、早熟品种，注意防治自然灾害，大力进行土地改良工作，贯彻执行农业发展政策，特别是经济补贴政策，使远隔农业地区成为全国最重要的粮食基地；交通运输系统的改善，缩短了农产品的运输时间，使远隔地区的农产品，尤其是蔬菜、水果等及时运到京滨、中京、阪神三大消费市场成为可能。九州的宫崎县、鹿儿岛县利用南国风光的特点，创建了全国性的远隔蔬菜产地；东北地区的福岛县、山形县的黄瓜几乎垄断了东京蔬菜市场。随着远隔农业地带分区专业化的进一步增强，远隔农业基地的建设已成为日本开发欠发达地区的典型。

(七)振兴乡村经济的“一村一品运动”

70年代的石油危机迫使日本整个经济萎缩，到北海道、四国、九州等欠发达地区建厂的投资主大大减少。日本大分县政府就是在这种背景下，于1979年率先在日本开始倡导和推进“一村一品运动”的。“一村一品”是一个形象的提法，事实上可能是一村数品，或数村一品。这“一品”是指发展具有本乡特色的产业。大分县大山町提出“种好梅、栗，旅游世界”的口号，组织青年在山区种植梅子和栗子，当获得高收入后，到中国、韩国、以色列和美国去旅行，进而“站在世界的角度，考虑家乡的建设”。通过“一村一品运动”的开展，大分县已有一些町村的人口处于稳定状态或略有回升，其经济社会效益十分明显。从整个国民经济的角度看，“一村一品运动”的作用并不大，所创造的价值仅占国民收入的1%左右，但是对经济落后、人口过疏的地方来说，是地区振兴措施的一个重要内容。“一村一品运动”对发挥各地区资源优势，使每个角落充满活力与生机，对于社会的稳定发展，无疑是重要的。

(八)建立交通、高度信息通讯系统

日本中央和地方的财政支出很大部分是用于交通、信息系统的建设，把加快和加强基础设施的建设工作作为区域开发的突破口。地方政府主要负责城市间的干线和支线的道路建设，而中央政府成立的国家控股的“道路公团”，重点承建跨地区的干线道路和高速公路。近年来，日本的高速公路不断向偏远的欠发达地区延伸，加强了这些地区和东京等大城市的经济联系，为推动欠发达地区的经济发展发挥了巨大的作用①。伴随着国际化的发展，信息的国际交流在飞速发展，对高级化、多样化的国际信息通讯服务的需要日益增长，日本政府于2000年7月成立了信息通讯技术战略本部，并制定了《建立高度信息通讯网络社会基本法》②，加强了对高度信息通讯技术研究开发的指导和支持。

四、中日欠发达地区区域开发政策比较

综观中日欠发达地区区域开发政策，我们可以看到一些共同特点：

(一)中日欠发达地区都制定了总目标一致、子目标有别的区域开发政策

中日欠发达地区区域开发政策都是以加快欠发达地区发展速度，缩小地区间差距，为实现经济和社会的综合协调发展而制定和实施的。因此，两国的总体目标大体是一致的。从经济和社会发展的角度看，这个总目标可以概括为经济效率和社会公平的最大化。追求经济效率就是通过资源在各地区间的有效配置，取得欠发达地区经济快速发展的最佳经济效益；追求社会公平就是运用经济或行政手段，缩小区际间经济社会发展水平差异，促进欠发达地区经济增长，保护生态环境，实现区域之间的相对均衡发展，从而提高整个社会的和谐程度。

由于中日两国所处的经济发展阶段不同，经济

① 张舒著，《日本区域经济发展与城市管理》，辽宁人民出版社，2000年6月，109页。

② [日]《时势动态》，2001年2月号。

体制不同，在实现总目标的过程中，为解决不同的具体问题而制定的子目标则有很大差别。战后，日本政府高度重视欠发达地区开发，并根据经济发展阶段，适时调整并制定目标明确的、有针对性的区域开发政策，以实现整个社会经济的综合协调发展。自50年代以来，日本的区域开发政策经历了从非均衡开发政策－均衡开发政策－协调、倾斜开发政策的转变，开发方式也经历了据点开发－大规模开发－综合开发－多极分散型开发－参与协作开发等五次转变。这些转变是与日本各个时期经济发展的总方针、生产力和科技发展水平以及当时国家财政经济状况相适应的。早期日本欠发达地区的区域开发政策侧重于资源开发，多为资源开发或者各生产部门的单项开发。70年代以后，欠发达地区的区域开发政策转向考察、开发、利用、治理、保护的全面综合开发，从资源开发转向工、农、运、商等多方面的综合发展，开发计划从发展生产为主转向保护和改善环境为主。在中国，欠发达地区开发的历史进程大致可以划分为三个时期。第一个时期为改革开放前的30年，重点是“一五”计划重点工程的“西进”和大规模的“三线”建设，以建设能源、原材料基地和国防生产科研基地为重点。第二个时期为80年代初到90年代中期，重点支持建设基础设施、帮扶农村脱贫和发展非农产业。第三个时期为90年代中期以后，建设重点为发挥资源优势，发展优势产业。伴随着中国市场化进程的加快，我国欠发达地区的发展步入了一个新的阶段。

(二)中日欠发达地区开发，均培育其自我发展的能力和持续发展的竞争力

欠发达地区要加快开发，首先需要大规模的投入。而欠发达地区资金存量极少，只有从外部进行大投入，才能促进其发展。实践表明，欠发达地区发展投入的主体是国家财政。

日本对欠发达地区的开发采取了高投入的政策，即国家和地方按事业计划拨出专款，以无偿扶持为主，辅以低息长期贷款，并发动个人开发。国家设置专门的金融机构为欠发达地区筹集资金，提供低息长期贷款或为开发作担保[①]。欠发达地区用于开发的贷款利率只有一般银行利率的60%左右，如中央政府给予北海道的开发项目补贴明显高于其他地区，1995年在日常河流改造多补贴13%；国家高速公路建设多补贴13%；港口建设多补贴35%；渔港建设多补贴30%；公路及其他基础设施多补贴18%。在农业开发方面，根据不同的实施主体分别予以资金支持。如农业土地改良所需的调查费用，国营事业全额由中央政府出资；道营事业则50—100%由道政府出资，也有部分由中央政府出资；团体营事业则由中央政府出50%的补助金[②]。

中国，尤其是改革开放以来，对欠发达地区的基础设施建设比较重视，进行了许多投资。为了改变欠发达地区落后面貌，从1977年起，中央财政在国家预算中设置了边境建设事业补助费，其中一部分用于边境地区供水、供电、交通、通信等基础设施的建设。此外，国家逐步加大了低息贷款在促进欠发达地区发展上的作用，如人民银行从1984年开始每年有10亿元的老、少、边、穷地区专项贷款；从1994年开始至2000年，每年为中西部地区单独安排一项专项贷款支持中西部乡镇企业的发展[③]。

(三)中日欠发达地区都通过国民收入再分配，促进其经济发展和生活水平提高

中日两国都采取中央财政向欠发达地区政府财政进行补助或补贴的措施来增强这些地区经济实力。日本政府对于欠发达地区采取了灵活多样的援助方式，主要表现为：①公共投资。日本的财政投资和公共部门投资一般都向欠发达地区倾斜，主要用于改善欠发达地区的交通、通信、教育、科技等基础建设。1980年日本公共投资占地方财政支出的比例全国平均为9%，而北海道达17.1%，远高于东北地区、四国地区、北陆地区和九州地区的14.7%、12.6%、12.4%和12.0%。1951年北海道开发时的公共投资只有70亿日元，到1995年已达9450亿日元[④]，表明国家投资对北海道开发的支持。公共投资除了中央政府的财政支出以外，还包括设立专门援助欠发达地区的发展基金，如日本的开发公库。②转移支付。日本把建立规范的转移支付制度作为援助欠发达地区的有力财政手段，并不断加大转移支付力度。据统计，日本转移支付占中央财政收入的比重超过20%，高于在10%～20%之间的德国、美国、英国和瑞典，与澳大利亚、加拿大、丹麦、芬兰

① 武友德著，《不发达地域经济成长论》，中国经济出版社，2000年1月，200页。
② 陈耀著，《国家中西部发展政策研究》，经济管理出版社，2000年4月，66页、74页。
③ 王一鸣主编，《中国区域经济政策研究》，中国计划出版社，1998年4月，184页。
④ 吉野直行，“公共投资の经济效果”[M]东京，日本评论社，1999年。

相当[①]。③税收优惠。通过采取减免税收，推行全民年金和全民保险制度等形式，保证欠发达地区居民不会因经济水平的地区差异而影响其基本生活水平。

在中国，1994 年实行分税制之前，中央对地方政府的补助，虽然不能称之为财政转移支付制度，但其实质与财政转移支付制度是大体相同的。中央政府对欠发达地区的发展一直给予特别的财政补助，以促进这些地区的发展和缩小地区间的差距。此外，国务院还决定从 1980 年起，在国家预算中设立"支援不发达地区发展资金"，专门用于欠发达地区农村交通、通信、水利等基础设施的建设。我国对欠发达地区也给予了各种形式的税收优惠政策，如"七五"期间对欠发达地区减免农业税 1—5 年。

(四)中日欠发达地区产业结构日趋合理，消除重工业过分发展带来的不利影响

欠发达地区的工业开发必须相对集中原有的生产力，尤其是要充分利用原有的工业基础，发挥原有的中心城市的增长核心作用。同时，欠发达地区开发也必须充分重视农业的基础作用，农业的发展是欠发达地区解决贫困问题，满足工业化进程中快速增长的原材料及人口需求的必需。80 年代以来，日本欠发达地区产业结构特征是：资金密集型的传统工业部门迅速让位于技术密集型的新兴工业部门；制造业比重上升停滞而第三产业比重不断提高。1978 年以后，从中国西部地区三次产业结构演化来看，劳动者中第一产业所占比重呈下降趋势，而第二产业除广西外都呈上升趋势，第三产业上升的幅度更快；从轻重工业结构看，结构调整取得较大成效，西部地区部分省份重工业化系数都有不同程度下降，呈现轻型化的趋势。但重工业比重过"重"仍然是西部产业结构的重要特征。

五、对中国西部大开发的启示与借鉴

(一)"完备内法"与"接轨外法"相结合

健全"法律体系"是西部大开发的重要保障。中国西部大开发是建立在适应经济全球化和市场一体化的大开放基础上的，因此西部大开发，不仅要有完备的"国内法"，还要有与国际法配套的"境外法"，寻找国际法与国内法的交叉点，建立保护自己利益的完整的法律法规。为此，建议制定与国际法相衔接的《西部地区开发法》，通过法律的形式把国家实施西部大开发战略的总体目标、开发方式、实施手段、以及地方政府、企业和个人等相关主体的责任和义务等重要问题予以明确的界定。同时也要及早构筑经济与技术的法制长城，如《西部地区产业促进法》、《西部地区振兴法》等有关法律条文。这些法律同样适用于中国东、中部地区内欠发达地区的发展。

(二)建立双重负责的开发体制，实现区域管理创新

为使西部大开发得以有效顺利实施，中国虽然已经正式宣布成立西部开发办公室，对西部大开发实行执行、监督、管理和协调，但这只是一个中央机构，并没有针对具体的开发地区。鉴于日本在开发北海道地区的经验，中央政府应赋予地方政府较大的自主权，建立中央直辖与地方辅助相结合的双重开发体制，建议在国务院下设"西部地区发展委员会"。委员会由中央部门代表和西部地区代表组成，然后委员会可设派驻各地的地区发展部，其常设办公室可设在国家发展计划委员会。

(三)实现投资主体多元化，坚持"最有潜力者优先"使用资金的原则

中央财政要进一步转变财政职能，将支持西部大开发同建立公共财政框架结合起来。建议①加大财政转移支付力度，确定一个量化标准，发挥收入再分配的作用，这是启动西部地区经济运行机制的关键。②设立专项援助基金，主要用于西部地区基础设施建设和人力资源开发。③税收优惠政策是培养税源、加快原始积累的重要手段。西部实行属国家鼓励类产业的内外资企业所得税统一税率——15%，有利于增强西部企业，尤其是国有企业的竞争力。对在西部地区新办交通、电力、水利、邮政、广播电视等企业，所得税两年免征，三年减半征收的政策。④加强金融信贷支持，鼓励动员社会各方面的力量共同参与开发和建设。⑤加大对外开放力度，吸引带有援助性质的国外长期低息贷款，吸引国内外各类投资主体到西部投资。⑥实行价格和收费调节政策。在开发资金的使用上也应遵循"最有潜力者优先"，而不是"最困难者优先"的原则。国家和地方政府要特别重视对第一产业和第二产业的投资力度，发挥先行效果，带动民间资本的高效投入。不能重走过去那种主要依靠政府动员和国家投资来开发

① 陈耀著，《国家中西部发展政策研究》，经济管理出版社，2000 年 4 月，66 页、74 页。

西部的老路。

(四)以科技创新为动力,大力调整产业结构

调整和优化产业结构,关系到培育西部地区新的经济优势。亚洲金融危机后使全球能源原材料价格下跌,不利于西部自然资源的大规模开发,同时,西部脆弱的生态环境也不利于大规模开发自然资源。为此,借鉴日本"技术立国"的经验,在调整西部的产业结构中,要面向未来,实施高起点、跨越式的产业调整战略,从重点开发自然资源转向开发人力资源和知识资源,把高新技术、信息产业作为未来发展的战略产业,以重庆、成都、西安、兰州、昆明等大城市高科技人才为依托,发展电子信息、光机电一体化、生物工程与新型医药工业,使知识要素成为加快西部发展的最主要的推动力。西部地区还应从全球经济化的角度来考虑产业结构的调整,建立起与国际经济相协调的产业结构体系。西部地区与俄罗斯等15个国家接壤,有着与交接国家进行经济交往的便利和可能,在产业结构上也有着互利性,这使西部产业结构调整更具有开放经济条件下的国际战略意义。目前,西部地区在技术创新力量缺乏的情况下,可以聚集异地的许多技术资源,孵化出众多的本土化科技硕果,发展优势产业和特色经济,不断提高主要产品的市场占有率,加速官、产、学、研、资协同发展,实现其创新和突破。

(五)发挥中心城市的作用,寻找和建立经济增长极

在经济全球化下,城市是整个世界经济的中心或是经济网络中的一个节点。西部现有城市布局分散,且规模偏小,质量不高,已形成规模且功能比较完善的大城市只有成都、重庆、西安、昆明等几座,难以起到对整个西部的支撑拉动作用。从我国目前国情看,实行全面推进的均衡发展战略是力所不及的,而应实行非均衡发展战略,日本在"一全总"中所采取的"据点开发"战略对西部开发不失为一个良策。具体做法为,按照国家对西部开发的总体目标和地区特征,政府要高度重视增长极的成长,这样就变成一种定点开发,通过相对迁徙实现以点带面,既能大大降低开发成本,又可将边远地区归还大自然,促进西部地区经济可持续发展。即,一是以大城市为依托,选择几个有较好基础的大城市和若干个中等城市,培植起与当地经济关联度高的产业作为经济增长极,通过产业增长极体系的发展,形成"增长中心",进而发展成为具有传递、辐射和集聚效应的地区一、二级经济中心城市,成为创新能力的重要支点,带动整个西部地区的发展。二是大力发展小城镇,从发展乡镇企业和调整乡镇企业的布局入手,迅速形成围绕二级经济中心城市的小城镇和集镇。三是逐步形成不同规模、不同层次、不同功能的城市群,以群体的集合优势带动更大区域的经济发展。

(六)加强基础设施建设,用网络实现"跨跃式"发展

基础设施是生产力赖以建立和发展的基本条件,其发展水平直接或间接地影响着生产部门的成本和效益以及人民生活水平的提高。基础设施落后是制约我国西部经济发展的"瓶颈",所以在这次"大开发"中,对交通、通信、水利和电网等基础设施应采取"以更大的投入,先行建设,适当超前"的方针,特别要加强综合运输体系的建设,打通西部地区与中部和东部地区,西部与西北,以及通江达海连接周边的运输通道。近期实现公路网络"双轨"并行。加快信息基础设施建设,构筑统一的信息平台,实现各种信息网络的互联和信息资源共享。避免一哄而起、贪多不求质量。

(七)以人为本,构筑人才高地

日本开发欠发达地区的实践表明,人力资本开发是推动区域发展的根本对策,是效益最高的投资。在西部大开发中,要大力贯彻科教兴国战略,推进国民教育普及化,增加教育投资,坚持教育适度超前发展,积极开展"引智"工程,加大引进国内外高素质人才的力度,留住人才,用好人才,健全人才培训和储备体系,构筑人才高地。

金沙能源开发战略的系统研究

张玉海

邓小平同志早就说过："发展才是硬道理"！十六大又把发展作为执政兴国建小康的第一要务。中国西部贫困地区如何解决好人口、生态、贫困三大矛盾，全面发展建小康呢？1988年，由时任贵州省委书记胡锦涛同志亲自倡导并经国务院批准建立的毕节"开发扶贫、生态建设、人口控制"试验区，是当时全国唯一以可持续发展为核心的综合试验区。中共金沙县委和县政府解放思想、实事求是地制定了"以火电厂建设为龙头……良性循环奔小康"的发展战略，通过把煤转化为电，体现了先进生产力的发展要求，发挥了煤炭资源的后发优势。不仅为金沙"小康"建设培育了"龙头"，而且为辉煌毕节"试验区"的"四大区"战略和贵州能源基地建设作了有益探索。本文试用耗散结构的系统理论对金沙能源开发的可持续发展战略进行系统研究。

一、能源开发的理论基础

"耗散结构论"是系统论的核心理论，它既是一种新的世界观，又是一种新的方法论，是一种科学的系统发展观。它研究的是开放系统通过物质和能量的交换生成新的有序结构的系统发展，把必然性与偶然性、自然科学与人文科学重新融为一体——"从混沌到有序"，是指导能源开发的理论基础。

（一）"耗散结构"的概念及耗散结构论的研究对象

1."耗散结构"的概念

耗散结构论的创始人普里戈金（Pligojine）认为："生物和社会组织包含一种新型结构。这种结构的一个共性就是它们产生于开放系统，而且这种系统只有与周围环境进行物质和能量的交换才能维持其生命力……远离平衡态条件下开放系统在强制力达到一定值，通过与外界进行物质和能量交换的负熵流增大出现非线性机制时才能自发地形成新的有序结构，叫做'耗散结构'。"[①] 概念中所涉及到的"熵"(entropy)是指热力体系中不能用来作功的热量，可用热能的变化量除以温度所得的商来表示，即"熵"也可泛指物质系统状况的一种量度。

2.耗散结构论的研究对象

耗散结构论是建立在热力学第二定律即热传导不可逆定律基础上的，它的研究把宏观体系分为三大系统：一是不与外界发生物质和能量交换的孤立系统；二是只与外界交换能量或信息而不交换物质的封闭系统；三是既与外界交换能量又与外界交换物质的开放系统。开放系统普遍存在着，从克隆到货币、从能源到经济、从自然到社会都是典型的开放系统。耗散结构论研究的是开放系统。普里戈金认为：一个开放系统可能有三种不同的存在方式；第一种是热力学平衡态，即熵增加到一定的值而保持一致的"平衡态"；第二种是系统内部的温度和浓度保持有一点小小的变化的"线性非平衡态"；第三种是在强制力达到一定的值，使系统在远离平衡态条件下，通过与外界的物质和能量的交换，负熵流的增大自发地形成新的有序结构即"耗散结构"。普里戈金的研究正是在不违反热力学第二定律的条件下，远离平衡态的开放系统通过物质能量交换中的负熵流的引入来减少总熵，从而使系统达到一种新的稳定的有序状态即耗散结构状态。目的在于用热力学第

① 普里戈金，"复杂性的进化和自然界的定律"[美]，《自然科学哲学问题》，1980年第3期。

二定律或耗散结构原理来阐明生命、经济、社会……等系统自身的进化过程和规律。

(二)耗散结构论产生的背景及系统发展观

1. 耗散结构论产生的背景及意义

耗散结构论是在热力学第二定律向传统的牛顿经典力学的可逆性提出挑战的“热传导不可逆”定律基础上由比利时物理学家普里戈金创立的。他与霍华德在1981年出版的《熵:一种新的世界观》著作中宣称:牛顿的机械论世界观行将消亡,统治人类各方面的将是“熵的定律”即热力学第二定律,是指“不可能把热量从低温物体传到高温物体而不引起其他变化的‘热传导不可逆’定律”(如把煤变为电之后不可能再把电逆为煤),同时,它把“熵”视为有效能量使用后成为无效能量即“垃圾”。主张人们在经济发展中要尽量减缓“熵”的增长速度,而使负熵流增大到耗散结构状态促使经济有序发展。熵的定律与《增长的极限》报告一样,都用一种新的世界观来观察世界和人类社会的生存和发展问题,提出了“可持续发展”(SustacnableDevelopment)的战略思想。这对我们能源开发具有重大意义。

2. 耗散结构论的系统发展观

耗散结构论的系统发展观,深化了唯物辩证的发展观。对立统一的辩证发展观与“从混沌到有序”的耗散结构发展观并不对立。所不同的是:前者是矛盾的双方通过斗争各自向对方转化,在斗争中达到统一,不与外界交换物质和能量,即系统自身的对立统一;而后者则是远离平衡的开放系统与外界发生物质和能量的交换,通过交换,使系统达到一种新的稳定的有序结构即系统的耗散结构。体现和深化了联系与发展、内因与外因、必然与偶然、对立统一,质量互变和否定之否定的唯物辩证法之精神,是唯物辩证法的升华。因此,普里戈金指出:“耗散结构论提供了更高的创新功能——它帮助我们创造崭新的秩序”[①],它是一种新的世界观和方法论,是一种科学的系统发展观,是人们研究社会经济发展的好方法,也是我们研究能源开发的理论基础。所以,我们可以用它来对金沙能源开发(毕节能源大区建设)进行系统分析和研究。

二、金沙能源开发的“耗散结构”分析

能源是指提供可用能量的资源。能源开发就是人们对自然能源进行开采、试验、生产、加工与科学合理利用的过程。实质上是通过各种形态变化(包括物理的、机械的、生物化学的)使其增值的过程。能源资源开发是一个复杂的系统工程。因此,我们要对它进行“耗散结构”分析。

(一)金沙能源资源结构简介

金沙县位于贵州西北部,属毕节地区,地处乌蒙山东端向大娄山过渡的黔中平原的过渡地带。为乌江与赤水河所挟持,总面积2528平方公里,自然资源丰富。主要有煤、铁、磷、硫、硅、镁、铜、锑等20多种矿产资源,有大小河流33条。

金沙能源资源结构主要是煤和水。境内煤矿地质储量26亿吨[②],远景储量44.97亿吨[③],其中无烟煤占98%。煤层厚度一般在45米~150米,以黑色细沙岩、粉沙岩、泥岩、炭质泥岩、煤层、粘土层、铝土质泥岩及薄层灰岩组成。水能约15万千瓦。现已装机容量0.5万千瓦,真是“水”“火”并济,比翼双飞。本文在此主要研究金沙能源开发中煤一电的“耗散结构”转化。

(二)金沙煤一电转化的耗散结构分析

金沙能源开发主要是通过煤的物理变化的深加工来运作的。这里着重分析金沙煤炭产业系统如何实现煤一电转化,把煤炭资源耗散而生成新的能源一电力,将资源优势转化为经济优势。

1. 金沙煤一电“耗散结构”转化的条件

唯物辩证法认为:任何事物的转化都是有条件的。耗散结构论的转化也是有条件的。根据耗散结构原理,金沙能源系统从混沌到有序的耗散结构转化必须要有两个基本条件:

(1)金沙煤炭产业必须是开放的系统

金沙煤炭产业在以前,由于观念落后、资金短缺、技术滞后、生产力水平不高,开发战略思想不明确,主要是巷道式或残柱式挖煤,人背马驮,利用率较低,资源浪费严重,570多家小煤窑平均年产量低于3000吨,全县总产量不足80万吨[④],基本上处于

---

① [美]普里戈金·斯唐热,《从混沌到有序》,上海译文出版社1987年中文版,P6。
② 《金沙欢迎您》,中共金沙县委宣传部主办P8。
③ 《金沙发展研究》,2002年第8期,P45。
④ 《金沙发展研究》,2002年第8期,P46。

无序的“混沌”状态，且是原煤输出的孤立系统或封闭系统。即始对周边地区有一点开放，都是挖煤—卖煤的“开放”，不能形成“耗散结构”的开放系统，使全县人民守着丰富的资源在温饱线上徘徊。

在改革开放中金沙先后被国务院批准为对外开放县，国家科技密集试验区，省委和省政府确定的综合改革试点县及20个在建的经济强县。在“开发扶贫、生态建设、人口控制”试验区战略思想指导下，金沙县委和县政府解放思想、实事求是，提出了“以改革开放为动力，以科学技术为先导，以火电厂建设为龙头，抓三业五提高，良性循环奔小康为主线，促进金沙经济腾飞”的发展战略思路。通过对外招商引资，引进先进的观念、文化和生产力，先进的技术，管理和经营理念。特别是1997年火电厂建设以来，全县加强“装备与培训”并重的方针，用先进的液压支架壁式采煤，绞车提升，电轨运输，变无序的混沌开采为有序的系统开发，变原煤输出为电力输出。不仅使金沙全县109个煤矿在2001年省级验收中合格率居全省第一，煤炭产业已成为金沙新的经济增长点和主导产业；而且使金沙的煤炭产业更加开放了，成为远离平衡态的开放系统，符合耗散结构的第一个条件。

(2)金沙煤炭产业不同要素之间已出现了“非线性机制”

在金沙煤炭系统开发中，存在着若干要素：有煤炭资源分布、开发资金、生产技术、管理方式、机械设备、消费市场、转化机制、开发战略、发展政策、战略思想等多种要素。这些要素中，只要某一要素有一点微小的突破性变化，都会对整个煤炭产业或经济系统产生重大影响。金沙通过火电厂的建设，把煤炭变为电力，为金沙煤炭资源开拓了广阔的市场；又通过项目引进外资，为金沙煤炭产业的开发注入了启动资本。这样，通过煤—电转化引起了金沙煤炭产业和经济系统的极大变化。可以说，火电厂的建设使金沙经济系统的不同元素之间出现了“非线性机制”，为金沙煤炭产业的系统开发创造了“耗散结构”转化的第二个条件。

总之，在改革开放和“试验区”战略思想指导下，金沙火电厂的建设，不仅为金沙煤—电的“耗散结构”转化创造了两大条件，使金沙煤炭“耗散”而生成新的更高层次的能源——电力，而且把资源优势转化为经济优势，为金沙经济发展培育了“龙头”产业。

2. 金沙煤—电“耗散结构”转化的途径：“微涨落”转化为“巨涨落”

“涨落”是系统的不稳定(运动)状态，但“涨落”并非必然产生出有序的耗散结构。因为事物由“微涨落”引起的“巨涨落”运动在系统运行处于分叉点上会引起不止一种结果，它既可能产生有序的耗散结构，也可能产生更为混乱的无序结构。这种远离平衡条件下通过“涨落”进行结构的过程，并不是一个必然性和决定性的过程，而是在此之间的一个微妙的相互作用。在某个分叉点附近，涨落或随机因素起重要作用，而在刚过一个分叉点到下一个分叉来临之前，决定性处于支配地位，即系统在临近分叉点处存在着“非线性机制”，“微涨落”会引起“巨涨落”。而在两个分叉点之间，仅存在线性关系。因此，当在非线性机制作用下，远离平衡的开放系统通过与外界进行物质和能量交换的“涨落”运动形成新的有序结构，该耗散结构在一定时期内处于相对稳定的有序状态，直至下一个“巨涨落”的分叉点到来才会出现新的耗散结构。

金沙煤炭产业的发展过程中有一个“涨落”运动，从1949年到1979年改革开放以前，虽是计划经济，而金沙的煤炭生产确是“混沌”的乱“挖”；从1979年到1997年，是小煤窖无序开采，处于挖煤—卖煤的“微涨落”阶段。1997年以来，由于火电厂的建设，使金沙煤炭产业在非线性机制作用下与外界进行物质和能量交换，“微涨落”转化为“巨涨落”，煤炭“耗散”而生成新的能源——电力。从而实现了金沙煤—电的“耗散结构”转化。1997年是一个分叉点，金沙煤炭产业从1997年这个分叉点之后将在一定时期内处于相对稳定的有序结构状态，直至新的更高级的耗散结构“涨落”的分叉点又出现之前，仍然保持其煤—电转化的相对稳定性，直到新的能源(如核能)系统的耗散结构运动的“涨落”的分叉点出现可以取代煤炭产业或电力市场之前，煤炭产业仍将是金沙的支柱产业，煤—电转化仍将是金沙的主导产业。金沙的煤—电转化从“微涨落”到“巨涨落”的耗散结构仍然保持一定时期才会出现新的耗散结构的“涨落”运动。

三、金沙能源系统开发的作用与启示

金沙能源系统开发是通过煤—电的耗散结构转化来实现的，把金沙的煤炭资源转化为经济优势，不仅为金沙培育了支柱产业，对金沙经济发展起到了“龙头”作用，而且为辉煌毕节“试验区”的“四大区”建设作了示范，也为贵州能源基地建设探了路子。

(一)金沙煤——电耗散结构转化的"龙头"作用

这里的"龙头"是龙头产业,也称主导产业,是指在经济发展中发展速度较快并能带动一系列产业发展的部门,也可称为"战略产业"。主导产业的选择应满足以下条件:①该产业必须具有大规模产出量;②应具有较强的市场扩张能力,发展速度超过其他产业;③该产业的生产率能保持持续而迅速的增长势头;④该产业符合节约能源资源的标准。

金沙在计划经济向市场经济的改革开放中,在"试验区"战略思想指导下,通过县委和县政府的共同努力,终于培育出煤一电转化的主导产业。这不仅满足主导产业的条件,而且符合金沙的实际,并通过产业关联度,带动了金沙产业网络系统的形成与良性互动,从而推动金沙经济的发展和"小康"社会的建设。

1. 金沙煤一电转化的关联度分析

所谓关联度,是指产业之间在投入和产出方面相互联系和影响的程度。美国经济学家赫尔希曼(A－DHirschman)在《经济发展战略》一书中认为:"国民经济各产业部门存在相互依存的关系,其中某个产业的发展必然会影响或带动其他产业的发展。如果某一个产业的关联度较大,则往往可以成为产业结构成长中的支柱产业或主导产业"。金沙煤炭产业的系统开发,不仅符合耗散结构原理,而且有很强的产业关联度。

(1)金沙煤一电转化的"内"关联度极高

金沙的煤一电转化中,火电厂的用煤完全依靠金沙的煤炭资源;金沙煤炭产业的向前关联主要是向火电厂提供可"耗散"的煤炭资源,而火电厂则把煤炭资源转化而生成新的有序结构——电力产业,电力产业的向后关联度则是给煤炭产业提供了动力和市场。二者的关联度极高,具有唇齿关系。

(2)金沙煤一电转化的"外"关联度较大

金沙煤一电转化不仅有向前向后的内相关,还关联着电器、电机、磷化、冶炼、钢铁、林业(坑木)、建筑、建材、交通、运输、汽车、机械、维修、餐饮、服务、文化、娱乐、旅游、教育、金融、供水、通讯、生态、绿化、乡企、小城镇建设、基础设施等。又通过"西电东送"工程与外界进行更大的物质能量交换,以及资源与资金的交换,关联的线更远,面更广。(如图1)

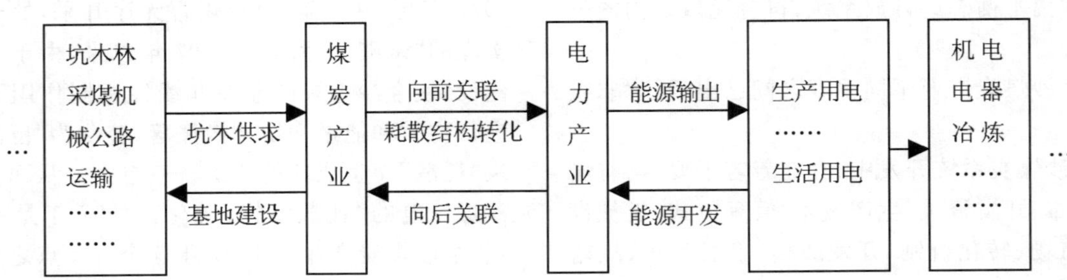

图1 金沙煤——电转化的产业系统关联图

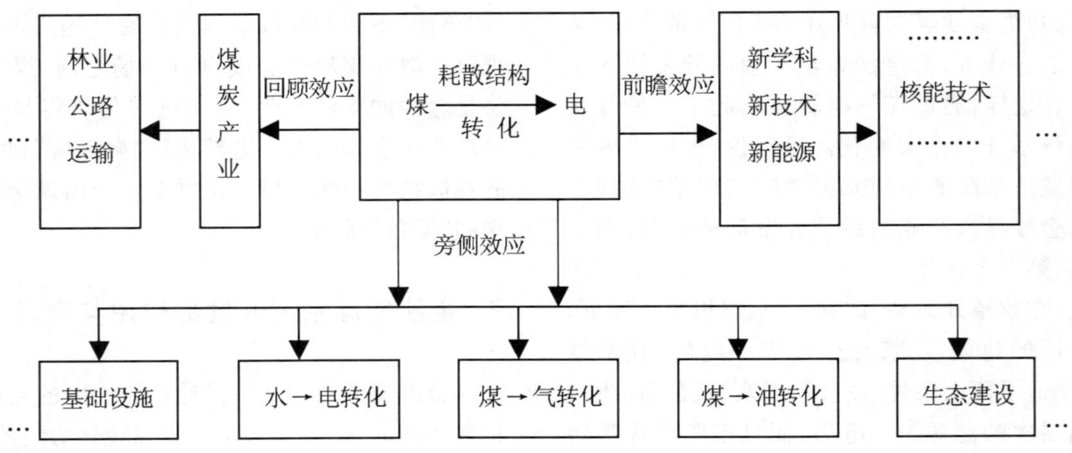

图2 金沙煤——电转化的"龙头"效应图

2. 金沙煤—电转化的“龙头”效应

美国著名经济学家罗斯托(W·Rostow)认为:主导产业的“龙头”效应,主要通过“回顾效应”,“旁侧效应”和“前瞻效应”来带动经济的全面增长。所谓“回顾效应”是指主导产业对某些供给生产资料部门的影响。金沙火电厂的生产对金沙煤炭产业的影响,而煤炭产业的发展又刺激了金沙坑木林,交通运输产业的发展,较好地发挥了“龙头”产业的“回顾效应”;所谓“前瞻效应”就是主导产业对新工艺、新技术、新能源的出现的诱导作用。金沙煤—电转化,不仅是火电厂新技术、新工艺的结果,而且是在耗散结构论新的世界观和方法论与新思维中对新能源、新工艺、新技术产生了更高的要求和诱导力;所谓“旁侧效应”是主导产业对地区的其他产业的影响,金沙煤—电转化,还对水—电转化、煤—气转化、煤—油转化和毕节“四大区”建设以及贵州能源基地建设都有一定的“旁侧效应”。(如图2)。

金沙在“试验区”思想指导下,始终坚持“以火电厂建设为龙头……良性循环奔小康”的战略思路。到2001年底,实现了新世纪的“开门红”:GDP为161597万元,比“试验区”开始的1988年的25341万元增长6.4倍;比火电厂建设前一年1996年的103776万元增长1.55倍,比全区平均水平高2.17个百分点,比全省平均水平高3.32个百分点。一、二、三产业结构由1995年的54∶28∶18∶发展到2001年的32.86∶38.02∶29.12[①]。2002年GDP181670万元,又比上年增长12.3%,财政收入22298万元,又比上年增长26.2%[②]。火电厂煤—电转化的“龙头”作用,不仅带动了金沙经济的发展,而且使金沙基本上走上了“良性循环奔小康”的可持续发展之路。

3. 金沙“龙头”产业的周期分析

产业是运动着的产业。运动是有规律的,任何产业都必然经历:形成—成长—成熟—衰退等四个阶段,这就是产业运动的周期性规律。金沙煤—电转化,煤炭产业已成为支撑火电“龙头”的支柱产业,使金沙经济由以前的“烤烟独点半壁河山”变为煤、电、工业、其他“四柱撑天”。那么,支撑“龙头”的支柱产业——煤炭能撑多久?我们有必要对它进行周期分析。引起产业结构周期变化的主要原因有:第一是科学技术作为第一生产力的发展以及在生产中的运用状况;第二是自然资源的禀赋状况及开发利用程度;第三是人们生产和生活需要的物质内容和市场的变化;第四是现实产业结构及产业结构调整战略;第五是区域系统内外物质能量交换的依存度;第六是接续产业培育的“后发优势”及产业间的竞争强度……等。从金沙煤炭资源的禀赋及开发利用程度的现状来看,金沙煤炭资源储量在26亿—44.9亿吨之间,而金沙电厂4×12.5万千瓦加上黔北电厂4×30万千瓦有170万千瓦,平均每年耗煤850万吨。在其它因素不变的情况下,最多只能支撑300—500年,这就是金沙煤炭支柱的生命周期。在知识经济时代,科学技术的进步,新兴能源将可取代电能(如核能、太阳能)。再加上,加入WTO国际市场的变化,金沙煤炭还能撑多久?所以,我们要尊重产业运动的客观规律,节约资源,不能搞“吃祖宗饭,断子孙路”的掠夺式开采,要走十六大提出的“可持续发展”道路,合理开发,尽力发挥金沙煤炭的“资源优势”,同时,积极培育新的支柱产业和主导产业,发展接续产业,才能使金沙经济持续、健康发展。

(二)金沙煤—电“耗散结构”转化的启示

金沙煤—电转化不仅为金沙培育了“龙头”和“支柱”推动了经济的“起飞”。而且对毕节经济发展和辉煌“试验区”的“四大区”建设以及贵州能源基地建设有很大的启发。

1. 为毕节“能源大区”建设探了一条成功之路

毕节“试验区”是当时全国唯一以可持续发展为主要内容的综合试验区,是具有“小试验、大方向”的国际意义的区域经济持续发展试验。金沙在“试验区”战略思想指导下,利用“天赋”的煤炭资源优势,抓住改革开放的“天赐良机”。根据热力学第二定律(即“熵”的定律)通过火电厂的“耗散结构”转化,把煤炭变为电力,开创了毕节地区煤—电转化之先河,为毕节“能源大区”建设起到了“近作示范、远探路子”的作用。在金沙火电厂“试验”成功的基础上,不仅毕节产业结构调整的“四大区”建设把“能源大区”放在战略首位,为毕节先后创办或正在申办的纳雍火电厂、大方火电厂、织金火电厂、威宁火电厂、黔西火电厂、毕节头步桥火电厂等建设开创了一条成功之路;而且为贵州省投资创办盘县火电厂(4×60万千瓦)、纳雍二厂、黔北电厂、鸭溪火电厂、习水火电

① 金党发[2001]47号文,2001年工作总结。

② 金党发[2002]37号文,2002年工作总结。

厂等起到了示范作用;同时,也为《贵州省“西电东送”煤炭综合开发规划》的制定和贵州“能源省”的发展战略提供了试验和参考。也为毕节煤—油转化和煤—气转化起到了“旁侧效应”。

2. 是“西部大开发”战略的成功预演

“西部大开发”是党中央在世纪之交作出的重大战略决策,这既是区域经济学在中国的伟大实践。又是发展经济学在新世纪的发展战略。如果说2000年11月8日洪家渡水电站的动工是“西电东送”工程的开工,“标志着西部大开发拉开序幕”的话,那么,早在1997年4月金沙火电厂的动工建设,带动了金沙经济的发展,实施了“强县升位”的跨越式发展战略,实现了经济增长方式的转变,则是“西部大开发”战略在毕节“试验区”的成功预演。

3. 是毕节“四大区”战略的逻辑起点

如果说丰富的自然资源为毕节“四大区”战略的提出奠定了坚实的物质基础;“试验区”建设为之提供了思想指导;那么,金沙火电厂建设成功实现了煤—电的“耗散结构”转化,则是毕节“四大区”战略的逻辑起点。

区域经济学家胡佛(phufu)认为:区域经济的初始发展取决于自然资源的禀赋,生产力发展水平,交通运输成本三大因素。萨缪尔森(Samutlson)认为:贫穷国家的经济增长(y)依赖于自然资源(R),人力资源(L)、资本形成(K)、创新精神(A)(包括技术创新和产业创新)即 y=Af(K、L、R)。只有驾好这“四大车轮”才能实现“从恶性循环到良性循环”。作为中国西部贫困的毕节地区,过去一直是“两烟”支撑的“孤岛”经济,无论从恩格尔定律分析,还是从马太效应来看,毕节都处在贫困地位。虽经几代人的努力到2001年GDP比1988年翻了1.5番,农民人均纯收入从184元增加到1335元①。但仍处于全国人均水平之下,远低于世界平均指标,处在经济发展初始阶段。要改变毕节的恩格尔系数,挑战马太效应,必须对全区经济结构进行战略性调整。那么,怎样启动和驾驭毕节经济发展的“四大车轮”脱贫致富奔小康呢?中共毕节地委和行署根据贵州“能源省”和“公园省”的定位以及毕节“试验区”实际,在金沙能源开发“试验”成功的基础上,提出了把毕节建成能源大区、绿色大区、畜牧大区、旅游大区的发展战略。因此,可以说金沙火电厂建设煤—电耗散结构转化,是毕节“四大区”战略提出的逻辑起点。

4. 是西部落后地区发挥“后发优势”的成功探索

所谓后发优势(Advantage of Backwardness)美国经济学家凡勃伦(Fembvdein)认为:在产业建设起步晚,市场经济发育不全,价值观念,劳动力素质等比较落后的“二元经济结构”的国家或地区,不必重复发达国家工业化进程,可以利用自身丰富的自然资源、劳动力资源,与外部较好的环境如技术、资金、市场等要素相结合,跳过某些发展阶段,直接跻身于先进行列。这是落后地区利用自身的资源优势,劳动力优势,加上外部成熟的技术和市场优势,采取后来者居上的跨越式发展战略。

在开放的金沙经济系统中,自然资源、人力资源、资本、技术、市场等要素只要任何一个要素有一点微小的变化都会引起整个系统由“微涨落”转变成“巨涨落”,完成煤—电的“耗散结构”转化。使传统产业让位于新兴产业,金沙就是通过发挥自身的资源优势加上系统外的先进技术与资本及市场等要素,跨越传统发展阶段跻身于全省20个在建的经济强县之列,完成了金沙主导产业和产业网络的有序结构,发挥了金沙煤炭资源的后发优势。使金沙财政、税收和GDP稳步上升,实现了跨越式发展。(如表1)

表1 1997—2002年金沙财政、税收、GDP增长表②

单位:万元

	1997	1998	1999	2000	2001	2002
财政总收入	10386	11568	12869	14728	17668	22298
国　税	2989	3839	4417	5074	6598	9281
地　税	2102	2574	3241	4417	6249	7687
财　政	5295	5155	5211	5237	4821	5330
地方财政	7896	8360	9197	10509	12162	12505
GDP	98000	103500	98000	103000	118000	181670

① 朱生亮,“建议四大区、辉煌试验区”,《毕节日报》,2002年6月17日。

② 资料来源于《金沙1997—2002年工作总结》。

这是西部落后地区发挥后发优势的跨越式发展的有益探索。

5. 是西部贫困地区反“贫困恶性循环”的典范

毕节的贫困是“富饶的贫困”。就象美国发展经济学家R·纳克斯所说的：“不是资源不足，而是由于资本启动不足，经济中存在若干相互作用的‘恶性循环’系统，其中主要是‘贫困恶性循环’”①（如图3）。

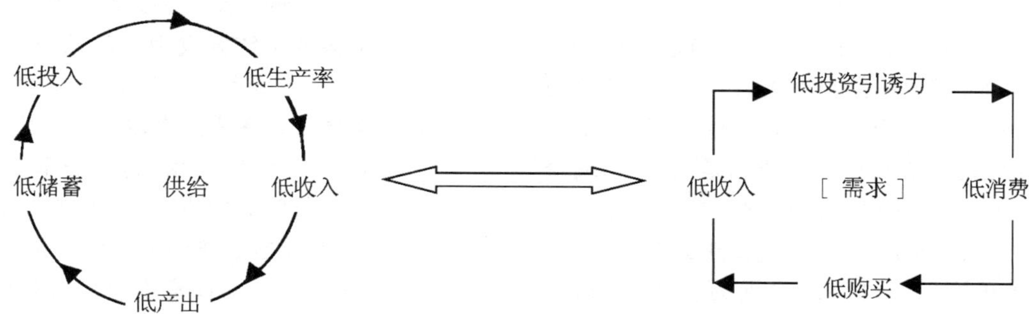

图3　R纳克斯的“贫困恶性循环图”

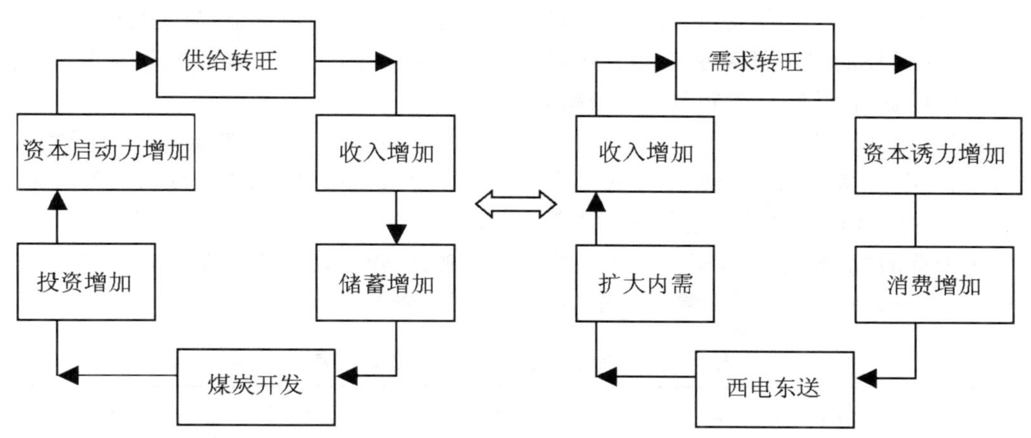

图4　金沙反“贫困恶性循环”示意图

纳克斯认为，这两个循环形成的“怪圈”难以打破，使贫困地区经济运行系统处于无序状态。萨缪尔森在谈到这个“怪圈”时说：“贫困国家（地区）在把发展和‘四大车轮’结合起来——成功的发展道路要采取步骤在许多点击断循环链条……如果能增加投资、提高技能和限制人口增长，那么，就会形成一种经济发展的良性循环”②。改革开放前，毕节与外界基本上没有物质和能量的交换，没有负“熵”流入，系统内的“熵”不断增加，使其接近无序的混乱状态。“围海造田”是“越垦越荒”，人口生产是“越生越穷，越穷越生”，陷入“贫困恶性循环”怪圈。改革开放后，在“试验区”战略思想指导下，金沙率先开发自身的煤炭资源，引进外资和技术，进行煤——电的“耗散结构”转化，不仅打破了纳克斯的“怪圈”，初步摆脱了“人口膨胀、生态恶化、经济贫困”的恶性循环，逐步走出了“越生越垦、越垦越穷、越穷越生”的怪圈，走上了良性循环的发展道路；而且也是贫困的毕节地区反“贫困恶性循环”的典范，为中国西部广大贫困地区探索了一条“脱贫致富奔小康”发展道路。如图4所示。

6. 是“可持续发展”战略的成功试验

可持续发展（SustainableDevelopment）是一个综合性概念，实质是人类社会共同成本问题，是以人为中心的时间、空间、需求“三维系统”。①从时间系统看：它是既考虑到当代人的发展，又考虑到后代人的发展，既满足当代人的需求，又不对后代人满足其需求的能力构成危害；②从空间系统看：它既考虑本地区的发展，又要考虑其他地区的发展，既满足本区域的人的需求，又不对其他区域的人满足需求造成

① R·纳克斯，《不发达国家资本形成》，商务印书馆，1953年版。

② 萨缪尔森，《经济学》，中国发展出版社，第16版，P1378—1379。

危害；③从需求系统看：它既考虑人类衣食住行等物质方面的基本需求，又要考虑满足人们受教育、医疗、保健、文娱体育、环境、福利等精神方面的需求，还考虑到包括政治民主以及人权等方面的全面发展的需求。

1992年联合国环境与发展大会确定了可持续发展战略，写进《里约环保与发展宣言》中国政府也签署了以可持续发展为核心的《21世纪议程》等文件。1997年党的十五大指出："我国是人口众多，资源相对不足的国家，在现代化建设中必须实施可持续发展战略"。而毕节在胡锦涛亲自倡导下，早在1988年起就开始了以可持续发展为核心的"试验区"建设。金沙1997年开始"以火电厂为龙头……良性循环奔小康"的实践，不仅打破了纳克斯"贫困恶性循环"的怪圈，而且走上了"资源－经济－人口－生态－社会"良性循环的可持续发展道路。所以说：金沙的煤－电"耗散结构"转化的能源开发战略，是"可持续发展"战略的成功试验。

总之，金沙煤－电的"耗散结构"转化，不仅把金沙的煤炭资源转化为经济资源，把"乌金"变成了"黄金"，发挥了煤炭资源的"后发优势"，而且为中国西部广大贫困地区"脱贫致富奔小康"探索了一条"可持续发展"道路。

四、金沙能源系统开发中的难题分析

用耗散结构的系统发展观和唯物辩证的方法论看。金沙能源的系统开发由于战略思路正确，取得了辉煌的成绩，但也存在一些不可忽视的实际困难。

（一）煤源基地建设的资本启动不足

"资本(Capital)"，马克思在《资本论》中说，"是能够带来剩余价值的价值"。一般来讲，资本作为一种生产要素，是指能够增值的价值。包括物质资本、人力资本、金融资本。而资本启动又是资本形成过程的一个重要环节，也就是把初始资本转化为资本品生产，从而又形成新的生产能力的过程中，原始的金融资本（含货币资金）与实物资本和人力资本结合起来用于生产过程，从而推动整个资本运动的关键环节。

1. 资本启动不足首先是投资不足

煤炭是火电厂的"粮食"，煤炭开发需要有资金投入。笔者对金沙新化龙凤片区五大煤矿的调查中了解到：煤矿建设资金投入不足，与计划有一定的差距（如表2）。

表2　金沙能源开发部份煤矿投资计划表①

序号	矿 名	建矿时间	性质	设计能力	计划投资	现已投资	投资缺口
1	林东龙凤煤矿	1997年	国有	45万吨	8000万元	3600万元	4400万元
2	贵源煤矿	1997年	股份制	60万吨	8000万元	3800万元	4200万元
3	腾龙煤矿	1997年	私营	30万吨	4500万元	1280万元	3220万元
4	金鸡煤矿	1997年	股份制	9万吨	1000万元	650万元	350万元
5	新化五号井	1997年	国有	21万吨	3000万元	600万元	2400万元
小 计				165万吨	24500万元	9930万元	14570万元

从图表来看，金沙五大煤矿投资计划率仅为41.3%。而资本启动不足率为58.7%，缺口>实投。

2. 资本启动不足其次是投资引诱不足

投资是一种行为，它既是资本变换的一种方式，也是对资本的运用。是经济主体为了在将来获得更大的增值或回报，而对目前的资本作出的某种运用行为。资本投资的目的就是要实现资本投资收益率（资本盈利率）的最大化。资本投资要考虑两大因素：一是如何规避风险；二是投资收益率。凯恩斯资本边际效率理论认为：利息就是投资的成本或机会成本，投资者总要比较预期收益率与利率的资本边际收益率。资本投资不仅追求利润，而且首先要规避风险，投资首先要考虑三大风险；一是政策风险；二是经济风险；三是业务风险。煤炭产业的业务性风险系数较大，这是人们投资时所担心的直接因素，除此之外还有投资偏好，投资选择，投资机遇，投机激励机制等因素。

① 资料来源：《金沙发展研究》，2002年第5期，P19－21。

金沙煤源基地建设资本投资启动不足，一是有限的财政资金要用于公路、供水等公共基础设施建设上，二是县内民间储蓄大都是预防生活风险的小额储蓄，三是煤源基地建设占用资金较大，而且投资回收期长；四是煤炭产业的市场优势尚未充分展现出来，投资回报对人们投资的引诱力不高；五是投资煤源基地建设的风险系数尚看不准，特别是市场风险与煤炭开发业务（安全）风险，对人们投资煤源基地失去安全和信心，这些都说明了煤炭基地建设投资引诱力不足。

以上从投资和投资引诱供需两个方面分析说明金沙煤源基地建设的资本启动不足，不仅在金沙，而且在毕节乃至贵州都是一个普遍存在的现实问题。如纳雍的宗岭煤矿计划第一期投资1个亿，设计能力100万吨，但仅投资200万元进行“四通一平”，比德煤矿计划投资4.8亿，仅投资4860万元，五轮山煤矿、五家营煤矿、德科煤矿也如此。除此之外，盘县、习水、安顺、鸭溪、等煤源基地建设等都存在资金投入明显不足的问题[①]。煤源基地建设资本启动不足这是金沙能源系统开发中的一大难题。

（二）煤源基础设施建设滞后于火电厂建设

基础设施是国民经济中各部门的发展和运行都有赖于其支撑的结构要素，是经济增长的先决条件，金沙煤源基地的基础设施建设也是一个系统工程。但如前所析，由于建设周期长，占用资金大，投资收益率尚未有明显的引诱力，投资风险难以确定，资本启动不足。所以，金沙大煤矿建设只有采取滚动式开发，是资本金不足而迫不得以所采取的形式。煤源基地的基础设施建设如煤矿、煤井、煤场、矿区公路硬化交通运输、供水、供电、通讯……环境等基础设施都跟不上火电厂的建设进度，明显滞后于火电厂的建设。难怪有人说：“电厂建设和煤矿建设，一个红红火火，一个冷冷静静”[②]。煤源基地建设滞后于火电厂建设。

（三）煤—电因利润问题使“双赢”为“双卡”

影响利润的核心问题是煤——电之间的价格问题，主要反映在两个方面：一是近几年由于国家“关井压产”政策效应，国有大煤矿的统配煤价一路上扬。我省销往省外的统配煤，坑口价格为172元/吨，供本省电厂统配煤为117元/吨，2002年经省政府协调，上调至125元/吨，省内外煤价相差47元/吨；二是乡镇小煤窑刹价，其坑口块煤一般在70—90元/吨左右，沙煤在25—40元/吨之间，大大低于国有统配煤价。由于存在两个市场，多种价格，电厂为降低生产成本，而对乡镇小煤窑的“亲密”度比较大，大型煤矿又瞄准省外市场。于是，使电厂用煤告急，如安顺火电厂、盘县火电厂也曾经一度因用煤告急而暂时停机。火电厂的生产经营离不开煤，煤矿的生存也需要火电厂这个巨大市场来支撑。但因市场、利润、价格等方面的原因，双赢变成了双卡[③]。金沙煤一电系统之间也或多或少地存在这些问题，这是一个不可忽视的潜在问题。

（四）林—煤矛盾不可忽视

在金沙能源系统开发中，煤炭生产与林业生产的矛盾日益突出。笔者曾到煤炭部门和林业部门进行火电用煤与坑木的专题调查，经过电厂、煤炭、林业部门的测算，火电厂每发1万度电，需5吨煤左右，而煤炭企业每生产100吨原煤需1—1.5立方米坑木。（如表3如示）

表3　2000—2005年金沙电、煤、木的主要指标表[④]

年 份	发电量(亿度)	煤耗量(万吨)	耗坑木(万立方米)
2000	30.60	161	1.6—2.4
2001	39.93	191	1.9—2.8
2002	40.95	198	2.0—3.0
2003	60	300	3.0—4.5
2004	100	500	5.0—7.5
2005	170	850	8.5—12

① 《当代贵州》，2002年第7期，P11。

② 《当代贵州》，2002年第7期，P11。

③ 参见《当代贵州》，2002年第7期，P11—12。

④ 资料来源于《金沙发展研究》，总第11期和总第28期。

预计到2005年金沙火电厂(4×12.5万千瓦)和黔北火电厂(4×30万千瓦)共170万千瓦,电厂年耗煤达850万吨,耗坑木8.5立方米~12立方米。所以,火电厂对金沙煤炭产业和林业生产提出了新的要求,当前林业建设与煤炭生产主要有四大突出矛盾。

(1)坑木供给与煤厂需求的矛盾

电厂年发电量为170万千瓦,需用煤850万吨/年,需用坑木8.5立方米~12万立方米/每年(相当于1000亩~1500亩森林),而金沙现有林木面积34.95万亩,全县商品林蓄积136万立方米,其中:中龄林、近熟林、成熟林66万立方米,在商品林中能用于坑木的占50%,只有33万立方米,自然生长率为10%,坑木林每年增长3.3万立方米,只占年增电煤需求量的50%。这样金沙的坑木能砍多久?最多只能支撑8~10年。因而,坑木供求矛盾十分突出。

(2)林业政策与煤炭生产的矛盾

在金沙能源开发战略中,已把煤炭生产作为县城经济发展的支柱,而在煤炭采掘中的坑木需求量逐年上升。但是,国家从全局出发,为西部地区的生态建设与可持续发展制订了一系列政策,从2001年开始,国家已对金沙商品林计划冻结砍伐指标,对中龄林只准抚育间伐,而间伐强度不能大于25%。照此测算,金沙商品林合理年伐量3.1万立方米,其中能生产坑木的只有1.6万立方米。加之,林木买卖交易市场长期不能健全,林木不能进入流通市场,即始间伐的林木进入流通领域都要交纳各种税费高达木材销售总额的46.28%,就是属于公益性的用于造林的树苗也要交纳5.4%的农林特产税,这不利于林业(坑木)的市场化经营和发展。

(3)坑木需求与林政管理的矛盾

由于煤炭生产对坑木的需求越来越大,在品种上已由硬杂木转为多品种和多树种,市场交易价剧烈攀升达350元~500元/立方米,由于市场拉动,又使林木砍伐量激剧上升,在没有国家商品林计划指标前提下,出现无证砍伐,非法运输。这与林政管理相矛盾。

(4)速生坑木基地建设与林业资金投入的矛盾

为解决煤炭生产对坑木需求的矛盾,金沙县委和县政府从2000年开始,把围绕煤炭生产的速生坑木林建设纳入县城经济持续发展中,并作了五年营造10万亩速生坑木林的发展规划。但是,由于以火电厂建设为"龙头",资金大都投入电厂,交通、运输、煤炭等的基础设施建设上,而对林业生产的投入逐年减少。2000年营造速生林基地建设的育苗款就拖欠了90余万元[①]。有的乡镇反映:速生坑木林已是农民脱贫致富奔小康的一条重要途径,但资金投入不足,苗圃基地建设落后,以及已经营造的林木项目面临育、管、护脱节的矛盾。

总之,在金沙能源系统开发中,林——煤系统间的供求、政策、管理,投入等方面的问题,是不可忽视的矛盾。

此外,煤与路、煤与水、煤电与环境,能源与人才等系统间的矛盾,也是不可忽视的问题。

五、金沙能源系统开发的对策建议

通过对金沙能源开发"耗散结构"的系统分析,针对以上问题提点对策的建议。

(一)解放思想,扩大开放

耗散结构论认为:"社会和生物的结构都有一个共性,是它们都产生于开放系统,而且只有与周围环境进行物质和能量交换才能维持生命力。"江泽民"5·31"讲话和党的《十六大报告》都指出:"发展要有新思路,开放要有新局面"。因此,我们要与时俱进地坚持"解放思想,实事求是"的思想路线,适应经济全球化和WTO的新形势,走新型工业化道路,坚持以"火电厂建设为龙头……良性循环奔小康"的战略思路。通过煤——电的"耗散结构"转化,把"乌金"变为"黄金",与外界发生更多的物质和能量交换以及经济和文化交流,提高金沙的对外开放水平和知名度。按十六大的要求"要进一步解放思想,增强自我发展能力,在改革开放中走出一条加快发展的新路"。拓宽金沙经济发展空间,全面建设金沙小康社会。

(二)深化能源开发,解决资本启动问题

金沙能源的系统开发急需解决的是资本启动问题,即资本投资来源和投资引诱问题。马克思在《资本论》中分析社会扩大再生产时说:资本是"发动整个过程的第一推动力"[②]。刘易斯(W·Lewis)也认为"这是经济增长理论的中心问题"[③]。罗斯托(W

---

① 《金沙发展研究》,总第11期,P114。

② 马克思,《资本论》第2卷,人民出版社,1975年出版,P393。

③ A·刘易斯,《经济增长理论》,上海三联书店,1990年版,P283。

·Rostow)认为:"扩大投资是经济起飞的第一启动力"①。根据资本形成理论,解决金沙能源开发投资的资本启动不足问题,建议采用以下对策:

1. 改善投资环境,积极利用外资

党的十六大指出:"着力改善投资环境,引导外资和国内资本参与西部大开发"。我国"十五"计划纲也要指出:"采取鼓励政策,引导外资更多地投向中西部地区,特别是基础设施建设,优势产业发展等,利用国际金融组织和外国贷款,并更多地用于中西部地区。"在经济全球化的今天,我们应扩大金沙对外开放程度,改善投资环境,扩大利用外资的范围、规模和渠道。特别是9·11事件,使国际资本对美国失去了投资安全和消费信心,必然寻找新的出处。而此期间的中国,政治稳定,经济持续增长,2001年又以APEC巨人加入WTO,是国际资本流向的"安全岛"和"新绿洲"。目前,美、日、欧都纷纷降息,这是我们利用国外贷款投资的"天赐良机"。可利用国际金融组织(世界银行、亚洲开发银行等)贷款,还可利用BOT融资和项目融资。(1)所谓BOT融资:即Build－Operte－Transfer(建设－经营－移交)是政府吸收民间资本加入煤源基地基础设施建设的一种有效方法。基本做法是:"政府通过授权(在招标中招商)把本属于政府的资源委托给投资者投资建设并经营,在特许经营期届满时移交给政府"。其优点:第一,减少项目对金沙财政的压力;第二,能把境外资金引入金沙煤源基地建设;第三,能将资本、技术、管理同时引入金沙。早在20世纪80年代初,广东沙角火电厂就是采用了BOT融资方式。1995年国家计委批准建设的广西来宾电厂也采用了规范的BOT融资。我国先后发布了《关于试办外商投资特许权项目审批管理有关问题的通知》和《在境外进行项目融资的管理暂行办法》,标志着BOT融资方式在我国进入了规范发展的新阶段。(2)项目融资的优点在于:第一,为金沙煤炭基地建设项目提供了原本难以独立解决的资金来源;第二,项目融资是"资产负债有以外的融资",不影响金沙的资产负债结构;第三,有利于风险分担;第四,有利于增加金沙的财政税收和GDP。在新世纪改善投资环境,利用BOT融资,是我们利用外资搞好金沙煤源基地建设,解决资本投资不足的大好时机和有效途径。目前,金沙已把一些煤田的开发立为招商引资项目,并制定了"一站式服务""五日内办妥一切手续""实行挂牌保护""减免费用"等一系列优策政策②。改善了金沙的投资环境,有利于引进和利用外资。

2. 发挥"资源优势",化资源为资本

刘易斯说过:"资本(金融资本)并不是经济增长的唯一条件,只有资本而不同时为资本的使用提供富有成效的基础(机制),那么资本就会被浪费"③。资本作为一种生产要素,也是一个开放的系统,资源也是一种资本,关键在于人们怎样发挥资源优势,并将资源转化为资本。我们要按"十六大"的精神,坚持"引进来"和"走出去"相结合,"在更大范围、更广领域和更高层次上参与国际经济技术合作与竞争,优化资源配置,以开放促改革促发展"。不仅可以把金沙的煤炭作为商品输出,而且还可作为股份与电厂入股;可把煤－电系统联合起来创办股份制企业;通过"西电东送"工程,又将电力作为资本向外入股投资,创办更大的股份制企业,再通过产业关联度,又将境外资金引入金沙煤炭开发。这样就将金沙的煤炭资源"耗散结构"为经营资本转化为投资,形成煤源开发的启动资本,这就是资本形成的"连环套",是发挥金沙煤炭资源优势,化资源为资本的资本启动策略。

3. 发行股票、债券,吸收社会资金

股票(Stock)是资本的一种象征和载体,是资本集中的重要手段和工具。发行股票,债务人可以运用这个资本去启动项目的生产经营,实现资本在运动中增值。目前,电力股票上市的不少,但煤——电联营的股票却没见。金沙(毕节)煤炭资源丰富,如果发行煤－电股票,对广大市民的投资欲望将是一大刺激,人们的积累蓄储观也将会发生改变。通过发行股票、债券,吸纳区内外社会资金,实现金沙煤炭－电产业的自我造血,滚动发展。

除此之外,还可以争取国债资金和银行贷款,把储蓄转化为投资等多种渠道,扩大投资,增加煤炭生产的安全度即可增加投资安全系数,也可增加对煤炭产业的投资引诱力。这些都是解决煤源基地建设资本启动不足难题的有效方法。

(三)走新型工业化道路,发挥煤炭资源的"后发优势"

---

① [美]Rostow,《经济成长阶段》,商印馆,1971年版。

② 参见《金沙欢迎您》,中共金沙县委宣传部主办,2002年版,P7－8。

③ 刘易斯,《经济增长理论》,商务印书馆,1999年版,P244。

党的十六大提出了“全面建设小康社会”的战略目标，作为贫困的毕节地区（含金沙）怎样脱贫致富建小康呢？根据“耗散结构”理论，金沙煤——电系统只有不断地与外部环境进行物质和能量的交换，才能维持其生命力。美国经济学家凡勃能认为：“在开放的世界经济发展进程中，落后国家（地区）可以利用自身丰富的自然资源、劳动力资源，与外界成熟的技术、资本、市场等要素结合起来，跨越某些发展阶段，跻身于先进行列”①。丰富的煤炭资源，是大自然对金沙（毕节）的“恩赐”，我们要利用好自身资源优势，在WTO、经济全球化及西部大开发中，通过“西电东送”工程，与外部先进的技术、雄厚的资本和成熟的市场结合起来，“走科技含量高、经济效益好、资源消耗低、环境污染少、人力资源优势得到充分发挥的新型工业化道路”②。在金沙煤一电转化成功的基础上，还有煤一油转化，随着交通运输的发展，燃油紧张，伊拉克等中东战争，使国际石油价格攀升不下，解决的途径将为无烟煤转化为汽油提供了动力和需求市场，同时，还有煤一气转化，这些都为金沙（毕节）煤炭产业系统开发提供了广阔的市场空间，是金沙煤炭产业的“后发优势”。因此，我们要走新型工业化道路，发挥金沙煤炭资源的“后发优势”，实现金沙经济的“跨越式”发展。

（四）依靠科学技术，缓解能源系统开发的矛盾

金沙能源系统开发是一个复杂的系统工程，既关联着林、煤、水、电、路，又涉及到人口、生态、环保、经济、社会各系统。目前，急需解决的是煤炭生产与坑木供给的矛盾问题。根据耗散结构理论，煤炭系统与林业系统之间也要进行交换才能维持自身的发展。而金沙煤炭生产对坑木的需求远远大于金沙林业的供给量。为解决这一问题，金沙县委和县政府采取了以下对策。

1. 抓住西部大开发机遇，大力发展速生坑木林

抓住西部大开发这个天赐良机，大力发展林业。首先是要把速生坑木林基地建设纳入能源基地建设和县城经济可持续发展的战略轨道，并将发展速生坑木林作为农村农业产业结构调整和农民增收致富建小康的战略措施，制订出长期规划和可操作的实施办法。

（1）把政策鼓励与市场让利相结合发展坑木林

金沙县委和县政府于2000年制订了《关于建设10万亩速生坑木林基地的五年规划》。为建设10万亩速生坑木林基地，还作出了《关于营造速生商品坑木林的十条规定》鼓励机关、企事业单位及个人营造速生坑木林，明确投资者的权利受保护，充分调动了投资者的积极性，2000年营造了1.5万亩、2002年2万亩、2003年3万亩，预计2004年营造2万亩、2005年1.5万亩。但由于坑木林生长需8—10年的周期，其间需育苗费、护管费等直接成本；还有土地与人工在这8—10年间的机会成本。而商品林只能间伐，目前坑木的市场价格一般在350—500元/立方米，而各种税费达46.28%，林农都是负债经营。为让利于坑木林生产经营的林农，给林农减免部份税和费，金沙县委和县政府又出台了《关于发展商品速生坑木林的决定》规定“谁造谁采，各种税费减半征收”③。把政策鼓励与市场让利相结合来发展速生坑木林。

（2）把退耕还林工程与速生坑木林基地建设结合起来

金沙自1993年农民自愿退耕还林开始到2002年12月止，已有16498户农户退耕还林，完成退耕还林5.9万亩，造林成活率在85%以上④。同时，还林主要是营造速生坑木林为主，把坡度为25度以上的中等耕地退耕还林用来栽坑木收入翻一翻。如：种玉米每亩每年产200公斤，市场价每公斤为1元，年收入200元/亩。若栽坑木每亩100株，10年后可生产坑木12立方米/亩，市价350元/立方米，每亩可收入4200元，年均每亩收入420元，比种玉米翻一翻多。于是，把发展速生坑木林作为农民增收致富建小康的一条重要途径，各乡镇已把发展速生坑木林纳入目标管理的重要内容。农民们都说：“要想富，就要上山去栽树；要栽树，速生坑木才对路”。

（3）实行政府主导与“世行”贷款相结合

营造十万亩速生坑木林基地，前期需要大量的投入。要实行政府主导型的多元化投资渠道，政府每年保障不低于100万元的投入，同时，争取把速生坑木林建设纳入国家西部大开发转移支付的扶持项目，还要争取世界银行贷款造林。金沙于1999年已开始实施了“世行”贷款造林项目，在煤源基地新化、安洛、太平、城关、禹谟等乡镇已利用“世行”贷款造

① 钟阳胜，《追赶型经济增长理论》，广东高等教育出版社，1998年第四版，P201。
② 江泽民，《在中国共产党第十六次全国代表大会上的报告》，人民出版社，2002年11月8日第1版，P21。
③ 《金沙发展研究》，总第11期，P102。
④ 《金沙发展研究》，总第30期，P 8—9。

林1.1万亩。

2.依靠科学技术,开发坑木替代产品

为缓解采煤与坑木供给的矛盾,1999年金沙县委和县政府责成经贸局和煤炭局组织研制和推广井下支撑构件。新化煤厂曾用钢筋混泥土替代坑木,但因成本费用高,安装不便而失败。所以要依靠科学技术研制开发科技含量高,生产性能好、成本低、安全可靠的坑木替代产品。如金沙一些煤矿使用的液压支柱、油压支柱等产品都是可行的。同时,煤炭生产企业也要提高科技含量,改进开采方式,采用更加科学的方式开采原煤,才能缓解煤炭开采对坑木要求的矛盾。

总之,建设金沙能源基地"必须发挥科学技术作为第一生产力的重要作用",首先建好速生坑木林基地,同时,研制开发科技含量高的替代产品,保障煤炭开采用林,缓解林—煤矛盾。

(五)尊重客观规律,走可持续发展道路

发展是我们党执政兴国的第一要务,然而,社会经济的发展是一个自然历史的过程,有自身的客观规律。马克思曾经从生产关系的角度揭示了这一规律。罗斯托的"起飞"(Take off)理论,又从生产力的角度揭示了这一规律。二者都体现了"耗散结构"的系统发展观。罗斯托的"起飞"是原有经济系统通过开放与外界大量交换物质和能量出现的"巨涨落",使落后的经济系统跃迁到新的有序结构(耗散结构)阶段。但是在"起飞"过程中环境污染、资源耗竭造成洪水、暖冬、沙层暴、高温高压气流等"熵"流给人们敲响了警钟。而新世纪我们进入全面建设小康社会的新阶段,跨入"追求生活质量"阶段,要使经济系统形成新的有序结构。然而,这种新的"耗散结构"必须依靠实施"可持续发展"战略来形成。所以,胡锦涛主席进一步指出:"发展是以经济建设为中心,经济政治变化相协调的发展,是促进人与自然相和谐的可持续发展。"①。可持续发展(SustainableDevelapment)有一个综合指标体系:即生产资本、自然资本、人力资本和社会资本的系统发展。其中:社会资本的关键是促进社会成员共同利益协调机制,也称为制度资本,科斯(Kosie)认为是"社会成本问题"。它可从多个学科去理解:①从经济学的角度看,确实是一个社会成本问题,即要求收益大于成本;②从哲学角度看,是一个价值问题,即经济增长是否符合满足人们合理需求与健康发展的目标;③从社会学角度看,是一个社会进步战略,即经济增长的有效性与社会是否文明进步的问题;④从理论学角度看,则是一个道德问题:即经济增长必须既有利当代人的生活改善,又有利于后代人的生存与发展的问题。可持续发展是西部贫困地区全面建设小康社会的必然选择。毕节地区在胡锦涛同志"开发扶贫、生态建设、人口控制"试验区可持续发展战略思想指导下,不断探索可持续发展道路,经过十五年的努力取得了显著成绩:"2002年全区GDP140.37亿元,15年年均增长9.25%,高于全省1.24%,高于全国1.13个百分点;财政收入17.24亿元,是1988年3.02亿元的5.7倍,从全省后列跃升到全省第三,农民人均纯收入从1988年的226元上升到2002年1393元,年人均增长13.8%,高于全省全增幅4个百分点;森林覆盖率从1987年的8.53%上升到2002年的31.88%;人口自然增长率从1988年的21.29‰下降到2002年12.75‰"②。基本上改变了以前在粮食生产上(经济上)"越穷越垦、越垦越荒",在人口生产上"越生越穷、越穷越生"的恶性循环怪圈,走上了资源—生态—人口—经济—社会良性循环的可持续发展道路。金沙通过煤电的的耗散结构转化,不论是GDP增长速度,还是从财政和农民人均纯收入增长速度都高于全区发展水平,这是坚持按客观规律办事,综合处理好资源、生态、人口、经济、社会关系的结果;是改变封闭的经济社会结构,扩大开放的必然结果。所以,在金沙煤炭系统开发中,要按十六大的要求始终坚持走良性循环建小康的可持续发展道路。把煤炭资源、水资源、森林资源、人才资源的系统开发与持续发展有机结合起来,再造青山绿水新金沙。

综上所述,通过对金沙能源开发战略的系统分析和研究,可看出:金沙在"试验区"战略思想指导下,确立的"以火电厂建设为龙头……良性循环奔小康"的战略思路,不仅符合金沙实际和"可持续发展"战略的要求,而且符合马克思主义唯物辩证法和"耗散结构"的系统发展观。体现了先进生产力发展的新要求,是金沙发挥煤炭资源优势,走新型工业化道路的"跨越式"发展战略,是辉煌"试验区"的典范,是建设"四大区"的发展新思路,是西部贫困地区脱贫

① 胡锦涛,《在"三个代表"重要思想理论研讨会上的讲话》,2003年7月1日第1版,P7—8。

② 赵友良,《在试验区建立十五周年总结大会上的讲话》,毕节日报,2003年8月21日第1版。

致富奔小康，全面建设小康社会的可持续发展战略。因此，我们要按十六大的要求，把发展作为执政兴国建小康的第一要务。根据耗散结构理论，制定切实可行的发展战略，协调好金沙能源基地建设这个复杂的系统工程中的林、煤、水、电、路，以及人口、生态、环保、经济、社会各系统的关系，使之更加良性循环持续发展，全面建设小康社会新金沙。

此外，在金沙能源系统开发中，怎样处理好煤与路、煤与水、煤电与环境、能源资源开发与人才资源开发等系统的可持续发展。待笔者进行专题调查之后，再作专题分析研究提出对策建议。

鸣谢：在写作过程中曾得到金沙县常务副县长杨振芳同志、县委宣传部副部长刘志开同志的关心和支持。金沙县科协詹相才主席、金沙县煤炭局曹总工程师、金沙县林业局秦连刚主任，金沙县统计局赵福海同志、县委办黄文发主任及徐开艳副主任等提供了大量的数据和资料，在此深表感谢。

说明：本文也可供决策部门参考。本文所用数据迄至 2002 年 12 月 30 日止。

主要参考文献

[1] [德]卡尔·马克思，《资本论》第 2 卷[M]，人民出版社，1975 年版。
[2] [中]《邓小平文选》第三卷[M]，人民出版社，1993 年版。
[3] [中]江泽民，《在中央党校省部级干部进修班毕业典礼上的讲话》，2002 年 5 月 31 日。
[4] [中]江泽民，《在中国共产党第十六次全国代表大会上的报告》，2002 年 11 月 8 日。
[5] [美]普里戈金·斯唐贵，《从混沌到有序》[M,]上海译文出版社，1987 年版。
[6] [中]汤正仁，《耗散结构论的经济发展观》[N]，《经济评论》，2002 年第 2 期。
[7] [中]潘双华、马宏伟，《与领导谈现代经济学》[M]，企业出版社，2001 年第 1 版。
[8] [英]阿瑟·刘易斯(W·Lewis)，《经济增长理论》[M]，商务印书馆，1999 年版。
[9] [美] R·纳克斯，《不发达国家资本形成》[M]，商务印书馆，1953 年版。
[10] [美]保罗·萨缪尔森，《经济学》，中国华夏出版社，1999 年第 16 版。
[11] [中]郭之希，《资本经营》[M]，西南财经大学出版社，1998 年第 1 版。
[12] [中]钟阳胜，《追赶型经济增长理论》[M]，广东高等教育出版社，1998 年第四版。
[13] [中]朱生亮，《建设四大区，辉煌试验区》[N]，毕节日报，2002 年 6 月 17 日 1—3 版。
[14] [中]杨兴举，《毕节乡村发展研究》[M]，中共毕节地委宣传部，2002 年版。
[15] [中]《金沙发展研究》7—31 期，中共金沙县委宣传部主办。
[16] [中]金沙 1997—2002 年工作总结。
[17] [中]张明星，"火电用煤'西电东送'刻不容缓的问题"，《当代贵州》，2002 年第 7 期。
[18] [中]胡锦涛，《在"三个代表"重要思想理论研讨会上的讲话》，2003 年 7 月 1 日。
[19] [中]均亮等，"聚焦中国毕节"，《毕节日报》，2003 年 8 月 21 日。

第三部分

管理篇

深化国企改革　完善治理结构

——"企业法人治理结构研究"课题之分课题"宝钢企业法人治理结构研究"研究报告内容摘要

企业法人治理结构研究课题组

通过调查分析宝山钢铁集团内部治理结构建设的实际状况，本研究报告提出了深化国有大型企业集团改革的核心是建立具有中国特色的企业法人内部治理结构，具体包括五大要素——规范董事会的合理构成是关键，规范治理机构建设是基础，改善高级经营管理者的激励约束机制是突破口，加强企业党组织与职工民主管理是特色，改善股权结构是一个必要条件。

本报告的主报告，首先分析了我国国有企业建立法人治理结构面对的主要问题，即建立政府与企业间的市场化契约关系。政府与企业市场化契约关系的建立，是政企分开的前提条件，其核心有两点。第一，改革国有资产管理体制，明确国有资产管理的委托人和代理人，实现政府职能和国有资本管理职能的政资分开。第二，分离资本所有权与企业控制权，明确企业法人治理机构的权责和高级管理人员的激励约束机制，建立以董事会为核心的法人内部治理机构。本报告本着从企业内部治理结构入手解决以上主要问题，提出了具有中国特色的企业法人内部治理结构的五大要素，将企业外部治理结构建设留待今后研究。

本报告分为六个专题研究报告，把建设具有中国特色的企业集团内部治理结构概括为如下五大要素。

专题研究报告一：规范董事会的合理构成是关键。专题报告分析了宝山钢铁集团公司和五个子公司董事会的实际状况，五个子公司分别是宝山钢铁股份有限公司、上海宝信软件股份有限公司、宁波宝新不锈钢有限公司、上海五钢有限公司、宝钢国际贸易有限公司，将宝钢董事会建设存在的问题归纳为三类，即董事会的组成、董事会的管理机制和董事会的运转机制，提出了强化宝钢集团董事会的三条措施，增强董事会的独立性，建立董事会的自我评价体系，强化董事会的战略管理功能与责任。

专题研究报告二：规范治理机构建设是基础。专题报告通过分析宝钢集团母公司和六个子公司的内部治理机构的实际状况，认为宝钢集团基本实现了治理机构权力制衡，特别是母子公司之间产权界定清晰，做到了资产财务两分开；两家上市公司内部治理机构建设规范，并对整个集团产生了良性影响。但是，宝钢集团在法人治理机构建设也存在如下问题，即股东会的力量过于薄弱，董事会与经理层的重合度过高，监事会发挥作用不够。专题报告相应提出了宝钢集团规范内部治理机构建设的措施。

专题研究报告三：改善高级经营管理者的激励约束机制是突破口。专题报告首先介绍了宝钢集团1998年以前的岗效薪级工资制度以及现行的多轨制分配制度，然后分析了集团薪酬体系改革面临的主要问题，即分配向谁倾斜、分配差距多大、分配事实上的不公正等，提出了探索技术、管理等要素参与分配，建立高级管理者的激励约束机制是法人内部治理结构的突破口。

专题研究报告四和专题研究报告五：加强企业党组织与职工民主管理是特色。专题报告四是研究党组织在法人内部治理结构中作用的，通过实际考察党组织在国有控股子公司、上市公司和中外合资公司中的运行状况，报告提出在法人治理结构中确定党建工作机制，即应有一个强化党组织发挥政治核心作用的管理机制，有一个党组织参与企业重大问题决策的运行机制，有一个党组织管理企业经营人员的用人机制。专题报告五是研究职工如何参与企业内部治理的，职工是企业内部治理的重要的利益相关者，报告提出了正确把握职工代表大会、工会组织等机构的职权定位，强化职工董事和职工监事的作用，以及建立有效的职工民主管理的保障机制。如何发挥企业党组织和职工代表大会、工会和其他社会团体的作用，将是我国法人内部治理建设的特色。

专题研究报告六，改善股权结构是一个必要条件。从世界著名跨国公司来看，无论是股权结构集中(国有控股或者私人控股)还是股权结构分散，都只是间接影响内部治理的因素。从我国大型企业集团的实际来看，国有大型企业集团都是国有独资的，这种股权结构是不利于建立合理的企业治理结构的。专题报告六考察了宝钢集团母公司和四个子公司的股权结构，指出宝钢集团目前的母子公司模式存在众多弊端，特别是股权结构上有缺陷，即股权过度集中，国有股股东没有人格化，股权缺乏流动性等，提出实现股权多元化使我国企业集团法人治理结构规范运作的一个必要条件。

总 报 告

深化国企改革　完善治理结构

以党的十五届四中全会的召开为标志，国有企业改革进入了结构调整和制度创新的新阶段。关于企业制度创新，四中全会《决定》指出，“公司制是现代企业制度的一种有效组织形式。公司法人治理结构是公司制的核心。”党的十六届三中会会，又把公司法人治理结构作为国企改革的核心提出来。在社会普遍对国有企业进行公司制改制基本认同的基础上，如何正确理解和建立规范的公司法人治理结构，就成为国有企业深化改革、转换机制的重大问题。

一、构建国有企业法人治理结构需要思考的问题

我国国有企业的改革，始终围绕着企业、政府、市场之间关系而进行。

企业与政府的关系集中于政企是否分开，如何分开；政企分开的核心是所有权与经营权能否分离，如何分离。这是国有企业改革克服传统体制弊端所要解决的主要问题。

在转向市场体制过程中，国有企业总体情况不理想，其原因不仅仅是企业管理问题，更重要的是存在体制弊端，企业治理机制不健全。实际情况表明，传统政企关系和企业治理机制存在着严重的制度缺陷，它不能在市场条件下产生健全的政府行为和企业行为。

在推进改革的过程中，我们经常感到困惑的是：如果所有权与经营权不分离，政府作为所有者直接经营国有企业，市场经济体制无法建立；如果所有权与经营权相分离，如何防止经营者渎职或滥用权力、保障国家所有者权益？

长期以来，国有企业按《企业法》设立和运行，企业资产是国家财产的一部分，企业并无资本金的概念。涉及企业经营的重要事项都要由政府主持决策，同时，国家或国家通过国有银行对企业的债务承担着连带责任。面对多变的市场和众多的国有企业，政府已鞭长莫及。为使企业有市场活力，政府就倾向于下放经营权。由于所有权与经营权混为一谈，在向企业下放经营权的同时，往往将所有权一并下放，为企业内部人控制一切提供了条件。

当发现企业失控时，政府又倾向于上收权力。在上收所有权的同时，往往又将经营权一并上收，将企业管死。改革 20 年，我们已经沿着这一轨迹几度徘徊。这一难题困扰着政府也困扰着企业，使国有企业改革处于两难的境地。

在传统企业制度框架内，在向企业放权的同时，为防止失控、改善和加强对经营者的监督，政府和企业通过多种途径进行了大量探索。我们曾寄希望于企业党组织发挥“保证监督”作用，但党组织负责人与经理往往因“哥俩好”，考虑问题的角度和利益关系基本一致，而很难发挥作用；国家多次强调加强职代会的民主监督，这在涉及职工利益的有关问题上起到了积极作用，但对经营决策的核心业务，职工往往难以深入参与；政府一次次加强对企业重大经营、投资项目的审批，但由于信息严重不对称，“蒙混过关”往往并非难事；国家曾通过“财税价大检查”加强财经纪律约束，但往往以检查组与企业讨价还价，交一笔钱而了事；政府一再要求主管部门加强监管，但往往由于主管部门与企业各种关系过于密切而失灵；国家也曾派审计监察部门或党的纪检部门介入监督，这对企业有很大的威慑力，但能认真稽查的只是少数，大多由于内部人控制的严密和信息渠道不畅，只有经理更迭时才能发现一个个大漏洞。

1993 年，党的十四届三中全会在确定社会主义市场经济体制改革目标之后，改变了“放权让利”的做法，提出了一个新的思路，即通过企业制度创新稳妥地实现所有权与经营权分离。

公司制度恰恰提供了一种科学、可行的所有权与经营权分离的制度安排，将其移植到国有企业，可以较好地解决长期困扰我们的政府与企业——所有权与经营权关系问题。

公司制度的转变，将使国家所有者退居到股东地位，以股东方式依《公司法》行使权利。由此形成了所有者拥有股权，即对企业重要人事、重大决策和收益分配的决定权，或称最终控制权；企业拥有法人财产权，即对股东和公司负责的企业法人财产的经营权，或称对法人财产的管理权、控制权。所有权与经营权相分离，分别由股东和企业法人两个主体独立运作。企业以全部法人财产对债务承担责任，包括国家在内的所有者只以投入企业的资本为限承担有限责任。这样，既使企业中的国有资本仍保持国家最终所有，又使企业从股东和市场两方面获得激励和制衡，并做到自负盈亏。

由此，公有制、国有企业与市场经济能否有效结合的制度难题可以基本解决，符合社会主义市场经济体制要求的政府、企业和市场的关系可以理顺和确立。正如四中全会《决定》所指出，“公司制是现代企业制度的一种有效组织形式”。

公司法人治理结构被严重扭曲。例如：有的政府部门既向企业派董事、董事长，还要管理经理、副经理，打乱了公司控制权的配置规则，搞乱了公司内部的权责关系，使公司的经营劣迹无人负责；有的企业董事长、经理一人兼，董事会不能有效监督经理，在避免企业“领导班子”内部矛盾的同时失去了制衡；有的董事会成员与经理、副经理高度重合，虽然避免了“两张皮”的问题，却使董事会被经理班子控制，董事代表股东利益的作用失效，董事会形同虚设，为企业内部人控制一切敞开方便之门；有的董事会对集体决策、个人负责的议事规则不以为然，重大问题还是个人说了算，民主、科学的决策机制没有形成，各位董事对股东的信托责任没有落实；有的把公司分权——制衡体制看成“董事会领导下的经理负责制”，未经董事会授权，董事长处处以“法人代表”和“一把手”自居，要事事“领导”总经理，扰乱了公司的责任体制，使企业经营管理效率降低；有的国有独资企业有董事长而没有董事会；有的国有企业股票上市，在“圈”到钱后随意投资或处置，早把股东和招股说明书抛到脑后，并不想通过资本市场改善股权结构，转换经营机制；有的公司对投资者信息披露不真实、不规范，千方百计逃避社会监督，无意对股东负责；有的公司国有股占大头，经营者仍看政府脸色行事，他们认为只要把政府主管部门糊弄住，自己就可稳坐江山，小股东利益得不到保障。一些上市公司面对股价的涨落仍我行我素、不理不睬，资本市场对它的约束作用无效；等等。

这种种被严重扭曲的治理结构，使企业的体制、机制和运转方式并未超出旧体制的范畴，是旧体制和机制在新形势下的再现和复归。这种“改制”不仅不能产生健全的市场行为，而且已经直接影响到企业的业绩和投资者的信心。法人治理结构被扭曲的首要受害者就是公司和包括国家在内的全体股东，这已经威胁到国有企业能否顺利走向市场，国有企业改革能否成功。因此，党的十五届四中全会《决定》指出，“公司法人治理结构是公司制的核心”。党的十六届三中全会又突出地提出建立和完善法人治理结构，为公司发展的核心要求。为实现建立现代企业制度的初衷，政府与企业必须共同努力，在这个“核心”问题上下功夫。如果这个核心问题处理好了，建立现代企业制度的目标才能实现。

二、规范董事会的合理构成是关键

我国的《公司法》对董事会的构成，选举规则，董事、董事长和董事会的职责与义务，以及董事会的议事规则等，作了一些原则性的规定，《公司章程》再依据《公司法》对董事会章程和董事会议事规则加以具体化和条文化。在中国证监会发布的《上市公司章程指引》中，规定由董事会制定董事会议事规则。从目前的实践看，我国公司董事会的结构功能建设处于一个演进的过程中，某些先进的东西被引入，如独立董事，但整体说来，不如人意处甚多，需要改进的地方不少。具体如下：

1. 经理层与董事会往往合二为一，或占据了董事会的多数地位。按照公司制改革的最初设想，董事会的作用至少有这么两个：一是重大决策集体负责，每一个董事都有一票，不强调董事长的绝对权力；二是董事会对经理层进行制衡，决策层和管理层分开。分析一下股份制改造较为规范彻底的上市公司，可以发现，董事长兼总经理、经理层成员占据了董事会的大多数地位的现象比比皆是，不少企业原厂长负责制时的经营班子现在既是经理层又进入董事会，董事会成员和经理成员高度重叠，为内部人控制敞开方便之门，不仅难以真正集体决策，聘任经理也成了走形式。其结果是，董事长的权利被绝对化，董事会的作用被淡化；作为科学性的公司治理结构重要一环的决策层与经理层的分离就无从谈起。

2. 董事会成员的组成人选不具有广泛性和客观性，中小股东利益难以得到保证。董事会成员不仅与经理成员高度重叠，还主要来自于大股东。由于《公司法》规定，董事会作出的决议，经全体董事的过半数通过即可，大股东可以对公司实行全面的控制。此外，监事会的两个主要职能——合法性监督与妥当性监督也不那么令人满意，特别是对各种决策的妥当性监督，监事会必须拥有同董事会一样的有关这一决策的各种信息，目前这种条件还很难具备。为了解决这些问题，在企业中设立独立董事的设想被提了出来。在《上市公司章程指引》中，规定企业可以设立独立董事。我国的一部分公司，包括某些上市公司，也设置了独立董事。然而，独立董事在某种程度上成了过去专家顾问的延续，独立董事并不能很好地承担职责。

3. 董事职责不清，内部分工和权力制衡有待细化。有两种情况，一种情况是执行董事（指在公司内部担任职务的全职董事，一般为经理层）占据了董事会的大多数，董事们更多的是行使管理人的角色，而不是作为股东代表，承担股东赋予的受托责任。还有一种情况是，董事之间职责无明细分工，表面上做到了权力的对等，实质上，缺乏明细分工的结果必然造成信息采集和加工处理的困难，最终导致董事会失去科学的决策和监督能力。因为，复杂的企业不能仅通过每年四次或六次董事会会议进行治理。治理结构要求专业化的技巧，这些技巧必须通过董事会层次的委员会得到最佳地执行。在美、英等发达国家，上市公司必须至少具有三个委员会：审计、薪酬和提名委员会。具有潜在的环境风险的公司还需拥有一个环境允诺委员会，这些委员会的成员主要由外部董事和独立董事组成（外部董事是指不在公司内部任职的董事，独立董事是外部董事中独立于公司股东且不在公司内部任职的董事），对董事会负责，可以独立地开展工作。通过这些权责的分工，董事会的内部治理结构得以明晰和完善。

4. 没有建立科学的评价和激励机制。董事会必须对每一个董事的绩效必须进行定期地评估，为此应该建立科学的评价和激励机制。因为，不管是执行董事，还是外部董事或独立董事，由于对所负职责承担责任，若董事会的决议违反了有关法规，表决时投赞成或弃权票的董事还要追究法律责任。因此，这种权力的到位和责任的落实，其结果必然是激励和约束。在绝大多数国家，由外部董事和独立董事组成的一个董事会层次的委员会（薪酬委员会）评价公司的首席执行官、其它执行董事以及高级的管理层的绩效，核定对他们的补偿，再由董事会来推荐并在公司的股东大会上由股东们批准，同样的程序也适合对非执行董事的补偿。公司法规定这些细节必须在公司的年报中得到反应。薪酬委员会在核定一揽子补偿的数额和构成时，尽管没有准确的定义和指导方针，但必须遵照这样的原则：公司如何补偿他们的董事会成员必须保持一定的灵活性，但是补偿必须与在同一产业的相类似的公司保持一致，同时必须全面地向股东报告。无论是非执行董事，还是执行董事，对于一揽子付酬计划而言，其趋势是与公司的绩效相关，通过红利、利润佣金和股票选择权进行安排；但股东大会可以否决非执行董事包含退休收益和一定的其它额外津贴的的一揽子薪酬。在我国，虽然也在尝试对董事们的期股、期权，但总的说来，不管是从制度上还是从程序上，还没有建立一个机制对董事的绩效进行评价和激励。

5. 议事规则简陋，影响到董事会决策的效率和客观性。体现在对信息的采集和占有上。每位成员充分拥有信息，是正确作出判断的先决条件。

三、规范的组织机构研究成为基础

要建立规范的公司法人治理结构，最主要的要建立法人的组织机构。股东机构是指股东会和股东大会，按我们国家的公司法，有限责任公司叫股东会，股份有限公司和上市公司叫股东代表大会，名称虽不同，但实质上一样，都是股东会。股东机构是公司的最高权力机构、监督机构。从这个意义上说，公司是无主管企业。第二个是股东会，股东大会是公司的最高权力机构。公司要改革，要发挥股东会、股东大会的作用，要解决以下重要问题：

第一，是要做到股东多元化，只有股东多元化才能发挥股东会和股东大会的作用。比较起来这方面的差距还很大。目前的国有独资公司还很多，他是国有独资企业的翻版，把某某厂改为某某公司就算完成改制了，根本不是，是走过场，换汤不换药。所以，国有独资公司是不规范的公司。他不可能建立规范的法人治理结构。因为，他的股东单一化。那么，如何做到股东多元化，或叫股权、产权的多元化，国企改为独资公司的还要进行二次改制。计划经济在某种意义上是走过场的经济，而市场经济是讲求实效的经济，两者的区别很大。香港人说：你们内地总是做过的事回过头来再整顿，做的事不是要解决问题，而是做给别人看的。如果在美国或香港没有实效的事他们是绝不做的，我们的一些企业大量的工作是在官场上应付，一到市场他就漏馅，我们搞工作要以市场做标准，增强市场竞争力，把功夫下在其他方面，给上级看，是无实际意义的。所以，计划经济的最大弊端是走过场经济，是形式主义的经济。

第二，股权分散化。现在来看光多元化还不行，还要分散化。比如我们的上市公司，三分之一还不理想，效益很差，有些上市公司的问题在哪里，表面上看是投资效益不高，实际是一股独大，到了今天我们还过分强调国有控股公司，这不科学，我们在进行统计工作时，把国有企业和国有控股企业并列，也反映了这一问题。有的上市公司国有股占到百分之七十、八十、九十，小股东怎么发挥作用，维护权益。所以，上市公司要减轻国有股的比重，是为建立规范的法人治理结构创造必要的条件。因此，股权分散化，才能真正地发挥股东会和股东大会的作用，如果一股独大，一股独占是不可能的。

第三，要处理好股东之间的关系，维护股东之间的平等关系，在法律框架内，股东之间的权力、利益、地位是平等的。美国的公司在股东地位上强调两条，第一条，不允许大股东侵犯小股东利益，不允许大股东操纵股市来侵犯小股东利益。为此，规定了董事会选举中的投票方式，某公司选九个董事，按一股一票，如果是一百股，这一百票不允许投在一个董事身上，要分散到九个人身上，这样就照顾了小股东的利益。小股东也可以把他要选的董事选上来，避免大股东操纵选举。第二条，强调外国股东的利益，美国是世界上投资环境比较好的国家，吸引外资最多的国家，一般情况下，他强调本国投资和外国投资是平等的。具体到中国，如何做到股东之间的平等地位，最重要的是克服所有制的观念，如果认为国有股代表国家利益，就会削弱个人利益，个人股份，就不能达到股东之间的平等地位。我认为，不能牺牲个人股东的利益，要做到地位平等。最重要的是克服所有制的观念，还有本地股和外地股的问题，如河南的郑百文，五万多股东有四万多是当地的，形成一种势力，维护当地股东的利益，这样的公司是不规范的，股东之间如何维护平等地位，要靠法律来解决，要从观念上、制度上解决。实际上这个问题解决好了，对国家有利，对个人股东也有利。公司不垮台，对全体股东都有好处。

第四，要明确国有股股东是谁。现在股东机构要发挥作用，最主要就是国有股股东不到位，国有资产的出资人不到位，使股东会、股东大会不能发挥作用，谁都要插一手，谁都可以说代表国家股东。这个问题非常复杂，涉及经济体制的改革，是个综合工程。我们可以就明确国有股出资人这个专题探索一下，抓住这一问题，可以带动很多问题的解决。这个问题不解决，公司法人治理结构就不可能规范，我主张要通过立法来解决，制定国有资产法，加快国有资产法的制定，规范国有股股东是谁？规范股东的行为，这样才能明确国有股股东，否则谁都可以说代表国有股股东，而且振振有词，代表国家利益呀！

第五，规范股权的种类。按照市场经济要求，股东有两类：一类普通股东；另一类特殊股东。他们的法律界定是不同的。但是我们的股东分类有缺陷，比如分为国有股、国有法人股、个人股、外资股、社会法人股、企业内部职工股，还有 A 股、B 股、H 股等，分类不规范。

第六，股东与公司法人的产权关系。总体说，是要执行股东的所有权与公司法人财产进行分离的产权制度，是发挥股东机构作用的关键，股东机构是维护股东的权益，那么，股东权益有那些：首先是股东所有权与公司法人财产进行分离的产权制度。从股东机构来说是维护股东所有权和股东利益的，股东的利益是什么？一是投票权，投票权又分为两个方面，第一，是投票选举董事的权力。第二，是投票表决公司重大问题的权力。所有者与经营者分离不等于脱离，不等于分家，分离是所有者不直接干预经营者行为，但不等于不过问。中国人的思维方式，由于计划经济爱走两个极端，要么直接干预，结果一抓就死；要么分离搞活撒手不管，结果一放就乱；在这两者之间找不到一个有效的结合点。公司法人治理结构是一种新型的权力机构。第二个是知情权，股东投资是要有回报的，他不是老做好事，他要要求资金回报，这是天经地义的权力。第三个权力是转移权，股东不能退股，但可以把所投资金转移，如果不能转移，他的钱就变为死钱了，就没有投资积极性。怎么转移要看是那一种公司，有限责任公司可以在内部转移，上市公司、股份公司可以按法律规定在证券市场、股票市场、金融市场进行转移，必须使股东有转移权。前一段时间我们搞了职工持股，由于不能转移，无法流动，现在已经搞不下去了。股权必须能转移，股东入股是自愿的，转移是自由的，不能强迫，不能搞摊派，因为入股是有风险的，所以不能强迫搞职工股，入股意味着风险和利益共存，市场经济讲究个人承担责任。如果搞职工股，只讲利益不讲风险，市场经济是搞不起来的。第四个权力是认股权，如果公司发行新股票，应该由原先的股东优先认股。因为公司是老股东出资创办的，联系到国有股的减持，也不能随便减，这是遗留下来的包袱，国家想减有时也不好减，国有股怎么定价，这也是难点。第五是知情权，股东有权知道公司的一切情况、情报、设计。所以公司法人不能隐瞒情况，股东有权知道与股东利益有关的一切情况。股东会、股东大会就是维护股东五个方面的权力不受侵犯，利益不受损害。

1. 董事机构

如何发挥董事会的作用。第一，董事的素质非常重要，董事应是股东利益的代表；董事要具有企业家创新意识、开拓精神；董事应该具有经济学和管理学的理论基础和相关知识；董事要具有决策意识、能力、水平。第二，合理的董事会结构，一是董事会人数要恰当，既不能多，也不能少，要从实际出发，依据公司的规模、业务、产品需求而定。二是要增加外部董事，独立董事的比例，有利于吸收外部专家学者，做到公正、客观，避免董事全部由内部人组成。三是董事会要坚持集体决策。因为集体的信息大于个人的信息量，积思广益，做到决策科学、民主。从而减少决策的失误，保证正确决策。为做到这一点，要建立决策的制度、责任和决策机制，虽然是集体决策，但是每个人都要负责。每个董事都要做到敢于决策、善于决策、参与决策，而董事长要尊重每个董事决策的权力和责任。四是处理好董事会与股东会、股东大会的关系。这一关系可称为委托信任关系，通过股东会、股东大会选举董事，组成董事会，然后股东会、股东大会委托董事会行使公司法人权限，两者的关系是组织关系，董事会与股东大会是组织机构对组织机构负责，不是某董事对某股东负责，股东会对董事会不是领导关系，股东对董事也不是领导关系，他们的关系是委托信任关系。

2. 经理机构

解放以后直到现在，国有企业领导制度的演变大体经过了这么几个阶段，第一阶段是一长制，那是解放初期学习苏联时，从苏联搬来的。应该承认，一长制对当时恢复国民经济，完成第一个五年计划起到了积极作用，但是一长制也有问题。第二个阶段，是 1956 年，“八大”以后，改为党委领导下的厂长负责制，这个阶段出现了许多问题，1958 年大跃进，1959 年困难时期，一直到文化大革命，但是由于这期间一直搞人整人的运动，来不及解决企业的问题。直到 1978 年改革开放以后，国有企业仍执行党委领导下的厂长负责制，当时与改革开放、市场经济更加格格不入，矛盾不断暴露，所以到了 88 年就取消了党委领导下的厂长负责制，改为厂长负责制，这是第三个阶段。厂长负责制在当时的历史条件下有他的进步意义，有一定的作用，但是厂长负责制也很快暴露了他的缺点。第四个阶段，1993 年以后十四届三中全会决定，按公司制改造国有企业，其核心内容是公司法人治理结构，用公司法人治理结构来取代厂长负责制，现在我们的国企改革，是对国有企业领导机构的改造，不能把厂长负责制带到公司里边来。

四、独立董事制度要用行动创造诚信

为了推动境外上市公司完善法人治理结构、建立现代企业制度，1999 年 3 月，国家经贸委、中国证监会联合下发了《关于进一步促进境外上市公司规范运作和深化改革的意见》，要求境外上市公司设立独立董事。随后，国家经贸委会同有关部门起草的《国有大中型企业建立现代企业制度和加强管理的基本规范（试行）》（以下简称《基本规范》），经国务院同意并由国务院办公厅转发。《基本规范》提出，“董事会中可设独立于公司股东且不在公司内部任职的独立董事”。这些文件，对我国试行独立董事制度起到了促进作用。从运作的初步情况看，一些境外上市公司的独立董事发挥了不可替代的作用。因此，应当在认真总结经验的基础上，从现代企业制度建设的高度，逐步建立定位合理、投资者信任的独立董事制度。

要合理定位独立董事的职能，就必须考虑现有法律对公司法人治理结构的安排。由于《公司法》赋予公司监事会检查公司财务、对董事和经理执行职务进行监督的职权，因此，独立董事的职能应避免与监事会的职能重叠。合理定位独立董事的职能，关键是要从独立董事自身的有利条件出发。由于独立董事独立于任一股东、不在公司内部任职、与公司或公司人员没有经济的或家庭的密切关系等原因，独立董事可以不受任何利益的局限而公平地对待全体股东、董事和经理人员，维护全体股东和整个社会的权益。因此，除了董事的职能外，可以考虑赋予独立董事或其主持的常设的、非常设的机构以下主要职能：提出经理人员的候选人或组织实施这些人员的市场化产生；评价董事会、经理层的业绩；提出董事、经理人员报酬的方案；对关联交易是否公开、公正、公平发展意见;董事会的决议可能会对不同股东产生不同影响时,对该董事会决议的公平性发表意见等。以上职能中,后两项职能实质上是对股东行为的一种监督。由于一些上市公司关联交易领域宽、项目多、金额大,控股股东行为不够规范等原因,独立董事履行后两项职能的难度是比较大的,应该创造条件,逐步实施。需要强调的是,对上市公司股东行为的规范性监督,应当主要依靠证券监管机构和股东之间相互监督,独立董事无法单独完成此项重任。

实行独立董事制度的关键是广大投资者信任独立董事。要真正做到这一点需要研究解决许多新的问题。例如,应当在职业道德、专业知识、社会资历等方面对独立董事提出较高要求;从我国国情出发,既要为独立董事营造较高的社会地位,又要给予独立董事适当的报酬,从制度上保证独立董事执行职务有足够的动力和责任感;建立合理的提名和解聘程序,使独立董事的聘任和解聘能够充分听取中小股东的意见,确保独立董事能够公平地对待全体股东。

五、股权结构要科学合理地解决一股独大

就我国的上市公司而言,公司股权构成严重影响建立规范的公司法人治理结构。这是由上市公司股权结构的以下特点决定的:一是,一股独大的现象相当普遍。据统计,截至今年 4 月底,全国共有上市公司 1124 家,其中发行 A 股的公司 1102 家。第一大股东持股份额占公司总股本超过 50%的有 890 家,占全部公司总数的 79.2%,其中持股份额占公司总股本超过 75%的 63 家,占全部公司总数的 5.62%。而且第一股东持股份额显著高于第二、三股东。二是,大股东中国家股东和法人股东占压倒多数,相当一部分法人股东也是国有控股的。统计表明,第一股东为国家持股的公司,占全部公司总数的 65%;第一股东为法人股东的,占全部公司总数的 31%。两者之和所占比例高达 96%。

这种国有股一股独大对公司治理结构的影响不容低估。首先,我国国有资产管理体制正在探索和建立过程之中,出资人代表不在位的现象比较普遍,相当多的上市公司仍然直接或间接受到行政管理部门不恰当的种种干预。其次,相当多的以国有股为大股东的公司是由母公司资产剥离包装后上市的,母公司原有的优良资产和精良人员构成了上市公司的主体,而非主业和不良资产以及辅业人员留在了母公司,这就使得这类上市公司似乎欠有母公司的经济债、感情债,在人员、业务、利益等诸多方面都与其母公司存在千丝万缕的联系。再次,以国有股为第一大股东的公司,其董事会成员和经理人员的构成往往难以按全体股东的意愿去选择和确定,对这些人员的激励和约束也难以到位。

显然,在我国当前的体制背景下,国有股一股独大是不利于落实规范的公司法人治理原则的。优化上市公司的股权结构,具有很强的必要性和紧迫性。第一,有利于加快国有经济的战略性重组。通过减持国有股可以真正落实国有经济有进有退的调整方针,实现产业结构的升级。第二,有利于规避和缓解一些现阶段暂时无法解决的矛盾,消除投资者的顾虑,增强投资者的信心。第三,有利于资本市场的规范发展和有效监管。

六、提出研究后的改进措施

为了推动中国企业的公司治理改革,通过研究,我们提出公司治理改革的措施。

1. 配合国有资产管理体制的改革,解决国有控股公司中"所有者缺位"问题;

2. 要进一步规范股东行为,解决股东占用公司资金问题;

3. 要进一步完善独立董事提名、选聘和激励约束机制,发挥独立董事在公司治理中的积极作用;

4. 继续强化公司及其高层管理人员的诚信责任,推出有关诚信评价制度和诚信记录;

5. 继续发展机构投资者,包括施行 QFII(境外机构投资者)制度,引入合格的境外机构投资者,促进我国公司的公司治理;

6. 推动投资者关系管理,把投资关系管理作为公司治理的一项重要制度,在公司中加以全面推进和建立;

7. 规范公司建立有效的激励与约束机制。

专题研究报告之一

股东会、董事会、监事会和经营者之间的制衡机制

现代公司的基本特点是所有权与经营权相分离，所有者与经营者之间是委托—代理的法律关系。要使具有不同利益目标的所有者和经营者“不同心而同力”，即一方面让经营者（代理人）有职有权，另一方面又让他处在所有者（委托人）最终约束之下，这就需要建立有效的公司治理结构。

公司法人治理结构是对公司进行管理和控制的体系或框架，其核心就是要在公司内部通过建立股东大会、董事会、经理层、监事会这些组织机构以形成一种在所有者、决策者、经营者和监督者之间的相互制约、协调运转的权力制衡机制。公司治理结构之间的分权制衡机制类似于于西方国家政治中的“三权分立”。所谓“三权分立”，即立法、行政和司法三种国家权力分别由三个不同机关掌握，各自独立行使，相互制约的制度。公司作为独立主体的商事组织，也存在内部权力如何配置，如何分权问题。关于这一问题，不同国家由于历史文化传统、经济发展战略、资本结构的不同，因而公司法人治理的基本结构也不相同。

一、宝钢法人治理结构中分权制衡的现状

（一）宝钢集团

上海宝钢集团公司（以下简称宝钢集团）是经国务院批准的国家授权投资机构和国家控股公司。它是在1998年11月17日，以宝山钢铁（集团）公司为主，吸收上海冶金控股（集团）公司、上海梅山（集团）有限公司，联合重组而成的。2002年宝钢集团实现合并销售收入777亿元人民币，年末总资产达1568亿元，形成我国现代化程度最高、生产规模最大、品种规格最齐全的特大型钢铁联合企业和最大的钢铁企业集团，也是世界十大钢铁生产企业之一。

宝钢集团作为国有独资企业，是国家授权投资的机构，公司可以直接代表国家对授权范围内的国有资产行使出资者权利，国家通过一定的程序对公司进行监督和权力制衡。与有限责任公司和股份有限公司相比，由于国家是国有独资公司惟一的股东，所以不设股东会，形成“两会四权”的基本治理结构：国家作为出资人凭借其拥有的全部股权享有公司最终控制权，董事会凭借法人财产权享有经营决策权，经理层凭借法人代理权享有经营管理权，监事会凭借出资人监督权享有监督权。

宝钢集团董事会是在2003年6月21日开始组建的，凡涉及公司的重大事项由董事会讨论，并按照公司内部制定的《董事会议事规则》开展工作。2003年宝钢集团共计召开6次董事会会议，其中有2次是放大会议，有党委会成员参加。董事会成员有7人，多是国资委派出或委任的，董事任期3年：董事长1人为宝钢集团的法定代表人，并兼集团公司总经理、宝钢股份的董事长。副董事长1人并兼集团公司党委书记。其余还有5位董事，其中有2人兼集团公司副总经理，1人兼党委副书记及宝钢股份的副董事长，1人兼集团公司工会主席。

经理层人员共计6人，由董事会聘任。总经理一人，由董事长兼任。副总经理共5人，其中有2人兼任集团公司董事。经理层人员一般1—2周召开一次工作会议。董事会与经营班子人员之间的重合度还是比较高的，但与以往相比较，情况有所改善。

监事会主要由国资委派出人员组成的，监事的工作方式是以财务监督为主的事后监督。监事直接

对国资委负责，基本上不与公司进行沟通，既不参与也不干预公司的经营活动，这是一种"背对背"的监督方式。监事会成员中原来有1名公司内部监事，现在已经取消。

(二)宝钢集团下属子公司

宝钢集团拥有的国内子公司及海外子公司合计大约30家，另外还有参股的公司28家，体系庞大。为便于考察调研，我们从中选择了很有典型性的7家公司作为代表，这7家子公司的业务涉及宝钢钢铁主业及贸易、信息产业、服务等多种行业，股权结构有集团公司的全资子公司、控股子公司(包括两家上市公司和一家中外合资企业)。它们分别是:宝山钢铁股份有限公司(简称宝钢股份)、宝钢集团上海梅山有限公司(简称梅山公司)、宝钢集团上海五钢有限公司(简称五钢公司)、宁波宝新不锈钢有限公司(简称宁波宝新)、上海宝钢国际经济贸易有限公司(简称宝钢国际)、上海宝信软件股份有限公司(简称宝钢软件)、宝钢集团企业开发总公司(简称开发公司)。

1. 上市公司的宝钢股份公司

宝钢股份是宝钢集团的核心企业。2000年12月12日公司在上海证交所上市，股票代码为600019。到2003年9月30日，公司总资产为603.26669亿元，股东总人数为280321人。其中母公司宝钢集团所占的股份约有85%，其性质是国有非流通股，剩余大约15%的股份为流通股。流通股中有一半的股份为机构投资者所持有。在世界钢铁权威杂志《WSD》2003年的排名中，宝钢股份的综合竞争能力列第二位。

公司股东大会是最高权力机构。按公司章程规定股东大会决定重大投资、董事会成员、预决算等。股东大会每年召开2次。公司在2003年10月29日还召开了一次临时股东大会，通过了4项决案，内容主要涉及收购活动、调整2003年度预算、成立董事会战略委员会、同意1名董事辞去职务。

董事会成员共计11人，董事由董事会提名经股东大会通过。其中执行董事有4人，董事3人，独立董事4人。12名董事中有5名是控股公司宝钢集团的董事或经理人员，有1人兼任宝钢股份的总经理，1人兼副总经理。公司以民主选举方式产生1名职工董事，为公司工会主席。职工董事按公司《职工代表董事工作制度》开展工作。4名独立董事分别是资深投资银行家、律师、经济学家、注册会计师，他们对工作都非常尽责。如在关联交易、人员分流、维修机构方面，独立董事经认真审议后如果认为成本太高，往往会令经营管理层改变原定方案。董事会下设审计委员会、薪酬委员会和战略委员会等三大委员会。

董事会是公司的核心决策机构，负责日常经营的决策问题。需要决策的事项一般由经营层报告后经董事会决议通过。在公司的实际运营过程中，以5000万人民币为限额，在此限额以内的投资规划只需由董事会决议通过即可，超过此限额的一律须经股东大会决议才能通过。因而，公司以13937万元的价格向集团公司收购其下的益昌薄板10.00%股权并吸收合并益昌薄板公司，便是在2003年10月29日第一次临时股东大会上通过的一项重要决议。在2003年度宝钢股份共召开了4次董事会会议，历次董事会会议审议通过的事项公司都按上市公司信息披露的要求进行公告，公众可在公司网站上阅览。

公司有高级管理人员6人，1名总经理，4名副总经理，1名财务总监兼董事会秘书。公司总经理由董事长提名经董事会讨论通过，副总经理由总经理提名报董事会通过，但在提名前还须经党委讨论。

监事会有9名监事，其中职工监事3名。职工监事的工作依据是经职代会审议通过的《职工代表监事工作制度》。9名监事中有3人同时也是宝钢集团董事会的董事或职能部门的领导人，有3人是公司外聘的经济学、统计学、银行业方面的专业人士，3人为宝钢股份职能部门的部长、处长或首席工程师。监事列席股东大会和董事会会议，听取各项议案和报告。公司在2003年共召开了4次监事会会议，审议并通过了各次股东大会和董事会会议的议案。监事会在2003年10月29日召开的第二届监事会第四次会议还审议通过了《宝山钢铁股份有限公司监事会诚信管理制度》，此制度成为对监事是否诚勉尽职的主要评判标准。

2. 宝信软件

宝信软件成立于2000年4月，于2001年4月上市，股票代码为600845。公司总部位于上海浦东张江高科技园区，注册资金2.6亿元人民币，是宝钢集团控股的上市软件企业。宝信软件着力构筑"工程一产品一服务"的产业链，在企业信息化、过程自动化和城市信息化的三个领域具有领先的优势。2002年实现销售收入人民币6.4亿元。母公司宝钢集团所持国有股占宝信软件总股本的57.2%，公司另外还有通过资产置换得来的5%企业法人股，其余剩下的大约32%都是流通股。从股权结构上看，宝信软件也是典型的一股独大的上市公司。它符合三会四权的基本公司治理格局。国有股一股独大的上市公司应该以规范的程序实现资本意志。宝钢集团做的还是比较规范的。集团派出董事发表意见按章程规定必须在10天前提出。上市公司的管理层尽量面向市场，宝钢集团外减少外派直管干部的人数，只定总经理、党委书记。

公司严格按照章程规定的程序召开股东大会，包括通知、登记、提案的审议、投票、计票、表决结果的宣布、会议决议的形成、会议记录及其签署、公告等。

董事会成员共有9人，内部董事3人，独立董事3人。3名独立董事均为计算机、企业战略管理和会计学方面的专业人士。根据证监会对上市公司治理的要求，董事会应当设立专门委员会。宝信软件已经设立了提名委员会、薪酬与考核委员会、审计委员会，这三个专门委员会的成员主要由独立董事组成。公司按证监会规定每年召开4次董事会会议。

公司的高管人员有1名总经理、4名副总经理、1名董秘、1名财务总监。高级管理人员都是由董事会聘任的，董事长提名总经理、董秘，总经理提名副总经理、财务总监。董事、经理的任期均为3年。

公司监事会有3人，其中2人是大股东派来的，分别是宝钢集团的法律总顾问和投资部部长。第3个监事为公司内部职工监事，担任公司的技术总监，职工监事是通过职工大会选举的方式产生的。

3. 宝钢国际

宝钢国际是宝钢集团的全资子公司，是2001年11月13日在原宝钢集团国际经济贸易总公司的基础上以吸收合并的方式，集中宝钢集团与贸易业相关的资产组建而成。公司注册资本14.5亿元人民币，资产总额131亿元人民币，公司员工2200人。宝钢国际实行董事会领导下的总裁负责制，公司按照事业部制组织模式运行，下设矿业事业部、钢铁事业部、设备工程事业部、物流事业部、金属资源事业部、新产业事业部及海外事业大区，涉及7项产业和3大海外事业区。由于公司的投资者仅宝钢集团一家，所以不设股东会，公司的基本治理结构只有董事会、监事会、经理层。

董事会由8人组成。董事长由宝钢集团董事、副总经理兼任，另外7人中有3人也是宝钢集团许多部门的部长、领导，包括法律事务部部长、纪委书记（兼监察部部长）、战略发展部部长。其他董事会成员几乎也都是宝钢国际的经营班子成员。公司在董事会的诸多方面模仿上市公司的运作模式，如设立董事会秘书室，董事会下设一些专门委员会，自2003年开始要求董事作出书面诚信承诺等。

公司有总裁1名，副总裁4名。总裁、副总裁中有3人来自于公司董事会。副总裁分工负责公司人事、财务、企业战略信息等事务。

监事会由4人组成。主席由宝钢集团监事会主席兼任，另外3名监事也都来自宝钢集团的管理层，包括宝钢集团的1名专职董事、1名审计室主任和1名纪委副书记。

4. 开发公司

开发公司是宝钢集团的全资子公司，接受我们调研考察的公司负责人员坦言说开发公司还是个企业式的公司，公司的治理结构模式与公司制改造前变动不大。总经理由宝钢集团公司任命，总经理是公司的法定代表人。公司经营班子成员共8人。经理与党委的会议是公司的决策机构，公司的重大决策是在党政领导碰头会上决定的，工会主席也参加重大决策的会议。公司没有设立董事会但有监事会，其人员主要是由集团公司派出，公司通过民主选举方式选了1名职工监事。但监事会的监督职责、日常运作不能到位。公司的监督机制主要由其他部门其他方式来进行，包括财务监督、审计监督及职工监督。

（三）控股子公司：宁波宝新和五钢公司

1. 宁波宝新

宁波宝新是中日合资企业，宝钢集团是第一大股东，出资比例达54%，另外中方还有一个出资者是浙甬钢铁投资（宁波）有限公司，占12%。其余34%的出资额由三家日方公司提供：日新制钢株式会社占21.94%、三井物产株式会社占7%、阪和兴业株式会社占5.06%。根据我国《中外合资经营企业法》的规定，宁波宝新设立董事会，不设股东会和监事会。公司根据1996年3月组建时的日方提议，设出资者协议会。

出资者协议会由5家出资方法人代表或高层管理干部担任，共6名成员，其中宝钢集团委派2名，其余4家出资方个派1名，会长为宝钢集团董事长兼总经理谢企华女士。出资者协议会对合资公司重大事项进行协商、信息沟通，根据需要可参加董事会，对议题审议提指导性的意见。出资者协议会为出资方对公司重大事项交换意见提供了便捷的协商机制。

董事会是公司最高权力机构，由12名成员组成。根据合资企业法律及公私合营合同、章程规定，公司董事会成员是由出资方委派，没有职工代表参加。按出资比例，宝钢集团6名、宁波浙甬2名，另外4名分别由3家日本出资方派出，各占2、1、1名。董事长由宝钢集团派员担当并兼任总经理，副董事长2人分别由宁波浙甬和日方的日新制钢各派1名。董事的任期一般为4年，根据实际情况，日本出资方的董事变更一般为3—4年。出任董事由出资方提名，没有岗位轮换制。董事会一般每年召开2—4次会议，按合营合同规定决定公司重要事项，如企业发展规划、经营方针、长期投资、资产重组、组织机构、高级管理人员的任免、利润分配、年度预决算、资产担保及为第三者提供担保、社会捐款等。根据日方要求，在董事会会议召开前3个月应该提交议案，以便于反复研究、论证议案的可行性。

公司经营管理者有总经理1名，副总经理2名，总经理助理2名，副总工程师1名，由各出资方提名董事会任命。公司现任总经理、副总经理3人均为董事会成员，公司每周召开经理书记办公会议，研究安排公司生产经营管理工作。

由于公司不专门设立监事会，对公司的监督便由多头进行：宝钢集团对派出的总经理、副总经理实行直管干部的管理，出资者协议会、董事会对经营者实行业绩管理与监督。另外的监督机构还有工会、纪委等。

2. 五钢公司

五钢公司是个股权多元化的公司。2000年时，华融、信达、东方三家资产管理公司因“债转股协议”而成为股东，现在这三家资产管理公司在五钢公司持股比例分别占12.50%、3.59%、0.96%，其余82.95%的资本都来自宝钢集团，因而成为五钢公司的第一大股东。

董事会成员共11名，其中宝钢集团公司委派7名（包括2名独立董事），华融委派2名，信达和东方各委派1名。公司设董事长1名（兼任总经理），由宝钢集团委派。董事每届任期三年，任期届满连选可以连任。五钢公司并非是公众化上市公司，但实行独立董事制度已有3年。2名独立董事均为社会知名人士，都是工程技术类的专家，由宝钢集团委派。一名是中科院院士、上海华虹NCE电子公司副董事长邹世昌，另一名是工程院院士、上海航天局技术顾问梁晋才。独立董事不参与公司日常管理，协助董事会维护所有股东利益，尤其是维护公众股东的利益。独立董事凭借其特有的专长和技能，为公司长远发展战略提出意见和建议。虽然五钢公司的这两名独立董事还是大股东委派过来的，不能算是完全意义上的独立董事，但能够在约束监督经理人员、维护所有股东利益方面发挥一定积极作用。

公司设总经理1名，副总经理若干名，董事可受聘为总经理、副总经理或者其他高级管理人员。以往公司总经理、副总经理都由集团公司提名、推荐，然后经董事会聘任。自2003年6月开始，宝钢集团只提名总经理，副总经理等高级管理人员由总经理提名再由董事会聘任，但在总经理提名前须经党委会讨论通过。公司高级管理人员的提名、解聘，要执行宝钢集团的干部管理制度。

股东会、董事会一般采取协议而不是举手表决的工作方式。董事会每年召开2次，但在公司日常生活中许多重大事项都来不及召开董事会，所以由董事会授权让总经理、经理决定公司投资、融资等重大决策。公司每周召开一次经理、书记例会，参加人员总经理、副总经理、党委书记、副书记。

监事会成员共有5名，其中宝钢集团委派4名（含公司职工代表1名）、华融委派1名。监事会主席不能履行职权时，由其指定一名监事代行其职权。监事每届任期3年可连选连任。公司原任监事会主席为公司原党委副书记，现已调离，但新任主席还没有改选。公司监事一般均非专职人员，他们现任职务有：五钢公司纪委书记、审计室主任、工会干部等。

二、宝钢治人治理结构中的优势与缺陷

曾有人把公司治理结构作了一个形象的比喻：如果把公司比喻成一辆汽车，那么公司治理结构的股东会、董事会、经理层、监事会四个方面好比汽车的四个轮子。当四个轮子同时驱动、形成合力、达到制衡时，汽车就能高速正常前行；四轮中任何一个轮子出现问题，汽车都难以正常行驶，甚至出现大翻车现象。

根据对宝钢集团及其下属子公司的初步调研工作，我们发现：集团公司和绝大多数子公司已经按照公司化改造的要求形成了公司治理的基本格局。公司设立了股东（大）会（国有独资公司和它的全资子公司除外）、董事会、经理层和监事会。经过改制后的绝大多数公司都不再实行厂长（经理）负责制，经理书记办公会议或工作例会也不是企业的最高决策机构。董事会处于公司法人治理结构的枢纽地位，重大决策权要集中在董事会。董事会与经理机构实

行分设制度，尽管董事会成员与经理层人员有一定的重合度，但并不是“一套人马两套班子”，经理层是执行层，总经理由董事会聘任，副经理由总经理聘任，经理层实行总经理负责制。集团公司和大多子公司在法律规定的框架下尽可能朝着规范的治理方向努力，公司管理人员尽可能在董事会的授权范围内开展工作。

(一)治理结构的权力制衡机制上值得借鉴

1. 母子公司之间的产权界定清晰，做到资产财务两分开

这是形成规范的公司治理结构的前提。母公司要在子公司体现自己的资本意志，必须通过法定的方式进行，母公司与子公司的资产和财务严格分开。母公司投入的资产足额到位，产权的界定非常明确，并履行完毕相关的法律程序及权属变更手续。公司之间的关联交易公开透明。母公司逐渐减少派出子公司高管人员的人数，2003 年 6 月以后，宝钢集团只提名子公司的总经理，副总经理的人选不再由集团决定，而是让总经理提名后经子公司董事会聘任，然后报集团备案即可。

2. 两家上市公司的公司治理做得非常规范

宝钢股份和宝信软件这两家上市公司的公司治理是严格按照《公司法》、《证券法》及证券监管部门的相关要求组织运作的。股东大会通过对公司发展有重要影响的经营方针和投资计划，决定董事会和监事会人选，这样便保证了股东大会的最终控制权。董事会成员与经理人员重合度不高，确保了董事会以公司和股东利益为取向主持公司的经营和决策；董事会有规定比例的外部董事或独立董事，保证了公司、小股东和利益相关者的权益；董事会内部结构更加细化，充分发挥了专业委员会的作用。监事会开展工作能够经常化制度化，能够按公司章程和法律规定按时召开会议，公司还制定了《监事会诚信管理制度》和《职工代表监事工作制度》，对监事的职责、行使权力的方式提出要求并提供了制度性保障。

3. 上市公司的优秀治理观念对非上市公司的良性影响

由于整个集团的领导人员(包括董事、经理、工会主席、党委书记等)在母公司和各子公司之间有一定的流动性，再加上整个集团的信息资源和管理经验的共享机制，上市公司一些优秀的公司治理理念对集团内其他子公司乃至母公司自身产生无形的影响力量，使得有些非上市公司自觉不自觉地按照上市公司的要求规范公司行为。如提高公司透明度，实行一定的信息披露制度，董事会中增加外部董事或独立董事的人数，对经理人员实行适当的激励制度等。

(二)一些令人深思的问题

1. 股东会的力量过于薄弱

按照规定，宝钢集团是国有独资公司，集团公司及下属的全资子公司因为股东只有国家一人，不设股东会，由董事会代行部分股东会的职权。但是一个没有股东会的公司本身就先天不足，要形成能够相互制约的治理结构更是勉为其难。公司法规定国有独资公司及其下属全资子公司也应设董事会，但由于没有股东会，董事会成立的必要性也受到管理人员的质疑：所有董事会成员都代表一个股东的利益，因为有董事会的存在，公司经营班子的诸多决策须报董事会批准，董事会要上报宝钢集团，宝钢集团再组织人员讨论。这样会造成效率低下，程序重复累赘甚至会贻误商机。

按照公司法要求，宝钢集团的其他控股子公司如采取有限责任公司或股份有限公司的形式，必须设立股东会或股东大会。但是，在调研中，我们发现只有宝钢股份和宝信软件这两家上市公司能够按照公司章程的规定按期召开股东大会，并以法定的程序根据公司需要召开临时股东大会。其余的控股子公司均无召开股东大会的记载。

2. 董事会与经理层的重合度过高，母公司与子公司的人员重合度过高

虽然母公司和各子公司均无董事会成员与经理层人员合二为一的现象，但不少公司的经理层占据了董事会的多数或一半。从母公司到上市子公司都有董事长与总经理一肩挑的现象。按照我国公司法的立法本意，董事会的作用之一就是对经理层进行制衡，决策层和管理层分开。董事长兼总经理、经理层人员与董事会成员重合度过高，相当于自己监督自己，自己决策自己执行，不仅难以真正发挥董事会的集体决策作用，而且为内部人控制打开了方便之门。作为科学性的公司治理结构重要一环的决策层与经理层的分离就无从谈起。

在控股母股东与子公司的关系上，宝钢集团与其子公司能够做到机构、业务独立，财务、资产分开，但也应实行人员分开，特别是上市子公司，以保证子公司的独立性。子公司董事长不应由控股母公司的法定代表人兼任，子公司的总经理、副总经理、财务负责人、营销负责人、董事会秘书等高级管理人员及核心技术人员应在本公司工作并领取薪酬，不应在控股母公司及下属企业担任除董事、监事以外的任何职务。

3. 监事会发挥作用不够

《公司法》规定了监事的主要职责是合法性监督和妥当性监督，却没有赋予监事履行职责所必要的实质性权力，监事的知情权得不到保证。大部分公司的监事会主席由工会主席担任，而工会主席本身在党委书记、董事长领导下工作，不可能发挥作用。宝钢集团除了母公司的监事由国资委委派，向国资委负责以外，其他公司的监事实际成了董事会领导下的监事会，或者干脆成了一个摆设。所以不少公司监事会没有专门办公场地，没有检查过公司的财务，没有发现、指出过公司董事、经理在执行职务时存在的违法、违规或违章行为；没有提议过召开临时股东大会。

三、宝钢集团治理结构分权制衡机制的调整与完善

规范的公司治理分权制衡机制就应该使公司中没有不受约束的人，没有不受约束的组织或机构。同样，规范的公司治理分权机制既要防止所有权侵犯经营权、管理权，也要防止经营权、管理权架空所有权，排斥监督权。股东对董事会不满意时，可以更换董事会，但不应该替董事会做决策。同样，董事会对经理不满意，可以更换更适合的人，但没有必要替经理指挥生产管理。只有公司的所有者、经营者、管理者、监督者恪尽职守，又不越位，才能形成良好的相互制约机制。

1. 实行母公司与子公司之间的人员分离机制。调整子公司董事会人员组成，董事会人员中来自宝钢集团的人员应该大量退出，引入外部董事。

2. 处理好公司内部董事会和经理层的委托代理关系。明确划分董事会与经理层人员的责、权、利，建立董事长和总经理的分离机制，降低董事与经理人员的重合度，强调董事会的独立性。

3. 调节好不同经营者之间关系。包括上下级经营者之间的隶属关系、同级别经营者之间的横向协调配合关系以及公司内部不同级别各部门纵横交叉的业务关系。

4. 形成有效的公司内部监督机制。无论是独立董事制度还是监事会，必须使公司的内部监督机制发挥积极有效的监督作用。

但是，对包括宝钢集团在内我国的国有企业而言，要形成有效的公司治理结构制衡机制，仅仅做到以上几个方面还不够。要使公司的股东会、董事会、监事会和经理层之间形成良性的互动制约机制，公司的股权结构必须多元化，公司有了多元化的投资主体才有了真正的股东会，有了真正的股东会，才可以建立真正的董事会，才可以解决谁投资、谁决策、谁收益、谁承担风险的问题。所以，股东会是法人治理结构中最为关键的一环。我国包括宝钢集团在内的许多国有企业，公司股权结构依旧，国有资本"一股独大"乃至"一股独占"，破坏了权力制衡机制。不改变"一股独大"的股权结构，公司难以形成有效的分权制衡治理结构。

中共中央在十六届三中全会所作的《关于完善社会主义市场经济体制若干问题的决定》指出了今后国企改革的方向："大力发展国有资本、集体资本和非公有资本等参股的混合所有制经济，实现投资主体多元化，使股份制成为公有制的主要实现形式。"这意味着：今后的国企改革，主战场将放在股东会。通过为企业多找几个"老板"，实现投资主体多元化。

宝钢集团也清醒地认识到这一点，集团公司的整体上市已经被定为公司今后改革的必然方向。我们真切地期望在不久的将来，让国有独资公司变成真正的投资主体多元化的股份制公司，只有这样才会根本改善公司法人治理结构的现有面貌。

专题研究报告之二

多元资本相互参股的混合股权结构对治理结构的优化

研究企业法人治理结构，基础的条件，就是要有合理的股权结构。也就是说，国有资本、集体资本和非公有制资本，甚至境外资本等相互参股。组成股份公司，这种混合的股权结构，就会形成良好的法人治理。

在这里，一股独大会被淘汰。从而得到是多元持股。通过多元持股，达到改善和加强法人治理结构的优化。

一、宝钢股权结构的现状

上海宝钢集团公司是国家授权的投资机构和国家控股公司，主要经营国务院授权范围内的国有资产，并开展有关投资业务：钢铁、冶金矿产、煤炭、化工（除危险品）、电力、码头、仓储、运输与钢铁相关的业务以及技术开发、技术转让、技术服务和技术管理咨询业务，外经贸部批准的进出口业务，国内外贸易（除专项规定）及其服务。它是国有独资公司，注册资本为人民币458亿元，总资产为901亿元，净资产为850亿元，其中对外投资（投向子公司的资金）约占67.8%。

宝钢集团公司的下属子公司共有50多家，其中全资子公司有10多家，控股子公司有15家，参股子公司有28家，集团公司今后将不断压缩子公司的数量。

下面我们将选取5家大型的具有代表性的子公司，对它们的股权结构进行考察。

1. 宝山钢铁股份有限公司

宝山钢铁股份有限公司（简称“宝钢股份”）是中国最大、最现代化的钢铁联合企业。上海宝钢集团公司（以下简称集团公司）为本公司的母公司，集团公司所持股份为国家股，比例为85%暂不流通，其它股东所持股份均可流通，其中50%是机构投资者。具体的股权结构见图1，表1，表2。（注：有关宝钢的数据资料均来自于实际调研，下同）

2. 上海宝信软件股份有限公司

上海宝信软件股份有限公司（简称宝信软件）成立于2000年4月，于2001年4月上市。公司总部位于上海浦东张江高科技园区，注册资金2.6亿元人民币，是上海宝钢集团公司控股的上市软件企业。宝信软件的股权结构如图2、表3，同时宝信软件下设多个子公司，包括三种类型：全资子公司、控股子公司和参股子公司，其投资比例见表4。

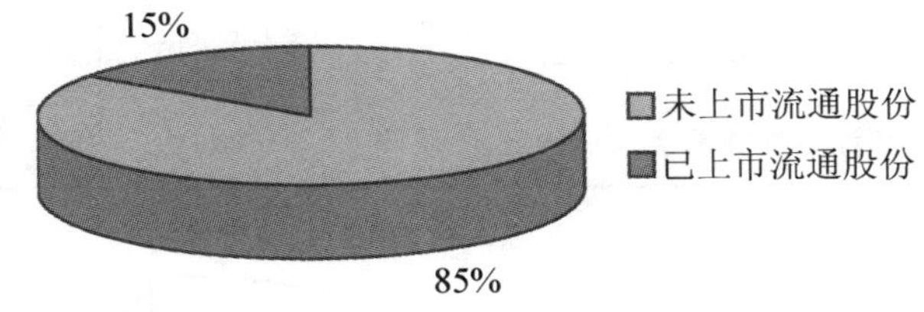

图1 宝钢股份股票流通情况

表 1　宝钢股份前十大股东持股情况(2003 年)

股东名称	持股数量(股)	持股比例(%)	股份类别	股东性质
上海宝钢集团公司	10635000000	85.00	未流通	国家股
华安创新证券投资基金	55807674	0.45	已流通	流通股
兴和证券投资基金	37250256	0.30	已流通	流通股
科瑞证券投资基金	34792088	0.28	已流通	流通股
银丰投资基金	32610052	0.26	已流通	流通股
同益证券投资基金	31847428	0.25	已流通	流通股
天元证券投资基金	30150750	0.24	已流通	流通股
富国动态平衡证券投资基金	23537397	0.19	已流通	流通股
丰和价值证券投资基金	21862936	0.17	已流通	流通股
兴华证券投资基金	20195344	0.16	已流通	流通股

表 2　宝钢股份前十大股东持股情况(2002 年)

股东名称	持股数量(股)	比例(%)	股份类别	股东性质
上海宝钢集团公司	10635000000	85.00	未流通	国家股
首钢总公司	48566900	0.39	已流通	流通股
中国石油天然气集团公司	45838789	0.37	已流通	流通股
兴华证券投资基金	45000071	0.36	已流通	流通股
华夏成长证券投资基金	39592498	0.32	已流通	流通股
上海久事公司	35067286	0.28	已流通	流通股
钢铁研究总院	27800000	0.22	已流通	流通股
四川长虹电子集团有限公司	27500000	0.22	已流通	流通股
中国远洋运输(集团)总公司	25101645	0.20	已流通	流通股
兴和证券投资基金	23664343	0.19	已流通	流通股

图 2　宝信软件股票流通情况

表3 宝信软件股权结构

股东名称	持股数(万股)	持股比例(%)	股份类别	股东资本性质
上海宝钢集团公司	15004.407	57.22	未流通	国有股
万国发行	279.455	1.07	未流通	境内法人股
上海电气实业公司	140	0.53	未流通	境内法人股
上海电气(集团)总公司	110	0.42	未流通	境内法人股
其他人股	570.548	2.18	未流通	境内法人股
社会公众	1320	5.03	已流通	流通A股
社会公众	8800	33.56	已流通	流通B股

表4 宝信软件对子公司的投资情况

子公司类型	序号	全资(参股、控股)子公司名称	投资比例(%)
全资子公司	1	日本子公司	100
控股子公司	1	上海宝康电子控制工程有限公司	50
	2	上海宝利计算集成技术有限公司	53
	3	上海宝希计算机技术有限公司	70
	4	上海宝景信息技术发展有限公司	69.8
	5	供应链软件公司筹	73.3
参股子公司	1	东方钢铁在线	7.138
	2	金川自动化工程公司	8

3. 宝钢集团上海五钢有限公司

宝钢集团上海五钢有限公司(前身是上海第五钢铁厂)创建于1958年,是专业开发、生产、销售特殊钢材的特大型国有企业。1996年公司吸引上海十钢有限公司、上海冷拉型钢厂,组建为上海五钢(集团)有限公司。1998年11月,五钢公司正式加入宝钢集团。现在的五钢公司有四家股东,分别是宝钢集团公司、华融资产管理公司、信达资产管理公司、东资产管理公司,而且均为国有股东。具体的持股情况如表5,五钢公司的对外投资情况见表6。

4. 上海宝钢国际经济贸易有限公司

上海宝钢国际经济贸易有限公司(以下简称宝钢国际)是宝钢集团的全资子公司,是一家集矿业、钢材贸易、加工配送、金属资源业、设备工程业、深加工业、物流业和非钢产业于一体的综合性贸易公司。宝钢国际于2001年11月13日在原宝钢集团国际经济贸易总公司的基础上以吸收合并方式、集中宝钢集团与贸易业相关资产组建而成,注册资本14.5亿元人民币。

宝钢国际下设很多资公司,其中一级子公司约有29个,二级控股子公司有30多个,子公司之间也有相互参股的情况。

表5 宝钢集团上海五钢有限公司股权结构

股东名称		变更前实收资本(万元)	变更前实收资本比例(%)	变更后实收资本(万元)	变更后实收资本比例(%)	股东资本性质
宝钢集团公司	冶金控股转入	195574.0	78.45	196849.8	82.95	国有
	宝钢集团注入	3000.0		68537.0		国有
华融资产管理公司		40000.0	15.80	40000.0	12.50	国有
信达资产管理公司		11500.0	4.54	11500.0	3.59	国有
东方资产管理公司		3071.6	1.21	3071.6	0.96	国有

表 6　宝钢集团上海五钢有限公司对子公司的投资情况

子公司类型	现在所属全资(控股)子公司名称	初始投资时间	控股或投资比例(%)	其他股东名称及投资比例(%)		其他股东资本性质
全资子公司	上海五洋冶金废渣利用厂	1986.12	100			
	上海五钢服务开发公司	1988.4	100			
	上海五钢劳动服务公司	1992.5	100			
	上海五钢生活服务公司	1992.8	100			
	上海冷拉型钢厂	1997.2	100			
	上海十钢有限公司	1997.2	100			
控股子公司	上海五钢气体有限公司	1997.8	94.5	浦东国贸	5.5	国有
	上海五钢物流有限责任公司	1997.8	90	浦东国贸	10	国有
	上海五钢设备工程有限公司	1998.11	89.99	物流公司	10.01	国有
	上海五钢浦东国际贸易有限公司	1994.4	90	开发公司	10	国有
	上海五钢物业有限公司	1997.3	80	房产公司	20	国有
	上海申特储运公司	1993.8	51.01	杨行镇劳务所	48.99	农方
	深圳上五钢体外贸易有限公司	2001.12	75	设备公司	25	国有
	上海实达精密不锈钢有限公司	2003.4	40	美国阿路德姆公司	60	外资

5. 宁波宝新不锈钢有限公司

宁波宝新不锈钢有限公司是中日合资组建的专门生产不锈钢薄板的企业,现有 5 家出资者,其中中方出资者为 2 家,日方出资者为 3 家,具体的投资主体及资本状况如下表 7:

表 7　宁波宝新的股权结构

出资者		出资金额	出资比例(%)	
中方	上海宝钢集团公司	153812.52	54	66
	浙甬钢铁投资(宁波)有限公司	34180.56	12	
日方	日新制钢株式会社	62493.10	21.94	34
	三井物产株式会社	19938.60	7	
	阪和兴业株式会社	14413.16	5.06	
小 计		284838.00		100

二、宝钢股权结构的缺陷

宝钢集团以及所列举的 5 个子公司是我国大型企业的典型代表,尤其能反映国有大型企业的情况,所以它们的股权结构既具有我国公司股权结构的总体特征,又具有其自身的特点。

(一)"一股独大"现象明显,股权过度集中

从上述宝钢的股权现状来看,不论是集团公司,还是下属的各类型子公司,都存在股权过度集中的现象,而且股东之间持股比例相差悬殊。宝钢集团公司是国务院 100%控股的公司,股东只有一个。宝钢集团作为其子公司的第一大股东,在两个上市公司所占股权比例分别达到 85%和 57.22%;在五钢公司、宝新公司所占股权比例分别为 82.95%和 54%;而对宝钢国际则是百分之百控股。可见宝钢集团及其子公司均表现出非常明显的"一股独大"现象。

股权的过度集中,一方面容易造成大股东的超强控制,难以形成有效的权利制衡机制,另一方面对小股东而言,他们没有能力也缺乏利益驱动参与公司治理。这样大股东通过对董事会的控制,就可以控制整个公司,在宝钢,各公司的党政一把手都是按大股东的意志来任命,董事会在很大程度上成为大股东的"一言堂"。

(二)国有股比例过大

在宝钢集团的股权结构中,比例最大的是国家股,还有一部分国有法人股,因此这两者加起来,使得国有股股权在公司总股本中占绝对优势,所以上述"一股独大"现象,更确切地讲,应该是"国有股一股独大"。

这种情况非常容易造成两个极端：一是政企不分，国家对企业管的过多过死，使企业失去经营自主权，无法按市场机制行事；二是在国家股东监督不利的情况下，容易导致“内部人控制”或其代理人与内部人的合谋。尽管这两种极端在宝钢都不存在，宝钢现在的经营业绩还是非常好的，但是并不能说明国有股比例高就是好的，不能忽视“国有股一股独大”这种畸形机制危害的潜在性。宝钢现在良好的业绩可能主要基于以下因素：①公司现任领导班子自身素质较高，管理有效；②钢铁市场活跃，行情看好；③所在的钢铁行业属于能源行业，属于垄断竞争型的市场，并不适合过度分散的股权结构，适当的国家控股是有益于企业发展的。但是国有股比例过大，肯定是不符合市场资源配资机制的，具有很大潜在的危害性。

(三)出资人缺位，股东没有发挥应有的监督作用

在国有企业中，原来由国务院代表国家行使所有者权利。国务院对宝钢集团的监督方式是“背靠背的”，即对经营管理和决策不干预，也不参与，只是形式上进行事后审核监督，可见国家作为最大的出资者是严重缺位的。后来建立了国资委，由国资委代表国家行使所有者权利，建立起所有者与经营者之间的制衡关系。但是国资委是一个虚设机构，国资委虽与国有资产授权经营公司建立了委托代理关系，但对国有资产授权经营公司也无法有效地履行所有者权利。现在国资委又提出要行使“管人、管事、管资产”的职权，使得像宝钢这样的大型国有企业的经营者感到困惑和担心，不知道国资委这“管人、管事、管资产”的职权将如何行使，会不会由回到政企不分的老路上。

(四)投资主体单一化

宝钢的主要投资者是国家，在上述5家子资公司中还有少数法人实体，社会公众和境外投资者(日本)，因此公司股权结构呈现单一化特征，尤其是母公司，其产权结构更是单一，只有国家政府机构一个出资者。这种情况和我国的政策环境分不开。我国《商业银行法》规定银行和证券分业经营，禁止银行持有企业的股份，从而使我国失去了从国际上来看(如德国、日本等)的主要持股主体。

(五)两家上市公司的股权缺乏流动性

由于在我国上市公司的全部股权中，国家股、法人股均为不可流通的股本，只有占比例很小的个人股才能流通，使得未流通股在公司总股本中的比重相当大。宝钢股份的流通股比例只有15%，宝信软件的流通股比例稍高一些，达到38%。流通股比例过低，不利于发挥市场的外部监督作用。

(六)不同的法人股东，具有不同的特征

在宝钢集团的子公司中，存在相当比例的法人股东，具体分为三种情况，发挥的作用也很不相同：

1. 来自集团内部的法人股。具体指那些含有高比例的国有成分和大量关联关系的法人股东，它们并不是真正意义上的法人股东。宝钢集团下属的一级或二级子公司之间相互参股，而这些子公司的控股方都是来自同一个大股东(集团公司)，所以董事会成员大部分都是“自己人”，这样来自集团内部的法人股并不能起到真正制衡监督作用。

2. 来自集团外部的法人股，但是仍含有高比例的国有成分。如，五钢公司的另外3家股东是资产管理公司，宝钢股份的相当一部分法人股东是机构投资者(证券、基金公司)，这法人股东由于具有相对的独立性，专业的投资财务知识等特点，使其在一定程度上对公司经营决策发挥了监督作用，行使了股东的权力。但是并不能像其他国家法人股东那样发挥出的重要的监督与制衡作用。

3. 来自外资的法人股东。宁波宝新是典型代表，其中34%的股权来自日新制钢株式会社，三井物产株式会社，阪和兴业株式会社，这3家日本法人股东对公司的法人治理发挥了重要作用。它们一方面对企业的经营管理很少干预，另一方面维护出资人利益的意识非常强烈，促使公司董事会决策程序比较规范、谨慎和严格，企业绩效显著，成为宝钢集团内人均创利最高的企业。

(七)现有的母子公司模式存在众多弊端

宝钢集团母公司下设有50多个一级子公司，而一级子公司下面又设有众多二级、三级子公司，这种模式存在很多弊病，已经不适应宝钢当前的发展，。

1.“多级法人制”导致资金分散、内部利益冲突、“利益输送”，无法形成产权清晰、责权明确的法人制度，最终酿成了“有成绩大家抢，有责任大家推”的集体负责悖论，比如，经济效益好，发展迅速的子公司就想脱离母公司；而经济效益差，实力弱的子公司则想依靠母公司。

2. 企业集团的母公司产权结构和资本结构都很单一。而这种单一性的产权关系和资本结构，对企业集团的健康成长是不利的。

3. 母公司为国有企业和国有独资公司的企业集团，其行为会更多地带有浓厚的行政色彩。

这些弊端宝钢集团公司已经明显意识到，并且正在着手改革，准备走国际一体化的道路，这条路成功的关键在于建立多元化的股权结构。

实现股权多元化，是为企业集团法人治理结构的规范运作创造基本条件。实践证明，以政府为背景的国有股东很难成为以经济效益为目标的合格股东，国有公司难以建立规范的法人治理结构并规范运作。因此，需要引入多元股东，包括境外的国有股东，特别是非国有股东，有利于所有者职能到位，形成规范的公司治理结构。有多元股东的制衡，易于实现政企分开，使企业目标集中于追求经济效益。

1. **大力培育企业法人股东**

(1)鼓励境内非国有企业法人投资和持股，引导这些企业法人通过兼并、收购、接管等方式取得国有股权。

(2)引入外资股东。这一点，宁波宝新就是很好的例子，而且不仅要合资，还要逐步走国际化发展的道路，到境外上市，吸引大量外国投资者来投资中国企业。

这种企业法人持股为主的模式有利于对公司经营进行监督。法人持股量一般较大，在公司的表决权也较大，能够有效地从公司内部表达自己的意见，实现对公司经营的监督。

2. **培育以各种基金组织为主的机构投资者。**

实现股权多元化，还应该发展机构投资者，并在此基础上形成以公司内部治理为主的公司治理模式。这种由适当身份的大股东持有适度集中股份的股权结构，不仅有利于发挥大股东的治理作用，弥补小股东对公司治理的不足，而且还能够避免“一股独大”，抑制控股大股东的剥夺。

另外，机构投资者是专业的投资机构，其内部人才济济，它们可以选出具有专业知识的优秀人员担任股东代表或董事，有利于减少决策的失误。这一点，在实际调研中已经得到验证，是具有可行性的。虽然宝钢集团五钢公司的大股东是宝钢集团公司，仍然存在“一股独大”的很多弊端，但是另外三家股东都是资产管理公司，这三家股东对五钢公司治理的规范性发挥了一定作用，其高层管理人员反映这三家股东对企业经营管理和决策非常关心，在董事会上往往提出一针见血的问题，促使管理层的行为逐渐规范。

3. **鼓励银行与企业相互持股。**

银行的参与有利于企业盘活存量资产，激活增量资产。现代商业银行本身就是一个企业，是一个特殊的企业。银行等金融机构，利用其雄厚的资金实力，改贷款为投资入股，可以免除企业所承担的高额财务费用，使企业资产增加，提高资产的增值能力；又可以通过银行的特殊身份和信息优势，加强对企业的监督，提高治理绩效。但是在我国现阶段银行本身也存在很多国有企业的弊病，所以要加快金融体制的改革，按市场原则理顺银行与国有企业的关系。

专题研究报告之三

企业党组织的作用及是否适应公司法人治理结构的要求

具有中国特色的企业管理，其法人治理结构的特色，首要反映在中国共产掌政治核心作用上。只有充分发挥党组织的政治核心作用，才能促进和推动国有企业的改革与发展。

完善公司法人治理结构，是建立现代企业制度的核心，而在建立现代企业制度的过程中，企业党组织要切实发挥其政治核心作用，认真履行好党章赋予的职责，就必须按照党的十六届三中全会的精神要求，建立与法人治理结构相衔接，既能发挥现代企业制度的机制优势，又能发扬我们党的政治优势的党工作机制。

一、宝钢集团公司党组织的作用与治理结构的目标要求

(一)上海宝钢集团公司各二级子公司类型

1. 规范的上市公司。这里有宝山钢铁股份有限公司和上海宝钢信息产业股份有限公司。

2. 全资子公司和控制子公司。课题组主要调研了上钢宝钢国际经济贸易有限公司、上海宝钢检测有限公司、上海宝钢开发总公司、上海宝钢集团五钢有限公司、上海宝钢集团梅山有限公司。

3. 中外合资企业。重点调研了中日合资企业的宁波宝新不锈钢有限公司。

(二)党组织的作用与治理结构的目标要求

在上市公司和合资子公司，或控股子公司，党组织的作用发挥，基本反映在以下几个方面：

1. 在选聘企业经营管理者的机制中，党组织的作用发挥及发挥作用的方式。在整个选聘过程中，党组织全过程参与选聘过程并对有关候选人把关。一般操作程序是：第一：由党委组织部门根据组织推荐、领导提名、公开招聘、群众举荐、个人自荐、考试与考核相结合等方法，产生候选人。第二，由党委组织部门对候选人进行严格考察并听取纪委的意见，形成考察报告呈公司党委。第三，提请公司党委会根据党委会决定，选聘企业经营管理者；同时，有关企业经营管理者的选聘须再推荐给总经理，由总经理按照有关程序提请董事会决定。

2. 党组织推荐人才，审核复核的程序。在调研的几个公司中，他们基本上是按照如下程序进行：一是民主推荐（包括组织推荐、领导提名、公开招聘、群众举荐、个人自荐、考试与考核相结合等方法），产生要任用的候选人。二是按照干部管理权限，组织人事部门对候选人（确定考察对象时，应当把民主推荐的结果作为重要依据之一，同时防止简单地以票取人），在进行严格考察并听取纪委的意见，形成考察报告。三是由组织人事部门向公司党政领导汇报有关推荐人才的考察意见，在公司党政主要领导意见统一后再提交有关会议决定；各子公司及直属单位在聘解（任免）下属单位的党政领导干部时，党政主要领导意见一致后，报公司党委预审或组织人事部门审核通过后再讨论决定。

3. 党组织如何发挥对企业领导人的监督作用。各公司党委探索并确立了党代表闭会期间党代会代表参与决策的党代会代表担任制条例，根据代表分布情况组建了党委工作计划实施监督、党内廉政建设监督和党的思想组织建设监督三个民主管理小组，从组织原则、管理方式、工作内容、时间安排等方面对如何进行民主管理监督，形成了对党委工作监督的网络，拓宽了监督渠道。

加强党风廉政建设，健全党内外的监督机制。如建立党风讲评制度、党风监督（信息）员制度、礼品登记制度、收入申报制度、业务招待费使用情况报告制度、领导干部报告个人重大事项的规定等.

4. 党组织是否参与企业重大问题的决策。各公司党委始终坚持党组织参与企业重大问题的决策。各公司党委就探索并建立健全了“三全一完善”（全局、全员、全过程，完善工作机制）的党组织参与重大问题决策的新路子，即在参与决策的内容上从战略高度总揽全局，发挥党委定方向、出思路的作用；在参与决策的方法上以全员为重心，发挥党组织的整体作用；在参与决策的形式上，以坚持全过程参与为途径，保证决策的全面实施；在参与决策的机制上，以完善组织机制、决策机制为重点，确保党组织参与重大问题决策。

按照党委会议事规则，党委会一般每月召开两次党委会会议，除此以外，党委书记认为必要时可以随时召开党委会会议。党委会应有二分之一以上委员出席时方可召开，但当讨论决定干部的任免和奖惩事项以及有关重要事项时，应有三分之二以上委员出席时方可召开。党委会的议题会前由党委书记或党委副书记提出，由党委办公室汇总并向党委书记报告正式确定后以书面形式将会议通知和正式议题送全体委员。会议一般采用举手表决、简单多数赞成为有效的方式，形成会议决定或决议。

5. 党委负责人在董事会、监事会中的兼任情况

目前，各公司党委书记一般都兼任各公司副董事长。梅山公司党委副书记林怀平同志兼任梅山公司董事。监事会为宝钢集团外派，其中职工监事 2 名，分别由公司工会副主席、监审部副部长兼任。

宝钢集团上钢五厂，公司党委委员 5 人分别在公司董事会、监事会中担任董事、监事长和监事。

（三）中外合资企业党组织的作用及是否适应公司法人治理结构要求

从中日合资企业的宁波宝新不锈钢有限公司的调研情况来看，主要反映在：

1. 认识上提高。外商投资企业中的党组织的地位问题，在现行法律无规定，而党组织必须要在企业中起到党管人才的作用，支持行政及教育、监督党员，发挥党组织的战斗力和党员先锋模范作用，公司党委的工作体会是：有作为才有地位。

2. 党组织参与公司的重大事项的决策。党组织参与公司重大事项的讨论与决策，总经理与党委书记经常就公司重要工作交换意见，在推荐人才，任免干部等人事管理上协商解决有关问题，团结协作，同心协力，管理公司各项事务。

3. 党委主要领导人列席董事会。公司高级管理人员的聘任按合营合同的规定由出资方派遣，党委书记由宁波出资方派遣，未担任董事，但作为工会主席列席董事会会议。

二、需要在法人治理结构中确定党建工作机制

在公司法人治理结构中，按照《公司法》规定，董事会是经营决策机构，企业的重大问题经董事会集体讨论决定后，由总经理负责贯彻执行。

在这种领导体制下，企业党组织如何发挥其政治核心作用呢？又如何参与企业的重大问题决策而又不代替董事会的决策呢？

主要做到以下三条：

（一）要有一个强化党组织发挥政治核心作用的管理机制

在法人治理结构中，党组织在发挥作用时，需要做到：

要加强企业党组织领导班子建设，不断提高驾驭能力和领导水平，这是发挥政治核心作用的关键。为此，要坚持和健全中心组学习制度，严格民主生活会制度，建立领导班子以身作则、廉洁自律的有关制度。通过班子的建设、内在素质的提高，增强党委班子的号召力和凝聚力，使人们感受到党委班子虽不直接发号施令，但却处处起“主心骨”作用。

要加强对党员的教育和管理，充分发挥党员的先锋模范作用。一方面要强化党员的政治理论和业务知识学习，通过党员责任区、党员先锋岗、党员民主评议、党员目标责任管理等活动和制度，提高党员的素质；另一方面要发扬党内民主，增强党员的政治责任感和工作责任心，使每个党员既认清自己在企业改革发展中的使命，又明确在各自岗位上应如何履行党员义务，立足于本职工作中创一流业绩，影响和带动周围的群众，发挥骨干和带头作用。

要改进党组织的工作方法和活动方式，适应企业“转机建制”的要求，从而有效地发挥政治核心作用。首先要确立紧紧围绕企业的生产经营和改革发展这个中心开展党的各项工作的指导思想，把能否促进企业改革发展、促进企业生产经营不断取得新业绩，作为衡量企业党的各项工作成效和党组织战斗力的标准。同时，在工作方法上要从直接干预、发号施令向靠正确主张引导和间接施加影响转变；在

具体工作中更多地注意发挥董事会、监事会和经营班子中的党员领导干部的作用，保证党的路线方针政策和国家法律法规在企业中得到贯彻执行；更多地注意把思想政治工作渗透到企业的生产经营中去，把企业的难点问题、群众关心的热点问题作为自己工作的重点；更多地注意协调各方面的利益和矛盾，着眼于调动广大职工的积极性。通过卓有成效的工作，增强党组织的凝聚力和战斗力，切实发挥“中流砥柱”的作用。

（二）要有一个党组织参与企业重大问题决策的运行机制

党组织参与企业重大问题决策，就必须在法人治理结构中，寻求建立一种既符合现代企业制度决策运作的规范要求，又有利于党组织参与决策的运作机制，这就需要从以下几方面来思考：

1. 要构建党政领导交叉任职的领导格局，从组织上与现代企业领导体制相衔接。党委成员依法定程序分别进入董事会、监事会和经营班子；在国有资产占大头的有限责任公司或国家控股的股份有限公司，党委书记应兼任董事长，符合条件的党委成员应进入董事会。实行党委会、董事会、监事会和经营班子领导交叉任职，对党委成员的政治和业务素质要求更高了，尤其是党委书记，必须既是企业经营管理的行家，又是党务工作的能手，这样才能履行双重职能，担负双重责任，确保党组织参与企业重大问题决策的渠道畅通，使党组织政治核心作用融合于企业重大问题的决策之中。

2. 必须建立参与重大问题决策的制度，以规范参与决策的范围、职责、程序、方法。要界定参与决策的内容和范围，原则上与董事会决策的范围相同。如事关党的路线、方针、政策和国家法律法规的贯彻落实问题；涉及企业重大经营方针和发展战略问题，重大项目的投资或技改问题，资产重组和资本运作问题；企业高层管理人员的培养、选聘、监督、管理问题；企业内部重大改革方案、重要管理制度的制定修改问题；企业的利润分配，关系职工切身利益的工资、资金、福利待遇问题等。要明确参与决策的程序和方法。如党组织在参与决策前要深入群众、深入市场进行调查研究，在此基础上进行集体讨论研究，提出决策意见或方案，根据不同议题，或以党委的名义向董事会提出意见和建议，或要求董事会中的党委成员在决策时要贯彻党委的意图。

3. 要充分发挥党组织在决策实施过程中的政治优势。依靠党组织的力量，通过各种形式和方法，广泛宣传、动员和组织全体党员和广大职工群众把决策化为自觉的行动，落到实处，并及时向董事会反馈实施中的各种情况，督促经营班子切实贯彻执行董事会决策。

（三）要有一个党组织管理干部的用人机制

建立现代企业制度使企业人事管理工作发生了新变化。国有企业改制后，一般都由原来单一的全民所有制形式变为多种经济成分组成的公司制形式。由于产权关系的变化，企业干部管理体制和权限发生了变化；由于现代企业实行公司法人治理结构，这一领导体制变化带来了干部管理方式的变化。这些变化使我们必须改变原来单纯由上级党委委任干部的传统做法，建立一种既符合现代企业人事管理制度规范，又能体现党管干部原则的用人机制。

这一用人机制关键要把握住企业的核心领导层。一是董事会和监事会成员，按照出资与管理相统一的原则，由出资方党组织按比例推荐董事和董事长人选及监事会人选，在国有股控股一条件下，确保党组织推荐的人选当选董事、董事长和监事会成员。二是总经理人选，实行公开招聘制度，按照公开平等、竞争、择优原则，面向社会，通过公开招聘方式产生。党管干部原则应体现在以下三个方面：根据党的干部路线、方针、政策确定董事会、监事会和经理人选的任职条件和资格，包括政治、业务、文化、年龄、履历、业绩等方面的条件和资格提出基本的要求；党组织推荐合适的董事和经理人选；通过党组织审查候选人是否符合任职条件、资格。通过上述方法产生的董事会、监事会和总经理人选，既符合现代企业人事管理制度的规范要求，又体现了党管干部原则，确保企业领导干部德才兼备。

同时，要建立健全企业经营管理人员的培训教育、考核管理等制度。如对董事长、总经理、党委书记等企业高层领导要逐步实行“持证上岗”制度，即经过严格的培训考核，获得从事相应职业的资格证书后才具备上岗资格的制度。通过制定系统培训、交流轮岗、交叉任职等有关制度，着力培养政治素质高业务能力强，既懂党务工作，又懂经营管理的复合型人才。并根据企业决策层、监督层、经营层的不同要求制定相应的考核指标体系，对企业经营管理人员实行严格的年度考核和任期考核制度。

专题研究报告之四

现代企业制度下职工民主管理的有效途径

建立现代企业制度，从根本上来说，就是要构架科学的治理结构。在现代企业制度上，企业的组织结构、经营机制和用工制度等都在发生新的变化。而在这种变化中，我们不能丢掉工人阶级的核心内容，就是要从制度上积极支持职工参与企业的民主管理，让他们当家作主，管好企业。

一、宝钢在积极探索职工民主管理的有效途径

如何在现代企业制度框架内下，加强民主管理，完善厂务公开机制，既充分保障企业职工的民主管理权利，又切实保证出资者的权益和经营者依法行使经营管理权的问题，这是一个随着市场经济逐步完善过程中必须从理论到实践上解决的课题；也是在国资委成立，国有资产出资人代表到位，《企业国有资产监管条例》出台后必须解决的难题。宝钢在探索实践中的做法是：

（一）在认识上，必须做到三个坚持

1. 必须坚持建立现代企业制度的改革方向，加快国有企业改革

现代企业制度从资产组织形式和内部治理结构来讲，就是公司制，公司制明确了出资人，明确了由董事会、监事会、经理层组成的公司法人治理结构。治理结构各个方面的地位是法定的。党的十六大强调指出，国有大中型企业继续实行规范的公司制改革。接着，国务院又颁布了《企业国有资产监管条例》，对出资人、董事会、监事会、经理层的权利和责任，对国有资产保值增值及对职工行使民主监督等都作了规定。党的十六届三中全会，再次明确“要建立健全国有资产管理和监督体制，深化国有企业改革，完善公司法人治理结构。”并提出要建立产权清晰、权责明确、保护严格、流转顺畅的现代产权制度，这是构建现代企业制度的重要基础。因此，宝钢坚持按照党的十五大、十六大、十六届三中全会的精神和《公司法》、《企业国有资产监管条例》，坚定不移地坚持现代企业制度的改革方向，加快国企改革的步伐。

2. 必须坚持党的“全心全意依靠工人阶级”的根本指导方针，深化企业民主管理

我们党一贯重视工人阶级的领导地位和作用，始终要求全党要毫不动摇地坚持“全心全意依靠工人阶级”的根本指导方针。最近，中央领导同志又指出，尽管经济社会情况发生了深刻的变化，工人阶级作为国家领导阶级的地位没有变，我们党“全心全意依靠工人阶级”的方针没有变。党的十六届三中全会强调，要坚持“全心全意依靠工人阶级”根本指导方针，宝钢在积极探索现代企业制度下的民主管理。《企业法》、《全民所有制企业职工代表大会条例》、《工会法》等法律、法规对于建立以职工代表大会为基本形式的民主管理制度都有明确规定。职工代表大会是职工行使民主管理的权利机构，其地位和作用也是法定的。建立现代企业制度，完善法人治理结构，决不能忽视职工的主人翁地位，不能忽视职工积极性和创造性的发挥。宝钢坚持积极探索现代企业制度下民主管理新的途径和方法。

3. 必须坚持保障职工民主管理权利和保证出资人权益与经营者权力的有机统一，促进改革发展

按照建立现代企业制度的要求，根据《公司法》等法律法规的规定，宝钢在企业法人治理结构中形成了责权分明，相互制衡，协调规范的运行体制，这有利于保证出资人权益和经营者的权力。而从国有企业改制为公司制的企业，原来根据《企业法》、《全民所有制工业企业职工代表大会条例》等法律法规，

建立了以职代会为基本形式的民主管理制度，这有利于保障职工民主管理的权利。尽管由于相关法律、法规的出台、修订，在某些方面还不够完全配套、不够完全衔接，相互之间还存在一些矛盾，但由于保障职工民主管理权利和保证出资人权益、支持经营者行使权力，从根本上讲两者的目的是一致的，都是为了增强企业竞争力，都是为了追求企业效益最大化。保障职工民主管理的权利，是建设现代企业制度的题中应有之义；保证出资人权益与经营者权力更是现代企业制度下职工民主管理应着重解决的问题。

（二）在制度上，必须做到三个正确把握

1. 正确把握企业职代会的职权定位

职代会是企业民主管理的基本形式。在国家已颁布的《企业法》《工会法》、《劳动法》等法律法规中，对企业建立职代会制度都作了明确规定，规定了企业职代会对企业生产经营等有审议建议权，对内部分配方案等有审查同意权，对职工生活福利等有审议决定权，对企业行政领导人员有民主评议权等。在现代企业制度框架下，宝钢十分注意正确把握职代会职权定位问题，尽可能避免在现代企业制度下，与出资人、经营者应行使的权力发生碰撞，真正做到既按规定履行民土程序，又使职代会不越权。要十分注意理顺职代会与出资人和经营者之间的关系，注重协调、达到互相制衡、作用互补。对企业生产经营、投资项目、资产处置、技术改造等，职代会更多的是审议、建议及扩大知情权，而决策权仍由出资者或经营者行使。对企业内部分配问题，职代会主要是审议通过分配制度改革或工资奖金分配的方案、原则及方法，实施操作权仍由经营者行使。对企业用人问题，聘用权仍由出资者或经营者行使，职代会则对行政领导人员行使评议监督权。企业减员分流方案、职工生活福利方案、集体合同文本等，职代会则必须行使审议决定权。只要在实践中，正确把握企业职代会的职权定位，注意理顺职代会与出资者权益、经营者之间的权利关系，是可以既充分保障职工民主管理的权利，体现职工主人翁地位，又充分保证出资者的权益，支持经营者依法行使经营管理的权力的。

2. 正确把握厂务公开与职代会的关系

厂务公开与职代会都是企业民主管理的形式，职代会是厂务公开的主要载体，厂务公开是企业民主管理在新形势下的新要求。企业改革中出现的一些新情况、新问题，不属于企业职代会职权范围内的，可以通过厂务公开，让职工参与和知情。职代会虽然是厂务公开的主要载体，但不是厂务公开的唯一载体。因此，在实践中，宝钢一方面要坚持不断完善职代会制度建设，努力提高职代会运作质量，充分发挥其厂务公开的主渠道作用；另一方面则坚持广开渠道、拓展途径，采取除职代会之外的各种形式，推进厂务公开。在近几年的实践中，宝钢集团及其各子公司已探索创新了厂务公开的多种形式。

一是厂情通报会，一般每季一次，就企业改革发展的重大问题或职工关心的热点、难点问题向职工通报。

二是专题报告会，一般不定期，就企业生产经营或投资项目的进展情况向职工专题报告。

三是厂情公告栏（报、刊）。

四是网上公开。

3. 正确把握企业职代会制度的运作

要既保障职工民主管理权利，又保证出资者权益，支持经营者行使权力，还需要重视职代会制度的更好的运作。既不能把职代会仅仅看作一年开一次或两次职代会制度的更好的运作。既不能把职代会仅仅看作一年开一次或两次职工代表会议，也不能把企业大大小小的问题都要放在职代会上审议通过。宝钢注重职代会制度的日常运作，开展职代会民主管理委员会的活动、职工代表的巡视等职代会制度日常运作的具体形式，在一些重大决策上听取民主管理委员会的意见，在一些重大举措，注意组织职工代表巡视，听取意见，这样既充分发挥职代会的作用，又不影响企业出资者和经营者决策的效率。宝钢在企业民主管理的实践中，深深感到充分发挥企业职代会制度作用，不能光停留在一年1—2次的职工代表大会，而是要把这项制度看作是365天的民主管理、民主参与和民主监督。比如，一钢公司的备件管理存在居高不下的问题，行政决定依靠职工予以解决，他们向职工代表通报，会同工会组织职工代表对备件管理情况进行督查，在职工代表的有力督促下，很快就解决了问题。

（三）在操作上，必须做到三个充分发挥

1. 充分发挥工会的职代会工作机构作用

《工会法》明确规定："维护职工合法权益是工会的基本职责"，"工会依照法律通过职工代表大会或其他形式，组织职工参与本单位的民主决策、民主管理和民主监督。"宝钢在实践中坚持民主管理，其中重要的一条是充分发挥工会的作用，让工会主席、副主席、工会干部参力口有关会议，让工会源头参与涉及职工切身利益的一些制度、方案的制定，听取意见。同时通过工会积极做好对职工群众的宣传教育工作，确保企业改革方案制度的顺利出台。宝钢集团各级党政班子十分重视发挥工会源头参与的作用，工会主席参加经理书记办公会，参加企业改革的领导班子，工会副主席参加改革工作班子。从上钢系统联合重组以来，宝钢结构调整，减员分流的力度很大，为发挥工会源头的作用，集团公司工会主席参与减员分流再就业方案的研究制定；公司上报集团的方案，坚持由子公司工会主席签署意见；各级工会听取和表达职工的合理意见，协助党政完善方案，引导职工支持改革，使集团在减员分流6万余人的情况下，基本保持了大局的稳定。实践证明，工会作用的发挥，体现了职工民主管理工作，同时又支持经营者的工作。

2. 充分发挥职工董事、职工监事的作用

按照《公司法》等法律法规的规定，董事会和监事会中应有职工代表。董事会中的职工代表和监事会中的职工代表，是经过职工代表大会选举产生的，充分发挥职工董、监事的作用，是在现代企业制度下，在公司法人治理结构内实现职工民主管理的重要体现。按照《公司法》的规定经职代会选举，宝钢共产生职工董事9名，职工监事14名。为了更好地发挥职工董事、职工监事的作用，职工董事和职工监事在董事会与监事会中发表意见前，在不影响商业秘密和企业千段时间需要保密的问题的前提下，就有关问题充分听取企业内的专家、行家及职工代表的意见。不少企业与企业工会为他们的培训创造条件，宝山钢铁股份公司经职代会选举，工会主席作为职工代表进入董事会，另有三名职工代表进入监事会，他们不断学习，参政议政，履行职责，发挥作用，在每次参加董事会、监事会议前都广泛调研，听取意见，认真准备，参加会议时积极发表意见。他们还每年向职代会作年度工作述职报告，接受职代会的评议，受到了职工代表的好评。

3. 充分发挥平等协商的作用

工会方协商代表也是由职工代表大会选举产生的。工会就职工与企业劳动关系方面的问题，代表企业职工与企业行政开展平等协商，签订集体合同，这是国家法律所规定的，也符合市场经济发展要求和国际惯例。平等协商、集体合同制度不仅是现代企业制度的要求，也是企业与企业工会保障职工的才艮本利益，协调企业劳动关系的需要。平等协商制度方式比较灵活，涉及人员不多，运作比较方便，同时也具有法律的效应。实践证明，企业就涉及职工切身利益的重大问题与工会方代表平等协商，这样既保障了职工民主管理的权利和职工利益，又有利于保证出资者和经营者的权利。宝钢各子公司全部建立了这项制度，而且运作规范、效果比较好。益昌薄板公司2003年的集体合同，工会与行政先后协商了9次，在广泛征求职工意见的基础上，将职工关心的问题基本列入，行政也尽可能地满足。为了深化和发展平等协商集体合同制度，集团有些子公司还按照劳动社会保障部和全总的要求，开展了工资平等协商。

二、要建立职工民主管理的保障机制和有效制度

党的十六大把健全民主制度做为企业工作重点摆到了重要位置。在企业创新发展中，坚持职工民主管理，不仅有利于职工主人翁地位的提高，更有利于企业各项工作上台阶和上水平。

在这里，建立职工民主管理的保障机制和有效制度形式，就显得尤为重要。

（一）建立有效的职工民主管理的保障机制

1. 以企业改制为契机，构筑企业与职工的利益共同体

在企业产权多元化改造中，积极支持鼓励企业职工投资入股，使企业有一定比例的职工股，从利益机制上把职工的切身利益与企业的命运紧紧相连，从内在机制和动力上激发职工参与企业民主管理的责任感，真正把企业的利益当作自己的利益，把企业的发展看成是自己的发展。这种利益共同体使职工不但从政治上，而且从经济上确立了主人翁地位，切实做到“有家可当，有主可作，有财可理，有利可得”。

2. 健全以职代会为基本形式的民主管理制度

企业党组织在企业改制中，要进一步坚持和健全职代会制度，明确职代会的职权范围，充分发挥其作用。比如建立职代会审议制度，有关企业生产经营的重大问题，重要规章制度的制定或修改，涉及职工的工资奖金、劳动保护、福利待遇等切身利益问题都必须提请职代会审议。要建立对企业经营管理人员的民主评议制度。企业中、高级管理人员要定期在相应范围的职代会上作述职报告，接受职工代表的质询、评议，并将评议结果与其奖惩、任免挂钩。还要通过民主选举，选出职工代表分别进入董事会和监事一会，代表全体职工直接参与决策和监督。

3. 要理顺职代会与股东会的关系

二者的职能既有区别，又有交叉。股东大会作为股份制企业的最高权力机构，具有对企业重大问题的决定权，但它最关注的是投资者的利益、投资的回报问题。职代会作为企业民主管理的群众性组织，关注的是企业的经营状况、职工个人合法权益能否保障问题。但二者的归宿点是一致的，即企业要发展，要盈利。因此，一方面要明确界定二者的职权涉及不同职权的问题，如企业资产运作、投资决策、利润分配等问题在股东大会审议；而工资、奖金、福利等涉及职工切身利益的问题在职代会上审议。另一方面要寻求二者的结合点，如在国有股、企业法人股和职工股中，职工代表与股东成员可以交叉兼任，对职权范围相同或相类似的问题，如企业生产经营计划、经营管理人员的聘任等可共同审议，充分发挥各自的优势和民主机制。

(二)建立有效的职工民主管理制度

从职工参与企业民主管理出发，把思考公司治理结构与社会主义制度有机结合，建立职工董事和职工监事，显得十分必要。

具体可以这样来思考：

1. 加快董事会制度改革，吸收职工董事和外聘董事进入董事会

现在我国大多数国有企业的董事会是内部人组织，基本与管理班子重合，决策权和控制权由事实上的所有者行使，而且现职多数管理者对在市场环境下如何经营好企业既缺乏知识又不具备经验，无法实施有效管理。这与建立真正意义上的现代企业制度是有很大差距的。因此，国有企业必须解决好股东的所有权、董事会的决策权和经理班子的管理权之间的制衡问题，其关键是董事会制度的改革，涉及的内容主要是董事会的人员构成。从现代企业发展的经验来看，董事会的人员构成应由股东董事职工董事和外聘董事共同组成。股东董事一般直接或间接参与企业的管理班子，他们了解企业的经营环境和状况，有助于企业决策的成功；职工董事来自于企业基层单位，工资是他们的主要收入，他们真正关心企业的发展，参与管理有利于企业决策的实现；外聘董事来自于社会，主要包括主管机关和授权投资机构代表、经济、法律专家或技术专家等，他们能使企业的发展保持先进性。那么，在社会主义公有制条件下，各方面董事在董事会中所占的比中所占的比例。这在我国现行的《公司法》中没有明确规定。全总职工董事、监事专题调研组在调研报告中建议“董事会中应有四分之一到三分之一的职工代表”。

2. 进行监事会制度改革，加大职工监事的比例和权力

我国现在有相当一部分国有企业监事会中虽有一定数量的职工代表，但监事会没有任何任命和撤换董事的权力，只能提意见，形同虚设，根本不可能起到有效的监督作用。所以，必须赋予监事会独立于董事会的权力，赋予监事会撤换董事和指令董事会撤换经理及财务负责人的权力，并适当加大职工监事的比例，以有利于对董事和经理班子的监督。从目前的情况看，国有企业职工监事在监事会中所占的比例在我国现行《公司法》中也没有明确规定，但从各地的调查中发现，比例过低，全总职工董事、监事专题调研组建议“监事会中应有三分之一的职工代表”。

3. 严格职工董事与监事的资格确定，处理好股东大会与职代会的关系

职工董事与监事主要指工会负责人、一般技术人员和一线职工，必须由职工代表大会选举产生，并对职工代表大会负责，其选拔、考核、任免、奖惩及管理均由职工代表大会决定。职工董事与监事的批准机关是政府企业改制主管部门。职工董事与监事的决定权不能由董事会指定股东大会去推选，必须在职工代表大会，在职工自己。职丁代表大会与股东大会关系的处理必须有一个原则，即主要依靠企业职工，主要发挥职工代表大会的作用，不能把两项并列，更不能倒置。但是，职工代表大会在新的形势下必须创新，即选举职工董事与监事直接参与企业管理，把原来由职工代表大会与股东大会分别讨论决定的重大问题放在一起，在民主的基础上由股东代表和职工伏表组成的董事会形成科学的决策，然后提请职工代表大会和股东大会表决通过。

4. 关于工会组织的定位问题

首先，国有企业的工会组织要按照《中华人民共和国工会法》的规定在企业中发挥应有的作用。职工董事与监事作为工会干部接受上级工会组织的领导，工会主席和副主席以职工代表身份进入企业董事会或监事会担负双层职责，其作用的发挥不仅是工会主席是否取信于职工的问题，而且事关工会组织的形象。其次，工会组织要举办职工董事与监事岗位培训班观摩会、现场会和交流会等活动，并建立一套完整的选拔、考核、任免、奖惩及管理制度，全面提高职工董事与监事的综合素质。

5. 尽快进行职工董事与监事制度的立法工作，

全面推进国有企业改革和制度创新

职工董事与监事制度应以法律形式加以规范，要明确规定国有独资和国有控股公司的董事会和监事会都要有一定比例的职工代表参加，尤其对职工董事与监事的产生、更替办法、所占比例、享有的权力义务、履行职权的程序、联系职工群众制度、向职工代表大会报告工作制度以及应当享有的政治经济待遇等都应有具体规定，用法律来保证职工在企业中的地位和权力，这对于职工民主管理的有效实现，就是最好的支持。也为企业依法发挥职工民主管理的作用，提供了法律保障。

专题研究报告之五

公司经营管理者的收入分配制度改革

随着社全主义市场经济快速发展，建立与现代企业制度相适应的收入分配制度，显得更为重要和紧迫。也就是说，建立与社会主义市场经济相配套的分配制度，它是目前企业深化改革面临的一个重大课题。

在解决这一重大课题中，需要我们的企业结合自身实际，积极稳妥地推进解决，既要克服过去计划分配机制中存在的平均主义缺陷，体现效率优先，兼顾公平的原则，合理拉开收入差距，又要防止市场分配机制中出现的收入差距悬殊的弊端。要通过分配制度的创新，形成一个既能鼓励一部分人和单位依靠诚实劳动、合法经营、多劳多得而先富起来，又能限制过分悬殊出现两极分化的既符合社会主义制度，又适应市场经济的收入分配机制。

一、宝钢实施的分配制度

宝钢的分配制度改革可以分为两个阶段。

(一)宝钢联合重组前的分配制度

1993 年 4 月，宝钢在原结构工资基础上，实施岗效薪级工资制的改革。

该工资制的结构由岗位薪级工资、年功工资、业绩工资三个工资单元组成。岗位薪级工资反映这个岗位取酬状态，年功工资反映的是积累的工龄贡献取酬，业绩工资反映的是激励形式的奖金所得。岗位薪级工资设系数 1 至 4.8 档，附置 25 级标准，对应全公司所有岗位。工资基额的高低取决于公司经济效益状况，工资系数的高低取决于岗位责任、技能、负荷、环境等四大劳动要素的测评结果。职工个人工资额等于公司当年确定的工资基额乘以职工个人所在岗位工资系数。

该工资制的设计目标是，在实行岗效薪级时，宝钢按照世界一流企业主要经济技术指标作为考核标准，设立“三个台阶”，确定三种工资水平。达到哪个台阶，就兑现哪种工资，突出工资的整体激励作用。重 995 年生产经营和效益达到设立的台阶，1996 年工资基额由 300 元升到 600 元，1996 年生产经营和效益没有达到设立的台阶，1997 年工资基额维持原状。

该工资制的原则是宝钢的技术、管理职称与职务分离，岗位薪级的工资不与职务和职称挂钩，只与岗位贴紧，在什么岗位拿什么薪，并实行动态工资管理。凡上岗人员均按公司制订的岗位规范进行培训，经考核合格后方可上岗。同时，对技术复杂岗位和大工种岗位实行“一岗多薪”，相关人员经考核合格可提高系数，升档升资。这样做的目的是明确的，那就是鼓励职工学技术，岗位成才，提高素质，以最终落实在提高工作效率上，再以效率的高低来取酬。对能解决企业中高、精、尖重大问题的、具有真才实学的高技能人才，通过设立高技能岗位，给予优厚的工资待遇来进行表彰。

宝钢实行岗效薪级工资制改革的价值，就在于它反映以岗位劳动为主体，以岗位责任、技能、负荷、环境等四大劳动要素为尺度，以劳动效率和经营效益为分配取酬依据的多元组合工资，对于调动职工岗位成才、岗位创新，提供了激励作用。

(二)宝钢与上钢系统、梅山钢铁公司联合重组后的分配改革

1998 年 11 月 17 日，宝钢与上钢系统和梅山钢铁公司实行联合重组，成立了上海宝钢集团公司。

在调研过程中，基本上有以下几种分配形式：

1. 上海宝钢集团公司机关处室，基本上宝钢的岗效薪级工资制，其结构是由薪级工资(岗位工资)、年功工资、业绩工资三个工资单元组成。

薪级工资的系数从 0.5 到 4.8，加上奖金和年功工资，职工与领导的差距在 10 倍左右。

2. 宝山钢铁股份有限公司从 2002 年开始，把薪级工资换成四级，建立能效工资制度，即工资由业绩与能力构成。

同时，建立了首席工程师分配制度，他们实行年薪制，从 20 万元到 40 万元。

建立了工人技师分配制度，他们实行年薪级，从 15 万元到 35 万元。

3. 上海宝钢国际经济贸易有限公司，中层以上干部实行年薪制，其构成是基数薪加上嘉奖薪。

4. 宝钢集团五钢公司的分配制度

(1)公司管理层的报酬形式

公司管理层的报酬形式为：月薪工资

(2)经营管理者收入与企业规模的关联度

根据资产规模、企业类型、企业结构、管理难度、管理实效和业绩等要素确定经营管理者收入水平。主要参考依据是管理绩效。

(3)不同部门经营管理者的年收入平均水平

企业不同部门中层经营管理者的年收入平均水平约为员工平均收入的 1.5—2.5 倍。

(4)经营管理者的绩效评估制度

由集团公司组织人事部制定。

(5)经营管理者同一般职工的收入差距倍数

企业高级经营管理者同一般职工的收入差距约为 3—5 倍。

(6)工资以外的各种补助、津贴及公司的福利制度(住房、用车、通讯等)、职务消费情况，以上这些是否纳入会计核算监督范围。

是纳入会计核算监督范围的。

5. 宁波宝新公司的分配制度

(1)公司现行薪酬制度参照宝钢模式。坚持员工收入增长率低于企业效益增长率。

(2)由宝钢派遣担任的总经理、副总经理的工资由宝钢发放，纳入宝钢的绩效评估范围。公司董事会在年度会计决算审议后根据经营绩效给予高级管理人员一次性奖励。

(3)经营管理者与一般职工的收入差距倍数，据估算为 5—6 倍。

(4)经营管理者除因公司业务活动需要使用招待费外，无特殊职务消费。经营管理者与出资方其他员工居住在单身公寓里的水、电、电话、煤气费等均自理。

二、企业分配制度中急需深化改革的难题

(一)关于分配向哪里倾斜，向谁倾斜的问题

在工业企业中谈到分配倾斜问题，人人皆知："分配向一线倾斜，向主要岗位的主要人员倾斜。"一线在哪里？通常所指的是企业中的生产车间、班组生产岗位。但在市场经济条件下，企业由生产型向经营型转变，企业不仅仅是生产单位，还是一个独立的经营单位，不仅要产出产品，还要销售出去，并要有利润。企业出现了一个向内的生产层面及一个向外的市场层面，相应也就有生产一线和经营一线，市场经济一线人员对企业总体经营业绩负有不可替代的作用。产品没有市场企业就时刻面临停产关门。因此，在坚持分配向一线倾斜的同时，要注意分配向市场经营一线倾斜，加强营销队伍建设，建立有效的营销机制。

(二)关于分配差距怎么拉、拉多大为合适的问题

企业试行岗位技能工资改革后，大多数企业除了在工资上有所体现外，还在奖金分配上按一定的系数拉开档次。在工资奖金公开分配上，总的差距并不大，改制前一般不到 2 倍。先行改制的一些企业一般在 3 至 5 倍之间。究竟多大的差距较为合适要视企业规模、行业性质、周边环境及国家宏观经济政策而定，最重要的是看实际效果而定。如果起到了很强的正激励作用，也为政策和环境所认同，就比较合适，否则就不行。这方面可以采取小步、快步的办法逐步实施，既要抓紧，又要稳妥。

(三)关于"按职论价"的问题

这种分配法，在满足分配拉开差距方面，似乎没有什么可非议的。但是，应该指出的是，相同等级的职工，贡献未必一样，如果分配差不多，则仍然存在着吃"大锅饭"现象，而分配的比较一般在同级之间更看重，因而也达不到正激励的作用。这样会造成一种"只要上了这个级别，就不愁少拿报酬"，千方百计争级别，有了级别就不卖力的不正常现象。怎样才能扭转这种状况，变为不争级别争贡献呢？只有引入市场竞争机制，让一部分人先富起来，竞争上岗，使得企业中各方面最优秀的人才进入最重要、最关键的岗位，发挥最重要、最关键的作用，做出最出色、最有效的贡献。如果仍然是任人唯亲，以我划线，顺者升、逆者去，企业中最重要、最关键的岗位被一些不称职的人占据着，那么，这个企业最终一定是

一团糟。

(四)关于企业中有没有先富起来的问题

人们感觉到，有些人是先富起来了，这些人不外乎是企业“三产”的人员和管这些人员的，或者是为三产管钱的，以及从事经营业务的一些人，还有搞第二职业的。这些富起来的人并没有给广大职工起到积极的示范作用，不少企业已经注意到这个问题，加强了监督和制约，在企业劳动分配制度搞得好的企业中，确实一部分人的收入有了相当幅度的提高。企业重要和关键的岗位人员，有重大贡献的人员，其收入增加的幅度是较大的，起到了正激励的作用，应该认真研究这些经验和做法。

三、企业分配制度的创新改革方向

深化国有企业制度改革，就是要不断探索和逐步建立起有利于促进企业先进生产力发展，有利于合理配置和开发人力资源，有利于科技创新，有利于劳动力市场价位接轨，有利于调动企业各个层面职工的积极性、主动性和创造性，符合企业实际，持续有效的内部分配的基本制度。应加强以下几个方面的工作。

(一)要致力于分配制度和激励机制的创新，建立适应市场经济客观要求的新型工资分配制度，形成与现代企业制度相匹配的收入分配激励机制和约束机制

当前，国企分配制度改革，主要是改革现行工资制度，建立以岗位工资为主要内容的“岗位工薪制”，使工资分配中活动的部分与相对固定部分之比达到7:3左右，合理拉开收入分配的差距，增强内部分配的激励功能，“岗位工薪制”作为现代企业的基本分配制度，能有效地克服传统分配模式固有的弊端，彻底打破目前普遍存在的分配上的“平均主义”、“大锅饭”，将工资收入与职工岗位职责和工作业绩直接挂钩。透明度高，既有利于调动员工的积极性、主动性和创造性，又有利于与劳动力市场价位接轨，将市场劳动力引入企业内部，促进劳动力的合理流动，进一步开发企业活力源泉。

(二)积极探索技术、管理等要素参与收入分配的途径和方式，加大对专业技术人员收入分配激励力度，提升企业科技创新和管理创新能力，促进科研成果快速转化为现实生产力，增强企业在国内外两个市场上的竞争实力

为此，可在科研人员中大力推行按科研课题或科研项目定薪酬，按研发岗位定待遇，按任务、业绩定收入等多种方式的分配办法；对科研成果转化为生产力后所创造的新价值，可实行在一定年限按一定比例提成奖励科研成果的创造者，同时，还应大胆试行股权(期权)激励；对于需要的优秀专业技术人才的待遇，如果是内地企业，可参照沿海开放地区同类人员的市场劳动力价位确定其待遇，引进世界一流人才，可参照国际劳动力市场价位确定其待遇；对已在企业服务的优秀人才，亦可参照开放地区或国际劳动市场价位，通过协议确定其工资待遇。这样做，既能留住人才，培养人才，又能大力吸引人才，企业拥有充足的人才，就能在激烈的市场竞争中立于不败之地，在加大对专业技术人员收入分配激励力度的同时，要完善约束机制，建立健全对其业绩考核认可制度，使分配有过硬量化依据，推行竞争上岗，做到能者上，不适应者下，促使他们在实践中刻苦学习新知识，不断提高自身素质，始终保持旺盛的创新能力。

(三)必须高度重视和切实解决好对经营者激励和约束的问题

进一步理顺和正确处理好企业经营者(应包括经营班子成员)与企业员工的分配关系，建立健全企业经营者激励和约束机制。这方面的改革成效如何，对企业的发展至关重要。因此，要发扬“敢试”、“敢冒”的精神，大胆创新，力求取得突破性进展。一是要构建经营者收入分配模式，目前比较认可一致的模式是“年薪制”。在这方面，一些试点企业已取得了一定的经验，应及时总结推而广之. 二是处理好经营者与班子成员的分配关系，充分调动企业领导决策层全体成员的积极性。三是要加快试行期股、期权激励办法，也可为经营者设立补充保险。四是建立健全切实可行的约束机制，从经营者的选拔、聘用、培训、考核、待遇、淘汰等各环节上实施有效的约束，规范经营者行为，使其行为与职责要求相称，收入与贡献匹配。同时，要建立和完善经营者人才市场，实现通过市场挑选企业的经营者，按市场价位确定经营者收入待遇。

(四)要建立正常工资增长机制，运用市场手段调节收入分配，发挥市场对企业工资分配的基础性调节作用

按照企业工资总额增长应低于经济效益增长，职工收入增长应低于劳动生产率增长的“两低于”原则，在深化企业分配制度改革，建立和完善新的收入分配模式的同时，要建立正常工资增长调节机制：按照企业经济效益增长情况确定当年可供分配的工资总量;根据劳动力市场价位和物价指数水平确定员工年收入增长比例;自主调节,动态运行,在效益优先的前提下,兼顾公平。

(五)要强化基础工作和抓好“三项制度”配套改革

首先,要科学合理地设置机构、岗位和配置人员,制度岗位规范,明确各类职位、岗位职责卜亡岗条件,具体工作任务和工作标准,搞好职位分析和岗位评价,确定各职位岗位的劳动差别,为制度岗位工薪标准提供量化依据,切实解决过去“拍脑袋”定工资,收入分配与劳动贡献背离的状况。

其次,要建立健全简便实用的业绩考核制度,分别制定各类人员的考核标准、内容及具体操作办法,依据考核结果进行收入分配.同时,将考核结果作为对职工使用、培训、职位升降的依据。

第三,要下力气深化人事、用工制度改革,建立健全竞争机制、淘汰机制、公开选聘机制激励约束机制,逐步形成职位能上能下,人员能进能出、收入能高能低的良性循环格局。

专题研究报告之六

董事会及独立董事制度的改革与完善

企业是一个以营利性为目的的组织，它为全体股东的利益而存在，但在公司所有权与经营权日趋分离的条件下，股东利益的实现是以公司的高效率经营为前提的，以董事会为核心的公司治理结构适应现代公司组织制度的要求。董事会作为拥有公司独立经营权的权利机关，处于现代公司制度的中心。现代公司制度的早期设计者创造了董事会这样一个机构，让董事作为公司所有者的代表，负责对管理层进行监督。这在一定程度上有效的解决了由于所有权与经营权分离而出现的"内部人控制"的问题。公司董事制度的核心问题是建立一种有效的权利制衡与监督机制。

从表面上看，公司董事和董事会普遍代表着公司全部所有者，掌握着如任命经理、重大投资、合并收购等一系列重大的公司控制权；但从实际情况看，无论是一元制模式下的单层董事会还是二元制模式下的双层董事会，各国董事会都或多或少存在着空壳化的问题：一方面，当内部控股股东在公司治理结构中具有绝对控制地位时，公司大多数董事听命于内部股东，愈来愈多地扮演了大股东代言人的角色；另一方面，当出现内部人控制，公司主要控制权掌握在经理阶层手中的时候，公司董事将受制于公司经理层而不能有效代表全体所有者的利益。董事会作为所有者（股东）和经营者（经理）阶层间的重要枢纽，必须保证相对独立于公司控股股东与内部经理层，如果董事会不具有一定的独立性，则形同虚设，失去了治理结构制衡机制的应有作用。现实与理想相悖的董事会建设困境决定了引进独立董事制度的必要性，由于独立董事不象内部董事那样直接受制于公司控股股东和公司高级管理层，因而有利于董事会对公司事务的独立判断。本文通过研究国外公司的董事会及独立董事制度，以及对上海宝钢集团公司董事会及独立董事制度的分析，对改革和完善公司治理结构提出合理化建议。

一、宝钢集团公司的董事会及独立董事制度的现状

上海宝钢集团公司（以下简称集团公司）是母子体制的国有大型钢铁企业，其国家所有的性质以及子公司多样化的资本结构，决定了治理结构具有宝钢特色。

（一）母公司

集团公司是国务院批准的国家授权投资机构和国家控股公司，由于其经济性质为国有独资企业，股东只有一个，所以集团公司董事会的设立及成员组成和任期都有特殊性。

首先，《董事会议事规则》中明确指出：董事会是集团公司的决策机构，在法律（包括国家授权）和公司章程规定的权限范围内决定集团公司的一切重大事项。可见，董事会与国家授权代表分享了相当于一般有限责任公司股东会的全部职权。

其次，董事会成员人数较少，为 7 人，而且，由国家授权投资的机构直接按照董事会的任期委派或者更换，无须经历选举程序。董事会的董事长和副董事长亦由国家授权投资的机构直接从董事会成员中指定。无独立董事。

第三，董事会成员中必须有由公司职工民主选举产生的职工代表。这反映了其董事会成员构成中的民主色彩比一般的非国有有限责任公司更趋浓厚，这也是由国有资产全民所有的性质决定的。

第四，董事会设立专门委员会——战略发展咨询委员会，作为董事会非常设专家咨询机构，为董事会做出有关重大决策提供咨询或建议。专门委员会

委员由集团公司有关专家和社会专家、学者组成。委员会主任人选由董事长提名，并由董事会任命。

最后，董事会设董事会秘书室。董事会秘书室是董事会的日常机构，对董事会负责，其职责包括起草和拟订董事会决议、筹备并列席董事会会议、调查决议执行情况和信息反馈，以及对集团公司外派董事、监事的管理等。

（二）子公司

集团公司下属子公司较多，目前来看，全资的有10家左右，控股的15家左右，参股的约有28家。这其中，既有"一股独大"的上市公司，又有中日合资的股份公司，还有"债转股"形成的国有独资公司。以下是这次课题进行研究分析而考察的若干典型：

1. 上市公司。集团公司目前拥有两家上市公司，宝山钢铁股份有限公司（以下简称宝钢股份）和上海宝信软件股份有限公司（以下简称宝信软件）。由于是上市公司，所以须按照《公司法》的规定设置董事会和独立董事。

宝钢股份的第一大股东是其母公司——集团公司，拥有85%的股份，即国家股，暂不流通；其他股东有机构投资者或法人，持有比例均不超过1%，为流通A股。宝钢股份共有11名董事，其中3名在集团公司担任总经理、副总经理职务，即为集团公司的派出董事；有4名独立董事，在董事会中的比例为36.37%，分别为投资银行家、律师、注册会计师和经济学家，重大关联交易均须经独立董事批准后，提交董事会讨论通过；其他董事来自公司内部，包括一名职工董事，由职工代表大会选举，工会主席当选。以上各位董事均未持有公司股份。董事的报酬由股东大会批准，考核目标为股东大会确定的工作计划。由集团公司派出的董事不在公司领取报酬，而在集团公司领取。董事会设立审计委员会、薪酬与考核委员会、战略委员会，这三个专业委员会成员均为董事，其中至少包括一名独立董事。委员会对董事会负责，委员会的提案提交董事会审议决定。

宝信软件是集团公司控股的外商投资股份制上市公司，集团公司控股比例为57.22%，境内募集的法人股比例约为5%，这是未上市的非流通股；流通股包括A股和B股，其中境内发行上市的外资股比例为33.56%，其他为普通股。宝信软件有9名董事，大股东派出3名，独立董事3名，内部董事3名。独立董事分别为中国科学院专家、上海财经大学的党委副书记、注册会计师。3名内部董事同时还兼任公司的总经理、党委书记和工会主席职务。董事会已经设立了薪酬和审计两个专业委员会。

2. 合资公司。宁波宝新不锈钢有限公司（以下简称宝新公司）是中日合资企业，根据公司1996年3月组建时日方提议，设立出资者协议会。出资者协议会由五家出资方法人代表或高层管理干部担任，成员6名（其中宝钢集团委派2名）。出资者协议会对合资公司重大事项协商沟通，根据需要参加董事会，对议题审议提指导性的意见。中方出资者中，集团公司出资比例为54%，浙甬钢铁投资（宁波）有限公司为12%；日方出资者有三个，日新制钢株式会社、三井物产株式会社、阪和兴业株式会社，出资比例分别为22%、7%、5%。董事会由12名成员组成，按出资比例，宝钢6名，宁波浙甬2名，日新制钢2名，阪和兴业1名，三井物产1名。由宝钢派员担任董事长，宁波浙甬、日新制钢派员担任副董事长。董事会不设独立董事，公司现任总经理、副总经理3人均为董事。董事的任期一般为4年，根据实际情况，日本出资方的董事变更一般为3—4年。出任董事由出资方提名，董事的更换、培养和考核均由出资方负责。董事会是公司最高权力机构，一般每年召开2—4次会议，按合营合同规定决定公司重要事项。董事会未设立专业委员会。

3."债转股"公司。宝钢集团上海五钢有限公司（以下简称五钢公司）前身是上海宝钢集团公司下设的国有独资公司。2000年11月14日，经国务院批准实施债转股后，改由上海宝钢集团公司与金融资产管理公司共同出资组建。截至2003年6月底，集团公司出资比例为82.95%，华融资产管理公司、信达资产管理公司、东方资产管理公司出资比例分别为12.5%、3.59%、0.96%。公司董事会由11名董事组成，其中：集团公司委派7名（包括社会专业人士2名），华融资产管理公司委派2名，信达资产管理公司和东方资产管理公司各委派一名。董事会设董事长一名，由集团公司委派。董事的学历有四个水平：大专、本科、硕士、博士；专业构成覆盖面广：材料专业、有色金属专业、资产管理专业、设备管理专业、计划财务专业等。董事每届任期三年。独立董事2名，在董事会成员中的比例为18%，均为社会知名人士，由集团公司委派。一名是上海华虹NEC电子公司副董事长邹士昌（中科院院士），另一名是上海航天局技术顾问梁晋才（工程院院士）。独立董事协助董事会维护所有股东的利益，尤其是维护公众股东的利益；凭借其特有的专长和技能，为公司长远发展战略提出意见和建议。公司尚未设立专业委员会，但有各种形式的议事机构，如预算管理委员会、价格审核委员会、质量管理委员会等。

4. 全资公司。宝钢国际经济贸易有限公司（以下简称宝钢国际）是宝钢集团的全资子公司，宝钢国际是于2001年11月13日在原宝钢集团国际经济贸易总公司的基础上以吸收合并方式、集中宝钢集团与贸易业相关资产组建而成的国有企业，是国有独资的有限责任公司。其章程中规定董事会由3—9名董事组成，其中有职工董事一名，外部董事（指不在公司内部担任职务的董事）占董事会成员的1/3以上。设董事长一名，由集团公司在董事会成员中指定。公司章程中明确规定，董事长及其他董事经投资者同意、董事会聘任，可以兼任公司总裁、副总裁、业务总裁和其它高级职务。公司每年度至少召开两次董事会正式会议。董事会是公司的决策机构，对股东负责。董事会设秘书室，作为董事会的日常办事机构，具体负责日常事务。设董事会秘书一名，由董事长提名，董事会聘任或解聘，董事会秘书对董事会负责。董事会下设两个专业委员会：审计委员会，由3人组成，其中一名熟悉会计专业的外部董事担任主任委员（召集人），负责主持委员会工作；薪酬委员会，由3人组成，其中一名熟悉薪酬管理的外部董事担任主任委员（召集人）。各专业委员会对董事会负责，委员会召集人由董事长提名，董事会聘任，专门委员会的提案提交董事会审查决定。

除了以上类型的子公司，宝钢集团还有一些不设董事会的企业制公司，如宝钢集团企业开发总公司（以下简称开发公司），它虽然也是集团公司的全资子公司，但其中有一部分是属于集体所有的资产。开发公司的总经理由集团公司任命，经理、书记办公会议是公司内部的最高决策机构。

二、宝钢集团董事会及独立董事制度分析

我们之所以将宝钢集团作为典型来研究，主要原因在于其母公司的特殊经济性质以及子公司多种类型的资本结构直接决定了其治理结构的多样化。另外，宝钢集团母子公司都一直致力于在现有的法律法规框架内，进行制度创新，以完善法人治理结构。

（一）集团公司

集团公司是国有独资公司，作为对传统国有企业公司制改造的一种特殊形式，目前国有独资公司在管理体制和组织机构设置上带着探索性，尚处于不断完善和变动的过程之中。依现行公司法规定，国有独资公司的组织机构设置、权限职责划分和监督机制，既不同于《全民所有制工业企业法》和《全民所有制工业企业转换经营机制条例》中确立的厂长（经理）负责制，也不同于一般有限责任公司和股份有限公司的股东会、董事会、监事会分权制衡的规范模式。依《公司法》等法律法规的规定，宝钢集团公司形成了在国资委的指导、监督和考核下，由国家授权投资的机构以及董事会、经理、监事会等机构分别行使决策权、经营管理权、业务执行权和监督管理权的组织机构模式。

集团公司不设立股东会，其经营管理权限是在国家授权投资的机构与董事会之间进行分配的。但是，公司的决策权主要由国家授权投资的机构行使，存在着公司决策行为外部化的问题。同时，集团公司董事会成员除职工代表董事外，均由国家授权投资的机构委派，并由其从中指定董事长、副董事长。这与旧体制国有企业的决策权和企业领导任免权归政府主管部门有相似之处，公司领导对于国家授权投资的机构存在着相当程度的依附性。

集团公司的董事会与经理是两块牌子、一套班子，总经理兼任董事长，董事长主持会议即是董事会，总经理主持即是经理办公会，且两成员基本上由企业内部人员构成。公司的董事会成员大多都有在公司内部的兼任情况，如副董事长兼任党委书记，董事兼任副总经理、党委副书记、工会主席等。所以，对于集团公司来说，董事会不过是原来企业的党、政、工、团各部门的联席会议，在此之外很难再找到更合适的董事，董事会似乎有些多余。应当说，这是很自然的。因为，集团公司本身就是国家行政机关下属的国有独资企业，和传统意义上的国有企业体制上是基本相同的，即使成立董事会，所代表的利益主体也只能是国家和职工，在企业管理人员的任免制度没有改革之前，这样的董事会当然只能来自原来的“领导班子”。

（二）子公司

1. 两个上市子公司按照《公司法》、《证券法》、中国证监会有关规定以及《上海证券交易所股票上市规则》的要求，规范运作，建立了较为完善的法人治理制度。公司严格按照《公司章程》规定的董事选聘程序选举董事，并与当选董事签订了服务合约；公司制订了《董事会议议事规则》，已建立了独立董事制度，聘请了3—4名独立董事。但这两个上市公司是国家绝对控股的，所以在制度方面必然存在着特

殊性。

由于除了国有大股东控制着相当一部分股权，其他都是分散的小股东，按照股份制原理，股权的高度集中有利于所有者控制从而保证其利益，所以理论上国有股东有参与股东大会的兴趣。但是，股权集中的结果强化了原有的政企不分，政府由企业外部直接进入企业内部，使得实为政府凭借股东身份指派的董事会成为一个凌驾于股东大会之上的权力机构。从小股东来看，社会股东持股量较小且分散，加上上市公司参加股东大会的股东最低持股数的限制（1万、5万、10万、50万甚至100万等），使得本无能力的个人股东完全失去对董事会的约束与制衡，而表现出极大的投机性，不关心也无力关心企业的经营状况，基本放弃了股东对重大事项的表决权。二级市场的换手率高就是明证。

在国有股在公司内部占绝对优势的情况下，宝钢股份和宝信软件的董事会成员不是由股东大会产生，总经理的聘任不是由董事会来执行，而正好相反，他们都是由国有股东或原主管部门指定产生，并且宝钢股份的董事长还兼任总经理。这时，董事长与总经理一身兼二任，不可能自己监督自己，董事不能约束总经理，而是总经理以董事长的名义来决定董事会的人选，权利运用方向正好颠倒，董事成了装饰；同时，总经理不由董事会任命，扭曲了董事会与总经理之间的雇佣关系，不是所有者雇佣代理者，而是代理者决定所有者。于是总经理不再对董事会负责，而直接对任用他的政府大股东负责，这就完全架空了董事会和股东会两个最重要机构的基本权力；而国有大股东不是人格化的股东，需要派遣其代表来行使其职权，而这个代理过程又将产生新的矛盾，最显而易见的是代表人的权责不对称，潜在的“寻租”动机非常明显，他们与经理人员合谋或被贿赂比较容易发生，使得他们不可能完好的行使对董事会实行监督的职责；此外，有时出于照顾性质的需要，安排政府官员或者国有企业的干部进入董事会，占着一个荣誉职务，这样不利于董事会对经理层的有效约束，董事会的受托职能削弱，压力减少，责任心也不会强；并且即使董事长不兼任总经理，一般也不会真正用民主选举或者推荐的方式任免总经理，实际上主要是以与自己私人关系的亲密程度为标准来选任总经理，这样的总经理不会受到股东和董事会的有效监督，其个人前途与公司经营状况联系不强，其经营积极性也就不高，同时这样编织个人关系网络，使得许多真正有经营才能的人被排除在网络之外，董事不懂事，懂事不董事。

独立董事制度则可以改变由政府任命、主管机关推荐，委派董事的董事会组成方式。大多数集团公司的子公司都实行了独立董事制度。独立董事不是公司的股东，不具有股份公司的所有权，但依照法律规定享有代表全体股东行使对公司经营管理的决策权和监督权。从法律制度、组织机构两个方面保证了股份公司所有权与经营权的分离：一是在公司法人治理结构中，由于独立董事参与董事会决策，对于董事会始终处于股份公司枢纽地位，对公司生存和发展起到了更好的监督作用，避免董事会更多的陷入公司的具体事务性工作提供了保证。二是在公司法人治理结构中，设立独立董事制度对于完善董事会内部的组织结构，股东会、董事会和经营管理层三者之间的分工协调关系，提供了组织机构上的保障。公司法理认为，表决权是股份公司股权制度的核心，而股东权益的最终实现就体现在董事对公司经营决策权的表决权和监督权上，独立董事制度是防止股份公司“所有者缺位”和“内部人”控制的有效手段之一。

2. 宝新公司由于不设立股东大会，作为公司最高权力机构的董事会要协调、统一、决策公司的各项重大事宜就有一定难度。依法办事，降低决策成本，提高工作效率，在董事会之外另设立出资者协会，由各出资方的法人代表组成，直接研究须由出资方决定或签订的重大事项。根据需要，出资者协议会可列席董事会会议，董事会也可列席出资者协议会会议，以相互增进了解，加快决策进程，有利于出资方监督董事会。

董事会是法定的合资企业的最高权力机构，决定公司的一切重大问题，如企业发展规划、年度生产经营计划与预算、年度会计决算、劳动工资计划、利润分配、企业撤并、高管人员的任命及职权、待遇等。在外部业务办理或内部事务处理中，董事会决议代表着公司最高权力机构的意志，不折不扣的得到公司经营管理层的执行和落实。宝新公司的董事会具有两大优势：①成员结构合理。由于各出资方巨额的投资才有共同关注的利益“聚焦”，委派的董事都具有管理、营销、技术、计划财务等某一方面或综合方面的专长，不担任公司行政现职的董事不拿公司酬金，从而从机制上可确保审议的议案有正确决策，所行使制约、制衡的监督权是客观公正的，实现了对经营管理层的有效的指导和监督职能，避免了如有些国企高度集权制、监督机制形同虚设的情形。②

成员职权平等。董事会成员来自中日双方，虽然在各自的企业中职位有高有低，但在董事会中一律平等，“一人一票”。

3. 五钢公司是债转股后形成的，资产管理公司作为其股东，只是阶段性持股，按照《债转股协议》约定，在8年内逐步退出。公司根据《债转股协议》约定，通过依法减少注册资本，回购资产管理公司持有的股权。资产管理公司由于拥有股权，非常关心公司的生产经营情况，督促协议的执行，董事间联系密切；而且资产管理公司派出的董事，往往都是财务等方面的专家，可以向公司提出建设性的意见和建议。

五钢公司不是上市公司，所以并没有必须设立独立董事的规定，但五钢聘请了两名社会知名专家出任独立董事。这两名董事的选择是有针对性的，因为他们的专业符合五钢的发展方向。同上市公司相比，五钢的独立董事不须通过资格认定，承担的责任也相对较小，只是咨询专家型独立董事。

4. 宝钢的全资子公司之一——宝钢国际，于2001年11月组建董事会，自此，公司的重大决策由原来的直接报送集团公司，转为须经董事会通过。董事会成员除职工董事外，均由集团公司派出或指定，所以以外部董事居多。由于是集团一家出资，作为全资子公司，其重大问题的最终决策权在集团公司，设置董事会，就等于是先由代表集团意志的董事会讨论通过，然后提交给集团公司再通过一次。这种“双重”审议难免会影响效率。如果只是为了追求形式上的完善，则必然会带来效率上的牺牲。

三、董事会及独立董事制度的改革与完善

中国加入WTO后，钢铁工业在迎来新的发展机遇的同时，也面临着严峻的挑战。宝钢集团应积极应对挑战，审时度势，兴利除弊，充分利用WTO规则和机制，发挥钢铁行业的比较优势，积极参与国际合作与竞争，不断提高核心竞争力，加快实现宝钢的战略目标，即成为一个跻身世界500强，拥有自主知识产权和强大综合竞争力，倍受社会尊重的“一业特强、适度相关多元化”发展的世界一流跨国公司。根据宝钢集团的规划，到2005年，宝钢的钢铁业将形成普碳钢、不锈钢、特钢三大钢铁产品制造中心；到2010年，宝钢集团将形成3000万吨左右的年产钢能力。届时，钢铁主业综合竞争力将进入世界前3名。

在急于向国际舞台进军的同时，我们不得不考虑到国际的标准，无论是政府还是企业，只有达到国际标准才有资格也有底气去参与国际交流与合作，争取更长足的发展。“治理”问题就是在全球化大前提下产生的国际通行的对话基础之一，解决治理问题无疑是确保企业，无论是国有企业、乡镇企业、私营企业还是外资企业，按照国际先进的游戏规则在国际舞台上展现身姿的关键问题。在公司治理结构中，董事会既是资本所有者的代言人，又是公司经营管理的决策者，董事会制度的完善与否已经成为关系到公司能否健康、持续发展的重要因素。董事会治理成为公司治理中最重要的部分。所谓董事会治理，其核心就是董事会如何才能更加有效地行使权力。

多年以来中国企业在董事会治理方面的表现差强人意，几乎各个方面都有问题。可以将其分为三大类：第一类是董事会的组成问题。中国企业在董事安排上普遍存在“资本治商”现象。资本方出于控制公司的目的，往往选择最“听话”的人、而不是最利于企业发展的人出任董事。董事，本是一种制度安排，在中国却成了通行的“人事安排”。第二类是董事会的管理机制问题。董事会对董事和经理人的选任、解聘、考核和激励做的很不完善，尤其是对董事个人的考核与激励还很粗放；董事会本身，缺乏考核机制或从来没有进行过考核。第三类问题是董事会的运转机制。中国企业的董事会普遍缺乏效率，常常存在“议而不决”的现象，同时董事会也面临着各种违规运作、信息披露失真等诚信考验。这些问题的出现，归根结底是因为中国缺少实行董事会制度的大环境，各种配套措施都还没有健全，相应的法律法规不完善。比如西方国家在法律中明文规定，如果公司破产，董事会成员应该承担哪些责任，接受哪些调查，受到哪些限制。这些在国内却还是空白。其次，董事会制度是西方国家经过三百年多年经验的积累形成的，人们充分认识到它存在的必要性。而在中国，董事会更多的沦为企业为了满足某项“规定”而成立的机构，人们对于董事会的重要性认识也只停留在口头。由此，出现各种各样的问题也就不足为奇。

增强董事会的功能是当前我国企业改善公司治理的核心问题之一，主要包括三个方面：

（一）增强董事会的独立性

公司应做到：绝大多数的董事会成员应为独立董事；独立董事应定期会面，总裁和其他非独立董事

不应参加；应避免总裁兼任董事长；某些董事会所属委员会应全部由独立董事组成；董事不可以同时担任公司顾问或为公司服务；董事的薪酬是现金和股权激励的组合；确保董事会中有新观点出现。在董事会中，若没有一批强有力的、称职和独立的董事，就不可能对经理形成真正有效的监督和制约，董事会与经理层之间的委托代理关系就有可能转化为缺乏约束力的“合谋”关系。为此，要引入外部董事，以法律的形式规定独立董事的权利和责任。在我国，独立董事还是一个新事物，发展还处于萌芽状态，独立董事的规模还比较小，选拔还极不规范，其作用遭到曲解，没有真正的权利，没有真正获得重视。近年来，独立董事作为完善上市公司治理结构的一项有效措施，越来越被资本市场所关注。为此，针对有关独立董事制度建立过程中应予以注意的问题，提出以下建议：

1. 独立董事的选聘。首先，独立董事应达到一定最低限度的条件，这个条件可以参照《关于在上市公司建立独立董事制度的指导意见》中作出的概括性的定义，也可参考其他国家的列举式的定义。因为在任董事们倾向于根据自己的意愿来提拔和选任新的董事，为避免独立董事的选举流于形式，在独立董事的聘用过程中可以考虑这样几种方法：①独立董事必须由股东大会选举产生，不得由董事会任命。②由股东大会和董事会指定某一董事为独立董事，该董事必须符合独立董事最低限度的条件；同时，当该董事不再具备独立的条件时，股东大会和董事会均可以取消这种指定。③设立一个独立董事任命和提拔委员会，用来促进对非执行董事的选用和任命。不管采用什么方法，独立董事的任命都必须经过正式的程序来产生，而且独立董事的任命必须有特定的任期，重新任命不能是自动的，同时应规定退休年限。

2. 独立董事的激励。在实行独立董事制度的过程中，应该注重对独立董事的激励，除了独立董事的声誉可以激励他们为上市公司作出更好的服务以外，上市公司的股东也应该采取一些激励措施以促使独立董事更加积极认真地投入工作。在薪酬制度上，有的是固定薪酬加会议津贴，也有的是股票期权或延期支付。要使薪酬制度既起到激励作用，又不使独立董事对公司产生依附感，同时其承担的责任又要合理化，可考虑以下两种思路：第一，采取固定报酬和其他激励措施（如期权等）相结合的方法；第二，采取固定报酬加年终由股东会决定额外报酬的方法。收入激励和股权激励是公司激励独立董事的两大有效工具，二者不能偏废，应有机结合。

3. 独立董事的约束机制。企业的董事都是代理人，而不是最初委托人，即使股东董事也是同时具有代理人身份的。他们作为代理人，与经营者一样，也会存在道德风险，因而也需要约束，独立董事也不例外。独立董事作为代理人，与企业经营者一样，他们照样有可能利用自己手中的权力以权谋私，或者采取偷懒行为，不负责任的使用权力。如何使独立董事认真并公正地使用权力？除了上述激励机制外，约束机制也必不可少。

——法律约束。独立董事对权力的运用，具体表现为他们在董事会所通过的各种议案中是如何表决的，特别是给广大中小股东造成巨大损失时，如果判定董事会要负经济或法律责任，凡是没有投反对票的独立董事，都应该负连带责任，这可以通过查询董事会作出这一决定时的会议记录了解到。

——市场约束。经理人市场也包括独立董事市场，业绩优良的独立董事，会迎来更多的买者，而如果一个独立董事对企业和股东造成重大损失，则他作为独立董事的市场价值就会大大贬值，甚至失去所有的潜在雇主。

——股权约束。股权对于持有者来说，既是激励，又是约束。对于独立董事来说，股权升值和分红，是一种激励；股权贬值和公司破产，则是一种约束。正是这种激励和约束的双重作用，能促使独立董事认真对待董事会的每一项议案。因此，从建立约束机制考虑，也应当让独立董事持有一定的股份。

——聘用约束。一般地，独立董事受聘于哪个大股东，他们就一般倾向于与这个人一致，有时明明知道某项决策不利于广大中小股东，独立董事也很难站出来投反对票；相反，如果独立董事是受聘于部分或全体中小股东，则他们在表决时自然会千方百计的维护中小股东的利益，同时也会毫无顾忌的公开反对和制止大股东和经营者损害广大中小股东利益的行为。由此可见，有必要赋予中小投资者聘用独立董事的权利与渠道，这样才能真正发挥独立董事完善上市公司治理结构的作用。

4. 挖掘独立董事的效用。在实践中，独立董事常常难以发挥其效用，阻碍独立董事发挥效用的因素主要有四个：①信息问题。独立董事独立于企业内部治理之外，他们对企业信息了解的不充分，即使是管理层能够经常提供给企业的信息报告，这些报告往往也难以包含全部的或者最为精髓的信息。而且，企业的资料只能提供静态的数据，真正关键的影响企业决策成败的动态数据很难用资料的形式给出，而必须依赖于抽象的判断。②时间问题。独立董事一般都有自己的本职工作，而为企业作出正确的决策需要在信息收集、处理、分析上花费大量的时间，独立董事难以为了自己的本职工作而花费大量时间在不熟悉的企业决策监督上。③独立董事的报酬问题也影响了他们效用的发挥，报酬过低会影响他们的积极性，报酬太高则会增强他们的保守意识。④责任问题。在我国目前上市公司质量不尽如人意的情况下，如果规定独立董事要与其他董事承担同等的法律责任，将会造成选任困难，或者勉强出任却事事保守谨慎，反而有碍公司发展。为了促使独立董事充分发挥其作用，在一定程度上规避其风险，可以从两个方面着手：一是借鉴英国有些公司的做法，为独立董事投保责任险，但独立董事的欺诈或不诚实应在保险范围之外，同时独立董事也要承担部分责任，转移给保险公司的只能是大部分责任，否则难以完全避免道德风险；二是成立“独立董事协会”或“独立董事事务所”等专门对公司高级管理人员的经营绩效进行独立评估的机构，它们以类似于律师事务所的组织方式，依赖市场化运作来谋求生存，独立董事加入协会或事务所，这样，其承担责任就有可能组织化。

（二）建立董事会的自我评价体系

董事会对其治理机制原则应形成书面文件，并定期重新评价；根据提名推荐，董事会综合考虑、选择最适合公司的董事；董事会为自己制定业绩标准，并定期评价；独立董事制定有关总裁的业绩标准和薪酬计划，并据此定期评价总裁的工作。对董事会成员，也要有激励和约束机制，一方面激励他们关心企业的发展，一方面又把他们的积极性限制在自身职责上，比如，可以设立董事会基金，作为董事会成员薪酬的来源，董事报酬由基薪与决策贡献奖两部分组成，其中决策贡献奖由董事会薪酬委员会根据董事在重大决策中的表决情况及尽职情况给予实施，同时建立董事决策档案及项目决策责任追究制度。一般地，对国有独资、国有控股的企业中的董事，以国有净资产的增长率为衡量指标，确定其报酬和奖励。

（三）强化董事会的战略管理功能与责任

这包括：实现投资决策及决策程序的合理化，推动和监督企业内部各个运作环节的制度建设和组织建设，使这些环节运作程序化、透明化、合理化，推动内部控制机制的制度化、合理化。目前，大型国有企业成长过程中一个普遍存在的问题是形成了集团内部多级法人体制，即母公司和子公司都是有限责任的独立法人。这一状况造成战线长、信息失灵并增加了组织控制的成本，更为严重的是这种多级法人体制实际上是多级的投资中心，由此形成了集团内部扭曲的利益主体格局。这种格局是对公司组织资源的破坏，使集团总部失去集中配置资源的权威和能力。宝钢集团的高层领导正是看到了多级法人制的消极面越来越突出，提出了“一体化”的改革思路，探索如何强化集团内部的支持与协作，进行辅业分离，最大限度的进行资源的有效配置。

专家评审意见

宝钢企业法人治理结构课题评审委员会

2004年5月6日，由中共中央政研室副主任郑新立主持，蒋正华、李京文等14位专家组成的评审委员会(到会10位)，在常熟对《宝钢企业法人治理结构研究》课题进行了评审。各位评审专家均提供了书面评审意见。评审专家一致认为，这是一份高质量、高水准，有重大理论价值、有现实指导意义、有国内领先水平的创新性成果。

一、内容充实，结构完整，观点科学合理，是一项质量高、分量重的研究成果。整个研究由1个主课题研究报告和6个分课题研究报告组成，是一个完整系统的成果体系。主课题全面分析了我国构建国有企业法人治理结构所面临的问题，阐明了强化法人治理结构需要改进的措施。6个分课题分别就宝钢集团公司股东会、董事会、监事会和经营者之间的制衡机制、混合股权结构对治理结构的优化、党组织的作用、职工民主管理的有效途径、经营管理者的收入分配制度、董事会及独立董事制度等问题进行了专题研究。主课题与分课题之间，各个研究报告内各部分之间，环环相扣、相互印证，有较强的说服力和可操作性。是《中国生产力发展》总课题中一份有创新性的高质量的研究成果。

二、提出了深化国有大型企业集团改革的核心是建立规范的企业法人内部治理结构，符合党的十六届三中全会审议通过的《中共中央关于完善社会主义市场经济体制若干问题的决定》的精神，有利于对中国国有企业的改善治理起推动作用。课题研究根据党的十六届三中全会提出的要“加快国有资产管理体制和国有企业改革，建立和健全国有资产管理和监督体制，完善公司法人治理结构”，立足宝钢、放眼国内的大型国有企业，与时俱进地思考和探索国有企业法人治理结构的改革与完善，研究方法、思路、观点都很有创新性。研究报告考虑到了制衡机制的研究、党组织在法人治理结构中的影响以及职工民主管理的途径等前沿问题，提出规范治理机构的建设、改善高级经营管理者的激励约束机制、建立多元资本参股的混合股权结构的新思路，以优化国有企业的公司治理结构。

三、研究报告思路开阔，与时俱进，具有较强的现实指导意义。研究成果倡导大型国有企业按照现代企业制度要求建立规范的公司法人治理结构体制，值得国家有关部门认真研究，并为其它的大型国有企业作为参照并付诸实施。建议国家有关部门对此给予高度重视。同时，建议课题组继续在文字修饰、立论态度等方面作进一步深入的修改完善，进一步增强公允色彩、淡化自我色彩，使研究报告建立在更加科学合理、更易操作的基础之上。最后，建议课题组根据专家提出的修改意见及建议对课题进行完善后，由中国生产力学会尽快呈报国家领导人和有关部委决策参考。本课题评审意见由课题评审委员会到会评委一致通过。未到会评委提交了书面评审意见，与本意见原则一致。

国有独资公司的法人治理结构建设

——兖矿集团有限公司法人治理结构研究

兖矿集团有限公司法人治理结构研究课题组

兖矿集团有限公司是我国百户现代企业制度试点企业和120家大型企业集团试点单位，是我国煤炭行业的特大型国有独资公司。在建立现代企业制度过程中，兖矿集团公司以董事会建设为重点，紧紧抓住公司制的核心，积极探寻了在国有独资公司体制下不断建设和逐步完善法人治理结构的有效途径。

一、国有独资公司法人治理结构建设的背景

建立现代企业制度，是国有企业改革的方向。通过几年来的探索实践，国有企业经济稳定增长，效益明显改善，大多数国有大中型亏损企业摆脱困境，大多数国有大中型骨干企业初步建立现代企业制度，党中央、国务院提出的国有企业改革脱困三年目标基本实现。但是，国有企业在由工厂制向公司制转换的过程中，由于历史和现实等多方面原因，企业呈现出明显的"过渡"特征。以全国100户现代企业制度试点企业为例，其中有63.3%的企业改制为国有独资公司，即使改制为多元投资的公司，多数也是国有股"一股独大"。而且，在国有企业改制的过程中，原有体制中遗留的思想观念、制度障碍长期存在。因此，在大型国有企业中建立现代企业制度将是一个长期的艰苦的渐变过程，而且在这种情况下，国有独资公司的建设就成为了国企改革中的一个普遍问题而不是特例。

国有独资公司与一般的多元投资的有限责任公司和股份有限公司相比，最根本的区别就在于股权的极其单一化。而且，由于经济体制改革的不到位以及国有资产管理和运营体制改革的相对滞后，国有资产出资人"人格化"的问题没有得到有效解决，企业决策仍然受到诸多来自政府部门的行政影响，政府行政色彩浓厚，政企难以有效分开。正是由于这些国有独资公司的特性，决定了企业由工厂制向公司制的转换过程中产权制度没有发生根本变化和体制转换的不彻底性。因此，如何有效地防止国有独资公司的翻牌问题，如何克服国有独资公司体制设计上的弊端，如何使与国际惯例接轨和坚持中国特色有机结合，如何使国有独资公司的法人治理结构建立起作用明显的协作和制衡关系，如何发挥公司体制的优越性和先进性，成为我国国有企业建立现代企业制度的关键问题。尤其是作为资源开采型企业，问题更为突出，解决问题的要求也更为迫切。

法人治理结构是公司制的核心。但是，由于股权的单一化，相比之下国有独资公司的法人治理结构是不完全的。依照《公司法》和《国有企业监事会暂行条例》规定，国有独资公司只设立董事会和经理层，不设立股东会，同时实行监事会外派。因此，国有独资公司的法人治理结构实质上表现为董事会和经理层的设置和运作。同时，也只有依靠体制内因素的机制作用发挥，才有可能实现企业的自我约束和发展。

与改制前的国有企业相比，经理层的职责范围差别不大——主要负责日常生产经营管理，实际在原有的生产经营管理班子中多出一个集中承担重大决策和战略管理责任、承担国有资产保值增值责任的董事会。而且，随着市场经济的发展，大型企业必须研究和综合分析国内外、本行业及相关行业发展

动向、趋势，政策走向，竞争对手的优劣势，从而调节自身的战略定位。如果战略定位或调节不当，就会出现棋错一着、全盘皆输的局面。因此，实现董事会与经理层职能分离、人员分离，加强董事会建设，成为在国有独资公司中发挥法人治理结构机制作用的首要环节和第一位任务。尤其是在由工厂制向公司制转换的过程中，国有独资公司“老板”不到位相当普遍的情况下，适应市场经济的变化，充分发挥来自企业内部的法人治理结构的作用，特别是重视董事会的地位，发挥董事会的作用，进而转换经营机制，提高企业竞争力，推动企业改革发展，更具有重要的现实意义。

二、兖矿集团公司基本组织结构概况及法人治理结构建设的基本思路、特点和原则

（一）兖矿集团公司基本组织结构概况

兖矿集团有限公司是 1996 年由原兖州矿务局整体改制而成的国有独资公司。目前，兖矿集团公司下属 3 个全资子企业、5 个控股子公司（其中 1 个上市公司）、25 个参股公司。兖矿集团公司法人治理结构的具体构成为：

董事会。由 11 名成员组成，其中董事长 1 人，副董事长 3 人，专职董事 3 人，董事 2 人，职工董事 2 人。

经理层。由 11 人组成，其中总经理 1 人，副总经理 8 人，总工程师 1 人，总会计师 1 人。

监事会。1996 年由原煤炭部派出。11 名监事会成员中，委派、聘任监事 10 人，分别由原煤炭工业部、原国家国有资产管理局、国家经贸委、山东煤炭工业管理局等政府部门及兖矿集团公司有关人员兼任，另有职工监事 1 人。

同时兖矿集团公司领导机构设有党委常委会。由 14 名党委常委组成。

1999 年，煤炭体制改革，兖矿集团整体划归山东省管理。2003 年 4 月，山东省委、省府调整兖矿集团领导班子，现在兖矿集团公司法人治理结构构成为：

董事局。由 4 名成员组成，其中董事局主席 1 人，副主席 1 人，专职董事 1 人，职工董事 1 人。

经理层。由 7 人组成，其中总经理 1 人，副总经理 5 人，总工程师 1 人，总会计师 1 人。

监事会。2004 年由山东省派出，有 7 名监事，其中职工监事 2 人。

同时兖矿集团公司领导机构设有党委常委会，由 5 名党委常委组成。

（二）兖矿集团公司加强法人治理结构建设的基本思路、特点和原则

在公司制改革进程中，兖矿集团公司确立了“公司法人治理结构是公司制的核心，董事会是法人治理结构的关键”的基本思路，并按照“不搞翻牌公司，不做表面文章”的指导思想确定加强法人治理结构建设总的指导原则是：

1. 坚持小步走，不停步，总体设计，分步实施，不断探索，逐步到位的原则；

2. 坚持依照公司法，从实际出发，推进规范与创新的有机结合，在规范中创新，在创新中求规范的原则；

3. 坚持从自身做起，逐步转换机制，促进公司长远可持续发展的原则。

通过几年的探索实践，兖矿集团公司初步形成了以下法人治理结构建设特点：

——由工厂制向公司制改革过程中，注重领导体制的变革，带动企业经营机制的转换；

——在国有独资公司体制下，以董事会建设为关键环节，解决国有资产所有者到位问题，推动法人治理结构有效运转；

——在现有国企改革体制框架下，从实际出发，推动董事长、总经理、党委书记“三职分设”，领导成员适当交叉任职，建立董事会重大战略决策与经理层日常经营决策分层次的运作体系，实现法人治理结构之间及党委会的相互制衡、协调运转。

——建立专职董事制度和较为完备的工作运行机构、议事规范，逐步健全制度保障体系，实现董事会科学决策。

三、兖矿集团公司加强法人治理结构建设的做法

（一）正确定位——确立董事会在公司法人治理结构中的关键地位，明确法人治理结构的各自职责和权限

董事会在国有独资公司法人治理结构中处于关键地位。董事会能否正确定位，直接关系到董事会的地位确立和作用发挥。

1. 将董事会的职能定位为管“五个重大方面”。根据《公司法》规定，国有独资公司不设股东会，董事会行使部分股东会职权，因此，兖矿集团公司将董事

会定位为:代表国有资产出资人利益、承担经营范围内的国有资产保值增值责任的公司常设决策机关。在此基础上,鉴于兖矿集团公司属国家改革试点企业、改革发展任务十分繁重,以及作为能源行业建设大型结构调整型项目、实现矿区可持续发展任务艰巨的实际,将董事会行使职权、发挥作用的主导内容,概括为管"五个重大方面",即:

(1)管集团重大发展战略和中长期规划;

(2)管重大组织结构调整及人事问题;

(3)管重大经济政策和改革工作;

(4)管重大投融资活动;

(5)管重大建设项目。

围绕"五个重大方面",董事会抓全局,抓战略,抓改革,制定政策,把关定向。这五个方面成为兖矿集团公司的共识和指导董事会工作的准绳,并依法确立了董事会在公司法人治理机构中的关键地位。

2. 明确法人治理结构各自职责,各司其职,权力制衡。在对董事会职能定位的基础上,兖矿集团公司确定经理层为公司执行机关,负责公司日常生产经营管理;监事会代表政府和出资人对董事会和经理的活动及其组织的公司业务活动进行检查,对公司国有资产保值增值状况实行监督。

与原来工厂制体制相比,在现代企业制度下的企业由过去的单纯的产业组织转变为产业组织与产权组织相结合的法人组织,企业创新由过去的单纯的追求管理创新、技术创新等技术性的创新转变为以制度创新为前提的全面创新。因此,董事会和经理层在管理层面上呈现出一些不同的特征,董事会得以从日常繁杂的事务性工作中解脱出来,从原来的关注和实际参与实践过程转换为更加关注决策和执行的结果,集中精力研究集团的发展战略和重大决策事项,而经理层则从企业实际运作和日常管理出发,落实董事会决策,关注企业具体生产经营管理事务。董事会与经理层形成相互依存又相互制约的关系,围绕共同目标,从不同的角度发挥各自的职能作用。

(二)科学设置——实现决策层与执行层分开,不断增加董事会的专家成份

鉴于国有独资公司法人治理结构的不完整性和政府主导性,必须首先注重人员、体制的设置。只有设置科学的公司法人治理结构格局,其作用才能得到更有效的发挥,地位才能得以真正确立。兖矿集团公司董事会刚组建时,共 8 名董事会成员,基本都在经理层或党委或工会中担任实职,人员高度重合。这一状况,使董事会难以集中精力关注和思考企业的战略、决策和长远发展问题,法人治理结构难以形成有效制衡。另外,11 名监事会成员中有 7 名来自企业外部,使其不可能经常性地召开会议,如何实施经常性的监督,如何根据实际构建公司监督体系,成为监事会能否有效发挥作用的关键。

1. 实现董事长与总经理分设,带动决策层与执行层分开。推动决策层与执行层的相对分开,必须从董事长与总经理分设上做起,从源头抓起。大型、特大型国有独资公司实行董事长与总经理分设,应当是保证法人治理结构规范、科学运作的重要基础。公司组建运行时,兖矿集团公司的董事长和总经理两职由赵经彻同志一人担任。经过一段时间的运行,赵经彻同志考虑到:兖矿集团拥有 8 万多职工,是我国最大煤炭生产和出口基地之一,拥有近 200 亿元资产,而且控股的兖州煤业股份公司是一家境内外发行股票的上市公司。在公司走向集团化的情况下,发展战略选择成为兖矿能否持续发展的重要问题。特别是在市场经济条件下,市场瞬息万变,要是身兼董事长和总经理两职,就可能顾了眼前,顾不了中长远发展战略的考虑,有可能会因陷入事务精力不济而影响到董事会的决策质量。董事长、总经理一肩挑,决策层和执行层、决策权和经营管理权不能相对分离,出了问题也很难分清是决策层的责任还是执行层的责任。因此,1997 年 8 月,赵经彻主动辞去总经理职务,担任专职董事长,从而实现了兖矿集团公司董事长与总经理的分设,并进而推动了决策层与执行层的分开,董事会开始真正步入到集中精力想长远、抓大局、干大事的轨道,向着建立秩序、有所作为、特色鲜明的方向稳步迈进。

2. 建立专职董事制度,不断增加董事会成员的专家成份。兖矿集团公司组建之初,董事会基本上是行政和党群班子的一种人事平衡的组合,8 名董事会成员中有 7 名是非专职董事,在经理层任职的有 3 人,在党委任负责人的有 2 人,另有从工会和基层产生的职工代表 2 人,仅有 1 名专职董事。这种董事会成员结构安排所产生的问题,一是精力有限,董事会成员在闭会期间各负其责,多专注于本职业务工作,忙忙碌碌,难以集中精力、有足够时间思考企业的长远重大发展战略和决策问题,一年一、两次的董事会也就成了一个"沟通会"、"碰头会";二是"屁股指挥脑袋",所思所想的主要出发点多是所任实职的利益,董事会成员成为"虚职",难以形成制衡机制;三是成员大多是采煤技术专家,同时也有高级财务人员和企业思想政治工作者，但是随着企业产业领域的延伸，规模的扩大，资本运作的开展，董事会成员的业务知识结构越发显得较为狭窄，存在议事决策质量的问题；四是董事会决策难以快捷有效地贯彻落实。因此，根据企业实际，相应增加董事会成员的专家色彩，不断提高董事素质，提高董事会决策水平，使董事真正“懂事”，成为关系兖矿集团公司进行公司制改造、强化法人治理结构建设的关键任务。跟随企业改革发展的步伐，兖矿集团公司逐步调整董事会成员结构状况，目前在11名董事会成员中形成了5名专职董事的格局，占到董事会成员总数近1/2。除专职董事长外，还设立了1名专职副董事长、3名专职董事，分别侧重负责集团发展战略、企业并购、重大建设项目、对外工程承包、企业改革和资本运营等方面的调研并落实董事会决议等项工作，为董事会的科学决策及其正确贯彻执行提供了坚实的保障。

3. 健全法人治理工作机构，建立有利于法人治理结构充分发挥职能作用的工作机构。在市场竞争日益激烈的今天，董事会不仅要有效地行使战略研究和重大决策的职责，还不可避免地要推动重大战略和决策的实施，存在着大量的日常性工作，没有一支精干、高素质的工作班子是难以做到的。为此，兖矿集团公司在董事会之下相继设立了“两委、三部、一室、一院”等机构，分别担负起董事会议事、咨询、办事机构的职能。

“两委”为发展战略委员会和重点建设委员会。实行委员会制度，委员会主任分别由董事长和专职副董事长担任，委员从集团公司领导成员、重要部门负责人、离退休老专家及社会专家等有关方面聘任，主要职责是为集团发展战略和重大建设项目提供咨询论证意见，为董事会决策的咨询议事机构。

“三部”为投资部、审计部和项目部。投资部负责集团公司对外投资和产权管理，以及对外并购等资本运营活动的组织协调。审计部主要职责是对董事会“五个方面”职权执行情况进行审计，包括董事会任免人员的在职审计和离任审计、董事会决策事项执行情况的审计、对外并购企业先期审计及并购后运行情况审计等。项目部作为重点建设委员会所属办事机构，主要负责千万元以上项目的调研、立项工作。

“一院”为集团战略研究院，作为发展战略委员会所属具体运作机构，主要负责集团战略管理、战略发展方向的课题调研，为董事会科学制定发展战略规划及决策提供咨询和支持。

“一室”为董事会办公室，在为董事会提供优质高效服务的同时，主要负责牵头研究集团的重大决策和具体组织推进集团内部改革，以及董事会工作的上传下达、董事会工作部门的综合协调等工作。

在具体领导方式上：兖矿集团公司采取专职董事相对分工、重大活动共同参与的方式，基本形成了董事会专职董事与董事会其它成员一起，共同落实董事会职责、提高董事会决策水平、发挥董事会作用的局面。

在运行机制上：实行内外结合、以我为主、整体协同，以董事会组织的重大活动为主线，将董事会各工作机构以及总部职能部门联结成为一个有机的整体，同时在集团公司重大战略问题决策过程中注意吸收社会知名专家、学者参与研究、提供咨询，赢得国务院发展研究中心、中国社会科学院、国家计委宏观经济研究院、清华大学经济管理学院等权威研究机构、高等院校高层次的智力支持。

由于建立了专职董事制度和精干完整的董事会工作机构，初步构建起以专职董事为主导、以办事咨询机构为链条的董事会运行体系，在组织上保证了兖矿集团公司董事会工作特色的进一步形成：董事会有为有位，防止了“橡皮图章”、“空壳机关”现象的发生；董事质量提高，董事真正懂事了；董事会的工作链条完善，决策咨询、议事、办事运行体系高效运转。

1998年，兖矿集团公司以专职董事和董事会机构为主组成股改上市工作班子，在各个单位部门广泛参与配合和共同努力下，在东南亚金融危机加剧并产生波及效应、内外部舆论压力加大的极度困难情况中，正确判断形势，精心组织，果断决策，实现了“兖州煤业”在纽约、香港、上海三地上市，成为亚洲金融危机爆发后至1999年初连续20个月之内唯一到境外上市的中国国企，创造出逆市实现境外发行上市的成功案例，维护了公司发行上市主体目标和兖矿总体利益，赢得了国际国内证券界的良好评价。境内外三地上市筹集资金24.7亿元，为兖矿集团公司渡过因煤价大幅下滑、营销形势异常紧张的难关提供了强有力的资金支持。“兖州煤业”相继被国际金融公司列为ISC环球可投资股票指数成份股，被《欧洲周刊》评选为1998年度“亚洲最佳新上市公司”，上市后连续3年进入中国上市公司50强。2000年底、2001年初，“兖州煤业”又成功增发1亿A股和1.7亿H股，筹集资金15.3亿元。累计从证券市场融资 40 亿元。

在监事会方面，监事会主席委托委派监事(兼任兖矿集团公司党委副书记)负责处理监事会的日常工作，并设立了监事会秘书处承担日常具体工作。

(三)协调制衡——处理好董事会与经理层、老三会之间的关系，构建灵活高效的法人治理结构运行机制

在社会主义初级阶段，经济体制向市场经济过渡的进程中，国有工厂制企业改制为公司制企业特别是国有独资公司后，把坚持现代企业制度与坚持党组织的政治核心作用、坚持全心全意依靠工人阶级如何有机结合，承认并切实处理好董事会、经理层、监事会等法人治理结构之间以及与党委常委会、职代会、工会之间的关系，是一个不可回避的重大现实问题。

1. 实行董事会、经理层、监事会、党委常委会成员间适当交叉任职，促进领导体制设置上的相互融合。在中国建立现代企业制度，既要符合市场运行的特点，又要结合中国特色，实现国际惯例与中国特色的融合。兖矿集团公司在坚持董事长、总经理、党委书记“三职分设”和建立专职董事制度的前提下，以保证决策、管理、运行的质量与效率为出发点，“宜专则专，宜兼则兼；双向进入，交叉任职”，不强求一致，较好地实现了公司领导机构的有机衔接和适度融合。集团公司党委书记和总经理分别担任副董事长，1 名党委副书记、1 名副总经理和 2 名工会负责人依照法定程序进入董事会担任董事及职工董事；监事会中有 4 名成员来自集团公司内部，分别兼任党委副书记、纪委书记、工会副主席和审计部部长；同时，董事会专职成员和经理人员 7 人也进入党委常委会，促进了各项工作的协调。

2. 建立董事会与经理层分层次决策运作体系，充分调动经理层积极性。作为国有独资公司，理顺董事会与经理层的关系是实现公司高效运行的重要环节。为做好决策工作，进一步促进企业的改革与发展，兖矿集团公司根据企业实际，在董事会与经理层职能、人员分开，总体董事会管决策、经理层管执行的前提下，逐步构建形成了董事会与经理层分层次的决策运作体系。

在投资决策方面：原来在工厂制形态下，从企业总部到各个矿处多头决策，重复投资、重复建设现象严重，项目形不成规模实力、效益低下，内部管理分散、混乱、责任不清。改制后，兖矿集团公司通过制度明确规定，董事会根据市场情况和国家及区域产业政策，管集团发展战略规划，统一行使对外投资决策权，负责审批集团公司 1000 万元以上重大项目投资以及全部的参股投资；经理层根据董事会授权，行使 1000 万元以下的项目投资权。1996 年到 2000 年，兖矿集团公司按照“煤与非煤并重”的战略思路，自筹资金 8 亿元重点发展非煤产业，新建投资额 500 万元以上项目 27 个，其中投资额 1000 万元以上项目 18 个，着力塑造战略支柱性替代产业，目前有 15 个单位形成非煤产业年收入 1 亿元以上的规模。同时，5 年中非煤产业吸纳安置了 12600 多名煤炭生产一线人员和待业青年，非煤产业从业人员达到 52000 多人，较好的解决了“人往哪里去”的问题。2000 年，非煤产业销售收入 35.90 亿元，在企业销售总收入中的比重达到 40.85%，企业产业结构得到了初步调整，抗拒风险和实现可持续发展的能力大大增强。此外，兖矿集团公司还对对外参股投资进行了清理，实行统一审批和管理，目前对外参股投资了山东航空、华企投资、华泰财产保险等一批有良好发展前景的产业项目，2000 年对外投资收益 11200 万元，综合回报率达 23.51%。同时，按照完善产业链的要求，实施了对拥有 15 亿元资产的山东鲁南化肥厂的兼并，成为山东省内继齐鲁石化兼并淄博化纤等两厂后最大的一起兼并案，并实现兼并当年扭亏为盈，为兖矿煤化工支柱产业的建设奠定下良好的基础。通过参股并购，兖矿集团公司逐步介入证券、保险、房地产等新兴产业，投资运作正在成为新的经济增长点。

在企业内部改革的领导与具体操作上：改制之初，企业整体虽然已经从工厂制形态初步转换为公司制形态，但是，内部组织结构的调整工作却是大量的和繁重的，企业需要从原来的局矿行政管理体制向母子公司体制构架进行转换和过渡，不断深化企业改革是兖矿集团公司在一个相当长历史时期的中心工作。为此，兖矿集团公司规定，董事会负责制定集团公司整体改革方向，把握总体改革节奏，负责领导集团公司层面及子分公司层面的重点改革工作；经理层具体负责子分公司改革中与生产经营管理紧密相关的改革操作、后勤服务系统改革工作以及中小非煤厂点股份制及股份合作制改革工作。在企业内部改革中，兖矿集团公司董事会确立了“以分类多模式重组为基本框架，以职工持股为主导改革模式，以集团母公司承担主要改革成本为保障措施”的总体改革思路。按照成熟一个改制一个的节奏安排，目前已有 4 个生产建设二级企业和 6 座煤泥、煤矸石电厂通过存量盘活、增量吸纳和债转股等多种形式改制为多元投资的有限责任公司，总股本 49084 万元，募集职工及外部法人资金 21381 万元，占股本比例 43.56%，初步构建起分公司、有限责任公司和上市公司并存的母子公司体制格局。同时，截止到 2000 年末，有 80 多个基层非煤产业厂点完成职工持股为主导的股份制、股份合作制改革，职工持股金额达到 8550 多万元，其中有 57 个厂点实现职工控股或买断。

在董事会总体战略方向把握下，通过分层次决策体系的建立，一方面使得董事会能够集中精力抓全局、抓战略、抓大事，另一方面也能够结合起目前国有独资公司以及兖矿特定的实际，充分调动经理层的积极性和创造力，共同围绕总体目标发挥各自的作用。

3. 做到“三个坚持”，处理好董事会与经理层、党委、职代会的关系。即：一是坚持在讨论决策属于涉及党和国家方针政策的重大问题以及对行政高级管理人员的任免前，征求党委的意见、建议或与党委负责人沟通情况；二是坚持在审议决定涉及公司职工切身利益的重大事项前，提交公司职代会讨论，听取意见和建议；三是坚持公司总经理对公司生产经营日常工作依法拥有指挥权，董事会全力支持、不干预，在工作需要时，组织精干力量积极配合经理层的重大活动。几年来，国内外煤炭市场竞争异常激烈，煤价不断下滑，经济形势非常严峻。为化解企业面临的市场危机与风险，兖矿集团公司董事会、经理层适时将煤炭生产经营基本方针调整为“保山东、增沿海、扩出口”，巩固大用户，开辟战略用户，扩大国际用户，大力开拓东南沿海市场和国外市场，有力地推动了煤炭营销工作的开展，初步改变了煤炭销售的不利局面。2000 年，为解决较长时间铁路外运紧张、运力制约严重，以致部分销售合同无法兑现的问题，兖矿集团公司董事会配合和支持经理层展开大规模汽运集港，相继开通了到日照港、岚山港、连云港和前湾港的汽运通道，组织了上千部汽车，集中向港口运输煤炭。全年汽运集港 550 多万吨，有效地缓解了铁路运力不足的巨大压力，增加了煤炭销量。

同时，兖矿集团公司根据企业实际及历史沿革，为探索党委参与重大问题决策的具体途径，在很多时候对重大问题实行联合办公的方式，通过党政联席会议形式，通报董事会、经理层、党委常委会需要周知的重要事项，协调各自的重要工作，决定日常重要问题。党政联席会议由董事会成员、经理层成员以及党委常委会成员共同参加，会议的召开及议题由董事长、党委书记、总经理协商确定，并根据不同的议题内容分别主持，并按规定表决方式做出相关决定，分别提交下一次董事会会议、党委常委会或总经理办公会议确认。例如，在讨论决定属于重大项目投资问题、机构设置等问题时，由董事长召集和主持会议，董事会、经理层和党委常委会成员在会议上充分表达意见和建议，最终由董事会成员依照规定程序表决决策，并提交下一次董事会会议进行确认。通过这种共同参与、充分吸纳领导班子集体智慧、集思广益、集中决策的方式，一方面减少了一些程序性的会议，解决了企业运作中大量存在的日常决策问题，提高了决策效率，同时更促进了领导机构间的相互了解和相互参与，保持了经常性的沟通，保证了党委、工会、职代会等成员了解情况、参与决策与管理的实现，形成良好的协调机制和领导集体合唱一台戏的团结局面。

4. 法人治理结构相互制衡，建立有效的内部监督约束机制。通过正确定位、科学设置、相互分工、各司其职，董事会、经理层、监事会初步建立起内部监督约束和制衡机制。每年年初，董事会会议都要对经理层上一年度执行董事会决议事项、生产经营状况、财务预决算情况、工资制度执行情况等进行审议监督，同时决定本年度计划任务目标。此外，兖矿集团公司建立和完善定期监督、审计审查制度，监事会秘书处与董事会审计部、公司审计事务所明确分工，共同配合，建立较为完整的公司监督体系，保证了公司依法健康运行，使母公司总部及时了解各子公司、分支机构的生产经营运行情况，实施事前、事中、事后的监督。

(四)制度保障——设立议事规范，建立法人治理结构责任和控制体系

公司法人治理结构的建立和运作，需要制度规范来保障和约束。兖矿集团公司逐步将在实践中探索和磨合的经验做法用制度的形式规定下来，使公司逐步进入制度化、规范化的轨道。

1. 建立议事程序，用制度保障董事会、经理层、监事会及党委常委会的协调运行。公司法人治理结构组建之后，到底怎么运行？1996 年兖矿集团公司成立之初，有同志就提出过要先行设定议事规则，以便规范运作。经过公司领导集体慎重研究，认为：议事规则出台不宜过急，最好经过一段时间的探索和磨合，在取得一定共识和经验的基础上再行制定。各领导机构议事过程，本着遵循公司法和党章、遵循上级与建立现代企业制度有关文件指示精神、从兖矿实际出发的“议事三原则”进行，并坚持其它依据必须首先服从公司法的规定，在此基础上使三原则之间达到协调配合。

1998年，兖矿集团公司形成《监事会章程》。与此同时，从1996年初公司组建到1999年，经过近4年的实践，大小十多次的修改，反复的探讨和研究，兖矿集团公司正式形成了《董事会议事规则》、《总经理办公会议事规则》、《党委常委会议事规则》和《党政联席会议事规则》，除界定各自的权限外，还详细确定了各自的议事原则、会议的参加及委托、会议议题的确定及草案准备、会议的通知及表决、责任承担以及相互参与的形式等具体事项。从而，为规范各领导机构的议事程序和组织行为提供了制度保证，形成了各法人治理结构之间及其与党委常委会相互独立、权责明确、各司其职的运行机制：董事会集中精力抓集团公司重大问题的研究决策、内部改革总体设计和资本经营的组织领导，聚焦到着眼全局、抓战略、抓大事上来，做到了瞄准定位不错位、把握重心不分心；经理层认真履行《公司法》、公司章程赋予的职权，坚决执行董事会决议，全权负责企业安全、生产经营管理活动；监事会严格行使监督职权，维护企业法人财产权，对国有资产保值增值承担监督责任；党委专心致志抓党的建设和精神文明建设，抓参与企业重大问题的决策和“政治核心作用”的发挥。从制度上为法人治理结构、党委常委会的协调运行提供了依据和条件。

2. 建立责任保障体系，保证科学决策。董事会作为公司决策机关，其基本职能之一就在于对公司重大问题进行决策。董事会的决策与公司命运紧密关连，关系到公司的兴衰存亡。因此，必须建立起董事会重大决策的责任制度，建立起集体决策及可追溯个人责任的董事会决策机制。兖矿集团公司从责任保障入手，切实落实决策责任，规定“谁决策、谁负责；谁投资、谁负责；参与调研、论证、建设、经营的主要人员负有连带责任”。《董事会议事规则》规定，“董事出席董事会会议，应独立、充分、明确的表达意见”，“董事依照董事会会议议事录记载对董事会会议承担决策责任”。《公司章程》明确规定：“董事应当对董事会的决议承担责任。董事会的决议因违反法律、行政法规或者公司章程，致使公司遭受严重损失的，参与决策的董事对公司承担责任。但经证明在表决时曾表明异议并记载于会议记录的董事可以免除责任。董事在董事会决议表决过程中经常表明异议或弃权，而实践证明会议通过的决议属于正确的，该董事的表态应作为对其业绩考核和能否胜任的重要依据”。从而从制度上避免了“个人说了算”以及“大家负责”又无人负责的问题，使兖矿集团公司在决策议事过程中，每个董事都能够认真负责地充分表达意见。

1999年，在兼并山东经贸国际运输公司项目中，尽管受到方方面面的影响，但经过负责地调研论证，经过激烈的争论，董事会表决认为，该项目不符合集团规划发展方向，在一定时期内难以走出低谷，最终对该兼并项目予以了否决。在兖矿规划中属于最重要战略支柱的煤化工项目，因投资巨大，影响深远，为做到谨慎决策，万无一失，集团公司专门指定了一名副董事长负责，成立筹备处，进行了长达3年多的调研论证，并先后组织了近10次大型项目论证会，参加论证会的人员几乎囊括了国内煤化工专业的专家学者。3年多来，根据调研论证情况，不断调整和深化规划设计，目前该项目已经分步启动实施。

3. 加强集团管理体制建设，实施有效控制。国有独资公司董事会要承担起经营范围内国有资产保值增值的责任，必须从战略管理层面上实施对集团的有效控制。在实践中，兖矿集团公司依照“集分结合、放控适度”的原则，主要通过4种形式对集团运作实施有效的控制。

——战略控制。集团公司董事会作为集团战略决策中心，其战略控制应体现在：恰当选择集团市场定位；确定集团全面发展的战略目标；编制战略性的中长期发展规划；对影响发展战略的主要业务进行协调。

——财务控制。在对上市公司财务完全规范的基础上，对子公司实行资产经营责任制，同时建立健全统一的资金管理体制，成立企业结算中心，内部统一结算，集中管理，严格控制对外担保。集团母公司对子公司的财务控制与管理遵循如下原则：财务状况必须明晰、透明化；对资金回报行严格考核，对费用支出实行预算控制；投资运筹必须科学化，银行贷款、资金调度均由母公司控制。

——投融资控制。集团公司董事会根据市场需要和国家及区域产业政策，统一安排和决定集团的投资方向和投资规模。明确规定：对集团内部原有单位改制涉及国有法人产权额较大的，必须经公司董事会审批；投资购并企业或新建企业，必须遵循符合集团战略方针和规划目标，并严格执行投资决策程序；投资参股统一由集团公司董事会审批；实施对投资全过程的考核、监督，对投资规模、经营成本、投资回报等方面进行控制。

——制度控制。几年来，兖矿集团公司董事会制定了《关于加强子(分)公司管理的暂行办法》、《关于资本运营工作的若干意见》、《关于对外投资管理的暂行办法》等10多项保证决策各个环节的制度措施，并在制度体系中突出建立定期报告制度和定期监督审查制度两个重点，从而形成了较为完善的制度保证链条。

四、兖矿集团公司法人治理结构建设的运行效果

由于兖矿集团公司在实践中紧紧把握住法人治理结构“职责定位”、“运行体系”、“制衡秩序”三个重要环节，初步建立起高效制衡的公司法人治理机制，使公司的制度创新落到了实处，并与技术创新和管理创新紧密结合，相互促进，带动了经营机制的转换和市场竞争能力的增强，经济效益的大幅度提高，兖矿集团公司由80年代末我国煤炭行业的末位迅速发展成为“龙头企业”。1996年至2000年，连续5年实现销售收入、利税总额、利润和综采单产行业第一，经济实力及综合素质显著提高。煤炭生产放顶煤核心技术、上市公司获利能力达到世界先进水平。1998年、1999年和2000年实现利润分别占全国重点国有煤炭盈利企业利润总额的55.18%和58.31%和48%，在煤炭全行业整体亏损的情况下独树一帜。

2000年与改制前的1995年相比：

煤炭总量从1696万吨提高到3040万吨，增长79%；

煤炭出口量从302万吨提高到1015万吨，增长2.36倍，占全国煤炭出口总量的近20%，成为中国最大的煤炭出口企业；

销售总收入从42.35亿元提高到87.88亿元，增长1.08倍，其中，非煤销售额从11.65亿元提高到35.9亿元，增长2.08倍；

实现利税从7.88亿元提高到13.2亿元，增长68%。在煤价连续3年下滑、跌幅超过50%的情况下，2000年仍实现盈利3.52亿元。

企业形成以煤为主，融电力、化工、建筑、安装、机械制修、商贸为一体的综合发展格局，企业总资产从5年前的90.95亿元快速增长到203亿元，用5年时间再造了一个“兖州矿务局”。

与此同时，企业相继获得“国家科技进步特等奖”、“全国优秀企业(金马奖)”、“全国首批转换经营机制典型企业”、“全国质量效益型先进企业特别奖”、“国家科技进步一等奖”、“中国企业管理杰出贡献奖”。1997年，兖矿集团公司作为中宣部和国家经贸委选定的“十佳国企”之一在全国进行集中宣传；1998年，作为全国14家单位和企业之一，受到国务院表彰。兖矿集团公司的改革与发展的实践做法受到江泽民总书记的赞扬，兖矿集团被朱镕基总理称赞为“中国最好的煤矿”。公司法人治理结构基本做到了“有所为，有其位”，董事会“懂事，管事，管用”，公司法人治理结构建设的经验作为典型案例被编入国家经贸委组织编写《国有大中型企业建立现代企业制度和加强管理基本规范读本》(国家“双基”培训核心教材)。

五、存在问题与建议

(一)存在的问题

从1994年开始的建立现代企业制度试点起到了以点带面的作用，试点是成功的，但也存在一些问题，主要表现在：

1. 产权上，多元投资主体的格局尚未形成。在100户试点企业中，除1家企业破产外，其余99家企业中有62家企业由工厂制改为国有独资的集团公司，占63.3%；即使形式上改为多元投资主体的企业，由于国家股权大，其他股东既没有能力抵制来自政府的干预，也没有对企业管理层构成有效的制衡。

2. 法人治理结构不规范。国有独资公司的经理都是由政府任命的，因此，形式上(公司章程上)经理由董事会选拔、任用，实质上是政府(政府部门)任用，决策层与执行层难以形成，或者董事会包揽经理作用的发挥，或者经理取代董事会作用发挥、董事会形同虚设。

3. 激励机制尚未真正形成。在百户试点企业中，有45.5%的企业认为没有形成激励与约束机制。中国企业家调查系统2000年中国企业经营者成长与发展专题调查报告显示，国有企业经营者与私营、外商、港澳台投资企业、股份有限公司经营者相比，收入偏低。收入的形式明显不同：国有企业经营者的收入，主要是工资和奖金；其他类型的企业经营者的收入，有风险抵押承包和月薪加奖金、期权股份、股息加红利和年薪制。显然，其他企业的激励作

用比国企的有效。

4. 约束与监督机制不力。在百户试点企业中，98家试点企业有78家设立了监事会，占79.6%，其中还有1/3的监事会发挥作用有困难。没有有效的约束与监督机制的现代企业制度就算不上现代企业制度。中国企业家2000年调查系统显示，设立了国有企业对经营者的监督主要是来自于上级主管部门、职代会和财务审计部门；外商、港澳台投资企业是董事会，私营企业是董事会和财务审计部门，股份制企业是股东大会和董事会。从免职的情况看，国有企业因非经济因素被免职的因素大，其他类型的企业因“未完成经济指标”被免职的比重大。

5. 历史遗留问题。在试点企业中，有60.8%的企业认为企业冗员太多，社会包袱重；有59.8%的企业认为企业资金短缺；债务负担重；有54.6%的企业认为政府转变职能滞后。(6)社会保障体系没有形成。这些问题，正是我国政府和企业所力求解决的。而这些问题的解决，无疑会极大地提高我国企业的市场竞争力。

(二)建议

国企改革的方向是建立现代企业制度。而建立现代企业制度就要向着规范的，或者是向着目前世界上公认的最理想的、效率最高的制度迈进。提高国有企业竞争力，必须挖掘企业制度上的潜力：

——逐步在竞争性领域打破国有独资公司形态，构建多元投资主体。国有独资公司的特性，决定了企业产权制度与工厂制相比没有发生根本性的变化，同时决定了其体制转换的不彻底性：出资人到位的问题没有得到彻底解决，高级管理人员仍由政府任命，难以形成有效的法人治理结构，政企难以彻底分开，在市场经济中的竞争力也就较为低下。因此，国有独资公司只能作为公司制的一种特殊形式，存在于极少数、特殊的领域。从我国当前现实情况看，除一些垄断性行业、公益性事业和极少数确需由国家独资经营的企业需要采取国有独资公司形态外，在竞争性领域，必须切实加大力度，推动企业投资主体的多元化，而且，应当使股权尽可能分散化，避免“一股独占”、“一股独大”。只有实现产权的多元和分散，才能够架构起企业与政府之间的有效屏障，促进政企分开；才能够充分调动各方出资人对出资权益的关注，促进机制的彻底转换；才能够通过产权纽带形成和完善产业链条；才能够有效引进外部先进的管理方式和机制，促进管理的创新。有鉴于此，兖矿集团制定了把现有的国有独资的母公司改造为多元投资主体公司的战略方案，以煤、路、港、航等入股构建股份公司。同时，打破企业内部直线职能式的管理体制和“条块结合、以块为主、块内多元”的管理方式，重组和理顺企业内部管理层次和管理关系，减员消肿，构建分工明确的专业化公司，建立决策中心、利润中心、成本中心为特征的母子公司管理体制，实现公司体制与国际接轨，提高市场竞争能力。

——抓住现代公司制的核心，构建制衡有序的公司法人治理结构。在企业体制改革过程中，很多企业虽然已经改制成为有限责任公司或股份有限公司，但是，其领导体制、决策过程、经营机制等一些方面还没有完全超越旧的体制。究其原因，重要的是企业经营机制转变滞后，公司法人治理结构没有真正发挥应有的作用。从当前企业急需解决的问题来看，第一，应当按照产权关系的递进，形成高效有序的委托代理关系，这是建立现代公司治理结构的关键；第二，从中国企业实际出发，公司法人治理结构必须以董事会建设为核心，充分发挥董事会的决策职能和选聘经营者的职能，保持董事会的独立性和公正性；第三，切实加强监事会建设，是保障公司健康发展的重要机制；第四，实现公司法人治理结构由功能型向专家型转变，是现代公司努力的方向。同时，适应市场经济的要求，建立市场化的经理人市场，实现人才的流动重组、优化整合，带动公司治理结构的健全完善。

——加大技术创新力度，形成有自主知识产权的企业核心技术能力。当前，企业之间的竞争越来越表现为技术的竞争。在巨大的竞争压力下，企业要想在全国乃至全球范围内取得竞争优势，就必须开展更高层次的技术创新。可以说，技术创新是企业增强竞争力的关键措施。如果说，制度、机制是企业竞争力的“软件”，那么，技术创新、形成独一无二的核心技术就是企业现实竞争能力的“硬件”，是企业立身之本。为此，企业必须面向市场，自觉地作为技术创新的主体，作为技术创新投入的主体、研究开发应用的主体，运用灵活的机制，培养引进高层次高素质的人才队伍，并且使企业的核心技术能力迅速转化为现实的市场竞争优势，才能够赢得竞争，赢得市场。兖矿拥有当今具有国际领先水平的综采放顶煤技术，效率高、效益好，如果通过以产权为纽带的联合、兼并、重组，迅速扩大综采放顶煤技术的应用领域，就可以使兖矿的煤炭产量由现在的3000万吨提高到1亿吨～2亿吨，实现资源的优化配置。

——进行相关配套改革，建立健全社会保障体系，分离企业办社会职能。我国企业与国外企业的很大不同点之一，在于我国企业背负着大量的政府职责、社会负担和人员负担，不仅要实现赢得最大利润的目标，还要承担人员就业、社会稳定、公益事业等等原本不属于企业的诸多任务。多重目标的结果，致使企业创利的核心目标逐步淡化，市场竞争能力逐步退化。应当说，我国的企业与国外企业进行竞争，不是站在一个起跑线上。随着企业成为市场竞争主体，企业负担过重已成为严重制约国有企业改革发展的一大难题。因此，面对企业的国际间竞争，必须统一"游戏规则"，进行企业的分流、分离"双分"减负。一是要尽快建立健全养老、失业、医疗等社会保障体系，使"企业人"转变为"社会人"，使"企业福利"转变为"社会福利"，解除人员分流的后顾之忧，使"人往哪里去"的问题得以妥善解决；二是尽快分离企业办社会职能，不断降低企业非经营性资产，由"企业自我服务"转变为"社会化服务"。只有实施系统的改革，使企业放下包袱，从繁杂的办社会事务中解脱出来，轻装上阵，把有限的资源投入到最有效益和效率的生产经营领域，集中力量发展壮大主业，形成全新的资产结构的组织结构，企业才有可能真正成为市场竞争的主体，才有可能真正提升自身的核心竞争能力。

宝钢集团上海梅山有限公司辅业整体改制研究

——研究报告内容摘要

梅山有限公司辅业整体改制研究课题组

一、梅山公司的成立、发展经过及历史沿革

宝钢集团上海梅山有限公司(下称梅山公司)始建于1969年4月24日,注册在上海、生产基地在南京西南郊。

20世纪60年代末,上海市为了解决生铁供应不足问题,联合江苏省在南京市郊建设了上海的炼铁基地——梅山公司前身。1969年6月,遵照周恩来总理"要早日把铁抢出来"的指示,工程开工并实现一年出铁、出焦。1996年、1999年先后建成热轧板厂和炼钢厂,形成大型钢铁联合企业,现已具备年产300万吨钢的综合生产能力。三十多年来,梅山公司为上海钢铁工业的发展作出很大的贡献。

梅山公司辅业与钢铁主业同步发展。1994年,上海梅山(集团)有限公司成立后,确立了"一业为主,多元产业,多种经营全面发展"的战略思路,在上海、南京大力发展非钢产业。到目前为止,梅山辅业涉及的产业有矿业、工程建设与管理、资源综合利用、发电、钢铁产品延伸加工、设备检修与备件加工、贸易、物流、房地产、物业管理、市政绿化等。

1998年,梅山公司与宝钢、上钢实现了战略性重组,成为宝钢集团公司的子公司。2003年6月12日,宝钢集团提出新一轮发展战略,并且确立了要"跻身世界500强,成为具有自主知识产权和国际竞争力的世界一流跨国公司"和"钢铁主业综合竞争力进入世界前三名"的阶段性发展目标。梅山公司按照宝钢集团"主辅分离、辅业改制"的要求,在强势推进钢铁主业与宝钢一体化的同时,认真研究、加快推进辅业改制工作。

二、梅山公司辅业整体改制方案

(一)梅山公司及辅业改制单位资产、人员情况

截至2003年12月31日,辅业单位帐面资产总额为31.36亿元(占梅山公司帐面资产总额22.45%),净资产为11.26亿元(占梅山公司净资产29.88%)。

截至2004年3月31日,辅业改制单位在册职工12737人(占梅山公司在册人员的69.51%),其中在岗人员10574人(占梅山公司在岗人员的61.54%)。

(二)辅业改制单位范围

除钢铁公司等与宝钢实施整合的单位,除医院、学校属地单位,剩余的辅业单位实施整体改制。

由于辅业改制单位的净资产和人员占整个梅山公司的比例呈现倒挂,而且辅业改制单位的资产大部分是质量较差的资产、不能创造经济效益的资产(如公益性资产、闲置资产等)。为了使辅业改制后尽快起好步,增强改制企业的经营实力,将发电厂划入改制企业(2003年,发电厂完成发电4.04亿千瓦时,实现利润4887.13万元)。

(三)辅业单位改制路径

1. 设立职工和经营者持股信托

改制企业职工和经营者作为委托人与信托投资公司签订信托合同,将改制补偿金和自有资金作为

信托财产委托给宝钢信托投资公司，指定认购原梅山公司股权，职工和经营者同时作为信托受益人享有信托受益权。

2. 收购原梅山公司并变更为上海梅山有限责任公司

宝钢信托投资公司通过上海联合产权交易所，用协议转让方式出资购买梅山公司辅业的国有净资产，梅山公司变更为上海梅山有限责任公司；未被收购的梅山公司的国有净资产仍由宝钢集团参股。上海梅山有限责任公司成为国有资本、非公有资本等参股的混合所有制经济实体。

(四)劳动关系的处理

1. 对自愿参加改制的职工，在与原单位解除劳动合同的同时给予经济补偿金，再与新梅山公司签订不低于三年的劳动合同。

2. 根据劳动者在本单位工作年限，按照有关标准发给经济补偿金。

3. 参加改制的职工在自愿的基础上将个人所得经济补偿金，转为新梅山公司的等价股权或债权。

4. 内部退养职工、工伤职工、丧失劳动能力职工、退休职工等，委托改制企业管理，并按有关规定计提生活费、社会保险费、医疗费等费用。离休干部由上海宝钢集团公司接纳。

(五)社保关系的处理

1. 养老保险、生育保险继续参加上海市统筹。

2. 失业保险将按子(分)公司注册地参加南京市或上海市统筹。

3. 医疗保险随养老保险同样处理。

(六)鼓励改制职工个人再出资入股

鼓励职工个人特别是经营管理层再出资购股，并按其出资额的一定比例给予鼓励。

(七)改制企业与钢铁主业的业务关系

改制企业经营性业务以市场为导向，按市场机制与钢铁主业建立长期战略伙伴关系。

改制企业服务性业务实行区域功能计价的管理模式，对每个区域的工作目标、服务内容、考核办法、服务费用进行统一核算，形成规范性的合作协议。

(八)经营者激励计划

1. 对经营决策层、经营管理层及子(分)公司经营者给予奖励。

2. 为避免经营者短期行为、确保改制企业可持续发展，设计股权激励办法，如在部分关键岗位设置不同比重的岗位股，任职者享有受益权。

(九)解决历史遗留问题

为了稳定职工和退休职工思想，稳妥地推进辅业改制工作，改制前一次性解决历史遗留问题。

三、对本次方案的评价

(一)实践上的创新

在改制方案设计过程中，始终坚持以激活机制为动力，以发展为目标，以稳定为前提。

一是以优化产权结构为基础，建立经营管理层的激励与约束双重机制和员工的股东与员工双重身份。在股权设置中，体现了员工集体资本控股、经营管理层相对持大股、宝钢参股的股权结构。通过将职工置换身份的经济补偿金以信托方式集中入股，使绝大多数职工既是企业员工，又是企业股东，成为名符其实的企业主人；既享受出资者的资产受益等权利，又不直接干预企业的日常决策和经营，实现股东身份与员工身份的适度分离。经营层、中层和技术骨干通过自有资金购配股方式增资扩股，较好地解决了经营管理层激励约束弱化的问题，既可以防止经营层的短期行为，同时又避免平均持股造成无人负责的现象。宝钢通过阶段性参股，不仅有利于密切主业与辅业的业务关系，而且起到了职工心态“稳压器”的作用，增强了职工改制的信心。

二是以企业发展为目标，保持主、辅产业的同向发展。通过将生产经营相对独立的钢铁公司热电厂划入改制企业，使主辅产业的资产配置相对合理，使辅业的生存发展能力进一步增强。同时，通过主、辅业构建长期战略性伙伴关系，确保辅业现有的业务量，从而可以“守住一块”；通过主业的发展带动辅业业务量的增长，从而可以“增加一块”；通过辅业转换经营机制，拓展外部市场，又可以“拓展一块”。

三是以稳定为前提，切实解决职工的后顾之忧。尽管梅山地处南京，但职工大多来自上海，户口大多也在上海。因此，除确保职工正当的合法权益外，梅山选择了整体改制方式，确保了社会关系继续接续在上海。

(二)理论上的探索

1. 梅山公司辅业整体改制既符合社会主义初级阶段的要求，又符合梅山辅业人员多素质低、资产质量不高、历史遗留问题难解决的实际情况，是从社会主义初级阶段和梅山公司的实际出发，进行的一项探索。

2. 梅山公司辅业整体改制既表现为混合所有制经济的特征，又表现为股份制企业的特征。梅山公司进入改制企业的职工在自愿的基础上将个人经济补偿金，转为改制企业的等价股权（或债权），这种资本和劳动相结合的形式，实际上是一种混合所有制经济所有制性质。整体改制，实现了投资主体多元化，是一个既有国有股、集体股、又有个人股的股份制企业。

3．梅山公司辅业整体改制既具有产权私人化、企业化的特点，又具有产权社会化、市场化的特点。把改制职工拥有的改制企业的股权集中入股，从而使私人的产权直接地表现为企业的产权。改制企业又与多个企业相互拥有股份、债券、相互融资等，使企业产权变成无限延伸的社会产权链条，受社会支配。同时，职工的产权可以买卖，可以成为流动优化配置的对象。

总 报 告

宝钢集团上海梅山有限公司辅业整体改制研究

党的十一届三中全会以来，我国经济体制改革取得了很大成绩，国有企业改革取得了重大进展。当前，国有企业改革和发展正处于关键时期，改革的目标尚未实现，改革的任务尚未完成。继续深化国有企业改革，是党的十六届三中全会的一个重要内容，实行主辅分离、辅业改制是今后国有企业分流富余人员的重要形式，这既可以使企业集中资源做大做强主业，切实解决主业不突出和富余人员的问题，提高竞争能力，又可以使大多数富余人员不进入下岗行列，只变更劳动关系就能在由辅业改制的企业中继续就业，寻求新的发展。在深化企业改革方面需要研究的课题很多。这里，课题组主要围绕国有企业主辅分离、辅业整体改制面临的一些重点和难点问题，从理论和实务两个方面进行了初步研究。

一、总　论

(一)国有企业改革进入根本性的历史时期

1. 国有企业改革理论的三大突破

党的十一届三中全会提出“对内搞活经济，对外实行开放”，是一次改革顾虑上的突破。改革开放要解决经济体制问题，就必须突破过去社会主义传统三大经济理论问题，即：按劳分配、计划经济和公有制。由此，我国在改革理论上开始了三次大突破。

第一次改革理论突破是解决按劳分配问题。改革开放以后，小平同志提出要让一部分人先富起来，理论界提出“效益优先，兼顾公平”的分配原则，继而又提出以按劳分配为主体、多种分配方式并存，资本、技术、劳动力都可参与分配。

第二次改革理论突破是解决计划经济问题。1984 年十二届三中全会提出“有计划商品经济”。1992 年春天，小平南巡讲话提出“计划经济和市场经济都是调节经济的手段”。党的十四大报告中明确提出改革就是要建立社会主义市场经济。

第三次改革理论突破是公有制问题。随着我国国有企业改革的逐步深入，人们一直在努力寻找国有制的有效实现形式。党的十六届三中全会通过的《决定》提出，要适应经济市场化不断发展的趋势，进一步增强公有制经济的活力，大力发展国有资本、集体资本和非公有资本等参股的混合所有制经济，实现投资主体多元化，使股份制成为公有制的主要实现形式。这一论断，是对过去党的文件关于这个问题的论述的继承和重大发展，是我国国有企业改革理论的新突破，反映了我国经济体制改革的深化和发展趋势。

在这三次理论突破的历程中，国有企业改革走过了 25 年的探索之路。

1979 年，改革的主要措施就是将统收统支变成利润分成制，后改为总数分成加增长分成制，提高了企业的积极性。1983 年，出台《国营工厂厂长工作暂行条例》，企业实行党委领导下的厂长负责制。国家将企业上交利润改成利改税制度，同时还增设了“利润调节税”。1986 年，企业实行了经济承包责任制。1990 年有的地方实行了承包流转税（即增值税、产品税、营业税）。1992 年，中央制定了《关于国有企业转换经营机制的条例》，为党的十四届三中全会的召开作了理论铺垫。1993 年，党的十四届三中全会《关于建立社会主义市场经济体制的若干问题决定》，提出了国有企业必须进行制度创新的观点，即“深化国有企业，必须解决深层次问题，着力进行制度创新，建立现代企业制度。”现代企业制度的内容：产权清晰、权责明确、政企分开、管理科学。1997 年，江泽民同志在党的十五大报告中明确提出建立现代企业制度是国有企业改革方向，明确了公司制、股份制是企业的一种组织形式。1999 年，党的十五届四中全会《关于国有企业改革若干问题的决定》，重申了国有企业改革两条路：一是对国有企业改革的战略性调整，有进有退，有所为有所不为；二是对国有企业要加快进入公司制、股份制改组，建立现代企业制度。2002 年，全国再就业工作会议明确鼓励有条件的国有大中型企业实施主辅分离、辅业改制，原国家经贸委等八部门联合下发了《关于国有大中型企业主辅分离、辅业改制分流安置富余人员的实施办法》，对国有大中型企业实施主辅妥离、辅业改制提出具体操作办法和操作措施。

2003 年，党的十六届三中全会指出：产权是所有制的核心和主要内容，包括物权、债权、股权和知识产权等各类财产权。建立归属清晰、权责明确、保护严格、流转顺畅的现代产权制度，有利于维护公有财产权，巩固公有制经济的主体地位；有利于保护私有财产权，促进非公有制经济发展；有利于各类资本的流动和重组，推动混合所有制经济发展；有利于增强企业和公众创业创新的动力，形成良好的信用基础和市场秩序。这是完善基本经济制度的内在要求，是构建现代企业制度的重要基础。

2. 重要的国有企业加快进行股份制改造

1993 年，十四届三中全会《决定》提出，随着产权的流动和重组，财产混合所有的经济单位越来越多，将会形成新的财产所有结构。1997 年，十五大报告提出，公有制实现形式可以而且应当多样化。要努力寻找能够极大促进生产力发展的公有制实现形式。股份制是现代企业的一种资本组织形式，有利于所有权和经营权的分离，有利于提高企业和资本的运作效率，资本主义可以用，社会主义也可以用。1999 年，十五届四中全会《决定》提出，国有大中型企业尤其是优势企业，宜于实行股份制的，要通过规范上市、中外合资和企业互相参股等形式，改为股份制企业，发展混合所有制经济，重要的企业由国家控股。2002 年，十六大报告进一步提出，除极少数必须由国家独资经营的企业外，积极推行股份制，发展混合所有制经济。

我国国有企业在 1993 年十四届三中全会《决定》明确以建立现代企业制度为改革方向后，一直积极推进股份制和公司制改革，实行制度创新，使公有制和非公有制在现代公司制度的财产组织形式中相互渗透和融合，股份制、混合所有制逐渐成为公有制特别是国有制的主要实现形式。据国家统计局对全国 4371 家重点企业，包括 514 家国家重点企业、181 家中央管理的国有重要骨干企业、93 家国务院确定的建立现代企业制度百户试点企业、121 家国务院确定的国家试点企业集团母公司以及 3000 多家省级重点与试点企业的跟踪统计调查，到 2001 年底，这些重点企业中已有 3322 家实行了公司制改造，改造面为 76%。改制企业中非国有独资公司（即其他有限责任公司和股份有限公司）占改制企业的 74%。3322 家改制企业注册资本金合计 11437 亿元，其中，国有资本 7383 亿元，占 64.55%；包括集体资本、法人资本、个人资本、外商资本在内的其他各类资本 4054 亿元，占 35.45%，大多数企业实现了产权的多元化。这表明，目前全国最重要的国有企业，大部分已改为股份制企业，股份制、混合所有制已成为国有制的主要实现形式。有资料显示，到 2001 年底，除个体户外，90%以上的新建企业为股份制企业，70%以上的老企业改为股份制企业，纯国有企业和纯私营企业正在逐渐减少。

3. 国有资本和各类非国有资本相互融合趋势加强

我国上市公司国有资本和非国有资本呈互相渗透的趋势。1992 年，我国上市公司 53 家，全部是国有控股。据有关资料统计，2001 年情况已有很大变化，在 1159 家上市公司中，无国家持股的公司 294 家，占 25.37%；国家一般参股的公司 121 家，占 10.44%；国家相对控股的公司 377 家，占 32.53%；国家绝对控股的公司 367 家，占 31.67%。

近几年我国实施允许国内民间资本和外资参与国有企业改革改组的政策，促进了国有资本和各类非国有资本的相互融合，促进了股份制和混合所有制经济的发展，出现了个体、私营经济与公有制经济相互渗透、相互融合的趋势。据全国工商联 2002 年对全国私营企业的调查，分别有 8%和 13.9%的私营企业已经和准备兼并收购国有企业，有 25.7%的私营企业是由原来的国有企业、集体企业改制而成的。这几年，外资收购和参股国内企业（主要是国有企业）逐渐增多。据世界知名咨询公司美国波士顿顾问公司公布的报告，1997 年—2001 年，“海外收购国内”的交易共有 66 项，交易金额为 65 亿元人民币。2002 年以来这项活动进一步发展。深圳市 2002 年决定向外商出售市属从事公用事业等业务的优质国有企业的部分股份，其中能源集团有限公司转让 25%的股权，水务（集团）有限公司转让 45%的股权，燃气集团有限公司转让 24%的股权，公共交通（集团）有限公司转让 45%的股权，食品总公司转让 70%的股权。有的经济学家估计，以股份制为主体的混合所有制经济目前已占我国总体经济的

40%左右(1990年占9.8%)。再经过5—10年的改革,混合所有制经济可能达到80%左右。

4. 股份制成为公有制的主要实现形式具有重要的政策含义

股份制成为公有制特别是国有制的主要实现形式,其政策含义非常重要:一是要更加积极地推进国有企业的股份制、公司制改革,积极吸引非国有资本参与国有企业的改革和改组。二是今后要尽量少搞国有独资企业。三是重要的企业需要国有控股的,也要尽可能相对控股,这是规范的股份制和公司制的要求。个别仍需实行国有独资的,也要由多家国有投资主体共同持股,使出资主体互相制约。四是国有投资公司、控股公司也可向非国有企业参股,但要遵守市场经济自愿交易、公平竞争的原则,不能凭借政府力量强令推行。五是国有资产管理机构需考虑如何更好地利用控股公司、投资公司等,对不同类型的企业控股或参股,从事资本经营,促进国有资本保值增值。

从放权让利的国有企业改革到推行股份制和发展混合所有制经济,再到股份制和混合所有制成为公有制的主要实现形式,这表明我国公有制特别是国有制逐步找到了与市场经济相结合的形式和途径。

5. 主辅分离、辅业改制的目的和意义

2003年8月,党中央、国务院召开全国再就业工作座谈会。胡锦涛总书记强调指出:继续深化国有企业改革,采取多种形式分流富余人员。实行主辅分离、辅业改制,就成为今后国有企业分流富余人员的重要形式。由此我们看出,从政策上明确提出鼓励有条件的国有企业通过主辅分离、辅业改制,多渠道分流安置富余人员,是针对国有企业突出问题和我国面临的严峻就业形势提出来的。国有企业在改制重组和结构调整中,一个突出矛盾就是富余人员分流安置问题。这个问题与企业改革成本支付能力不足、下岗工人再就业难、职工对改革的心理承受能力弱、社会稳定压力大等各种矛盾已在推进改革的过程中充分暴露出来。从目前社会承受能力来看,我国的就业形势仍然十分严峻,劳动力供大于求的矛盾十分突出。据统计,我国每年城镇需要就业的劳动力达到2400万人,年度供大于求的缺口在1400万人左右。因此,将富余人员直接裁员推向社会,实现市场化就业,不仅需要支付的成本很高,而且受到社会承受力和就业压力的限制。主辅分离、辅业改制的政策就是总结吸取了国有企业减员增效的改革实践经验,充分考虑了当前我国国有企业面临的困难和严峻的就业形势,为多渠道分流安置富余人员开辟了新的途径。这项政策既是从实际出发,解决国有企业人员负担与社会再就业矛盾的有效途径,也是在新的形势下盘活资产、精干主业、实现国有资产有进有退,进一步深化国有企业改革的重大举措。

实施主辅分离、辅业改制,具有重要的现实意义和战略意义,是深化国有企业改革和结构调整的必然要求。目前,国有企业改革仍处一攻坚阶段,企业富余人员过多的问题严重制约着企业竞争力的提高。同时,随着我国经济体制改革的不断深入,国有企业面临的体制环境和市场环境都发生深刻的变化,给国有企业带来前所未有的严峻挑战。主要表现在入世以后,我国经济将在更大的范围内、更深层次上融入经济全球化之中,国有企业必须与外资企业在同等条件下参与竞争;国内非公有制企业的迅速发展,对国有企业构成了强大的竞争压力。面对制约国有企业发展的突出问题、市场竞争格局和体制环境的深刻变化,国有企业必须加快改革的步伐,充分利用主辅分离、辅业改制的政策,做强做优主营业务,提高核心竞争力,增强参与市场竞争能力。

(二)宝钢深化企业改革进入关键性的历史阶段

1. 上海地区钢铁企业战略性联合重组

20世纪下半叶,世界经济格局随着经济结构的变化和科技的高速发展,发生着深刻而巨大的变化。突出的标志是大集团、大公司凭借在技术、资金、人才和管理方面的优势,急剧地进行国际性扩张,抢占国际市场,以谋求高额利润。基于这样的形势,党的十五大提出:"对国有企业实行战略性改组,以资本为纽带,通过市场形成具有较强竞争能力的跨地区、跨行业、跨所有制和跨国经营的大企业集团"。

1998年11月17日,宝山钢铁(集团)公司、上海冶金控股(集团)公司、上海梅山(集团)公司联合重组成立了上海宝钢集团公司。吴邦国副总理在上海宝钢集团公司成立揭牌仪式上说:上海宝钢是钢铁行业的排头兵企业,党中央、国务院对上海宝钢寄以厚望。

2. 明确战略定位

按照江泽民同志对宝钢提出的"办世界一流企业,创世界一流水平"要求,宝钢进一步明确了战略目标:成为一个跻身世界500强、拥有自主知识产权和强大综合竞争力、倍受社会尊重的、"一业特强、适度相关多元化"发展的世界一流跨国公司。

宝钢的阶段性战略目标：

到2005年，钢铁主业保持在中国钢铁业中的领先地位，建成中国最大、最具竞争力的钢铁精品基地和钢铁工业新技术、新工艺、新材料研发基地；宝钢集团实现销售收入1200亿元，成为世界500强。

到2010年，宝钢钢铁主业综合竞争力进入世界前三名；宝钢集团实现销售收入1500亿元，成为具有自主知识产权和国际竞争力的大型跨国集团。

3. 推进现代企业制度的建立和一体化管理

宝钢积极推进现代企业制度的建立，为明晰产权于1994年进行清产核资，界定产权工作，理清了国家所有权利和企业法人财产权，推进了政企分开。为建立现代企业制度，2000年成立了宝山钢铁股份有限公司。2000年11月，国家批准宝钢子公司债转股方案，宝钢和有关子公司加快了与国家金融资产管理公司组建债转股新公司的工作。4家债转股新公司2001年上半年挂牌运作。

2003年开始，宝钢提出加大改革力度，在一体化运作要有实质性进展，突破各种障碍，推广宝钢股份的现代化管理模式。一是推进三大钢铁制造中心的建设，即特钢制造中心、不锈钢制造中心、普碳钢制造中心。二是完善总部职能管理，以组织体制扁平化为基础，优化业务流程，压缩实际汇报链和业务流程环节，完善总部功能尤其是专业服务功能，增强监控协调能力，提高工作效率，适应一体化运作的要求。三是实施大宗原燃材料采购及相应物流管理集中运作，稳步推进大宗物资、通用件、标准件的采购工作。四是调整和完善信息化规划，制定物品、产品、用户编码设计与实施方案，为建立一体化的信息系统打好基础。五是制定财务集中运作方案，争取2005年形成财务集中运作的雏形。同时，加快推进精干主体、剥离辅助的进程。

(三)梅山公司体制改革进入攻坚阶段

1. 梅山公司基本情况

梅山公司成立于1969年4月，当时上海为解决缺少炼钢原料——生铁问题，在南京建立了梅山公司前身九四二四厂工程指挥部，后更名为梅山工程指挥部。1970年，遵照周恩来总理“要早日把铁抢出来”的指示，当年实现出焦、出铁。1984年12月，经上海市人民政府同意，梅山工程指挥部更名为“上海梅山冶金公司”。1984－1990年，在上海市委、市工业党委的领导下，梅山公司实行“双挂钩”承包经营责任制。一是实行吨铁工资含量包干；二是实行第二步利改税，把企业留利同经济效益挂钩。1986年10月，梅山被列入第一批利用外资扩建发展钢铁工业的单位之一，梅山进入第二次创业阶段。第二次创业主要建设了两个工程：热轧板厂工程和炼钢工程。1994年12月经上海市人民政府同意，梅山冶金公司改制为“上海梅山(集团)有限公司”。1998年11月，上海宝钢、上海冶金控股公司、上海梅山集团公司实现联合，组建上海宝钢集团公司，梅山公司成为上海宝钢集团公司的全资子公司。目前，宝钢集团上海梅山有限公司已成为一个总部在上海、生产基地在江苏南京的集产业、贸易、科研于一体的多元化发展的特大型企业。所属子、分公司有：钢铁股份公司、矿业公司、企发公司、联合公司、工程技术公司、科技发展公司、技术中心、培训中心、化工分公司(2004年1月进入宝钢化工)、设备分公司、资源分公司。截止2003年12月底，梅山公司资产总额139.76亿元，在岗人数17920人。

梅山公司钢铁主业已形成烧结、焦化、炼铁、炼钢、轧钢为一体且辅助配套齐全的现代化钢铁联合企业，具备年产300万吨钢的综合生产能力。主体设备有1250立方米高炉两座、1280立方米高炉一座、130平方米烧结机两台、180平方米烧结机一台、58—Ⅱ型焦炉两座和JNX43—58型焦炉一座、焦炉回收装置一套、150吨顶底复吹转炉两座、精炼炉一台、双机双流和一机一流高效连铸机各一套、1422毫米带钢热连轧机一套、50兆瓦单抽凝汽式汽轮发电机组和60兆瓦背压式汽轮发电机组各一套。

2. 改革循序渐进

梅山建厂以来，随着我国经济发展和改革事业的不断推进，梅山的企业内部改革也第次推进、日渐深化。1978年以前，特定的历史环境给梅山的生产带来了许多消极的影响，阻碍了生产力的发展。1978年十一届三中全会以后，在党的改革开放路线指引下，梅山努力冲破多年来计划经济思想的束缚，以稳定生产为重点，实施革新、改造，加强企业管理，企业摆脱了生产起伏、产量徘徊的不利局面。十二届三中全会关于简政放权、搞活大中型企业的政策，激发了梅山生产发展的活力，梅山成为上海首家实行工资总额承包和吨铁工资含量包干的企业，并通过利改税、实行浮动工资制等一系列改革举措，完善企业经营机制，深挖企业潜力，企业出现了产量逐年增加、消耗不断下降、效益稳步提高的新局面。1993年，党的十四届三中全会通过《中共中央关于建立社会主义市场经济体制若干问题的决定》，梅山以市场为导向、以建立现代企业制度为目标，积极推进企业内部改革。1994年,经上海市人民政府批准,组建了上海梅山(集团)有限公司,成为跨地区、跨行业的集产业、贸易、科研为一体的集团公司。1995年梅山(集团)公司被列入上海市首家现代企业制度试点单位,梅山(集团)公司按照《公司法》的要求,从明确权责、理顺关系入手,制订了组建全资子公司和分公司的暂行办法,在此基础上相继组建了矿业公司(子公司)和市政分公司、设备建筑工程分公司等公司,形成了母公司、全资子公司、分公司、控股和参股公司的体制新格局。同时,为适应企业改制的要求,积极推进配套改革,着手对富余人员进行分流。这一阶段,梅山实现了从单一的炼铁企业向钢铁联合企业的转变;从单纯的冶金企业向一业为主、多种经营的企业集团的转变。

3. 宝钢联合对梅山改革发展带来新变化

1998年,以宝钢、上钢、梅山战略性重组为标志,梅山公司进入完善现代企业制度、推进主辅分离、实现产权多元化的新阶段。

一是加快构建母子公司体系。1999年,梅山实施内部资产重组,形成了梅山公司及所属钢铁公司、矿业公司、企发公司、联合公司、工技公司和技术中心、培训中心的"五公司、两中心"管理体制,初步搭就了母子公司框架。梅山抓住国家促进国有企业三年脱困的重大政策机遇,成为全国第三家、冶金行业第一家债转股企业,使钢铁公司成为一个产权多元化的股份公司。

二是稳步推进主辅分离工作。梅山坚持把主辅分离与推进专业化管理结合起来,按照"集中一贯制"原则,不断优化资源配置。从财务、供应、食堂和集体宿舍的"四个集中",到对保卫、设备仓库的集中一贯管理。2002年和2003年,进一步对钢铁公司主体单位的设备检修人员和辅助人员进行了集中分离。梅山从1994年前的27000人吃"生铁"饭,到现在的4800人吃"钢铁"饭。

三是积极推进社区属地化管理。1999年4月经上海市政府批准,成立了梅山社区管委会。2001年12月,经南京市政府批准,成立了雨花台区梅山街道办事处。2003年12月12日,梅山公司正式与南京市雨花台区签订了梅山街道管理职能属地移交协议,标志着公司内部的政府管理职能已移交地方。同时,梅山公司普教通过资源整合和组建高级中学,不仅解决了职工的后顾之忧,开辟了办学创效的新路子,而且为属地化管理创造了有利条件;医院通过加入鼓楼医院集团,借助优质品牌和优势技术资源,促进了医疗、科研水平的提高,为寻求属地化管理的有效途径进行了有益的探索。

四是积极促进与集团的一体化整合。宝钢联合重组以来,梅山依托优势,主动融入,推进管理工程再造。按照集中一贯制的管理思路,大宗原燃料进入宝钢集团一体化体系,梅山化工分公司与宝钢化工进行了整合,实施了财务的一级核算。ERP项目进展顺利,并由宝钢股份作为管理咨询方,参照其系统建设的模式,对产销系统的业务流程进行了初步整合与优化,作为核心部分的产销系统将于2004年10月份上线。在管理模式上,通过引入预算管理模式,初步形成了"事先预知、事中控制、事后分析"的运营控制机制;通过引入用户满意管理,探索出CS战略、"三高一流"、经济责任制考核"三位一体"的管理模式。为使钢铁主体全面与股份的先进管理模式对标接轨,2004年2—3月份,梅山公司分两批组织公司70多名厂、部以上领导人员和重要管理岗位人员到股份公司,从企业文化、组织人事管理、生产质量管理、投资控制、营销管理、信息化建设、六西格玛精益运营等方面进行学习,并与宝钢股份的生产厂及部门分专题进行对口交流学习,有关管理体制、管理流程、管理模式的整合方案将于今年下半年实施。

五是不断健全激励机制。按照效率优先、兼顾公平的原则,梅山积极推行岗位效益工资制度,并通过实行专家待遇、设立特类岗、实施梅山津贴等措施,拉开收入分配差距,不断向关键岗位、关键人才倾斜,加快了收入分配与市场接轨的步伐。

二、指导思想

坚持以邓小平理论、"三个代表"重要思想和党的十六届三中全会精神为指导,解放思想、实是求是、与时俱进,加快企业内部改革,进一步转换企业经营机制,推进主辅分离、辅业改制工作。以国经贸企改[2002]859号文为依据,以宝钢新一轮发展和一体化运作为总揽,按照宝钢集团公司《主辅分离、辅业改制工作管理办法》,积极有效地实施辅业整体改制,为加快推进梅山钢铁主业与宝钢集团普碳钢制造中心的一体化整合创造条件,构建主辅产业战略伙伴关系和保持梅山地区长治久安。正确处理改革、发展、稳定的关系,充分考虑企业、职工和社会的承受能力,把握好辅业改制幅度,整体规划,分步实施,确保稳定;进一步落实稳定工作责任制,严格执行有关政策和操作程序,妥善有序地处理历史遗留问题，切实维护职工的合法权益，维护债权人的合法权益；充分发挥党组织的作用，做好深入细致的思想政治工作，增强工作的主动性和预见性，及时化解各种矛盾，确保辅业改制工作的顺利进行。

主辅分离、辅业改制工作是一项新的改革措施，改革难度大，政策性强，涉及职工切身利益，还涉及企业产权变动、资产处置、债权债务处理等一系列重点问题，在操作中如果政策把握不准，工作不细致，容易引发不稳定因素。因此，在实施改制时，一定要注意统筹规划、依法进行、规范操作，把主辅分离与企业的结构调整、改制重组和做强主业结合起来，依靠职工群众，充分听取职工代表大会的意见，在确保稳定的前提下推进主辅分离、辅业改制工作。

三、基本原则

（一）有利于宝钢集团一体化战略的实施

要紧紧围绕宝钢集团一体化战略目标，统一思想，服从大局，集中力量，积极推进辅业改制工作，通过开创性的工作，破解改制中的各种阻力和难题，实现梅山辅业由单一投资主体向多元投资主体的转变，以做大做强钢铁主业。

（二）有利于主业、辅业的同步、协调发展

以增强主业的核心竞争力为目标，积极促进钢铁主业500万吨规模建设，通过产权制度的改革，激活辅业的体制与机制，使主、辅业相互支撑，努力做到主业不增加负担、辅业不失去市场、职工不丢掉岗位，辅业在钢铁主业的快速发展中得到持续均衡发展。

（三）有利于梅山地区的稳定

在改制过程中，要坚持“公开、公平、公正”的原则，发动职工、团结职工、依靠职工，切实做好职工的观念转变和思想稳定工作，认真履行民主程序，妥善解决历史遗留问题，依法维护职工的合法权益，体现职工作为出资人在改制企业中的主人翁地位，实现改革、发展、稳定的相互促进。

（四）有利于辅业改制的可行性与彻底性

要从梅山的实际出发，以不带来新的历史遗留问题为前提，坚持“新人新办法、老人老办法”，探索和完善改制的有效途径，提高改制的有效性和可操作性。同时，要准确把握政策，依法规范运作，做到产权制度改革到位，职工身份置换到位，社会保险接续到位，债权债务处理到位。

四、方案设计

（一）辅业改制的范围及基本情况

为加快推进宝钢一体化战略的实施，早日完成梅山钢铁主业进入宝钢普碳钢制造中心的目标，并使改制后的企业有一定的生存发展空间，确保梅山地区的均衡协调发展与稳定。辅业整体改制单位除了梅山钢铁公司（含技术中心、培训中心）、梅山化工分公司、冷轧板公司（单独改制）、普教与医院（属地）外，其余的6个子公司（矿业公司、企业发展公司、联合经济发展公司、工程技术公司、科技发展公司、伊士奇梅山能源公司），3个分公司（设备公司、资源综合利用公司、新事业公司），2个费用单位（文化宫、梅山宾馆）均属辅业改制范围，涉及的产业有矿业、工程建设与管理、资源综合利用、发电、钢铁产品延伸加工、设备检修与备件加工、贸易、物流、房地产、物业管理、市政绿化等。截至2003年12月31日，上述单位帐面资产总额为31.36亿元，净资产为11.26亿元。截至2004年3月31日，在册职工12737人，其中在岗人员10574人，内退、内待人员2163人。

1. 辅业改制人员基本情况

（1）职工人数。改制单位现有在岗职工10574人，男7441人、女3133人，平均年龄38.8周岁，平均工作年限17年9个月，原固定制职工4685人。

（2）职工技术、技能。在岗职工中管理专业岗位1948人，其中高级职称150人、中级职称629人、初级及以下职称1169人；生产服务岗位8626人，其中高级技师12人、技师88人、高级工583人、中级工3726人、初级工2838人、没有技能等级的1379人。

（3）职工文化结构。在岗职工中研究生9人、大学本科446人、大学专科501人、中专、高中及技职校4064人、初中及以下5534人。目前有厂处级管理人员181人，科级管理人员627人。在岗职工中有1992年及以后征地进厂的职工1052人。

（4）内部退养、内部待养职工情况。改制单位现有内部退养、内部待养职工2134人（未包括能源公司29人），平均年龄51.4周岁，距正式退休时间平均为43月，每月发放生活费2435453元，每月缴纳社会保险费1260759元，以上两项合计15893.7116万元；夏季冬季慰问及年底共享费用896180元/年。钢铁公司内退待养职工930人（包括能源公司29人）、技术中心32人、培训中心16人，相应费用由改

制公司代发，钢铁公司按实支付改制单位。

(5)离退休(职)人员情况。

离退休(职)人员7337人，平均年龄63周岁，其中离休干部88人，每月按国家规定发放的统筹外项目共16298.8元；退休(职)人员7249人，其中退休人员每月按国家规定发放的统筹外项目共48377.2元(工伤补助、局级领导电话费等)。

改制单位人员构成 (截至2004年3月31日，单位：人)

单位	在册职工			退休人员
	合计	在岗职工	内退内待	
矿业公司	5770	4648	1122	4335
企发公司	2589	1894	695	1590
联合公司	212	179	33	115
工技公司	203	176	27	13
科技公司	19	19		
设备公司	1408	1202	206	1028
能源公司	518	489	29	10
资源公司	105	97	8	1
新事业公司	1667	1640	27	2
文化宫	52	40	12	64
梅山宾馆	73	70	3	
机 关	121	120	1	92
总 计	12737	10574	2163	7250

2. 辅业改制资产基本情况(见下表)

改制单位净资产情况 (截至2003年12月31日，单位：元)

单位	总资产	负债	净资产
矿业公司	1215254131.16	948869276.06	259701237.87
企发公司	443149512.25	391978151.30	49742485.95
联合公司	477327109.31	231875703.56	217637045.15
工技公司	121770564.43	62643513.76	58332050.67
科技公司	10973973.53	1251324.41	9722649.12
设备公司	97739905.88	69040814.14	28699091.74
资源公司(含钢渣、溯源)	89854351.27	44734042.66	45120308.61
宾馆	3638323.04	1840906.21	1797,416.83
文化宫	426690.16	516453.63	—89763.47
能源公司	675898208.67	220023234.32	455874974.35
合 计	3136032769.70	1972773420.05	1126537496.82

改制单位固定资产情况

（截至2003年12月31日，单位：元）

单位		固定资产原值	固定资产累计折旧	固定资产净值
设备分公司		70372798.06	34967299.34	35405498.72
资源分公司(含钢渣)		18116090.17	2329236.35	15786853.82
企发公司		270975808.20	132442711.14	138533097.06
其中	汽运公司	78345441.68	50479650.98	27865790.70
	金山分公司	2015654.65	337190.64	1678464.01
	东域公司	14800387.17	7860401.94	6939985.23
	市政绿化公司	37831559.75	18137879.93	19693679.82
	生活服务	40829421.65	22783046.66	18046374.99
	新产业	25806118.58	9310887.72	16495230.86
	住宅办	55357685.00	17717216.09	37640468.91
	梅利达总厂	8683586.90	3129966.53	5553620.37
	波尔纯净水公司	2301864.32	1484974.80	816889.52
	园林	973907.40	257492.70	716414.70
	企发公司机关	3802126.66	892746.45	2909380.21
	物业公司	228054.44	51256.70	176797.74
联发公司		83852444.19	14527155.26	69325288.93
工技公司		48287934.73	4072935.63	44214999.10
矿业公司		1140906456.66	438840275.00	702066181.66
其中	机电公司	34487597.58	10158742.28	24328855.30
	汽运公司	38199005.75	15778754.64	22420251.11
	远索公司	1410731.79	410226.52	1000505.27
	磁业公司	42055.00	—	42055.00
	工贸公司	47977012.04	18394319.63	29582692.41
	格灵化工	44678465.51	13516502.80	31161962.71
	矿业本部	974111588.99	380581729.13	593529859.86
科技公司		7789166.60	1441095.81	6348070.79
溯源公司		2439368.87	264612.33	2174756.54
合 计		1642740067.48	628885320.86	1013854746.62

(二)改制路径

1. 设立职工和经营者持股信托

改制企业职工和经营者作为委托人与××信托投资公司签订信托合同，将改制补偿金或自身资金作为信托财产委托给××信托投资公司，指定认购原梅山公司股权，职工和经营者同时作为信托受益人享有信托受益权。

2. 收购原梅山公司并组建上海梅山有限责任公司

××信托投资公司通过上海联合产权交易所，出资购买原梅山公司的国有净资产，组建新梅山公司，成为新梅山公司的控股公司；未被收购的梅山公司辅业的国有资产仍由宝钢集团参股。新梅山公司由宝钢集团的全资子公司(原梅山公司)变为宝钢集团的参股公司，成为国有资本、集体资本、非公有资本等参股的混合所有制经济实体。

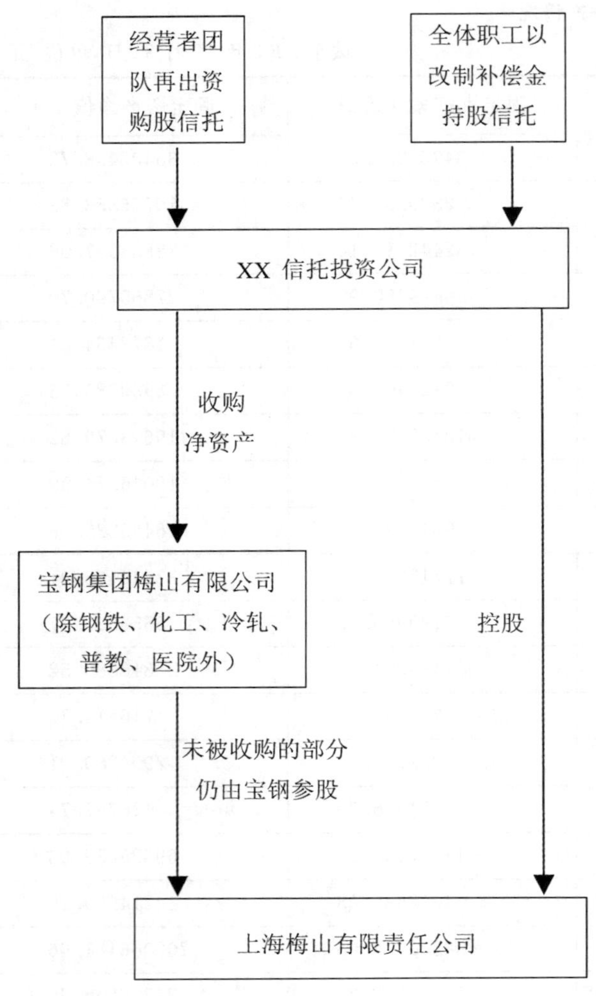

五、具体方案

通过职工和经营者持股信托方式，由 XX 信托投资公司完成对原梅山公司净资产的市场化收购，从而实现职工和经营者在信托条件下控股上海梅山有限责任公司(新梅山公司)。

(一)成立上海梅山有限责任公司(暂定名，以下简称新梅山公司)

1. 公司名称：上海梅山有限责任公司。

2. 公司定位：改制后的上海梅山有限责任公司(新梅山公司)与所属全体职工签订劳动合同，接续社保关系，受宝钢集团或普碳钢制造中心和宝钢化工公司委托，解决梅山公司历史遗留问题，为钢铁主业的进一步做“精”做“强”提供“后台服务”，并继续承接钢铁主业主辅分离人员，成为梅山钢铁主业长期性、战略性的合作伙伴。

3. 主要经营业务：矿业、设备检修、资源综合利用、发电、钢铁协力保驾等，作为钢铁公司长期战略性原材料供应和生产协力公司。

4. 公司治理结构：建立以产权为基础的法人治理结构，明确股东会、董事会、监事会各自的权利、责任、义务和议事规则。董事会吸收社会独立董事和职工董事参加，下设四个专门委员会：投资决策委员会、薪酬考核委员会、审计委员会、人事提名委员会，并由专人负责各委员会的日常工作。监事会吸收社会独立监事和职工监事参加。总经理由董事会聘任。

5. 管理体制：按专业化公司设置。

6. 注册地：上海市静安区。

7. 党工团关系：实行属地化管理，分别挂靠上海市静安区区委、工会、团委。

8. 股权结构：混合所有制，职工和经营者团队持大股，宝钢集团参股。

(1)不涉及采矿权(见下表)

股东	人员构成	出资方式	金额(万元)	比例(%)		小计
XX 信托投资公司	一般职工	补偿金	45000	39.13	70.43	81000
	经营者	补偿金、个人出资及奖励	36000	31.30		
宝钢参股	宝钢	净资产	34000	29.57		34000
合计			115000	100		115000

注：改制企业净资产包括能源公司二期项目(预计 2 亿元)，净资产预核销 2 亿元(含梅山大楼处置)。

(2)涉及采矿权(见下表)

股东	人员构成	出资方式	金额(万元)	比例(%)		小计
XX 信托投资公司	一般职工	补偿金	45000	33.33	55.56	75000
	经营者	个人出资及奖励	30000	22.22		
宝钢参股	宝钢	净资产	40000	29.63		40000
南京市参股	南京市	采矿权	20000	14.81		20000
合计			135000	100		135000

(二)劳动关系的处理

1. 解除原劳动合同。对于列入改制范围的原梅山公司在册职工,本人不愿参加改制的,可在改制前按现有规定办理内部退养、内部待养或者协解手续;对自愿参加改制的,在与原梅山公司解除劳动合同时给予经济补偿金,再与新梅山公司签订不低于三年的劳动合同。(不同对象的劳动关系处理详见《职工分流安置方案》)

2. 核算经济补偿金。经济补偿金标准按职工其工作年限,每满一年计发一个月的工资,月工资的计算标准是指企业在正常生产情况下,劳动者解除劳动合同前12个月的月平均工资,本人月平均工资低于全公司在岗职工的月平均工资的按全公司在岗职工的月平均工资计算;高于月平均工资的按实核算,最高不超过全公司在岗职工的月平均工资的3倍。(2003年公司在岗职工月平均工资为2729元)

3. 经济补偿金自愿入股。根据国经贸企改[2002]859号文和沪宝钢字[2003]156号文有关规定,以及梅山公司职代会通过的职工分流安置方案,参加改制进入新梅山公司的职工在自愿的基础上将个人所得经济补偿金,转为新梅山公司的等价股权,不愿将经济补偿金转为股权的,可凭新梅山公司开具的债权证明,在其离开企业时,视企业的具体情况给予兑现。

(三)社保关系的处理

1. 养老保险、生育保险。与新梅山公司签订劳动合同的原梅山职工,其养老保险、生育保险继续参加上海市统筹。

2. 失业保险。新梅山公司的失业保险将按子(分)公司注册地参加南京市或上海市统筹。

3. 医疗保险。医疗保险随养老保险同样处理,新梅山公司成立后可继续实行协议委托办法管理。

4. 工伤保险。将根据上海工伤保险进展情况,妥善解决。老工伤职工原则上不进改制企业,如需进入,其进入社会统筹享受工伤保险待遇按上海有关部门意见要提高缴费率,多缴的费用由原主体企业或钢铁公司承担。

5. 住房公积金。企业改制后继续纳入上海市住房公积金统一管理,即公积金按月向上海建行缴纳。同时新公司与南京市积极联系,争取同时开通南京公积金渠道。今后新进职工可根据企业注册地和户口所在地分别缴纳。

6. 钢铁公司内退待养职工委托辅业改制单位代为管理,并支付相应费用。

(四)民主程序

1. 工会组织全过程参与企业改制工作。梅山公司工会主席参加改制领导小组,工会代表参加改制工作小组,参与改制方案的调研、起草、论证和有关政策制订及改制实施的全过程。对改制过程中的企业资产评估、处置和带头人的产生及规范运作情况进行民主监督。对于涉及职工切身利益的重大问题,充分听取和表达职工的意愿和要求,提出工会的主张,使职工的合法权益在改制方案中得到充分体现。

2. 改制企业资产清查、审计、评估结果应向改制企业职工公开。

3. 改制企业董事会成员的产生要坚持公开、公平、公正的原则,选定结果要在相应范围内公示,并通过改制企业职代会表决认可。

4. 企业改制总体方案,应提交梅山公司职代会讨论,充分听取职工代表意见(建议)。涉及职工切身利益的劳动关系处理、职工分流安置和用于安置职工的资产处置等方案,应提交改制企业职代会审议表决通过,改制企业职代会可分别召开或联合召开。提交职代会审议表决的方案,应提前不少于5个工作日下发给职工代表。

(五)改制奖励

1. 经营管理层及技术业务骨干奖励。经营决策层、经营管理层及子(分)公司经营者除将自己的经济补偿金转为新梅山公司等价股权外,还须出资购股并按其出资额的一定比例奖励。

奖励来源:①根据沪宝钢字[2003]156号文第三条第4条的规定,“鼓励改制非国有法人控股的企业积极吸纳集团内富余人员就业,可按其吸纳人数、并签订三年以上劳动合同的,一次性补贴一年企业为职工缴纳的养老金和失保金(职工工资的24.5%)。”改制企业拟将“一次性补贴”用于经营管理层的奖励。②梅山公司经宝钢集团批准后,拟用自有资金对经营者给予一定的奖励。

2. 业绩奖励。新梅山公司薪酬制度设计着重于业绩奖励,对经营决策层、经营管理层及子(分)公司经营者的薪酬,除现期支付的工资外,实行期股期权奖励。期股期权奖励的来源,一是宝钢在资产股回报分红中体现,二是新公司通过经营者激励计划和超目标利润分配中体现。

3. 岗位股奖励。改制企业可在部分关键管理岗位设置不同比重的岗位干股,在岗任职者享有受益权。该岗位干股的设置办法可以由新梅山公司董事会或宝钢集团决定。

（六）经营方向与经营预测

1. 改制公司经营方向及与钢铁主业的业务关系

新梅山公司主营业务包括铁精矿、发电、检修、劳务、生产服务、资源综合利用和有一定发展前景的其他产业。其中经营性业务为铁精矿和发电生产，服务性业务为检修及生产、劳务协力；服务性协力与经营性业务构成新梅山公司的生存空间，资源综合利用和有一定发展前景的其它产业作为新梅山公司的发展空间。根据沪宝钢字[2003]156号文第三款第一条，钢铁主体应根据改制企业吸纳员工的数量给予一定的保护期，商定市场份额。保护期满可根据"同等优先、优先不优价"的原则，继续给予扶持，使其逐步成为真正的市场竞争主体。

经营性业务以市场为导向，按市场机制与钢铁主业建立长期战略伙伴关系。

服务性业务实行区域功能计价的管理模式，对每个区域的工作目标、服务内容、考核办法、服务费用进行统一核算，形成规范性的合作协议，在"规范"的基础上突出"双赢"。随着钢铁主业的发展，协力费用的增量部分与钢铁主业的收益、产量及协力服务的效率、质量挂钩。

2. 改制公司经营预测（见下表）

单位：万元

项目	2004年	2005年	2006年	2007年
销售收入	186384	205866	223205	225416
主营成本	171184	185666	203705	204816
税金	3100	3600	3800	3800
销售利润	12100	16600	15700	16800
减：财务费用		2800	3300	3300
管理费用		7700	7000	6600
加：投资收益		1500	1800	1800
利润总额		7600	7200	8700
减：所得税		2508	2372	2871
净利润		5092	4828	5829
三金		1273	1207	1457
可分配利润		3819	3621	4372
资本金11.5(13.5)亿				
每股可分红比例		3.32%(2.82)%	3.15%(2.68)%	3.80%(3.24)%
注：新梅山公司对钢铁公司还款通过提高矿价用于还款。				
2004年	10000			
2005年	20000			
2006年	20000			

设想：增提矿山维简费1050万元（70万吨原矿15元/吨），折旧费4000万元，用于还款，其他的部分再专题研究。新梅山公司列支科研开发费2000万元。

注：新梅山公司成立第一年，销售收入可达20.58亿元，实现利润总额7600万元，净利润5092万元，扣除三金后可分配利润3819万元，若以11.5亿资本金分配，净资产收益率4.43%，如不包括电厂效益，净资产收益率为0.804%。以上数据预测，是基于目前的市场行情，行情稍有变化，新梅山公司是难以生存的。即使到了2007年，扣除电厂的效益，利润总额仅为1700万（净利润1139万元），净资产收益率为2.31%，如加上采矿权入股，净资产收益率仅为1.64%，低于银行同期存款利息。

3. 改制公司分类业务预测(见下表)

单位:人,万元

经		职工人数	销售收入				销售利润				
			2004 年	2005 年	2006 年	2007 年	2004 年	2005 年	2006 年	2007 年	
营	能源公司	491	25511	40771	40771	40771	5800	7000	7000	7000	见表下①
性	矿业	4964	115000	104000	98700	87700	2000	5800	3800	3800	
	小计	5455	140511	144771	139471	128471	7800	12800	10800	10800	
服	设备检修	1800	14840	17066	19626	22570					见表下②
务	生产服务	933	6917	7955	9148	10520					
性	劳务	1543	12116	22574	25960	29855					
	小计	4276	33873	47595	54734	62945	300	300	300	300	
发	资源综合利用		12000	13500	13500	13000	3500	3500	3500	3500	
	甲醇				8500	17000			800	1800	
展	其他				3000	4000			300	400	
	合计		186384	205866	223205	225416	11600	16600	15700	16800	

注①矿业公司 2004 年处理资本性支出改进 2100 成本万元,住房补贴与梅山公司同口径 6000 万元,增加大修费 2835 万元,合计 10935 万元。

2005 年上述三个因素不发生,作为增利因素,而由于采出原矿品位下降,产量减少 10 万吨,影响效益 3000 万元;价格下降 30 元/吨影响 5700 万元,合计 8700 万元。2005 年增利、减利相抵,增利 2235 万元,通过对标挖潜 1000 万元,预测利润 5800 万元,比 2004 年增加 3800 万元。

2006 年产量减少 10 万吨,影响效益 3000 万元,内部对标挖潜 1000 万元,年利润减少 2000 万元。

②服务性协力以钢铁公司调整后的数据为依据。此表依据钢铁公司 2003 年人均收入 4 万乘以 51%统筹。2004 年增长 30%,加 6%税,加 5%管理费。2005、2006、2007 年协力费增量与钢铁产量增长挂钩,暂以 15%为例。

(七)股权转让及退出机制

1. 职工持股信托的变更与终止按《信托法》规定执行。

2. 宝钢股权退出机制。新梅山公司成立五年后将通过利润回购或向社会资本开放方式逐步使宝钢股权退出。

(八)关于土地和采矿权问题的处理

1. 土地问题。改制后的新梅山公司共有土地约 530 万平方米,按现使用性质,其中工业性用地约 180 万平方米,公益性用地约 350 万平方米。处置办法有两种途径:

(1)按沪宝钢字[2003]156 号文第三款第三条,改制企业的土地、房产若与原企业上级公司土地、房产无法分割,则新企业可通过租赁方式办理有偿使用手续,租赁费由双方商定,前三年可适当给予优惠。

(2)按国土资发[1999]433 号文规定,处置办法有三种:

一是可将企业原划拨土地评估作价后同其他国有资产一并转为国有股,逐步通过股权转让变现。经初步估计,工业性用地评估作价约 5 亿元,其中出让金约 1.3 亿最好能作为政府入股。

二是以授权经营方式处置的土地使用权在使用年限内可在集团公司参股企业之间转让。目前宝钢集团尚未对梅山公司的土地使用权取得授权经营,操作此办法有一定难度。

三是改制后的企业用地符合《划拨供地项目目录》的,可仍以划拨方式使用。目前梅山公司符合《划拨供地项目目录》的公益性用地约 350 万平方米,可按此办法办理。

土地出让问题,关键是要取得当地政府的支持。按照有关规定,可以采取协议转让方式处理,建议宝钢集团或梅山公司出面请省、市领导协调解决，以利于辅业改制的顺利进行。

2. 矿石采矿权的处置问题。根据有关规定，梅山公司改制后，要发生采矿权费用2－3亿元，是改制前处理还是改制后启动，因方向不太明朗，处理此事必须慎之又慎，待接触有关部门后，可与土地问题联动考虑。

（九）伊士奇梅山能源有限公司进入改制企业的说明

1. 基本情况

梅山从1987年开始酝酿建设自备热电厂。1993年9月，冶金部和南京市计委共同组织审查后批准了自备热电厂的初步设计，同意热电厂规模为四炉三机。经营模式是发电先上网，梅山用电再向电力部门购买。

由于自备热电厂建设资金筹措困难，1996年6月梅山与美国伊士奇能源有限公司就合资建设热电厂达成协议。2000年11月13日，合资公司即伊士奇梅山能源有限公司完成注册登记。

在合资电厂项目审批长达3年多的时间内，由于多种原因，合资双方的情况发生了变化。伊士奇公司在合同规定的时限内资本金未到位，并在寻找第三方——美国太平洋顶峰投资公司作为托盘公司未果的情况下，退出合资公司。最终由梅山自主完成了二炉二机工程的建设。

2001年，梅山钢铁公司债转股获国务院批准，债转股总额29.955亿元。当时梅山能源公司在建，梅山公司为了在钢铁公司中处于相对控股的地位（相对控股的净资产必须达到20亿以上），才将梅山能源公司转入钢铁公司，并作为钢铁公司的全资子公司。

能源公司功能有两个方面：一是作为一座公用电厂，主要生产设备包括3×220t混烧锅炉＋1×220t全烧高煤锅炉，1×50MW＋1×60MW＋1×6MW发电机组三套；二是原动能部热力车间，资产在钢铁公司，向高炉送风及余热发电，委托能源公司管理，主要生产设备有5台高炉鼓风机，1×3MW及2×6MW冷凝发电机组。目前，能源公司向江苏省电力公司供电，同时向热力车间提供高炉鼓风机和RH所需的中压蒸汽以及各厂所用的低压蒸汽，钢铁公司为能源公司提供高、焦炉煤气和水。目前在两炉运行情况下，能源公司每日燃烧高炉煤气量在170立方米～200立方米之间。

截至2003年底，梅山能源公司总资产6.75亿元，负债2.2亿元，净资产4.56亿元。在册员工518人，在岗员工489人。2003年完成发电5.5亿千瓦时，实现利润4887.13万元。

2. 从生产运营及管理方式上看，梅山能源公司与宝钢股份电厂有着根本的区别

从资产关系上来看，梅山能源公司资产以法人方式单独存在，梅山钢铁公司占股权99%以上，梅山公司和南京市雨花台区板桥农工商公司参股。而宝钢股份自备电厂人、财、物完全作为二级单位管理。

从发电和蒸汽销售上来看，梅山能源公司经江苏省物价局核价，销售给省电力公司，目前价格为0.4225元/每度（含税），梅山钢铁公司各种生产用电仍然从南京市电力公司按市场价购入（目前价格为0.53元/每度左右），与梅山能源公司的发电量和发电价格无关。梅山钢铁公司2003年共用电78411万度，梅山能源公司共发电40390万度，扣除自用电实际上网销售33725万度。梅山能源公司蒸汽售出由钢铁公司定价，并开具销售发票。而宝钢股份电厂系自备电厂，发电由企业内部闭路自用，电与蒸汽都在股份公司内部结算。

从高炉煤气供应来看，梅山能源公司2003年购入高煤74183万立方米，由钢铁公司定价，并在钢铁公司总调的调控下，根据能源平衡实际情况调节高煤燃料量。而宝钢股份电厂高炉煤气使用采取内部结算方式。

3. 梅山能源公司进入辅业改制企业，对辅业改制企业的生存、发展举足轻重

第一，梅山能源公司在辅业改制企业中占有很大的权重（以2003年度报表为依据，见下表），对辅业改制企业的生存起到关键性的作用，有利于辅业改制平稳起步、正常运转。

企业	净资产（万元）	利润（万元）	在岗人员（人）
改制企业	112653.75	14862.68	11155
梅山能源公司	45587.49	4887.13	489
梅山能源公司占改制企业的比重（%）	40.46%	32.88%	4.38%

第二，改制企业的净资产约11.5亿元（含能源公司6.56亿元），如果不包括能源公司，改制企业净资产只有不到5亿元，而职工转换身份经济补偿金预计6.8亿元，这样，宝钢集团就要出资约2亿元。如果能源公司进入改制企业，既解决了宝钢集团出资问题，又使改制企业有了优质资产，从而增加职工投资改制企业的信心。

第三，梅山能源公司与改制企业的其他产业相比，梅山能源公司能够为改制企业提供较为可靠和稳定的利润来源和现金流量（特别是支付内部退养人员的生活费和社会保险费），有利于辅业改制企业员工自愿将个人经济补偿金转为改制企业的等价股权（或债权），有利于改制方案在职代会上通过，有利于改制企业的发展和员工的稳定。以净资产13.5亿（其中能源公司6.56亿）和2005年测算为例，如能源公司进入改制企业，改制企业的利润初步测算为5092万元，净资产收益率为3.77%，略高于银行存款利息；如能源公司不进入改制企业，利润为402万元，净资产收益率为0.58%，远远低于银行存款利息。由此可见，缺少能源公司的改制企业至多属于微利，抗市场风险的能力十分脆弱。

4. 梅山能源公司出钢铁公司，对钢铁公司生产经营的影响因素及措施

第一，梅山能源公司在钢铁公司中的权重比较小（以2003年度报表为依据，见下表），对钢铁公司的整体效益影响不大。梅山能源公司二期投产后，预计净资产6.56亿、年利润总额7000万，净资产收益率为7.15%，低于宝钢有关领导要求至少10%的整体上市要求。

企业	净资产（万元）	利润（万元）	人员（人）
钢铁公司	663799.15	52131.32	4871
梅山能源公司	45587.49	4887.13	489
梅山能源公司占钢铁公司的比重（%）	6.86%	9.37%	10%

第二，能源公司从钢铁公司划出，有利于提高钢铁公司的劳动生产率。能源公司人员目前未统计在钢铁公司总人数内，如果并入宝钢股份后，钢铁公司总人数控制在5000人之内有一定难度，不利于提高钢铁公司的劳动生产率。

第三，能源公司从钢铁公司划出，可能对钢铁生产带来的影响及解决措施。梅山能源公司从钢铁公司划出，成为两个独立的经济主体后，可能在供风及蒸汽、高煤平衡上对钢铁生产带来一定影响。但尽管成为两个独立的经济主体，仍可沿用现有的委托管理方式，通过合同来约束与平衡，对双方发生供需矛盾时，也可通过日常协调来解决矛盾和问题。例如高炉煤气，通过合同制约，在供方保证煤气质量和压力的前提下，能源公司报出相对稳定的生产计划，服从钢铁公司能源平衡调度，控制和调节日均燃烧量，日常供需矛盾通过双方协商解决。梅山能源公司发电用煤充分发挥集团公司集中采购的优势，继续委托集团公司集中采购。

（十）整体改制的有利因素

梅山钢铁主业一体化和辅业改制都是宝钢集团发展战略的需要。为使辅业改制做到积极稳妥，必须在确保稳定的前提下遵循以下几点：1、以十六届三中全会精神为指导，建立现代企业制度和现代产权制度；2、从梅山实际出发，就是从梅山的特殊性和尊重梅山的历史性出发；3、有利于改制企业的生存和发展，确保改制成功。据此，辅业整体改制相比分体改制有以下几方面有利因素：

1. 有利于钢铁主业精干和一体化战略的加快实施。辅业改制是实现集团公司新一轮发展战略的重要内容。辅业整体改制有利于一揽子解决因钢铁主业精干而带来的的各类问题，加快宝钢一体化进程；如果辅业改制工作滞后，就会影响一体化进程，不利于钢铁主业早日实现宝钢要求的一体化的进度目标。

2. 有利于改制的顺利推进和职工队伍的稳定。辅业改制是梅山公司体制的一次重大变革，涉及产权和劳动关系的根本性变革。整体改制能最大限度地消除职工的一些后顾之忧、维护好职工的合法权益、保持好改制企业的长远发展，防止改制后“翻烧饼”、降低改制成本和职工改制风险，以保持梅山地区的长治久安。

3. 有利于改制企业的资源优化配置和可持续发展。梅山公司辅业整体改制可以充分利用内部的各种资源，优化配置、整合再造，避免内部同业间的无序竞争，以建立与钢铁主业之间长期、稳定的合作关系；同时有利于发挥集中化管理和专业化经营的优势，不断提高为钢铁主业协力服务的水平和能力，为依靠钢铁、服务钢铁、走出梅山、走向市场创造条件、打好基础。

4. 有利于历史遗留问题的稳妥解决。梅山35年的历史使之成为一个主辅难以分割的整体，梅山“飞地”的特殊性决定了解决社保、医保等问题的难度。辅业整体改制能够从梅山实际出发，在梅山地区范围内统筹考虑社保、医保等各类问题和矛盾，同时有利于整体协调处理好与地方政府的关系。

5. 有利于产权制度改革和职工身份转换的彻底性。梅山公司辅业改制与其他国有老企业一样，存在机制不活、投资主体单一、资产质量不高、职工多且文化技能素质低等问题。辅业整体改制有利于集中利用个人资本和集体资本等资本资源，使企业改制为个人资本和集体资本整体控股、宝钢集团参股的产权多元化的混合所有制企业，真正实现辅业剥离干净、梅山公司从国有独资退出彻底的目标，同时改制企业所有制性质的变化也使职工实现从国有身份到非国有身份的彻底转变。

六、职工分流安置方案

(一)职工分流安置原则

1. 围绕宝钢集团改制分流工作的总体目标，考虑企业、职工和社会的承受能力，区别不同情况，对职工采取不同方式进行分流安置。

2. 按照“人随资产走”的原则，界定改制分流人员。改制前企业(或单位)的在岗职工原则上由改制企业安置。

3. 在企业改制过程中依法调整企业与职工的劳动关系，遵循合法、协商自愿的原则，妥善处理改革与稳定的关系，维护企业和职工的合法权益，实现劳动关系的平稳过渡。

4. 保持分流安置政策的连续性，对于解除劳动合同的经济补偿、内部退养人员领取生活费的标准等，前后要基本平衡。

(二)分流安置人员范围的界定

1. 改制单位的正式在职职工，包括在岗职工、待岗或下岗职工、内部退养或内部待养职工及其他非在岗人员均属于分流安置范围。通过劳务公司、人事代理等中介机构聘用的员工不属于安置范围。

2. 改制单位的离退休(职)人员均属于安置范围。

(三)在岗职工的分流安置

1. 分流安置途径

(1)到改制企业就业。职工自愿参加改制的，可在改制企业继续就业，改制后的企业与其签订劳动合同。

(2)办理内部退养、内部待养。考虑到年龄较大职工再就业的实际困难，对于符合内部退养、内部待养条件的职工可申请办理内部退养、内部待养，退养、待养期间不再安排工作岗位，职工按月领取生活费到达法定退休条件时办理正式退休手续。

(3)到社会上就业。不愿意参加改制的职工，可自愿申请与企业解除或终止劳动合同，到社会上就业。

2. 劳动关系的处理

(1)自愿到社会上就业的在岗职工

第一，对于劳动合同期满的自愿到社会上就业的在岗职工，本人要书面申请提出终止劳动合同。单位应当与其终止劳动合同，同时发给生活补助费，按2001年10月6日前本单位工作年限，每满一年发给一个月本人标准工资，最多不超过12个月。

第二，对于劳动合同期未满的自愿到社会上就业的在岗职工，本人要书面申请提出解除劳动合同。

对属于“协解”范围的，单位应当同意与其解除劳动合同，并根据其在本单位工作年限，每满一年发给相当于一个月工资的经济补偿金，最多不超过十二个月。工作时间不满一年的，按一年的标准发给经济补偿金。工资计算标准是指企业在正常生产情况下本人解除劳动合同前十二个月的月平均工资。

对不属于“协解”范围提出辞职的，职工要提前30天书面向单位提出辞职申请，单位按辞职处理解除劳动合同不支付经济补偿。对有违反劳动合同有关约定的，按《违反〈劳动法〉有关劳动合同规定的赔偿办法》(劳部发[1995]223号)及合同约定赔偿。

第三，自愿到社会上就业的在岗职工，单位应在规定的时间内办理解除或终止劳动合同手续，转移档案，办理失业保险登记等。

第四，自愿到社会上就业的在岗职工，其与单位终止合同的生活补助费、解除合同的经济补偿金由改制前的企业一次性支付现金。

(2)到改制企业就业的在岗职工

第一，对到改制企业就业的在岗职工，由梅山公司或其所属子分公司与其解除劳动合同，并依法支付经济补偿金。再由改制企业与其签订三年以上的劳动合同，重新签订在改制企业工商登记后30天之内完成。

第二，梅山公司或其所属子分公司与职工解除劳动合同的经济补偿金，根据职工在梅山公司的工作年限，每满一年发给相当于一个月工资的经济补偿金，工作时间不满一年的按一年的标准发给。对从其他国有单位（包括国家机关、事业单位和国有企业）调入梅山公司的职工，其在国有单位的工龄计入本单位工作年限。

经济补偿金的工资计算标准是指企业在正常生产情况下劳动者解除劳动合同前12个月的月平均工资。其中，职工月平均工资低于梅山公司在岗职工月平均工资的，按梅山公司在岗职工月平均工资计算；职工月平均工资超过梅山公司在岗职工月平均工资3倍以上的，按梅山公司在岗职工月平均工资的3倍标准计发。到改制后的企业就业的所有职工包括经营管理人员均按上述办法计算经济补偿金。

第三，改制企业与职工重新签订劳动合同，职工在改制企业的工作年限单独计算。劳动合同的期限由改制企业与职工协商确定，协商不一致的，重新签订劳动合同的期限不短于3年。

第四，对于到改制企业就业的职工，梅山公司或其所属子分公司与职工解除劳动合同的经济补偿金以改制单位的国有净资产支付。用国有净资产支付职工的经济补偿金所有权归职工，一般情况下辅业资产难以变现，职工可根据改制企业情况和个人风险承受能力，选择将经济补偿金转为改制后企业的等价股权或债权。

第五，对于自愿将经济补偿金转为改制企业股权的职工，改制企业与其签订不少于5年期限的劳动合同。职工岗位没有发生变化的，改制企业应当安排职工继续从事原岗位工作；职工工作岗位发生变化以及因岗位变更不能胜任工作的，改制企业必须安排适当工作岗位或提供相应培训。

①将经济补偿金转为股权后，劳动合同期限由改制企业与职工按以下原则协商确定。

对于距法定退休年龄10年以内的职工，劳动合同签订至其法定退休之月。

对于在生产服务岗位上工作、持有高级工、技师及高级技师职业技能等级的职工，在管理专业岗位上工作、持有中级以上职称的职工，以及在经营管理层岗位上工作的职工，签订8年期的劳动合同。

其他职工一般签订5年期限的劳动合同。

②为鼓励职工将职工经济补偿金转为改制企业股权，对将经济补偿金全部转成股权的职工，按经济补偿金的20%奖励股份，奖励资金由梅山公司出资。

③对将经济补偿金全部转成股权的职工，自愿用个人积蓄投资入股的，按投资入股资金的50%奖励股份。对在改制企业经营管理层岗位上工作的，投资入股不得少于以下金额：经营决策层为30万元－50万元，经营管理层（厂部级）为20万元－30万元，分公司经营者及科级管理人员为10万元－20万元。

④在改制企业工作8年内，职工对奖励的股份享有分红权、表决权，没有处置权。在改制企业工作满8年后，奖励的股份转为职工的实股，再享有处置权。在改制企业工作未满8年而终止或解除劳动合同的，奖励股份由改制企业收回，用于奖励其他职工。

用经济补偿金购买的股份及奖励股份转为实股后，职工依法享有分红权、表决权等股东权利，并承担相应的风险，分红、表决及转让等具体办法由改制企业的章程规定。

第六，对于自愿将经济补偿金转为改制企业债权的职工，改制企业与其签订3年期限的劳动合同。职工岗位没有发生变化的，改制后的企业原则上安排其从事原岗位工作；职工工作岗位发生变化以及因岗位变更不能胜任工作的，改制后的企业可调整职工工作岗位或提供相应培训；对经培训或调整岗位仍不能胜任工作的，或经协商不能变更劳动合同达成协议的，改制后的企业可按劳动法规与职工解除劳动合同。

职工的经济补偿金转为在改制企业的债权，改制企业与职工订立债权协议，债权按同期银行贷款利率计提利息（5.31%～5.76%），并按协议还本付息。对3年劳动合同期满后不再续签劳动合同的职工，一次性还本付息；对3年劳动合同期满后再续签劳动合同的职工，一次性支付3年的利息，本金仍可作为职工在改制企业的债权，职工自愿的也可以申请转为股权，但不再奖励股份。

3. 社会保险关系的处理

（1）在改制过程中，按规定做好职工社会保险关系的转移和接续工作。对于到改制企业就业的职工，由改制企业和个人继续参保；对于到社会上就业的人员，按社会保险部门的规定办理。

（2）改制企业社会保险的接续

第一，属于改制范围的职工都已参加上海市的基本养老保险、生育保险、基本医疗保险，改制企业和到改制企业就业的在岗职工(包括其办理退休后)、主体企业委托给改制企业管理的内部退养、内部待养职工以及退休(职)人员仍参加上海市的基本养老保险、生育保险、基本医疗保险,并按上海市社会保险有关规定享受基本养老保险、生育保险待遇。由主体企业牵头负责,按上述范围职工和主体企业的职工一起与上海市医保部门签订医保委托管理协议,日常事务由主体企业负责,超过委托管理医疗费的费用由主体企业承担。

第二,部分职工目前已参加上海市失业保险,梅山公司尚未参加上海市失业保险的单位和职工由主体企业负责解决。改制后改制企业的职工仍继续参加失业保险。

第三,根据工伤保险跟养老保险走的原则,改制企业与主体企业一起参加上海市工伤保险,有关工作由主体企业协调处理。因改制前发生工伤的老职工进入社会统筹享受工伤保险待遇而提高的工伤保险缴费率,多缴的费用由主体企业负责。

第四,改制企业的职工仍实行住房公积金制度,继续纳入上海市住房公积金统一管理。

(四)非在岗职工的安置

1. 内部退养、内部待养职工

对于在改制前已办理内部退养、内部待养手续的职工,与原单位签订的内部退养、内部待养协议应当由主体企业继续履行。主体企业与改制企业签订委托管协议后,日常管理委托给由改制企业代管,不办理解除劳动合同的有关手续,至法定退休前的生活费及应由企业为其缴纳的社会保险费等费用由主体企业按月支付现金。

如改制企业遇重大经营问题等无法继续履行托管义务时,这部分人员的管理由主体企业重新接收。

2. 待岗或下岗职工

(1)对于劳动合同期满的待岗或下岗职工,单位应当与其终止劳动合同,同时发给生活补助费,生活补助费按 2001 年 10 月 6 日前本单位工作年限,每满一年发给一个月本人标准工资,最多不超过 12 个月。[2001 年 12 月 26 日劳动保障部办公厅关于《国营企业实行劳动合同制暂行规定》废止后有关终止劳动合同支付生活补助问题的复函,1996 年 11 月 14 日《劳动部办公厅关于终止劳动合同支付经济补偿金有关问题的复函》工资标准]

(2)对于劳动合同期未满的待岗或下岗职工,由单位解除劳动合同,并按其在本单位工作的年限,工作时间每满一年,发给相当于一个月工资的经济补偿金,最多不超过 12 个月。工资计算标准是指企业正常生产情况下劳动者解除合同前十二个月的月平均工资。(劳部发[1994]481 号文第七条规定)

(五)离退休(职)人员的安置

1. 离休干部

改制单位的离休干部由主体企业接纳,其社会保险关系转移到主体企业,与原主体企业的离休干部享受同样待遇。

2. 退休(职)人员

对于改制前已经办理正式退休(职)手续的人员,以及改制前已办理内部退养或内部待养手续、改制后再办理正式退休的人员,由主体企业与改制企业签订委托管理协议,日常管理由改制企业代管,按国家规定发放的社会保险统筹外费用由主体企业按月支付现金。主体企业给退休(职)人员发放共享费时,应当同时把发放费用支付给改制企业,改制企业再给退休(职)人员发放共享费。如改制企业遇重大经营问题等无法继续履行托管义务时,这部分人员的管理由主体企业重新接收。

(六)操作程序

1. 本方案经职工代会讨论通过后,职工本人填写意向书,申请终止或解除劳动合同;

2. 企业签订解除劳动合同协议书或终止劳动合同协议书,同时核算经济补偿金;

3. 职工校核经济补偿金,并签字确认上岗申请及自愿投资入股申请书;

4. 办理认购股手续,签订新的劳动合同书。

(七)改制后的职工劳动关系处理

1. 改制企业与职工解除劳动关系的,应按《劳动法》、地方的《劳动合同条例》等有关法规给予经济补偿,补偿标准按新企业的工作年限计算;终止劳动合同不给予经济补偿。

2. 改制企业的职工解除及终止劳动合同、办理退休、岗位变动等,其股份的处理按改制企业章程规定办理。

专家评审意见

梅山辅业整体改制研究课题评审委员会

2004年5月7日，由中共中央政策研究室副主任郑新立主持，蒋正华、李京文等15位专家学者组成课题评审委员会(到会8位)，对《宝钢集团上海梅山有限公司辅业改制研究课题》进行了评审。课题专家评审委员会成员在分别准备了评审意见的基础上，在南京梅山召开了专家评审会议。经过充分交流和讨论，评审委员会一致认为，本课题研究是针对国有企业改革与发展中的重大难题，在大量调查研究的基础上完成的，具有创新性，不仅对宝钢集团上海梅山有限公司的辅业改制有重要指导意义，而且对全国国有企业改制和贯彻落实国经贸企改[2002]859号文件具有深远的战略意义和借鉴作用。

本课题在国有企业改革进入关键时期、宝钢集团实行一体化战略经营与主辅分离辅业改制的背景下，通过调查分析宝钢集团上海梅山有限公司主辅业的实际状况，研究了梅山公司辅业改制的路径和具体内容，提出了通过职工和经营者持股信托方式，实现对宝钢集团上海梅山有限公司除钢铁主业以外的11个辅业单位净资产的市场化收购，重新组建经营者和职工在信托条件下控股的上海梅山有限责任公司。这样的思路在全国辅业改制中是具有创新性的。

本课题围绕上海梅山公司下一步的发展需要解决的具体问题与辅业改制的基本思路，提出了改制的指导思想和基本原则，在具体方案中着重分析了劳动关系的处理、社保关系的处理、民主程序、改制奖励，以及改制公司的经营方向和改制后的经营预测、股权转让及退出机制、土地和采矿权问题的处理等。课题在最后一部分专门提出了职工分流安置方案，是积极稳妥的。

课题专家评审委员会一致认为，该课题研究以十六届三中全会精神和859号文件精神为指导，立足于宝钢集团上海梅山有限公司辅业整体改制的新情况、新问题，提出了我国深化国有大型企业集团辅业改制的新思路并相应提出了操作建议。该课题研究是一个应用性的课题，具有可操作性，其成果具有同类课题国内领先水平。

专家评审委员会也认为，该课题需要强化对新成立的上海梅山有限责任公司治理的研究，增加对改制前后不同体制运行成本的比较分析，在职工分流安置方案中考虑划拨一部分国有资产给社保基金从而更彻底实现离退休职工的社会化。

专家评审会建议课题评审结束后，应认真组织实施改革方案，形成典型经验，并向主管部门和国有大型企业推荐。

本课题评审意见由课题评审委员会到会评委一致通过。未到会评委提交的书面评审意见与本意见原则一致。

管理科学技术也是第一生产力*

蒋正华

今天我们高兴地在美丽的青岛与大家相聚，讨论企业管理的重要题目。“山海相依水连天，万里碧波云如烟”，青岛实在是无愧为山水秀丽的世界著名城市。不仅仅如此，更为重要的是这里有中国驰名的企业，有享誉海内外的名牌产品，有张瑞敏先生这样的企业家，有许振超式的产业工人，为青岛增添了新的光彩。

在海尔举办管理讨论会，地点恰当、主题恰当。企业管理的重要性日益突出，失败企业与成功企业的原因何在？都与管理有关，成功的企业管理都强，失败的企业管理都弱。

管理在人类社会发展中发挥着非常重要的作用。管理是人类组织社会活动的一个最基本的手段。哪里有人类的共同活动，哪里就必然有管理。很多人都在谈管理的重要性，钱学森钱老有个说法，特别好。他说：“现在计算机技术中有硬件、软件，还有一个新发展，即‘组织件’，我们不妨就叫它‘斡件’，是比硬件、软件更高层次的东西，是必须重视的。”如果说劳动者、劳动工具、劳动对象等是生产力系统中的“硬件”，科学技术、智力开发等是生产力系统中的“软件”的话，那么，管理就是生产力系统中的“组织件”或“斡件”。因为，只有通过管理才能将生产力诸要素结合起来，才能使其正常运转起来，成为现实的生产力。

管理在生产力形成和发展中的作用，主要表现在：第一，管理决定着生产力发展的环境。同一生产力水平在不同的管理条件下，生产力或者被压抑，或者被解放；第二，管理制约着生产力发展的速度。由于管理的或强或弱，生产力发展的速度也或快或慢；第三，管理决定着生产力实现的程度，生产力有潜在生产力与现实生产力之分，潜在生产力只有通过各种因素作用才能转化成为现实生产力，而转化的程度取决于管理的水平；第四，管理决定了生产力的创造能力。被公认为第一生产力的科学技术，从确认科研方向，确定科研课题，筹措科研经费、落实科研人员、组织科研攻关、推广科研成果，直到将其转化为生产技术，形成现实生产力，都离不开管理的正确指挥和周密协调。由于管理的独特作用，它对其他生产力要素和科学技术一样，也发挥着乘数效应。因此，我们有充分的理由认为，管理也是生产力，管理科学技术包含在第一生产力之内，也是第一生产力。我们必须像重视科学技术那样重视管理。

管理有宏观管理与微观管理之分。两者相互依存。企业管理是微观管理，有特殊的重要性。企业是整个国民经济的细胞，它既是生产关系的体现者，又是生产力的实现者。企业生产力是社会生产力的微观基础。千千万万个企业，通过有效的、科学的、反映时代特点的管理，健康、协调、持续地发展，国家发展社会生产力的根本任务、全面建设小康社会的目标、基本实现现代化和实现中华民族伟大复兴的宏伟蓝图才能实现。

随着经济社会的发展，科技的进步，企业管理的主体和客体都在发生变化，企业所处的自然环境、经济环境、国际环境都在不断的变化。管理的理论和方法，也必须与时俱进，必须不断创新。以往成熟的经验，行之有效的方法和对实践有指导意义的理论，

---

* 此文为全国人大常委会蒋正华副委员长在“中国企业管理高峰论坛暨走近海尔——2004 年海尔管理主题报告会”上的讲话。（2004 年 7 月 25 日）

有的可能已经不适应于新的情况了，必须用新的理论和方法来代替。海尔 20 年的发展过程，就是不断创业、创新、创造的过程。这就是海尔的生命力所在，海尔的竞争力所在，这就是张瑞敏先生提出的“海尔流程再造”理论的本质。

从“科学管理”开始，已经经历了管理理论的多次变革。发展到今天，企业管理有什么特点呢？突出的是三点：

1. 以人为本。发展靠人，发展为人。人是企业管理主体的核心，也是企业管理客体的重要因素。管理，就一般意义而论，是协调人们集体活动以达到预定目标的实践过程。管理首先就是对人的管理。国际管理对人的认识过程从机械人、经济人到社会人，反映了社会进步的历史，以人为本是一次新的飞跃。

2. 知识管理。随着从工业经济时代向知识经济时代的转变，以知识创新为基础的高科技企业发展迅速，知识已经成为企业重要的资源。有学者认为，知识管理即以知识为核心的管理，掌握知识、加工知识、创造知识、应用知识，把知识视为最重要的资源，把最大限度地掌握和利用知识作为企业竞争力得以提高的关键。知识管理可以使信息转化成为知识，并用知识来提高特定组织的应变能力和创新能力。在人际交流的互动过程中通过信息与知识(除显性知识外还包括存储于员工头脑中的隐性知识)的共享，运用群体的智慧进行创新，以赢得竞争优势。

3. 兼顾社会利益。许多企业在早期发展阶段，尤其是资本原始积累时期，只顾企业利益，为了获取最大化的企业利益，不顾甚至损害社会利益。在不少企业发展的过程中，摧残了人力资源，野蛮地掠夺了自然资源。导致少数人手中的财富增加了，而维持人类生存和繁衍的生态环境却遭到了严重破坏。

我们都知道，科学技术运用得当，可以造福人类；科学技术运用不当，则会危害人类。日本的企业家较早地认识了这个问题。人们对日本和美国的企业文化进行比较时发现，日本企业除把利润作为企业的第一目标外，还特别强调国家利益和社会责任。他们尤其关注人与自然，人与社会之间的协调发展。针对以技术革新为基础的经济高速增长而导致的公害，早在 1955 年，日本就有人提出“企业的社会责任”论，受到了全社会的重视。众多的企业都把为社会做贡献列入经营目标。比如，日本的谷洛里公司就把“广泛地为社会的进步和发展做贡献”定为经营理念的最重要内容之一。我们的社会主义企业，尤其是高科技企业，在应用高科技时，更应趋利避害，正确处理企业利益与社会利益的关系，在追求企业利益时，防止造成公害，防止对资源的滥用，防止对环境的破坏。

市场经济是竞争经济、法制经济、信用经济。竞争出活力、法制立规范、信用创效率。国家建立体制，企业成为市场主体。企业应端正认识、加强管理、不断提高。在中国走向世界的今天，企业应当树立相应的形象。2004 年财富 500 强已有中国企业共 15 家，但还不够。我深信，随着中国的不断发展，企业也将不断成长。

以海尔为榜样创建属于中国企业自己的运行管理模式*

王茂林

首先，请允许我代表主办单位热烈欢迎光临“中国企业管理高峰论坛暨走近海尔——2004 年海尔管理主题报告会”的各位来宾、各界朋友！欢迎你们来到青岛和我们共同讨论中国企业管理问题，对你们的到来表示衷心的感谢！

企业管理在经历了计划经济时期的“生产管理”时代，计划经济与市场经济相结合时期的“混合管理”时代后，从上个世纪 90 年代末进入了全面市场经济时期的“新管理”时代。新管理时代的中国企业管理是面向市场、面向世界的，是建立现代企业制度，提高企业文化价值、实现系统化、电脑化管理的时代。如何在市场竞争日益激烈、面临国内市场和国际市场的双重考验、消费者需求不断增长的环境中创造和保持竞争优势，对于所有企业管理者来说都是一种挑战。

新管理时代的中国企业管理是以建立竞争优势，提高企业竞争力为核心的。要提高企业的竞争力就必须整合企业经营，全面强化企业管理，形成企业持久发展的“内功”，并提高企业在复杂的国际国内竞争中的技术应变能力。越来越多的类似海尔的质优企业舍得在管理系统上投资的举动，足以说明这一趋势。在市场竞争日益激烈、用户需求不断趋向多样化、企业间关联程度越来越密切的今天，要求企业行动必须快捷、灵敏，在管理的思想观念、方式方法上不断创新。管理科学、民主决策、授权分级、工作制度化、重科技、重教育将是中国企业管理在未来 20 年内的发展趋势。

面对严峻的竞争形势，以海尔为代表的中国企业一直在坚持不懈地探索。我们可以发现，在企业运行管理的方式上存在着两种方式。

第一种方式，强调企业中以人为本的人本思想，人在企业中的作用是无可取代的。从一定意义上讲，员工队伍素质决定了企业的竞争力。即使是在工业发达的美国，在经济界、企业界也形成了共识。以人为本是高度权变的企业管理运行方式。主要特色是具体问题具体分析，凡事讲求灵活机动。它倾向于按照东方国家人性化、感悟式、经验式的管理方式来运营企业。不同的管理者，就有不同的管理方法。在这种高度权变的管理运行方式中，其能力不是较多地固化于企业，而是主要存在于企业家和企业家领导下的各个行为个体上。特别是关心企业每一个员工，注重发挥员工在企业管理中的作用。这条道路是本土发展取向的道路，以企业家个人的魅力作为企业发展的驱动力和成功法宝。发展得好，就是一种充满了伟大的个人英雄主义气概的史诗般的道路；但是，若是发展得不理想，就会变成跑马式的、游击式的做法，无序运行，风险较大。海尔重视企业文化研究和职工文化技术的培训、重视鼓励职工在生产过程中为企业发展献计献策，树立“厂荣我荣、厂衰我衰”的思想，使员工和企业相依为命，这也是海尔取得成功的经验。

第二种方式，强调企业中法治的作用，是完全流程化、制度化的企业运行方式。它完全按照西方企业规范化、科学化、程式化的管理方式来运行企业，

* 此文为中国生产力学会王茂林会长在“中国企业管理高峰论坛暨走近海尔——2004 年海尔管理主题报告会”上所致开幕词。（2004 年 7 月 25 日）

凡事一切讲程序、制度、流程，不越雷池一步。在这种企业运行方式中，能力不是固化于个人，而是固化于企业，固化于企业标准化的制度和流程体系之中，应该说，在现代企业管理中，这是完全正确的。但是，必须明确所有程序、制度、流程是靠人来制定的，靠人来自觉遵守和执行的，没有员工的主观能动性，任何科学的东西都会变成一纸空文而已。制度化、标准化若到了极端的程度，则会破坏和谐的工作氛围、影响企业的效率。

实践证明，中国企业要成功，必须科学地把上述两种方式有机地组合起来，兴利除弊，开创属于中国企业自己的运行管理模式，即高度制度化、流程化，又是创造性的、和高度权变相结合的企业管理运行方式。具体来说，企业既要在战略层保持高度权变的灵活性，又要在运营层建立制度化的流程体系。它是企业运行中制度和权变、人治和法治在不同时空下的有机结合，并能充分体现以人为本，充分调动和发挥员工的聪明才智，全心全意依靠企业的员工来办好企业。

在经济全球化的大趋势下，未来的环境为我国企业的发展提供了很多机遇，同时企业也面临着很多挑战。要想抓住机遇，迎接挑战，从而使一批中国企业立于世界优秀企业之林，就必须从现在起，真正在管理现代化方面做实实在在的努力，而不能幻想凭借一些不切实际的新观念、新包装来哗众取宠。市场竞争是实际的和残酷的，只有虚华的外表，没有真正的功底，在未来竞争中是无法取胜的。所有企业都必须自觉地通过努力来提高企业的诚信度、提高企业的竞争力和企业的技术应变能力，重视员工的培养教育、建立起自己的企业文化，只有这样才能使企业立于不败之地。我认为这就是海尔的基本经验，值得我们学习和借鉴。

企业信用是整个社会信用的重点，由于企业信用更广泛地联接社会，在整个信用体系建设中居于重要地位。我们必须认识到，企业信用是构成现代企业整体竞争力的核心，信誉是一切商业品牌的基础，没有信用及其相应的企业信用保障体系，企业的品牌推展和市场营销都将无法进行。商业社会的发展，最需要的是诚信。诚信是企业重要的无形资产，具有道德、法律和经济学方面的价值。企业的一切生产经营活动都必须依托企业诚信这一无形资产才能进行，经济活动是不同经济单元体之间诚信的相互认同过程，品牌是企业在诚信方面长期大量投入的结晶。守信企业将会因此而带来良好的效益，失信企业将会被市场经济所淘汰。所以只有努力建设企业诚信，才能铸就企业成功之路。

在扩大对外开放中，国际跨国公司纷纷涌入中国，这对于我们吸取国外经验，调整产业经济结构发挥了重要作用，但有一点我们必须保持清醒的头脑，即国际跨国公司从总体上看不可能把自主开发的核心技术拿到中国来，各级政府和企业必须从人力、物力、财力上大力支持我们的科研单位为企业开发自主核心技术，有条件的企业必须像海尔那样开发自主核心技术，提高企业技术应变能力，作为首选战略加大投入力度，只有这样才能提升企业的核心竞争能力，才能不断创新和发展，打造出中国的国际跨国公司，跻身于世界500强之列。

中国经济的发展，离不开中国企业的发展。提高管理水平，提高中国企业的核心竞争力，是每个企业管理者担负的历史重任。

最后，预祝“中国企业管理高峰论坛暨走近海尔——2004年海尔管理主题报告会”圆满成功！

谢谢大家！

海尔以创新的精神创世界名牌

张瑞敏

中国有句古话："知之非艰，行之为艰"，就是说：知道并不是最困难的，知道并且真正做到才是最困难的。由此可以得出一个结论："管理的本质不在于知，而在于行"。我认为最关键的不在于讨论知与行哪个更难，而是如何做到知、行合一。要做到知、行合一，首先必须具有创新的精神，必须要有明确的目标。所以我就以"海尔以创新的精神创世界名牌"为题目给大家作汇报。我主要向大家汇报三个方面的内容：一是企业必须要天天回答好的三个问题，二是加入WTO后国际竞争环境下企业必须具备的三个能力，三是企业领导者必须要化解的三个难题。

一、企业必须要天天回答好的三个问题

第一个问题：我们的目标是什么。这对企业是非常重要的，这是一个企业的定位和方向。不管企业规模的大小，必须要有自己明确的目标，如果没有明确的目标和定位，企业就会在发展过程中迷失方向。企业的定位和目标是非常关键的。从某种意义上讲，企业可以有不太正确的目标，但是绝不能没有目标。如果目标不太正确，不太准确，可以在实现目标的过程中随时进行调整和完善。但没有目标最后肯定会走进死胡同。海尔自己的目标就是：创世界名牌。从开始创业到现今，平均年增长速度在70%以上。从原来一个濒临倒闭的小厂，从我1984年12月到海尔来，当时只有几百人，年销售收入只有300多万，资不抵债147万，到去年海尔销售收入达到806亿。这个发展速度是比较快的，但是最主要的是海尔的目标非常明确，我们的定位就是要创立世界名牌。这里面有两点：第一，这个大目标必须要分解，分解到今天可以接受，可以达到的目标。如果不能进行分解，那就成了可望不可及的目标。所以，这个大目标既不是遥不可及的，也不是一蹴而就的。第二，"慎于首战，首战必胜"。我们在开始做的时候，这个大目标分解到今天要完成的小目标的时候，必须要进行非常好的策划。孙子兵法有言道：静如处子，动如脱兔。在策划研究的时候一定要非常谨慎，一旦确定就要义无反顾的去完成。

要实现这个"世界名牌"的目标，关键的还是"人"。也就是说一个国际化的名牌是靠具有国际化素质的人来支持的。很多人羡慕世界名牌企业，其实我们跟他们的差距除了设备、技术、资金等非主要方面，关键的差距还是"人"。前几天温家宝总理到海尔视察，我向他汇报：作世界名牌最终就是要提高人的竞争力。我们之所以能做成世界名牌，一个是广泛学习了西方发达国家先进的管理理论，另一个就是根据发展状况整合人力资源。

我们在90年代初一开始走出国门的时候，采取了和其他企业不一样的策略，即"先难后易"。大部分企业是先到发展中国家去销售产品、开拓市场，因为这些国家对产品接受能力强，技术指标要求比较低。我们是先到发达国家，德国和美国是对外来产品要求最苛刻的两个代表性国家，表面上看来他对我们的企业和产品要求苛刻，其实他们是针对我们的人，那么我们的人员素质能不能达到这种标准呢？我们进入德国市场用了一年半的时间，进入美国市场用了一年的时间，开始他们怎么也不相信我们的产品。在这个交锋过程中，也把我们人员的素质提高了一个层次。从1999年在美国南卡州设厂，后来在意大利收购工厂，到现在为止我们在全球已有22个工厂。我们在国外设立工厂目标就是创当地的名牌，谁能满足这个要求，我们就聘请谁来管理，所以

我们国外的工厂没有我们派出去的人，都是由当地人来进行管理。他们了解当地的文化和消费市场，由他们来做能使海尔更好的融入当地的氛围。在走出去的过程中，我们信奉一句话："下棋找高手"。海尔一直和世界前100名牌作比较，如果着眼于国内或者其他企业，现在的海尔也不可能进入到世界100个名牌的第95位。

第二个问题：我们最大的竞争对手是谁。一般来讲我设定一个目标，在我没有达到这个目标之前，在我前面的都是我的对手，但是从本质上看，这个竞争对手就是你自己本身。根据"欧洲透视"统计显示：全球范围内白色家电(替代人工劳动的家电)海尔名列第四位，第一位是美国的惠尔浦，第二位是瑞典的依莱克斯，第三位是日本的松下。海尔要达到世界第一的话，看起来前面三位都是我的竞争对手，但是本质上海尔的竞争对手是自己。如果按照前面三位的策略来发展，那么海尔永远不会超过他们，唯有走一条和他们不同的道路，即创新的道路，这条路没有人可以告诉你，唯有自己去探索。如果不能战胜自己、挑战自我，那永远不可能去超越别人。

既然明确了最大的竞争对手是我们自己，那么我们就提出了一个"两创"精神。第一个是创业；第二个是创新。创业就是要求：每天都从零开始，每天都是新的创业的开始。所谓创新就是要求今天要比昨天做得更好。我们针对现在信息化、全球化的形势提出了三个彻底主义：一是市场彻底订单主义；二是分配上的彻底成果主义；三是目标上的彻底第一主义。我们在管理上又提出了10/10原则，即总会有10%的人做得很好成为大家的榜样，也总会有10%的人因为达不到要求而被淘汰。集团管理的高层人员有73位，去年有12位被淘汰，这个比例超过了10%。这样就会对所有员工形成一种压力从而转化为动力。

第三个问题：我们经营的对象是谁。每个企业都有不同的经营对象，产品得到用户的满意才是根本。首先要求员工对企业对产品有忠诚度，员工才能去争取用户对企业和其产品的忠诚度。这牵扯一个核心竞争力的问题，对于海尔来讲，海尔的核心竞争力就是不断获取用户资源的超常的能力。

企业文化对于海尔发展也非常重要，老子《道德经》中有一句话："天下万物生于有，有生于无。"所有有形的东西都是由无形的东西演变而来的。一个企业如果没有企业文化就不可能把企业做好。企业文化应该有三层，最外层的是物质文化；中层是制度文化；最核心的就是企业自身文化。

二、加入WTO后国际竞争环境下企业必须具备的三个能力

第一个能力是企业的成长的能力。在全球经济两个一体化，即国内市场与国外市场一体化，国内竞争对手与国外竞争对手一体化的新形势下，如果规模上不去，将来很难在竞争中生存下去。在成长过程中，要特别注意产品结构调整，要提高流通能力，过去是质量为王，现在是流通为王。

第二个能力是企业盈利的能力。如果把企业成长的能力比作一个人能长得多高，那么企业盈利的能力，就好比一个人造血的能力。规模既要大，又要有很强的盈利能力，确实比较难。利润不等于盈利，它们是有联系的指标，但又不一样。利润是盈利能力的结果，盈利能力是与用户双赢的能力。

第三个能力是运作营运资本的能力。这可比作一个人呼吸的能力。现在有一个重要的现象是黑字破产，即有利润，但无现金流，流动资金表现为应收账款，而应收账款又收不回来，成为一种新形式的破产。信息流、物流、都是为了资金流，海尔采取的策略是时间消灭空间。

三、企业领导者必须要化解的三个难题

第一个难题是最难做的决策是正确决策后的再决策。每个企业都有辉煌的发展期，这就代表企业本身进行的决策是正确的。为什么好多企业后来发展不景气，就是因为正确决策后没有跟进正确的再决策，决策的连续性和正确的连续性非常重要。

第二个难题是最难做的工作是把复杂问题简化，这里的简化不是指简单化。企业发展中非常重要的就是速度，需要看清复杂问题背后的本质是什么。解决企业发展问题要找到本质，从而一步到位，不要围着问题去解决问题，而要直达核心去解决。

第三个难题是最难战胜的人就是自己。企业要发展首先取决于管理者的决策，管理者制定了决策首先要保证正确性，然后就是要随着企业发展和市场变化，打破自己创造的模式和流程去创新去改变，以此来适应市场。只有善于创新善于跟进，才能使企业立于不败之地。所以说企业管理者要善于战胜自己的思路和决策以及模式来使企业不断发展。

全力打造中国物流行业新纪元*

蒋正华

物流、商流、信息流并称现代经济的三大支柱。在经济全球化快速发展，国界限制逐步被打破的情况下，现代物流的飞速发展已被世界经济专家和各国政府视为"第三利润源泉"。物流业是国民经济的动脉和基础产业，是新的经济增长点，不仅直接创造价值、扩大经济总量，对国家经济发展更具有全局影响。"八五"以来，我国物流产业对GDP总量的平均贡献率为8.1%，拉动GDP年均增长率约0.8个百分点，但我国物流服务体系水平仍然偏低，有资料表明，中国商品价格中平均有40%来自物流，由此而造成的非货币性损失更是无法计算，已造成对国民经济发展的战略性挑战。

中国经济以外向型为主导，并正在崛起为世界的"制造中心"，外贸对我国经济的拉动作用异常突出。但由于我国国内物流服务水平低，同时进出口合同订价一般不包括物流服务，进入我国制造业、商贸业的跨国公司通常把能为其提供高质量物流服务的国际合作伙伴带入中国。这就造成中国物流业务纷纷外流，例如我国的国际海运长期以来存在着50亿美元～80亿美元的贸易逆差。我国物流产业发展受到严重制约。与此同时本土物流体系的落后大大增加了企业成本，在生产环节利润率越来越低的情况下，我国外贸的快速增长并没有带来效益的相应增长，这严重影响到我国经济的整体运营效率。所以，落后的物流服务体系不仅不利于我国物流业乃至整个流通体系的发展，更重要的是使国内企业不易摆脱生产成本低、交易成本高的不平衡，影响我国国际竞争力。

拉动我国经济快速增长的另一重要因素是外商直接投资。近年来，我国沿海地区的生产成本在迅速上升，而许多不发达国家加大了对外开放的力度，加入到竞争国际资本的行列中来。相比之下，我国沿海地区生产成本的比较优势正在逐步弱化。因此，只有迅速提高我国的物流服务水平，降低交易成本，才能长期保持优良的投资环境，这是关系到国家战略发展目标能否完成的基础条件问题。在经济全球化趋势下，竞争环境的差异成为导致不同国家和地区之间产业竞争能力和生产力水平差异的主导因素，完备的产业簇群和支撑配套产业是国家竞争优势的关键因素。由于我国对外经济缺乏配套的服务体系，特别是国际贸易和物流服务体系，影响到我国的对外贸易和外商投资中国的效益，更重要的是影响了投资环境。只有具备完备的相关产业和支撑配套产业，外商投资才能扎下根来，进行系统地、战略性投资，也只有这样的投资才能尽快带动我国产业的提升和竞争力的提高。

近几年我国物流发展势头很好，从中央到地方的各级政府对物流的发展都很重视，全国30多个中心城市已经或正在开始制定物流发展规划，涌现出一批各具特色的现代物流企业，有人称现在是我国物流发展的春天。

物流在我国之所以会形成如此特点，是有其深刻的经济原因的。第一，是经济结构调整的需要。由于市场环境发生了根本变化，产品生命周期越来越短，越来越具有高度的替代性，制造业进入了一个以结构调整为主线的新的发展阶段，抢速度、降成本成为竞争的焦点。由于生产技术和管理水平不断提高，产品生产成本下降的空间越来越小，物流成本的

* 此文为全国人大常委会蒋正华副委员长在"第五届中国国际物流高峰会"上的讲话。(2004年9月22日)

降低就成为关键。只有通过有效的物流管理,才能对市场需求做出快速和灵活的反应,降低生产、流通成本,提高企业市场竞争能力。第二,是流通方式创新的需要。随着市场经济体制改革不断深化,我国商品市场出现全局性买方市场的格局,市场竞争日趋激烈。过去单纯靠一买一卖赚取价差的营销方式已很难维持下去,必须向以增值服务为主要竞争手段的物流配送等现代营销方式转型。现代物流是流通现代化的核心内容,物流发展程度在很大程度上代表着一个国家流通现代化的水平。第三,是经济全球化发展的需要。我国加入世贸组织后与全球经济融合的步伐显著加快,经济全球化必将带来物流服务的全球化,巨大的市场潜力不仅吸引了国外大型跨国物流企业的进入,也促进了国内物流企业加快调整,积极参与国际市场竞争。从现在到2010年乃至更远一段时间里,是中国经济发展的关键时期,也是中国物流业发展的重要阶段,中国物流业将进入大改革、大发展的新阶段。在这期间,特别是我国加入了世贸组织,为我国经济发展包括物流业的发展,带来更多的机遇。可以说,机遇和挑战并存,改革与发展同步,寓发展于创新之中。中国物流业将在不断改革,不断发展,不断创新中,逐步实现现代化。经过10年或更长一段时间,我国物流业将有可能接近或赶上发达国家的物流发展水平。

在这样的形势下,国内的物流企业会遇到许多新问题。为了吸收国际成功经验,探索今后发展方针,我们汇集政府、行业协会、企业及大专院校的业界人士,就有关问题进行深入的探讨与沟通。并为此搭建一个政府与企业、专家与企业家共同交流的平台。

要发展物流产业、企业,首先要提高认识,在新形势下,使企业的发展能够融入产业发展,乃至国家发展的规划之中;其次是提供一个机会,使国内企业之间、国内与国外企业之间有交流与合作的渠道。这样做有两点好处:第一是创造合作共赢与发展的局面;第二是与国际接轨,规范企业的运作模式。

总之,通过第五届中国国际物流高峰会的召开,充分发挥与会专家学者、企业家聪明才智的作用,集思广义,出谋划策,帮助国内企业解决一些所面临的问题,或者说是找到一些解决问题的途径与方法,促进国内国际间的交流与合作,全面推进中国物流业的发展。

祝这次峰会获得成功,祝我国的物流业以最好的速度、最高的质量、最大的效益,实现新的腾飞,迎来物流行业的新纪元。

谢谢大家!

探讨物流发展大计 谱写物流新篇章*

王茂林

首先，我代表中国生产力学会和第五届国际物流高峰会组委会热烈欢迎到会的各位来宾、各界代表！欢迎来自国际物流机构和组织、海外物流协会和组织、海外物流企业等多方代表！欢迎你们来到北京和我们共同探讨物流的发展大计，并对你们的到来表示衷心的感谢！

本次会议的主题是“以战略规划为导向、以企业需求为核心、以奥运物流为契机，全面推动中国物流业的发展。”本次会议邀请政府、协会、业界和相关领域内决策层与权威人士及国际物流界的专家、企业家到会发表演讲。本次会议还采用多种交流形式，特别安排了具有针对性的适度的文化活动，会议将在一个活跃与欢快的氛围中，谱写出物流行业新的篇章。

今年是中国物流业进入快速增长全面发展的一年，现代物流业已经成为中国国民经济的重要产业与新的经济增长点。根据我国政府加入 WTO 时的承诺，我国将在公路货运、仓储、海上班轮运输、船舶代理等方面进一步开放市场，这将意味着，我国相关行业和企业与国外物流企业全面合作。我国的现代物流将进入一个新的发展期，这将极大地推动中国物流业的发展。2008 年第 29 届奥林匹克运动会将在中国北京举办，奥运物流也将在今年 9 月正式启动，将成为国内外物流业特别关注的热点。区域物流，包括长江三角洲、珠江三角洲、环渤海地区物流的合作发展也将有一定实质性进展。物流企业发展过程中需要探讨和解决的问题也正在不断的浮出水面。

中国政府已经采取了很多支持物流业发展的政策和措施，据悉 2004 年国家发改委有望出台一个物流产业发展大纲，在市场准入、税收政策、土地政策、交通管制、鼓励第三方物流企业发展等方面将制定相应政策。

在此背景之下物流企业将面临前所未有的机遇和挑战，第五届中国国际物流高峰会，以全面推进中国物流业的发展为宗旨，整合社会各界资源，为政府和国内外物流企业、物流行业协会和组织、研发机构及其它相关行业、专家学者提供一个探讨、交流与合作的平台和良机。第五届中国国际物流高峰会由中国生产力学会主办，中国国际物流高峰会组委会和中国浙江省舟山市人民政府承办；同时本届峰会还获得了北京市人民政府、第 29 届奥林匹克运动会组委会、中国市长协会等一大批相关部门及企业的大力支持，对他们表示衷心的感谢。

国内外物流行业专家们云集北京，共商中国物流发展的战略、动向，将对中国物流产业全面发展并与国际接轨起着重要的推动作用，突显“一年一度的盛会，不可多得的商机，高层对话的窗口，业界精英的舞台”这一品牌会议特点。

最后预祝大会圆满成功！谢谢大家！

---

* 此文为中国生产力学会王茂林会长在“第五届中国国际物流高峰会”上所致开幕词。（2004 年 9 月 22 日）

在破解难题中寻求突破

——国有资产管理体制改革需处理好三大关系

陶友之

改革就是“过大关”，就是要在前进中不断破解难题。在国有资产管理体制改造过程中，就有不少难题需要我们冷静思考，积极应对。党的十六大报告把深化国有资产管理体制改革作为经济建设和经济体制改革的八大任务之一，指出了国有资产管理体制改革的基本目标和总体框架。这是一个全新的思路和体制构想。从实际调研情况看，进行国有资产管理体制改革，涉及到三方面关系，即与政府的关系、与市场的关系、与企业的关系。这三方面关系理顺、处理好了，由此构筑起来的新的国有资产管理体制就比较顺畅，管理机构也就能进一步有效运作。

一、如何处理好与政府的关系

1. 中央政府：最终所有权如何落实？根据十六大报告，新建的国有资产管理体制应是在坚持国家所有的前提下，中央政府与地方政府分别代表国家履行出资人的职责。坚持国家统一所有，是指由地方政府行使出资人职责的国有资产，其最终所有权必须归国家。因为从法律上讲，对于国有资产，只有国家才能代表全国人民所有。而按照现在有的专家学者提出的对国有资产管理体制改革的设想，地方政府所建立的权责统一的国有资产管理机构，不仅对国资拥有占有权和使用权，而且还拥有资产收益和资产处置权。地方国资的一切权益都归了地方政府的资产管理机构所有，中央政府的最终所有权如何落实？

所谓最终所有权，从理论上分析，至少包含两层意思：一是在必要的时候，国家有权对由地方政府行使出资人职责的资产进行调整和配置；二是掌握对资产的最后处置权。如果没有这两条，国家最终所有权就会落空。因而在构建国有资产管理体制的时候，怎样做到既有利于调动地方政府的积极性，又能保证中央政府最终所有权的落实，是一个迫切需要研究和解决的问题。

2. 地方政府与国资管理机构：政资如何分开？政资分开，是构建新型国有资产管理体制的基本要求，对此人们的认识基本一致。而对政资分开的理解，则差别甚大。有人认为建立新型的国有资产管理机构后，政府只能以股东的身份参与事权，一切权力应归资产管理机构，这个管理机构最好是社会专职投资机构，这样，政资才能彻底分开。

其实不然。政资分开，主要是指政府管理社会的职能与管理资产的职能要分开；或者说是政府管理社会的机构与管理资产的机构要分开。如果政资完全分开，至少有三大危害：一是国家作为统一所有者的地位难以保证；二是增大改革的阻力；三是不符合中国国情，不利于从根本上调动政府的积极性。

以上两种认识和观点，谁是谁非需要在实践基础上作深入研究。

3. 现有政府主管部门：如何改革调整？根据十六大报告，新建立的国有资产管理体制，政府享有所有者权益，权利、义务和责任相统一，管资产和管人、管事相结合，以改变目前这种部门分割管理、权责不清的“五龙治水”或“九龙治水”的状况。这种改革，击中要害，十分必要。

现在的问题是，怎样处理好与“五龙”或“九龙”——一些政府相关部门的关系。对这一关系的处理，涉及到权力和利益的再分配。处理得好，促进国资管理体制的改革；处理得不好，就会给改革带来极大得阻力。

在对“五龙”或“九龙”的处理中，有些部门比较好办：如把干部的管理分为两大系列后，组织部门只管公务员系列，企业管理干部则可以划归国资管理机构，原来由计划、经贸、财政、外经贸等部门管理的事权，也较容易处理。比较难办的是那些管理范围大、管理历史长、管理权力大的政府部门，如要把它们的事权全部划归国资管理机构，有可能出现的矛盾是：老机构能否拆得了，新机构能否接得上。新建的国资管理机构，如何处理好与原有相关政府部门的关系，是又一个需要认真研究的课题。

二、如何处理好与市场的关系

1. 管理三层次：谁是市场的主体？国有资产管理体制如何改革，尚在探索之中。目前，较多的人认为，需构筑三个层次：第一层次是国有资产管理委员会，其具体办事机构为国资办，主要职能是资产管理，并行使出资人的职责；第二层次是由国资委授权的资产营运公司，主要职能是从事资产经营；第三层次则是具体进行生产经营活动的企业，主要职能是从事生产经营或商品经营。

在这三个层次中，谁是市场主体，是个新问题。着眼于今后规范化的运作，这个问题必须予以明确认识。第一层次作为政府派出机构，可以暂且不论；而在第二与第三层次中，则需要弄清谁是市场主体。因为是不是市场主体，所拥有的权益和应尽的责任是不一样的。如果第二层次是市场主体，那么第三层次就不再是独立企业，而成为专司生产的车间；如果第三层次是市场主体，那么第二层次就成了管理机构；如果这两个层次都是市场主体，那么它们之间的权责又如何分配？因此，如果不明确谁是市场主体，不理顺三个层次之间的关系，在实际运作中就会碰到许多矛盾和问题，甚至会使改革陷入僵局。

2. 资产的保值增值：谁是第一责任人？国有资产管理机构如何设置，现在有“二层次说”和“三层次说”两种不同设想，但对各层次之间如何分工，意见大致相近。在三层次的管理构架中，第一层次的主要职责是资产管理，以出资人的身份行使职责；第二层次的主要职责是资产的经营，并承担国有资产保值增值的责任；第三层次是企业，主要职能就是生产经营。如果构筑两个层次，一般主张把第二层次的职能归为第一层次。

这种分工在理论上是清晰的，而在实际操作中却难以做到。就以第二层次为资产保值的第一责任者来说，在没有增量资产投入的情况下（实际上大多数国有企业新增量资产的投入很有限），存量资产的经营就有困难，第二层次资产保值增值的职责就难以实现。如果第二层次把所承担的责任分解落实到企业，企业就会成为事实上的资产保值增值的第一责任者。

企业一旦承担资产保值增值的责任，就不会仅仅满足于生产经营，而必然要求拥有投资权——进行资产经营。而如果企业也拥有资产经营权，新的矛盾又来了，即它与第二层次的关系如何处理？如果第二层次资产经营权让位给第三层次，第二层次就失去了存在的必要；如果两个层次都从事资产经营，必然会出现多头投资、重复投资，使资产经营的效能和效益大大降低。因此，明确谁是资产保值增值的第一责任者，相当重要，也相当复杂，需要在实践中经过反复研究探索，才能找到科学合理的解决之道。

3. 市场竞争：谁承担优胜劣汰的结局？优胜劣汰，使市场竞争铁的规律，每个市场主体都无法逃避这个规律。

按照国有资产管理体制三层次的构想，第二层次和第三层次都是市场主体，前者从事资产经营，后者从事生产经营，都是经济实体和企业法人。既然它们都是市场主体，两个层次当然都要接受市场竞争优胜劣汰的考验。

这种想法虽然言之有理，但事实上却难以实践。因为，第三层次的企业，如处于劣势，淘汰出局的通道已经建立。困难的是第二层次，虽名为企业，却与直接生产经营的企业有着许多不同。一是职能不同：一般企业没有管理职能，而该层次却有着很大的管理职能，根据资产授权的范围，管理着大大小小的一群企业。二是地位不同：一般企业面对的是市场，一切按市场办事，而该层次还要面对下属企业，一切都要围绕下属企业转。现在如果第二层次不适应市场竞争，按照市场竞争规律也应淘汰。但要是它真的被淘汰了，那么又由谁来管理下属企业呢？第一层次又该通过什么渠道来行使它的职能？从现在的设想来看，第二层次是不能被淘汰的。如果第二层次不能被淘汰，它就可以超脱于市场竞争之外，也就不是真正的市场主体了，这与改革的初衷是相悖的。这是又一个需要认真破解的难题。

三、如何处理好与企业的关系

1. 企业法人财产权：保护还是拆分？改革之前的国营企业，一切听从政府的计划安排，即计划靠政府下达，资金靠政府调拨，原材料靠政府分配，产品靠政府包销，谈不上有什么权，仅是政府行政机关的附属物而已。改革以后的国有企业，最大的转变，就在于它拥有了法人财产权，成了市场主体和独立法人。所谓法人财产权，即除了资产所有权归国家外，企业拥有对资产的占有、使用、收益和处置权。按照部分专家学者对国有资产管理体制改革的构想，企业现在所拥有的“四权”，需进行重新分配，企业至多只能拥有对资产的占有和使用权，资产的收益权和处置权需上移到第一层次或第二层次。这样一来，企业就不再拥有完整的法人财产权了。

在深化企业改革中，我们强调的是保护企业权益不受侵犯，特别是保护企业法人财产权不受侵犯。而现在进行的国有资产管理体制改革，如果要改变这种状况，是该理解成改革的深化，还是与改革相悖？这亟需从理论和政策上加以辨明，并给以正确处理。

2. 企业“四自”原则：何去何从？企业“自主经营、自负盈亏、自我发展、自我约束”，这既是国企改革的结果，也是市场对企业的要求。十六大报告也重申：“实行所有权和经营权分离，使企业自主经营、自负盈亏，实现国有资产保值增值。”

现有的关于国有资产管理体制改革的一些设想，应该说与企业“四自”原则之间存在明显的冲突。首先，在“自主经营”上，企业既然拥有自主经营权，可以经营生产，也可以经营资产。但是，按照某些观点和构想，企业却只拥有生产经营权。其次，在“自负盈亏”上，企业既然要负亏，当然也应负盈。但是按照某些改革设想，资产收益权需归出资人所有，企业盈亏责权不平衡。再次，在“自我发展”上，企业既要自我发展，就必须拥有发展的各种权力，如投资选择权、资产重组权和资产处置权等。但是按照某些改革构想，企业却不再拥有这些权利。

可见，在国有资产管理体制改革中，对企业“四自”原则究竟予以修正还是坚持落实，同样是一个需要研究解决的难题。

国有资产管理体制改革是党和国家的重大战略决策，事关国民经济的持续健康发展，事关政治文明的建设，事关人民群众根本利益的实现。面对这样一项艰巨的任务，我们一定要增强忧患意识，更加审慎严密，以求改革能够顺利进行。本文把问题提出来，以期引起社会和政府有关方面的高度关注，共同来研究和破解难题。

牵市场之手加快转型 携联合优势实现共赢

——关于加快构建山西公路煤炭大物流体系的思考

武强

煤炭工业的发展在全省经济发展的格局中举足轻重，随着煤炭市场的好转，煤炭产业对全省经济增长的贡献更是有目共睹，但恰恰在这样的背景下，山西地方煤炭产业如何提高产业集中度，如何尽快实现真正意义的可持续性发展成为更为现实的“瓶颈”问题，如果不能尽早有效地解决这些问题，煤炭产业的发展后劲将受到严重影响，山西整体利益无疑将受到极大损伤，“山西资源，外省财源”将是最为客观的注解。

与市场经济接轨较早的山西煤运系统结合国家产业政策和省煤运总公司制定的发展战略，结合煤运系统转轨变型的客观实际，在全省公路煤炭全面经销工作的实践中探索出一条行之有效的新路来，为加快构建山西公路煤炭大物流体系奠定了良好的条件和环境基础，为山西煤炭产业尤其是山西地方煤炭产业的健康有序运行提供了更为广阔的发展空间。

一、公路煤炭全面经销是煤运系统在市场经济条件下，对公路煤炭营销模式的理论与实践的创新

公路煤炭全面经销，是省煤运总公司在2000年初，针对全国煤炭市场疲软，产销失衡，煤炭货款拖欠严重，煤炭企业压价竞销、恶性竞争，山西煤炭利益大量流失，煤炭生产经营极为困难，许多产煤大县成为困难大县的严峻形势，以及市场经济对煤运公司实现转轨变型的迫切要求，站在维护全省整体利益和系统长远发展的高度，立足于充分发挥中小煤矿的联合优势、提高销售集中度、遏制私挖滥采、规范生产经营秩序、制止压价竞销和货款拖欠、堵塞税费流失漏洞、增加地方财政收入而提出的。

（一）公路煤炭全面经销经历了三个阶段

公路煤炭全面经销工作自2000年3月在乡宁县试点以来，已经历了四年多的时间，大体经历了三个阶段：

第一阶段（2000年3月—2003年6月）：这一阶段，主要是以“双向合同、统一结算、全面经销、保价增效”十六字为基本模式，开展了以县域为单位，以县区。公司为操作主体的公路煤炭全面经销工作。建立了煤炭交易大厅，实行了计算机网络化管理，做到了“公开、公平、公正”和阳光作业，提高了县域中小煤矿的销售集中度，形成了中小煤矿的联合优势，解决了中小煤矿分散生产、无序销售、恶性竞争引发的一系列热点和焦点问题。在当时市场很不景气的情况下，实现了煤炭价格大幅增长，地方财政收入明显增加，拉动了区域经济回升。

第二阶段（2003年6月—2004年3月）：这一阶段，主要是在十六字模式的基础上，省煤运总公司新班子结合全面经销的实际，又提出以市域为单位、以分公司为主体，构建“区域整合、协调联动、县区操作、地市监控”的公路煤炭全面经销的新格局。这个阶段，10个分公司都成立了公路煤炭经销有限公司，促进了管理职能与经营业务相分离，实现了市域范围内的公路煤炭全面经销，解决了不同县（市、区）在同煤种、同流向、同客户间的无序竞争，初步形成了按区域、按煤种的板块联动，优化了资源配置，发挥了煤炭经销的区域优势，取得了明显效果。

第三阶段(2004年3月开始):省煤运总公司又提出"整体运作、物流配送、利益共享、协调发展"的公路煤炭全面经销新思路。要求树立全省一盘棋思想,构建山西公路煤炭大物流体系,引深全面经销工作,实现"做实资产、做实资源、做实销售、做实运输"的战略目标。

(二)公路煤炭全面经销符合四大原则

所谓公路煤炭全面经销,就是在市场经济条件下,煤运公司以现代物流理论做指导,以"双向合同"为手段,以"统一结算"为核心,整合中小煤矿煤炭资源,按照"分散生产、集中销售、联合竞争"的原则,以煤运公司为主体,实行煤炭的买进和卖出,实现资源优化配置、提高销售集中度的目标。

公路煤炭全面经销不仅是对煤炭营销理论的创新,也是对中小煤矿营销和管理模式的创新,2003年8月,公路煤炭全面经销模式作为一项软科学研究成果,通过了省科技厅组织的专家评审,获得了2003年度山西省科技进步二等奖。有关专家认为,公路煤炭全面经销模式"对于全国同类地区煤炭经销管理也具有重要的借鉴价值"。

实践证明,公路煤炭全面经销符合四大原则:

首先,开展公路煤炭全面经销,实行分散生产、集中销售,符合市场经济的原则。开展全面经销,发展专业化的大型煤炭物流集团,是社会化大生产发展和分工的必然产物。煤炭作为大宗能源产品,在山西高度分散的生产体制下,随着生产规模的不断扩大,专业化分工、协作的要求会越来越高,必然要求建立高度集中的销售体系。

其次,开展公路煤炭全面经销,实行分散生产,集中销售,符合 WTO 的规则。煤炭产业作为一次性能源产业,不属于竞争性行业,具有垄断竞争性的产业特点。煤炭作为我国的主要能源,政府对煤炭产业进行必要的干预,实行分散生产、集中销售,也完全符合国际通行规则,适用 WTO 一次性产业援引例外的条款。

再次,开展公路煤炭全面经销,实行分散生产、集中销售,符合维护山西全省利益的原则。山西煤炭的资源赋存条件和经济发展水平,决定了山西煤炭分散生产的状况。如果全省中、小煤矿继续走分散生产、分散销售的路子,势必造成新一轮的压价竞销、过度竞争,造成山西煤炭利益的进一步流失,损害的是山西的整体利益。

第四,开展公路煤炭全面经销,实行分散生产、集中销售,符合维护国家煤炭能源安全利益的原则。山西有3000多个中小煤矿,如果不实行集中销售,3000多个煤矿直接进入市场,势必对全国煤炭市场稳定形成冲击,严重危及国家的能源战略安全。

(三)公路煤炭全面经销的十大好处

公路煤炭全面经销尽管还存在一些不足,但是,四年来的运行实践证明,已经给各级政府、煤矿、煤运公司以及广大用户,带来了诸多方面的好处。这是全面经销能够不断发展和完善的深层原因。全面经销的好处主要体现在十个方面:

一是全面经销整合了地方煤炭资源,提高了销售集中度,增强了山西地方煤炭的整体竞争力;二是全面经销遏制了私挖滥采现象,巩固了乡镇煤矿停产整顿的成果;三是全面经销规范了生产经营秩序,遏制了压价竞销、无序竞争现象,杜绝了货款拖欠,维护了山西的整体利益;四是全面经销降低了煤矿的销售费用。煤运公司一个主体对外销售,煤矿集中精力搞生产,销售费用大幅度减少;五是全面经销降低了安全隐患。对无证矿井和政府明令禁开的矿井,煤运公司严把销售关,不签订购销合同,限制资源移动,从而降低了地方煤矿的安全隐患;六是全面经销实现了四方共赢,取得了政府增税、煤矿增收、煤运增利、用户满意的良好效果;七是全面经销形成了资源板块优势,优化了市场结构;八是全面经销实现了业务流程再造,巩固了煤运公司市场主体地位;九是全面经销强化了企业管理,实行阳光作业,遏制了公路"三乱"现象;十是全面经销、为全省煤运系统从收费管理型向经营服务型转轨变型,探索出了一条切实可行的新路子。

(四)公路煤炭全面经销实践中积累了丰富的经验

经过四年的实践,煤运系统在公路煤炭全面经销方面,涌现出了一大批先进典型,积累了非常宝贵的经验。具有重要借鉴意义和推广价值。这些成功经验,主要表现在三个方面:

1. 各级地方政府的支持,是搞好全面经销的重要保障。全面经销工作开展以来,得到了省委、省政府的关心、支持,也得到了各市县政府的大力支持,这是搞好全面经销的主要保障。为煤运系统经销工作创造了一个良好的市场经济秩序,有效地推动了全面经销的深入开展,维护了地方经济的整体利益。

2. 创新体制,是搞好全面经销的根本。创新公路煤炭营销体制,建立以资产为纽带的市、县两级公路煤炭经销有限公司,实现管理职能与经营业务分离,为煤运实行全面经销提供了体制和发展平台。

3. 创新经营管理,是搞好经销工作的前提。全面经销整合了公路煤炭市场关系，实行了大客户集中统一管理；培育了期货现货交易市场，形成了以县区公司煤炭交易大厅期货交易为主导、省内外储煤场现货交易为补充的两大市场；构建了公路煤炭运输网络，完善运输服务，为实行公路煤炭物流配送奠定了基础；建立了科学的利益分配机制，实现了政府、煤矿、用户和市、县两级公司共赢。

二、公路煤炭全面经销取得的成效和当前存在的问题

可以说，全面经销是一场革命，是煤运系统走向市场过程中的一次战略调整和新的职能定位，四年来，这种新体制的运行，取得了明显的成效。主要表现在以下四个方面：

1. 各级政府财政收入连年递增。2000 年以来，实行全面经销的市、县，政府的财政收入呈连年大幅递增趋势。以沁源县为例：从 2001 年到 2003 年，沁源县一年一个新台阶，一年一个新变化，一年一个大跨越，财政收入在 2000 年 3000 万元的基础上，2001 年达到 5811 万元，2002 年达到 7060 万元，2003 年达到 1.56 亿元，今年上半年，财政收入已突破 2 亿元，提前 203 天完成市定任务，年底超过 3 亿元已成定局，四年翻了三番，成为全国县域经济发展最快的百强县之一。再例如，长治市煤炭运销公司实行全面经销以来，上缴政府的税金逐年递增，2001 年为 1.28 亿元，2002 年为 1.75 亿元，2003 年为 2.05 亿元，今年 1—6 月销售收入达 11.2 亿元，税金达到 1.35 亿元，以上数字充分说明了全面经销对地方政府的财政贡献。

2. 实行全面经销煤炭销售的集中度得到提高，公路外销量大幅增长。自 2000 年全面经销实施以来，由于规范了管理，堵塞了漏洞，从而提高了煤炭销售的集中度，全省公路出省销量一年一个新台阶，四年迈出四大步：2000 年达到 4589 万吨，比 1999 年净增 579 万吨；2001 年达到 5533 万吨，比 1999 年净增 1523 万吨；2002 年达到 6585 万吨，比 1999 年净增 2575 万吨；2003 年达到 6771 万吨，比 1999 年净增 2761 万吨；今年上半年达到 3543 万吨，比 1999 年同期增加 1538 万吨。2000 年—2004 年上半年累计增加出省销量 8595 万吨，增收基金 27.8 亿元，平均每年增长速度达 15%。公路煤炭销售的市场份额不断增大。与此相对应，公路出省销量占地方煤炭外销总量的比重也不断扩大，2000 年达 39%，2001 年达 41%，2002 年达到了 45%。2003 年达到 48%。

3. 全面经销确立了共赢机制，促进了共同发展。首先，促进了煤矿增收。全面经销的发源地乡宁县，2000 年全县增收 4.6 亿元，其中煤矿增收 2.8 亿元。据 2001 年对乡宁、蒲县、盂县、沁源、古县、左权实施全面经销的 6 个县效益情况统计，吨煤平均售价比实施前提高 19.8 元，六县煤炭整体效益增加 7.81 亿元，其中煤矿增收 3.23 亿元。其次，实现了用户满意。全面经销给用户提供了稳定的货源、稳定的煤质，适中的煤价，直接的购货渠道，减少了经营的风险，达到用户满意。

4. 全面经销创新了煤炭营销体制，促进了煤运系统转轨变型。推行公路煤炭全面经销，建立了营销体制性平台，确立了煤运的市场地位，完成了由管煤人向买煤人、卖煤人的跨越，从而推动了公路系统由收费管理型向经营服务型的转变。2003 年公路系统经销煤炭 4700 万吨，实现利润 4.6 亿元。今年 1—6 月份经销煤炭 2653 万吨，实现利润近 3 亿元。

在取得显著成绩的同时，我们必须清醒地看到，全省公路煤炭经销工作也还存在着一些亟待解决的问题。主要有：

1. 对管理职能还存在一定程度的依赖性。虽然省煤运总公司近年来，从全面经销的体制构建，组织结构设计、业务流程再造、利益分配都强调了市场化运作，并要求全面经销要走市场化的路子，不能依靠管理职能强行推动经销工作。但个别公司在实际操作中，还没有达到完全市场化运作，给全面经销带来了一定的负面影响。

2. 全面经销工作存在发展不平衡的问题。2000 年以来，全省全面经销的范围不断扩大，到目前，全省已有 10 个市的 46 个县实行了全面经销。但是，个别县全面经销还有待进一步规范和完善。同时，全面经销在地区间的发展也不平衡，进展有快有慢、发展参差不齐，经销时有反复，在一定程度上影响了全系统的整体推进。

3. 经销队伍还不能完全适应新形势、新任务的要求。虽然，近两年来，全省煤运系统加大了对干部队伍学习培训的力度，干部综合素质有了一定提高。但是，系统干部职工的市场意识、竞争意识、服务意识、操作技能、综合素质等方面还不能完全适应全面经销工作的需要，不能适应全系统发展公路煤炭物流的需要。

4. 企业外部环境还有待改善。煤运系统开展

全面经销四年来，得到了省委、省政府的关心和支持，也得到了各市、县政府的大力支持。但是由于对全面经销工作宣传的不够，致使个别单位和同志对全面经销还缺乏了解，甚至还存在一些误解。这还需要煤运系统加大宣传力度，争取社会各界了解、理解全面经销，并进一步支持全面经销工作。

三、引深全面经销，加快构建山西公路煤炭大物流体系

加快构建山西煤炭大物流体系，是山西煤炭工业适应经济全球化发展的需要，是山西煤炭工业适应煤炭市场集团化采购的需要，是我省煤炭行业结构调整，适应大集团战略的需要，更是煤运公司完善供应链、适应行业个性化服务需求、创造竞争优势的要求。同时，发展煤炭物流产业，构建煤炭大物流体系，已经成为山西煤炭能源产业实现可持续发展的必然选择。而全省煤运公司系统恰恰是山西发展煤炭现代物流产业的最佳载体。

目前煤运系统具备了发展煤炭现代物流产业的十大优势：一是具有组织网络的优势。煤运系统已经形成了覆盖全省 11 个市(地)、109 个县(区)的管理组织网络，以及遍布全省的 390 多个公路各类站点。为今后构建公路煤炭物流配送网点奠定了基础；二是具有客户资源网络的优势。煤运系统已经形成了覆盖全国 26 个省、市，四大行业、五大区域，3500 多个用户的客户资源网络；三是具有企业文化的优势。随着煤运系统的发展壮大，煤运企业已提炼出了自己行业特点的企业文化，正在实施的 3418 工程，推动了企业的可持续发展；四是具有管理机制的优势。在 20 多年来的地方煤炭经营管理工作中，各级煤运公司探索、积累、形成了一整套丰富成熟的管理地方煤炭的经验，探索出一套行之有效的办法和运作模式；五是具有运输能力的优势。全系统具有年储、装、运 3.5 亿吨的能力；六是具有煤炭货源基地的优势。近年来，全省煤运系统通过控股、参股以及开办自营煤矿等，已经形成了 1400 多万吨煤碳的年生产能力，2005 年将达到 5000 万吨的：生产能力，年销售达亿吨的目标；七是具有雄厚的资金优势。全系统自有资金达 14 亿元，总公司本部自有资金有 6 亿多元；八是具有良好的行政资源优势。煤运系统承担全省地方煤炭运销管理及收缴能源基金的职能，长期以来，尤其是实行公路煤炭全面经销以来，煤运系统与省及各市、县政府，形成了利益共享的良好关系；九是具有营销队伍的优势。长期的地煤管理经营实践，为煤运系统锻炼、培养了一大批市场营销人才，形成了一支经验丰富能征善战的营销队伍；十是具有煤炭品种齐全的优势。煤运系统煤炭资源遍布全省，品种齐全，可以同时满足各类用户的不同需求。

煤运企业具有以上优势是省内、乃至国内任何一家煤炭企业都无法比拟的。所以说，构建山西煤炭现代物流体系，发展地方煤炭物流业，煤运系统具有了得天独厚的条件。也正是基于对煤运系统资源能力优势的客观判断，省煤运集团公司对未来进行了科学的战略定位，提出了到 2005 年，将集团建设成为以煤炭物流配送为主业，集煤炭生产、加工、转化和资本运营为一体的产能 5 千万，经销 1 亿吨，产融结合、在全国煤炭市场具有重要影响、在山西煤炭工业中发挥骨干作用的大型现代物流企业集团。并提出了集团公司的六大战略，即：实体化战略、主业扩张战略、产业延伸战略、资本运营战略以及人才兴企战略和国际化战略。

四、公路系统加速构建公路煤炭物流体系，关键是构建公路煤炭物流的信息平台，实现信息流、货物流、资金流的一体化集成。应构建三级物流配送服务中心、完善四大网络

构建三级公路煤炭物流配送服务中心，就是省煤运总公司成立省级公路煤炭物流配送服务中心，各分公司成立区域性物流配送中心，各重点产煤县(市、区)公司成立物流配送分中心。各级物流配送中心与同级公路公司实行两块牌子一套人马。其职能分别是：

总公司物流配送中心：主要负责全系统公路煤炭物流配送网络建设、大客户管理和市场、资源、配送等信息发布以及对全系统公路煤炭物流配送实施统一调度、指挥和控制。

各分公司物流配送中心：主要负责区域性配送网络建设、客户管理，协调各县区的公路煤炭物流配送和煤炭加工、运输以及货源基地建设。

各县(市、区)物流配送中心：作为具体操作执行主体，具体负责煤炭采购、零星客户管理以及按照上级指令完成配送任务。

完善四大网络，主要是：

1. 构建公路煤炭客户管理网络。为提高公路

煤炭销售集中度，避免各市、县（市、区）公司在同煤种、同流向、同用户之间的无序竞争，应打破现行条块分割的现状，重构公路煤炭客户管理网络。以公路出省煤炭经销公司和公路省内煤炭经销公司为依托，以省煤运总公司公路煤炭物流配送中心为支撑，进行大客户集中统一管理，按照“一个主体、一个公章”对大客户签订销售合同，然后根据煤源分布情况，分解下达各相关市和县（市、区）物流配送中心进行配送。其余用户根据规模大小，按照煤源管理原则，由相应市、县（市、区）物流配送中心管理和服务。

2. 健全公路煤炭销售资源网络。煤运系统各分公司和县（市、区）公司要在构建公路煤炭物流配送体系的同时，加快与煤炭生产企业的联合步伐，通过参股、控股、买断、联营、租赁以及买断销售权、签订双向合同等多种方式，或以产权为纽带建立.销售联盟，提高对公路煤炭销售资源的控制力，构建生产型销售资源网络。通过在省内主产地和省外主销地构建多元经济成份参与的公路煤炭现货交易市场，一方面整合资源，调剂余缺，加工增值，发挥现货交易市场的缓冲作用；另一方面，实现公路运输的“二级跳远”，解决公路煤炭跨省运输问题，延伸公路运输辐射半径，从而形成以煤炭生产企业为主导，以现货交易市场为补充的销售资源网络，为实现全系统公路煤炭物流配送提供充足的货源保障。

3. 构建公路煤炭配送服务网络。分公司和县（市、区）公司物流配送中心，要通过吸纳社会车辆，整合社会运力，构建公路煤炭运输联合体，做到统一安排运输计划，统一调度运输车辆，统一结算公路运费。随着公路站点的逐步转型，将现行公路站点转变为向煤矿派车、公正计量和办理有关手续的公路煤炭物流配送服务网点，形成公路煤炭物流配送网络。

4. 构建公路煤炭物流配送信息网络。各分公司和县（市、区）公司物流配送中心要在总公司物流配送中心的统一组织和协调下，按照“统一硬件配置、统一软件设计、统一操作规范、统一考核标准”的要求，在各重点产煤县（市、区）公司安装使用总公司统一开发的“公路煤炭全面经销计算机管理系统”，在分公司整合现有的公路出省煤焦管理站计算机管理系统、出省票据计算机管理系统和公路煤炭全面经销计算机管理系统，及时收集、汇总和逐级上报公路煤炭物流配送的数据信息，构建区域性公路煤炭物流配送信息网，通过省、市、县三级网络联接，实现对全系统公路煤炭物流配送的信息发布、运行监管和统一协调指挥。

五、当前引深全面经销构建山西公路煤炭大物流体系，需要解决的几个问题和处理好几个关系

进一步引深全省公路煤炭全面经销，建立公路煤炭大物流体系，是一项艰巨复杂的系统工程，涉及到方方面面的利益关系和一系列敏感问题。解决好这些问题，处理好这些关系，是引深全面经销，构建物流体系的重要基础。为此，当前，煤运系统尤其要重点解决好六个问题，处理好四个关系。

（一）解决好六个问题

1. 要进一步解放思想，解决好提高认识的问题。思想认识是行动的先导，要进一步引深公路煤炭全面经销，加快构建公路煤炭物流体系，就必须进一步解放思想，提高认识。解放思想就是克服旧的思想观念和思维定式，不断研究新情况，解决新问题；就是要使主观认识和客观实际相符合，打破旧习惯、旧观念、旧作风的束缚；解放思想的核心就是实事求是。对煤运系统而言，解放思想就是要立足于2005年基金政策即将取消的实际，省委、省政府组建大集团的实际，面对电力、冶金、化工、建材行业联合重组的实际，面对经济全球化带来激烈市场竞争的实际，摒弃“等、靠、要”的思想；进一步引深全面经销，加快构建公路煤炭物流体系，提高企业的综合竞争力；就是要以销售的集中应对用户的联盟，以加速煤运转轨变型应对外部形势变化的严峻现实，使采取的措施更适应客观现实的要求。

2. 要解决好全面经销的市场定位问题。定位问题从来都是一个事关成功与否的关键问题。进一步引深全面经销，必须按市场经济要求加快建立现代企业制度，完善现代企业组织结构和组织模式，优化产权结构，再造业务流程。既要坚持以经济效益为中心，又要追求社会效益。做到“三增”“、三为”和“三保”。“三增”，就是政府增税、煤矿增收、煤运增利；“三为”，就是为煤矿服务、为用户服务、为区域经济建设服务；“三保”，就是保证煤矿销售渠道畅通、保证用户货源稳定可靠、保证政府税源底数清楚。

3. 要解决好“四个做实”的问题。做实做强做大煤运公司，是省委、省政府关于大集团战略的重要组成部分，是省委、省政府对煤运公司的一贯要求。引深公路煤炭全面经销，煤运系统应解决好“四个做实”的问题，第一，就是要“做实资产”。通过创新体制模式，优化企业的产权结构。第二，就是要“做实

货源”。通过参股、控股、订立双向合同等多种方式，解决货源问题。年内在做实生产型货源基地的基础上，在省内务煤炭主产地要建立10个以上具备一定规模的公路煤炭现货交易市场，控制和占有煤炭销售货源。同时，各重点产煤县公司与煤炭生产企业的合同采购量要达到销售总量的90%以上。第三，就是要“做实销售”。一方面，要加大与国内、省内大公司、大集团的合作，依靠公路新成立的两个公司，与省内外大客户建立紧密的联系，稳定占领市场。另一方面，年内要在省外主销地建立3至5个销售中心，积极开拓市场，联系终端用户，按照省、市、县三物流配送中心的分工，整合市场关系，重构客户管理网络，力争年内各主要担负公路煤炭出省任务的分公司与终端用户的销售量达到销售总量的80%。第四，就是要“做实运输”。通过整合社会运力，分区域成立公路运输联合体，构建公路运输网络，为用户提供及时、便捷的公路煤炭运输服务，年内各主要担负公路煤炭出省任务的分公司统一组织运输量要达到销售总量的50%。

4. 要解决好建立科学合理的利益分配机制的问题。市场经济决不只是简单的竞争经济，是契约经济、法制经济。成熟、规范的市场经济，从本质意义上说，是一种合作共赢的经济。进一步引深公路煤炭全面经销，构建公路煤炭大物流体系，必须注意要解决好与政府、煤矿和用户的利益分配关系，建立科学合理的利益分配机制，实现四方共赢。

5. 要解决好落实责任的问题。引深公路煤炭全面经销，构建公路煤炭物流体系，是事关煤运系统生存发展的大事，事关煤运系统5万名干部职工切身利益的大事，各级领导肩负历史重任。为此，责任落实非常重要。各单位领导班子要切实转变观念、统一思想、提高认识、集中精力、认真研究，制定好各自的实施细则，尽快将工作抓紧、抓好、抓出实效。

6. 要解决好争取各级政府支持的问题。公路煤炭全面经销的成绩，得益于当地政府的大力支持和帮助，同时，在地方政府的支持和帮助下，煤运公司也为当地经济建设和社会发展做出了积极、重要的贡献。引深公路煤炭全面经销，构建公路煤炭大物流体系，既是煤运公司生存、发展、壮大的需要，也是地方经济社会发展的需要。各级政府部门应继续给予煤运系统以支持，为煤运系统的全面经销工作创造一个更加宽松的市场环境。在中小煤矿联营改造、资源拍卖、产业结构调整、技改资金投放等方面，扶持煤运公司；帮助煤运公司深化改革，加快体制转轨和机制转型；支持煤运公司提高效益，继续为山西区域经济发展做出更大的贡献。

(二)处理好四个关系

1. 要处理好煤运公司与当地政府的关系。煤运公司与地方政府的关系，是煤运公司生存与发展最重要的关系。煤运公司必须自觉地站在维护地方经济社会利益的高度，依法经营，照章纳税，规范运作，治乱堵漏，在确保企业效益和职工收入稳步提高的同时，确保国有资产保值增值，积极为地方财政和社会公益事业做出贡献。在引深全面经销，构建物流体系的工作中，还必须主动加强与地方政府的沟通和联系，主动去争取地方政府的支持、帮助和指导。

2. 要处理好与煤矿和用户的关系。煤运公司是联结煤矿与用户的中间桥梁，是联结产需关系的重要纽带。煤矿和用户都是煤运公司的上帝。煤运公司必须通过全面经销，构建好煤矿与用户之间的高效、便捷的产需通道；建立与用户的稳固联系，保障煤矿货畅其流；建立与煤矿的稳固联系，保障用户有充足的货源，以合理的价格、可靠的质量为用户提供优质高效的一体化物流配送增值服务；最终通过市场手段，广泛与煤矿、用户建立起产权纽带，形成长期、稳固、紧密的战略联盟和利益共同体，实现共同发展、共同壮大。

3. 要处理好配送中心与公路公司的关系。物流配送中心作为煤运公路公司转型的目标，应最大限度地利用管理职能，构建物流配送组织机构，健全配送网络，并逐步将公路站点改造成物流配送网点，实现公路站点转型，进而通过职能转变，促进公路公司系统的整体转轨变型。

4. 要处理好配送中心与经销公司的关系。配送中心是区域公路煤炭物流配送的指挥、调度、控制中心。运行初期，配送中心要通过健全配送信息网络和服务网络，完善配送组织机构。经销公司要通过市场化运作，建立主销地销售服务中心、产地现货交易市场，健全经销资源网络和客户管理网络，依托配送中心共同构建公路煤炭大物流体系，完善配送服务功能，为煤矿、为用户提供配送服务。待规范运营后，配送中心与经销公司融为一体，进而形成功能齐全、服务周到、运转流畅、管理规范的公路煤炭物流配送体系。

第四部分

理论篇

关于由中国生产力学会倡导创立生产力科学大部类的建议

杨慎　原道谋　张佐友

在科学大部类形成之前，不存在一部现成的、可供遵循的分类模式，现有的科学大部类划分模式是在科学发展过程中逐步形成的。科学发展历程证明：科学发展与生产力发展是孪生兄弟，科学大部类划分的模式，应与每一历史时期的生产力水平相适应。

现代科学正在以空前的速度发展，由基础科学派生的边缘科学和横贯科学门类众多，探索的问题也日益广泛、精细、深奥、久远。面对全球人口迅速增长、人均消费水平高涨、地球资源承受能力有限和生态环境的熵污染威胁，人类急需权衡非均衡发展的生产力和滞后于时代的物质观已导致的负面叠加效应。尽管太阳系进入"热寂"尚需遥远的数十亿年，然而，人类若不能早日善待自然，有可能等不到那一时刻的到来，生态环境已陷入不可挽回的失衡。

科学是第一生产力，生产力也是科学。本文试图突破现有科学大部类划分的模式，探索建立与自然科学和社会科学并列发展的生产力科学的可能性，以期更有利于发挥知识生产力不受熵定律制约的特征，加快实现"统筹人与自然和谐发展"的步伐。

倡导创立生产力科学大部类的建议，即是为此而迈出的第一步。

一、建立新分类模式的说明

(一)来自分类概念的疏漏

《辞海》对现有科学分类有关词组的界定是：

科学：关于自然、社会和思维的知识体系。……。科学可分为自然科学和社会科学两大类，哲学是二者的概括和总结。科学的任务是揭示事物发展的客观规律，探求客观真理，作为人们改造世界的指南。(《辞海》第 3997 页)。

社会科学：以社会现象为研究对象的科学。它的任务是研究并阐述各种社会现象及其发展规律。亦即人与人的关系的科学。(《辞海》第 3612 页)

自然科学：以自然界的物质形态、结构、性质和运动规律为研究对象的科学。它的任务是研究并阐述各种自然现象及其运动规律，亦即人与自然的关系的科学。(《辞海》第 4344 页)

《辞海》对以上词组的界定，表述虽然明确，却存在着概念性疏漏，将社会科学中"亦即人与人的关系的科学"等同地对应为自然科学中"亦即人与自然的关系的科学"。

指出这项疏漏的理由是：从科学大部类划分的角度分析，在"人与自然的关系"中，存在着四项基本要素和三种可能组合：

- 自然界自身要素——自然科学组合；
- 人类自身要素——社会科学组合；
- 自然对人的要素，以及人对自然的要素——生产力科学组合。

在《辞海》所界定的词义中，忽视了"人与自然的关系"有别于"人对自然的认知"；因为，人只是自然界中的一个物种，自然科学所研究的自然界运动规律中，虽然包含着人类的进化和个体人的生老病死，但是，却不包含一切人类智能性劳动的行为后果；因此，人与自然的关系应纳入人类为自身生存而进行的一系列生产性活动之中，不应全部包括于大自然本身的运动规律之内。

导致这一疏漏并非偶然，这与近三百余年来牛顿机械论的物质观已经形成一种被社会广泛接受的观念有关，它已严重影响着科学发展观的正确实施。欲扭转这一现状，并非易事，所以，建立生产力科学大部类的目标，既需要面向提高生产力的效能，又需要面对降低工业熵污染的危害，归根结底是需要从洞察环境状态、建树正确的物质观切入，通过符合科学发展观的物化过程，实现人与自然的和谐发展。

（二）两种物质观——另一只“看不见的手”

在非再生资源呈现枯竭与环境恶化形势严峻的条件下，实现可持续经济发展方针，需要人们重新检视当代社会的物质观。此刻，如果将市场比喻为经济运行中的“一只看不见的手”，那么物质观就是经济运行中的“另一只看不见的手”，而且是一只更大的手。

当代人的物质观来自创立于17世纪的能量守恒定律，后来几经机械论的演化，逐渐形成一种根深蒂固的偏见，认为世间万物都处于相互转换、永不消失、取之不尽、用之不竭的往复循环状态。称之为机械论的物质观。

在经济工作中，机械论物质观的表现形式之一是认为：自然界中的一切物质如果不被人占有并转化成有用的物品，那么它们就始终处于荒芜状态。所以，人类改造大自然的速度越快，社会的进步就越大，世界就日益繁荣、秩序井然。

表现形式之二是认为：一切运动都可以表述为数学公式，而且具有正负两个方向，唯有时间是一定值，不会倒流。牛顿力学为解释这一现象，将时间视作为世界上的一个独立过程，能脱离自然界的运行而独立存在。

与机械论物质观相对应的是由热力学定律界定的物质观。又称为“熵物质观”。

“熵”是物质形态中不能再被转化为有效功能总和的测定单位。熵物质观的理论基础是热力学定律。因此，热力学定律也称为熵定律。

熵物质观认为：物质与能量只能沿着一个方向转换，从可利用到不可利用，从有效到无效，从有序到无序。在物质世界，宇宙万物皆从一定的价值与结构形态开始，不可挽回地朝向混乱与荒废状态蜕化。

熵物质观进一步认为：只有在能做功的可用能源还存在的前提下，时间才能存在。已经失去的时间是已经耗散能量的直接反映，随着宇宙中可用能量的消耗，并最后进入热寂，时间就不再有真正的意义，从而界定了符合热力学过程的物质观。

熵物质观揭示出：每一项由加大能量投入力度而构成的新技术或生产力，其所提高的“效率”，无不以加快能量的耗散过程或增加物质世界的无序化程度为代价。例如，有资料指出，在从原始社会过渡到农业社会前，这期间经历了上百万年，并未出现能量与环境危机；从农业社会过渡到工业社会前，这期间经历了几千年，生态环境仍然保持平衡；工业化以来只有三百余年，不可再生资源就面临枯涸，环境污染便通过怪异的疾病和南极上空的臭氧洞向人类发出警报。

事实证明，如果将“生存质量”定义为“人均能量消耗水平”，那么维持个人生存所需要的物质资源越多，生存质量就应越高。例如，据报道现代化社会每人为了维持生命所必须消耗的能量，平均比100万年前高出上千倍，这意味着环境净熵增长也扩大了上千倍。设想，假若人口每隔40年翻一番，同时能量消耗与人口等比增长，那么用不了再过若干个40年，地球将连人类基本生存需求的物资都难以保障，届时如何侈谈提高生存质量与可持续发展。

只有面对地球的可供给资源极限，努力提高具有低物质消耗比的生产力，大力降低经济发展导致的环境熵净增长，方能给恢复生态平衡的再生过程留有足够的时间。

还有一个来自熵物质观重要的启示：熵只说明了时间的方向，没有说明其速度，所以熵的速度是可改变的，从而为充分发挥人类的主观能动性、影响熵的积聚过程或减缓净熵增长速度，提供了可能。

据此，可进一步推测：在太阳系进入热寂之前，生产力科学研究完全有可能做到：以不同形式为应对环境熵的净增长而奋斗，在不断提高人类生存品质的同时，为实现社会的可持续发展争取最大余地。

（三）工业化与熵污染——发展带来的困惑

生命形成与进化过程表明，地球已经形成的最适宜人类生存的良好环境，存在于地球表层及其以上空间的有限范围之内，经过长期进化业已形成的生态平衡状态。

在农业生产力阶段之前，人类生存与生产活动所需资源主要来自地表以上空间，其数量有限，形成的废弃物也有限，而且基本可以纳入生态环境的自净化循环。

进入工业生产力阶段之后，人类所需资源不仅取自地表以上空间，还开采并消耗了大量地下资源，同时向地表以上空间排放出一系列前所未有的大量矿物质废弃物与污染物。与人类进化的漫长过程相比较，近三百余年的快速变化，相当于阶跃函数型脉冲干扰，其所造成的强劲污染袭击，犹如打开了潘德拉魔盒，使得生态功能无力适应，一旦超出大自然的自净化能力，生态环境失衡即将陷入恶性循环。

耗散结构理论表明：人类的自组织行为，对自然界具有“他组织”性质。工业化过程实质上是一种从无序到有序的自组织过程，是构成地球环境净熵增长的主要原因，统称为熵污染。

当熵污染达到一定阈值时，可能引发出某种污染物的“类自组织”反应，届时，生态环境将因失控而出现不可逆性失衡。在这种失衡邻近大自然自净能力临界状态的时刻，存在两种可能，一种是人类继续贪婪地向大自然索取，人与生态环境同时遭遇毁灭；另一种是人类悬崖勒马，重视生态平衡，实现人与环境和谐的可持续发展。

(四)现有分类模式的局限性

上述逻辑推理表明：科学的发现与发展源于原始的生产劳动和后来的科学实验，中间几经曲折和哲理争辩，方能达到当代水平。现今，发展环境和谐生产力(EnvironmentFriendlyProductivity)已经提到重要议事日程。

现有科学大部类分类模式，可用一个具有二元结构的示意图概略地予以模拟(见图 1)

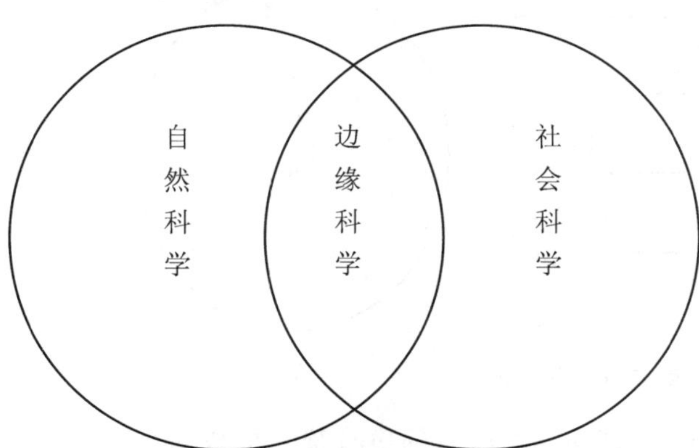

图 1　具有二元结构的分类模式

在图 1 所示的自然科学大部类中，又可再划分为三个组成部分，第一部分是人对自然运动规律的认识，称之为纯粹的自然科学或基础自然科学；第二部分是人对已知自然规律应用于生产的研究，称之为应用自然科学；第三部分是人类将所发现自然规律应用于物质生产的手段，称之为工程技术科学。在以上三个组成部分中，第一部分的研究是面向客观世界，它与第二、第三部分之间的界限比较清晰。第二与第三部分之间有一个共性，即都是以提高人类生存品质为其研究的直接目标；二者的主要区别在于：参研人员的知识结构各有侧重，研究目标具有远期与近期之别，所采用的研究手段与场所也不尽相同。显然这种划分方法有时难免刻板，而且极易导致研究课题重复，造成人才、时间与资源的巨大浪费。

重要的是当代纯粹自然科学的研究已经从人类思维可感知的空间，进入到不可直接感知的宏观宇宙和微观世界领域；与此同时，生产力发展中所遇到的资源匮乏与环境污染也日益突出。各种迹象显示，未来生产力增长的模式已经从以追求经济增长为主的增长观，转变为统筹人与自然和谐发展的可持续发展观。

与此同时，社会科学的发展也远远超出了政治、军事、法律、宗教等社会意识形态领域，在重视上层建筑和生产关系等基础研究的同时，其他研究也日新月异，而且越来越多地采用了数量化分析技术。以作为社会科学分支的《经济学》研究为例，其发展正在沿着边缘科学方向大踏步前进，与自然科学的交叉越来越多元化、深度化。

(五)新模式的图示模型

边缘科学与生产力发展紧密结合的趋势，使得具有二元结构的大部类划分方法，在表述各个学科的分化与整合、基础与应用等方面，呈现出很大局限性。以图形表述的新划分模式(见图 2)

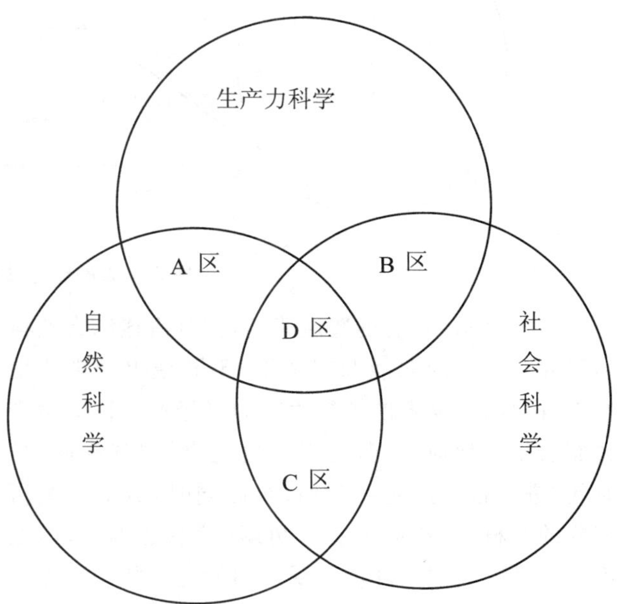

A 区—技术科学　B 区—经济科学　C 区—生命科学
D 区—代表可持续发展综合科学的“未来世界科学”区

图 2　具有三元结构的划分模式

与图1相比较，图2增加了生产力科学大部类，形成了以三个圆环表征的、以三大部类科学为主体的三元结构。同时，对图中以A、B、C三个重叠区间所表述的三大广义边缘科学领域，可分别命名为技术科学、经济科学与生命科学，它们的内涵皆应冠之以"广义"，目的在于突出并整合当代各门类学科的多元性、交叉性与横贯性。

例如，在自然科学所包含的门类中，仅20世纪末期的基础科学就有五百种以上的学科，技术科学则有四百种以上的专业领域。在技术科学中，所包含的分枝已达两千余种，其中，仅为发展空间技术，就出现了万种以上的、前所未有的新工艺、新产品。可见，学科大部类的划分不应再局限于"数、理、化、天、地、生"这些基础学科门类，而应增加能够直接表述广义的技术、经济与环境等新领域。

图2中的D区，位于各大学科的中心，是集合一切现代科学技术之大成的最前沿区间；从科学学的角度，该区域所代表的将是由三大学科部类纵、横交织而成的、最符合人类社会未来生存与可持续发展的现代综合科学，暂称之为"未来世界科学"。

该模式的文字表述为：以基本三元结构为主体，以边缘三元结构为补充，以未来世界为导向的"双三元结构"划分模式。

所建议双三元结构模式与现有二元结构模式之间存在着相当大的兼容性，可以在不影响现行分类方法的基础上，水到渠成地实现科学大部类划分模式的调整、完善与重

二、新模式可成立性检验

(一)时代的召唤

《中国21世纪议程》指出："国家可持续发展能力是顺利实施《中国21世纪议程》的必要保证，在很大程度上取决于政府和人民能力及其经济资源、生态和环境条件。具体说，能力建设涉及国家的决策、管理、环境、资源、科学技术、人力资源等方面"。

在一定意义上，可持续发展生产力是可持续经济发展能力的同义语，为此需要充分发挥人的主观能动性，以期将最新科技成果与先进生产关系整合成可持续发展生产力。(见图3)

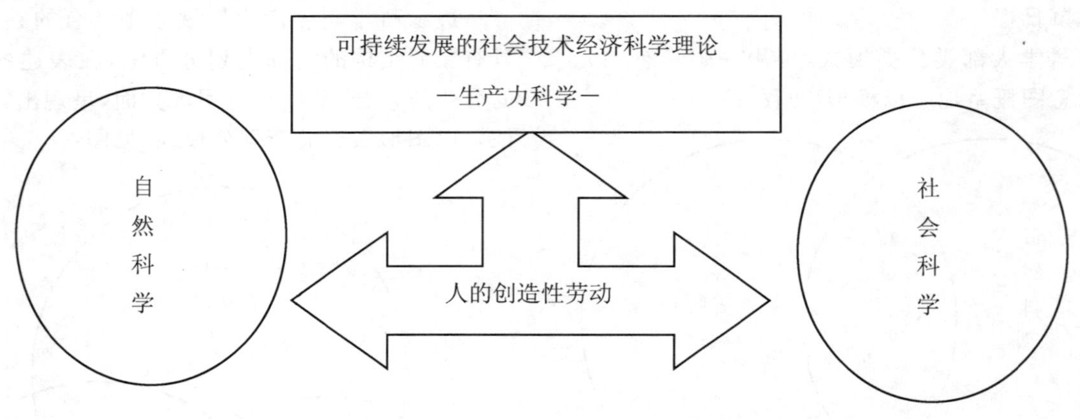

图3 人的创造性劳动与生产力科学发展

图3显示，人的创造性劳动，在有机连结自然科学与社会科学的双能源支持下，不断地提升现代生产力，而且，劳动者的智能生产力已经取代体能生产力而居于主导地位；劳动工具也走出了"杠杆原理"时代，进入智能控制新时期，与此同时，劳动对象所需要的原材料，却从工业化初期的"取之不尽，用之不竭"，进入到超出环境承受能力的危机状态。面对一系列正负两方面的变化，未来社会经济发展前途难以预料，必须采取以生产力科学保障科学发展观的发展对策。只有如此，方能在人的创造性劳动推动下，实现一系列可持续发展生产力的优化集成或整合，其知识生产力部份将统一构成为生产力科学的主体。这是时代的召唤，也是本建议可成立的社会需求基础。

(二)科学分类历史的趋势

为验证所建议科学大部类划分模式的合理性，现以自然科学为例，回顾形成现有科学大部类划分模式的简要历史过程。

1. 古代萌芽时期

古代文明基本是沿着河流流域发展的。例如中国的黄河，印度的恒河，埃及的尼罗河等。随着这些地区先后进入奴隶社会，科学也逐步形成。在中国

诞生了四大发明和与种植季节有关的农历，与丈量土地有关的数学和几何学方法，以及形成了初期的建筑科学等。

2. 近代发展时期

15世纪初，资本主义生产关系开始在西方封建社会萌芽。科学发展中有代表性的事件是：

(1)1543年哥白尼《天体运行论》，以日心说推翻了地心说，“从此自然科学便开始从神学中解放出来”。此后，牛顿三大定律、经典力学、微积分、解析几何、生物学等都相继形成。科学按学科分化发展的趋势占据主导地位。

(2)18世纪下半叶，许多欧洲国家相继开始了产业革命，人类进入蒸汽机时代，为了提高蒸汽机的效率，热力学研究成为重要的时代性课题，热力学第一定律和热力学第二定律先后公诸予世。

这段时期科学发展硕果累累，每一项划时代的发现，都推动了工艺技术创新和进步，生产力的发展也为科学研究提供了有力的装备，科学研究方式由经验阶段上升到理论阶段。

3. 现代科学发展时期

这是自然科学发展突飞猛进的历史时期，又可再细分为两个阶段。

(1)二战前阶段

19世纪末、20世纪初，正当人们满足于牛顿经典力学时，物理学的突破性创新，开始了科学发展的新时代。1905年，26岁的爱因斯坦提出了“狭义相对论”，1915年又创立了广义相对论。成为有代表性的事件。如果说牛顿是以天体和物体运动规律为基础，提出了仅限于宏观低速运动的牛顿力学理论，爱因斯坦则是在力学与电磁学新的基础上，提出了包括宏观与微观世界在内的、范畴更为广阔的物质运动规律。

物理学本质的变革是放弃了牛顿所主张的时间与空间是绝对的概念，采用相对的概念，揭示了空间、时间、物质、运动之间本质上的统一性，导出了相对论力学和相对论电动力学，把古典力学和古典电动力学作为它的低速运动特例。爱因斯坦的相对论也在自然科学与工程技术上起了广泛而重要的推动作用。由相对论推导出来的质能转换关系式，不仅在理论上把物理学质量与能量守恒两个定律统一起来，而且揭示了人类可以从原子核内部获得巨大能量。

这个阶段，科学分化与综合的趋势明显加快。从1900年，德国物理学家普朗克提出能量子假说开始，到量子力学的建立，对分子物理、原子物理、量子化学、生物物理、量子生物学和数学的建立与发展都起了重大推动作用。同时，加速器技术的进步，又为国防、工业、医疗卫生、育种等多方面做出巨大贡献。

(2)二战后阶段

20世纪40年代以后，随着控制论、电子计算机和通讯技术的发展，信息概念迅速渗透到科学技术的各个领域。

以生物科学、环境科学为代表的生命科学，以数字化、智能化为代表的技术科学，以管理科学、金融科学为代表的经济科学，构成了由自然科学、生产力科学、社会科学三大学科部类互相融合、渗透的三大边缘学科。与此同时，信息论、控制论、系统论三大横贯科学问世，成为第三次技术革命的理论标志。从此，科学比以往任何历史阶段都更深入、深远、深刻的改变着人们的社会、精神和物质生活。

(3)小结

科学发展的历史显示，在科学发展初期阶段，本没有一部可资参考的分类方法，分类方法是在发展中诞生、发展中获得完善。

古代科学围绕人类生存的需要，处于不自觉的分化阶段。19世纪中叶左右，学科分化趋向逐步细致，方法互相渗透，术语相互交融，逐步综合为自然和社会两大科学部类。当前面对世界新技术革命与新产业革命的迅速兴起，通过发展绿色生产力寻求统筹人与自然和谐发展的途径，已经成为新的趋势，原有科学大部类的划分模式已难以适应，需要做相应调整，创立生产力科学大部类已经提到21世纪科学发展的日程。

(三)新分类模式可成立条件检验

孙尚清曾经指出：“一般说，一门科学的建立，必须有三个基本条件：第一，确定这门科学所研究的对象和研究的领域；第二，划请它的研究对象与相邻科学研究对象的界限；第三，在研究它的特定对象的过程中，形成理论体系”。

现参照无静差控制系统的技术分析方法，现以图解方式核查新分类模式符合以上三个条件的程度(见图4)

图4中显示，社会生产力系统的总能量输入是来自太阳的能量和地球以资源方式贮存的太阳能。其余各环节的意义分别是：

解码器——模拟科学的整体功能：识别大自然密码并破译其规律；

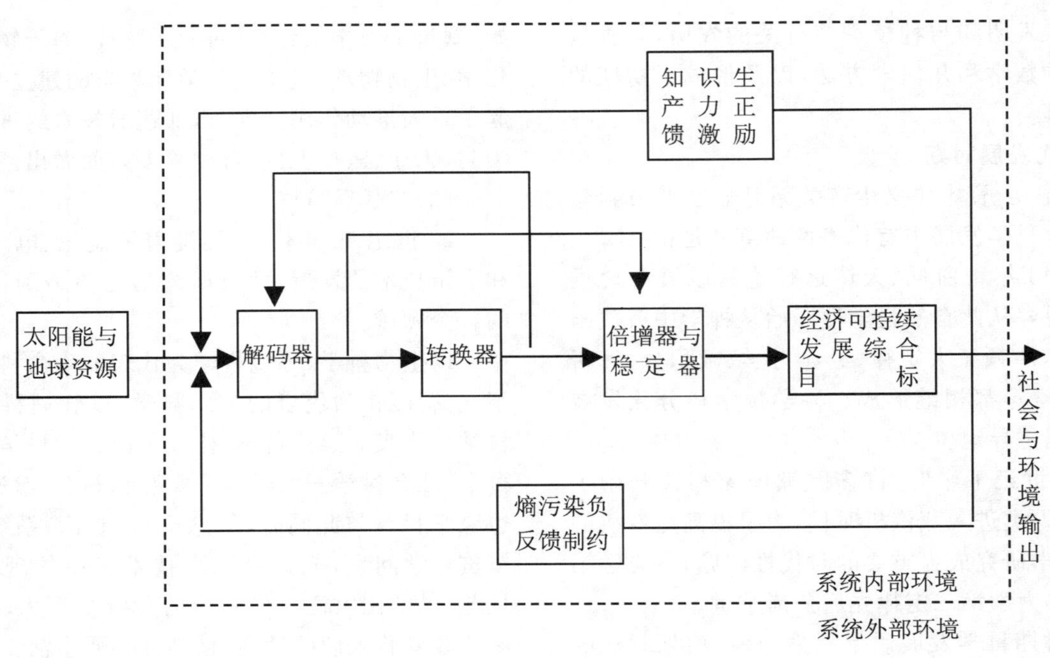

图 4　新分类模式的可成立性图解

转换器——模拟生产力科学的功能：将已破译或识别了的密码，通过各种途径使自然资源得以转化为物质产品或知识产品；

倍增器与稳定器——模拟社会科学的功能：创造生产关系良好适应生产力发展的体制，保障产出品的最佳社会效果及分配；在提高物质文明的同时，充分发挥精神文明的导向作用，并不断完善实行可持续发展方针所需要的社会公德与法制环境；

终端环节——模拟人类社会最终将在知识生产力激励和熵定律制约的双重作用下，不断通过科学创新，实现统筹人与自然和谐展的伟大目标；

反馈环节——模拟上述过程中，通过正馈激励与负馈制约而形成的自我完善机制。

以上诸过程将与时俱进，自我完善、循环上升。

图中各方块环节表述的功能，表述出各大科学部类的不同研究对象及领域；各方块之间的正、负反馈联系，则表述了各大科学部类之间的相互关联及边缘学科的形成。图 4 表明图 2 所示“双三元结构”划分模式，在总体功能上能够满足孙尚清提出的三项基本条件中的两项。下文将对第三项条件一理论体系重点予以分析。

三、生产力科学的理论体系与核心研究内容

(一)新模式的经济理论体系

建国以来，我国在政治经济学和生产力经济学的研究方面，已经取得了令人瞩目的丰硕成果，足以构成生产力科学的政治、经济理论基础，诸如政治经济学、生产力经济学、数学生物经济学、宏观经济学、微观经济学、技术经济学，发展经济学、短缺经济学、产业经济学、系统经济学、计量经济学、空间经济学等。论述从略。本节仅重点探讨生产力科学中物质理论体系的构成。

(二)生产力科学的物质理论体系——熵定律

在生产力科学研究中，物质生产力占有非常重要的地位，无论知识生产力发展到何等水平，最终都必须部分转化为物质产品，此时摆脱熵定律制约的主要对策是从树立熵物质观入手。

熵物质观的理论基础来自热力学定律。热力学定律是热力学第一与第二定律的统称，可概括为：“宇宙的能量总和是常数，总熵之和不断增加”。其中第一定律指出：宇宙中的物质与能量是守恒的，既不能被创造，也不能被消灭，它们只有形式的改变，没有本质的消失。第二定律进一步指出：物质与能量只能沿着一个方向转换，从可利用到不可利用，从有效到无效，从有序到无序。它揭示出：在物质世界，宇宙万物皆从一定的价值与结构形态开始，不可挽回地朝向混乱与荒废状态蜕化。因此，热力学定律又称作熵定律，更被称作是物质世界的最终定律。

此概念是 1868 年由德国物理学家鲁道夫·克劳修斯首先提出。意即，一个系统欲将能量转换为功，不同部分之间就必须有能量集中度的“差异”；而

且，每当能量实现一次从高位向低位的转换，都意味着下次做功能量的减少。照此下去，最终总有一部分低位能无法得到应用，称为有效能损失。地球有效能日渐减少，标志着环境净熵对应增加。这种由无效能形成的环境污染，统称为“熵污染”。

克劳修斯还注意到，被加热的物品，在空气中会自然冷却，周围空气温度则相应上升，最终达到两者温度等同的状态。这种局部能量均衡现象，表明热量自发地实现由高至低的传递。要想恢复其原来温度，需要重新加热，消耗新有效自由能（地球资源），因此，克劳修斯总结热力学第二定律时说：世界的熵总是趋向最大值。

两年后赫尔姆霍茨系统的提出了以熵定律为基础的宇宙理论。它的“热寂说”断定：宇宙正在逐渐衰亡，宇宙的熵最终必然达到最大值，那时全部有用的能量亦被消耗空，热寂必然会到来，宇宙中再也不会有任何变化发生。处于永恒的宁静。

问题在于人们一方面接受热力学理论，另一方面又忽视了以下事实：当人类社会从无序发展为有序时，对地球而言，则是从有序状态走向无序状态。

后来又有人提出“持续创造说”，认为如果能通过输入负熵来弥补熵的增值，宇宙就可以永世不衰。要证明其学说就必须证明以前与现在的无线电源没有明显变化，在60年代，科学家通过记录宇宙中古往今来的无线电源，证实远古时代比现在的无线电源多得多。证明了宇宙的熵正在迈向其最大值。因此，对太阳系和地球村而言，熵定律至今仍然被称作是：“自然界一切定律中的最高定律”。

当今，熵定律为世界上一切物质生产活动，提供了宏观的科学框架。用诺贝尔化学奖得主弗雷德里克·索迪的话来说：熵定律“最终控制着政治制度的兴盛与衰亡，国家的自由与奴役，商务与实业的命脉，贫困与富裕的起源，以及人类总的物质利益”。人类所参与的每一项物质活动都受着熵定律的严密制约。

需要强调的是，熵定律只涉及物质世界。物质世界中万物都是有限的，一切生命体的新陈代谢，最终都将归于死亡。

熵定律虽然制约着时空的物质世界，但是人的精神世界不受熵定律支配，一句通俗的民间谚语：“人往高处走，水往低处流”，道出了两大范畴物质观的真谛。“水往低处流”，指的是物质世界运动规律，世间万物皆自发趋向“熵”最大化，亦即能量最小化原则；“人往高处走”，指的是精神世界及知识生产力的超自然性，人类的精神世界永远不受熵定律支配。持续提高文化素质，合理组织物质生活，在发展物质生产力的同时，提高资源热效率、降低熵污染，实现文化与物质生产力同步增长，将有助于缓解熵定律对物质世界的部分桎梏，为日后产生更为新颖、有效的技术保留资源、赢得时间。

遗憾的是：亚当·斯密曾明确无误的把道德观念从经济学里剔除出去，他宣称“最有效的经济结构是放任主义的经济结构，即对一切都不加干涉，人们可以为所欲为”。现在全球已经尝到坚信“人类活动的基点是物质私利”的苦果。

生产力科学义不容辞的任务是：人类如何在这另一只“看不见的手”的支配下，最有效的应用一切科技成果，符合自然规律地实现生产力的可持续增长。于是，一门崭新的、与自然科学和社会科学并列发展的科学大部类一生产力科学便自然而然的进入议事日程。

（三）生产力科学研究的核心内容一可持续经济发展能力

可持续经济发展能力主要包括两个方面：经济系统内部环境的可持续发展能力和经济发展外部环境的可持续发展能力。

对人类而言，在内部环境中，起主导作用的大都是可控因素。例如劳动者素质、科技创新与转化能力、产业结构、教育水平及法制环境等软环节；也包括上层建筑和意识形态等所决定的社会进步机制，如社会公正、稳定、安全以及自然人的生育观、消费观、对世界的认知水平、文化传统以及行为道德规范等。

外部环境中其主导作用的多属人类不可控因素。例如：生态平衡状态、资源供给条件等。其中：生态平衡状态取决于环境自净化循环的调节能力，包括：环境的污染吸收和净化能力，生物多样性，生态系统自动稳定过程等。资源供给条件包括可再生资源的可持续再生能力；非再生资源储量与可替代程度等。

生产力科学的主要研究内容将是：最有效地综合一切科技成果，积极、主动的探索各种优化集成途径，充分发挥有限的可控因素，去适应广泛的不可控变量，并使其部分进行可控化转变，使得可持续经济发展的两方面能力得到充分发挥，从而保障达到预期目标。

（四）生产力科学研究的“分解一合成技术”

生产力系统隶属于“人类一物质”系统，在该系统中，人的主观能动性及其创新劳动，有着巨大潜能。

在现代生产力中，知识生产力与物质生产力之间的交融存在于各个层面。不断创新的高科技，为应用“分解－合成技术”提供了可能。

任何“人类－物质”大系统都可分解为与知识相关和与物质相关的两个子系统，称之为一级“知识－物质”子系统；一级子系统的“物质”单元，又可再进一步分解出居于下位的“知识－物质”二级子系统。层层细分，直至人类运用知识生产力找出得以缓冲熵定律支配的新途径。

四、结束语

在当代，很难做到依靠单一学科即可完成研究复杂的技术和社会问题。例如，社会发展预测、国民经济计划的制定、科学技术发展规划、科技政策制定等，都离不开对生产力科学知识的综合运用。因此，需要创立一个新的领军学科。

一个值得注意的问题：当代的科学发展速度，既推动着生产力空前提高，也超越了现实生产力水平。建立在机械论物质观的科学大部类划分模式，已经不适应21世纪人类期望的可持续发展新目标，需要加以发展和完善。

在中国，生产力研究曾隶属于经济学的一部分，并逐步形成与政治经济学并列的生产力经济学及其一系列分支。但是，当前许多重大问题的解决必须立足于生产力与科技的整体水平，以生产力经济学为主体的各个经济学分支，已经难以担负如此重任。

在科技创新与新产业革命周期明显缩短、全球资源与生态环境对经济发展约束力度明显增强、人类智能素质与公德意识明显提高的社会进步状态下，创立生产力科学，不仅有利于推动科学技术迅速转化为先进生产力，也有利于为自然科学的深入研究提供更优越的物质基础，以期“统筹人与自然和谐发展”大目标得以早日实现。

自然科学家、社会科学家和企业家是现代社会进步的三大主力军，新划分模式有助于为一切科学工作者，特别是其中的企业家，搭建更广泛、高效的信息平台，创造跨学科领域进行纵、横向嫁接、渗透的大环境，发展更先进、高效、节能的绿色生产力。

实现人与自然和谐发展的历史机遇已经来临！生产力科学进入与自然科学和社会科学并列发展的客观条件已逐渐成熟！

主要参考资料：

[1]李宝恒译，《增长的极限》，四川人民出版社，1948年版。
[2]杰里米·里夫华德著，吕明、袁舟译，《熵：一种新的世界观》，上海译文出版社，1987年版。
[3]《可持续发展经济学》，刘恩华主编湖北人民出版社，1997年版。
[4]周吉、陈文主编，《科学学管理学人才学》，1980年内部版。
[5]弗雷德里许·洪德著，黄席棠译，《热学理论》，科学出版社1956年版。
[6]孙军编，《热工理论基础》，中国林业出版社，1995年版。

对生产力发展阶段和历史类型的文化阐释

殷庆威

文化与生产力，二者不仅有着共同的生成起点，而且在内涵上有着现实的统一性。文化不仅在最广泛的意义上是生产力系统的环境，而且有些因素还是直接的生产力要素，是生产力发展的动力，也是生产力道德评价的尺度。生产力不仅具有作为社会物质基础的经济功能，而且还具有更为深刻的人类追求真善美、实现精神需求和自我价值的文化功能。本文正是基于文化与生产力一体化发展的规律，以新的文化视野，审视以往对生产力概念理解的狭隘性，并试图对生产力发展阶段和历史类型作出新的阐释。

一、进入文化视野中的生产力

研究生产力的发展阶段和历史类型，首先必须确定对生产力进行观察分析的立足点和视角。由于研究主体的立足点和视角差异，对生产力客体的理解及其动态划分标准的把握就会相去甚远，对现实生产力的指导也会产生不同的影响。

在以往的经济学理论中，生产力常常被定义为："人类改造自然、征服自然获取物质财富的能力"。这种定义、所内含的观察生产力的立足点，是人与自然的对立关系；对生产力的观察视角，是"见物不见人"、把生产力更多地看作是一种物的积累。这种理论的渊源，可以追溯到经济思想史中的重商主义、重农学派以及古典经济学的各种学说。以往对生产力的发展阶段和历史类型的划分，也基本上是以这样的立足点和视角来进行的。在这样的生产力观指导下，人类全力地征服和改造自然，千方百计地聚集财富，创造出了大量的征服自然、生产物质资料的技术和装备。但是，当人类生产力发展经过相当长的农业文明之后，近现代的工业文明带来了空前规模的社会化大生产，产生了资本主义市场经济对利润的无限贪婪，对剩余价值的无止境的追求。人与自然、人与社会、人与自身的发展这三方面的基本矛盾出现了激烈的冲突。人类的生产活动在提供了大量社会财富的同时，也正在给自然界和人类自身带来灾害性的后果，经济的高速扩张，出现了人类对自然界的掠夺，对自然资源过度耗费，致使生态平衡遭到破坏，生存环境遭受污染，造成了人们精神的空虚和道德的丧失，人类并没有享受到生产力带来的人的全面发展，而却逐渐变为机器和技术的奴隶，一种片面畸型的经济动物（生产与消费的人格化）。正像马克思所指出的，资本主义机器大工业，在证明人类作为经济动物征服自然的强大能力的同时，"直接完成了人的关系的非人化"。

上述传统的生产力观，对我国经济理论和实践也有很深的影响。改革开放以来，我们国家生产力得到了巨大的解放和发展，迅速缩短了我们与发达国家在生产力现代化和市场化方面的差距，但是在这个过程中，在生产力的增长模式、价值评价方面、也存在着拼资源、拼速度、拼数量的粗放式经营，单纯追求生产力自身的数量膨胀与经济关系内部的效率机制，忽视人的主体地位和全面发展，忽视人与自然界、社会的和谐平衡，忽视生产力和经济之外的昂贵的社会成本的种种现象。这种情形对于正处于迈向现代化进程中的我国格外需要关注。正如有识之士指出的那样，中国正面临着"资源稀缺、土地匮乏、人口膨胀、环境污染、生态失衡"的严重局面。近年来，厄尔尼诺现象肆虐，长江年年受到洪灾威胁，给生产力发展和社会进步带来巨大破坏，就是对传统生产力观的最有说服力的批判。由于长江上游乱砍滥伐日益严重。生态环境惨遭破坏，水土保持能力急剧下降。据统计，目前长江每年带入大海的泥沙多达5亿吨，相当于尼罗河、亚马逊河、密西西比河的总和。全国两个最大的热带雨林区之一的海南岛，其75%的热带雨林被毁坏，森林覆盖面积大量减少。另外一个云南西双版纳地区的森林覆盖率也减少了50%。近10年来，我国土地沙化面积每年高达2100多平方公里。全国有20个省市的城市出现了酸雨和沙尘暴现象，空气污染严重威胁着人民的健康。

理论和现实都要求我们，对传统的生产力观和生产力发展的阶段划分进行深刻的反思，从而确立更加科学全面的观察分析生产力问题的立足点，为生产力的发展和生产力科学学科建设，提供更为坚实的基础。而今，文化与生产力的结合日益密切，文化生产力一体化已经成为世界经济发展的大趋势。这些都为我们提供了认识和解决上述矛盾问题的背景条件。

在马克思主义看来，文化的本质是“自然的人化”或“人的本质力量的对象化”。其中包含着“自然的人化”与“人化的自然”二者辩证统一的关系，揭示了人的主体性地位，以及人与自然、人与社会、人与自身的运动发展规律。当今时代，经济发展和社会的全面进步，日益凸显出文化力的重要作用。“知识经济”时代的生产力，已经从自然生产力、农业生产力、工业生产力，进入到了一个高智能型的文化生产力时代。国际竞争的实质是综合国力的较量，而文化力在综合国力中具有巨大的凝聚力量、动员力量、鼓舞力量和推动力量。许多专家学者和有识之士，都意识到新世纪的经济竞争、力量对比，将会很大程度上取决于文化力的较量。“文化力”这一概念的提出，有利于我们从经济、文化、科技、以及人的发展和社会的全面进步相结合上来探索经济和现代化发展的新思路，具有极为重要的方法论和实践论的意义。

用这样的大文化观重新审视生产力概念，那就应在原有生产力概念的内涵中，加进更为丰富的内容，最基本的应该包括四个方面：(1)生产力的主体性。生产力必须确立人的主体性地位，生产力的最高标准和最终目的在于人的全面发展，一切与此目标相违背的行为，都是反生产力的；(2)生产力的和谐性。生产力必须正确解决人与自然和谐相处的关系，一切破坏这种和谐相处关系的行为，都是反生产力的；(3)生产力的道德性。生产力作为社会发展的物质基础，必须有助于社会的全面进步，有助于人类自身的不断超越，一切不利于社会进步和人类自我发展的行为都是不道德的生产力，应受到谴责和限制的生产力。(4)生产力的文化性。深层次的文化认同和整合，关系到整个民族生存和生产力发展的理由。它所回答的是为什么要发展和向哪里发展的问题。经济发展能够增加物质财富，但却解决不了人们精神上的空虚，网络技术、核技术、生物技术等高科技手段，在带给人类财富、舒适和便捷的同时，也增加了不安全感和生存环境的恶化。离开文化支持和文化约束的生产力，是没有前途和灵魂的生产力。

二、传统理论对生产力历史类型划分的狭隘及局限

在传统生产力理论看来，自然界只是人们生产活动的对象，自然界会随着生产规模的扩张源源不断补充生产过程中所耗费物质，并自动接纳、妥善处置生产过程中释放的废弃物质。自然界不会产生对人类的消极影响，物质生产的规模无需考虑与自然环境相和谐，与自然资源相适应的问题。这种狭隘的生产力观，前不见人，后不见自然界，使得人类与自然界的中介——物质生产活动孤零零地从人与自然的关系中脱离了出来。为生产而生产，盲目片面追求生产力发展的规模(速度、数量)，使得生产力发展失去了其真正的目的与意义。

这种传统的生产力观，在人们对生产力历史类型划分的理论中，有明显的反映。经济理论界对生产力历史类型的划分，主要有下面几种：

一是从生产工具角度来划分。传统生产力理论认为，生产力由劳动者、劳动对象和劳动资料三大要素构成，而其中劳动工具是生产力发展水平的标志。据此将生产力划分为石器时代、铜器时代、铁器时代、机器时代等等。

二是从生产关系角度来划分。生产力与生产关系相互依赖，相互作用，生产关系是生产力的矛盾对立面。从这一角度对生产力进行分类，人们是从生产关系的主要方面生产资料所有制来把生产力划分为原始社会生产力、奴隶社会生产力、封建社会生产力、资本主义社会生产力、社会主义社会生产力和共产主义社会生产力等等。

三是从科学技术角度来划分。从技术角度划分生产力，是国际上通常采用的方法，一般都将生产力划分为手工劳动、半机械化、机械化、半自动化、自动

化五级生产力。

四是从主导产业的角度来划分。将人类社会生产力的发展分为农业社会生产力、工业社会生产力、后工业社会生产力、信息社会生产力等等。

上述对生产力的划分，经过客观实践过程的检验，存在着明显的缺陷：

1. 缺乏价值导向。我们知道，生产活动是人们基于需要的前提下而去进行的，因此，人们生产活动的动机也好，目的也好，手段也罢，都最终必须满足人们的需要。物质生产如果离开人的需要，动机、目的、手段都片面地强调生产规模的扩大，技术至上，追求产值，则会使生产活动违背其本来的面目。这样一种对“需要——满足”即价值问题毫不在乎的生产力观必然导致生产力的发展失控。生产力的发展只有满足人们的需要才是有价值的。而目前关于生产力的划分理论，容易在实践中导致人们唯生产而生产，片面强调生产总量的扩展。这样就对生产力的发展缺少总体上的价值评价和价值导向。

2. 缺乏系统把握。上述对生产力的划分的方法，忽视了生产力是一个开放着演进着的完整的系统。工具、科技只不过是生产力的因素之一。所有制也只是生产力的对立面生产关系的重要因素而已，实际上，运用上述生产力划分理论指导我国生产力的提升，往往偏重于工具的更新换代，导致技术崇拜，追求所有制升级，而忘记了生产力发展是一个全面的含义。这种以个别（工具、技术、所有制）代替总体的生产力观容易导致生产力的片面、畸形发展。

3. 忽略“人”的因素。在生产力诸要素中，人应是首要的因素，而上述划分，则过分强调工具、强调技术、强调所有制，人—劳动者反而成为可有可无的了。随着生产力的发展，人也必然获得发展，而且对于一定的生产力水平，人的发展水平也必然与之相适应。在人类生产力的发展的最高境界中，人将获得全面自由发展。这说明，生产力与人是时刻不容分离的，没有人，生产力就没有存在和发展的必要和可能。人既是生产力中的首要因素，又是生产力发展的最终目的。

传统生产力历史类型划分理论的上述缺陷，直接给我国生产力的发展带来了消极的后果：

1. 简单的工具意识导致生产力运行机制畸形。生产力的组成要素中，工具起的作用当然很重要。但劳动者、生产对象也不是可有可无的。人们习惯上对生产力进行工具的划分，在生产力发展战略的设计上也走上一条片面强调工具的路子，形成了一种简单的工具意识。在引进机器设备上，不顾国情，不顾劳动者的能力，盲目引进，重复引进，造成设备闲置浪费，造成资金浪费和产品积压。而且，不注意先进技术的吸收消化，忽视劳动者能力的提高。在企业管理上，看不见人，人在流水线中消失了。注重生产工具升级换代而漠视人力资源的开发和人的积极性的发挥。

2. 追求所有制升级致使生产力运行秩序紊乱。从所有制上来划分生产力，由于长期过分强调所有制对生产力的反作用，形成了一种呆板的思维方式，即所有制越高级生产力就会越发达。在生产力与生产关系中，生产力反而退居其次。改革开放前，人们大搞所有制升级，个体、私营升格为集体，集体升格为国营。所有制越大越好，越公越好，违背了生产力发展规律，受到了惩罚。当今，我国国有企业的产权制度改革中，在一些地区存在着这样一种情况，不论什么企业，不管其生产力水平如何，都一律搞股份制、公司制。认为只要企业制度同国际接轨了，企业就搞活了。应该看到，这种超越生产力发展水平追求所有制形式变革的做法仍然是改革前所有制升级在新的经济形势下的翻版。

3. 片面强调物质生产的观念，强化了对自然资源的掠夺性开发与人的片面发展，人类与自然的矛盾尖锐化。由于上述划分方法，或者强调工具技术，或者强调所有制，物质生产在其中占有突出的地位。人们关心的是以怎样的所有制运用怎样的工具凭借什么样的技术去进行生产，而忘记人类自身才是生产力的首要因素，忽视了劳动对象对人类生产条件上的限制。一方面，人在生产过程中成为生产工具、生产技术的奴隶，人得到的只是片面发展。另一方面，自然界被肆意地践踏，资源枯竭和浪费，环境污染，生态危机出现了。孤立的物质生产，不但使人无法全面发展自己，而且生态危机又说明自然界也来报复人类了，人类与自然界之间的矛盾加剧。

4. 技术的片面使用使生产力处于失衡状态，带来了许多社会问题。众所周知，技术在当代生产力发展中有着愈来愈重要的地位，但技术毕竟是人创造发明的，它必须为人类自身的发展服务。片面使用技术的生产力观却使人们难以从人类与自然界相统一的高度来检验生产活动的效益，使技术发展与使用脱离了人类的终极目的。人在生产力发展中的地位被技术无情地剥夺了，生产力发展原本的平衡态也被技术打破了。在这种生产力运行秩序中，人必须服从技术的尺度，技术社会里人际关系的紧张、淡薄，道德问题、暴力问题等社会问题不同程度地增加了。另一方面，人们不仅对自然界进行着有技术理由的劫掠，环境污染与破坏也随之加剧。

三、从文化视角划分生产力发展阶段及其历史类型

传统生产力历史类型的划分理论的缺陷及其危害，不但为西方国家的生产力发展过程所证实，而且在我国十几年来的社会主义生产力运行中也充分显露出来了。用这样的理论来指导生产力的发展，无疑会使人类生产力的发展走入歧途。这就要求我们在新的历史形势下从文化角度重新审视生产力，对生产力历史类型进行大文化的划分：

一般看来，文化结构分为文化主体与文化客体两个方面。文化主体是指征服、改造自然的人。文化客体则比较广泛，包括自然界、人类社会甚至人自身。文化主体与文化客体之间的矛盾运行推动着文化不断地向前发展。而文化主体与文化客体的关系又主要表现在三个方面即：人与自然的关系、人与社会的关系和人与自身的关系。文化的变迁、人类社会的进化，主要表现在人从自然、社会和自身的束缚中脱离出来的程度或是说人改造自然、社会及人本身能力的发展。文化水平的实质就体现为人的自由发展程度。而人的自由发展程度是一个综合指标，它包括三方面的内容：人相对于自然界的自由发展程度，人相对于社会的自由发展程度和人相对于自身的自由发展程度。在文化的变迁过程中，人的自由发展程度的提升过程因出现量与质的变动过程而区别为不同质的阶段。这些不同质的阶段往往表明人类社会发展某一时期人的自由发展程度水平的高低，同时也反映着这一时期人类改造自然、社会和自身能力的大小。而在人的自由发展程度的三方面内容中，人相对于自然的自由发展程度是主要的，它决定着另外两个方面。所以，我们可以从人与自然的关系的状态出发，从其质的规定性上，将生产力划分为相应的几个阶段。这样，我们就找到了从文化角度划分生产力的钥匙，即从文化主体与文化客体关系的实质——人的自由发展程度中起决定作用的人相对于自然界的自由发展程度，来划分生产力的文化阶段。

所谓人相对于自然界的自由发展程度，是指人类与自然界关系处于何种状态，这种状态中人的自由发展水平如何。纵观人类社会经济发展史，根据人类与自然界关系的演变过程及其未来变化趋势，我们从文化角度将人类社会的生产力划分为如下三个文化阶段和历史类型。

1. 自然和谐的生产力。我们知道，长期的自然经济社会，人类与自然界的关系始终处于相对和谐的状态之中。人们主要从事的是农业生产，大规模的土地开垦造成的水土流失、人口的快速繁衍生殖，都没有超过自然界的承受极限，人依附于土地，人们依靠风调雨顺取得收成，求得生存发展。但人类在与自然界这种缓和的状态中，人相对于自然界的自由发展程度是极低下的。由于农业生产表现为对自然条件强烈的依赖并且土地这一生产条件的自然本性，又使得孤立的个人是完全不可能有土地财产的。人们只能在各种共同体中相互依赖，物质生产的社会关系以及建立在这种生产的基础上的生活领域，都是以人身依附为特征的。在共同体内部，由于人们之间的社会关系表现为直接的依赖性，单纯的个人便成为这一共同体的附属品。共同体的整体意义使个体根本没有自由独立性。而对于共同体外部，人们只能在共同体内部狭窄孤立的时空中得以发展，无法建立更为宏观的社会普遍联系，更无法求得自身独立的意义和自由个性。这种人类与自然界相对和谐的状态，是以人丧失自由与发展为代价的。显然，这种人类与自然界之间的和谐，是自然的、落后的。我们把这种人类相对于自然界的自由发展程度极低的生产力叫自然和谐的生产力，它是人类社会生产力发展的初始阶段。

2. 市场冲突的生产力。工业文明与其相适应的市场经济体制使人类与自然界的关系开始恶化。在市场经济条件下，人们之间的关系通过商品、货币等物的形式表现出来，人们在经济活动中充溢着对物的关怀，对物强烈的依赖。物质生产这一人类与自然界的中介便孤立了出来。在物质生产过程中，片面追求生产数量、利润，忽视人、自然以及人与自然的协调和谐。特定的生产方式决定了一种机械的生产力观。但从人自身来看，对物的依赖促使了个体自由程度的提升和能力的发展。在过去，人类个体依附于共同体，人们无法超越血缘、等级、种姓等的外在规定性。而现在，个人在社会中的地位、作用往往与个人的能力联系起来，由人凭借自身的能力并在劳动交换中形成，由人自己来建构。这样，在市场经济条件下，个人在形式上获得了独立性和自主性。个人作为交换价值的生产者而存在，并在交换中有着形式上的平等性。但人们还只是偶然的个

人，表现为单个点，受物的必然性所支配。可是，人在这种情况下，是不可能获得真正的自由的，在能力上也不可能得到全面发展。这一时期，一方面过分强调物质生产，并将其从人类与自然界的关系中活生生剥离了出来，生产的盲目性造成了对自然界的掠夺以及环境的破坏。另一方面、人对物的追逐使人得到的只是形式上的自由和片面的发展，带来了种种社会问题。人类与自然界之间的关系紧张起来了，处于矛盾对立、冲突的格局。我们把这种处于人相对于自然界的自由发展程度所形成的形式上的自由、能力片面发展的生产力称之为市场冲突的生产力。它是生产力既得到相对的发展又未得到充分的发展的特定历史阶段。

3. 自由和谐的生产力。人类生产力发展的最高境界是自由和谐的生产力。这也是人类社会生产力发展的必然趋势。这时期，人类与自然界的关系将重归于和谐，但这种和谐已不是原始意义上的了。一方面，人类成为了全面自由发展的人，以一种全面的方式占有自己的全面的本质，并不再依赖于某一共同体，或者依赖于物，能够充分掌握并运用自由时间。人不再是任何外在物的奴隶。另一方面，自然界不再遭受肆意掠夺，人类注意环境保护，注意维护生态平衡，生态社会到来了。这种人类相对于自然界的自由发展程度，已经达到非常高级的阶段。我们将与之相应的生产力叫做自由和谐的生产力。在这种生产力的阶段，人们可以自由地创造，进行生产，并能和谐地与大自然友好相处。人的异化消除了，人类以更高的形式重新回归于自然。

四、对生产力历史类型进行文化阐释的现实意义

工业革命以来，世界各国在工业文明基础上大多采用市场经济体制。从文化角度来看是处于“市场冲突生产力”阶段。在这一阶段，一方面生产力规模得以迅速扩张，另一方面却使人类和自然界的矛盾空前激化，生态危机与社会危机同时出现在人类面前。西方发达资本主义国家，面对生态危机，走过了一条“先污染，后治理”的路子。对社会危机则是无可奈何。当前，我国正处于计划经济体制向市场经济体制的转轨过程中，自然界的开发与保护问题，人的发展问题都显得非常严峻。我们不能再走西方的老路，对社会问题更不能束手无策。

要彻底解决上述问题，就必须最终完成由市场冲突的生产力向自由和谐的生产力过渡，虽然这一过渡时期将会是漫长的。但自由和谐的生产力是生产力发展的总趋势。当前，世界在市场冲突的生产力的发展过程中已经露出了自由和谐的生产力的曙光。作为社会主义市场经济的国家，就更应该顺应生产力发展的潮流，站在文化的制高点上，积极推动生产力向更高层次的发展。

1. 创造性地建构生产力的新发展观。人类生产力从自然和谐的生产力，到市场冲突的生产力，再到自由和谐的生产力，其发生发展过程是一条必然的规律。在人类社会初期，文化与生产力是浑然一体的，没有文化与生产力的区别。人们在改造自然，征服自然的过程中，能力大小和自由发展程度的高低是一致的。随着人类社会的发展，文化与生产力分离开来。尤其是工业文明及其与之相适应的市场经济体制更是拉开了文化与生产力之间的距离。自工业文明诞生以来，人类社会的生产力获得了高速的增长，人类征服改造自然的能力空前提高。而与之对应的，是人的片面发展和对自然界的破坏，人类与自然界关系的紧张不安。这说明文化并没有与生产力一样获得同样速度的发展。人相对于自然界的自由与发展仍然是有限的和片面的。文化与生产力发展的脱节使人们形成了一种机械的生产力发展观，即过分强调人类与自然界联系的中介——物质生产，忽视了人类的自由发展和人类与自然界的和谐统一。从文化视野来划分生产力的历史类型，就可以使我们重新建构生产力的新发展观，即生产力的发展应该以人类的全面自由发展，人类与自然界的和谐统一为原则，不能以牺牲人类的自由和对自然界的掠夺来换取生产力孤立的发展。只有树立这样一种文化与生产力一体化发展的生产力发展观，生产力发展才能走上健康的轨道。

2. 重新审视人在生产力结构中的中心地位。在生产力结构因素中，人、工具、技术、资本、对象等，人应该是最重要的。但在传统生产力历史类型划分理论中，人们往往过于强调工具、技术，人服务于工具技术，人被资本所控制、购买、驱使。反映在管理思潮中，就是泰罗制的科学管理理论及标准化管理、数字化管理（计算机管理）等等，在具体的生产力组织过程中都漠视人，极力推崇工具和技术的作用。人在具体劳动过程中服从于没有生命的东西。这说明，在传统的生产力理论中，物的东西尤其是工具、技术在生产力结构中上升为第一位的了。人把自己反而置于被动的位置上了。实际上，在生产力结构

中,人——劳动者应该是最具生命力的因素,它是处于中心地位的。一方面,我们知道生产力的组合与生产力的发展都是为了人——人的需要和人的发展。另一方面,生产力的发展过程始终是离不开人的,工具技术都是人创造的,它们应该是人掌握并驱使的,应受人的控制。从文化角度来审视生产力,就会重新发现人在生产力结构中的中心地位,就会明确生产力发展的最终目的,是为了人的全面自由的发展。人在追求经济增长的过程中,就不会以牺牲人的本质,使人仅仅获得片面发展为代价。而应把人放在生产力发展的首要位置上来。

3. 突出强调生产力发展过程中各种关系的平衡协调。生产力的发展,需要调动人与自然两方面的因素,需要在一定经济机制中实现对各种资源的合理配置。随着人类生产力水平的提高,人类与自然界之间的关系应该是和谐的。但是在工业文明发展过程中,人类肆意地践踏自然界,不但难以使人类获得全面的自由与发展,而且对自然界的破坏又反过来报复人类,使得自然界与人类之间的关系极为紧张。而且在陈旧的生产力观指导下,人们强调经济发展,忽视了文化变迁;重视物质文明建设,忽视了精神文明建设。而对生产力进行文化的透视,会使人们在生产力的发展过程中,看到生产力的发展并不只是自身的发展,它需要处理好一系列的关系,如:人类与自然界之间的关系、经济与文化之间的关系、经济发展与环境保护之间的关系以及物质文明与精神文明之间的关系,并使它们平衡协调。任何突出一方面,忽视另一方面,或者将两者的联系中介突出来的做法都会使生产力无法正常地运行。

4. 积极推进经济增长方式的转化,保障社会经济可持续性发展。粗放型的外延扩大再生产,是长期以来人们奉行的生产力发展模式。我国经济领域中存在的对资源"竭泽而渔",片面追求总量、利润,不计物质损耗、环境污染的现象,正是这种模式造成的。如果从文化角度来指导生产力发展,就要摒弃这种陈旧的生产力发展模式,就要积极主动地转换经济增长方式,采用重视质量、效益的集约、内涵式的生产力发展模式,依靠科技进步,更新改造,管理科学,生产集约化以及人的素质的提高来求得经济增长质量、效率和效益的提高。只有这样,我国生产力才能够持续性地健康发展,才能使国民经济进入良性循环,才能使人类文明和进步在更高层次上展开。

经济增长方式转变程度的衡量

武义青

经济增长方式，顾名思义，就是经济增长的方式。什么是经济增长？有多种表述，例如：(1)萨缪尔森在《经济学》一书中，把经济增长定义为："一个国家潜在的国民产量，或者，潜在的实际GNP的扩展：生产的经济实力的扩展。"(2)刘易斯的《经济增长理论》一书"导言"中，第一句话就是："本书的主题是人均产量的增长。"(3)《简明帕氏新经济学辞典》中，对经济增长的定义是："按不变价格计算的人均国民产品的变化率。"(4)谭崇台在《发展经济学》一书中，则将经济增长定义为："一国或一地区在一定时期包括产品和劳务在内的产出的增长。"尽管这些定义的角度各有侧重，表述有所不同，但归纳起来，经济增长的实质，都是指产出（产量）的增长（扩张）或人均产出的增长。对经济增长的测定，目前国际上通行的方法是，用实际的国内生产总值（GDP）的变化率来表征，即：经济增长率(r)＝ΔGDP/GDP。本文以此为基础，对经济增长方式转变作进一步分析。

一、经济增长的构成分解及粗放与集约的表征

(一)经济增长的构成分解

众所周知，生产率(P)等于产出量(Y)与投入量之比，即P＝Y/X，因此Y＝PX，从而有

$$\Delta Y/Y=(1+\Delta P/P)(1+\Delta X/X)-1 \quad (1)$$

式(1)表明，经济增长(ΔY/Y)受两类因素影响：一是生产率增长(ΔP/P)，一是投入量增加(ΔX/X)；前者为经济增长的集约因素，后者为经济增长的粗放因素；二者在经济增长中具有同等重要的地位。

若记 $r=\Delta Y/Y$，$r_P=\Delta P/P$，$r_X=\Delta X/X$，则式(1)可化为：

$$r=r_p+r_x+r_pr_x \quad (2)$$

由式(2)可见，经济增长的构成分为三部分：(1)由生产率变化引起的经济增长(r_p)；(2)由投入量变化引起的经济增长(r_x)；(3)由生产率变化和投入量变化交互作用引起的经济增长(r_pr_x)。

(二)集约与粗放的表征

引入参数 $e_P=r_P/r$，e_P 为生产率变化对经济增长的贡献率，可作为经济增长集约程度的表征；又令 $e_X=r_X/r$，e_X 为投入量变化对经济增长的贡献率，可作为经济增长粗放程度的表征；则二者有如下关系：

$$e_P+e_X+e_Pe_Xr=1 \quad (3)$$

在式(3)中，我们称 e_P 为经济增长集约指数，e_X 为经济增长粗放指数。

若以 e_X 为横坐标，以 e_P 为纵坐标，将式(3)作图表达，见图1，可得曲线①；在曲线①上，A为临界点，A上方为集约型，A下方为粗放型。当经济增长率 $r\to 0$ 时，曲线①退化为直线②，见图2。

定义1：当集约指数＞粗放指数，即 $e_P>e_X$ 时，经济增长方式为集约型，即经济增长主要源于生产率的提高。

定义2：当集约指数＜粗放指数，即 $e_P<e_X$ 时，经济增长方式为粗放型，即经济增长主要源于投入量的增加。

定义3：当集约指数＝粗放指数，即 $e_P=e_X$ 时，为粗放型与集约型转型的临界点(A)，即经济增长一半源于生产率的提高，一半源于投入量的增加。

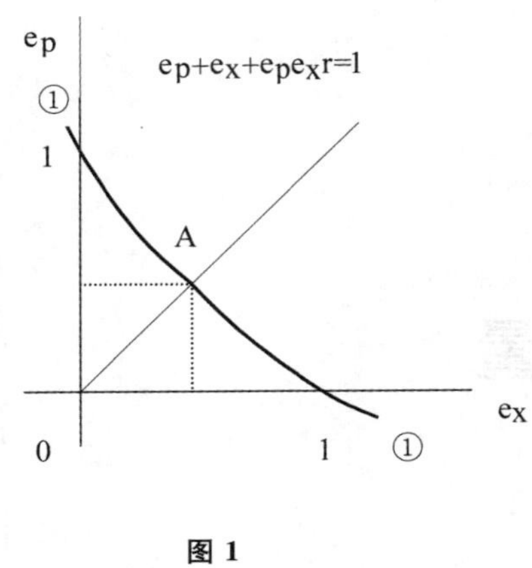

图 1

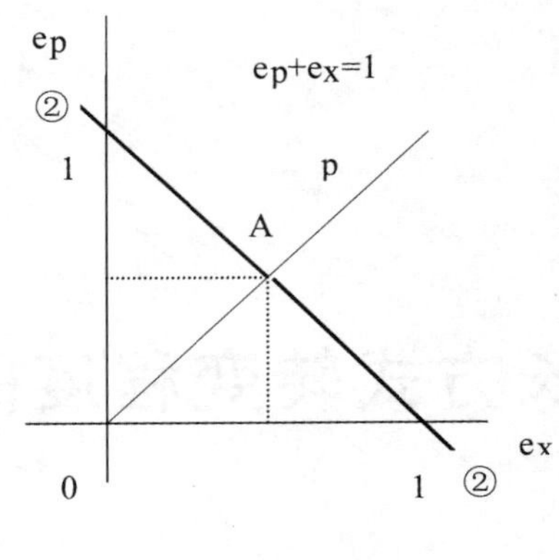

图 2

二、经济增长方式转变临界点的求解

由定义 3，$e_P=e_X$ 为经济增长方式转变（转型）的临界点，因此，联立求解

$$\begin{cases} e_P+e_X+e_Pe_Xr=1 \\ e_P=e_X \end{cases} \tag{4}$$

可得临界点具体坐标值：

$$e(r)=(\sqrt{1+r}-1)/r \tag{5}$$

式(5)表明，临界点位置不是固定不变的，而与经济增长率相关；经济增长率越高，则临界点位置越低。表 1 给出了经济增长率为 1%～20%时的临界值。

表 1　经济增长率为 1%～20%时的临界值

经济增长率	1%	2%	3%	4%	5%	6%	7%	8%	9%	10%
临 界 值	0.4988	0.4975	0.4963	0.4951	0.4939	0.4927	0.4915	0.4904	0.4892	0.4881
经济增长率	11%	12%	13%	14%	15%	16%	17%	18%	19%	20%
临 界 点	0.4870	0.4858	0.4847	0.4836	0.4825	0.4815	0.4804	0.4793	0.4783	0.4772

由此，可以确定临界点，对经济增长方式进行量化判别。

推论 1：集约型的判别式为 $e_P>(\sqrt{1+r}-1)/r$ 或 $e_X<(\sqrt{1+r}-1)/r$。

推论 2：粗放型的判别式为 $e_P<(\sqrt{1+r}-1)/r$ 或 $e_X>(\sqrt{1+r}-1)/r$。

例如：1998 年中国经济增长率为 7.8%，即 r=7.8%，则由式(5)可求得临界值 e(7.8%)=0.4906，即只有当全国生产率增长对经济增长的贡献率 $e_P>49.06\%$时，当年的中国经济增长方式才是集约型的。

再如：1998 年河北省经济增长率为 10.7%，即 r=10.7%，同理，可求得临界值 e(10.7%)=0.4873，即只有当全省生产率增长对经济增长的贡献率 $e_P>48.73\%$时，当年的河北省经济增长方式方能称为集约型。与全国相比，河北省经济增长率高出 2.9 个百分点，而临界值则要低 0.33 个百分点。

三、经济增长方式类型的进一步细分

粗放型和集约型是经济增长方式的两种基本类型，前者以增加投入量为主，而后者以提高生产率为主。然而，经济增长方式由粗放型向集约型转变是一个过程，是一个集约程度不断提高(粗放程度不断降低)的过程。同为粗放型的两个国家或地区，但粗放程度(或集约程度)可能有很大差别；同为集约型，但集约程度(或粗放程度)可能有很大不同；虽一个为粗放型，另一个为集约型，但粗放程度(或集约程度)可能相差不大。因此，有必要对经济增长方式的类型做进一步的细分。

划分方法：从原点出发每隔 15°引一条射线，与曲线①分别交于 B_2、B_1、A、C_1、C_2 点，将曲线①划分为若干部分，见图 3。因而可将经济增长方式的具体类型进一步细分如下：

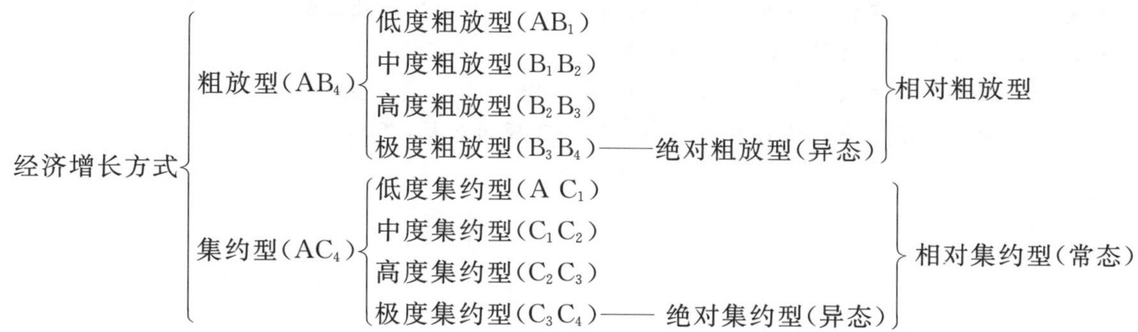

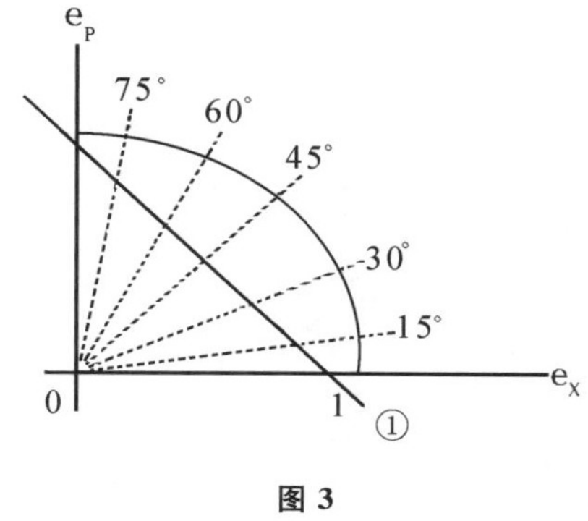

图 3

联立求解：

$$\begin{cases} e_P + e_X + e_P e_X r = 1 \\ e_P = e_X \operatorname{tg}\alpha \end{cases} \tag{6}$$

可得：

$$e_P(r,\alpha) = \left[\sqrt{\operatorname{tg}^2\alpha + (2+4r)\operatorname{tg}\alpha + 1} - (\operatorname{tg}\alpha + 1)\right]/2r \tag{7}$$

由式(7)可求出各点坐标值。假设 r＝8%，则 B_2、B_1、A、C_1、C_2 的 e_P 值分别为 0.2086、0.3595、0.4904、0.6226、0.7784。

四、小结

1. 经济增长方式转变的双重含义。经济增长方式转变有双重含义：一方面，由粗放型向集约型转变；另一方面，由集约型向粗放型转变。前一个转变是一种进化，而后一个转变则是一种退化。因此，我们在促进经济增长方式由粗放型向集约型转变的同时，还要防止经济增长方式由集约型向粗放型退化。

2. 经济增长方式转变的核心问题。临界点随经济增长率的提高而降低，但这并不意味着经济增长率越高，经济增长方式转变(进化)越容易。这是因为，一个经济系统在短期内生产率增长的变化往往慢于经济增长的变化，其集约度与经济增长成反比，而随着经济增长率的提高，尽管使临界点降低，但同时也使集约度变小，且经济增长对集约度的影响比对临界点的影响更为敏感。因此，转变经济增长方式(进化)的核心问题是：保持适度经济增长，千方百计提高生产率。

3. 生产率提高的主要源泉。生产率提高有四个主要源泉：一是增加资本品积累(投资)，二是提高劳动力质量，三是提高资源配置的效率，四是技术变革(创新)。尽管这四个因素全都重要并且相互联系在一起，经济学家们还是试图测量出它们的相对重要性。据罗伯特·索罗估算，生产率提高中的大约1/8归功于资本供给的增加，其余部分归因于其他三个因素。爱德华·丹尼森得出的结论是，尽管人力资本是重要的，但技术变革起着支配性的作用。(斯蒂格利茨，1997)

参考文献

[1]保罗·A·萨缪尔森，威廉·D·诺德豪斯，《经济学》(第 12 版，下)，中国发展出版社，1992 年。
[2]斯蒂格利茨，《经济学(下)》，中国人民大学出版社，1997 年。
[3]W·阿瑟·刘易斯，《经济增长理论》，上海三联书店，1990 年。
[4]顾海良等编译，《简明帕氏新经济学辞典》，中国经济出版社，1991 年。
[5]中国大百科全书出版社简明不列颠百科全书编辑部译编，《简明不列颠百科全书(4)》，中国大百科全书出版社，1985 年。

[6]谭崇台主编,《发展经济学》,上海人民出版社,1985 年。
[7]彼德·F·德鲁克．动荡年代的管理．工人出版社,1989 年。
[8]武义青等,《生产率测定方法研究》,《中国机械工程学会第三次工业工程学术会议暨海峡两岸工业工程研讨会论文集》,天津大学出版社,1993 年。
[9]武义青等,《经济增长方式的界定》,管理现代化,1996.4。
[10]武义青、贾雨文,《经济系统运行效能研究》,经济管理出版社,2003 年。